SIEBS, DEUTSCHE AUSSPRACHE

Reine und gemäßigte Hochlautung mit Aussprachewörterbuch

SIEBS

DEUTSCHE AUSSPRACHE

Reine und gemäßigte Hochlautung
mit Aussprachewörterbuch

Herausgegeben von

**Helmut de Boor, Hugo Moser
und Christian Winkler**

19., umgearbeitete Auflage

Walter de Gruyter & Co. · Berlin 1969

©
Archiv-Nummer 45 62 69/1
Printed in Germany
Copyright 1969 by Walter de Gruyter & Co., vormals G. J. Göschen'sche Verlagshandlung —
J. Guttentag, Verlagsbuchhandlung — Georg Reimer — Karl J. Trübner — Veit & Comp.,
Berlin. Alle Rechte des Nachdrucks, der photomechanischen Wiedergabe, der Herstellung
von Photokopien und Mikrofilmen, auch auszugsweise, vorbehalten.
Satz und Druck: Druckhaus Langenscheidt, Berlin

Vorwort

Die vorliegende 19. Auflage bedeutet einen Einschnitt in der Entwicklung des „Siebs". Nicht nur ist die alte Bezeichnung „Bühnenaussprache" im Titel ebenso aufgegeben wie die zunächst hinzugefügte, später an ihre Stelle getretene Benennung „Hochsprache", sondern es ist vor allem der Begriff der Aussprachenorm geändert worden. Die Hochlautung umfaßt jetzt die „reine Hochlautung", d. h. die Regeln der Siebsschen „Bühnenaussprache", und eine „gemäßigte Hochlautung". Die eine ist die ideale Höchstnorm, die hier im Unterschied zu dem 1964 in Leipzig erschienenen „Wörterbuch der deutschen Aussprache" bewahrt wurde, die andere eine den Bedürfnissen der Sprecher Rechnung tragende Norm, die dadurch gekennzeichnet ist, daß sie geringere Deutlichkeit verlangt. Im Unterschied zum Duden Aussprache-Wörterbuch (1962), das in seinem allgemeinen Teil Hinweise auf eine „Umgangslautung" enthält, sie aber im Wörterbuch nicht berücksichtigt, sind auch bei den einzelnen Wörtern im Wörterverzeichnis des vorliegenden Buches beide, die reine wie die gemäßigte Hochlautung, angegeben (soweit sie sich unterscheiden). Bei der Feststellung der gemäßigten Hochlautung konnte vor allem auf Vorarbeiten von Chr. Winkler zurückgegriffen werden.

Als weitere Neuerungen wurden im allgemeinen Teil aufgenommen eine phonologische Darstellung des Systems der deutschen Hochlautung von Univ.-Prof. Dr. Ungeheuer (Bonn), der auch für die Gestaltung der phonetischen Teile wertvolle Anregungen gab, sowie Hinweise auf den Satzton und auf landschaftliche Ausspracheeigentümlichkeiten namentlich Österreichs und der deutschsprachigen Schweiz. Besonderheiten dieser Gebiete wurden auch im Wörterverzeichnis vermerkt. Ebenso wurden wichtigere Abweichungen von der Hochlautung in der Alltagsrede wie in landschaftlicher Aussprache nicht nur beim jeweiligen Laut verzeichnet, sondern es wurden diese außerdem in einer Liste zusammengefaßt. In das Wörterverzeichnis wurden auch Eigennamen aufgenommen, die bisher in einem besonderen Verzeichnis aufgeführt wurden.

An den Beratungen, die zur Feststellung einer gemäßigten Hochlautung geführt haben, waren außer den Herausgebern vor allem beteiligt: Univ.-Prof. Dr. Boesch, Freiburg i. Br.; Univ.-Lektor Dr. Geißner, Saarbrücken; Univ.-Prof. Dr. Kloster Jensen, Bergen (damals in Bonn); Univ.-Lektor Dr. Martens, Hamburg; Univ.-Lektor Dr. Tack, Bonn; Univ.-Prof. Dr. Trojan, Wien; Univ.-Prof. Dr. Ungeheuer, Bonn. Ihnen gebührt besonderer Dank.

Außerdem haben durch mündliche oder schriftliche Äußerungen an den Vorarbeiten teilgenommen: Dr. Arndorfer, Wien; von Flottwell, Heilbronn; fil. mag. Fuchs, Marburg; Gymn.-Prof. Happ, Budapest; De Iturribarria, Marburg (Lahn); Dr. Littmann, Malmö; Schill, Wien; Prof. Schiller-Schillburg, Wien; Prof. Dr. Steinhauser, Wien; Univ.-Prof. Dr. Zinsli, Bern. Sonstige Hilfe leisteten Dr. K. Abel, C. Haase und Christa Gräfe (Marburg) sowie Beate Halmer (Bergen-Bonn), Monika Erkelenz (Bonn), besonders wertvoll war die von Dr. Ruth Römer (Bonn). Auch ihnen allen sei Dank gesagt.

Wir hoffen, daß der neu gestaltete „Siebs", der vielen Wünschen aus dem In- und Ausland Rechnung trägt, eine freundliche Aufnahme findet.

Die Herausgeber

Inhaltsverzeichnis

Vorwort V
Einführung 1
Zum Begriff der Hochlautung 1
  A. Reine Hochlautung — gemäßigte Hochlautung 1
  B. Zur Geschichte der Siebsschen Ausspracheregelung. 8

Allgemeines zur Aussprache in der Hochlautung 16
  A. Grundbegriffe 16
    I. Phonetisch 16
    II. Phonologisch 17
  B. Einteilung der Laute 18
  C. Phonetische Schreibung 23
    I. Vokale 23
    II. Konsonanten 24
    III. Zusätzliche Zeichen 26
  D. Das Phonemsystem der deutschen Hochlautung ... 27
    (G. Ungeheuer)
    I. Vorbemerkungen 27
    II. Die Vokalphoneme 29
    III. Die konsonantischen Phoneme 35
    IV. Modifikationen des Phonemsystems durch zugelassene Abweichungen von der reinen Hochlautung 40
  E. Zur Aussprache von Wörtern fremder Herkunft.... 42
    I. Allgemeine Regeln 43
      1. Betonte Silben 43
      2. Nebensilben 44
    II. Lautlich nicht angeglichene fremde Wörter 45
      1. Vokale 45
      2. Konsonanten 45
  F. Gebietliche Besonderheiten 46
  G. Zur Aussprache der Eigennamen 47
    I. Betonung 47
    II. Schreibung und Aussprache 47
    III. Fremdsprachliche Namen 48

Die Laute im einzelnen 49
  A. Die Vokale 49
    I. Vorbemerkungen zur Aussprache 49

1. Betonte Silben 49
2. Nebensilben...................................... 51
3. Wort- und Silbenanlaut 51
4. Besonderheiten 52
II. Die einzelnen Vokale............................. 53
    1. *a*-Laute 53
    2. *e*-Laute.. 56
    3. *i*-Laute.. 66
    4. *o*-Laute.. 69
    5. *ö*-Laute 73
    6. *u*-Laute 75
    7. *ü*-Laute 77
    8. [ae] 80
    9. [ao] 81
    10. [ɔø] 81

B. Die Konsonanten 83
  I. Vorbemerkungen 83
  II. Die Liquiden: r-Laute — l-Laut 84
  III. Die Nasale: [m] — [n] — [ŋ] 87
  IV. Reibelaute: [h] — [f] — [v] — s-Laute — sch [ʃ] — ch
      [ç, x] — [j] 90
  V. Verschlußlaute 104
    1. Allgemeines 104
    2. Stimmlose Verschlußlaute [p t k] 104
    3. Stimmhafte Verschlußlaute [b d g] 106

Die Wortbetonung...................................... 115

A. Deutsche Einzelwörter und Komposita 116

B. Deutsche abgeleitete Wörter 117

C. Wörter mit fremden Suffixen und Fremdwörter 129

D. Namen 130
  I. Weibliche Rufnamen............................... 130
  II. Familiennamen 130
  III. Zusammengesetzte Ortsnamen 131

Zur Klanggestalt des Satzes 133
A. Gliederung 133
B. Abstufung... 135
C. Intonation 138

Die Anwendung der Hochlautung 143
  A. Abweichungen von der gemäßigten Hochlautung .. 143
    I. Alltagslautung 143
      1. e-Graphie in Nebensilben........................... 143
      2. Silbische Nasallaute und Liquide 143
      3. Graphie y... 144
      4. Der r-Laut.. 144
      5. Der s-Laut.. 144
      6. b-, d-, g-Laute.................................... 144
      7. Wörter fremder Herkunft 144
    II. Landschaftliche Besonderheiten 145
      1. Norddeutschland 146
      2. Mitteldeutschland 147
      3. Mittel- und Süddeutschland 147
      4. Süddeutschland, Österreich, Schweiz 147
      5. Sonstige landschaftliche Eigentümlichkeiten 148
    III. Überdeutliche Lautung............................... 148
  B. Bühnenaussprache 149
  C. Kunstgesang 151
  D. Hörfunk, Bildfunk und Film 153
  E. Öffentliche Rede 155
  F. Fernmeldewesen 156
  G. Unterricht... 157

Literaturhinweise... 161
Wörterverzeichnis 163
  Vorbemerkungen 165
  Abkürzungen 168

Einführung

Zum Begriff der Hochlautung

A. Reine Hochlautung — gemäßigte Hochlautung

Die Entwicklung der deutschen Hochsprache zu einer im ganzen einheitlichen und gültigen, wirklich lebendigen Gemeinsprache, die sich über die Vielzahl der deutschen Mundarten und landschaftlichen Umgangssprachen erhebt, hat eine lange Geschichte, die hier nicht dargestellt werden kann. Im 16. Jahrhundert einsetzend, von Schulgelehrten und Sprachgesellschaften getragen, in grammatischen Traktaten und umfänglichen Wörterbüchern niedergelegt, richtete sich die regelnde Arbeit an der deutschen Hochsprache vom 16. bis ins 19. Jahrhundert vor allem auf den schriftlichen Ausdruck, auf Wortformen und Wortwahl, auf den Satzbau sowie — zunächst sehr tastend — auf die sehr uneinheitliche Schreibung mit der Absicht, eine „Rechtschreibung", eine Orthographie anzustreben. Den Sprachklang, das also, worum es in dem vorliegenden Buche geht, überließ die frühe Sprachpflege mehr oder weniger dem Bildungsstand und Sprachwillen des Einzelnen, und wenn im 18. Jahrhundert das „Meißnische", d. h. die Sprache der Bildungsschicht in den kursächsischen Landen, als ein Muster aufgestellt wurde, so doch nur als ein ungefähres Richtziel, um das Groblandschaftliche in der Sprache der Gebildeten einzudämmen.

Eine auf Vereinheitlichung zielende Pflege der deutschen Aussprache wurde zuerst dort notwendig, wo sich eine gehobene Sprache an einen weiten, gebildeten Hörerkreis wendete, auf der deutschen Bühne der Klassiker. Werke wie Lessings Nathan oder Goethes Iphigenie verlangen ein „reines" Sprechen, das überall als vorbildlich empfunden werden kann und über dem Landschaftlichen steht. Goethes „Regeln für Schauspieler" (1803) enthalten daher die Anweisung: „Wenn mitten in einer tragischen Rede sich ein Provinzialismus eindrängt, so wird die schönste Dichtung verunstaltet und das Gehör des Zuschauers beleidigt. Daher ist das

Erste und Notwendigste für den sich bildenden Schauspieler, daß er sich von allen Fehlern des Dialekts befreie und eine vollständige reine Aussprache zu erlangen suche. Kein Provinzialismus taugt auf die Bühne! Dort herrsche nur die reine deutsche Mundart, wie sie durch Geschmack, Kunst und Wissenschaft ausgebildet und verfeinert worden" (Weim. Ausg. 40, S. 139).

Die Forderung nach der „reinen deutschen Mundart" im Sinne einer lautreinen Aussprache ist also von der Bühne ausgegangen. Diese ist dort auch am bewußtesten gepflegt worden; doch eine Anweisung darüber, wie eine „vollständige reine Aussprache" zu klingen habe, eine verbindliche Regelung, gab trotz tastender Versuche auch die Bühne nicht. Das Bedürfnis nach einer solchen mußte erst durch die fortschreitende sprachliche Vereinheitlichung und infolge des zunehmenden mündlichen Gebrauchs der Hochsprache im 19. Jahrhundert in weiteren Kreisen geweckt werden, und die Entwicklung der Sprachwissenschaft war nötig, um die Aussprachenormen schaffen zu können. Erst seit sich diese auch dem klanglichen Aufbau der lebenden Sprachen zuwandte und die Wissenschaft der Phonetik schuf — inzwischen ist die der Phonologie dazugetreten (s. u.) —, konnte eine Beschreibung der Lautung und eine systematische Festlegung der bei der Aussprache des Hochdeutschen gültigen Regeln erfolgen. Indem sich Vertreter der Sprachwissenschaft und der Bühne zusammenfanden, konnte das Buch entstehen, das im Jahre 1898 unter dem Titel „Deutsche Bühnenaussprache" zum erstenmal erschien.

Sein Titel sagt, daß es von der Bühne ausging und zunächst für ihre Zwecke bestimmt war. Das Buch wollte den schon bestehenden Gebrauch der Bühnen feststellen und auf Grund gesammelter Erfahrungen ausgleichend vereinheitlichen. Es sollte eine Anleitung für die Praxis des Schauspielers sein. Doch stand dem eigentlichen Anreger und Schöpfer der „Bühnenaussprache", dem Germanisten Theodor Siebs, eine weitere Wirkung von vornherein als Ziel vor Augen. Alle öffentliche Rede, nicht nur der kunstgemäße Vortrag von Dichtung, auch die Rede auf dem Katheder, der Kanzel, dem Rednerpult und im Hör- und Bildfunk, bedarf einer Pflege der Aussprache und damit eines Anhaltes an bestimmten Regeln. Und noch weit darüber hinaus zeichnete sich das Ziel ab, der deutschen Hochsprache, die längst über das geschriebene Wort hinaus sprachliche Wirklichkeit geworden war, feste Anhaltspunkte und

Richtlinien auch für ihre Lautung zu geben. Hier fiel der Sprachpflege eine entscheidende Rolle zu. Die Forderung nach einer „lautreinen Aussprache", die auch für die Schule erhoben wurde, verlangte eine klärende Darstellung dessen, was „lautrein" war. Und seitdem, durch die rasche Entwicklung des Rundfunks, das hochsprachliche gesprochene Wort als sprachliches Vorbild eine ungeahnte Bedeutung für breite Schichten gewonnen hat und auch zu einem wichtigen Leitbild für die Landschaftssprachen geworden ist, besteht das Bedürfnis nach einer gültigen Feststellung der „richtigen Aussprache" in weitesten Kreisen der Sprachbenützer.

Dieser Erweiterung von Ziel und Wirkung entspricht es, daß das Buch seit 1922 seinem alten Titel „Bühnenaussprache" den neuen „Hochsprache" hinzugefügt hat. Die Einleitung zu der damaligen Auflage zeichnet den Weg vor:

„Durch lange sorgfältige Pflege hat sich auf der Bühne eine besonders reine Aussprache des Deutschen herausgebildet. Die Forderung, daß hier die Werke in einheitlicher Form dargestellt werden, und die Wechselwirkung der verschiedenen Theater aufeinander haben schon seit langer Zeit dazu geführt, daß die Aussprache der Bühne fester geregelt ward als diejenige aller anderen Kreise.

Während nirgends im deutschen Sprachgebiete eine mustergültig zu nennende Aussprache herrscht, bietet uns die deutsche Bühnenaussprache — wenn wir von ihrer vor allem auf die Deutlichkeit und starke Affekte berechneten Eigenart absehen — eine Richtschnur, die in der Wissenschaft und Kunst anerkannt und auch für andere Gebiete deutscher Sprachpflege, namentlich durch die Schule, nutzbar zu machen ist. — Die deutsche Bühnenaussprache kann in diesem Sinne als deutsche Hochsprache bezeichnet werden."

Im Hinblick darauf, daß die Bezeichnung „Hochsprache" heute auf eine obere Sprachschicht und als Gegensatz zu Volks- und Umgangs- wie Alltagssprache gebraucht wird, sich außerdem also über die Lautung hinaus auch auf Satzbau und Wortschatz bezieht, wird in dieser Ausgabe der Ausdruck „Deutsche Hochlautung" benützt, da sich die Bildung „Hochaussprache" nicht verwenden läßt. Der Titel ist umfassender als der ursprüngliche „Deutsche Bühnensprache", aber genauer als der in der letzten Ausgabe gewählte „Deutsche Hochsprache".

Der Zweck des Werkes ist also von Siebs von vornherein fest ab-
gegrenzt worden auf die Aussprache der Bühne. „Bei allen diesen
Arbeiten", so heißt es in der Einleitung zu der 1. Auflage, „kam es
nicht auf die wandelbaren psychischen Faktoren des Bühnenvor-
trags oder die Auffassung der Dichtwerke, auch nicht auf Schaffung
neuer Ausspracheregeln an, sondern auf die Feststellung des bestehenden Gebrauches." Aus der verwickelten Gesamterscheinung
der gesprochenen Rede hat das Buch allein die phonetisch richtige
Bildung des einzelnen Sprachlautes im Zusammenhang des Wortes
herausgehoben und sie beschreibend dargestellt, da nur diese sich
eindeutig und allgemeinverbindlich festlegen läßt. Gewiß ist weder
der Laut noch das einzelne Wort für sich schon „Sprache"; zu ihr
gehört notwendig der Satz. Verwirklicht wird die „Sprache" in
der lebendigen „Rede". Diese aber ist durch das Wesen des Indivi-
duums und durch die äußere und innere Situation wie durch den
Partner mitbestimmt. Im besonderen ist eine feste Norm nicht für
alle Teile der Schallform der Rede auszumachen. Sie ist nach ihrer
technischen wie ihrer seelischen Seite hin auch eine Sache der individuellen Schulung und Bildung. Daher sagt dieses Buch nichts
über das Tempo der Rede aus und ebensowenig etwas über die
Einwirkung seelischer Bewegungen auf das Sprechen. Dagegen
schien es richtig, im Unterschied zu den früheren Auflagen Satz-
akzent und Intonation zu berücksichtigen, auch wenn hier die
Grenze zwischen „Sprache" und „Rede" nicht immer genau gezogen werden kann. Sie werden in ihren allgemeinen Grundzügen
geschildert. Siebs hat die „Schaffung neuer Ausspracheregeln" abgelehnt und die „Feststellung des bestehenden Gebrauches" als
sein Ziel bezeichnet (s. u.). Immer wird die Befürchtung bestehen,
daß eine sprachliche Regelung zur Reglementierung wird, die der
lebendigen Wandlungsfähigkeit der Sprache Gewalt antun will und
zur Erstarrung des sprachlichen Lebens führen könnte. Es ist daher
nötig, den Zweck des Werkes genauer zu bestimmen.

Die „Feststellung des bestehenden Gebrauches" galt zunächst
nur dem Sprachgebrauch der Bühne. In den Verhandlungen der
45. Versammlung Deutscher Philologen und Schulmänner zu
Bremen 1899 betonte Siebs ausdrücklich, daß eine mechanische
Übertragung der Bühnenaussprache auf die Alltagsrede im Sinne
der Umgangssprachen nicht in Frage komme: „Das würde zu
Geziertheit und Unnatur führen, es wäre nicht wünschenswert und

würde auch kaum erreichbar sein." Neben der allgemeinen Schriftsprache oder Hochsprache stehen die Mundarten und landschaftlichen Umgangssprachen.

Die Feststellung von Ausspracheregeln für die Hochsprache braucht heute nicht mehr gegen den Einwand verteidigt zu werden, daß sie die Mundart bedrohe. Im Gegenteil: Hochsprache und Mundart sind als zwei gleichberechtigt nach eigenen Gesetzen nebeneinander bestehende Sprach- und Redeformen anerkannt. Sie beide haben ihre eigene Norm. Die Schärfung des sprachlichen Bewußtseins kann beiden zugute kommen.

Für sehr viele Menschen ist die Mundart nicht mehr die angeborene oder angewendete Sprachform; sie gebrauchen Formen landschaftlicher Umgangssprachen, die zwischen Mundart und Hochsprache stehen, und zwar am deutlichsten in der Lautung. Viele bedienen sich auch einer der Hochsprache angenäherten Form im persönlichen Umgang. Die gebildete Umgangssprache als eine Abwandlung der Hochsprache wird im sprachlichen Leben unseres Volkes immer wichtiger. Die Umgangssprache auch der meisten Gebildeten („*educated speakers*") ist gerade in ihrer Lautform mehr oder weniger stark von landschaftlichen Besonderheiten bestimmt. Ein geübtes Ohr kann weit mehr aus dem Sprachklang als aus Wortwahl oder Satzgefüge erkennen, welcher deutschen Landschaft der Sprecher zugehört.

In den siebzig Jahren, die seit den oben angeführten Äußerungen Siebs' in Bremen vergangen sind, hat sich das Verständnis für die Notwendigkeit einer einheitlichen Ausspracheregelung erheblich verbreitet. Dennoch bleibt die Tatsache bestehen, daß kein Deutschsprechender in allen Lebenslagen die Regeln der reinen Hochlautung genau befolgt. Die Sprache ist nicht nur in Wortschatz und Satzfügung vielschichtig, sondern auch in der Lautform, und jeder Einzelne benützt in seiner Rede aus den verschiedenen Möglichkeiten eine Auswahl, entsprechend den sozialen, landschaftlichen und individuellen Gegebenheiten seines Lebens, oft sogar nach der jeweiligen Situation. Zwischen korrekt hochsprachlichem *bist du* oder *ist er* und der ungepflegten, abgeschliffenen Ausspracheform *biste* oder *issa* liegt eine ganze Skala von Möglichkeiten, und die meisten Sprecher werden, je nach der Gegebenheit, mehr als eine Ausspracheform zur Verfügung haben.

Es zeigt sich nun, daß trotz der landschaftlichen Verschiedenheiten den gebildeten Sprechern gewisse Abweichungen von der Hochlautung gemeinsam sind. Im Unterschied zum bisherigen Verfahren des „Siebs" versucht diese Ausgabe neben der „reinen Hochlautung" im Sinne von Siebs diese Eigenheiten einer überlandschaftlichen „gemäßigten Hochlautung" zu erfassen und systematisch darzustellen. Wichtige Ansätze dazu finden sich in der Duden Grammatik (1959, ²1966) und im Duden Aussprachewörterbuch (1962), jedoch nur im allgemeinen Teil; vgl. vor allem Chr. Winkler, Zur Frage der deutschen Hochlautung, in: Jahrb. des Instituts für deutsche Sprache 1965/66 (Sprache der Gegenwart 1), 1967, S. 313–328.

In diesem Buch wird die gemäßigte Hochlautung auch bei den einzelnen Wörtern des Wortverzeichnisses angegeben.

Während die reine Hochlautung grundsätzlich nur eine Aussspracheform kennt, weist die gemäßigte Hochlautung eine gewisse Breite von Varianten, Zwischenformen, auf, die in Tabellen an den betreffenden Stellen verzeichnet sind. Auch sie gelten als Hochlautung (oder „Rechtlautung"). Anders gesagt: die Realisationsbreite ist bei der gemäßigten Hochlautung größer als bei der Idealnorm der reinen Hochlautung. In diesem Buch werden nur die am weitesten von dieser entfernten Varianten aufgeführt. Im Unterschied zum „Wörterbuch der deutschen Aussprache" bezieht sich die vorliegende Darstellung nicht auf die durch die Technik manipulierte Rundfunkaussprache, sondern auf die natürliche Rede von Mund zu Ohr.

Durch die Regelung der gemäßigten Hochlautung soll auch verhindert werden, daß ein Sprecher, der sich mundartlicher Einschläge in seiner Umgangssprache bewußt ist und sie in gepflegter Rede — etwa auf dem Katheder oder der Kanzel — vermeiden möchte, fehlgreift, indem er Eigenheiten einer anderen Mundart nur wegen ihrer Andersartigkeit für hochsprachlich hält oder sich hyperkorrekter Formen bedient. So könnte ein oberdeutscher Sprecher, der richtig [tɑːk] oder [gəˈnuːk] spricht, die verbreitete niederdeutsche Aussprache [tax] und [gəˈnʊx], oder ein norddeutscher Sprecher die geschlossene Aussprache der kurzen Vokale im Bairisch-Österreichischen für gepflegter ansehen, nur weil sie von seiner Sprachgewohnheit abweichen. Hierfür muß es klare Ausspracheregeln geben. Alle Abweichungen von mundartlichen Einschlägen der Alltagssprache dürfen nur in Richtung auf die „Hochlautung" geschehen.

Bewußt und wohlüberlegt sind im Unterschied zu dem „Wörterbuch der deutschen Aussprache" (Halle 1964) die Regeln der Siebsschen Bühnensprache beibehalten worden. Dieses bringt eine „allgemeine deutsche Hochlautung" zur Darstellung als Lautung für die Hochsprache, wie sie „in den Nachrichtensendungen des Rundfunks ihren mündlichen Ausdruck findet": sie weicht in vielem von der Bühnenaussprache ab und nähert sich der Lautform, die hier als gemäßigte Hochlautung bezeichnet wird. In dieser Darstellung wurde die reine neben einer gemäßigten Hochlautung vor allem auch bewahrt als ein Ideal, das als Maßstab für alles gebildete Sprechen aufgestellt ist. Das Bewußtsein, daß es eine „Höchstnorm" für die Aussprache der hochdeutschen Gemeinsprache gibt, ist seit dem Entstehen dieses Werkes und gerade durch seinen Einfluß in weite Kreise getragen worden und soll erhalten bleiben. Darüber hinaus soll die reine Hochlautung bei der Rezitation von Dichtung, bei der Aufführung klassischer Bühnenstücke und beim Gesang angestrebt werden (s. u.).

Die gemäßigte Hochlautung erscheint sozusagen als verwirklichte Ideallautung. Der reinen Hochlautung kommt die wichtige pädagogische Aufgabe zu, dazu beizutragen, daß die gemäßigte Hochlautung nicht weiter absinkt in Formen, die landschaftlichen oder alltagssprachlichen Charakter tragen, oder in solche bequemer Art, die der privaten Sphäre, dem Umkreis der Intimität angemessen sein können (dort haben sie in der Unwägbarkeit der Nuancierung einen eigenen Sinn), aber nicht der gepflegten Rede. Beide zusammen, die gemäßigte und die reine Form, bilden „die Hochlautung". Selbstverständlich können auch in der Alltagssprache immer Formen der reinen Hochlautung verwendet werden.

Was sich nicht zur Norm der Hochlautung fügt, ist Alltagslautung oder landschaftliche Lautung, ist aber nicht ohne weiteres allgemein als Nichthochlautung zu bezeichnen. Es gibt nämlich Regeln für „landschaftliche Hochlautung" in Österreich und in der deutschsprachigen Schweiz, die auf Grund eigenständiger Entwicklungen dort ebenso legitim sind wie Besonderheiten der deutschen Schriftsprache in diesen und anderen Außengebieten des deutschen Sprachraums. Österreichische und schweizerdeutsche Eigenheiten der Aussprache sind darum — eine weitere Neuerung

— auch an den betreffenden Stellen des allgemeinen Teils wie in
das Wörterverzeichnis dieser Ausgabe aufgenommen worden. Ganz
allgemein wird im Rahmen der gemäßigten Hochlautung im Sü-
den Deutschlands bei der Nachsilbe *-ig* die Aussprache [ɪk] statt
der Form [ɪç] zugelassen (S. 114).

Fassen wir zusammen. Auch die gemäßigte Hochlautung hat
noch eindeutig hochsprachlichen Charakter. Es ergibt sich folgende
Abstufung:

Die Formstufe der reinen Hochlautung gilt für die Bühnenaussprache im hohen Stil: sie ist charakterisiert durch eine stark
ausgeprägte, auf Deutlichkeit abgestellte Aussracheweise, die im
Kunstgesang eine besondere Ausprägung findet (S. 151 f.). Die gemäßigte Hochlautung hat noch klar hochsprachlichen Charakter.
Sie bezieht sich nicht auf das Großraumsprechen, sondern auf das
gepflegte, deutliche Sprechen in kleinen Räumen und am Mikrophon. Alle Formen der reinen Hochlautung sind natürlich auch
hier möglich; für Österreich und die Schweiz (und im Falle von *-ig*
für Süddeutschland) gelten landschaftliche Sonderregelungen.

Bewußte Pflege der eigenen Sprache, auch nach der klanglichen
Seite, ist eine Aufgabe, die jeden Einzelnen angeht. Sie ist es aber
besonders für diejenigen öffentlichen Einrichtungen, die durch das
gesprochene Wort wirken. Dies sind neben der Bühne und dem
Film heute vornehmlich die Schule und der Rundfunk.

B. Zur Geschichte der Siebsschen Aussracheregelung

Im Jahre 1898 trug die erste Auflage dieses Buches, die, wie
schon gesagt wurde, unter dem Titel „Deutsche Bühnenaussprache"
erschien, den Untertitel „Ergebnisse der Beratungen zur ausgleichenden Regelung der deutschen Bühnenaussprache, die vom 14.

bis 16. April 1898 im Apollosaal des Königlichen Schauspielhauses zu Berlin stattgefunden haben". Der Anstoß zu den Beratungen war im Jahre 1896 von Theodor Siebs, damals Professor in Greifswald, ausgegangen, der als der eigentliche Schöpfer des Werkes gelten darf und der es bis zu seinem Tode (1941) in treuer Obhut gehalten hat. Ihm ist es zu verdanken, daß sich sowohl der Deutsche Bühnenverein als auch die Versammlung Deutscher Philologen und Schulmänner für die Frage einer ausgleichenden Regelung der Deutschen Bühnenaussprache erwärmten und daß sich im Jahre 1898 ein Ausschuß von je drei Bühnenleitern und Sprachforschern zu gemeinsamer Arbeit zusammenfand.

Die Namen der ersten Beteiligten seien hier festgehalten. Es waren von der Bühne: Bolko Graf von Hochberg, Generalintendant der Kgl. Schauspiele in Berlin, Karl Freiherr von Ledebur, Generalintendant in Schwerin, Dr. Eduard Tempeltey in Coburg; von der Sprachwissenschaft die Universitätsprofessoren Dr. Eduard Sievers, Germanist in Leipzig, Dr. Karl Luick, Anglist in Graz, später Wien, Dr. Theodor Siebs, Germanist in Greifswald, später Breslau.

Dem eigentlichen regelnden Kernstück „Die Aussprache der deutschen Laute" folgte ein „Wörterverzeichnis", das aber nur die im Text erwähnten Wörter alphabetisch zusammenstellte.

Die Ergebnisse wurden auf Grund phonetischer Aufzeichnungen über die Sprache guter Schauspieler auf der Bühne gewonnen. Sie beruhen auf der Praxis, stellen den tatsächlichen Gebrauch fest und versuchen einen Ausgleich, wo der Gebrauch schwankt. Dabei wurden gewisse Grundsätze angewandt, die hier kurz dargestellt werden sollen.

Oberster Grundsatz war, daß die deutsche Bühnenaussprache nicht umgebildet werden sollte; es sollte vielmehr der Gebrauch festgestellt und darüber hinaus erwogen werden, wie sich Unsicherheiten ausgleichen lassen. Dabei wurden die Lautwerte, wie sie bei „ruhiger, verstandesmäßiger Rede" auftreten, zur alleinigen Grundlage genommen. Der Einfluß von Stimmungen und Affekten blieb unberücksichtigt, da sich Allgemeingültiges darüber nur schwer aussagen läßt.

Die Aussprache wurde nach dem „bestehenden Gebrauch" (S. 4) festgelegt, ferner auf Grund der sprachgeschichtlichen Tatsache, daß die deutsche Hochsprache im wesentlichen auf ostmitteldeut-

scher Grundlage beruht, also einen hochdeutschen Lautstand hat,
daß sie aber in der gehobenen Aussprache (namentlich auch der
Bühne) in der Regel die niederdeutschen Lautwerte bevorzugte.

Dieser Grundsatz erwies sich fast immer als im wirklichen Sprachleben gültig. Wo im einzelnen Zweifel blieben, mußten andere Erwägungen den Ausschlag geben. In erster Linie war es der Gesichtspunkt, den Siebs als den „geographischen" bezeichnete.
Gemeint war damit die verhältnismäßig weiteste Verbreitung und
größte Häufigkeit einer lautlichen Erscheinung und dazu ein Ausgleich der landschaftlichen Ansprüche von Nord-, Mittel- und Süddeutschland. Nur in zweiter Linie hat der wegen seiner Subjektivität bedenkliche Gesichtspunkt des Wohllauts und in Einzelfällen das Bedürfnis nach lautlicher Differenzierung *Städte* [ˈʃtɛːtə]
neben *Stätte* [ˈʃtɛtə], *Barsch* [baːrʃ] neben *barsch* [barʃ] mitgespielt.

In Formen, die sich zu geschlossenen Gruppen zusammenfügen
wie: *Tag, Tages, täglich; schlug, schlugst, schlugen* sollten Lautunterschiede möglichst vermieden werden. Obwohl [tɑk] bzw. [tɑx]
mit kurzem [ɑ] sowohl niederdeutsch wie z. T. mitteldeutsch gilt,
wurde daher in *Tag* das lange [ɑː] dem kurzen vorgezogen, weil
in mehrsilbigen Formen mit ursprünglich offener Stammsilbe:
Tages, täglich (aus mhd. *tegelich*) auf dem ganzen Sprachgebiet
Länge gesprochen wird.

Besonders wichtig war der Grundsatz, daß die Schreibung kein
Maßstab für die Aussprache sein könne. Denn überall ist der Laut
das Ursprüngliche, die Schrift das Spätere. Alle Schriftzeichen sind
Symbole, die einen mehr oder weniger großen Schallbezirk decken.
Der Sprechende macht das stumme Schriftzeichen jeweils nach
seiner Lautungsgewohnheit lebendig. So spricht man in den Wörtern *ich* und *ach* dasselbe Schriftzeichen (*ch*) immer richtig, obwohl
es ganz verschiedene Laute wiedergibt. Andererseits wird in einem
Wort wie „*gefährlich*" dasselbe Zeichen (*ä*) je nach dem landschaftlichen Gebrauch verschieden ausgesprochen. Der Oberdeutsche
spricht es als einen offenen, dem [a] näherliegenden, der Niederdeutsche als einen geschlosseneren, dem [e] näherliegenden Laut aus.
Unser Alphabet vollends ist nicht ursprünglich für das Deutsche
und aus einem deutschen Lautstand geschaffen, sondern in frühdeutscher Zeit vom Lateinischen her übertragen worden. Daher
kommt z. B. die Bezeichnung einheitlicher deutscher, aber im Lateinischen fehlender Laute durch mehrere Zeichen (*ch, sch*) oder

durch Abwandlung einfacher Zeichen (*ä, ö, ü* neben *a, o, u*). Noch wesentlicher ist das Beharrungsvermögen historischer Schreibungen, während sich der Lautstand gewandelt hat. So schreiben wir im Anlaut noch heute *sp, st*, während die Aussprache längst zu [ʃp], [ʃt] übergegangen ist. Das Doppelvokalzeichen *ie* ist zum Ausdruck einfacher Länge geworden, während früher einmal (wie noch heute im Oberdeutschen) ein Diphthong, vgl. etwa [liəp] *lieb*, gesprochen wurde. Unsere Rechtschreibung ist ein Gemisch von Tradition und willkürlicher Regelung, das niemals als Wegleiter für unsere heutige Aussprache dienen kann, selbst wenn in einzelnen Fällen das Schriftbild die Aussprache tatsächlich beeinflußt hat (vgl. S. 57).

Auf die Aussprache der Wörter fremder Herkunft wurde besonders geachtet. Sie ist nicht selten schwankend, ihr Schriftbild oft verwirrend. Daher wurden später in das Wörterverzeichnis neben Namen viele Wörter fremder Herkunft aufgenommen. Hierbei mußte vor allem der Grad ihrer Eindeutschung berücksichtigt werden. Selbstverständlich war eine korrekte Aussprache fremder Wörter dort zu verlangen, wo sie als Zitat aus der fremden Sprache gemeint sind (*United States, Union Jack, House of Lords, Cinquecento, Empereur* u. ä.). Hierher gehören auch die weniger geläufigen Orts- und Personennamen. Lehnwörter dagegen, die in der deutschen Sprache Heimatberechtigung erworben haben, sollten nach dem vorwiegenden Gebrauch gesprochen werden. Wörter wie: *Foyer, Hotel, Paris* werden nicht wie im Französischen gesprochen, sondern dem deutschen Lautsystem angenähert. Wie stets liegen die Schwierigkeiten bei den Grenzfällen. Ist *Salon* mit stimmlosem oder stimmhaftem *s* zu sprechen? Soll *Chrysopras* mit dem griechischen *ch* oder dem eindeutschenden *k* im Anlaut gesprochen werden? In beiden Fällen kennt die fremde Sprache eine Aussprache des anlautenden Konsonanten, die dem Deutschen fremd ist. Hier mußte eine gewisse Bewegungsfreiheit gelassen werden. Im allgemeinen war der Grundsatz maßgebend, die Aussprache des Ursprungslandes zu Rate zu ziehen, wo im Deutschen selber Schwankungen bestanden. Spätere Auflagen waren bestrebt, die Eindeutschung solcher Wörter möglichst zu fördern. Für die 18. Neubearbeitung (1961) wurde beschlossen, daß für ursprünglich deutsche Namen ausländischer Namensträger (*Schuman, Meyer, Morgenthau*) deutsche Aussprache angegeben wird.

Eine ähnliche Behandlung wurde in der 18. Auflage für deutsche
Ortsnamen empfohlen. Sie sollten nicht nach dem ortsüblichen
Sprachstande, sondern nach dem gemeinhochdeutschen ausge-
sprochen werden. So ist *Stade* als [ˈʃtɑːdə] (nicht als [ˈstɑːdə]),
Konstanz als [ˈkɔnstɑnts] (nicht als [kɔnʃtɑnts]), *Bern* als [bɛrn]
(nicht als [bɛːrn]) angegeben. Aber auch hier wurden die Regeln
nicht zu fest gefaßt. (Zur Betonung deutscher Ortsnamen vgl.
S. 130 ff.).

Außerdem wurden bei den Vorarbeiten für die voraufgehende
Auflage zahlreiche Einzelfälle, in denen Schwankungen der Aussprache, namentlich in der Vokalqualität, bestehen, nach eingehenden Umfragen in dem einen oder anderen Sinne entschieden.
Solche Wörter wurden dann jeweils bei den einzelnen Lauterschei-
nungen in Listen zusammengefaßt.

Die Feststellungen über die mustergültige Aussprache auf der
Bühne sind 1898 von einer kleinen Gruppe sachkundiger Männer
nach eingehender Beobachtung des Bühnengebrauchs getroffen worden, der damals selbst auf den obersten Formstufen keineswegs einheitlich war. Die Gefahr lag nahe, daß das neue Werk als eine
Privatmeinung seiner Schöpfer betrachtet wurde. Es hat anfangs
nicht an Stimmen dieser Art gefehlt. Man lese etwa den Bericht
über die Verhandlungen der germanistischen Sektion der 45. Versammlung Deutscher Philologen und Schulmänner in Bremen
(Leipzig, Teubner 1900 S. 108 ff.; abgedruckt auch in der 2. Aufl.
der „Bühnenaussprache" von 1901).

Allein das Werk hat sich durchgesetzt und in all seinen Teilen
als sehr standfest gezeigt. Es hat außerordentlich viel zur Vereinheitlichung der Aussprache auf den deutschen Bühnen beigetragen.
Es wurde aber nicht nur bei der Bühne und in der Wissenschaft
bald als das maßgebliche Werk für alle Fragen der Aussprache anerkannt, es wirkte über den engen Kreis seines Ursprungs hinaus
in die Schule und in alle bewußte Sprachpflege und Sprecherziehung
hinein. Das Werk erlebte 1901 und 1905 weitere Auflagen. Eine
kürzere Fassung unter dem Titel „Grundzüge der deutschen Bühnenaussprache" erschien zwischen 1900 und 1905 in mehreren
Auflagen, wurde dann aber wieder aufgegeben.

Auf Anregung der „Genossenschaft Deutscher Bühnenangehöriger", die einen Arbeitsausschuß zur endgültigen Regelung noch
strittiger Fragen einsetzte, wurden im Jahre 1907 Fragebogen an

etwa 200 deutsche Bühnen versandt. Nach Eingang der Antworten wurde im März 1908 eine erweiterte Kommission im Kammerspielhause des Deutschen Theaters in Berlin zusammengerufen. Ihr gehörten neben dem Arbeitsausschuß eine Reihe von Bühnenkünstlern und Vortragslehrern sowie von wissenschaftlicher Seite weiterhin die Professoren Siebs und Sievers an. Das Werk ging aus dieser Überprüfung so gut wie unangetastet hervor; nur in wenigen Punkten wurde geändert oder eine Formulierung schärfer gefaßt. Dagegen erhielt das Buch eine Erweiterung, indem die für den Sprechvortrag geltenden Regeln durch eine Anzahl von Zusätzen auch für den Gesangsvortrag nutzbar gemacht wurden. Vor allem aber wurde beschlossen, der neuen Auflage eine Art Aussprachewörterbuch beizugeben. Die Bearbeitung dieser, nunmehr unter das Patronat des Deutschen Bühnenvereins und der Genossenschaft Deutscher Bühnenangehöriger gestellten Auflage wurde wiederum Th. Siebs übertragen. Sie erschien als 4. Auflage mit dem geplanten Aussprachewörterbuch im Jahre 1909.

In dieser Form ist das Werk im wesentlichen verblieben. Auch die im Januar 1922 erneut zusammengetretene Kommission fand an seinem Inhalt und Aufbau nichts von Belang zu ändern. In dieser Kommission war erstmals das preußische Ministerium für Wissenschaft, Kunst und Volksbildung vertreten und bekundete dadurch das Interesse der Schule an der Hochlautung. Auf dieser Versammlung wurde der Beschluß gefaßt, dem Titel des Werkes die Bezeichnung „Hochsprache" beizufügen und damit auszudrücken, daß es nach Wirkung und Geltung den Kreis der Bühne hinter sich gelassen hatte.

Im Jahre 1933 erschien, nunmehr im Verlag Walter de Gruyter u. Co., Berlin, die letzte unveränderte Auflage des Werkes. Anfang 1933 fand in Berlin eine Tagung des „Beratungsausschusses für die deutsche Hochsprache" statt; ihm gehörten Vertreter der Bühne, des Gesanges, des Rundfunks, der Universität und der Schule an. Die Federführung übernahm auf Vorschlag von Th. Siebs der Deutsche Ausschuß für Sprechkunde und Sprecherziehung unter Leitung von Dr. Erich Drach (Universität Berlin). Der Vorschlag, eine grundlegende Neubearbeitung vorzunehmen, die von dem Grundsatz einer Hochform der Aussprache abgewichen wäre und damit den Kerngedanken des Werkes getroffen hätte, wurde abgelehnt. Angenommen wurden unter Zustimmung von Th. Siebs lediglich zwei Änderungen in wichtigen Einzelheiten. Die bisherige Forderung des „festen" Vokaleinsatzes in Wort- und Silbenanlaut wurde aufgegeben und der „sachte" oder „weiche" Neueinsatz empfohlen. Ferner wurde der Tatsache Rechnung getragen,daß man im lebendigen Sprachgebrauch weithin das Zäpfchen-[R] spricht. Dessen Verwendung wurde als hochsprachlich anerkannt, jedoch beschlossen, daß „nach Möglichkeit empfohlen werden sollte, den Zungenspitzenlaut als den ursprünglichen und zweckmäßigen Laut aufrechtzuerhalten". Diese beiden Neuerungen kamen für den „Siebs" nicht mehr zum Zuge, wurden aber in dem Buch von Fritz Gerathewohl, Richtiges Deutschsprechen (6. Aufl. Heidelberg 1949), als verbindliche Normen bekanntgemacht. Wesentlichere Veränderungen wurden weiter in der Behandlung der Doppelkonsonanten, der Behauchung stimmloser Verschlußlaute und der Aussprache der Bildungssilbe *-ig* in der Apostrophierung (*blut'ge, ew'ge*) vorgenommen. Für die Aussprache der Fremdwörter war der Grundsatz maßgebend, daß solche Wörter, die mehr und mehr in die deutsche Sprache hineinwachsen, auch in der Aussprache dem Deutschen angeglichen werden. Bei solchen dagegen, die wieder mehr außer Gebrauch kommen, war eine Rückangleichung an die Sprache des Herkunftslandes zu erwägen.

In den Jahren 1933—1945 wurden die Versuche wiederholt, die „Bühnenaussprache" nach neuen Grundsätzen im Sinne eines Abbaues der Hochform umzugestalten. Diese Versuche wurden von Th. Siebs und nach seinem Tode von den Herausgebern H. de Boor und P. Diels als seinen Erben abgelehnt. So blieb die Weiterarbeit an dem Werk bis zum Zusammenbruch 1945 liegen.

Nachdem der „Deutsche Ausschuß für Sprechkunde und Sprecherziehung" im Jahre 1950 neu ins Leben getreten war, nahm er sich auch der Betreuung des „Siebs" wieder an. Die Vorbereitung einer Neuauflage nach so langer Zeit erforderte viel sachliche Kleinarbeit. Sie wurde von einem Arbeitsausschuß geleistet, der zu mehreren Tagungen zusammenkam.

Diesem Arbeitsausschuß gehörten an: Univ.-Prof. Dr. de Boor, Berlin, und Univ.-Prof. Dr. Diels †, München (als Bearbeiter und Herausgeber der 18. Auflage); Univ.-Lektor Dr. Gerathewohl†, München; Univ.-Lektor Dr. Kuhlmann, Freiburg; Univ.-Lektor Dr. Lockemann †, Mainz; Dr. O. Schmid, Sprachpfleger am Bayerischen Rundfunk, München; Erich Schumacher, Essen;

Univ.-Lektor Dr. Tack, Bonn; Prof. Dr. Winkler, Marburg; Prof. Dr. Wittsack, Frankfurt am Main.

Die Richtlinien, nach denen die Bearbeitung erfolgte, wurden auf einer Tagung des „Erweiterten Siebs-Ausschusses", die am 20. Oktober 1953 stattfand, beraten und gebilligt. An dieser Tagung waren neben den Mitgliedern des Arbeitsausschusses alle an der Pflege der deutschen Hochsprache interessierten Institutionen vertreten, und zwar: Der Deutsche Bühnenverein, die Genossenschaft Deutscher Bühnenangehöriger, die Gesangspädagogik, der Rundfunk, die Gesellschaft für Deutsche Sprache, die höhere Schule, die Pädagogischen Hochschulen und damit die Volksschule, die deutsche Sprachpflege im Ausland durch das Goethe-Institut (München) und das Institut für Auslandsbeziehungen (Stuttgart), der Ausschuß für Sprachpflege, die Post (Fernmeldetechnisches Zentralamt), die Ständige Konferenz der Kultusminister.

An der letzten Sitzung des Arbeitsausschusses vom 27./28. Mai 1954 waren Vertreter von Österreich und der Schweiz beteiligt, und zwar: für Österreich Univ.-Prof. Dr. Trojan, Wien, und für die Schweiz Univ.-Prof. Dr. Boesch, Zürich.

Das Werk blieb in allem Wesentlichen bestehen. Die wichtigste sachliche Neuerung der 18. Auflage war die Einführung der internationalen Lautschrift an Stelle der besonderen Lautschrift, die bisher im „Siebs" verwendet worden war.

Die vorliegende 19. Auflage, um deren allgemeine Teile sich vor allem der zweite Herausgeber bemühte, hält an den Regelungen, die in der 18. für die reine Hochlautung getroffen wurden, fest; in einigen Fällen wurden bei der Aussprache fremder Wörter und Namen kleine Änderungen vorgenommen[1]). Die eigentliche, einschneidende Neuerung ist die Feststellung einer gemäßigten Hochlautung und ihre Aufnahme nicht nur in den allgemeinen Teil, sondern auch ihre Darstellung im Wörterverzeichnis (außer bei den Fremdwörtern). Sie trägt, unter Beibehaltung der reinen Hochlautung als Ideallautung, der Sprechwirklichkeit Rechnung und ist in vielen Beratungen erarbeitet worden.

---

[1]) Für die Wörter englischer Herkunft wurde Everyman's English Pronounciation Dictionary von D. Jones ([12]1963) herangezogen, für die französischen Léon Warnant, Dictionnaire de la prononciation française ([2]1964), für die europäischen geographischen Namen das Duden-Wörterbuch geographischer Namen (1966; ohne die Namen der Sowjetunion).

Allgemeines zur Aussprache in der Hochlautung

A. Grundbegriffe

I. Phonetisch

Die Laute unterscheiden sich vor allem nach ihrer Klangfarbe (Qualität), aber auch nach ihrer Dauer (Länge, Quantität) sowie nach der Stärke, mit der sie gesprochen werden (Intensität, dynamischer, expiratorischer Akzent), und nach der Tonhöhe (Intonation, musikalischer Akzent).

Unter Artikulationsbasis versteht man die Grundhaltung (Abb.) und die Art der Bewegung der aktiven Sprechorgane. Sie weist im Deutschen wie in jeder Sprache Besonderheiten auf. Lippen und Kiefer sind entspannt und leicht geöffnet. Die Zunge wird etwas nach vorn geschoben, so daß der Mundraum vorn klein, hinten aber weit wird. Das Gaumensegel ist angehoben und schließt bei den meisten Lauten den Gang zur Nase ab. Bei den Vokalen läßt es einen schmalen Gang zur Nase frei, dessen Weite sich nach der Mundöffnung des Vokals richtet. Dieser erhält dadurch eine leichte — früher weit stärkere — nasale Färbung. Zungengrund und Rachenmuskulatur bleiben entspannt. Die allgemeine Spannung der Artikulationsorgane ist im Vordermund elastisch und kräftig, geringer als im Französischen, jedoch stärker als im Englischen. Die Lautbildung spielt um diese Grundhaltung, und zwar so, daß die Laute möglichst nach vorn gegriffen werden, so daß z. B. das [l] nicht verdumpft, das [x] nicht im Rachen gebildet und [ʀ] nicht vokalisiert wird.

Die Definition der Silbe und der Silbengrenze bietet große Schwierigkeiten. Man kann sagen, die Silbe stelle ein abgeschlossenes Stück des Tonfalls dar (Tonsilbe), sie sei vom Atemdruck her in ihrem Gipfel wie in ihren Grenzen bestimmt (Drucksilbe), oder sie sei ein Zusammenschluß von schallärmeren Lauten um einen lautstarken Kern (Sonant), den Silbenträger (Schallsilbe). Zumeist sind Vokale Silbenträger, doch können in gemäßigter Hochlautung

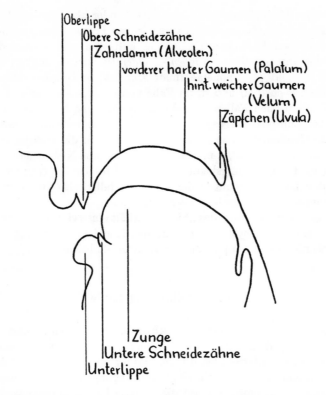

auch die Konsonanten [m, n, l] als solche auftreten, vgl. *welchem,
Banden, Himmel*: [ˈvɛlçəm, ˈbandən, ˈhiməl], in gemäßigter Norm
auch [ˈvɛlçm̩, ˈbandn̩, ˈhiml̩].

Die Silbengrenze liegt bei langem betontem Vokal (sog. „offene
Silbe") nach diesem, vgl. *Faser, leiden* [ˈfaː-zər; ˈlae-dən; gemäßigte Hochlautung ˈlae-dn̩]; bei kurzem Vokal pflegt man sie in
den folgenden Konsonanten zu legen.

II. Phonologisch

Im Unterschied zum Laut, der physiologisch-akustischen Charakter hat, ist das Phonem eine psychologische Größe, eine Laut-
vorstellung, die zu anderen Lautvorstellungen im Gegensatz steht
und damit das Phonem zum Bedeutungsträger macht; dieselbe

lautliche Erscheinung kann als „Laut" oder als „Phonem" aufgefaßt werden. Laute stellen verschiedene Phoneme dar, wenn sie in derselben lautlichen Umgebung auftreten und verschiedene Wörter unterscheiden. In *laben — laden* [ˈlɑːbən — ˈlɑːdən] etwa sind /b/ und /d/ Phoneme (man schreibt sie zwischen Schrägstriche), ebenso /a/ und /i/ im Falle von *waschen — wischen*.

Nicht in allen Fällen bezeichnen verschiedene Laute einen Bedeutungsunterschied: es gibt Spielarten (Varianten) von Phonemen (sog. Allophone). Freie Varianten stellen z. B. die verschiedenen *r*-Laute dar ([r, ʀ, ʁ], s. u.), die Behauchung und Nichtbehauchung von [p, t, k], stellungsbedingte *ach*- und *ich*-Laute [x, ç; ɑx, ɪç]. In den Lautvorstellungen der Phoneme fallen also verschiedene, phonetisch unterschiedene Laute zusammen.

Diese Neugestaltung des „Siebs" enthält einen eigenen Abschnitt über das Phonemsystem der deutschen Hochlautung (vgl. S. 27 ff). Es wurde jedoch die phonetische Lautschrift beibehalten.

B. Einteilung der Laute

Die Laute entstehen im Kehlkopf und im Rachen-, Mund- und Nasenraum, dem sogenannten Ansatzrohr. Der zum Sprechen verwendete Luftstrom kann beim Durchgang durch den Kehlkopf die Stimmlippen in regelmäßige Schwingungen versetzen und so Ton erzeugen. Laute, die auf diese Weise hervorgebracht werden, nennen wir **stimmhafte Laute** (allerdings können im Kehlkopf auch stimmlose Laute erzeugt werden, z. B. [h] und geflüsterte Vokale). Spricht man stimmhafte Laute wie [ɑ, o, m], so kann der an den Kehlkopf gelegte Finger die Schwingungen fühlen. Der Ton wird durch die wechselnde Einstellung des Mundraumes bzw. durch Öffnen oder Schließen des Nasenraumes zu den verschiedenen Vokalen und Sonanten [m, n, ŋ, l, r] ausgeformt. (Zu den Lautzeichen vgl. S. 23).

Daneben gibt es auch Laute, die ohne Schwingung der Stimmlippen gebildet werden, z. B. [p, t, k, f], stimmloses [s]: **stimmlose Geräuschlaute.** Diese Geräusche entstehen entweder durch Sprengung eines Verschlusses oder durch Bildung eines turbulenten Schallraumes nach einer Verengung im Ansatzrohr. Danach unterscheiden wir Verschluß- oder Explosivlaute und Reibe- oder

Frikativlaute. Bei den Verschluß- oder Okklusivlauten wird der Atemweg erst völlig verschlossen (z. B. beim [p] durch die Lippen), danach wird der Verschluß plötzlich gesprengt und durch das Ausstoßen der Luft ein Geräusch erzeugt.

Im Gegensatz zu diesen Augenblickslauten bilden bei den Reibelauten die Organe des Mundraumes eine Enge, durch die der Luftstrom geleitet wird. Dabei entsteht durch Reibung an den die Enge bildenden Organen ein Geräusch (z. B. beim [f] zwischen der Unterlippe und den Oberzähnen). Da der Luftstrom bei gleichbleibender Einstellung unbehindert weiterfließen kann, sind die Reibelaute im Rahmen der Atemdauer beliebig dehnbar; wir nennen sie daher Dauerlaute.

Stimme und Geräusch können sich aber auch miteinander verbinden. Wir erhalten dann **stimmhafte Verschluß- bzw. Reibelaute.** Z. B. sind [b, d, v], stimmhaftes [z] solche stimmhaften Verschlußlaute bzw. Reibelaute.

So gewinnen wir eine Dreigliederung der Laute, je nachdem, ob sie nur durch die Stimme, nur durch ein Geräusch oder durch beides gebildet werden.

Stimmhafte Laute sind einerseits die Vokale, andererseits [r, ʀ, l, m, n, ŋ] (Sonanten).

Stimmlose Geräuschlaute sind einerseits [p, t, k] (Verschlußlaute), andererseits [f, s, ç, x, ʃ] (Reibelaute). Dazu tritt noch der sogenannte Hauchlaut [h], bei dem sich der Luftstrom leicht an den Stimmlippen und an den Mundwänden reibt.

Stimmhafte Geräuschlaute sind einerseits [b, d, g] (Verschlußlaute), andererseits [v, j], stimmhaftes [z] und ebensolches [ʒ] (Reibelaute).

Diese Einteilung vermeidet die übliche, nicht stichhaltige Unterscheidung von Vokalen und Konsonanten. Eine Unterscheidung dieser Art geht von der Funktion der Laute in der Silbe aus und meint solche Laute, die als Silbenträger auftreten können, und solche, die in der Silbe nur als Begleiter jener erscheinen. Das aber wäre — mindestens für das Deutsche — nicht haltbar. Sprechen wir *Hain* oder *Traum*, so ist nur das [a] silbisch, die übrigen Laute, also auch die geschlossenen [e, o] des Diphthongs, sind unsilbisch. Andererseits spricht man in der deutschen Alltagssprache meist *Handel, Lippen, treten, Atem* nicht mit [ə], sondern [handl̩], [lɪpn̩], [treːtn̩], [aːtm̩]. Demnach können also sogenannte Mitlaute auch für sich allein tönen und eine Silbe tragen. In der Interjektion [pst] oder [pʃt] sind sogar stimmlose Geräuschlaute silbisch. Vokale können also neben einem anderen Vokal eine mitlautende (konsonantische) Funktion haben, während sogenannte Konsonanten eine silbische Funktion ausüben können.

Wenn sich dieses Buch im folgenden dennoch der üblichen Bezeichnungen Vokale und Konsonanten bedient, so geschieht es aus praktischen Rücksichten. Die stimmhaften Laute [r, l, m, n, ŋ] werden somit von den Vokalen getrennt und unter den Konsonanten behandelt, wie auch stimmlose und stimmhafte Geräuschlaute entsprechend der hergebrachten Einteilung als Konsonanten zusammengefaßt werden.

Bei den Vokalen bilden der oberhalb des Kehlkopfs liegende Rachenraum, die Mundhöhle und oft auch die Nasenhöhle, also das Ansatzrohr, für den im Kehlkopf erzeugten Stimmton Resonanzräume. Diese können, da der Unterkiefer, die Lippen, die Zunge und das Gaumensegel beweglich sind, die mannigfaltigsten Formen annehmen. Ihnen entsprechen die verschiedenartigen Klangfarben der einzelnen Vokale. Von den vielen Vokalen, die somit möglich und z. T. in den verschiedenen Mundarten auch wirklich verwendet sind, gelten in der Hochsprache verhältnismäßig wenige. Es erfordert große Aufmerksamkeit des Sprechers, in der Hochsprache die gewohnten Vokale seiner Heimat zu vermeiden und die hochsprachlichen rein zu bilden. Da aber die Klangwirkung der Rede in hohem Maße auf der Aussprache der Vokale beruht, ist auf deren gute Bildung besonders zu achten.

Wir unterscheiden bei den Vokalen zwischen Länge und Kürze. Lange Vokale sind dehnbar; auch bei übernormaler Dehnung, wie sie sich bei Erstaunen oder Entrüstung einstellt [ˈaːbər ˈfaːːtər]!), verändert sich die klangliche Erfaßbarkeit des Wortes nicht. Kurze Vokale sind ihrem Wesen nach undehnbar; willkürliche Dehnung würde die Erfaßbarkeit des Wortes stören. Wollte man in einem Worte wie *kann* den Vokal dehnen, so würde ein neues Wort (= *Kahn*) entstehen. Die emotionale Dehnung wird in der Rede daher von den folgenden Konsonanten getragen [ˈaːbər ˈmʊtːər]!). Über die andersartige Gesangsaussprache vgl. S. 151 f. Der lange Vokal entwickelt sich zu voller Lautstärke, klingt wieder ab und geht locker in den folgenden Konsonanten über: loser Anschluß. Der kurze Vokal schwillt ebenfalls an, wird aber nach kurzer Abschwächung durch den folgenden Konsonanten schroff abgeschnitten: fester Anschluß.

Ferner unterscheiden wir offene und geschlossene Vokale nach dem Grade der Mundöffnung bei jedem Vokal. Diese ist am weitesten beim [ɑ], weswegen sich dieses auch am besten zum Singen eignet. (Wir singen auf [lɑ], nicht auf [li] oder [lu].) Je mehr die Mundöffnung verengt wird, um so weiter entfernt sich der Vokalklang vom [ɑ] und um so geschlossener ist der einzelne Vokal. Die geschlossensten Vokale sind [i] und [u]; sie gehen bei noch weiterer Verengung in [j] bzw. [v] über.

In der deutschen Hochsprache sind diese beiden Hauptunterschiede meistens so verbunden, daß innerhalb einer Vokalqualität ([ɑ-, i-, u] usw.) die langen Vokale geschlossener, die entsprechenden kurzen offener gebildet werden. In betonten Silben gilt diese Koppelung durchgehend, während in unbetonten nur schwer Gesetzmäßigkeiten festgestellt werden können. Zwischen *Rose* und *Rosse*, *Muße* und *muß* besteht ein Klangunterschied, der sofort hörbar wird, wenn man — etwa im Gesang — einen kurzen Vokal lang aushält. Bei [ɑ] als dem offensten Laut ist ein Unterschied zwischen offener und geschlossener Aussprache kaum spürbar (*Wahn, wann*) und bleibt hier unberücksichtigt. Nur das offene [ɛ] kann im Deutschen sowohl lang als kurz verwendet werden (*Ähre* neben *Äpfel*). Kurze geschlossene Vokale treten regelmäßig nur in Fremdwörtern auf (vgl. S. 44), sehr selten dagegen in deutschen Wörtern, und dann allein dort, wo der kurze Laut erst in später Zeit durch Kürzung aus einem langen entstanden ist.

Große Unterschiede des Vokalklanges ergeben sich weiter durch die größere oder geringere Formveränderung der Lippen; [ɛ] unterscheidet sich von [œ] (*Helle — Hölle*), [ɪ] von [ʏ] (*Kissen — küssen*) hauptsächlich durch die Lippenrundung. Die Mundarten, namentlich oberdeutsche und ostmitteldeutsche, weichen hierin besonders stark von der Hochsprache ab; manche kennen überhaupt keine gerundeten Laute.

Bei den bisher besprochenen Vokalen wirkt nur die Mundhöhle als klangformender Resonanzraum. Das Gaumensegel ist dabei angehoben oder sperrt den Nasengang nahezu ab. Senken wir dagegen das Gaumensegel weiter, so wirkt die Nase als Resonanzraum mit, und wir bekommen Vokale von besonderer „nasalierter" Klangfarbe. Alle Vokale können nasaliert werden; praktisch kommen für die Hochsprache nur die in französischen Wörtern häufigen Nasalvokale [ɑ̃, ɛ̃, ɔ̃, œ̃] in Frage (*Chambre, Refrain, Garçon, Verdun*). Hier darf keinesfalls [ɑŋ, ɛŋ, ɔŋ, œŋ] oder gar [ɑŋg, ɛŋg, ɔŋg, œŋg] gesprochen werden, vielmehr ist der Vokal zu nasalieren.

Bei den Geräuschlauten haben wir stimmlose und stimmhafte unterschieden. Bei den Verschlußlauten deckt sich diese Unterscheidung wesentlich mit einer anderen qualitativen Abgrenzung, die wir mit fortis und lenis oder hart und weich bezeichnen. Sie meint einen größeren oder geringeren Energieaufwand bei Bildung und Sprengung des Verschlusses. Dieser Zusammenfall von stimmloser Bildung mit fortis und stimmhafter mit lenis in der reinen Hochlautung gilt auch im niederdeutschen Sprachgebiet. In Mittel- und Oberdeutschland gibt es weithin keine stimmhaften Lenes [b, d, g]. Dort werden diese von den [p, t, k] wenn überhaupt, so nur durch die geringere Festigkeit des Verschlusses und die geringere Energie bei der Verschlußsprengung unterschieden. In der Hochlautung ist zu fordern, daß bei der Bildung der [b, d, g] neben der loseren Verschlußbildung und weicheren Verschlußlösung auch der Stimmton anklingt. So ist das [g] in *gern* stimmhaft und weich (lenis) zu bilden gegenüber dem [k] in *Kern*, das stimmlos und hart (fortis) zu sprechen ist. In der gemäßigten Hochlautung ist dieser Gegensatz in vielen Stellungen aufgehoben.

Bei den stimmlosen Verschlußlauten unterscheiden wir ferner unbehauchte und behauchte Aussprache. Behauchte Aussprache [p′, t′, k′] entsteht, indem nach energischer Sprengung des Verschlusses ein dem [h] ähnlicher Nachlaut hörbar wird [p′ɑːr, t′ɑːk, k′int]. Behauchte Aussprache dieser Laute kennt das Niederdeutsche, während die mittel- und oberdeutschen Mundarten unbehaucht sprechen. Für die Hochlautung wird Behauchung gefordert (vgl. S. 104 ff.).

Bei den Geräuschlauten, sowohl den Verschluß- wie den Reibelauten, ergeben sich wesentliche Unterschiede aus der Stelle, an der das Geräusch hervorgebracht wird, ob die Lippen einen Verschluß herstellen (wie bei [b, p]), oder ob die Unterlippe gegen die Oberzähne eine Enge bildet (wie bei [f, v]), ob die Zunge mit ihrer Spitze oder dem vordersten Teil des Zungenrückens gegen die Zahnschneiden oder die Alveolen einen Verschluß bildet (wie bei [d, t]) oder schwebend gegen sie eine Enge herstellt (wie meist bei [s]) oder ob sie endlich gegen den vorderen oder den hinteren Gaumen bzw. das Gaumensegel artikuliert (wie bei dem *ich*-Laut und dem *ach*-Laut [ç, x]). Hiernach werden labiale, labiodentale, dentale, alveolare, palatale und velare Laute oder Lippen-, Lippenzahn-, Zahn-, Hinterzahn-, Hartgaumen- und Weichgaumenlaute unterschieden. Läßt man das Gaumensegel schlaff herabhängen und gibt der Luft damit den Weg durch den Nasenraum frei, so ist damit die Vorbedingung für die Bildung der Nasallaute [m, n, ŋ] gegeben, die sich untereinander durch die Stelle des Mundverschlusses unterscheiden. Besondere Bildungsweisen haben die sogenannten Liquidae [r] und [l] (vgl. S. 84 ff.).

Aus diesen phonetischen Erörterungen ergibt sich, daß wir mit den üblichen Buchstaben nicht auskommen, um auch nur die wichtigsten Unterschiede der Laute darzustellen. Um Feinheiten der Sprache festzulegen, bedient sich die Sprachwissenschaft vieler besonderer phonetischer Schriftzeichen. Da wir hier praktische, nicht wissenschaftliche Zwecke verfolgen, halten wir die Umschrift möglichst einfach. Wir benutzen fast durchweg das internationale phonetische Alphabet.

C. Phonetische Schreibung

I. Vokale

[ɑ]   kurz: *Mann, Schatten* [mɑn, 'ʃatən]

[ɑ:] lang: *Tat, Saat, kahl* [tɑ:t, zɑ:t, kɑ:l]

[ʌ]   kurzer dunkler a-Laut: (e.) *Lunch* [lʌntʃ]

[ɐ]   kurzer dunkler *a*-Laut, etwas heller als [ʌ]: in gemäßigter Hochlautung *der* [deːɐ] u. a.

[æ]   kurzer, sehr offener ä-Laut: (e.) *Campbell* ['kæmbl]

[ɛ]   offen und kurz: *Recht, hält, lästig* [rɛçt, hɛlt, 'lɛstɪç]

[ɛ:] offen und lang: *Käse, Fähre, Barriere* ['kɛːzə, 'fɛːrə, bɑri'ɛːrə]

[e]   geschlossen und kurz: *Benefiz, lebendig* [bene'fiːts, le'bɛndɪç]

[e:] geschlossen und lang: *legen, Ehre* ['leːgən, 'eːrə]

[ə]   schwach, ungespannt und kurz: *Gabe, Chance, genau* ['gɑːbə, 'ʃãs(ə), gə'nɑo] (Schwa)

[ɪ]   offen und kurz: *Fisch, ich, Gift* [fɪʃ, ɪç, gɪft]

[i]   geschlossen und kurz: *vielleicht, Rivale* [fi'laeçt, ri'vɑːlə]

[i:] geschlossen und lang: *mir, Liebe, ihn* [miːr, 'liːbə, iːn] [ĭ]   nichtsilbisch: Rebellion, Dahlie [rebɛ'lĭoːn, 'daːlĭə]

[ɨ]   hoher, ungerundeter Mittelzungenvokal: (ru.) *Stolypin* [stɑ-'ɬipin]

[ɔ]   offen und kurz: *doch, Horn* [dɔx, hɔrn]

[ɔː]   offen und lang: (e.) *all, Shaw* [ɔːl, ʃɔː]

[o]   geschlossen und kurz: *sogleich, Lokomotive* [zo'glaeç, lokomo-'tiːvə]

[oː]   geschlossen und lang: *vor, Moos, Mohr* [foːr, moːs, moːr]

[œ]   offen und kurz: *Mörder, Götter, gönnt* ['mœrdər, 'gœtər, gœnt]

[œː]   offen und lang: (f.) *œuvre* [œːvʀ(ə)]

[øː]   geschlossen und lang: *schön, Söhne* [ʃøːn, 'zøːnə]

[ʊ]   offen und kurz: *Hund, durch* [hʊnt, dʊrç]

[u]   geschlossen und kurz: *zum, Akkumulator, uvular* [tsum, akumu'laːtor, uvu'laːr]

[uː]   geschlossen und lang: *gut, Huhn, suchen* [guːt, huːn, 'zuːxən]

[ŭ]   nichtsilbisch: Baudouin [bo'dŭɛ̃ː], Guido ['gŭiːdoː]

[ʉ]   geschlossen und kurz, zwischen [y] und [u]: (schw.) Uppsala ['ʉpsɑːla]

[Y]   offen und kurz: *Mütter* ['mYtər]

[y]   geschlossen und kurz: *polyphon, parfümieren* [poly'foːn, parfy'miːrən]

[yː]   geschlossen und lang: *für, kühn, Mühle* [fyːr, kyːn, 'myːlə]

[ã]   nasaliert: *Chambre, Jean, Entree* [ʃãbʀ, ʒã, ã'tʀeː]

[ɛ̃]   nasaliert: *Maintenon, Teint* [mɛ̃t(ə)'nɔ̃, tɛ̃]

[ɔ̃]   nasaliert: *Garçon, Châlons* [gɑʀ'sɔ̃, ʃɑ'lɔ̃]

[œ̃]   nasaliert: *Verdun, Parfum* [vɛʀ'dœ̃, paʀ'fœ̃]

[ae]   [a] mit geschlossenem kurzem [e]: *Eis, Hain* [aes, haen]

[ao]   [a] mit geschlossenem kurzem [o]: *Haus, Mauer* [haos, 'maoər]

[ɔø]   offenes [ɔ] mit kurzem offenem [ø]: *Leute, Häuser* ['lɔøtə, 'hɔøzər]

[w]   beidlippiger *w*-Laut: (f.) Boileau [bwa'loː]

II. Konsonanten

[r]   stimmhafter Zungenspitzen-Vibrant: *Rede, Ehre, aber* ['reːdə, 'eːrə, 'aːbər]

[ʀ]   stimmhafter uvularer Vibrant: *Rede, Ehre, aber* ['ʀeːdə, 'eːʀə, 'aːbəʀ] [ʁ]   stimmloser uvularer Reibelaut: *Treppe, hart, wahr* ²['tʁɛpə, haʁt, vɑːʁ] (vgl. S. 84 ff.)

[l]   stimmhafter alveolarer Fließlaut: *Leib, alle, Himmel* [laep, 'alə, 'hɪməl]

[ɫ]   velarisierter l-Laut: (ru.) *Stolypin* [staˈɫipin]

[ʎ]   mouillierter l-Laut, Verschmelzung von [l] + [j]: *Bataille* [baˈtaːʎə]

[m]   bilabialer Nasenlaut: *Mahl, heimlich, Atem* [maːl, 'haemlɪç, 'aːtəm]

[n]   alveolarer Nasenlaut: *Note, Kanne, finden* ['noːtə, 'kanə, 'fɪndən]

[ɲ]   mouillierter n-Laut, Verschmelzung von [n] + [j]: *España, Bologna* [esˈpaɲa, boˈlɔɲa]

[ŋ]   velarer Nasenlaut: *jung, rings, Dank* [jʊŋ, rɪŋs, daŋk]

[h]   Hauchlaut: *Hauch, Ahorn* [haox, 'aːhɔrn]

[f]   stimmloser labiodentaler Reibelaut: *Feind, Vesper, auf* [faent, 'fɛspər, aof]

[v]   stimmhafter labiodentaler Reibelaut: *Welt, Villa, zwei, quer* [vɛlt, 'vɪla, tsvae, kveːr]

[s]   stimmloser alveolarer Reibelaut (Fortis): *Essen, Ast, Roß, Sire, Zahn, hetzen, Lachs, Xerxes* ['esən, ast, rɔs, siːr, tsaːn, 'hetsən, laks, 'ksɛrksɛs]

[z]   stimmhafter alveolarer Reibelaut: *singen, Hase, langsam* ¹['zɪŋən, 'haːzə, 'laŋzaːm]

[ʐ]   stimmloser alveolarer Reibelaut (Lenis): *singen, Hase, langsam* ²['ʐɪŋən, 'haːʐə, 'laŋʐaːm]

[ź]   stimmhafter, stark palataler s-Laut: (po.) *Rogoźno* [rɔˈgɔźnɔ]

[ʃ]   stimmloser palato-alveolarer Reibelaut mit Lippenstülpung: *schön, Asche, Spiegel, Stand* [ʃøːn, 'aʃə, 'ʃpiːgəl, ʃtant]

[ʒ]   stimmhafter palato-alveolarer Reibelaut mit Lippenstülpung: *Genie, Loge* [ʒeˈniː, 'loːʒə]

[ç]   stimmloser palataler Reibelaut (ich-Laut): *Ich, Eiche, Chemie* [ɪç, 'aeçə, çeˈmiː]

[ɕ]   stimmloser, stark palataler s-Laut: (po.) *Sienkiewicz* [ɕenˈkjevɪtʃ]

[j]   stimmhafter palataler Reibelaut: *ja, Rayon* [jaː, rɛˈjõ]

[x]   stimmloser velarer Reibelaut (ach-Laut): *Buche, auch* ['buːxə, aox]

[ß]   stimmhafter bilabialer Reibelaut: (sp.) *Alava* ['alaßa]

[θ] stimmloser inter- oder postdentaler Reibelaut: (sp.) Albacete
     [alßa'θete]

[ð] stimmhafter inter- oder postdentaler Reibelaut: (sp.) Alma-
     dén [alma'ðen]

[w] stimmhafter bilabialer Reibelaut: (e.) Wales [weilz]

[ɣ] stimmhafter velarer Reibelaut: Ağa Khan ['aɣa xan]

[b d g] stimmhafte weiche Verschlußlaute: *beide, Diebe, gegen*
     ['baedə, 'di:bə, 'ge:gən]

[ḅ ḍ g̊] stimmlose weiche Verschlußlaute: *beide, Handlung, Sack-
     gasse* [2]['ḅaedə, 'handlʊŋ, 'zakg̊asə]

[p t k] stimmlose harte Verschlußlaute, gewöhnlich behaucht
     (s. S. 104 ff.) *Pate, Kette, Tücke, ab, weg, spitz, stumpf* ['pa:tə,
     'kɛtə, 'tʏkə, ap, vɛk, ʃpɪts, ʃtʊmpf]

[l̩ n̩] silbische *l*-, *n*-Laute in gemäßigter Hochlautung: *Handel,
     Bauten* [2]['handl̩, 'baotn̩]

III. Zusätzliche Zeichen

◡ über dem Vokal, wie bei [ĭ, ŭ], bezeichnet einen nichtsil-
   bischen Vokal: *Ration*, [ra'tsĭo:n].

| vor einem Vokal zeigt an, daß dieser eine eigene Silbe be-
   ginnt. Er darf mit vorangehendem Vokal nicht zu einem
   Diphthong vereinigt, sondern soll mit Neueinsatz gesprochen
   werden: *beenden* [bə|'ɛndən]. In nichtdeutschen Wörtern
   aber darf der Vokal nach | keinesfalls mit Sprengeinsatz
   gesprochen werden: *Hiatus* [hi|'a:tʊs].

- zwischen Vokalen zeigt an, daß die Vokale nicht zum Diphthong verschmolzen, jedoch auch nicht mit Neueinsatz gesprochen werden: *Aïda* [a-'i:da].

◡· unter zwei gleichartigen Konsonanten zeigt an, daß diese
   einen Konsonanten von längerer Dauer bilden (in der reinen
   Hochlautung zweigipfelig): *annähern* ['ann̯ɛ:ərn], oder in
   Kompositionsfugen bei Homorganen nur der zweite Laut
   geöffnet wird: *Raubbau* ['raopb̯ao], oder ein vor Reibelaut
   stehender Verschlußlaut in gemäßigter Hochlautung nicht
   behaucht wird: *Raubfisch* [2]['ʀaop̯fɪʃ].

' vor einer Silbe bezeichnet den Wortton: *erhalten* [ɛr'haltən].

ˌ vor einer Silbe bezeichnet einen Nebenton: 'Einverˌständnis.

  Die Bezeichnung Silbe ist phonetisch, nicht grammatisch zu verstehen.

D. Das Phonemsystem der deutschen Hochlautung

Von G. Ungeheuer

I. Vorbemerkungen

Diese phonologische Analyse der deutschen Hochlautung hält sich streng an die im Aussprachewörterbuch niedergelegten Transskriptionen. Da in dieser alle feineren Varianten unberücksichtigt bleiben und nur die wichtigen Hauptzüge der Artikulationen festgelegt sind („breite Transkription"), hat das Ausgangsmaterial bereits eine für die Untersuchung vorteilhafte Form: die Kodifikation der Hochlautung kann als in allophonischer Schreibung fixiert angesehen werden. Freilich müssen zu einer genauen Aussprache noch die allgemeinen Regeln über die Aspiration der Verschlußlaute, über den Neueinsatz der Vokale u. dgl. beachtet werden, die im allgemeinen phonetischen Teil der Einleitung behandelt sind. Allein die Tatsache jedoch, daß diese phonetischen Eigenarten des Deutschen, die im Aussprachewörterbuch selbst ohne Schwierigkeiten mit Hilfe von diakritischen Zeichen hätten angezeigt werden können, in allgemeinen Regeln faßbar sind, beweist, daß sie ohne phonologische Relevanz sind: sie sind abhängig von der lautlichen Umgebung und somit ungeeignet zur Bildung phonologischer Distinktionen. Allerdings haben sie häufig, was hier nicht untersucht werden soll, die Funktion von „Grenzsignalen" (Trubetzkoy; die „junctures" der amerikanischen Linguistik), die die morphematische Struktur der Wörter anzeigen.

Es erscheint zweckmäßig, in kurzen Zügen die Grenzen der Analyse, die angewandten Analysationsprinzipien sowie die Grundlagen der Systembildung zu beschreiben:

1. Es handelt sich hier um eine reine Wortphonologie, da die Untersuchung bezogen bleibt auf das im Aussprachewörterbuch vorhandene Material. Im strengen Sinne werden nur die lexikalischen Formen der Wörter vorausgesetzt. Extrapolationen auf die flektierten Formen sind jedoch nach den allgemeinen Ausspracheregeln leicht möglich.

2. Die Analyse beschäftigt sich zunächst und in der Hauptsache mit der sog. „reinen Hochlautung". Erst anschließend werden die

Einflüsse der „gemäßigten Hochlautung" auf das Phonemsystem untersucht.

3. Da das zu analysierende Korpus ein Lexikon ist, bleiben prosodische Erscheinungen des Akzents und der Intonation weitgehend außer Betracht. Sie sind in der phonetischen Einleitung klassifikatorisch zusammengefaßt. Die Untersuchung konzentriert sich daher auf das System der segmentalen Phoneme.

4. Die Untersuchung bedient sich folgender Analysationsregeln:

a) Feststellung phonologisch relevanter Allophondistinktionen

α) wenn möglich mit „Minimalpaaren" (Allophone in bedeutungsunterscheidender Funktion),

β) sonst nach dem Prinzip komplementärer Distributionen bezüglich brauchbarer Lautumgebungen.

Ergebnis: Phonologisch nicht äquivalente Allophone werden getrennt und verschiedenen Phonemen zugeordnet.

b) Vergleich der durch relevante Distinktionen nicht getrennten Allophone auf phonetische Ähnlichkeit.

Ergebnis: Ähnliche, nicht distinktive Allophone bilden ein Phonem, unähnliche zwei Phoneme.

c) Feststellung der Phonemgehalte, d. h. der für jeweils ein Phonem relevanten phonetischen Eigenschaften nach dem phonetischen Beschreibungssystem, das bereits bei der Ähnlichkeitsanalyse verwendet wurde bzw. schon mit der Transkription vorausgesetzt wird.

5. Die fundamentale Unterscheidung nach Vokalen und Konsonanten, die wir hier voraussetzen, ist von der Position der Lautsegmente in der Silbe abgeleitet. Jede Silbe, auch die mit dem schwächsten Akzent (unbetonte Silbe), besitzt einen Silbengipfel, der durch die Position des Akzents innerhalb der Silbe bestimmt ist. Die silbengipfelbildenden Laute nennen wir Vokale, die übrigen Konsonanten. Man spricht in diesem Zusammenhange auch von Silbenkernen und Satelliten. Diese Definition setzt den Silbenbegriff undefiniert voraus; die Silbe kann daher nicht nachträglich als Kombination von Konsonanten und Vokalen bestimmt werden.

6. Wie üblich werden Klammerzeichen in folgender Funktion verwendet.

[...]:   phonetische oder allophonische Transkription,

/.../:   phonologische Transkription,

⟨...⟩:   orthographische Schreibweise.

II. Die Vokalphoneme

Im Aussprachewörterbuch der Hochlautung werden bei der
Wortbetonung zwei Grade silbischer Hervorhebung unterschieden:
betonte und unbetonte Silben. Zwar wird in der phonetischen Einleitung beschrieben, daß man bei einigen Wörtern eine dreifache
Stufung zwischen hauptbetonten, nebenbetonten und unbetonten
Silben zu beachten hat, doch besteht die einfache Zweiteilung insofern zu Recht, als das System der Vokalphoneme allein abhängt
von der Unterscheidung in betonte und unbetonte Silben. Es erscheint daher zweckmäßig, die Vokale der beiden Silbentypen zunächst getrennt zu behandeln. Insgesamt werden 22 verschiedene
Vokale transkribiert:

[iː, yː, uː, eː, øː, oː, aː, ɪ, ʏ, ʊ, ɛ, ɛː, ɔ, a, œ, i, y, u, e, ø, o, ə]

Alle diese Laute kommen in unbetonter Silbe als Kern vor. In
betonter Position hingegen nur die folgenden 15:

[iː, yː, uː, eː, øː, oː, ɛː, aː, ɪ, ʏ, ʊ, ɛ, œ, ɔ, a]

Zunächst fällt auf, daß diese in betonter Silbe vorkommenden
Silbenkerne in die beiden Klassen der langen und kurzen Vokale
zerfallen: 8 langen Vokalen stehen 7 kurze gegenüber. Unterscheidet man rein auditiv sieben Vokalqualitäten, so lassen sich die
Vokale in folgende Gruppen zusammenfassen, wobei zu jeder Qualität mit Ausnahme der e-Vokale zwei Vokale gehören:

[iː, ɪ], [yː, ʏ], [uː, ʊ], [eː, ɛː, ɛ], [øː, œ], [oː, ɔ], [aː, a]

Es ist bereits mit Minimalpaaren deutscher Wörter zusätzlich
weniger distributioneller Betrachtungen festzustellen, daß alle diese
Vokale verschiedene Vokalphoneme repräsentieren:

1. lange Vokale:

⟨Kiel⟩	[kiːl]	⟨briet⟩	[briːt]	⟨wiegen⟩	['viːgən]
⟨kühl⟩	[kyːl]	⟨brüt'⟩	[bryːt]	⟨wegen⟩	['veːgən]
⟨Kehl⟩	[keːl]	⟨Brut⟩	[bruːt]	⟨wägen⟩	['vɛːgən]
⟨Kohl⟩	[koːl]	⟨brät⟩	[brɛːt]	⟨wögen⟩	['vøːgən]
⟨kahl⟩	[kaːl]	⟨Brot⟩	[broːt]	⟨wogen⟩	['voːgən]
⟨Kuli⟩	['kuːli]	⟨brat'⟩	[braːt]	⟨Wagen⟩	['vaːgən]
⟨Köhler⟩	['køːlər]	⟨Brötchen⟩	['brøːtçən]		

2. kurze Vokale:

⟨Mitte⟩	['mɪtə]	⟨Mächte⟩	['mɛçtə]	⟨Kisten⟩	['kɪstən]
⟨Mette⟩	['mɛtə]	⟨möchte⟩	['mœçtə]	⟨Küsten⟩	['kʏstən]
⟨Motte⟩	['mɔtə]	⟨mochte⟩	['mɔxtə]	⟨kosten⟩	['kɔstən]
⟨Matte⟩	['matə]	⟨machte⟩	['maxtə]	⟨Kasten⟩	['kastən]
⟨Mutter⟩	['mʊtər]			⟨Kustos⟩	['kʊstɔs]
				⟨köstlich⟩	['kœstlɪç]

3. langer gegen kurzen Vokal:

⟨litt⟩	[lɪt]	≠	⟨Lied⟩	[liːt]
⟨füllen⟩	['fʏlən]	≠	⟨fühlen⟩	['fyːlən]
⟨Sucht⟩	[zʊxt]	≠	⟨sucht⟩	[zuːxt]
⟨Herr⟩	[hɛr]	≠	⟨Heer⟩	[heːr]
⟨Brett⟩	[brɛt]	≠	⟨brät⟩	[brɛːt]
⟨flösse⟩	['flœsə]	≠	⟨Flöße⟩	['fløːsə]
⟨Sonne⟩	['zɔnə]	≠	⟨Sohne⟩	['zoːnə]
⟨schlaff⟩	[ʃlaf]	≠	⟨Schlaf⟩	['ʃlaːf]

Es erscheint daher berechtigt, vorläufig für die deutsche Hochlautung folgende 15 Vokalphoneme anzusetzen:

/iː, yː, uː, eː, øː, oː, ɑː, ɪ, ʏ, ʊ, ɛ, ɛː, ɔ, a, œ/   (V 1)

Bis hierher haben sich unserer Analyse noch keine besonderen Schwierigkeiten entgegengestellt. Wir lassen zunächst eine Erörterung der Diphthonge beiseite und beantworten die Frage, ob und, wenn ja, wie sich das Vokalsystem (V 1) ändert, wenn wir nunmehr die Vokale der unbetonten Silben in die Betrachtung miteinbeziehen. Genauer formuliert, stellt sich folgendes Problem: Welcher phonologische Status muß den Vokalen [i, y, u, e, ø, o, ə], die nur in unbetonter Position vorkommen können, zuerkannt werden? Sind diese Vokale als Allophone von Phonemen des Systems (V 1) anzusehen, oder sind es Realisierungen weiterer Phoneme, die zu (V 1) hinzugefügt werden müssen?

Der Vokalismus in den unbetonten Silben der deutschen Hochlautung kann kurz folgendermaßen beschrieben werden. Charakteristisch ist das häufige Vorkommen des „Murmelvokals" [ə]. Die kurzen geschlossenen Vokale, die von der betonten Silbe ausgeschlossen sind, finden sich hauptsächlich in Fremdwörtern, die jedoch zum größten Teil fester Bestandteil des deutschen Wortschatzes sind. Minimalpaare zur Bildung distinktiver Oppositionen lassen sich nur selten finden; für die phonologische Analyse ist man

daher nahezu völlig auf eine distributionelle Analyse angewiesen.
Eine Ausnahme hiervon bilden z. B. die morphologisch bedingten
Distinktionen von ⟨Wirten⟩ ≠ ⟨Wirtin⟩, ⟨Oberen⟩ ≠ ⟨Oberin⟩ usw.,
die zu einer funktionellen Trennung der beiden Allophone [ə] und
[ɪ] führen. Ohne die vielen Fremdwörter, die tatsächlich noch als
solche zu erkennen sind, würden die kurzen geschlossenen Vokale
in unbetonter Silbe fast völlig verschwinden. Allerdings gibt es
hiervon charakteristische Ausnahmen, von denen das [e] in ⟨leben-
dig⟩ [le'bɛndɪç] vielleicht die bekannteste ist.

Die Analyse ergibt, daß in unbetonter Silbe lange geschlossene
Vokale und kurze geschlossene Vokale derselben Qualität grundsätzlich in komplementärer Distribution stehen, nicht aber kurze
geschlossene und kurze offene Vokale. Für den zuletzt genannten
Tatbestand mögen folgende Beispiele als Belege dienen:

⟨Kritik⟩	[kri'tiːk]	⟨Krittelei⟩	[krɪtə'lae]
⟨divers⟩	[di'vɛrs]	⟨diffus⟩	[dɪ'fuːs]
⟨Digression⟩	[digrɛ'sĭoːn]	⟨Dignität⟩	[dɪgni'tɛːt]
⟨synoptisch⟩	[zy'nɔptɪʃ]	⟨syntaktisch⟩	[zʏn'taktɪʃ]
⟨Synagoge⟩	[zynɑ'goːgə]	⟨Synalöphe⟩	[zʏnɑ'løːfe]
⟨Pyrenäen⟩	[pyrə'nɛːən]	⟨Pygmäen⟩	[pʏ'gmɛːən]
⟨Kurant⟩	[ku'rɑnt]	⟨kurrent⟩	[kʊ'rɛnt]
⟨Kurier⟩	[ku'riːr]	⟨skurril⟩	[skʊ'riːl]
⟨Kulanz⟩	[ku'lɑnts]	⟨Kultur⟩	[kʊl'tuːr]
⟨Methan⟩	[me'tɑːn]	⟨Metteur⟩	[mɛ'tøːr]
⟨sezieren⟩	[ze'tsiːrən]	⟨sexuell⟩	[zɛ̠'ksuɛl]
⟨Komet⟩	[ko'meːt]	⟨Kommers⟩	[kɔ'mɛrs]
⟨Koloß⟩	[ko'lɔs]	⟨Kolleg⟩	[kɔ'leːk]
⟨Pokal⟩	[po'kɑːl]	⟨Pogrom⟩	[pɔ'grɔm]
⟨operieren⟩	[opə'riːrən]	⟨opponieren⟩	[ɔpo'niːrən]

Für die beiden Vokale [ø] und [œ] konnten keine Beispiele in
gleicher oder ähnlicher Lautumgebung gefunden werden, was aus
der geringen Vorkommenshäufigkeit dieser Segmente im Wortschatz zu erklären ist. Die Parallelität mit den anderen Vokalen
ist jedoch evident.

Die nicht-komplementäre Verteilung der geschlossenen und offenen Varianten der einzelnen Vokalqualitäten folgt unmittelbar
aus der Verabredung, nach der die Aussprache der Vokale in der
Hochlautung nicht von der Lautumgebung, sondern von der entsprechenden Buchstabenumgebung abhängig ist: eine Grundregel

der deutschen Orthoëpie lautet, daß ein Vokal geschlossen vor
einem Konsonantenbuchstaben und offen vor mehreren artikuliert
wird, und zwar auch dann, wenn lautlich kein Unterschied festzustellen ist.

Das Ergebnis legt die Auffassung nahe, die kurzen und langen
Varianten der geschlossenen Vokale als Allophone ein und desselben Phonems zu interpretieren. Es bleiben bei dieser Regelung
allerdings drei Sonderfälle: [ɑː] gegen[ɑ] (die bereits als Repräsen-
tanten zweier Phoneme eruiert wurden), die Konstellation der
e-Vokale und das Schwa [ə], dessen phonologischer Status noch
nicht bestimmt ist.

Aus der phonetischen Beschreibung ist nicht zu entnehmen, ob
[ɑ] und [ɑː] als geschlossen oder offen zu werten sind. Lediglich
wird festgestellt, daß diese Differenz bei diesem Vokal nicht mit
dem Gegensatz kurz-lang korreliert ist. Die phonetische Deskrip-
tion der Vokale wird erst bei der Analyse des Phonemgehalts und
bei der Aufstellung eines Vokalsystems nach phonologisch relevanten Eigenschaften wichtig werden. Die e-Laute bilden den ein-
zigen Vokalbereich der deutschen Sprache, in dem drei Vokalphoneme zu unterscheiden sind, nämlich /[eː, e], [ɛ], [ɛː]/.

Für das Schwa [ə] ist wichtig, in welcher distributionellen Relation es zu den phonetisch ähnlichen Allophonen [e], [ɛ] und [ɪ]
steht. Hierher gehören die folgenden Beobachtungen. Es gibt, wie
bereits erwähnt, Minimalpaare, welche [ə] gegen [ɪ] in distinktiver
Opposition zeigen. Die komplementäre Distribution ist weder mit
[e] noch mit [ɛ] völlig gewahrt. Beispiele hierfür sind ⟨genial⟩
[geˈniɑːl] gegen ⟨genau⟩ [gəˈnɑo] und ⟨item⟩ [ˈiːtɛm] gegen ⟨Atem⟩
[ˈɑːtəm]. Allerdings gibt es für relevante Gegenüberstellungen in
ähnlicher Lautumgebung für [ɛ] weitaus weniger Beispiele als für
[e]. Dieser Tatbestand könnte die Interpretation rechtfertigen,
welche [ə] als Allophon des /ɛ/ ansieht. Dann aber müßte jedenfalls
genau festgelegt werden, nach welchen kombinatorischen Regeln
dieses Phonem in unbetonten Silben einmal als [ɛ], das andere Mal
als [ə] ausgesprochen wird. Da diese Regeln bis jetzt nur teilweise
bekannt sind und außerdem das [ə] im Vokalismus der unbetonten
Silbe ein so hervorstechendes Merkmal ist, sei es als selbständiges
Phonem angenommen.

Aus dieser Analyse ergibt sich nun folgender Bestand an Vokal-
phonemen:

/[iː, i], [yː, y], [uː, u], [eː, e], [øː, ø], [oː, o], [ɑː], [ɪ], [ʏ], [ʊ], [ɛ],
[ɛː], [ɔ], [ɑ], [œ], [ə]/   (V2)

Eine Untersuchung der Diphthonge bringt in diesem Vokalsystem keine Änderung, da wir sie mit Morciniec und gegen
Trubetzkoy diphonematisch werten. Daß diese Deutung gerechtfertigt ist, zeigen die folgenden Distinktionen:

Diphthong:

[ɑo]	[ae]	[ɔø]
⟨Tau⟩ [tɑo]	⟨drei⟩ [drae]	⟨Scheu⟩ [ʃɔø]
⟨Tang⟩ [tɑŋ]	⟨drall⟩ [drɑl]	⟨Schott⟩ [ʃɔt]
⟨Bau⟩ [bɑo]	⟨Teig⟩ [taek]	⟨Heu⟩ [hɔø]
⟨Ball⟩ [bɑl]	⟨Talg⟩ [tɑlk]	⟨hopp⟩ [hɔp]

Gewöhnlich werden nur diese drei Vokalverbindungen Diphthonge des Deutschen genannt. Es sind fallende Diphthonge, da
der Silbenakzent immer auf dem ersten Vokal liegt und der zweite
unsilbisch auszusprechen ist.

Aus der allophonischen Darstellung des Phonembestandes (V2)
ergeben sich zwei Vokalphonemklassen: zu der einen gehören die
üblicherweise als „geschlossen" bezeichneten Varianten der einzelnen Vokalqualitäten, die in betonter Silbe durchgehend lang
sind, /[iː, i], [yː, y], [uː, u], [eː, e], [øː, ø], [oː, o]/, zu der anderen die
„offenen" Vokale, unter denen, wenn man die ɑ-Vokale zu ihnen
zählt, zwei lange zu finden sind /[ɪ], [ʏ], [ʊ], [ɛ], [ɛː], [œ], [ɔ], [ɑ],
[ɑː]/. Führt man die beiden organo-genetisch bestimmten Dimensionen „Lage der engsten Stelle im Ansatzrohr" und „Öffnungs-
grad der engsten Stelle im Ansatzrohr" ein, so läßt sich das Vokalsystem unter Berücksichtigung der genannten Aufteilung in zwei
Vokalklassen nach den Phonemgehalten in folgender Weise darstellen: (V 3)

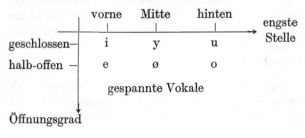

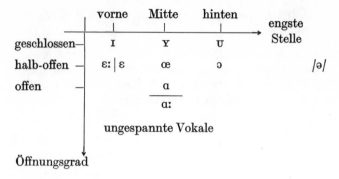

Diese Darstellung muß durch einige Bemerkungen erläutert werden. Mit den Termini „geschlossen" und „offen" wurde ein Qualitätsunterschied bezeichnet, der sich akustisch in den Dimensionen des ersten und zweiten Formanten als „dezentralisierte" und „zentralisierte" Position der Vokale manifestiert, und für den man auditiv die Bezeichnung „gespannt" und „ungespannt" eingeführt hat (wobei in die beiden letzten Termini allerdings auch taktile und kinästhetische Wahrnehmungen eingehen). Zunächst bleibt jedoch nur eine durchgehende Qualitätsdifferenz konstatiert, über deren physiologisches und psychologisches Korrelat noch keine eingehenden Untersuchungen vorliegen. Die funktionelle Relevanz dieses Unterschieds ergibt sich aber aus den wenigen mitgeteilten Beobachtungen.

Die phonetischen Beschreibungen des allgemeinen Teils lassen keine Schlüsse (s. oben) zu, ob die beiden Phoneme /a/ und /aː/ zu den „geschlossenen" oder zu den „offenen" Vokalen zu rechnen sind. Sie wurden hier auf Grund kurzer Hinweise und eigener Beobachtung den „offenen" eingegliedert. Auf diese Weise wird der Quantitätsunterschied „lang" — „kurz" nur bei zwei Vokalen der „offenen" phonologisch relevant. Das lange [ɛː] bringt eine Art Ausnahme in den Parallelismus der beiden Vokalklassen; die Länge des [aː] ist deswegen distinktives Merkmal, weil in der Transkription dieses Aussprachewörterbuches die beiden a-Vokale nur durch die Quantität unterschieden werden.

Das Schwa [ə] nimmt schon insofern eine Sonderstellung ein, als es nur in unbetonten Silben vorkommt. Es kann zwar unter bestimmten Interpretationen in das System der offenen Vokale ein-

geordnet werden. Doch wird es hier als isoliertes Phonem aufgefaßt, um weitergehende Betrachtungen zu vermeiden (s. oben).

III. Die konsonantischen Phoneme

Im Aussprachewörterbuch sind folgende 21 Konsonanten transkribiert:

[f, s, ʃ, ç, x, h, v, z, ʒ, j, p, t, k, b, d, g, m, n, ŋ, l, r]

Man kann zeigen, daß diese Allophone jeweils ein Phonem repräsentieren, so daß man mit dieser Liste bereits die Konsonantenphoneme der deutschen Hochlautung vorliegen hat. Einige Punkte
sind allerdings umstritten (z. B. der phonematische Status der palatalen bzw. velaren Frikative [ç] und [x] sowie die Deutung der
nicht als solche transkribierten Affrikaten [t͜s, p͜f]). Die folgenden
Bemerkungen sollen das System der Konsonanten näher erläutern.

Die Konsonanten stehen vor und nach dem Silbenkern einzeln
oder in Gruppen. Der Konsonant oder die Konsonanten, die vor
dem vokalischen Silbenkern stehen, nennen wir den Silbenanglitt,
diejenigen, die nach dem Silbenkern stehen, den Silbenabglitt. Bei
mehrsilbigen Wörtern zerfallen die medialen Konsonantengruppen
in einen Silbenab- und Silbenanglitt, wenn die Silbengrenze durch
sie hindurchgeht. Die entsprechenden Konsonantenpositionen im
Wort zu unterscheiden, ist deswegen wichtig, weil Einschränkungen
im Vorkommen und in der Kombinationsfähigkeit von ihnen ab-
hängen.

Der phonematische Status der transkribierten Allophone läßt
sich nahezu vollständig aus Minimalpaaren von einsilbigen Wörtern
mit einem Konsonanten im Silbenanglitt bzw. im Silbenabglitt nach-
weisen. In einigen Fällen müssen zweisilbige Wörter mit einem
medialen Konsonanten herangezogen werden.

Minimalpaare mit einsilbigen Wörtern des Typus [KV...] (K:
Konsonant, V: Vokal): Bei Wörtern dieses Typus sind in initialer
Position die Konsonanten [s, x, ŋ] ausgeschlossen. Für die übrigen
Konsonanten erhält man folgende Oppositionen:

⟨fein⟩	[faen]	⟨Schar⟩	[ʃaːr]	⟨vier⟩	[fiːr]
⟨Schein⟩	[ʃaen]	⟨Haar⟩	[haːr]	⟨schier⟩	[ʃiːr]
⟨Hain⟩	[haen]	⟨wahr⟩	[vaːr]	⟨hier⟩	[hiːr]

⟨Wein⟩	[vɑen]	⟨Saar⟩	[zɑːr]	⟨wir⟩	[viːr]
⟨sein⟩	[zɑen]	⟨Jahr⟩	[jɑːr]	⟨Pier⟩	[piːr]
⟨Pein⟩	[pɑen]	⟨Paar⟩	[pɑːr]	⟨Tier⟩	[tiːr]
⟨kein⟩	[kɑen]	⟨Bar⟩	[bɑːr]	⟨Bier⟩	[biːr]
⟨Bein⟩	[bɑen]	⟨gar⟩	[gɑːr]	⟨dir⟩	[diːr]
⟨dein⟩	[dɑen]	⟨Maar⟩	[mɑːr]	⟨Gier⟩	[giːr]
⟨mein⟩	[mɑen]	⟨Lahr⟩	[lɑːr]	⟨mir⟩	[miːr]
⟨nein⟩	[nɑen]	⟨rar⟩	[rɑːr]		
⟨rein⟩	[rɑen]				

Mit solchen mehr oder weniger langen Oppositionsreihen lassen sich relevante Distinktionen zwischen den genannten Allophonen aufstellen. Eine Ausnahme bilden lediglich die beiden Laute [ʒ] und [ç], die in initialer Position selten in Fremdwörtern vorkommen. Beispiele hierfür sind ⟨Chemie⟩, ⟨Cherub⟩, ⟨Chinin⟩, ⟨Chirurgie⟩, ⟨China⟩ und ⟨Jalousie⟩, ⟨Jargon⟩, ⟨Gelatine⟩, ⟨Gendarm⟩, ⟨Genie⟩, ⟨girieren⟩. Von diesen beiden Sonderfällen bietet [ç] kein Problem, da dessen Phonemstatus im Silbenabglitt eindeutig konstituiert werden kann. Bezüglich des [ʒ] könnte man argumentieren, daß es sich hier offensichtlich um das Eindringen eines französischen Elements in das deutsche Phonemsystem handelt und man daher ein eigenes Phonem anzunehmen habe. Man kann aber auch einer distributionellen Analyse entnehmen, daß das [ʒ] in nicht-komplementärer Distribution steht zu den phonetisch benachbarten Allophonen, besonders zum [ʃ]: ⟨Jargon⟩ [ʒarˈgõ] ≠ ⟨scharmant⟩ [ʃarˈmant], ⟨Jalousie⟩ [ʒaluˈziː] ≠ ⟨Schaluppe⟩ [ʃaˈlʊpə].

Es sei hier angemerkt, daß die drei Laute [s, x, ŋ] nur bei dem untersuchten Worttypus [KV...] (ein einziger Konsonant im Silbenanglitt am Wortanfang) nicht vorkommen. In initialen Konsonantengruppen erscheint [s] in Wörtern wie ⟨Sphäre⟩ [ˈsfɛːrə], ⟨Skizze⟩ [ˈskɪtsə], ⟨Smaragd⟩ [smaˈrakt], ⟨Statik⟩ [ˈstaːtɪk], ⟨Szene⟩ [ˈstseːnə], ⟨Psychologie⟩ [psyçoloˈgiː].

Minimalpaare mit einsilbigen Wörtern des Typus [...VK]: Bei Wörtern dieses Typus kommen in finaler Position nur die folgenden Konsonanten vor: [f, ʃ, ç, s, x, p, t, k, m, n, ŋ, l, r], also neben den Nasalen und Liquiden nur die Fortes der Frikative und Plosive. Man erhält beispielsweise folgende Oppositionsreihen:

⟨Lauf⟩	[laof]	⟨weiß⟩	[vɑes]	⟨siech⟩	[ziːç]
⟨Laus⟩	[laos]	⟨weich⟩	[vɑeç]	⟨Sieb⟩	[ziːp]
⟨Lauch⟩	[laox]	⟨Weib⟩	[vɑep]	⟨sieht⟩	[ziːt]
⟨Laub⟩	[laop]	⟨weit⟩	[vɑet]	⟨Sieg⟩	[ziːk]
⟨laut⟩	[laot]	⟨Wein⟩	[vɑen]	⟨Siel⟩	[ziːl]
		⟨weil⟩	[vɑel]		

⟨laß⟩	[las]	⟨Voß⟩	[fɔs]	⟨las⟩	[laːs]
⟨Lack⟩	[lak]	⟨Fock⟩	[fɔk]	⟨Lab⟩	[laːp]
⟨Lamm⟩	[lam]	⟨vom⟩	[fɔm]	⟨lag⟩	[laːk]
⟨lang⟩	[laŋ]	⟨von⟩	[fɔn]	⟨lahm⟩	[laːm]
⟨lasch⟩	[laʃ]	⟨voll⟩	[fɔl]	⟨Lahn⟩	[laːn]
				⟨Lahr⟩	[laːr]

Bei dem zuletzt betrachteten Worttypus kommen von den Frikativen und Okklusiven nur die stimmlosen Fortes vor. Dieser Tatbestand ist ein Teil der sog. „Auslautverhärtung" des Deutschen. In finaler Position fällt allerdings auch das [h] weg, so daß Minimalpaare mit einer Opposition zwischen [h] und [ŋ] nicht gefunden werden können. Da die beiden Laute grundsätzlich in komplementärer Distribution stehen, ist zu entscheiden, ob sie zwei oder ein einziges Phonem repräsentieren. Wegen der großen phonetischen Unähnlichkeit zwischen ihnen erscheint eine diphonematische Interpretation gerechtfertigt.

Nach den bisherigen Ergebnissen stehen [x] und [ç] ebenfalls in komplementärer Distribution: [x] steht nach den „hinteren" Vokalen [uː, ʊ, oː, ɔ, a], [ç] nach allen anderen sowie im Silbenabglitt mit zwei Konsonanten nach [n, l, r]. Hier muß eine Untersuchung der Konsonanten in medialer Position zweisilbiger Wörter entscheiden, welche phonologische Deutung zu wählen ist. Von dem Konsonantismus in medialer Stellung ist ebenfalls das funktionelle Verhältnis von [s] und [z] abhängig, die weder in initialer noch in finiter Wortposition in nicht-komplementärer Distribution festgestellt werden konnten.

Zunächst seien einige Oppositionsketten aus Minimalpaaren vom Typus [KVKVK] vorgelegt, in denen sich die Wörter im medialen Konsonanten unterscheiden:

⟨Laffen⟩	['lafən]	⟨lasen⟩	['laːzən]	⟨Wissen⟩	['vɪsən]
⟨Laschen⟩	['laʃən]	⟨Laken⟩	['laːkən]	⟨wischen⟩	['vɪʃən]

⟨lassen⟩	[ˈlasən]	⟨laben⟩	[ˈlaːbən]	⟨wichen⟩	[ˈvɪçən]
⟨lachen⟩	[ˈlaxən]	⟨laden⟩	[ˈlaːdən]	⟨wippen⟩	[ˈvɪpən]
⟨Lappen⟩	[ˈlapən]	⟨lagen⟩	[ˈlaːgən]	⟨Witten⟩	[ˈvɪtən]
⟨Latten⟩	[ˈlatən]	⟨lahmen⟩	[ˈlaːmən]	⟨Wicken⟩	[ˈvɪkən]
⟨lacken⟩	[ˈlakən]	⟨Laren⟩	[ˈlaːrən]	⟨Willen⟩	[ˈvɪlən]
⟨langen⟩	[ˈlaŋən]			⟨Wirren⟩	[ˈvɪrən]
⟨lallen⟩	[ˈlalən]				

Die alveolaren Frikative erweisen sich in dieser Stellung funktionell distinktiv in Opposition wie ⟨reißen⟩ [ˈraesən] ≠ ⟨reisen⟩ [ˈraezən] und ⟨Muße⟩ [ˈmuːsə] ≠ ⟨Muse⟩ [ˈmuːzə].

Mit Hilfe der Diminutivendung [-çən] lassen sich auch Minimalpaare auffinden, in denen der velare Frikativlaut [x] in Opposition steht zu dem palatalen [ç]: ⟨Kuchen⟩ [ˈkuːxən] ≠ ⟨Kuhchen⟩ [ˈkuː-çən], ⟨tauchen⟩ [ˈtaoxən] ≠ ⟨Tauchen⟩ [ˈtaoçən]. Gegen diese Distinktionen hat man jedoch den Einwand erhoben, daß die Wörter dieser Minimalpaare nicht in Opposition gebracht werden können, weil die Morphemgrenzen bei gleicher silbischer Struktur der Wörter nicht übereinstimmen. Angesichts dieses unbestreitbaren Sachverhalts kann man zwei Lösungswege vorschlagen. Man fordert entweder für eine gültige Minimalpaaropposition eine Übereinstimmung sowohl der syllabischen als auch der morphematischen Struktur der Wörter (Morphem-Phonologie). In diesem Falle stehen [x] und [ç] in der deutschen Hochlautung durchgehend in komplementärer Distribution, und man kann auf Grund der phonetischen Ähnlichkeit beider Laute sie als Allophone (kombinatorische Varianten) ein und desselben Phonems ansehen. Dann aber sind konsequenterweise auch andere, evident erscheinende Oppositionen verboten, wie z. B. ⟨Wissen⟩ [ˈvɪsən] ≠ ⟨Witten⟩ [ˈvɪtən], wo das erste Wort aus zwei, das letzte aus einem Morphem besteht. Man kann aber auch in die Voraussetzungen der phonologischen Analyse die Forderung nach einer Testsituation einbauen, in der ein Informant, dem ein Wortpaar vorgelegt wird, ohne Vorinformation allein durch ein Wahrnehmungsurteil die Wortbedeutungsdifferenz festzustellen hat. Hier ist der Gegensatz [x] ≠ [ç] tatsächlich phonologisch relevant; die unterschiedliche morphematische Zerlegung der Wörter ist im Verständnis der Wortbedeutungen enthalten.

Man erkennt, daß die phonologische Deutung des Problems abhängt von den Bedingungen der Theorie. Wir wählen den zweiten Lösungsweg und akzeptieren [x] und [ç] als Realisierungen zweier verschiedener Phoneme /x/ und /ç/.

Das Problem der Affrikaten konnte mit den dargebotenen Beispielen noch nicht erledigt werden. Für eine diphonematische Wertung der Affrikaten sprechen folgende Überlegungen:

1. Im Silbenan- und Silbenabglitt stehen [pf] und [ts] mit einer Ausnahme zu anderen Konsonantendyaden in nicht-komplementärer Distribution: im Silbenanglitt kommen vor [pfl], [ʃpl], [pfr], [ʃtr], [ʃpr], im Silbenabglitt erscheinen [mpf], [mst], [mʃt], [mps], [rts], [rst], [rft], [nts], [nft], [nst] usw. Die einzige Ausnahme besteht für [ts] in Kombinationen von drei Konsonanten im Silbenanglitt, wo [ts] nur vor [v] (z. B. ⟨zwölf⟩) vorkommen kann und diese Verbindungsmöglichkeit mit keiner anderen Konsonantendyade teilt. Man hat diesen Tatbestand zu einem Hauptargument für eine monophonematische Wertung der Affrikaten gemacht, was jedoch angesichts der übrigen Distributionen kaum möglich ist.

2. Für beide Affrikaten lassen sich sogar Minimalpaare aufstellen: ⟨Pfahle⟩ [ˈpfɑːlə] ≠ ⟨prahle⟩ [ˈprɑːlə], ⟨Topf⟩ [tɔpf] ≠ ⟨Torf⟩ [tɔrf], ⟨hüpf⟩ [hʏpf] ≠ ⟨hübsch⟩ [hʏpʃ], ⟨Zank⟩ [tsaŋk] ≠ ⟨Trank⟩ [traŋk], ⟨Witz⟩ [vɪts] ≠ ⟨Wichs⟩ [vɪks], ⟨Putz⟩ [pʊts] ≠ ⟨Putsch⟩ [pʊtʃ].

3. Wenn aus phonetischen Gründen, etwa wegen der nicht-segmentierbaren, einheitlichen Artikulation von [pf] und [ts], eine monophonematische Wertung vorgezogen würde, dann müßte dies auch bei anderen phonetisch assimilierenden Lautverbindungen geschehen, z. B. bei [tʃ] in ⟨Matsch⟩ [matʃ], bei [ks] in ⟨Wachs⟩ [vaks] oder bei [pʃ] in ⟨hübsch⟩ [hʏpʃ]. Diese Konsequenz ist jedoch niemals verfolgt worden.

Mit den zwei üblichen organo-genetischen Dimensionen der Artikulationsstelle und der Artikulationsart erhält man demnach folgende Darstellung des Systems der Konsonantenphoneme:

	labial	alveolar	palato-dorsal	palatal	velar	laryngal	Artikula-tionsstelle
stimml. Frikative (Fortes)	f	s	ʃ	ç	x	h	
stimmh. Frikative (Lenes)	v	z	ʒ	j			
stimml. Okklusive (Fortes)	p	t			k		
stimmh. Okklusive (Lenes)	b	d			g		
Nasale	m	n			ŋ		
Liquiden			l			r	

Artikulationsart

IV. Modifikationen des Phonemsystems durch zugelassene Abweichungen von der reinen Hochlautung

In dieser Neuauflage des „Siebs" wird zum erstenmal eine „gemäßigte Hochlautung" transkribiert. Für eine phonologische Analyse ist es ein Hauptproblem herauszufinden, wie die dort angegebenen Abweichungen von der reinen Hochlautung das zuvor aufgestellte Phonemsystem modifizieren.

Allgemein läßt sich sagen, daß die Aussprachelizenzen der gemäßigten Hochlautung das Phonemsystem nur in wenigen Punkten beeinflussen, so daß nur unerhebliche Veränderungen zu verzeichnen sind. Man kann sie in folgende Punkte zusammenfassen:

1. Unter den wichtigsten Ausspracheformen, die in der gemäßigten Hochlautung zugelassen sind, finden wir den Ausfall des [ə] in unbetonten Finalsilben und die damit verknüpfte Syllabisierung der [n], [m] und [l], wie es in Tabelle II (S. 61 ff.) zusammengefaßt ist. Beispiele hierfür sind:

	⟨Löwen⟩	⟨welchem⟩	⟨Sichel⟩
reine HL	['løːvən]	['vɛlçəm]	['zɪçəl]
gemäß. HL	['løːvn̩]	['vɛlçm̩]	['zɪçl̩]

Phonologisch bedeutet dies, daß [-ən] und [-n̩], [-em] und [-m̩] sowie [-əl] und [-l̩] in freier Variation stehen. Dieser Sachverhalt macht eine Interpretation des [ə] als selbständiges Phonem unhaltbar. Es muß daher entschieden werden, zu welchem anderen Phonem das [ə] als Allophon zu rechnen ist.

Hinsichtlich der phonetischen Ähnlichkeit kommen für eine Inkorporation des [ə] die drei benachbarten Vokalphoneme [ɪ], [ɛ] und [e] in Frage.

Aus mehreren Gründen erscheint es zweckmäßig, in der gemäßigten Hochlautung das [ə] als ein Allophon des Phonems /ɛ/ anzusehen: (1) gemäß den Tafeln I und II, in denen die Artikulationsnormen für die e-Laute in reiner und gemäßigter Hochlautung zusammengestellt sind, können in der Verkehrsnorm in unbetonten Initial- und Finalsilben [ə] und [ɛ] frei variieren, (2) die wenigen Wortdistinktionen durch die Opposition [ɛ] gegen [ə] nach Minimalpaaren (z. B. ⟨Totem⟩ ['toːtɛm] ≠ ⟨totem⟩ ['toːtəm]) oder nicht-komplementären Distributionen werden in der gemäßigten Hochlautung neutralisiert, (3) die Ähnlichkeit zwischen [ɛ] und [ə] ist größer als zwischen [ɪ] und [ə], (4) gegen eine Eingliederung des Schwa unter das Phonem /e/ spricht die Tatsache häufiger nicht-komplementärer Distributionen zwischen beiden, die in der jetzigen Form der gemäßigten Aussprachenorm noch aufrechterhalten werden.

2. Die gemäßigte Hochlautung bringt für viele Konsonantenphoneme eine Vergrößerung des Repertoires an Allophonen. Besonders hervorzuheben ist das schärfere Hervortreten der Fortis-Lenis-Korrelation, da für die stimmhafte Lenis an vielen Stellen stimmlose Versionen zugelassen sind, so daß die Eigenschaft „stimmhaft" als zusätzliches Merkmal zur Unterscheidung der beiden Phonemklassen nicht mehr in Frage kommt. Dies gilt sowohl für die Okklusive wie für die Frikative. Eine befriedigende Interpretation der gemäßigten Hochlautung wird freilich in diesem Punkte dadurch erschwert, daß nicht ganz klar ist, wie durch ortho-epische Regeln [ʑ] von [s] zu trennen ist.

3. Insgesamt kann man sagen, daß sich die Lizenzregeln der gemäßigten Hochlautung stärker in den Phonemisierungen der

einzelnen Wörter als im Phonemsystem selbst bemerkbar machen.
Es ist jedoch sicher, daß die Entwicklung einer gemäßigten Hochlautung noch nicht zum Abschluß gekommen ist. Bei weiteren
Überlegungen in dieser Richtung wird sich wohl ein größerer Einfluß auch auf das System bemerkbar machen.

Literatur

1. Fourquet, J.: Der Vokalismus nichthaupttoniger Silben im deutschen
   Fremdwort; Phonetica 6 (1961) 65—77.
2. Heike, G.: Das phonologische System des Deutschen als binäres Di-
   stinktionssystem; Phonetica 6 (1961) 162—176.
3. Isačenko, A. V.: Der phonologische Status des velaren Nasals im Deutschen; Z. Phon. 16 (1963) 77—84.
4. Morciniec, N.: Zur phonologischen Wertung der deutschen Affrikate und
   Diphthonge; Z. Phon. 11 (1958) 49—66.
5. Moulton, W. G.: Jacob Böhm's uvular r; J. Engl. Germ. Phil. 51 (1952)
   83—89.
6. —: Syllabic nuclei and final clusters in German; For Roman Jakobson,
   The Hague 1956, 372—381.
7. —: Zur Geschichte des deutschen Vokalsystems; Beiträge zur Geschichte
   der deutschen Sprache (Tübingen) 83 (1961/62) 1—35.
8. —: Juncture in modern standard German; Lg. 23 (1947) 321—343.
9. —: The sounds of English and German; Chicago 1962.
10. Seiler H.: Laut und Sinn: Zur Struktur der deutschen Einsilber;
    Lingua II (1962) 375—387.
11. Trost, P.: Bemerkungen zum deutschen Vokalsystem; TCLP 8 (1939)
    319—236.
12. Twaddell, F. W.: A phonological analysis of intervocalis consonant
    clusters in German; Actes du IVᵉ Congr. int. de ling. 1963, 218—225.
13. —: Combinations of consonants in stressed syllables in German (An
    extension of the "rules of combination"); Acta Linguistica (Kopenhagen)
    1 (1939) 189—199, 2 (1940/41) 31—50.
14. —: Functional burdening of stressed vowels in German; Studies in
    Honor of J. A. Walz, Lancaster (Pennsylv.) 1941, 31—50.
15. —: Standard German; Anthropological Linguistics 1 (1959) Nr. 3, 1—7.

E. Zur Aussprache von Wörtern fremder Herkunft

Besondere Normen gelten zum Teil bei der Aussprache von Wörtern und Eigennamen fremder Herkunft. Dabei sind zwei Gruppen
zu unterscheiden, wenn wir die völlig eingedeutschten Wörter beiseite lassen, die aus anderen Sprachen übernommen wurden und

die in der Aussprache wie heimische Wörter behandelt werden
(vgl. *Fenster, Mauer*):

Lautlich teilweise angeglichene Wörter. Bei recht vielen Wörtern fremder Herkunft hat nur eine gewisse Eindeutschung
der Aussprache stattgefunden. Sie werden an deutsche Lautungs-
gewohnheiten angepaßt, insofern für sie die deutsche Artikulationsbasis gilt, während der Wortakzent der Ausgangssprache meist
beibehalten wird, sie also nicht auf der Stammsilbe betont werden,
vgl. *Demokra'tie, Kul'tur, Na'tion*. Wie schon oben (S. 11) gesagt
wurde, ist der Vorgang der lautlichen Angleichung fremder Wörter
in ständigem Fluß in beiderlei Richtung: angeglichene Wörter
können wieder zurücktreten, und es kann dann eine neuerliche Angleichung an die ursprüngliche Aussprache eintreten. Dies kann
auch im Zusammenhang damit erfolgen, daß die Kenntnis einer
fremden Sprache sich stark ausbreitet. Das ist in unseren Tagen
beim Englischen der Fall, das immer mehr zur zweiten Bildungs-
sprache wird. So ist die noch in der 18. Auflage des „Siebs" an-
gegebene Aussprache für *Lunch* [lœntʃ] heute im Rückgang begriffen, und man gebraucht die dem Englischen angenäherte Aussprache [lɑntʃ] oder spricht englisch [lʌntʃ] aus.

Lautlich nicht angeglichene Wörter fremder Herkunft.
Viele andere Wörter sind lautlich nicht eingedeutscht, weil sie
noch nicht weiter in den deutschen Sprachgebrauch eingegangen
sind. Solche Wörter werden in der fremden Lautung wiedergegeben.
Dabei sind die Grenzen oft fließend, denn im Satzgebrauch werden
auch solche Wörter oft mehr oder weniger deutscher Aussprache-
gewohnheit angepaßt. Beispiele: *Revirement* [ʀəviʀ(ə)'mã], *Baisse*
['bɛːsə, bɛːs], *Sex-Appeal* ['sɛks ə'piːl], *Stewardess* [stjuːər'dɛs,
'stjuːəʀdɛs], *Jazz* [dʒæz] neben der völlig eingedeutschten, aber
zurückgehenden Form [jɑts].

Es lassen sich für die Aussprache der nicht völlig oder nicht eingedeutschten Wörter und Namen gewisse allgemeine Feststellungen treffen.

I. Allgemeine Regeln

1. Betonte Silben

a) Vokale in betonten Silben sind lang in offener Silbe: *A-mor,
E-den, mi-nus, Pro-sa, Mu-mie*, oder wenn nur ein Konsonant

folgt, so daß die Silbe in flektierten Formen offen wird: *Agnat,*
Agna-ten; Ekzem, Ekze-me; antik, Anti-ke; Person, Perso-nen;
Figur, Figu-ren.

b) Vokale in betonten Silben sind kurz, wenn doppeltes Konsonantenzeichen oder eine Konsonantengruppe folgt: *Getto, Kom-*
  ma; apart, Rezept, Inka, Polka, Purpur.

In betonter Silbe gilt auch bei diesen Wörtern die allgemeine
Regel (vgl. S. 21), daß lange Vokale geschlossen, kurze offen zu
sprechen sind.

2. Nebensilben

Die Vokale unbetonter Silben sind in der Regel kurz.

a) Sie sind nach deutscher Regel kurz und offen, wenn doppeltes
  Konsonantenzeichen oder eine Konsonantengruppe folgt: *Kom-*
  mers, Person, Diskurs, Porträt, kursiv [kɔˈmɛrs, pɛrˈzoːn,
  dɪsˈkʊrs, pɔrˈtrɛː, kʊrˈziːf];

b) gegen die deutsche Regel kurz und geschlossen, wenn ein einfacher Konsonant folgt. In diesem Falle sind sie meist aus der
  Kürzung eines langen (und daher geschlossenen) Vokals hervor-
  gegangen. Man stelle nebeneinander: *Draːma, Kolleːge, kriːtisch,*
  Doːsis, Muːse mit betonter Länge und: *dramatisch, kollegial,*
  Kritik, dosieren, Museum mit unbetonter Kürze in den entsprechenden Silben. Ausnahmen: *Jurisdiktion, Jurisprudenz*
  [juːrɪsdɪkˈtsïoːn, -pruˈdɛnts].

c) [ə] kommt in fremden Wörtern dort vor, wo es einem französischen sogenannten stummen *e* entspricht, das in gehobener
  Sprache, zumal im Vers, auch im Französischen hörbar ist:
  Manege [maˈnɛːʒ(ə)], *Bordüre* [bɔrˈdyːrə]. In vielen Wörtern kann
  das [ə] fehlen: *Baisse* [ˈbɛs(ə)], *Chance* [ʃãːs(ə)], *Loire* [lwaːʀ(ə)].
  Dieses [ə] erscheint auch, wo eine deutsche Endung statt einer
  fremden eingeführt ist: *Krise* für *Krisis, Julie* für *Julia, Italien*
  für *Italia.* — Dagegen ist volles kurzes geschlossenes [e] dort
  zu sprechen, wo das *e* der Nebensilbe dem Fremdwort schon in
  seiner Ursprungssprache angehört, also *Dante* [ˈdɑnte] nicht
  wie *Tante* [ˈtɑntə], *Hebe* [ˈheːbe] nicht wie *ich hebe* [ˈheːbə].

d) Der unbetonte *i*-Laut wird nach [s] und [t] [ï], sonst [i] gesprochen: *Nation* [nɑˈtsïoːn], *Metier* [meˈtïeː], aber *Mumie*
  [ˈmuːmiə].

II. Lautlich nicht angeglichene fremde Wörter

In der Gruppe der nicht eingedeutschen Wörter und Namen
treten folgende fremde Laute auf:

1. Vokale

a) engl. und franz. langes offenes [œː]: *Sir* [sœːr], *Deserteur*
   [dezɛʀ'tœːʀ],
b) engl. und franz. langes offenes [ɔː]: *Shaw* [ʃɔː], *Fort* [fɔːr],
c) engl. kurzes dunkles [ʌ]: *Lunch* [lʌntʃ], *Hull* [hʌl],
d) engl. sehr offenes [æ]: *Campbell* ['kæmbl],
e) franz. Nasalvokale:
   [ã]: *Jean* [ʒã], *Chambre* ['ʃãbr(ə)]
   [ɛ̃]: *Teint* [tɛ̃], *Maintenon* [mɛ̃tə'nɔ̃]
   [ɔ̃]: *Garçon* [gɑʀ'sɔ̃], *Châlons* [ʃɑ'lɔ̃]
   [œ̃]: *Parfum* [pɑʀ'fœ̃], häufiger eingedeutscht [pɑʀ'fyːm],
   Verdun [vɛʀ'dœ̃],
f) franz. nichtsilbischer offener *u*-Laut in [wa]: *Chamois* [ʃam-
   'wɑ], *Toilette* [twɑ'lɛtə] („Halbkonsonant"),
g) franz. nichtsilbisches [ɥ] in [ɥi]: *à la suite* [a la sɥit(ə)]
   („Halbkonsonant"),
h) russ. hoher ungerundeter Mittelzungenvokal [ɨ]: *Stolypin*
   [stɑ'łɨpin], *Krylov* [krɨ'łɔf].
˘ über [ĭ], [ŏ], [ŭ], [y̆] = nichtsilbischer Vokal (vgl. S. 26).

2. Konsonanten

a) engl. stark behauchte [p'], [t'], [k']: *Paterson* ['p'ætəsn],
   Tennyson ['t'ɛnɪsn], *Canterbury* ['k'æntəbəri]; meist werden
   die Laute jedoch mit der schwächeren deutschen Behauchung gesprochen,
b) engl. stimmhafter dentaler Reibelaut [ð]: *Southey* ['sauðɪ],
c) engl. und span. stimmloser dentaler Reibelaut [θ]: *Thackeray*
   ['θækəri], *Santa Cruz* [kruθ],
d) engl. stimmhafter bilabialer *v*-Laut [w]: *Wales* [weilz],
e) die englische Lautverbindung [kw]: *Queen* [kwiːn],
f) span. stimmhafter bilabialer *v*-Laut [β]: *Córdoba* ['kɔrðoβɑ],
g) franz. stimmhafter Reibelaut [ʒ]: *Journal* [ʒuʀ'nɑːl], *Georgette* [ʒɔʀ'ʒɛt],

h) die Lautverbindung [dʒ] im Engl. und Italien.: *Job* [dʒɔb],
   Gin [dʒin]; *Adagio* [aˈdaːdʒïo], *Giotto* [ˈdʒɔto],

i) mouillierte *n*- und *l*-Laute [ɲ], [ʎ] im Franz., Italien.,
   Span., Portugies. und in slaw. Sprachen: *Bretagne* [brə-
   ˈtaɲə], *Senhor* [sɪˈɲor]; *Passacaglia* [pasaˈkaʎa] (Ausnahmen vgl. S. 103),

k) russ. velarisierter *l*-Laut [ɫ]: *Stolypin* [staˈɫipin],

l) poln. stimmloser, stark palataler *s*-Laut [ɕ]: *Sienkiewicz*
   [ɕeŋˈkjevitʃ],

m) poln. entsprechender stimmhafter Laut [ʑ]: *Zakopane*
   [ʑakɔˈpanɛ],

n) bei genauer Aussprache unbehaucht [p], [t], [k] in romanischen, namentlich franz. Namen: *Pau* [po], *Toul* [tul],
   Caen [kã].

F. Gebietliche Besonderheiten

Eigenheiten der gemäßigten Hochlautung begegnen bei der Aussprache von Wörtern fremder Herkunft in Außengebieten des
deutschen Sprachraumes, so in der Schweiz und in Österreich.

In der Schweiz, wo eine deutliche Neigung besteht, die Stammbetonung auch auf Wörter fremder Herkunft anzuwenden (*Hotel*
[ˈhotɛl]), wird in gemäßigter Hochlautung die schwebende Betonung gemäß dem Französischen verlangt (vgl. Wortton, S. 115 ff.).
Die Mehrsprachigkeit der Schweiz bringt es auch mit sich, daß
die Aussprache französischer Wörter oft der ursprünglichen Lautung näher bleibt, vgl. *Budget* [ˈbydʒɛː], *Gilet* [ˈʒileː], *Quai* [kɛː]. Doch
spricht man in heimischer Weise für die Verwaltungseinrichtung
bei der Schweizer Regierung *Departement* [departəˈmɛnt].

In Österreich spricht man verschiedene Wörter französischer
Herkunft mit Betonung der letzten Silbe, so *Billard* [bilˈjaːr],
Kaffee [kaˈfeː]. Dagegen gilt mit deutscher Aussprache des *-on*:
Pardon [parˈdoːn], *Perron* [pɛˈroːn], *Waggon* [vaˈgoːn].

Zu Einzelheiten vergleiche man den Abschnitt über Wortbetonung (S. 115 ff.) und das Wörterverzeichnis.

G. Zur Aussprache der Eigennamen

Wie im Ganzen der Sprache, so nehmen die Namen — Personennamen, d. h. hier Ruf- und Familiennamen, und Örtlichkeitsnamen, insbesondere Ortsnamen — auch bei der Regelung der Aussprache eine Sonderstellung ein.

I. Betonung

Sie bezieht sich einmal auf die Betonung. Diese weicht zum Teil von der sonstigen Norm der Anfangsbetonung ab. Sie zeigt vor allem bei den Ortsnamen häufig landschaftliche Eigentümlichkeiten. Manchmal hat sich eine Betonung allgemein oder weitgehend durchgesetzt, die nicht der ortsüblichen entspricht, so in *Stral'sund*, *Karls'ruhe* und *Bra'bant*. Näheres beim Wortton, S. 115 ff.

II. Schreibung und Aussprache

Nicht nur in ihrer Lautgestalt, auch in ihrer Schreibung erweisen sich die Namen oft als Versteinerungen.

In Nord- und Nordwestdeutschland haben sich zum Teil für langes [o:] die alten Schreibungen *oe* und *oi* erhalten, so in Familiennamen wie *Joesten* / *Joisten*, *Voigt*, und in Ortsnamen wie *Itzehoe*, *Soest*, *Grevenbroich*, *Troisdorf*, *Voigtland*; vgl. auch *ae* für [a:] in *Angenaendt*, *Kevelaer*.

In Nordwestdeutschland findet sich noch die Schreibung *ui* für [y:], vgl. *Duisburg*, *Duisdorf*.

In Schweizer Familien- und Ortsnamen steht *y* (aus *ij*) für ursprünglich langen, später oft gekürzten *i*-Laut und wird daher ungerundet gesprochen: *Rychner*, *Mythen*, *Schwyz*, *Wyl*.

Im bairischen und alemannisch-schwäbischen Bereich, namentlich in der Schweiz, kennt man in Namen häufig noch in der Aussprache und nicht selten auch in der Schreibung die mundartlichen Entsprechungen zu den mhd. Diphthongen *ie*, *uo*, *üe*: schweiz. *Brienz* [bri:ɛnts], *Flüelen* ['fly:ɛlən], *Dieth* [diət], *Ruoff* [ruəf]; bair. *Hueber* ['huəbər].

Auch sonst legt man in der Schweiz Wert auf eine mundartnahe Aussprache der Ortsnamen, vgl. *Buchs* (Zürich) [buxs], nicht [buks].

In Norddeutschland neigt man zu Unrecht dazu, nach dem

Muster von *Ber'lin, Ste'ttin* auch die alemannischen Verkleinerungs-
silben *-lin* in *Böcklin, Frischlin* usw. zu betonen.

III. Fremdsprachliche Namen

Der Grad der Annäherung in der Aussprache fremder Namen
richtet sich nach dem Maß ihrer Einbürgerung.

Wir sprechen *Paris* in altfranzösischer Weise [pɑˈriːs], nicht
[pɑˈri], wir sagen *Den Haag* [haːk], nicht [haːx]. Bei den weniger
stark eingedeutschten Orts- und Familiennamen aber geht heute
die Neigung dahin, die fremdsprachliche Lautung zu verwirklichen.
(Vgl. die Aussprache fremder Wörter S. 42 und die Einzellaute).

Die Laute im einzelnen

A. Die Vokale

I. Vorbemerkungen zur Aussprache

Die Aussprache der Vokale läßt sich aus der Rechtschreibung nicht mit Sicherheit erschließen, da das System der deutschen Rechtschreibung bedeutende Unvollkommenheiten aufweist, weil es aus historischen Gründen weder der heutigen Lautung in allem entspricht noch in sich geschlossen ist. (Über die Vokale in fremden Wörtern vgl. S. 42.)

1. Betonte Silben

Für die betonten Silben heimischer Wörter gelten im allgemeinen folgende Regeln:

a) **Länge der Vokale** kann in der derzeit geltenden Schreibung in doppelter Weise ausgedrückt werden:

α) durch **Doppelschreibung**, vgl. *Moor, Saal, Meer,*

β) durch **Dehnungszeichen**. Als solches gilt allgemein ein *h* hinter dem Vokal: *Mohr, Zahl, mehr,* bei *i* — aus Gründen historischer Entwicklung — auch ein *e*: *lieb, bieten.*

b) **Ein betonter Vokal ist lang,** wenn er am Ende einer Silbe steht. Wir nennen eine Silbe, die auf einen Vokal ausgeht, **offene Silbe**: *Va-ter, e-ben, I-gel, Po-len, Ru-der.*

c) **Ein Vokal ist lang** in einsilbigen Wörtern mit geschlossener Silbe, wenn dem Vokal nur ein einfacher Konsonant folgt und daneben mehrsilbige Formen mit offener Silbe stehen: *Tag, Ta-ges; Dom, Do-mes; Zug, Zu-ges.*

d) **Ein Vokal ist kurz** vor doppeltem Konsonantenzeichen: *schlaff, retten, wissen, Stücke,* sowie vor *sch, pf* und *tz*: *löschen, schöpfen, Katze,* meist auch sonst in geschlossener Silbe vor anderen Konsonantenverbindungen: *Alter, Wechsel, List, hölzern, Lumpen.* Doch gibt es manche Ausnahmen, namentlich vor *ß* (kurz: *Haß*, *Kuß*, aber lang: *Fraß*, *Gruß*), vor *st* (kurz: *Rost*, *Brüste*, aber lang: *Trost*, *Wüste*), vor *ch* (kurz: *Bach*, *Spruch*, aber lang: *sprach*, *Tuch*), vor *sch* (kurz: *Wuschelhaar*, *Büsche*, aber lang: *wusch*, *Rüsche*), und vor Verbindungen vor *r* mit Dental (kurz: *Karte*, *Wort*, *Herz*, aber lang: *Art*, *Pferd*, *Harz*).

e) Besondere Beachtung verdienen die Diphthonge. Während der Bildung eines Diphthongs gehen die Sprechwerkzeuge von der Anfangsstellung [ɑ, ɔ] rasch in die Endstellung [e, o, ø] über. Dabei wird das zweite Element schwächer und sehr kurz gesprochen. Doch ist im deutschen Diphthong auch der betonte erste Vokal stets kurz zu sprechen; Diphthonge mit langem Vokal (Langdiphthonge) gibt es im Deutschen nicht. Die deutsche Hochsprache kennt nur Diphthonge, die von einer weiteren Einstellung des Mundraumes zu einer engeren fortschreiten: *ei*, *au*, *eu* [= ɑe, ɑo, ɔø] (hier weicht unsere Schreibung von der internationalen Lautschrift ab). Alemannische und bairische Mundarten kennen auch die umgekehrte Gleitbewegung von geschlossener zu offener Einstellung in den alten Diphthongen *ie*, *ue*, *üe*, die in oberdeutschen Eigennamen zuweilen gesprochen werden: *Brienz*, *Spiez*, *Hueber* (s. S. 47).

Etwas anderes ist der Zusammenstoß zweier Vokale in zwei Silben ohne trennende Konsonanten, der sogenannte Hiatus: *Raoul*, *Kreusa*, *Niobe*, *Oase*. Hier ist der zweite Vokal mit Neueinsatz zu sprechen: *Kain* ['kɑ:|n]. (Vgl. aber Gesangsaussprache S. 151 f.)

In der Darstellung der Diphthonge ist unsere Rechtschreibung besonders unzulänglich und daher für die Aussprache irreführend. Gerade auf die Diphthonge ist aber größte Sorgfalt zu verwenden, da hier die Mundarten von der Hochsprache abweichen. So sind alle *ai*, *ei* keineswegs als [ɑ → i, e → i] zu sprechen, sondern als [ɑ → e]; ebenso alle *au* als [ɑ → o], alle *eu*, *äu* als [ɔ → ø]. An diese Forderung pflegen sich Laien, die sich vom Schriftbild nicht lösen können, am schwersten zu gewöhnen. Die Beachtung der sauberen Diphthongbildung ist besonders auch für die Gesangsaussprache wichtig (vgl. S. 151 f.). — In anderen Sprachen gibt es noch weitere Diphthonge (vgl. S. 80 ff.).

Über die Lautbezeichnung ist allgemein zu sagen:

1. Vokale können als zweite oder erste, schwächer artikulierte Teile eines Diphthongs auftreten, wie deutsch [e, o, ø] als zweite Teile. Diese schwächer artikulierten Teile eines Diphthongs werden

regelmäßig durch übergesetztes ˘ bezeichnet (S. 26), z. B. *Guelfen*
['gŭɛlfən]. Nur in den deutschen Diphthongen *ae, ao, ɔø* wird statt
[aĕ, aŏ, ɔø̆] einfach [ae, ao, ɔø] geschrieben.

2. Werden zwei Vokale unmittelbar nebeneinander gesprochen,
von denen keiner das Zeichen ˘ trägt, so ist (mit Ausnahme der
unter 1. genannten deutschen Diphthonge [ae, ao, ɔø] anzunehmen,
daß jeder Vokal eine Silbe für sich bildet und daß kein Diphthong
vorliegt. Im Bedarfsfalle wird dies durch einen Strich - oder |
(vgl. S. 26) zwischen den Vokalen bezeichnet, z. B. wie oben
Aida [a-'i:da], *Kain* ['ka:|m].

2. Nebensilben

In den Nebensilben von Wörtern germanischer Herkunft sind
[a, e, i, o, u] wie in den Hauptsilben zu sprechen. Dabei handelt es sich, abgesehen von einigen wenigen Einzelwörtern
wie: *Bräutigam, Leichnam, Monat, Heimat, Eidam, Herzog,* fast
nur um die Ableitungssilben *-sal, -sam, -schaft, -icht, -lich, -ig,*
-in, -ling, -isch, -nis, -ung, -heit, -keit, -lein. Das *e* der unbetonten
Silben, auch der Vorsilben *be-* und *ge-*, wird meist zu [ə] abgeschwächt: [gə'le:gən, bə'haltət]. Dagegen sind die Vorsilben *ent-,*
er-, ver-, zer- mit kurzem offenem [ɛ] zu sprechen. Kurzes offenes
[ɛ] gilt auch in den ursprünglich zusammengesetzten Wörtern
vollends und *Elend* ['fɔlɛnts, 'e:lɛnt], kurzes geschlossenes [e] dagegen in der ursprünglichen Stammsilbe des unregelmäßig betonten Wortes *lebendig* [le'bɛndɪç].

3. Wort- und Silbenanlaut

Alle Vokale im Anlaut eines Wortes oder einer Silbe (*alt, ohne,*
ein; Verein, überall) werden neu eingesetzt. Es ist der deutschen
Aussprache nicht gemäß, über den vokalischen Anlaut hinweg zu
binden (der *Affe* wie *Giraffe*). Nach Beschluß des Beratungsausschusses von 1933 ist der früher geforderte harte Stimmeinsatz
(„Sprengeinsatz", Glottisschlag) bei anlautendem Vokal für die
Hochsprache nicht mehr verbindlich, aber bei dem für die deutsche
Hochlautung kennzeichnenden Neueinsatz tritt nicht selten dennoch ein schwacher *coup de glotte* auf. Dies trifft besonders in
folgenden Fällen zu:

1. nach Sprechpausen (in betonter und unbetonter Silbe),

2. innerhalb einer Sinneinheit in betonter Silbe, vgl. *die Absicht haben*.

Neueinsatz ist auch erforderlich nach den unbetonten Vorsilben *er-*, *ver-*, *be-*, *ge-*, *zer-*. Unterbleibt der Neueinsatz, so glaubt man statt *er-übrigen*, *ver-alten* ein *e-rübrigen*, *ve-ralten*, statt *Himmels-au* ein *Himmel-sau* zu hören.

Doch zeigt der Neueinsatz die Neigung, sich zu verwischen, wo das Gefühl dafür schwindet, daß es sich um eine Zusammensetzung handelt. Dies gilt vor allem, wenn das erste Zusammensetzungsglied unbetont ist und auf Liquida oder Nasal ausgeht:

a) bei Zusammensetzungen mit *her-*, *hin-*, *vor-*, z. B. *herab*, *hinaus*, *voraus;* aber *vorerst* [ˈforǀeːrst, forˈeːrst];

b) bei Zusammensetzungen mit *dar-*, *war-*, *wor-*, z. B. *darauf*, *warum*, *woran;*

c) in *allein*, *wohlan*, *vollends*, zum Teil auch *vollenden* (dieses jedoch auch mit Neueinsatz), *wiederum*, *einander*, *selbander*, *Obacht*, *beobachten;*

d) in fremden Wörtern, bei denen eine andere Silbentrennung als die ursprüngliche üblich geworden ist: *A-biturient*, *I-nitialen*, *Lo-garithmus;*

e) in Entlehnungen aus dem Romanischen wie *Diego*, *Rienzi*.

Sichere Regeln sind nicht immer zu geben. Doch ist bei *vollends*, wo das zweite Zusammensetzungsglied kein sprachliches Eigenleben führt, nur gebundene Aussprache zulässig.

Weitere allgemeine Bemerkungen über die Aussprache und Schreibung der Vokale sind bei der Einteilung der Laute (S. 18 ff.) gegeben.

4. Besonderheiten

a) Gebietliche Besonderheiten der gemäßigten Hochlautung in Österreich und in der Schweiz betreffen Länge und Kürze der Vokale in betonten Silben und den Wortton (vgl. S. 46). Es handelt sich um Einzelfälle, auf welche die folgenden Abschnitte hinweisen und die im Wörterverzeichnis aufgeführt sind.

b) Zur Aussprache der Vokale in fremden Wörtern vgl. S. 42.

II. Die einzelnen Vokale

1. *a*-Laute

Der Unterschied zwischen einem dunkleren und einem helleren *a*-Laut ist im Deutschen sehr gering und, wo er eintritt, nicht nur durch die Länge oder Kürze des Vokales bedingt. Er konnte daher hier unbezeichnet bleiben.

Die *a*-Laute sollen sich weder den *o*-Lauten annähern, wie z. T. in vielen Mundarten Mittel- und Oberdeutschlands, noch den *ä*-Lauten wie in westdeutschen Mundarten, noch auch den offenen *ö*-Lauten, wie man sie z. B. in Hannover und Braunschweig hört. Folgt dem *a*-Laut ein Nasal, so darf der Vokal nicht nasaliert klingen, wie es in hessischen, schwäbischen und österreichischen Mundarten vorkommt. In *Kahn* ist der *a*-Laut genauso zu sprechen wie in *kahl*, in *kann* wie in *kalt* usw.

Heimische Wörter

1. Langes [ɑː] ist zu sprechen:
   a) Wo die Schreibung *aa* oder *ah* zeigt: *Aar, Aas, Saal, Staat; Fahrt, Naht, Wahn.*
   b) Wenn *a* in offener Silbe steht: *da, ja, Name, raten, graben, Tages, fraßen.*
   c) Vor einfachen Konsonanten in einsilbigen Wörtern, wenn mehrsilbige Formen mit offener Silbe daneben stehen: *Schaf, lag, Qual, kam, Tran, war* neben *Schafe, lagen, Qualen, kamen, tranig, waren.* Wo keine mehrsilbigen Formen vorhanden sind, gilt Kürze: *an, am, heran, ab, man.*
      Vor der Aussprache der einsilbigen Formen mit kurzem [ɑ], wie sie im Niederdeutschen verbreitet ist: *Grab, Tag, Gras* als [grɑp, tɑk, grɑs] ist besonders zu warnen.
   d) In unbetonter Stellung in den Ableitungssilben *-bar, -sam, -sal*: *sprechbar* ['ʃprɛçbɑːr], *mühsam* ['myːzɑːm], *Mühsal* 'myːzɑːl].

2. Kurzes [ɑ] ist zu sprechen:
Vor mehreren Konsonanten einschließlich Doppelkonsonanz und vor *sch*: *schaffen, Kanne, lassen; Abt, Lack, Schaft, bald, Amt, Land, karg, warten, Ast, Spatz, wachsen; rasch, Tasche.* Ausgenommen sind Fälle, in denen die Konsonantenhäufung erst das Ergebnis eines jungen Vokalausfalles ist wie in *grabt* aus *grabet*, *(ihr) last* aus *laset, tags* aus *Tages* u. a. m.

3. Schwankend ist die Quantität des *a*-Lautes

a) vor *ch*: kurz in *ach, Bach, wach,* aber lang in *nach, brach, stach, Schmach*;

b) vor *ß*: kurz in *Haß, naß, Faß,* aber lang in *Fraß, Spaß, saß*;

c) vor *r* + Dental: kurz in *hart, Garten, Scharte,* aber lang in *Bart, Art, Harz, Quarz.*

4. In einzelnen Wörtern ist die in den Umgangssprachen vielfach schwankende Quantität des *a*-Lautes wie folgt festgelegt worden:

kurzes [ɑ]	langes [ɑː]
ab	*ihr habt, gehabt*
Nachbar [ˈnɑxbɑːr]	*brach(liegen), die Brache, Gemach,*
Nachen, Lache	*gemach* (Adv.), *Ungemach, nach*
Magdeburg [ˈmɑkdəbʊrk]	*Jagd, Magd, sagt, gesagt*
Walfisch, Walroß, Walnuß	*der Wal, Walstatt*
	Papst
Harnisch, Hellebarde, Garten,	*Art, artig, Bart, Schwarte, zart,*
Barthel, Hardt, Karte, Mar-	*-bar* (in *dankbar, spürbar* usw.),
ter, Scharte, schartig, warten,	*Nachbar* [-bɑːr], *Pflugschar,*
schwarz, Warze, Marschall,	*Arzt, der Harz, das Harz, Quarz,*
Marstall, Harsch, barsch,	*der Barsch*
Marsch	
das, was, du hast,	*Gas, Fraß, Spaß*
Damwild, Bräutigam, Eidam,	*-sam* [-zɑːm] in *achtsam, folgsam*
an, heran	usw., *Leichnam*
er hat, Monat [ˈmoːnat]	*Heirat, Zierat.*
monatlich	

In *Heimat* und *Kladderadatsch* kann in der Schlußsilbe [ɑː] oder [ɑ] gesprochen werden, vgl. [kladəraˈdɑ(ː)tʃ].

In der Schweiz gilt in der gemäßigten Hochlautung Kürze in *Jagd, Magd; hapern, watscheln,* Länge (soweit in der Mundart begründet) in *Andɑːcht, brɑːchte, dɑːchte, Rɑːche.*

In Österreich wird *Barsch* mit kurzem [ɑ] gesprochen.

Wörter fremder Herkunft und Namen

1. In betonter offener Silbe herrscht langes [ɑː], in unbetonter offener Silbe kurzes [ɑ], das aber, vor allem im Wortauslaut, nicht zu kurz und hell gesprochen werden darf. Langes [ɑː]: *Klara*

['klaːra], *Natrium, Statik, Menage, Dramatik* [draˈmaːtɪk]. Kurzes [a] in unbetonter Silbe: *Marie, Kalender, Aroma* [aˈroːma], *Helena.*

Als offen gelten auch solche Silben, in denen auf den Vokal ein nicht gesprochenes Konsonantenzeichen folgt: *Etat, Eklat* mit [aː], *Montgelas* mit [a]. Das französische *oi, oy* wird mit unsilbischem [w] und folgendem [a] gesprochen, und zwar mit langem [aː] in betonten Silben im Inlaut: *Memoiren, Oise* [meˈmwaːrən, ˈwaːzə], dagegen kurz im Auslaut: *Troyes, Oktroi* [tʀwa, ɔkˈtʀwa] und in unbetonter Silbe: *Toilette, Poilu, Coiffeur, Doyen, loyal* [twaˈlɛtə, pwaˈly, kwaˈfœːʀ, dwaˈjɛ̃, lwaˈjaːl]. Kürze in betonter Silbe hat *Voile* [vwal(ə)].

2. Vor einfachem Konsonanten ist der *a*-Laut

in betonter Silbe lang [aː]	in unbetonter Silbe kurz [a]
egal, Pennal, Nasal [naˈzaːl]	*Karneval, Portugal, Hannibal*
Amalgam [amalˈgaːm], *Melo-dram*	*Bileam, Siam, Bisam.*
Kaplan [kaˈplaːn], *Roman*	*Bertram, Wolfram, Wagram*
Äskulap, Satrap [zaˈtraːp]	*Scharlatan* [ˈʃarlatan], *Talisman* [ˈtaːlɪsman], *Sagan* [ˈzaːgan], *Satan* [ˈzaːtan]
	Biwak
Geograph, Architrav, konkav	*Seraph, Assaph, Gustav, Potiphar*
Altar [alˈtaːr], *Referendar,*	
Tartar [tarˈtaːr], *Herbar*	
Topas, Chrysopras	*Arras* [ˈaras], *Atlas* [ˈatlas], *Trias, Niklas*
Pirat, Legat, privat	*Euphrat, Vivat, Goliath*
Horaz, Pankraz [panˈkraːts]	*Pankraz (der Schmoller)* [ˈpan-krats]

3. Vor mehreren Konsonanten gilt in betonter wie in unbetonter Silbe kurzes [a]: *Ariadne* [ariˈadne], *franko, basta, Pasta, Regatta* [reˈgata], *Smaragd* [smaˈrakt], *Jacht — Magnat* [maˈgnaːt], *Armee, Pandora, Billard, Phalanx* [ˈfaːlaŋks]. So auch in deutschen Namen wie *Marbach, Bamberg, Hamburg, Zermatt.*

4. Bemerkenswerte Einzelheiten:

Kurzes [a] haben gegen die obigen Regeln: *Claque, Fiaker* [fiˈakər],

Tschako, Gala, Januar, Paletot, Grammatik [gra'matık], *Tram, Madame, Kap, Amsterdam, Rotterdam* [amstər'dam, rɔtər'dam].

Langes [aː] haben gegen die obigen Regeln in betonter Silbe: *Master, Bratsche, Glatz,* in unbetonter Silbe: *Balsam* ['balzaːm], *Sultan* ['zʊltaːn], *Balkan* ['balkaːn], *Pelikan* ['peːlikaːn], *Schakal* ['ʃaːka(ː)l], ʃa'kal] und die Bildungen auf *-ian* [iaːn] wie: *Baldrian, Grobian, Schlendrian.* Die Kürze in *Kastanie* und *Spanien,* die man zuweilen hört, entspricht nicht der Hochlautung.

5. *ae* in niederländischen Wörtern wird als langes [aː] gesprochen: *Ruysdael* ['rɔøsdaːl], *Claes* [klaːs]. Auch in Orts- und Familiennamen am deutschen Niederrhein erscheint dieses *ae* für [aː]: *Angenaendt, Kevelaer, Straelen.*

6. Doppeltes *a* (*aa*) in dänischen Wörtern ist geschlossenes langes [oː], vgl. *Aarhus* ['oːrhuːs], *Aalborg;* im Schwedischen, im Norwegischen und heute auch vielfach im Dänischen steht dafür das Zeichen *å* (*skål, Åbo, Ålandsinseln*).

7. Nasaliertes [ã] wird in französischen Wörtern gesprochen für *an, am, en, em,* auch für *aen, ean* mit oder ohne folgenden stummen Konsonanten: *Chambre, Chateaubriand, Montblanc, Rouen, Lorient, Caen, Jean* ['ʃãbrə, ʃatobʀi'(ï)ã, mɔ̃'blã, ʀu'ã, lɔ'ʀjã, kã, ʒã].

2. *e*-Laute

Die Aussprache der *e*-Laute auszugleichen, ist schwierig, weil sich hier Landschaftssprachen und Rechtschreibung besonders vielfältig voneinander und vom hochsprachlichen Gebrauch unterscheiden. Zum Verständnis müssen wir hier ausnahmsweise die Entwicklungsgeschichte berücksichtigen.

In älterer Zeit — etwa bis um 1300 — unterschied man in betonten Silben mehrere Arten von kurzen *e*-Lauten, einen offenen (*ë*), einen überoffenen (*ä*) und einen geschlossenen, die genau beobachtende Dichter nicht miteinander reimten. Diese Unterschiede haben ihre geschichtliche Berechtigung. Der offene *e*-Laut wurde gesprochen, wo er schon vordeutsch bestanden hatte, z. B. in mhd. *regen* (der Regen), *geben, weben.* Überoffen auch *ä,* der spätere Umlaut (Sekundärumlaut) von [a] gesprochen, vgl. *nähte* (Nächte). Geschlossenes [e] lag dort vor, wo ein altes kurzes [a] durch Einwirkung eines [i] oder [j] der folgenden Silbe schon im frühmittelalterlichen Deutsch zu [e] umgelautet worden war, z. B. in mhd. *regen* (sich regen), *legen* (legen), *weln* (wählen), *gesten* (Gästen); gotisch *lagjan, waljan, gastim.* Dieser alte Bestand an kurzen *e*-Lauten wurde durch die neuhochdeutsche Vokaldehnung stark verringert, wie die obigen Beispiele lehren. Ähnliche Klangunterschiede bestanden zwischen den langen *e*-Lauten. Geschlossenes [e:] sprach man in Fällen, wo Zusammenziehung aus altem *ai* stattgefunden hatte, z. B. in mhd. *sê* (der See), *mêr* (mehr), dem die gotischen Formen *saiws, maiza* entsprechen. Offenes langes [ε:] sprach man da, wo Umlaut eines langen *a*-Lautes vorliegt, z. B. mhd. *swaere* (schwer), *taete, maere* (Mär). Hierzu kamen dann die vielen jungen offenen und geschlossenen langen *e*-Laute, die durch die neuhochdeutsche Dehnung der kurzen Vokale in offener Silbe entstanden sind, z. B. *Bär* (< mhd. *ber*), *Leben* (< mhd. *leben*).

Diese alten geschichtlichen Unterschiede sind in großen Teilen Mittel- und Oberdeutschlands noch bewahrt, in Norddeutschland dagegen aufgegeben. Hätten die Grammatiker des 16.—18. Jahrhunderts die Rechtschreibung nach diesen Gesichtspunkten geregelt und für den geschlossenen *e*-Laut das Zeichen *e*, für den offenen das Zeichen *ä* einheitlich durchgeführt, so könnten wir uns einfach danach richten. Statt dessen haben sie die Regel aufgestellt, daß *ä* geschrieben wird, wenn nahe verwandte Sprachformen ein *a* aufweisen, sonst aber *e*. Also schreibt man: *Männer, Hände, käme, wählen* wegen: *Mann, Hand, kam, Wahl,* dagegen: *behende, Eltern,* weil der Zusammenhang mit *Hand, alt* nicht bewußt war; *schwer,* weil es verwandte Formen mit *a* nicht gab. Ist diese mechanische Regel vom sprachwissenschaftlichen Standpunkt aus auch ungerechtfertigt, so hat sie doch einen wesentlichen Einfluß auf die Aussprache der Gebildeten geübt. Zusammenfassend läßt sich sagen: ein großer Teil der Sprecher, namentlich in Mittel- und Oberdeutschland, unterscheidet — gegen das Schriftbild — ['lɛːbən, 'vɛːbən] von ['heːbən, leːgən]; ein anderer Teil, vorwiegend in Norddeutschland, hat diesen Unterschied aufgegeben.

Für die Hochlautung besteht heute der Zustand, daß sie bei langem *e*-Laut unterscheidet zwischen *gewähren* und *Gewehr, vermählen* und *Mehl, läge* und *lege* ([ε:] — [e:]). Bei kurzem *e*-Laut dagegen ist eine Unterscheidung nicht zu fordern; zwischen *älter* und *Eltern, Lärche* und *Lerche, kräftig* und *heftig* besteht kein lautlicher Unterschied: [ε].

Heimische Wörter

Wir unterscheiden in der Hochlautung verschiedene *e*-Laute:

1. Langes geschlossenes [e:]: *heben, legen, See, leben, Feder, zehn, Erde.* Dieses [e:] ist zu sprechen, wo die Schreibung *ee* oder *eh* zeigt: *See, Teer, Reh, fehlen,* oder wo *e* in offener Silbe steht: *je, Efeu, ewig,* oder wo dem *e* in derselben Silbe nur einfacher Konsonant folgt: *bequem, schwer, wer, wem,* betontes *er, der, dem, den.*

Man hüte sich vor allzu geschlossener, dem [i] zuneigender Aussprache, ebenso vor einem leisen Nachschlag eines [ə] oder [i], wie er in manchen Mundarten (z. B. in Pommern) vorkommt oder sich aus dem Affekt ergibt: *Leben* als [ˈleː(i)bən] statt [ˈleːbən], *See* als [zeː(i)] statt [zeː], *wen* als [veː(i)n] statt [veːn].

2. Langes offenes [ɛː]. Dieses [ɛː] ist zu sprechen, wo die Schreibung *äh* zeigt: *jäh, Ähre, wählen,* wo *ä* in offener Silbe steht: *Täler, Träne, klären,* und wo in derselben Silbe nur ein einfacher Konsonant folgt: *Bär, schräg, spät.* Zuweilen, vor allem in Eigennamen, wird die graphische Bezeichnung *ae* gebraucht: *Baedeker, Caesar.*

Man vermeide eine zu enge, dem [eː] ähnliche Aussprache, ebenso aber auch eine zu offene Aussprache, wie sie in Mundarten Obersachsens und der Schweiz üblich ist, und wie sie sich im Affekt leicht einstellt. Endlich vermeide man auch hier den leisen Nachschlag eines [i] oder [ə]; *Träne* [ˈtrɛːnə] darf nicht wie [ˈtrɛː(i)nə] oder [ˈtrɛːənə] klingen.

In unbetonter Stellung spricht man [ɛː] bei Umlaut von [ɑː]: *Schakälchen* [ˈʃakɛːlçən].

3. Kurzes offenes [ɛ]. Dieses [ɛ] ist zu sprechen, wo *e* oder *ä* vor mehreren Konsonanten oder *sch* steht: *Held, hält, schlecht, Nächte, Eltern, älter, Bett, Scherz, Wäsche, Esche.* Wo die Konsonantenhäufung erst spät durch Ausfall eines Vokals oder durch Antreten einer Ableitungssilbe entstanden ist, bleibt die Länge [ɛː] gewahrt: *erklärt* aus *erkläret;* ebenso in *Gemälde, grämlich, Märchen, Rätsel* usw.

Man vermeide eine Aussprache, die sich dem [ɑ] zu sehr annähert.

4. Wechselnde Quantität herrscht vor *ß* (lang in: *säße, Späße,* aber kurz in: *häßlich, gräßlich*), vor *ch* (lang in: *spräche, bräche, stäche,* aber kurz in: *sprechen, brechen, stechen*) und vor *r* + Dental ([eː] in: *Erde, Herde, Herd, Pferd, erst, Fährte,* aber [ɛ] in: *Gerte, fertig, Härte, widerwärtig*), vgl. S. 60. — Zum Wechsel zwischen [eː] und [ɛː] vgl. S. 57.

5. Beim [ə] (Schwa) der Nebensilben ist die Regelung der reinen Hochlautung anspruchsvoller als die der gemäßigten.

a) In reiner Hochlautung steht [ə] in Nebensilben sowohl vor
wie nach dem Haupton: *Gesungenes* [gəˈzʊŋənəs], *behalten* [bə-
ˈhaltən], *Kämmerer* [ˈkɛmərər]. Dieses [ə] hat eine größere Arti-
kulationsbreite als andere Vokale. In der gemäßigten Hochlautung, ist wie im Oberdeutschen bei *ge-, be-* auch kurzes geschlossenes [e] möglich, jedoch nicht offenes [ɛ] (Tabelle I, S. 69):
verhärtetem [fɛrˈhɛrtɛtəm] statt [fɛrˈhɛrtətəm]. Hingegen ist in
Elend, Elen, Volker [ˈeːlɛnt, ˈeːlən, ˈfɔlkɛr] die zweite Silbe keine
ursprüngliche Nebensilbe, daher hat sie ein kurzes offenes [ɛ].

Die unbetonten Vorsilben *er-, ver-, zer-, emp-, ent-* sowie die
Pronomina *es, des* auch in unbetonter Stellung sind mit vollem [ɛ]
zu sprechen. Das lange geschlossene [eː] der Pronomina *er, der,
dem, den* (s. Regel I) kann in unbetonter Stellung bei schnellem
Sprechen gekürzt werden, bleibt dann aber stets geschlossen:
er [eːr > er], *der* [deːr > der], *dem* [deːm > dem], *den* [deːn
> den].

Das [ə] der Ableitungssilben *-er, -el, -em, -en* darf nicht unter-
drückt werden. Die silbische Aussprache als [r̩, l̩, m̩, n̩] genügt
nicht: *Schäfer* ist als [ˈʃɛːfər] zu sprechen, nicht als [ˈʃɛːfr̩].
Ebenso heißt es bei *Handel* [ˈhandəl] und nicht [ˈhandl̩], *Banden*
[ˈbandən] und nicht [ˈbandn̩], *Atem* [ˈaːtəm] und nicht [ˈaːtm̩].

b) In der gemäßigten Hochlautung kann [ə] im allgemeinen
ausfallen, womit der folgende Konsonant silbisch wird: *Handel*
[ˈhandl̩], *Banden* [ˈbandn̩].

Das [ə] bleibt jedoch erhalten (vgl. Tabellen I, II, S. 61 ff.):

α) im absoluten Auslaut (Tabelle I 1 a),

β) nach Nasal: *-men, -nen, -ngen* (II 2 a, 3 a),

γ) nach [r] oder [ʀ]: *-ren* (II 2 b, 3 s),

δ) nach Vokalen (vor [ʁ], [ʀ] als [ɛ]): *-en, -el, -er, -ern* (II 1 a,
   b, c, d),

ε) in den Nachsilben *-er, -ern* als [ɛ] (II 1 c, d; II 2 q, r, s; 3 i,
   p, q, r),

ζ) in der Nachsilbe *-eln* nach nichthomorganem Laut (II 3 m,
   n, o),

η) in der zweiten Silbe von *-enen* (II 2 j),

ϑ) in *-dem, -tem* (II 3 k).

Was die Qualität des *e*-Lautes angeht, so erscheint in der gemäßigten Hochlautung in den Vorsilben *be-* und *ge-* neben [ə]
auch [e] (Tabelle I 2a, b), in *-ent* und *-emp* neben [ɛ] auch [ə]
(I 2c, d) und, wie eben gesagt wurde, vor *r*-Lauten und ebenso
bei dem unbetonten Pronomen *er* und in *-es* des starken Geni-
tivs neben [ə] durchweg auch [ɛ] (II 1c, d; 2q, r, s; 3i, p, q, r),
nicht bloß wie in der reinen Hochlautung in *er-, ver-, zer-, emp-,
ent-*.

c) Nicht als ͏Hochlautung kann dagegen z. B. gelten die Aussprache von

α) *er-, ver-, zer* als [ər, fər, tsər] oder gar als [ɽ, fɽ, tsɽ],

β) *-er* als [ɽ] oder gar vokalisiert als [ɐ], vgl. ['ʃeːfɽ, 'ʃeːfɐ],

γ) *-en* als [m̩] oder [ŋ] unter dem Einfluß eines vorausgehenden
Labialen oder gutturalen Konsonanten, etwa: *Lippen* als
['lɪpm̩], *geben* als ['geːbm̩], *schlafen* als ['ʃlaːfm̩], *nehmen* als
['neːmm̩] oder gar ['neːm̩], *sagen* als ['zaːgŋ], *recken* als
['rɛkŋ] (solche Angleichung kann z. B. bei *Abendbrot* über
['aːbm̩tbroːt] zu [aːbm̩broːt] und schließlich ['aːmbroːt] führen),

δ) *-enen* als [n̩n̩], etwa *Berittenen* als [bərɪtn̩n̩].

6. In einzelnen Wörtern ist die in den Umgangssprachen vielfach
schwankende Quantität wie folgt festgelegt worden:

kurzes offenes [ɛ]	langes geschl. [eː]	langes offenes [ɛː]
Rebhuhn, weg	*Lebkuchen, Kebse,*	
	Krebs, nebst, beredt,	
	Beredsamkeit	*Städte*
Bremse		*nämlich*
Herberge, Herzog,	*das Erz, Beschwerde,*	*zärtlich, verzärteln*
Werder, Ferse,	*Erde, Herd*	*Bärte, Gebärde*
Vers, auch plur.		
Verse, Erz(bischof),		
Herz, Nerz		
es, des	*stets, Brezel*	*Grätsche, Kartätsche,*
		Rätsche, hätscheln,
		tätscheln, Rätsel,
		Räzel, Fläz, ge-
		mächlich

Tabelle I. Qualität der *e*-Graphien in Endungen und Vorsilben

Hochlautung	1. Endungen			2. Vorsilben					
	a) -e	b) -em, -en, -ene, -end, -es, -el, -elnd	c) -er, -ern, -ernd,	a) be-	b) ge-	c) ent-	d) emp-	e) er-, ver-, zer-	f) her-
	lebe	*-ende, -et, -ent, -es, -el, -elnd*	*-ert, -ere, -erer*	*belegen*	*gelegen*	*entlegen*	*empfin-den*	*erfahren*	*heran, heraus*
rein	ə	-ə	-ə	bə-	gə-	ɛnt-	ɛmp-	ɛr-, fɛr-, tsɛr-	hɛr-, hɛʁ-
gemäßigt	ə	-ə	-ɐ	bə-, be-	gə-, ge-	ent-	emp-	ɛʁ-, fɛʁ-, tsɛʁ-	hɛʁ-

Tabelle II. *e*-Graphien der Endsilben in Einzelstellungen

1. nach Vokal	a) -en	b) -el	c) -er	d) -ern
Hochlautung	*stehen schauen*	*Greuel*	*eher Schauer*	*ehern dauern*
rein	ʃteːən ʃɑoən	grɔøəl gʁɑoəl	eːər ʃɑoər	eːərn dɑoərn
gemäßigt		gʁɔøl	eːɐ ʃɑoɐ	eːɐn dɑoɐn

2. zwischen homorganen Lauten

	a) -nen	b) -ren	c) -len	d) -sen(d)	e) -ßen(d), -zen(d)	f) -(t, p)schen	g) -gen	h) -den, -ten
Hoch-lautung	nennen	wahren	wühlen	reisen(d)	reißen(d), reizen(d)	Rüschen, deutschen, hübschen	Pagen	Banden, Bauten
rein	-nen	-ren	-len	-zən(t)	-sən(t), -tsən(t)	-ʃən	-ʒən	-dən, -tən
gemäßigt	-nen	-ren	-ln̩	-zn̩(t), -zn̩(t)	-sn̩(t), -tsn̩(t)	-ʃn̩	-ʒn̩	-dn̩, -tn̩

	i) -enden	j) -tenen	k) -del, -tel	l) -ßel, -zel	m) -sel	n) -neln	o) -deln, -teln
Hoch-lautung	lebenden	Berittenen	Handel, Hantel	Geißel, Wurzel	Geisel	ähneln	handeln, basteln
rein	-bəndən	-tenən	-dəl, -təl	-səl, -tsəl	-zəl	-nəln	-dəln, -təln
gemäßigt	-bəndn̩	-tn̩ən	-dl̩, -tl̩	-sl̩, -tsl̩	-zl̩, -zl̩̥	-nl̩n	-dl̩n, -tl̩n

	p) -seln, -sseln, -scheln	q) -ner	r) -nern	s) -der, -ter	t) -dern, -tern	u) -chern, -sern, -zern, -schern
Hoch-lautung	rieseln, rasseln, rascheln	Hühner	bohnern	Fuder, Leiter	sondern, nüchtern	bereichern, eisern, hölzern, einäschern
rein	-zəln, -səln, -ʃəln	-nər / -nəʀ	-nərn / -nəʀn	-dər, -tər / -dəʀ, -təʀ	-dərn, -tərn / -dəʀn, -təʀn	-çərn, -zərn, -tsərn, -ʃərn / -çəʀn, -zəʀn, -tsəʀn, -ʃəʀn
gemäßigt	-zl̩n, -zl̩̥n, -ʃl̩n	-nɐ	-nɐn	-dɐ, -tɐ	-dɐn, -tɐn	-çɐn, -zɐn, -tsɐn, -ʃɐn, -ʒɐn

3. zwischen nichthomorganen Lauten

Hochlautung	a) -men, -ngen *hemmen* *hängen*	b) -mel, -ngel *Himmel* *Engel*	c) -wen, -fen(d), -pfen(d) *Löwen, laufen(d)* *rupfen(d)*	d) -(i)chen, -(i)chem *rächen, Mädchen* *welchem*	e) -(i)chel, -schel *Sichel, Muschel*	f) -(a)chen *Rachen*
rein	-men, -ŋen	-məl, -ŋəl	-ven, -fen(t), -pfen(t)	-çen, -çem	-çəl, -ʃəl	-xen
gemäßigt	-men, -ŋen	-ml̩, -ŋl̩	-vn̩, -fn̩(t), -pfn̩(t)	-çn̩, -çm̩	-çl̩, -ʃl̩	-xn̩

Hochlautung	g) -(a)chel *Kachel*	h) -fel, -pfel *Waffel* *Apfel*	i) -fer, -pfer *Hafer* *tapfer*	j) -ben, -pen, -gen, -ken *laben, Lappen* *Hagen, Hacken*	k) -dem, -tem *Brodem* *Atem*	l) -bel, -pel, -gel, -kel *Rabel, Kuppel* *Kugel, Zirkel*	m) -meln, -geln *sammeln* *hangeln*
rein	-xel	-fel, -pfel	-fər, -fəʀ, -pfər, -pfəʀ	-ben, -pen, -gən, -ken	-dem, -tem	-bəl, -pəl, -gəl, -kəl	-meln, -ŋeln
gemäßigt	-xl̩	-fl̩, -pfl̩	-fɐ, -pfɐ	-bn̩, -pn̩, -gn̩, -kn̩		-bl̩, -pl̩, -gl̩, -kl̩	

Hochlautung	n) -beln, -peln, -geln, -keln *jubeln, humpeln,* *regeln, wackeln*	o) -feln, -cheln, -scheln *würfeln, lächeln,* *kacheln, rascheln*	p) -mern, -ngern *dämmern,* *hungern*	q) -bern, -pern -gern, -kern *albern, holpern* *lagern, lockern*	r) -fern, -chern *liefern, wuchern*	s) -ren (vgl. II2b) *währen*
rein	-bəln, -pəln, -gəln, -kəln	-fəln, -çəln, -xəln, -ʃəln	-mern, -ŋern -mɐn, -ŋɐn	-bern, -pern, -gern, -kern, -bɐn, -pɐn, -gɐn, -kɐn	-fern, -xern, -fɐn, -xɐn	-ren
gemäßigt	-bl̩n, -pl̩n, -gl̩n, -kl̩n	-fl̩n, -çl̩n, -xl̩n, -ʃl̩n	-mɐn, -ŋɐn	-bɐn, -pɐn, -gɐn, -kɐn	-fɐn, -xɐn	-ʀen

Wörter fremder Herkunft und Namen

1. Langes offenes [ɛ:] wird gesprochen für lateinisches *ae* (auch *ä* geschrieben) und für französische lange offene *e*-Laute (geschrieben *ai, è, ê*): *Ära, Caesar, Sphäre, Dämon, prä-*; *Palais, fraise, Portière, Tête* (heute auch *Tete* geschrieben). Aber: *Aisne* [ɛn], *Cambrai* [kã'bʀɛ(:)].

In der Schweiz ist für gemäßigte Hochlautung Kürze und offenes [ɛ] vorgeschlagen für *Krebs, Städte, Grätsche, hätscheln, Kartätsche, tätscheln*. Vor *r* + Dental ist wie beim *a*-Laut Kürze neben Länge erlaubt: *Erde, Herd, Pferd, werden, wert*. Wie beim *a*-Laut wird Länge gestattet (soweit in der Mundart begründet) in: *Gedächtnis, rächen*. — Auch wird eine merkliche Nuancierung bei dem kurzen *e*-Laut zwischen altem Primär- und jüngerem Sekundärumlaut festgestellt, wobei ersterer lautgerecht geschlossen gesprochen wird: *Stelle* — *Ställe, Lerche* — *Lärche, heftig* — *kräftig, Esche* — *Wäsche, Held* — *hält, Bett* — *lädt, wetten* — *hätten, Netz* — *Schätze*.

Das österreichische „Beiblatt" stellt allgemein fest, daß trotz einer von der reinen Hochlautung abweichenden mundartlichen Verteilung von offenen und geschlossenen *e*-Lauten „mindestens in der Vortragssprache die kurzen *e*-Laute offen, die langen (mit Ausnahme der langen ä) geschlossen zu sprechen" sind. Das lange [ɛ:] wird im übrigen in Österreich in der gemäßigten Hochlautung etwas weiter geöffnet.

2. In betonter offener Silbe, auch wenn ein stummer Konsonant folgt, ist der *e*-Laut lang und geschlossen [e:] zu sprechen: franz. *Café* [kɑ'fe:] neben deutsch *Kaffee* ['kafe], nicht ['kafə], doch österr. immer [kɑ'fe:], *A'llee, Komi'tee, Cou'plet, 'Reaumur;* aber *Bi'det* [bi'dɛ].

3. In unbetonter Silbe vor der Tonsilbe ist der *e*-Laut kurz und geschlossen [e]: *Theater, Benefiz* [te'ɑːtər, bene'fiːts], ebenso auch bei den aus dem Lateinischen stammenden Vorsilben *de-* und *re-*: *deplaziert* [deplɑ'tsiːrt], *Register* [re'ɡɪstər]. Kurzes geschlossenes [e], und nicht etwa deutsches [ə], ist ferner im Wortauslaut zu sprechen: *Circe, Hebe, Lethe, Athene, Chloe, Aloe, Niobe, publice, Faksimile, Andante, dolce*.

Deutsches [ə] gilt nur in solchen Fällen, wo eine fremde Endung durch die deutsche Endung -*e* ersetzt ist: *Julie* (aus *Julia*), *Iphi-*

genie, Krise (aus *Krisis*), *Hypothese* (aus *-sis*), *Narkose* (aus *-sis*), vgl. S. 44. *Marie, Sophie* sind als [mɑˈriː, zoˈfiː] zu sprechen, nicht als [mɑˈriːə, zoˈfiːə], dagegen die Genitive *Mariens, Sophiens* mit [ə]: [mɑˈriːəns, zoˈfiːəns].

Auch für das sogenannte stumme *e* des Französischen tritt im Deutschen [ə] ein: *Chance, Portière, Seine, Toilette, Manege, Loire* [ˈʃãːs(ə), -ʀtĭɛːʀə, ˈsɛːn(ə), mɑˈnɛːʒ(ə), lwɑːʀ(ə)]. In gemäßigter Hochlautung fehlt in diesen Fällen das [-ə] außer in *Toilette*.

4. Vor einfachen Konsonanten ist der *e*-Laut

in betonter Silbe geschlossen und lang [eː]	in unbetonter Silbe offen und kurz [ɛ]
Ganymed	*Mohammed* [muˈhɑmɛd]
Privileg, Bibliothek	*Melchisedek* [mɛlçiˈseːdɛk]
Juwel, Kamel, parallel	*Ismael, Gabriel, Michael*
Diadem, Problem	*Requiem, Salem, Golem*
heterogen [heteroˈgeːn], *Phä-nomen*	*Nomen, Omen*
Chersones [çɛrsoˈneːs]	*Perikles, Ares, Pourtalès*
Anachoret, Prolet, Prophet	*Nazareth, Elisabeth*
Duodez	

Schwaches [ə] findet sich wieder nur da, wo eine deutsche Endung eingesetzt ist: *Indien* (aus *India*), *Menander* (aus *Menandros*). Gegen die Hauptregel haben kurzes offenes [ɛ]: *Echo, Chef, Relief, Hotel, Sem* [ˈɛçoː, ʃɛf, reˈliɛf, hoˈtɛl, zɛm].

5. Vor mehreren Konsonanten ist der *e*-Laut in betonter und unbetonter Silbe offen und kurz [ɛ]: *Phlegma* [ˈflɛgmɑ], *Egmont, Skepsis, presto, Fiesco* [fiˈɛsko], *Fresko; Konfession, Segment* [zɛˈgmɛnt], *Nonsens, Präsens.*

6. Die Endung *-ier* wird teils als [iːr] gesprochen: *Juwelier, Polier, Offizier, Turnier, Scharnier,* teils französisch als [-jeː] in: *Atelier* [ɑtəˈljeː], *Bankier, Brigadier, Cafetier, Chevalier* (gegenüber [iːr] in *Kavalier*), *Collier, Premier, Metier, Portier, Rentier* u. a. In Völkernamen wie *Spanier, Kanadier, Argentinier* und in verwandten Bildungen wie *Flavier, Julier, Saurier* gilt [-ər], da es sich um eine deutsche Endung handelt.

In Österreich spricht man *Brigadier* [brigɑˈdiːr] und *Portier* [pɔrˈtiːr].

7. Langes [eː] vor stummen Konsonanten gilt in *Budget, Cou-*

plet, Duvet, Filet, Gilet, dagegen kurzes offenes [ɛ] mit ausgesprochenem [t] in *Billet, Buffet* (neben [by'feː]), *Minarett* und ähnlich überall, wo *tt* geschrieben wird: *Brikett, Bukett, Kadett, kokett, Spinett, violett.*

In der gemäßigten Hochlautung in der Schweiz spricht man in der Endsilbe *-et* ein offenes [ɛ]: *Budget* ['bydʒɛ], *Büffet* [by'fɛ], *Couplet* [ku'plɛ], *Filet* [fi'lɛ], *Duvet* ['dyvɛ], *Gilet* ['ʒilɛ]; die Aussprache von *Quai* ist [kɛː]. — In Österreich spricht man *Büffet* [by'feː] und *Bouquet* (= Bukett) [bu'keː].

8. Folgende Namen sind zu beachten:

mit langem, geschlossenem [eː]   mit kurzem, offenem [ɛ]

mit langem, geschlossenem [eː]	mit kurzem, offenem [ɛ]
Dresden, Esten, Estland, Mecklenburg, Pegnitz, Quedlinburg, Schleswig, Schwedt, Teplitz, Trebnitz, Verden, -werth. Auch *Gerhart, Hedwig, Werther*	*Ems, Erfurt, Herborn, Herford, -werder, Schwetzingen, Gebhart, Gertrud, Herder, Hermann, Hertha, Stephan* und die Namen auf *-bert* wie *Albert, Robert*

9. Französische *ain, aim, ein, in, im* sind als nasalierte [ɛ] zu sprechen: *Refrain, Teint, Cousin* [ʀə'fʀɛ̃, tɛ̃, ku'zɛ̃] und nicht als [ɛŋ]. *Reims* kann deutsch und französisch ausgesprochen werden [raems, rɛ̃ːs].

3. *i*-Laute

Es gibt drei *i*-Laute:

1. **langes geschlossenes** [iː]: *lieb, ihn, mir,*
2. **kurzes offenes** [ɪ]: *Fisch, Kirche, hinauf,*
3. **konsonantisches unsilbisches** [ï] als Teil steigender Diphthonge nur in fremden Wörtern nach [s] und [t]: *Nation, Mission.* (Über franz. *-ier* vgl. S. 65.)

Zu vermeiden ist eine geschlossene Aussprache des kurzen *i*-Lauts, wie sie im Bairischen einschließlich des Österreichischen und im Schwäbischen häufig ist. Ebenso ist aber auch die zu offene, nach [e] hin liegende Aussprache dieses Lauts normwidrig, so daß *bitten, wissen* fast wie *betten, wessen* klingt. Besonders hüte man sich vor der Aussprache des *i* mit Lippenrundung, wie es namentlich vor *r* in manchen Mundarten üblich ist, so daß *Hirsch, Kirche, Wirtschaft* wie [hyrʃ] usw. klingen.

Heimische Wörter

1. Langes, geschlossenes [i:] ist zu sprechen, wenn die Schreibung *ie, ih* oder *ieh* vorliegt: *die, bieten, siebzig; ihm, ihn, ihr; Vieh, zieht.* Ferner selten bei einfachem *i* in offener Silbe: *wider, Biber, Fibel, Fiber* (Faser), *Igel, Tiger, Bibel, Bisam* und vor *r* in *mir, dir, wir.*

2. Kurzes offenes [ɪ] gilt in allen übrigen Fällen, in denen einfaches *i* geschrieben wird: *Bitte, Sinn; Birke, Wild, Liste, mischen; in, bin, mit.* Es herrscht auch in unbetonter Stellung in den Ableitungssilben *-in, -nis, -lich, -ig, -rich, -icht, -isch: Königin, Ärgernis, freundlich, selig, Fähnrich, Dickicht, irdisch* (vgl. auch *Rettich, Kürbis*), ebenso in den Eigennamen auf *-rich* und *-wig: Heinrich, Dietrich, Friedrich, Hedwig, Ludwig,* aber *Hadwigis* [hɑt'vi:gɪs], *Ludwiga* [lut'vi:gɑ].

3. In einzelnen Wörtern ist die in den Umgangssprachen vielfach schwankende Quantität des *i*-Lauts wie folgt festgelegt worden:

Kurzes offenes [ɪ]	langes geschlossenes [i:]
Viertel, vierzehn, vierzig	*vier, Vierteil, vierteilen*
Distel	*Nische, Wiesbaden*

Geschlossene Kürze hat durch Kürzung eines langen geschlossenen [i] im Nebenton *vielleicht* [fi'laeçt] sowie das Pronomen *die* in unbetonter Stellung, zumal als Artikel. Eine weitere Abschwächung zu [dɛ] oder [də] ist in der Hochlautung unzulässig.

In der Schweiz ist in gemäßigter Hochlautung statt des offenen [ɪ] (vgl. *u-* und *ü*-Laute) auch kurzes geschlossenes [i] zugelassen. Man spricht mit kurzem [ɪ] oder [i] *Liter* und *Nische.*

Wörter fremder Herkunft und Namen

1. In betonter offener Silbe gilt langes geschlossenes [i:]: *Geographie, Monotonie, Elias, Bibel, Niger, Kasino, Brasilien, studieren* (und alle Verba auf *-ieren*), *Trio, Liter, Mime.* In unbetonter offener Silbe ist das *i* kurz und geschlossen: *Alibi, Kolibri, Sellerie; Kapital, Klischee, Tirol, Zitrone.* Der Buchstabe *y* wird als *i* gesprochen in: *Ysop, Tybalt, Schwyz, Seldwyla, Spyri* (und oft in schweizerischen Orts- und Personennamen) (vgl. S. 47).

2. Vor einfachem Konsonanten ist der *i*-Laut

in betonter Silbe lang und geschlossen [iː]	in unbetonter Silbe kurz und offen [ɪ]
Tarif, naiv, massiv	*Cardiff, Natives* ['neitɪvz]
Kritik, Politik, Fabrik	*Chronik, Ethik, Tragik*
sublim, minim [miˈniːm]	*Pilgrim* ['pɪlgrɪm], *Purim, passim, Kelim*
Stil, zivil [tsiˈviːl]	
Medizin, Stearin	*Buckskin*
Wezir [veˈziːr], *Spalier*	*Saphir, Tapir*
Paris (Stadt), *Türkis*	*Adonis, gratis, Jaspis, Paris* (Held)
Appetit, Kredit, Profit	*Fazit, Prosit, Sanskrit, Judith*
Justiz, Miliz [miˈliːts], *Notiz*	*Moritz, Seydlitz*

Auch für diese Liste ergeben sich bei der gemäßigten Hochlautung in der Schweiz Abweichungen von der Regelung der gedehnten Aussprache. Kurzes [i] gilt in *Fabrik, Kritik, Politik, Mathematik* ebenso wie in *Miliz, Notiz, Appetit, Kredit, Profit, Viper.* — Zum Gebrauch in Österreich vgl. das Wörterbuch.

In den grammatischen Ausdrücken *Dativ, Akkusativ, Konjunktiv* usw. wird — auch bei Anfangsbetonung — der *i*-Laut der dann unbetonten Endsilbe lang gesprochen: ['daːtiːf] usw. In englischen Wörtern mit *ee* und oft *ea* wird langes geschlossenes [iː] gesprochen: *Jeep, Speech, Spleen, Tweed, Beefsteak* ['biːfsteːk] (die Aussprache [stiːk] entspricht nicht der Hochlautung); *Lear* [liːr], *Seal* [siːl].

3. Vor mehreren Konsonanten herrscht sowohl in betonter wie in unbetonter Silbe kurzes, offenes [ɪ]: *Fixum, Quinte, Edikt, Christ, Fiskus, Prisma, Zirkel; Zitrone, Dissonanz, Inzest, Derwisch, Bovist* ['boːfɪst], ebenso vor *ll* in *Mille, Villa, Lilli, Pasquill, Postille, Pupille,* auch wo [ɪlj] zu sprechen ist: *Billard, Mantille, Quadrille, Vanille* oder in spanischen Wörtern ein mouilliertes *l* [ʎ] vorliegt: *Kamarilla, Sevilla.*

4. Unbetonter *i*-Laut vor einem — betonten oder unbetonten — Vokal ist nach [ts] und [ks] nicht als kurzes [ɪ] oder [j] zu sprechen, sondern als unsilbisches, konsonantisches [ï], so vor allem in den zahlreichen Fremdwörtern auf *-ion*. Wörter wie *Nation, Axiom* sind zweisilbig [naˈtsïoːn, aˈksïoːm] und nicht dreisilbig [natsiˈoːn], aber auch nicht [natsˈjoːn], ebenso das Suffix *-ation* und das Wort *Ju-*

stitiar [jʊstiˈtsĭɑːr]. Sonst gilt die Aussprache mit silbischem [i]: *Relief* [reliˈɛf], *Patriarch* [patriˈarç], *Insignien* [ɪnˈzigniən]. *Italien, Lilie, Linie* [iˈtɑːliən, ˈliːliə, ˈliːniə], nicht [itɑːljən] usw.; vgl. S. 102.

5. Beachtenswert sind die Wörter: *Kapitel* [kɑˈpɪtəl], aber *Kapital* [kapiˈtɑːl] und *Kapitäl* [kɑpiˈtɛːl] oder *Kapitell* [kɑpiˈtɛl], *kritteln* [ˈkrɪtəln], aber *Kritik* [kriˈtiːk], *Spittel* [ˈʃpɪtəl], aber *Spital* [ʃpiˈtɑːl], ferner mit langem [iː] *Titel* (Österreich und Schweiz mit Kürze), *Krokodil, Tuilerien* [tɥiləˈʀiːən], *Lille* [li(ː)l], *Cherubim, Seraphim* [ˈçeːrubiːm, ˈzeːrafiːm], *Emil* [ˈeːmiːl]. Mit kurzem offenem *i* [ɪ]: *cis, dis, fis, Madrid, Krim.* Aussprache von *-ville* in franz. Ortsnamen früher [-vi(ː)l], heute [-vil], vgl. *Charleville* [ʃaʀl(ə)ˈvil].

6. Deutsche Personennamen auf *-in: Alwin, Edwin, Erwin, Balduin* haben in der Regel langes, geschlossenes [iː]. Ebenso sind die alemannischen Familiennamen auf *-in* trotz ihrer Anfangsbetonung mit langem [iː] zu sprechen, da es sich bei ihnen um das alte Verkleinerungssuffix *-lin* handelt: *ˈBöcklin, ˈWölfflin, ˈOberlin, ˈFrischlin,* meist auch *ˈZeppelin* (neben *Zeppeˈlin*). Man hüte sich, solche Namen (gleich den ostdeutschen Ortsnamen vom Typ: *Berlin, Stettin, Eutin, Ruppin*) auf der Endsilbe zu betonen. Russische Eigennamen auf *-in* betonen nicht immer die Endsilbe. Das [i] ist geschlossen; wenn es betont ist, etwa halblang: *Rostopčin* [rɔstɑpˈtʃiːn], wenn es unbetont ist, kurz: *Stalin* [ˈstɑːʎin], dt. [ˈʃtɑːlin], *Puschkin, Lenin.*

4. *o*-Laute

Es gibt zwei *o*-Laute:

1. Langes geschlossenes [oː]: *Los, Boot, Kohle.* Man vermeide einerseits eine zu geschlossene, dem *u* zuneigende Aussprache, andrerseits eine zu offene, wie sie namentlich vor *r* oft zu hören ist, etwa *Tor* als [tɔr]. Vor allem darf kein Nachschlag eines [u] zu hören sein, z. B. *Rose* als [ˈroː(u)zə].

2. Kurzes offenes [ɔ]: Gewarnt sei vor einer zu wenig gerundeten, übertrieben offenen und dadurch dem [ɑ] sich nähernden Aussprache, die sich zumal in der Emphase leicht einstellt.

Heimische Wörter

1. Langes geschlossenes [oː] ist zu sprechen, wenn die Schreibung *oo, oh* zeigt: *Boot, Moor, Moos; Sohle, Lohn, froh,* ferner wenn

o in offener Silbe steht: *wo, so, oho, Boden, holen, Sole* oder wenn dem *o* nur ein einfaches Konsonantenzeichen folgt: *Lob, Hof, Ton, Trog, Los, Strom.*

2. Kurzes offenes [ɔ] ist zu sprechen vor Doppelkonsonanten, vor Konsonantengruppen und *sch*: *hoffen, kommen, Robbe, Stoppeln, wollen; fordern, Sporn, gehorchen, Most, Trotz; Groschen, Frosch.*

3. Wechselnd ist die Quantität

a) vor *ß*: lang in *bloß, Schoß, Schloße,* aber kurz in *floß, goß, Geschoß, Roß, Amboß, Schloß,*

b) vor *ch*: lang in *hoch,* aber kurz in *doch, noch, kroch, Joch, pochen, Woche,*

c) vor *st*: lang in *Ostern, Kloster, prost, Trost,* aber kurz in *Post, Rost, Most, kosten, Posten, rosten.*

4. In einzelnen Wörtern ist die in den Umgangssprachen vielfach schwankende Quantität wie folgt festgelegt worden:

Kurzes offenes [ɔ]	langes geschlossenes [oː]
ob	*Obacht, beobachten, Knoblauch, Obst, Propst*
Hochzeit	*Vogt, Lotse*
Brombeere, von, vom	*Mond, Montag, schon*
Lorbeer, Vorteil	*vor, vorwärts*
Ost, Osten, Droste	*Kloster, Ostern, Trost, Floß*

In unbetonter Stellung gilt kurzes offenes [ɔ] in *Bischof* ['biʃɔf], langes geschlossenes [oː] in *Herzog* ['hɛrtsoːk], *Kleinod* ['klaen|oːt]; auch die Präposition *vor* kann in unbetonter Stellung gekürztes geschlossenes [o] annehmen [for]. Im übrigen wechselt bei Zusammensetzungen mit *vor-* die Quantität häufig, so in *vorbei* [foːr'bae; fɔr'bae].

In der Seemannssprache und im Sprechfunk (Wetterdienst) wird *Ost, Osten* mit langem [oː] gesprochen zur deutlichen Unterscheidung von *West, Westen.*

Wieder hat die Schweiz Eigenheiten. In gemäßigter Hochlautung erscheint dort Kürze in *Obst, Vogt,* langes [oː] (soweit in der Mundart begründet) in *Amboːß, Loːrbeer, Hoːchzeit, Voːrteil;* allgemein in *Roːst* (Feuergitter), aber mit Kürze *Rost* (Oxydierung).

Wörter fremder Herkunft und Namen

1. In betonter offener Silbe herrscht langes geschlossenes [oː]: *Bootes* [ˈboˈoːtɛs], *Domino* [ˈdoːmino], *Oboe* [oˈboːə], *Parole, Polen, Soda, Strophe, Akropolis* [aˈkroːpolɪs]. Das gilt auch für französische Wörter, in denen *au* oder *eau* geschrieben wird (oder früher wurde): *Büro* (früher *Bureau*), *Bordeaux, Soße* (früher *Sauce*); aber mit kurzem geschlossenem [o] *Fauxpas* [foˈpa], *Gros, Depot, Jabot.*

2. In unbetonter Silbe ist der *o*-Laut kurz und geschlossen [o]: *Hotel, Obelisk, Protest, Anatomie, Photographie; Reaumur, Fauteuil; Paletot.* Ebenso wird [o] im Wortauslaut gesprochen: *Karo, Pharao, Sago, Silo* und entsprechend in den kürzenden Neubildungen: *Auto, Foto, Kino, Radio.*

3. Vor einfachem Konsonanten ist der *o*-Laut

in betonter Silbe lang und geschlossen [oː]	in unbetonter Silbe kurz und offen [ɔ]
Jod, Despot, Idiot	*Nachod, Marbod, Turandot*
Philosoph [filoˈzoːf], *Apostroph* [apoˈstroːf]	*Christoph, Bischof*
Demagog, analog, reziprok	*Magog, Bangkok*
Symbol. Kamisol, Vitriol	*Algol*
Atom, Symptom, Karzinom	*Sodom* [ˈzoːdɔm], *Edom*
Baron, Pentagon, Spion	*Aron, Kanon, Kolon, Natron, Lexikon*
Äsop, Heliotrop, Prokop [proˈkoːp]	*Ysop* [ˈiːzɔp], *Bottrop*
Meteor, Humor, Tenor (Singstimme)	*Marmor, Phosphor* [ˈfɔsfɔr], *Rhetor, Tenor* (Haltung)
Louisdor [lwiˈdoːʀ]	
grandios, famos, Davos	*Helios, Kustos, Pathos*

Dementsprechend sind die vielen Fremdwörter auf *-or*, etwa *Assessor, Doktor, Lektor, Motor, Faktor*, mit kurzem offenem [ɔ] zu sprechen, also weder mit langem geschlossenem [oː], vgl. [ˈlɛktoːr], noch abgeschwächt mit [ə], etwa [ˈlɛktər]. Die flektierten Formen *Doktoren, Faktoren* usw. haben die Betonung auf der vorletzten Silbe und daher langes geschlossenes [oː]: [ˈlɛkˈtoːrən] usw. Die Endsilbe von ˈ*Alkohol* hat [o(ː)].

Die gemäßigte Hochlautung der S c h w e i z kennt Kürze meist in *Prost*, (sonst abgelehntes) geschlossenes [o] oder langes [oː] in der Endsilbe *-or*, vgl. *Direktor, Professor, Rektor.* Auf der Endsilbe betont erscheint *Motor* [moˈtoːr].

4. Vor mehreren Konsonanten gilt in betonter wie in unbetonter Silbe kurzes offenes [ɔ]: *Apollo* [aˈpɔlo], *polnisch, Gondel, Sport, Lord, Optik, Barock, orthodox* [ɔrtoˈdɔks], *Galopp, Komma, Motto* [ˈmɔto], *Nonne; Kobold* [ˈkoːbɔlt], *komplex, Konfekt, korrekt, morbid.*

5. *oe* und *oi* in vereinzelten nord- und nordwestdeutschen Namen werden als langes geschlossenes [oː] gesprochen: *Soest, Itzehoe, Coesfeld; Grevenbroich, Troisdorf, Voigt, Voigtland,* ebenso auch in *Robinson Crusoe.* Die Gruppe *ow* ist gleichfalls als langes [oː] zu sprechen in *Bowle* sowie in deutschen Namen slawischen Ursprungs wie: *Pankow, Bülow, Virchow* [ˈfɪrço:]. Dagegen wird *-ow* in russischen Namen [-ɔf] gesprochen: *Asow* [ˈaːzɔf], *Suworow, Semjonow, Molotow* [-ɔf]. *oa* ist als langes [oː] zu sprechen in *Toast,* jedoch als [ou] z. B. in *Oakland.* Über *oi, oy* in franz. Wörtern vgl. S. 55. *o* in schwedischen Wörtern ist in gedehnter Stellung als langes [uː] zu sprechen: *Örebro, Motala, Åbo, Garbo* [œːrəˈbruː, ˈmuːtala, ˈoːbuː, ˈgɑrbuː].

6. Kurzes offenes [ɔ] gilt in franz. Wörtern mit *oc, oque*: *en bloc* [ɑ̃ blɔk], *Schock, schockieren, Languedoc* [lɑ̃g(ə)ˈdɔk], ebenso in engl. *Grog;* langes offenes [ɔː] in den italienischen Wörtern *poco, con fuoco* [ˈpɔːko, konˈfüɔːko].

7. Die französischen Wörter mit silbenauslautendem *-on, -om* sind mit nasaliertem [ɔ̃] zu sprechen: *Champignon* [ʃɑ̃piˈɲɔ̃], *Fasson* [faˈsɔ̃], *Salon* [saˈlɔ̃], *Fontäne* [fɔ̃ˈtɛːnə], auch [fɔnˈtɛːnə]. Bei fortschreitender Eindeutschung wird der Nasalvokal aufgegeben. Der einheitliche nasalierte Vokal geht dann in langes geschlossenes [oː] mit folgendem [n, m] über, so in *Postillon, Garnison, Kanton, Patron, Pension* [pɑ̃ˈsïoːn], in Österreich und der Schweiz [pɛnˈzïoːn]. Nicht normgerecht ist der Gebrauch von kurzem offenem [ɔ] mit folgendem [ŋ] oder gar [ŋk]: *Beton, Waggon* [beˈtɔŋ(k), vaˈgɔŋ(k)], *Balkon, Salon* [balˈkɔŋ(k), zaˈlɔŋ(k)]. Ähnlich wird *Komfort, komfortabel* [kɔmˈfoːr, kɔmforˈtaːbəl] eingedeutscht (früher [kõ-]). Tritt *-on* in den Inlaut, so schwindet die Nasalierung: *auf dem Balkone, betonieren, pardonnieren.* Lateinische Wörter haben stets betontes [oːn]: *Version, Nation, Religion.* In

englischen Wörtern ist -*on* als [-ən] zu sprechen in: *Wellington* ['wɛlɪŋtən] usw., aber *London* ['londɔn] neben der englischen Aussprache ['lʌndən].

5. ö-Laute

Es gibt zwei verschiedene *ö*-Laute:

1. Langes geschlossenes [øː]: Man achte darauf, die Lippenrundung nicht zu vernachlässigen, so daß der ö-Laut als [eː] gesprochen wird: *lösen* wie *lesen, rötlich* wie *redlich*. Man hüte sich auch hier vor dem Nachklang eines [e] oder [i], wie es mundartlich und in emphatischer Rede leicht vorkommt: *schön, krönen* wie [ʃøː(i)n, 'krøː(i)nən]. Endlich darf kein offenes [œː] gesprochen werden.

2. Kurzes offenes [œ]: Auch hier darf die Rundung der Lippen nicht unterbleiben, so daß *möchte, können* wie *Mächte, kennen* klingt. Vgl. die entsprechende Erscheinung bei *ü* (S. 77) und *eu* (S. 81).

Heimische Wörter

1. Langes geschlossenes [øː] ist zu sprechen, wenn die Schreibung *öh* zeigt: *Öhr, Höhle, Söhne*, ferner, wenn der ö-Laut in offener Silbe steht: *öde, tönern, töricht*, oder wenn ihm nur ein einfacher Konsonant folgt: *Stör, Erlös, Öl, hör-bar, töd-lich*. Im Nebenton wird in den Pluralen *Herzöge, Bischöfe* ['hɛrtsøːgə, 'bɪʃøːfə] langes geschlossenes [øː] gesprochen (doch auch ['bɪʃœfə]).

2. Kurzes offenes [œ] ist zu sprechen vor doppelten Konsonantenzeichen, vor Konsonantengruppen und vor *sch*: *können, frömmer, Spötter; Wölfe, Söldner, Mönche, Körbe, öfters; Frösche, löschen*.

3. Die Quantität wechselt wieder

a) vor *ß*; lang in: *Größe, größte, Blöße*, aber kurz in: *Schößling, Schlößchen*,

b) vor *ch*; lang in: *höchst, Höchstädt*, aber kurz in: *Köche, röcheln, Knöchel*,

c) vor *st*; lang in: *trösten, die Röste*, aber kurz in: *östlich, köstlich*.

4. In einzelnen Wörtern ist die in den Umgangssprachen vielfach schwankende Quantität des *ö*-Lauts wie folgt festgelegt worden:

Langes geschlossenes [øː] gilt in: *Gehöft, Vögte, Behörde, Börse*, daneben aber auch ['bœrzə], *Flöße, Nößel, trösten, Österreich, rösten* (aber *der Rost* = [rost]), *das Flöz*.

Kurzes offenes [œ] gilt in *Böschung, Mörser*.

Im Sprechfunk (Wetterdienst) und in der Seemannssprache ist es üblich, in *östlich* den *ö*-Laut lang zu sprechen [ˈøːstlɪç] zur deutlichen Unterscheidung von *westlich*.

In der Schweiz können in gemäßigter Hochlautung entsprechend dem Verfahren beim *o*-Laut die Plurale *Vöːgte, Röːste* mit langem [øː] gesprochen werden, doch erscheint auch Kürze, ebenso bei *Gehöːft;* in Verbindungen *r* + Dental gilt wie bei den *a*- und *e*-Lauten je nach dem mundartlichen Gebrauch Kürze oder Länge, vgl. *Behörde, Börse*.

Wörter fremder Herkunft und Namen

1. Langes geschlossenes [øː] wird gesprochen in betonter offener Silbe: *Euböa, Möen, Epopöe, Diarrhöe, Kamöne, Balletteuse* [eüˈbøːa, møːn, epoˈpøːə, diaˈrøː, kaˈmøːnə, balɛˈtøːzə], sowie in *Milieu, Queue, adieu* [miˈljøː, køː, aˈdjøː]. Ebenso gilt langes geschlossenes *ö* in bebetonter Silbe vor einfachen Konsonanten: *graziös, preziös, obszön*.

2. Kurzes geschlossenes [ø] gilt entsprechend in unbetonter offener Silbe: *Ödem, Zölibat, Ökumene* sowie in franz. *Dejeuner* [deʒøˈneː].

3. Langes offenes [œː] wird gesprochen in Fremdwörtern aus dem Französischen auf *-eur*: *Deserteur, Redakteur*, und in *Coeur*, ebenso in *soeur* [sœːr]. In gemäßigter Hochlautung begegnet auch geschlossenes [øː], vgl. [søːr, zøːr].

4. Kurzer dunkler *a*-Laut gilt in engl. *Lunch, lunchen* [lʌntʃ, ˈlʌntʃən] bzw. [lantʃ, ˈlantʃən].

5. In französischen Wörtern wird *un, um* im Silbenauslaut oder vor stummen Konsonanten als nasaliertes [œ̃] gesprochen: *Verdun, Vingt-et-un* [vɛrˈdœ̃, vɛ̃teˈœ̃]. Bei *Parfum* [parˈfœ̃] setzt sich *Parfüm* in Schrift und Aussprache [parˈfyːm] durch. Dagegen wird *un, um* vor Vokal als [yn, ym] gesprochen: *Lunéville, Parfumerie, Resumé* (vgl. S. 79).

6. Für die deutschen Namen ist zu bemerken, daß der *ö*-Laut oft als *oe* geschrieben wird: *Goethe, Schroeder, Goetze*. Bisweilen ist *oi, oy* in Ortsnamen als langes [øː] zu sprechen: *Loitz* [løːts], vgl. aber S. 47. *oey* ist als langes [øː] zu sprechen in *Oeynhausen* [ˈøːnhaozən]. Über *oe* in holländischen Namen vgl. S. 76. Langes [øː]

gilt in *Wörth* (trotz der örtlichen Aussprache mit Kürze) und *Moers*, kurzes [ø] in *Görz, Ötztal.*

6. *u*-Laute

Es gibt im Deutschen folgende *u*-Laute:

1. Langes geschlossenes [u:]: *gut, blutig, Ruhe*;

2. Kurzes offenes [ʊ], *Schuß, lustig.* Man hüte sich vor zu offener, dem kurzen [o] zuneigender Aussprache: *und, Mutter, Kuß* etwa als [ɔnt, 'mɔtər, kɔs], wie es in nordwestdeutschen Mundarten vielfach geschieht.

3. Gelegentlich wird konsonantisches unsilbisches [ŭ] als Teil des steigenden Diphthongs [ŭi:] gebraucht: *Guido.*

Heimische Wörter

1. Langes geschlossenes [u:] ist zu sprechen, wenn die Schreibung *uh* zeigt: *Kuh, Schuh, fuhren*, wenn *u* in offener Silbe steht: *du, zu, Uhu, Bube, Schule, duzen*, oder wenn nur ein einfacher Konsonant folgt: *Schub, klug, genug, Spuk, tun, Mus, gut.*

In unbetonter Stellung spricht man mit [u:] die Silben *-mut* und *-tum*: *Großmut* ['gro:smu:t], *Armut, Bistum.*

2. Kurzes offenes [ʊ] wird gesprochen vor doppeltem Konsonantenzeichen, vor mehreren Konsonanten und vor *sch*: *Mutter, Schrulle, Tuff, Schmuggel, Druck; Bucht, Luchs, Bund, Geduld, jung, Sturm, stutzen, Kutsche; Busch, pfuschen.*

3. Die Quantität wechselt wieder

a) vor *ß*: lang in *Buße, Fuß, Gruß, Muße*, aber kurz in *Kuß, muß, Fluß, Genuß, Schuß, Schluß,*

b) vor *ch*: lang in *Buch, Tuch, ruchlos, Gesuch*, aber kurz in *Bruch, Spruch, Geruch,*

c) vor *st*: lang in *pusten, prusten, plustern, Schuster*, aber kurz in *Brust, Lust, Muster,*

d) vor *r* + Dental: lang in *Geburt, Geburtstag*, aber kurz in *Furt, Gurt, purzeln, Schurz.*

4. In einzelnen Wörtern ist die in den Umgangssprachen vielfach schwankende Quantität folgendermaßen festgestellt worden:

kurzes offenes [ʊ]	langes geschlossenes [uː]
Bruch (= Brechung), *Geruch*	*Bruch* (= Sumpfland), *Fluch,*
	Kuchen
Spruch, Truchseß, Bucht	*ruchlos, ruchbar, verrucht*
Ducht, schluchzen, flugs	*Wucher, Wuchs*
Urteil	*Geburt, Geburtstag* (aber *gebürtig*
	mit kurzem [y]), *ur-* als Vor-
	silbe (*Urbild, Ursprung, uralt*),
Dust (= Staub)	*Ruß, Husten, pusten, Knust,*
	Schuster, Wust, Blust
rutschen	(*knutschen*)
Schmutz, verdutzt	*duzen*

In *nun* ist der *u*-Laut lang zu sprechen [nuːn]; *zum* hat stets kurzes geschlossenes [u]; *zur* kann sowohl kurz [tsur, tsʊr] wie lang [tsuːr] gesprochen werden.

In der Schweiz ist in der gemäßigten Hochlautung wie bei den *i*- und *ü*-Lauten auch kurze geschlossene Aussprache möglich. Kürze haben *nun, knutschen* und *pusten,* ebenso vor *r* + Dental *Geburt.* Andererseits wird in *juchzen* langes [uː] gesprochen und gleichfalls in *Urteil.* — Zur Regelung in Österreich vgl. das Wörterbuch.

Wörter fremder Herkunft und Namen

1. In betonter offener Silbe gilt langes geschlossenes [uː]: *Juno, Zulu* ['tsuːlu], *Duo, Gnu.* Langes geschlossenes [uː] gilt auch für *oe* in niederländischen Wörtern: *Boeren* (heute meist *Buren* geschrieben), *de Boer, Roermond, Bloemfontein* ['bluːmfonteĭn], *Kanoe* (heute meist *Kanu* geschrieben), wie auch für *ue* in *Kotzebue.* Ebenso spricht man franz. *ou,* auch wenn ein stummer Konsonant folgt: Route ['ʀuːt(ə)], Tour [tuːʀ].

2. In unbetonter offener Silbe ist der *u*-Laut kurz und geschlossen [u]: *Statue, Druide* [dru|'iːd(ə)], *aktuell, Vakuum* ['vaːkuʊm], *Känguruh* ['kɛŋguru], *Kakadu, Emu.* In unbetonter Silbe wird auch franz. *ou* kurz und geschlossen [u] gesprochen: *Rendezvous* ['ʀãdevu], *Roulette* [ʀu'lɛt], *Courage* [ku'ʀaːʒə]; Bijou [bi'ʒu], Coup [ku], Ragout, Sou [su], jaloux [ʒa'lu], partout.

3. Vor einfachem Konsonanten ist der *u*-Laut

in betonter Silbe lang und geschlossen [uː]	in unbetonter Silbe kurz und offen [ʊ]
	Cherub, Sirup
Eunuch	*Baruch, Nepomuk*
Oxydul, Thrasybul	*Konsul, Stambul*
Konsum, posthum [pɔstˈhuːm, doch auch pɔˈstuːm]	*Radium, Samum, Opossum*
Kattun, Neptun, immun	*Falun* [ˈfɑːlʊn] und nicht [fɑˈluːn]
Azur [ɑˈtsuːr], *dur, Matur*	*Purpur, Artur*
konfus, abstrus	*Fidibus, minus, Marcus*
Disput, Rekrut, absolut	*Liliput, Katgut* [ˈkɑtgʊt]

4. Vor mehreren Konsonanten gilt in betonter wie in unbetonter Silbe kurzes offenes [ʊ]: *brutto, Muskel, Kurs, Puls, Juchten, Produkt, Kutsche, Chirurg, Dramaturg; Justiz, Chirurgie, Obstruktion, Klabund.* So auch vor franz. -*ill*- in *Bouillon* [bʊlˈjõ], auch [bʊˈjõ], *Patrouille* [pɑˈtʀʊjə], auch [pɑˈtrʊljə], *mouillieren* [muˈjiːrən].

5. Bemerkenswert sind folgende Wörter: Mit kurzem [ʊ] spricht man *Ulrich, Luther, lutherisch* [ˈlʊtərɪʃ] neben heute veraltendem [lʊˈteːrɪʃ], *Hus, Rußland, Klub, kaputt, plus, Rum; bugsieren;* dagegen mit langem [uː]: *Beelzebub* [bɛˈɛltsəbuːp]. — Über die Aussprache [u] in unbetonter Stellung vor Vokalen vgl. S. 51: *Dualismus* [dʊ-ɑˈlismʊs].

6. In *gu* vor Zeichen für hellen Vokal (*e, i*) hat der *u*-Laut meist eine rein orthographische Aufgabe; es soll die Aussprache des *g* als Verschlußlaut gewährleisten (vgl. S. 114). Der *u*-Laut ist stumm in: *Guerilla, Guillotine, Guiskard, Guinea, Guillaume, Guitarre, Guy* [gi]; meist wird auch *Guido* als [ˈgiːdo] gesprochen trotz der italienischen Aussprache [ˈgŭiːdo]. Stumm ist der *u*-Laut auch in dem deutschen Namen *Guericke.*

7. *ü*-Laute

Es gibt im Deutschen zwei verschiedene *ü*-Laute:

1. Langes geschlossenes [yː]. Man achte darauf, daß die Lippenrundung nicht vernachlässigt wird, so daß der *ü*-Laut als [iː] gesprochen wird: *fühlen* nicht wie *fielen.*

2. Kurzes offenes [ʏ]. Auch hier achte man auf die Lippenrundung (*Stücken* nicht wie *sticken*), nicht minder aber auch darauf, das kurze [ʏ] nicht zu offen, nach [œ] hin, zu sprechen, wozu
manche norddeutsche Mundarten neigen: *Glück* [glʏk] und nicht
wie [glœk].

Heimische Wörter

1. Langes geschlossenes [y:] ist zu sprechen, wenn die Schreibung *üh* zeigt: *kühn, Gebühr, führen,* wenn der *ü*-Laut in offener
Silbe steht: *hü, üben, spülen, müde, Lüge,* oder wenn nur ein einfacher Konsonant folgt: *für, Tür, schwül, Geblüt, Gemüt.*

In unbetonter Stellung erscheint [y:] in -*tüm*- und -*mütig*: *eigentümlich* ['aegənty:mlɪç], *Herzogtümer, hochmütig.*

2. Kurzes offenes [ʏ] ist zu sprechen vor Doppelkonsonanten,
vor mehrfachen Konsonanten und vor *sch*: *rütteln, Schüssel, Glück,
bücken; flüchtig, Büchse, Kürbis, mürbe, Bürde, mündig, Mütze;
Büsche.*

3. Die Quantität wechselt wieder

a) vor *ß*: lang in *süß, büßen, grüßen, Füße,* aber kurz in *Küßchen,
Flüßchen,*

b) vor *ch*: lang in *Bücher, Tücher, Flüche, Küchlein,* aber kurz in
brüchig, Gerüche, Küche, Sprüche,

c) vor *st*: lang in *düster, hüsteln, Wüste,* aber kurz in *Brüste, Küste,
flüstern, lüstern, rüsten.*

4. In einzelnen Wörtern ist die in den Umgangssprachen vielfach schwankende Quantität wie folgt festgelegt worden:

Langes [y:] gilt in *Brüche* (Plur. zu *das Bruch*), *Rüsche, Rüster*
(Ulme), *Nüster.*

Kurzes [ʏ] spricht man in *Brüche* (Plur. zu *der Bruch*), *Gelübde,
gebürtig* (trotz *Geburt* mit langem [u:]).

In der Schweiz kann der kurze *ü*-Laut in der gemäßigten
Hochlautung wie der *i*- und *u*-Laut auch geschlossen gesprochen
werden. Kürze gilt in *düster* und *Nüster.*

Wörter fremder Herkunft und Namen

1. Aussprache französischer Wörter

a) Französisches *u* (oft schon *ü* geschrieben) sowie *ue* werden in
betonter offener Silbe oft als langes geschlossenes [y:] ge-

sprochen: *Bellevue, Solitude, Etude* [bɛl'vy(:), zoli'ty:də, e'ty:də], ebenso zum Teil vor stummen Konsonanten: *Debut* [de'by(:)]; aber: *Parvenu* [parvə'ny], *Refus* [rə'fy].

Über die Aussprache [y] in unbetonter Stellung vor Vokalen vgl. S. 51: *Myop* [my'o:p].

b) Vor einfachen Konsonanten ist ebenfalls langes geschlossenes [y:] zu sprechen: *Kostüm, Kalkül, ridikül.* Über *un, um* im Silbenauslaut als [õ͞e] oder [y:m] vgl. S. 74.

c) In unbetonter offener Silbe ist der *ü*-Laut kurz, aber geschlossen [y]: *parfümieren, kostümieren, Büro, Réfugié* [ʀefy'ʒie:], *Prünelle* [pry'nɛlə], *Nuance* [ny'ã:s(ə)].

d) Vor mehreren Konsonanten gilt in betonter und unbetonter Silbe kurzes offenes [ʏ]: *Tartüff, Budget* [bʏ'dʒe:], *Lüster, Büste.*

2. In griechischen Wörtern wird *y* als [y] gesprochen, doch macht sich bei Eindeutschungen eine Neigung nach [i] hin bemerkbar, so etwa bei *Zylinder* [tsi'lɪndər] neben [tsy'lɪndər].

a) In betonter offener Silbe gilt langes geschlossenes [y:]: *Lyra, Analyse* [ɑnɑ'ly:zə], *Tyrus, Zypern.* In unbetonter offener Silbe wird kurzes, aber geschlossenes [y] gesprochen: *Labyrinth, Analysis* [ɑ'nɑ:lyzɪs], *kyrillisch, Zypresse, Zyane* [tsy'ɑ:nə].

b) Vor einfachem Konsonanten wird der *ü*-Laut in betonter Silbe lang und geschlossen [y:], in unbetonter Silbe kurz und offen [ʏ] gesprochen: *Asyl, Misogyn, Oxyd* [ɑ'zy:l, mizo'gy:n, ɔ'ksy:t] gegenüber: *Satyr, Oxny* ['zɑ:tʏr, 'o:nʏks].

c) Vor mehreren Konsonanten gilt für den *ü*-Laut auch in betonter Silbe kurzes und offenes [ʏ]: *Ypsilon, Krypta, Mystik, Beryll, Sibylle.*

3. Beachtenswert sind folgende Namen und Wörter: Langes [y:] gilt für *ui* in *Duisburg* ['dy:sbʊrk], *Duisdorf* und *Juist* [jy:st], kurzes [ʏ] in *Blücher.* Ebenso gilt kurzes offenes [ʏ] in *lynchen* ['lʏnçən].

Für die gemäßigte Hochlautung in der Schweiz ist zu vermerken, daß sich in verschiedenen Wörtern die [i]-Aussprache für *y* durchgesetzt hat: *Asyl, Gymnasium, Pyramide, Zylinder*, ebenso *Lydia* (aber *Lydien* ['ly:diən]).

8. [ae]¹)

Der Diphthong [ae], der in der Schrift durch *ei, ai, ey, ay* wiedergegeben wird, entsteht durch eine Gleitbewegung von kurzem [ɑ]
zu einem sehr kurzen geschlossenen [e]. Man vermeide eine zu
helle, dem [ɛ] sich nähernde Aussprache des [ɑ], die auch den
zweiten Teil zu allzu geschlossener, dem [i] angenäherter Aussprache treibt: *Fleiß, dein* ist als [flaes, daen], nicht als [flɛɪs, dɛɪn],
zu sprechen. Andrerseits soll das [ɑ] nicht, wie zum Teil in Norddeutschland, verdunkelt, nach [o] hin gesprochen werden. Es darf
auch nicht gedehnt werden [flɑːes, dɑːen], noch weniger der
Diphthong durch einen folgenden Nasallaut nasaliert werden, wie
es in vielen süddeutschen Gebieten geschieht; man darf nicht
[dãĩn] hören. Das [e] des Diphthongs darf nicht zu geschlossen
als [i] gesprochen werden [dɑin], wie es sich bei Emphase leicht
einstellt und wie es im Schwäbischen begegnet, wo in der Aussprache noch zwischen dem dem nhd. Diphthong zugrunde liegen-
dem mhd. *î* und *ei* unterschieden wird: [əi] — [ae].

1. Der Diphthong [ae] ist zu sprechen:

a) für die Schreibung *ei*: *Bein, Leib, bleiben, Veilchen, Abtei;*
b) für die Schreibung *ai*: *Hai, Hain, Kaiser, Saite, Waise, Laich,
   Maid, Laib, Rain;* ferner in Namen wie *Mainz, Krain, Laibach,
   Raimund, Maier* usw. und in Fremdwörtern wie *Bai, Laie,
   Lakai, Kairo*. So auch in *Kai,* aber franz. *Quai* ist als [kɛ:] zu
   sprechen. Zweisilbige, nicht diphthongische Aussprache liegt
   vor in Wörtern wie *Ka-in, Na-in,* archaisch [ˈkɑː|ɪn, ˈnɑː|ɪn,
   ɑrˈçɑː-ɪʃ] und mit Betonung auf dem *i* in: *Aida, Jairus, Haiti*
   [ɑ-ˈiːdɑ, jɑ|ˈiːrʊs, hɑ-ˈiːti];
c) für die Schreibung *ey, ay* in Namen und Fremdwörtern: *Meyer,
   Beyer, Heyne, Norderney; Bayern, Mayer, Tokayer, Malayen;*
   auch in dem Titel *Bey*.

2. In französischen Wörtern gilt für geschriebenes *ai* im Wortauslaut langes offenes [ɛ:]: *Cambrai, Douai* [kãˈbʀɛ(ː), dwˈɛ],

---

¹) Die Darstellung der Diphthongzeichen *ei, au* und *eu* durch [ae, ɑo,
ɔø] statt [ɑɪ, ɑʊ, ɔy] ist gegen den Brauch des Internationalen Alphabetes
wie bisher beibehalten worden. Sie entspricht dem Bestreben, die Verschie-
denartigkeit der Diphthonge im deutschen Sprachraum auf einer mittleren
Ebene auszugleichen, und sie vermeidet die Gefahr, daß die extrem geschlossene Artikulation des zweiten Bestandteils, wie sie in manchen Mundarten
gilt, als mustergültig aufgefaßt werden könnte.

ebenso im Inlaut: *Air, Aisne* [ɛːr, ɛn]. Vor mouilliertem *l* (vgl.
S. 103) ist *ai* als kurzes [a] zu sprechen: *Bataille* [baˈtaljə], aber
auch [-taːfiə, -taːj], *Kanaille* [kaˈnaljə].

3. Ein [ae] spricht man in englischen Wörtern mit *i* oder *y*:
Ohio, Nylon.

4. Die in der deutschen Hochsprache nicht anzutreffenden
Diphthonge [ei] und [ɛï] sind zu sprechen:

a) [ei] für englisch *a* in offener Silbe sowie für *ai*: *Shakespeare*
[ˈʃeikspiə; -piːʀ, -ʀ], *Maine* [mein]; aber mit [eï] *Bloemfontein*
[ˈbluːmfɔnteïn].

b) [ɛï] in altgriechischen Eigennamen wie *Kleisthenes, Erechtheion*
[erɛˈçtɛïɔn];

c) [ɛï] für niederländisch *y, ij*: *IJssel, Fyt, Rijswijk, Snijders*
[ˈɛïsəl, fɛït, ˈrɛïsvɛïk, ˈsnɛïdərs]. Für *Ypern* hat sich in Deutschland die Aussprache [ˈyːpərn] eingebürgert.

9. [ao]

Der Diphthong [ao], geschrieben *au*, entsteht durch eine Gleitbewegung von einem (etwas dunkleren) kurzen [a] zu einem sehr
kurzen geschlossenen [o]: *Haus, Mauer, Laub, rauh.*

Er erscheint auch in englischen Wörtern wie *Stout, Count, Couch*
[kaotʃ]; dazu auch *Clown* [klaon], *down.*

Man vermeide die zu dunkle Aussprache des [a], wie sie in norddeutschen Mundarten vorkommt, ebenso die zu geschlossene Aussprache des [o], etwa in [haus, laut], wie sie die Emphase leicht
erzeugt und wie sie im Schwäbischen anzutreffen ist, wo in der
Aussprache noch zwischen den dem nhd. Diphthong zugrunde
liegenden mhd. Lauten *û* und *ou* ein Unterschied gemacht wird:
[əu] — [au].

Über die Aussprache des Zeichens *au* in französischen Wörtern
vgl. S. 71.

10. [əø]

Der Diphthong [əø], in der Schrift durch *eu, äu* wiedergegeben,
entsteht durch eine Gleitbewegung von kurzem offenem [ɔ] zu sehr
kurzem geschlossenem [ø]: *Reue, Leute, Heu, Häuser, läuten, Häute.*

Man vermeide es, das offene [ɔ] als geschlossenes [o] zu sprechen,
wie es am Niederrhein üblich ist, und das [ø] zu [y] zu verengen,
wie dies in Schwaben geschieht. Auch starke Emphase darf das
geschlossene [ø] des zweiten Diphthongteiles nicht in ein [y] ver-
wandeln, oder gar mit Entrundung zu [i]. Noch mehr ist vor der
mundartlich weit verbreiteten Entrundung des ersten Lautes von
[ɔ] zu [ɑ] oder [ɛ] zu warnen, so daß sich die Aussprache des Di-
phthongzeichens *eu* [ɔø] der von *ei* [ɑe] annähert oder gar mit ihr
zusammenfällt: *Eule* wie *Eile*, *läuten* wie *leiten*.

Der Diphthong [ɔø] ist zu sprechen:

1. wo die Schreibung *eu* oder *äu* zeigt, zwischen denen kein lautlicher Unterschied besteht: *treu*, *Freund*, *heute*, *leuchten*; *Mäuse*,
Häute, *läuten*, *räumen*, *Häupter*; ebenso auch *feudal*.

2. Für *eu* in eingebürgerten griechischen Wörtern und Eigennamen wie *Pseudonym*, *Euphorie*, *Nereus*, *Atreus*. Die korrektere
Aussprache mit dem im Hochdeutschen nicht anzutreffenden
Diphthong [ɛŭ], wie sie die bayrische und österreichische Schule
fordert, ist bei selteneren Eigennamen wie *Euterpe*, *Eumaios*
[ɛŭˈtɛrpe, ɛŭˈmɑe-ɔs] vorzuziehen. So wird man auch den Namen
Euklid [ɛŭˈkliːt] aussprechen, dagegen z. B. in der Adjektivbildung
euklidisch mit ihrer deutschen Ableitungssilbe die eindeutschende
Form [ɔøˈkliːdɪʃ] bevorzugen.

3. Für *oi*, *oy* in Namen wie *Boie*, *Boye*, *Croy*, *Hoyer* (doch in
Hoya ist [ˈhoːjɑ] zu sprechen), *Oybin*, *Nestroy* sowie in *Boy*, *Boykott*, *hoiˈho*.

4. Dagegen ist in niederländischen Wörtern mit *ui*, *uy* der im
Hochdeutschen nicht anzutreffende Diphthong [œÿ] zu sprechen:
Huizinga, *Ruysdael* [ˈhœÿzɪŋɣɑ; ˈrœÿsdɑːl]. Bei dem eingedeutsch-
ten Familiennamen *de Gruyter* gilt dagegen natürlich die deutsche
Aussprache [ˈgrɔøtər].

5. Kein Diphthong, sondern Zweisilbigkeit liegt vor in Wörtern
wie: *Ale-uten*, *Sponde-us*, *Tede-um*, *Jubilä-um*, *Pirä-us* usw.

Über die Aussprache von franz. *oi* vgl. S. 55, über andere Aussprachen von *oi*, *oy* S. 47 und S. 74.

In den oben genannten Wörtern mit *oi*, *oy* wird in der Schweiz
in der gemäßigten Hochlautung die Aussprache [ɔĭ] vorgezogen.

B. Die Konsonanten

I. Vorbemerkungen

Unsere Rechtschreibung weist häufig doppelte Konsonantenzeichen auf: *Treppe, Mitte, Schiffe, kommen, nennen, wessen*, ebenso *ck* für *kk*: *wecken, trocken*, *ß* für *ss*: *Haß, muß*. Dieses Schriftbild führt irre. Die deutsche Hochlautung kennt in einfachen Wörtern keine Doppelkonsonanz, d. h. bei den Verschlußlauten keine spürbar verlängerte Pause zwischen Verschlußbildung und Verschlußlösung, bei den Dauerlauten keine spürbare Dehnung des Lautes mit Drucksteigerung am Ende des Lautes, wie das Italienische oder Schwedische. Im Deutschen beruht der Unterschied zwischen *Ofen* und *offen, ihnen* und *innen, saßen* und *Insassen* nicht auf der längeren Dauer des Konsonanten, sondern auf der S. 20 beschriebenen Undehnbarkeit des kurzen Vokals und dem sich daraus ergebenden „festen Anschluß". Wesentlich ist ferner, daß bei langem Stammsilbenvokal die Silbengrenze nach dem Vokal liegt, bei kurzem aber in den folgenden Konsonanten fällt. Dies will die Doppelschreibung ausdrücken. Fester Anschluß und Silbengrenze heben den Konsonanten akustisch hervor, was jedoch nicht durch seine Dauer bedingt wird.

Anders verhält es sich mit der gemäßigten Hochlautung in der Schweiz. Der Schweizer bewahrt meist die historisch begründete Unterscheidung zwischen kurzem und gedehntem Konsonanten, so in *offen* und *Ofen*.

Ein besonderer Fall liegt vor, wenn zwei gleichartige Konsonanten in zusammengesetzten Wörtern (*Stadttor, Erbpacht, Schiffahrt, hinnehmen, Froschschenkel*) oder in der Kompositionsfuge (*gut tun, ein Sack Kaffee, viel leisten, krumm machen, Schlaf finden, durch China*) zusammenstoßen. In solchen Fällen wird nicht jeder der beiden Konsonanten für sich artikuliert, also wird in *Erbpacht* oder *gut tun* nicht zweimal Verschluß gebildet und gesprengt. Die Einstellung der Sprechorgane wird vielmehr für beide Laute durchgehalten, dem Laut aber eine längere Dauer und bei Reibelauten und Sonanten dem Ende des Lautes ein verstärkter Nachdruck gegeben. In *Mitteilung, wegkommen, Schiffahrt, krumm machen* weicht die Bildung des betreffenden Konsonanten deutlich von *ermitteln, wecken, Schiffer, krümmen* ab.

Folgt einem stimmlosen Laut ein gleich gebildeter stimmhafter:

abbiegen, Stückgut, aufwiegeln, das Schiff wenden, aussagen, den Preis senken, ich jage, so setzt an der Silbengrenze mit dem neuen Atemdruck der Stimmton ein. Treffen verschiedenartige Reibelaute zusammen: *Liebesschmerz, Scharfschütze,* so fließt zwar der Atem ohne Absetzen weiter, doch wird an der Silbengrenze die Mundstellung rasch und entschieden umgebildet.

Das Deutsche kennt im Auslaut einer Silbe oder eines Wortes keine stimmhaften Verschluß- und Reibelaute wie etwa das Schwedische: *Strindberg* ['strindbɛrj], *Lund* [lʊnd]. Tritt ein solcher Laut in den Auslaut, so verliert er den Stimmton (Auslautverhärtung): *Tage* aber *Tag* [tɑːk], *lieben* aber *lieblich* ['liːplɪç], *Löwe* aber *Löwchen* ['løːfçən], *weise* aber *Weisheit* ['vaeshaet]. Das gleiche geschieht vor einem stimmlosen Konsonanten derselben Silbe: *geben* aber *gibst, gibt* [giːpst, giːpt]. Die deutsche Rechtschreibung verdeckt diesen Unterschied zugunsten der Einheit des Schriftbildes, im Mittelhochdeutschen schrieb man weithin phonetisch richtiger *tac, tages; grap, grabes; lieben, lieplich* (so durchweg im normalisierten Mittelhochdeutsch Lachmanns).

Weitere Regeln über das Zusammentreffen von Konsonanten bei der Besprechung der behauchten Verschlußlaute S. 105 f. Man beachte auch die im phonetischen Teil (S. 18 f.) gemachten Bemerkungen über Aussprache und Schreibung der Konsonanten.

Zur Aussprache der Konsonanten in fremden Wörtern vgl. S. 45 f.

II. Die Liquiden

r-Laute

Tabelle III S. 85

Seit dem 17. Jahrhundert hat sich neben dem mit Zungenspitzenvibration gesprochenen, gerollten oder geschlagenen [r] das gerollte oder geschlagene Zäpfchen-[ʀ] immer weiter verbreitet, so daß heute beide Formen in der Hochlautung als gleichberechtigt angesehen werden müssen[1]). Die beiden Formen können auch nebeneinander gebraucht werden.

Die Zungenspitzenform des *r*-Lautes ist zunächst vorzuziehen, weil sie die Bildung der Vokale nach vorne verlegt. Das [r] hat im

[1]) Nach Entscheidung des Beraterausschusses von 1933.

Tabelle III. r-Laute

	1. im Anlaut betonter Silben		2. zwischen Vokalen	3. im absoluten Auslaut	4. im Auslaut vor Konsonanz	
	a) vor Vokal	b) nach Konsonanten			a) nach langem Vokal	b) nach kurzem Vokal vor Nichtnasal
	Rat	*Predigt Brand Treppe Drang Kran Grab*	*Haare harre*	*Heer, Haar Herr, harr*	*Bart hört*	*Hirt Dorf durch*
Hochlautung rein	r ʀ	r ʀ	r ʀ	r ʀ	r ʀ	r ʀ
gemäßigt	ʁ	ʁ		ʁ	ʁ	ʁ

	4. im Auslaut vor Konsonanz c) nach kurzem Vokal vor Nasal oder l	5. im Präfix er-	6. im Suffix -er	7. im Auslaut von Einsilblern in pro- und enklitischer Stellung
	Hirn, warm, Quirl	*erhalten*	*Geber*	*der, für, vor, nur*
Hochlautung rein	r ʀ	r ʀ	r ʀ	r ʀ
gemäßigt		ʁ	ʁ	ɐ

heutigen Sprechtempo der durchschnittlichen Rede höchstens 2—3 Schläge, am Ende unbetonter Silben nur einen leichten Schlag. Es ist — im Gegensatz zum englischen r-Laut — nach vorn gegen das obere Zahnfleisch zu schlagen. Auch beim Zäpfchen-[ʀ] sollten die Schläge hörbar werden.

In der gemäßigten Hochlautung tritt neben die gerollten r-Formen eine Reibeform [ʁ]. Bei stärkerem Atemdruck und raschem Tempo geht gerolltes Zäpfchen-[ʀ] in einen gewöhnlich stimmlosen Reibelaut [ʁ] über. Dabei bildet die gehobene Hinterzunge mit dem Zäpfchen eine Enge, in der das Reibegeräusch entsteht. Dieses Reibe-[ʁ] muß sich trotz seiner breiten Streuung als Lenis deutlich von der Fortis [x] unterscheiden, vgl. *Fracht* [fʁaxt] (Tabelle III 1 b). Es ist wichtig, daß auch bei der Artikulation des [ʁ] nach vorn gegriffen wird, wie es der Artikulationsgewohnheit der deutschen Hochlautung entspricht. Beim Zurückziehen der Zunge nach hinten löst sich das Reibe-[ʁ] in einen Mittelzungenvokal [ɐ] auf, der in der Alltagsaussprache verbreitet, in der Hochlautung jedoch nur bei den Einsilblern in pro- und enklitischer Stellung (*der, mir, für, vor* [dɐ...]) gestattet ist (Tabelle III 7).

In der gemäßigten Hochlautung kann auch [ʁ] gesprochen werden, so auch vor Glottaleinsatz, vgl. *erarbeiten* [ɛʁ|ˈaːʁbaetn̩].

Nur [r] oder [ʀ] jedoch gilt auch in gemäßigter Hochlautung:

1. im Anlaut vor Vokal (Tabelle III 1 a),
2. zwischen Vokalen (III 2),
3. nach kurzem Vokal vor Nasal oder *l* (III 4 c).

Der r-Laut wirkt in Vor- und Nachsilben öffnend auf vorangehende e-Laute, die als [ɛ] erscheinen (S. 59). Er darf besonders vor [t] nicht zum Reibelaut [x] werden, wie oft bei Norddeutschen, also nicht [ˈvaxtən] *warten*. Andererseits soll der r-Laut im Auslaut und vor Konsonanten nicht so weit geöffnet werden, daß ein vokalähnlicher Laut entsteht, der im Wortinnern, namentlich nach *a* und hellen Vokalen als [ə] erscheint und dann fast ganz verklingen kann: *Kurt, Kerze, Karte* nicht wie [kʊət, ˈkɛətsə, ˈkaətə], das vollends zu [kaːtə] werden kann. Ebenso darf der r-Laut im Auslaut nicht zu einem *a* vokalisiert werden: *Tür, mir, Mutter* nicht wie [ˈtyːa, ˈmiːa, ˈmʊta] (Ausnahmen s. o.).

[r] oder [ʀ] ist gleichmäßig zu sprechen für die Schreibung *r* (*schwer, Rede, sterben*), *rr* (*Narr, sperren*) oder *rh, rrh* (*Rhein, Rhythmus; Pyrrhus, Katarrh* [ˈpʏrʊs, kaˈtar]).

In Nebensilben soll -er als [-ər], nicht als bloßes [ɾ] gesprochen oder vokalisiert werden (vgl. S. 60).

[l]

Bei der Bildung des [l] legt sich die Zungenspitze oder Vorderzunge gegen das obere Zahnfleisch, die Luft entweicht beiderseits zwischen Zungenrand und Backenzähnen. Das [l] muß stimmhaft und darf nicht zu schwach gesprochen werden, so daß man etwa in *kalt, wild, Schuld* fast nur ein kurzes [a, ɪ, u] hört. Andererseits hüte man sich, das [l] zu sehr zu dehnen. Auch darf das [l] nicht zu weit hinten gebildet werden und dadurch einen [u]-haltigen Charakter annehmen, wie es namentlich in niederfränkischen und in schweizerischen Mundarten geschieht, ebensowenig darf es — wie im Englischen — mit ausgehöhlter Zunge artikuliert werden, wie es besonders in der Nachbarschaft von *a* vorkommt. Begleitende Reibungsgeräusche stellen sich leicht neben *t* und *sch* ein: *Atlas, schließen* und sind ebenso zu vermeiden, wie die stimmlose Aussprache des [l], die namentlich bei den Ableitungssilben *-lich, -lein, -ling* nach stimmlosem Auslaut der vorangehenden Silbe auftritt (*lieb-lich, Mägd-lein, Rös-lein, Feig-ling*). Endlich ist zu vermeiden, daß zwischen [l] und einem folgenden Konsonanten ein vokalischer Übergangslaut hörbar wird. Also nicht: [alət, vɔləf, vɛləç]. Dasselbe gilt bei [l] im Auslaut nach langem Vokal und Diphthong: *heil, hohl, Stuhl*, nicht: [haeəl, hoːəl, ʃtuːəl]. In Nebensilben wird in reiner Hochlautung nichtsilbisches [l] gesprochen.

Dagegen erscheint silbisches [l̩] in -*el(n)* bei gemäßigter Hochlautung nach homorganen Lauten, so in den Verbindungen -*del(n), -tel(n), -ßel(n), -zel, -sel(n), -neln, -scheln*, z. B. *Handel* ['handl̩], *Wurzel* ['vʊrtsl̩], *ähneln* ['ɛːnl̩n], *rascheln* ['raʃl̩n], vgl. Tabelle II (S. 61 ff.).

Über den mouillierten *l*-Laut in spanischen und italienischen Wörtern vgl. S. 103.

III. Die Nasale

[m]

Es ist darauf zu achten, daß der labiale Nasal [m] mit voller Stimme und nicht ohne Stimmklang nur durch Verschluß der Lip-

pen gebildet wird, wie er namentlich nach stimmlosen Verschlußlauten häufig gesprochen wird (*abmessen, mitmachen, Stickmuster*),
oder daß gar nasale Reibegeräusche entstehen. Sonst sind Fehler
in der Aussprache des [m] selten.

In Nebensilben darf -*em* nicht als bloßes silbisches [m̩] gesprochen werden. Vgl. S. 59. Man vermeide es, daß zwischen [m]
und vorangehendem [r] oder [l] oder vor auslautendem *m* nach
langem Vokal ein vokalischer Übergangslaut auftritt: also *Arm*,
Halm, Leim nicht wie [arəm, haləm, laeəm].

Die Verbindung *gm* ist als [g] + [m] zu sprechen und darf nicht
in [ŋm] übergehen. Es heißt also *Dogma* ['dɔgma] und nicht
['dɔŋma]. Ebenso ist es in *Egmont, Phlegma, Sigma, Pigment,
Stalagmit* u. ä.

[n]

Bei der Bildung des deutschen Nasals [n] legt sich die Zungenspitze gegen die Hinterwand der Oberzähne oder das obere Zahnfleisch. Zu beachten ist, daß sich nicht begleitende nasale Reibegeräusche einschleichen, wie es namentlich nach [k] oder [t] leicht
geschieht (*Ätna, Knie*). Auch vermeide man, vor [f] statt des [n]
ein [m] zu sprechen, womöglich noch mit hörbarer Sprengung des
Lippenverschlusses: *Senf, sanft* [zɛnf, zanft] nicht als [zɛmf, zamft]
oder gar [zɛmpf, zampft]. Auch sonst ist darauf zu achten, daß [n]
im Auslaut von Wörtern oder Silben nicht durch folgende Lippen-
oder Gaumenlaute beeinflußt und zu [m] oder [ŋ] umgebildet wird:
anbauen, Anfang, kann man, in Köln, unklar, angenehm dürfen
nicht wie ['ambaoən, 'amfaŋ, 'kamman; ŋ'kœln, 'ʊŋklaːr, 'aŋgə-
neːm] klingen. So auch in Fremdwörtern: *Kon-greß, kon-kav, inkognito* [m'kɔgnito]. Vgl. S. 103 und unter *ng* S. 89.

Nach langem Vokal oder *r* darf kein vokalähnlicher Übergangslaut entstehen: *nein, Berlin, fern* nicht wie ['naeən, bɛr'liːən, 'fɛrən].

In Nebensilben wird in reiner Hochlautung -*en* nie als
bloßes [n̩] gesprochen. Auch hier darf es nicht von vorangehenden
Lippen- oder Gaumenlauten beeinflußt werden, ebenso nicht mit
einem vorangehenden *n* völlig verschmelzen: *weinen* ['vaenən >
'vaenn > 'vaen]. Vgl. dazu S. 59.

In gemäßigter Hochlautung kann silbisches [n̩] erscheinen,
so in -*len, -sen, -ßen, -zen, -schen, -den, -ten*, vgl. *wählen* ['vɛːln̩],
reißend ['raesn̩(t)], *Banden* ['bandn̩] (Tabelle II, S. 62 f.).

[ŋ]

Ein von dem [n] ganz verschiedener Nasal, für den die Schrift das Zeichen *n* oder *ng* verwendet, ist der velare Nasal [ŋ]. Es ist ein einheitlicher Laut, nicht etwa eine Lautverbindung. Man vermeide es, [ŋ] auch nach dunklen Vokalen zu weit hinten im Rachen zu bilden.

[ŋ] ist zu sprechen:

1. Für *ng*, und zwar

a) im Auslaut von Wörtern und Silben: *lang, eng, jung, Jungfrau, England.* Man hüte sich, hier [ŋk] oder [ŋg] zu sprechen [laŋk, ˈɛŋglant], wie es besonders in Norddeutschland üblich ist. *Langsam* [ˈlaŋzaːm] und *lenksam* [ˈlɛŋkzaːm] müssen deutlich unterschieden werden.

b) wenn ein schwachtoniger Vokal oder ein Konsonant folgen: *hängen, Bengel, Jünger, abhängig, Springinsfeld; rings, jüngst, Angst, fängt.* Auch hier ist vor der Aussprache mit [ŋg] oder [ŋk], also z.B. [ˈaphɛŋgɪç, rɪŋks, aŋkst, fɛŋkt] zu warnen.

2. Für den Buchstaben *n*, und zwar

a) wenn ein *k* folgt: *Dank, links, Anker, wanken* [daŋk, lɪŋks, ˈaŋkər, ˈvaŋkən], doch nicht, wenn *n* und *k* nur durch Zusammensetzung aufeinander treffen: *an-kommen, un-klar, kon-kav.* Ferner gilt [ŋ] auch vor *x* [ks] in Fremdwörtern: *Phalanx, Sphinx* [sfɪŋks].

b) wenn dem *n* ein *g* und darauf unmittelbar ein voller Vokal folgen: *Kongo, Ingo, Mangan, Languste, Rangoon* [ˈkɔŋgo, ˈɪŋgo, maŋˈgaːn, laŋˈgʊstə, raŋˈguːn], doch auch hier nicht, wenn *n* und *g* nur durch Zusammensetzung zusammentreffen: *in-genium, un-klar, An-klang; un-gar* [ˈʊngaːr] (nicht gar) muß von *der Ungar* [ˈʊŋgar] deutlich unterschieden sein.

c) Es sei daran erinnert, daß statt eines nasalierten Vokals nicht Vokal plus [ŋ] gesprochen werden darf (vgl. S. 45). Es heißt also *Teint, Refrain, pardon* usw. [tɛ̃, RəˈfRɛ̃, paRˈdɔ̃] und nicht [tɛŋ, reˈfrɛŋ, parˈdɔŋ].

d) Die Verbindung *gn* ist als [g + n] zu sprechen und darf nicht in [ŋn] umspringen. Es heißt *Signal* [zɪgˈnaːl] und nicht [zɪŋˈnaːl], ebenso *Agnes, agnus dei, Magnifikat, magnus, Magnat, Magnet, inkognito, Ragnar, Wagner, Regnitz, leugnen.* In romanischen

Wörtern ist dagegen *gn* Zeichen für mouillierte Aussprache: *Kognak* ['kɔɲɑk oder 'kɔnjɑk]. Vgl. S. 103.

IV. Reibelaute

[h]

Beim Hauchlaut, der durch *h* bezeichnet wird, reibt sich die Luft an den genäherten, aber nicht schwingenden Stimmlippen. Er ist nur vor vollem Vokal zu sprechen, also stets im Anlaut der Wörter oder Kompositionsglieder: *hart, Herz, Gehalt, anhalten, Hausherr.* Ferner in Wörtern wie: *aha, Ahorn, oho, Uhu, hoiho* und in den Ableitungssilben *-heit* und *-haft*: *Hoheit, herzhaft.* Dasselbe gilt in Fremdwörtern und Namen: *Hypothese, Ahasver, Alkohol, Jehova, Johannes, Kohorte; Wilhelm, Brünhild, Giselher.* In deutschen Namen mit den Zusammensetzungsgliedern *-her, -hild(e), -hold, -hart* ist das *h* nach stimmlosem Dental verstummt: *Walther, Gunther, Mathilde, Klothilde, Berthold, Leuthold, Gotthard.* In jungen Neubildungen dagegen ist es zu hören: *Gotthold, Gotthelf.*

In allen anderen Fällen hat das *h* rein orthographische Aufgaben und bleibt in der Aussprache stumm. Das gilt auch in Wörtern wie: *nahe, ruhig, sehen, gehen, stehen, Ehe, frühe,* wo es meist erst spät in die Schrift aufgenommen worden ist. Es entspricht nicht der Hochlautung, hier auf Grund des Schriftbildes ein [h] zu sprechen: [nɑːhə, 'eːhə] statt richtig ['nɑːə, 'eːə].

Das *h* im Anlaut französischer Wörter ist stumm. Bei Entlehnung ins Deutsche wird es in der Regel ausgesprochen: *Hausse, Hasard, honett, Hotel.* Doch ist wie im Französischen *h* stumm in *Hautgoût* [o'gu], *Hors d'œuvre* sowie in französischen Eigennamen: *Le Havre, Henri, Heloise* [elɔ'iːz(ə)], *Hortense* [ɔʀ'tãːs].

[f]

Bei dem stimmlosen Reibelaut [f] wird die Enge, durch die der Luftstrom geht, durch die Oberzähne und die Unterlippe, nicht etwa durch beide Lippen, gebildet.

Dieses labiodentale [f] wird in der Schrift mit *f* oder *v* bezeichnet; ein Unterschied in der Aussprache besteht in deutschen Wörtern nicht: *Feind, fühlen, schlafen, offen, Schaf; Vater, Frevel, brav.* Das *f* darf nicht — wie in bairischen einschl. österreichischen Mundarten

— zu matt oder gar zwischen den Vokalen stimmhaft gesprochen werden, so daß *Ofen, Eifer, Frevel* wie ['oːvən, 'aevər, 'freːvəl] klingt.

So gilt stimmloser Reibelaut für das Zeichen *v* auch in den früh eingedeutschten fremden Wörtern: *Vers, Vesper, Veilchen, Veit, Vogt.* Die Aussprache mit stimmhaftem [v] in: [vɛrs, 'vɛspər] ist auf Österreich beschränkt. In fremden Wörtern ist *ph* als [f] zu sprechen: *Photograph, Philosophie, Aphorismus, Symphonie, Sphinx.* In dem Namen *Sappho* ist die griechische Aussprache ['zapfo] der vielfach üblichen als ['zafo] vorzuziehen.

Häufig kommt das labiodentale [f] in der Lautgruppe [pf] vor: *Pferd, Pfahl, kämpfen, Dampf.* Man hüte sich vor der mundartlich im Ostmitteldeutschen geltenden und in Umgangssprachen weit verbreiteten Aussprache als bloßes [f], vgl. [feːrt, faːl, damf].

In deutschen Namen ist anlautendes *v* als [f] zu sprechen: *Varel, Vechta, Verden, Villach, Villingen; Vilmar, Vischer, Voss,* so auch in *Bremervörde.* Ebenso gilt [f] für *v* im Anlaut niederdeutscher und niederländischer Wörter, so besonders in dem häufigen Namensteil *van: van Beethoven* [fan 'beːthoːfən], *van der Velde, van Houten.*

Im Inlaut herrscht Schwanken zwischen stimmhafter und stimmloser Aussprache. Die Träger des Namens *Sievers* sprechen sich teils als ['ziːfərs], was der Herkunft des Namens aus *Sigfrid* entspricht, teils als ['ziːvərs]. Die Aussprache mit [v] überwiegt, so in *Evers, Dove, Trave,* doch mit stimmlosem [f] in: *Ravensburg, Havel, Bremerhaven, Wilhelmshaven* sowie in *Hannover, hannöversch,* aber *Hannoveraner* [hanoːvəˈraːnər].

In jüngeren Fremdwörtern wird *v* anlautend wie inlautend stimmhaft als [v] gesprochen: *Vasall, Verbum, Villa, Violine; November, Klavier, Brevier.* So auch in Namen wie *Venus, Viktor.* Doch gilt [f] oder [v] in *David* ['daːfit, 'daːvit] und *Eva* ['eːfa, 'eːva]. Im Auslaut verliert dieses [v] durch Auslautverhärtung den Stimmton und wird als [f] gesprochen: *brav, bravste, Stativ, Dativ, aktiv, Vesuv* [veˈzuːf], ebenso auch bei Apostrophierung *Sklav'*, gegenüber [v] in *bravo, dativisch, Aktivum, Stative, Sklave.* Ähnlich bei *Nerv* [nɛrf] gegenüber *nervös, nervig* [nɛrˈvøːs, 'nɛrvɪç], doch heißt die Mehrzahl ['nɛrfən] und nicht ['nɛrvən].

Stimmloses [f] ist zu sprechen in russischen Namen auf *-ow (-ov):* *Asow, Pawlow, Molotow.* Über *-ow* in deutschen Namen vgl. S. 92.

In gemäßigter Hochlautung in der Schweiz wird [f] auch gesprochen in *Advokat, Evangelium, Klavier, Konvikt, November, Proviant, Provinz, Revier, Vagabund, Vagant, Veltlin, Ventil, Verdikt, Veronika, Vikar, Visier, Vizepräsident, Vogesen, Vulkan;* in Österreich in *nervig.*

[v]

Der stimmhafte Reibelaut [v] wird labiodental gebildet wie das stimmlose [f], nicht etwa durch beide Lippen, wie es zumeist in Mitteldeutschland geschieht. Stimmhaftes [v] wird gesprochen, wo *w* geschrieben wird: *Wald, wo, zwei, schwarz, Gewehr, Löwe,* sowie für die Schreibung *v* in den S. 91 besprochenen Fremdwörtern.

Endlich erscheint [v] in der Lautverbindung [kv], geschrieben *qu: Qual, Quelle, Requiem.* Man hüte sich, [v] nach Konsonanten (*qu, schw, zw, tw*) vokalisch zu sprechen, also *Qual, Biskuit, schwarz, zwei, Etui, Twist* als [kuɑːl, bɪsˈkuiːt, ʃuɑrts, tsuɑe, ɛtˈuiː, tuɪst], oder einen vokalischen Übergangslaut hören zu lassen: [ʃəvɑrts, tsəvɑe]. Andererseits sollte das [v] in reiner Hochlautung den Stimmton nicht verlieren [ʃfɑrts, kfɑːl].

In deutschen Orts- und Personennamen auf *-ow: Teltow, Machnow; Bülow, Lützow* wird das *w* nicht ausgesprochen.

Der Buchstabe *q* heißt in Österreich nicht [kuː], sondern [kveː].

s-Laute

Tabelle IV S. 94

Der *s*-Laut ist ein alveolarer Reibelaut. Er entsteht, indem die Zungenspitze oder das Zungenblatt eine Enge am Zahndamm hinter den oberen Schneidezähnen bildet. Die Zungenränder schließen seitlich an den oberen Backenzähnen ab. Der vordere Teil des Zungenrückens bildet eine Längsrille, die den Luftstrom schmal auf die Enge hinführt. Das Reibegeräusch soll hoch und spitz klingen und den Laut damit deutlich gegen die Nachbarlaute [ç] und [ʃ] abheben.

Der *s*-Laut wird unrein, gelispelt, wenn die Unterlippe an den Schneiden der Unterzähne anliegt, wenn die Zunge sich zwischen die Zahnreihen drängt, gegen die Oberzähne stemmt oder wenn die Enge seitlich gebildet wird.

Die reine Hochlautung kennt den stimmhaften *s*-Laut [z], der stets *s* geschrieben wird, und den stimmlosen *s*-Laut [s], der *s*, *ss* oder *ß* geschrieben wird. Bei stimmhaftem [z] soll das Reibegeräusch nicht zurücktreten.

In gemäßigter Hochlautung kann stimmhaftes [z] den Stimmton verlieren, bleibt aber Lenis [ẕ].

Heimische Wörter

I. Reine Hochlautung

1. Der *s*-Laut ist stimmhaft [z] zu sprechen:

a) im Anlaut vor Vokal, auch in Zusammensetzungen: *sehen*, *singen*, *so*, *Sund; Gesang*, *versinken*, *übersehen*, ebenso im Anlaut von Bildungssilben wie -*sam*, -*sal*, -*sel*, und zwar auch nach stimmlosem Konsonanten: *Drangsal*, *Mühsal*, *Schicksal; heilsam*, *mühsam*, *seltsam*. Man hüte sich, das stimmhafte [z] mit vokalähnlichem Vorschlag durch zu frühen oder starken Stimmeinsatz zu bilden, wie man es z. B. von Slaven hören kann: *Sonne* wie [əˈzɔnə];

b) im Inlaut zwischen stimmhaften Lauten, nämlich Vokalen: *Rasen*, *Wiese*, *lose*, oder den Lautverbindungen *ms*, *ns*, *ls*, *rs* vor Vokal: *Amsel*, *winseln*, *Hülse*, *Ferse*.

2. Stimmloses [s] ist zu sprechen:

a) im Auslaut: *Hals*, *aus*, *Schiffes;* so auch vor Ableitungssilben: *Häus-chen*, *Rös-lein*, *lös-bar* [ˈløːsbɑːr];

b) wenn *ß* oder *ss* geschrieben wird: *Gruß*, *Stoß*, *Größe*, *fließen; Masse*, *flüssig*, *wissen*. Zu warnen ist vor stimmhafter Aussprache nach langem Vokal und Diphthong, wie man es z. B. von Schlesiern hören kann: *Soße* wie [ˈzoːzə], *außer* wie [ˈɑozər];

c) in den Lautverbindungen *st* und *sp* im In- und Auslaut: *rasten*, *Kiste*, *Geist; raspeln*, *Knospe* (über *st* und *sp* im Anlaut vgl. unten S. 97);

d) in der Lautverbindung [ts], geschrieben *z*, *tz*: *Zeit*, *reizen*, *Schmerz; schätzen*, *Witz*. Statt eines auslautenden *z* [ts] nach *l* oder *n* darf nicht bloßes [s] gesprochen werden, wie man es bei Niederdeutschen hört, also: *Salz*, *Pelz*, *Kranz* nicht wie [zɑls], [pɛls], [krɑns]. *Gans* und *ganz* müssen deutlich unterschieden werden;

e) in der Lautverbindung [ks], geschrieben *x* oder *cks*: *Axt*, *Hexe; du weckst*, auch bei *gs* im Auslaut und vor stimmlosen Lauten:

flugs [flʊks], *du liegst* [liːkst], *klügste* ['klyːkstə]. Ebenso wird die Verbindung *chs* als [ks] gesprochen, wenn das *s* mit dem *ch* in allen Formen fest verbunden ist: *Dachs, Fuchs, sechs, Deichsel, Wechsel, du wächst.* Treten dagegen *s* und *ch* nur in einzelnen Formen zusammen, so ist *ch* + *s* [çs] oder [xs] zu sprechen: *du weichst* (von *weichen*), *du wachst* ([vɑxst] von *wachen*) neben *das Wachs* [vɑks], *des Dachs* [dɑxs] neben *der Dachs* [dɑks] (vgl. S. 101);

f) auch sonst im Inlaut nach stimmlosen Konsonanten (also nicht nach *l, m, n, r*, vgl. oben 1. b): *Krebse, tapsen, Erbse, Rätsel.*

II. Gemäßigte Hochlautung

Der Stimmton im Anlaut vor Vokal und zwischen stimmhaften Lauten kann wegfallen. Dann entsteht die stimmlose Lenis [z̥], so daß sich [z̥] und [s], z. B. in *reisen* und *reißen,* noch deutlich unterscheiden. Nur zwischen Verschlußlaut und Vokal (z. B. *Absicht*) kann Fortis [s] gesprochen werden, auch in den Nachsilben *-sam, -sal* und *-sel* (z. B. *ratsam*).

In der Schweiz ist in der gemäßigten Hochlautung einfacher *s*-Laut im Anlaut und im Inlaut zwischen Vokalen ebenso stimmlos-schwach wie im Auslaut [s] (dies gilt auch für die landschaft-

Tabelle IV. *s*-Laute in reiner und gemäßigter Hochlautung

	1. Anlaut vor Vokal	2. zwischen Vokalen	3. zwischen m, n, ng, l und r und Vokal, auch in den Nachsilben -sam, -sal, -sel	4. nach p, b, d, t, g, k in Kompositionsfugen, auch in den Nachsilben -sam, -sal, -sel	5. im Auslaut
Hochlautung	sagen	Hase	Bremse, Sense, Singsang, also, Ferse, Drangsal, heilsam, Anhängsel	abseits, feindselig, wegsetzen, Labsal, regsam, Überbleibsel	Haus, stets, uns
rein	z	z	z	z	
gemäßigt	z̥	z̥	z̥	z̥ s	s

lichen Umgangssprachen in Österreich und in Süddeutschland), während da, wo *ss* oder *ß* geschrieben wird, ein stimmlos-geschärfter und gelängter *s*-Laut gesprochen wird.

Wörter fremder Herkunft und Namen

Hier ist es besonders schwierig, zwischen stimmhafter Aussprache [z] und stimmloser [s] zu entscheiden, da in vielen Fällen die Herkunftssprache ein stimmloses [s] an solchen Stellen kennt, wo dem Deutschen nur stimmhaftes [z] geläufig ist. Bei fortschreitender Einbürgerung tritt daher oft die deutsche Lautungsgewohnheit ein, und es gibt Fälle, bei denen im gleichen Wort die fremde mit der heimischen Aussprache im Wettbewerb steht.

1. Diese Schwierigkeit macht sich besonders im Anlaut vor Vokal bemerkbar.

a) Lehnwörter aus dem Französischen oder Italienischen haben von Hause aus in dieser Stellung stimmloses [s]. Sie behalten es so lange bei, wie sie deutlich als seltene Fremdwörter empfunden werden. Sobald sie stärker in den deutschen Sprachgebrauch eingehen, zeigt sich die Neigung, sie entsprechend der deutschen Hochlautung mit stimmhaftem Anlaut [z] zu sprechen.

So wird man mit stimmlosem [s] sprechen: *Saint, San, Santo, Santa, Saison* [sɛˈzɔ̃], *Sanssouci* [ˈsãsusi], *Sauternes, Seine, Seigneur, Sire, Sou, Soubrette, Souterrain, Souvenir, Souverän Sottise* [sɔˈtiːzə]; *Signore* [siˈɲoːre]. Stets ist stimmloses *s* zu sprechen in französischen Wörtern mit *c* vor hellem Vokal: *Centime, Cercle, Citoyen* [sãˈtiːm, sɛrkl(ə), sitwɑˈjɛ̃].

Mit stimmhaftem [z] haben sich durchgesetzt: *Sauce* (auch *Soße*), *salopp, Serviette, Silhouette, Sabotage, Sakko, Serenade, Sonett*.

Bei manchen Wörtern wie *Salon, Souffleur, Souper, Serail* herrscht — oft nach Landschaft und Formstufe — Schwanken zwischen fremder und eingedeutschter Aussprache.

b) Stimmlosigkeit gilt in englischen Wörtern: *Sir* [sœːr], in gemäßigter Hochlautung auch [zœːr, zøːr], *Sussex, Salisbury, Suffragette* nur im Englischen: [ˌsʌfrəˈdʒet], (dt. dagegen stimmhaft: [zʊfraˈɡɛtə]), *Sightseeing* [ˈsaetsiːiŋ], ebenso in skandinavischen Namen: *Sundsvall, Södermanland, Undset* [ˈʊnsɛt], norw.

['ʉnːset], *Hamsun* ['hɑmsʊn], *Sören, Hälsingborg, Helsinki* [hɛlsiŋ'bɔrj, 'hɛlsm̩ki.]

c) Dagegen spricht man den *s*-Laut im Anlaut von Wörtern lateinischen und griechischen Ursprungs stimmhaft [z], so z. B. in *Salat, Seminar, Sirene, sublim, System*, in den Bildungen mit *sym-, syn-* usw.

2. Stimmhaftes [z] gilt im Inlaut zwischen Vokalen und nach *r, l, m, n: Prosa, Raison, Mesalliance* [meza'liãːs], *Vesuv; Version, Person, konvulsiv, Themse, Expansion*. Nur vereinzelte französische Wörter, in denen die fremde Abkunft stärker empfunden wird, haben stimmloses [s]: *Chansonette, Marseille, Versailles*. Stimmhaftes [z] gilt für französisch und slawisch *z: Zero, Bazaine*, so auch in *Bazar, Mazurka*.

3. Stimmloses [s] spricht man im Anlaut vor Konsonanten: *Sphäre, smart, Smaragd, Slawen, Skandal, Skat, Sklave, skeptisch, Skizze*. Die Aussprache mit [ʃk] etwa in [ʃkɑn'daːl, ʃkɑːt] usw., wie sie die Umgangssprachen kennen, ist nicht hochsprachlich. Auch in *sz, sc* ist [sts] zu sprechen, wobei das anlautende [s] nicht verschwinden darf: *Szene* ['stseːnə], nicht [tseːnə], *obszön, Scävola* ['stseːvola], *Scipio*. Über *sp, st* in Wörtern fremden Ursprungs vgl. S. 97f.

4. Stimmloses [s] wird im Wort- und Silbenauslaut gesprochen: *abstrus* [ap'struːs], *Boreas, präzis, Dis-agio* [dɪs'aːdʒo]. Es gilt für französisch *c* vor hellen sowie für *ç* vor dunklen Vokalen: *Annonce, Police; François;* endlich auch in der Verbindung [ts] (geschrieben *c, z*): *Circe, Cäsar; Zitrone, Zentrum, Zyklus*, sowie in der Verbindung [ks], geschrieben *x: Lexikon, Mexiko, Hexameter*.

5. In lateinischen Wörtern wird *t* vor unbetontem *i* als [ts] gesprochen, sofern dem *i* ein weiterer betonter oder unbetonter Vokal folgt. *Nation, Station, tertiär, partiell; Tertia, Spatium, Bürokratius*, dagegen mit [t]: *Partie, Bürokratie; statisch, partikulär*.

[ʃ, ʒ]

Das Zeichen *sch* meint einen einheitlichen Reibelaut (vgl. Lauttabelle S. 25), nicht eine Lautverbindung. Daher ist die Aussprache als [s + x] also [sx], wie sie in Westfalen und im Ostfriesischen vorkommt, durchaus zu vermeiden, ebenso eine stimmhafte Aussprache *schön* mit stimmhaftem [ʒ] als [ʒøːn]. Auch hüte man sich, das [ʃ] mit der breiten Mundstellung zu sprechen, wie sie dem [ç] in *ich* zukommt (wie in Hessen und im Rheinischen). Überhaupt achte man auf ein kräftiges Vorstülpen der Lippen, wie sie sich am leichtesten neben *u*-Lauten einstellt, damit das [ʃ] sich nicht den *s*-Lauten nähert.

Heimische Wörter

Das [ʃ] wird gesprochen:

1. wenn *sch* geschrieben wird: *schaden, Asche, rasch, barsch.* Bei *s* mit dem folgenden Verkleinerungssuffix *-chen* gilt indessen [s + ç] (*Röschen, Hänschen, Mäuschen*).

2. für das *s* in den Verbindungen *st, sp* im Wortanlaut, auch wenn es sich um das zweite Glied einer Zusammensetzung handelt: *Stein, Gestein, Feldstein; Spiel, verspielen, Schachspiel.* Die norddeutsche Aussprache mit [st, sp] ist als mundartliche Eigenheit in der Hochsprache zu vermeiden. Im Inlaut und Auslaut dagegen gilt auch in der Hochsprache [st, sp]: *rasten, Geist; raspeln, Espe.* Die alemannische und tirolische Aussprache mit [ʃt, ʃp], etwa in [raʃtən, gaeʃt, raʃpəln] entspricht ebensowenig den Normen der Hochlautung wie die Aussprache von *rs* als [rʃ] in *anders, Vers, Kommers* u. ä. [ˈandərʃ, fɛrʃ, kɔˈmɛrʃ]. Die deutschen Namen richten sich ebenfalls nach dieser Regel. So sind *Steiermark, Stolberg, Stralsund, Speyer* mit [ʃt, ʃp] zu sprechen, auch dann, wenn die ortsübliche Aussprache [st, sp] zeigt: *Stade, Spiekeroog;* ebenso Personennamen wie *Storm, Struensee, Steffens,* auch wenn die Namensträger selber ein [st, sp] sprechen.

Wörter fremder Herkunft und Namen

1. Anlautendes *st, sp* wird in den meisten Herkunftssprachen (französisch, englisch, italienisch, skandinavisch, lateinisch, griechisch) als [st, sp] gesprochen. Im Zuge der Eindeutschung nehmen fremde Wörter die deutsche Anlautsform [ʃt, ʃp] an, wobei, ähnlich wie bei anlautendem [s] und [z] (vgl. S. 95 f.) nach Stillage und Zusammenhang Schwankungen eintreten können.

a) Viele fremde Wörter sind mit [ʃt, ʃp] fest eingedeutscht, so *Standarte, Stadion, Station, Statue, Stenographie, Strapaze, Streik, Strophe, Stuck, Student; Spalier, Spanien, spekulieren, spedieren, Spinat, Spinett, Spion, Spirale, Spiritus, Spital, Sport* u. a.

b) Bei Wörtern, deren fremde Herkunft stärker empfunden wird
oder die als Fachwörter keine weite Verbreitung haben, gilt
[st, sp], so in *staccato, stagnieren, Stereoskop, Stigma, Stilett,
stimulieren, Stoa, Steward, Stuart; Spa, Spektabilität, Spektralanalyse, Speech, Sperma, Sputum.*

c) Oft schwankt die Aussprache. So wird man sagen: *Professor
der Statistik* [stɑ'tɪstɪk], aber *Bevölkerungsstatistik* [-ʃtɑ'tɪstɪk],
oder man wird von der *stoischen* Philosophie mit [st] sprechen,
aber von einer *stoischen* Haltung mit [ʃt]. Neben *Spezies* mit
[sp] stehen *speziell, spezifisch* mit [ʃp]. Gleiches landschaftlich
oder individuell bedingtes Schwanken herrscht bei *stabil, Star*
(engl. *star*), *Start, Statue, Stenographie, steril, Stil, Stilistik, stu-
pide, strikt, Strategie, spontan, sporadisch, Spiritismus* u. a.,
ebenso auch bei dem Namen *Stanislaus.*

In der Schweiz wird in gemäßigter Hochlautung über die oben
angegebenen Wörter hinaus mit [ʃt] gesprochen *Statistik.* Die Aussprache schwankt in *Instruktion, stoisch, Respekt.* — In Österreich spricht man dagegen mit [sp] *Sparte.* In vielen Fällen erscheint neben [ʃt] auch [st], so in *Stadium, Staket, Standard, Statist, Stativ, Status, Statut, Stenographie, Stentor, Strategie, Strelitzen,
Struktur, Strychnin; Inspektor, Inspizient, inspizieren.*

2. Stets ist der umgangssprachliche Übergang von [sk] in [ʃk] im
Anlaut zu vermeiden (vgl. S. 96): *Skandal, Skat, Skelett, Skulptur,
Skizze, deskriptiv, Reskript.* Ebenso ist [sk] zu sprechen für ita-
lienisches und französisches *sc* vor dunklen Vokalen: *Scala, Scarlatti;
Scuderi,* sowie für italienisch *sch* vor hellen Vokalen *scherzo, Ischia*
['skɛrtso, 'iskĭɑ].

3. In- und auslautendes *st, sp* ist durchgehend als [st, sp] zu
sprechen: *Bastion, Apostel, Arrest, Protest; Hospital, Kaspar, Kor-
respondent.* Dies gilt — im Gegensatz zur deutschen Aussprache-
regel — auch nach Vorsilben und in Zusammensetzungen: *Abstinenz, abstrus, konstatieren, Aerostatik, Beefsteak; Responsion, konspirieren, Perspektive.* Auch hier setzen sich in der Umgangssprache
Eindeutschungen durch; so gehört die jüngere Aussprache *Respekt,
respektieren* mit [ʃp], also [re'ʃpɛkt, reʃpɛk'tiːrən], neben der älteren
[re'spɛkt, respɛk'tiːrən] heute schon der Hochlautung an. *Konstanz*
ist mit [st] zu sprechen ['kɔnstɑnts], trotz der ortsüblichen Aussprache mit [ʃt].

4. [ʃ] ist zu sprechen für *ch* in französischen Wörtern: *Chaise, chamois, Champagner, changieren* ['ʃɛːz(ə), ʃaˈmŏa, ʃamˈpanjər, ʃãˈʒiːrən], vgl. S. 102, ebenso für *sh* in englischen Wörtern: *Shell* [ʃɛl], *Sherry* ['ʃɛri], *Shakespeare* ['ʃeikspiːr], *Sheffield* ['ʃɛfiːld], für italienisches *sc* vor *i* oder *e*: *Brescia, Schirokko* ['brɛʃa, ʃiˈrɔko], für schwedisches und norwegisches (nicht dänisches) *sk* vor hellem Vokal: *Ski* [ʃiː].

5. [ʃ] liegt auch vor in der Lautverbindung [tʃ], die in fremden Wörtern auf folgende Weise geschrieben wird:

a) Im Englischen als *ch*: *Chaucer, Churchill, Chester, Manchester, Couch.* Doch ist in geläufigen Wörtern diese dem Deutschen im Anlaut fremde Lautverbindung zugunsten von einfachem [ʃ] aufgegeben, so in *Cheviot, Champion* (heute oft französisch gesprochen [ʃãˈpjõ], auch mit heutiger deutscher Schreibung in *Scheck* (früher und in der Schweiz *Check*); ebenso wird *chartern* neben älterer [tʃ]-Aussprache meist mit [ʃ] gesprochen.

b) Im Spanischen mit *ch*: *Chile, Chinchilla* [tʃinˈtʃifia].

c) Im Italienischen mit *c* oder *cc* vor hellem, mit *ci* vor dunklem Vokal: *dolce, Cinquecento* ['doltʃe, ˈtʃiŋkweˈtʃɛnto]; *Boccia, Boccaccio* ['bɔtʃa, boˈkatʃo].

6. Der dem stimmlosen [ʃ] entsprechende einheitliche stimmhafte Reibelaut [ʒ] kommt in der Hochlautung in deutschen Wörtern nicht vor. Mundartlich z. B. in schlesisch [nuʒəln] für *nuscheln*. Doch erscheint er in Fremdwörtern:

a) für französisches *j* und für *g* vor *e*, *i*, für *ge* vor Zeichen für dunkle Vokale: *Jalousie, Jakett, Jour, Jules* [ʒaluˈzi, ʒaˈkɛt, ʒuːʀ, ʒy(ː)l(ə)], so auch *Jean* [ʒã]; *Genre* [ʒãːʀ(ə)], *Genie* [ʒeˈniː], aber *genial, Genius* mit [g], da aus dem Lateinischen stammend, *genieren, Gendarm* [ʒanˈdarm] z. T. noch [ʒãˈdarm], *Gelee* [ʒəˈleː], *Georges* [ʒɔrʒ], *Gigue* ['ʒig(ə), ʒiːk], *Gilet* [ʒiˈleː], *Gage* ['gaːʒə], *Budget* [byˈdʒeː], *changieren* [ʃãʒirən], *Regie, Regisseur* [reˈʒiː, reʒiˈsøːr], aber *regieren* mit [g] aus dem Lateinischen; *Flageolett, Georgette* [flaʒoˈlɛt, ʒɔrˈʒɛt(ə)]. Die franz. Aussprache gilt in *Jury* [ʒyˈʀi] sowie — trotz der italienischen Herkunft — oft in *Giro* ['ʒiːro] (italienisch ['(d)ʒiːro]).

b) in der Lautverbindung [dʒ], im Englischen geschrieben als *j*: *Job* [dʒɔb], *John* [dʒɔn] oder als *g* vor *e* und *i*: *Gin, Gentleman* [dʒin, ˈdʒɛntlmən], im Italienischen geschrieben als *g, gg* vor *e, i* als *gi*, *ggi* vor Zeichen für dunkle Vokale: *Angelo* ['andʒelo], *Mon Gibello* [mondʒi'bɛlo]; *Giotto* ['dʒɔto], *Gioconda* [dʒo'konda], *Agio* ['aːdʒĭo], *Adagio* [a'daːdʒĭo], *Arpeggio* [ar'pedʒo], *Lago maggiore* [ma'dʒoːre], zum Teil mit ganz leichtem Anklingen eines [ĭ].

In all diesen Fällen vermeide man es, den stimmlosen [tʃ]-Laut zu sprechen.

[ç, x] (Zeichen *ch*)

Das Zeichen *ch* meint keine Lautverbindung, sondern gilt für zwei verschiedene einheitliche Laute:

1) für den stimmlosen palatalen Reibelaut, den *ich*-Laut [ç],
2) für den stimmlosen velaren Reibelaut, den *ach*-Laut [x].

Der *ich*-Laut [ç] darf nicht durch den *ach*-Laut [x] ersetzt werden, wie es in schweizerischen und österreichischen Mundarten vorkommt, also *mancher*, *Häuschen* als ['manxər, 'hɔøsxən]. Man hüte sich auch vor dem zwischen [ç] und [x] liegenden sogenannten „mittleren *ch*" sowie vor der Annäherung an den [ʃ]-Laut, wie sie in rheinischen Mundarten üblich ist.

Heimische Wörter

1. Der *ich*-Laut [ç] wird gesprochen

a) wenn *ch* nach Zeichen für helle Vokale (*ä*, *e*, *i*, *ö*, *ü*) und Diphthonge (*ei*, *eu*, *äu*) oder für Sonanten steht: *Gespräch*, *nächtlich*, *spreche*, *sechzehn*, *ich*, *richten*, *Köcher*, *Sprüche*, *tüchtig*, *Leich*, *Eiche*, *euch*, *räuchern*; *Molch*, *manch*, *durch*, *Storch*. Ferner gilt [ç] in der Verkleinerungssilbe *-chen*: *Mäuschen*, *Frauchen*, *Herzchen*.

b) In der Endung *-ig* im Silbenschluß und vor Konsonanten: *ewig*, *König*, *Königs*, *befriedigt*, *freudigste* ['eːvɪç, 'køːnɪç, 'køːnɪçs, bə'friːdɪçt, 'frɔødɪçstə]. Doch ist aus Gründen des Wohlklangs vor der Ableitungssilbe *-lich* (*königlich*, *ewiglich*) sowie in dem Wort *Königreich* Verschlußlaut [-ɪk] zu sprechen ['køːnɪklɪç, 'køːnɪkraeç]. Vgl. dazu S. 113.

In Österreich, der Schweiz und in Süddeutschland erscheint in gemäßigter Hochlautung für *-ig* die Aussprache [ɪk].

2. Der *-ach*-Laut [x] wird gesprochen, wenn *ch* nach Zeichen für dunkle Vokale steht: *Bach*, *hoch*, *Buch*, *suchen*, *Bauch*. Über die

Verbindung *chs* = [ks] vgl. S. 113. Dagegen ist *chs* als [çs] bzw. [xs] zu sprechen, wenn die Verbindung nicht fest ist; vgl. *sprichst, weichste, nächst, höchst; sprachst, fluchst, brauchst*, wo überall ein Vokal zwischen [x] und [s] ausgefallen ist und das [s] nicht zum Wortstamm gehört, sondern zur Bildungssilbe.

Wörter fremder Herkunft und Namen

1. Für den In- und Auslaut gelten im allgemeinen dieselben Regeln wie in deutschen Wörtern, also [ç] nach hellen Vokalen und Sonanten: *Ichthyol, Mechanik, Archont, Alchimie;* [x] nach dunklen Vokalen: *Acheron, Epoche, Buchara*. Einfacher *ach*-Laut [x] ist zu sprechen für *cch* in *Bacchus, Gracchen* ['baxʊs, 'graxən].

2. Für den Anlaut, wo deutsche Wörter den *ich*- und *ach*-Laut nicht kennen, ist folgendes bemerkenswert:

a) *ch* wird als [ç] gesprochen im Anlaut griechischer Wörter: *Charon, Eucharistie, Chemie, Chersones, Chimäre* (doch im Sinn von „Einbildung" nach franz. Regel heute mit [ʃ] gesprochen und *Schimäre* geschrieben), *Chios, Chirurg, Chrie, Chrysostomus, chthonisch*, weiter in germanischen Namen wie *Cherusker, Chilperich, Childerich* und in orientalischen Wörtern wie *Cherub, Cherubim, China, Chinese*. Als *ach*-Laut [x] wird das *x* in spanischen Wörtern gesprochen: *Ximene, Xeres, Don Quixote;* [x] gilt in slawischen Namen wie *Charkow, Cherson* ['xarjkɔf, xɛr'sɔn].

b) Anlautendes [ç] wandelt sich im Verlauf der Eindeutschung in [k], namentlich vor dunklem Vokal und Konsonant: *Chaldäa, Chamäleon, Chaos, Charakter, Chemnitz, Cherubin* (Page im Figaro), *Chloë, Chlor, Chlodwig, Cholera, cholerisch, Chor, Choral, Christ, Christus, Christian, Chrom, chromatisch, Chronik, Chur*, inlautend in *Melancholie, melancholisch, Orchester* u. a.; ebenso erscheint [k] auch in *Chatten*.

Zuweilen besteht Schwanken in der Aussprache. So wird man neben *Charybdis, Cheops* [ça'rʏpdɪs, 'çeːɔps], auch [ka'rʏpdɪs, 'keːɔps] gelten lassen, dagegen spricht man *Chemie* als [çe'miː]. Das Schwanken betrifft namentlich die mit griechisch *chrysos* (Gold) gebildeten Wörter. Im Namen *Chrysostomus* wird nur [ç] möglich sein, bei den Edelsteinen *Chrysolith, Chrysopras* kommen beide Ausspracheformen [ç und k] vor, bei *Chrysanthemum*,

Chrysantheme wird man bei der korrekten Fremdform eher den *ich*-Laut [çry'zantəmʊm], bei der eingedeutschen Form eher den [k]-Laut [kʁyʑɑn'teːmə] bevorzugen.

Dagegen sind die Regelungen der gemäßigten Hochlautung in Österreich und in der Schweiz toleranter: beide Aussprachen erlaubt das österreichische „Beiblatt" für *Chemie*, *China* und *Chinese* sowie für *Melancholie* und *Orchester*, die schweizerische „Wegleitung" für *Chemie*, *China*, *Chirurgie*.

c) *ch* wird wie [ʃ] gesprochen in allen französischen Wörtern im Anlaut, vgl. *Chaise*, *Chamisso*, *Chamois*, *Champagner*, *Champignon*, *Chance*, *Chansonette*, *Charade*, *Charge*, *Chaussee*, *Chauvinist*, *Chef*, *chevaleresk*, *Chiffre*, *Chiffon*, *Chinois*, und ebenso im Inlaut: *Fichu*, *Recherchen*, *Marche funèbre* [fi'ʃy, ʁə'ʃɛʁʃən, mɑʁʃ fy'nɛːbʁ]; vgl. S. 99.

d) *ch* wird wie [tʃ] gesprochen in englischen und spanischen Wörtern; vgl. S. 99.

[j]

Das *j* ist ein stimmhafter palataler Reibelaut, der dem stimmlosen *ich*-Laut [ç] entspricht. Es darf nicht als Halbvokal gesprochen werden; *jung* darf nicht wie [ĭʊŋ] klingen. Man hüte sich, dem *j* einen *d*-Laut vorzuschlagen [djʊŋ] oder gar [dʒʊŋk], wie es in niedersächsischen Mundarten vorkommt. Ferner muß bei der Bildung des *j* auf stimmhafte Aussprache geachtet werden, damit es nicht — wie in sächsischen Mundarten — dem *ich*-Laut nahe kommt. Endlich vermeide man die Annäherung des *j* an den stimmhaften Verschlußlaut *g* [gʊŋ], wie sie in niederrheinischen Mundarten üblich ist.

In Österreich heißt der Buchstabe *j* nicht [jɔt], sondern [jeː].

Heimische Wörter

Das [j] ist zu sprechen für *j* im Anlaut: *Jahr*, *jener*, *Joch*, *jung*. Im Inlaut kommt es in ursprünglich deutschen Wörtern nicht vor. Zu scheiden von diesem Reibelaut ist das sogenannte halbvokalische [ĭ], das einem sehr kurzen geschlossenen [i] nahe kommt. Es wird in Wörtern fremder Herkunft unbetont nach *s* und *t* gesprochen, so in *Nation* [nɑ'tsĭɔːn], *Metier* [me'tĭeː] (vgl. S. 68 f.).

Wörter fremder Herkunft und Namen

Das *j* wird mit seinem deutschen Lautwert gesprochen (über andere Aussprachemöglichkeiten vgl. S. 99):

1. In lateinischen und hebräischen Wörtern: *Justus, Januar, Juni, Juli, Jupiter; Jeremias, Jesus, Japhet, Jerusalem, Joppe.* Das spanische *Don Juan* spricht man (span.) [dɔnˈxŭɑn] oder (franz.) [dõ̃ʒŭã̃]. Griechische Wörter kennen kein *j*, sondern nur *i*, daher gilt: *ionisch, Ionier* [iˈoːnɪʃ, iˈoːniər] als korrekte Aussprache, doch besteht daneben die Eindeutschung [ˈjoːnɪʃ, ˈjoːniər]. Auch in *Jason* ist [j] üblich, ebenso im Inlaut: *Plejaden, Ajax.*

2. Das *y* in verschiedenen, namentlich englischen Wörtern: *Yankee* [ˈjɛŋki], *York, Yam, Yacht, Yemen, Yokohama, Yukatan.* Ebenso erscheint *j* in den französischen Verbindungen *oy, uy*, die inlautend vor Vokal als [waj] bzw. [ɥij] zu sprechen sind: *Royalist, loyal, Doyen, ennuyieren* [ʀwajaˈlɪst, lwaˈjaːl, dwaˈjɛ̃, ãnɥ(ï)ˈjiːrən). Endlich ist *u* am Wortbeginn im Englischen als [jʊ] zu sprechen: *United States, Union Jack, Utah* [jʊˈnaetɪd ˈsteits, ˈjuːnjən dʒæk, ˈjuːtɑː].

3. Erhält ein Laut eine Einfärbung durch einen Klang von [j], so spricht man von „Mouillierung" des Lautes. Besonders bezeichnend und häufig sind die mouillierten *n*- und *l*-Laute [ɲ] und [ʎ]. Mouilliertes [ɲ] begegnet z. B. im Französischen, Italienischen, Spanischen, Portugiesischen (geschrieben *gn*, spanisch *ñ*, portugiesisch *nh*) sowie in mehreren slawischen Sprachen. Mouilliertes [ʎ] eignet dem Italienischen, Spanischen, Portugiesischen (geschrieben *gl* bzw. *gli, ll, lh*) und slawischen Sprachen, nicht aber dem Französischen (s. u.).

Da diese Laute dem Deutschen fremd sind, werden sie in gebräuchlichen Fremdwörtern zu [nj] und [lj] eingedeutscht: *Champagner, Kastagnette, Kanaille* [ʃamˈpanjər, kastanˈjɛtə, kaˈnaljə], so auch in älteren Fremdwörtern aus dem Französischen: *Billard, Brillant* [ˈbɪljart, brɪlˈjant]. Dagegen ist bei selten gebrauchten oder neueren Fremdwörtern sowie bei Eigennamen die korrekte Aussprache zu verlangen, z. B. [ɲ] in *Bretagne, Eau de Cologne, Foligno, La Coruña, Senhor* [bʀəˈtaɲ, oːdəkoˈlɔɲə, foˈliɲo, koˈruɲa, sɪˈɲor], [ʎ] in *Passacaglia, Togliatti, Filho* [pasaˈkaʎa, toˈʎati, ˈfiʎu]. Französisch *ll, ill*, wenn es altem [ʎ] entspricht, ist dagegen

in solchen Wörtern als *j* zu sprechen: *Bastille, Marseille, Guillotine,
mouillieren* [bɑsˈtij(ə), mɑʀ ˈsɛːj(ə), gijɔˈtiːnə, muˈjiːrən].

In Österreich wird in gemäßigter Hochlautung in *Quadrille*
[kaˈdril], *Vanille* [vɑˈnilə] und *detailliert* [dətaiˈliːrt] kein mouillierter *l*-Laut gesprochen. Die Aussprache von *Billard* ist [biˈjɑːr].

V. Verschlußlaute
Tabelle V S. 107 und Tabelle VI S. 108 f.

1. Allgemeines

Man kann bei der Bildung der Verschlußlaute zwei Vorgänge
unterscheiden: Verschlußbildung und Verschlußsprengung (Implosion und Explosion), zwischen denen akustisch eine Pause
spürbar ist. Bei der Bildung der stimmlosen Verschlußlaute [p, t, k]
geschieht die Verschlußbildung energisch, so daß auch die Sprengung einen stärkeren Luftdruck erfordert und der durchbrechende
Luftstrom als Hauch hörbar werden kann. Vgl. S. 18 ff. Bei den
stimmhaften Verschlußlauten [b, d, g] sind die Organe weniger gespannt, der Verschluß ist loser, die Lösung weicher und ohne Behauchung. Dafür klingt in der reinen Hochlautung der Stimmton an.

2. Stimmlose Verschlußlaute [p, t, k]

I. Reine Hochlautung

a) Alle [p, t, k] sind kräftig und behaucht zu sprechen, wie es in
Norddeutschland üblich ist: *Pate, tun, kann, tappen, Kette,
Becken, Rat, Schluck* [ˈpˈaːtˈə, tˈuːn, kˈan, ˈtˈapˈən, ˈkˈɛtˈɛ,
bɛkˈən, rɑːtˈ, ʃlʊkˈ]. Die Hochlautung scheidet deutlich zwischen
[p, t, k] und [b, d, g]; daher ist die mattere, weichere, unbehauchte Aussprache Mittel- und Süddeutschlands zu vermeiden.
Ganz besonders gilt dies für die Verbindungen [pl, pr, tr, kl, kr],
vgl. *platzen, Pracht, Treue, Kleid, Kraft* [ˈpˈlatsən, pˈraxtˈ,
ˈtˈrøøə, kˈlaetˈ, kˈraftˈ]. Andrerseits darf der Hauch nicht zu
stark sein, damit nicht wie in gewissen Mundarten Holsteins,
Mecklenburgs und Pommerns ein Reibungsgeräusch entsteht.

b) Alle *b, d, g* am Silben- oder Wortende sind stimmlos und verhärtet (Auslautverhärtung vgl. S. 84). Sie unterscheiden sich
in nichts von stimmlosem [p, t, k], sind also wie diese behaucht
zu sprechen. Ein Ausspracheunterschied zwischen *grob* und *Helio-*

trop, Rad und *Rat, genug* und *Spuk* besteht nicht am Wortende, ebensowenig ein solcher in der Auslautverhärtung nach kurzem und langem Vokal; die energischere Wirkung des Konsonanten in *schlapp, Gott, Schluck* gegenüber *Trab, Tod, Zug* beruht auf dem festen bzw. losen Anschluß des Vokals, worüber S. 20 f. das Nötige gesagt ist.

c) Silbenschließendes [b, d, g] vor stimmhaft anlautenden Ableitungssilben wie *-lich, -lein, -ling, -nis, -bar, -sam, -sal, -sel* verliert den Stimmton, ist aber weniger energisch (lenis) zu verhärten und nicht, wie sonst, im Auslaut zu behauchen: *lieb-lich, Feig-ling, Räd-lein, Erlaub-nis, sag-bar, bieg-sam, red-selig* ['liːplɪç, 'faeklɳ, 'reːtlɑen, ɛr'lɑopnɪs, 'zɑːkbɑːr, 'biːkzɑːm, 'reːtzeːlɪç]. Der folgende stimmhafte Anlaut darf dabei den Stimmton nicht aufgeben, vgl. *sagbar* ['zɑːkbɑːr] und nicht ['zɑːkpɑːr], *biegsam* ['biːkzɑːm] und nicht ['biːksɑːm]. Auch [l] und [n] dürfen den Stimmton nicht verlieren und reibelautähnlichen Charakter annehmen. Man vermeide auch streng die falsche Silbentrennung: ['liː-plɪç, 'biː-kzɑm], die so wenig berechtigt ist, wie wenn man *Häu-flein, scheu-ßlich, Fri-schling* sprechen wollte. Ebenso: *glaub-lich, Knäb-lein, Lieb-ling, Überbleib-sel, unlieb-sam, Betrüb-nis, Find-ling, Wag-nis* usw. Auslautendes *ng* der ersten Silbe ist als [ŋ] und nicht als [ŋk] zu sprechen: *lang-sam, Gefäng-nis, Jüng-ling, sang-bar* ['lɑŋzɑːm, gə'fɛŋnɪs, 'jʏŋlɳ, 'zɑŋbɑːr]. Vgl. S. 89 f.

Für die Behauchung gelten jedoch gewisse Einschränkungen, wenn [p, t, k] in bestimmten Lautkombinationen erscheinen (vgl. Tabelle VI S. 108):

α) Über das Zusammentreffen zweier Verschlußlaute ist schon oben (S. 83 f.) gehandelt worden. Bei Homorganen erfolgt nur ein Verschluß, der am Beginn der Lautgruppe gebildet und nach dem zweiten Laut gelöst wird, wobei der erste Laut nicht behaucht wird, vgl. *abputzen, Sackgasse.* Bei nichthormorganen Verschlußlauten werden in der Kompositionsfuge wie in derselben Silbe beide Laute behaucht, vgl. *Abt, Haupt, Akt, Raubtier, Lichtblick,* also [ap't', hɑop't', ak't', 'rɑop't'iːr].

β) Bei dem Zusammentreffen mit Reibelauten wird die Behauchung beibehalten.

γ) *p, t, k* bleiben unbehaucht in den festen Lautverbindungen [pf], [ts] (geschrieben *z, tz*), [tʃ], [ks] (geschrieben *x, chs*) und [ps].

II. Gemäßigte Hochlautung

a) Abweichend von der reinen Hochlautung wird in der gemäßigten Hochlautung beim Zusammentreffen nichthomorganer Verschlußlaute der erste Laut schwächer behaucht, vgl. Tabelle VI, 6 b S. 109.

b) Vor stimmlosen Reibelauten wird bei Homorganen in der Kompositionsfuge, in derselben Silbe auch vor [s] und [st] nicht, bei Nichthormorganen in der Kompositionsfuge schwach behaucht.

c) Vor stimmhaften Reibelauten erfolgt schwache Behauchung. Vgl. Tabelle VI 8 S. 109.

Unbehauchte [p, t, k] erscheinen bei genauerer Aussprache in romanischen, namentlich französischen Namen wie *Palais Luxembourg* (aber behaucht *Palais Schaumburg*), *Toulouse, Comédie Française.*

3. Stimmhafte Verschlußlaute [b, d, g]

I. Reine Hochlautung

a) Alle [b, d, g] im Silbenanlaut sind stimmhaft zu sprechen, wie es in Norddeutschland üblich ist. Eine bloße Lenis-Aussprache ohne Stimmton, wie sie in Mittel- und Süddeutschland herrscht, genügt nicht. Vor allem aber hüte man sich vor der mittel- und niederdeutschen Aussprache des *g* als palatalen oder velaren Reibelaut, und zwar ebenso im Wortlaut wie im Wortinnern. Es heißt durchaus: *Gegend, Gans, sagen* ['geːgənt, gɑns, 'zɑːgən] und weder ['jeːjənt, jɑns, 'zɑːjən] noch gar stimmlos ['çeːçənt, çɑns, 'zɑːxən].

b) In vielen Wortformen stößt silbenanlautendes stimmhaftes [b, d, g] durch Ausfall eines folgenden Vokals mit [l, n, r] zusammen: *eb(e)nen, üb(e)ler, gold(e)ne, hand(e)le, Wand(e)rer, Wag(e)ner, reg(e)net.* Das kann bei lässigem Sprechen zu veränderter Silbentrennung führen, indem das anlautende *b, d, g* in den Schluß der vorderen Silbe hinübergezogen und dadurch stimmlos wird, so etwa: *Wag-ner* ['vaːk-nər] oder niederdeutsch ['vaːx-nər], es *reg-net* ['reːk-nət] oder niederdeutsch ['reːç-nət] u. ä. In gepflegter Sprache werden [b, d, g] in der Regel — unter dem Einfluß verwandter Formen — zur zweiten Silbe gezogen und jedenfalls stets stimmhaft gesprochen: *ir-dne* (nach *ir-den*),

Tabelle V. Stimmhaftigkeit bei b, d, g

b, d, g	1. im Anlaut vor Vokal und vor l und r	2. zwischen Vokalen (auch bb, dd, gg)	3. zwischen stimmhaftem Konsonanten und Vokal	4. zwischen Verschlußlaut und Sonant in Kompositionsfugen		5. zwischen Reibelaut und Sonant in Kompositionsfugen	6. vor Fließlaut und Nasal von Ableitungssilben	
				a) homorgane	b) nicht homorgane		a) -lich, -lein, -ling, -los, -lung	b) im Auslaut, sofern danach ein e ausgefallen ist
Hochlautung	Bad, Brot, Blut, Dom, Draht, Gabe, Grube, Glut	haben, laden, gegen, Ebbe, Widder, Egge	anbei, Amboß, engbegrenzt, Halde, verden, vergeben	Raubbau, Zeltdach, Sackgasse	Rückblick, Bergdorf, Mitglied	Draufgänger, Halsband, Buschbohne, Weichbild, Buchbinder	niedlich, Kindlein, Liebling, lieblos	Wandlung, Handlung, Gablung, regnerisch
							leicht verhärtet, nicht behaucht	
rein	b d g	b d g	b d g	˯b ˯d ˯g	b d g	b d g	b d g	b d g
gemäßigt	b̥ d̥ g̥			˯b̥ ˯d̥ ˯g̥	b̥ d̥ g̥	b̥ d̥ g̥		b̥ d̥ g̥

Tabelle VI. Behauchung der Verschlußlaute

Hochlautung	1. Anlaut vor Vokalen. Inlaut zwischen Vokalen (auch bei Doppelung)	2. sp- st-	3. Auslaut	4. vor *l* und *r*, auch in Kompositionsfugen und vor den Ableitungssilben *-ler, -lich, -lein, -ling, -los*
tung	*Pore, Tor, Chor; Rüpel, wüten, Haken; Lappen, hatten, Nacken*	*spät, Stadt*	*Lob, knapp, Rad, Rat, Weg, Reck*	*Platz, Pracht, Tracht, Kleid, Kraft, ablegen, abregnen, entlegen, Radrennen, Sarglager, wegraffen, Sattler, kenntlich, Entlein, Wildling, ratlos, drucklos*
rein	behaucht	behaucht	behaucht	behaucht
gemäßigt	schwächer behaucht	nicht behaucht	schwächer behaucht	schwächer behaucht

Hochlautung	7. vor stimmlosem Reibelaut		
	a) Homorgane in Kompositionsfugen *pf, tch, tsch*	b) Nichthomorgane in Kompositionsfugen *pch, psch, tf, kf, kch, ksch, ph, th, kh*	c) *b, d, g, p, t, k* + *st, sp* in Kompositionsfugen (vgl. auch 2!)
tung	*Raubfisch, Frettchen, Handschuh*	*Abscheu, Häppchen, Entfernung, Eckfenster, Häkchen, Wegscheide, abhalftern, enthüllen, zurückhalten*	*Abstand, Bittsteller, Wegstück, Rückstoß, abspülen, Schwertspitze*
rein	schwach behaucht	behaucht	beide Verschlußlaute behaucht
gemäßigt	nicht behaucht	schwach behaucht	erster Verschlußlaut schwach, zweiter in [ʃp,ʃt] nicht behaucht (vgl. 2.)

5. vor Nasal	6. vor Verschlußlaut	
homorganem *pm, tn*; nicht homorganem *pn, tm, km, kn*	a) homorganem *bp, pp, dt, tt, gk, kk, pb, td, kg*	b) nicht homorganem *pt, pk, tp, tk, kp, kt, bt, bk, dp, dk, gp, gt, pd, pg, tb, tg, kb, kd, bd, bg, db, dg, gb, gd*
abmachen, entnehmen, abnehmen, entmutigen, Wegmarke, wegnehmen	*abputzen, enttäuschen, Rückkehr, Raubbau, Fortdauer, Sackgasse*	*Abt, Haupt, gesagt, Punkt, Raubtier, Abkommen, Paketpost, Handkuß, Streikposten, Abdruck, Abgott, Lichtblick, Rückblick, Tabakdose*
behaucht	Verschlußöffnung nur im zweiten Laut.	beide Laute behaucht
schwächer behaucht	Keine Behauchung des ersten Lautes	erster Laut schwächer behaucht

		8. vor stimmhaftem Reibelaut	
d) vor stimmlosem [s + ə]: *bs, ps, (c)ks, chs*	e) vor *-st* im Silbenauslaut	a) Homorgane in Kompositionsfugen *bw, pw, ts*	b) Nichthomorgane in Kompositionsfugen *bs, ps, tw, kw, ks, bj*
Erbse, Schlipse, Sachse	*gibst, Papst, rätst, rückst*	*abwischen, truppweise, Weitsicht*	*absuchen, Klappsitz, etwa, wegwerfen, Trunksucht, Treibjagd*
schwach behaucht, s stimmlos	1. Verschlußlaut schwach behaucht	behaucht, Reibelaut bleibt stimmhaft	schwach behaucht, Reibelaut bleibt stimmhaft
nicht behaucht		schwach behaucht, *s* stimmlos [s], *w* stimmhaft [v]	

Bil-dner, Re-dner (nach *bil-den, re-den*) und so in *Ordnung, leugne, wandle, edle, Adler, fable, schlendre, andre, Rudrer, Erobrer, weigre* usw. Ebenso in Namen wie *Rabner, Hübner, Bogner, Spindler, Friedrich, Seydlitz, Leibniz, Pegnitz.* Bisweilen tritt eine entsprechende Verschiebung der Silbengrenze auch in Wörtern fremder Herkunft ein: *A-blativ, Se-gment, O-blate, A-gnat;* auch dort ist das *b, d, g* stets stimmhaft zu sprechen.

II. Gemäßigte Hochlautung

Die gemäßigte Hochlautung ist gekennzeichnet durch Abbauerscheinungen hinsichtlich des Grades der Stimmhaftigkeit wie der Behauchung der Verschlußlaute.

Im Unterschied zur reinen kennt die gemäßigte Hochlautung auch stimmlose Lenes [b̥, d̥, g̊] (vgl. Tabelle V), wie sie in Süddeutschland, Österreich und der Schweiz gesprochen werden. (Vgl. die Aussprache des *s*-Lautes, S. 94.)

Auch in der gemäßigten Hochlautung gilt jedoch immer stimmhafte Aussprache [b, d, g] zwischen stimmhaften Lauten als Norm (Tabelle V 2, 3). Über Einzelnes gibt Tabelle V (S. 107) Auskunft.

Allgemein gilt, daß die Behauchung der Verschlußlaute in gemäßigter Hochlautung schwächer ist als in der reinen Hochlautung oder wegfällt (vgl. Tabelle VI). Nicht mehr behaucht spricht man [p, t] in den Verbindungen *sp* und *st* (VI 2), ebenso Homorgane in Kompositionsfuge; Behauchung unterbleibt auch vor stimmlosem [-sə] und vor -*st* im Silbenauslaut (VI 7 d, e). Besonders hingewiesen sei auf das unterschiedliche Verfahren vor Verschlußlaut bei homorganen und nichthomorganen Lauten (VI 6 a, b).

Die gemäßigte Hochlautung in der Schweiz kennt eine Behauchung der verhärteten Verschlußlaute im Auslaut nicht.

[p] und [b]

Unter Beachtung der allgemeinen Ausspracheregeln für Verschlußlaute ist zu sprechen

a) Stimmloses behauchtes [p']:

α) wo *p* geschrieben wird im Anlaut vor Vokal oder *l, r, n* (*Paar, Pol, Pest; Pracht, Produkt, Platz, Plan, Pneu*), ferner *p* oder *pp* im Inlaut vor Vokal (*Kappe, Treppe, Raupe, Kaper, Tulpe, pumpen*), im Auslaut (*knapp, schlapp, Galopp*) und als erster Teil einer Konsonantengruppe außer *pf* und *ps* (*Reptil, Neptun, Adept, koptisch, schleppt*);

β) wo *b* im Auslaut eines Wortes oder Zusammensetzungsgliedes steht (*ab, ob, drob, Trab, Grab, halb, derb; Obmann, Trabrennen, abtun*) oder wo es im Wortinnern mit einem stimmlosen Verschlußlaut eine Lautgruppe bildet (*Abt, gibt, lebt, stirbt, vergilbt* [ɑp't', giːp't', ʃtɪrp't', fɛr'gɪlp't']).

Zur Behauchung in gemäßigter Hochlautung vgl. S. 106.

b) Stimmloses unbehauchtes [p]:

α) wo [p] Glied einer der in den allgemeinen Vorbemerkungen (S. 105) behandelten Lautgruppen ist, besonders in den Gruppen [pf] und [ps]: *Pferd, Pfund, opfern, Tupfen, Karpfen, Kopf, Napf*; *Psyche, pseudo-, Kapsel, Ypsilon, Ellipse, Gips, Schnaps, stirbst* [ʃtɪrpst];

β) wo *b* am Wort- oder Silbenende entsprechend den Vorbemerkungen (S. 105) vor eine stimmhaft anlautende Ableitungssilbe zu stehen kommt: *lieblich* ['liːplɪç], *unliebsam, Erlaubnis.*

c) Stimmhaftes [b] ist zu sprechen, wo *b* im Wort- oder Silbenanfang erscheint: *Bär, Boot, Blei, bringen, Rabe, Liebe, Elbe.* So auch in der Ableitungssilbe *-bar: tragbar, kostbar.* Ferner für *bb* in Wörtern wie *Ebbe, Robbe, schrubben.*

Man hüte sich, die Nebensilbe *-ben* in [bm̩] oder gar [-m̩] aufgehen zu lassen: *lieben* nicht ['liːbm̩] oder gar ['liːm̩]; in gemäßigter Hochlautung ['liːbn̩].

[t] und [d]

Unter Beachtung der allgemeinen Ausspracheregeln für Verschlußlaute ist zu sprechen

a) Stimmloses behauchtes [t']:

α) wo *t* (*th*) oder *tt* (*dt*) geschrieben wird am Wortanfang vor Vokal oder *r: teilen, tun, Theater, Träne, treu,* im Innern vor Vokal: *raten, Ratte, artig, Eltern, Städte,* im Auslaut: *Rat, mit, statt, Ort, Pest, Rast, Stadt* und als erster Teil einer Konsonantengruppe außer *ts* und *tsch: mitbringen, weitgehend, Rottweil, Ötker, Grottkau;*

β) wo *d* am Ende eines Wortes oder Zusammensetzungsgliedes steht: *Rad, Neid, Pfand, bald, ward; Schandpfahl, Kindheit, Neidhammel, Weidmann.*

b) Stimmloses unbehauchtes [t]:

α) wo [t] Glied einer der in den allgemeinen Vorbemerkungen (S. 105 f.) behandelten Lautgruppen ist, besonders in der Lautgruppe [ts] (geschrieben *z, tz*): *Zeit, Ziel, setzen, Schmerzen, schmelzen, Sitz.* So auch in fremden Wörtern, wenn *c* für [ts] geschrieben wird: *Caesar, Ceylon.* Ebenso in der Lautgruppe [tʃ] (vgl. S. 99): *Tschako, Tschibuk, Kretscham, Petschaft, Klatsch, Etsch,* öfter auch *zsch, tzsch* geschrieben: *Zschopau, Zschokke; Klotzsche, Nietzsche.* In italienischen Wörtern wird unbehauchtes [tʃ] für *c* vor hellen Vokalen gesprochen: *Cello, Cinquecento,* ebenso für *cz* in *Czerny, Czernowitz;*

β) wo *d* am Wort- oder Silbenende entsprechend den Allgemeinen Vorbemerkungen S. 105 vor eine stimmhaft anlautende Ableitungssilbe zu stehen kommt: *redlich, Stündlein, bildsam, Bildnis.*

c) Stimmhaftes [d] ist zu sprechen, wo *d* am Wort- oder Silbenanfang steht: *du, Dank, drei, Rede, Weide, Radler;* für *dd* in *Widder, Edda.* Ebenso für *ddh* in *Buddha* [ˈbʊda]. Stimmhaftes [d] erscheint auch in der Lautgruppe [dʒ] (vgl. S. 99 f.): *Dschungel, Giotto* [ˈdʒʊŋəl, ˈdʒɔto] usw. Das *d* ist nicht stumm in *Billard, Hasard* [ˈbɪljart, haˈzart], wohl aber in *Boulevard* [bul(ə)ˈvaːʀ].

[k] und [g]

Unter Beachtung der allgemeinen Ausspracheregeln für Verschlußlaute ist zu sprechen

a) Stimmloses behauchtes [kʼ]:

α) wo *k* geschrieben wird am Wortanfang vor Vokal und den Sonanten *l, r, n: Kind, kommen, klein, krank, knapp.* Ebenso in der Verbindung [kv], geschrieben *qu: quitt, Quelle, quaken* (vgl. S. 92), im Innern, wo *k* oder *ck* geschrieben wird vor Vokal: *Haken, stärken, welken; Hacke, jucken,* am Wortende: *Spuk, stark, welk; Sack, Stück* und als erster Teil einer Konsonantengruppe außer *ks: Akt, Takt, weckt, wirkt, Nektar, Oktober;*

β) wo *g* am Ende eines Wortes oder Zusammensetzungsgliedes steht: *weg, Weg, Balg, Burg; Schlagzeile, Burgpforte, Weg-*

weiser, Steigbügel oder wo es im Wortinnern mit einem Zeichen für einen stimmlosen Verschlußlaut zusammenstößt: *Magd, wagt, legt* [mɑːkˀtˀ, vɑːkˀtˀ, leːkˀtˀ].

b) Stimmloses unbehauchtes [k]:

α) wo [k] Glied einer der in den Allgemeinen Vorbemerkungen (S. 105) behandelten Konsonantengruppen ist, besonders in der Lautgruppe [ks] (geschrieben *x, ks, chs*): *Xaver, Xanten, Hexe, Axt, extra; Keks; Dachs, legst* [leːkstˀ];

β) wo *g* am Wort- oder Silbenende entsprechend den Allgemeinen Vorbemerkungen (S. 105) vor eine stimmhaft anlautende Ableitungssilbe zu stehen kommt: *kläglich* [ˈklɛːklɪç], *Feigling, unwegsam, Ereignis.*

c) Stimmhaftes [g] ist zu sprechen, wo *g* im Wort- oder Silbenanlaut erscheint: *geben, gut, Grab, glauben; Tage, Segen, Gebirge.* Ferner für *gg* in Wörtern wie *Egge, Flagge, Dogge, Brügge.*

Man hüte sich, die Nebensilbe *-gen* zu [gŋ] oder gar [ŋ] abschleifen zu lassen: *liegen* [ˈliːgən], nicht [ˈliːgŋ] oder gar [ˈliːŋ]; in gemäßigter Hochlautung begegnet [ˈliːgn̩]. — Vor der Aussprache von *g* in allen Stellungen als stimmhafter oder stimmloser Reibelaut ist auf S. 106 gewarnt.

d) Besondere Regelungen sind für die Ableitungssilbe *-ig* anzuführen.

Für die reine Hochlautung gilt:

α) Im Silbenschluß und vor Konsonant wird nicht, wie es im Oberdeutschen das Übliche ist, [-ɪk] gesprochen, sondern mit Reibelaut [-ɪç] wie in *Kranich.* Also: *König* [ˈkøːnɪç], *Honig, Essig, freudig, ewig, vierzig* [ˈfɪrtsɪç], und so auch in Zusammensetzungen: *Ewigkeit* [ˈeːvɪçkaet], *Honigkuchen,* und vor Konsonanten: *beleidigt, freudigst, vierzigste* [bəˈlaedɪçt, ˈfrɔødɪçst, ˈfɪrtsɪçstə] wie in *Kehricht, freundlichst.* Dies gilt auch für das Namensglied *-wig*: *Ludwig, Hedwig* [ˈluːtvɪç, ˈheːtvɪç]. Die Aussprache als [ɪç] wird aus Gründen des Wohllauts nur vermieden, wenn ein zweites [ç] folgt, etwa vor der Endung *-lich*: *ewiglich, männiglich, königlich* [ˈeːvɪklɪç, ˈmɛnɪklɪç, ˈkøːnɪklɪç], ebenso in *Königreich* [ˈkøːnɪkraeç]. Vgl. dazu S. 100.

β) Vor Vokal wird, weil das *g* dabei an den Silbenanfang tritt,

Verschlußlaut gesprochen: *freudige, ewiges, Königen, Vier-*
ziger ['frͻͻdɪgǝ, 'eːvɪgǝs, 'køːnɪgǝn, 'fɪrtsɪgǝr]. So auch:
Ludwiga, Hadwigis [lut'viːgɑ, hɑt'viːgɪs].

γ) Bei Apostrophierung des *i* in Mittelsilbe: *ew'ge, moos'ge,*
blut'ge, üpp'ge, freud'ge ist nicht, wie vielfach in den Umgangssprachen, stimmhafter Reibelaut *j* ['eːvjǝ, 'bluːtjǝ] zu
sprechen, sondern stimmhafter Verschlußlaut ['eːvgǝ,
'bluːtgǝ]¹).

Wo solche apostrophierten Formen Ausspracheschwierig-
keiten machen, wie namentlich bei Wortstämmen, die auf
palatalen Verschlußlaut ausgehen: *zugig, eckig, zackig,* sollte
man in der Hochsprache die Verkürzung vermeiden und das *i*
anklingen lassen. Also: ['tsuːg(ɪ)gǝ] und nicht ['tsuːgjǝ].

In gemäßigter Hochlautung kann in Süddeutschland, in
Österreich und in der Schweiz auch die landschaftlich übliche
Aussprache [ɪk] für die Ableitungssilbe *-ig* benützt werden;
das österreichische „Beiblatt" verlangt die Aussprache [ɪç],
aber gestattet, in *-igs, -igst* und *-gt* [ks], [kst], [kt] zu sprechen.

e) *ng* im Auslaut, vor Konsonant und vor schwachem Vokal ist
als einheitlicher Laut [ŋ] zu behandeln und nicht als [ŋg, ŋk]
zu sprechen (vgl. S. 89): *jung, jüngst, Jünger* [jʊŋ, jʏŋst,
'jʏŋǝr].

f) Aussprache des [k] und [g] in Wörtern fremden Ursprungs:

c wird als Zeichen vor dunklen Vokalen (*a, o, u*) und Konsonanten als [k] gesprochen: *Café, Condottiere, Cousin, Crème,*
Clou, Clown. Ebenso ist *qu* in französischen Wörtern als [k] zu
sprechen: *Queue, Enquête, Likör,* dagegen ist *qu* in italienischen
Wörtern [kv]: *Quadrat* (aber *Quadrille* mit [k]), *Quartier* (aber
Quartier latin mit [k]). Über *ch* im Anlaut = [k] vgl. S. 101, über
sch = [sk] S. 98. *gu* und *gh* in romanischen Wörtern meinen meistens stimmhaften Verschlußlaut [g]: *Guillotine, Guinea, Ghetto,*
Ghibellinen, Ghiberti. Über die Aussprache von *g* als [ʒ] oder
[dʒ], vgl. S. 99 f. Stimmhafter Verschlußlaut und nicht etwa [ŋ]
gilt im Wortinnern in Fällen wie *Agnes, Dogma* usw. (vgl. S. 88 f.).

---

¹) Entscheidung des Beraterausschusses vom 20. 10. 1953

Die Wortbetonung

Wie in der Rede sinnwichtige Wörter nachdrücklicher gesprochen werden als sinnschwache, so wird im Deutschen eine Silbe des Wortes durch verstärkten Atemdruck (exspiratorischer Akzent) betont.[1]). Dadurch fällt in *'Leben, 'einsam, 'Unterricht, 'Vaterlandsliebe* die mit ['] gekennzeichnete Silbe ‚schwerer‘ ins Ohr als die übrigen Silben. Das nennen wir Wortbetonung und sprechen danach von betonten und unbetonten Silben, von Haupt- und Nebenton. Auf dieser Wortbetonung baut sich die Schwereabstufung der Rede auf (S. 135 ff.).

Jedes deutsche Wort hat eine Silbe des höchsten Nachdrucks, den Hauptton. Nicht alle schwächeren Silben haben die gleiche Gewichtsstufe; wir gliedern namentlich längere Wörter und Wortzusammensetzungen durch feinere Abstufungen. Neben ganz unbetonten Silben, z. B. den zweiten Silben in *Leben, Hammer, warten, Tages*, kennt die deutsche Sprache nebentonige Silben.

Einen stärkeren Nebenton tragen die untergeordneten Glieder von zusammengesetzten Wörtern: *'Herbst₁wind, 'Wörter₁buch, 'Feder₁halter, 'heil₁kräftig, 'über₁leben, 'unter₁halten*. Ebenso die starken Ableitungssilben: *'Frei₁heit, 'Siche₁rung, 'Köni₁gin, 'heil₁sam, 'fabel₁haft, 'feier₁lich, 'furcht₁bar*. Silben mit starkem Nebenton, auch starke Ableitungssilben, sind fähig, den Reim zu tragen: *Königin ~ bin, feierlich ~ sich, wunderbar ~ Haar* usw.

Es gibt aber auch einen schwächeren Nebenton, der durch die rhythmische Abstufung unbetonter Silben gegeneinander hervorgerufen wird. In Wörtern wie *lebte, schenkte, Hammer* ist die zweite Silbe unbetont. Dagegen erhalten entsprechende Silben in dreisilbigen Wörtern einen leichten Nebenton, indem sie sich gegen die ganz unbetonte Mittelsilbe abstufen: *'warte₁te, er'inner₁te, Er'obe₁rer, 'größe₁ren*. Solche rhythmische Erhöhung vermag derartige

---

[1]) Eine fest geregelte Abstufung nach Tonhöhen innerhalb des Einzelwortes, d. h. einen musikalischen Wortakzent, besitzt die deutsche Hochlautung im Gegensatz etwa zum Schwedischen und zu manchen ‚singenden‘ Mundarten nicht.

Silben kaum zum Reimträger zu befähigen, wohl aber können sie im metrischen Gefüge eines Verses eine Hebung tragen. Der 'wüten'de Er'obe'rer wäre als vierhebiger Vers durchaus zulässig. Wenn man die feineren Abstufungsmöglichkeiten in sehr langen Wörtern und die weiteren im Satzgefüge beiseite läßt, so kann man für die deutsche Hochlautung mit den drei Stufen: Hauptton, starker (sprachlicher) und schwacher (rhythmischer) Nebenton auskommen.

In deutschen Wörtern liegt der Hauptton in der Regel auf der Stammsilbe, und das ist in einfachen Wörtern die erste Silbe des Wortes: 'Leben, 'Kinder, 'heute, 'Monat. Dieselbe Grundregel gilt für das abgeleitete Wort: 'Schönheit, 'heilsam, 'Königin, 'fürchterlich. Im zusammengesetzten Wort trägt das bestimmende Zusammensetzungsglied den Hauptton: 'Schreibtisch, 'Vaterland, 'heilkundig, 'übermäßig, so auch in mehrfacher Zusammensetzung (s. u.): 'Vaterlandsliebe, 'Untertanenverstand, 'Kindheitserinnerung, 'Bahnhofsvorsteher, 'Unterseebootskommandant.

Von dieser Grundregel gibt es mancherlei Abweichungen, die sich nicht immer in feste Normen fassen lassen. Gerade in der Wortbetonung und namentlich bei zusammengesetzten Wörtern gibt es Schwankungen, teils landschaftlicher Art, teils aus dem Redezusammenhang bedingter rhythmischer Natur, teils im Zusammenhang mit der Herkunft; ihnen muß auch die Hochlautung Rechnung tragen. Im folgenden sind solche Abweichungen von der Grundregel verzeichnet.

A. Heimische Einzelwörter und Komposita

I. Abweichungen zeigen Einzelwörter: le'bendig, Fo'relle, Ho-'lunder, Wa'cholder, Herme'lin, Hor'nisse.

II. In einer Zusammensetzung wird das zweite Glied betont, wenn es sich um eine späte Zusammenrückung zweier ursprünglich selbständiger Wörter handelt: will'kommen, Lebe'wohl, Mutter-'gottes, Jelängerje'lieber, über'haupt, durchei'nander, zu'sammen, vor'handen, unter'wegs, unter'dessen, aller'dings, aller'liebst. Ferner Ausrufe wie: hoi'ho, tra'ra, o'weh, herr'jeh, na'nu. Hierher gehören auch die Adverbien: wo'rauf, wo'ran, wa'rum, hi'nauf, hi'nüber, he'runter, vo'raus u. ä. (da- S. 118).

Bei dreifacher Komposition trägt oft das Mittelglied den Hauptton: *Ober'postdirektion, Ober'landesgericht, General'feldmarschall.*
Bei aufreihender Zusammenrückung mehrerer Glieder trägt das
letzte den Haupton, so in Doppelnamen wie *Schulze-'Naumburg,
Müller-'Meiningen, Brockdorff-'Rantzau, Österreich-'Ungarn, Sach-
sen-Coburg-'Gotha* und in Wortgebilden wie *schwarzrot'gold, Abe'ce.*
Von hier aus wird die Betonung der neugebildeten Buchstaben-
wörter bestimmt. Sie tragen Endbetonung, wenn sie mit den Buch-
stabennamen ausgesprochen werden: *CD'U, SP'D, FD'P, LK'W,
UDSS'R.* Wo sie dagegen mit ihrem Lautwert ausgesprochen werden, trägt das ganze Gebilde den Kopfton des deutschen Normal-
wortes: *'Asta, 'Uno, 'Agfa* (Silbenabkürzungen).

III. Zwei nahezu gleichstarke Akzente haben zusammengesetzte
Adjektive, die aus einem Vergleich entspringen: *'riesen'groß* (= so
groß wie ein Riese), *'stock'finster, 'mause'tot, 'blut'jung, 'blitz'blank*
und dreigliedrig: *'mutter'seelenal'lein, 'stern'hagel'voll.* Die Abstufung der zwei oder drei Nachdrucksstellen untereinander wird
durch den Zusammenhang der Rede bestimmt.

IV. In Norddeutschland neigt man bei zusammengesetzten Wörtern zur Verlagerung des Akzentes nach rückwärts. In einigen
Fällen hat sie hochsprachliche Geltung erlangt: *Oberst'leutnant,
General'leutnant* (neben *Gene'ralmajor*), *Ab'teilung* (= Gruppe) neben *'Abteilung* (= Abtrennung); neben *'Abteil* gilt auch *Ab'teil.*
Die Verlagerung betrifft namentlich einige abgeleitete Adjektiva
wie: *vor'trefflich, aus'führlich, ur'sprünglich, eigen'tümlich* wie auch
das alte Partizip *voll'kommen.* Zuweilen werden mit dem Wortton
Bedeutungen unterschieden: *'vorzüglich* (in der Regel) neben *vor-
'züglich* (= hervorragend).

Das Niederdeutsche kennt auch sonst bei zusammengesetzten Wörtern
Akzentverlagerung: *Bürger'meister, Feld'marschall, Groß'handel, Aufer-
'stehung, zu'künftig, auf'richtig.* Sie ist für die Hochlautung grundsätzlich
abzulehnen.

B. Heimische abgeleitete Wörter

In zahlreichen mit Vorsilben gebildeten Wörtern wechselt der
Akzent. In festen Verbindungen mit Zeitwörtern, bei denen das
Zeitwort in allen Formen eine untrennbare Einheit bildet, liegt

er'griffen. Bei Zeitwörtern hingegen, die in den flektierten Formen trennbar sind, liegt er auf der Vorsilbe: *'aufgreifen, ich greife 'auf,* der Nachdruck immer auf dem Wortstamm: *er'greifen, ich er'greife, 'aufgegriffen.* Die untrennbaren Verbindungen tragen den Akzent auf der Hauptsilbe des Zeitworts, die trennbaren auf der Vorsilbe.

I. Untrennbar und daher stammbetont sind die mit *be-, ge-, ent-, er-, ver-, zer-* gebildeten Verben (*be'streiten, ge'stehen, ent'behren, er'lassen, ver'gessen, zer'reißen*) sowie die von ihnen abgeleiteten Nomina (*be'tretbar, Ge'ständnis, Ent'behrung, Er'laß, ver'geßlich, Zer'rissenheit*).

II. Trennbar und daher auf der Vorsilbe betont sind die mit *ab-, an-, auf-, aus-, bei-, ein-* und *nach-* gebildeten Wörter (*'ablehnen, 'anweisen, 'aufzeigen, 'aussagen, 'beilegen, 'eingehen, 'nachsehen*), ebenso *'Abkehr, 'Ablehnung, 'Abwendung* usw.

Jedoch heißt es stets *anein'ander-* (*anein'andergeraten*), ebenso *auf-, aus-, bei-* und *nachein'ander-*.

Wie bei *'Abteilung* (Trennung) und *Ab'teilung* (Teil) wechselt bei zahlreichen Vorsilben die Stellung des Worttons:

III. *da-*

da wird hinweisend betont in: *'dahin, -ran, -raus, -rin, -rob, -rüber, -rum, -runter, -von, -vor, -wider, -zu(mal).*

Mit dem Sinn wechseln *'dafür* und *da'für, 'da(r)nach* und *da(r)-'nach, 'damit* und (Konj.) *da'mit.*

Kopfbetonung haben die Verben: *'dalassen, -liegen, -sein, -sitzen, -stehen; darlegen, -reichen, -stellen, -tun* sowie *'Darlehen.*

Hingegen sagt man: *da'gegen, -'hier, -'hinten, -'neben, -'nieder, -'selbst, -'hinter, darauf'hin, da'rinnen.*

In den Zusammensetzungen mit *da'für-, da'hin-, da'ran-, da'r-über-, da'rum-, da'runter-, da'von-, da'vor-, da'wider-, da'zu-* liegt der Nachdruck stets auf der zweiten Silbe: *da'fürhalten, da'zutun.*

IV. *durch-*

Den Nachdruck auf dem Präfix *durch* haben folgende Substantive:

'Durchblick, -fahrt, -fall, -flug, -führung, -gang, -hau, -hieb, -laß, -lässigkeit, -laucht, -marsch, -messer, -musterung, -nahme, -reise, -sage, -schlag, -schnitt, -zug;

trennbare Verben:

'durchackern, -braten, -bilden, -brennen, -bringen, -drängen, -drehen, -drücken, -fechten, -finden, -formen, -führen, -greifen, -halten, -hecheln, -helfen, -kämmen, -kommen, -komponieren, -lassen, -lesen, -liegen, -machen, -marschieren, -nehmen, -numerieren, -pausen, -peitschen, -ringen, -sagen, -schleusen, -schlüpfen, -schreiben, -sehen, -sickern, -sitzen ,-sprechen, -treiben, -walken, -zählen, -zeichnen, -zwängen.

Auf der Stammsilbe sind betont:

Durch'dringung, -'forschung, -'forstung, -'leuchtung, -'lüfter, durch'drungen, -'geistigt, -'lauchtig, -'schossen, -'trieben und die nicht trennbaren Verben: durch'beben, -'blitzen, -'bluten, -'dröhnen, -'feuchten, -'flammen, -'furchen, -'lochen, -'löchern, -'nässen, -'pulsen, -'queren, -'schnüffeln, -'schwärmen, -'schweifen, -'seuchen, -'stöbern, -'toben, -'tränken, -'wachen, -'wintern, -'zucken.

Nach Zusammenhang und Ausdruck wechseln den Nachdruck:

die Adverbien: durchaus, durchweg, durcheinander und die Verben: durchbacken, -beißen, -betteln, -blasen, -blättern, -blicken, -bohren, -brausen, -brechen, -denken, -dringen, -eilen, -fahren, -fallen, -fegen, -flechten, -fliegen, -fließen, -fluten, -forsten, -fressen, -frieren, -gehen, -gliedern, -hauen, -kämpfen, -klingen, -kosten, -kreuzen, -laufen, -leben, -leuchten, -lüften, -messen, -mustern, -rasen, -regnen, -reisen, -reiten, -rieseln, -schauen, -scheinen, -schießen, -schimmern, -schlafen, -schlagen, -schleichen, -schneiden, -schreiten, -segeln, -setzen, -springen, -stechen, -stoßen, -streifen, -strömen, -suchen, -tanzen, -wachsen, -wandern, -wärmen, -waten, -weben, -weichen, -winden, -wirken, -wühlen, -zechen, -ziehen.

V. her-

In den mit *her-* gebildeten Zusammensetzungen trägt das Präfix immer den Nachdruck: '*herbemühen, -fahren, -rühren, -stellen, -ziehen, -wärts.*

In den mit *her-* gebildeten Adverbien liegt der Nachdruck jedoch immer auf dem zweiten Glied: *he'rab, -'an, -'auf, -'aus, -'bei, -'ein, -'nach, -'nieder, -'über, -'um, -'unter, -'vor, -'zu,* ebenso in allen damit gebildeten Zusammensetzungen: *he'rabkommen...*

VI. hier-

In den mit *hier-* gebildeten Adverbien wechselt der Nachdruck nach Hinweisabsicht und Satzrhythmik: '*hierauf — hier'auf, -auf-hin, -aus, -durch, -ein, -für, -gegen, -her, -herauf, -heraus, -hin, -in(nen), -mit, -nach, -nächst, -neben, -über, -um, -unter, -von, -vor, -wider, -zu(lande), -zwischen.*

VII. *hin-*

ist in Substantiven, Adjektiven und Verben immer betont:
'*Hinblick, -fahrt, -gabe, -gang, -reise, -sicht; -länglich, -reichend;*
'*hinarbeiten, -bringen, -fallen, -führen, -geben, -halten, -nehmen,*
-neigen, -richten, -siechen, -stellen.

Aber in Pronominaladverbien bleibt es unbetont: *hi'nab, -'an,*
-'auf, -'aus, -'durch, -'ein, -'fort, -'gegen.

VIII. *hinter-*

trägt in Substantiven den Nachdruck: '*Hinteransicht, -bein,*
-gebäude, -gedanke, -grund, -halt, -hand, -haupt, -haus, -hof, -kopf,
-lader, -land, -list, -mann, -sasse.

Ebenso in den Adverbien '*hinterrücks,* '*hinterwärts,* während der
Ton in den Adverbien *hintereinander, -drein, -her* wechselt.

In den untrennbaren Verben und den von ihnen abgeleiteten
Verben bleibt es schwachtonig: *hinter'bleiben, -'bringen, -'gehen,*
-'lassen, -'legen, -'treiben, -'ziehen; Hinter'gehung, -'lassenschaft,
-'ziehung.

IX. *in-*

ist betont in den Substantiven: '*Inbegriff, -bild, -brunst, -gesinde,*
-grimm, -haber, -halt, -kreis, -land, -laut; auch: '*inliegend.*

Es bleibt unbetont in: *In'angriffnahme, -'anspruchnahme, -be-*
'*sitznahme, -be'triebnahme, -'dienststellung, -'kraftsetzung, -'kraft-*
treten; in'dem, -'des, -'dessen, -'folge('dessen), -'mitten; inei'nander.

X. *miß-*

Die mit *miß-* zusammengesetzten Substantive und Adjektive
sind durchweg kopfbetont, bis auf *miß'artet:* '*Mißbehagen, -bildung,*
-brauch, -erfolg, -ernte, -etat, -fallen, -geburt, -geschick, -griff, -gunst,
-handlung, -heirat, -jahr, -klang, -kredit, -laut, -mut, -stand, -stim-
mung, -ton, -urteil, -vergnügen, -verhältnis, -verständnis, -wirtschaft;
'*mißlich, -beschaffen, -farbig, -förmig, -gelaunt, -gestaltet, -gestimmt,*
-hellig, -liebig.

Die mit *miß-* gebildeten einfachen Verben tragen den Nachdruck
auf dem Wortstamm: *miß'achten, -'brauchen, -'deuten, -'fallen,*
-'glücken, -'gönnen, -'handeln, -'leiten, -'lingen, -'raten, -'trauen,
-'wachsen.

Man sagt also *miß'achten,* aber im allgemeinen '*Mißachtung,*
miß'wachsen, aber '*Mißwuchs.*

Doppelt zusammengesetzte Verben mit der Vorsilbe *miß-* haben dagegen Kopfbetonung: *'mißbehagen, -empfinden, -verstehen, -gestalten.*
Der Wortton wechselt bei *'mißbilligen — miß'billigen.*

XI. *ob-*

Die mit *ob-* zusammengesetzten Substantive und Verben haben alle Kopfbetonung: *'Obdach, -hut, -mann, -rigkeit; -liegen, -siegen -walten.*
In den Adverbien bleibt *ob-* unbetont: *ob'gleich, -'schon, -'wohl, -'zwar.*

XII. *über-*

Kopfbetonung haben folgende mit *über-* zusammengesetzte Wörter:

Substantive: *'*Überangebot, -bau, -bein, -bleibsel, -brettl, -druck, -druß, -eifer, -fahrt, -fülle, -gabe, -gewicht, -hang, -leitung, -macht, -maß, -mensch, -nahme, -name, -produktion, -rest, -rock, -schall, -schlaglaken, -schrift, -schuh, -schuß, -schwang, -schwung, -see, -sicht, -ständer, -stunde, -weg, -wurf, -zahl;

Adjektive: *'*überdimensional, -genug, -geordnet, -glücklich, -groß, -irdisch, -jährig, -klug, -lang, -laut, -mächtig, -morgen, -mütig, -nächtig, -natürlich, -parteilich, -reich, -reif, -satt, -schlächtig, -schüssig, -schwenglich, -sinnlich, -staatlich, -voll, -wach, -weltlich;

Verben: *'*überbeanspruchen, -bewerten, -greifen, -leiten, -ordnen, -quellen, -schäumen, -schießen, -schnappen, -versichern.

Den Nachdruck auf dem Stammwort haben:

über'dies, -'eck, -'haupt, -'hin, -'laden, -'lebensgroß, -'legt, -'sehbar, -'sonnt, -'spitzt, -'trieben, -'völkert, -'zwerch

und die nichttrennbaren Verben:

über'anstrengen, -'antworten, -'arbeiten, -'bieten, -'blasen, -'blenden, -'blicken, -'bringen, -'brücken, -'bürden, -'dachen, -'dauern, -'drehen, -'eignen, -'eilen, -'einkommen, -'einstimmen, -'fahren, -'fallen, -'flügeln, -'fluten, -'fordern, -'fragen, -'fremden, -'füllen, -'füttern, -'geben, -'glasen, -'golden, -'handnehmen, -'hasten, -'häufen, -'heben, -'heizen, -'hitzen, -'höhen, -'hören, -'kommen, -'krusten, -'kühlen, -'lagern, -'lappen, -'lassen, -'lasten, -'leben, -'lesen, -'liefern, -'listen, -'malen, -'mannen, -'mitteln, -'müden, -'nachten, -'pflanzen, -'prüfen, -'queren, -'raschen, -'rechnen, -'reden, -'reichen, -'reiten, -'reizen, -'runzeln, -'runden, -'sättigen, -'schätzen, -'schauen, -'schneiden, -'schneien, -'schreiben, -'schreien, -'schreiten, -'schulden, -'schwemmen, -sehen, -'senden, -'setzen, -'siedeln, -'spannen, -'spielen, -'spitzen, -'springen, -'steigern, -'stellen, -'stimmen, -'stürzen, -'täuben, -'teuern, -'tölpeln, -'tragen, -'treffen, -'treiben, -'trumpfen, -'tünchen, -'vorteilen, -'wachen, -'wältigen, -'weisen, -'werten, -'wiegen, -'winden, -'wintern, -'wölben, -'zeichnen, -'zeugen.

Es heißt also *'Überblick,* aber *über'blicken,* *'Überfall — über'fallen,* *'Überfülle — über'füllen,* *'Übergabe — über'geben,* *'Überschau — über'schauen,* *'Übertrag — über'tragen.*

Mit dem Sinn wechseln den Wortton:

Überkleidung, Überladung, Übersiedlung; übereinander; überfließen, -führen, -gehen, -gießen, -holen, -kochen, -laufen, -legen, -nehmen, -ragen, -schlagen, -schütten, -setzen, -springen, -stehen, -steigen, -strömen, -treten, -wallen, -werfen, -wuchern, -ziehen.

XIII. *um-*

Den Nachdruck auf dem Präfix haben folgende Wörter:

Substantive: 'Umdruck, -fang, -gang, -gegend, -kreis, -riß, -schweife, -trunk, -weg, -welt, -wohner

Verben: 'umändern, -arbeiten, -benennen, -betten, -biegen, -bilden, -blättern, -blicken, -bringen, -buchen, -decken, -drehen, -erziehen, -fallen, -formen, -fragen, -füllen, -gestalten, -graben, -gruppieren, -haben, -hören, -kehren, -kippen, -klappen, -kommen, -laden, -lauten, -leiten, -lenken, -modeln, -münzen, -prägen, -quartieren, -rangieren, -rechnen, -rühren, -satteln, -schaffen, -schalten, -schauen, -schichten, -schmelzen, -schnallen, -schulen, -schwenken, -sehen, -sichgreifen, -siedeln, -sinken, -steigen, -stimmen, -stoßen, -stürzen, -taufen, -tauschen, -topfen, -treiben, -wechseln, -wenden, -werfen, -werten, -wühlen, -zeichnen, -zielen.

Auf der Stammsilbe sind betont die Wörter:

Substantive: Um'drehung, Um'gebung;

Verben: um'armen, -'fangen, -'fließen, -'floren, -'fluten, -'frieden, -'garnen, -'gaukeln, -'glänzen, -'golden, -'grenzen, -'halsen, -'hegen, -'jubeln, -'klammern, -'kränzen, -'kreisen, -'leuchten, -'nachten, -'nebeln, -'randen, -,ranken, -'ringen, -'schatten, -'schleichen, -'schließen, -'schwärmen, -'schweben, -,schweifen, -'sorgen, -'spielen, -'spinnen, -'strahlen, -'strömen, -'tosen, -'wachsen, -'werben, -'wittern, -'wogen, -'wölken, -'zäumen, -'zingeln, -'züngeln.

Man sagt also *'Umfang,* aber *um'fangen, 'Umgang — um'gehen, 'Umkreis — um'kreisen, 'Umriß — um'reißen, 'Umschweif — um-'schweifen.*

Mit dem Sinn wechseln den Wortton die Verben:

umbauen, -binden, -blasen, -brechen, -fahren, -fassen, -fliegen, -geben, -gehen, -gießen, -gürten, -hacken, -hängen, -hauen, -hüllen, -kleiden, -lagern, -laufen, -legen, -mauern, -packen, -pflanzen, -pflügen, -rahmen, -reisen, -reißen, -reiten, -rennen, -sägen, -schiffen, -schlagen, -schlingen, -schreiben, -schwingen, -segeln, -setzen, -spannen, -springen, -spülen, -stechen, -stellen, -stempeln, -stricken, -stülpen, -wälzen, -wandeln, -wickeln, -winden, -ziehen.

XIV. *un-*

Besondere Unsicherheit herrscht bei Wörtern mit der Vorsilbe *un-.* Diese werden meist auf der Vorsilbe betont, häufig aber wechselt die Betonung auch auf den Wortstamm. Zunächst wird bei Adjektiven *un-* betont, wenn es ein Wort ohne *-un* verneint: '*unlieb*, '*unwahr*, '*unschön;* während sonst der Nachdruck auf der Stammsilbe liegt: *un'denklich*, *un'sagbar*, *un'säglich*, doch heißt es auch '*unmenschlich*, '*unverzagt*, '*unzutreffend*. Da sich mit der Negation vielfach Gegensatz- oder Gefühlsnachdruck verbindet, entziehen sich mit *un-* zusammengesetzte Wörter vielfach eindeutiger Regelung.

1. Den Nachdruck auf *un-* haben folgende Wörter:

Substantive: 'Unding, -fall, -friede, -fug, -gemach, -gestüm, -getüm, -gewitter, -geziefer, -glimpf, -kosten, -kraut, -menge, -rast, -rat, -schlitt, -segen, -stern, -summe, -tier, -tugend, -wetter;

Adverbien: 'uneins, -längst, -paß, -versehens;

Adjektive: 'unabhängig, -abkömmlich, -absichtlich, -achtsam, -ähnlich, -angebracht, -angefochten, -angemeldet, -angemessen, -angenehm, -angesehen, -ansehnlich, -anständig, -anstößig, -appetitlich, -artig, -artikuliert, -ästhetisch, -aufdringlich, -auffällig, -aufgefordert, -aufgeklärt, -aufmerksam, -aufrichtig, -ausgeglichen, -ausgesetzt, -ausgiebig, -bändig, -bar, -barmherzig, -beabsichtigt, -beachtet, -bebaut, -bedacht(sam), -bedenklich, -bedeutend, -bedingt, -befangen, -befleckt, -befriedigt, -befugt, -begrenzt, -begründet, -behaglich, -behaucht, -behilflich, -beholfen, -bekannt, -beliebt, -bemerkt, -bemittelt, -benutzt, -bequem, -berechtigt, -berührt, -bescheiden, -bescholten, -beschwert, -beseelt, -besonnen, -beständig, -bestimmt, -beteiligt, -betont, -bewacht, -beweglich, -bewegt, -bewußt, -billig, -botmäßig, -brauchbar, -dankbar, -deutlich, -dicht, -diszipliniert, -duldsam, -durchlässig, -durchsichtig, -eben, -echt, -ehelich, -ehrerbietig, -ehrlich, -eigennützig, -einig, -empfindlich, -entschieden, -entschlossen, -entschuldigt, -entwickelt, -erfahren, -erfreulich, -erheblich, -erkannt, -erlaubt, -erquicklich, -erschlossen, -erschrocken, -erwidert, -erwünscht, -fähig, -fair, -fein, -fern, -fertig, -flätig, -förmig(-lich), -frankiert, -frei(willig), -freundlich, -fromm, -fruchtbar, -galant, -gastlich, -gattlich, -gebärdig, -gebeten, -gebildet, -gebräuchlich, -gebührend(-lich), -gebunden, -gedient, -geduldig, -geeignet, -gefährdet(-lich), -gefällig, -gefüge(-gig), -gegessen, -gehalten, -geheißen, -gehörig, -gehorsam, -geistig, -gelegen, -gelehrig(-rt), -gelenk(ig), -gelernt, -gemäß, -gemütlich, -genau, -genügend, -genutzt(-nützt), -geordnet, -gepflegt, -gerächt, -gerade, -geraten, -gerechnet, -gerecht, -gereimt, -gern, -gerupft, -gesalzen, -gesättigt, -gesäuert, -geschehen, -geschickt, -geschlacht, -geschlechtlich, -geschliffen, -geschmälert, -geschmeidig, -geschminkt, -geschoren, -geschrieben, -gesellig, -gesetzlich, -gestalt, -gestört, -gestraft, -gestüm, -gesund, -getreu, -gewandt, -gewaschen, -gewiß, -gewöhnlich, -gewohnt, -gewollt, -gezählt, -gezähmt, -geziemend, -gezogen, -gezwungen, -glaubhaft, -gläubig, -glaubwürdig, -gleich, -glücklich (-selig), -gnädig, -günstig, -gültig, -gut, -handlich, -harmonisch, -heilbringend (-verkündend, -voll), -heimisch, -heimlich, -höflich, -hold, -interessant (-siert), -kenntlich, -keusch, -kindlich, -klar, -kleidsam, -klug, -kultiviert, -kundig, -lauter, -leidlich, -leserlich, -leugbar, -lieb(sam),

-logisch, -lustig, -manierlich, -männlich, -mäßig, -melodisch, -menschlich, -mißverständlich, -mittelbar, -möbliert, -modern, -moralisch, -motiviert, -mündig, -musikalisch, -mutig, -mutsvoll, -nachgiebig, -nachsichtig, -natürlich, -nötig, -nütz(lich), -ordentlich, -organisch, -orthodox, -orthographisch, -paarig, -parteiisch (-lich), -passend, -päßlich, -persönlich, -poliert, -politisch, -populär, -praktisch, -produktiv, -proportioniert, -pünktlich, -qualifizierbar, -rasiert, -ratsam, -recht, -redlich, -reell, -regelmäßig, -reif, -rein(lich), -rentabel, -richtig, -ritterlich, -ruhig, -rühmlich, -sanft, -sauber, -schädlich, -scheinbar, -schicklich, -schlüssig, -schön, -schuldig, -schwer, -selbständig, -selig, -sicher, -sichtbar, -sichtig, -sinnig(-lich), -sittlich, -solid, -sozial, -sportlich, -starr, -statthaft, -stet(ig), -stimmig, -symmetrisch, -sympathisch, -systematisch, -tadel(ig), -tätig, -tauglich, -tief, -treu, -tunlich, -überlegt, -übersichtlich, -üblich, -verbildet, -verbindlich, -verderblich, -verdient, -verdorben, -verdrossen, -verehelicht, -verfroren, -vergessen, -verheiratet, -vermählt, -vermindert, -vermittelt, -vermögend, -vermutet, -vernünftig, -veröffentlicht, -verrichtet, -verschämt, -verschuldet, -versehrt, -versorgt, -verstanden, -verständig(-lich), -verträglich, -verwandt, -verweslich, -verzagt, -vollendet, -vollkommen, -vollständig, -vorbereitet, -vordenklich, -voreingenommen, -vorhergesehen, -vorsichtig, -vorteilhaft, -wahr(haftig), -wegsam, -weiblich, -weit, -wert(ig), -wesentlich, -wichtig, -willig, -wirklich, -wirksam, -wirsch, -wirtlich, -wirtschaftlich, -wissend, -wissentlich, -wohl, -würdig, -zeitgemäß, -zeitig, -ziemend(-lich), -züchtig, -zufrieden, -zugänglich, -zulänglich, -zulässig, -zurechnungsfähig, -zureichend, -zusammenhängend, -zuständig, -zuträglich, -zutreffend, -zuverlässig, -zweckmäßig, -zweideutig, -zweifelhaft.

2. Die Lage des Nachdrucks wechselt bei folgenden Adjektiven vor allem auf -*lich*, -*ig*, -*sam*, -*bar*, -*haft* ('*unabänderlich, unab'änderlich*):

-abänderlich, -abdingbar, -ablässig, -absehbar, -absetzbar, -abtastbar, -abweisbar, -abwendbar, -angreifbar, -annehmbar, -auffindbar, -aufhaltbar (-sam), -aufhörlich, -auflösbar (-lich), -aufschiebbar (-lich), -ausbleiblich, -ausführbar, -auslöschlich, -ausrottbar, -aussprechbar (-lich), -ausstehlich, -austilgbar, -ausweichlich, -beantwortet, -begreiflich, -behelligt, -beirrbar, -bekümmert, -belehrbar, -benommen, -berechenbar, -berufen, -beschadet, -beschränkt, -beschreiblich, -besehen, -besiegbar (-lich), -besorgt, -bestechlich, -bestimmbar, -bestreitbar, -bestritten, -beträchtlich, -beugbar (-sam), -bewältigt, -bezahlbar, -bezähmbar, -definierbar, -denkbar, -durchdringlich, -durchführbar, -einbringlich, -eingeschränkt, -einnehmbar, -entbehrlich, -entgeltlich, -entwegt, -erachtet, -erbittlich, -erfindlich, -erforschlich, -ergründlich, -erhört, -erklärbar (-lich), -erläßlich, -ermeßlich, -ermüdlich, -erreichbar, -erreicht, -ersättlich, -erschöpflich, -erschütterlich, -erschwinglich, -ersetzlich, -ersprießlich, -erträglich, -erwartet, -erweisbar (-lich), -faßbar, -fehlbar, -geachtet, -geahndet, -geahnt, -gefähr, -geheuer(-lich), -gehobelt, -gemein, -gemessen, -geniert, -genießbar, -gesäumt, -glaublich, -haltbar, -heilbar, -kontrollierbar, -kündbar, -lösbar, -maßgeblich, -merklich, -möglich, -nachahmlich, -nahbar, -nennbar, -passierbar, -rettbar, -schätzbar, -sterblich, -stillbar, -sträflich, -streitig, -teilbar, -tilgbar, -tragbar, -trennbar,

-tröstlich, -trüglich, -überbrückbar, -übersehbar, -übersetzbar, -übertragbar, -übertrefflich, -übertroffen, -überwindlich, -umgänglich, -umschränkt, -umstößlich, -umwunden, -unterbrochen, -veränderlich, -verantwortlich, -veräußerlich, -verbesserlich, -verblümt, -verbrüchlich, -verbürgt, -verdaulich, -vereinbar, -verfälscht, -verfänglich, -vergänglich, -vergeßlich, -vergleichlich, -verhältnismäßig, -verhofft, -verhohlen, -verkäuflich, -verkennbar, -verletzlich, -verlöschlich, -vermeidbar (-lich), -verrückbar, -versiegbar (-lich), -versöhnlich, -versucht, -verwischbar, -verwundbar, -verwüstlich, -verzeihbar (-lich), -verzinslich, -verzollt, -vorzüglich, -vorgreiflich, -vorstellbar, -wägbar, -wandelbar, -weigerlich, -widerlegbar (-lich), -widerruflich, -widersprochen, -wiederbringlich, -willkürlich, -zerbrechlich, -zerreißbar, -zerstörbar, -zertrennbar (-lich).

3. Ausschließlich Stammbetonung haben die Wörter:

Substantive: Unan'tastbarkeit, -be'lehrbarkeit, -be'rechenbarkeit, -er'setzlichkeit, -'heilbarkeit, -'sterblichkeit, -'teilbarkeit, -über'tragbarkeit, -über'windlichkeit.

Adjektive: un'denklich, -'endlich, -'faßlich, -'sagbar, -'säglich, -'zählbar (-ig).

In der Schweizer Regelung wird gegenüber norddeutschen Neigungen allgemein Wert auf Beibehaltung der Erstbetonung gelegt, z. B. in 'Abteilung, 'vorzüglich. Die österreichischen Angaben liegen in der gleichen Richtung. Sie beziehen sich im besonderen auf die Erstbetonung bei *un-*, die nur in *un'endlich* aufgegeben wird; in *unsterblich* und bei Emphase in *unmöglich* (wie auch in *eigentümlich*) werden beide Betonungen zugelassen.

XV. *unter-*

Den Nachdruck auf dem Präfix haben die Wörter:

Substantive: 'Unterabteilung, -arm, -bau(ung), -begriff, -belichtung, -bett, -bewußtsein, -bilanz, -bringung, -druck(kammer), -ernährung, -funktion, -gang, -geschoß, -gestell, -gewicht, -grund(bahn), -gruppe, -haus, -hemd, -holz, -hose, -jacke, -kiefer, -kleid(ung), -kunft, -lage, -land, -länge, -laß, -lauf, -leib(chen), -lippe, -mann, -maß, -mensch(entum), -miete, -offizier, -ordnung, -pfand, -richt, -rock, -satz, -schenkel, -schicht, -schied, -schlag, -schlupf, -schrift, -schuß, -see(boot), -setzer, -stand, -ständer, -strömung, -stufe, -tan, -tasse, -teil, -temperatur, -ton, -wäsche, -wasser, -welt, -zeug;

Adjektive und Adverbien: 'unterbewußt, -ernährt, -gärig, -geordnet, -gründig, -halb, -irdisch, -schiedlich, -schlächtig, -seeisch, -tönig, -wärts, -weltlich;

Verben: 'unterbelichten, -bringen, -gehen, -kommen, -mieten, -ordnen, -pflügen, -schlüpfen, -sinken, -tauchen.

Nur Stammbetonung haben die von den entsprechenden Verben abgeleiteten Substantive:

Unter'bietung, -'bindung, -'brechung, -'breitung, -'drücker, -'drückung, -'fangen, -'führung, -'jochung, -'malung, -'mauerung, -'nehmen, -'sagung, -'scheidung, -'schlagung, -'schreibung, -'setztheit, -'staatssekretär, -'streichung, -'stützung, -'suchung, -'tag(e)bau, -'wanderung, -'waschung, -'weisung, -'zeichnung;

Adjektive und Adverbien: unter'geben, -'haltsam, -'würfig, unterder'hand, -'des(sen), -'wegs;

Verben: unter'bauen, -'bieten, -'bleiben, -'brechen, -'drücken, -'fangen, -'fertigen, -'führen, -'halten, -'handeln, -'höhlen, -'jochen, -'kellern, -'kühlen, -'liegen, -'malen, -'mauern, -mi'nieren, -'reden, -'richten, -'sagen, -'schätzen, -'scheiden, -'schneiden, -'schreiben, -'schreiten, -'streichen, -'suchen, -'tunneln, -'wandern, -'waschen, -'weisen, -'werfen, sich -'winden, -'zeichnen.

Die Stellung des Nachdrucks wechselt nach Sinn und Trennbarkeit:

unterbinden, -breiten, -graben, -laufen, -legen, -mischen, -nehmen, -schieben, -schlagen, -setzen, -stehen, -stellen, -stützen, -teilen, -ziehen. 'untereinander — unterei'nander.

Unterscheide also:

'Unterdruck — Unter'drückung, 'Unterhalt — Unter'haltung, 'Unterhändler — Unter'handlung, 'Unterlaß — Unter'lassung, 'Unterschleif — Unter-'schlagung, 'Unterlegung (Absicht) — Unter'legung (Verstärkung), 'Unterstellung (Aufbewahrung) — Unter'stellung (falsche Behauptung), 'Unterteil (unterer) — Unter'teilung (Aufteilung). 'Unterricht — unter'richten, 'Unterschied — unter'scheiden, 'Unterschrift — unter'schreiben, 'Unterwertigkeit — unter'werten.

XVI. *voll-*

Kopfbetonung haben die Wörter:

Substantive: 'Vollbad, -bart, -beschäftigung, -besitz, -blut, -dampf, -gas, -gatter, -gefühl, -korn(brot), -kraft, -macht, -mast, -milch, -mond, -pension, -sinn, -spur, -treffer, -versammlung, -waise; aber: Völle'rei;

Adjektive: 'völlig, 'vollgültig, -jährig, -kommen, -schlank, -ständig, -tönend, -wertig, -(ge)wichtig, -zählig;

Verben: 'vollaufen, -füllen, -gießen, -machen, -schreiben, -stopfen, -zeichnen.

Stammbetonung haben die nicht trennbaren Verben:

voll'bringen, -'enden, -'führen, -'strecken, -'ziehen.

Merke die Adverbien: *voll'auf*, aber *'vollends*.

XVII. *vor-*

Die mit dem Präfix *vor-* gebildeten Zusammensetzungen haben, bis auf die Adverbien, alle Kopfbetonung:

Substantive: 'Vorabend, -ahnung, -alpen, -anschlag, -anzeige, -arbeit, -bau, -bedeutung, -bedingung, -behalt, -bemerkung, -beratung, -bericht, -bescheid, -besprechung, -bild, -blick, -börse, -bote, -bühne, -druck, -eltern, -entscheidung, -erbe, -fahr(t), -fall, -feld, -freude, -frühling, -führer, -gabe, -gang,

-gebirge, -gefühl, -gegenwart, -gelände, -gericht, -geschichte, -geschmack, -gesetzter, -griff, -haben, -halt, -hand, -hang, -haut, -hof, -hölle, -hügel, -hut, -jahr, -kammer, -kämpfer, -kauf, -kehr(ung), -kenntnis, -kommen, -kost, -kriegszeit, -lage, -land, -lauf, -leger, -leser, -lesung, -liebe, -macht, -magen, -mann, -marsch, -märz, -mittag, -mund, -name, -order, -ort, -platz, -posten, -rang, -rat, -raum, -recht, -rede, -reiter, -saal, -sänger, -satz, -schein, -schiff, -schlag, -schrift, -schub, -schule, -schuß, -sicht, -silbe, -sommer, -speise, -spiel, -spruch, -sprung, -stadt, -stand, -stecker, -steven, -strafe, -stufe, -tag, -tänzer, -teil, -trab, -trupp, -tuch, -turner, -übung, -untersuchung, -urteil, -verfahren, -vergangenheit, -verkauf, -wand, -welt, -werk, -wissen, -witz, -wort, -wurf, -zeichen, -zeit, -zimmer, -zinsen, -zug;

Adjektive: 'vorig, -bedacht, -bestraft, -dringlich, -ehelich, -eilig, -eingenommen, -erwähnt, -geblich, -gefaßt, -geordnet, -germanisch, -(vor)gestern, -laut, -nehm, -schnell, -sintflutlich. Aber: vor'trefflich;

Verben: 'vorarbeiten, -behalten, -bereiten, -beugen, -bringen, -datieren, -enthalten, -führen, -geben, -gehen, -greifen, -haben, -halten, -herrschen, -kommen, -kragen, -laden, -lassen, -legen, -lesen, -liegen, -lügen, -merken, -nehmen, -richten, -rücken, -sagen, -schieben, -schießen, -schlagen, -schreiben, -schuhen, -schützen, -sehen, -setzen, -singen, -sitzen, -sorgen, -spannen, -spiegeln, -spielen, -sprechen, -stehen, -stellen, -stoßen, -täuschen, -tragen, -treten, -walten, -weisen, -werfen, -wiegen, -zeichnen, -zeigen, -ziehen.

In den Adverbien jedoch bleibt *vor-* unbetont:

vor'ab, -'an..., -'auf..., -'aus..., -'bei..., -'dem, -'erst, -'handen; vorn'an, vornhe'rein, vornhi'nein, vo'rüber, vor'weg; doch 'vorzugsweise.

Merke: *vor'trefflich, vor'züglich;* '*vorher (früher)* — *vor'her (-voraus),* '*vorhin,* '*vorwärts, vorei'nander..., vor'lieb...*

Die mit *vorder-* zusammengesetzten Substantive haben Kopfbetonung: '*Vorderachse, -ansicht, -deck, -fuß, -grund, -hand, -haus, -lader, -rad, -seite, -steven, -teil.*

Aber: *vorder'hand.*

XVIII. *wider-*

Kopfbetonung auf *wider-* haben folgende Wörter:

Substantive: '*Widerdruck, -haken, -hall, -halt, -lager, -part, -rist, -ruf, -sacher, -schein, -sinn, -spiel, -wille;*

Adjektive: '*widerlich, -borstig, -haarig, -natürlich, -rechtlich, -spenstig, -wärtig;*

Verben: '*widerklagen, -klingen, -spiegeln, -strahlen.*

Stammbetonung haben folgende nichttrennbare Verben:

wider'fahren, -'legen, -'raten, -'reden, -'rufen, -'setzen, -'sprechen, -'stechen, -'streben, -'streiten.

Unterscheide also: wider'legen — 'Widerlager, wider'reden — 'Widerrede, wider'rufen — 'Widerruf, wider'sprechen — 'Widerspruch, wider'stehen — 'Widerstand, wider'streiten — 'Widerstreit.

Merke: *Wider'rufung, wider'setzlich.*

XIX. *wieder-*

Kopfbetonung auf *wieder-* haben folgende Wörter: .

Substantive: 'Wiederbeginn, -druck, -geburt, -hören, -käufer, -kunft, -taufe, -verheiratung, -vorlage, -wahl;

Verben: 'wiederbekommen, -beleben, -bringen, -erhalten, -erkennen, -erlangen, -ersetzen, -erstatten, -erzählen, -erfinden, -fordern, -geben, -gewinnen, -holen, -käuen, -kehren, -kommen, -sehen, -tun, -vereinigen, -vergelten.

Die mit *-auf-, -ein-* und *-her-* doppelt zusammengesetzten Verben betonen dagegen auf dem zweiten Glied:

wieder-'aufbauen, wieder'aufheben, -'aufnehmen, -richten, -suchen, -tauchen; wieder'einfallen, -setzen; wieder'gutmachen; wieder'herrichten, -stellen.

Merke: *'Wiederaufbau, Wiederinbe'sitznahme; 'wiederum.*

XX. *zu-*

Kopfbetonung auf *zu-* haben folgende Wörter:

Substantive: 'Zubehör, -buße, -drang, -fahrt, -fall, -flucht, -fluß, -fuhr, -gabe, -gang, -gemüse, -gewinn, -kost, -kunft, -lage, -lauf, -nahme, -satz, -schlag, -speise, -spruch, -stand, -strom, -tat, -tritt, -tun, -versicht, -wachs, -wuchs;

Adjektive: 'zubenannt, -dringlich, -gänglich, -gehörig, -getan, -tunlich, -verlässig;

Verben: 'zubeißen, -bereiten, -billigen, -bringen, -decken, -drehen, -eignen, -erkennen, -fassen, -fließen, -fügen, -führen, -geben, -gehen, -gestehen, -greifen, -halten, -hauen, -hören, -jubeln, -knöpfen, -kommen, -langen, -lassen, -legen, -leiten, -machen, -muten, -nähen, -nehmen, -neigen, -nicken, -ordnen, -packen, -raten, -raunen, -rechnen, -reden, -reiten, -richten, -rufen, -sagen, -schanzen, -schauen, -schieben, -schießen, -schneiden, -schreiben, -sehen, -senden, -sichern, -spitzen, -stellen, -stimmen, -stopfen, -teilen, -tragen, -trauen, -treffen, -wandern, -warten, -weisen, -wenden, -werfen, -zählen, -ziehen.

Unbetont bleibt das Präfix *zu-* in folgenden Fällen:

Substantive: Zu'hause, Zu'hilfenahme, Zur'schaustellung, Zuhälte'rei;

Adjektiv: zu'frieden;

Adverbien: zualler'erst, -'letzt, zu'äußerst, -'erst, -'folge, -'gegen, -'gleich, -'gange, -'grunde, -'gunsten, -'gute, -'handen, -'hauf, -'hinterst, -'höchst, -'innerst, -'lande, -'leid(e), -'letzt, -'lieb(e), -'mal, -'meist, -'mindest, -'mute, -'nächst, -'nichte, -'niederst, -'nutze, -'oberst, -'paß, -'passe, -'recht, -'samt,

-'schanden, -'schulden, -'statten, -'tage, -'teil, -'tiefst, -'ungunsten, -'unterst,
-'viel, -'wege, -'weilen, -'wenig, -'zeiten;
ebenso: zu'rück, zu'sammen, zu'vor, zu'wider, auch in allen Zusammensetzungen.

C. Wörter mit fremden Suffixen und Wörter fremder Herkunft

I. Heimische Wörter mit fremden Endungen

Es handelt sich vor allem um solche auf -ei (aus altfranz. -ie)
und -ieren (aus altfranz. -ir): Braue'rei, Male'rei, Heuche'lei, Ab'tei,
Kar'tei; hal'bieren, stol'zieren, hau'sieren, ho'fieren, han'tieren und
danach auch: Hau'sierer, Han'tierung usw.; ferner Wörter mit lat.
oder roman. Endungen wie: Lap'palie, Gla'sur, Liefe'rant, Take-
'lage u. ä.

II. Wörter fremder Herkunft

haben ihre eigenen Betonungsgrundsätze, die meist durch die
Verhältnisse der Ursprungssprache bestimmt sind. Daher heißt es
z. B. der 'Pastor, aber die Pas'toren (nach lat. pastor, pa'stores).
Eine Feststellung von Aussprachenormen ist hier nicht möglich;
für die Betonung dieser Wörter muß auf das Wörterbuch verwie-
sen werden.

Wörter mit den folgenden Endungen werden meist auf diesen
betont:

-abel	prakti'kabel	-enz	Audi'enz	-ion	Ra'tion
-ade	Limo'nade	-esk	gro'tesk	-ismus	Idea'lismus
-age	E'tage	-et	Pa'ket	-ist	Sta'tist
-al	ide'al	-ett	Par'kett	-istisch	sno'bistisch
-an	Kum'pan	-ette	Lorg'nette	-it	Ban'dit
-and	Dokto'rand	-eur	Mon'teur	-itis	Neu'ritis
-ant	Adju'tant	-ibel	fle'xibel	-iv	Mo'tiv
-anz	Konkor'danz	-id	mor'bid	-oge	Philo'loge
-ar	Kommi'ssar	-ie	Iro'nie	-on	Garni'son
-är	ordi'när	-ier [je:]	Por'tier	-or	Te'nor
-at	Advo'kat	-ier [i:r]	Bar'bier	-ör	Li'kör
-ei	Ba'stei	-ieren	plan'ieren	-os	dubi'os
-ekt	Archi'tekt	-iert	born'iert	-ös	skanda'lös
-ell	re'ell	-ik	Phy'sik	-ose	Furunku'lose
-end	Divi'dend	-ikt	E'dikt	-tät	Reali'tät
-ent	Kon'vent	-il	sub'til	-thek	Disko'thek
				-ur	Frak'tur

Bei Wörtern französischen Ursprungs wird oft die letzte Silbe betont: *Ho'tel, Restau'rant, Chaise'longue, Chan'son* (aber *'Billard, 'Mannequin*). Nicht selten weicht die Betonung in Österreich und in der Schweiz ab. So hält die Schweizer Regelung an der schwebenden Betonung des Französischen fest, während in *'Gilet* und *'Duvet* im Unterschied zu der im „Siebs" festgelegten Betonung die erste Silbe den Akzent trägt. Nach den österreichischen Regeln werden im Unterschied zur Siebsschen Erstsilbenbetonung auf der zweiten Silbe betont: *Al'gebra, Al'koven*, auf der Endsilbe *Kana'pee, Manne'quin, Billard* [bi(l)'jɑːr]; aber andererseits herrscht etwa Erstbetonung in *'Kiosk* und in den dem Lateinischen entstammenden Wörtern *'Muskat* und *'Salmiak.*

D. Namen

Auch bei den Namen liegt der Hauptton grundsätzlich auf der ersten Silbe. Ausnahmen sind jedoch zahlreich.

I. Weibliche Rufnamen

Zu den Wörtern mit fremden Suffixen gehören die weiblichen Eigennamen mit ursprünglich latinisierenden oder französischen Endungen: *Lud'wiga, Ros'witha, Her'lindis, Friede'rike, Wilhel-'mine*, vor allem auch der Typus *Kuni'gunde, Brun'hilde, Ma'thilde* (aus lat. *-is*) neben ursprünglich deutsch gebildeten *'Kunigund, 'Brunhild, 'Mechthild.*

Im übrigen zeigen die österreichischen Regeln manche Abweichungen vom „Siebs" in der Betonung von weiblichen und männlichen Personennamen: *El'friede* statt *'Elfriede*, aber *'Kreszenz* statt *Kres'zenz; 'Sofie* statt *So'fie, 'Kolumban* und *'Kyrill* statt *Kolum'ban* und *Ky'rill* (vgl. Wörterbuch).

II. Familiennamen

Familiennamen, die mit einer Präposition gebildet sind, werden in Norddeutschland in der Regel auf dem Substantiv betont: *Vander'velde, Ter'molen, Ver'mehren, zur 'Megede*, in Oberdeutschland (Schweiz, Bayern, Österreich) dagegen auf der Präposition: *'Abderhalden, 'Von der Mühll, 'Zumbusch, 'Auf'mort, 'Imhof.*

Die Verkleinerungssilbe alemannischer Namen wie *'Böcklin,* *'Oberlin* wird in Norddeutschland oft fälschlicherweise nach dem Muster von Ortsnamen wie *Ber'lin* usw. (s. unten) betont.

Bei Doppelnamen betont man wie bei Firmennamen zumeist den zweiten Bestandteil: *Bethmann-'Hollweg, Daimler-'Benz;* ebenso *Karl 'Otto, Eva Ma'ria.*

III. Zusammengesetzte Ortsnamen

Zusammengesetzte Ortsnamen werden oft, namentlich in Norddeutschland (vgl. oben), doch auch in Süddeutschland, auf dem zweiten Zusammensetzungsglied betont. Es ergeben sich im Anschluß an A. Bach (Deutsche Namenkunde II, Die deutschen Ortsnamen 1, 1953, S. 44—51) vor allem folgende Regeln:

1. Wenn das Bestimmungswort nachgestellt ist, trägt es den Hauptton: *Berlin-Neu'kölln, Sachsen-'Altenburg, Sachsen-Coburg-'Gotha.* Ebenso ist es bei Aneinanderreihung von Namen: *Elberfeld-'Barmen, Baden-'Württemberg.*

2. Bei vorausgehendem Bestimmungswort in „unechten" Zusammensetzungen (Wortgruppen) erhält die zweite Silbe den Hauptton: *Nord'hausen, Assmanns'hausen* usw., aber *'Stockhausen; Saar-'brücken, Osna'brück* (wie fast alle mit „Brücke" gebildeten Namen), jedoch heute *'Innsbruck.*

3. Dazu kommen die sog. Zusammenrückungen, bei denen teilweise Erstbetonung herrscht, so in *'Ludwigsburg, 'Königsfeld,* aber nicht selten auch Betonung auf dem zweiten Element: *Eckern'förde, Trave'münde, Bremer'haven, Delmen'horst, Alten'beken, Wanger-'ooge, Itze'hoe, Nord'deich, Elber'feld, Binger'brück, Zer'matt, Appen'weier, Hohen'staufen, Hohen'zollern, Heil'bronn, Plan'egg, Kreuz'eck.* Viele dieser Betonungen sind für die Hochlautung gültig geworden, bei anderen Namen herrscht in der Hochlautung die Anfangsbetonung (*'Stralsund, 'Delmenhorst, 'Norddeich, 'Elberfeld*).

4. Bei nachgestellter Beifügung wird das Substantiv der Beifügung betont: *Frankfurt an der 'Oder, Homburg vor der 'Höhe.* Wird sie aber vorausgestellt, so erhält der Name meist seine ursprüngliche Betonung: *Donau'eschingen, West'falen, Wolframs-'Eschenbach, Kaisers'lautern* (anders aber bei Gegennamen: *'Norddeutsch-*

land — *'Süddeutschland, 'Ostalpen* — *'Westalpen*). Ähnlich verhält es sich bei Bildungen wie *Bad 'Homburg, Stadt 'Blankenberg.*

Es zeigt sich bei allen Abweichungen, daß die verschiedenen Landschaften zum Teil ein einheitliches Verfahren entwickelt haben. So betont man — um nur ein Beispiel zu nennen — am Mittelrhein das Bestimmungswort in *'Nassau, 'Adenau* usw., im östlichen Österreich dagegen das Grundwort: *Gün'au* usw. Auch hier spielen im übrigen rhythmische Einflüsse der Rede eine wichtige Rolle.

Endbetonung haben stets die ostdeutschen Namen auf *-in*: *Ber-'lin, Schwe'rin, Stet'tin.*

Auch in der Schweiz kennt man solche Erscheinungen, wie die Ortsnamenliste der „Wegleitung" zeigt, vgl. *Appen'zell, Scheid'egg.* Wieder gelten für den Wortakzent bei zusammengesetzten Örtlichkeitsnamen in Österreich vom „Siebs" abweichende Regeln, vgl. *Herze'gowina* statt *Herzego'wina, Pa'ssarowitz* statt *'Passarowitz* u. a. (vgl. Wörterverzeichnis).

Zur Klanggestalt des Satzes

Wir beschreiben die Klanggestalt des Satzes nur in ihren Grundzügen und nur, soweit sie der deutschen Sprache als solcher zugehört. Jedoch sind Sprache und Rede in diesem Bezirk nicht mehr rein zu scheiden.

A. Gliederung

Die Rede bedient sich verschiedener phonetischer Mittel zur Gliederung: kurzen Innehaltens oder Verlangsamung der Lautgebung oder Silbenfolge, sogenannter Staupausen [⫶, ', ꜒][1]), oder regelrechter Atempausen [⌊, ⌊, ⌊⌊], gewöhnlich im Zusammenwirken mit Kadenzen der Intonation (s. III.1). Auch der Gegensatz von rasch und langsam gesprochenen Redeteilen kann gliedernd wirken.

Wortfolgen, die über ihre unmittelbare Bedeutung hinaus im Fortgang der Rede den gemeinten Sinn erkennen lassen, pflegen durch Atempausen begrenzt zu werden. Wir nennen sie Sinnschritte.

Der reine Kernsatz läuft, besonders wenn er kurz ist, entweder ungegliedert ab:

Das ewige Licht leuchte ihm! ‖
oder er wird durch eine Staupause ['] in Thema- und Rhemateil gegliedert:

Unser Leben ' währet siebzig Jahre. ‖ *(bibl.)*
Verbunden ' wird auch der Schwache mächtig. ‖ *(Schiller)*
Man schreibt nur im Angesicht der Poesie ' gute Prosa. ‖

(Nietzsche)

Je umfänglicher der Satz, um so mehr kennzeichnet die Rede seine Glieder:

---

[1]) ' steht hier nicht als Zeichen der internationalen Lautschrift vor der betonten Silbe eines Wortes, sondern zwischen zwei Wörtern, die es durch Staupause trennt. Der Wortton wird hier, wo es um die Klanggestalt des Satzes geht, nicht mehr bezeichnet.

Der Zuwachs an Weisheit ' läßt sich genau ⁝ nach der Abnahme an Galle berechnen. ‖ (Nietzsche)

Dabei lehnen sich sinnschwache Glieder pro- oder enklitisch an stärkere an:

Mische dich nicht ' in fremde Dinge! ‖
Mische dich ' nicht in fremde Dinge! ‖

Nebengeordnete Sätze erlauben an der Fuge (|) gewöhnlich Atemerneuerung:

Der Stolz frühstückt mit dem Überfluß, | speist zu Mittag mit der Armut | und ißt zu Abend mit der Schande. ‖ (Franklin)

Die Tiefe der Einschnitte zwischen grammatisch selbständigen Sätzen richtet sich nach dem gedanklichen Zusammenhang:

Der Handelnde ist immer gewissenlos, | es hat niemand Gewissen als der Betrachtende. ‖ (Goethe)

Astrologie fördert Astronomie. | Die Menschen spielen sich in die Höhe. ‖ (Lichtenberg)

Die Lüftung der Nation ' kommt mir zur Aufklärung derselben ⁝ unumgänglich nötig vor. ‖ Denn was sind Menschen anders ' als alte Kleider? | Der Wind muß durchstreichen. ‖ (Lichtenberg)

Werden die Sätze unüberschaubar groß, so gliedert sie die Rede, unbeschadet ihrer grammatischen Einheit, in Sinnschritte auf:

Droben auf einer Hügelkette ' tritt man aus dem Wald, | und unter dem schweren Vorhang der letzten Fichtenzweige | blickt man in eine alterslos scheinende, ' ungeschichtliche Welt hinunter ' und hinaus: | da sind nur Wälder, ' Weiher, ' Weiden, ' Gehege und Kühe. ‖ (Storz)

Gliedsätze, die ein selbständiges Satzglied des übergeordneten Satzes vertreten, pflegen sich mit Fuge (|) auszugliedern:

Wer zum Bitten verzagt ist, | macht beherzt zum Abschlagen.

Teilsätze hingegen, die nur Teile eines Gliedes aus dem übergeordneten Satz darstellen, werden gewöhnlich mit Stauung angeschlossen:

Alles, ⁝ was geredet, ' geschrieben oder ausgeklügelt wird, ‖ ist gegen das Opfer ⁝ schal und jämmerlich. ‖ (E. Jünger)

Dabei vertieft sich der Einschnitt na ch ihnen:

Von Verdiensten, ⋮ *welche wir zu schätzen wissen,* ' *haben wir den Keim in uns.* ‖ *(Goethe)*

Teilsätze können dabei Glieder, die sie ergänzen, vom Hauptsatz abspalten:

Der Verstandesmensch verhöhnt nichts so bitter, | *als den Edelmut,* ' *dessen er sich unfähig fühlt.* ‖ *(Ebner-Eschenbach)*

Darum pflegt auch ein Teilsatz, der von einem anderen untergeordneten Satz abhängt, diesen vom Kernsatz abzuspalten:

Kein Mensch weiß, ⋮ *was in ihm schlummert* | *und zutage kommt,* ' *wenn sein Schicksal anfängt,* ⋮ *ihm über den Kopf zu wachsen.* ‖
(Ebner-Eschenbach)

Ebenso werden Inhaltssätze nur mit Stauung eingeleitet:

Mancher rennt dem Glück nach | *und weiß nicht,* ' *daß er's zu Haus hat.* ‖

Es hört doch jeder nur, ' *was er versteht.* ‖ *(Goethe)*

Wenn die Mißgunst aufhören muß, ' *fremdes Verdienst zu leugnen,* | *fängt sie an,* ' *es zu ignorieren.* ‖ *(Ebner-Eschenbach)*

Eingeschobene untergeordnete Redeglieder oder Parenthesen, Teilsätze oder nur Satzglieder, spricht man gewöhnlich rascher sowie mit kürzerem Einschnitt vor und längerem nach ihnen:

Ein Mensch soll nicht in das Wesen des anderen eindringen wollen. ‖ *Andere analysieren —* ' *es sei denn, um geistig verwirrten Menschen zurecht zu helfen —* | *ist ein unvornehmes Beginnen.* ‖
(Schweitzer)

Ein Stein, ' *ins Wasser geworfen,* ⁞ *macht sich zum Mittelpunkt.* ‖
(Leonardo)

Der Stolz, ' *eine edle Leidenschaft,* ⁞ *ist nicht blind gegen eigne Fehler,* | *aber der Hochmut ist es.* ‖ *(Lichtenberg)*

B. Abstufung

Die Abstufung hebt die betonten Silben einzelner Wörter des Satzes weiter heraus, so daß sie ‚schwerer' wirken als andere.

Gegensatz allerdings kann auch die Wortbetonung brechen:

Die Bauernmädchen gehen barfuß, die Vornehmen barbrust. (Lichtenberg) Im Akzent nahezu ausgeglichene Wörter (s. Wortbetonung III) sowie zahlreiche mit dem Präfix *un-* negierte Artwörter können als Attribute die Betonung auf dem Präfix tragen, in prädikativem Gebrauch aber auf dem Wortstamm:

eine unmögliche Annahme — Diese Annahme ist unmöglich.
der schwerkranke Mann — Der Mann ist schwer krank.

Obwohl der Stufen in wirklicher Rede sehr viele sind, genügt es für unsere Zwecke, vier zu unterscheiden:

[·] überschwer für den Kern des Sinnschritts.
['] für die Voll- und
[`] für die Kaumschweren,

Die leichten Silben und die Wortbetonung werden hier nicht bezeichnet.

Die Schwereabstufung der Rede benutzt unterschiedliche phonetische Mittel, vornehmlich melische (Tonerhöhung oder -vertiefung), nächstdem verschiedene Lautstärke und -dauer. Gewöhnlich verbinden sich mehrere solcher Mittel.

Die Abstufung folgt meist dem Sinngewicht (Signalwert) der Wörter, doch auch Gewohnheiten der Sprachgemeinschaft. In jeder Gliederungseinheit pflegt ein Wort schwerer zu fallen als alle anderen.

Erweiterte Satzglieder tragen die Schwere auf dem letzten Wort:

die schönste Fráu — die schönste aller Fráuen
am Brùnnen vor dem Tóre — Gesang der Gèister über den Wássern
Das klèinste Háar wirft seinen Schátten. ‖

Das gilt auch für Aufzählungen. Bei zwei Gliedern ist das zweite stets schwerer als das erste:

Äpfel und Bírnen — Bìrnen und Äpfel — mit Sàck und Páck

es sei denn, daß diesem sogleich ein besonderes Gewicht nachfolgt:

Das Schìff ist mit Mánn und Maus úntergegangen.

Bei drei und mehr Aufzählungsgliedern tritt überdies Gewichtswechsel ein:

mit Mánn und Ròß und Wàgen — alles rénnet, rèttet, flüchtet
Èhr, Wehr, Léhr — ' *kein Mànn braucht mèhr.* ‖

Überall aber kann ausgesprochener oder mitgemeinter Gegensatz diese Abstufung überspielen:

Béllende Hunde ' béißen nicht. ‖
Die größten Ereignisse, ' das sind nicht unsere láutesten, ' sondern unsre stillsten Stunden. ‖ *(Nietzsche)*

Der Ausspruch läuft gewöhnlich auf den Sinnkern zu. Dieser steht damit möglichst am Ende und trägt die Überschwere •.

Das Níchts ' hat keine Mitte. ‖ *(Leonardo)*
Können wir nicht alle díchten, | wollen wir doch alle richten. ‖

Verlangt der Satzbau eine andere Stellung des Sinnkerns, so rückt die Überschwere vor:

Geschíchte schreiben ' ist eine Árt, ' sich das Vergángene vom Hálse zu schaffen. ‖ *(Goethe)*
Die Déutschen sind ' und wóllen eine grüblerische Nation sein. ‖ *Aus díesem Gesíchtspunkte ' läßt sich ihre gánze Kúnst und Wissenschaft erklären.* ‖ *(Grillparzer)*

Oder das Ausdrucksbedürfnis entlädt den Sinnkern zuerst:

Mánnräuschlein ' nannte man im 17. Jahrhúndert ' gar àusdrucksvoll ⋮ die Gelíebte. ‖ *(Goethe)*

Nie die Voraussetzung oder das Anknüpfende, sondern das Neue und Entscheidende trägt die Überschwere:

Kein Díng zeigt jè seine èigentliche Fárbe, | wenn das belèuchtende Lícht ' nicht von der nämlichen Farbe ist. ‖ *(Leonardo)*
Die Mutter der Áusschweifung ist nicht die Fréude, ' sondern die Freudlósigkeit. ‖ *(Nietzsche)*

Die Verneinungspartikel bleibt meist schwach oder unbeschwert:

Was man nicht verstéht, ' besitzt man nicht. ‖ *(Goethe)*
Nicht die Gewalt der Árme, ' noch die Tüchtigkeit der Wáffen, ' sondern die Kràft des Gemüts ist es, ' welche die Síege erkämpft. ‖ *(Fichte)*

Die Verneinungspartikel wird im allgemeinen nur beschwert, wenn der verneinte Inhalt vorher bereits genannt war:

Ist der Brief gekómmen? ‖ — *Néin, ' der Brief ist nicht gekommen.* ‖

Der Ausdruckswille beschwert die Verneinungspartikel manchmal entgegen aller Regel.

Beschwert können auch Hinweiswörter werden, die auf Stellen in der Redelage oder der Rede selbst verweisen:

Dàhín, | dáhin möcht ich mit dír,' o mein Gelìebter, ┇ zìehn! ||
(Goethe)
Nur dèr verdient sich Frèiheit wie das Lében, | der tàglich sie eróbern muß. || (Goethe)

Der Ausdruck kann sich gegen jede Regel auf alle Wörter werfen:
(ruhig) *Habe ich dir das nicht vorhèrgesagt? ||*
(aufgebracht) *Hàbe ich dir das nicht vorhergesagt? ||*

Für den Großsatz aus mehreren Sinnschritten, ob von nebenordnendem oder unterordnendem Satzbau, gibt es keine allgemeinen Abstufungsregeln. Oft zwar überwiegt eine Überschwere die aller anderen Sinnschritte (·):

Sie werden überràscht sein, | mich auf Ihre Fràge, ·' woran ich gláube, ' oder was ich am hóchsten stelle, | àntworten zu hören: | Es ist die Vergànglichkeit. || (Th. Mann)

Meist aber baut sich die Rede aus Schritten mit gleichgewichtigen Sinnkernen auf:

Heinrich von Klèist, ' ein Spróß der märkischen Jùnker- und Offiziersfamilie derer von Klèist, | war ein junger Mànn mit einem Kindergesicht | und von sónderbarem, ' wenig èinnehmendem Gebàren. || (Th. Mann)

C. Intonation

Drei Ursachen bestimmen die Tonhöhenbewegung der Rede:

1. Die Aussageart bestimmt die Kadenz, das Melos des Aussageendes.
2. Das Verhältnis der Aussageglieder bestimmt den Verlauf des Melos im großen und
3. das Sinngewicht der Wörter die Tonschritte im einzelnen.

Die Tonhöhenbewegung, insbesondere die Kadenzen und die Höhe der Tonschritte oder -schleifen, wird stark vom Ausdruck der Rede beeinflußt, den wir hier aussparen.

1. Kadenz der Aussageart

Die berichtende Aussageart fällt am Ende, die Aussagespannung lösend, tief ab (Vollschluß, terminale Kadenz \\):

Wir gehen nach Hàuse. ‖\

Die **Satzfrage** dagegen schließt hoch (Hochschluß, interrogative Kadenz ′):

Gehen wir nach Hàuse? ‖′

Auch grammatische Aussagesätze können durch solchen Hochschluß zur Frage umgemünzt werden:

Wir gehen nach Hàuse? ‖′

Bei der **Aufforderung** steht zwar wie bei der Satzfrage das Verbum finitum in Stirnstellung, doch hat sie terminale Kadenz:

Gehen wir nach Hause! ‖\

Die **Wortfrage** schließt im allgemeinen tief, da das einleitende Fragewort die Frageabsicht bereits anzeigt:

Wánn gehen wir nach Hàuse? ‖\

Sie wirkt aber verbindlicher, wenn mit Fragewort und Hochschluß zugleich gefragt wird:

Wánn gehen wir nach Hàuse? ‖′

Im **zusammengesetzten Satz** läuft der Vordersatz weiterweisend (progredient ⁻) aus, während der Nachsatz die Aussage- oder Fragekadenz übernimmt:

Man muß die Menschen nicht nach ihren Meinungen beurteilen, | ⁻
sondern nach dem, ′ *was diese Meinungen aus ihnen màchen.* ‖\
(Lichtenberg)

Man schont die Álten, ′⁻ *wie man die Kinder schont.* ‖\ *(Goethe)*

Wie kòmmt es, ′ *daß die Gesúndheiten* ⁝ *nicht so ànsteckend sind wie*
die Kránkheiten | ⁻ *— überháupt,* ′ *und námentlich im Ge-*
schmàck? ‖′ *(Nietzsche)*

Inhaltlicher Zusammenhang grammatisch selbständiger Sätze wird oft durch Halbschluß (ʼ) angezeigt:

Der Úndank ist immer eine Art Schwàche. ‖ʼ *Ich habe nie ge-*
sèhen, ′⁻ *daß tüchtige Menschen wären úndankbar gewesen.* ‖
(Goethe)

Die Entschiedenheit des terminalen Gefälles ist ausdrucksbedingt. Steiler Abfall am Ende wirkt behauptend:

Es hòrt doch jéder nur, ′ *was er verstèht.* ‖\ *(Goethe)*

Dagegen läßt flache oder unvollständige terminale Kadenz die Aussage unsicher erscheinen oder hält sie für Widerspruch offen:

(so denkbar) *Wir ziehen unsere Köpfe* ' *in Treibhäusern.* ||`
(*Lichtenberg*)
Unbeschadet sonstiger Beziehungsmittel wird die Verbindung
grammatisch selbständiger Sätze vornehmlich durch die Kadenz
angezeigt:

Ich bín. |⎯ *Aber ich hábe mich nicht.* ||` *Dárum wérden wir
erst.* ||\ (*Bloch*)

2. Der melische Aussagebogen zeigt das Verhältnis der
Aussageglieder an (Spannbogen).

Wenn die Aussage, Glied nach Glied einordnend, fortschreitet,
beschreibt die Tonhöhenbewegung einen durchlaufenden Bogen:

Die Írrtümer des Menschen ' *machen ihn*
eigentlich liebenswürdig. (*Goethe*)

Ist der Anfang stark betont, so kann auch die ganze Aussage fallen:

Wásser holen ' *geht die réine,* ⦂ *schöne Frau des hohen Bráhmen.* ||\
(*Goethe*)

Sind im Fortgang der Aussage Glieder nebengeordnet, so wiederholen die späteren den Aussagebogen des ersten (Neuansatz):

Hìtz' im Rát, ' *Èil in der Tát*'
bringt nìchts als Scháḍ. ||\

Das Hútabnehmen' *ist eine Ábkürzung unseres*
Körpers, '` *ein Kléinermachen.* ||\ (*Lichtenberg*)

Werden die Glieder durch Konjunktion nebengeordnet, so kann
der Neuansatz entfallen:

Es ist ganz éinerlei, ' *vòrnehm oder*
gering sein; |` *das Ménschliche muß*
man ìmmer ausbaden. || (*Goethe*)

oder

Untergeordnete Glieder, die den Ablauf der Aussage unterbrechen, gleichgültig welche grammatische Form sie annehmen,
legen den Aussagebogen zur Mulde um:

Ménschenliebe, ' *die allerhóchste,* ' *ist*
im Grùnde àuch nicht mèhr und nicht
wéniger ' *als Gerèchtigkeit.* ‖\ *(Lavater)*

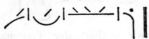

Der Déutsche, ' *zumàl im 19. Jahrhúndert,* ‖
ist imstànde, | *gegen álle Natiònen* '
— seine èigene verkannte áusgenommen ‖ *—*
ùnparteiisch zu sein. ‖\ *(J. Paul)*

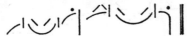

3. Die Tonschritte der sinntragenden Silben

Die sinntragenden Wörter übernehmen die entscheidenden Tonschritte nach oben oder unten (Führtöne). Dabei verbindet sich die
Tonhöhenbewegung gewöhnlich mit anderen Aufmerksamkeit er-
regenden Mitteln, besonders mit Tonstärke (vorwiegend bei Über-
und Vollschweren) und Dehnung (zumal bei den Kaumschweren).

Der Sinnkern der Aussage liegt meist am Ende. Er übernimmt
die terminale Kadenz auf der Stammsilbe:

Táusch ist kein Ràub. ‖\

Sinnleichte Silben und Wörter folgen in der Tiefe als Nachlauf:

Es ist nìchts schrécklicher, ' *als eine*
tátige Ünwissenheit. ‖\ *(Goethe)*

In jédem Menschen ' *ist ètwas von àllen*
Menschen. ‖\ *(Lichtenberg)*

Soll der Sinnkern besonders nachdrücklich hervorgehoben werden,
so wird er hoch eingesetzt und herabgeschliffen:

Lìebe deinen Náchbarn, '⁻ *aber*
reiß den Záun nicht ein. ||\

Bei Vollschweren schlägt der Ton nach oben aus; die
Kaumschweren ordnen sich dem allgemeinen Gefälle der leichten Wörter und Silben ein:

Wenn man álter wird, |⁻ *muß man mit Bewúßtsein* ⫶ *auf einer*
gewissen Stùfe stèhen bleiben. || *(Goethe)*

Auf dem ersten sinnwichtigen Wort springt der Ton nach oben
(Einschaltspitze):

Kúnst ' *kommt von Könnén.* ||\

Davor liegende leichte Silben (Vorlauf) fallen:

Auf der Grénze ' *wohnen die sèltsamsten Geschöpfe.* ||\ *(Lichten-*
berg)

Die Rede nutzt zur Einschaltspitze der Satzspannung auch sehr
leichte Wörter:

Álle irdische Gewált ' *beruht*
auf Gewálttätigkeit. ||\

Die Anwendung der Hochlautung

Es gilt, das Gebiet der Anwendung der Hochlautung im einzelnen abzuschreiten. Zuerst aber ist es nötig, sie noch abzugrenzen gegenüber dem, was nicht normgerecht ist, nicht (mehr) der gemäßigten Hochlautung entspricht: gegenüber der Nichthochlautung.

A. Abweichungen von der gemäßigten Hochlautung

Abweichungen von der Hochlautung gehören einer nicht normgerechten Alltagslautung an, oder sie stellen landschaftliche Aussprachebesonderheiten dar. Vor allem ist auf die folgenden häufigen Abweichungen von der gemäßigten Hochlautung hinzuweisen, wobei manches schon früher Gesagte noch einmal aufgenommen wird.

I. Alltagslautung

1. *e*-Graphie in Nebensilben

Nicht mehr Hochlautung ist:

a) die Aussprache [ɛ] in *be-*, *ge-*, also z. B. [gɛˈnao];

b) die Unterdrückung des [ə] nach Nasalen, also in *-men*, *-nen*, *-ngen*, nach *r*-Lauten (*-ren*), nach Vokalen in *-en*, *-el*, *-er*, *-ern*, in den Nachsilben *-er*, *-ern*, in der 2. Silbe von *-enen*, in *-dem*, *-tem*; Beispiele: *nennen* [ˈnen̩n̩], *hemmen* [ˈhem̩n̩], *wahren* [ˈwaːrn̩], *gehen* [geːn], *tapfer* [ˈtapfr̩], *Berittenen* [bəˈritn̩n̩], *Atem* [ˈaːtm̩] (vgl. Tabelle S. 63);

c) Ersatz von [e], das nicht am Wortanfang steht, oder am Wortende durch [ə]: *General* [genəˈraːl], *molekular* [mɔləkuˈlaːr], *Hebe* [ˈheːbə].

2. Silbische Nasallaute und Liquide

Im Zusammenhang mit der Unterdrückung des [ə] entstehen in der Alltagslautung zum Teil silbische Nasale und Liquide (vgl. Tabelle II S. 62 f.):

a) für [-əm]: *Odem* ['ōdm̩];

b) für [-ən] nach Konsonant mit Assimilation an diesen: *geben* ['geːbm̩], *zähmen* ['tsɛːmn̩, 'tsɛːmm̩], *hoffen* ['hɔfm̩];

c) für [-ər, -əl] nach Konsonant am Wortende oder vor Konsonant: *Lager* ['laːgɾ̩], *lagert* ['laːgɾ̩t], *lächeln* ['lɛçl̩n].

3. Graphie *y*

als [ɪ]: *Hyperbel* [hɪ'pɛrbl̩], *hysterisch* [hɪ'steːrɪʃ]; Ausnahmen in gemäßigter Hochlautung s. S. 79.

4. Der *r*-Laut

Es ist zu vermeiden

a) die Aussprache [x] (vgl. *Fracht* [fxaxt]) vor allem in Norddeutschland;

b) die Vokalisierung zu [ɑ] im Auslaut, vgl. *Haar* [haːɑ], abgesehen von Einsilblern in proklitischer Stellung (vgl. Tabelle S. 89);

c) der Ausfall im Inlaut vor Konsonant: *Art* [aːt] (zum Teil mit Überlänge gesprochen).

5. Der *s*-Laut

In Alltagslautung begegnet scharfes stimmloses [s] (Fortis) gegen die Norm, die es nur im Auslaut zuläßt, in allen Stellungen (vgl. S. 97).

6. *b*-, *d*-, *g*-Laute

Stimmlose Aussprache entspricht nicht der Norm.

7. Wörter fremder Herkunft

a) Nicht der Hochlautung gemäß ist die Aussprache der franz. Nasalvokale:

α) (vorwiegend mittel- und norddeutsch) mit [ŋ], also *Balkon* [bal'kɔŋ] oder [bal'kɔŋk], (vgl. unten), *Refrain* [rə'frɛŋ], *Chance* ['ʃaŋsə]; besonders auch vor [k, g]: *Enquête* [aŋ-'kɛːt(ə)];

β) vor [p, b] als [am]: *Empire* [am'piːr] statt [ã'piːr] usw.;

γ) vor Dentalen als [an]: *Chance* ['ʃansə] usw.;

b) Für das engl. [ʌ] in *Lunch*, *Butler* soll nicht [œ] gesprochen werden.

c) In den folgenden Fällen entspricht stimmlose Aussprache nicht der Hochlautung:

α) [f] statt [v]: *Klavier* [kla'fiːr], *Venus* ['feːnʊs];

β) [ʃ, tʃ] statt [ʒ, dʒ]: *Genie* [ʃe'niː], *Gin* [tʃm];

γ) [z] statt [s] am Wortanfang, vgl. *Souvenir* [zʊvə'niːr], *Sir* [zœːr].

II. Landschaftliche Besonderheiten

Im Rahmen der gemäßigten Hochlautung war immer wieder auf eigene Regelungen in Österreich und in der Schweiz hinzuweisen, im Falle der [ɪk]-Aussprache der Nachsilbe -*ig* auch in Süddeutschland.

Man kann sich auch bei manchen Einzelabweichungen s ü d d e u t - s c h e r Aussprache (die häufig mit dem Verfahren Österreichs und der Schweiz übereinstimmen) fragen, ob man sie nicht in die Variationsbreite der gemäßigten Hochlautung einbeziehen soll. Es handelt sich vor allem um folgende:

1. *a* Kurzes [a] in *Jagd*, *Magd*, *hapern*, *watscheln*, (*ge*)*habt*, (*ge*-) *sagt*; auch *Barsch* wird wie in Österreich kurz gesprochen. Langes [aː] begegnet in *Rache*.

2. *e* Kurze und offene Aussprache [ɛ] in *Krebs*, *Erde*, *werden*, *Städte*, *hätscheln*, *tätscheln*; Länge in *rächen*. Unterscheidung von *Lerche* und *Lärche*, *Eltern* und *älter* [e-ɛ].

3. *i* Kürze in *Fabrik*, *Kritik*, *Politik*, *Mathema'tik* (oder *Mathe-'matik*), *Miliz*, *Notiz*, *Appetit*, *Kredit*, *Profit*, *Viper*.

4. *o* Kürze in *Obst*, *Vogt*, *Herzog*; Länge in *Amboß*, *Lorbeer*; unterschieden wird zwischen *Rost* (Oxydierung) mit Kürze und *Roːst* (Feuergitter). Meist wird betont *Mo'tor* [mɔ'toːr].

5. *ö* Kürze in *Vögte*, *Herzöge*, auch in *Behörde*, *Börse*; man unterscheidet entsprechend wie bei 4. kurz *Röste* (Oxydierung) — lang *Röste* (Feuergitter).

6. *u* Kürze in *Geburt*, *pusten*.

7. *ü* Kürze in *düster*, *Nüster*.

8. *ch* in Wörtern fremder Herkunft: In der Schweiz wie in Österreich ist doppelte Aussprache mit [k] und [ç] erlaubt in: *Chemie, China, Chinese*, in Österreich auch in *Melancholie* und *Orchester*, in der Schweiz in *Chirurg(ie)*. In den drei ersten Fällen und in *Chirurg(ie)* spricht man in Süddeutschland oft [k] statt [ç], in *Melancholie* und *Orchester* umgekehrt häufig [ç].

Es gibt jedoch von der Norm abweichende landschaftliche Eigenheiten, die als nicht normgerecht in gepflegter Aussprache zu vermeiden sind. Es handelt sich vor allem um folgende:

1. Norddeutschland

a) Kürze statt Länge bei *a* + Dental und in anderen Fällen: *Gas, Glas, Gras, Bad, Rad, grob, Buch* ([gɑs] usw.).

b) Neigung, statt [ɛː] geschlossenes [eː] zu sprechen: *Bär* [beːr], *Mädchen* ['meːtçən].

c) [i]-Nachschlag bei [eː, ɛː, øː] besonders in Pommern: *Leben* ['leː(i)bən], *Träne* ['trɛː(i)nə].

d) Aussprache [œ] statt [ʏ] in Norddeutschland: *Glück* [glœk].

e) Im niederdeutschen Gebiet anlautende *sp, st* als [sp, st] statt [ʃp], [ʃt]: *spitz* [spɪts], *Stein* [stɑen].

f) [k]-Nachschlag bei orthographischem *ng*: *lang* [laŋk], *jung* [jʊŋk], *rings* [rɪŋks].

g) Aussprache [f] statt [pf] im Wortanlaut und nach Konsonanten: *Pfund* [fʊnt], *Rumpf* [rʊmf].

h) In Berlin und seiner Umgebung erscheint für [g] im Anlaut meist [j]: *ganz* [jɑnts]; im Auslaut und z. T. auch im Inlaut [x]: *Tag* [tɑx].

i) *j* erscheint oft als [dj, dʒ] in Niedersachsen, als [g] am Niederrhein, vgl. *jung* [djʊŋ, dʒʊŋ; gʊŋ].

j) In Mecklenburg und auf Rügen wird häufig ein dem harten [l] der slawischen Sprachen nahestehender l-Laut gesprochen.

k) In Westfalen und in Ostfriesland oft Aussprache [sk] oder [sç] für *sch*.

l) Neigung, bei zusammengesetzten Wörtern den Akzent nach rückwärts zu verlagern: *Bürger'meister, Feld'marschall, Groß-'handel, Aufer'stehung, zu'künftig, auf'richtig.*

2. Mitteldeutschland

a) [v] wird in Mitteldeutschland oft bilabial statt labiodental gesprochen.

b) Bei Schlesiern erscheint oft stimmhaftes [v] für [f]: *Eifer* ['aevər], ebenso z. T. stimmhaftes [ʒ] statt [ʃ], vgl. *nuscheln* ['nuʒəln].

3. Mittel- und Süddeutschland

a) Neigung, den *a*-Laut zum *o*-Laut hin zu verdumpfen (Sachsen, Thüringen, in Süddeutschland vor allem im Bairischen einschl. Österreichs).

b) Neigung zu überoffenem [ε] in Obersachsen, Österreich und der Schweiz.

c) Oft wird (in besonders ausgeprägter Form im Obersächsischen) nicht zwischen stimmhaften und stimmlosen, behauchten und unbehauchten Verschlußlauten unterschieden (s. o.). In Obersachsen ist zum Teil auch anlautendes [k] zu [g] lenisiert, vgl. *Kaffee* ['gafeː].

4. Süddeutschland, Österreich, Schweiz

a) In Schwaben und in der Schweiz Neigung zur Aussprache [ɑi, ɑu] statt [ae, ao]: in weiten Teilen des Schwäbischen Aussprache [əɪ, əʊ] für [ae, ao], soweit mhd. *î*, *û* zugrunde liegen, z. B. in *Eis*, *Haus*.

b) In Österreich Neigung zu offener Aussprache langer Vokale vor *r*-Lauten: *Heer* [hεːr], *hier* [hɪːr], *Tor* [tɔːr].

c) Im Inlaut Aussprache [ʃp], [ʃt] für *sp*, *st* im schwäbisch-alemannischen Bereich (einschl. der Schweiz) und Tirol ['kaʃpar, bɪʃt].

d) Im bairischen Gebiet einschl. Österreichs Neigung, [p, t] unbehaucht zu sprechen.

e) Im südbairischen und hochalemannischen Gebiet (einschl. der Schweiz) Neigung zur Aussprache [kx] für den *k*-Laut.

f) In Österreich und der Schweiz z. T. Neigung zum *ach*-Laut [x] statt *ich*-Laut [ç].

g) In der Schweiz (wie im niederfränkischen Gebiet) oft [u]-haltige Aussprache des *l*-Lauts.

10*

5. Sonstige landschaftliche Eigentümlichkeiten

a) Aussprache des *i* vor *r* als [ɤ]: Hirsch [hɤrʃ] usw.

b) Im Rheinland, in Hessen, in der Pfalz, im übrigen rheinfränkischen sowie im ostfränkischen Bereich wird orthographisches
g oft gesprochen

α) im Anlaut (vgl. Berlin) wie im Wortinnern nach [l] oder
[r] als [j]: *gut* [juːt], *Sorge* [ˈzɔrjə];

β) im Wortinnern zwischen vorderen Vokalen durch [j] oder
[ç], vgl. *liegen* [ˈliːjən, ˈliːçən], nach hinteren Vokalen vor
Vokal als [ɤ] oder [x], vgl. *Wagen* [ˈvaːɤən, ˈvaːxən];

γ) vor stimmlosen Konsonanten und am Wortende nach vorderen Vokalen und nach [r] als [ç], vgl. *legt* [leːçt], *Sieg* [ziːç],
Sorge [ˈzɔrçə], nach hinteren Vokalen als [x], vgl. *sagt* [zaːxt],
Zug [tsuːx].

c) Aussprache [ʃ] statt [ç] im Rheinland einschl. des Saarlands:
ich [ɪʃ], *Kirche* wie *Kirsche* [ˈkɪrʃə].

d) In der Kölner Gegend erscheint velarisiertes l [ɫ], vgl. *kalt*
[kaɫt].

III. Überdeutliche Lautung

Man spricht die Laute beim Diktat, bei schlechter Akustik des
Raumes, in lauter Umgebung, bei besonders großer Entfernung
von den Hörern deutlicher als in der reinen Hochlautung. Weicht
die Alltagslautung von den Normen der Hochlautung, auch der
gemäßigten, nach unten ab, so stellt die überdeutliche Lautung
eine hyperkorrekte Form der reinen Hochlautung dar.

Feste Normen bestehen hier nicht. Vor allem werden Vokale in
unbetonter Stellung gedehnt, vgl. *Kritik* [kriːˈtiːk], wobei [ə] ersetzt wird durch [e, eː]: *kommen* [ˈkɔmen, ˈkɔmeːn], *sage* [ˈzaːge,
ˈzaːgeː], in *-et*, *-est* auch durch [ɛ], vgl. *rettet* [ˈretɛt, ˈretɛst]. Bei
den stimmlosen Verschlußlauten tritt stärkere Behauchung ein,
beim Zusammentreffen zweier homorganer Verschlußlaute doppelte Behauchung, vgl. *Rückkehr* [ˈrɤkˈkeːr]. Das Zeichen *h* wird
zwischen Vokalen unter Umständen gesprochen: *Ruhe* [ˈruːhe],
ehe [ˈeːhe].

B. Bühnenaussprache

Wie die Bühne der eigentliche Ausgangsort aller die Hochlautung regelnden Bestrebungen gewesen ist, so bleibt sie heute eine Hüterin der reinen Hochlautung, der „Bühnensprache". Es ist zu hoffen und zu erwarten, daß das Publikum des Theaters auch weiterhin an die Sprache der Bühne hohe Anforderungen stellen wird und daß das von der Bühne erklingende Wort eine bildende Kraft bewahrt. Strenge Erziehung des Schauspielers zu einer untadeligen Aussprache ist und bleibt Aufgabe der Schauspielschule und des Regisseurs. Was für die Bühne gilt, das ist auch für den kunstgemäßen Vortrag auf dem Podium verbindlich.

Die literarische Entwicklung der letzten Jahrzehnte hat der Alltags- und der gepflegten Umgangssprache auf der Bühne ihr Recht erworben. Auf der Bühne erscheinen unterschiedliche Formstufen der Dichtung und damit auch des Sprechens. Man kann Texte Hauptmanns oder Ibsens, Frischs oder Dürrenmatts nicht so sprechen, wie man die hochstilisierte Sprache Goethes oder Schillers spricht; man kann auch im Salonstück oder Volksstück nicht „klassisch" reden. Hier sind Formen der gemäßigten Hochlautung angemessen.

Je nach dem Stil werden heute auf der Bühne verschiedene Formstufen gesprochen (wobei auch dem Stil des *understatement* die Verständlichkeit erhalten bleiben muß); ein Prüfstein des Schauspielers bleibt jedoch auch in unseren Tagen seine Fähigkeit, die gehobene Sprache des Verses zu sprechen. Die „reine" Sprache der Bühne ist nicht nur ein praktisches oder technisches Anliegen der „Fernwirkung" oder der Deutlichkeit, sie ist auch eine Frage der geistigen Kultur. Die ehrenvolle Aufgabe, die Th. Siebs bei der Schaffung seiner „Bühnenaussprache" der Bühne stellte, die „Lehrmeisterin Deutschlands zu werden", gilt heute so gut wie vor 70 Jahren.

Die Bühnenaussprache von Siebs hatte den Grundsatz aufgestellt: „Fälle, in denen Reim, Rhythmus oder seltener Sprachgebrauch besondere Abweichungen vom Üblichen fordern, sind von der Regelung ausgeschlossen." Der Wille des Dichters steht über allen Regeln. Von den großen Werken der Klassiker trennen uns mehr als anderthalb Jahrhunderte, in denen die sprachliche — auch die aussprachliche — Entwicklung nicht stillgestanden hat.

Der Schauspieler muß dem dort Rechnung tragen, wo Rhythmus und Reim es erfordern. So wenig, wie wir in einem klassischen Stück ungebräuchlich gewordene Wörter durch gebräuchliche ersetzen, können wir ungewohnte Betonungen oder Lautungen abändern. Die Hochsprache verlangt die Betonung 'Stralsund, Schiller aber reimt in Wallensteins Lager „die Stadt Stral'sund" auf „Mund", Itzehoe auf Mussjö (mit falscher Aussprache nach dem Schriftbild), Karabinier auf hier. Ein Wort wie „unvergänglich" kann im Hexameter sowohl als 'unver'gängliche 'Werke, wie als unver'gängliche 'Werke erscheinen.

Ähnliche Schwierigkeiten bringt der Reimgebrauch. Auch in der Strenge des Reimes gibt es Formstufen. Reime von gerundetem ö und ü auf e und i (schönen ~ sehnen; grünen ~ schienen) gelten weithin als zulässig. Sie sind durch die ostmitteldeutsche Sprache von Martin Opitz und dessen Kunstgenossen bedingt und seitdem im Reimgebrauch geduldet. Schiller reimt in Wallensteins Lager: Meissen auf preisen, Goethe im Faustmonolog: steigen auf reichen, im Gebet Gretchens: ach neige du Schmerzensreiche, in einem Gelegenheitsvers: Vergnügen auf Griechen. Der landschaftssprachliche Hintergrund solcher Reime ist deutlich. In allen solchen Fällen hört die gültige Regel auf, und ist es dem erzogenen Formgefühl des Sprechers aufgegeben, den Ausgleich zwischen dem Ungewohnten, historisch oder landschaftlich Bedingten und dem heute Üblichen zu finden. Anders als zu Siebs' Zeit verzichten wir eher auf die Reinheit des Reims als auf die der Hochlautung.

Im ganzen behält doch dasjenige volle Gültigkeit, was Th. Siebs abschließend über das Verhältnis des Schauspielers — und des Sprechkünstlers überhaupt — zur Sprache gesagt hat: „Mag man aber auch noch so weit gehen in der Zulassung des Mundartlichen auf der Bühne, in dem Nachgeben an die künstlerische Persönlichkeit des Schauspielers und an die Stimmung, so wird man doch niemals leugnen können, daß der gute Schauspieler für die ruhige, verstandesmäßige Rede eine kunstmäßige mundartfreie Aussprache zu beherrschen hat, und daß es daher Regeln für die Ausbildung des Schauspielers als Sprachkünstler geben muß, die von der Herausarbeitung des Charakters der Rolle und der Stimmung noch unabhängig sind. Nur der Dilettantismus mag glauben, solcher Ausbildung, sei es im Sprech- oder Gesangsvortrage, entraten zu können, und kein Schauspieler wird sich ihr widersetzen wollen ..."

C. Kunstgesang

Auch für die Aussprache beim Kunstgesang ist die Hochlautung verbindlich. Soweit es sich bei Gesangskompositionen um Kunstgesang handelt, kommt eine andere als die höchste Formstufe der Aussprache nicht in Betracht. Anders ist es mit mundartlich bestimmten Volksliedern sowie unterhaltenden Chansons, Songs usw.

Bei der Vertonung einer Dichtung werden wesentliche Bestandteile des Sprachrhythmus und -melos ersetzt oder verändert durch den musikalischen Rhythmus und die Melodie; unberührt bleibt die Lautqualität. Mit demselben Recht, wie vom Sänger Reinheit der musikalischen Tonstufen, darf von ihm beim Kunstgesang auch Reinheit der Laute gefordert werden. Für die Vokale gilt diese Forderung womöglich in noch stärkerem Maße, weil sie bei langen Notenwerten zeitlupenartig gedehnt erscheinen. Ausgenommen bleibt die Höhenlage der Frauenstimme über f '', in der die Vokale ihr Eigengepräge verlieren und sich der *a*-Farbe annähern.

Da beim Gesang die Dauer der Vokale nicht von der Sprache, sondern von der Komposition bestimmt wird, kann der Sänger in bezug auf die Länge und Kürze die Forderungen der Hochlautung nicht immer erfüllen. Er ist daher auf die unterscheidende Verwendung offener und geschlossener Vokale angewiesen. Oft muß ein langer geschlossener Laut auf eine kurze, ein kurzer offener auf eine lange Note gesungen werden. Während bei ausdrucksvoller Dehnung solcher Wörter in der gesprochenen Sprache der kurze Vokal unangetastet bleiben kann, weil der folgende Konsonant die Dehnung übernimmt (vgl. S. 20), muß der Sänger die Dehnung in den Vokal verlegen. Die Unterscheidung eines geschlossenen und offenen *a*, die der gesprochenen Sprache fremd ist, fällt im Gesang ebenfalls weg. Auch für das lange und kurze offene [ɛ:, ɛ] (*wä...hle* und *We...lle*) gibt es beim Singen keine Unterscheidungsmöglichkeiten. Schwer unterscheidbar für den Hörer werden dabei offenes [ʊ] und geschlossenes [o:], offenes [ɪ] und geschlossenes [e:], offenes [ʏ] und geschlossenes [ø:] sein, etwa in *Mu...nd* oder *Mo...nd, Li...nnen* oder *leh...nen, Hü...lle* oder *Höh...le.* In solchen Fällen die offenen Vokale aus Unterscheidungsgründen zu verengen, ist der Hochsprache nicht gemäß, verwischt außerdem die Unterschiede zu den entsprechenden geschlossenen Vokalen.

Der schwache [ə]-Laut muß im Gesang ausgeformt werden. Steht er im Auslaut allein, so nähert sich sein Gepräge dem offenen [œ], folgt noch ein Konsonant, so klingt er ein wenig heller: *Gabe* gegenüber *Gaben, weine* gegenüber *weinet.*

Bei der Diphthongbildung ist der Längenunterschied der beiden Vokale wesentlich größer als beim Sprechen; der erste nimmt den Notenwert fast völlig für sich in Anspruch. Das ist besonders bei Figurationen zu beachten. Erst am Schluß wird der zweite Vokal gebunden erreicht.

Der Gesang verlangt den sogenannten weichen Vokaleinsatz. Es darf also vor dem Vokal weder ein Hauch noch ein Knacklaut (Glottisschlag) hörbar sein. Dies gilt auch für den Hiatus: *Aïda, Krëusa,* wo weicher Übergang von dem ersten zum zweiten Vokal gefordert wird. Nicht nur beim gebundenen Singen (legato), sondern auch beim gestoßenen (staccato, martellato) wird der Sänger die Vokale weich einsetzen. Im dramatischen wie im rezitativischen Singen ist der feste Stimmeinsatz ein starkes, darum selten zu verwendendes Ausdrucksmittel, das aber nur der durchgebildete Sänger ohne Schaden für die Stimme anwenden kann.

Von den Konsonanten bedarf in diesem Zusammenhang nur der *r*-Laut einer besonderen Erwähnung. Für die Gesangsaussprache gibt es die Gleichberechtigung von dessen beiden Formen nicht, wie sie für die gesprochene Hochlautung gilt. Der Sänger benutzt ausschließlich das Zungenspitzen-[r], nicht nur, weil es die Tradition der italienischen Gesangsschulen ihm nahelegt, sondern weil es sich von dem Zäpfchen-[ʀ] durch seine größere Klangfülle und seine günstigere Bildungsweise vorn im Ansatzrohr auszeichnet.

Im übrigen sind für die Konsonanten, auch für das Zusammentreffen gleichartiger Konsonanten am Anfang und Ende von Silben und Wörtern, die für die gesprochene Hochlautung beschriebenen Regeln maßgebend (S. 86).

So herrscht eine enge Beziehung zwischen Sprechvortrag und Gesang, und der Sänger wird vom guten Sprecher manches lernen können. Nicht nur, weil alle Opernsänger gelegentlich auch Sprechrollen zu bewältigen haben oder weil Rezitativ und Musikdrama eine Aussprachetechnik verlangen, die der des gesprochenen Dramas nicht nachsteht; auch in den überwiegend musikalischen Gattungen der Gesangsmusik, im Lied, ja in der Arie will das Wort mit der gleichen Sorgfalt und Reinheit gelautet werden wie im Sprechvortrag.

D. Hörfunk, Bildfunk und Film

Der Rundfunk, der Hör- wie der Bildfunk, erreicht mit dem gesprochenen Wort — wie der Film — Millionen von Hörern. Er hat damit die Möglichkeit einer spracherzieherischen Wirkung auf weiteste Kreise, wie sie keiner anderen Stelle gegeben ist. Damit wächst ihm auch eine spracherzieherische Verpflichtung zu. Daß er sich dieser bewußt ist, beweist die Tatsache, daß Theodor Siebs im Jahre 1931 im Auftrage der Reichs-Rundfunkgesellschaft ein Werk unter dem Titel „Rundfunkaussprache" herausgegeben hat, das, als Handschrift gedruckt, nicht in den Buchhandel gekommen ist.

Siebs' „Rundfunkaussprache" ist in erster Linie ein Aussprachewörterbuch für Fremdwörter und Namen, das eine Erweiterung der Wörterlisten in der „Bühnenaussprache" bringen wollte. Die kurze Einführung der „Rundfunkaussprache" enthält aber auch beherzigenswerte Hinweise auf die allgemeine spracherzieherische Aufgabe des Rundfunks. „Jeder Rundfunksprecher ... wird sich an die Forderungen der Hochsprache anschließen müssen, denn der Sender ist nicht für einen örtlich beschränkten Kreis da, sondern für die Allgemeinheit ... Der Hörer wächst mit dem Redner und besonders mit dem täglich zu ihm sprechenden Ansager zusammen, und dieser kann dem Hörer — mehr oder weniger bewußt — geradezu zum Lehrer und Vorbild werden. Darin liegt für den Sprecher eine bedeutsame und verantwortungsvolle Aufgabe."

Die Wirkung und Bedeutung des Rundfunks hat sich, seitdem diese Worte 1931 geschrieben wurden, nach Sachbezirken und Hörerkreis ungeheuer verbreitet, nicht zuletzt auch durch die Einführung des Fernsehens. Umso wichtiger ist seine sprachbildende Funktion geworden. Wie beim Film wird die Sprache dem Hörer auf technisch-mechanischem Wege übermittelt. Das Verhältnis des Rundfunksprechers zur Sprache ist ein anderes als das des Schauspielers. Er spricht wie bei der natürlichen Gesprächssituation einerseits sehr in die Nähe, tatsächlich fast ohne Abstand in das aufnehmende Mikrophon. Er spricht aber auch den einzelnen Hörer unmittelbar und nahe im privaten Raum an. Seine Sprechweise braucht also nicht auf Fernwirkung berechnet zu sein. Das führt dazu, daß Sprecher im Hör- wie Bildfunk nicht selten ein gewisses Mißtrauen gegen die strengen Forderungen der reinen

Hochlautung empfinden und für ihre Aufgabe eine mehr an der gebildeten Umgangsaussprache orientierte Sprechweise wünschen. Die gemäßigte Hochlautung kann solchen Wünschen entgegenkommen. Andererseits spricht der Rundfunksprecher in große Weiten, er überbrückt alles Landschaftliche, und er muß sich bewußt sein, daß er mehr als andere auch vor Ausländern spricht, die ihn verstehen wollen und die sich an sein Deutsch, auch an seine Aussprache, halten. Noch wesentlicher ist, daß der Hörfunksprecher als Person nicht in Erscheinung tritt, daß er zur bloßen Stimme wird. Nun weiß jeder, wieviel das Sehen des Gesprächspartners zum Verständnis des gesprochenen Wortes beiträgt, wieviel jeder Hörer aus der Bewegung des Mundes, der Mimik und Gestik abliest. Daraus ergibt sich für den Hörfunksprecher die Notwendigkeit eines besonders klaren, deutlichen und der Norm der Hochlautung gemäßen Sprechens.

Verglichen mit der künstlerischen Geschlossenheit der Bühne wird der Rundfunk durch die große Mannigfaltigkeit seiner Darbietungen und die Vielfalt seiner Sprecher bestimmt. Er ist also vor sehr verwickelte sprecherische Aufgaben gestellt. Neben seinen berufsmäßigen Sprechern läßt er Persönlichkeiten aus allen Schichten: Künstler, Gelehrte, Politiker, Fachleute aller Art vor das Mikrophon treten. Die Breite seiner Möglichkeiten reicht vom großen Kunstwerk bis zur sachgebundenen Ansage und Nachricht und zur augenblicksgeborenen Reportage. Dazu kommt die landschaftliche Verbundenheit, die zumal in Österreich und der Schweiz Rücksicht auf die Forderungen des sprachlichen Eigenlebens verlangt. Entsprechend den vielen Formstufen seiner Darbietungen wird sich der Hör- und Bildfunk eine gewisse Freiheit in den Formstufen des Sprechens wahren müssen.

Wo es sich um die Wiedergabe eines sprachlichen Kunstwerks handelt (Hörspiel, Fernsehspiel, literarische Lesung), untersteht der Rundfunk denselben Anforderungen wie die Bühne und der kunstgemäße Vortrag am Vortragspult. Auch der belehrende Vortrag erfordert gerade mit Rücksicht auf die Weitenwirkung des Rundfunks eine überlandschaftliche, der Hochlautung gemäße Form. Der Rundfunk muß vor allem von seinen berufsmäßigen Sprechern eine gute Sprechausbildung verlangen, zu der die sichere Beherrschung der Hochlautung gehört. Er legt Wert darauf, daß auch bei Ansage und Nachricht die Sprache frei und gebildet wirkt[1]).

Von einem solchen Ausgangspunkt her wird der Rundfunksprecher auch ermessen können, wie weit im Einzelfall die Anpassung an die Alltagssprache, an die landschaftlichen Besonderheiten und an die technischen Erfordernisse des Sprechens vor dem Mikrophon gehen darf. Regeln lassen sich dafür bei der Mannigfaltigkeit des Rundfunkprogramms noch weniger aufstellen als bei der Unterrichtssprache der Schule. Niemals aber darf man sich dazu verleiten lassen, aus der Not eine Tugend zu machen und sprachliche Nachlässigkeit damit zu beschönigen, daß man sie zur „natürlichen" Sprechweise erklärt.

E. Öffentliche Rede

Die Rede will mit den Mitteln des inhaltlichen Aufbaus und der Gedankenführung wie des sprachlichen Stils, aber auch mit spezifisch rednerischen Mitteln wie der Mimik und Gestik, vor allem aber der Sprechweise, einen größeren oder kleineren Kreis von Menschen mit Tatsachen oder Erkenntnissen vertraut machen und die Hörer für eigene Meinungen gewinnen.

Ein wichtiges Mittel, den Kontakt mit den Zuhörern herzustellen, ist die deutliche und genaue Aussprache des Redners, die es dem Zuhörer erspart, seine Aufmerksamkeit auf die Aufnahme der akustischen Zeichen richten und dadurch den Inhalt vernachlässigen zu müssen. Man wird heute vom Redner erwarten, daß er die Hochlautung beherrscht, auf jeden Fall in ihrer gemäßigten Form. Selbstverständlich wird sich der Redner bei der Wahl der Ausspracheform nach der jeweiligen Situation, nach dem Zweck seiner Rede und nach der Zusammensetzung seines Zuhörerkreises richten: reine Hochlautung schafft Abstand und wird leicht gekünstelt erscheinen, gemäßigte bewirkt näheren Kontakt; selbst von der gemäßigten Hochlautung wird er unter Umständen bewußt abweichen und um der Intimität willen etwa landschaftlichen Ausspracheeigentümlichkeiten Raum geben oder auch einmal die

---

[1]) Nur dann kann der deutsche Rundfunk die spracherzieherische Bedeutung erringen, die der englische Rundfunk (BBC) für seinen Sprachbereich besitzt.

Alltagslautung benützen, zumal im kleinen Kreis. Je feierlicher
der Charakter einer Rede ist, desto mehr erfordert sie die Einhal-
tung der Regeln der Hochlautung. — Anders liegen die Verhältnisse
in der deutschsprachigen Schweiz, wo auch in der öffentlichen
Rede, abgesehen vom wissenschaftlichen Vortrag und weithin von
der Predigt, im allgemeinen eine Ausgleichsmundart gebraucht
wird. (Ähnliches gilt für Luxemburg, soweit dort nicht das Französische benützt wird.)

Will der Redner einen großen Raum ohne die mechanische Hilfe
des Mikrophons beherrschen, dann muß er sich bei seiner Artikulation hinsichtlich der ausgeprägten Deutlichkeit (nicht bei seiner
sonstigen Sprechweise) an die Regeln der Bühnenaussprache
halten; steht ein Mikrophon zur Verfügung, dann gelten die Regeln
des Sprechens im kleinen Raum unter den besonderen Bedingungen
des Sprechens ins Mikrophon, wie sie bei der Rundfunkaussprache
dargelegt wurden (S. 153). Vor allem ist bei Reden in großen
Räumen auf eine starke Ausformung der Lippentätigkeit sowie auf
eine gute Resonanz der Vokale zu achten; hier empfiehlt sich auch
eine bei feierlichen Reden und bei gedanklich schwierigen wissenschaftlichen Vorträgen in jedem Fall angebrachte Verlangsamung
des Redetempos durch Dehnung der Vokale und Einlegung von
Pausen bei Sinneinschnitten.

F. Fernmeldewesen

Wie der Rundfunk ist die Postverwaltung ebenfalls daran inter-
essiert, ihr Personal des Fernsprech- und Telegraphendienstes zu
reiner und deutlicher Aussprache anzuhalten. Auch hier handelt
es sich um eine überlandschaftliche Sprechwirkung, oft in große
Ferne und über die Sprachgrenzen fort, und wie beim Hörfunk um
die Wirkung der bloßen Stimme ohne Hilfe des Auges. In diesem
Falle wird das Bedürfnis nach Deutlichkeit die Möglichkeit von
Konzessionen, wie sie dem Rundfunk gestattet sind, noch mehr
einengen; denn hier werden Wort- und Silbentrennungen besondere Aufmerksamkeit verlangen, um Mißverständnisse auszu-
schalten. Ebenso wird hier auf besonders klare Scheidung der
stimmlosen und stimmhaften Verschlußlaute zu achten sein, so daß
Torf und *Dorf, Pein* und *Bein, bekehren* und *begehren* deutlich

unterschieden werden. Eher können Zugeständnisse gemacht werden, die durch das Schriftbild bedingt sind. So mag die Aussprache der Endung *-ig* mit Verschlußlaut [k] zugestanden werden, um einen deutlicheren Klangunterschied von der Endung *-lich* zu erzielen.

G. Unterricht

Das Verhältnis der Schule zur Bühnenaussprache hat Theodor Siebs in einem eigenen Abschnitt seines Werkes behandelt. Die Lage hat sich in den Jahrzehnten seit dessen Entstehen gründlich geändert. Damals stand noch die Tatsache der Mundart und deren Bedeutung für die Schul- und Alltagsrede im Vordergrund. Inzwischen ist durch die gewaltige Ausdehnung des Verkehrs, das Anwachsen der Großstädte und die zunehmende Ausstrahlung der Stadtsprachen auf das Land, noch mehr aber durch die großen Bevölkerungsverschiebungen der Zeit des Zweiten Weltkrieges und danach, namentlich durch die Um- und Aussiedlung von Millionen Deutschen, die landschaftliche Geschlossenheit stark aufgelockert. Anders liegen die Verhältnisse noch in manchen Außengebieten des deutschen Sprachraums, so in der Schweiz und auch zum Teil in Österreich.

Der Lehrer steht meistens selbst auf dem Lande nicht mehr einer klaren mundartlichen Situation gegenüber, und in den Großstädten gibt es vollends zahlreiche räumliche, soziale und individuelle Sprachunterschiede. Kennzeichnend sind vor allem auch die „Rollensprachen", also der Wechsel der Sprachform je nach Situation und Partner, und die Formenmischung. Diese Entwicklung kann zu Sorge Anlaß geben. Die „echte" Mundart ist in ihrer Weise eine kultivierte Sprache; sie erzieht zu Sprachbewußtheit und sprachlicher Sauberkeit, die im Wissen um das Nebeneinander von Mundart und Hochsprache auch Achtsamkeit auf die Kultur der Hochsprache erzeugen kann. Sprachmischung aber und Sprachunsicherheit bringen oft Nachlässigkeit gegenüber der Sprache mit sich und führen leicht zum Slang oder zum gruppengebundenen Jargon.

Die Schule muß also nicht nur die Sprache, sondern auch die Aussprache pflegen. Schon mit dem Rechtschreibunterricht be-

ginnt die Erziehung des Kindes zu einer der Hochsprache ange-
messenen Lautung. Ein bayrisches Kind, das [ˈklɔəne], ein ale-
mannisches, das [ˈnynɪ] spricht, muß mit dem hochdeutschen
Schriftbild *kleine* und *neun* zugleich das hochdeutsche Lautbild
des Wortes lernen. Auf der Vorbereitung der Grundschule müssen
die weiterführenden Schulen aufbauen können. Dazu braucht der
Lehrer selber eine Erziehung zu gepflegter Aussprache und eine
feste Richtschnur, an die er sich halten kann. Diese wird ihm in
dem vorliegenden Buche gegeben. Das Gefühl für die Verantwor-
tung gegenüber der Sprache sollte bei dem künftigen Lehrer weit
mehr, als es heute geschieht, geweckt werden. Der Lehrer wird die
Erfahrung machen, wie sehr ein guter, klangreiner Vortrag eines
Werkes dessen Deutung fördert und wie unmittelbar der Schüler
es vom Klang her aufnehmen kann. Das spracherzieherische Wirken der Schule verlangt den dazu willigen und vorgebildeten
Lehrer, der begriffen hat, daß Pflege der Sprache ein wesentlicher
Teil der allgemeinen Kultur ist. Die Schulung im richtigen Sprechen
sollte daher bei seiner Ausbildung eine wichtige Rolle spielen.

Das Bemühen um eine gute Aussprache der Hochsprache muß
sich stets in der Richtung auf die Hochlautung hin bewegen. Die
Unterschiede zwischen Hochlautung und ortsüblicher Aussprache
sind oft stark; sie auf einmal und mechanisch ausgleichen zu
wollen, würde — namentlich in der Grundschule — zu Geziertheit
und Unnatur führen und den jungen Menschen eher gegen die
Hochlautung einnehmen. Für den Grad und die Schritte der Annäherung lassen sich feste Regeln nicht aufstellen. Diese werden
nach Landschaften und örtlicher Lage, nach Alters- und Bildungs-
stufen der Schüler verschieden sein, und das Vorgehen muß dem
verantwortlichen Unterscheidungsvermögen des sprachlich gebildeten Lehrers überlassen bleiben. Einen ungefähren Maßstab wird
dabei einerseits die weite, überlandschaftliche Verbreitung einer
sprachlichen Erscheinung, andererseits ihre Anerkennung auch in
der gebildeten Umgangssprache geben. Ebenso wird man empfind-
licher in der reinen Bildung der Vokale sein müssen, weil sie die
eigentlichen Klangträger des Wortes sind. Übrigens hat jeder —
und gerade auch das Kind — ein recht feines Gefühl für die Grenzen des mundartlich oder umgangssprachlich Zulässigen wie des
hochsprachlich Erreichbaren. Als Ziel muß jedoch überall die Hochlautung im Auge behalten werden.

Man wird gut tun, in der Schule zwischen Vortragssprache
und Unterrichtssprache zu unterscheiden. Beide werden der
Hochlautung zustreben, aber beide in verschiedenem Maße. Bei
der Vortragssprache soll sich der Lehrer, wenn er ein Gedicht
vorspricht oder einen Text vorliest, einwandfreier Hochlautung
bedienen, die der reinen Hochlautung soweit als möglich angenähert ist. Der Norddeutsche darf in Goethes Abendlied nicht vor-
tragen: *Alles Leid und Schmerzen* ['stɪləst] (statt ['ʃtɪləst]), der
Alemanne nicht: *Der du von dem Himmel* [biʃt] und so auch nicht
der Schwabe und der Ostdeutsche im Mondlied ['filəst] *wieder
Busch und Tal*. Auch der Schüler muß zu dem Bewußtsein erzogen
werden, daß die großen Werke der deutschen Dichtung Gemeingut
des ganzen Volkes sind und daher auch in einer Klanggestalt erscheinen sollen, die allen gemeinsam ist, und er muß daran ge-
wöhnt werden, im Vortrag die Hemmungen zu überwinden, die er
zunächst bei der Verwendung der Hochlautung haben mag. Die
Erziehung des Schülers zu einer gepflegten Vortragssprache sollte
bis zum Abschluß der Schule selbst dort erreicht werden, wo die
gebildete Aussprache, wie zum Teil in Süddeutschland, in der
Schweiz und in Österreich, stark landschaftlich gefärbt ist.

Dieses Erziehungsziel wird um so eher erreicht werden, je sicherer der Lehrer die Hochlautung beherrscht und an sich selber beweist, daß solches Sprechen lebendig und schön ist.

Ein gleiches Verantwortungsbewußtsein wird auch in der Unterrichtssprache des Lehrers spürbar sein, selbst wenn er die ortsübliche landschaftliche Umgangssprache berücksichtigt. Man kann
von dem Lehrer nicht fordern, daß er sich im Unterrichtsgespräch
immer der Hochlautung, und gar der reinen, bedient. Er würde
damit leicht eine sprachliche Kluft zwischen sich und die Schüler
legen. Ein Lehrer im niederdeutschen [sp-st]-Gebiet wird im unter-
richtlichen Umgang das heimische [spi:l] und [sto:s] nicht immer
zugunsten des hochsprachlichen [ʃpi:l] und [ʃto:s] bekämpfen
wollen oder können. Im allgemeinen aber wird er — und zwar
nicht nur der Deutschlehrer! — darum bemüht sein, auch in der
Unterrichtssprache die Normen der Hochlautung zu beachten.
Grobe landschaftssprachliche Abweichungen wie küstenländisches
['(d)jʏŋklɪŋk] für *Jüngling*, ostmitteldeutsch-schwäbisches [ʃeːn]
und [griːn], schwäbisch-alemannisches ['liʃpəln, gɑeʃt] wird der
Lehrer weder bei sich selber noch bei den Schülern dulden. Er muß

ständig bemüht sein, die Schüler mit wachsender Einsicht zur Achtsamkeit auf ihre Sprache und zur Vermeidung auch grober aussprachlicher Verstöße anzuhalten. Der Schüler soll die Vorzüge der gemeinsamen Norm der Hochlautung gegenüber einer nicht gepflegten Alltagsaussprache erkennen.

Eine sehr große Bedeutung hat die Regelung der Aussprache beim Deutschunterricht für Ausländer. Der Ausländer unterrichtende Lehrer ist in besonderem Maße verpflichtet, in der Beachtung der Aussprachenormen ein Vorbild für seine Schüler zu sein, da seine Aussprache in der Regel unkontrolliert als Muster betrachtet und nachgeahmt wird. Einmal angenommene Fehler in einer fremden Sprache sind besonders schwer wieder abzulegen. Der Ausländer muß sich an die Artikulationsbasis der deutschen Hochlautung gewöhnen und sich mit der Bildungsweise der einzelnen Laute vertraut machen.

Schon lange haben Ausländer festgestellt, daß ihnen die reine Hochlautung, wie sie bisher im „Siebs" und fast durchweg in ihren Lehrbüchern des Deutschen niedergelegt war, in Deutschland und bei ihren deutschen Lehrern — mit gelegentlicher Ausnahme der Bühne — kaum entgegentritt. Sie werden es besonders begrüßen, daß ihnen nun hier neben der Höchstnorm eine gemäßigte Aussprachregelung angeboten wird, die als Hochlautung zu gelten hat, aber der Sprechwirklichkeit näbersteht.

Erst wenn der Ausländer die Hochlautung wirklich beherrscht, wird er sich im längeren Umgang mit Deutschen auch jene landschaftlich bestimmten Einfärbungen der Hochlautung und darüber hinaus auch als Ausdruck der Intimität Besonderheiten landschaftlicher Umgangssprache leisten können, die als ein Zeichen sicherer Sprachbeherrschung gelten dürfen.

Literaturhinweise

E. Dieth: Vademecum der Phonetik. Bern 1950.

Duden, Aussprachewörterbuch, bearbeitet von M. Mangold. Mannheim 1962.

Duden, Wörterbuch geographischer Namen. Europa (ohne Sowjetunion). Mannheim 1966.

O. v. Essen: Allgemeine und angewandte Phonetik. Berlin 1953.

B. Gajek: Die deutsche Hochsprache in der Schweiz und in Österreich. Zs. f. dt. Wortforschung 19, 164—7 1963.

B. F. O. u. L. M. Hildebrandt: Das deutsche R. Linguistics III, 5—20 1963—5.

D. Jones: Everyman's English Pronouncing Dictionary. 12th Ed. London 1963.

R. Keldörfer: Die Aussprache im Gesang. Wien 1955.

E.-M. Krech: Sprechwissenschaftlich-phonetische Untersuchungen zum Gebrauch des Glottisschlageinsatzes in der allgemeinen deutschen Hochlautung. Bibliotheca Phonetica, No. 4. Basel-New York 1968.

E. Kurka: Zur Aussprache der Lautkombination [kv] = qu im Hochdeutschen. Phonetica 13, 53—58 1965.

A. Littmann: Die Problematik der deutschen Hochlautung. Moderna Språk. Language Monographs 7 1965.

G. Lotzmann: Zur Aspiration der Explosivae im Deutschen. Wiss. Zs. d. Humboldt-Univ. Berlin VIII, 150—185 1958/9.

G. Lotzmann: Neuere Möglichkeiten der Ausspracheforschung. Sprechkunde und Sprecherziehung IV, 57—71. Emsdetten 1959.

C. u. P. Martens: Phonetik der deutschen Sprache. München 1961.

W. Meyer-Eppler: Zur Spektralstruktur der /r/-Allophone des Deutschen. Akust. Beih. 1, 247—250 1959.

G. Meinhold: Die Realisation der Silben [-ən], [-əm], [-əl]. Zs. f. Phonetik 15, 1—17 1962.

G. Meinhold: Grenzfälle der Explosivlaut-Realisation. Wiss. Zs. Halle 11, 1617—22 1962.

G. Meinhold u. E. Stock: Stimmlosigkeit und Stimmhaftigkeit der Verschlußphase (Plosion) bei deutschen Medien im absoluten Anlaut und nach stimmlosen Lauten. Zs. f. Phonetik 16, 137—148 1963.

H. Moser: „Umgangssprache". Zs. f. Mundartforschung 27, 215—233 1960.

F. Trojan: Deutsche Satzbetonung. Wien 1962.

H.-H. Wängler: Grundriß einer Phonetik des Deutschen. Marburg 1968.

L. Warnant: Dictionnaire de la Prononciation française. 2e Ed. Gembloux 1964.

I. Weithase: Einige Bemerkungen über die Aussprache des „qu" im Nhd. Münch. Studien z. Sprachwiss. 17, 109—122 1964.

Chr. Winkler: Zur Frage der deutschen Hochlautung. „Satz u. Wort i. heut. Deutsch", Sprache der Gegenwart (Schriften des Instituts für deutsche Sprache), Düsseldorf 1967, 313—328.

Ders.: Lautreines Deutsch. Übungen zur Grundausbildung im Sprechen. 6. A. Braunschweig 1969.

Die Aussprache des Hochdeutschen in der Schweiz. Hg. v. B. Boesch. Zürich 1957.

Beiträge zur Deutschen Ausspracheregelung. Hg. v. H. Krech. Berlin 1961.

Wörterbuch der deutschen Aussprache. Hg. von dem Kollektiv ... Leiter: Prof. Dr. H. Krech. Leipzig 1964.

Wörterverzeichnis

Vorbemerkungen

Das Wörter- und Namenverzeichnis, das dem ,Siebs' seit 1908 beigegeben war, ist für die Ausgabe von 1956 sowie für die vorliegende neu bearbeitet worden. Ein ,vollständiges' Wörterbuch kommt aus Raumgründen auch jetzt nicht in Frage. Die Auswahl beruht in ihren Grundlagen auf der von Siebs getroffenen. Inzwischen in Gebrauch gekommene Wörter sowie solche, bei denen sich durch die Abstufung besondere Fragen ergaben, wurden neu aufgenommen, andere, namentlich Wörter von lokaler Geltung sowie veraltete Fremdwörter, ausgeschieden. Insbesondere wurde nicht-hochsprachliches Wortgut, z. B. *abluchsen* u. ä., getilgt. Erstmals sind auch die bisher getrennten Teile Wort- und Namenverzeichnis zusammengelegt worden, um dem Benutzer das Nachschlagen zu erleichtern. Die Schreibung der Stichwörter folgt dem Rechtschreib-Duden.

Auswahl und Ergänzung sowie die phonetische Umschrift mit den Lautzeichen der API besorgte der dritte Herausgeber, der den auf S. 2 genannten Herren und einer ganzen Reihe von Ausländern für den Rat in zahlreichen Zweifelsfragen dankt.

Bei den deutschen Wörtern steht zuerst die Lautform reiner Hochlautung, gekennzeichnet durch eine hochgestellte [1], danach, mit [2] gekennzeichnet, eine Lautform, die in gemäßigter Hochlautung auch möglich ist. Bei [2] ist, um Raum zu sparen, nur der Teil des Wortes wiederholt, dessen Aussprache sich gegenüber [1] ändern kann. Österreichische und schweizerische Sonderformen sind mit (ö.) und (schw.) gekennzeichnet. Wiederum sind die Doppellautungen, die in der Hochlautung als zulässig gelten können, vermehrt worden. Wechselt dabei nur der Wortton, so sind die Silben der Zweitform nur mit Strichen angegeben, wodurch die veränderte Stellung des Worttons besser auffällt, z. B. 'ausführlich, -ˈ--.

Wo von einem Wort mehrere grammatische Formen (z. B. neben dem Singular der Plural) genannt werden, sind Stichwort und Lautform nach Möglichkeit gekürzt. Die Lautform [ˈɑfə, -ən] bedeutet also [ˈɑfə, ˈɑfən]. Ist das Wort einsilbig, so entfällt das

Zeichen für den Wortton; tritt dazu eine andere, längere grammatische Form und wird diese abgekürzt, so gilt für sie, wenn nicht anders angegeben, der Ton auf der ersten Silbe, z. B. [fjɔːrt, -rdə] bedeutet, daß der Plural ['fjɔːrdə] zu sprechen und auf der ersten Silbe zu betonen ist.

Die Namen erscheinen, soweit es sich um Sprachen mit lateinischer Schrift handelt, fast durchweg in der Form, die ihnen das Ursprungsland gibt, also tschechische mit den in der tschechischen Schrift eigenen Zeichen *š, ž, č, ř, ů* usw., polnische mit *ś, ź, ć, ł* usw., kroatische mit *ć* usw. In diese lateinischen Zeichen werden auch die russischen, ukrainischen, bulgarischen Namen umgesetzt; an die Stelle der serbischen tritt die gleichbedeutende kroatische Schreibung mit lateinischen Buchstaben. Es wird bemerkt, daß die im gewöhnlichen Buch- und vor allem im Zeitungsdruck angewendete Umschrift russischer Namen in unseren Stichworten gemieden wird. Wir schreiben also im allgemeinen: *v, s, z, c, š, ž, č, šč,* wo die gewöhnliche deutsche Druckorthographie *w* (bzw. *ff*), *ss, s, z, sch, sh* (bzw. *sch*), *tsch, chtsch* setzt. Das muß beim Aufsuchen russischer Namen beachtet werden. Verweise von unserer Schreibung auf die gewöhnliche konnten nur selten angebracht werden, schon mit Rücksicht auf den Raum. Kleine Abweichungen von der geltenden Orthographie gestattet sich das Buch bei irischen, türkischen und skandinavischen Namen.

Bei doppelter Schreibung von Wörtern und Namen, insbesondere bei deutschem und fremdem geographischem Namen des gleichen Ortes, wurden beide Formen im Verzeichnis getrennt aufgeführt und umgeschrieben, um mehrfaches Nachschlagen zu ersparen.

Bei der Aussprache der Wörter und Namen fremder Herkunft entscheidet der Grad der Eindeutschung. Wir sprechen von London als ['lɔndən], führen hier an zweiter Stelle aber auch die englische Ausspracheform ['lʌndən] an. Dabei werden Wörter eher und weiter eingedeutscht als fremde Namen. Hier erscheinen auch einige im Deutschen nicht übliche Laute (s. S. 23). Sonst haben wir uns für das Englische an D. Jones, Everyman's English Pronouncing Dictionary (12th E. London 1964) gehalten, für das Französische an L. Warnant, Dictionnaire de la Prononciation française (2ᵉ E. Gembloux 1964), für die Aussprache der europäischen geographischen Namen an das ,,Wörterbuch geographischer

Namen. Europa (ohne Sowjetunion)" des Duden (Mannheim 1966). Im übrigen haben wir zahlreiche Berater befragt, welche die betreffende Sprache als Muttersprache sprechen. Das Wort oder der Name wurde dabei vielfach vorgesprochen, sodann vom Herausgeber nachgesprochen, vom Berater eingehend verbessert und schließlich in einer für deutsche Sprecher nachvollziehbaren Form phonetisch umgeschrieben. Die deutsche Lautungsgrundlage (S. 16) blieb dabei jedoch erhalten. Die fremden Wörter und Namen erhielten einen Wortton, wie er dem deutschen Höreindruck entsprach. Die Doppelung von Haupt- und Nebenton wurde möglichst vermieden. Für stichhaltige Ergänzungen und Verbesserungen sind wir sehr dankbar.

Obwohl das Zeichensystem erweitert worden ist, reicht es selbst für die skandinavischen Sprachen, für das Niederländische und Russische, geschweige für entlegenere Sprachen nicht aus. Das mußten wir in Kauf nehmen.

Phonetische Schreibung

s. S. 23 ff.

Abkürzungen

ab.	abessinisch	lett.	lettisch
ä.	ähnlich	lt.	lateinisch
adj.	Adjektiv	magy.	magyarisch
adv.	Adverb	mus.	musikalisch
agr.	altgriechisch	myth.	mythologisch
ant.	antik	ndl.	niederländisch
art.	Artikel	no.	norwegisch
bi.	biblisch	ö.	österreichisch
bras.	brasilianisch	pl.	Plural
dä.	dänisch	port.	portugiesisch
dt.	deutsch	präf.	Präfix
e.	englisch	präp.	Präposition
f.	französisch	pron.	Pronomen
fm.	femininum	ru.	russisch
gen.	Genitiv	rum.	rumänisch
germ.	germanisch	schwz.	deutschschweizerisch
gr.	griechisch	sp.	spanisch
hebr.	hebräisch	tsch.	tschechisch
it.	italienisch	tü.	türkisch
kymr.	kymrisch		

Ab.	Abessinien	Cald.	Calderon
Afr.	Afrika	Cerv.	Cervantes
Äg.	Ägypten	Chi.	China
Alb.	Albanien	Corn.	Cornelius
Alt.	Altertum	Dä.	Dänemark
Am.	Amerika	D'Alb.	D'Albert
Anz.	Anzengruber	—, T.A.	—, Die toten Augen
Ar.	Arabien	—, Ti.	—, Tiefland
As.	Asien	Don.	Donizetti
Aub.	Auber	Dt.	Deutschland, Deutscher
Austr.	Australien		
Be.	Belgien	E.	England
Bell.	Bellini	Egk, Abr.	Ekg, Abraxas
Berl.	Berlioz	Estl.	Estland
Bg.	Bulgarien	F.	Frankreich
Bi.	Bizet	F., Pomp.	Fall, Madame Pompadour
Bö.	Böhmen	Fi.	Finnland
Brand.	Brandenburg	Fl.	Fluß
Bü.	Büchner	Flo.	Flotow

G. Goethe
Galsw. Galsworthy
Geb. Gebirge
Gir. Giraudoux
Glinka, Glinka, Das Leben für den
  Leben Zaren
Gog. Gogol
Gra. Grabbe
Gr. (Neu)Griechenland, Grieche
Gri. Grillparzer
—, Brud. —, Ein Bruderzwist im
  Hause Habsburg
—, Weh —, Weh dem, der lügt
—, Wellen —, Des Meeres und der
  Liebe Wellen
Gue. v. Guenther
Guat. Guatemala
Gutzk. Gutzkow
—, U. —, Uriel Acosta

Händ. Händel
—, J.C. —, Julius Cäsar
Hauptm. Gerhart Hauptmann
He. Hebbel
Hind. Hindemith
—, Math. —, Mathis der Maler
Hofm. Hofmannsthal
—, Ab. —, Der Abenteurer
—, R. —, Rosenkavalier

I. Ibsen
—, P.G. —, Peer Gynt
—, Stü. —, Stützen der Gesellschaft
Ind. Indien
Ir. Irland
Isl. Island
Isr. Israel
It. Italien

Jap. Japan
Jug. Jugoslawien

Kaiser, Kaiser, Die Bürger von Ca-
  Bü. lais
Kauk. Kaukasus
Kl. Kleist
—, Homb. —, Der Prinz von Hom-
  burg
—, Kr. —, Der zerbrochene
  Krug

—, Penth. —, Penthesilea
—, Schr. —, Die Familie Schrof-
  fenstein
Kom. Komponist
Kurld. Kurland
Kö., Zr. Körner, Zriny

L. Lessing
—, Freig. —, Der Freigeist
—, Gel. —, Der junge Gelehrte
Lett. Lettland
Lit. Litauen
Lortz. Lortzing
Ludw. Otto Ludwig

Ma. Marschner
Madag. Madagaskar
Maet. Maeterlinck
Magy. Magyare
M.-A. Mittelamerika
Mä. Mähren
Mandsch. Mandschurei
Masc., C.R. Mascagni, Cavalleria
  Rusticana
Mass., M.L. Massenet, Manon Les-
  caut
Mey., Afr. Meyerbeer, Afrikanerin
Mill. Millöcker
Milh. Milhaud
Mn. Männername
Mol. Molière
Moz. Mozart
Muss. Mussorgskij
Myth. Mythologie

N. Name
N.-A. Nordamerika
N.-As. Nordasien
Ndld. Niederlande
No. Norwegen

O., H.E. Offenbach, Hoffmanns Er-
  zählungen
Ö. Österreich
On. Ortsname
Ostr. Ostrovskij

Per. Persien
Pfi. Pfitzner

Pn.	Personenname	J. Strauß, W.B.	Johann Strauß, Wiener Blut
Po.	Polen		
Port.	Portugal	R. Strauß	Richard Strauß
Prov.	Provinz	—, Ara.	—, Arabella
Pu.	Puccini	—, Ari.	—, Ariadne auf Naxos
Puš.	Puschkin		
Raim.	Raimund	Ten. Wi.	Tennessee Williams
Ross.	Rossini	Tib.	Tibet
Ru.	Rußland	Tsch.	Tscheche
Rum.	Rumänien	Tschaik.	Tschaikowski
		—, One.	—, Onegin
S.-A.	Südamerika	Tsche.	Tschechov
S.-As.	Südasien	Tschsl.	Tschechoslowakei
Sard.	Sardinien	Tu.	Turkestan
Sch.	Schiller	Tü.	Türkei
Scho.	Schottland	Tun.	Tunis
Schw.	Schweden		
Schwz.	Schweiz	Uhl., Ernst	Uhland, Herzog Ernst
Sh.	Shakespeare	Ukr.	Ukrajina
—, H.	—, Hamlet	Ung.	Ungarn
—, L.	—, König Lear		
—, L.W.	—, Die lustigen Weiber	Vat.	Vatersname
—, So.	—, Sommernachtstraum	Ve., S.B.	Verdi, Simone Boccanegra
—, T.A.	—, Titus Andronikus	Vn.	Vorname
—, Ti.	—, Timon von Athen		
—, V.L.	—, Verlorne Liebesmüh	W.	Richard Wagner
—, W.	—, Wintermärchen	Wal.	Wales
—, Wid.	—, Der Widerspenstigen Zähmung	Web.	Carl Maria v. Weber
		Wed.	Wedekind
Siz.	Sizilien	Wiel.	Wieland
Sp.	Spanien	Wo.	Wolfram v. Eschenbach
Schles.	Schlesien	Wolf.-F.	Wolf-Ferrari
		Zuckm.	Zuckmayer

A

a (dt., lt.) aː
Ä- (alt) s. auch Ai-
Aage (dä. Vn.) ˈɔːɣə
Aal aːl
Aalborg (Dä.) ˈɔlbɔr
Aalesund (No.) s. Ålesund
Aalst (Be.) aːlst
Aall (No.) ɔːl
Aar (Adler) ¹aːr, ²aːʀ
Aarhus (Dä.) ˈɔːrhuːs
Aaron ˈaːrɔn
Aas, pl. Aase, Äser aːs; ¹¹aːzə,
²ˡɑʐə; ¹¹ɛːzər, ²ˡɛːʐɛʀ
Åase (I., P.G.) ˈɔːzə
aasen ¹¹aːzən, ²ˡaːʐn̩
ab (präp., dt., lt.) ap
ab, ab- (Adv., dt.) ˈap-
Abakan (N.-As.) abaˈkaːn
Abakus ˈabakʊs
Abälard ˈaːbɛːlart, (f.) abɛˈlaːʀ
abändern ¹¹ap|ɛndərn, ²-dɛʀn
Abakus ˈaːbakʊs
Abandon abãˈdõ
Abart ¹¹ap|aːrt, ²-aːʀt
Abba (bi.) ˈaba
Abbadan (As.) abaˈdaːn
Abbadona (Klopstock) aba-
ˈdoːna
Abbasiden abaːˈsiːdən
Abbastumani (Kauk.) abastu-
ˈmaːni
Abbate aˈbaːtə
Abbau ¹¹apb̯ao, ²-‿b̯ao
Abbazia (it.), Opatija (Jug.)
abaˈtsiːa
Abbe (N.) ˈabə
Abbé aˈbeː
Abbeville abˈvil
ab(bitten u. ä.) ¹¹apb̯ɪtən,
²-‿b̯ɪtn̩
abblasen ¹¹apb̯laːzən, ²-‿b̯laːʐn̩

abblassen ¹¹apb̯lasən, ²-‿b̯lasn̩
Abbreviatur abrevɪaˈtuːr, -uːʀ
Abe aːbeːˈtseː
Abchasien (Kauk.) apˈxaːzĭən
Abdallah (Web., Ob.) apˈdala,
(ar.) abdaˈlaː
abdanken ¹¹apdaŋkən, ²-daŋkn̩
Abd el Hamid abdɛlhaˈmiːt
Abd el Kadir abdɛlˈkaːdir
Abd el-Kerim Kassem abd ɛl-
kɛˈriːm ˈkaːsim
Abd el Krim abdɛlˈkɛriːm
Abd el Nassir (Äg.) abdɛlˈnaːsir
Abd el Rahman abdɛlrahˈmaːn
Abdera apˈdeːra
Abderit apdeˈriːt
Abdikation apdikaˈtsĭoːn
Abdisu (Pfi., Pal.) abdiːˈʃuː
Abdomen apˈdoːmɛn
Abdominal(typhus usw.) ap-
domiˈnaːl
Abdrift ¹¹apdrɪft, ²-dʀ-
Abdullah abdʊˈllaːh
abebben ¹¹ap|ɛbən, ²-ɛbn̩
Abel ˈaːbəl
Abencerraje, -ge (sp.) aβɛnθɛ-
ˈraxe
Abend, Pl. -de ˈaːbənt, -də
abendlich ¹¹aːbəntlɪç, -d̯l-
Abenteuer ¹¹aːbəntɔøər, ²-tɔøɛʀ
Abeokuta (Afr.) abe|oˈkuːta
aber ¹¹aːbər, ²-bɛʀ
Abercromby ˈæbəkrʌmbɪ
Aberdare ˌæbəˈdɛə
Aberdeen ˌæbəˈdiːn
Abergavenny æbəˈgɛni
Aberglaube ¹¹aːbərglaobə,
²ˡaːbɛʀɡ̊l-
Aberration ab|ɛraˈtsĭoːn
Aberystwyth (Wal.) ˌæbəˈrɪstwɪθ
Abessinien abɛˈsiːnĭən

ab(fahren u. ä.) ¹ap(-fa:rən)
Abfuhr ¹¹apfu:r, ²-ʀ
abgefeimt ¹¹apgəfaemt, ²-g̊e-
abgekartet ¹¹apgəkartət, ²-g̊e-kaʀ-
abgeneigt ¹¹apgənaekt, ²¹apg̊e-
Abgeordneter ¹¹apgə|ɔrdnətər, ²¹apg̊e|ɔʀdnətɛʀ
abgeschmackt ¹¹apgəʃmakt, ²-g̊e-
abgöttisch ¹¹apgœtɪʃ, ²¹apg̊-
abhanden ap¹hand(ə)n
Abhandlung ¹aphandluŋ
abhängig, -ige ¹aphɛŋɪç, -ɪgə
abhärten ¹¹aphɛrtən, ²-hɛʀtn̩
Abhilfe ¹aphɪlfə
Abidžan (Afr.) abi¹dʒa:n
Abigail (bi.) a:bi¹gael, (e.) ¹æbɪ-geïl
Abilene (bi.) abi¹le:ne
Abimelech (bi.) a¹bi:mɛleç
abirren ¹¹ap|ɪrən, ²-ɪʀən
Abisag (bi.) ¹abisag
Abitur abi¹tu:r, -uʀ
Abiturient abitu¹riɛnt
abkanzeln ¹apkantsəln
Abkunft ¹apkʊnft
Ablaß, pl. **-lässe** ¹aplas, -lɛsə
ablassen ¹aplas(ə)n
Ablativ ¹ablati:f, - -¹-
Ableger ¹¹aple:gər, ²-gɛʀ
abmachen ¹¹apmaxən, ²-xn̩
abnorm ap¹nɔrm
Åbo (Fi.) ¹o:bu:, = (fi.) Tur-ku
Abolition aboli¹tsïo:n
Abonnement abɔn(ə)¹mã, (schwz.) abɔnə¹mɛnt
Abonnent abɔ¹nɛnt
abonnieren ¹abɔ¹ni:rən, ²-ʀən
Abony (Ung.) ¹ɔbɔɲ
Abort (Abtritt) ¹¹ap|ɔrt, ²-ʀt
Abort (lt.), **-tus** (Fehlgeburt) a¹bɔrt, -tʊs
abortieren abɔr¹ti:rən
ab ovo (lt.) ap ¹o:vo(:)
abputzen ¹¹appʊtsən, ²-tsn̩
Abraham ¹a:braham

Abraham a Saneta Clara ¹a:braham a: ¹zaŋkta ¹kla:ra
Abrakadabra ₁a:braka¹da:bra
A¹brányi (magy.) ¹a:bra:ɲi
Abraum(salze usw.) ¹¹apraom (-zaltsə), ²¹apʀ-
Abraxas ab¹raksas
abreagieren ¹apreagi:rən
abrupt ap¹rʊpt
Abruzzen a¹brʊtsən
Absalom ¹apsalɔm
Abscheu ¹apʃɔø
abscheulich ap¹ʃɔølɪç
Abschied ¹apʃi:t
abschilfern ¹¹apʃɪlfərn, ²-fɛʀn
abschlägig, -ige ¹apʃlɛ:gɪç, -ɪgə
abschüssig, -ige ¹apʃʏsɪç, -ɪgə
abseitig, -ige ¹¹apzaetɪç, -ɪgə, ²¹ap̂s-
abseits ¹¹apzaets, ²-͜saets
Absender ¹¹apzɛndər, ²¹ap̂sɛn-dɛʀ
absent ap¹zɛnt
absentieren apzɛn¹ti:rən
Absenz ap¹zɛnts
absetzen ¹¹apzɛtsən, ²¹ap̂sɛtsn̩
absichtlich ¹¹apzɪçtlɪç, ²¹ap̂sɪçt-
Absinth ap¹zɪnt, ap̂s-
absolut apzo¹lu:t, ap̂s-
Absolution apzolu¹tsïo:n, ap̂s-
absolutistisch apzolu¹tɪstɪʃ, ap̂s-
absolvieren apzɔl¹vi:rən, ap̂s-
absonderlich ¹ap¹zɔndərlɪç, ²-͜sɔndɛʀl-
absondern ¹¹apzɔndərn, ²-͜sɔn-dɛʀn
absorbieren apzɔr¹bi:rən, ap̂s-
abspänen ¹apʃpɛ:nən
abspenstig, -ige ¹apʃpɛnstɪç, -ɪgə
Abstand ¹apʃtant
Abstieg ¹apʃti:k
abstinent ap̂sti¹nɛnt
Abstinenz ap̂sti¹nɛnts
abstrahieren ap̂stra¹hi:rən
abstrakt ap¹strakt
abstrus ap¹stru:s
Absud ¹apzu:t, -¹-

absurd apˈzʊrt, apˈs-
Absyrtus (Gri., Vlies) apˈzʏr-
tus, apˈs-
Abszeß apsˈtsɛs
Abszisse apsˈtsɪsə
Abt, pl. **Äbte** apt, ˈɛptə
abtakeln ˈaptaːkəln
Abtei apˈtae
Abteil ˈaptael, -ˈ-
abteilen [1]ˈaptaelən, [2]-ln̩
Abteilung (Vorgang) ˈaptaelʊŋ
Abteilung (Teil) apˈtaelʊŋ
Äbtissin ɛpˈtɪsɪn
abtrennbar [1]ˈaptrɛnbaːr, [2]-tʀɛn-
baːʀ
Abtrieb [1]ˈaptriːp, [2]-tʀ-
Abtritt [1]ˈaptrɪt, [2]-tʀɪt
abtrünnig, -ige [1]ˈaptrʏnɪç, -ɪgə,
[2]-tʀʏ-
Abu Bakr ˌabuː ˈbakr
Abu Hassan (Web.) ˌabuː ˈhasan
Abukir abuˈkiːr
Abul Hassan (Corn., Barb.)
abul ˈhasan
Abundanz abʊnˈdants
aburteilen [1]ˈap|ʊrtaelən, [2]-ʊʀ-
taeln̩
Abu Simbel (Äg.) abuː ˈsɛmbɛl
Abusir (Äg.) abuˈsiːr
Abusus apˈuːzʊs
abwärts [1]ˈapvɛrts, [2]-vɛʀts
Abwehr [1]ˈapveːr, [2]-veːʀ
abwendbar [1]ˈapvɛntbaːr, [2]-b̥aːʀ
abwesend [1]ˈapveːzənt, [2]-z̥-
Abwesenheit [1]ˈapvɛːzənhaet,
[2]-z̥n̩-
abwracken [1]ˈapvrakən, [2]-vʀakn̩
Abydos (Alt.) aˈbyːdɔs
Abyssus (gr., lt.) aˈbʏsʊs
abzapfen ˈaptsapfən
abzählen ˈaptsɛːlən, [2]-ln̩
abzüglich ˈaptsyːklɪç
Academia (lt.) akadeˈmiːa
a capella a kaˈpɛla
Acapulco (M.-A.) akaˈpulko
accademia (it.) akaˈdeːmia
accelerando atʃeleˈrando
Accent akˈsã

Accent aigu aksãtɛːˈgy
Accent grave aksãˈgʀaːv(ə)
Acerra (It.) aˈtʃɛra
ach ax
Achäer aˈxɛːər, -ɛʀ
Achaia aˈxaːja
Achämeniden axɛmeˈniːdən
Achard aˈʃaːʀ
Achat aˈxaːt
Ache ˈaxə
Achelis aˈxeːlɪs
Acheloos (Alt.) axeˈloːɔs
Acheron ˈaxerɔn
Acheson (e.) ˈætʃisn
Achill, -lleus, -lles (alt.) aˈxɪl,
-lɔøs, -lɛs
Achim ˈaxɪm
Achior (He., Jud.) axiˈoːr
Achmatova (ru.) aˈxmaːtɔva
Achmed ˈaxmæd
Achmim (Äg.) axˈmiːm
achromatisch akroˈmaːtɪʃ
Achse ˈaksə
Achsel [1]ˈaksəl, [2]-sl̩
acht, Acht axt
achtbar [1]ˈaxtbaːr, [2]-b̥aːʀ
Achteck ˈaxt|ɛk
achten [1]ˈaxtən, [2]-tn̩
ächten [1]ˈɛçtən, [2]-tn̩
Achterbahn [1]ˈaxtərbaːn, [2]-tɛʀ-
baːn
Achterdeck [1]ˈaxtərdɛk, [2]-tɛʀdɛk
achtsam [1]ˈaxtzaːm, [2]-saːm
Achtstundentag [1]ˈaxtˈʃtʊndən-
taːk, [2]-ˌʃtʊndn̩-
achtzehn ˈaxtseːn
achtzig ˈaxtsɪç
ächzen [1]ˈɛçtsən, [2]-sn̩
Acker, pl. **Äcker** [1]ˈakər, ˈɛkər,
[2]-kɛʀ
Aconcagua akɔŋˈkaːg̊ua
a conto (it.) a ˈkɔnto
Acosta (Gutzk.) aˈkɔsta
Acton (E.) ˈæktən
ad (lt.) at
ad absurdum (lt.) at apˈzʊrdʊm
ad acta (lt.) at ˈakta
adagio, Adagio aˈdaːdʒo

Adalbert ˈaːdalbɛrt
Adalgisa (Bell., Norma) adal-
ˈdʒiːsa
Adam ˈaːdam, (f.) aˈdã, (e.)
ˈædəm
Adamastor (Mey.) adaˈmastor,
-oʀ
Adamaua (Afr.) adaˈmaːŭa
Adamello (Berg, Alpen) ada-
ˈmɛlo
Adamov aˈdaːmɔf
Adams (e.) ˈædəmz
Adana (Tü.) ˈadana
Adapter aˈdaptər, -ɛʀ
adaptieren adapˈtiːrən
adäquat adɛˈkvaːt
addieren aˈdiːrən
addio aˈdiːo
Addis Abeba ˌadɪs ˈaːbeba
Addison ˈædisn
ade aˈdeː
Adel [1]ˈaːdəl, [2]-dļ
Adelaide (Austr.) ˈædəleĭd
Adelaide (it.) adeˈlaːïde
Adélaïde (f. Vn.) adelaˈid(ə),
adela-ˈiːd(ə)
Adelboden (Schwz.) ˈaːdəl-
boːdən, - - ˈ- -
Adele (Vn.) aˈdeːlə
Adelgunde aːdəlˈgʊndə
Adelheid ˈaːdəlhaet
Adelma (Sch., Tur.) aˈdɛlma
Adelram (Uhl., Ludwig) ˈaːdəl-
ram
Aden (Ar.) eidn (ˈaːdən)
Adenauer ˈaːdənaoər
Adept aˈdɛpt
Ader [1]ˈaːdər, [2]-dɛʀ
Adhäsion athɛˈzĭoːn
Adhémar (f. Vn.) adeˈmaːʀ
ad hoe (lt.) at ˈhɔk
Adiantum adiˈantʊm
Adiaphoron, pl. -ra adiˈafɔrɔn,
-ra
Adiekes (dt.) ˈaːdɪkəs
adieu aˈdĭø:
Adige (Fl., it.) ˈaːdidʒe, (dt.)
Etsch

Ädil ɛˈdiːl
Adina (Don., Liebestrank)
aˈdiːna
ad infinitum (lt.) at ɪnfiˈniːtʊm
Adirondaeks (Berge, N.-A.)
ˌædiˈrɔndæks
Aditi (ind.) ˈaditi
Adjektiv, -vum, pl. -va ˈatjɛk-
tiːf, -ˈtiːvʊm, -tiːva; - -ˈ-
Adjunkt atˈjʊŋkt
adjustieren atjʊsˈtiːrən
Adjutant atjuˈtant
Adlai (e. Vn.) ˈædlei
Adler [1]ˈaːdlər, [2]-lɛʀ
ad libitum (lt.) at ˈliːbitʊm
adlig, -ige ˈaːdlɪç, -ɪgə
Admet, -tos adˈmeːt, -tɔs
Administration atminɪstra-
ˈtsĭoːn
Admiral atmiˈraːl
Admont ˈadmɔnt
ad notam (lt.) at ˈnotam
ad oculos (lt.) at okuloːs
Adolar (Web., Eur.) ˈaːdolaːr,
-ʀ
adolescent adolɛsˈtsɛnt
Adolfine adɔlˈfiːnə
Adonai (hebr.) adoˈnaːi
Adonis aˈdoːnɪs
adoptieren adɔpˈtiːrən
Adorant adoˈrant
Adoration adoraˈtsĭoːn
Adorno (Ve., S.B.) aˈdorno
Adour (Fl., F.) aˈduːʀ
Adrast, -stos aˈdrast, -tɔs
ad rem (lt.) at ˈrɛm
Adrenalin adrenaˈliːn
Adresse aˈdrɛsə
adrett aˈdrɛt
Adria ˈaːdria
Adrian (Vn.) ˈaːdriaːn, (e.)
ˈeidrĭən
Adriana (Sh., Kom.) adriˈaːna
Adriano (W., Rienzi; Sh.)
adriˈaːno
Adrianopel adriaˈnoːpəl (tü.)
Edirne
adriatisch adriˈaːtɪʃ, (ö.) -ˈatɪʃ

Adrien, fm. -ienne a'dʀĭɛ̃,
  a'dʀĭɛn
Adstringentia atstrɱ'gɛntsĭa
Advent at'vɛnt
Adventist atvɛn'tɪst
Adverb, -bium at'vɛrp, -'vɛr-
  biʊm
adversativ atvɛrza'tiːf
Advokat atvo'kaːt, (Schwz.)
  atfo-
Adua (Abess., it.) 'aːdua
Adyge (Kauk.) adi'gjɛ
Adžmir (S.-As.) 'adʒmiːr
Aënobarbus (alt.) a|eno'barbʊs
Aequinoktien ɛːkvi'nɔktsĭən
Aera 'ɛːra
Aëroklub a|'ɛroklʊp
Aëronautik a|ɛro'naotɪk
Aeroplan a|ɛro'plaːn
Aerostatik a|ɛro'staːtɪk
Aerschot (Be.) 'aːrsxɔt
Aëtius a|'eːtsĭʊs
Afanasij (ru. Vn.) afa'naːsij
Afanašjev (ru.) afa'naːs-jɛf
Afanašjevič, -vna (ru. Vat.)
  afa'naːs-jevitʃ, -jɛvna
Affäre a'fɛːrə
Affe, pl. -en ¹'afə, fən, ²-fn̩
Affekt a'fɛkt
äffen 'ɛf(ə)n
Affiche a'fi(ː)ʃ(ə)
Äffin 'ɛfɪn
Affidavit afi'daːvɪt
Affinität afini'tɛːt
Affix a'fɪks
affizieren afi'tsiːrən
Affodill afo'dɪl
Affront a'fʀɔ̃
Afghanistan af'gaːnɪstaːn
à fonds perdu a fɔ̃ pɛʀ'dy
Afrika 'aːfrika, 'af-
Aftenbladet (dän.) 'afdənbladət
After ¹'aftər, ²-tɛʀ
Afra (Vn.) 'aːfra
Africanus (alt.) afri'kaːnʊs
Afrikaan, -ander, -ns afri'kaːn;
  -'kandər, -ɛʀ; -'kaːns
Aga (Tü.) 'aːga

Agadir aga'diːr, -ʀ
Agaf'ja a'gaːfja, a'gaf-
ägäisch ɛː'gɛːɪʃ
Aǧa Khan 'aɣa 'xan
Agamemnon aga'mɛmnɔn
Agape a'gaːpə
Agar-Agar ₁aːgar-'aːgar, ₁-ʀ-'-ʀ
Agassiz (schwz.) aga'si
Agatha (e.) 'æɡəθə
Agathe, -tha (dt.) a'gaːtə,
  -ta
Agathokles (alt.) a'gaːtoklɛs
Agathon (alt.) 'a(ː)gatən
Agathokles (alt.) a'gatoklɛs
Agave a'gaːvə
Agence a'ʒãs
Agency 'eidʒənsi
Agende a'gɛndə
Agenor (alt.) a'geːnɔr, -ʀ
Agens, pl. Agenzien
  'agɛns, a'gɛntsĭən
Agent a'gɛnt
Agent provocateur a'ʒã(ː) pʀɔ-
  vɔka'tœːʀ
Agentur agɛn'tuːr, -ʀ
Agesilaos (alt.) agezi'laːɔs
Agglomerat aglome'raːt
Agglutination aglutina'tsĭoːn
Aggregat agre'gaːt
aggressiv agrɛ'siːf
Ägidius ɛ'giːdiʊs
Ägide ɛ'giːdə
agieren a'giːrən
agil a'giːl
Agilolfinger 'agɪlɔlfɱ̩ər, -ɛʀ
Ägina ɛ'giːna
Agio (it.) 'aːdʒo
Agiotage (f.) aʒio'taːʒə
Ägir 'ɛːgɪr, -ʀ
Agis (alt.) 'aːgɪs
Ägisth ɛː'gɪst, s. Aigisthos
agitato (it.) adʒi'taːto
Agitator, pl. -ren agi'taːtor, -ʀ,
  agita'toːrən
agitieren agi'tiːrən
Aglaia (alt., myth.) a'glaja
Agnat, pl. -en a'gnaːt, -ən
Agnes (dt.) 'agnɛs

Agnès (f. Vn.) aˈɲɛs
agnoszieren agnɔsˈtsiːrən
Agnus dei (lt.) ˈa(ː)gnʊs ˈde|iː
Agogik aˈgoːgɪk
Agon (gr.) aˈgoːn
Agra (S.-As.) ˈagra
Agonie agoˈniː
Agora (gr.) agoˈraː
Agraffe aˈgrafə
Agram (Jug.) ˈaːgram, (jug.)
    Zagreb
Agrarier aˈgraːriər, -ʀ
Agreement (e.) əˈgriːmənt
agrégé agʀeˈʒe
Agrément agʀeˈmã
Agressor, pl. -oren aˈgrɛsɔr, -ʀ,
    - -ˈoːrən
Agricola aˈgrikola
Agrigent, -tum agriˈgɛnt, -tʊm,
    vgl. -to, Akragas
Agrigento (It.) agriˈdʒɛnto
Agrikultur agrikʊlˈtuːr, -ʀ
Agrippa aˈgrɪpa
Agrippina agrɪˈpiːna
Agronom agroˈnoːm
Agrumen aˈgruːmən
Aguas Calientes (M.-A.) ˌaɣŭas
    kaˈli̯ɛntɛs
Agulhas (Kap.) æˈgufi̯æʃ
Aguti aˈguːti
Ägypten ɛˈgʏptən
aha aˈha(ː)
Ahab (bi.) ˈahab
Ahas (bi.) ˈahas
Ahasver; -rus ahasˈveːr, ˈ- - -;
    -rʊs
Ahle ˈalə
Ahmed ˈahmed, ˈaxmæd
Ahmedabad (S.-As.) ahmedaː-
    ˈbaːd
Ahn, -ne aːn, ˈaːnə
ahnden ¹ˈaːndən, ²-dn̩
ähneln ¹ˈɛːnəln, ²ˈɛːnl̩n
ahnen ˈaːnən
ähnlich ˈɛːnlɪç
ahoi aˈhɔø
Ahorn ˈaːhɔrn
Ähre ˈɛːrə

Ahriman ˈariman, s. Angro
    Mainyuš
Ah-Siu (Gue., Kreidekreis)
    ahˈçĭu
Ahura Mazdah ˈahura ˈmazdah,
    vgl. Ormazd, -uzd
Ai (Faultier) ˈaːǀi
Aias ˈaːi̯as, vgl. Ajax
Aïda (Verdi) aˈiːda
Aietes (Gri., Vlies) aĭ-ˈeːtɛs
Aigeus (alt., Sage) ˈaĭgɔøs
Aigion (Alt.) ˈaĭgiɔn
Aigisthos aĭˈgɪstɔs
Aigospotamoi aĭgɔspɔtaˈmɔø
Ailianos (gr.) ailiaˈnɔs
Aino (Volk) aĭnu
Aiolos ˈaĭ-olɔs, vgl. Äolos
Air ɛːr, ɛːʀ
Air Force ˈɛə fɔːs
Air France ɛːʀ fʀãːs
Airolo (Schwz.) aĭˈrɔːlo
ais (mus.) ˈaːǀɪs
Aischa ˈaːiʃa
Aischylos ˈaĭsçylɔs, s. Äschylos
Aisne (Fl., F.) ɛn
Aithra (R. Strauß, Hel.) ˈaĭtra
Aix (f.) ɛks
Ajaccio aˈi̯atʃo
Ajax ˈaːi̯aks, vgl. Aias
Ajaxerle (Raim.) ˈaːi̯aksərlə
a jour a ʒuːʀ
Ajvazovskij (r.) aĭvaˈzɔfskij
Akademie, pl. -mien akadeˈmiː,
    -ˈmiːən
Akademiker ¹akaˈdeːmikər,
    ²-kɛʀ
Akanthus aˈkantʊs
Akarnanien akarˈnaːniən
akatalektisch akataˈlɛktɪʃ
Akazie aˈkaːtsi̯ə
Akelei akəˈlae, ˈ- - -
Akim (ru. Vn.) aˈkɪm
Akkad ˈakad
Akkerman (Ukr.) akɛrˈmaːn,
    (ukr.) Bilhorod
Akklamation aklamaˈtsi̯oːn
akklimatisieren aklimatiˈziːrən
Akkolade akoˈlaːdə

akkomodieren akɔmo'diːrən
akkompagnieren akɔmpan'jiːrən
Akkon 'akɔn
Akkord, pl. **-de** a'kɔrt, -də
Akkordeon a'kɔrdeon
Akkra (Afr.) 'akra
Akkumulator akumu'laːtɔr, -ʁ
akkurat aku'raːt
Akkusativ 'akuzatiːf, - - -'-
Akme ak'meː
Akmolinsk (N.-As.) ak'mɔlinsk
Akne 'akne
Akonit ako'ni(ː)t
akquirieren akvi'riːrən
Akquisition akvizi'tsĭoːn
Akragas (Alt.) 'akragas, vgl.
  Agrigent, -to
Akribie akri'biː
Akrobat akro'baːt
Akrokorinth akrɔko'rɪnt
Akropolis a'kroːpolɪs
Akrostichon a'krɔstɪçɔn
Aksakov (ru.) ak'saːkɔf
Aksinja (ru. Vn.) a'ksiːɲja
Aksum (Abess.) a'ksuːm
Akt akt
Aktäon ak'tɛːɔn
Akteur ak'tøːʁ, -ʁ
Aktie 'aktsĭə
Aktinium ak'tiːniʊm
Aktion ak'tsĭoːn
Aktionär aktsĭo'nɛːr, -ʁ
Aktium 'aktiʊm
aktiv, Aktiv, **-vum** ak'tiːf,
  'aktiːf, ak'tiːvʊm
Aktiv (Gruppe) ak'tiːf
Aktivist akti'vɪst
Aktivität aktivi'tɛːt
Aktjubinsk (Ru.) a'ktjuːbinsk
Aktualität aktuali'tɛːt
Aktuar, **-rius** aktu'aːr, -ʁ, -riʊs
aktuell aktu'ɛl
Aktus 'aktʊs
Akulina (ru. Vn.) aku'liːna
Akupunktur akupʊŋk'tuːr, -ʁ
Akureyri (Isl.) 'aːkʏrɛĭrɪ
Akustik a'kʊstɪk
akut a'kuːt

Akzeleration aktselera'tsĭoːn
Akzent ak'tsɛnt
akzentuieren aktsɛntu|'iːrən
akzeptieren aktsɛp'tiːrən
Akzession aktsɛ'sĭoːn
Akzessit ak'tsɛsɪt
Akzidens, pl. **-nzien** 'aktsidɛns,
  aktsi'dɛntsĭən
Akzise ak'tsiːzə
Al (e.) æl
Alabama ala'baːma, (e.) ælə-
  'bæmə, -'baːmə
Alabaster ala'bastər, -ɛʁ
Alagoas (S.-A.) ala'goː-æs
Alais, Alès (F.) a'lɛs
Alajuela (M.-A.) alaxu'eːla
Ålands(inseln) 'oːlants-
Alanen a'laːnən
Alapi (magy.) 'ɔlɔpi
Alarbus (Sh., T. A.) a'larbʊs
Alarcón alar'kɔn
Alarich 'aːlarɪç
Alarm a'larm
alarmieren alar'miːrən
Alaska a'laska
à la suite a la 'sɥit(ə)
Alaun a'laon
Alava (Sp.) 'alaβa
Alba (sp.) 'alba
Albacete (Sp.) alβa'θete
Alba Longa 'alba 'loŋga
Alban, **-us** 'albaːn, al'baːnʊs
Albaner, **-nesen** al'baːnər, -ɛʁ,
  alba'neːzən
Albanien al'baːnĭən
Albano al'baːno
Albany 'ɔːlbəni
Albatros 'albatrɔs
Albe 'albə
Albéniz (sp.) al'βeniθ
Alberich 'albərɪç
Albert (dt.) 'albɛrt, (f.) al'bɛːʁ,
  (e.) ælbət
Alberta (N.-A.) æl'bəːtə
Alberti (Mey., Ro.) al'bɛrti
Albertina (Wien) albɛr'tiːna
Alberto (it.) al'bɛrto, (sp.) al-
  'βɛrto

Albdruck ˈalpdrʊk
albern ¹ˈalbərn, ²-bɛʀn
Albi (F.) alˈbi
Albigenser albiˈgɛnzər, -ɛʀ
Albinismus albiˈnɪsmʊs
Albino alˈbiːno
Albinoni (it.) albiˈnoːni
Albion ˈalbiɔn
Alboïn ˈalbo|in
Ålborg (Dä.) ˈɔlbɔ
Albrecht ˈalbrɛçt
Albula ˈalbula
Album, pl. -ben ˈalbʊm, -bən
Albumin albuˈmiːn
Albuminurie albuminuˈriː
Albuquerque (sp.) alβurˈkɛrke
alcäisch alˈkɛːɪʃ
Alcalá alkaˈla
Alcantara alˈkantara
Alcäus alˈtsɛːʊs, vgl. Alkaios
Alcázar alˈkaθar, -ʀ
Alceste, -est (Mol.; G., Mitsch)
    alˈsɛst, alˈtsɛst
Alceste (fm., Gluck) alˈtsɛstə
Alchimie alçiˈmiː
Alcibiades altsiˈbiːades, vgl.
    Alkibiades
Alcide (it. Vn.) alˈtʃiːde
Alcindas (sp.; Claudel) alˈθindas
Alcindor (Pu., Boh.; Adam,
    Post.) alsɛˈdɔːr, -ʀ
Aldamon (G., Tankred) ˈalda-
    mɔn
Aldan (Fl., N.-As.) ałˈdaːn
Aldebaran (Stern) aldɛbaˈraːn
Aldehyd aldeˈhyːt
Alden (Vn.) ˈɔːldən
Aldershot ˈɔːldəʃot
Aldöbern (Kl., Schr.) ˈaldøbɛrn
Aldobrandini (it.) aldobranˈdiːni
Aldous (e.) ˈɔːldəs
Ale (e.) eil
Aleksandrov (ru.) afiɛˈksandrɔf
Aleksandrovič, fm. -vna (ru.
    Vat.) afiɛˈksandrɔvitʃ, -vna
Aleksandrovsk (Ru.) afiɛksan-
    ˈdrɔfsk
Aleksej (ru. Vn.) afiɛˈksɛːj

Aleksejevič, fm. -vna (ru. Vat.)
    afiɛˈksɛːjɛvɪtʃ, -jɛvna
Alemannen aləˈmanən
Alençon alãˈsõ
Aleppo aˈlɛpo, vgl. Halep
alert aˈlɛrt
Alessandria alɛˈsandria
Ålesund (No.) ˈɔːləsʊn(d)
Alëuten ale-ˈuːtən
Alexander (dt.) alɛˈksandər, -ɛʀ;
    (e.) ælig ˈzaːndə
Alexandria, -drien (Äg.)
    alɛksanˈdriːa, - -ˈksandriən
Alexandriner (Vers) alɛksan-
    ˈdriːnər, -ɛʀ
Alexia (Sch., Dem.) aˈlɛksia
Alexis aˈlɛksɪs
Alexius aˈlɛksiʊs
Alférez (Claudel) alˈfeʀɛθ
Alfieri alfiˈeːri
Alfio (Masc., C. R.) ˈalfio
Alfons ˈalfɔns
Alfonso (sp., it.) alˈfɔnso
Alfred ˈalfreːt, (e.) ˈælfrid
al fresco al ˈfrɛsko
Alfsön (I., Solh.) ˈalfsœn
Algarve (Port.) alˈgarvə
Alge ˈalgə
Algebra ˈalgəbra
algebraïsch algeˈbraːɪʃ
Algeciras alxeˈθiras
Alger (Afr., f.) alˈʒe
Algérie (Afr., f.) alʒeˈri
Algerien alˈgeːriən
Algernon (e. Vn.) ˈældʒənən
Algier ˈalʒiːr
Algol (Stern) ˈalgɔl, alˈguːl
Algonkium alˈgɔnkiʊm
Algot (schwed. Vn.) ˈalgot
Alhambra alˈhambra, (sp.)
    aˈlambra
Ali (ar.) ˈaːliː
alias ˈaːlias
Alibi ˈaːlibi
Alicante aliˈkante
Alice (e.) ˈælis
Alice (Sh., H. VI) aˈliːs
Alighieri (it.) aliˈgieːri

Alimente ali'mɛntə
a limine ɑː 'liːmine
Alinea a'liːnea
aliphatisch ali'faːtɪʃ
Ali Portuk (Kö., Žr.) ˌaːli 'pɔr-
  tʊk
Alitta (Gra., Ha.) a'lɪta
Alizarin alitsa'riːn
Alizon (e. Vn.) 'ælizn
Aljab'jev (ru.) a'fiaːb-jɛf
Aljochin (ru.) a'fiɔːçm
Aljoša, -ška (ru. Vn.) a'fiɔʃa, -ʃka
Allahabad (S.-As.) alaːhaː'baːd
Alk alk
Alkaios al'kaĭ-ɔs, vgl. Alcaeus
Alkalde al'kaldə
Alkali al'kaːli
Alkaloid alkalo|'iːt
Alkasar (Sp.) s. Alcazar
Alkestis alkɛstɪs
Alkibiades alki'biːadɛs, vgl.
  Alcibiades
Alkmaar (Ndld.) 'alkmaːr
Alkmene alk'meːne
Alkohol 'alkohol
alkoholisch alko'hoːlɪʃ
Alkoholismus alkoho'lɪsmʊs
Alkoven 'alkoːvən, -fən, (ö.)
  al'koːfən
Alkuin 'alku|ɪn
all, alle al, alə
Allah 'alaː, (ar.) a'llaːh
Allan (e. Vn.) 'ælən
Allasch 'alaʃ
Allee, pl. Alleen ¹a'leː, a'leːən,
  ²-'leːn
Alleghany (N.-A.) 'æligeini
Allegorie alego'riː
allegorisch ale'goːrɪʃ
allegretto ale'greto
allein a'laen
Alleluja ale'luːja
allemal 'aləmaːl, - -'-
Allemande alə'mãːdə
Allen (e. N.) 'ælin
allenthalben ¹alɛnt'halbən,
  ²alɛnt'halbn̩

allerarten ¹alər'aːrtən, ²alɛʀ-
  |'aːʀtn̩
allerdings ¹alər'dɪŋs, '- - -
  ²alɛʀd-
Allergie alɛr'giː
allergisch a'lɛrgɪʃ
allerhand ¹'alərhant, - -'-,
  ²'alɛʀh-
Allerheiligen ¹alər'haelɪgən,
  ²alɛʀ'haelɪgn̩
allerhöchst ¹alər'høːçst, ²alɛʀ'h-
allerliebst ¹alər'liːpst, ²alɛʀ-
  'liːp̯st
Allgäu 'algɔø
allgemach 'algəmaːx
allgemein 'algəmaen, - -'-
Allia 'alia
Alliance a'ljãːs
Allianz ali'ants
alliebend al̯'liːbənt
Allier (Fl., F.) al'je
Alligator, pl. -toren ali'gaːtɔr,
  -ʀ, -'toːrən
alliieren ali|'iːrən
Allio (it.) 'alĭo
Alliteration alitera'tsĭoːn
alljährlich al'jɛːrlɪç
allmählich al'mɛːlɪç
Allmende al'mɛndə
Allobroger a'lɔbrɔgəʀ, -ʀ
Allod, -odium a'loːt, -oːdiʊm
Allonge a'lõːʒə
allons a'lõ
Allopath alo'paːt
Allopathie alopa'tiː
allopathisch alo'paːtɪʃ
Allotria a'loːtria
allseitig, -ige ¹'alzaetɪç, -ɪgə,
  ²-ʐ-
Alltag 'altaːk
alltäglich (unbedeutend): al-
  'tɛːklɪç, (jeden Tag): 'al-
  tɛːklɪç
allüberall ¹al|y:bər|'al, ²-bɛʀ-
Allüren a'lyːrən
Alluvium a'luːviʊm
allwissend ¹'alvɪsənt, -'- -, ²-sn̩t
Alm alm

Alma ˈalmaː, (e.) ˈælmə
Alma Ata (Tu.) aɫˈma aˈtaː
Almadén (Sp.) almaˈðen
Almagro (sp.) alˈmaɣro
Almaide (G., Lila) alma-ˈiːdə
Alma mater (lt.) ˈalma ˈmaːtɛr
Almanach ˈalmanax
Almansor (Web., Ob.) alˈman-
   zɔr, -ʁ
Almaviva (Moz., Fig., Ross.)
   almaˈviːva
Almeida (Port.) alˈmɐ̆ĭðɐ̆
Almería almeˈria
Almosen ˈalmoːzən
Almosenier almoːzəˈniːr, -ʁ
Almquist (schw.) ˈalmkvist
Aloë ˈaːlo(ː)e
Alois, Aloys ˈaːloɪs
Alonso (sp. Vn.) aˈlɔnso
Alp(e) alp, ˈalpə
Alpaka alˈpaka
Alpanor (Raim.) alˈpaːnɔr, -ʁ
al pari (it.) alˈpaːri
Alpen ¹ˈalpən, ²-pn̩
Alpha (gr. Buchst.) ˈalfa
Alphabeth alfaˈbeːt
Alpheios, -pheus alˈfae|ɔs,
   -ˈfeː|ʊs
Alphorn ˈalphɔrn
alpin alˈpiːn
Alpinist alpiˈnɪst
Alpsee ¹ˈalpzeː: ²-pseː
Alraun(e) alˈraon(ə)
Alsen ˈalzən
also ˈalzoː
alt, Alt alt
Alt (Fl., Rum.) alt, (rum.) Olt
Altair (R. Strauß, Hel.) alˈtaː|ɪr,
   -ʁ
Altaj aɫˈtaːĭ
Altamira (Sp.) altaˈmira
Altan alˈtaːn
Altar, pl. -täre alˈtaːr, -ʁ,
   -ˈtɛ-rə
altbacken ¹ˈaltbakən, ²ˈaltbakn̩
altdeutsch ¹ˈaltdɔøtʃ, ²ˈaltd̥-
alteingesessen ¹alt|ˈaengəzɛsən,
   ²-gezɛsn̩

Altenbeken altənˈbeːkən
altenglisch ˈalt|ɛŋlɪʃ
Alter ¹ˈaltər, ²-tɛʁ
alterieren altəˈriːrən
Alternative altɛrnaˈtiːvə
alternieren altɛrˈniːrən
Altersschwäche ¹ˈaltərs‚ʃveçə,
   ²-tɛʁs-
Altertum ¹ˈaltərtuːm, ²-tɛʁ-
altertümlich ¹ˈaltərtyːmlɪç,
   ²-tɛʁ-
altfränkisch ¹¹ˈaltfrɛŋkɪʃ ²-fʁ-
Altgeselle ¹ˈaltgəzɛlə, ²ˈalt-
   g̊ezɛlə
altgewohnt ¹ˈaltgəvoːnt, - -ˈ-,
   ²ˈaltg̊e-
Althee alˈteːə
althergebracht ¹altˈheːrgəbraxt,
   ²-geb̥ʁ-
Altherrenschaft altˈhɛrənʃaft
althochdeutsch ¹ˈalthoːxdɔøtʃ,
   ²-d̥ɔøtʃ
Altist alˈtɪst
altjüngferlich ¹altˈjyŋfərlɪç,
   ²-fɛʁl-
altklug ˈaltkluːk
ältlich ˈɛltlɪç
Altomünster altoˈmʏnstər
Altona ˈaltona
Altoum (Sch., Tur.; Pu.)
   ˈaltoʊm
Altranstädt altˈranʃtɛt
Altruismus altru|ˈɪsmʊs
Altsilber ¹ˈaltzɪlbər, ²-tsɪlbɛʁ
Altstadt ˈaltʃtat
Altstimme ˈaltʃtɪmə
Altweibersommer ¹altˈvaebər-
   zɔmər, ²-bɛʁz̥ɔmɛʁ
Aluminium aluˈmiːniʊm
Alumnat alʊmˈnaːt
Alumne, -mnus (lt.) aˈlʊmnə,
   -mnʊs
Alupka (Ru.) aˈɫupka
Alvar (sp.) alˈβar, -ʁ
Alvaro (Cald., Richter) ˈalβaro
Alveole alve|ˈoːlə
alveolar alve|oˈlaːr, -ʁ
Alverdes (dt. Autor) ˈalvɛrdɛs

Alving (I., Gesp.) ɑlvɪŋ
Altvordern [1]ˈɑltfɔrdərn, [2]-ʀdɛʀn
Alwa (Vn., Wed.) ˈɑlvɑ
Alwin ˈɑlviːn
Alzey ˈɑltsae
am ɑm
Amadeus ɑmɑˈdeːʊs
Amadis ɑmɑˈdiːs, ɑˈmɑːdɪs
Amalaswintha ɑːmɑlɑˈsvɪntɑ
Amalekiter ɑmɑleˈkiːtər, -ɛʀ
Amaler (germ.) ˈɑːmɑlər, -ɛʀ
Amalfi ɑˈmɑlfi
Amalgam ɑmɑlˈgɑːm
Amalie, -lia ɑˈmɑːliə, -lïə,
   -lia
Amaltheia, -thea (alt., myth.)
   ɑmɑlˈtae|ɑ, -ˈteː|ɑ
Amanda ɑˈmɑndɑ
Amandus (Vn.) ɑˈmɑndʊs
Amanuensis ɑmɑnu|ˈɛnzɪs
Amar (f., Bü.) ɑˈmɑːr, -ʀ
Amarant ɑmɑˈrɑnt
Amari (it.) ɑˈmɑːri
Amaryllis ɑmɑˈrʏlɪs
Amasia ɑmɑˈsiːɑ
Amasis (Äg.) ˈɛmɑsɪs
Amateur ɑmɑˈtœːr, -ʀ
Amati ɑˈmɑːti
Amazonas (Fl.) ɑmɑˈtsoːnɑs,
   (bras.) ɐmɑˈzonɑs
Amazone ɑmɑˈtsoːnə
Ambassadeur ãbɑsɑˈdœːʀ, -ʀ
Ambition ɑmbiˈtsïoːn
ambivalent ɑmbivɑˈlɛnt
Amboß, pl. -sse ˈɑmbɔs, -sə;
   (Schwz. auch) -boːs
Ambra ˈɑmbrɑ
Ambras (Ö.) ˈɑmbrɑs
Ambroise (f.) ãˈbʀwɑːz
Ambrosia ɑmˈbroːziɑ
Ambrosius ɑmˈbroːziʊs
ambulant ɑmbuˈlɑnt
Amédée (f.) ɑmeˈde
Ameise [1]ˈɑːmaezə, [2]-ʐə
Amendement ɑmãdəˈmã
Amélie (f.) ɑmeˈli
Amelungen ˈɑːməlʊŋən
Amen ˈɑːmɛn, -mən

Amenaide (G., Tankred) ɑmenɑ-
   -ˈiːdə
Amenhotep (Äg.) ɑmɛnˈhɔtep
Americium ɑmeˈriːtsïʊm
Amerigo (Vn.) ɑmeˈriːgo
Amerika ɑˈmeːrikɑ
Amerongen ˈɑːmərɔŋə
Amersfoort (Ndld.) ˈɑːmərsfoːrt
Amery (e.) ˈeiməri
Amethyst ɑmeˈtʏst
Amfortas (W., Pars.) ɑmˈfɔrtɑs
Amhara (Afr.) ɑmˈhɑːrɑ
Amias (e. Vn.) ˈeimïəs; (Sch.,
   M. St.) ˈɑːmias
Amiens ɑˈmjɛ̃
Amilcare (it.) ɑˈmilkɑre
Aemilius ɛˈmiːliʊs
Amine (G., Laune) ɑˈmiːn(ə)
Amman (Jord.) ɑˈmɑːn
Amme ˈɑmə
Ammer [1]ˈɑmər, [2]ˈɑmɛʀ
Ammiana (Orff, Cat.) ɑmiˈɑːnɑ
Ammon ˈɑmɔn
Amid ɑˈmiːt
Amin ɑˈmiːn
Ammoniak ɑmoniˈɑk, (ö.)
   ɑˈmoːnïɑk
Ammoniter [1]ɑmoˈniːtər, [2]-tɛʀ
Ammonium ɑˈmoːniʊm
Ammonshorn ˈɑmɔnshɔrn
Amneris (Ve., Aïda) ɑmˈneːrɪs
Amnestie ɑmnɛsˈtiː
Amöbe ɑˈmøːbə
Amokläufer [1]ˈɑːmɔkˌlɔøfər, [2]-ɛʀ,
   (ö.) ɑˈmɔk-
amön ɑˈmøːn
Amonasro (Ve., Aïda) ɑmo-
   ˈnɑsro
Amor ˈɑːmɔr, -ʀ
Amoretten ɑmoˈrɛtən
Amorosa (Nestroy) ɑmoˈroːzɑ
amorph ɑˈmɔrf
Amortisation ɑmortizɑˈtsïoːn
Amos ˈɑːmɔs
Amouren ɑˈmuːrən
amourös ɑmʊˈrøːs
Amoy (Chi.) ɑˈmoĭ
Ampel [1]ˈɑmpəl, [2]-pļ

Ampère ã'pɛːʀ, -ʀ, am'pɛːr, -ʀ
Ampfer ¹'ampfər, ²-pfɛʀ
Amphibie am'fiːbiə
Amphibrachys am'fibraxʏs
Amphiktyonen amfɪkty|'oːnən
Amphiktyonie amfɪkty|o'niː
Amphimacer am'fimatser, -ʀ
Amphion am'fiːɔn
Amphitheater ¹am'fiːteaːtər,
  ²-teʀ
Amphitrite amfɪ'triːte
Amphitryon am'fiːtryɔn
Amphora, -re 'amfora, am'foːrə
Amplitude ampli'tuːdə
Ampulle am'pʊlə
Amras s. Ambras
Amritsar (S.-As.) am'ritsar, -ʀ
Amsel ¹'amzəl, ²-z̜l
Amputation amputa'tsi̯oːn
amputieren ampu'tiːrən
Amsterdam amstər'dam
Amt, pl. Ämter ¹amt, 'ɛmtər,
  ²-teʀ
amtlich 'amtlɪç
Amu-darja (Fl.) aː‚muːda'rja:
Amulett amu'lɛt
Amundsen 'aːmʊndsən, (norw.)
  amɯnsn̩
Amur a'muːr, -ʀ
amüsant amy'zant
amüsieren amy'ziːrən
Amüsement amyzə'mã
Amy (e. Vn.) 'eimi
an (präp., adv.), an- an
Anabaptist anabap'tɪst
Anabasis (gr.) a'nabazɪs
Anachoret anaxo'reːt, -ço'reːt
Anachronismus anakro'nɪsmʊs
Anadyr (Fl.) ana'dirj
Anagramm ana'gram
Anakoluth anako'luːt
Anakonda ana'kɔnda
Anakreon a'naːkreɔn
Anakreontik anakre|'ɔntɪk
analog ana'loːk
Analogie analo'giː
Analogon a'naːlogɔn
Analphabet an|alfa'beːt

Analyse ana'lyːzə
Analysis a'naːlyzɪs
analytisch ana'lyːtɪʃ
Anämie anɛ'miː
Anamnese anam'neːzə
Ananas 'ananas
Ananias ana'niːas
Anapäst ana'pɛːst
Anapher a'nafər, -ʀ
Anarchie anar'çi:
anarchisch a'narçɪʃ
Anarchist anar'çɪst
Anastasia anas'taːzia
anastatisch ana'staːtɪʃ
Anästhesie anɛste'ziː
anästhetisch anɛ'steːtɪʃ
Anastigmat anasti'gmaːt, an|as-
Anathem, -ma ana'teːm, a'na-
  tema
Anatolien ana'toːli̯ən
Anatom ana'toːm
Anatomie anato'miː
Anaxagoras ana'ksaːgoras
anbahnen 'anbaːnən
anbauen 'anbaoən
anbei an'bae, '- -
anbeten ¹'anbeːtən, ²-tn̩
anbiedern ¹'anbiːdərn; ²-dɛʀn
Anchises an'çiːzes
Anchovis an'çoːvɪs, 'ã:ʃovi, (ö.)
  an'ʃoːvɪs
Anciennität ãsi̯eni'tɛːt
Ancien régime ã'si̯ɛ̃ re'ʒiːm
Ancona aŋ'koːna
Andacht 'andaxt, (schwz.
  auch) 'aːn-
andächtig, -ige 'andɛçtɪç, -ɪgə
Andalusien anda'luːzi̯ən
Andamanen anda'maːnən
andante, -tino an'dante, andan-
  'tiːno
andauernd ¹'andaoərnt, ²-ɛʀnt
Anden 'andən
ander, -ers ¹andər, -ərs, ²-deʀ,
  -deʀs
andererseits ¹'andərərzaets,
  ²-deʀɛʀz̜aets
ändern ¹'ɛndərn, ²-deʀn

andernfalls [1]'andərnfɑls, [2]-dɛʀn-
andersartig, -ige [1]'andərs|a:rtıç,
-ıgə, [2]-dɛʀs|a:ʀtıç
Andersen 'andərzən, (dän.)
'anɽsn̩
Anderson (e.) 'ændəsn
anderthalb [1]andərt'halp,
[2]-dɛʀt-
Andorra an'dɔra
Andrason (G., Triumph) an-
'dra:zɔn
Andrássy (magy.) 'ɔndra:ʃi
André (f.) ã'dʀe
Andreae an'dre:ɛ:, -'dre:ɛ
Andreas an'dre:as
Andrej (ru. Vn.) an'dre:j
Andrejev (ru.) an'dre:jɛf
Andrejevič, fm. -vna (ru. Vat.;
Suppé, Fat.) an'dre:jevitʃ,
-jɛvna
Andrejevskij (ru.) an'dre:jɛvfkij
Andrew (e.) 'ændru:
Andria (It.) 'andrı̌a
Andrianov (ru.) andri'a:nɔf
Androclus 'androklʊs
androgyn andro'gy:n
androhen 'andro:ən
Andromache an'dro:maxe
Andromeda an'dro:meda
Andronikos, -cus (ant.; Sh.,
T. A.) andro'ni:kɔs, -kʊs,
Sh.: an'dro:nikʊs
Äneas ɛ'ne:|as
Äneïde ɛne|'i:də
Aneignung 'an|aegnʊŋ
aneinander [1]an|ae'nandər,
[2]-dɛʀ
Anekdote anɛk'do:tə
Anemone ane'mo:nə
anerkennen [1]'an|ɛrkɛnən,
[2]-ɛʀk-
Aneroïd anero|'i:t
Aneurin (kymr. Vn.) ə'naïərın
Aneurin (Vitanim) anəø'ri:n
Aneurysma anəø'rysma
anfällig, -ige 'anfɛlıç, -ıgə
Anfang 'anfaŋ
anfangen 'anfaŋən

anfangs 'anfaŋs
anfechtbar [1]'anfɛçtba:r, [2]-ʀ
angängig, -ige 'angɛŋıç, -ıgə
Angara (Fl.) anga'ra
Angebinde 'angəbındə
angeblich 'ange:plıç
Angeklagter [1]'angəkla:ktər,
[2]-tɛʀ
Angel [1]'aŋəl, [2]'aŋl̩
Angela (Vn.) 'aŋgela, (it.)
'andʒela
Angèle (f.) ã'ʒɛ:l
angelegentlich 'angəle:gəntlıç
Angelika aŋ'ge:lika
Angélique ãʒe'li:k
Angeln (germ.) 'aŋəln
Angelo 'andʒelo
Angelotti (Pu., Tosca) andʒe-
'lɔti
Angelsachse 'aŋəlzaksə
Angelus 'aŋgelʊs
angenehm 'angəne:m
Anger [1]'aŋər, [2]'aŋɛʀ
Angers (F.) ã'ʒe
Angesicht 'angəzıçt
Angina, A. pectoris aŋ'gi:na,
a. 'pɛktorıs
Angiolina (He., Siz.) andʒo-
'li:na
Angleichung 'anglaeçʊŋ
Angler [1]'aŋlər, [2]-lɛʀ
Anglesea 'æŋglsi
anglikanisch aŋgli'ka:nıʃ
Anglist aŋ'glıst
Anglomanie aŋgloma'ni:
Angola aŋ'gɔ:la, (port.) ɐn'gɔlɐ
Angora (Fell) aŋ'go:ra
Angostura aŋgɔs'tura
Angoulême (Gra., Nap.) ãgu-
'lɛm
Angra Pequena (Afr.) ˌaŋgrɐ
pə'ke:nə
Angriff 'angrıf
Angro Mainyuš aŋgro'maïnuʃ,
vgl. Ahriman
Ångström (schwed.) ɔŋstrœm
Angus (Sh., Macb.) 'æŋgəs
Angst, pl. Ängste aŋst, 'ɛŋstə

Anhang ˈanhaŋ
Anhängsel ¹ˈanhɛŋzəl, ²-z̦l̩
anheimfallen ¹anˈhaemfalən,
  ²-ln̩
anheischig, -ige ˈanhaeʃɪç, -ɪgə
Anhilte (Vn., Kálmán, Csár-
  dásf.) anˈhɪltə
Anhydrid anhyˈdriːt
Anilin aniˈliːn
animalisch aniˈmaːlɪʃ
animieren aniˈmiːrən
animos aniˈmoːs
animus (lt.) ˈanimʊs
Anion, pl. -ionen ˈanioːn,
  aniˈoːnən
Anis aˈniːs, ˈaːnɪs
Anisett anɪˈzɛt
Anisja (ru. Vn.) aˈɲiːsja
Anita aˈniːta
Anitra (I., P. G.) aˈniːtra
Anja (ru. Vn.) ˈaːɲa
Anjou ãˈʒu
Anjutka (ru. Vn.) aˈɲutka
Ankara ˈaŋkara
Ankauf ˈankaof
Anke ˈaŋkə
Anker ¹ˈaŋkər, ²-kɛʁ
anklagen ¹ˈanklaːgən, ²-gn̩
Ankunft ˈankʊnft
anläßlich ˈanlɛslɪç
anläuten ¹ˈanləøtən, ²-tn̩
Anleihe ˈanlaeə
anmaßen ¹ˈanmaːsən, ²-sn̩
Anmaßung ˈanmaːsʊŋ
anmerken ¹ˈanmɛrkən, ²-ʁkn̩
anmutig, -ige ˈanmuːtɪç, -ɪgə
annähernd ¹ˈannɛːərnt, ²-ɛʁnt
Annalen aˈnalən
Ann, Anne (e. Vn.) æn
Annam ˈanam
Ann Arbor (N.-A.) æn ˈaːbə
Annecy (F.) anˈsi
annehmbar ¹ˈanneːmbaːr,
  ²-baːʁ
annektieren anɛkˈtiːrən
Annemarie ˈanəmariː
Annemirl (Anz., Gewissens-
  wurm) ˈanəmɪrl

Annette (dt.) aˈnɛtə
Annex aˈnɛks
Annexion anɛˈksi̯oːn
Annina (it. Vn., R. Strauß,
  Ros.) aˈniːna
Anno ˈano
Anno Domini ˌano ˈdoːmini
Annonce aˈnõːsə
annoncieren anõˈsiːrən
annullieren anʊˈliːrən
Annunziata (it.) anuntsi̯ˈaːta
Anode aˈnoːdə
anomal ˈanomaːl
Anomalie, pl. Anomala anoma-
  ˈliː, aˈnoːmala
anonym anoˈnyːm
Anonymität anonymiˈtɛːt
Anonymus aˈnoːnymʊs
Anopheles aˈnoːfeles
Anorak ˈanorak
anordnen ¹ˈanˌɔrdnən, ²-ɔʁdnən
anorganisch ˈanˌɔrgaːnɪʃ, ˈanɔr-
Anouilh aˈnuj
anrüchig, -ige ˈanrʏçɪç, -ɪgə
ansässig, -ige ˈanzɛsɪç, -ɪgə
Anschovis anˈʃoːvɪs
ansehen ¹ˈanzeːən, ²-ʒeːn
Anselm, -mus ˈanzɛlm, an-
  ˈzɛlmʊs
Anselmo (He., Siz.) anˈsɛlmo
Ansermet (schwz.) ãsɛrˈmɛ
Ansgar, -rius ˈansgaːr, ans-
  ˈgaːriʊs
Anstalt ˈanʃtalt
anständig, -ige ˈanʃtɛndɪç, -ɪgə
anstatt anˈʃtat
Anstrengung ¹ˈanʃtrɛŋʊŋ, ²-ʃtʁ-
Antagonist antagoˈnɪst
Antananarivo (Madag.) anta-
  nanaˈrivo
Antarktis antˈ|ˈarktɪs
Antäus anˈtɛːʊs
antediluvianisch antedilu-
  ˈvi̯aːnɪʃ
Anteilnahme ˈantaelnaːmə
Antenne anˈtɛnə
Antenor anˈteːnor, -ʁ
Antependium anteˈpɛndiʊm

Antezedenzien ɑntətse'dɛntsïən
Anthologie ɑntolo'gi:
Anthony (e.) 'æntəni
Anthropologie ɑntropolo'gi:
anthropologisch ɑntropo'lo:gɪʃ
Anthroposophie ɑntropozo'fi:
Antibes (F.) ã'tib
Antibiotikon ɑntibi'o:tikən
antichambrieren ɑntiʃɑm-
    'bri:rən, -ʃã'bʀ-
Antichrist 'ɑntikrɪst
Antidoton ɑn'tidotən
Antifaschismus ɑntifɑ'ʃɪsmʊs
Antigone, -gonä ɑn'ti:gone, -nɛ
Antigonus ɑn'ti:gonʊs
antik ɑn'ti:k
Antike ɑn'ti:kə
Antikörper [1]'ɑntikœrpər, [2]-ʀpɛʀ
Antilibanon ɑnti'li:bɑnən
Antillen ɑn'tɪlən, (span.) ɑn-
    'tifiɑs
Antilochos, -chus ɑn'ti:loxəs,
    -xʊs
Antilope ɑnti'lo:pə
Antimon ɑnti'mo:n, (ö.) '- - -
Antinomie ɑntino'mi:
Antinoos, -nous ɑn'ti:noəs,
    -noʊs
Antiochia, -ien ɑntio'xi:ɑ,
    -'oxiən
Antiochos, -chus (alt.) ɑn-
    'ti:ɔxəs, -xʊs
Antiope (G., Elp.; Hofm., Öd.)
    ɑn'ti:ope
Antipater (Egk) ɑn'ti:pɑtɛr, -ɛʀ
Antipathie ɑntpɑ'ti:
antipathisch ɑnti'pɑ:tɪʃ
Antipholus (Sh., Kom.) ɑn-
    'ti:folʊs
Antiphon, -ne ɑnti'fo:n, -nə
Antipode ɑnti'po:də
Antipyrin ɑntipy'ri:n
Antiqua ɑn'ti:kvɑ
Antiquar ɑnti'kvɑ:r, -ʀ
Antiquariat ɑntikvɑri'ɑ:t
Antiquität ɑntikvi'tɛ:t
Antisemit ɑntize'mi:t
antiseptisch ɑnti'zɛptɪʃ

Antistes ɑn'tɪstɛs
Antisthenes ɑn'tɪstenɛs
Antithese ɑnti'te:zə
Antium 'ɑntsïʊm
antizipieren ɑntitsi'pi:rən
Antje 'ɑntçə
Antlitz 'ɑntlɪts
Antofagasta (S.-A.) ɑntofɑ'gɑstɑ
Antoine (f. Vn.) ã'twɑn
Antoinette (f.) ãtwɑ'nɛt
Antokol'skij (ru.) ɑntə'kɔfiskɪj
Anton 'ɑnto:n, (Mark) Anton
    ɑn'to:n
Anton (ru. Vn.) ɑn'tɔ:n
Antonescu (rum.) ɑnto'nesku
Antonie, -nia ɑn'to:niə, -niɑ
Antoninus ɑnto'ni:nʊs
Antonio (it. Vn.) ɑn'to:nio
Antonius (alt.) ɑn'to:niʊs
Antonovič, fm. -vna (ru. Vat.)
    ɑn'tɔ:novitʃ, -vnɑ
Antrag, pl. -träge [1]'ɑntrɑ:k,
    -trɛ:gə; [2]-tʀ-
Anthrazit ɑntrɑ'tsi:t, -'tsɪt
Antrobus (Wilder) 'ɑntrobʊs
Antung (Mandsch.) 'ɑntuŋ
Antwerpen (Be.) ɑnt'vɛrpən,
    (ndl.) 'ɑntwɛrpə
Antwort [1]'ɑntvɔrt, [2]-vɔʀt
Anubis ɑ'nu:bɪs
Anwalt, pl. -wälte 'ɑnvɑlt,
    -vɛltə
anwesend [1]'ɑnve:zənt, [2]-ʑənt
anwidern [1]'ɑnvi:dərn, [2]-dɛʀn
Anzengruber 'ɑntsəngru:bər,
    -ɛʀ
anzeps 'ɑntsɛps
Anzio 'ɑntsïo
Anzug, pl. -üge 'ɑntsu:k, -y:gə
anzüglich 'ɑntsy:klɪç
anzünden [1]'ɑntsʏndən, [2]-dn̩
äolisch ɛ|'o:lɪʃ
Äolsharfe [1]ɛ:|ɔlshɑrfə [2]-ʀfə
Äolus 'ɛ:-olʊs, vgl. Ailos
Äon, pl. -onen ɛ:|'o:n, -'o:nən
Aorist ɑ|o'rɪst
Aorta ɑ|'ɔrtɑ
Aosta ɑ'ɔstɑ

Apachen (N.-A.) a'patʃən
Apanage apa'naːʒə
apart a'part
Apartheid a'paːrthaet
Apartment a'partmɛnt, (schwz.)
　- -'-, (e.) ə'paːtmənt
Apathie apa'tiː
apathisch a'paːtɪʃ
Aperçu apɛr'syː
Apeldoorn (Ndld.) 'aːpəldoːrn
Apelles a'pɛlɛs
Apemantus (Sh., Ti.) ape-
　'mantʊs
Apenninen ap'ɛniːnən
Apenrade aːpən'raːdə
aper ¹aːpər, ²aːpɐ
Aperitif aperi'ti(ː)f
Apertur apɛr'tuːr, -ɐ
Apfel, pl. Äpfel 'apfəl, 'ɛpfəl
Apfelsine apfəl'ziːnə
Aphasie afa'ziː
Aphel, (lt.) -lium a'feːl, -liʊm
Aphorismus, pl. -men afo'rɪs-
　mʊs, -mən
Aphrodite afro'diːte
Aplanat apla'naːt
Aplomb a'plõ
apodiktisch apo'dɪktɪʃ
Apokalypse apoka'lʏpsə
Apokope a'pokope
apokryph apo'kryːf
Apolda a'pɔlda
apollinisch apo'liːnɪʃ
Apollo, -on a'pɔlo, -lon
Apollodorus apɔlo'doːrɔs
Apollon (ru. Vn.) apał'łɔːn
Apollonia apɔ'loːnia
Apologet apolo'geːt
Apologie apolo'giː
apoplektisch apɔ'plɛktɪʃ
Apoplexie apɔplɛ'ksiː
Apostat, -ta apo'staːt, a'pɔstata
Apostel ¹a'pɔstəl, ²-tl̩
a posteriori (lt.) aː pɔsteri'oːri
Apostolikum apɔ'stoːlɪkʊm
Apostroph apɔ'stroːf
Apostrophe a'pɔstrofe
Apotheke apo'teːkə

Apotheose apote'oːzə
Appalachians (Geb., N.-A.)
　æpə'leitʃjənz
Apparat apa'raːt
Apparatschik apa'ratʃɪk
Apparatur apara'tuːr, -ɐ
Appartement apart(ə)'mã
　(schwz.) apart(ə)'mɛnt
appassionato apasio'naːto
Appell a'pɛl
appellieren apɛ'liːrən
Appendicitis apɛndi'tsiːtɪs
Appendix a'pɛndɪks
Appenzell apən'tsɛl
apperzipieren apɛrtsi'piːrən
Appetit apə'tiːt, ape-, (ö.) -'tit
Appiani (L., Em.) api'aːni
applaudieren aplao'diːrən
Applaus ap'laos
Appleton 'æpltən
applizieren apli'tsiːrən
Apponyi (magy.) 'ɔpoɲi
apportieren apɔr'tiːrən
Apposition apozi'tsio̝ːn
Appretur apre'tuːr, -ɐ
Approbation aproba'tsio̝ːn
approximativ aprɔksima'tiːf
Apraxie apra'ksiː
Aprikose apri'koːzə
April a'prɪl
a priori aː pri'oːri
apropos apro'poː
Apsis, pl. Apsiden 'apsɪs,
　a'psiːdən
Apuleius apu'leːjʊs
Apulien a'puːliən
Apuchtin (ru.) a'puxtin
Aquädukt akvɛ'dʊkt
Aquamarin akvama'riːn
Aquarell akva'rɛl
Aquarium, pl. -ien a'kvaːriʊm,
　-iən
Aquae Sextiae 'aːkvɛ 'zɛkstie
Äquator ɛ'kvaːtɔr, -ɐ
Aquavit akva'viːt
L'Aquila (It.) 'laːkŭila
Aquileia akvi'leːja
Äquilibrist ɛkvili'brɪst

Aquilina (Hofm., Ven.) ɑkvi-
 'liːnɑ
Äquinoktien ɛkvi'nɔktsïən
Aquitanien ɑkvi'taːniən
äquivalent ɛkviva'lɛnt
äquivok ɛkvi'voːk
Ar (Maß) aːr
Ära 'ɛːrɑ
Arabella ɑrɑ'bɛlɑ
Araber 'aːrɑbər, -ɛʁ
Arabeske ɑrɑ'bɛskə
arabisch a'rɑːbiʃ
Arad (Rum.) 'arɑd
Arago (f.) aʁa'go
Aragón, -gonien (Sp.) ɑrɑ'ɣɔn,
 -'goːniən
Aralsee a'rɑːlzeː
Aramäer ɑrɑ'mɛːər, -ɛʁ
Aranjuez (sp.) ɑrɑn'xŭɛθ, (Sch.)
 -'-xu-ɛθ
Aräometer [1]arɛːo'meːtər, [2]-tɛʁ
Ärar ɛ'raːr
Arara 'arɑːrɑ
Ararat 'ararat
Araspe (L., Freig.) a'raspe
Araukarie arao'kaːriə
Arbaces (Moz., Idom.) 'arbatsɛs
Arbeit [1]arbaet, [2]aʁb-
arbeitsam [1]arbaetzaːm, [2]aʁ-
 baetsaːm
Arbela ar'beːlɑ
Arbenz 'arbɛnθ
Arboga (Schw.; Gra., Gothl.)
 'arboːgɑ
Arbitrage aʁbi'tʁaːʒə
Arbogast 'arbogast
Arcangelo (it. Vn.) ar'kandʒelo
Arcesius (D'Alb., T. A.)
 ar'tseːsiʊs
archaisch ar'çɑː-iʃ
Archangel'sk (Ru.) ar'xangefisk
Archäologie arçɛolo'giː
Archäopteryx arçɛ'ɔpterʏks
Arche 'arçə
Archelaos, -laus arçe'laːos,
 -laːʊs
Archetyp arçe'tyːp, '- - -
Archibald 'arçɪbalt

Archidamus (Sh., Wi.) arçi-
 'daːmʊs
Archidiakon, -nus (lt.) arçidia-
 'koːn, -di'aːkonʊs, (ö.) - -'- -
Archimedes arçi'meːdɛs
Archipelagus arçi'pelagʊs
Archipenko (ru.) ar'xiːpɛnkɔ
Archipoëta arçipo-'eːta
Archidiakon, -nus (lt.) arçidia-
 'koːn, -di'aːkonʊs
Archipel arçi'peːl
Archisposa (Egk, Abr.) arçi-
 'spoːza
Architekt arçi'tɛkt
architektonisch arçitɛk'toːnɪʃ
Architektur arçitɛk'tuːr, -ʁ
Architrav, pl. -ve arçi'traːf, -və
Archiv, pl. -ve ar'çiːf, -və
Archivar arçi'vaːr, -ʁ
Archont ar'çɔnt
Arcis-sur-Aube aʁ،sisy'ʁoːb
Arco (Südtirol) 'arko
Arcole 'arkole
Arcybašev (ru.) artsi'baːʃɛf
Arden (e. N.) 'aːdn
Ardennen ar'dɛnən, (fr.) aʁ'dɛn
Areal arə|'aːl
Aremorica are'moːrika
Arena a'reːna
Areopag are|o'paːk
Arequipa (S.-A.) are'kipɑ
Ares 'aːrɛs
Arete (G., Naus.) a'reːte
Arethusa are'tuːsa
Aretino are'tiːno
Arezzo a'retso
arg [1]ark, [2]aʁk
Argentina (S.-A.) arxɛn'tina
Argentinien argɛn'tiːniən
Ärger [1]'ergər, [2]'ɛʁgɛʁ
Argiver ar'giːvər, -ɛʁ
arglos [1]'arkloːs, [2]'aʁk-
Argo 'argo
Argolis 'argolɪs
Argon 'argɔn
Argonauten argo'naotən
Argonnen ar'gɔnən
Argos, -gus (alt.) 'argɔs, -gʊs

Argot ɑʀˈgoː
Argument arguˈmɛnt
Argwohn [1]ˈarkvoːn, [2]ˈaʀk-
Argyll (Scho.) aːˈgail
Århus (Dä.) ˈɔrhuːs
Ariadne ariˈadne
Arianer ariˈaːnər, -ɛʀ
Ariccia (It.) aˈritʃa
Aricia (Sch., Ph.) aˈriːtsïa
Aridäus (L., Phil.) ariˈdɛːʊs
Arie ˈaːriə
Ariel (Sh., St.) ˈaːriɛl
Arier ˈaːriər, -ɛʀ
Arimaspen (Sage) ariˈmaspən
Arimathia arimaˈtiːa
Arina (ru. Vn.) aˈriːna
Arindal (W., Feen) ˈaːrɪndal
Arion aˈriːon
Arioso, a- ari̯ˈoːso, -z-
Ariost, -to ari̯ˈɔst, -to
Ariovist, -tus ariˈvɪst, -stʊs
arisch ˈaːriʃ
Aristan (Kl., Herm.) aˈrɪstan
Aristeus (O., Orpheus) aˈrɪstɔøs
Aristides arɪˈstiːdɛs
Aristodemos arɪstoˈdeːmɔs
Aristokrat [1]arɪstoˈkraːt, [2]-kʀ-
Aristophanes arɪˈstoːfanɛs
aristophanisch arɪstoˈfaːnɪʃ
Aristoteles arɪˈstoːteles
aristotelisch arɪstoˈteːlɪʃ
Arithmetik arɪtˈmeːtɪk, arɪtmeˈtiːk
arithmetisch arɪtˈmeːtɪʃ
Arius aˈriːʊs
Arizona ˌæriˈzounə
Arkade arˈkaːdə
Arkadien arˈkaːdiən
Arkadij (ru. Vn.) arˈkaːdɪj
Arkadina (Če.) arˈkaːdina
Arkansas (Fl.) aːˈkænzəs
Arkansas (Staat) ˈaːkənsɔː
Arkanum arˈkaːnʊm
Arkas (G., Iph.) ˈarkas
Arkebuse arkeˈbuːzə
Arkebusier arkebuˈziːr, -ʀ
Arkel (Debussy, Pell.) arˈkɛl
Arkona arˈkoːna

arktisch ˈarktɪʃ
Arktur (Stern) arˈktuːr, -ʀ
Arlberg ˈarlbɛrk
Arles ɑʀl
Arlesheim (Schwz.) ˈaːrləshaem
Arm, arm, ärmer [1]arm, ˈɛrmər, [2]aʀm, ˈɛʀmɛʀ
Armada arˈmaːda
Armagh (Ir.) aːˈmaː
Armand aʀˈmã
Armas (Guat.) ˈarmas
Armatur armaˈtuːr, -ʀ
Armbrust [1]ˈarmbrʊst, [2]ˈaʀmbʀʊst
Armee, pl. -en armˈeː, arˈmeːən
Armeekorps arˈmeːkoːr, -ʀ
Ärmel [1]ˈɛrməl, [2]ˈɛʀml̩
Armenien arˈmeːniən
Armentières aʀmãˈtjɛːʀ
Armesünder(glocke) [1]armə-ˈzʏndər(glɔkə), [2]aʀmə-ˈzʏndɛʀ-
Armgard ˈarmgart
Armida (it.), **-de** (f., Gluck) arˈmiːda, -də
armieren arˈmiːrən
Armin, -nius ˈarmiːn, arˈmiːniʊs
armorikanisch armoriˈkaːnɪʃ
armselig, -ige [1]ˈarmzeːlɪç, -ɪgə, [2]ˈaʀmzeː-
Armut [1]ˈarmuːt, [2]ˈaʀmuːt
Arnaud aʀˈno
Arnessön (I., Kronpr.) ˈarnəsœn
Arnhem (Ndld.) ˈarnɛm, -nəm
Arnika ˈarnika
Arnim ˈarnɪm
Arolsen ˈaːrɔlzən
Arom, -ma aˈroːm, -ma
aromatisch aroˈmaːtɪʃ
Aron s. **Aaron**
Aronstab (bot.) ˈaːrɔnʃtaːp
Arosa aˈroːza
Árpád (magy.) ˈaːrpaːd
Arpeggio arˈpedʒo
Arrak ˈarak
Arrangement aʀãʒ(ə)mã
arrangieren aʀãˈʒiːrən
Arras (F.) ˈaras, (f.) aˈʀaːs

Arrau (port.) ˈaraŭ
Arrest aˈrɛst
Arrestant arɛsˈtant
arretieren areˈtiːrən
Arrhenius aˈreːnius
Arria ˈaria
Arriba (sp.) aˈriβa
Arrigo (it. Vn.) aˈriːgo
arrivieren ariˈviːrən
arrogant aroˈgant
Arrhythmie arytˈmiː
Arsch, pl. Ärsche [1]arʃ, ˈɛrʃə, [2]aʀʃ
Arsen arˈzeːn
Arsena (J. Strauß, Zig.) ˈarzena
Arsenal arzeˈnaːl
Arsenik arˈzeːnɪk
Arsidas (Egk, Circe) ˈarsidas
Arsinoë arˈziːno|e
Arsir (G., Tankred) arˈsir
Arsis ˈarzɪs
Art [1]aːrt, [2]aːʀt, (Schwz. auch)
    art
Artamonov (ru.) artaˈmɔːnɔf
Artaphernes artaˈfɛrnɛs
Artaria (it.) arˈtaːrĭa
Artaxerxes artaˈksɛrksɛs
Artemidor, -ros, -rus artemi-
    ˈdoːr, -ʀ, -rɔs, -rʊs
Artemij (ru. Vn.) arˈtjemĭj
Artemis ˈartemɪs
Arterie arˈteːriə
Arteriosklerose arterioskleˈroːzə
artesisch arˈteːzɪʃ
Arthritis arˈtriːtɪs
Arthur (dt.) ˈartuːr, -ʊʀ, (e.)
    ˈaːθə
artig, -ige [1]ˈaːrtɪç, -ɪgə, [2]ˈaːʀtɪç
Artikel arˈtiːkəl, arˈtɪkəl
artikulieren artikuˈliːrən
Artillerie ˈartɪləriː, - - -ˈ-
Artischocke artiˈʃɔkə
Artist arˈtɪst
Artois aʀˈtwa
Artôt (f.) aʀˈto
Artur (Vn.) ˈartuːr, -ʊʀ
Artus ˈartʊs
artverwandt [1]ˈaːrtfɛrvant,
    [2]ˈaːʀtfɛʀv-

Aruwimi (Fl., Afr.) aruˈvimi
Arve ˈarvə, (schwz.) ˈarfə
Arved (Schw.) ˈarved
Arviragus (Sh., Cymb.) arvi-
    ˈraːgʊs
Arznei [1]artsˈnae, [2]aʀt-
Arzt, pl. Ärzte [1]aːrtst, ˈɛːrtstə,
    [2]aːʀtst, (Schwz. auch) a-
As, gen. Asses as, ˈasəs
as (mus.) as
Asa foetida ˌaːza ˈføːtida
Asbest asˈbɛst
Ašchabad (N.-As.) aʃxaˈbaːt
Aschaffenburg aˈʃafənbʊrk
Aschanti aˈʃanti
aschblond [1]aʃˈblɔnt, ˈ- -, [2]-ˈb̦l-
Asche ˈaʃə
Aschenbrödel [1]ˈaʃənbrøːdəl,
    [2]ˈaʃn̦brœːdl̦
Aschermittwoch [1]aʃərˈmɪtvɔx,
    [2]aʃɛʀ-
Äschines ˈɛːsçinɛs
Äschylus ˈɛʃylʊs, s. Aischylos
Ascoli (It.) ˈaskoli
Ascona asˈkoːna
Ascot (E.) ˈæskət
Åse (I., P. G.) ˌɔːsə
äsen [1]ˈɛːzən, [2]ˈɛːz̦n̦
aseptisch aˈzɛptɪʃ
Aserbeidschan s. Azerbaidžan
Ashton (e. N.) ˈæʃtən
asiatisch aˈzĭaːtɪʃ
Asien ˈaːzĭən
Askalaphus (G., Triumph)
    aˈskalafʊs
Askalon ˈaskalɔn
Askanier asˈkaːniər
Askese asˈkeːzə
asklepiadeisch asklepiaˈdeːɪʃ
Asklepios aˈskleːpiɔs
Äskulap, -pius ɛːskuˈlaːp, -piʊs,
    (ö.) ˈ- - -
Aslak (I., P. G.) ˈaslak
Aslaksen (I., Volksfd.) ˈaslaksən
Asmara (Afr.) ˈasməːra
Asmodi (bi.) asˈmoːdi
Asnyk (port.) ˈasnik
Äsop, -pus ɛˈzoːp, -pʊs

Asow ˈaːzɔf, s. Azov
asozial ˈazotsĭaːl
Asparagus asˈparagʊs
Aspasia aˈspaːzia
Aspekt asˈpɛkt
Asphalt asˈfalt
Asphodelos asˈfodɛlɔs
Aspik asˈpik
Aspirant aspiˈrant
Aspirata aspiˈraːta
Aspirin aspiˈriːn
Asra ˈasra
Asraël (Engel) ˈasra-ɛl
Assad (He., Rubin; Goldm.,
   Kön.) ˈɛsɛd
assai (it.) aˈsai
Assam (S.-As.) ˈasam
Assan (Menotti, Kons.) ˈasan
Assaph (bi.) ˈasaf
Assassine asaˈsiːnə
Assekuranz asekuˈrants
Assel [1]ˈasəl, [2]ˈasl̩
Assemblée asãˈble
assentieren asɛnˈtiːrən
Asserato (Schi., Fi.) aseˈraːto
Assessor, fm. -rin, pl. -oren
   aˈsɛsɔr, -ʀ, aseˈsoːrɪn, -ˈoːrən
Assignate asɪˈɲaːtə
Assimilation asimilaˈtsĭoːn
Assise aˈsiːzə
Assisi aˈsiːzi
Assistent asɪsˈtɛnt
Aßmannshausen asmansˈhao-
   zən
associated (e.) əˈsouʃieitid
Associé asoˈsje:
Assonanz asoˈnants
assortieren asɔrˈtiːrən
Assoziation asotsĭaˈtsĭoːn
Assuan (Äg.) asˈŭaːn
Assur ˈaʃur
Assyrien aˈsyːriən
Astarte aˈstartə
ästen [1]ˈɛstən, [2]-tn̩
Asteria (Kl., Penth.) aˈsteːria
Astolfo (Cald., Leben) aˈstɔlfo
Asturien asˈtuːriən
Ast, pl. Äste ast, ˈɛstə

Astaroth (Goldm., Kön.) ˈasta-
   roːt
Astatine astaˈtiːnə
Aster [1]ˈaster, [2]-tɛʀ
Asteroid asteroˈ|iːt
asthenisch aˈsteːnɪʃ
Ästhetik ɛˈsteːtɪk
Asthma ˈastma
asthmatisch astˈmaːtɪʃ
Asti ˈasti
astigmatisch astɪˈgmaːtɪʃ
ästimieren ɛstiˈmiːrən
Aston (e.) ˈæstən
Astor (e.) ˈæstə, ˈæstɔ:
Astrachań (Ru.) ˈastrəxəɲ
Astragalus (Raim.) aˈstragalʊs
Astral(lampe usw.) aˈstraːl-
Astrolog, -ge astroˈloːk, -gə
Astrologie astroloˈgiː
Astronautik astroˈnaotɪk
Astronom astroˈnoːm
Astronomie astronoˈmiː
Astrov (Ru.) ˈastrɔf
Astutuli (Orff) aˈstuːtuli
Astyages aˈstyː|agɛs
Astyanax aˈstyːanaks
Asunción (S.-A.) asunˈθĭon
Asyl aˈzyːl, (schwz.) -iːl
asymmetrisch ˈasʏmeːtrɪʃ, --ˈ-
asymptotisch azʏmˈptoːtɪʃ
Asyndeton aˈzʏndetɔn
asyndetisch ˈazʏndeːtɪʃ, --ˈ-
Aszendent astsɛnˈdɛnt
Atacama (S.-A.) ataˈkama
Atair (Stern) aˈtaː|ir
Atatürk ataˈtyrk
Atavismus ataˈvɪsmʊs
Ate (myth.) ˈaːte
Atebrin ateˈbriːn
Atelier atəˈlje
Atem ˈaːtəm
Athabasca (N.-A.) ˈæθəˈbæskə
(De) Athaide (port.) (də) ætæ-
   ˈiːðə
Athalja, -lia, -lie (bi., Racine)
   aˈtaːlĭa, -lia, ataˈliː
Athanarich aˈtanarɪç
Athanas (gr.) aˈtaːnas

Athanasios, -ius atɑˈnɑːsiɔs, -iʊs
Athapasken (N.-A.) atɑˈpaskən
Athaulf ˈatɑolf
Atheïsmus ate|ˈɪsmʊs
Athen aˈteːn
Athenai (Alt.) aˈteːnaĭ, (Gr.) aˈθinɛ
Athenaïos ateˈnaĭ-ɔs
Athenaïs ateˈnaːɪs
Athenäum ateˈnɛː-ʊm
Athene aˈteːne
Äther ¹ˈɛːtər, ²-tɛʁ
ätherisch ɛˈteːrɪʃ
Äthiopien ɛtiˈoːpiən
Athlet atˈleːt
Athlone (Ir.) æθˈloun
Athos ˈaːtɔs, (gr.) ˈaθɔs
Äthyl ɛˈtyːl
Ätiologie ɛːtioloˈgiː
Atlanta (N.-A.) ətˈlæntə
Atlantic City ət‚læntik ˈsiti
Atlantis atˈlantɪs
Atlas (myth.) ˈatlas
Atlas, pl. -lanten ˈatlas, atˈlan-tən
atmen ˈaːtmən
Atmosphäre atmoˈsfɛːrə
Ätna ˈɛːtnɑ
Ätolien ɛˈtoːliən
Atoll aˈtɔl
Atom aˈtoːm
atomar atoˈmaːr, -ʁ
atonal ˈatonaːl, - -ˈ-
Atout aˈtuː
à tout prix a tu ˈpʁi
Atreus ˈaːtrøøs
Atriden aˈtriːdən
Atrium ˈaːtriʊm
Atrophie atroˈfiː
Atropin atroˈpiːn
Atropos ˈatropɔs
ätsch ɛːtʃ
Attaché ataˈʃe
attachieren ataˈʃiːrən
Attacke aˈtakə
At(t)alus ˈatalʊs
Attarin (Kl., Herm.) ˈatariːn
Attentat atɛnˈtaːt

Attentäter ¹atɛnˈtɛːtər, ²-tɛʁ
Attest aˈtɛst
Attika ˈatikɑ
Attila ˈatilɑ
Attinghausen ˈatɪŋhaozən
Attitüde atiˈtyːdə
Attlee ˈætli
Attraktion atrakˈtsĭoːn
Attrappe aˈtrapə
attrapieren atraˈpiːrən
Attribut atriˈbuːt
attributiv atribuˈtiːf, ˈ- - - -
atzen ¹ˈatsən, ²-sn̩
ätzen ¹ɛtsən, ²-sn̩
Au, Aue ao, ˈaoə
Aube (Fl., F.) oːb
Auber (f.) oˈbɛːʁ
Aubergine obɛʁˈʒiːn(ə)
Aubespine (Sch., M. St.) obeˈpin
Aubry (f.) oˈbʁi
auch aox
Auch (F.) oːʃ
Auckland (Neuseeland) ˈɔːklənd
Auden (e.) ˈɔːdn
Audienz aodiˈɛnts
Audion ˈaodiɔn
Auditor ˈaodiːtɔr, -ʁ
Auditorium aodiˈtoːriʊm
Auerochse ¹ˈaoər|ɔksə, ²ˈaoɛʁ|-
auf- aof- trägt in Zusammen-
    setzungen immer den Wort-
    ton (s. S. 117) Ausnahmen s. u.
Aufbruch ¹ˈaofbrʊx, ²ˈaofb̥ʁʊx
aufeinander ¹ˈaof|aen|andər,
    - -ˈ- -, ²-nandɛʁ
Aufeinanderfolge ¹ˈaof|aenˈan-
    dərfɔlgə, ²-dɛʁf-
Aufenthalt ˈaofɛnthalt
auferstehen ¹ˈaof|ɛrʃteːən,
    ²-|ɛʁʃteːn
auffinden ¹ˈaoffɪndən, ²-dn̩
aufgrund ¹ˈaofˈgrʊnt, ²-ˈg̊ʁ-
aufhetzen ¹ˈaofhɛtsən, ²-sn̩
aufhören ˈaofhøːrən
Aufidius (Sh., Co.) aoˈfiːdiʊs
Aufidus (Fl.) ˈaofidʊs
aufmerksam ¹ˈaofmɛrkzaːm,
    ²-mɛʁksaːm

aufsässig, -ige ¹'ɑofzɛsɪç, -ɪgə,
  ²'ɑofʒɛ-
Aufsicht ¹'ɑofzɪçt, ²-ʒɪçt
Aufstieg 'ɑofʃtiːk
Auftraggeber ¹'ɑoftrɑːk͡geːbər,
  ²-tʀɑːk͡gebɛʀ
Aufwand 'ɑofyɑnt
Aufwartefrau ¹'ɑofyɑrtəfrɑo,
  ²-ʀtəfʀɑo
Aufwiegelei ɑofyiːgə'lɑe
aufwiegeln 'ɑofyiːgəln
aufwinden ¹'ɑofyɪndən, ²-dn̩
Augapfel 'ɑok|ɑpfəl
Auge 'ɑogə
äuge(l)n 'ɔøgə(l)n
Augenblick ¹'ɑogənblɪk, ²-gn̩-
augenblicklich ¹'ɑogənblɪklɪç,
  --'--, ²-gn̩-
Augias ɑo'giːɑs
Augier o'ʒje
Augment ɑo'gmɛnt
Augsburg 'ɑoksbʊrk
Augur, pl. -ren 'ɑoguːr, -ʀ,
  ɑo'guːrən
Augurium ɑo'guːriʊm
August (dt. Vn.) 'ɑogʊst
August, -tus (lt. Name, Monat)
  ɑo'gʊst, -tʊs
Augusta, -te ɑo'gʊstɑ, -tə
Auguste (f. Vn.) o'gyst
Augustin, -nus ɑogʊ'stiːn, -nʊs
  (der liebe '---)
Auktion ɑok'tsi̯oːn
Aula 'ɑolɑ
Aulis 'ɑolɪs
Aumerle (Sh., Rich. II) o'mɛrl
Aune (I., P. G.) 'œŭnə, (norw.)
  æŭnə
au pair o'pɛːʀ
Aurelia ɑo'reːliɑ
Aurelian, -nus ɑoreli'ɑːn, -nʊs
Aurélie (f.) oʀe'li
Aurelius, -rel ɑo'reːliʊs, -reːl
Aureole ɑore'oːlə
Aurignacien (f.) oriɲɑ'sjɛ̃
Aurikel ɑo'riːkəl, (ö., schwz.)-'rɪ-
Auriol (f.) o'rjɔl
Aurora ɑo'roːrɑ

aus- ɑos-
  trägt in Zusammensetzungen
  immer den Wortton, z.B.:
  ¹'ɑus|ɑːrtən, ²'ɑos|ɑːʀtn̩
  (s. S. 118); Ausnahmen s. u.
auseinander ¹'ɑos|ɑen(|)ɑndər,
  ²-dɛʀ, --'--
Auseinandersetzung ¹ɑos|ɑen-
  (|)'ɑndərzɛtsʊŋ, ²-dɛʀʒ-
ausführlich ¹ɑos'fyːrlɪç, ²-'fyːʀl-
ausgezeichnet ¹'ɑosgətsɑeçnət,
  ³'ɑosg͡e-, --'--
Auskultation ɑoskʊltɑ'tsi̯oːn
Auskultator, pl. -ren ɑoskʊl'tɑː-
  tər, -ʀ, --tɑ'toːrən
Auskunft 'ɑoskʊnft
Auskunftei ɑoskʊnf'tɑe
ausmerzen ¹'ɑosmɛrtsən, ²-mɛʀ-
  tsn̩
Auspizien ɑo'spiːtsi̯ən
auspowern ¹'ɑospoːvərn, ²-vɛʀn
ausquetschen ¹'ɑoskvɛtʃən, ²-tʃn̩
ausrenken ¹'ɑosrɛŋkən, ²-sʀɛŋkn̩
ausrotten ¹'ɑosrɔtən, ²-tn̩
aussagen ¹'ɑos͡zɑːgən, ²'ɑos͡-
  ʒɑːgn̩
aussätzig, -ige ¹¹'ɑos͡zɛtsɪç, -igə,
  ²-s͡ʒ-
ausschließlich 'ɑosʃliːslɪç, -'--
Ausschuß 'ɑosʃʊs
Aussee ɑo'seː
aussehen ¹'ɑos͡zeːən, ²'ɑos͡zeːən
ausstaffieren 'ɑosʃtɑfiːrən
Ausstand 'ɑosʃtɑnt
Austen (e.) 'ɔ(ː)stɪn
Austin (N.-A.) 'ɔːstin
Australien ɑos'trɑːli̯ən
Austrasien ɑos'trɑːzi̯ən
Ausspruch ¹'ɑosʃprʊx, ²-ʃpʀ
außer ¹'ɑosər, ²-ɛʀ
außerehelich ¹'ɑosər|eːəlɪç,
  ²¹'ɑosɛʀ|-
äußerlich ¹¹'ɔøsərlɪç, ²'ɔøsɛʀl-
außerordentlich ¹'ɑosər|'ɔrdənt-
  lɪç, ²'ɑosɛʀ|'ɔʀd-
aussprechen ¹'ɑosʃpreçən,
  ²-ʃpʀeçn̩
außerstande ¹ɑosər'ʃtɑndə, ²-sɛʀ-

Auster ¹'aostər, ²-tɛʁ
Austria 'aostria
Auswuchs 'aosvuːks
Auszehrung 'aostseːruŋ
autark ao'tark
Autarkie aotar'kiː
Auteuil o'tœj
Authari 'aotari
authentisch ao'tɛntiʃ
Auto 'aoto(ː), (ö.) -tɔ
Autobiographie aotobiogra'fiː
Autobus 'aotobʊs
Autochthone aotɔx'toːnə
Autodafé aotoda'feː
Autodidakt aotodi'dakt
Autodrom aoto'droːm
autogen aoto'geːn
Autogramm, -graph aoto'gram,
    -'graːf
Autokrat aoto'kraːt
Autokratie aotokra'tiː
Autolykos (alt.), -eus (Sh., Wi.)
    aŭ'toːlykɔs, (e.) ɔː'tɔlikəs
Automat aoto'maːt
Automation aotoma'tsĭoːn
automatisieren aotomati'ziːrən
Automedon ao'tomedɔn
Automobil aotomo'biːl
autonom aoto'noːm
Autonomie aotono'miː
Autopsie aotɔ'psiː
Autor, pl. -ren 'aotɔr, -ʁ, ao'toːrən
Autorität aotori'tɛːt
Autotypie aototy'piː
Autun o'tœ̃
Auvergne ɔ'vɛʁɲ(ə)
Auxerre o'sɛːʁ, -ʁ
Avancement avãs(ə)'mã
avancieren avã'siːrən
Avantageur avãnta'ʒœːʁ
Avantgarde a'vãgaʁdə
Avantgardist avãgaʁ'dɪst
Avignon avi'ɲɔ̃
avanti (it.) a'vanti
Avec a'vɛk
Avellino avɛ'liːno
Ave Maria ˌaːve ma'riːa
Avenel (f.) av'nɛl

Aventin, -nus (Rom usw.)
    avɛn'tiːn, -nʊs
Aventiure (mhd.) avɛn'tyːrə
Aventurier avãty'rje
Avenue avə'nyː
Averell (e.) 'eivrəl
Averov (gr.) a'vɛrɔf
Avers a'vɛʁs
Aversa (It.) a'vɛrsa
Aversion avɛr'zĭoːn
Avesta a'vɛsta
Aviatik avi‖'aːtɪk
Avila 'aβila
Avis a'viː(s)
avisieren avi'ziːrən
Aviso a'viːzo
Avitaminose avitami'noːzə
Avon (Fl., E.) 'eivən
Avosmediano (Pfi., Pal.)
    avɔsmedi'aːno
Avus (Kurzwort) 'aːvʊs
Avvakum (ru.) avva'kuːm
Awaren a'vaːrən
Axel 'aksəl
Axinia (Sch., Dem.) a'ksiːnia
Axiom a'ksĭoːm
Axolotl akso'lɔtl
Axminster (E.) 'æksminstə
Axt, pl. Äxte akst, 'ɛkstə
Ayrer (dt.) 'aerər, -ʁ
Ayub Khan a'juːb 'xaːn
Azalee, -lie atsa'leːə, a'tsaːliə
Azarias (Anouilh) aza'ʁjaːs
Azarja (bi.) a'zarja
Azema (Ross.) a'tseːma
Azerbaidžan azɛrbaĭ'dʒaːn
Azeton atse'toːn
Azetylen atsety'leːn
Azimut atsi'muːt
Azincourt azɛ̃'kuːʁ
Azo (farbstoff usw.) 'atso-
Azoren a'tsoːrən
Azov (Ru.) a'zɔːf
Azteken as'teːkən, ats't-
Azucena (Ve., Troub.)
    atsu'tʃeːna, aθu'θena
Azur (Raim.) a'tsuːr, -ʁ
Azur a'tsuːr, -ʁ

B

b beː
Baal baːl
Baalbek baːlˈbeːk, (hebr.) ˌbaǀ-alˈbɛk
Baal-Hanan (Goldm.) ˈbaːal ˈhaːnan
Baas baːs
Baba Mustapha (Corn., Barb.) ˈbaːba mʊˈstafa
Babeck (He., Rubin) ˈbaːbɛk
Babekan (Wiel.; Web., Ob.; fm. Kl.) baːbeˈkaːn
Babel ˈbaːbəl
Babelino (Mill., Gasp.) babe-ˈliːno
Bab el-mandeb (Arab.) ˌbaːb ɛl-ˈmɛndɛb
Babette baˈbɛt(ə)
Babeuf baˈbœf
Babieca (Herder, Cid) baˈβiĕka
Babington (Sch., M. St.) ˈbæ-biŋtən
Babinský (Č., Weinberger) ˈbabinski:
Babusche baˈbuʃə
Babylon ˈbaːbylɔn
babylonisch babyˈloːnɪʃ
Baby(sitter) ˈbeːbi(zɪtər)
Bacău (Rum.) baˈkəŭ
Bacchanal baxaˈnaːl
Bacchant baˈxant
Bacchiocci (it., Lehár, Pag.) baˈkĭɔtʃi
Bacchius baˈxiːʊs
Bacchus ˈbaxʊs
Bach, pl. **Bäche** bax, ˈbɛçə
Bacharach ˈbaxarax
Bache ˈbaxə
Bachelor ˈbɛtʃələr, -ʁ
Bachstelze ˈbaxʃtɛltsə
Bachtjar (Hofm., Sob.) baxt-ˈjaːr, -ʁ
Bačka (Jug.) ˈbatʃka
Backbord [1]ˈbakbɔrt, [2]ˈb̥akbɔʁt
Backe, Bäckchen [1]ˈbakə, ˈbɛk-çən; [2]b̥akə, b̥ɛkçn̥

backen, bäckst, buk [1]ˈbakən, bɛkst, buːk; [2]b̥akn̥, b̥-, b̥-
Bäckerei [1]bɛkəˈrae, [2]b̥ɛkɛˈʁae
Backfisch [1]ˈbakfɪʃ, [2]b̥-
Backhand (e.) ˈbɛkhɛnt
Backhendel [1]ˈbakhɛndəl; [2]ˈb̥akhɛndl̩
Backobst [1]ˈbakǀoːpst, [2]b̥-
Backofen [1]ˈbakǀoːfən; [2]ˈbakǀoːfn̥
Backpfeife [1]ˈbakpfaefə, [2]b̥-
Bacon (e.) ˈbeikən
Baculus (Lortz., Wildsch.) ˈbaːkulʊs
Bad, pl. **Bäder** [1]baːt, ˈbɛːdər; [2]b̥aːt, ˈb̥ɛːdɐ
Badajoz baðaˈxɔθ
Badeanstalt [1]ˈbaːdəǀanʃtalt, [2]b̥-
baden [1]ˈbaːdən; [2]ˈb̥aːdn̥
Baden-Baden ˌbaːdən ˈbaːdən
Badenweiler baːdənˈvaelər, -ɐʁ
Badgastein baːtgaˈstaen
Badoero (Ponchielli) badoˈeːro
Badoglio baˈdɔʃo
Bad Ragaz (Schwz.) baːt raˈgats
Baedeker ˈbɛːdɛkər, -ɐʁ
Baesweiler ˈbaːsvaĭlər
baff baf
Baffin (e.) ˈbæfin
Bagage baˈgaːʒə
Bagatelle bagaˈtɛlə
Bagdad ˈbagdad
baggern [1]ˈbagərn; [2]ˈb̥agɐʁn
Baggesen (dän.) ˈbagəsn̥
Bagno ˈbaɲo
Bagot (Sh., R. II) ˈbægət
Bagstall (ö.) ˈbagʃtal
bah! baː
Bahamainseln baˈhaːmaǀˌɪnzəln; (e.) bəˈhaːmə-
bähen [1]ˈbɛːən; [2]ˈb̥-
Bahia baˈiːa
Bahn [1]baːn, [2]b̥-
Bahngeleise [1]ˈbaːngəlaezə; [2]ˈb̥aːngelaeʐə
Bahnsteigkarte [1]ˈbaːnʃtaekkartə; [2]ˈb̥aːnʃtaekkaʁtə

Bahram (Hofm., Sob.) bahraːm
Bahre ¹¹baːrə, ²¹b̥-
Bahrein(inseln) ba'hreĭn(|ɪn-
  zəln)
Bahr el-Ghazal (Fl., Afr.) 'bahr
  ɛl-ɣɛ'zɛːl
Bai bae
Baião (port. Tanz) ba'jãŭ
Baier 'baeər, -ɛʁ
Baikalsee 'baekalzeː
Bailly ba'ji
Bairam baĭ'ram
Baiser be'zeː
Baisse bɛ(ː)s(ə)
Bajadere baja'deːrə
Bajae 'baːĭɛ; (it.) Baia 'baːĭa
Bajazid baja'zid
Bajazzo ba'jatso
Bajkalsee baj'kałzeː
Bajonett bajo'nɛt
Bajuware baju'vaːrə
Bajuwaren baju'vaːrən
Bake 'baːkə
Bakel ¹¹baːkəl; ²¹b̥aːkl̩
Bakelit bake'liːt
Baker (e.) 'beikə
Bakhuizen (ndld.) 'bakhœy̆zə
Bakkalaureus baka'laore|ʊs
Bakkarat 'bakara(t)
Baklanov, fm. ~va (ru.) ba'kła:-
  nɔf, -ɔva
Bakonywald (Ung.) 'bɔkoɲvald
Bakschich 'bakʃɪʃ
Bakst (ru.) bakst
Bakterie bak'teːriə
Bakteriologie bakteriolo'giː
Baktrien 'baktriən
Baku (Ru.) ba'kuː
Bakunin (ru.) ba'kuːɲin
Balakirev (ru.) ba'łaːkirɛf
Balalajka bała'łaĭka
Balance ba'lãːsə
balancieren balã'siːrən
Balandrino (G., Fastnachtsp.)
  balan'driːno
Balaton (Ung.) 'bɔlɔton
Balatum 'balatʊm, ba'laːtʊm
balbieren bal'biːrən

Balbo (it.) 'balbo
Balboa (sp. N.) bal'boːa
Balchašsee (N.-As.) bał'xaʃzeː
bald ¹balt, ²b̥-
Baldachin 'baldaxiːn; (ö.) - -¹-
Balder, Baldur 'baldər, -ɛʁ,
  'baldʊr, -ʁ
baldowern ¹bal'doːvərn; ²b̥al-
  'doːvɛʁn
Baldrian 'baldri|aːn
Balduin 'baldʊin, -uiːn
Baldwin (e.) 'bɔːldwin
Balearen bale'aːrən
Balfour 'bælfuə
Balg, pl. Bälge ¹balk, bɛlgə, ²b̥-
balgen ¹¹balgən; ²¹b̥algn̩
Balgerei ¹balgə'rae, ²balgɛ'ʁae
Balggeschwulst ¹¹balkg̊əʃvʊlst;
  ²¹b̥alkg̊e-
Bali (S.-As.) 'bali
Balkan 'balkan, -aːn, -¹-
Balken ¹¹balkən; ²¹b̥alkn̩
Balkon, pl. -kons und -kone
  bal'kɔ̃, -'koːn; -kɔ̃s, -'koːnə
Ball, pl. Bälle ¹bal, 'bɛlə, ²b̥-
Ballade ba'laːdə
balladesk bala'dɛsk
Ballast 'balast; (ö., schwz.) -¹-
Ballen ¹¹balən; ²¹b̥aln̩
Ballerina ba'leriːna
Ballett ba'lɛt
Balletteuse balɛ'tøːzə
Ballin 'baliːn
Ballistik ba'lɪstɪk
Balmont (ru.) 'bafimɔnt
Balmoral bæl'mɔrəl
Ballon, pl. -ons und -one ba'lɔ̃,
  -ɔ̃s; -oːnə
Ballon (f.) ba'lɔ̃
Ballot ba'loː
Ballotage balo'taːʒə
ballotieren balo'tiːrən
Balneographie balne|ogra'fiː
Balsam 'balzaːm
Balsamine balza'miːnə
balsamisch bal'zaːmɪʃ
Balstrode (e., Briten, Grimes)
  'bælstroud

Balten 'baltən
Balthasar 'baltazar, -ʁ
Baltimore 'bɔːltimɔː
baltisch 'baltɪʃ
Baluster ba'lʊstər, -ɛʁ
Balustrade balʊs'traːdə
Balz balts
Balzac bal'zak
Bamako (Afr.) bama'ko
Bamberg 'bambɛrk
Bambino (it.) bam'biːno
Bambus 'bambʊs
Ban, -nus (türk.) baːn, -nʊs
banal ba'naːl
Banalität banali'tɛːt
Banane ba'naːnə
Bánát (magy.) 'baːnaːt
Banause ba'naozə
Baneban, -nus (Gr., Diener)
  baŋk'baːn, -nʊs
Band, pl. Bände(r) ¹bant,
  'bɛndə(r); ²b̥-, 'b̥endɛʁ
Band (Jazz-) bɛnt
Bandage ban'daːʒə
bandagieren banda'ʒiːrən
Bandagist banda'ʒɪst
Bande ¹¹bandə, ²b̥-
Bandelier bandə'liːr, -ʁ
Bandello ban'dɛlo
Banderilla (span.) bandɛ'rifia
Banderole bandə'roːlə
bändigen ¹¹bɛndɪgən; ²b̥endɪgn̩
Bandit ban'diːt
Bandonion, -oneon ban'doːniɔn,
  -oːneɔn
Bandung (Java) 'banduŋ
Bandura ban'duːra
Banér (schw.) ba'neːr, -ʁ
Banerjea (ind.) 'banɛrdʒi
bang(e) ¹baŋ(ə), ²b̥-
Bangalur (S.-As.) baŋga'luːr, -ʁ
Bangkok 'baŋkɔk
Bangor (E.) 'bæŋgə
Bangweolosee (Afr.) 'baŋwe|-
  'oːlozeː
Banja Luka (Jug.) 'baːnja: ˌluː-
  ka
Banjo 'banjo, 'bɛndʒo

Bank ¹baŋk, ²b̥-
Bánk bán (magy.) baːŋk baːn
Bänkelsänger ¹¹beŋkəlzeŋər;
  ²b̥enklzeŋɛʁ
Bankert 'baŋkərt
Bankett baŋ'ket
Bankier baŋ'kjeː
Bankkonto ¹¹baŋkkɔnto, ²¹b̥-
Bankrott baŋ'krɔt
Bann ¹ban, ²b̥-
Banner ¹¹banər; ²¹b̥anɛʁ
Banquo (Sh., Macb.) 'bæŋkwou,
  'baŋko
Baňská Bystrica (Čsl.) 'banskaː
  'bistritsa (= Neusohl)
Bantam(gewicht) 'bantam(gə-
  vɪçt)
Banting (e.) 'bæntiŋ
Bantu 'bantu
Banus s. Ban
Banzai 'banzae
Baobab 'baː|obap
Bapaume ba'poːm
Baptist bap'tɪst
Baptista (Sh., Wid.) bap'tɪsta
Baptiste (f. N.) ba'tist
Baptisterium baptɪs'teːriʊm
Bar, bar baːr, b̥aːʁ
Bär ¹beːr; ²b̥eːʁ
Barabbas bar|'abas
Baracke ba'rakə
Barak (Sch., Tur.; R. Strauß,
  Frau) 'baːrak
Baranoviči (Ru.) ba'raːnɔvitʃi
Bárány (ö.) 'baːraːn̩
Baratynskij (ru.) bara'tinskij
Barbados baː'beidouz
Barbar bar'baːr, -ʁ
Barbara 'barbara
Barbarei barba'rae
Barbarino (Flo., Strad.) barba-
  'riːno
Barbarossa barba'rɔsa
Barbe ¹¹barbə; ²¹b̥aʁbə
Barbedienne (Sartre) barb(ə)-
  'djɛn
bärbeißig, -ige ¹beːrbaesɪç, -ɪgə;
  ²b̥eːʁb-

Bärbel ˈbɛrbəl
Barbier (f.) baʀˈbje
Barbier ¹barˈbiːr; ²b̥aʀˈbiːʀ
Barbiton ˈbarbitɔn
Barbitursäure barbiˈtuːrzɔørə
Barbizon (F.) baʀbiˈzɔ̃
Barbusse baʀˈbys
Barcelona (sp.) barseˈlɔna, barθe-
Barchent ˈbarçɛnt
Barclay ˈbaːkli
bardauz! ¹barˈdaots; ²b̥aʀˈdaots
Barde ¹ˈbardə; ²ˈb̥aʀdə
Bardeen ˈbaːdiːn
Bardiet, Barditus barˈdiːt, -ˈdiːtʊs
Bardolph (Sh., H. IV) ˈbaːdɔlf
Barena (Janáček) ˈbarɛna
Barett baˈrɛt
barfuß ¹ˈbaːrfuːs; ²ˈb̥aːʀ-
Bari ˈbaːri
Baribal ˈbaːribal
Bárinkay (J. Strauß, Zig.) ˈbɔriŋkɔi
Bariton ˈbaːritɔn
Baritonist baritoˈnɪst
Barium ˈbaːriʊm
Bark ¹bark; ²b̥aʀk
Barka (Afr.) ˈbarka
Barkas (He., Moloch) ˈbarkas
Barkasse barˈkasə
Barke ¹ˈbarkə; ²ˈb̥aʀkə
Barkeeper ˈbaːrkiːpər
Barkerole barkəˈroːlə
Barkla (e.) ˈbaːklə
Barkó (magy.) ˈbɔrkoː
Barlach ˈbarlax
Bârlad (Rum.) ˈbirlad
Bärlapp ¹ˈbɛːrlap; ²ˈb̥ɛːʀl-
Barlauf ¹ˈbaːrlaof; ²b̥aːʀl-
Bar-le-Duc baʀləˈdyk
Barletta barˈleta
Barmen ˈbarmən
barmherzig, -ige ¹barmˈhɛrtsɪç, -ɪgə; ²b̥aʀmˈhɛʀt-
Barnabas ˈbarnabas
Barnabe (Kl., Schr.) ˈbarnabe
Barnaul (N.-As.) barnaˈuːɫ

Barney ˈbaːni
barock, Barock baˈrɔk
Baroda (S.-As.) baˈroːda
Barometer ¹baroˈmeːtər; ²-tɛʀ
Baron baˈroːn
Baroncelli (W., Rienzi) baronˈtʃɛli
Baronesse baroˈnɛsə
Baronet (e.) ˈbærənit
Barrabas ˈbarabas
Barranquilla (S.-A.) baraŋˈkiːfia
Barras (f. N.) baˈraːs
Barre(n) ¹barə(n); ²b̥aʀə(n)
Barrel (e.) ˈbarəl, ˈbɛ-
Barrère baˈʀɛːʀ, -ʀ
Barrès baˈʀɛs
Barrett (e.) ˈbærət
Barrie (e.) ˈbæri
Barriere bariˈɛːrə
Barrikade bariˈkaːdə
Barrow (e.) ˈbærou
barsch ¹barʃ; ²b̥aʀʃ
Barsch ¹baːrʃ; ²b̥aːʀʃ; (Schwz., Ö. auch) ba-
Barschaft ¹ˈbaːrʃaft; ²ˈb̥aːʀʃ-
Barsoi barˈzɔø
Bar-sur-Aube baʀsyˈʀoːb
Bart, pl. Bärte ¹baːrt, ˈbɛːrtə; ²b̥aːʀt, b̥ɛːʀtə
Barte ¹ˈbartə; ²ˈb̥aʀtə
Barthel ˈbartəl
Bartholomäus bartoloˈmɛːʊs
Barthou barˈtu
Bartók (magy.) ˈbɔrtoːk
Bartolo ˈbartolo
Bartolomeo (it.) bartoloˈmɛːo
Bartucci (it.) barˈtutʃi
Baruch (bi.) ˈbaːrʊx
Baryt baˈryːt, (ö.) -ˈrʏt
Barytonon baˈrytonɔn
Basalt ¹baˈzalt; ²b̥aˈz̥alt
Basar baˈzaːr, -ʀ
Baschkire baʃˈkiːrə
Baschlik ˈbaʃlɪk
Base ¹ˈbaːzə; ²ˈb̥aːʒə
Baseball ˈbeisbɔːl, ˈbeːsboːl
Basedow ˈbaːzədo
Basel ˈbaːzəl

Basic English 'bɛisik 'iŋgliʃ
basieren ba'ziːrən
Basil (e. Vn.) bæzl
Basil Basilowitsch (Lehár, Graf)
  ba'ziːl ba'ziːlovitʃ
Basildon (e.) 'bæzildən
Basileios, -lius ba'zileïɔs, -liʊs
Basilika ba'ziːlika
Basilio ba'ziːlĭo
Basilisk bazi'lɪsk
Basis 'baːzɪs
Basken 'baskən
Basketball (e.) 'baːskɪtbɔːl; (dt.)
  'ba(ː)skətbal
Baškiren (Ru.) baʃ'kiːrən
Basko (G., Claud.) 'basko
Basmanov (Puš., He., Dem.)
  bas'maːnɔf
Basra 'basra
Basrelief 'bareliɛf
Baß, baß ¹bas; ²b̦as
Bassa 'basa
Bassanio (Sh., Kaufm.) ba'saː-
  nio
Basset (Sh., H. VI) 'bæsɪt
Bassett (mus.) ba'sɛt
Basset (Hund) ba'seː; (e.) 'bæsit
Bassianus (Sh., T. A.) basi'aːnʊs
Bassin ba'sɛ̃
Bassist ba'sɪst
Basso continuo 'baso kən'tiːnuo
Bast ¹bast; ²b̦ast
basta 'basta
Bastard, pl. -rde 'bastart, -rdə
Bastarner ba'starnər, -ɛʁ
Bastei bas'tae
basteln ¹'bastəln; ²'b̦astl̩n
Bastia (F.) bas'tja
Bastian 'bastiaːn
Bastille bas'tij(ə)
Bastien, fm. -ienne (Moz.)
  bas'tjɛ̃, -'tjɛn
Bastion bas'tĭoːn
Bastogne (Be.) bas'tɔɲ
Bastonade basto'naːdə
Baßbuffo 'basbʊfo
Basutoland (Afr.) ba'suːtolant
Bataille ba'taljə; (f.) ba'taːj(ə)

Bataillon batal'joːn
Bataver 'baːtavər, -ɛʁ
Batavia ba'taːvia (= Džakarta)
Bätely (G., Jery) 'bɛːtəli
Bath (E.) baːθ
Bathseba (bi.) 'batseba
Batik 'baːtɪk
Batist ba'tɪst
Batista (sp.) ba'tista
Batjuškov (ru.) 'baːtjuʃkɔf
Baton Rouge (N.-A.) ˌbætən
  'ruːʒ
Batterie batə'riː
Batteux (f.) ba'tø
Battista (it.) ba'tɪsta
Batum, -mi (Kauk.) ba'tuːm,
  -mi
Batzen ¹'batsən; ²'b̦atsn̩
Bauaufsicht ¹'bao|aofzɪçt;
  ²'b̦ao|aofzɪçt
Bauch, pl. Bäuche ¹baox, 'bɔøçə;
  ²b̦aox
bauchig, -ige ¹baoxɪç ,-ɪgə;
  ²b̦ao-
Baucis (G., Faust) 'baotsɪs
Baude ¹'baodə; ²'b̦-
Baudelaire bod(ə)'lɛːʁ
Baudissin 'baodɪsɪn
Baudouin bo'dũɛ̃ː
Baudricourt bodri'kuːʁ
bauen ¹'baoən; ²'b̦-
Bauer ¹'baoər; ²'b̦aoɛʁ
Bäuerin ¹'bɔøərɪn; ²'b̦ɔøɛʁɪn
Baum ¹baom; ²b̦-
baumeln ¹'baoməln; ²'b̦-
bäumen ¹'bɔømən; ²'b̦-
Bausch ¹baoʃ; ²b̦-
bauschig, -ige ¹'baoʃɪç, -ɪgə;
  ²'b̦-
bautz! ¹baots; ²b̦-
Bauxit bao'ksiːt
Bavaria ba'vaːria
Bayard ba'jaːʁ
Bayern 'baeərn
Bayeux ba'jø
Bayle (f. Autor) bɛl
Baynard (Sh., R. III) 'beːnart
Baynes (e.) beinz

Bayonne ba'jɔn
Bayot (f.) ba'jo
Bayreuth bae'rɔøt
Bayrum 'baerʊm
Bazaine ba'zɛːn
Bazar ba'zaːr, -ʁ
Bazillus ba'tsɪlʊs
be- ¹bə-; ²b̥ə-, b̥e-
beabsichtigen ¹bə|'apzɪçtɪgən;
  ²b̥e||'apsɪçtɪgn̩
Beaconsfield 'biːkənzfiːld
Beadle biːdl
Beamter, pl. Beamte ¹bə|'amtər,
  bə|'amtə; ²b̥e||'amtɐ
Beardsley 'biədzli
Béarn (F.) be'aʀn
Beate be'aːtə
beati possidentes be|'aːtiː pɔsi-
  'dɛnteːs
Beatrice (f.) bea'tʀis; (it.) bea-
  'triːtʃe; (e.) 'biətris
Beatrix be'aːtrɪks; (ndl.) 'beːaː-
Beauchamp (f.) bo'ʃã; (e.) 'biː-
  tʃəm
Beaufort (f., e., Sh.) (f.) bo'fɔːʀ,
  -ʁ; (e.) 'boufət; (Sh.) 'boːfərt
beaufsichtigen ¹bə|'aofzɪçtɪgən;
  ²b̥e||'aofzɪçtɪgn̩
Beauharnais boaʀ'nɛ
Beaujolais boʒo'lɛ
Beaumarchais bomaʀ'ʃɛ
Beaumont (f.) bo'mɔ̃; (e.) 'bou-
  mənt
Beauté bo'te
Beauvais bo'vɛ
Beaverbrook 'biːvəbrʊk
beben ¹'beːbən; ²¹'beːbn̩
Bebra 'beːbra
Bechamel(sauce usw.) beʃa'mɛl-
Becher ¹'beçər; ²¹'b̥eçɐ
Bechterev (ru.) 'bjɛxtɛref (Ve-
  liki) Bečkerek; (Jug.) 'bɛtʃkɛ-
  rɛk (= Zrenjanin)
Becken ¹'bɛkən; ²¹'b̥ɛkn̩
Becket (e.) 'bɛkit
Beckwith 'bɛkwɪθ
Becquerel bɛk(ə)'rɛl
Beda 'beːda

bedächtig, -ige ¹bə'dɛçtɪç, -ɪgə;
  ²b̥ed-
bedauerlich ¹bə'daoərlɪç; ²b̥e-
  daoɛʀl-
Bedell (e.) 'biːdl, bi'del
bedeutend ¹bə'dɔøtənt; ²b̥e'd-
bedeutsam ¹bə'dɔøtzaːm; ²b̥e-
  'dɔøtsaːm
Bedford (E.; Sh. H. V) 'bɛdfəd,
  -'fɔrd
Bednyj (ru.) 'bjɛdnij
Beduine bedu'iːnə
bedürftig, -ige ¹bə'dʏrftɪç, -ɪgə;
  ²b̥e'dʏʁf-
Będzin (Po.) 'bɛndzin
Beecher-Stowe ˌbiːtʃə 'stou
Beefsteak 'biːfsteːk
beeinträchtigen ¹bə|'aentrɛç-
  tɪgən; ²b̥e||'aentʀɛçtɪgn̩
Beelzebub bɛ'ɛltsəbuːp, 'beːl-
beerben ¹bə|'ɛrbən; ²b̥e||'ɛʀbn̩
beerdigen ¹bə|'eːrdɪgən; ²b̥e-
  'eːʀdɪgn̩
Beere ¹'beːrə; ²¹'b̥eːʀə
Beet ¹beːt; ²b̥-
Be(e)te ¹'beːtə; ²¹b̥-
Beethoven 'beːthoːfən
befähigen ¹bə'fɛːɪgən; ²b̥e'fɛːɪgn̩
befehden ¹bə'feːdən; ²b̥e'feːdn̩
befehlen ¹bə'feːlən; ²b̥e'feːln̩
Beffchen ¹'bɛfçən; ²¹'b̥ɛfçn̩
befremdlich ¹bə'frɛmtlɪç; ²b̥e-
  'fʀɛmt-
befriedigen, -igt ¹bə'friːdɪgən,
  -ɪçt; ²b̥e'fʀiːdɪgn̩
Befugnis ¹bə'fuːknɪs; ²b̥e-
Begas 'beːgas
Begbick (Weill, Mah.) 'bɛgbɪk
begegnen ¹bə'geːgnən; ²b̥e-
begehen ¹bə'geːən; ²b̥e'geːn
begierig, -ige ¹bə'giːrɪç, -ɪgə;
  ²b̥e'giːʀɪç
Begine be'giːnə
begnügen ¹bə'gnyːgən; ²b̥e-
  'gnyːgn̩
Begonie be'goːniə
Begräbnis ¹bə'grɛːpnɪs; ²b̥e'g̊ʀ-
Begtrup (dä.) 'begtrup

Begum ˈbeːgᵾm, -gɑm
behäbig, -ige ¹bəˈhɛːbɪç, -ɪgə;
  ²b̥e-
Behaghel beˈhaːgəl
behaglich ¹bəˈhaːklɪç; ²b̥e-
Behaim ˈbeːhɑem
Behaviourismus bɪheĭvjəˈrɪsmᵾs
behende ¹bəˈhɛndə; ²b̥e-
behilflich ¹bəˈhɪlflɪç; ²b̥e-
Behörde ¹bəˈhøːrdə ²b̥ehøːʀdə,
  (ö.) -hœr-
behufs ¹bəˈhuːfs; ²b̥e-
behutsam ¹bəˈhuːtzɑːm; ²b̥e-
  huːts-
bei ¹bɑe; ²b̥-
Bei, Bey bɑe
Beichte ¹ˈbɑeçtə; ²ˈb̥-
beide ¹ˈbɑedə; ²ˈb̥-
beiderlei ¹ˈbɑedərlɑe, - -ˈ-;
  ²ˈb̥aedɛrl-
beieinander ¹bɑe|ɑeˈnɑndər;
  ²b̥ae|ɑeˈnɑndɛʀ
Beifuß ˈbɑefuːs
beige, Beige (Farbe, Gewebe)
  ˈbɛːʒə
Beigeordneter ¹ˈbɑegə|ɔrdnətər;
  ²ˈb̥aege|ɔʀdnətɛʀ
Beihilfe ¹ˈbɑehɪlfə; ²ˈb̥-
beileibe ¹bɑeˈlɑebə; ²b̥-
Beil ¹bɑel; ²b̥-
Bein ¹bɑen; ²b̥-
beinah, -e ˈbɑenɑː, ¹bɑeˈnɑːə, ²b̥-
Beinwell ˈbɑenvɛl
beirren ¹bəˈ|ɪrən; ²b̥eˈ|ɪʀən
Beirut beĭˈ̥ruːt
Beispiel ¹ˈbɑeʃpiːl; ²ˈb̥-
beispiellos ¹ˈbɑeʃpiːl̥loːs; ²ˈb̥-
beißen ¹ˈbɑesən; ²ˈb̥aesn̥
Beitrag, pl. -träge ¹ˈbɑetrɑːk,
  -trɛːgə; ²ˈb̥aetʀ-
beizeiten ¹bɑeˈtsaetən; ²b̥ae-
  ˈtsaetn̥
beizen ¹ˈbɑetsən; ²ˈb̥aetsn̥
bejahen ¹bəˈjɑːən; ²b̥e-
Bekanntgabe ¹bəˈkantgɑːbə;
  ²b̥eˈkantg̥-
bekanntlich ¹bəˈkantlɪç; ²b̥e-
Bekassine bekaˈsiːnə

Békésesaba (Ung.) ˈbeːkeːʃʃɔbɔ
beköstigen ¹bəˈkœstɪgən;
  ²b̥eˈkœstɪgn̥
bekritteln ¹bəˈkrɪtəln; ²b̥eˈkʀɪtl̥n
Béla (magy. N.) ˈbeːlɔ
Belag ¹bəˈlaːk; ²b̥e-
Belami belaˈmiː
Bélamy (Maill.) belaˈmi
belanglos ¹bəˈlaŋloːs; ²b̥e-
Belarius (Sh., Cymb.) beˈlɑːriᵾs
belaubt ¹bəˈlaopt; ²b̥e-
Belchen ˈbɛlçən
Beleg ¹bəˈleːk; ²b̥e-
Belegschaft ¹bəˈleːkʃaft; ²b̥e-
beleibt ¹bəˈlaept; ²b̥e-
beleidigen ¹bəˈlaedɪgən; ²b̥e-
  ˈlaedɪgn̥
beleidigt ¹bəˈlaedɪçt; ²b̥e-
Belém (S.-A.) beˈlĕĭ
Belemnit bəlɛmˈniːt, -ˈnɪt
Beletage beleˈtɑːʒə
Belfast ˈbɛlfɑːst
Belfort ˈbɛlfɔrt; (f.) beˈfɔːʀ
Belgard ˈbɛlgɑrt
Belgien ˈbɛlgiən
Belgrad ˈbɛlgrɑːt, (jug.) Beograd
Belial ˈbeːlial
beliebig, -ige ¹bəˈliːbɪç, -ɪgə;
  ²b̥e-
beliebt ¹bəˈliːpt; ²b̥e-
Belinde, -da beˈlɪndə, -da
Belinskij (ru.) beˈfiinskij
Belisar ˈbeːlizar, -ʀ
Belkanto bɛlˈkanto
Bella ˈbɛla
Belladonna bɛlaˈdɔna
Bellaggio beˈlaːdʒo
Bellamy (e.) ˈbɛləmi
Bellarmin bɛlarˈmiːn
Bellastriga (Egk, Abr.) bɛla-
  ˈstriːga
Belle Alliance (f., Be.) bɛl aˈljãs
bellen ¹bɛlən; ²b̥ɛln̥
Belle Rêve (On., Ten. Wi.) bɛl
  ˈʀɛːv
Bellerophon bɛˈleːrofən
Belletrist bɛləˈtrɪst
Bellevue bɛlˈvy, -vyː

Bellievre (Sch., M. St.) bɛ-
'ljɛːvʀ(ə)
Bellini be'liːni
Bellinzona belin'tsoːna
Bellona bɛ'loːna
Belloy (f.) bɛ'lwa
Belluno be'luːno
Belmont (f.) bɛl'mõ
Belmonte (Don.; Moz.) bɛl-
'monte
Belo Horizonte (S.-A.) ˌbɛlu
ori'zontə
Belotte (f., Fall, Pomp.) bə'lɔt
Belriguardo (it., G., Tasso)
belri'g̊uardo
Belsazar bɛl'zaːtsar, -ʀ
Belt bɛlt
Belutschistan be'lutʃistan
Belvedere bɛlve'deːʀə
Belvidera (Hofm.) bɛlvi'deːra
Belyj (ru.) 'bjɛłij
Belzanor (Shaw, Cäsar) bɛl-
'tsaːnɔr, -ʀ
bemängeln ¹bə'mɛŋəln; ²b̥e-
Bembo 'bɛmbo
bemerkbar ¹bə'mɛrkbaːr; ²b̥e-
'mɛʀkb̥aːʀ
Ben (e. Vn.) bɛn
benachbart ¹bə'naxbaːrt; ²b̥e-
'naxb̥aːʀt
benachrichtigen ¹bə'naːxrɪçti-
gən; ²b̥e'naːxʀɪçtign̩
Ben Akiba 'bɛn a'kiːba
Benares be'naːrɛs
Benatzky (dt. Komp.) be'natski
Benavente (sp.) bena'β̊ente
Bender Abbas bander a'bbas
Bendery (Mold.) bɛn'djɛrɪ
Bene, bene (lt.) 'bɛne; (it.)
'bɛːnə
benedeien bene'daeən
Benedek (magy.) 'bænædek
Benedetti (it., f. Dipl.) bene'deti
Benedikt 'beːnedɪkt
Benediktbeuern beːnedɪkt-
'bɔøərn
Benediktiner benedɪk'tiːnər, -ɛʀ
Benediktion benedɪk'tsi̯oːn

Benedix (dt.) 'beːnedɪks
Beneke 'beːnɛkə, 'bɛn-
Beneš (Č.), -esch 'bɛnɛʃ
Benevent (it.), -to bene'vɛnt, -to
Benefiz bene'fiːts
Benehmen ¹bə'neːmən; ²b̥e-
Benelux (staaten) 'beːnelʊks-
Benfey 'bɛnfae
Bengalen bɛŋ'gaːlən
Bengasi bɛn'gaːsi
Bengel ¹'bɛŋəl; ²'b̥ɛŋl̩
Bengt (Vn.) bɛŋt
Benguela bɛŋ'gɛlæ
Ben Gurion (isr.) ˌben 'gurion
Benignus be'nɪgnʊs
Benjamin (dt.) 'bɛnjamiːn; (e.)
'bɛndʒəmin
Bennet(t) 'benit
Ben Nevis (Berg, Scho.) ben
'nevɪs
Bennigsen 'bɛnɪçsən
Bennington 'benɪŋtən
Benno 'bɛno
Benoît bə'nwa
Benozzo (it.) be'nɔtso
Benrath 'bɛnraːt
Bentham (e.) 'bɛntəm; 'bɛnθəm
Bentley (e.) 'bentli
benutzen ¹bə'nʊtsən; ²b̥e'nʊtsn̩
Benvolio (Sh., Ro.) bɛn'voːlio
Benvenuto benve'nuːto
Benzin bɛn'tsiːn
Benzoë 'bɛntsoǀe
Benzol bɛn'tsoːl
beobachten ¹bəǀ'oːbaxtən; ²b̥eǀ-
'oːbaxtn̩; (Schwz. auch) bəoː-
Beograd (Jug.) beˌɔgrad; (dt.)
Belgrad
Beowulf 'beːovʊlf
Beppo (it.) 'bɛpo
bequem ¹bə'kveːm; ²b̥e-
Béranger berã'ʒe
Berär (S.-As.) bɛ'raːrə
Berat (Alb.) be'rat
beraten ¹bə'raːtən; ²b̥e'ʀaːtn̩
beratschlagen ¹bə'raːtʃlaːgən;
²b̥ə'ʀaːtʃlaːgn̩
Berber 'bɛrbər, -ɛʀ

Berberitze bɛrbə'rɪtsə
Berceuse bɛr'sø:zə
Berchta 'bɛrçta
Berchtesgaden bɛrçtəs'ga:dən
Berdjajev (ru.) ber'dja:jɛf
Berdoa (Gra., Gothl.) 'bɛrdoa
Berdyĕiv (Ukr.) bɛr'ditʃiŭ
berechtigt [1] bə'rɛçtɪçt; [2] b̥e'ʀ-
Beredsamkeit [1] bə're:tza:mkaet;
  [2] b̥e'ʀe:ts-
Bereitschaft [1] bə'raetʃaft; [2] b̥e'ʀ-
bereitwillig, -ige [1] bə'raetvɪlɪç,
  -ɪgə; [2] b̥e'ʀaetv-
Berengar 'be:rɛŋgar, -ʁ
Berenice, -nike bere'ni:tse,
  -'ni:ke
Beresford 'bɛrizfəd
bereuen [1] bə'rɔøən; [2] b̥e'ʀ-
Berezina berezi'na
Berg, pl. Berge [1] bɛrk, 'bɛrgə;
  [2] b̥ɛʁk, 'b̥ɛʁgə
Bergamasken bɛrga'maskən
Bergamo 'bɛrgamo
Bergamotte bɛrga'mɔtə
bergan [1] bɛrk|'an; [2] b̥ɛʁk|'an
bergauf [1] bɛrk|'aof; [2] b̥ɛʁk|'aof
Bergen (No.) 'bɛrgən
Bergen op Zoom (Ndld.) 'bɛrxə
  ɔp 'so:m
Bergerae bɛrʒə'rak
Bergfried [1] 'bɛrkfri:t; [2] 'b̥ɛʁkfʁi:t
bergig, -ige [1] 'bɛrgɪç, -ɪgə;
  [2] 'b̥ɛʁg-
Bergius 'bɛrgiʊs
Bergman (schwed.) 'bɛrjman
Bergson bɛrg'sɔ̃, -sɔn
Beriberi beri'beri
Berichterstatter [1] bə'rɪçt|ɛrʃta-
  tər; [2] b̥e'ʀɪçt|ɛʁʃtatɛʁ
berichtigen, -igt [1] bə'rɪçtɪgən,
  -ɪçt; [2] b̥e'ʀɪçtɪgn̩
Berija (ru.) 'bjerija
Beringstraße (N.-As.) 'be:rɪŋ-
  ʃtra:sə
Berkeley 'ba:kli, 'bə:-
Berkley (Sh., R. II; Ma., Vamp.)
  'bə:kli
Berkutov (ru., Ostr.) 'bjɛrkutɔf

Berlichingen 'bɛrlɪçɪŋən
Berlin bɛr'li:n
Berlioz bɛr'ljo:z
Berlitz 'bɛrlɪts
Berlocke bɛr'lɔkə
Bermudas bə(:)'mju:dəz; (dt.)
  bɛr'mu:das
Bern bɛrn
Bernadotte bɛrna'dɔt
Bernanos bɛrna'nɔs, -'no:s
Bernard (f. Vn.) bɛʀ'na:ʀ
Bernardino (it.) bernar'di:no
Bernardo (it.) ber'nardo
Bernauer, -rin (He., Orff) 'bɛr-
  naoər, -ɛʁ, -rɪn
Bernhardi, -dy (dt.) bɛrn'hardi
Bernhardine bɛrnhar'di:nə
Bernick (I., Stü.) 'bɛrnik
Bernina bɛr'ni:na
Bernini ber'ni:ni
Bernkastel-Kues 'bɛrnkastəl
  'ku:s
Bernoulli bɛr'nuli
Bernstein [1] 'bɛrnʃtaen; [2] 'b̥ɛʀn-
Berry (F.) be'ʀi
Bersagliere bersa'fie:re
Berserker [1] 'bɛrzerkər; [2] 'b̥ɛʁ-
  ʒɛʁkɛʁ
bersten [1] 'bɛrstən; [2] b̥ɛʁstn̩
Bertha 'bɛrta
Berthalda (Lortz., Undine) bɛr-
  'talda
Berthelot (f. N.) bɛʀt(ə)'lo
Berthold 'bɛrtɔlt
Bertram 'bɛrtram
Bertrand (f.) beʀ'tʀɑ̃; (e.) 'bə:-
  trənd
berüchtigt [1] bə'rʏçtɪçt; [2] b̥eʀ-
berücksichtigen [1] bə'rʏkzɪçti-
  gən; [2] b̥e'ʀʏksɪçtɪgn̩
Beruf [1] bə'ru:f; [2] b̥e'ʀ-
beruhigen [1] bə'ru:ɪgən; [2] b̥e-
  'ʀu:ɪgn̩
Bervoix (Ve., Trav.) bɛr'vwa
Beryll be'rʏl
Beryllium be'rʏliʊm
Berzelius (schwed.) bɛr'se:ljʊs
Besan(segel usw.) be'za:n-

Besançon bəzã'sɔ̃
besänftigen, -tigt ¹bə'zɛnftɪgən,
-tɪçt; ²b̦e'zɛnftɪg̦n̦
Besant (e.) 'besənt, 'bezənt
Besatzung ¹bə'zatsʊŋ; ²b̦e'z̦-
beschäftigen ¹bə'ʃɛftɪgən; ²b̦e-
'ʃɛftɪg̦n̦
beschlagnahmen ¹bə'ʃlɑːk-
nɑːmən; ²b̦e-
beschleunigen ¹bə'ʃləønɪgən;
²b̦e'ʃləønɪg̦n̦
beschränkt ¹bə'ʃrɛŋkt; ²b̦e'ʃʀ-
Beschwerde ¹bə'ʃveːrdə; ²b̦e-;
(Schwz. auch) -'ʃvɛr-
beschwichtigen ¹bə'ʃvɪçtɪgən;
²b̦e'ʃvɪçtɪg̦n̦
beschwingt ¹bə'ʃvɪŋt; ²b̦e-
besehen ¹bə'zeːən; ²b̦e'z̦eːən
Besemer (Waage) 'beːzəmər, -ɛʀ
Besen ¹'beːzən; ²'b̦eːz̦n̦
Besika (Suppé, Fat.) be'ziːkɑ
Beskiden bɛs'kiːdən
Bessarabien bɛsɑ'rɑːbiən
Bessemer 'bɛsəmər, -ɛʀ; (e.)
'bɛsɪmə
besser ¹'bɛsər; ²'b̦ɛsɛʀ
besessen ¹bə'zɛsən; ²b̦e'z̦ɛsn̦
Bésique be'ziːk
besonder(s) ¹bə'zɔndər(s); ²b̦e-
'z̦ɔndɛʀ(s)
Besorgnis ¹bə'zɔrknɪs; ²b̦e-
'z̦ɔʀk-
bespitzeln ¹bə'ʃpɪtsəln; ²b̦e-
'ʃpɪtsl̦n̦
beständig, -ige ¹bə'ʃtɛndɪç, -ɪgə;
²b̦e-
Bestandteil ¹bə'ʃtanttael; ²b̦e-
bestechlich ¹bə'ʃtɛçlɪç; ²b̦e-
Besteck ¹bə'ʃtɛk; ²b̦e-
bestehen ¹bə'ʃteːən; ²b̦e'ʃteːən
Bestie 'bɛstĭə
bestialisch bɛs'tĭɑːlɪʃ
Bestseller 'bɛstselər, -ɛʀ
bestürzt ¹bə'ʃtʏrtst; ²b̦e'ʃtʏʀtst
Bestužev (ru.) bɛ'stuːʒef
Besuch ¹bə'zuːx; ²bez̦-
besudeln ¹bə'zuːdəln; ²b̦e'z̦uːdl̦n̦
Beta (gr. Buchst.) 'beːtɑ

betagt ¹bə'tɑːkt; ²b̦e-
betäuben ¹bə'tɔøbən; ²b̦e'tɔøbn̦
Betaxin betɑ'ksiːn
Bete ¹'beːtə; ²'b̦-
Beteigeuze (Stern) betae'gɔøtsə
beteiligen ¹bə'taelɪgən; ²b̦e-
'taelɪg̦n̦
Betel 'beːtəl
beten ¹'beːtən; ²'b̦eːtn̦
beteuern ¹bə'tɔøərn; ²b̦e'tɔøɛʀn
Bethanien (bi.) be'tɑːniən
Bethel (bi.) 'beːtɛl
Bethesda (bi.) be'tɛsdɑ
Bethlehem 'beːtlehɛm
Bethlen (magy.) 'bɛtlɛn
Bethmann Hollweg ˌbeːtmɑn
'hɔlveːk
Bethsaida (bi.) bet'saɪdɑ
Bethulia, -lien (bi.) be'tuːliɑ,
-liən
Béthune (F.) be'tyn
Beton be'tɔ̃, -toːn, -tɔŋ
betonieren beto'niːrən
beträchtlich ¹bə'trɛçtlɪç; ²b̦e'tʀ-
Betrag ¹bə'trɑːk; ²b̦e'tʀ-
betriebsam ¹bə'triːpzɑːm; ²b̦e-
'tʀiːpsɑːm
Betrübnis ¹bə'tryːpnɪs; ²b̦etʀ-
Betrug ¹bə'truːk; ²b̦e'tʀ-
Betschuanen betʃu'ɑːnən
Bett ¹bɛt; ²b̦-
Bettag ¹'beːttɑːk; ²'b̦-
betteln ¹'bɛtəln; ²'b̦etl̦n̦
Bettina bɛ'tiːnɑ
Bettler ¹'bɛtlər; ²'b̦etlɛʀ
Betto (it.) 'beto
Bettuch ¹'bɛttuːx; ²'b̦-
Betty 'bɛti
Bettzeug ¹'bɛttsɔøk; ²'b̦-
betulich ¹bə'tuːlɪç; ²b̦e-
Betuwe (Ndld.) 'beːtyːwə
Beugel (ö.) ¹'bɔøgəl; ²-gl̦
beugen ¹'bɔøgən; ²'b̦ɔøg̦n̦
Beule ¹'bɔølə; ²'b̦-
beunruhigen ¹bə|'ʊnruːɪgən;
²b̦e|'ʊnʀuːɪg̦n̦
beurkunden ¹bə|'uːrkʊndən;
²b̦e|'uːʀkʊndn̦

beurlauben [1]bə|ˈuːrlaobən;
[2]b̥e|ˈuːʀlaob̥n̩
Beuron ˈbɔøron
beurteilen [1]bə|ˈʊrtaelən; [2]b̥e|-
ˈʊʀtaeln̩
Beuschel (ö.) [1]ˈbɔøʃəl; [2]-ʃl̩
Beute [1]ˈbɔøtə; [2]b̥-
Beutel [1]ˈbɔøtəl; [2]ˈb̥ɔøtl̩
Beuthen ˈbɔøtən
Bevan ˈbɛvən
Bevern (Dt.) ˈbeːvərn
Bevin (e.) ˈbɛvɪn
Bevis (Sh., H. VI) ˈbeːvis
Bevölkerung [1]bəˈfœlkərʊŋ;
[2]b̥eˈfœlkɛʀʊŋ
Bewandtnis [1]bəˈvantnɪs; [2]b̥e-
bewähren [1]bəˈvɛːrən; [2]b̥eˈvɛːʀən
bewegen [1]bəˈveːgən; [2]b̥eˈveːgn̩
Beweggrund [1]bəˈveːk͡ɡrʊnt;
[2]b̥eˈveːk͡ɡʀʊnt
beweglich [1]bəˈveːklɪç; [2]b̥e-
bewillkommnen [1]bəˈvɪlkɔmnən;
[2]b̥e-
bewundern [1]bəˈvʊndərn; [2]b̥e-
ˈvʊndɛʀn
Bey bae
Beyle (f. Autor) bɛːl
Beza ˈbeːza
bezichtigen, -tigt [1]bəˈtsɪçtɪgən,
-tɪçt; [2]b̥eˈtsɪçtɪgn̩
Beziehung [1]bəˈtsiːʊŋ; [2]b̥e-
Béziers (F.) beˈzje
Bezirk [1]bəˈtsɪrk; [2]b̥eˈtsɪʀk
Bezoar betsoˈaːr, -ʀ
bezüglich [1]bəˈtsyːklɪç; [2]b̥e-
Bhopal (S.-As.) bhoːˈpaːl
Bhutan (S.-As.) ˈbuːtaːn
Biagio (it. Vn.) ˈbiaːd͡ʒo
Białystok (Po.) bjaˈüistɔk
Bianca ˈbĭaŋka
Biarritz bjaˈrits
Bias ˈbiːas
Bibel [1]ˈbiːbəl; [2]ˈb̥iːbl̩
Biber [1]ˈbiːbər; [2]ˈb̥iːbɛʀ
Biberach ˈbiːbərax
Bibergeil ˈbiːbərgael
Bibernell biːbərˈnɛl
Bibliograph biːblioˈgraːf

Bibliographie biːbliograˈfiː
Bibliothek biːblioˈteːk
Bibliothekar biːblioteˈkaːr, -ʀ
biblisch [1]ˈbiːblɪʃ; [2]ˈb̥iːb̥l̩-
Bidault biˈdo
biderb [1]biˈdɛrp; [2]b̥iˈdɛʀp
Bidet biˈdɛ
Biebrich ˈbiːbrɪç
bieder [1]ˈbiːdər; [2]ˈb̥iːdɛʀ
Biedermeier [1]ˈbiːdərmaeər;
[2]ˈb̥iːdɛʀmaeɛʀ
biegen, bog, gebogen [1]ˈbiːgən,
boːk, gəˈboːgən; [2]ˈb̥iːgn̩, b̥oːk,
g̊eˈboːgn̩
biegsam [1]ˈbiːkzaːm; [2]ˈb̥iːks-
Biel (Schwz.) biːl, biːəl
Bieloscurin (Suppé, Fat.)
bjełɔsˈkuːrin
Biene [1]ˈbiːnə; [2]ˈb̥-
Biennale bieˈnaːlə
Biennium biˈɛniʊm
Bier [1]biːr; [2]biːʀ
Biernatzki (dt.) biːrˈnatski, bɪr-
Bierut (po.) ˈbjɛrut
Biese [1]ˈbiːzə; [2]ˈb̥iːz̥ə
Biest(milch) [1]biːst-; [2]b̥-
bieten, (beutst, beut) bot [1]ˈbiː-
tən, (bɔøtst, b̥ɔøt), boːt;
[2]ˈb̥iːtn̩
Biff (Vn., Miller, Tod) bif
Bifokal(glas) bifoˈkaːl-
Bifurkation bifʊrkaˈtsĭoːn
Bigamie bigaˈmiː
bigamisch biˈgaːmɪʃ
Bigot (Sh., K. J.) ˈbiːgɔt
bigott biˈgɔt
Bigotterie bigɔtəˈri
Bihar (S.-As.) biˈhaːr
Bihdan (ukr. Vn.) bihˈdaːn
Bijou biˈʒu
Bijouterie biʒutəˈriː
Bikarbonat ˈbiːkarbonaːt, - - -ˈ-
Bikini biˈkiːni
bikonkav, pl. -ve bikɔnˈkaːf,
-aːvə
bikonvex bikɔnˈvɛks
Bilanz biˈlants
Bilbao bɪlˈbaːo; (sp.) bilˈβao

Bild ¹bɪlt; ²b̦-
Bileam 'biːle-ɑm
Bildhauer ¹'bɪlthɑoər; ²'bɪlt-
　hɑoɛʁ
bildhübsch ¹'bɪlthʏpʃ, -'-; ²'b̦-
bildlich ¹'bɪltlɪç; ²b̦-
Bildner ¹'bɪldnər; ²'bɪldnɛʁ
bildsam ¹'bɪltzaːm; ²'bɪlts-
bildschön ¹'bɪltʃøːn, -'-; ²'b̦-
Bilhorod (Ukr.) 'biłhɔrɔd, (rum.)
　Cetatea Albă
Bilingue bilŋgüə
Bill (e.) bil
Billard, pl. -e 'bɪljart, -də; (ö.)
　bi(l)jaːr, -rs; (schwz.) 'biljaːr;
　(f.) bi'jaːʁ
Billaud (f.) bi'jo
Billedoux bijə'duː
Billet bɪl'jɛt; (schwz.) 'bɪlɛt
Billeteur bije'tœːʁ, -ʁ
billig, -ige ¹'bɪlɪç, -ɪgə; ²'b̦-
Billion bɪli'oːn
Billows (Britten, Herring) 'bɪ-
　louz
Billy (e. Vn.) 'bili
Bilsenkraut ¹'bɪlzənkraot;
　²'bɪlz̦n̦kʁaot
Bimsstein ¹'bɪmsʃtaen; ²'b̦-
bin, bist ¹bɪn, bɪst; ²'b̦-
binden, band, gebunden ¹'bɪn-
　dən, bant, gə'bʊndən;
　²'b̦ɪndn̦, bant, ge'bʊndn̦
Bindfaden ¹'bɪntfaːdən; ²'bɪnt-
　faːdn̦
Bingen 'bɪŋən
Bingerbrück ˌbɪŋər'bʁʏk
Bin Gorion bin 'gorion
Binokel bi'nɔkəl
binokular binoku'laːr, -ʁ
binomisch bi'noːmɪʃ
Binse ¹'bɪnzə; ²'b̦ɪnzə
Biochemie bioçe'miː
biogenetisch bioge'neːtɪʃ
Biograph bio'graːf
Biologie biolo'giː
Biörn (Gra., Gothl.) bjœrn
Biquet bi'kɛ
Birgit 'bɪrgɪt

Birke ¹'bɪrkə; ²'b̦ɪʁkə
Birkenhead 'bəːkənhed
Birne ¹'bɪrnə; ²'b̦ɪʁnə
Birma 'bɪrma, vgl. Burma
Birmingham 'bəːmiŋəm
Biron (Sh., V. L.) bi'ruːn
Birsch s. Pirsch ¹bɪrʃ; ²b̦ɪʁʃ
bis ¹bɪs; ²b̦-
Bisam 'biːzam
Bisceglie (It.) bi'ʃɛfie
Bischof, pl. -öfe ¹'biʃɔf, -ʃøːfə,
　-ʃœfə; ²'b̦-
Bise ¹'biːzə; ²'b̦iːzə
Biserta (Afr.) bi'zɛrta
bisexuell biːzɛksu'ɛl
bisher ¹bɪs'heːr; ²b̦ɪs'heːʁ
Biskaya bɪs'kaːja; (sp.) Viscaya
Biskra (Afr.) 'bɪskra
Biskuit bɪs'kviːt; (ö.) -ɪt
Bismarck 'bɪsmark
Bison 'biːzɔn
Biß ¹bɪs; ²b̦-
bißchen ¹'bɪsçən; ²'b̦ɪsçn̦
bissig, -ige ¹'bɪsɪç, -ɪgə; ²b̦-
Bistriţa (Rum.) 'bɪstrɪtsa; (dt.)
　Bistritz
Bistum ¹'bɪstuːm; ²'b̦-
bisweilen ¹bɪs'vaelən; ²b̦ɪs-
　'vaeln̦
Biterolf (W., Tannh.) 'biːtərɔlf
Bithynien bi'tyːniən
Bitola (Jug.) 'bitɔla (türk. Mo-
　nastir)
bitten, bat, gebeten ¹'bɪtən,
　baːt, gə'beːtən; ²'b̦ɪtn̦, b̦aːt,
　ge'beːtn̦
bitter ¹'bɪtər; ²'b̦ɪtɛʁ
bitterernst ¹'bɪtər|ɛrnst, - -'-;
　²'b̦ɪtɛʁ|ɛʁnst
Bittschrift ¹'bɪtʃrɪft; ²'b̦ɪtʃʁɪft
Bitumen bi'tuːmɛn
bivalent biva'lɛnt
Bivar (Herder, Cid.) bi'βar
Biwak 'biːvak
Biwoy (Gri., Lib.) 'biːvɔï
bizarr bi'tsar, -ʁ
Bizeps 'biːtsɛps
Bizet (f. Komp.) bi'zɛ

Bjelke (I., Östr.) ˈbjɛlkə
Björkö (Fi.) ˈbjœrkø:
Björn bjø:n
Björnson ˈbjø:ŋsɔn
Blacas d'**Aulps** (Gra.,   Nap.)
   blɑkɑˈdo:
Blacher (dt.) ˈblɑxər, -ɛʁ
Blachfeld ¹ˈblɑxfɛlt; ²ˈb̥-
Black Bottom (e.) ˈblæk ˈbɔtəm
Blackburn ˈblækbə:n
Blackett ˈblækit
Blackfriars (London) ˈblæk-
   ˈfraiəz
Blackpool ˈblækpu:l
Blagoveščensk (N.-As.) błɑgɑ-
   ˈvjeːʃtʃɛnsk
blähen ¹ˈblɛːən; ²ˈb̥-
Blaise (f. Vn.) blɛːz
blaken ¹ˈblɑːkən; ²ˈb̥lɑːkn̥
Blamage blɑˈmaː
ʒə
blamieren blɑˈmiːrən
Blanc (f. Vn.) blã
Blanca (sp. Vn.) ˈblɑŋkɑ
blank ¹blɑŋk; ²b̥-
Blankenberge (Ndl.) blɑŋkən-
   ˈbɛrxə
Blankenese blɑŋkəˈneːzə
Blankett blɑŋˈkɛt
blanko, Blanko ˈblɑŋko
Blankvers ˈblɑŋkfɛrs
Bläschen ¹ˈblɛːsçən; ²ˈb̥lɛːsçn̥
blasen, blies ¹ˈblɑːzən, bliːs;
   ²ˈb̥lɑːzn̥
blasiert blɑˈziːrt
Blasius ˈblɑːziʊs
Blason blɑˈzõ
Blasphemie blɑsfeˈmiː
blaß ¹blɑs; ²b̥-
Bläßhuhn ¹ˈblɛshuːn; ²b̥-
Blatt, pl. Blätter ¹blɑt, ˈblɛtər;
   ²b̥lɑt, ˈb̥lɛtɛʁ
Blatter ¹ˈblɑtər; ²ˈb̥latɛʁ
blau ¹blɑo; ²b̥-
Blaubeuren blɑoˈbɔørən
bläuen ¹ˈblɔøən; ²ˈb̥-
Blech ¹blɛç; ²b̥-
blecken ¹ˈblɛkən; ²ˈb̥lɛkn̥
Blei ¹blae; ²b̥-

bleiben, blieb ¹ˈblaebən, bliːp;
   ²ˈb̥laebn̥, b̥liːp
Bleiche ¹ˈblaeçə; ²ˈb̥-
Blekinge (Schw.) ˈbleːkm̩ə
blenden ¹ˈblɛndən; ²ˈb̥lɛndn̥
Blenkinsop (e.) ˈblɛŋkinsɔp
Blesse ¹ˈblɛsə; ²ˈb̥-
blessieren ¹blɛˈsiːrən; ²b̥-
Bleuel ¹ˈblɔøəl; ²ˈb̥lɔøl
bleuen ¹ˈblɔøən; ²b̥-
blicken ¹ˈblɪkən; ²ˈb̥lɪkn̥
Blieskastel (Dt.) bliːsˈkɑstəl
blind ¹blɪnt; ²b̥-
Blinddarm ¹ˈblɪntd̥arm;
   ²ˈb̥lɪntd̥aʁm
Blindekuh ¹ˈblɪndəkuː,   ˌ- - ˈ-;
   ²b̥-
blindlings ¹ˈblɪntlm̩s; ²ˈb̥-
Blindschleiche ¹ˈblɪntʃlaeçə;
   ²ˈb̥lɪntʃ-
blinken ¹ˈblɪŋkən; ²ˈb̥lɪŋkn̥
blinzeln ¹ˈblɪntsəln; ²ˈb̥lɪntsln̥
Blitz ¹blɪts; ²b̥-
Blitzableiter ¹ˈblɪts|aplaetər;
   ²ˈb̥lɪts|aplaetɛʁ
blitzblank ¹ˈblɪtsˈblaŋk;
   ²ˈb̥lɪtsb̥-
Blizzard (e.) ˈblizəd
Bloch blɔx
Block ¹blɔk; ²b̥-
Blockade blɔˈkaːdə
blöde ¹ˈbløːdə; ²ˈb̥-
blödsinnig, -ige ¹ˈbløːtzmɪç,
   -ɪgə; ²ˈb̥løːts-
Bloemfontein (Afr.) ˈbluːmfɔn-
   teïn
Blois (F.) blwa
Blok (ru.) błɔk
blöken ¹ˈbløːkən; ²ˈb̥løːkn̥
blond ¹blɔnt; ²b̥-
Blondine ¹blɔnˈdiːnə; ²b̥-
Bloomfield ˈbluːmfiːld
Blöße ¹ˈbløːsə; ²ˈb̥-
Blount (Sh., R. III.) blʌnt
Bloy (f.) blwa
Blücher ˈblʏçər, -ɛʁ
Blue jeans ˈbluːdʒiːns
Blues bluːz

Bluff blʊf, blœf; (e.) blʌf
blühen ¹'bly:ən; ²b̦-
Blum (f.) blum
Blume ¹'blu:mə; ²'b̦-
blümerant blymə'rant
blumig, -ige, -'ge ¹'blu:mıç,
-ɪgə, -gə; ²'b̦-
Blunt (Sch., Warb.; Sh., H. IV)
blʌnt
Bluntschli (schw.) 'blʊntʃli
Bluse ¹'blu:zə; ²blu:ʐə
Blust ¹blu:st; ²b̦-
Blut ¹blu:t; ²b̦-
blutarm ¹'blu:t|arm; ²'b̦lu:t-
|aʀm; 'blu:t|'arm (=sehr arm)
blutdürstig, -ige ¹'blu:td̦yrstıç,
-ɪgə; ²'b̦lu:td̦yʀs-
Blüte ¹'bly:tə; ²'b̦-
Blutegel ¹'blu:t|e:gəl; ²'b̦lu:t-
|e:gl̦
blutig, -ige, -'ge ¹'blu:tıç, -ɪgə,
-gə; ²'b̦-
blutjung ¹'blu:t'jʊŋ; ²'b̦-
bluttriefend ¹'blu:țtri:fənt;
²'b̦lu:țtʀ-
Blutwurst ¹'blu:tvʊrst; ²'b̦lu:t-
vuʀst
Blutzeuge ¹'blu:țtsɔøgə; ²'b̦-
Bö, pl. Böen ¹bø:, 'bø:ən; ²b̦ø:,
b̦ø:n
Boa 'bo:a
Boanerges (bi., Shaw) boa'nɛr-
gɛs
Boas (bi.) 'bo:as
Bob bɔp
Bobčinskij (ru., Gog.) 'bɔp-
tʃinskij
Bobrujsk (Ru.) bə'bruĭsk
Boborykin (ru.) bəba'rikin
Bobsleigh (e.) 'bɔbslei
Boccaccio bo'katʃo
Boccanegra (it., Ve.) boka-
'ne:gra
Bocche (Jug., it.) 'boke; (jug.)
Boka bɔka
Boccia(spiel) 'bɔtʃ(ĭ)a-
Boche (f.) bɔʃ
Bochnia (Po.) 'bɔxɲa

Bocholt 'bɔxɔlt
Bochum bo:xum
Bock, pl. Böcke ¹bɔk, 'bœkə; ²b̦-
Böckh bø:k
Böcklin 'bœkli:n
Bodajbo (N.-As.) bɔdaj'bɔ
Bodart bo'da:r
Bodden ¹'bɔdən; ²'b̦ɔdn̦
Bodega bo'de:ga
Boden ¹'bo:dən; ²'b̦o:dn̦
Bodil (dä. w. Vn.) 'bo:dil
Bodmer 'bo:dmər
Bodo 'bo:do
Boer, s. Bur
Boeren 'bu:rən
Boëthius bo|'e:tius
Bœuf (à la mode usw.) bœf
Bofist ¹'bo:fıst; ²'b̦-
Bogdan (ru. Vn.) bɔg'dan
Bogdanovitsch (Lehár, Witwe)
bɔgda'nɔvitʃ
Bogen ¹'bo:gən; ²'b̦o:gn̦
Boghazköj (Tür.) boɣaz'køĭ
Bogislaw 'bo:gislaf
Bogner ¹'bo:gnər; ²'b̦o:gnɛʀ
Bogoljubov (ru.) bɔga'fiu:bɔf
Bogomolec (ru.) bɔga'mɔ:fiɛts
Bogomilen bɔgɔ'mi:lən
Bogomolov (ru.) bɔga'mɔ:ɫɔf
Bogotá (S.-A.) boɣo'ta
Bogumil (Vn.) bogum'iɫ
Bohème bo'ɛ:m
Bohemien boe'mjɛ̃
Bohemund 'bo:(h)əmunt
Bohle ¹'bo:lə; ²'b̦-
Böhmen 'bø:mən
Bohne ¹'bo:nə; ²'b̦-
bohnen, -nern ¹'bo:nən, -nərn;
²'b̦o:nɛʀn
bohren ¹'bo:rən; ²'b̦o:ʀən
Bohuslav (Č.) 'bɔhuslaf
Boi (Zeug) bɔi, (schw.) bəĭ
Boiardo (it.) bo'ĭardo
Boie (dt.) 'bɔøə
böig, -ige ¹'bø:ıç, -ɪgə; ²'b̦-
Boieldieu (f. Komp.) bɔjɛ̈ldjø
Boileau-Despréaux bwa˳lo
depʀe'o

Boiler ¹'bɔølər; ²'b̥ɔølɛʁ
Bois de Boulogne (Paris) ˌbwa də
bu'lɔɲ
Bois Rosé (Mey., Hug.) bwa-
ro'zeː
Boisserée bwasə're
Boito (it.) 'bɔːïto
Boitzenburg 'bɔøtsənbʊrk
Bojar bo'jaːr, -ʁ
Boje ¹'boːjə; ²'b̥-
Bojer (no.) 'bɔjːər, ʁ
Bojer (alt.) 'boːjər, -ɛʁ
Bolero bo'leːro
Boles (Britten, Grimes) boulz
Boleslaus 'bɔlɛslaos; (ru.) bɔlɛs-
'łaf; (po.) bɔ'lɛsłaf
Boleyn (e. N.) 'bulin
Bolinbroke 'bɔliŋbruk
Bolívar bo'liβar, -ʁ
Bolivien bo'liːviən
Böller ¹'bœlər; ²'b̥œlɛʁ
Bollwerk ¹'bɔlvɛrk; ²'b̥ɔlvɛʁk
Bologna bo'lɔnja; (it.) bo'lɔɲa
Bolschewik, -wist; pl. -wiken,
-wiki bɔlʃe'vik, -'vɪst; -'vikən,
-vi'ki
Bolton (e.) 'boultən
Bolus 'boːlʊs
Bolzen ¹'bɔltsən; ²'b̥ɔltsn̩
Bolzoni bol'tsoːni
Boma (Afr.) 'boːma
Bombardement bɔmbaʁdə'mã
bombardieren bɔmbar'diːrən
Bombardon (Brüll, Kreuz) b̥ɔ̃-
baʁ'dɔ̃
Bombardon bɔmbar'doːn; (f.)
b̥ɔ̃baʁ'dɔ̃
Bombast bɔm'bast
Bombay 'bɔmbeï; (hindust.)
bɔmbaï
Bombe ¹'bɔmbə; ²'b̥ɔmbə
Bon, bon b̥ɔ̃
Bona (Sh., H. VI) 'boːna
bona fide (lt.) 'bɔnaː 'fiːde
Bonaparte bona'partə; (f.)
bɔna'paʁt
Bonaventura bonavɛn'tuːra
Bonbon b̥ɔ̃'b̥ɔ̃

Bonbonniere b̥ɔ̃b̥ɔ'njɛːrə
Bond bɔnd
Bône (Afr.) boːn
Bönhase ¹'bøːnhaːzə; ²'b̥øːn-
haːʐə
Bonhomme (f.) bɔ'nɔm
Bonhomie bɔnɔ'mi
Bonifacius (lt.), -azio (it.) boni-
'faːtsiʊs, -ïo
Bonifaz (ö.) 'bonifaːts
bonifizieren bonifi'tsiːrən
Bonität boni'tɛːt
Bonmot b̥ɔ̃'mo
Bonn bɔn
Bonnard bɔ'naːr, -ʁ
Bonne 'bɔnə
Bonus 'boːnʊs
Bonvivant b̥ɔ̃vi'vã
Bonze ¹'bɔntsə; ²'b̥-
Boogie-Woogie ˌbu:gi'wu:gi
Boom (e.) buːm
Boonekamp 'boːnəkamp
Boot ¹boːt; ²b̥-
Bootes (Sternbild) bo-'oːtes
Booth, -the (e.) buːð
Boothia Felix (N.-A.) ˌbuːθiə
'fiːlɪks
Böotien bø'oːt(s)ïən
Bootlegger (e.) 'buːtlɛgər, -ɛʁ
Bor boːr, -ʁ
Bora 'boːra
Borachio (Sh., V. L.) bo'raːkio
Borax 'boːraks
Bord ¹bɔrt; ²b̥ɔʁt
Börde ¹'bøʁdə; ²'b̥øːʁdə
Bordeaux bɔʁ'do, -'doː
Bordell bɔr'dɛl
Bordereau bɔʁdə'ʁo
Bordet (be.) bɔʁ'dɛ
Bordighera bodi'gɛːra
Bordolo (Lehár, Zar.) 'bɔrdolo
Bordüre bɔr'dyːrə
Boreas 'boːreas
Borg ¹bɔrk; ²b̥ɔʁk
borgen ¹'bɔrgən; ²'b̥ɔʁgn̩
Borghese bor'geːse
Borgia 'bɔrdʒa
Borgis 'bɔrgɪs

Boris (ru. Vn.) baˈriːs
Borisov (Ru.) baˈriːsɔf
Borisovič, fm. -vna (ru. Vat.) baˈriːsəvitʃ, -vna
Borke ¹ˈbɔrkə; ²ˈb̥ɔʁkə
Borkó (Kálmán, Mar.) ˈbɔrko:
Borkum ˈbɔrkʊm
Born ¹bɔrn; ²b̥ɔʁn
Börne ˈbœrnə
Borneo ˈbɔrne-o
Bornholm bɔrnˈhɔlm
Bornhöved bɔrnˈhøved
borniert bɔrˈniːrt
Borodin (ru.) bɔraˈdiːn
Borodino (Ru.) bərədiˈnɔ
Borotin (Gri., Ahnfr.) ˈbɔrɔtiːn
Borretsch ¹ˈbɔːrɛtʃ; ²ˈb̥ɔʁ-
Borromeo boroˈme:o
Börse ¹ˈbøːrzə, ˈbœr-; ²ˈb̥øːʁzə
Borso (Ve., Rig.) ˈborso
Börssum ˈbœːrsʊm
Borste ¹ˈbɔrstə; ²ˈb̥ɔʁstə
Bort ¹bɔrt; ²b̥ɔʁt
Borte ¹ˈbɔrtə; ²ˈb̥ɔʁtə
Borussia boˈrʊsia
Borvin (Gra., Heinr. VI) ˈbɔrʊm
bösartig, -ige ¹ˈbøːs|aːrtɪç, -ɪgə; ²ˈb̥øːs|aʁt-
Bosch bɔʃ
Böschung ¹ˈbœʃʊŋ; ²ˈb̥-
böse ¹ˈbøːzə; ²ˈb̥øːzə
Bose (ind.) ˈboːs
Bösewicht ¹ˈbøːzəvɪçt; ²ˈb̥øː-zəvɪçt
boshaft ¹ˈboːshaft; ²ˈb̥-
Bosheit ¹ˈboːshaet; ²ˈb̥-
Boskett bɔsˈkɛt
Boskop ¹ˈbɔskɔp; ²ˈb̥-
Bosniak bɔsniˈaːk
Bosnien ˈbɔsniən; (jug.) Bosna
Bosporus ˈbɔsporʊs
Boß ˈbɔs
bosseln ¹ˈbɔsəln; ²ˈb̥ɔsl̩n
bossieren bɔˈsiːrən
Bossuet bɔˈsɥɛ
Bostana (Corn., Barb.) bɔsˈtaːna
Boston (E.) ˈbɔst(ə)n
Botanik boˈtaːnɪk

botanisieren botaniˈziːrən
Bote ¹ˈbo:tə; ²ˈb̥-
Bothwell ˈbɔθwəl
Botokuden botoˈkuːdən
Botschaft ¹ˈboːtʃaft; ²ˈb̥oːtʃ-
Böttcher ¹ˈbœtçər; ²ˈb̥œtçeʁ
Böttger ¹ˈbœtgər; ²ˈb̥œtg̊eʁ
Botticelli botiˈtʃɛli
Bottich ¹ˈbɔtɪç; ²ˈb̥-
bottnisch ˈbɔtnɪʃ
Bottrop ˈbɔtrɔp
Boucher buˈʃe
Bouchet buˈʃɛ
Bouclé buˈkleː
Boudoir buˈdwaːʁ
Bougainville bugɛ̃ˈvil
Bougainvillea bugɛ̃ˈviːlea
Bougie buˈʒi:
Bouillon buˈljɔ̃, buˈjɔ̃
Boulevard bul(ə)ˈvaːʁ
Boulez buˈle
Boulogne buˈlɔɲ
Bourbaki burbaˈki
Bourbon, -nen buʁˈbɔ̃, -ˈboːnən
Bourchier (Sh., R. III) ˈbautʃə
Bourdon (Adam, Post.) buʁˈdɔ̃
Bourgeois buʁˈʒwa
Bourgeoisie buʁʒwaˈziː
Bourges buʁʒ
Bourget buʁˈʒe
Bourgogne buʁˈgɔɲ; vgl. (dt.) Burgund
Bourgognino (Sch., Fi.) bur-goˈɲiːno
Bourmont (Gra., Nap.) buʁˈmɔ̃
Bournemouth ˈbɔːnməθ
Bourrée buˈʁeː
Bouteille buˈtɛːjə
Bouton buˈtɔ̃
Bovari (f.) bovaˈʁi
Boveri boˈveːri
Bovet bɔˈve
Bovist ˈboːfɪst
Bowden (e.) ˈboudn
Bowle ˈboːlə
Box bɔks
Boxcalf ˈbɔkskaːf, -kalf
boxen ¹ˈbɔksən; ²b̥ɔksn̩

Boy (Junge) bɔø
Boye ˈbɔøə
Boyet (Sh., V. L.) bwaˈjɛ
Boykott ˈbɔøkɔt, -ˈ-
boykottieren bɔøkɔˈtiːrən
Boyle bɔil
Bozen ˈbɔːtsən
Boẑena (Vn., Kálmán, Mar.) ˈbɔʒɛnɑ
Brabançonne bʀɑbãˈsɔn
Brabant braˈbant; (ndld.) ˈbraːbant
Brabantio (Sh., Ot.) braˈbantsĭo
brach (liegen) ¹ˈbraːx; ²ˈbʀ-
Brache ¹ˈbraːxə; ²ˈbʀ-
Brachialgewalt ¹braxiˈaːlgəvalt; ²b̥ʀaxiˈaːlge-
Brachse ¹ˈbraksə; ²ˈbʀ-
brachte ¹ˈbraxtə; ²b̥ʀ-; (Schwz. auch) braː-
Brachyzephale braxytseˈfaːlə
Bracke ¹ˈbrakə; ²ˈbʀ-
Bracknell ˈbræknəl
Brackwasser ¹ˈbrakvasər; ²ˈb̥ʀakvasɛʀ
Bracque bʀak
Bradford ˈbrædfəd
Bradley ˈbrædli
Bragança braˈgantsa; (port.) brɐˈɣãsɐ
Bragg (e.) bræg
Bragi ˈbraːgi
Brahma ˈbraxmɑ(ː)
Brahmana ˈbraːmanɑ
Brahmanen braˈmaːnən
Brahmaputra bramaˈputra
Brăila (Rum.) brɐˈila
Braille (schrift) bʀaːj(ə)
Brakenburg (Sh., R. III) ˈbrakənbuʀk
Brakteat brakte-ˈaːt
Bramante braˈmante
Bramarbas braˈmarbas
bramarbasieren bramarbaˈziːrən
Bram (segel usw.) ¹braːm(zeːgəl); ²b̥ʀ-
Brambilla (Hofm., Ven.) bramˈbila

Branche ˈbʀãːʃə
Brand ¹brant; ²b̥ʀ-
brandmarken ¹ˈbrantmarkən; ²ˈb̥ʀantmaʀkn̩
Brandon (Sh., H. VIII) ˈbrændən
brandschatzen ¹ˈbrantʃatsən; ²ˈb̥ʀantʃatsn̩
Brandung ¹ˈbranduŋ; ²ˈb̥ʀ-
Brangäne (W., Tristan) braŋˈgɛːnə
Branntwein ¹ˈbrantvaen; ²ˈb̥ʀ-
Brant (e.) braːnt
Brantôme bʀãˈtoːm
Brasidas (Gra., Ha.) ˈbraːzidas
Brasil braˈziːl
Brasilien braˈziːliən; (bras.) Brasil
Braşov (Rum.) braˈʃov; (dt.) Kronstadt
Brassbound (Shaw) ˈbraːsbaund
Brasse ¹ˈbrasə; ²ˈb̥ʀ-
braten, brätst, briet ¹ˈbraːtən, brɛːtst, briːt; ²ˈb̥ʀaːtn̩
Brătianu (rum.) brəˈtĭanu
Bratislava (Tsch.) ˈbratjislava; (dt.) Preßburg
Bratsche ¹ˈbraːtʃə; ²ˈb̥ʀaːtʃə
Bratschist ¹braˈtʃɪst; ²b̥ʀaˈtʃɪst
Brattain ˈbrætein
Bratte (I., Kronprät.) bratə;
Bräu ¹brɔø; ²b̥ʀ-
Brauch, pl. Bräuche ¹braox, ˈbrɔøçə; ²b̥ʀ-
brauchen ¹ˈbraoxən; ²ˈb̥ʀaoxn̩
Braue ¹ˈbraoə; ²ˈb̥ʀ-
brauen ¹ˈbraoən; ²ˈb̥ʀ-
Brauerei ¹braoəˈrae; ²b̥ʀaoɛˈʀae
braun ¹braon; ²b̥ʀ-
Bräune ¹ˈbrɔønə; ²ˈb̥ʀ-
brausen ¹ˈbraosən; ²ˈb̥ʀaoẓn̩
Braut ¹braot; ²b̥ʀ-
Bräutigam ¹ˈbrɔøtɪgam; ²ˈb̥ʀ-
Brautstand ¹ˈbraotʃtant; ²ˈb̥ʀaotʃt-
brav, ~ve, ~ver, ~vste ¹braːf, -və, -vər, -fstə; ²b̥ʀ-, -, -vɛʀ
Bravo, bravo ˈbraːvo
Bravour bʀaˈvuːʀ, -ʀ

Brazzaville (Afr.) braza'vil
Break breːk
Breccie 'brɛtʃə
brechen, brach, gebrochen ¹'brɛ-
çən, braːx, gə'brɔxən; ²'b̥ʀɛçn̩,
b̥ʀaːx, g̊e'b̥ʀɔxn̩
Breda (ndl.) breː'daː, brə-
Bredouille bʀe'duj(ə)
Bredow 'breːdoː
Breeches (e.) 'britʃiz
Bregen ¹'breːgən; ²'b̥ʀeːgn̩
Bregenz 'breːgɛnts
Brei ¹braе; ²b̥ʀ-
breiig, -ige ¹'braеɪç, -ɪgə; ²'b̥ʀ-
breit ¹braеt; ²b̥ʀ-
Bremerhaven breːmər'haːfən
Bremervörde breːmər'føːrdə
Bremse ¹'brɛmzə; ²'b̥ʀɛmz̥ə
bremsen ¹'brɛmzən; ²'b̥ʀɛmz̥n̩
brennen ¹'brɛnən; ²'b̥ʀɛnən
Brennessel ¹'brɛnn̩əsəl;
²'b̥ʀɛnn̩əsl̩
Brenta 'brɛnta
Brentano brɛn'taːno
brenzlig, -licht ¹'brɛntslɪç, -lɪçt;
²'b̥ʀ-
Bresche ¹'brɛʃə; ²'b̥ʀ-
Brescia 'brɛʃ(i̯)a, 'brɛʃa
Breshnew 'brɛʒnev; (ru.)
'brjɛʒnɪf
Breško-Breškovskaja brɛʃkɔ
brɛʃ'kɔfskaja
Breslau 'brɛslao
Brest (F.) bʀɛst
bresthaft ¹'brɛsthaft; ²b̥ʀ-
Brest-Litovsk (Ru.) 'brɛst-
fii'tɔfsk
Bretagne bre'tanjə; (f.) bʀə'taɲ
Bret Harte brɛt'haːrt
Brétigny (Mass.) breti'ɲi
Brett ¹brɛt; ²b̥ʀ-
Brett(e)l ¹'brɛtəl; ²'b̥ʀɛtl̩
Breughel s. Brueghel
Breve 'breːve
Brevier bre'viːr, -ʀ
Brezel ¹'breːtsəl; ²'b̥ʀeːtsl̩
Březina (Č.) 'brʒɛzina
Briand bʀiã

Bridge brɪdʒ
Bridges 'brɪdʒiz
Bridgman 'brɪdʒmən
Brief, pl. -fe ¹briːf, -fə; ²b̥ʀ-
Brieg briːk
Brienz (Schwz.) 'briɛnts
Bries ¹briːs; ²b̥ʀ-
Brig (Schwz.) briːk
Brigade bri'gaːdə
Brigadier briga'di̯eː; (Ö.) - -'diːr
Brigant bri'gant
Brig(h)ella (it., Sch., Tur.)
bri'gɛla
Brigg brɪk
Bright braіt
Brighton 'braіtn̩
Brigida (Uhl.) 'briːgida
Brigitta, -tte bri'gɪta, -tə
Brikett ¹bri'kɛt; ²b̥ʀ-
brillant brɪl'jant
Brillantine (Nestroy) brɪljan-
'tiːnə
Brillantine brɪljan'tiːnə
Brille ¹'brɪlə; ²b̥ʀ-
brillieren brɪl'jiːrən; (ö.) -'liːrən
Brimborium brɪm'boːriʊm
Brindisi 'brindizi
bringen, brachte ¹'brɪŋən,
'braxtə; ²'b̥ʀɪŋən
Brio (it.) 'briːo
Brion 'briːɔn
Brioni (sbkr.) bri'ɔːni, bri'juːni
brisant bri'zant
Brisbane (Austr.) 'brizbən
Brise ¹'briːzə; ²'b̥ʀiːz̥ə
Briseïs (alt.) bri'zeː-ɪs
Brisolett brizo'lɛt
Brissago brɪ'saːgo
Brissard (Lehár, Graf) bri'saːr, -ʀ
Bristol bristl̩
Britannien bri'taniən
Britannus (Shaw) bri'tanʊs
Brite 'britə
britisch 'britɪʃ
Brito (Cald., Prinz) 'brito
Britschka 'brɪtʃka
Britten (e.) 'brit(ə)n
Brixlegg 'brɪkslɛk

14*

Brjusov (ru.) 'brjuːsɔf
Broadcasting (e.) 'brɔːdkaːstiŋ
Broadway 'brɔːdwei
bröckeln ¹'brœkəln; ²'bʀ-
Brocken ¹'brɔkən; ²'bʀɔkn̩
Brockes (dt.) 'brɔːkəs
brodeln ¹'broːdəln; ²'bʀoːdln̩
Brodem ¹'broːdəm; ²'bʀ-
Brogni (Halévy, Jüdin) 'brɔɲi
Brokat bro'kaːt
Brom broːm
Brombeere ¹'brɔmbeːrə;
    ²'bʀɔmbeːʀə
Bromberg 'brɔmbɛrk
Bronchialkatarrh brɔnçi'aːl-
    katar
Bronchien 'brɔnçiən
Bronchitis brɔn'çiːtɪs
Bronislawa (po.; Mill., Bettel-
    stud.) brɔɲi'słaːva
Bronnen ¹'brɔnən; ²'bʀɔnən
Brontë (e.) 'brɔnti
Bronze 'brɔ̃sə
bronzieren brɔ̃'siːrən
Brooklyn (N.-A.) 'brʊklin
Brosamen ¹'broːzaːmən; ²bʀoːẕ-
Brosche ¹'brɔʃə; ²'bʀ-
Broschi (it., Auber) 'brɔski
broschieren brɔ'ʃiːrən
Broschüre brɔ'ʃyːrə
Brot ¹broːt; ²bʀ-
Brotherton 'brʌðətn
brotzeln ¹'brɔtsəln; ²'bʀɔtsln̩
Brouwer (ndl.) 'brɔ̆ŭər, -ɛʀ
Brovik (I., Soln.) bru:vik
Brown braun
Browning 'braonɪŋ
Broz (jug.) 'brɔːz
Broz-Tito brɔs'tito
Bruce (e.) 'bruːs
Bruch, pl. Brüche (das Brechen)
    ¹brʊx, bryçə; ²bʀ-
Bruch, pl. Brüche (Sumpf)
    ¹bruːx, bryːçə; ²bʀ-
brüchig, -ige ¹'bryçɪç, -ɪgə; ²bʀ-
Bruchsal 'brʊxzaːl
Brücke ¹'brʏkə; ²bʀ-
Brückenau 'brʏkənao

Bruder ¹'bruːdər; ²bʀuːdɛʀ
Brueghel (ndl.) 'brøːxəl
Brugge (Ndld.) 'brʏxə; (dt.)
    Brügge 'brʏgə
Brühe ¹'bryːə; ²bʀ-
brühen ¹'bryːən; ²'bʀ-
brühwarm ¹'bryːvarm, -'-;
    ²'bʀ-
brüllen 'brʏlən; ²bʀʏln̩
brummen ¹'brʊmən; ²'bʀʊmən
Bruneau bʀy'no
Bruneck 'bruːnɛk
Brunelleschi brune'leski
Brunetière bʀyn(ə)'tjɛːʀ
brünett bry'nɛt
Brunft ¹brʊnft; ²bʀ-
Brunhilde bru(ː)n'hɪldə
Brünhild, -de 'bryːnhɪlt, -'hɪldə
Brünn (Mä.) brʏn
Brünne ¹'brʏnə; ²bʀ-
Brunnen ¹'brʊnən; ²'bʀʊnən
Bruno 'bruːno
Brunst ¹brunst; ²bʀ-
brünstig, -ige ¹'brʏnstɪç, -ɪgə;
    ²'bʀ-
Brusilov (ru.) bru'siːłɔf
brüsk brʏsk
brüskieren brʏs'kiːrən
Brusovsky (Kálmán) bru'sɔfski
Brussa 'brusa; (tü.) Bursa
Brüssel 'brʏsəl
Brust, pl. Brüste ¹brʊst, 'brʏstə;
    ²bʀ-
Brüstung ¹'brʏstʊŋ; ²bʀ-
Brut ¹bruːt; ²bʀ-
brutal bru'taːl
Brutamonte (Egk) bruta'mɔntə
brüten ¹'bryːtən; ²bʀyːtn̩
brutto 'brʊto
Brutus 'bruːtʊs
brutzeln ¹'brʊtsəln; ²'bʀʊtsln̩
Bruxelles bʀy'sɛl
Bübchen ¹'byːpçən; ²'b-
Bube ¹'buːbə; ²'b-
Bubikopf ¹'buːbikɔpf; ²'buːbi-
Bubnov (ru.) 'bubnɔf, -'-
Bubonen bu'boːnən
Bucephalus s. Bukephalos

Buch, pl. Bücher ¹buːx, ¹byːçər;
  ²b̥uːx, ¹b̥yːçɛʁ
Buchanan bju(ː)ˈkænən
Buchara (N.-As.) buˈxaːra
Buche ¹ˈbuːxə; ²ˈb̥-
buchen ¹ˈbuːxən; ²ˈb̥uːxn̩
Buchecker ¹ˈbuːx|ɛkər;
  ²b̥uːx|ɛkɛʁ
Bücherei ¹byːçəˈrae; ²b̥yːçɛˈʁae
Buchhalter ¹ˈbuːxhaltər; ²ˈb̥uːx-
  haltɛʁ
Buchloe (Dt.) ˈbuːxloə
Buchs (Zürich) bʊxs
Buchsbaum ¹ˈbuksbaom;
  ²ˈb̥uksb̥-
Büchschen ¹ˈbʏksçən; ²ˈb̥ʏksçn̩
Buchse ¹ˈbʊksə; ²ˈb̥-
Büchse ¹ˈbʏksə; ²ˈb̥-
Buchstabe ¹ˈbuːxʃtaːbə; ²ˈb̥-
Bucht ¹bʊxt; ²ˈb̥-
Buck (e.) bʌk
Bückeburg ˈbʏkəbʊrk
Buckel ¹ˈbʊkəl; ²b̥ʊkl̩
Buckingham ˈbʌkiŋəm
Bucklaw (Don., Lucia) ˈbʌklɔu
Buckle bʌkl
Bückling ¹ˈbʏklɪŋ; ²b̥-
Buckskin ˈbʊkskɪn
Bucureşti (Rum.) bukuˈreʃtj;
  (dt.) Bukarest
Budapest (Ung.) ˈbudəpɛʃt;
  (dt.) ˈbuːdapɛst
Budd (e.) bʌd
buddeln ¹ˈbʊdəln; ²ˈb̥ʊdl̩n
Buddha ˈbʊda
Buddhismus bʊˈdɪsmʊs
Buddy (e. Vn., Zuckm.) ˈbʌdi
Bude ¹ˈbuːdə; ²b̥-
Budel (ö.) ¹ˈbuːdəl; ²ˈb̥uːdl̩
Budget bʏˈdʒeː; (Schwz.) ˈ- -
Budike buˈdiːkə; (ö.) -ˈdik
Budjonnyj (ru.) buˈdjɔnij
Büdner ¹ˈbyːdnər; ²ˈb̥yːdnɛʁ
Budoja (Pfi., Pal.) buˈdoːja
Budweis ˈbʊtvaes
Buenco (G., Clav.) ˈbŭɛŋko
Buenos Aires bu͜ɛnɔs ˈaeɾɛs;
  (sp.) ˈbŭenos ˈaïres

Büfett byˈfeː; (schw.) byˈfɛt,
  ˈbyfe
Buffalo ˈbʌfəlou
Büffel ¹ˈbʏfəl; ²ˈbʏfl̩
Buffo, -ffa ˈbʊfo, -fa
Buffon byˈfɔ̃
Bug ¹buːk; ²b̥-
Bügel ¹ˈbyːgəl; ²ˈb̥yːgl̩
Bügeleisen ¹ˈbyːgəl|aezən;
  ²ˈb̥yːgl̩|aezn̩
bügeln ¹ˈbyːgəln; ²ˈb̥yːgəln
Bugenhagen ˈbuːgənhaːgən
bugsieren buˈksiːrən
Bugspriet ¹ˈbuːkʃpriːt; ²ˈb̥uːk-
  ʃpʁ-
Bühel (ö., schwz.) ˈbyːəl
Buhle ¹ˈbuːlə; ²ˈb̥-
Buhne ¹ˈbuːnə; ²ˈb̥-
Bühne ¹ˈbyːnə; ²ˈb̥-
Buiek ˈbju(ː)ik
Buitenzorg ˈbœ͜yˈtənzɔrx
Bukarest ˈbuːkarɛst; (rum.
  Bucureşti)
Bukephalos buˈkefalɔs
Bukett buˈkɛt; (ö.) buˈkeː
bukolisch buˈkoːlɪʃ
Bukowina bukɔˈviːna (dt. Bu-
  chenland)
Bulanov (ru.) buˈɫaːnɔf
Bulatov (ru.) buˈɫaːtɔf
Bulawayo (Afr.) bulaˈvajo
bulbär bʊlˈbɛːr, -ʁ
Bülbül ˈbʏlbʏl
Bulette buˈlɛtə
Bulganin (ru.) buɫˈgaːɲin
Bulgaren bʊlˈgaːrən
Bullauge ¹ˈbʊl|aogə; ²ˈb̥-
Bulldogge ¹ˈbʊldɔgə; ²ˈb̥-
Bulle ¹ˈbʊlə; ²ˈb̥-
Bullen s. Boleyn
Bulletin bylˈtɛ̃
Bülow ˈbyːloː
Bult (Sh., Per.) bʊlt
Bulwer ˈbʊlwə
Bumerang ˈbuːməraŋ
bummeln ¹ˈbʊməln; ²ˈb̥-
Buna ˈbuːna
Bunbury ˈbʌnbəri

Bunche bʌntʃ
Bund ¹bʊnt; ²b̦-
Bundesanwaltschaft ¹'bʊndəs-
|anvaltʃaft; ²'b̦-
Bundesarbeitsgericht ¹bʊndəs-
|'arbaetsgərɪçt; ²b̦ʊndəs-
|'aʀb̦aetsg̦eʀɪçt
Bundesbahndirektion ¹'bʊndəs-
baːndirɛktsïoːn; ²'b̦ʊndəs-
b̦aːndiʀɛ-
Bundesinnenminister ¹bʊndəs-
|'mənminɪstər; ²b̦ʊndəs-
|'mənminɪstɛʀ
Bundespresseamt ¹bʊndəs-
'prɛsə|amt; ²b̦ʊndəs'pʀ-
Bundesrechnungshof ¹bʊndəs-
'rɛçnʊŋshoːf; ²b̦ʊndəs'ʀ-
bündig, -ige ¹'bʏndɪç, -ɪgə;
²'b̦-
Bündnis ¹'bʏntnɪs; ²'b̦-
Bungalow 'bʊŋgalo:
Bunin (ru.) 'buːɲin
Bunker ¹'bʊŋkər; ²'b̦ʊŋkɛʀ
bunt ¹bʊnt; ²b̦-
Buntdruck ¹'bʊntdrʊk;
²'b̦ʊntd̦ʀʊk
Bunsen 'b̦ʊnzən
Bunzlau 'bʊntslao
Buonarroti b̆uona'roːti
Buran bu'raːn
Bur, -re, pl. -ren buːr, -ʀ, -rə,
-rən
Bürde ¹'bʏrdə; ²'b̦ʀdə
Bürette by'rɛtə
Burg ¹bʊrk; ²b̦ʊʀk
Burgaz (Bg.) bur'gas
bürgen ¹'bʏrgən; ²'b̦ʏʀgn̦
Bürgermeister ¹'bʏrgərmaestər;
²'b̦ʏʀgɛʀmaestɛʀ
Burgess (e.) 'bəːdʒis
Burgh (Sh., K. J.) bʊrk; (e.)
bəːg
Burgiba bur'giːba
Burgos (Sp.) 'burɣɔs
Burgoyne (e.) 'bəːgɔɪn; (Sch.,
M. St.) 'bʊrgɔ|in
Bürgschaft ¹'bʏrkʃaft; ²'b̦ʏʀkʃ-
Burgund bʊr'gʊnt

Buridan 'buːridan
Burjaten bur'jaːtən
Burleigh (Sch., M. St.) 'bəːli
Burleske bʊr'lɛskə
Burma 'bʊrma
Burnet (e.) 'bəːnit
Burns bəːnz
Burnus 'bʊrnʊs
Büro (Bureau) ¹by'roː; ²b̦ʏ-
'ʀoː
Bürokratie ¹byrokra'tiː; ²b̦ʏʀo-
kʀa-
Bursa (Tü.) 'bursa; vgl. Brussa
Bursche ¹'bʊrʃə; ²'b̦ʊʀʃə
Buschehr (As.) bu'ʃeːr, -ʀ, -'ʃiːr,
-ʀ
burschikos bʊrʃi'koːs
Bürschchen ¹'bʏrʃçən; ²b̦ʏʀʃçn̦
Burse ¹'bʊrzə; ²'b̦ʊʀz̦ə
Bürste ¹'bʏrstə; ²'b̦ʏʀ-
Bürzel ¹'bʏrtsəl; ²'b̦ʏʀtsl̦
Buryja (Janáček) 'burija
Bus, pl. Busse ¹bʊs, 'bʊsə; ²b̦-
Busch, pl. Büsche ¹bʊʃ, 'bʏʃə;
²b̦-
Büschel ¹'bʏʃəl; ²'b̦ʏʃl̦
buschig, -ige, -'ge ¹'bʊʃɪç, -ɪgə,
-gə; ²'b̦-
Buschklepper ¹'bʊʃklɛpər;
²'b̦ʊʃklɛpɛʀ
Busen ¹'buːzən; ²'b̦uːz̦n̦
Busento bu'sɛnto
Bushel (e.) 'bʊʃl
Bushy (Sh., R. II) 'bʊʃi
Business 'bɪznɪs
Busiris (Gir.) bu'siːris
Busoni (it.) bu'zoːni
Buster Keaton ˌbʌstə 'kiːtn
Bussard ¹'bʊsart; ²'b̦ʊsaʀt
Buße ¹'buːsə; ²'b̦-
büßen 'byːsən; ²'b̦yːsn̦
Busserl ¹'bʊsərl; ²'b̦ʊsɛʀl
Bussole bʊ'soːlə
Büste ¹'bʏstə; ²'b̦-
Bustorius (Raim.) bʊ'stoːrius
Butadien butadi'eːn
Butan bu'taːn
Butenandt 'buːtənant

Butler (e. N.) ˈbʌtlə, (Diener)
    ˈbatlər
Butt ¹bʊt; ²b̭-
Bütte ¹ˈbʏtə; ²ˈb̭-
Büttel ¹ˈbʏtəl; ²ˈb̭ʏtl̩
Butter ¹ˈbʊtər; ²ˈb̭ʊtɐʀ
Butterfly (Pu.) ˈbʌtəflai
Buttler (Sch., W.) ˈbʊtlər
Butts (Sh., H. 8) bʌts
Buturlin (ru.) buturˈfiin

Butzenscheibe ¹ˈbʊtsənʃaebə;
    ²ˈb̭ʊtsn̩-
Buxtehude bʊkstəˈhuːdə
Buyek (G., Egm.) bœɥk
Buzău (Rum.) buˈzəŭ
Bykov (ru.) ˈbikɔf
Byron ˈbaiərən
Byssus ˈbʏsʊs
Byzantiner bytsanˈtiːnər, -ɐʀ
Byzanz byˈtsants

C

(vgl. auch K, Z, mit Č vgl. auch
Cz, Ch, Tsch, K, mit Cz vgl.
auch Č, mit Ch vgl. auch H)
c tse:
Čaadajev (ru.) tʃa-aˈdaːjɛf
Caballero kabalˈjeːro, kaval-
Cáceres (Sp.) ˈkaθeres
Cachenez (f.) kaʃ(ə)ˈne
Cachou (f.) kaˈʃu
Cachucha (sp.) kaˈtʃutʃa
Cäcilie tsɛˈtsiːliə
Cade (e., Sh., H. VI) keid
Cadillac (f.) kadiˈjak; (e.) ˈkædi-
    læk
Cádiz ˈkaðiθ
Cadogan (e.) kəˈdʌgən
Cadwall (Sh., Cymb.) ˈkædwɔːl
Caelus (Orff, Cat.) tsɛːlʊs
Caen (F.) kã
Caesar s. Cäsar
Café (Gaststätte, f.) kaˈfeː
Cafetier (f.) kafeˈtje(ː)
Cagliari (Sard.) ˈkafiari
Cagliostro kaˈfiostro
Cahors (F.) kaˈɔːʀ
Caillaux kaˈjo
Caine (e.) kein
Caisson (f.) kɛˈsõ
Caithness (scho., Sh., Macb.)
    ˈkɛθnəs, ˈkeiθnəs
Cajetan kajeˈtaːn
Cajus (alt.) ˈgaːjʊs

Cakewalk (e.) ˈkeːkwɔːk
Calais kaˈlɛ(ː)
Caleagno (Sch., Fi.) kalˈkaɲo
Calchas s. Kalchas
Calderón (sp.) kaldeˈrɔn
Calembourg (f.) kalãˈbuːʀ
Cali (S.-A.) ˈkaːli
Caliban (Sh., St.) ˈkælibæn, -bən
Calicot (Fall, Pomp.) kaliˈko:
California (e.) ˌkæliˈfɔːnjə; s.
    Kalifornien
Caligula kaˈliːgula
Calixtus kaˈlɪkstʊs
Callao (S.-A.) kaˈfia-o
Callas ˈkallas
Call-Girl ˈkɔːlgəːrl
Callot (f.) kaˈlo
Calprenède (f.) kalpʀəˈnɛːd
Calpurnia (Sh., J. C.) kalˈpʊrnia
Caltanissetta (Siz.) kaltaniˈseta
Calvin kalˈviːn
Calw kalf
Calzabigi kaltsaˈbiːdʒi
Camaldoli kaˈmaldoli
Camargue (F.) kaˈmaʀg
Cambon (f.) kãˈbõ
Cambrai kãˈbʀɛ(ː)
Cambridge ˈkeimbridʒ
Cambronne (Gra., Nap.) kãˈbʀon
Camembert (f.) kamãˈbɛːʀ,
    ˈ - - -
Camenz s. Kamenz

Camera obscura (lt.) ˈkamǝra
ɔpsˈkuːra
Camilla (it.) kaˈmila
Camille (f. Vn.) kaˈmij
Camillo (it.) kaˈmilo
Camillus kaˈmɪlʊs
Camilo (sp.) kaˈmilo
Cammin (Pomm.) kaˈmiːn
Camionage kamiɔˈnaːʒǝ
Camões kaˈmõĩʃ
Camorra (it.) kaˈmɔra
Campagna (It.) kamˈpaɲa
Campanella kampaˈnɛla
Campanile (it.) kampaˈniːle
Campbell-Bannerman ˌkæmbl
ˈbænǝmǝn
Campeador (Cid) kampeaˈðɔr, -ʀ
Campejus (Sh., H. VIII) kamˈ-
peːjʊs
Campinas (S.-A.) kæmˈpiːnas
Camping ˈkɛmpɪŋ
Campistron (f.) kãpisˈtʀõ
Campobasso kampoˈbaso
Campos (S.-A.) ˈkæmpus
Camposanto (it.) ˌkampo ˈsanto
Câmpulung (Rum.) kimpuˈluŋg
Campus (Martius usw.) ˈkampʊs
Camus (f.) kaˈmy
Canaille kaˈnafiǝ, -ljǝ
Canaletto kanaˈleto
Canasta kaˈnasta
Canberra (Austr.) ˈkænbǝrǝ
Cancan (f.) kãˈkã
Cancian (Wolf-F., Grob.) kan-
ˈtʃan
Candida ˈkandida
Canidius (Sh., Ant.) kaˈniːdiʊs
Cankov (bg.) ˈtsaŋkof
Cannae ˈkanɛː
Cannes kan
Cañon (sp.) kaˈɲoːn, ˈkanjɔn
Canossa kaˈnɔsa
Canova kaˈnoːva
Canrobert (f.) kãʀɔˈbɛːʀ
Cant (e.) kænt
cantabile (it.) kanˈtaːbile
Cantal (F.) kãˈtal
Canterbury ˈkæntǝbǝri

Cape (e.) keːp
Čapek (č.) ˈtʃapɛk
Capella (Stern) kaˈpɛla
Capellio (Bell., Romeo) kaˈpɛlio
Capello (Hofm., Ven.) kaˈpɛlo
Capetinger ˈka(ː)petɱǝr, -ɛʀ
Caphis (Sh., Ti.) ˈkaːfis
Capito (Hind., Math.) ˈkaːpito
Čapliekij (Čajk., Pik.) tʃaˈpɦitski
Čaporin (ru.) tʃaˈpoːrin
Capri ˈkaːpri
Capriccio (it.) kaˈpritʃo
Caprivi kaˈpriːvi
Captatio benevolentiae (lt.)
kapˈtaːtsĭo benevoˈlɛntsĭɛː
Capua ˈkaːpŭa
Capucius (Sh., H. VIII) ka-
ˈpuːtsiʊs
Capulet (Sh., Ro.) ˈkaːpulɛt
Capuletti (Bell.) kapuˈleti
Caput mortuum (lt.) ˈkapʊt
ˈmɔrtuʊm
Car (ru. Kaiser) s. **Zar**
Car (e.) kaː
Carabiniere, pl. -ri (it.) karabi-
ˈnĭɛːre, -ri
Caracalla karaˈkala
Caracas kaˈrakas
Caratinga (S.-A.) karaˈtiŋga
Caravaggio karaˈvadʒo
Carbo (alt.) ˈkarbo
Carbon (f.) kaʀˈbõ
Carbonari karboˈnaːri
Caravan ˈkɛrǝvɛn
Carcamo (Web., Preciosa)
karˈkaːmo
Carcassonne (F.) kaʀkaˈsɔn
Cardew (e.) ˈkaːdjuː
Cardiff (Wal.) ˈkaːdɪf
Cardillac (Hind.) kardiˈjak
Carducci karˈdutʃi
Caricyn (Ru.) tsaˈriːtsin,
(= Stalingrad)
Caritas (lt.) ˈkaːritas
Čajkovskij (ru.) tʃaĭˈkɔfskij
Cârlibaba (Rum.) kirliˈbaba
Carlisle (E., Sh., R. II) kaːˈlail
Carlo (it. Vn.) ˈkarlo

Carlos (sp. Vn.) 'karlɔs
Carlotta (Vn.) kar'lɔta
Carlyle (e.) kaː'lail
Carmagnole karma'ɲoːlə
Carmela (sp.; DeFalla) kar'mɛla
Carmen (It.) 'karmen
Carmen (Bizet) 'karmɛn
Carmencita (sp. Vn.) karmen-
'θita
Carmina Burana 'karmina bu-
'raːna
Carmona (port.) kær'monæ
Carnegie kaː'nɛgi
Carnero (J. Strauß, Zig.)
kar'neːro
Carnot kaʀ'no
Carol (rum. Vn.) 'karol
Carolina (N.-A.) karo'liːna,
kærə'lainə
Carolus 'karolʊs
Carossa (dt.) ka'rɔsa
Carpaccio kar'patʃo
Carpenter (e.) 'kaːpintə
Carrara ka'raːra
Carrel (e.) 'kærəl
Carskoje Selo (Ru.) 'tsaːrskɔjə
sɛ'lɔ
Cartagena karta'xena
carte blanche (f.) ˌkaʀt(ə)
'blãʃ(ə)
Cartesius kar'teːziʊs
Cartilago karti'laːgo
Cartwright 'kaːtrait
Caruso ka'ruːso
Casablanca kasa'blaŋka
Casals (sp.) ka'sals
Casanova (it.) kasa'noːva
Cäsar, pl. -aren 'tseːzar, tsɛː-
'zaːrən
Cäsarea (Alt.) tsɛːza'reːa
Casca (Sh., J. C.) 'kaska
Cascada (Lehár, Witwe)
kas'ka(ː)ða
Casement 'keismənt
Caserta (It.) ka'zɛrta
Casey (e.) 'keisi
Časlau 'tʃaːslao; (Tsch.) 'tʃaːslaf
Cassandra s. Kassandra

Cassel s. Kassel
Cassibelan (Sh., Cymb.) kasibɛ-
'laːn
Cassio (Sh., Ot.) 'kasio
Cassiopeium kasio'peːjʊm
Cassius 'kasiʊs
Castel Gandolfo kas'tɛl gan'dɔlfo
Castellón de la Plana (Sp.) kaste-
ˌfiɔn de la 'plana
Castelnau (F.) kastɛl'no
Castelvecchio (G., Claud.)
kastel'vɛkio
Castiglione kasti'fioːne
Castillo (sp. Vn.) kas'tifio
Casti-Piani (Wed.) ˌkastipi'aː-
ni
castle (e.) kaːsl
Castlereagh (e.) 'kaːslrei
Castro 'kastro
Castrogiovanni kastrodʒo'vani
casus (lt.) 'kaːzʊs
Catania ka'taːnĭa
Catanzaro (It.) katan'tsaːro
Catch-as-catch-can (e.) ˌkætʃ əz
kætʃ 'kæn
catcher (e.) 'kætʃər, -ɐʀ
Catchup (e.) 'kætʃap
Catesby (Sh., R. III) 'keitsbi
Catherine (e.) 'kæθərin
Catilina kati'liːna
Cato 'kaːto
Cattaro 'kataro; (jug.) Kotor
Catull, -llus ka'tʊl, -lʊs
Catulus (alt.) 'katulʊs
Cauchon (f.) ko'ʃɔ̃
Caudillo (sp.) kaŭ'difio
Causerie (f.) kozə'ʀiː
Causeur (f.) ko'zøːʀ
(van) Cauwelaert (be.) 'kɔŭə-
laːrt
Caux (Schwz.) 'ko
Cavaliere (it.) kava'lĭɛːre
Cavalleria Rusticana kavale'riːa
rʊsti'kaːna
Cavaradossi (Pu., Tosca) kava-
ra'dɔsi
Caversham (e., Wilde) 'kævəʃəm
Cavour ka'vuːʀ, -ɐ

Cawdor (Sh., Macb.) ˈkɔːdə,
-dor, -ʀ
Cayenne kaˈjɛn
Ceará (S.-A.) sĭaˈra
Čeboksary (Ru.) tʃɛbɔˈksaːri
Cecco del Vechio (W., Rienzi)
ˌtʃɛko dɛl ˈvɛkio
Čechov (ru.) ˈtʃɛxɔf
Cecil (e.) sɛsl
Cecily (e. Vn.) ˈsesi(ː)li
cedille (f.) seˈdiːjə
Cegléd (Ung.) ˈtsɛgleːd
Čekalinskij (Tschaik., Pik.) tʃɛ-
kaˈɦinskij
Celan ˈtsɛːlan
Celebes seˈleːbɛs
Celesta (it.) tʃeˈlɛsta
Celestina (sp.) θelesˈtina
Celia (Sh., Wi.) siːljə, -lĭə; (dt.)
ˈtseːlia
Celibidache (rum.) tʃelibiˈdakje
Čeljabinsk tʃeˈɦaːbinsk
Celje (Jug.) ˈtsɛːljɛ; (dt.)
Cilli
Celle (Dt.) ˈtsɛlə
Cellini tʃeˈliːni
Cellist tʃeˈlɪst
Cello, pl. -lli (it.) ˈtʃɛlo, -li
Cellon tsɛˈloːn
Cellophan tselɔˈfaːn
Celsius ˈtsɛlziʊs
Cembalo (it.) ˈtʃɛmbalo
Cent, pl. -s (e. Münze) sɛnt,
-ts
Centavo (Münze) θɛnˈtaβo
Centesimo (it.) tʃɛnˈteːzimo
Centime (f.) sãˈtiːm
Céntimo (sp. Münze) ˈθɛntimo
Cento (it.) ˈtʃɛnto
Cepheus (Stern) ˈtseːfeŭs, s.
Kepheus
Cephissus tseˈfɪsʊs
Ceprano (Ver, Rig.) tʃeˈpraːno
Cerele (f.) ˈsɛʀkl(ə)
Cerevis tsereˈviːs
Čerenkov (ru.) tʃɛrɛnˈkɔːf
Čerepnin (ru.) tʃɛrɛpˈɲiːn
Ceres ˈtseːrɛs

Cerimon (Sh., Per.) ˈtseːrimɔn
Čerkasskij (ru.) tʃɛrˈkaski
Čerkesen tʃɛrˈkɛsən
Černihiv (Ukr.) tʃɛrˈnɪhiŭ; (ru.)
Černigov
Černivei (Ukr.) tʃɛrˈniŭtsi; (dt.)
Czernowitz
Černjakovskij (Muss.) tʃɛrɲa-
ˈkɔfski
Černyševskij (ru.) tʃɛrnɪˈʃɛfskij
Certosa tʃɛrˈtoːza
Cervantes θɛrˈβantɛs, sɛrˈv-
Červenkov (bg.) tʃɛrˈvɛŋkof
Ces (mus.) tsɛs
Cesena (It.) tʃeˈzɛːna
Cesar (sp. Vn.) θeˈsar, -ʀ
Cesar (Sch., Br.) ˈtseːzar, -ʀ
César (f.) seˈzaːʀ
Cesare (it.) ˈtʃeːsare
Cesarino (Hofm., Ab.) tʃeza-
ˈriːno
Çeşme (Tü.) tʃeˈʃmɛ
Česnokov tʃɛsnaˈkɔːf
Cestius (lt.) tsɛstĭʊs
Cetatea Albă tʃeˈtatĭa ˈalbə;
(ukr.) Bilhorod
ceterum censeo (lt.) ˈtseːterʊm
ˈtsɛnze-o
ceteris paribus (lt.) ˈtseːteriːs
ˈpaːribʊs
Cethegus (alt.) tseˈteːgʊs
Cetinje ˈtsɛtiɲɛ
Cette, Sète (F.) sɛt
Ceuta (Afr.) ˈθeŭta
Cevennes, -en (F.) seˈvɛn(ən)
Ceylon ˈtsailɔn, siˈlɔn
Cézanne seˈzan
Chabarovsk (N.-As.) xaˈbarɔfsk
Chabert ʃaˈbeːʀ, -ʀ
Chablis (f.) ʃaˈbli
Chačaturjan (ru.) xatʃatuˈrjan
Cha-Cha-Cha tʃa tʃa tʃa
Chaco (S.-A.) ˈtʃako
Chaconne (f.) ʃaˈkɔn(ə)
Chadidscha xaˈdiːdʒa
Chadwick (e.) ˈtʃædwik
Chagall ʃaˈgal
Chagrin (f.) ʃaˈgʀɛ̃

chagriniert ʃagʀi'niːʀt
Chaillot (Paris) ʃa'jo
Chain 'xa-in, (e.) tʃein
Chaine (f.) ʃɛ'n(ə)
Chairman 'tʃɛːrmən
Chaise (f.) ʃɛːz(ə)
Chaiselongue (f.) ʃɛːz(ə)'lõg
Chakasy (N.-As.) xa'kasi
Chalcedon s. Chalkedon
Chalcis s. Chalkis
Chaldäa, -äer kal'dɛːa, -ɛː-ər
Chalet ʃa'leː, -'lɛ
Chalkedon çal'keːdɔn
Chalkidike çal'kiːdike
Chalkis 'çalkɪs
Chalkotypie çalkoty'piː
Châlons (usw.) ʃa'lõ
Chalzedon kaltse'dɔːn
Cham (Dt.) kaːm
Chamäleon ka'mɛːleɔn
Chamberlain, -layne 'tʃeimbəlin
Chambertin ʃãbɛʀ'tɛ̃
Chambéry ʃãbe'ʀi
Chambre garnie, séparée 'ʃãbʀ(ə)
   gaʀ'ni, sepa'ʀeː
Chamisso ʃa'miso, '- - -
chamois ʃa'mŏa; (f.) -mwa
Chamonix ʃamɔ'ni
Champagne ʃam'panjə; (f.) ʃã-
   'paɲ
Champagner ʃam'panjər, -ɛʀ
Champion (e.) tʃempiən; (f.)
   ʃã'pjõ
Champignon ʃãpɪnjõ, 'ʃampɪ-
   njoːn
Champollion (f.) ʃãpɔ'ljõ
Chan xaːn
Chanee 'ʃãːs(ə)
Changeant (f.) ʃã'ʒã
changieren ʃã'ʒiːrən
Chania (Gr.) xa'nïa
Chanson (f.) ʃã'sõ
Chansonette ʃãsɔ'nɛt(ə)
Chanteeler (f.) ʃãtə'klɛːʀ
Chaos 'kaːɔs
chaotisch ka'oːtɪʃ
Chapeau claque (f.) ʃapo 'klak
Chapelou (Adam, Post.) ʃap(ə)'lu

Chaplin 'tʃæplin
Chapman (e.) 'tʃæpmən
Charakter ¹ka'raktər; ²-'ʀaktɛʀ
Charakteristik ¹karaktɛ'rɪstɪk;
   ²-ʀaktɛ'ʀɪ-
Charbin (Mandsch. Pinkiang)
   har'bɪn
Chareuterie ʃaʀkytə'ʀi
Chardonne (seide) ʃaʀ'dɔn-
Charente ʃa'ʀãːt
Charge 'ʃaʀʒə
chargieren ʃaʀ'ʒiːrən
Charing Cross (London) ˌtʃæriŋ
   'krɔs
Charis 'çarɪs
Charisma 'çarɪsma
Charité ʃari'teː
Charitinnen ka'riːtɪnən
Charivari (f.) ʃa'ʀi'vaːʀi
Chafkov, -rkiv (Ukr., ru.) 'xarj-
   kɔf; (ukr.) -rkiŭ
Charleroi (Be.) ʃaʀl'ʀwa
Charles (f.) ʃaʀl; (e.) tʃaːlz
Charleston (Tanz) 'tʃaːlstən
Charleston (N.-A.) 'tʃaːlstən
Charlestown (M.-A.) 'tʃaːlztaŭn
Charley (e. Vn.) 'tʃaːli
Charlotte ʃar'lɔtə
Charly (f.) ʃaʀ'li
Charmeuse ʃaʀ'møːz(ə)
Charmion (Sh., Ant.) 'çarmiɔn
Charon 'çaːrɔn
Chäroneia, -nea çero'nɛĭ-a,
   -'neː-a
Charta 'karta
chartern ¹'(t)ʃa(r)tərn; ²'tʃaʀ-
   tɛʀn
Chartres 'ʃaʀtʀ(ə)
Chartreuse (f.) ʃaʀ'tʀøːz(ə)
Chartum (Afr.) xar'tuːm, k-
Charybdis ça'rypdɪs
Chasseeoeur (Gra., Nap.) ʃas-
   'kœːʀ, -ʀ
Chasseur (f.) ʃa'sœːʀ
Chassidismus xasi'dɪsmus
chassieren ʃa'siːrən
Chassis ʃa'si
Chasuble (e.) 'tʃæzjʊbl

Château (f.) ʃa'to:
Chateaubriand ʃatobʀi'(ĭ)ã
Chateauneuf (Lortz., Zar) ʃato-
'nœf
Chatham 'tʃætəm
Châtillon ʃati'jõ
Chattanooga (N.-A.) tʃætə-
'nu:gə
Chatte 'katə
Chatten 'katən
Chatti (Altkleinasien) 'xati
Chatzidakes (gr.) xatsi'dakis
Chatzipanos (gr.) xatsi'panɔs
Chaucer 'tʃɔːsə
Chauchat (f.) ʃo'ʃa
Chauffeur (f.) ʃɔ'fœːʀ
Chauken 'çaokən
Chaumette ʃo'mɛt
Chaussee ʃo'se:
Chauvinist ʃovi'nɪst
Chazaren xa'za:rən
Checco (Suppé, Bocc.) 'kɛko
Checkpoint 'tʃɛkpɔønt
Chef ʃɛf
chef-d'œvre (f.) ʃɛ'dœːvʀ(ə)
Chelčický (tsch.) 'xɛltʃitski:
Cheléen (f.) ʃɛle'ɛ̃
Chełm (Po.) xɛũm; (ukr.) Cholm
Chelsea (London) 'tʃɛlsɪ
Cheltenham (E.) 'tʃɛltnəm
Chemie çe:'mi:; (Schwz., Ö.) ke:-
Chemikalien çemi'ka:liən
Chemiker ¹'çe:mikər; ²-kɛʀ;
(ö.) 'ke:mɪkər
Chemisett, -tte ʃəmi'zɛt
Chemnitz 'kɛmnɪts
Chemotherapie çemotera'pi:
Chenille ʃ(ə)'nɪj(ə)
Cheops (äg.) 'çe:ɔps, 'ke:-
Cher (Fl., F.) ʃɛːʀ, -ʀ
Cherbourg (F.) ʃɛʀ'bu:ʀ, -ʀ
Cheristane (Raim.) çeri'sta:nə
Cherry Brandy (e.) ˌtʃeri 'brɛndi
Cherso s. Cres
Cherson (Ukr.) xɛr'sɔn
Chersones çɛrso'ne:s, -rzo-
Chertsey (E., Sh., Rich. III)
'tʃəːtsi

Cherub, pl. -bim 'çe:rʊp, -bi:m
Cherubin, -no (it.) ˌke:ru'bi:n,
ˌkeru'bi:no
Cherubini (it.) keru'bi:ni
Cherusker çe'rʊskər, -ɛʀ
Chesapeake 'tʃesəpi:k
Chester (E.) 'tʃɛstə
Chesterfield 'tʃɛstəfi:ld; (dt.)
-tərfi:lt
Chesterton 'tʃɛstətən
Chevaleresk ʃəvalə'rɛsk
Chevalier ʃəva'lje
Cheveley (e.) 'tʃiːvli
Cheviot (E.) 'tʃevĭət
Cheviot 'ʃevĭot
Chevreau (f.) ʃəv'ʀo:
Chevy-Chase-Strophe 'tʃɛvɪ
tʃeːs 'ʃtro:fə
Chi (gr. Buchst.) çi:
Chianti (it.) 'kĭanti
Chiasmus çi'asmʊs
Chiasso (Schwz.) 'kĭaso
Chiavenna kĭa'vena
Chicago ʃi'ka:gou
Chichibio (Suppé, Bocc.) ki-
'ki:bio
Chicorée ʃiko'ʀeː, '- - -
Chieti (It.) 'kĭeːti
Chiemsee 'ki:mze:
Chiffon (f.) ʃɪ'fõ
Chiffre ʃɪfʀ(ə)
chiffrieren ʃɪ'fʀi:ʀən
Chihuahua (M.-A.) tʃiw'a:wa
Chikago s. Chicago
Child tʃaild
Childerich (Kl., Herm.) 'çɪldərɪç
Chile 'tʃi:le
Chilferer 'çilfərər, -ɛʀ
Chillon (Schwz.) ʃi'jõ
Chilperich 'çɪlpərɪç
Chiltern (e.) 'tʃiltə(:)n
Chimäre s. Schimäre
Chimära (myth.) çi'mɛːra
Chimay (Gr., Nap.) ʃi'mɛ
Chimborazo (Berg) tʃɪmbo'raso
China 'çi:na; (Schwz., Ö.) 'ki:-
Chinchilla (sp.) tʃɪn'tʃɪfia
Chinese çi'ne:zə

Chingan (Geb., N.-As.) xiŋ'ga:n
Chinin çi'ni:n
Chinon (F.) ʃi'nɔ̃
Chintz (e.) tʃints
Chinoiserie ʃinoazə'ri:
Chioggia (It.) 'kĭɔdʒa
Chios 'çi:-ɔs
Chippendale 'tʃipəndeil
Chip (e.) tʃip
Chips tʃɪps
Chiragra 'çi:ragra
Chiromant çiro'mant
Chiron (myth.) 'çi:rɔn
Chirurg çi'rʊrk, (Schw., Ö.) ki-
Chirurgie çirʊr'gi:; (Schwz., Ö.)
 ki-
Chislehurst (E.) 'tʃizlhə:st
Chispa (Cald., Richter) 'tʃispa
Chitin çi'ti:n
Chiton çi'to:n
Chitrovo (ru.) xitrɔ'vɔ
Chiva 'xi:va
Chladni 'kladni
Chlamys çla'mʏs
Chlebnikov (ru.) 'xfie:bɲikɔf
Chlestakov (ru., Gog.) xfiɛsta-
 'ko:f
Chlodwig 'klo:tvɪç
Chloë 'klo:-e, 'xlo:-e
Chlopov (ru., Gog.) 'xłɔpɔf
Chlor klo:r, -ʁ
Chlorat klo'ra:t
Chloris (f. Vn., Rolland) klɔ'ʁis
Chloroform kloro'fɔrm
Chlorophyll kloro'fʏl
Chlothar 'klo:tar, -ʁ
Choane ko|'a:nə
Cho-Cho-San (Pu., Butt.) ko-
 ko-'san
Chodowiecki kodo'vĭɛtski, xo-
Choisy (Gra., Nap.) ʃwa'zi
Chok ʃɔk
Cholera 'ko:lǝra, (ö.) 'kɔ-
Choleriker ko'le:rikǝr, -ɛʁ
Cholesterin çolɛste'ri:n
Choliambus çoli'ambʊs
Cholula (M.-A.) tʃo'lula

Chomjakov (ru. Autor) xɔmja-
 'kɔf
Chopin ʃɔ'pɛ̃
Chor, -rus ¹ko:r, -rʊs; ²ko:ʁ,
 -ʀʊs
Choral ko'ra:l
Chorea ko're:a
Choreographie kore-ogra'fi:
Choretide (G., Faust) kore'ti:də
Chorin (Dt.) ko'ri:n
Chorist ko'rɪst
Choroebus (Berlioz, Troj.) ko-
 'rø:bʊs
Chorus mysticus (G.) 'ko:rʊs
 'mʏstɪkʊs
Chose (f.) 'ʃo:zə
Chosroës xos'ro:es
Chotan (Tu.) xo'ta:n
Chrennikov (ru.) 'xrɛnɲikɔf
Chrestomathie çrɛstoma'ti:
Chrétien (f.) kʁe'tjɛ̃
Chrie 'çri:e
Chrisam 'çri:zam
Christ ¹krɪst; ²kʁ-
Christchurch (Neuseeland)
 'kraist,tʃə:tʃ
Christentum ¹'krɪstəntu:m;
 ²'kʁɪstn̩-
Christian 'krɪstian
Christian Science 'krɪstĭən
 'saeəns
Christie (e.) 'kristi
Christine krɪs'ti:nə; (e.) 'kristi:n
Christoph 'krɪstɔf
Christofle 'krɪstɔfəl; (ö.) -flə
Christophorus krɪs'toforʊs
Christus ¹'krɪstʊs; ²'kʁ-
Chrom ¹kro:m; ²kʁ-
chromatisch kro'ma:tiʃ
Chromosom kromo'zo:m
Chronik ¹'kro:nɪk; ²kʁ-
Chronologie kronolo'gi:
Chronometer krono'me:tər, -ɛʁ
Chrudim (Bö.) 'xrudim
Chruščov (ru.) xru'ʃtʃɔf
Chrysander çrʏ'zandər, -ɛʁ
Chrysanthemum, -eme ¹çrʏ-
 'zantəmʊm; ²kʁʏɣan'te:mə

Chrysëis çry'zɛː-ɪs
Chrysolith kryzo'liːt, çry-
Chrysopras kryzo'praːs, çry-
Chrysothemis (Strauß, El.) çry-
'zoːtemɪs
chthonisch 'çtoːnɪʃ
Chur kuːr, -ʀ
Churchill 'tʃəːtʃil
Chytil (č.) 'xitil
Cerizier (f.) səʀi'zje
Champs Élysées ʃãzeli'ze
Chénier (f.) ʃe'nje
Ciano (it.) 'tʃaːno
Cibber (e.) 'sibə
Cicely (e. Vn., Shaw, Brassb.)
'sisili
Čičerin (ru.) tʃi'tʃeːrin
Cicero 'tsiːtsero
Cicerone (it.) tʃitʃe'roːne
Cicisbeo (it.) tʃitʃiz'bɛː-o
Cid (sp.) θið, sid
Čigorin (ru.) tʃi'gɔːrin
Cienfuegos (M.-A.) θĩen'fŭeɣɔs
Cilicien s. Kilikien
Cilli (Jug. Celje) 'tsɪli
Cimabue tʃima'buːe
Cimarosa tʃima'roːsa
Cincinnati ˌsinsi'næti
Cincinnatus tsɪntsi'naːtʊs
Cinderella ˌsɪndə'rɛlə
Cinéma sine'ma
Cinemascope sɪnemas'koːp
Cinerama sɪne'raːma
Cingulum 'tsɪŋgulʊm
Cinna 'tsɪna
Cinquecento (it.) tʃiŋkwe'tʃento
Cintra (Port.) 'sintræ
circa [1]'tsɪrka; [2]'tsɪʀka
Circe 'tsɪrtse, vgl. Kirke
Circle (e.) səːkl
Circulus vitiosus (lt.) 'tsɪrkulʊs
vitsĭoːsʊs
Čirpan (Bg.) tʃir'pan
cis (mus.) tsɪs
Cisti (Suppé, Bocc.) 'tʃɪsti
Čita (N.-As.) tʃi'ta
Cito, citissime (lt.) 'tsiːto, tsi-
'tɪsime

Citoyen (f.) sitwa'jɛ̃
Citroën sitʀɔ'ɛn
Citrus (früchte) 'tsiːtrʊs-
City (e.) 'siti
Ciudad Bolivar (S.-A.) θĭuˌðað
bo'liβar, -ʀ
Ciudad Real (Sp.) θĭuˌðað rɛ'al
Ciudad Trujillo (M.-A.) θĭuˌðað
tru'xifio
Civitavecchia tʃivita'vekĭa
Čižov tʃi'ʒɔːf
Cjurupa (ru.) tsju'ruːpa
Čkalov (Ru.) 'tʃkaːłɔf, =Oren-
burg
Claes (ndld.) klaːs
Claggart (e., Britten) 'klæɡət
Claim kleːm
Claire (f. Vn.) klɛːʀ
Clair-obscur (f.) klɛːʀɔbs'kyːʀ,
-ʀ
Clairon (f., R. Strauß, Capr.)
klɛ'ʀõ
Clairvaux klɛʀ'vo
Clan (e.) klɛn
Claque (f.) 'klakə
Claqueur kla'kœːʀ
Clara s. Klara
Clarence (e., Sh., R. III) 'klærəns
Clarendon (e.) 'klærəndən
Clarín (Cald., Leben) kla'rin
Clark klaːk
Claude (f. Vn.) kloːd
Claudel klo'dɛl
Claudia 'klaodia
Claudine, -na klao'diːnə, -na
Claudio (it.) 'klaːudio
Claudius 'klaodiʊs
Clausthal-Zellerfeld 'klaostaːl-
'tsɛlərfɛlt
Clavigo (G.) kla'viːgo
Clearing (e.) 'kliːriŋ
Clémenceau klemã'so
Clemens s. Klemens
Clement (e. Vn.) 'klɛmənt
Clementis (slow.) 'klɛməntjis
Cleomenes (Sh., Wi.) s. Kleo-
menes
Clerk klark; (e.) klaːk

Clermont-Ferrand klɛʀˌmõ-fɛˈʀɑ̃
Cleve ˈkleːvə
Cleveland (N.-A.) ˈkliːvlənd
clever ˈklɛvər, -ɛʀ
Clifford (e., Sh., H. VI) ˈklifəd,
 ˈklɪfɔrt
Clinch, pl. -es klintʃ, -iz
Clinschor (Wo.) ˈklɪnʃoːr, -ʀ
Clique ˈklɪkə
Clitus (Sh.) ˈkliːtʊs
Clive (e.) klaiv
Clivia ˈkliːvia
Clochard klɔˈʃɑːʀ, -ʀ
cloisonné (f.) klwazɔˈne
Clölia (alt.) ˈkløːlia
Clotaldo (Cald., Leben) klo-
 ˈtaldo
Cloten (Sh., Cymb.) ˈkloutn
Clothilde s. Kl.
Clou (f.) kluː
Clown (e.) klaon
Clugny s. Cluny
Cluj kluʒ; (dt.) Klausenburg
Cluny (F.) klyˈni
Cluytens ˈklœʏtəns
Clyde (Scho.) klaid
Coatbridge (E.) ˈkoutbridʒ
Coca-Cola ˌkoka ˈkoːla
Cochem ˈkɔxəm
Cochenille (O., H. E.) kɔʃ(ə)ˈnij
Cockney ˈkɔkni
Cockroft (e.) ˈkoukrɔft
Cocktail (e.) ˈkɔkteːl
Cocteau kɔkˈto
Cocytus koˈtsyːtʊs, vgl. Kokytos
Coda (mus.) ˈkoːda
Code (f.) koːd(ə)
Coesfeld ˈkoːsfɛlt
Cœur (f.) kœːʀ
Cognac (f.) kɔˈɲak
Coiffeur (f.) kwaˈfœːʀ
Coigny (f.) kwaˈɲi
Coimbra (Port.) ˈkŭimbræ
Cola (it. Vn.) ˈkoːla
Colalto (Sch., W.) koˈlalto
Colas (Moz., Bast.) kɔˈla
Colbert (f.) kɔlˈbɛːʀ
Colby (Eliot) koulbi

Colchester (E.) ˈkoultʃistə
Colenso (e.) kəˈlɛnzou
Coleridge ˈkoulridʒ
Cölestine tsøles ̍ˈtiːnə
Colonna (it.) koˈlona
Coelestinus tsøles ̍ˈtiːnʊs
Colette (f.) kɔˈlɛt
Coleville (Sh., H. V) ˈkoulvil
Colgate (e.) ˈkɔlgeit
Coligny kɔliˈɲi
Collatinus (alt.) kɔlaˈtiːnʊs
College (e.) ˈkɔlidʒ
Collège (f.) kɔˈlɛːʒ
Collegium musicum kɔˈleːgiʊm
 ˈmuːzikʊm
Collier (f.) kɔˈlje
Collin (dt.) kɔˈliːn
Collin (f.) kɔˈlɛ̃
Collot (f.) kɔˈlo
Colman (e.) ˈkoulmən
Colombine, (it.) -na kɔlɔm-
 ˈbiːnə, kolomˈbiːna
Colombo (it.) koˈlombo, s. Ko-
 lumbus
Colombo (S.-As.) koˈlɔmbo
Colón (M.-A.) koˈlɔn
Colonel (e.) ˈkəːnļ; (f.) kɔlɔˈnɛl
Colorado (N.-A.) koloˈraːdo,
 ˌkɔləˈraːdoŭ
Colt koult
Columbia koˈlʊmbia, (dt.) Ko-
 lumbien
Columbus (Stadt, N.-A.) kə-
 ˈlʌmbəs
Comeback kamˈbɛk
Comenius koˈmeːniʊs
Comines (f.) kɔˈmin
Cominius (Sh., Co.) koˈmiːniʊs
Commedia dell'arte koˈmɛːdia
 del arte
comme il faut (f.) kɔmilˈfo
Common sense ˈkɔmənsɛns
Commis voyageur (f.) kɔˌmi
 vwajaˈʒœːʀ
Commonwealth (e.) ˈkɔmənwɛlθ
Como ˈkoːmo
Compiègne kõˈpjɛɲ
Compton (e.) ˈkɔmptən

Compur kɔmˈpuːr, -ʀ
Comte, fm. Comtesse (f.) kõːt(ə), -ˈtɛs(ə)
con (it.) kɔn
Conan Doyle ˌkɔnən ˈdɔil
Conant ˈkɔnənt
Concepción (S.-A., sp. N.) kɔn-θɛpˈθĭon
Concerto grosso kɔnˈtʃɛrto ˈgrɔso
Concierge kõˈsjɛʀʒ
Concord (N.-A.) ˈkɔŋkɔːd
Condé (F.) kõˈde
Condillac (f.) kõdiˈjak
conditio sine qua non (lt.) kɔn-ˈdiːtsĭo ˈsiːne kvaː noːn
Condorcet (f.) kõdɔʀˈsɛ
Conférencier (f.) kõfeʀãˈsje
Confoederatio Helvetica (lt.) kɔnføːdeˈraːtsĭo hɛlˈveːtika
con fuoco kɔn ˈfŭoːko
Connaught ˈkɔnɔːt, (ir.) **Connacht**
Connecticut kəˈnɛtikət
Connetable (Sch.) kɔneˈtaːbl̩
Consilium abeundi (lt.) kɔn-ˈziːlĭʊm abeˈʊndi
Consommé (f.) kõsɔˈme
Constable ˈkanstəbəl
Constans ˈkɔnstans
Constanţa (Rum.) kɔnˈstantsa
Constantin, -nus ˈkɔnstantin, - -ˈtiːnʊs, s. **Ko-**
Constantine (Afr.) kõstãˈtin
Constantius kɔnˈstantsĭʊs
Container kɔnˈteːnər, -ɛʀ
Conti (f., it.) kõˈti, konti
contradictio in adjecto (lt.) kɔn-traˈdɪktsĭo ɪn atˈjɛkto
Contrat social (f.) kõtʀa sɔˈsjal
Conybeare (e.) ˈkɔnibĭə
Coogan ˈkuːgən
Cook kʊk
Cool Clary (On., Fry) kuːl ˈklæri
Coolidge ˈkuːlidʒ
Cooper ˈkuːpə
Cöpenick s. **Köpenick**
Coplestone (e.) ˈkɔplstən

Coppée (f.) kɔˈpe
Coppelius (O., H. E.) kɔˈpeːlĭʊs
Copyright ˈkɔpɪraet
Coquimbo (S.-A.) koˈkimbo
Corallina (Lehár, Pag.) kora-ˈliːna
coram publico (lt.) ˈkoːram ˈpuːbliko
Corcy (Adam, Post.) kɔrˈsi
Corcyra kɔrˈtsyːra, vgl. **Korkyra**
Cord (e.) kɔːd
Corday kɔʀˈdɛ
Cordelia (Sh., L.) kɔrˈdeːlia
Córdoba ˈkɔrdoba; (sp.) ˈkɔr-ðoβa
Corey (Miller) ˈkoːri
Corfu (Gr., it.) korˈfu, (gr.) **Kerkyra**
Cori (e.) ˈkoːri
Corinnus (Sh., Wie) koˈrɪnʊs
Corinth koˈrɪnt
Coriolanus korioˈlaːnʊs
Cork (Ir.) kɔːk
Corned beef (e.) ˈkɔːnd biːf
Corneille kɔʀˈnɛj(ə)
Cornelia kɔrˈneːlia
Cornelius kɔrˈneːlĭʊs
corn-flakes ˈkɔːnfleːks
cornus ˈkɔrnʊs
Cornutus (He., Mar.) kɔrˈnuː-tʊs
Cornwall ˈkɔːnwəl
Corot koˈʀo
corpus delicti (lt.) ˈkɔrpʊs de-ˈlɪktiː
Correggio koˈredʒo
Corregidor (sp.) korɛçiˈðor
Correns (dt.) ˈkɔrɛns
Corrientes (S.-A.) kəˈrĭɛntes
(las) Cortes ˈkɔrtɛs; (sp.) -tes
Cortez (sp.) kɔrˈtɛθ
Corticelli (Hofm., Ab.) kɔrti-ˈtʃɛli
(La) Coruña (Sp.) koˈruɲa
Corvey (dt.) ˈkɔrvae
Corvinus kɔrˈviːnʊs
Cosenza koˈzɛntsa
Cosgrave (ir.) ˈkɔzgreiv

Così fan tutte (Moz.) ko͵si fɑn
ˈtute
Cossé (Mey., Hug.) kɔˈse
Costa Brava ˈkɔstɑ ˈbrɑːvɑ;
(sp.) - ˈβraβa
Costarica kɔstɑˈriːkɑ; (sp.)
-ˈrikɑ
Cot (f.) kɔt
Côte d'Or kotˈdɔːʀ
Cotopaxi (Berg, S.-A.) koto-
ˈpaxi
Cottage (e.) ˈkɔtidʒ
Cotton (e.) ˈkɔtn
Coty kɔˈti
Coubier kuˈbje
Couch (e.) kaotʃ
Coucy (F.) kuˈsi
Coudenhove-Kalergi kudən-
͵hoːvə kaˈlɛrgi
Coué (f.) kuˈe
Couleur kuˈlœːʀ
Couloir (f.) kuˈlwɑːʀ, -ʁ
Coulomb (f.) kuˈlɔ̃
Count, fm. -tess (e.) kaont, -tiz
Coup (f.) ku
Coupé kʊˈpe
Couplet kuˈple; (Schwz.) ˈ- -
Cour (f.) kuːʀ
Courage kuˈʀɑːʒə, (Brecht) -ˈrɑːʒ
Courbet kuʀˈbɛ
Courbière (f.) kuʀˈbjɛːʀ
Cournand (f.) kuʀˈnɑ̃
Courtage kuʀˈtɑːʒə
Courtoisie (f.) kuʀtwaˈzi
Courvoisier (f.) kuʀvwaˈzje
Cousin (f.) kuˈzɛ̃
Coutiño (Cald.) kɔu̯ˈtiɲo
Covent Garden (London)
͵kɔvənt ˈgɑːdn
Coventry ˈkɔvəntri
Covercoat (e.) ˈkavəkout
Cowboy ˈkaobɔø
Cowes kauz
Cowley (e.) ˈkauli
Craig (e.) kreig
Craiova (Rum.) kraˈïova
Cranmer (Sh., H. VIII) ˈkrænmə
Crapart (f.) kʀaˈpɑːʀ

Craquelé (f.) kʀakəˈle
Craquitorpi (Don., Reg.)
krakwiˈtɔrpi
Crassus ˈkrasʊs
Crayon kʀɛˈjɔ̃
Credit ˈkreːdit
Credo (N., Björnson) ˈkreːdo
Crème kʀɛːm
Cremona kreˈmoːna
Crêpe de Chine (f.) kʀɛp də ˈʃiːn
Cres (Jug.) tsrɛs; (it.) Cherso
Crescendo (it.) kreˈʃɛndo
Crescentia (Vn.) krɛsˈtsɛntsïa
Crespo (Cald., Richter) ˈkrespo
Cressida (Sh.) ˈkrɛsida
Crimmitschau ˈkrɪmɪtʃao
Crisby (e.) ˈkrizbi
Crispi (it.) ˈkrispi
Crispinus krɪsˈpiːnʊs
Croce (it.) ˈkroːtʃe
Crofts (e.) krɔfts
Cromwell ˈkrɔmwəl
Crô-Magnon-(Mensch usw.)
kromaˈɲɔ̃-
Cronin (e.) ˈkrounin
Croupier (f.) kʀuˈpje
Crotus Rubianus ͵kroːtʊs rubi-
ˈɑːnʊs
Crowell (e.) ˈkrouəl
Crown kraun
Croy krɔø
Croydon (E.) ˈkrɔidn
Crusoe ˈkruːsoː; (e.) -sou
Csanád ˈtʃɔnɑːd
Csárda ˈtsɑːrdɔ
Csárdás ˈtʃɑːrdɑːʃ
Csepel ˈtʃɛpɛl
Csikós (magy.) ˈtʃikoːʃ
Csokor ˈtʃɔkɔr, -ʁ
Cuenca (Sp.) ˈku̯eŋka
Cues s. Kues
Čugunov (ru., Ostr.) tʃuguˈnɔːf
cui bono (f.) ku-i ˈbonoː
Cuj kjuj
Cullen (e.) ˈkʌlin
eum grano salis (lt.) kʊm ͵grɑː-
noː ˈzɑːlɪs
Cumberland ˈkʌmbələnd

Cunard kju:'na:d
Cundrie (Wo., Parz.) kʊn'dri:ə
Cundwiramurs (Wo., Parz.)
 kun'dvi:ramurs
Cuneo (It.) 'ku:neo
Cunningham 'kʌniŋəm
Cupido (myth.) ku'pi:do
Curaçao (M.-A.) kura'sao
Curan (Sh., L.) 'kʌrən
Cura posterior 'ku:ra pɔs'te:riɔr,
 -ʁ
Curie ky'ri
Curio (Sh., Was; Händel, J. C.)
 'ku:rio
Curitiba (S.-A.) kuri'ti:βæ
Curium 'ku:riʊm
Curriculum vitae (lt.) ku‚riku-
 lʊm 'vi:tɛ:
Curl (Sch., M. St.) kə:l
Curling (e.) 'kə:liŋ
Curry (e.) 'karı, kœri
Curtis (Sh., Wid.) 'kə:tis
Curtius 'kʊrtsïʊs
Curzola 'kurtsola;(Jug.)Korčula
Curzon (e.) kə:zn
Custoza (It.) kus'tɔdza
Cut (e.) kʌt, kœt
Cutaway (e.) 'kʌtəwei, 'kœtəwe:
Cuthbert (e. Vn.) 'kʌθbət
Cutler (e.) 'kʌtlə

Čuvašen (Ru.) tʃu'vaʃən
Cuvier (f.) ky'vje
Cuxhaven kʊks'ha:fən
Cuyp (Hofm., Ven.) kœɥp
Cuzco (S.-A.) 'ku:sko
Cymbeline (Sh.) 'tsʏmbəli:n
Cybele 'tsy:bele, vgl. Kybele
Cynthia (Sh., Ro.) 'tsʏntia
Cypern 'tsy:pərn, s. Kypros
Cyprian, -nus tsypri'a:n, -nʊs
Cyprienne si'pʁjɛn
Cyrankiewiez (po.) tsiraŋ'kjevitʃ
Cyrano (f.) siʀa'no
Cyrenaïka (Afr.) tsyre'na:-ika
Cyriacus tsy'ri:akʊs
Cyrill, -llus tsy'rıl, -lʊs, s. Ky-
 rill, -llos
Cyrus 'tsy:rʊs, s. Kyros
Cythera tsy'te:ra, s. Kythera
Czar tsa:r, -ʁ
Czenstochau 'tʃɛnstɔxao, (po.)
 Czestochowa
Czernomski (po.) tʃɛr'nɔmski
Czernowitz 'tʃɛrnovıts; (ukr.)
 Černivci
Częstochowa (po.) tʃɛ̃stɔ'xɔva
Czernin (ö.) tʃɛr'ni:n
Czerny 'tʃɛrni
Czerski 'tʃɛrski
Czipra (J. Strauß, Zig.) 'tsiprɔ

D

(mit Dj und Dsch vgl. auch Dž,
 mit Dž auch J)
d de:
da ¹da:; ²d-
dabei ¹da'bae; ²d̦a'bae
D'Abernon (e., Fry) 'dæbənən
da capo da 'ka:po
Dach, pl. Dächer ¹dax, 'dɛçər;
 ²d̦-, d̦ɛçɐ
Dachs ¹daks; ²d̦-
dachte ¹'daxtə; ²'d̦-; (Schwz.
 auch) 'd̦a:x-

Dackel ¹'dakəl; ²d̦akl̩
Da Cunha (port.) dæ 'kuɲæ
Dadaïsmus dada-'ısmʊs
Dadaist dada-'ıst
Dädalus 'dɛ:dalʊs
dadureh (hinweisend) ¹'da:-
 dʊrç; ²'d̦a:dʊʁç; (hindurch)
 da'dʊrç
Dagestan (Kauk.) dage'stan
Dagfinn (I., Kronp.) 'da:gfin
Dagmar (dä. Vn.) 'daɣmar,
 (-agm-) -ʁ

Dagobert ˈdaːgobɛrt
Dagon (bi.) daˈgoːn
Dagover ˈdaːgovər, -ɛʁ
Daguerreotypie dagɛreoˈtyˈpiː
daheim ¹daˈhaem; ²d̦-
daher ¹daˈheːr; ²d̦aˈheːʁ; (hin-
weisend) ˈdaːheːr
Dahlie ˈdaːliə
Dahome daˈhoːmɛ
Daibutsu (Claudel) ˈdaĭbuts(u)
Daja (L., Nathan) ˈdaːja
Dajak ˈdajak
Dajren ˈdaĭren; (ru.) **Dal'nij**
Dakar (Afr.) ˈdakaːr, -ʁ
Dakien s. **Dazien**
Dakka (S.-As.) ˈdaka
Dakota daˈkoːta; (e.) dəˈkoutə
Daktyle (G., Faust) dakˈtyːlə
daktylisch dakˈtyːliʃ
Daktyloskopie daktyloskoˈpiː
Daktylus ˈdaktylʊs
Dalai Lama ˌdaːlaĭ ˈlaːma
Daland (W., Holl.) ˈdaːlant
Dalarne (Schw.) ˈdaːlarnə
Dalbe ¹ˈdalbə; ²ˈd̦-
D'Albert dalˈbɛːʀ
Dale (e.) deil
Dalekarlien daleˈkarliən
D'Alembert dalãˈbɛːʀ
Dalén (schw.) daˈleːn
Dalí (sp.) daˈli
Dalibor (Smetana) ˈdalibor, -ʁ
Dalila ˈdaːlila, daˈliːla
Dallas (N.-A.) ˈdæləs
Dalles ˈdaləs
dalli ¹ˈdali; ²ˈd̦-
Dalmatien dalˈmaːtsĭən
Dalmatika dalˈmaːtika
Dal'nij ˈdafi̦nij, vgl. **Dajren**
Dalton (e.) ˈdɔːltən
damals ¹ˈdaːmaːls; ²ˈd̦-
Damaraland ˈdaːmaralant
Damas (Gluck, Armide) ˈdaːmas
Damaskinos (gr.) ðamaskiˈnos
Damaskus daˈmaskʊs
Damast daˈmast
Damaszener damasˈtseːnər, -ɛʁ
D'Ambray (Gra., Nap.) dãˈbʀɛ

15*

Dame ¹ˈdaːmə; ²ˈd̦-
Dämelack ¹ˈdɛːməlak; ²ˈd̦ɛːml-
Damian damiˈaːn
Damiette (Äg.) damiˈɛt; (ar.)
daˈmĭaːt
Damis (L., Gel.) ˈdaːmɪs
damit (Konj.) ¹daˈmɪt; ²d̦-;
(hinweisend) ˈdaːmɪt
Damjanov (bg.) damˈjanof
Damm ¹dam; ²d̦-
dämmern ¹ˈdɛmərn; ²ˈd̦ɛmɛʀn
Damon ˈdaːmɔn
Dämon, pl. **-monen** ˈdɛːmɔn,
dɛˈmoːnən
dämonisch dɛˈmoːnɪʃ
Damöt daˈmøːt
Dampf ¹dampf; ²d̦-
Dampfer ¹dampfər; ²ˈd̦ampfɛʁ
Dampfwalze ¹ˈdampfvaltsə;
²ˈd̦-
dämpfen ¹ˈdɛmpfən; ²ˈd̦-
Dam(wild usw.) ¹ˈdam(vɪlt);
²ˈd̦-
Danaë ˈdaːna-e
Danaër ˈdaːna-ər, -ɛʁ
Danaïden dana-ˈiːdən
Dandin dãˈdɛ̃
Dandolo ˈdandolo
Dandy ˈdɛndi
Dane (e.) dein
Däne dɛːnə
Danebrog ˈdaːnəbroːg
danieder ¹daˈniːdər; ²d̦aˈniːdɛʁ
Daniel ˈdaːniɛl
Daniela daˈnĭeːla
Daniello (Křenek) daniˈelo
Danilevskij (ru.) dan̦iˈfi̦ɛfskij
Danilo (jug. Vn.) daˈniːło
Danilović (jug.) daˈniːlovitɕ
Danilowitz (Mey., Nordst.)
daˈniːlovɪts
dänisch ˈdɛːnɪʃ
Dank ¹daŋk; ²d̦-
dankbar ¹ˈdaŋkbaːr; ²ˈd̦aŋkb̦aːʁ
danken ¹ˈdaŋkən; ²ˈd̦aŋkn̩
Dankgebet ¹ˈdaŋkg̃əbeːt;
²ˈd̦aŋkg̃e-
Dankmar ˈdaŋkmar, -ʁ

Danksagung ¹'daŋkzɑːgʊŋ;
  ²'daŋks-
Dannecker 'danɛkər, -ɛʁ
Dannemora 'danəmuːra
D'Annunzio da'nuntsio
Dante Alighieri ˌdante ali'gieːri
Danton dã'tõ
Danuvius da'nuːviʊs
Danzig 'dantsɪç
Daphne 'dafne
Dappertutto (O., H. E.) dapɛr-
  'tuto
daran (-rauf, -raus) ¹da'ran;
  ²d̦-; (hinweisend) 'daːran
dar(bieten usw.) ¹¹'daːr(biːtən);
  ²'d̦aːʁ-
darben ¹¹'darbən; ²'d̦aʁbn̦
Dardanellen darda'nɛlən
Dardaner 'dardanər, -ɛʁ
Dardanius (Sh., J. C.) dar'daː-
  niʊs
Dardschiling daː'dʒiːliŋ
darein ¹da'raen; ²d̦a'ʁ-
Dareios da'rɛĭɔs, vgl. **-rius**
Dares-Salam (Afr.) daːr-əsa'laːm
Dar Fur 'daːr'fuːr, '-ʁ'-ʁ
Dargomyžskij darga'miʃskij
darin (-raus, -rauf, -rob)
  ¹da'rɪn; ²d̦-; (hinweisend)
  'daːrɪn
Darius da'riːʊs, vgl. **-reios**
Darjeeling (S.-As.) daː'dʒiːliŋ
Darlehen ¹¹'daːrleːən; ²'d̦aːʁl-
Darling (e.) 'daːliŋ
Darlington 'daːliŋtən
Darnley 'daːnli
Darm ¹darm; ²daʁm
Darre ¹¹'darə; ²'d̦aʁə
darreichen ¹¹'daːr‿raeçən;
  ²'d̦aːʁ‿ʁaeçn̦
darüber (-unter) ¹da'ryːbər;
  ²d̦a'ʁyːbɛʁ; (hinweisend)
  'daːryːbər
darum ¹da'rʊm; ²d̦a'ʁʊm;
  (hinweisend) 'daːrʊm
Darwin 'darvin; (e.) 'daːwin
das, daß ¹das; ²d̦-
Dasein ¹¹'daːzaen; ²'d̦aːz̦-

dasjenige ¹¹'dasjeːnɪgə; ²'d̦-
dasselbe ¹das‿'zɛlbə; ²das‿'z̦-
Date, Dating (e.) deit, 'deitiŋ
Dativ 'daːtiːf, -'-
dativisch da'tiːvɪʃ
Datscha (e.) 'datʃa
Dattel ¹¹'datəl; ²'d̦atl̦
(bis) dato 'daːto
Datum ¹¹'daːtʊm; ²d̦-
Daube ¹¹'daobə; ²'d̦-
Da-Ud (R. Strauß, Hel.) da'uːd,
  -'uːt
Daudet do'dɛ
dauern ¹¹'daoərn; ²'d̦aoɛʁn
Daumen ¹¹'daomən; ²'d̦-
Daune ¹¹'daonə; ²'d̦-
Daumier do'mje
Dauphin do'fẽ
Dauphiné dofi'ne
Dauthendey 'daotəndae
Davenaut (Ma., Vamp.)
  dav(ə)'no
Davenport (N.-A.) 'dævnpɔːt
David 'daːfɪt, 'daːvit; (e.) 'dei-
  vid
Davis (e.) 'deivis
Davis-Pokal 'dɛivis-po'kaːl
Davis(s)**on** (e.; Sch., M. St.)
  'deivisn
Davit (e.) 'deːvit
davon (-vor, -zu) ¹da'fɔn; ²d̦-;
  (hinweisend) 'daː
Davos da'voːs
Davoust da'vu
Davy (e.) 'deivi
Davydov (ru.) da'viːdɔf
dawai da'vae
Dawesplan 'dɔːzplaːn
Dawson 'dɔːsn
Dayton 'deitn
D'Azeglio (it.) da'zɛfio
Dazien 'daːtsïən
dazugehörig, -ige ¹da'tsuːgəhøː-
  rɪç, -ɪgə; ²d̦a'tsuːgehøːrɪç
dazumal ¹¹'daːtsumaːl; ²'d̦-
Deák (magy.) 'de|aːk
De Amicis de a'miːtʃis
Dean diːn

Debakel de'ba:kəl
Debatte de'batə
Debauche de 'bo:ʃ(ə)
Debet 'de:bɛt
debil de'bi:l
Debita 'de:bita
Debitor 'de:bitər, -ʀ
De Boer (ndl.) də 'bu:r, -ʀ
De Boor də 'bo:r, -ʀ
Debora de'bo:ra
Debré də'bʀe
Debrecen (Ung.) 'dɛbrɛtsɛn
De Broglie də 'brɔgli
Debussy dəby'si
Debüt de'by:
Debütant deby'tant
debütieren deby'ti:rən
Debye (ndl.) də'bɛɪə
Decamerone (it.) dekame'ro:ne
De Candolle də kã'dɔl
Decemvir, pl. -rn de'tsɛmvɪr,
    -ʀ, -rn
Dechant dɛ'çant; (ö. auch) '- -
Decharge de'ʃaʀʒə
dechiffrieren deʃɪf'ri:rən
Decius (alt.) 'de:tsiʊs
Deck ¹dɛk; ²d̥-
De Coster (be.) de 'kɔstər, -ʀ
decrescendo dekre'ʃɛndo
Dedikation dedika'tsĭo:n
dedizieren dedi'tsi:rən
Deduktion dedʊk'tsĭo:n
Dee (Scho.) di:
de facto de: 'fakto:
Defaitist defɛ'tɪst
De Falla de 'fafia
Defekt, de- de'fɛkt
defensiv defɛn'zi:f
Defensive defɛn'zi:və
De Ferning (be.) de 'fɛrnɪŋ
Defilee defi'le
defilieren defi'li:rən
definieren defi'ni:rən
Definition defini'tsĭo:n
Defizit 'de:fitsɪt
Deflation defla'tsĭo:n
De Flers (f.) də 'fle:ʀ
Defoe də'fou, di-

deformieren defɔr'mi:rən
Defraudant defrao'dant
Defraudation defraoda'tsĭo:n
Defregger 'de:frɛgər, -ɛʀ
Defrosteranlage ¹de'frɔstər|an-
    la:gə; ²de'fʀɔstɛʀ-
Degas də'ga
De Gaulle də'go:l
De Gasperi (it.) de 'gasperi
Degen ¹'de:gən; ²'de:gn̩
degeneriert degene'ri:rt
D'Eglantine (Bü.) deglã'tin
De Gruyter də 'grøøtər, -ɛʀ
De Goncourt də gõ'ku:ʀ
Degoût (f.) de'gu
degoutant degu'tant
Degradation degrada'tsĭo:n
degradieren degra'di:rən
De Havilland (e.) də 'hævilənd
dehnbar ¹'de:nba:r; ²'de:nba:ʀ
dehnen ¹'de:nən; ²'d̥-
De Hooch (ndl.) də 'ho:x
Dehors (pl.) də'o:ʀ, -ʀ
Dei, Dey dae
Deich ¹daeç; ²d̥-
Deichsel ¹'daeksəl; ²'daeksl̩
Dei gratia (lt.) 'de-i: 'gra:tsĭa:
deiktisch 'daektɪʃ, de|'ɪktɪʃ
dein ¹daen; ²d̥-
Deiphobos de-'i:fobɔs
Deïsmus de|'ɪsmʊs
Déjeuner deʒœ'ne
de jure de: 'ju:re
Dekade de'ka:də
dekadent deka'dɛnt
Dekadenz deka'dɛnts
Dekaeder deka|'e:dər, -ɛʀ
Dekagramm deka'gram, '- - -
Dekalog deka'lo:g
Dekameron (gr.-dt.) de'ka:-
    mərɔn
Dekan de'ka:n
Dekanat deka'na:t
Dekanosov (ru.) dɛka'nɔ:sɔf
dekatieren deka'ti:rən
Dekhan 'dɛkan
Deklamation deklama'tsĭo:n
deklamieren dekla'mi:rən

Deklaration deklɑrɑ'tsĭo:n
Deklination deklinɑ'tsĭo:n
Dekokt de'kɔkt
Dekolleté dekɔl(ə)'te:
dekolletiert dəkɔl(ɛ)'ti:rt
dekorativ dekorɑ'ti:f
Dekoration dekorɑ'tsĭo:n
Dekorum de'ko:rʊm
Dekret de'kre:t
dekretieren dekre'ti:rən
Delacroix dəlɑ'kʀwɑ
De la Force də lɑ 'fɔʀs
De Lagarde də lɑ'gɑʀd
Delagoa (bai) dəlæ'go-æ-
Delamon (Gra., Mar.) 'de:lɑmən
De la Motte-Fouqué də lɑ ˌmɔt-
fu'ke
Delano (e.) 'dɛlənou
Delarive (Gutzk., Tart.)
dəlɑ'ʀi:v
Delaunay (f.) dəlo'nɛ
Delavigne dəlɑ'viɲ
Delaware (N.-A.) 'dɛləwɛ:r, -ʀ
Delbos (f.) dɛl'bɔs
Delbrück 'dɛlbrʏk
deleatur (lt.) dele'ɑ:tʊr, -ʀ
Deledda (it.) de'lɛdɑ
Delegation delegɑ'tsĭo:n
delegieren dele'gi:rən
delektieren delɛk'ti:rən
Delémont (Schwz.) dəle'mɔ̃;
(dt.) Delsberg
Delft (Ndld.) dɛlft
Delhi 'de:li
Delia (He., Jud.) 'de:liɑ
Delibes də'lib
Delicias (Claudel) de'liθĭɑs
delikat deli'kɑ:t
Delikatesse delikɑ'tɛsə
Delikt de'lɪkt
Delila 'de:lilɑ, de'li:lɑ
Delille də'lil
Delinquent delɱ'kvɛnt
Delirium tremens de'li:riʊm
'tre:mɛns
De l'Isle də 'lil
Delius (e. Komp.) 'di:liəs
deliziös deli'tsĭø:s

Delkredere dɛl'kre:dere
Delle ¹'dɛlə; ²'d̥-
Delmenhorst 'dɛlmənhɔrst
Delorges (Sch. Hand.) də'lɔʀӡ(ə)
Delos 'de:lɔs
Delphi 'dɛlfi
Delphin dɛl'fi:n
Delta ¹'dɛltɑ; ²d̥̥
de luxe də 'lʏks
Delwig (ru. Autor) 'defivik
dem (pron., art.) ¹de:m; ²d̥em
Demagog, -ge demɑ'go:k, -gə
Demagogie demɑgo'gi:
De Maistre (f.) də 'mɛstʀ
Demant 'de:mɑnt
Demarche de:'mɑʀʃ(ə)
Demarkation demɑrkɑ'tsĭo:n
Demavend (pers.) dɑmɑ'vɑnd
Dementi de'mɛnti
dementieren demen'ti:rən
dementsprechend ¹'de:m|ɛnt-
ˌʃpreçənt; ²'d̥e:m|ɛnt ˌʃpʀ-
Demenz de'mɛnts
Demeter de'mɛ:tɐ, -ʀ
Demetrius de'me:triʊs
demgegenüber ¹'de:mge:gən|-
y:bər; ²'d̥e:mge:gɲ|y:bɐʀ
Demidov (ru.) de'mi:dɔf
Demimonde dəmi'mɔ̃d(ə)
De Misonneau (Pu., Boh.)
də mizo'no
Demission demɪ'sĭo:n
Demiurg demi'ʊrk
Demi-vierge dəmi'vjɛʀӡ
Demmin dɛ'mi:n
demnach (-nächst) ¹de:m'nɑ:x;
²d̥-; (hinweisend) 'de:m-
Demoiselle dəmwɑ'zɛl
Demokos (Gir.) 'de:mokɔs
Demokrat ¹demo'krɑ:t; ²d̥e-
mo'kʀ-
Demokratie ¹demokrɑ'ti:;
²d̥emokʀ-
Demokrit, -tos demo'kri:t,
de'mo:kritɔs
demolieren demo'li:rən
Demoni (Gra., Heinr. VI) de-
mo:ni

Demonstration demɔnstraˈtsĭoːn
Demontage demɔnˈtaːʒə
Demoralisation demoraliza-
ˈtsĭoːn
Demos ˈdeːmɔs
Demoskopie demoskoˈpiː
Demosthenes deˈmɔstenɛs
demungeachtet ¹ˈdeːm‖ˈʊngə‖-
axtət; ²d̦eːm‖ˈʊnge-
De Musset də myˈsɛ
Demut ¹ˈdeːmuːt; ²ˈd̦-
demütig, -ige ¹ˈdeːmyːtɪç, -ɪgə;
²ˈd̦-
den (pron., art.) ¹deːn; ²d̦en
De Nangis (Mey., Hug.) də nãˈʒi
Denar deˈnaːr, -ʁ
denaturiert denatuˈriːrt
Dendermonde (Be.) dɛndər-
ˈmondə
Dendrologie dɛndroloˈgiː
Deneb (Stern) ˈdeneb
Dennewitz ˈdɛnəvɪts
Denikin (ru.) deˈɲiːkin
Denis dəˈni
Denis (dt.) ˈdeːnɪs
dengeln ¹ˈdɛŋəln; ²ˈd̦-
Denkart ¹ˈdɛŋk‖aːrt; ²ˈd̦ɛŋk‖aːʁt
denkbar ¹ˈdɛŋkbaːr; ²ˈd̦ɛŋkba̦ːʁ
denken, dachte ¹ˈdɛŋkən, ˈdaxtə;
²ˈd̦ɛŋkn̦
Denkmal ¹ˈdɛŋkmaːl; ²ˈd̦-
Dennis (Sh., Wid.) ˈdenis
dennoch ¹ˈdɛnɔx; ²ˈd̦-
Denny (Sh., H. VIII) ˈdɛni
De Noailles də nɔˈaj
dental dɛnˈtaːl
Dentist dɛnˈtɪst
Denunziation denʊntsĭaˈtsĭoːn
Denver ˈdɛnvə
Departement (f.) depaʁt(ə)ˈmã;
(schwz.) departəˈmɛnt;
(e.) dipaːtmənt
Dépendance depãˈdãːs
Depesche deˈpɛʃə
deplaciert, -ziert deplaˈsiːrt,
-ˈtsiːrt
Deponens deˈpoːnɛns
Deponent depoˈnɛnt

Deportation depɔrtaˈtsĭoːn
deportieren depɔrˈtiːrən
Depositen depoˈziːtən
Depositum, pl. -sita und -siten
deˈpoːzitʊm, -zita; depoˈziːtən
Depot deˈpoː
Depression deprɛˈsĭoːn
depressiv deprɛˈsiːf
deprezieren depreˈtsiːrən
deprimiert depriˈmiːrt
de profundis (lt.) deː proˈfʊn-
diːs
De Prunelles (Sardou) də pry-
ˈnɛl
Deputat depuˈtaːt
Deputation deputaˈtsĭoːn
Deputierte depuˈtiːrtə
der (unbetonter Artikel) ¹der;
²dɐɐ
Derain (f.) dəˈʁɛ̃
De Rais (Shaw, Joh.) də ˈʁɛ
derangiert derãˈʒiːrt
derart ¹ˈdeːr‖aːrt; ²ˈdeːʁ‖aːʁt
De Ravoir (Pu., M. L.) də ʁa-
ˈvwaːʁ, -ʁ
derb ¹dɛrp; ²dɛʁp
Derby ˈdɛrbi; (e.) ˈdaːbi
Dercetas (Sh., Ant.) dɛrˈtseːtas
dereinst ¹ˈdeːr‖ˈaenst; ²ˈdeːʁ‖-
derent(halben usw.) ¹ˈdeːrənt
(-halbən); ²ˈdeːʁɛnt-
derer ¹ˈdeːrər; ²ˈdeːʁɛʁ
Derivat deriˈvaːt
derjenige ¹ˈdeːrjeːnɪgə; ²ˈd̦eːʁj-
Dermatologie dɛrmatoloˈgiː
dernier cri dɛrnje: ˈkriː
dero ˈdeːro
derselbe ¹deːrˈzɛlbə; ²d̦eːʁz̦-
Derwisch ˈdɛrvɪʃ
Deržavin (ru.) djɛrˈʒaːvin
des (pron., Art.) ¹dɛs; ²d̦-
des (mus.) dɛs
De Sabata (it.) də ˈsaːbata
De Sacy (f.) də saˈsi
De Saussure (schwz.) də soˈsyːʁ
desavouieren dezavuˈiːrən
Descartes deˈkaʁt
Deschamps deˈʃã

Desdemona (Sh., Ot.; Ve.)
dɛzdɪmoŭnə; (dt.) dɛsde-
ˈmoːna, -ˈdeːmo-
De Séchelles də seˈʃɛl
Deserteur dezɛʀˈtœːʀ
Desgrieux de ˈgʀiø
Déshabillé dezabiˈje
Desiderat dezideˈraːt
Desiderium deziˈdeːriʊm
Desiderius deziˈdeːriʊs
designieren dezɪˈgniːrən
Desillusion dɛs|ɪlʊziˈoːn
desinfizieren dɛs|ɪnfiˈtsiːrən,
dezɪn-
deskriptiv deskrɪpˈtiːf
Des Moines (N.-A.) diˈmɔin(z)
Desmoulins demuˈlɛ̃
Desnos (f.) deˈnɔs
desodorisieren dɛs|odoriˈziːrən,
dezo-
desolat dezoˈlaːt
Désordre deˈzɔʀdʀ(ə)
Desorganisation dɛs|ɔʀganiza-
ˈtsïoːn, dezɔʀ-
despektierlich dɛspɛkˈtiːrlɪç
desperat despeˈraːt
Despina (Moz., Così fan tutte)
dɛsˈpiːna
Despoina (alt., Beiname) ˈdɛs-
pɔøna
Despot dɛsˈpoːt
Dessert dɛˈseːʀ, -ʀ
Dessin dɛˈsɛ̃
Dessoir dɛˈswaːʀ, -ʀ
Dessous dɛˈsuː
destillieren dɛstɪˈliːrən
D'Estivet (f.) dɛstiˈvɛ
desto [1]ˈdɛsto; [2]d̥-
Destouches deˈtuʃ
D'Estrades (f.) dɛsˈtʀaːd
destruktiv destrʊkˈtiːf
desungeachtet [1]dɛs|ˈʊngə|axtət;
[2]d̥ɛs|ˈʊnge-
Deszendent destsɛnˈdɛnt
Detachement detaʃ(ə)ˈmɑ̃
detachieren detaˈʃiːrən
Detail, pl. -ls deˈtae, -ˈtaes
detailliert detaˈjiːrt (ö.) -ˈliːrt

Detektiv detɛkˈtiːf
Detektor deˈtɛktɔr, -ʀ
determinieren detɛrmiˈniːrən
Detlev ˈdeːtlɛf
Detmold ˈdɛtmɔlt
Detonation detonaˈtsïoːn
Detroit dəˈtrɔit, dɪ-
Deukalion dɛŭˈkaːliɔn
Deus ex machina (lt.) ˌde|ʊs ɛks
ˈmaːxina
Deut [1]dɔøt; [2]d̥-
deuteln [1]ˈdɔøtəln; [2]ˈd̥ɔøtl̩n
deuten [1]ˈdɔøtən; [2]ˈd̥ɔøtn̩
Deuteragonist dɔøtəragoˈnɪst
Deuteronomium dɔøteroˈnoːmi-
ʊm
deutlich [1]ˈdɔøtlɪç; [2]ˈd̥-
deutsch [1]dɔøtʃ; [2]d̥-
Deutschschweizer [1]ˈdɔøʃʃvaet-
sər; [2]ˈd̥ɔøtʃʃvaetsɛʀ
De Valera (ir.) dəvəˈliərə; (e.)
dəvəˈlɛərə
Devalvation devalvaˈtsïoːn
Deventer ˈdevəntər
Deveroux (Sch., W.) ˈdeːveʀu
Deviation deviaˈtsïoːn
De Vigny də viˈɲi
Devise deˈviːzə
Devize (e., Fry) dɪˈvaiz
Devon deˈvoːn
Devonshire ˈdɛvnʃiə
devot deˈvoːt
Devotionalien devotsïoˈnaːliən
Devrient deˈfriːnt, -ˈfrɪnt
Dewet (Bur) dəˈvɛt
De Wette də ˈvɛtə
Dewey (e.) ˈdʒu(ː)i
Dextrin dɛksˈtriːn
Dezember [1]deˈtsɛmbər; [2]de-
ˈtsɛmbeʀ
Dezemvir deˈtsɛmvir, -ʀ
Dezemvirat detsɛmviˈraːt
Dezennium deˈtsɛniʊm
dezent deˈtsɛnt
Dezentralisation detsɛntraliza-
ˈtsïoːn
Dezernat detsɛrˈnaːt
Dezibel detsiˈbɛl, -ˈbeːl

dezidiert detsi'di:rt
Dezigramm detsi'gram
dezimal detsi'ma:l
Dezime 'de:tsimə; (ö.) de-
  'tsi:m(ə)
Dezimeter detsi'me:tər, -ɛʀ
dezimieren detsi'mi:rən
Dhaulagiri (Berg, As.)
  dhaŭˌlagi'ri
Dia(positiv) 'di:a(poziˌti:f)
Diabas dia'ba:s
Diabetes dia'be:tɛs
Diabetiker dia'be:tikər, -ɛʀ
diabolisch dia'bo:lɪʃ
Diabolo s. Diavolo
Diadem dia'de:m
Diadoche, (pl.) -en dia'dɔxə, -ən
Diagnose dia'gno:zə
Diagnostik dia'gnɔstɪk
diagonal diago'na:l
Diagramm dia'gram
Diakon dia'ko:n; (ö.) '- - -;
  Diakonus di'a:konʊs
Diakonisse diako'nɪsə
diakritisch dia'kri:tɪʃ
Dialekt dia'lɛkt
Dialog dia'lo:k
Diamant dia'mant
Diamantina (S.-A.) diæmæn-
  'tinæ
diametral diame'tra:l
Diana di'a:na
Diapositiv diapozi'ti:f
Diärese (-sis) diɛ:'re:zə, di'ɛ:-
  rezɪs
Diarium di'a:riʊm
Diarrhöe dia'rø:
Diaskop dias'ko:p
Diaspora di'aspora
Diastole, pl. -stolen di'astole,
  -a'sto:lən
Diät di'ɛ:t
Diätetik diɛ'te:tɪk
Diathermie diatɛr'mi:
diatonisch dia'to:nɪʃ
Diavolo di'a:volo
Díaz (sp.) 'diaθ
Dibdin (Ma., Vamp.) 'dibdin

Dibelius di'be:liʊs
Dibra (Jug., Alb.) 'dibra
Di Chirico di 'ki:riko
dichten ¹'dɪçtən; ²'dɪçtn̩
Dichter ¹'dɪçtər; ²'dɪçtɛʀ
dick ¹dɪk; ²d̥-
Diekens 'dikɪnz
dickfellig, -ige ¹'dɪkfɛlɪç, -ɪgə;
  ²'d̥-
Dickicht ¹'dɪkɪçt; ²'d̥-
dickköpfig, -ige ¹'dɪkkœpfɪç,
  -ɪgə; ²'d̥-
Diekson (Boieldieu) 'diksən
Didaktik di'daktɪk
Didaskalien didas'ka:liən
dideldumdei ¹di:dəldʊm'dae;
  ²di:dl̩-
Diderot didə'ʀo
Didier di'dje
Dido 'di:do
Didym di'dy:m
die (pron., art.) ¹di:, di; ²d̥-
Dieb ¹di:p; ²d̥-
Diebitsch 'di:bɪtʃ
Diebstahl ¹'di:pʃta:l; ²'d̥-
Diefenbaker 'di:fənˌbeikə
Diego 'di̯ɛɣo, di'e:go
diejenige ¹'di:je:nɪgə; ²'d̥-
Diele ¹'di:lə; ²'d̥-
Diels di:ls
Dien Bien Phu di̯ɛn bi̯ɛn 'fu:
dienen ¹'di:nən; ²'d̥i:nən
Dienst ¹di:nst; ²d̥-
Dienstag ¹'di:nsta:k; ²'d̥-
Diensteifer ¹'di:nst|aefər;
  ²'d̥i:nst|aefɛʀ
diensttauglich ¹'di:nsttaoklɪç;
  ²'d̥-
Diephold (Gra., Heinr. VI) 'di:p-
  ɔlt
Dieppe 'djɛp
dies (pron.) ¹di:s; ²d̥-
dies, d. ater (lt.) 'di:ɛs, 'di:|ɛs
  'a:tɛr
dieselbe ¹di:'zɛlbə; ²di:'z̥-
diesig, -ige ¹'di:zɪç, -ɪgə; ²'di:z̥-
dies irae 'di:ɛs 'i:rɛ:
Dieth di̯ət

diesseits ¹'diːszaets; ²'diːsz̨-
Dietikon (Schwz.) 'diːtikoːn,
  'diːət-
Dietmar 'diːtmar, -ʀ
Dietrich 'diːtrɪç
Dievenow 'diːvəno
dieweil ¹diː'vael, ²d̨i-
diffamieren dɪfa'miːrən
Differential(rechnung usw.)
  difərɛn'tsïaːl-
Differenz dɪfə'rɛnts
differenzieren dɪfərɛn'tsiːrən
diffizil dɪfi'tsiːl
diffus dɪ'fuːs
Diffusion dɪfu'zïoːn
Digamma di'gama
Digest 'daedʒɛst
Digesten di'gɛstən
Digitalis digi'taːlɪs
Dignität dɪgni'tɛːt
Digression digrɛ'sïoːn
Dijon di'ʒɔ̃
Dike 'diːkə
Dikotyledonen dikotyle'doːnən
Diktaphon dɪkta'foːn
Diktat dɪk'taːt
Diktator dɪk'taːtər, -ʀ
diktatorisch dɪkta'toːrɪʃ
Diktatur dɪkta'tuːr, -ʀ
diktieren dɪk'tiːrən
Diktion dɪk'tsïoːn
Diktionär dɪktsïo'nɛːr, -ʀ
Diktum 'dɪktʊm
Di Lasso (it.) di 'laso; s. **Lassus**
dilatorisch dila'toːrɪʃ
Dilemma di'lɛma
Dilettant dilɛ'tant
Diligence dili'ʒɑ̃ːs
Dill ¹dɪl; ²d̨-
Dillon (f.) di'jɔ̃; (e.) 'dilən
Diluvium di'luːviʊm
Dimension dimɛn'zïoːn
Dimeter 'diːmetər, -ʀ
diminuendo diminu'ɛndo
diminutiv diminu'tiːf
Dimission dimɪ'sïoːn
Dimitrov (bg.) dimi'trɔf
Dinant (Be.) di'nã

Dinar (Münze, jug.) 'dinaːr, -ʀ;
  (ar.) -'-
dinarisch di'naːrɪʃ
Diner di'neː
Dinformat 'dɪnfɔrmaːt
Ding ¹dɪŋ; ²d̨-
Dinghi 'dɪŋgi
Dingsda ¹'dɪŋsda; ²'d̨ɪŋsd̨a
dinieren di'niːrən
Dinner 'dinər, -ʀ
Dinorah (Mey.) di'noːra
Dinosaurier diːno'zaoriər, -ɛʀ
Dinslaken 'dɪnslaːkən
Diocletian, -nus di-okle'tsïaːn,
  -nʊs
Diode di'oːdə
Diodor, -ros di-o'doːr, -ʀ, -rɔs
Diogenes di-'oːgenɛs
Diokletian s. **Diocletian**
Diomedes di-o'meːdɛs
Dionysa (Sh., Per.) di-o'nyːza
Dionys, -sios di-o'nyːs, -ziɔs
dionysisch dio'nyːzɪʃ
Dionysos di-'onyːzɔs, - -'nyːzɔs
Diopter di'ɔptər, -ɛʀ
Dioptrie diɔp'triː
Dior djɔ'ʀ
Diorama dio'raːma
Dioskuren di-ɔs'kuːrən
Diotima di|o'tiːma
Diözesan diøtse'zaːn
Diözese diø'tseːzə
Diphterie, -ritis dɪftə'riː, -'riː-
  tɪs
Diphthong dɪf'tɔŋ
Diplom di'ploːm
Diplomat diplo'maːt
Dipodie dipo'diː
dipodisch di'poːdɪʃ
Dipol 'diːpoːl
Dippelbaum (ö.) ¹'dɪpəlbaom;
  ²d̨ɪpļb-
Diptam 'dɪptam
Dipteros 'dɪpterɔs
Diptychon 'dɪptyçɔn
dir ¹diːr; ²d̨iːʀ
direkt ¹di'rɛkt; ²d̨i'ʀ-
Direktion dirɛk'tsïoːn

Direktor, pl. -ren, fm. -rin
    di'rɛktɔr, -ʀ, dirɛk'to:rən, -rɪn
Direktrice dirɛk'tri:sə
Dirichlet diri'kle
Dirigent diri'gɛnt
dirigieren diri'gi:rən
Dirke 'dɪrke
Dirndl ¹'dɪrndəl; ²'dɪʀndl̩
Dirne ¹'dɪrnə; ²'dɪʀnə
Dirschau 'dɪrʃao
dis (mus.) dɪs
Disagio dɪs'a:dʒo
Disengagement dɪsɪn'ge:dʒmənt
Disentis (Schwz.) 'di:zəntɪs
Diseur, fm. -seuse di'zœ:ʀ, -ʀ,
    -'zø:zə
Disharmonie dɪsharmo'ni:
Diskant dɪs'kant
Diskont dɪs'kɔnt
Diskothek dɪsko'te:k
Diskredit dɪskre'dit, '- - -
Diskrepanz dɪskre'pants
diskret dɪs'kre:t
diskurieren dɪsku'ri:rən
Diskurs dɪs'kʊrs
Diskus 'dɪskʊs
Diskussion dɪskʊ'sĭo:n
diskutieren dɪsku'ti:rən
dislozieren dɪslo'tsi:rən
Disney 'dizni
disparat dɪspa'ra:t
Dispatcher dɪs'pɛtʃər, -ɛʀ
Dispens dɪs'pɛns
dispensieren dɪspɛn'zi:rən
Disponent dɪspo'nɛnt
Disposition dɪspozi'tsĭo:n
Disput dɪs'pu:t
Disputation dɪsputa'tsĭo:n
Disqualifikation dɪskvalifika-
    'tsĭo:n
Disraeli diz'reili
Dissens dɪ'sɛns
Dissenter (e.) dɪ'sɛntər, -ɛʀ
dissentieren dɪsɛn'ti:rən
Dissertation dɪsɛrta'tsĭo:n
Dissident dɪsi'dɛnt
Dissimilation dɪsimila'tsĭo:n
Dissonanz dɪso'nants

Dissoziation dɪsotsĭa'tsĭo:n
Distanz dɪs'tans
Distel ¹'dɪstəl; ²'dɪstl̩
Distichon 'dɪstɪçɔn
distinguiert dɪstɪŋ'gi:rt
Distinktion dɪstɪŋk'tsĭo:n
Distorsion dɪstɔr'zĭo:n
distributiv dɪstribu'ti:f
Distrikt dɪs'trɪkt
Disziplin dɪstsi'pli:n
disziplinarisch dɪstsipli'na:rɪʃ
Dithmarschen 'dɪtmarʃən, 'di:-
Dithyrambe dity'rambə
dito 'di:to
Diva 'di:va
divergent diver'gɛnt
divers di'vɛrs
Divertissement divɛrtɪs(ə)'mã
Dividende divi'dɛndə
dividieren divi'di:rən
Divination divina'tsĭo:n
Division divi'zĭo:n
Divisor di'vi:zɔr, -ʀ
Diwan 'di:va:n; (pers.) -'-
Diyarbekir (Tü.) di'jarbakir
Djagilev (ru.) 'dja:giɦɛf
Djakarta dʒa'karta
Djamileh 'dʒami:le
Djibuti (Afr.) dʒi'bu:ti
Djula (Got.) dʒu:la
D(i)mitrij (ru. Vn.) d(i)'mi:trij
Dnepr (Fl.) dɲɛpr; (ukr.) Dnipro
Dnepropetowsk dnjɛprɔpe'tɔfsk
Dniestr (Fl.) dɲɛstr; vgl. (ukr.)
    Dnister
Dnipro (Fl.) dɲiprɔ; (ru.) Dnepr
Dnipropetrivške (Ukr.) dɲiprɔ-
    pɛ'triŭ̯ɕkɛ (= Jekaterinoslav)
Dnjestr (po.) 'dɲɛstr
Dobčinskij (ru., Gog.) 'dɔptʃin-
    skij
Doberan dobə'ra:n
Dobermann 'do:bərman
Döblin (dt. Autor) 'dø:bli:n
Dobra (Gri., Lib.) 'dɔbra
Dobrev (bg.) 'dɔbref
Dobrogea (Rum.) do'brodʒa;
    (bg.) Dobrudža

Dobroljubov (ru.) dəbrə'fiu:bɔf
Dobromila (Gri., Lib.) 'dobro-
   mila
Dobrovol'skij (ru.) dəbrə'vɔfi-
   skij
Dobrudža (bg.) 'dobrudʒa;
   (rum.) Dobrogea
doch ¹dɔx; ²d̦-
Docht ¹dɔxt; ²d̦-
Dock ¹dɔk; ²d̦-
Docke ¹'dɔkə; ²'d̦-
Doctor Marianus (G., Faust)
   ₁dɔktɔr, -ʁ mari'a:nʊs
Dodekaeder dodeka|'e:dər, -ɛʁ
Dodo (Lehár, Witwe) do'do(:)
Dodona do'do:na
Dodsley 'dɔdzli
Dogaressa doga'rɛsa
Dogeart 'dɔg‿kat
Doge 'do:ʒə
Dogge ¹'dɔgə; ²d̦-
Dogger 'dɔgər, -ɛʁ
Dogma 'dɔgma
Dogmatik dɔ'gma:tɪk
Dohle ¹'do:lə; ²'d̦-
Dohnányi (magy.) 'doxna:ɲi
Dohne ¹'do:nə; ²'d̦-
Doisy (e.) 'dɔizi
doktern ¹'dɔktərn; ²'d̦oktɛʁn
Doktor, pl. -ren, fm. -rin ¹'dɔk-
   tɔr, dɔk'to:rən, -rɪn; ²'d̦oktɔʁ,
   -'to:ʁən, -ʁɪn
Doktrin dɔk'tri:n
doktrinär dɔktri'nɛːr, -ʁ
Dokument doku'mɛnt
Dolabella dola'bɛla
Dolamon s. Delamon
dolce, d. far niente 'dɔltʃe, d.
   fa:r 'nĭɛnte
Dolch ¹dɔlç; ²d̦-
Dolci 'dɔltʃi
Dolde ¹'dɔldə; ²'d̦-
Dolfin (Hofm., Ven.) dol'fi:n
Dolgelly (Wal.) dəl'gɛθlɪ
Dolgorukij (ru.) dəłgə'ru:kij
Dolichozephale doliçotse'fa:lə
Dollar 'dɔlər, -ʁ; -lar, -ʁ
Dollart 'dɔlart

Dolle ¹'dɔlə; ²d̦-
Dolly 'dɔli
Dolman 'dɔlma:n
Dolmány 'dolma:ɲ
Dolmatovskij (ru.) dəłma'tɔfskij
Dolmen 'dɔlmən
Dolmetsch, -tscher ¹'dɔlmɛtʃ,
   -tʃər; ²-tʃɛʁ
Dolomit(en) dolo'mi:t(ən); (ö.)
   dɔlɔ'mɪt(ən)
Dolores (sp. Vn.) do'lɔrɛs
doloroso dolo'ro:so, -zo
dolos do'lo:s
Dolus 'do:lʊs
Dom ¹do:m; ²d̦-
Dom (port., Titel) dõ
Doma (jug. Vn., Got.) 'dɔ:ma
Domagk 'do:mak
Domäne ¹do'mɛ:nə; ²d̦-
Domaslaw (Gri., Lib.) 'dɔmaslaf
Domestike domɛs'ti:kə; (ö.)
   dɔmɛs'tɪkə
Domina 'do:mina
Dominante domi'nantə
Domingo (Sch., D. C.) do'mɪŋgo
Dominicus do'minikʊs
dominieren domi'ni:rən
Dominik 'do:minɪk
Dominikaner ¹domini'ka:nər;
   ²-nɛʁ
Dominion do'mɪniən
Dominium do'mi:niʊm
Domino 'do:mino
dominus vobiscum (lt.) 'dominʊs
   vo:'bɪskʊm
Domitian, -us domi'tsĭa:n, -ʊs
Domitius Enobarbarus (Sh.,
   Ant.) do₁mi:tsĭʊs eno'bar-
   barʊs
Domizil domi'tsi:l
Domodossola domo'dɔsola
Dompfaffe ¹'do:mpfafə; ²'d̦-
Dompteur, fm. -teuse dõ'tœ:ʁ,
   -'tø:z(ə); dɔmp-
Dom Remi, Domremy (Sch.,
   Ju.; Shaw) dõʁe'mi
Don (Fl.) dɔn
Don (sp.) dɔn

Doña 'dɔɲa
Donalbain 'dɔnl͜bein
Donald (e. Vn.) 'dɔnld
Donar 'doːnar, -ʁ
Donat, -tus do'naːt, -tʊs
Donatello dona'tɛlo
Donati (it.) do'naːti
Donator do'naːtɔr, -ʁ
Donau 'doːnao
Donaueschingen doːnao|'ɛʃmən
Donauwörth doːnao'vøːrt
Don Carlos dɔn 'karlɔs
Doncaster (E.) 'dɔŋkəstə
Donec, -ez (Ru.) da'njɛts
Donegal (Ir.) 'dɔnigɔːl
Donizetti doni'dzeti
Donjon dõ'ʒõ
Don Juan (sp.) dɔn 'xŭan;
    (f.) 'dõʒŭã
Donna (it.) 'dɔna
Donner ¹'dɔnər; ²'dɔnɛʁ
Donnerstag ¹'dɔnərstaːk;
    ²'dɔnɛʁs-
Donnerwetter ¹'dɔnərvɛtər;
    ²'dɔnɛʁvɛtɛʁ, (Ruf) - -'- -
Don Quichote s. Don Quijote
Don Quijote dɔn ki'xoːtə; (sp.)
    dɔŋ ki'xote
Donquichotterie dɔnkixotə'riː,
    dõkiʃot-
Don Quixote s. Don Quijote
Doolittle (e.) 'duːlitl
Doorn (Ndld.) doːrn
Doping (e.) 'doupiŋ
Doppel, doppelt ¹'dɔpəl, -lt;
    ²'dɔpl̩
Doppelleben ¹'dɔpəlleːbən;
    ²'dɔplleːbn̩
Dorado do'raːdo
Dorcigny (Sch., Neffe) dɔrsi'ɲi
Dordogne dɔʁ'dɔɲ
Dordrecht (Ndld.) 'dɔrdrɛxt
Doré (f.) dɔ'ʁe
Dorer 'doːrər, -ɛʁ
Dorette do'ʁɛtə
Dorf ¹dɔrf; ²dɔʁf
dörflich ¹'dœrflɪç; ²'dœʁf-
Doria 'doːria

Doriden (G., Faust) do'riːdən
Doris 'doːrɪs
Dorn ¹dɔrn; ²dɔʁn
Dornier dɔʁ'njeː
Dorota (tsch. Vn.) 'dɔrɔta
Dorothea doro'teːa
Dorothy (e. Vn.) 'dɔrəθɪ
Dorpat 'dɔrpat; (estn.) Tartu
dörren ¹'dœrən; ²'dœʁən
Dörrobst ¹'dœr|oːpst; ²'dœʁ|-
    oːp͡st
dorsal dɔr'zaːl
Dorsch ¹dɔrʃ; ²dɔʁʃ
Dorset (Sh., R. III) 'dɔːsit
dort ¹dɔrt; ²dɔʁt
Dortchen 'doːrtçən
Dortka (Gri.) 'dɔrtka
Dortmund 'dɔrtmʊnt
Dorval dɔr'val
dos à dos doza'do
Dosalo (L., Em.) 'doːzalo
Dose ¹'doːzə; ²'doːzə
dösen ¹'døːzən; ²'døːzn̩
dosieren do'ziːrən
Dosis, pl. Dosen 'doːzɪs, -zən
Dos Passos (e.) dɔs 'pæses
Dossier dɔ'sje
Dost ¹dɔst; ²d-
Dostojevskij (ru.) dɔsta'jefskij
Dotation dota'tsi̯oːn
dotieren do'tiːrən
Dotter ¹'dɔtər; ²'dɔtɛʁ
Douai dwɛ
Douane du'a:n(ə)
Double (f.) 'duːbl; (e.) dabl
Doublé du'bleː
Doubs (Fl.) du
Doughton (e.) doutn, dautn
Douglas 'duːglas; (e.) 'dʌgləs
Douglasie du'glaːsi̯ə
Douro (Fl., port.) 'doru, (sp.)
    Duero
Dove 'doːvə
Dover doːvər, -ɛʁ; (e.) 'douvə
Dovrefjeld (No.) 'dɔvrəfjɛl(d)
down daon
Downing Street 'daoniŋ striːt
Doyen dwa'jɛ̃

Doyle dɔil
Dozent doˈtsɛnt
Drache ¹ˈdraxə; ²ˈdʁ-
Drachme ˈdraxmə
Dragee draˈʒeː
Dragomir (Vn., Kálmán) ˈdraː-
gomir
Dragoner ¹draˈgoːnər; ²d̥ʁa-
ˈgoːnɛʁ
Draht ¹draːt; ²d̥ʁ-
Drahtantwort ¹ˈdraːt|antvɔrt;
²ˈd̥ʁaːt|antvɔʁt
drahtlos ¹ˈdraːtloːs; ²ˈd̥ʁ-
Drainage dʁɛˈnaːʒə
Draisine drɛːˈziːnə, drae-
Drake (e.) dreïk
Drakon ˈdraːkɔn
drakonisch draˈkoːnıʃ
drall, Dr- ¹dral; ²d̥ʁ-
Drama ¹ˈdraːma; ²ˈd̥ʁ-
dramatisch ¹draˈmaːtıʃ; ²d̥ʁ-
Dramaturg dramaˈtʊrk
dränieren drɛˈniːrən
Dramolett dramoˈlɛt
dran ¹dran; ²d̥ʁ-
Dränage dʁɛˈnaːʒə
Drang ¹draŋ; ²d̥ʁ-
Drangsal ¹ˈdraŋzaːl; ²ˈd̥ʁaŋz-
Draperie drapəˈriː
drapieren draˈpiːrən
drastisch ˈdrastıʃ
Drau drao; (slov.) **Drava**
dräuen ¹ˈdrɔøən; ²ˈd̥ʁɔøən
Draufgänger ¹ˈdraofgɛŋər;
²ˈd̥ʁaofg̊ɛŋɛʁ
Drawida draˈviːda, ˈdraːvida
Dreadnought (e.) ˈdrɛdnɔːt
drechseln ¹ˈdrɛksəln; ²ˈd̥ʁɛksl̩n
Dreck ¹drɛk; ²d̥ʁ-
Drehachse ¹ˈdreː|aksə; ²ˈd̥ʁ-
drehen ¹ˈdreːən; ²d̥ʁ-
Drehorgel ¹ˈdreː|ɔrgəl; ²ˈd̥ʁeː-
|ɔʁg̊l̩
drei ¹drae; ²d̥ʁ-
Dreieinigkeit ¹drae|ˈaenıçkaet;
²d̥ʁ-
dreierlei ¹ˈdraeərlae, - -ˈ-;
²ˈd̥ʁaeɛʁlae

Dreikäsehoch ¹draeˈkɛːzəhoːx;
²d̥ʁaeˈkɛːʒə-
dreißig ¹ˈdraesıç; ²ˈd̥ʁ-
dreist ¹draest; ²d̥ʁ-
Dreizack ¹ˈdraetsak; ²ˈd̥ʁ-
dreizehn ¹ˈdraetseːn; ²ˈd̥ʁ-
Drell ¹drɛl; ²d̥ʁ-
dreschen, drosch, draschen
¹ˈdrɛʃən, drɔʃ, ˈdraːʃən;
²ˈd̥ʁɛʃn̩
Dresden ˈdreːsdən
Dreß drɛs
dressieren drɛˈsiːrən
Dressur drɛˈsuːr, -ʁ
dribbeln ¹ˈdrıbəln; ²ˈd̥ʁ-
Drift ¹drıft; ²d̥ʁ-
Drill ¹drıl; ²d̥ʁ-
Drillich ¹ˈdrılıç; ²ˈd̥ʁ-
Drilling ¹ˈdrılıŋ; ²ˈd̥ʁ-
drin, -nen ¹drın, ˈdrınən; ²d̥ʁ-
Drin (Fl., Alb. usw.) drin
Drina (Fl., Jug.) ˈdriːna
dringen ¹ˈdrıŋən; ²ˈd̥ʁıŋən
Drinkwater (Shaw) ˈdrıŋkwɔːtə
Drischel (ö.) ¹ˈdrıʃəl; ²ˈd̥ʁıʃl̩
Drittel ¹ˈdrıtəl; ²ˈd̥ʁıtl̩
drob ¹drɔp; ²d̥ʁ-
droben ¹ˈdroːbən; ²ˈd̥ʁoːbn̩
Droge ¹ˈdroːgə; ²ˈd̥ʁ-
Drogerie ¹drogəˈriː; ²d̥ʁogɛˈʁi
Drogist ¹droˈgıst; ²d̥ʁ-
drohen ¹ˈdroːən; ²ˈd̥ʁoːən
Drohne ¹ˈdroːnə; ²ˈd̥ʁ-
dröhnen ¹ˈdrøːnən; ²ˈd̥ʁ-
Drohung ¹ˈdroːʊŋ; ²ˈd̥ʁ-
Drolerie droːləˈriː
drollig, -ige ¹ˈdrɔlıç, -ıgə; ²ˈd̥ʁ-
Dromedar droməˈdaːr, -ʁ
Dromio (Sh., Kom.) ˈdroːmio
Drommete drɔˈmeːtə
Drontheim ˈdrɔnthaem; vgl.
(no.) **Trondheim** (= Nidaros)
Drops ¹drɔps; ²d̥ʁ-
Droschke ¹ˈdrɔʃkə; ²ˈd̥ʁ-
dröseln ¹ˈdrøːzəln; ²ˈd̥ʁøːzl̩n
Drosera ˈdroːzera
Drossel ¹ˈdrɔsəl; ²ˈd̥ʁɔsl̩
Drost, -ste ¹drɔst, ˈdrɔstə; ²d̥ʁ-

Droste-Hülshoff ˌdrɔstə-'hʏls-
hɔf
Drostei ¹drɔs'tae; ²ɡ̊ʁ-
Drouot (Gra., Nap.) dru'o
Droysen 'drɔøzən
drüben ¹'dry:bən; ²'ɡ̊ʁy:bn̩
Druck ¹drʊk; ²ɡ̊ʁ-
drucken ¹'drʊkən; ²'ɡ̊ʁʊkn̩
Drucksache ¹'drʊkzaxə;
²'ɡ̊ʁʊks-
drücken ¹'drʏkən; ²'ɡ̊ʁʏkn̩
Drudenfuß ¹'dru:dənfu:s;
²'ɡ̊ʁu:dn̩-
Drugeon Drury (Sch., M. St.)
ˌdrʌdʒən 'drʊəri
Druïde dru|'i:də
drum ¹drʊm; ²ɡ̊ʁ-
Drummond (e.) 'drʌmənd
drunten ¹'drʊntən; ²'ɡ̊ʁʊntn̩
Drusch ¹drʊʃ; ²ɡ̊ʁ-
Druse ¹'dru:zə; ²ɡ̊ʁu:z̥ə
Drusen (ar.) 'dru:zən
Drüse ¹'dry:zə; ²'ɡ̊ʁy:z̥ə
Drusus 'dru:zʊs
Dryada (Web., Silvana) dry-
'a:da
Dryade dry'a:də
Dryas (G., Faust) 'dry:as
Drygalski dry'galski
Dryton (e.) 'dreitn
Dschidda s. **Džidda**
Dschingischan s. **Džingischan**
Dschungel 'dʒʊŋəl, 'ɡ̊ʃʊŋl̩
Dschunke 'dʒʊŋkə
Dsungarei (N.-As.) dzuŋga'rae
du ¹du:; ²ɡ̊-
Dual du:'a:l
Duala (Afr.) du'a:la
Dualismus du|a'lɪsmʊs
Dubedat (Shaw) 'dju:bədæt
Dübel ¹'dy:bəl; ²'ɡ̊y:bl̩
dubiös dubi'ø:s
Dublette du'blɛtə
Dublin 'dʌblɪn
Dublone du'blo:nə
Dubois, Du Bois dy'bwa
Du Bois-Reymond dyˌbwaʁɛ-
'mɔ̃

Dubrovnik (Jug.) 'dubrɔ:vni:k;
(it.) **Ragusa**
Duce (it.) 'du:tʃə
Ducento du'tʃɛnto
Du Chatel (Sch., Ju.) dy ʃa'tɛl
Duchesne dy'ʃɛn
Duchessa (it. Orff) du'kesa
Duchesse (fr.) dy'ʃɛs
Ducht ¹dʊxt; ²ɡ̊-
Dückdalbe ¹'dʏkdalbə; ²'dʏk-
ɡ̊albə
ducken ¹'dʊkən; ²'ɡ̊ʊkn̩
Duckmäuser ¹'dʊkmɔøzər;
²'ɡ̊ʊkmɔøz̥ɛʁ
dudeln ¹'du:dəln; ²'ɡ̊u:dl̩n
Dudelsack ¹'du:dəlzak; ²'ɡ̊u:dl̩-
z̥ak
Duell du|'ɛl
Dueña (sp.) 'dŭeɲa
Duero (sp.) 'dŭero
Duett du|'ɛt
Dufay (ndld.) dy'faj
Dufflecoat 'dafəlko:t
Duft ¹dʊft; ²ɡ̊-
duften ¹'dʊftən; ²'ɡ̊ʊftn̩
Du Gard (f.) dy 'ɡa:ʁ
Duguesclins (f., Kaiser) dyge-
'klɛ̃
Duhamel dya'mɛl
Duisburg 'dy:sbʊrk
du jour (f.) dy 'ʒu:ʁ
Dukaten ¹du'ka:tən; ²du'ka:tn̩
Duktus 'dʊktʊs
Dulac (f.) dy'lak
Duleamara (Don., Liebestrank)
dulka'ma:ra
Dulcinea (sp.) dulθi'nea
dulden ¹'dʊldən; ²'ɡ̊ʊldn̩
duldsam ¹'dʊltza:m; ²'ɡ̊ʊlts-
Dulles 'dʌlɪs, -ləs
Dult ¹dʊlt; ²ɡ̊-
Duluth (N.-A.) dju:'lu:θ
Dulzinea dʊltsi'ne:a
Dumain (Sh., V. L.) dy'mɛ̃
Dumas dy'ma
Du Maurier (e.) dju(:) 'mɔ:riei
Dumby (e.) 'dʌmbi
Dumesnil dyme'nil

dumm ¹dʊm; ²d̦-
dummdreist ¹ˈdʊmdraest;
  ²ˈd̦ʊmdɐ-
Dümmling ¹ˈdʏmlɪŋ; ²ˈd̦-
Dumont dyˈmõ
dumpf ¹dʊmpf; ²d̦-
Dumping (e.) ˈdampɪŋ
Düna ˈdyːna; (ru.) **Dvina**
Dunant (schwz.) dyˈnã
Dunbar (e.) dʌnˈbaː
Duncan (scho., Sh., Macb.)
  ˈdʌŋkən
Dundee (Scho.) dʌnˈdiː
Düne ¹ˈdyːnə; ²ˈd̦-
Dunedin (Neuseeland) dʌˈniːdin
Dunfermline (Scho.) dʌnˈfəːm-
  lin
Dung ˈdʊŋ; ²d̦-
düngen ¹ˈdʏŋən; ²ˈd̦ʏŋən
Dunja, -jaša (ru. Vn.) ˈduːɲa,
  duˈɲaːʃa
dunkel ¹ˈdʊŋkəl; ²ˈd̦ʊŋkl̩
Dünkel ¹ˈdʏŋkəl; ²ˈd̦ʏŋkl̩
dünken, deuchte ¹ˈdʏŋkən,
  ˈdɔøçtə; ²ˈd̦ʏŋkn̩
Dünkirchen (F.) ˈdyːnkɪrçən;
  (f.) **Dunkerque**
dünn ¹dʏn; ²d̦-
Dunois (Sch., Ju.; Shaw)
  dyˈnwa
Dunsinan (Sh., Macb.) ˈdʌn-
  sinein
Duns Scotus dʊns ˈskoːtʊs
Dunst ¹dʊnst; ²d̦-
Dünung ¹ˈdyːnʊŋ; ²ˈd̦-
Duo ˈduːǀo
duodez duǀoˈdeːts
dupieren dyˈpiːrən
Duplik duˈpliːk
Duplikat dupliˈkaːt
duplizieren dupliˈtsiːrən
dur duːr
durabel duˈraːbəl
Duralumin duːraluˈmiːn
Durance (Fl., F.) dyˈʀãs
Durazzo (Alb.) duˈratso; (alb.)
  Durresi
Durazzo (it.) duˈratso

Durban (Afr.) ˈdəːbən
durch ¹dʊrç; ²d̦ʊɐç; s. S. 118
durchaus ¹dʊrçǀˈaos; ²d̦ʊɐçǀ-
durchbrechen ¹dʊrçˈbreçən,
  ˈ- - -; ²d̦ʊɐçˈbɐeçn̩
Durchbruch ¹ˈdʊrçbrʊx;
  ²ˈd̦ʊɐçbɐʊx
Durcheinander, d- ¹dʊrç-
  ǀaeˈnandər; ²d̦ʊɐçǀaeˈnandɐ
Durchfall ¹ˈdʊrçfal; ²ˈd̦ʊɐç-
durchforsten ¹dʊrçˈfɔrstən;
  ²d̦ʊɐçˈfɔʀstn̩
durchführen ¹ˈdʊrçfyːrən;
  ²ˈd̦ʊɐç-
durchgeistigt ¹dʊrçˈgaestɪçt;
  ²d̦ʊɐçĝ-
Durchlaucht ¹ˈdʊrçlaoxt;
  ²ˈd̦ʊɐç-
durchlauchtig, -ige ¹dʊrçˈlaox-
  tɪç, -ɪgə; ²d̦ʊɐç-
Durchlüfter ¹dʊrçˈlʏftər;
  ²d̦ʊɐçˈlʏftɐ
Durchschlag ¹ˈdʊrçʃlaːk;
  ²ˈd̦ʊɐç-
Durchstecherei ¹dʊrçʃteçəˈrae;
  ²d̦ʊɐçʃteçəˈʀae
durchweg ¹ˈdʊrçvɛk; ²ˈd̦ʊɐç-
D'Urfé dyʀˈfe:
dürfen, darf, durfte ¹ˈdʏrfən,
  darf, ˈdʊrftə; ²ˈd̦ʏɐfn̩, d̦aɐf,
  ˈd̦ʊɐftə
dürftig, -ige ¹ˈdʏrftɪç, -ɪgə;
  ²ˈd̦ʏɐf-
Durham (E.) ˈdʌrəm
Durlach ˈdʊrlax
Durmitor (Berg, Jug.) dur-
  ˈmitɔr, -ɐ
Duroc dyˈrɔk
dürr ¹dʏr; ²d̦ʏɐ
Durrës (alban.) ˈdurəs
Durrësi (Alb.) ˈdurəsi; (it.)
  Durazzo
Durst ¹dʊrst; ²d̦ʊɐst
Dusche ¹ˈduʃə, ²d̦-
duschen ¹ˈduʃən; ²ˈd̦uʃn̩
Düse ¹ˈdyːzə; ²ˈd̦yːz̦ə
Duse ˈduːzə
Dusel ¹ˈduːzəl; ²ˈd̦uːz̦l̩

Dust ¹dʊst; ²d̦-
düster ¹'dy:stər; ²'d̦y:stɛʁ;
    (Schwz. auch) 'dʏ-
Dutzend ¹'dʊtsənt; ²'d̦ʊtsn̩t
Duval (f.) dy'val
Duvet dy've:; (Schwz.) -vɛ
Duvetine dʏf'ti:n
Dynamit dyna'mi:t, -'mit
Du Vigneaud (f.) dyvi'ɲo
Dux (Bö.) dʊks
duzen ¹'du:tsən; ²'d̦u:tsn̩
Dvina (Fl., Ru.) dvi'na; (dt.)
    Düna
Dvinsk (Lettl., r.) dvi:nsk;
    Dünaburg
Dvořák (č.) 'dvɔrʒa:k
Dwight (e. Vn.) dwait
Dyas 'dy:as
Dymov (ru.) 'dimɔf
Dyn dy:n
Dynamik dy'na:mɪk
Dynamit dyna'mi:t

Dynamo ¹dy'na:mo; ²'d̦ynamo
Dynast dy'nast
Dynastie dynas'ti:
Dyrrhachium dʏ'raxiʊm
Dysarthrie dʏzar'tri:
Dysenterie dʏsɛntə'ri:
Dyspepsie dʏspɛ'psi:
Dysprosium dʏs'pro:ziʊm
Džadžpur (S.-As.) 'dʒa:dʒpur
Džaipur (S.-As.) 'dʒaĭpur, -ʁ
Džakarta dʒa'karta; (ndld.)
    Batavia
Dzaudžikau (Ru.) dzaŭdʒi'kaŭ;
    (= Vladikavkaz)
Džawaharlal (ind. Vn.) dʒa-
    vahar'la:l
Džebel Tarik 'dʒebel'ta:rik;
    (= Gibraltar)
Dzeržinskij (ru.) dzɛr'ʒinskij
Džidda (Ar.) 'dʒidda
Džingischan 'dʒiŋgisxa:n
D-Zug ¹'de:tsu:k; ²'d̦-

E

e e:
E (vgl. auch Je)
Éamon (Vn.) 'eimən
Earl (e.) ə:l
Eastbourne 'i:stbɔ:n
East River 'i:st rivə
Eau de Cologne o: də ko'lɔɲə
Ebbe 'ɛbə
eben ¹'e:bən; ²'e:bn̩
ebenbürtig, -ige ¹'e:bənbʏrtɪç,
    -ɪgə; ²'e:bn̩bʏʁt-
Ebene 'e:bənə
eb(e)nen 'e:b(ə)nən
ebenerdig, -ige ¹'e:bən|e:rdɪç,
    -ɪgə; ²'e:bn̩|e:ʁd-
Ebenholz ¹'e:bənhɔlts; ²'e:bn̩-
Eberesche ¹'e:bər|ɛʃə; ²'e:bɛʁ|-
Eberswalde e:bərs'valdə
Eboli 'e:boli
Ebro 'e:bro

Ecce-Homo ˌɛktse 'homo
echauffieren eʃo'fi:rən
Echegaray (sp.) ɛtʃega'raĭ
Echinokokken ɛçino'kɔkən
Echinus ɛ'çi:nʊs
Echo 'ɛço:
Echse 'ɛksə
echt ɛçt
Echternach 'ɛçtərnax
Eckart 'ɛkart
Ecke 'ɛkə
Ecker, pl. -rn ¹'ɛkər, -rn;
    ²'ɛkɛʁ, -ʁn
Eckernförde ɛkərn'fø:rdə
eckig, -ige 'ɛkɪç, -ɪgə
Economist (Ztg.) i(:)'kɔnəmɪst
Ecossaise ekɔ'sɛ:zə
Ecuador ekŭa'do:r, -ʁ; (sp.)
    -ðɔr, -ʁ
Edam(er) ¹'e:dam(ər); ²-ɛʁ

Edda 'ɛda
Eddy (e.) 'ɛdi
Eddystone 'ɛdɪstən
edel, ~dle, ~dler ¹'eːdəl, -dlə,
-dlər; ²'eːdl̩, -, -dlɛʀ
Eden (bi.) 'eːdən
Eden (e.) 'iːdn
Edessa (As.) e'dessa
Edgar (Vn.; Sh., L.) 'ɛtgar, -ʀ
edieren e'diːrən
Edikt e'dɪkt
Edinburgh 'eːdɪnbʊrk; (e.)
  'ɛdinbərə
Edirne (Tü.) ɛdir'nɛ; (= Adria-
  nopel)
Edison 'ɛdɪsn
Edith (Vn.) 'eːdɪt; (e.) 'iːdiθ
Editha (Vn.) e'diːta, 'eːdita
Edition edi'tsĭoːn
Editor, pl. ~oren 'eːditoːr, -ʀ,
  eːdi'toːrən
editio (princeps) (lt.) e'diːt(s)ĭo
  ('prɪntsɛps)
Edmond (f. Vn.) ɛd'mɔ̃
Edmonton (E., N.-A.) 'ɛdmən-
  tən
Edmund 'ɛtmʊnt
Edom (bi.) 'eːdɔm
Edomiter (bi.) edo'miːtər, -ɛʀ
Edrita (Gri., Weh) e'driːta
Eduard (dt.) 'eːduart
Edward (e.) 'ɛdwəd
Edwin (Vn.) 'ɛtviːn
Edzart 'ɛtsart
Efendi e'fɛndi
Efeu 'eːfɔø
Effekt, ~kten ¹ɛ'fɛkt, -ktən; ²-tn̩
effektiv ɛfɛk'tiːf
effektuieren ɛfɛktu'iːrən
Effet ɛ'feː
egal e'gaːl
Egbert (Vn.) 'ɛkbɛrt
Egel ¹'eːgəl; ²'eːgl̩
Eger (Bö.) 'eːgər, -ɛʀ
Egeria e'geːria
Egge 'ɛgə
Eggius (Gra., Herm.) 'ɛgiʊs
Egidius s. Ägidius

Eginhard 'eːgɪnhart
Egk ɛk
Eglamour (Sh., Ver.) 'ɛglamʊə;
  (dt.) 'eːglamuːr, -ʀ
Eglantine (Web., Eur.) eglan-
  'tiːnə
Egle (G., Laune) 'egle, 'eːglə
Egmont, ~nd 'ɛgmont
Egoismus ego|'ɪsmʊs
Egon 'eːgɔn
ehe, ~er, ~stens ¹'eːə, 'eːər,
  'eːstəns; ²-, 'eːɛʀ
Ehe 'eːə
ehern ¹'eːərn; ²'eːɛʀn
Ehre 'eːrə
Ehrenbreitstein eːrən'braet-
  ʃtaen
Ehrenpreis ¹'eːrənpraes;
  ²-ʀənpʀ-
ehrerbietig, ~ige ¹'eːr|ɛrbiːtɪç,
  -ɪgə; ²'eːʀ|ɛʀb-
Ehrwürden ¹'eːrvʏrdən;
  ²'eːʀvʏʀdn̩
Ei, pl. Eier ¹ae, 'aeər; ²-ɛʀ
eiapopeia aeapo'paea
Eibe 'aebə
Eibisch 'aebɪʃ
Eibsee 'aepzeː
Eiche 'aeçə
Eichel ¹'aeçəl; ²çl̩
Eichen (kleines Ei) 'aeçən
eichen (von Eiche, prüfen)
  ¹'aeçən; ²-çn̩
Eichendorff 'aeçəndɔrf
Eichhorn 'aeçhɔrn
Eichsfeld 'aeçsfɛlt
Eid aet
Eidam 'aedam
Eidechse 'aedɛksə
Eider(gans) ¹'aedər(gans); ²-ɛʀ
Eidetik ae'deːtɪk
Eidotter ¹'aedɔtər; ²-ɛʀ
Eifer ¹'aefər; ²-ɛʀ
eifrig, ~ige ¹'aefrɪç, -ɪgə; ²'aefʀ-
Eigelb 'aegɛlp
eigen ¹'aegən; ²-gn̩
eigenartig, ~ige ¹'aegən|aːrtɪç,
  -ɪgə; ²-gn̩|aːʀt-

Eigenbrötler ¹'aegənbrø:tlər;
²-gn̩brø:tlɐ
eigennützig, -ige ¹'aegənn̩ytsɪç,
-ɪgə; ²-gn̩-
eigentlich ¹'aegəntlɪç; ²-gn̩-
eigentümlich ¹aegən'ty:mlɪç,
¹- - - -; ²-gn̩-
eignen 'aegnən
Eijkman (ndld.) 'ɛïkman
Eiland 'aelant
Eile 'aelə
Eileen (e. Vn.) 'aili:n
eilf s. elf aelf
Eilif (Brecht, Cour.) 'aelɪf
Eliza (e.) i'laizə
Eimer ¹'aemər; ²-ɛɐ
ein (Art, Zahlw., adv.) aen
Einakter ¹'aen|aktər; ²-ɛɐ
einander ¹ae'nandər; ²-ɛɐ
einäschern ¹'aen|ɛʃərn; ²-ɛɐn
Einaudi ɛï'na:udi
einäugig, -ige 'aen|ɔøgɪç, -ɪgə
Einbaum 'aenbaom
Eindhoven (Ndld.) 'ɛïntho:fə
eineiig, -ige 'aen|aeɪç, -ɪgə
einengen 'aen|ɛŋən
Einfalt 'aenfalt
einflößen ¹'aenflø:sən; ²-sn̩
eingehend 'aenge:ənt
Eingeweide ¹'aengəvaedə; ²-ge-
einheimsen ¹'aenhaemzən; ²-zn̩
einher ¹aen'he:r; ²-ɐ
Einherier ¹'aenhɛrïər; ²-ɛɐ
Einhorn 'aenhɔrn
einig, -ige 'aenɪç; -ɪgə
einjährig 'aenjɛ:rɪç
einmal 'aenma:l
einnehmen 'aenne:mən
Einöde 'aen|ø:də
einreihen 'aenraeən
eins aens
einsam ¹'aenza:m; ²-ʐ-
einquartieren ¹'aenkvarti:rən;
²-aɐti:ɐən
Einsiedler ¹'aenzi:dlər; ²-ʐi:dlɐ
einst aenst
einstimmig, -ige 'aenʃtɪmɪç, -ɪgə
Eintracht ¹'aentraxt; ²-tɐ-

Einundalles ‚aen|ʊnt|'aləs
Einverständnis ¹'aenfɛrʃtɛntnɪs;
²-fɛɐʃ-
einwandfrei ¹'aenvantfrae;
²-fɐ-
einwecken ¹'aenvɛkən; ²-kn̩
einwilligen ¹'aenvɪlɪgən; ²-gn̩
einzeln ¹'aentsəln; ²-tsl̩n
einzig, -ige 'aentsɪç, -ɪgə
Eire (Ir.) 'ɛərə
Eirik 'ɛïrɪk
Eis aes
eis (mus.) 'e:|ɪs
Eisen ¹'aezən; ²-ʐn̩
Eisenach 'aezənax
Eisenhower 'aizənhauə
Eishockey 'aeshɔkɪ
Eisschrank ¹'aesʃraŋk; ²-ʃɐ-
Eistrup 'aestrʊp
eitel ¹'aetəl; ²-tl̩
Eiter ¹'aetər; ²-tɛɐ
Eiweiß 'aevaes
Ejlert (Vn., I.) 'ɛïlərt
Ejlif (I.) 'ɛïlif
Ejnar (I.) 'ɛïnar, -ɐ
Ekbatana ɛk'ba:tana
Ekdal (I., Wildente) 'e:kdal
Ekel ¹'e:kəl; ²-kl̩
ekelerregend ¹'e:kəl|ɛr‿re:gənt;
²'e:kl̩|ɛɐ‿ɐ-
Ekhof 'ɛkho:f
Ekklesia ɛ'kle:zia
Eklat e'kla:
eklatant ekla'tant
Eklektiker ɛk'lɛktɪkər, -ɛɐ
eklektisch ɛk'lɛktɪʃ
eklig, -ige 'e:klɪç, -ɪgə
Eklipse ɛk'lɪpsə
Ekliptik ɛk'lɪptɪk
Ekloge ɛk'lo:gə
Ekossaise ekɔ'sɛ:zə
Ekrasit ekra'zi:t
Ekstase ɛk'sta:zə
Ekzem ɛk'tse:m
Elaborat elabo'ra:t
Elam (Alt.) 'e:lam
Elan e'lã
elastisch e'lastɪʃ

Elastizität elastitsi'tɛːt
Elatos (Hofm., Öd.) 'elatɔs
Elba 'ɛlba
Elbasan (Alb.) elba'san
Elberfeld ɛlbər'fɛlt, '- - -
Elbeuf (F.) ɛl'bœf
Elbrus (Berg, Kauk.) ɛl'brʊs, -'-
Elch ɛlç
Eldorado ɛldo'raːdo
Elea (Alt.) e'leːa
Eleanor (e. Vn.) 'ɛlinə
Eleaten ele'aːtən
Eleazar (bi., Ludw., Makk.,
   Halévy, Jüdin) ele'aːzar, -ʁ
Elefant ele'fant
Elefantiasis elefan'tiːazɪs
elegant ele'gant
Elegant (f.) ele'gã
Eleganz ele'gants
Elegie ele'giː
elegisch e'leːgɪʃ
Eleison e'laezɔn
Elektra e'lɛktra
elektrisch ¹e'lɛktrɪʃ; ²-tʁ-
Elektrizität ¹elɛktritsi'tɛːt;
   ²-tʁi-
Elektrizitätswerk ¹elɛktritsi-
   'tɛːtsvɛrk; ²-tʁitsi'tɛːtsvɛʁk
Elektrode elɛk'troːdə
Elektrokardiogramm elɛktro-
   kardio'gram
Elektrola elɛk'troːla
Elektrolyse elɛktro'lyːzə
elektromagnetisch elɛktroma-
   'gneːtɪʃ
Elektron, pl. -onen 'e(ː)lɛktrɔn,
   -'- -, (schwz.) elɛk'trɔn;
   -'oːnən
Elektronik elɛk'troːnɪk
Elektrotechnik ¹elɛktro'tɛçnɪk;
   ²-tʁo-
Element ele'mɛnt
elementar elemɛn'taːr, -ʁ
Elemér (magy. Vn.) 'ælæmeːr, -ʁ
Elen, Elentier ¹'eːlɛn, 'eːlɛntiːr;
   ²-ʁ
Elena (Suppé, Bocc.) 'eːlena
Elena (Bg.) ɛ'lena

Elend 'eːlɛnt
Eleonore eleo'noːrə
Eleusis e'lɔyzɪs
Elevator ele'vaːtɔr, -ʁ
Eleve e'leːvə
elf ɛlf
Elfe 'ɛlfə
Elfenbein ¹'ɛlfənbaen; ²-fn̩b-
Elfort (Aub., Dom.) 'ɛlfɔrt
Elfriede ɛl'friːdə
Elga 'ɛlga
Elgin (Scho. usw.) 'əlgin
El Greco (sp.) ɛl 'grɛko
Eli (bi.) 'eːli
Elia (bi., Ludw. Makk.) e'liːa
Eliakim (bi.) eli'aːkɪm
Elias (bi.) e'liːas
elidieren eli'diːrən
Elieser (bi.) eli'eːzər, -ɛʁ
Eligius e'liːgiʊs
Elimar 'eːlimar, -ʁ
eliminieren elimi'niːrən
Eline (I., Soln.) e'liːnə
El(l)iot(t) 'ɛljət
Elis (Alt.) 'eːlɪs
Elis (schw. Mn.) 'ɛlis
Elisa (w. Vn.) e'liːza
Elisabeth e'liːzabɛt
Elisabethville (Afr.) elizabɛt'vil
Elise (w. Vn.) e'liːzə
Elisha (e. Vn.) i'laiʃə
Elision eli'zĭoːn
Elite e'liːtə
Elixier elɪ'ksiːr, -ʁ
Eliza (e. w. Vn.) i'lisə
Elizabeth (e. Vn.) i'lizəbəθ
eljen (magy.) 'eːljɛn
Elke 'ɛlkə
Ella 'ɛla; (e.) 'ɛlə
Ellbogen ¹'ɛlboːgən; ²-gn̩
Ellegaard (dä.) 'ɛləgɔːr, -ʁ
Ellida (Tegnér; I.) ɛ'liːda
Ellipse ɛ'lɪpsə
Ellipsoïd ɛlɪpso'iːt
Ellis (e.) 'elis
Elmire (G.) ɛl'miːrə
Elmsfeuer ¹'ɛlmsfɔøər; ²-ɛʁ
Elmshorn ɛlms'hɔrn

Eloah eˈloːɑ
Eloge eˈloːʒə
Elohim (bi.) eloˈhiːm
Eloquenz eloˈkvɛnts
El Paso (N.-A.) ɛl ˈpɑso, ɛl ˈpæsə
Elpenor (G.) ɛlˈpeːnɔr, -ʁ
Elpore (G., Pandora) ɛlˈpoːrə
Elritze ¹ˈɛlrɪtsə; ²ˈɛlʀɪ-
Elsa, -se ˈɛlza, -zə
Elsaß ˈɛlzas
Elsbeth ˈɛlsbɛt
Elster ¹ˈɛlstər; ²-ɛʁ
Eltern ¹ˈɛltərn; ²-tɛʀn
El'ton (Ru.) efiˈtɔn
Eltville ɛltˈvɪlə
Eluard (f.) eˈlɥɑːʁ
Elvira ɛlˈviːra
Elvsted (I., Gabler) elvsted
Ely (E., Sh., H. V) ˈiːli, ˈeː-
Elysium eˈlyːziʊm
Elzevir (Ndld.) ˈɛlsəviːr, -ʁ
Email, -ille eˈmaːj, -ˈmael, -ˈmaljə
emaillieren ema(l)ˈjiːrən, -ˈliːrən
emanieren emaˈniːrən
Emanuel eˈmaːnuɛl
Emanuele (it.) emaˈnŭeːle
Emanzipation emantsipaˈtsĭoːn
emanzipieren emantsiˈpiːrən
Emballage ãbaˈlaːʒə
Embargo ɛmˈbargo
embarras de richesse (f.) ãbaˈra də riˈʃɛs
Emblem ɛmˈbleːm; (f.) ãˈblɛm
Embolie ɛmboˈliː
Embonpoint (f.) ãbõˈpwɛ̃
Embryo ˈɛmbryo
Emden ˈɛmdən
emendieren emɛnˈdiːrən
Emeran (He., Bern.) eməˈraːn
Emerentia emeˈrɛntsĭa
emeritieren emeriˈtiːrən
Emeritus eːˈmeritʊs; (ö.) eˈmɛritʊs
Emerson ˈɛməsn
Emigrant emiˈgrant
Emil ˈeːmiːl

Émile (f.) eˈmil
Emilia, -lie eˈmiːlia, -liə, -lĭə
Emily (e.) ˈɛmili
eminent emiˈnɛnt
Eminenz emiˈnɛnts
Emir ˈeːmir, -ʁ
Emissär emɪˈsɛːr, -ʁ
Emission emɪˈsĭoːn
emittieren emɪˈtiːrən
Emma ˈɛma
Emmaus (bi.) ˈɛma-ʊs
Emmeline ɛməˈliːnə
Emmen (Ndld.) ˈɛmə
Emmendingen ˈɛməndɪŋən
Emmeram ˈɛməram
Emmerich ˈɛmərɪç
Emmy (Vn.) ˈɛmi
Emotion emoˈtsĭoːn
emotional emotsĭoˈnaːl
emp- ¹ɛmp-; ²əmp-
Empedokles ɛmˈpeːdoklɛs
Empereur ãp(ə)ˈʀœːʁ, -ʁ
Empfang ɛmˈpfaŋ
empfangen, empfing ɛmˈpfaŋən, ɛmˈpfɪŋ
empfehlen ¹ɛmˈpfeːlən; ²-lņ
empfinden ¹ɛmˈpfɪndən; ²-dņ
empfindsam ¹ɛmpfɪntzaːm; ²-ts-
Emphase ɛmˈfaːzə
Emphysem ɛmfyˈzeːm
Empire (f.) ãˈpiːʁ, -ʁ; (e). ˈɛmpaeə
Empirie ɛmpiˈriː
Empiriker ɛmˈpiːrɪkər, -ɛʁ
empor ¹ɛmˈpoːr; ²-ʁ
Empore ɛmˈpoːrə
empören ɛmˈpøːrən
Empörer ¹ɛmˈpøːrər; ²-ʀɛʁ
Emporium ɛmˈpoːriʊm
Empyem ɛmpyˈeːm
Ems (Bad, Fl.) ɛms
emsig, -ige ¹ˈɛmzɪç, -ɪgə; ²-ʐ-
Emu ˈeːmu
Emulsion emʊlˈzĭoːn
Enaks(söhne) (bi.) ˈeːnaks-
en avant ãn-aˈvã
en bloc ã ˈblɔk
en canaille ã kaˈnaːj

Encarnación (S.-A.) eŋkɑrna-
ˈθĭən
Encheiresis ɛnˈçɛĭrezɪs
Enchiridion ɛnçiˈriːdiɔn
encouragieren ãkuʀaˈʒiːʀən
Ende ˈɛndə
Endemie ɛndeˈmiː
endemisch ɛnˈdeːmɪʃ
Endenich ˈɛndənɪç
Enderfolg ¹ˈɛnt|ɛrfɔlk; ²-|ɛʁf-
en détail ã deˈtaːj
Endivie ɛnˈdiːviə
endlich ¹ˈɛntlɪç; ²ˈɛndlɪç
endogen ɛndoˈgeːn
Endokarditis ɛndokarˈdiːtɪs
endokrin ɛndoˈkriːn
Endor (bi.) ˈɛndɔr, -ʀ
Endoskop ɛndoˈskoːp
Engadin ɛŋgaˈdiːn, ˈ- - -
Endosmose ɛndɔsˈmoːzə
Endrödy (magy.) ˈændrøːdi
Endspurt ¹ˈɛntʃpʊrt; ²-ʁt
Endymion ɛnˈdyːmiɔn
Endziel ˈɛnttsiːl
energico (it.) eˈnɛrdʒiko
Energie enɛrˈgiː
energisch eˈnɛrgɪʃ
en face ã ˈfaːs
en famille ã faˈmiːj(ə)
enfant terrible ãfã tɛˈʀiːbl(ə)
Enfield (E.) ˈɛnfiːld
eng, enger ¹ɛŋ, ˈɛŋər; ²-ŋɛʀ
Engagement ãgaʒ(ə)ˈmã
engagieren ãgaˈʒiːrən
Engedi (bi.) ɛŋˈgɛdi
Engel ¹ˈɛŋəl; ²-ŋl̩
Engerling ¹ˈɛŋərlɪŋ; ²-ŋɛʀl-
engherzig, -ige ¹ˈɛŋhɛrtsɪç, -ɪgə;
²-ɛʁt-
Enghien ãˈgɛ̃
England ˈɛŋlant
englisch ˈɛŋlɪʃ
Englischhorn ˈɛŋlɪʃhɔrn
English spoken ˈɪŋglɪʃ ˌspoʊkən
English Waltz (e.) ˈɪŋglɪʃ vɔːlts
Engramm ɛnˈgram
en gros ãˈgʀoː
engstirnig, -ige ˈɛŋʃtɪrnɪç, -ɪgə

Engstrand (I., Gesp.) ˈɛŋstran
enharmonisch ɛnharˈmoːnɪʃ
Enjambement ãʒãb(ə)ˈmã
enkaustisch ɛnˈkaostɪʃ
Enkel ¹ˈɛŋkəl; ²-kl̩
Enklave ɛnˈklaːvə
Enklise, -sis ɛnˈkliːzə, ˈɛnklɪzɪs
enklitisch ɛnˈklɪtɪʃ
en masse ã ˈmas
en miniature ã minĭaˈtyːʀ, -ʀ
Ennius ˈɛniʊs
ennuyieren ãnyˈjiːrən, -nyĭˈj-,
-nɥiˈj-
Enoch ˈeːnɔx
Enoch (e. Vn.) ˈiːnək
enorm eˈnɔrm
en passant ã paˈsã
Enquete ãˈkɛːt(ə)
enragiert ãʀaˈʒiːʀt
Enrico (it.) ɛnˈriːko
Enrique (sp.) ɛnˈrike
Enschede (Ndld.) ˈɛnsxədeː
Ensemble ãˈsãbl(ə)
ent- ¹ɛnt-; ²ənt-
entarten ¹ɛnt|ˈaːrtən; ²-|ˈaːʁtn̩
entbehren ¹ɛntˈbeːrən; ²ˈ-beːʀən
entdecken ¹ɛnt‿ˈdɛkən; ²ənt‿-
ˈdɛkn̩
Ente ˈɛntə
Entebbe (Afr.) ɛnˈtɛbbe
enteignen ɛnt|ˈaegnən
entehren ɛnt|ˈeːrən
Entente ãˈtãt(ə)
Entelechie ɛntɛleˈçiː
Enterich ¹ˈɛntərɪç; ²-tɛʀɪç
Enteritis ɛnteˈriːtɪs
entern ¹ˈɛntərn; ²-tɛʀn
entfalten ¹ɛntˈfaltən; ²-tn̩
entgegen ¹ɛntˈgeːgən; ²ənt-
ˈĝeːgn̩
Entgegnung ¹ɛntˈgeːgnʊŋ;
²əntˈĝeːg-
Entgelt ¹ɛntˈgɛlt; ²əntˈĝɛlt
entgelten ¹ɛntˈgɛltən; ²ənt-
ˈĝɛltn̩
Enthaltsamkeit ¹ɛntˈhaltzaːm-
kaet; ²-ts-
Enthusiasmus ɛntuziˈasmʊs

Enthusiast ɛntuzi'ɑst
entlang ɛnt'laŋ
entledigen ¹ɛnt'le:dɪgən; ²-gn̩
entmündigen ¹ɛnt'mʏndɪgən;
  ²-gn̩
Entomologe ɛntomo'lo:gə
Entomologie ɛntomolo'gi:
entoptisch ɛnt|'ɔptɪʃ
Entrecôte ãtʀ(ə)'ko:t
Entree ã'tʀe:
Entrefilet ãtʀ(ə)fi'le
entre nous ãtʀ(ə) 'nu:
Entrepreneur ãtʀ(ə)pʀə'n:œʀ, -ʀ
entscheiden ¹ɛnt'ʃaedən; ²-dn̩
entsetzlich ¹ɛnt'zɛtslɪç; ²-'s-
enttäuschen ¹ɛnt_'tøøʃən; ²-ʃn̩
entweder ¹ɛnt've:dər, '- - -;
  ²-dɛʀ
entwerfen ¹ɛnt'vɛrfən; ²-ʀfn̩
entzwei ɛn'tsvae
Enver Hodža (alb.) 'enver 'hɔdʒa
en vogue ã 'vo:g
Enzephalitis ɛntsefa'li:tɪs
Enzian 'ɛntsĭa:n
Enzio 'entsĭo; (it.) Enzo
Enzyklika ɛn'tsʏklika
Enzyklopädie ɛntsyklopɛ:'di:
Enzym ɛn'tsy:m
Eoban, -nus e-o'ba:n, -nʊs
eo ipso (lt.) 'e|o:'ɪpso:
Eos 'e:|ɔs
Eosin e|o'zi:n
Eötvös (magy.) 'øtvøʃ
Eozän e|o'tsɛ:n
Epaminondas epami'nɔndas
Epaulett, -tte epo'lɛt, -tə
Epenthese ep|ɛn'te:zə
Eperjes (magy.) 'æperjæʃ
Épernay epɛʀ'ne
Ephebe e'fe:bə
ephemer efe'me:r, -ʀ
Ephemeriden efeme'ri:dən
Ephialtes efi'altes
Ephor, -rus e'fo:r, -ʀ, 'eforʊs
Ephraim (bi.) 'e:fra|im
Epheser 'ɛfezər, -ɛʀ
Ephesos 'ɛfezɔs
Epicharmos epi'çarmɔs

Epidauros epi'daorɔs
Epidemie epide'mi:
epidemisch epi'de:mɪʃ
Epidermis epi'dɛrmɪs
Epidiaskop epidia'sko:p
Epigone epi'go:nə
Epigramm epi'gram
Epigraphik epi'gra:fɪk
Epik 'e:pɪk
Epiktet, -tos epɪk'te:t, -tɔs
Epikur, -ros epi'ku:r, -ʀ
Epikureer epiku're:ər, -ɛʀ
Epilepsie epilɛ'psi:
epileptisch epi'lɛptɪʃ
Epilog epi'lo:k
Epimeleia (G., Pandora) epime-
  'leĭa
Epimenides (alt., G.) epi'me:ni-
  des
Epimetheus (alt.) epi'me:tɛŭs
Épinal epi'nal
Epiphaniastag epi'fa:niasta:k
Epiphanie epifa'ni:
Epiphora e'pi:fora
Epirus e'pi:rʊs
episch 'e:pɪʃ
Episkop epi'sko:p
Episkopal(kirche) epɪsko'pa:l-
Episkopat epɪsko'pa:t
Episkopus (lt.) e'pɪskopʊs
Episode epi'zo:də
Epistel e'pɪstəl
Epitaph epi'ta:f
Epithalamium (lt.) epita-
  la:miʊm
Epithel, (lt.) -lium epi'te:l,
  -liʊm
Epitheton (gr.) ɛ'pɪtɛtɔn
Epitome e'pi:tome
epochal epɔ'xa:l
Epoche e'pɔxə
Epode ɛp|'o:də
Epopöe epo'pø:ə
Epos 'e:pɔs
Eppich 'ɛpɪç
Eprouvette (ö.) epru'vɛt(ə)
Epsilon (gr. Buchst.) 'ɛpsilɔn
Epsom (E.) 'ɛpsəm

Equipe eˈkvɪp
Equipage ek(v)iˈpɑːʒə
er ¹eːr; ²eːʁ
er- ¹ɛr-, ɛʀ-; ²ɛʁ-
erachten ¹ɛr|ˈaxtən; ²ɛʁ|ˈaxtn̩
Erasmus eˈrɑsmʊs
Erato ˈeːrɑto, eˈrɑːto
Eratosthenes erɑˈtɔstenɛs
erbarmen ¹ɛrˈbɑːrmən; ²ɛʀ-
baʀmən
erbeingesessen ¹ˈɛrp|aengə-
zɛsən, -ˈ- - - -; ²ˈɛʁp|aenge-
ʒɛsn̩
erben ¹ˈɛrbən; ²ˈɛʀbn̩
Erbium ˈɛrbiʊm
Erbfolge ¹ˈɛrp-fɔlgə; ²ˈɛʁp-
erblassen ¹ɛrˈblasən; ²ɛʀˈblasn̩
Erblasser ¹ˈɛrp-lasər; ²ˈɛʁp-
lasɛʁ
erblich ¹ˈɛrplɪç; ²ˈɛʁbl-
erbost ¹ɛrˈboːst; ²ɛʀˈb-
Erbprinz ¹ˈɛrpprɪnts; ²ˈɛʁpʀ-
erbrechen ¹ɛrˈbreçən; ²ɛʁ-
ˈbʀeçn̩
Erbse ¹ˈɛrpsə; ²ˈɛʁp-
Ercole (it. Vn.) ˈɛrkole
Erdbeere ¹ˈeːrtbeːrə; ²ˈeːʁtbeːʀə
Erde ¹ˈeːrdə; ²-ʀdə; (Schwz.
auch) ˈɛr-
Erdély (magy.) ˈɛrdeːj (= Sie-
benbürgen)
Erdmute eːrtˈmuːtə
Erdteil ¹ˈeːrttael; ²ˈeːʁt-
Erebus ˈerebʊs
Erechtheion erɛˈçtɛĭ-on
ereignen ¹ɛr|ˈaegnən; ²ɛʁ|-
Ereignis ¹ɛr|ˈaegnɪs; ²ɛʁ|-
Erek ˈeːrɛk
Eremit ereˈmiːt; (ö.) -ˈmit
Eremitage eremiˈtaːʒə
Erenburg (ru.) erɛnˈburk
Eretria eˈreːtria
Erfolg ¹ɛrˈfɔlk; ²ɛʁˈf-
Erfurt ˈɛrfʊrt
Erg (Arbeitsmaß) ɛrk
Ergebnis ¹ɛrˈgeːpnɪs; ²ɛʀˈg-
ergo (lt.) ˈɛrgo
ergötzen ¹ɛrˈɡœtsən; ²ɛʀˈɡœtsn̩

Erhard (Vn.) ˈeːrhɑrt
erheben ¹ɛrˈheːbən; ²ɛʁˈheːbn̩
Erichtho (G., Faust) eˈrɪçto
Eridon (G., Laune) ˈeːridɔn
Eriesee (N.-A.) ˈiərizeː
Erik (schw. Vn.) ˈeːrik
Erika ˈeːrikɑ
erinnern ¹ɛr|ˈmərn; ²-nɛʀn;
(Schwz. auch) ɛrˈm-
Erin(n)ye, pl. -en eˈrɪnyə, -ən
Eris ˈeris
Eristik eˈrɪstɪk
Erivań s. Jerevan
Erker ¹ˈɛrkər; ²ˈɛʁkɛʁ
Erlander (schw.) ɛrˈlandər, -ɛʁ
Erlangen ˈɛrlaŋən
Erlaubnis ¹ɛrˈlaopnɪs; ²ɛʀˈl-
erlaucht ¹ɛrˈlaoxt; ²ɛʀˈl-
Erlaucht ¹ɛrˈlaoxt; ²ɛʀˈl-; (ö.)
ˈ- -
Erle ¹ˈɛrlə; ²ˈɛʀlə
Erlebnis ¹ɛrˈleːpnɪs; ²ɛʀˈl-
erledigen ¹ɛrˈleːdɪgən; ²ɛʀ-
ˈleːdɪgn̩
Erl(en)könig ¹ˈɛrl(ən)køːnɪç;
²ˈɛʀlk-
Erlös ¹ɛrˈløːs; ²ɛʀˈl-
erlöschen, -losch ¹ɛrˈlœʃən, -ˈlɔʃ;
²ɛʀˈlœʃn̩
Erlynne (e.) ˈəːlin
Ermanrich ˈɛrmɑnrɪç
Erm(e)land ˈɛrm(ə)lant
Erminio (Mill., Gasp.) ɛrˈmiːnio
Ermos (Hofm., Öd.) ˈɛrmɔs
Erna ˈɛrnɑ
Ernani (V. Hugo, Verdi) ɛrnɑˈni
Ernest (f. Vn.) ɛrˈnɛst
erneuern ¹ɛrˈnɔøərn; ²ɛʀˈnɔøɛʀn
ernst, E- ¹ɛrnst; ²ɛʀn-
Ernst ɛrnst
Erpingham (Sh., H. V) ˈəːpɪŋəm
ersisch ˈɛrzɪʃ
Erskine ˈəːskin
Erstdruck ¹ˈeːrstdrʊk;
²ˈeːʁst-dʁ-
Ernte ¹ˈɛrntə; ²ˈɛʀn-
erobern ¹ɛr|ˈoːbərn; ²ɛʁ|ˈoːbɛʀn
Eroica eˈroːikɑ

eroico (mus.) e'rɔ:-iko
Eros 'e:rɔs, 'ɛro:s
Erosion ero'zïo:n
Erotik e'ro:tɪk
Erpel ¹'ɛrpəl; ²ɛʁpḷ
erpicht ¹ɛr'pɪçt; ²ɛʁ'p-
erquicken ¹ɛr'kvɪkən; ²ɛʁ-'kvɪkṇ
erratisch ɛ'ra:tɪʃ
Erratum ɛ'ra:tʊm
erringen ɛr‿'rɪŋən
Ersparnis ¹ɛr'ʃpa:rnɪs; ²ɛʁ-'ʃpa:ʁnɪs
ersprießlich ¹ɛr'ʃpri:slɪç; ²ɛʁ'ʃpʁ-
erste ¹'e:rstə; ²'e:ʁs-
Eta (gr. Buchst.) 'e:ta
erübrigen ¹ɛr|'y:brɪgən; ²ɛʁ-|'y:bʁɪgṇ
eruieren eru|'i:rən
Eruption erʊp'tsïo:n
erwachsen ¹ɛr'vaksən; ²ɛʁ-'vaksṇ
erwerbsfähig, -ige ¹ɛr'vɛrpsfɛ:ɪç, -ɪgə; ²ɛʁ'vɛʁp-
Erwin 'ɛrvɪn, 'ɛrvi:n
Erymanthos ery'mantɔs
Erysipel eryzi'pe:l
Erythräa (Afr.) ery'trɛ:a
Erz ¹e:rts; ²e:ʁts
Erz(bischof) 'ɛrts-
erzieherisch ¹ɛr'tsi:ərɪʃ; ²ɛʁ'tsi:ɛʁɪʃ
Erzurum (Tü.) ɛrzu'rum
es (pron., mus.) ɛs
Esau (bi.) 'e:zao
Esbjerg (Dä.) 'ɛsbjɛr, -ʁ
Escalus (Sh., Ro., M. f. M.) 'ɛskalʊs
Escamillo (Bizet) ɛska'mifio
Escanes (Sh., Per.) 'ɛskanɛs
Escartefigue (f.; Pagnol) ɛ(s)kart(ə)'fig
Eschatologie ɛsçatolo'gi:
Esche 'ɛʃə
Escernay (Wed.) ɛskɛr'nɛ:
Escorial ɛsko'rïal
Escudo (Münze, port.) ɪʃ'kuðu

Esel ¹'e:zəl; ²'e:zḷ
Eskadron ɛska'dro:n, -'drõ
Eskalade ɛska'la:də
eskamotieren ɛskamo'ti:rən
Eskapade ɛska'pa:də
Eskarpins ɛskaʁ'pɛ̃s
Eskilstuna (Schw.) 'ɛskilsty:na
Eskimo 'ɛskimo
Eskimonna (Mey., Nordst.) ɛski'mɔna
Eskorte ɛs'kɔrtə
Esmarch 'ɛsmarç
Esmeralda ɛsme'ralda
esoterisch ezo'te:rɪʃ
Espagnole ɛspa'ɲɔl
España (sp.) ɛs'paɲa
Espe 'ɛspə
Esperanto ɛspe'ranto
Esplanade ɛspla'na:də
Espresso ɛs'prɛso
espressivo ɛsprɛsi:vo
Esprit ɛs'pri:
Esquire (e.) ɛs'kvaer, -ʁ
Esra (bi.) 'ɛsra
Essäer ɛ'sɛ:ər, -ɛʁ
Essay ɛ'se:
Essayist ɛse:|'ɪst
Esse 'ɛsə
Esseg (Jug.) 'ɛsɛk; (jug.) Osijek
essen ¹'ɛsən; ²-sṇ
Essener ɛ'se:nər, -ɛʁ
essentiell ɛsɛn'tsïɛl
Essex 'ɛsɪks
Essenz ɛ'sɛnts
Essig 'ɛsɪç
Estelle (f. Vn.) ɛs'tɛl
Esten 'e:stən, 'ɛstən
Ester ¹'ɛstər; ²-tɛʁ
Esterházy 'ɛstərha:zi
Esther (bi.) 'ɛstər, -ɛʁ
Estland 'e:stlant, 'ɛst-
Estomihi ɛsto'mi:hi
Estrade ɛs'tra:də
Estragon 'ɛstragɔn
D'Estrée (f.) dɛs'tʁe:
Estrella (Cald.) ɛs'trefia
Estremadura ɛstrema'du:ra
Estrich ¹'ɛstrɪç; ²-tʁ-

Esztergom (Ung.) 'ɛstɛrgom;
= (dt.) Gran
Eszterházy (magy.) 'ɛstɛrhaː-
zi
Eta (gr. Buchst.) 'ɛːta
Etablissement etablɪs(ə)'mã;
(ö., schwz.) -'mɛnt
Etage e'taːʒə
Etagere eta'ʒɛːʀə
Etappe e'tapə
Etat e'taː
Etazismus eːta'tsɪsmʊs
et cetera (etc.) e'tseːtəra
Eteokles e'teːoklɛs
etepetete eːtəpə'teːtə
Eternit etɛr'nɪt
Ethik 'eːtɪk
ethisch 'eːtɪʃ
ethnisch 'ɛtnɪʃ
Ethnographie ɛtnogra'fiː
Ethos 'eːtɔs
Étienne e'tjɛn
Etikette eti'kɛtə
etliche 'ɛtlɪçə
Eton (E.) 'iːtn
Etrurien e'truːrɪən
Etrusker e'trʊskər, -ɛʀ
Ettore (it. Vn.) 'ɛtore
Etsch ɛtʃ; (it.) Adige
Etüde e'tyːdə
Etui ɛt'viː, ɛt'ɥiː
etwa 'ɛtva
etwaig, -ige 'ɛtvaɪç, -ɪgə
etwas 'ɛtvas
Etymologie etymolo'giː
Etymon 'etymɔn
Etzel 'ɛtsəl
Euböa ɛ͡u'bøːa
euch ɔøç
Eucharistie ɔøçarɪs'tiː
eudämonistisch ɔødɛːmo'nɪstɪʃ
Eudokia ɛ͡u'doːkia
euer ¹'ɔøər; ²-ɛʀ
Eugene (e.) ju'ʒein, 'juːdʒiːn
Eugène (f.) ø'ʒɛːn
Eugenia, -nie ɔø'geːnia, -niə
Eugénie (f.) øʒe'ni
Eugenik ɔø'geːnɪk

Eugenius, -gen ɔø'geːniʊs,
-'geːn, '- -
Eukalyptus ɔøka'lʏptʊs
Euklid ɛ͡u'kliːt
Eulalia ɔø'laːlia
Eule 'ɔølə
Eulenspiegel 'ɔølənʃpiːgəl
Euler-Chelpin (schw.) 'ɔølər
kɛl'piːn
Eumaios (alt.) ɛ͡u'mae-ɔs
Eumelos (Hofm., Alk.) ɛ͡u'meːlɔs
Eumenide ɔøme'niːdə
Eunice (e. Vn., Ten. Wi.) 'juːnis
Eunuch ɔø'nuːx
Eupator (alt., Beiname) ɔø'paː-
tor, -ʀ
Euphanie (G.,Tankred) ɔø'faːniə
Euphemia ɔø'feːmia
Euphemismus ɔøfe'mɪsmʊs
Euphonie ɔøfo'niː
euphonisch ɔø'foːnɪʃ
Euphorbia ɔø'fɔrbia
Euphorie ɔøfo'riː
Euphorion ɔø'foːriɔn
Euphrat 'ɔøfrat
Euphronius (Sh., Ant.)
ɛ͡u'froːniʊs
Euphrosyne ɛ͡ufro'zyːne
Euphuismus ɔøfu'ɪsmʊs
Eurasien ɔø'raːzïən
Eurhythmie ɔørʏt'miː
Euriphile (Sh., Cymb.)
ɛ͡u'riːfile
Euripides ɛ͡u'riːpidɛs
Euristeo (Hasse) ɔørɪs'teːo; vgl.
Eurystheus
Europa ɔø'roːpa
europäisch ɔøro'pɛːɪʃ
Europium ɔø'roːpiʊm
Euryalos ɛ͡u'ryːalɔs
Euryanthe (Web.) ɔøry'antə
Eurydice ɔø'rydike; (O.) ɛ͡ury-
'diːtse
Eurydike ɔør'ydike, (agr.,Gluck)
Eurykleia (alt., Sage) ɔøry'klɛïa
Eurymedon ɔø'ryːmedɔn
Eurystheus (alt.) ɛ͡u'rʏstɛ͡us
Eusebie ɔøze'biː

Eusebius ɔø'ze:biʊs
Eustace (e. Vn.) 'ju:stəs
Eustach, -chius ɔøs'ta:x, -xiʊs
Eustache (f.; Kl., Schro.; Kaiser, Calais) œs'taʃ
Euter ¹'ɔøtər; ²-tɐʁ
Euterpe ɛũ'tɛʁpe
Euthanasie ɔøtana'zi:
Euthymios ɛũ'ty:miɔs
Eutin ɔø'ti:n
Eutritzsch 'ɔøtrɪtʃ
Euxeinos s. **Pontos E.**
Eva 'e:fa, 'e:va
Evadne (G.) e'vadne
evakuieren evaku'i:rən
Evander (Gluck) e'vandər, -ɛʁ
evangelisch evaŋ'ge:lɪʃ
Evangelist evaŋge'lɪst
Evangelium evaŋ'ge:liʊm;
  (Schwz.) efa-
Evans (Sh., L. W.) 'ɛvənz
Evanston (N.-A.) 'ɛvənstən
Eveline e:və'li:nə, ev-
Eventualität evɛntuali'tɛ:t
eventuell evɛntu'ɛl
Evers 'e:vərs
evident evi'dɛnt
evöe (lt.) 'e:voe
Evolution evolu'tsĭo:n
Évreux e'vʁɔ
evviva (it.) ɛ'vi:va
Ewald 'e:valt
Ewe (Afr.) 'e:ve
Ewell (Te. Wi.) 'ju(:)əl
Ewer ¹'e:vər; ²-ɛʁ
E-Werk ¹'e:vɛrk; ²-ʁk
ewig, -ige, -'ge 'e:vɪç, -vɪgə, -vgə
Ewigkeit 'e:vɪçkaet
ewiglich ¹'e:vɪklɪç; ²-ɪɡlɪç
exakt ɛ'ksakt
exaltiert ɛksal'ti:rt
Examen ɛ'ksa:mən
Exarch ɛ'ksarç
Exaudi ɛks|'aodi
ex cathedra (lt.) ɛks 'katedra:
Exchange ɛks'tʃɛ:ntʃ
Exegese ɛkse'ge:zə
exekutieren ɛkseku'ti:rən

Exekution ɛkseku'tsĭo:n
Exekutor ɛkse'ku:tɔr, -ʁ
Exempel ¹ɛ'ksɛmpəl; ²-pl̩
Exemplar ɛksɛm'pla:r, -ʁ
exemplifizieren ɛksɛmplifi'tsi:-
  rən
exemt ɛ'ksɛmt
Exequatur ɛkse'kva:tʊr, -ʁ
Exequien ɛ'kse:kviən
exerzieren ɛksɛr'tsi:rən
Exerzitium ɛksɛr'tsi:tsĭʊm
Exeter 'ɛksətər, -ɛʁ
Exhaustor ɛks'haostɔr, -ʁ
exhibieren ɛkshi'bi:rən
exhumieren ɛkshu'mi:rən
Exil ɛ'ksi:l
eximieren ɛksi'mi:rən
Existentialismus ɛksɪstɛntsĭa-
  'lɪsmʊs
Existenz ɛksɪ'stɛnts
existieren ɛksɪ'sti:rən
Exitus 'ɛksitʊs
exklusiv ɛksklu'zi:f
exkommunizieren ɛkskɔmuni-
  'tsi:rən
Exkrement ɛkskre'mɛnt
Exkret ɛks'kre:t
Exkurs ɛks'kʊrs
Exlibris (lt.) ɛks'li:bris
Exmatrikel ɛksma'tri:kəl
Exodus 'ɛksodʊs
ex officio (lt.) ɛks ɔ'fitsĭo:
exogen ɛkso'ge:n
exorbitant ɛksɔrbɪ'tant
Exordium ɛ'ksɔrdiʊm
Exorzismus ɛksɔr'tsɪsmʊs
Exosmose ɛksɔs'mo:zə
exotisch ɛ'kso:tɪʃ
Expansion ɛkspan'zĭo:n
expansiv ɛkspan'zi:f
Expedient ɛkspedi'ɛnt
Expeditus (Vn.) ɛkspe'di:tʊs
Expektoration ɛkspɛktora'tsĭo:n
expedieren ɛkspe'di:rən
Experiment ɛksperi'mɛnt
Experimental-, -tell ɛksperimɛn-
  'ta:l-, -'tɛl
Expertise ɛkspɛr'ti:zə

Experte ɛks'pɛrtə
explizieren ɛkspli'tsiːrən
explodieren ɛksplo'diːrən
Exploration ɛksplora'tsĭoːn
Explosion ɛksplo'zĭoːn
explosiv, -e ɛksplo'ziːf, -və
exponieren ɛkspo'niːrən
Export ɛks'pɔrt
Exposé ɛkspo'zeː
Exposition ɛkspozi'tsĭoːn
Expreß ɛks'prɛs
Expressionismus ɛksprɛsĭo'nɪs-
mʊs
Expropriation ɛkspropria-
'tsĭoːn
exquisit ɛkskvi'ziːt
Externsteine 'ɛkstərnʃtaenə
exstirpieren ɛkstɪr'piːrən
Exton (Sh., R. II) 'ɛkstən
Exsudat ɛkszu'daːt
Extemporale ɛkstɛmpo'raːlə
ex tempore ɛks'tɛmpore
extemporieren ɛkstɛmpo'riːrən

extensiv ɛkstɛn'ziːf
Exterieur ɛksteʀ'jœːʀ, -ʀ
exterritorial ɛkstɛritori'aːl
extern ɛks'tɛrn
extra 'ɛkstra
extrahieren ɛkstra'hiːrən
Extrakt ɛks'trakt
extravagant ɛkstrava'gant
extrem ɛks'treːm
Extremität ɛkstremi'tɛːt
Exzellenz ɛkstsɛ'lɛnts
exzellent ɛkstsɛ'lɛnt
exzentrisch ɛks'tsɛntrɪʃ
Exzenter ɛks'tsɛntər, -ɛʀ
exzerpieren ɛkstsɛr'piːrən
exzeptionell ɛkstsɛptsĭo'nɛl
Exzeß ɛks'tsɛs
Eydtkuhnen aet'kuːnən
Eynsford (e.) 'einsfəd
Eyolf (I.) 'ɛĭɔlf
Ezechiel (bi.) e'tsɛçiɛl, -'tseː-;
vgl. Hesekiel
Ezra (e. Vn.) 'ɛzrə

F

f ɛf
Fabbri 'fabri
Fabel [1] 'faːbəl; [2] -bl̩
Fabian, -nus 'faːbiaːn, fabi'a:-
nʊs
Fabiani (Wagner-Régeny)
fabi'aːni
Fabio (Cald., Magier) 'faːbio
Fabiola fabi'oːla
Fabius 'faːbiʊs
Fabliau fabli'(j)o:
Fabre (f.) 'faːbʀ(ə)
Fabrice (G., Geschwister) fa'bris
Fabricius fa'briːtsiʊs
Fabrik [1] fa'brik; [2] fa'b̥ʀɪk; (ö.,
schwz.) -brɪk
Fabrikant [1] fabri'kant; [2] -b̥ʀɪ'k-
Fabrikat [1] fabri'kaːt; [2] -b̥ʀɪ'k-
fabrizieren fabri'tsiːrən

fabulieren fabu'liːrən
Facette fa'sɛtə
Fach, pl. Fächer [1] fax, 'fɛçər;
[2] -çɛʀ
Facharzt [1] 'fax|aːrtst; [2] -aːʀtst
fächeln [1] 'fɛçəln; [2] -çl̩n
Fächer [1] 'fɛçər; [2] -ɛʀ
fachsimpeln [1] 'faxzɪmpəln; [2] -z̩-
Fackel [1] 'fakəl; [2] -kl̩
Façon fa'sõː; (ö., schwz.) fa'soːn
fad, -de faːt, 'faːdə
Fadejev (ru.) fa'djeːjɛf
Faden [1] 'faːdən; [2] -dn̩
Fädchen [1] 'fɛːtçən; [2] -çn̩
Faënza fa'ɛntsa
Fafner (W., Nib.) 'faːfnər, -ɛʀ
Făgăraş (Rum.) fəgə'raʃ
Fagott fa'gɔt
Faguet (f.) fa'gɛ

Fähe ˈfɛːə
fähig, -ige ˈfɛːɪç, -ɪgə
fahl faːl
fahnden ¹ˈfaːndən; ²-dn̩
Fahne ˈfaːnə
Fähnrich ˈfɛːnrɪç
Fähre ˈfɛːrə
fahren, fuhr, fährt ¹ˈfaːrən, fuːr, fɛːrt; ²-, -ʁ, -ʁt
Fahrenheit ˈfaːrənhaet
fahrlässig ¹ˈfaːrlɛsɪç; ²ˈfaːʁl-
Fahrrad ˈfaːr‿raːt
Fahrt ¹faːrt; ²-ʁt
Fährte ¹ˈfɛːrtə; ²-ʁtə
Faible fɛːbl(ə)
Faijum (Äg.) fɛɪˈjuːm
fair fɛːr, -ʁ
Fairfax (e.) ˈfɛəfæks
Faisal (ar.) ˈfaɪsal
Faiseur f(ə)zœːʁ
fait accompli (f.) fɛtakõˈpli
Fäkalien fɛːˈkaːliən
Fakir ˈfaːkɪr, -ʁ; (ö.) faˈkiːr
Faksimile fakˈziːmile
faktisch ˈfaktɪʃ
Faktor, pl. -oren ˈfaktər, -ʁ, fakˈtoːrən
Faktotum fakˈtoːtʊm
Faktum ˈfaktʊm
Faktura fakˈtuːra
Fakultas faˈkʊltas
Fakultät fakʊlˈtɛːt
fakultativ fakʊltaˈtiːf, ˈ- - - - -
Falange faˈlaŋxe
falb falp
Falbel ¹ˈfalbəl; ²-bl̩
Falerii faˈleːrii
Falerner faˈlɛrnər, -ɛʁ
Falieri faˈlieːri
Falisker faˈlɪskər, -ɛʁ
Falke ˈfalkə
Falkenier falkəˈniːr, -ʁ
Falklandinseln ˈfalklant|mzəln
Fall fal
Fallada (dt. Autor) ˈfalada
fallen, fiel ¹ˈfalən, fiːl; ²-ln̩
fällen ¹ˈfɛlən; ²-ln̩
fallieren faˈliːrən

Falliment faliˈmɛnt
Fallissement falɪs(ə)ˈmã
fallit faˈliːt, faˈlit
Fallreep ˈfalreːp
Falmouth ˈfælməθ
falsch falʃ
fälschen ¹ˈfɛlʃən; ²-ʃn̩
falschspielen ¹ˈfalʃʃpiːlən; ²-ln̩
Falsett falˈzɛt
Falsifikat falzifiˈkaːt
Falstaff ˈfalstaf; (e.) ˈfɔːlstaːf
Falster (Insel, Dä.) ˈfalstər, -ɛʁ
falten ¹ˈfaltən; ²-tn̩
Falun (Schw.) ˈfaːlʊn
falzen ¹faltsən; ²-tsn̩
familiär familiˈɛːr, -ʁ
Familie faˈmiːliə
famos faˈmoːs
Famulatur famulaˈtuːr, -ʁ
Famulus ˈfaːmulʊs
Fan fɛn
Fanal faˈnaːl
fanatisch faˈnaːtɪʃ
Fanatismus fanaˈtɪsmʊs
Fandango (sp.) fanˈdaŋgo
Fañez (Herder, Cid) ˈfaɲɛθ
Fanfani fanˈfaːni
Fanfare fanˈfaːrə
fangen, fing, fängt ˈfaŋən, fiŋ, fɛŋt
Fango ˈfaŋgo
Faninal (R. Strauß, Ros.) faniˈnal
Fanny ˈfani
Fant fant
Fantasia fantaˈziːa
Faraday ˈfærədi
Farah Diba ˈfarah ˈdiːbaː
faradisieren faradiˈziːrən
Farbband ¹ˈfarpbant; ²-ʁpb̩-
Farbe ¹ˈfarbə; ²-ʁbə
Farbfilm ¹ˈfarp-fɪlm; ²ˈfaʁpfɪlm
farbig, -ige ¹ˈfarbɪç, -ɪgə; ²-ʁb-
farblos ¹ˈfarploːs; ²-ʁp-
Farce ˈfarsə
Farin faˈriːn
Farina faˈriːna
Farinelli fariˈnɛli

Farm farm
Farnese far'ne:se
Farnkraut ¹'farnkraot; ¹-ʀnkʀ
Faro (Port.) 'faru
Färöer fɛ'rø:ər, -ɛʀ, ¹- - -
Farquhar (e.) 'fa:kwə, -kə
Farren 'farən
Färse ¹'fɛrzə; ²-ʀʑə
Fasan fa'za:n
faschieren (ö.) fa'ʃi:rən
Faschine fa'ʃi:nə
Fasching 'faʃɱ
Faschismus fa'ʃɪsmʊs
Faschoda (Afr.) fa'ʃo:da (=
  Kodok)
faseln ¹'fa:zəln; ²-z̩ln
Faser ¹'fa:zər; ²-ʑɛʀ
fashionable 'fɛʃ(ə)nəbl
Fasolt (W., Nib.) 'fa:zɔlt
Faß, pl. Fässer ¹fas, 'fɛsər; ²-ɛʀ
Fassade fa'sa:də
Fasson fa'sõ; (ö., schwz.) fa'so:n
fast fast
fasten ¹'fastən; ²-tn̩
Fastnacht 'fastnaxt
Fastolfe, -lf (Sh.; Sch., Ju.)
  'fastolf
Fasttag 'fasṭta:k
Faszes 'fastse:s
Faszikel fas'tsi(:)kəl
faszinieren fastsi'ni:rən
fatal fa'ta:l
Fatalismus fata'lɪsmʊs
Fata Morgana 'fa:ta mɔr'ga:na
Fath fat
fatieren (ö.) fa'ti:rən
Fatima (ar.) 'fa:tima
Fatime (Web.; He., Rubin)
  'fa:timə
Fatinitza (Suppé) fati'nɪtsa
Fatme 'fa:tmə
Fatum 'fa:tʊm
Faubourg (f.) fo'bu:ʀ
fauchen ¹'faoxən; ²-xn̩
faukal fao'ka:l
faul faol
Fauleonbridge (Sh., K. J.)
  'fɔ:(l)kənbridʒ

faulenzen ¹'faolɛntsən; ²-tsn̩
Faulkner 'fɔ:knə
Faun faon
Fauna 'faona
Faure fo:ʀ
Faust faost
Fäustchen 'fɔøstçən
Faustina faos'ti:na
Fäustling 'fɔøstlɱ
Faustpfand 'faostpfant
faute de mieux (f.) fotdə'mjø
Fauteuil, pl. -ls fo'tœj, -js
Fauxpas fo'pa
Favart (f.) fa'va:ʀ
Favenz (Sch.) fa'vɛnts; (it.)
  Faënza
favorisieren favori'zi:rən
Favorit favo'ri:t
Favoriten (Wien) favo'rɪtən
Fawkes (e.) fɔ:ks
Faxen ¹'faksən; ²-ksn̩
Fayence fa'jãs
Fäzes 'fɛ:tse:s
Fazetien fa'tse:tsĭən
Fazit 'fa:tsɪt
Feature (e.) 'fi:tʃə
Februar 'fe:brua:r, -ʀ
Fécamp fe'kã
fechsen (ö.) ¹'fɛksən; ²-sn̩
fechten ¹'fɛçtən; ²-tn̩
fecit 'fe:tsɪt
Feder ¹'fe:dər; ²-ɛʀ
Fed(e)rico (Suppé, Bocc.; Gri.,
  Blanka) fed(e)'ri:ko
Federigo fede'ri:go
Fedin (ru.) 'fje:din
Fedor (Vn.) 'fe:dor, -ʀ; s. Fjodor
Fedora (Kálmán, Zirk.) fe'do:ra
Fee fe:
Feerie fe:ə'ri:
Fegefeuer ¹'fe:gəfɔøər; ²-ɛʀ
fegen ¹'fe:gən; ²-gn̩
Feh fe:
Fehde 'fe:də
fehlen ¹'fe:lən; ²-ln̩
Fehlleistung 'fe:l̩laestʊŋ
Fehmarn 'fe:marn
Fehrbellin fe:rbɛ'li:n

feien ˈfaeən
Feierabend ¹ˈfaeər|aːbənt; ²-ɛʁ|-
feiern ¹ˈfaeərn; ²-ɛʀn
feige, Feige ˈfaegə
Feigling ˈfaeklıŋ
feil ˈfael
Feile ˈfaelə
feilschen ¹ˈfaelʃən; ²-ʃn̩
fein faen
Feind faent
feindlich ¹ˈfaentlıç; ²-dlıç
feindselig ¹ˈfaentzeːlıç; ²-s-
feist faest
feixen ¹ˈfaeksən; ²-sn̩
Fejos (Brecht, Cour.) ˈfejɔs
Felchen ¹ˈfɛlçən; ²-çn̩
Feld fɛlt
Felddienst ˈfɛltdiːnst
Feldmarschall ¹ˈfɛltmarʃal;
²-ʁʃ-
Feldscher ˈfɛltʃeːr, -ʁ
Feldspat ˈfɛltʃpaːt
Feldwebel ¹ˈfɛltveːbəl; ²-bl̩
Feldzeugmeister ¹ˈfɛltt͡sɔøk-
maestər; ²-ɛʁ
Felge ˈfɛlgə
Felice (it. Vn.) feˈliːtʃe
Felicitas (Vn.) feˈliːtsitas
Felix ˈfeːlıks
Fell fɛl
Fellache fɛˈlaːxə
Fellagha (Afr.) feˈlaːɣa
Felleisen ¹ˈfɛl|aezən; ²-z̩n̩
Fellow ˈfɛlou
Felonie feloˈniː
Fels, -lsen ˈfɛls, -lzən; ²-lz̩n̩
Feluke feˈluːkə
Feme ˈfeːmə
feminin femiˈniːn
Femininum feˈmiˈniːnʊm, ˈ----
Fenchel ¹ˈfɛnçəl; ²-çl̩
Fenella (Aub.) feˈnɛla
Fénelon fenəˈlõ
Fenier ˈfeːniər, -ʁ
Feniso (sp., Lope) feˈniso
Fenn fɛn
Fenriswolf ˈfɛnrısvɔlf
Fenster ¹ˈfɛnstər- ²-ɛʁ

Fenton (Sh., L. W.; Nic.) ˈfɛntən
Feodor (ru. Vn.) ˈfeːodoːr, -ʁ
Feodosija (Ru.) fɛaˈdɔːsija
Feofan (ru. Vn.) fɛaˈfaːn
Feramors (Rub.) ˈfeːramɔrs
Ferdinand ˈfɛrdinant
Fergana (N.-As.) fɛrgaˈna
Ferge ¹ˈfɛrgə; ²-ʀgə
Fergusson (e.) ˈfəːgəsn
Ferhat Abbas ferˈhaːt abˈbaːs
Feri (Vn., Kálmán, Csárdásf.)
ˈfæri
Feria (G., Triumph) ˈfeːria
Ferien ˈfeːriən
Ferkel ¹ˈfɛrkəl; ²-kl̩
Ferman farˈmaːn
Fermate fɛrˈmaːtə
Ferment fɛrˈmɛnt
Fermi (it.) ˈfermi
fern fɛrn
Fernambuco s. Pernambuco
Fernamt ˈfɛrn|amt
Fernandel fɛrnãˈdɛl
Fernando fɛrˈnando
Fernando Póo (sp.) fɛrˌnando ˈpo
Ferner, f- ¹ˈfɛrnər; ²-ʀnɛʁ
Fernsehen ¹ˈfɛrnzeːən; ²ˈfɛʀn-
ze̩ːn
Ferrando (Verdi, Troub.) fɛ-
ˈrando
Ferrara fɛˈraːra
Ferrero fɛˈreːro
Ferro (Insel) ˈfero
Ferrol (Sp.) fɛˈrɔl
Ferruccio fɛˈrutʃo
Ferse ¹ˈfɛrzə; ²ˈfɛʁt͡sə
fertig, -ige ¹ˈfɛrtıç, -ıgə; ²-ʁt-
Fertigkeit ¹ˈfɛrtıçkaet; ²-ɛʁ-
Fertilität fɛrtiliˈtɛːt
Fes, Fez (Afr.) feːs
Fes (Mütze) fɛs
fes (mus.) fɛs
fesch fɛʃ
Fessel ¹ˈfɛsəl; ²-sl̩
fest, Fest fɛst
Festival ˈfɛstival; (e.) ˈfɛstəvəl
Festland ˈfɛstlant
festlich ¹ˈfɛstlıç; ²-d̩l

Feston fɛsˈtɔ̃
festsetzen ¹ˈfɛstzɛtsən; ²-ʐɛtsn̩
Festtag ˈfɛstta:k
Festung ˈfɛstʊŋ
Fet (ru.) fɛt
Fête ˈfɛt(ə)
Fetisch ˈfeːtɪʃ
Fetus feːtʊs
fett, Fett fɛt
Fetzen ¹ˈfɛtsən; ²-sn̩
feucht fɔøçt
feuchtfröhlich ¹¹fɔøçtfrø:lIç,
    -ˈ--; ²-fʁ-
feudal fɔøˈda:l
Feuer ¹ˈfɔøər; ²-ɛʁ
feuerrot ¹fɔøərˈro:t, ˈ--;
    ²-ɛʁˈʁ-
Feuilleton (f.) ˈfœj(ə)tɔ̃
feurio ˈfɔørio
Fex fɛks
Feydeau (f.) feˈdo
Fez (Spaß, s. Fes) feːts
Fezzan (Afr.) feˈzzaːn
ff ɛf|ˈɛf
Fiaker fiˈakər, -ɛʁ
Fiale fiˈaːlə
Fiammetta (Suppé, Bocc.)
    fiaˈmeta
Fiasko fiˈasko
Fiat ˈfiːat
Fibel ¹ˈfiːbəl; ²-bl̩
Fiber ¹ˈfiːbər; ²-ɛʁ
Fichte ˈfɪçtə
Fichu (f.) fiˈʃy
Fideïkommiß ˌfiːde|ikɔˈmɪs
fidel fiˈde:l
Fidelio (Beeth.) fiˈdeːlio
Fidelitas fiˈdeːlitas
Fidelität fideliˈtɛːt
Fides (Mey., Proph.) ˈfiːdɛs
Fidibus ˈfiːdibʊs
Fidschiinseln ˈfiːdʒi:|mzəln
Fiduz fiˈduːts
Fiduzit fiˈduːtsɪt
Fieber ¹ˈfiːbər; ²-ɛʁ
Fiedel ¹ˈfiːdəl; ²-dl̩
Field fiːld
Fielding ˈfiːldiŋ

Fier(r)abras (Schubert) fjeːra-
    ˈbra
Fierboys (Sch., Ju.) fjɛʁˈbwa
Fiesco (Sch., Verdi), -sko
    ˈfiɛsko
Fiesole ˈfiɛːzole
Fife (Sh., Macb.) faef
Figaro ˈfiːgaro
Fighter ˈfaetər, -ɛʁ
Figueroa (sp.) figeˈroa
Figur, pl. -ren fiˈguːr, -ʁ; -rən
Figural(gesang usw.) figuˈraːl-
Figurant figuˈrant
Figurine figuˈriːnə
Fiktion fɪkˈtsi̯oːn
fiktiv fɪkˈtiːf
Filehne fiˈleːnə
Filet fiˈleː; (Schwz.) ˈ--
Filho (bras.) ˈfifiu
Filiale filiˈaːlə
Filigran filiˈgraːn
Filipeseu (rum.) filiˈpeskʊ
Filipeto (Wolf-F., Grob.) filiˈpeto
Filipjevna (Puš.; Čajk., One.)
    fiˈfiiːp-jɛvna
Filippo (it.) fiˈlipo
Fillebrown (Zuckm.) ˈfɪlbraun
Fillér (ung. Münze) ˈfilleːr, -ʁ
Film fɪlm
Filosel (Benatzky) filoˈzɛl
Filou fiˈluː
Filter ¹ˈfɪltər; ²-ɛʁ
Filtrat fɪlˈtraːt
filtrieren fɪlˈtriːrən
Filz fɪlts
Fimmel ¹ˈfɪmməl; ²-ml̩
Finale fiˈnaːle
Finanz fiˈnants
finanziell finanˈtsi̯ɛl
finanzieren finanˈtsiːrən
finden, fand, gefunden ¹ˈfɪndən,
    fant, gəˈfʊndən; ²-dn̩, -, ge-
    ˈfʊndn̩
Fin de siècle fɛ̃ d(ə) ˈsjɛkl
Findling ¹ˈfɪntlɪŋ; ²-dlɪŋ
Finesse fiˈnɛsə
Fingal ˈfɪŋgal; (e.) ˈfiŋgəl
Finger ¹ˈfɪŋər; ²-ɛʁ

fingieren fŋ'giːrən
Finish 'fmɪʃ
Finistère (F.) finis'tɛːʀ
Finisterre (Kap, Sp.) finis'tɛre
Fink fŋk
Finn (I., Ö.) fɪn
Finne 'fɪnə
Finnen 'fɪnən
Finnland 'fɪnlant
Finsen (dä.) 'fɛnsn̩
Filippov (ru.) fi'ɦiːpɔf
finster ¹'fɪnstər; ²-ɛʁ
Finsteraarhorn fɪnstər-'aːrhɔrn
Finte 'fɪntə
Fiordiligi (Moz., Così) fĭɔrdi-'liːdʒi
Fiorette fĭo'rɛtə
Fiorillo (Ross., Barb.) fĭo'rifĭo
Firdausi (pers. Dichter) fɛr'dosi:
Firenze fi'rɛntse; (dt.) Florenz
Firlefanz 'fɪrləfants
firm fɪrm
Firma, pl. -men 'fɪrma, -mən
Firmament fɪrma'mɛnt
firmeln, -men ¹'fɪrməln, -mən; ²-ʁm-
Firmin (f.) fiʀ'mɛ̃
Firn, firn ¹fɪrn; ²-ʀn
Firnis 'fɪrnɪs
First ¹fɪrst; ²-ʁst
fis (mus.) fɪs
Fisch fɪʃ
Fisimatenten fizima'tɛntən
Fisole fi'zoːlə
Fiskus 'fɪskʊs
Fistel ¹'fɪstəl; ²-tl̩
fit (e.) fit
Fittich 'fɪtɪç
Fitzgerald fits'dʒerəld
Fitzpatrick fɪts'pætrɪk
Fitzwater (Sh., R. 2) 'fɪtswoːtə
Fiume (Jug.) 'fĭuːme; = (jug.) Rijeka
Five o'clock tea faev ɔ'klɔk tiː
fix fɪks
fixieren fɪ'ksiːrən
Fixstern ¹'fɪksʃtɛrn; ²-ʀn
Fixum 'fɪksʊm

Fizeau (f.) fi'zo
Fjodor (ru. Vn.) 'fjoːdor, -ʁ
Fjokla (ru. Vn.) 'fjɔkła
Fjord, pl. -rde fĭɔrt, -rdə; (no.) fjuːr, -ʁ
Flaccus 'flakʊs
flach flax
Flachs flaks
Flacius 'flaːtsiʊs
flackern ¹'flakərn; ²-kɛʀn
Fladen ¹'flaːdən; ²-dn̩
Flagellant flagɛ'lant
Flageolett flaʒo'lɛt
Flagge 'flagə
flagrant fla'grant
Flak flak
Flakon fla'kɔ̃
Flamand (R. Strauß, Capr.) fla'mã
Flamberg ¹'flambɛrk; ²-ʁk
Flamboyant (f.) flãbwa'jã
Flamen 'flaːmɛn
Flamingo fla'miŋgo
Flaminius fla'miːniʊs
Flamme 'flamə
Flammeri 'flaməri
Flandern 'flandərn
Flandin (f.) flãdɛ̃
Flanell fla'nɛl
Flaneur (f.) fla'nœːʀ, -ʁ
flanieren fla'niːrən
Flanke 'flaŋkə
flankieren flaŋ'kiːrən
Flansch flanʃ
Flapper (e.) 'flɛpə
Flasche 'flaʃə
flattern ¹'flatərn; ²-ɛʀn
flattieren fla'tiːrən
flau flao
Flaubert flo'bɛːʀ, -ʁ
Flaumfeder ¹'flaomfeːdər; ²-ɛʁ
Flaus, -ausch flaos, -aoʃ
Flause ¹'flaozə; ²¹-ẕə
Flaute 'flaotə
Flauto 'flaoto
Flavier 'flaːvĭər, -ɛʁ
Flavio (it.) 'flaːvĭo
Flavius 'flaːviʊs

Flavy (Hon.) flɑ'vi
Fleance (Sh., Macb.) 'fliːəns
Flechse 'flɛksə
Flechte 'flɛçtə
flechten, flocht ¹'flɛçtən, flɔxt;
 ²-tn̩
Fleck flɛk
Fledermaus ¹'fleːdərmɑos;
 ²-dɛʁ-
fleddern ¹'flɛdərn; ²-dɛʀn
Fleet fleːt
Flegel ¹'fleːgəl; ²-gl̩
flehen 'fleːən
Fleisch flɑeʃ
Fleiß flɑes
flektieren flɛk'tiːrən
Flemming 'flɛmɪŋ
flennen 'flɛnən
Flensburg 'flɛnsbʊrk
Fletcher 'flɛtʃə
fletschen ¹'flɛtʃən; ²-ʃn̩
Fleuriot flœ'ʀjo
Fleuron flœ'ʀõ
Fleurop 'flɔərɔp, 'flø-; (ö.,
 schwz.) flœːˈrɔp
Fléville fle'vil
flexibel flɛ'ksiːbəl
Flexion flɛ'ksïoːn
Flibustier ¹fli'bʊstïər; ²-ɛʁ
flicken ¹'flɪkən; ²-kn̩
Flida (I., Kronpr.) 'fliːdɑ
Flieder ¹'fliːdər; ²-ɛʁ
Fliege 'fliːgə
fliegen, flog ¹'fliːgən, floːk; ²-gn̩
fliehen, floh 'fliːən, flo:
Fliese ¹'fliːzə; ²-ʑ-
fließen, floß ¹'fliːsən, flɔs; ²-sn̩
Fließpapier ¹'fliːspɑpiːr; ²-ʁ
Flimmer ¹'flɪmər; ²-ɛʁ
flink flɪŋk
Flint flɪnt
Flinte 'flɪntə
flirren 'flɪrən
Flirt (e.) fløːt; (dt.) flɪʁt; (ö.,
 schwz.) fløːrt, flœrt
Flitter ¹'flɪtər; ²-ɛʁ
flitzen ¹'flɪtsən; ²-sn̩
Flitzbogen ¹flɪtsboːgən; ²-b̥oːgn̩

Flocke 'flɔkə
Floh flo:
Flor ¹floːr; ²--ʁ
Flora 'floːrɑ
Florence (e. Vn.) 'flɔrəns
Florenz flo'rɛnts; (it.) Firenze
Flores (Sp.) 'floːres
Florestan (Beeth., Fidelio)
 'floːrɛstɑn
Florett flo'rɛt
Floretta (Reznicek) flo'retɑ,
 -'rɛtɑ
Florey (e.) 'floːri
Floria (Vn.; Pu., Tosca) 'floːrïɑ
Florian 'floːriɑːn
Florida 'floːrida; (e.) 'flɔridə
florieren flo'riːrən
Florin (Münze) flo'riːn; (e.)
 'flɔrin
Florizel (Sh., Wi.) 'floːrizɛl
Floro (Cald., Magier) 'floro
Floskel ¹'flɔskəl; ²-kl̩
Flosse 'flɔsə
Floß, pl. Flöße floːs, fløːsə
flößen ¹'fløːsən; ²-sn̩
Flöte 'fløːtə
Flotow 'floːto
flott flɔt
Flotte 'flɔtə
Flottille flo'tɪljə; (ö.) -lə
Flöz fløːts
Fluch, pl. Flüche fluːx, 'flyːçə
fluchen ¹'fluːxən; ²-xn̩
Flucht flʊxt
flüchtig, -ige flyçtɪç, -ɪgə
Flüchtling 'flyçtlɪŋ
Flüelen (Schwz.) 'flyːələn
Fluellen (Sh., H. V) flu'ɛlən
Flug fluːk
Flügel ¹'flyːgəl; ²-gl̩
flügge 'flyɡə
flugs flʊks
Fluidum 'fluː|idʊm
fluktuieren flʊktu'iːrən
Flunder ¹'flʊndər; ²-dɛʁ
flunkern ¹'flʊŋkərn; ²-kɛʀn
Fluor 'fluːor, -ʁ
Fluoreszenz fluores'tsɛnts

Flur ¹fluːr; ²-ʁ
Fluß, Flüßchen flʊs, ¹flʏsçən
flüssig, -ige ¹flʏsɪç, -ɪɡə
flüstern ¹¹flʏstərn; ²-tɛʀn
Flut fluːt
Foch (f.) fɔʃ
Fock fɔk
Focșani (Rum.) fokˈʃanj
Föderalismus føderaˈlɪsmʊs
Fofanov (ru.) ¹fɔːfanɔf
Fogazzaro fogaˈtsaːro
Foggia ¹fɔdʒɑ
Fogosch (magy.) ¹fogɔʃ
Fohlen ¹¹foːlən; ²-lŋ̩
Föhn føːn
Föhre ¹føːrə
fokal foˈkaːl
Fokien s. Fukien
Fokin (ru.) ¹fɔːkin
Fokus ¹foːkʊs
Foldal (I., Borkman) ¹fɔldɑl
folgen ¹¹fɔlɡən; ²-ɡŋ̩
folglich ¹¹fɔlklɪç; ²-lg̊lɪç
folgsam ¹¹fɔlkzɑːm; ²-s-
Foliant foliˈant
Folie ¹foːliə
Foligno foˈliɲo
Folio ¹foːlio
Folkestone ¹foukstən
Folketing ¹fɔlkətɪŋ
Folklore ¹fɔlkloːr, -ʁ
Folkunger ¹fɔlkʊŋər, -ɛʁ
Follikel foˈlɪkəl
Folter ¹¹fɔltər; ²-ɛʁ
Foltz (W., Meist.) fɔlts
Fomalhaut (Stern) ¹foumɑlout
Fond fɔ̃
Fondant (f.) fɔ̃ˈdɑ̃
Fonds (f.) fɔ̃
Fonseca (bras.) fɔ̃ˈseka
Fontainebleau fɔ̃tɛnˈblo
Fontana Trevi fɔnˌtaːna ¹treːvi
Fontane (dt. Autor) fɔnˈtaːnə
Fontäne fɔnˈtɛːnə, fɔ̃ˈtɛːnə
Fontanelle fɔntaˈnɛlə
Fontenelle fɔ̃təˈnɛl
Fonvizin (ru.) fɔnˈviːzin
foppen ¹¹fɔpən; ²-pŋ̩

force majeure (f.) fɔʀs maˈʒœːʀ
forcieren fɔrˈsiːrən
Ford fɔːd; (dt.) fɔrt
Förde ¹¹føːrdə, ²-ʀdə
fordern ¹¹fɔrdərn; ²-ʀdɛʀn
fördern ¹¹fœrdərn; ²-ʀdɛʀn
Foreign Office (e.) ¹fɔrin ¹ɔfis
Forelle foˈrɛlə
forensisch foˈrɛnzɪʃ
Fores (Sh., Macb.) ¹fɔrəs
Forest (Sh.) ¹fɔrist
Forint (Münze, Ung.) ¹forint
Forke ¹¹fɔrkə; ²-ʁkə
Forli (It.) forˈli
Formosa fɔrˈmoːza
Form fɔrm
formal fɔrˈmaːl
Formalist fɔrmaˈlɪst
Format fɔrˈmaːt
Formel ¹¹fɔrməl; ²-ml̩
formell fɔrˈmɛl
Formular fɔrmuˈlaːr, -ʁ
Forrest (Web., Eur.) foˈrɛst
forsch ¹fɔrʃ; ²-ʁʃ
Forst ¹fɔrst; ²-ʁst
Förster ¹¹fœrstər; ²-ʁstɛʁ
Forsyth (e.) fɔːˈsaïθ
Forsyte (Galsw.) ¹fɔːsait
Forsythie fɔrˈzyːtsïə
Fort fɔːr, -ʁ
fort ¹fɔrt; ²-ʁt
Fortaleza (S.-A.) fortaˈleza
fortan ¹fɔrt|ˈan; ²-ʁt|-
Fortdauer ¹¹fɔrtd̥aoər;
      ²¹fɔʁtd̥aoɛʁ
forte (it.) fɔrtə
Forth (Fl., Scho.) fɔːθ
Fortifikation fɔrtifikaˈtsïoːn
Fortinbras (Sh., Ha.) ¹fɔrtin-
      bræs
fortissimo (it.) fɔrˈtɪsimo
fortlaufend ¹¹fɔrtlaofənt; ²-ʁt-
fortnehmen ¹¹fɔrtneːmən; ²-ʁt-
fortpflanzen ¹¹fɔrtpflantsən;
      ²-ʁtpflantsn̩
fortschaffen ¹¹fɔrtʃafən;
      ²-ʁtʃafn̩
Fortsetzung ¹¹fɔrtzɛtsʊŋ; ²-ʁts-

Fortuna fɔr'tuːna
Fortunat, -tus fɔrtu'naːt, -tʊs
Fortunio (O.) fɔr'tuːnio
fortwährend [1]'fɔrtvɛːrənt; [2]-ʀt-
Fort Wayne (N.-A.) fɔːt 'wein
Forum 'foːrʊm
forzando for'tsando
Foscolo 'foskolo
fossil fɔ'siːl
Fotheringhay (Sch., M. St.)
    'fɔðəriŋgei
Fotograf foto'graːf
Fötus 'føːtʊs
Foucault (f.) fu'ko
Fouché (Gra., Nap.) fu'ʃe
Fouchet (f.) fu'ʃɛ
Foul (e.) faul
Foulard fuː'laːʀ
Fouqué fu'ke
Fouquier-Tinville (f.) fuˌkje tɛ̃-
    'vil
Foxterrier 'fɔkstɛriər, -ɛʀ
Foxtrot 'fɔkstrɔt
Foyer fwa'jeː
Fra Angelico fra an'dʒeːliko
Fracht [1]fraxt; [2]fʀ-
Frack [1]frak; [2]fʀ-
Fra Diavolo fra 'dĭaːvolo
fragen [1]'fraːgən; [2]fʀaːgn̩
fragil fra'giːl
fraglich [1]'fraːklɪç; [2]'fʀaːg̍l-
Fragment fra'gmɛnt
Fragonard frago'naːr
fraise (Farbe) 'fʀɛːzə
Fraktion frak'tsĭoːn
Fraktur frak'tuːr, -ʀ
Franc (f.) fʀã
Française fʀã'sɛːz(ə)
Françaix (f.) fʀã'sɛ
France (f.) fʀãːs
Frances (e. Vn.) 'fraːnsis
Francesco (it.) fran'tʃesko
Franche-Comté (F.) fʀãʃ kɔ̃'te
Franchetti fraŋ'keti
Francis (e. Vn.) 'fraːnsis
Francisco (sp.) fran'θisko
Francium 'frantsĭʊm
Franco (sp.) 'fraŋko

François fʀã'swa
Frangipani (it.), -ne (Uhl.)
    frandʒi'paːni, nə
frank, Frank, -ken [1]fraŋk, -kən;
    [2]fʀaŋkn̩
Frankatur fraŋka'tuːr, -ʀ
frankieren fraŋ'kiːrən
Franklin 'fræŋklin
franko 'fraŋko
Franktireur fʀãti'ʀœːʀ, -ʀ
Franse [1]'franzə; [2]fʀanʒə
Franseeky 'fransəki
Franz frants
Franziskaner frantsɪs'kaːnər;
    -ɛʀ
Franziskus, fm. -ska, bzw. -n-
    ciscus, -sca fran'tsɪskʊs, -ska
Franzose (n) fran'tsoːzə(n)
französisch fran'tsøːzɪʃ
frappant fra'pant
frappieren fra'piːrən
Frascati fras'kaːti
fräsen [1]'frɛːzən; [2]'fʀɛːzn̩
Fraß, gen. -ßes [1]fraːs, [2]-səs fʀ-
Frasquita (Bizet, Carmen) fras-
    'ki(ː)ta
Frater [1]'fraːtər; [2]'fʀaːtɛʀ
fraternisieren fratɛrni'ziːrən
Fratz [1]frats; [2]fʀ-
Fratse [1]'fratsə; [2]'fʀ-
Frau [1]frao; [2]fʀ-
Frauchen [1]'fraoçən; [2]'fʀaoçn̩
Frauenlob 'fraoənloːp
Fräulein [1]'froølaen; [2]'fʀ-
Fraunhofer 'fraonhoːfər, -ɛʀ
Fray Bentos (S.-A.) fraĭ 'bɛntos
frech [1]frɛç; [2]fʀ-
Fred (e. Vn.) frɛd; (dt.) freːt
Fredegar 'freːdəgar, -ʀ
Fredegunde fredə'gʊndə
Frédéric (f.) fʀede'ʀik
Fredericia (Dä.) freðə'redsja
Frederik (dän. Vn.) 'freð(ə)rek
Freeport 'friːpɔːt
Freesie 'freːzĭə
Freetown (e., Afr.) 'friːtaun
Fregatte fre'gatə
frei [1]frae; [2]fʀ-

Freia, Freya (Vn.) ˈfrae-ɑ
Freidank ˈfraedaŋk
freien ¹ˈfraeən; ²fʀaeən
Freienwalde fraeənˈvaldə
Freiin ¹ˈfraeɪn; ²ˈfʀ-
Freiligrath ˈfraeligraːt
Freimaurer ¹ˈfraemaorər;
  ²ˈfʀaemaoʀɐʀ
Freisasse ¹ˈfraezasə; ²ˈfʀaeʒ-
Freischärler ¹ˈfraeʃɛːrlər; ²ˈfʀae-
  ʃɛːʀlɐʀ
Freitag ¹ˈfraetaːk; ²ˈfʀ-
(De) Freitas (port.) (də) ˈfræïtæʃ
Freite ¹ˈfraetə; ²ˈfʀ-
Freiwaldau fraeˈvaldao
freiwillig, -ige ¹ˈfraevɪlɪç, -ɪgə;
  ²ˈfʀ-
fremd ¹frɛmt; ²fʀ-
Fremdling ¹ˈfrɛmtlɪŋ; ²ˈfʀɛmdl-
frenetisch freˈneːtɪʃ
Frenssen ˈfrɛnsən
Frequenz freˈkvɛnts
Fresko ˈfresko
Fresnel (f.) fʀɛˈnɛl
fressen, fraß ¹ˈfresən, fraːs;
  ²ˈfʀɛsn̩
Frettchen ¹ˈfrɛtçən; ²ˈfʀɛtçn̩
freudig, -ige, -ˈge ¹ˈfrɔødɪç, -ɪgə,
  -gə; ²ˈfʀ-, -, -tgə
Freund ˈfrɔønt; ²fʀ-
freundlich, -ichst ¹ˈfrɔøntlɪç,
  -ɪçst; ²fʀɔøndlɪç
Frevel ¹ˈfreːfəl; ²ˈfʀeːfl̩
Freyja (nord., myth.) ˈfrœÿja,
  ˈfraeja
Freyr (nord., myth.) frœÿr, -ʀ,
  fraeər, -ʀ
Friaul friˈaol
Fricka (W., Nib.) ˈfrɪka
Friesay ˈfrɪtʃae
Fridolin ˈfriːdoliːn
Friede ¹ˈfriːdə; ²ˈfʀ-
Friedell (ö.) friˈdɛl
Friedenau friːdəˈnao
Friederike friːdəˈriːkə
friedfertig, -ige ¹ˈfriːtfɛrtɪç, -ɪgə;
  ²ˈfʀiːtfɛʀt-
Friedhof ¹ˈfriːthoːf; ²ˈfʀ-

friedlich ¹ˈfriːtlɪç; ²ˈfʀiːdl̩-
Friedrich ˈfriːdrɪç
Friedrich(s)dor ¹ˈfriːdrɪç(s)-
  doːr; ²ˈfʀiːdʀɪçdoːʀ
Friedrichshafen ˈfriːdrɪçshaːfən
Friedrichsruh ˈfriːdrɪçsru:
frieren ¹ˈfriːrən; ²ˈfʀiːʀən
Fries, gen. **-ses** ¹friːs, ˈfriːzəs;
  ²ˈfʀiːzəs
Friesel ¹ˈfriːzəl; ²ˈfʀiːzl̩
Friesen ˈfriːzən
Friesland ˈfriːslant
Frigg (nord., myth.) frɪg, -k
frigid friˈgiːt
Frigidaire (f.) fʀiʒiˈdɛːʀ, -ʀ
Frigidarium frigiˈdaːriʊm
Frikandeau fʀikanˈdoː
Frika(n)delle frika(n)ˈdɛlə
Frikassee frikaˈseː
Friktion frɪkˈtsĭoːn
Friquet (Maill.) friˈkɛ
frisch ¹frɪʃ; ²fʀ-
Frischlin ˈfrɪʃliːn
Frischling ¹ˈfrɪʃlɪŋ; ²ˈfʀ-
Friseur, (fm.) **-seuse, -sör, -söse**
  ¹friˈzøːr, -zøːzə; ²fʀiˈzøːʀ,
  -zøːzə
frisieren ¹friˈziːrən; ²fʀiˈz-
Frist ¹frɪst; ²fʀ-
Frisur ¹friˈzuːr; ²fʀiˈzuːʀ
Frithjof ˈfritjɔf
Frittate frɪˈtaːtə
Fritz frɪts
Froude (e.) fruːd
frivol friˈvoːl
Frivolität frivoliˈtɛːt
Fröding (schwed.) ˈfrøːdɪŋ
froh ¹froː; ²fʀ-
fröhlich ¹ˈfrøːlɪç; ²ˈfʀ-
frohlocken ¹froˈlɔkən; ²fʀo-
  ˈlɔkn̩
fromm ¹frɔm; ²fʀ-
frömmeln ¹ˈfrœməln; ²fʀ-
Frömmigkeit ¹ˈfrœmɪçkaet;
  ²ˈfʀ-
Fron, -ne, -ndienst ¹froːn, -nə,
  -ndiːnst; ²ˈfʀ-
Fronde ˈfʀɔ̃ːdə

frondieren fʀõ'di:ʀən
Frondizi (it.) fron'didsi
frönen ¹'frø:nən; ²'fʀ-
Fronleichnam ¹fro:n'laeçna:m;
  ²fʀ-
Front ¹front; ²fʀ-
frontal fron'ta:l
Frosch ¹frɔʃ; ²fʀ-
Froschschenkel ¹'frɔʃʃɛŋkəl;
  ²'fʀɔʃʃɛŋkl̩
Frosinone (It.) frozi'no:ne
Frost ¹frɔst; ²fʀ-
Frottee frɔ'te:
frottieren frɔ'ti:rən
Frou-Frou (Lehár, Witwe) fru-
  'fru(:)
Frucht, pl. Früchte ¹frʊxt,
  'frʏçtə; ²fʀ-
frugal fru'ga:l
früh, -her ¹fry:, -ər; ²fʀ-, -ɛʀ
Frühe ¹'fry:e; ²fʀ-
Frühling ¹'fry:lŋ; ²fʀ-
frühmorgens ¹fry:'mɔrgəns;
  ²fʀy:'mɔʀgəns
fruktifizieren frʊktifi'tsi:rən
Frunze (Tu.) 'frunzɛ
Frute 'fru:tə
Fry (e.) frai
Ftatateeta (Shaw, Cäsar) ˌfta:ta-
  'ti:ta
Fuchs, pl. Füchse fʊks, 'fʏksə
Fuchsie 'fʊksĭə
Fuchsin fʊ'ksi:n
Füchsin 'fʏksm̩
fuchteln ¹'fuxtəln; ²-tl̩n
Fuder ¹'fu:dər; ²-ɛʀ
Fudzinojama (Berg) 'fudzinə-
  jama
Fuentes (sp., Sch., D. C.) 'fŭen-
  tes
Fug fu:k
Fuga, Fughetta 'fu:ga, fu'geta
fugato fu'ga:to
Fuge 'fu:gə
fügen ¹'fy:gən; ²-gn̩
Fugger 'fʊgər, -ɛʀ
fügsam ¹'fy:kza:m; ²-ksa:m
fühlen ¹'fy:lən; ²-ln̩

führen 'fy:rən
Fukien 'fu:kĭen
Fulbe (Afr.) 'fulbe
füllen, Fü- ¹'fʏlən; ²-ln̩
Füllsel ¹'fʏlzəl; ²-lz̩l
fulminant fʊlmi'nant
Fulvia 'fʊlvia
Funchal (Madeira) fũ'ʃal
Fund fʊnt
Fundament fʊnda'mɛnt
fundieren fʊn'di:rən
funèbre (f.) fy'nɛbʀ(ə); funebre
  (it.) 'fu:nebre
Fünen (Dä.), Fyen 'fy:nən, (dä.)
  fy:'n
fünf fʏnf
Fünfmarkstück ¹fʏnf'mark-
  ʃtʏk; ²-ʀk-, '---
fünfzehn, -zig 'fʏnftse:n, -tsɪç
fungieren fʊŋ'gi:rən
Funke 'fʊŋkə
funkeln 'fʊŋkəln
funkelnagelneu ¹'fʊŋkəlna:gəl-
  'nøø; ²'fʊŋkl̩na:gl̩-
Funkspruch ¹'fʊŋkʃprʊx; ²-ʃpʀ-
Funktionär fʊŋktsĭo'nɛ:r, -ʀ
funktionieren fʊŋktsĭo'ni:rən
(con) fuoco (kon) 'fŭo:ko
für ¹fy:r; ²-ʀ
Furage fu'ra:ʒə
fürbaß fyr'bas
Furche ¹'fʊrçə; ²-ʀçə
Furcht ¹fʊrçt; ²-ʀçt
furchtbar ¹'fʊrçtba:r; ²-ʀçt-
  ba:ʀ
fürchten ¹'fʏrçtən; ²'fʏʀçtn̩
furchtsam ¹'fʊrçtza:m; ²'fʊʀçt-
  sa:m
fürder ¹'fʏrdər; ²'fʏʀdɛʀ
Furie 'fu:rĭə
Furier fu'ri:r, -ʀ
furioso fu'rĭo:so, -zo
Furka (Schwz.) 'fʊrka
fürlieb fyr'li:p
Furnier fʊr'ni:r, -ʀ
furnieren fʊr'ni:rən
Furor 'fu:rɔr, -ʀ
Furore (it.) fu'ro:re

Fürsprache ¹ˈfyːrʃprɑːxə;
  ²ˈfyːʁʃpʁ-
Fürsprech ¹ˈfyːrʃprɛç; ²ˈfyːʁʃʁ-
Fürst ¹fʏrst; ²-ʁst
Fürstenwalde fʏrstənˈvaldə
Furt ¹fʊrt; ²-ʁt
Fürth fʏrt
Furunkel ¹fuˈrʊŋkəl; ²-kl̩
Furunkulose furʊŋkuˈloːzə
fürwahr ¹fyrˈvaːr; ²-ʁˈvaːʁ
Fürwitz ˈfyːrvɪts
Furz ¹fʊrts; ²-ʁts
Fusel ¹ˈfuːzəl; ²-z̩l
Füsilier fyziˈliːr, -ʁ
füsilieren fyziˈliːrən

Fusion fuˈzi̯oːn
Fuß, pl. Füße fuːs, ˈfyːsə
Füssen (Dt.) ˈfʏsən
Fußsohle ¹ˈfuːsźoːlə; ²-s‿z̦-
Fuß(s)tapfe ˈfuːs(ʃ)tapfə
Fust (Kl., Herm.) fʊst
Fustanella fʊstaˈnɛla
Futsch fʊtʃ
Futschou (Chi. Minhou) ˈfuːdʑoŭ
Futter ¹ˈfʊtər, ²-ɛʁ
Futteral fʊtəˈraːl
füttern ¹ˈfʏtərn; ²-tɛʁn
Futurismus futuˈrɪsmʊs
Futurum fuˈtuːrʊm
Fyt (ndld.) fɛi̯t

G

g geː
Gäa ˈgɛːa
Gabardine gabarˈdiːn(ə), ˈ- - -
Gabbro ˈgabro
Gabe ¹ˈgaːbə; ²ĝ-
Gabel ¹ˈgaːbəl; ²ˈĝaːbl̩
Gabelentz ˈgaːbəlɛnts
Gab(e)lung ¹ˈgaːb(ə)lʊŋ;
  ²ˈĝab-
Gablonz (Bö.) ˈgaːblɔnts
Gábor (magy.) ˈgaːbor, -ʁ
Gabriel ˈgaːbriɛl
Gabriele (w. Vn.) gabriˈeːlə; (it.
  m. Vn.) gaˈbriˌeːle
Gabun (Afr.) gaˈbuːn
gackern ¹ˈgakərn; ²ˈĝakɛʁn
Gaden ˈgaːdən
Gadolinium gadoˈliːni̯ʊm
Gadshill (Sh., H. IV usw.)
  ˈgædzhil
Gaëta ga-ˈeːta
Gaffel ¹ˈgafəl; ²ĝafl̩
gaffen ¹ˈgafən; ²ĝafn̩
Gag (e.) gɛg
Gage ˈgaːʒə
Gagern ˈgaːgərn
Gagliarda (it.) gaˈfi̯arda

gähnen ¹ˈgɛːnən; ²ˈĝ-
Gaillarde (f.) gaˈjaʁdə
Gainsborough ˈgeinzbərə
Gaitskell (e.) ˈgeitskəl
Gajus (alt.) ˈgaːjʊs, s. Cajus
Gala ˈgala
Galalith galaˈliːt
Galan gaˈlaːn
galant gaˈlant
Galanta (Slow.) ˈgalanta
Galanterie galantəˈriː
Galápagos(inseln) gaˈlapayɔs-
Galata ˈgalata
Galater ˈgalatər, -ɛʁ
Galathea, Galathee (G., Faust)
  galaˈteː-a, -ˈteː
Galaţi (Rum.) ˈgalats; (dt.)
  Galatz
Galatien gaˈlaːtsi̯ən
Galatz s. Galaţi
Galba ˈgalba
Galdhöpigg (Berg, N.) ˈgalhœpig
Galdino (Gra., Barb.) galˈdiːno
Galeere gaˈleːrə
Gälen ˈgɛːlən
Galen, -nus gaˈleːn, -nʊs
Galenit galəˈniːt

Galeone gale'o:nə
Galerie galə'ri:
Galgant gal'gant
Galgen ¹'galgən; ²'g̊algn̩
Galicia (Sp.) ga'liθïa
Galickij (ru., Borodin) 'gafiitski
Galiläa (bi.) gali'lɛ:-a
Galilei gali'lɛ:-i
Galimathias galima'ti:as
Galion gali'o:n
gälisch 'gɛ:lɪʃ
Galizien ga'li:tsïən
Galla Placidia ˌgala pla'tsi:dia
Galle ¹'galə; ²'g̊-
Gallert, -rte 'galərt, ga'lɛrtə
Gallet ga'lɛ
Galletti ga'lɛti
Gallien 'galiən
Gallipoli (Tü.) ga'li:poli; (tü.) Gelibolu
gallisch 'galɪʃ
Gallitzin 'galitsin; (ru.) Golicyn
Gallium 'galiʊm
Gallizismus ga'litsɪsmʊs
Gallone ga'lo:nə
Gallup(institut) 'gæləp-(-msti,tu:t)
Gallus 'galʊs
Galmei gal'mae
Galomir (Gri., Weh.) 'ga:lomɪr, -ʀ
galoniert galo'ni:rt
Galopp ¹ga'lɔp; ²g̊-
Galosche ¹ga'lɔʃə; ²g̊-
Galotti (L.) ga'lɔti
Galsworthy 'gɔːlzwəːði
Galtür (Ö.) gal'ty:r, -ʀ
Galvani gal'va:ni
galvanisch gal'va:nɪʃ
Galvanismus galva'nɪsmʊs
Galvanoplastik galva:no'plastɪk
Galveston (N.-A.) 'gælvistən
Galway (Ir.) 'gɔːlwei
Gamander ga'mandər, -ɛʀ
Gamasche ¹ga'maʃə; ²g̊-
Gambe ¹'gambə; ²'g̊-
Gambetta gam'bɛta
Gambia (Afr.) 'gambia

Gambrinus gam'bri:nʊs
Gambit gam'bɪt
Gamelan, -ang 'gamələn, -aŋ
Gamin ga'mɛ̃
Gamma (gr. Buchst.) 'gama
Gandhi (hindust.) ga:nd'hi:
Ganelon 'ganelən; (f.) gan'lɔ̃
Ganem (Hofm., Sob.) 'ganem
gang (gäng) und gäbe ¹gaŋ (gɛŋ) ʊnt 'gɛ:bə; ²g̊aŋ (g̊ɛŋ) ʊnt 'g̊ɛ:bə
gängeln ¹'gɛŋəln; ²'g̊-
Ganges 'gaŋes
gängig, -ige ¹'gɛŋɪç, -ɪgə; ²'g̊-
Ganglion, pl. -lien 'gaŋ(g)liən, -liən
Gangolf 'gaŋɔlf, -ŋg-
Gangrän, -ne gaŋ'grɛ:n, -nə
Gangspill ¹'gaŋʃpɪl; ²'g̊-
Gangster ¹'gɛŋstər; ²'g̊ɛŋstɛʀ
Ganove ga'no:və
Gans, pl. Gänse ¹gans, 'gɛnzə; ²g̊-, 'g̊ɛnzə
Gant ¹gant; ²g̊-
Gangway 'gæŋwei
Ganymed gany'me:t; (Ö. auch) 'ga:ny-
ganz ¹gants; ²g̊-
gänzlich ¹'gɛntslɪç; ²g̊-
Gapon (ru.) ga'pɔ:n
gar ¹ga:r; ²g̊a:ʀ
Garage gaʀa:ʒə
Garantie, pl. -ien garan'ti:, -i:ən
Garaus ¹'ga:r|aos; ²'g̊a:ʀ|aos
Garbe ¹'garbə; ²'g̊aʀbə
Garbo (schw.) 'garbu:
Gärbottich ¹'gɛ:rbɔtɪç; ²'g̊ɛ:ʀb-
García gar'θia
Garcin (f.) gaʀ'sɛ̃
Garçon gaʀ'sɔ̃
Gardasee 'gardaze:
Garde 'gardə
Gardedukorps gaʀdədy'kɔːʀ, -ʀ
Gardekorps 'gardəkɔːr, -ʀ
Gardenie gar'de:niə
Garderobe ¹gardə'ro:bə; ²g̊aʀ-'dʀo:bə

Garderobier, fm. -re gaʀdǝʀɔ-
biˈeː, -biˈɛːʀǝ
Gardine ¹garˈdiːnǝ; ²ǧaʀˈd-
Gardiner (Sh., H. VIII) ˈgardɪ-
nǝr, -ɛʀ; (e.) gaːdnǝ
gären, gor, gärte ¹ˈgɛːrǝn, goːr,
ˈgɛːrtǝ; ²ˈǧ-, ǧoːʀ, ˈǧɛːʀtǝ
Garfield (N.-A.) ˈgaːfiːld
Gargantua garˈgantua
Gargrave (Sh., H. VI) ˈgaːgreiv
Garibaldi gariˈbaldi
Garmisch ˈgarmɪʃ
Garn ¹garn; ²ǧaʀn
Garnele ¹garˈneːlǝ; ²ǧaʀˈn-
Garnett (e.) ˈgaːnit
garnieren garˈniːrǝn
Garnison garniˈzoːn
Garnitur garniˈtuːr, -ʀ
Garonne gaˈrɔn
Garriek (e.) ˈgærik
Garseran (Gri., Jüd.) garseˈran
Garšin (ru.) ˈgaːrʃin
garstig, -ige ¹ˈgarstɪç, -ɪgǝ;
²ˈǧaʀs-
Garten, pl. Gärten ¹ˈgartǝn,
ˈgɛr-; ²ˈǧaʀtn̩, ˈǧɛʀtn̩
Garter (Sh., H. VIII) ˈgaːtǝ
Gärtner ¹ˈgɛrtnǝr; ²ˈǧɛʀtnɛʀ
Garve ˈgarvǝ
Gas ¹gaːs; ²ǧ-
Gascogne gasˈkɔɲ
Gasel, -le gaˈzeːl, -lǝ
Gasometer gazoˈmeːtǝr, -ɛʀ
Gasparo (Gra., Don Juan) gas-
ˈpaːro
Gasparone (Mill.) gaspaˈroːne
Gasse ¹ˈgasǝ; ²ǧ-
Gassendi (f.) gasɛ̃ˈdi
Gasser (e.) ˈgæsǝ
Gast, pl. Gäste ¹gast, ˈgɛstǝ; ²ǧ-
Gastein gasˈtaen
Gastgeber ¹ˈgastgeːbǝr; ²ˈǧast-
ǧeːbɛʀ
Gasthaus ¹ˈgasthaos; ²ˈǧ-
gastlich ¹ˈgastlɪç; ²ˈǧasdlɪç
gastrisch ˈgastrɪʃ
Gastritis gasˈtriːtɪs
Gastronomie gastronoˈmiː

Gaststätte ¹ˈgastʃtɛtǝ; ²ˈǧ-
gaßaus, gaßein ¹gasˈ|aos, gas-
|ˈaen; ²ǧ-
Gatčina (Ru.) ˈgaːtʃina
Gates (E.) geits
Gatte ¹ˈgatǝ; ²ǧ-
Gatter ¹ˈgatǝr; ²ˈǧatɛʀ
Gattin ¹ˈgatɪn; ²ˈǧ-
Gau ¹gao; ²ǧ-
Gauch ¹gaox; ²ǧ-
Gaucho (sp.) ˈgaŭtʃo
Gaudeamus gaodeˈaːmʊs
Gaudium ˈgaodiʊm
Gaudy ˈgaodi
Gaugamela (Alt.) gaogaˈmeːla
Gauguin goˈgɛ̃
gaukeln ¹ˈgaokǝln; ²ˈǧ-
Gaukler ¹ˈgaoklǝr; ²ˈǧaoklɛʀ
Gaul, pl. Gäule ¹gaol, ˈgɔǝlǝ;
²ǧ-
Gaulle goːl
Gaullist goˈlɪst
Gaumen ¹ˈgaomǝn; ²ˈǧ-
Gauner ¹ˈgaonǝr; ²ˈǧaonɛʀ
Gaunt (e., Sh., R. II) gɔːnt
Gaurisankar gaŭriˈsaŋkar, -ʀ
Gautama (ind.) ˈgaŭtama
Gauteson (I., Soln.) ˈgœŭtǝsœn;
(norw.) ˈgæŭtǝsœn
Gautier goˈtje
Gaveston (Boieldieu, Dame)
ˈgæviston, ˈgaːvɛston
Gävle (Schw.) ˈjeːvlǝ
Gavotte gaˈvɔt, -tǝ
Gavrilovič, fm. -vna (ru. Vat.)
gaˈvriːɫǝvitʃ, -vna
Gawan ˈgaːvan
Gay (e.) gei
Gay-Lussac (f.) gɛ lyˈsak
Gaza (Palästina) ˈgaːza
Gaze ˈgaːzǝ
Gazelle gaˈtsɛlǝ
Gazette gaˈzɛt(ǝ)
Gdingen ˈgdɪŋǝn
ge- ¹gǝ-, ²ǧe-
Geäst ¹gǝˈ|ɛst; ²ǧe|-
Gebhard ˈgɛphart
Gebärde ¹gǝˈbɛːrdǝ; ²ǧeˈbɛːʀdǝ

gebären ¹gə'bɛːrən; ²g̊e'bɛːʁən
geben, gibst, gibt, gab ¹'geːbən,
  giːpst, giːpt, gɑːp; ²'g̊-
Gebet ¹gə'beːt; ²g̊e'b-
Gebiet ¹gə'biːt; ²g̊e'b-
Gebirge ¹gə'bɪrgə; ²g̊ebɪʁgə
geblümt ¹gə'blyːmt, ²g̊e'bl-
Geblüt ¹gə'blyːt; ²g̊e'bl-
gebrauchen ¹gə'braoxən;
  ²g̊ebʁaoxn̩
Gebrechen ¹gə'brɛçən; ²g̊e-
  'bʁeçn̩
Gebresten ¹gə'brɛstən; ²g̊e-
  'bʁestn̩
Gebühr ¹gə'byːr; ²g̊e'byːʁ
Geburt ¹gə'buːrt; ²g̊ebuːʁt; (ö.,
  schwz. auch) -burt
gebürtig ¹gə'byrtɪç; ²g̊e'byʁt-
Geburtstag ¹gə'buːrtstɑːk; ²g̊e-
  'buːʁts-
Gebüsch ¹gə'byʃ; ²g̊e'b-
Gebweiler ¹geːpvaelər
Geck ¹gɛk; ²g̊-
Gecko ¹gɛko
Gedächtnis ¹gə'dɛçtnɪs; ²g̊e-;
  (schwz. auch) gə'dɛː-
gedackt ¹gə'dakt; ²g̊e'd-
Gedanke ¹gə'daŋkə; ²g̊ed-
Gedärm(e) ¹gə'dɛrm(ə); ²g̊e-
  'dɛʁm(ə)
gedeihen ¹gədaeən; ²g̊e'daeən
Gedicht ¹gə'dɪçt; ²g̊e'd-
gediegen ¹gə'diːgən; ²g̊e'diːgn̩
Gedinge ¹gə'dɪŋə; ²g̊e'd-
Gedser (Dä.) ¹gɛseʁ
Geduld ¹gə'dult; ²g̊ed-
Geest ¹geːst; ²g̊-
geekelt ¹gə|'eːkəlt; ²g̊e|'eːkl̩t
geeignet ¹gə|'aegnət; ²g̊e|'aeg-
Gefahr ¹gə'faːr; ²g̊e'faːʁ
Gefährte, fm. -tin ¹gə'fɛːrtə,
  -tɪn; ²g̊e'fɛːʁtə
Gefängnis ¹gə'fɛŋnɪs; ²g̊e-
Gefäß ¹gə'fɛːs; ²g̊e-
Geffrey (Sh., K. J.) ¹dʒɛfri
Gefion ¹geːfiɔn
Geflügel ¹gə'flyːgəl; ²g̊e'flyːg̊l̩
gefühllos ¹gə'fyːl̩loːs; ²g̊e-

gegen ¹'geːgən; ²'g̊eːgn̩
Gegend ¹'geːgənt; ²g̊eːg-
gegeneinander ¹geːgən|ae'nan-
  dər, '- - - - -; ²g̊eːgn̩|ae'nan-
  dɛʁ
gegenüber ¹geːgən|'yːbər;
  ²g̊eːgn̩|'yːbɛʁ
gegenwärtig, -ige ¹'geːgənvɛrtɪç,
  -ɪgə; ²g̊eːgn̩vɛʁtɪç
Gegner ¹'geːgnər; ²'g̊eːgnɛʁ
gehabt ¹gə'haːpt; ²g̊e-
Gehalt ¹gə'halt; ²g̊e-
gehandikapt ¹gə'hɛndikɛpt; ²g̊e-
geharnischt ¹gə'harnɪʃt; ²g̊e-
  haʁn-
gehässig, -ige ¹gə'hɛsɪç, -ɪgə;
  ²g̊e-
Geheim(e)rat ¹gə'haem(ə)raːt;
  ²g̊e'haemʁaːt
geheimhalten ¹gə'haemhaltən;
  ²g̊e'haemhaltn̩
Geheimnis ¹gə'haemnɪs; ²g̊e-
gehen, ging, gegangen ¹'geːən,
  gɪŋ, gə'gaŋən; ²g̊eːən, g̊ɪŋ,
  g̊e'gaŋən
Gehenna ge'hɛna
geheuer ¹gə'hɔøər; ²g̊e'hɔøɛʁ
Gehilfe ¹gə'hɪlfə; ²g̊e-
Gehirn ¹gə'hɪrn; ²g̊e'hɪʁn
Gehöft ¹gə'høːft- ²g̊e-; (schwz.
  auch) -'hœft
gehorchen ¹gə'hɔrçən; ²g̊e-
  'hɔʁçn̩
gehörig, -ige ¹gə'høːrɪç, -ɪgə;
  ²g̊e-
Gehörn ¹gə'hœrn; ²g̊e'hœʁn
gehorsam ¹gə'hoːrzaːm; ²g̊e-
  'hoːʁzaːm
Gehrung ¹'geːruŋ; ²'g̊eːʁ-
Geier ¹'gaeər; ²'g̊aeɛʁ
Geifer ¹'gaefər; ²'g̊aefɛʁ
Geige ¹'gaegə; ²'g̊-
geil ¹gael; ²g̊-
Geisel ¹'gaezəl; ²'g̊aezl̩
Geiser (dt. für Geysir) ¹'gaezər;
  ²'g̊aezɛʁ
Geiserich ¹gaezərɪç
Geisha ¹'geːʃa

Geiß ˈgaes; ²g̑-
Geißblatt ¹ˈgaesblat; ²ˈg̑aesb̦lat
Geißel ¹ˈgaesəl; ²ˈg̑aesl̦
Geist ¹gaest; ²g̑-
geistlich ¹ˈgaestlɪç; ²ˈg̑aesdlɪç
Geiz ¹gaets; ²g̑-
Gekröse ¹gəˈkrø:zə; ²g̑eˈkʀø:ʐə
Gelächter ¹gəˈlɛçtər; ²g̑eˈlɛçtɛʀ
Gelände ¹gəˈlɛndə; ²g̑e-
Geländer ¹gəˈlɛndər; ²g̑eˈlɛndɛʀ
Gelaß ¹gəˈlas; ²g̑e-
Gelatine ʒelaˈti:nə
geläufig,-ige ¹gəˈlɔøfɪç,-ɪgə; ²g̑e-
gelb, -be ¹gɛlp, -bə; ²g̑-
gelblich ¹ˈgɛlplɪç; ²ˈg̑elb̦lɪç
Geld, pl. -er ¹gɛlt, -dər; ²g̑ɛlt,
   ˈg̑eldɛʀ
Gelderland (ndld.) ˈxɛldərlant
Geldern ˈgɛldərn
Gelee ʒəˈle:
gelegen ¹gəˈle:gən; ²g̑eˈle:gn̦
gelehrt ¹gəˈle:rt; ²g̑eˈle:ʀt
Geleise ¹gəˈlaezə; ²g̑eˈlaeʐə
Gelenk ¹gəˈlɛŋk; ²g̑e-
gelernt ¹gəˈlɛrnt; ²g̑eˈlɛʀnt
Geliebte ¹gəˈli:ptə; ²g̑e-
Gelichter ¹gəˈlɪçtər; ²g̑eˈlɪçtɛʀ
gelieren ʒeˈli:rən
Gelimer ˈge:limər, -ʀ, -mər, -ʀ
gelingen, -lang, -lungen ¹gə-
   ˈlm̦ən, -ˈlaŋ, -ˈlʊŋən; ²g̑e-
gellen ¹ˈgɛlən; ²g̑ɛln̦
Gelnhausen gɛlnˈhaozən
Gelöbnis ¹gəˈlø:pnɪs; ²g̑e-
Gelon ˈge:lɔn
Gelse ¹ˈgɛlzə; ²ˈg̑ɛlʐə
gelt ¹gɛlt; ²g̑-
gelten, gilt, galt, gegolten ¹ˈgɛl-
   tən, gɪlt, galt, gəˈgɔltən;
   ²ˈg̑ɛltn̦, g̑-, g̑-, g̑eˈgɔltn̦
Gelübde ¹gəˈlʏpdə; ²g̑eˈlʏpdə
Gelüst(e) ¹gəˈlʏst(ə); ²g̑e-
Gemach, pl. -mächer ¹gəˈma:x,
   -ˈmɛ:çər; ²g̑e-, g̑eˈmɛ:çɛʀ
gemach ¹gəˈma:x; ²g̑e-
gemächlich ¹gəˈmɛ:çlɪç; ²g̑e-
   mɛç-
Gemahl ¹gəˈma:l; ²g̑e-

Gemälde ¹gəˈmɛ:ldə; ²g̑e-
gemäß ¹gəˈmɛ:s; ²g̑e-
Gemäuer ¹gəˈmɔøər; ²g̑eˈmɔøɛʀ
gemein ¹gəˈmaen; ²g̑e-
Gemeinde ¹gəˈmaendə; ²g̑e-
gemeinhin ¹gəˈmaenhɪn; ²g̑e-
gemeiniglich ¹gəˈmaenɪklɪç;
   ²g̑eˈmaenɪg̑lɪç
gemeinsam ¹gəˈmaenza:m; ²g̑e-
   ˈmaenza:m
Gemengsel ¹gəˈmɛŋzəl; ²g̑e-
   ˈmɛŋzl̦
Gemination geminaˈtsi̯o:n
Gemme ˈgɛmə
Gemsbock ¹ˈgɛmsbɔk; ²ˈg̑ɛms-
   b̦ɔk
Gemse ¹ˈgɛmzə; ²ˈg̑ɛmʐə
Gemüse ¹gəˈmy:zə; ²g̑eˈmy:ʐə
Gemüt ¹gəˈmy:t; ²g̑e-
gemütlich ¹gəˈmy:tlɪç; ²g̑e-
   ˈmy:d̦l-
gen ¹gɛn; ²g̑-
Gen ge:n
genant ʒeˈnant
genäschig, -ige ¹gəˈnɛʃɪç, -ɪgə;
   ²g̑e-
genau ¹gəˈnao; ²g̑e-
Genauigkeit ¹gəˈnaoɪçkaet; ²g̑e-
Gendarm ʒanˈdarm; ʒãˈdaʀm
Genealogie genealoˈgi:
Genée ʒəˈne:
genehmigen ¹gəˈne:mɪgən; ²g̑e-
   ˈne:mɪgn̦
Genelli dʒeˈnɛli
General ¹geneˈra:l; ²g̑eneˈʀa:l
General(baß usw.) ¹geneˈra:l-;
   ²g̑enəˈʀa:l-
Generalbundesanwalt ¹genera:l-
   ˈbʊndəs|anvalt; ²g̑eneʀa:l-
Generalfeldmarschall ¹genera:l-
   ˈfɛltmarʃal; ²-ʀʃal
generalisieren generaliˈzi:rən
Generalleutnant genera:l⌣-
   ˈlɔøtnant
Generalmajor ¹geneˈra:lmajo:r;
   ²g̑eneˈʀa:lmajo:ʀ
Generation generaˈtsi̯o:n
Generator geneˈra:tɔr, -ʀ

generell gene'rɛl
generisch ge'neːriʃ
generös ʒene'røːs
Generosität ʒenerozi'tɛːt
genesen, genas ¹gə'neːzən, gə-
  'naːs; ²ĝe'neːzn̩, ĝe-
Genesis 'gɛnezɪs, 'geː-
Genesius ge'neːziʊs
genetisch ge'neːtɪʃ
Genève ʒə'nɛːv; (dt.) Genf
Genever ʒe'neːvər, -ɛʀ
Geneviève ʒən'vjɛːv
Genezareth (bi.) ge'neːtsaʀɛt
Genf gɛnf
genial geni'aːl
Geniek ¹gə'nɪk; ²ĝe-
Genie ʒe'niː
genieren ʒe'niːrən
genießen, genoß ¹gə'niːsən, gə-
  'nɔs; ²ĝe'niːsn̩, ĝe-
Genitalien geni'taːliən
Genitiv 'geːnitiːf, - -'-
Genius 'geːniʊs
Geologie ge|olo'giː
(De) Genlis ʒã'lis
Gennadij (ru. Vn.) gɛ'naːdij
Gennaro (Don., Lucr.) dʒɛ'naːro
Genosse ¹gə'nɔsə; ²ĝe-
Genova 'dʒeːnova; (dt.) Genua
Genoveva geno'feːfa
Genre ʒã:ʀ(ə)
Gent (e.) dʒɛnt
Gent (Be.) xɛnt; (dt.) gɛnt
Gentile (it.) dʒen'tiːle
Genthin gɛn'tiːn
gentil (einer Familie angehörig)
  gɛn'tiːl
Gentilhomme ʒãti'jɔm
Gentleman 'dʒɛntlmən
gentlemanlike 'dʒɛntlmənlaek
Gentlemens Agreement (e.)
  'dʒɛntlmənz ə'griːmənt
Gentry 'dʒɛntri
Genua 'geːnua; (it.) Genova
Genuese genu'eːzə
genug ¹gə'nuːk; ²ĝe-
genugsam ¹gə'nuːkzaːm; ²ĝe-
  'nuːksaːm

genügsam ¹gə'nyːkzaːm; ²ĝe-
  'nyːksaːm
Genugtuung ¹gə'nuːktuːʊŋ; ²ĝe-
genuin genu'iːn
Genus 'geːnʊs, 'geː-
Genuß, pl. -nüsse ¹gə'nʊs,
  -'nʏsə; ²ĝe-
Genußsucht ¹gə'nʊsz̑ʊxt; ²ĝe-
  'nʊs‿ʐʊxt
Geodäsie ge|odɛ:'ziː
Geodät ge|o'dɛːt
Geographie ge|ogra'fiː
Geolog, -ge ge|o'loːk, -'loːgə
Geometer ge|o'meːtər, -ɛʀ
Geometrie ge|ome'triː
Georg 'geː-ɔrk, ge-'ɔrk
George (dt.) ge'ɔrgə; (f.) ʒɔʀʒ;
  (e.) dʒɔːdʒ
Georgetown 'dʒɔːdʒtaun
Georgette ʒɔʀ'ʒɛt
Georgia 'dʒɔːdʒjə, ge'ɔrgia
Georgien ge'ɔrgiən
Georgiev (bg.) gɛɔr'gi-ɛf
Georgine ge|ɔr'giːnə
Gepäck(annahme) ¹gə'pɛk
  (|-aȵ̩amə); ²ĝe-
Gepiden ge'piːdən, gə-
Ger ¹geːr; ²ĝeːʀ
gerade ¹gə'raːdə; ²ĝe'ʀ-
geradeaus ¹gəraːdə|'aos; ²ĝeʀ-
Geraldin (Sch., W.) 'geːraldɪn
Geranium ge'raːniʊm
Gérard (f.) ʒe'ʀaːʀ
Gerasimov (ru.) gɛ'raːsimɔf
Gerät ¹gə'rɛːt; ²ĝe'ʀ-
(aufs) Geratewohl ¹gəraːtə'voːl;
  ²ĝeʀ-
geräumig, -ige ¹gə'rɔømɪç, -ɪgə;
  ²ĝe'ʀ-
Geräusch ¹gə'rɔøʃ; ²ĝe'ʀ-
gerben ¹'gɛrbən; ²'ĝeʀbn̩
Gerbino (Suppé, Bocc.) dʒɛr-
  'biːno
Gerburg 'geːrbʊrk
Gerda 'gɛrda
Gerenot (He., Nib.) 'geːrənoːt
Gerhart 'geːrhart
Géricault (f.) ʒeʀi'ko

Gericht ¹gə'rɪçt; ²g̊e'ʀ-
Gerichtsverfassungsgesetz ¹gə-
 'rɪçtsfɛrfasʊŋsgəzets; ²g̊e-
 'ʀɪçtsfɛʀfasʊŋsg̊ez
gering ¹gə'rɪŋ; ²g̊e'ʀ-
Gerinnsel ¹gə'rɪnzəl; ²g̊e'ʀɪnz̦l̩
Gerippe ¹gə'rɪpə; ²g̊e'ʀ-
Gerlach 'gɛrlax
Gerlind (germ., Sage) 'geːrlɪnt
Germ (ö.) ¹gɛrm; ²g̊ɛʀm
Germain, fm. -ne (f. Vn.) ʒɛʀ-
 'mɛ̃, -'mɛn
Germane gɛr'maːnə
Germanicus gɛr'maːnikʊs
germanisieren gɛrmani'ziːrən
Germanismus gɛrma'nɪsmʊs
Germanist gɛrma'nɪst
Germanium gɛr'maːniʊm
Germer ¹'gɛrmər; ²'g̊ɛʀmɛʀ
Germont (Verdi, Trav.) ʒɛʀ'mɔ̃
Gernot (Sage) 'geːrnoːt
gern ¹gɛrn; ²g̊ɛʀn
Gernegroß ¹'gɛrnəgroːs; ²'g̊ɛʀ-
 nəg̊ʀoːs
Gero 'geːro
Gerö (magy.) 'gæːrøː
Gerok 'geːrɔk
Geröll ¹gə'rœl; ²g̊e'ʀœl
Gerona (Sp.) xe'rona
Géronte (f.) ʒə'ʀɔ̃ː
Gersau 'gɛrzao
Gershwin 'gəːʃwin
Gerstäcker 'gɛrstɛkər, -ɛʀ
Gerste ¹'gɛrstə; ²g̊ɛʀstə
Gerte ¹'gɛrtə; ²'g̊ɛʀtə
Gertrud 'gɛrtruːt
Gertrude (Sh., Ha.) 'gɛrtruːdə;
 (e.) 'gəːtruːd
Geruch, pl. -rüche ¹gə'rux,
 -'rYçə; ²g̊e'ʀ-
Gerücht ¹gə'rYçt; ²g̊e'ʀ-
geruhen ¹gə'ruːən; ²g̊e'ʀ-
Gerümpel ¹gə'rYmpəl; ²g̊e-
 'ʀYmpl̩
Gerundium ge'rʊndiʊm
Gerundivum gerʊn'diːvʊm
Gerüst ¹gə'rYst; ²g̊e'ʀ-
Gervais 'ʒɛʀvɛ; (ö.) -'-

Gervinus gɛr'viːnʊs
ges (mus.) gɛs
gesamt ¹gə'zamt; ²g̊e'z̊amt
Gesandte(r) ¹gə'zantə(r); ²g̊e-
 'z̊antə, (-tɛʀ)
Gesang, pl. -sänge ¹gə'zaŋ,
 -'zɛŋə; ²g̊e'z̊-
Gesäß ¹gə'zɛːs; ²g̊e'z̊-
Geschäft ¹gə'ʃɛft; ²g̊e-
geschehen, geschieht, geschah
 ¹gə'ʃeːən, gə'ʃiːt, gə'ʃaː; ²g̊e-
gescheit ¹gə'ʃaet; ²g̊e-
Geschenk ¹gə'ʃɛŋk; ²g̊e-
Geschichte ¹gə'ʃɪçtə; ²g̊e-
geschichtlich ¹gə'ʃɪçtlɪç; ²g̊e-
 'ʃɪçdlɪç
Geschirr ¹gə'ʃɪr; ²g̊e-
Geschlecht ¹gə'ʃlɛçt; ²g̊e-
Geschmack ¹gə'ʃmak; ²g̊e-
geschmackvoll ¹gə'ʃmakfɔl; ²g̊e-
Geschoß ¹gə'ʃɔs; ²g̊e-
Geschütz ¹gə'ʃYts; ²g̊e-
Geschwader ¹gə'ʃvaːdər; ²g̊e-
 'ʃvaːdɛʀ
geschwätzig, -ige ¹gə'ʃvɛtsɪç,
 -ɪgə; ²g̊e-
Geschwindigkeit ¹gə'ʃvɪndɪç-
 kaet; ²g̊e-
Geschwor(e)ne ¹gə'ʃvoːr(ə)nə;
 ²g̊e'ʃvoːʀ(ə)nə
Geschwür ¹gə'ʃvyːr; ²g̊e'ʃvyːʀ
Geselchtes (süddt., ö.) ¹gə'zɛlç-
 təs; ²g̊e'z̊-
Geselle ¹gə'zɛlə; ²g̊e'z̊ɛ-
Gesetz ¹gə'zets; ²g̊e'z̊ets
Gesicht ¹gə'zɪçt; ²g̊ez̊-
Gesims ¹gə'zɪms; ²g̊e'z̊-
Gesinde ¹gə'zɪndə; ²g̊e'z̊-
Gespan ¹gə'ʃpaːn; ²g̊e-
Gespann ¹gə'ʃpan; ²g̊e-
Gespenst ¹gə'ʃpɛnst; ²g̊e-
Gespinst ¹gə'ʃpɪnst; ²g̊e-
Gespons ¹gə'ʃpɔns; ²g̊e-
Gespräch ¹gə'ʃprɛːç; ²g̊e'ʃpʀɛːç
Gestade ¹gə'ʃtaːdə; ²g̊e-
Gestalt ¹gə'ʃtalt; ²g̊e-
Geständnis ¹gə'ʃtɛntnɪs; ²g̊e-
Gestapo ¹ge'staːpo; ²g̊e-

Geste, -stus ¹ˈgɛstə, -stʊs;
²g̊-
gestehen ¹gəˈʃteːən; ²g̊e-
gestern ¹ˈgɛstərn; ²ˈg̊ɛstɛʀn
gestikulieren gɛstikuˈliːrən
Gestrüpp ¹gəˈʃtrʏp; ²g̊eˈʃtʀ-
Gestüt ¹gəˈʃtyːt; ²g̊e-
Gesuch ¹gəˈzuːx; ²g̊eˈz̊-
gesund ¹gəˈzʊnt; ²g̊ez̊-
Geten ˈgeːtən
Gethsemane (bi.) getˈzeːmane
Getriebe ¹gəˈtriːbə; ¹g̊eˈtʀiː-
getrost ¹gəˈtroːst; ²g̊eˈtʀoːst
Getto ˈgɛto
Gettysburg ˈgetizbəːg
Getue ¹gəˈtuːə; ²g̊e-
Getulio (Vn., bras.) ʒeˈtuli̯u
Geusen (ndld. -zen) ˈgøøzən;
(ndld.) ˈxøːzə
Gevaert (ndl.) ˈxeːvaːrt
Gevatter ¹gəˈfatər; ²g̊eˈfatɛʀ
Geviert ¹gəˈfiːrt; ²g̊eˈfiːʀt
Gewächs ¹gəˈvɛks; ²g̊e-
Gewähr ¹gəˈvɛːr; ²g̊eˈvɛːʀ
Gewahrsam ¹gəˈvaːrzaːm;
²g̊eˈvaːʀz̊-
Gewalt ¹gəˈvalt; ²g̊e-
Gewand, pl. -wänder ¹gəˈvant,
-ˈvɛndər; ²g̊eˈvɛndɛʀ
gewandt ¹gəˈvant; ²g̊e-
gewärtig, -ige ¹gəˈvɛrtɪç, -ɪgə;
²g̊eˈvɛʀt-
Gewehr ¹gəˈveːr; ²g̊eˈveːʀ
Gewerbe ¹gəˈvɛrbə; ²g̊eˈvɛʀbə
Gewerkschaft ¹gəˈvɛrkʃaft;
²g̊eˈvɛʀk-
gewichtig, -ige ¹gəˈvɪçtɪç, -ɪgə;
²g̊e-
Gewitter ¹gəˈvɪtər; ²g̊eˈvɪtɛʀ
gewitzigt ¹gəˈvɪtsɪçt; ²g̊e-
Gewölbe ¹gəˈvœlbə; ²g̊e-
Gewürz ¹gəˈvʏrts; ²g̊eˈvʏʀts
Geysir (isl.) ˈgaezɪr, -ʀ
Géza (magy.) ˈgeːzɔ
Gezeiten ¹gəˈtsaetən; ²g̊eˈtsaetn̥
Gezeter ¹gəˈtseːtər; ²g̊eˈtseːtɛʀ
Ghasel s. Gasel
Ghats (Gebirge, S.-As.) khaːtsə

Gherardino (Pu., Schicchi)
gerarˈdiːno
Gherardo (Gra., Barb.) geˈrardo
Ghibellinen gibɛˈliːnən
Ghiberti giˈbɛrti
Ghirlandajo girlanˈdaːjo
Ghismonda (D'Albert) giz-
ˈmonda
Giacometto (Suppé, Bocc.)
dʒakoˈmeto
Giacomo (it.) ˈdʒaːkomo
Giambattista (it.) dʒambaˈtista
Gianettino (Sch., Fi.) dʒane-
ˈtiːno
Gianni (it.) ˈdʒani
Giannino (it.) dʒaˈniːno
Giauque (e.) dʒɔk
Giaur giˈaor, -ʀ
Gibbon ˈgibən
Gibbon (Affe) ˈgɪbɔn
Gibbs (e.) gibz
Gibraltar giˈbraltar, -ʀ; (sp.)
xiβralˈtar
Gibson gibsn
Gicht ¹gɪçt; ²g̊-
Gide ʒid
Gideon (bi.) ˈgiːdeon
Giebel ¹ˈgiːbəl; ²ˈg̊iːbl̥
Gier ¹giːr; ²g̊iːʀ
gieren ¹ˈgiːrən; ²g̊iːʀ-
gierig, -ige ¹ˈgiːrɪç, -ɪgə; ²ˈg̊iːʀɪç
gießen, goß ¹ˈgiːsən, gɔs; ²g̊iːsn̥
Gift ¹gɪft; ²g̊-
Gig gɪk
Gigant giˈgant
Gigerl ¹ˈgiːgərl; ²g̊ɪgɛʀl
Gigli ˈdʒifii
Gigue ˈʒiːg(ə)
Gigolo ˈʒiːgolo
Gijón (Sp.) xiˈxɔn
Gil (sp. Vn.) xil
Gilbert (dt.) ˈgɪlbɛrt; (e.) ˈgilbət;
(f.) ʒilˈbɛːʀ
Gil Blas çil ˈblas
Gilda (Verdi, Rig.) ˈdʒilda
Gilde ¹ˈgɪldə; ²ˈg̊-
Gilet ʒiˈle; (Schwz.) ˈ- -
Gilgamesch ˈgilgameʃ

Gilka 'gɪlka
Gilles (f.) ʒil
Gillette ʒi'lɛt
Gilly (f.) ʒi'li
Gil Pérez (Aub., Dom.) çil 'pɛrɛθ
Gimpel ¹'gɪmpəl; ²g̑ɪmpl̩
Gin (e.) dʒin
Gina (Vn., I.) 'giːna
Ginevra (Sage) gi'neːvra
Ginkgo (bot.) 'giŋko
Ginster ¹'gɪnstər; ²'g̑ɪnstɛʀ
Giocondo,fm.-da dʒo'kondo,-da
Giolitti dʒo'liti
Giordano dʒor'daːno
Giorgione dʒor'dʒoːne
Giotto 'dʒɔto
Giovanni (it.) dʒo'vani
Giovinezza (it.) dʒovi'netsa
Gipfel ¹'gɪpfəl; ²'g̑-
Gips ¹gɪps; ²g̑-
Giraffe ¹gi'rafə; (ö.) ʃi-; ²g̑ɪʀ-
Girandole ʒɪʀã'doːlə; Girandola
    (it.) dʒi'randola
Girardi ʒi'rardi
Giraudoux ʒiʀo'du
Giretti (Lehár, Pag.) dʒi'reti
girieren ʒi'riːrən
Girl gœːrl; (e.) gəːl
Girlande ¹gɪr'landə; ²g̑ɪʀ'l-
Girlitz ¹'gɪrlɪts; ²'g̑ɪʀl-
Giro '(d)ʒiːro
Gironde ʒi'ʀõːd
Girondist ʒiʀõ'dɪst
girren ¹'gɪrən; ²g̑ɪʀən
gis (mus.) gɪs
Gischt ¹gɪʃt; ²g̑-
Giseh 'giːze
Gisela 'giːzəla
Giselher (Sage) 'giːzəlhɛr, -ʀ
Gisgon (Gra., Ha.) 'gɪsgɔn
Gitarre ¹gi'tarə; ²g̑i'taʀə
Gitschin (Bö.) 'jɪtʃiːn; (Sch.,
    W.) 'gitʃiːn; (č.) Jičín
Gitter ¹'gɪtər; ²'g̑ɪtɛʀ
Giuliano dʒu'lïaːno
Giulietta (O., H. E.) dʒu'lïeta
Giulio (it.) 'dʒuːlïo
Giurgiu (Rum.) 'dʒurdzu

Giuseppe (it.) dʒu'zɛpe
Giusti (it.) 'dʒusti
Gizeh (Äg.) 'giːze
Gjirokastër (Alb.) gjiro'kastər,
    -ɛʀ
Glace glaːs
Glacé- gla'seː
glacieren gla'siːrən
Glacis gla'siː
Gladiole gladi'oːlə
Gladiator gladi'aːtɔr, -ʀ
Gladkov (ru.) gɫat'kɔːf
Gladstone 'glædstən
Gladys (e. Vn.) 'glædis
Glafira (ru. Vn.) gɫa'fiːra
Glamis (Sh., Macb.) 'glaːmz
Glamorganshire (Wal.)
    glə'mɔːgənʃiə
Glansdale (Sh., H. VI) 'glænzdeil
Glanz ¹glants; ²g̑-
glänzend ¹'glɛntsənt; ²'g̑-
Glarus (Schwz.) 'glaːrʊs
Glas, pl. Gläser ¹glaːs, 'gleːzər;
    ²'g̑leːʒɛʀ
Gläschen ¹'gleːsçən; ²'g̑leːsçn̩
Glasgow 'glaːsgou
glasieren gla'ziːrən
Glaßbrenner 'glaːsbrɛnər; -ɛʀ
Glast ¹glast; ²g̑-
Glasur gla'zuːr, -ʀ
Glatteis ¹'glat|aes; ²'g̑-
Glatz glaːts
Glatze ¹'glatsə; ²'g̑-
Glawari (Lehár, Witwe) gla-
    'vari
glauben ¹'glaobən; ²'g̑laobn̩
Glaubersalz ¹'glaobərzalts;
    ²'g̑laobɛʀz-
glaublich ¹'glaoplɪç; ²'g̑laoblɪç
Glaukom glao'koːm
glazial gla'tsïaːl
Glazunov (ru.) gɫazu'nɔːf
Gleb (ru. Vn.) gfiɛp
gleich ¹glaeç; ²g̑-
gleichermaßen ¹glaeçər'maːsən;
    ²g̑laeçɛʀ'maːsn̩
G(e)leise ¹g(ə)'laezə; ²g̑(e)'laezə
Gleisner ¹'glaesnər; ²'g̑laesnɛʀ

gleiten, glitt ¹'glaetən, glɪt;
　²'g̊laetn̩
Gleiwitz 'glaevɪts
Glendower (Sh., H. IV) glɛn'dauə
Gletscher ¹'glɛtʃər; ²'g̊lɛtʃɐ
Glied ¹gliːt; ²g̊-
glimmen, glomm ¹'glɪmən,
　glɔm; ²'g̊-
glimmern ¹'glɪmərn; ²'g̊lɪmɐʀn
glimpflich ¹'glɪmpflɪç; ²'g̊-
Glinka (ru.) 'g̊fiːnka
Glissade gli'saːdə
glissando (it.) gli'sando
glitschen ¹'glɪtʃən; ²'g̊lɪtʃn̩
glitzern ¹'glɪtsərn; ²'g̊lɪtsɐʀn
global glo'baːl
Globetrotter 'gloːbtrɔtər, -ɐʀ
Globus 'gloːbʊs
Glöckchen ¹'glœkçən; ²'g̊lœkçn̩
Glocke ¹'glɔkə; ²'g̊-
Glogau 'gloːgao
Gloria, -rie 'gloːria, -riə
Gloriole glori'oːlə
glorios glori'oːs
Glossar glɔ'saːr, -ʀ
Glosse 'glɔsə
Gloster, Gloucester (E., Sh.)
　'glɔstə
Glottis 'gloːtɪs, 'glɔ-
Gloxinie glɔ'ksiːniə
Glück ¹glʏk; ²g̊-
Glückauf glʏk|'aof
Glucke ¹'glʊkə; ²g̊-
glücklich ¹'glʏklɪç; ²'g̊lʏg̊lɪç
glückselig, -ige ¹glʏk'zeːlɪç,
　-ɪgə; ²g̊lʏk's-
glucksen ¹'glʊksən; ²'g̊lʊksn̩
glühen ¹'glyːən; ²g̊lyːən
Glut ¹gluːt; ²g̊-
Glyptothek glʏpto'teːk
Glyzerin glʏtsə'riːn
Glyzine, -nie gly'tsiːnə, -niə
Gmelin (dt.) 'gmeːlɪn
Gmünd gmʏnt
Gmunden 'gmʊndən
Gnade ¹'gnaːdə; ²'g̊-
gnädig, -ige ¹'gnɛːdɪç, -ɪgə; ²'g̊-
Gnaeus (alt.) 'gnɛː-ʊs

Gnedič (ru.) 'gɲeːditʃ
Gneis ¹gnaes; ²g̊-
Gneisenau 'gnaezənao
Gnesen 'gneːzən; (po.) Gniezno
Gnesina (ru.) 'gɲeːsina
Gnom ¹gnoːm; ²g̊-
Gnome 'gnoːmə
Gnosis 'gnoːzɪs
Gnostiker 'gnɔstikər, -ɐʀ
Gnu gnuː
Goa 'goːa
Gobbo (Sh., Kaufm.) 'gɔbo
Gobelin gob(ə)'lɛ̃
Gobi (N.-As.) 'goːbi
Gobineau gɔbi'no
Gobryas, -rias (alt., Händel,
　Bels.) 'goːbryas, -rias
Gockel ¹'gɔkəl; ²'g̊ɔkl̩
Godot gɔ'do
Godthaab (Grönld.) 'gɔdhɔːb
Godunov (ru.) gɔdu'nɔːf
Goethe 'gøːtə
Goe(t)ze 'gœtsə
Gogol (ru.) 'gɔːgɔfi
Gohlis 'goːlɪs
Goiser(n)er (ö.) ¹'gɔøzər(n)ər;
　²'g̊ɔøzɐʀ(n)ɐʀ
Goj, pl. Gojim goː|i, 'goːjɪm
Goland (Maet.) gɔ'lã
Gold ¹gɔlt; ²g̊-
golden, goldne ¹'gɔldən, 'gɔl-
dnə; ²'g̊ɔldn̩, 'g̊ɔldnə
Goldino (Gra., Barb.) gol'diːno
Goldmark 'gɔltmark
Goldoni gol'doːni
Goldsmith 'gouldsmiθ
Golem 'goːlɛm
Goleniščev-Kutuzov (ru.)
　gɔfie'ɲiːʃtʃɛf ku'tuːzɔf
Golf ¹gɔlf; ²g̊-
Golgatha (bi.) 'gɔlgata
Golgi (it.) 'gɔldʒi
Goliath (bi.) 'goːliat
Golicyn (ru.) ga'fiːtsin; s. Gal-
litzin
Golkonda (S.-As.) gol'konda
Golo 'goːlo
Golovin (ru.) gɔła'viːn

Golubev (ru.) 'goːɫubɛf
Gomel (Ru.) gɔ'mɛfi
Gómez (sp.) 'gomɛθ
Gomorrha (bi.) go'mɔra
Gomułka (po.) gɔ'muɫka
Gončarov (ru.) gɔntʃa'rɔːf
Gondar (Afr.) 'gɔndar, -ʀ
Gondel ¹'gɔndəl; ²'ǧɔndl̩
Gondoliere gɔndo'liˑeːrə
Goneril (Sh., L.) 'gɔnəril
Gonfaloniere (it.) gonfalo'niˑeːrə
Gong ¹gɔŋ; ²ǧ-
Góngora (sp.) 'gɔŋgora
Goniometer gonio'meːtər, -ɛʀ
gönnen ¹'gœnən; ²'ǧ-
Gonsalvo (it.) gon'salvo
Gonzaga gon'dʒaːga
González (sp.) gɔn'θalɛθ
Gonzalo (sp., Sh., St.) gɔn'θalo
Goose (e., Strav.) guːs
Göpel ¹'gøːpəl; ²'ǧøpl̩; (ö.) Göppel ǧœpl̩
Gör(e) ¹'gøːr(ə); ²'ǧ-
Gordion (Alt.) 'gɔrdiɔn
gordisch 'gɔrdiʃ
Gordon (scho., Sch., W.)
'gɔːdn, 'gɔrdɔn
Goreckij (ru., Ostr.) gɔ'rɛtskij
Görge (G., Bürgergen.) 'gœrgə
Gorgias 'gɔrgias
Gorgo, pl. -gonen 'gɔrgo, -'goːnən
Gorgonzola gɔrgɔn'tsoːla
Goring (e.) 'goːriŋ
Goŕkij (ru.) 'gɔrjkij
Gorlice (Po.) gɔr'litsɛ
Gorilla go'rɪla
Gormaz (Herder, Cid.) 'gɔrmaθ
Goro (Pu., Butt.) 'goːro
Görres 'gœrəs
Görz 'gœrts; (slov.) Gorica
Gösch ¹gœʃ; ²'ǧ-
Göschenen 'gœʃənən
Gose ¹'goːzə; ²'ǧoːʒə
Gosen (Äg.) 'goːsən
Goslar 'gɔslar, -ʀ
Gospodar gɔspo'daːr, -ʀ
Gospodin (ru.) gəspa'dɪn

Gosse ¹'gɔsə; ²'ǧ-
Gösta (schw. Vn.) 'jœsta
Goswin (Vn.) 'gɔsvɪn
Göta Älv (Schw.) 'jøːta 'ɛlv
Götaelf (schw.) 'jøːta-ɛlf
Götaland 'jøːtaland
Gote 'goːtə
Göteborg 'gøtəbɔrk; (schw.) jœtə'bɔrj
Gotelind 'goːtəlmt
Gotik 'goːtɪk
Gotland (Schw.) 'gɔtland
Gotovac (jug.) 'gɔtɔvats
Gott, pl. Götter ¹gɔt, 'gœtər; ²'ǧœtɛʀ
Gotthard (Vn.) 'gɔtart; (Pass.) 'gɔthart
Gotthelf 'gɔthɛlf
Gotthold 'gɔthɔlt
Göttin ¹'gœtɪn; ²'ǧ-
gottlob ¹gɔt'loːp; ²'ǧɔḓ'loːp
gottlos ¹'gɔtloːs; ²'ǧɔḓloːs
Gottseibeiuns ¹gɔtzae'bae|ʊns; ²'ǧɔt'saebaeʊns
gottselig, -ige ¹gɔt'zeːlɪç, -ɪgə; ²'ǧɔt'seː-
Götze ¹'gœtsə; ²'ǧ-
Gouache gu'aʃ
Gouin (f.) gu'ɛ̃
Gounod gu'no
Gourmand guʀ'mã
Gourmet guʀ'me
goutieren gu'tiːrən
Gouvernante guvɛr'nantə
Gouvernement guvɛʀn(ə)'mã
Gouverneur guvɛʀ'nœːʀ
Gower (Sh., H. IV) 'gauə, gɔː
Goya 'goïa
Gozzi (it.) 'gotsi
Gozzoli (it.) 'gotsoli
Grab, pl. Gräber ¹graːp, 'grɛːbər; ²'ǧʀɛːbɛʀ
Grabbe 'grabə
graben, grub ¹'graːbən, gruːp; ²'ǧʀaːbn̩
Gråberg (I., Wildente) 'grɔːbær(g)
Grabmal ¹'graːpmaːl; ²'ǧʀ-

Gracchus, pl. -cchen ˈgraxʊs,
-xən
Gracht ¹graxt; ²g̊ʀ-
Grad ¹graːt; ²g̊ʀ-
gradatim graˈdaːtɪm
Gradierwerk ¹graˈdiːrvɛrk; ²-ʀk
Gradiška (Slov.) ˈgradiʃka
Graduale graduˈaːlə
graduell graduˈɛl
Graf ¹graːf; ²g̊ʀ-
Graffigny grafiˈɲi
Graffito (it.) graˈfiːto
Graham (e.) ˈgreiəm
Grahambrot ¹ˈgraːhambroːt;
²ˈg̊ʀaːhambʀoːt
Gral ¹graːl; ²g̊ʀ-
Gram ¹graːm; ²g̊ʀ-
grämlich ¹ˈgrɛːmlɪç; ²ˈg̊ʀ-
Gramm ¹gram; ²g̊ʀ-
Grammatik graˈmatɪk
Grammophon gramoˈfoːn
Grampians (Geb., Scho.)
ˈgræmpjənz
Gran, Grän ¹graːn, grɛːn; ²g̊ʀ-
Gran (Ung.) graːn; (magy.)
Esztergom
Grande (sp.), pl. -den ˈgrande,
-dən
Grandezza (it.) granˈdɛtsa
Granada graˈnaða, -ˈnaːda
Granat graˈnaːt
Granate ¹graˈnaːtə; ²g̊ʀ-
Gran Chaco (S.-A.) gran ˈtʃako
Grand (dt. = Kies) ¹grant; ²g̊ʀ-
Grand (f.) gʀã
grandios grandiˈoːs
Grandpré (Sh., H. V) grændˈprei;
(f.) gʀãˈpʀeː
Grand Prix gʀãˈpʀi
Grand Rapids (N.-A.) grænd
ˈræpidz
Grand River grænd ˈrivə
Grandseigneur (f.) gʀãsɛˈɲœːʀ,
-ʀ
Grandval (f.) gʀãˈval
Granikos (Fl., Alt.) graˈniːkɔs
Granit ¹graˈniːt; (ö.) -ˈnɪt; ²g̊ʀ-
Granne ¹ˈgranə; ²ˈg̊ʀ-

granulieren granuˈliːrən
Grapefruit (e.) ˈgreipfruːt
Graphik ˈgraːfɪk
Graphit graˈfiːt, -ˈfɪt
Graphologie grafoloˈgiː
Gras, pl. Gräser ¹graːs, ˈgrɛːzər;
²g̊ʀɛːzɛʀ
grassieren graˈsiːrən
gräßlich ¹ˈgrɛslɪç; ²ˈg̊ʀ-
Grat ¹graːt; ²g̊ʀ-
Gräte ¹ˈgrɛːtə; ²ˈg̊ʀ-
Gratiano (Sh., Kaufm.)
graˈtsïaːno
Gratianus graˈtsïaːnʊs
Gratignan (f.) gʀatiˈɲã
Gratifikation gratifikaˈtsïoːn
gratifizieren gratifiˈtsiːrən
gratis ˈgraːtɪs
Grätsche ¹ˈgrɛːtʃə; ²ˈg̊ʀ-
grätschen ¹ˈgrɛːtʃən; ²ˈg̊ʀɛːtʃn̩;
(Schwz. auch) ˈgrɛ-
Gratulation gratulaˈtsïoːn
Grätz grɛːts
grau ¹grao; ²g̊ʀ-
Graubünden graoˈbʏndən
Graudenz ˈgraodɛnts
grauen, G- ¹ˈgraoən; ²ˈg̊ʀ-
Graupe ¹ˈgraopə; ²ˈg̊ʀ-
grausam ¹ˈgraozaːm; ²ˈg̊ʀao-
zaːm
Grauwacke ¹ˈgraovakə; ²g̊ʀ-
grave (mus.) graːve
Gravelotte gravˈlɔt
Gravensteiner ¹graːfənʃtaenər,
-ɛʀ
Gravesend (e.) ˈgreivzˌɛnd,
-vˈzɛnd
Graveur gʀaˈvœːʀ, -øːʀ
gravieren graˈviːrən
Gravis ˈgraːvɪs
gravitätisch graviˈtɛːtɪʃ
gravitieren graviˈtiːrən
Gravüre graˈvyːrə
Gray grei
Graz graːts
Graziani graˈtsïaːni
Grazie ˈgraːtsïə
grazil graˈtsiːl

graziös graˈtsi̯øːs
gräzisieren grɛːtsiˈziːrən
Gräzist grɛːˈtsɪst
Great Yarmouth greit ˈjɑːməθ
Grečaninov (ru.) gretʃaˈɲiːnɔf
Greco (sp.) ˈgreko
Green, -ne (e., Sh., R. II) griːn
Greenhorn ˈgriːnhɔːn
Greenock ˈgriːnək
Greenwich ˈgrinidʒ
Gregor, -rius greˈgoːr, -ʁ, -riʊs,
  ˈgreːgɔr, -ʁ
gregorianisch gregoriˈɑːnɪʃ
Gregorio (it.) greˈgoːrio
Gregorovius gregoˈroːviʊs
Greif ¹graef; ²g̊ʁ-
greifen, griff ¹graefən, grɪf;
  ²ˈg̊ʁaefn̩
Greifenhagen graefənˈhaːgən
greis, G- ¹graes; ²g̊ʁ-
Greisenalter ¹ˈgraezən|altər;
  ²ˈg̊ʁaezn̩|altɛʁ
Greißler (ö.) ¹ˈgraeslər;
  ²ˈg̊ʁaeslɛʁ
Grekov (ru.) ˈgrjɛkɔf
grell ¹grɛl; ²g̊ʁ-
Gremin (ru., Čajk., One.)
  ˈgrjeːmin
Gremio (Sh., Wid.) ˈgreːmio
Gremium ˈgreːmiʊm
Grenadier grenaˈdiːr, -ʁ
Grendel (germ., Sage) ˈgrɛndəl
Grenoble (F.) gʁəˈnɔbl
Grenze ¹ˈgrɛntsə; ²ˈg̊ʁ-
Gresset (f.) gʁɛˈsɛ
Gretna Green ˌgrɛtnə ˈgriːn
Greuel ¹ˈgrɔøəl; ²g̊ʁ-
Greuze (f.) gʁøːz
Grevenbroich greːvənˈbrɔːx
Grew (e.) gruː
Grey (e., Sh., H. VI) grei
Gribojedov (ru.) gribaˈjeːdɔf
Griebe ¹ˈgriːbə; ²ˈg̊ʁ-
Griebs ¹griːps; ²g̊ʁ-
Griechen ˈgriːçən
Grieg griːk; (no.) grɪg
Griesgram ¹ˈgriːsgraːm;
  ²ˈg̊ʁiːsg̊ʁ-

Grieß ¹griːs; ²g̊ʁ-
Grieux (Mass., M. L.) gʁiø
Griffel ¹ˈgrɪfəl; ²ˈg̊ʁɪfl̩
Griffith (e.), -it (Sh., H. VIII)
  ˈgrifiθ, -it
Griffon (f.) gʁiˈfɔ̃
Grignard (f.) gʁiˈɲaːʁ
Grigorij (ru.) griˈgɔːrij
Grigorovič (ru.) grigaˈrɔːvitʃ
Grill ¹grɪl; ²g̊ʁ-
Grille ¹ˈgrɪlə; ²ˈg̊ʁ-
Grillparzer ˈgrɪlpartsər -ɛʁ
Grimasse ¹griˈmasə; ²g̊ʁ-
Grimes (Britten) graimz
Grimm ¹grɪm; ²g̊ʁ-
Grimsby (E.) ˈgrimzbi
Grind ¹grɪnt; ²g̊ʁ-
grinsen ¹ˈgrɪnzən; ²ˈg̊ʁɪnzn̩
Grippe ¹ˈgrɪpə; ²g̊ʁ-
Grisaille (f.) gʁiˈzaːj
Griseldis griˈzɛldɪs
Grisette griˈzɛtə
Griška (ru.) ˈgriːʃka
grob, grobe, gröber, gröbste
  ¹groːp, ˈgroːbə, ˈgrøːbər,
  ˈgrøːpstə; ²g̊ʁoːp, ˈg̊ʁoːbə,
  ˈg̊ʁøːbɛʁ, ˈg̊ʁ-
Grobian ˈgroːbiaːn, ˈg̊ʁ-
Grodno (Ru.) ˈgrɔdnɔ
Grog ¹grɔk, ²g̊ʁ-
groggy (e.) ˈgrɔgi
grölen ¹ˈgrøːlən; ²g̊ʁøːln̩
Groll ¹grɔl; ²g̊ʁ-
Gromyko graˈmiːkɔ
Gronchi (it.) ˈgrɔŋki
Groningen ˈgroːnɪŋən,
  ˈxrɔnəŋə
Grönland ˈgrøːnlant
Gros (f.) gʁo
Gros, gen. -sses grɔs, -səs
Groschen ¹ˈgrɔʃən; ²ˈg̊ʁɔʃn̩
Grosetto (It.) groˈseːto
groß, größer, größte ¹groːs,
  ˈgrøːsər, ˈgrøːstə; ²g̊ʁoːs,
  ˈg̊ʁøːsɛʁ, ˈg̊ʁøːstə
großartig, -ige ¹ˈgroːs|aːrtɪç,
  -ɪgə; ²ˈg̊ʁoːs|aːʁt-
Großbeeren groːsˈbeːrən

18*

Großbritannien ˈgroːsbritaniən,
--ˈ--
Größe ¹ˈgrøːsə; ²ˈg̑ʁ-
Großglockner ˈgroːsgləknər
Großherzog ¹ˈgroːshɛrtso(ː)k;
²ˈg̑ʁoːshɛʁt-
Grossist grɔˈsɪst
Großkophtha (G.) ˈgroːskɔfta
Großvezier ¹ˈgroːsveziːr; ²ˈg̑ʁ-
Großwardein groːsvarˈdaen;
(rum.) Oradea Mare
großzügig, -ige ¹ˈgroːstsyːgɪç,
-ɪgə; ²g̑ʁ-
Grote (e.) grout
grotesk groˈtɛsk
Groth groːt
Grotius ˈgroːtsɪʊs
Grotte ¹ˈgrɔtə; ²ˈg̑ʁ-
Grottkau ˈgrɔtkao
Grouchy gʁuˈʃi
Grovers Corners (On., Wilder)
ˌgrouvəz ˈkɔːnəz
Groza (rum.) ˈgrɔza
Groznyj (Ru.) ˈgrɔːznɨj
Grube ¹ˈgruːbə; ²ˈg̑ʁ-
grübeln ¹ˈgryːbəln; ²ˈg̑ʁ-
Grude ¹ˈgruːdə; ²ˈg̑ʁ-
Gruft, pl. Grüfte ¹grʊft,
ˈgrʏftə; ²ˈg̑ʁ-
Grumio (Sh., Wid.) ˈgruːmio
Grummet ¹ˈgrʊmət; ²ˈg̑ʁ-
grün ¹grynː; ²g̑ʁ-
Grund, pl. Gründe ¹grʊnt,
ˈgrʏndə; ²ˈg̑ʁ-
gründlich ¹ˈgrʏntlɪç; ²ˈg̑ʁyndlɪç
Gründonnerstag ¹gryːnˈdɔnərs-
taːk; ²g̑ʁyːnˈdɔnɛʁs-
grundsätzlich ¹ˈgrʊntzɛtslɪç;
²g̑ʁʊnts-
Grundtvig (dän.) ˈgrɔndvi
grünen ¹ˈgryːnən; ²ˈg̑ʁyːnən
Grünspan ¹ˈgryːnʃpaːn; ²ˈg̑ʁ-
grunzen ¹ˈgrʊntsən; ²ˈg̑ʁʊntsn̩
Gruppe ¹ˈgrʊpə; ²g̑ʁ-
Grus ¹gruːs; ²g̑ʁ-
grus(e)lig, -ige ¹ˈgruːzəlɪç,
ˈgruːslɪç, -ɪgə; ²ˈg̑ʁuːʐəlɪç,
ˈg̑ʁ-

gruseln ¹ˈgruːzeln; ²ˈg̑ʁ-
Grusinier gruˈziːniər, -ɛʁ
Gruson ˈgruːzɔn
Gruß ¹gruːs; ²g̑ʁ-
grüßen ¹ˈgryːsən; ²ˈg̑ʁyːsn̩
Grütze ¹ˈgrʏtsə; ²ˈg̑ʁ-
Gryphius ˈgryːfɪʊs
Grzimek ˈgʒiːmɛk
Gschnas (ö.) g̑ʃnaːs
Guadalajara (Sp., M.-A.)
gŭaðalaˈxara
Guadalquivir (Fl.) gŭaðalkiˈβir,
-ʁ
Guadalope (Sp.) gŭaðaˈlope
Guadarrama (Sp.) gŭaðaˈrama
Guadiana (Fl., Sp.) gŭaˈðĭana
Guanaco gŭaˈnako
Guano guˈaːno
(Kap) Guardafui gŭardaˈfuĭ
Guardian guardiˈaːn
Guardini gŭarˈdiːni
Guarini gŭaˈriːni
Guarneri (it.) gŭarˈnɛːri
Guasch guˈaːʃ
Guatemala gŭateˈmaːla
Guatemalteken gŭatemalˈteːkən
Guayana gŭaˈjaːna
Guayaquil (S.-A.) gŭajaˈkil
Gubičov (ru.) gubiˈtʃɔv
gucken ¹ˈgʊkən; ²g̑ʊkn̩
Guckkasten ¹ˈgʊkkastən;
²ˈg̑ʊkkastn̩
Gudal (Rub., Dämon) guˈdaːł
Gudbrandsdal ˈgʉdbransdaːl
Guderian guˈdeːrian
Gudmund (I., Soln.) ˈgudmun;
(no.) ˈgʉdmʉn
Gudrun ˈguːdruːn
Guelfe, pl. -en ˈgɛlfə, ˈgŭɛlfə;
-ən; s. Welfen
Gueltar (Kl., Herm.) ˈgŭɛltar, -ʁ
Guericke ˈgeːrɪkə
Guerilla (sp.) geˈrifia, geˈrɪla
Guernsey (e. Insel) ˈgəːnzi
Guevara (sp.) geˈvara
Gugelhupf ¹ˈguːgəlhʊpf; ²ˈg̑uːgl̩-
Guglielmo (it. Vn.) guˈfiɛlmo
Gui (f. Vn.) gi

Guicciardini gŭitʃɑr'di:ni
Guiche (Rostand, Cyr.) giʃ
Guide (e.) geid; (f.) gid
Guiderius (Sh., Cymb.) gŭi'de:-
riʊs
Guido 'gŭi:do, 'gi:-
Guilbert (G., Clav.) gil'bɛ:ʀ, -ʀ
Guilford (Sh., H. VIII) 'gilfəd
Guillaume gi'jo:m
Guillermo (sp. Vn.) gi'fiɛrmo
Guillotine gijɔ'ti:nə
Guillot-Marfontaine (Mass.)
gi‿jo mɑʀfɔ̃'tɛ:n
Guinea gi'ne:ɑ
Guinee gi'ne:
Guipúzcoa (Sp.) gi'puθkoɑ
Guise gi:z
Guiscardo (D'Albert, Ghismon-
da) gŭis'kardo
Guiskard (Kl., Gra., Heinr.)
'gɪskart
Guitry gi'tri
Guizot gi'zo
Gulasch 'gulaʃ
Gulden ¹¹'gʊldən; ²¹'g̊ʊldn̩
gülden ¹¹'gʏldən; ²¹'g̊ʏldn̩
Güldenstern (Sh., Ha.) 'gʏldən-
ʃtɛrn
Gülistane (Hofm., Sob.)
gyli'sta:nə
Gulliver (e.) 'gʌlivə; (dt.)
'gʊlɪvər, -ɛʀ
Gullstrand (schw.) 'gɵlstrand
Gully ¹¹'gʊlɪ; ²¹'g̊-
Gülnare (Gri., Traum)
gyl'na:rə
gültig, -ige ¹¹'gʏltɪç, -ɪgə;
²¹'g̊-
Gumbinnen gʊm'bɪnən
Gumiljov (ru.) gumi'fiɔ:f
Gummi ¹¹'gʊmi; ²¹'g̊-
Gundelrebe ¹¹'gʊndəlre:bə;
²¹'g̊ʊndl̩ʀe:-
Gundermann ¹¹'gʊndərman;
²¹'g̊ʊndɛʀm-
Gundula 'gʊndʊla
Gunnlaug Ormstunga (altisl.)
ˌgʊnlaok 'ɔrmstʊŋga

Günstling ¹¹'gʏnstlɪŋ; ²g̊-
Gunther 'gʊntər, -ɛʀ
Gupf ¹gʊpf; ²g̊-
Gurgel ¹¹'gʊrgəl; ²g̊ʊʀgl̩
Guriljov (ru.) guri'fiɔ:f
Gufjev (N.-As.) 'gurjɛf
Gurke ¹¹'gʊrkə; ²¹'g̊ʊʀkə
Gurnemanz (W., Pars.)
'gʊrnəmants
Gurney (Sh., K. J.) 'gə:ni
gurren ¹¹'gʊrən; ²¹'g̊-
Gurt ¹gʊrt; ²g̊ʊʀt
Gürtel ¹¹'gʏrtəl; ²¹'g̊ʏʀtl̩
Gusev (ru.) 'gu:sjɛf
Gusman (Gra., D. Juan) s.
Guzman
Gustav 'gʊstaf
Gustavus (e. Vn.) gʊs'ta:vəs
Guß ¹gʊs; ²g̊-
Gußeisen ¹¹'gʊs|aezən; ²¹'g̊ʊs-
|aeẕn̩
gusto (it.) 'gʊsto
Güstrow 'gʏstro
gut ¹gu:t; ²g̊-
Gutachten ¹¹'gu:t|axtən; ²¹'g̊u:t-
|axtn̩
Gutdünken ¹¹'gu:tdʏŋkən;
²¹'g̊u:tdʏŋkn̩
Gutenachtkuß ¹gu:tə'naxtkʊs;
²g̊-
gutgläubig, -ige ¹¹'gu:tglɔøbɪç,
-ɪgə; ²¹'g̊u:tgl̩-
Guthrie (e. Vn.) 'gʌθri
Gutorm Ingessön (I., Kronpr.)
ˌgɵtorm 'iŋəsœn
Gutrune (W., Nib.) 'gu:tru:-
nə
GutsMuths 'gu:ts'mu:ts
Guttapercha gʊta'pɛrça
Guttempler ¹¹'gu:tʈɛmplər;
²¹'g̊u:tʈɛmplɛʀ
Guttorm Ingessön (I., Kronpr.)
ˌgɵt:orm 'ɪŋəsœn
guttural gʊtu'ra:l
gutwillig, -ige ¹¹'gu:tvɪlɪç, -ɪgə;
²¹'g̊-
Gutzkow 'gʊtsko
Guy (e.) gai, (f.) gi

Guyenne (F.) gųi'jɛn
Guzmán (sp.) guθ'man
Guzzard (Éliot) 'gʌzəd
Gwalior (S.-As.) 'gvalyər
Gwendoline (e. Vn.) 'gwendəlɪn
Gyges (He.) 'gy:gɛs
Gyldenlöve (I., Ö.) 'jɤldənlø:və

Gymnasiast gɤmnazi'ast,
  (schweiz.) gi-
Gymnasium gɤm'na:ziʊm
Gymnastik gɤm'nastɪk
Gynäkologie gynɛkolo'gi:
Gynt (I.) gɤnt
Györ (magy.) djo:r

H

h ha:
(Den) Haag (Ndld.) den 'ha:k,
  (ndrl.) dɛn 'ha:x; vergl.
  's Gravenhage
Haar ¹ha:r; ²ha:ʁ
Haarlem 'ha:rlɛm
Habakuk (bi.) 'ha:bakʊk
(La) Habana (la) a'βana
habe, Habe 'ha:bə
Habeascorpusakte 'ha:beas'kɔr-
  pʊs|aktə
Habelschwerdt ha:bəl'ʃve:rt,
  ¹- - -
Habenichts 'ha:bənɪçts
Habgier ¹'ha:pgi:r; ²'ha:pĝi:ʁ
habhaft 'ha:phaft
Habicht 'ha:bɪçt
habilitieren habili'ti:rən
Habit ha'bi(:)t
habituell habitu'ɛl
Habitus 'ha:bitʊs
Habsburg 'ha:psbʊrk
Habseligkeiten ¹'ha:pze:lɪçkae-
  tən; ²'ha:pse:lɪçkaetṇ
habsüchtig, -ige ¹'ha:pzɤçtɪç,
  -ɪgə; ²'ha:psɤ-
Hachette (f.) a'ʃɛt
Hachse 'haksə
Hacke 'hakə
Häckerling ¹'hɛkərlɪŋ; ²'hɛkɛʀl-
Häcksel ¹hɛksəl; ²-sl̩
Hader ¹'ha:dər; ²-ɛʁ
Hades 'ha:dɛs
Hadlaub 'ha:tlaop
Hadramaut (Ar.) hadra'maŭt

Hadrian, -nus hadri'a:n, -nʊs,
  'ha:dria:n
Hadubrand 'ha:dubrant
Hadwigis hat'vi:gɪs
Hafelekar (Ö.) ha:fələ'ka:r, -ʁ
Hafen ¹'ha:fən; ²-fṇ
Hafer ¹'ha:fər; ²-ɛʁ
Haff haf
Hafis, -iz 'ha:fɪs, -ez
Haflinger ¹'ha:flɱər; ²-ɛ₃-
Hafner ¹'ha:fnər; ²-ɛʁ
Hafnium 'hafniʊm
Haft, haften ¹haft, -tən; ²-tṇ
Haftpflicht 'haftpflɪçt
Hag ha:k
Hagar (bi.) 'ha:gar, -ʁ
Haegge (I., Solh.) 'hɛgə
Hagebutte 'ha:gəbʊtə
Hagedorn 'ha:gədɔrn
Hagel ¹'ha:gəl; ²-gl̩
Hagestolz 'ha:gəʃtɔlts
Haggai (bi.) ha'ga:-i
Hagia Sophia 'ha:gĭa zo'fi:a
Hägstad (I.) ˌhɛgsta(d)
Häher ¹'hɛər; ²-ɛʁ
Hahn, pl. Hähne ha:n, 'hɛ:nə
Hahnrei 'ha:nrae
Hai hae
Haidarabad haĭdara'ba:d
Haifa 'haefa, haï'fa
Haig(h) (e.) heig, hei
Haile (abess.) 'haïle
Haimonskinder 'haemɔnskɪn-
  dər, -ɛʁ
Hain haen

Hainan (Insel) 'xaɪ̆nɑn
Haitang 'xaɪ̆taŋ
Haïti ha-'iːti
Hakam (He., Rubin) 'hakam
häkeln 'hɛːkəln
Haken ¹'haːkən; ²-kŋ
Hakodate (Jap.) hako͜daːte
Håkon (norw.) 'hɔːkun
Hakonssön (I., Kronpr.) 'hɔː-
    kunsœn
Halali hala'liː
halb, -be halp, -bə
Halbblut ¹'halpᵇbluːt; ²-pᵇl-
Halbbildung ¹'halpᵇbɪldʊŋ;
    ²-pᵇ-
Halbfranz ¹'halpfrants; ²-fʁ-
halbieren hal'biːrən
halbpart ¹'halpᵖpart; ²-ʁt
halbschürig, -ige 'halpʃyːrɪç,
    -ɪgə
halbtot ͵halp'toːt
Halbzeit 'halptsaet
Haldane 'hɔːldein
Halde 'haldə
Hale (e.) heil
Haleb (As.) 'halɛb; vgl. Aleppo
Halévy (f.) ale'vi
Hälfte 'hɛlftə
Halfter ¹'halftər; ²-ɛʁ
Halifax (E., usw.) 'hælifæks
Halikarnassos halikar'nasɔs
Hallam (e.) 'hæləm
hallelujah hale'luːja
Halley (e.) 'hæli
Hallig, (pl.) -gen 'halɪç, -gən
hallo ha'loː
Hallodri ha'loːdri
Halloren ha'loːrən
Halluzination halutsina'tsɪ̆oːn
Halm halm
Halma 'halma
Halogen halo'geːn
Hals, -ses, pl. Hälse ¹hals, -lzəs,
    'hɛlzə; ¹-, 'halzəs, 'hɛlzə
Halsader ¹'hals|aːdər; ²-ɛʁ
Halsberg(e) ¹'halsbɛrk, -gə;
    ²-bɛʁk, -ʁgə
halsen ¹'halzən; ²-zŋ

Hälsingborg (Schw.) hɛlsiŋ'bɔrj
halt halt
haltbar ¹'haltbaːr; ²-tᵇaːʁ
halten, hält, hielt ¹'haltən, hɛlt,
    hiːlt; ²-tŋ
haltlos ¹'haltloːs; ²'halᵈdloːs
Halunke ha'lʊŋkə
Halys (Fl.) 'haːlʏs
Ham (bi.) ham
Hamadan (As.) hama'daːn
Hamamelis hama'meːlɪs
Haman (bi.) 'haːman
ham and eggs (e.) hɛm ənd 'ɛgz
hämatogen hɛmato'geːn
Hamburg 'hambʊrk
Hämeenlinna (Finnl.) 'hæmɛːn-
    lina
Hameln 'haːməln
Hamen 'haːmən
Hamerling 'haːmərlɪŋ
Hamilkar ha'mɪlkar, -ʁ
Hamilton 'hæmɪltən
hämisch 'hɛːmɪʃ
Hamiten ha'miːtən
Hamlet 'hamlɛt
Hamlin (e., Shaw) 'hæmlin
Hammarskjöld (schw.) 'hamar-
    ʃœld
Hammel ¹'haməl; ²-mḷ
Hammer ¹'hamər; ²-ɛʁ
Hämoglobin hɛmoglo'biːn
Hammonia ha'moːnia
Hämorrhoïden hɛːmɔro/'iːdən
Hammurabi hamu'raːbi
Hämon (Orff) 'hɛːmɔn
Hampelmann ¹'hampəlman;
    ²-pḷ-
Hampshire 'hæmpʃiə, -ʃə
Hamster ¹'hamstər; ²-ɛʁ
Hamsun 'hamsʊn; (norw.)
    'hamsʉn
Hand, pl. Hände hant, 'hɛndə
Handbreit ¹'hantbraet; ²-bʁ-
Handarbeit ¹'hant|arbaet;
    ²-|aʁb-
Handel ¹'handəl; ²-dḷ
handeln, ich handle 'handəln, ɪç
    'handḷə

handfest 'hantfɛst
Handikap 'hændikæp
Handlanger ¹'hantlaŋər; ²-ɛʀ
Händler ¹'hɛndlər; ²-ɛʀ
Handlung 'handluŋ
Handumdrehen ¹'hant|ʊm-
  dreːən; ²-dʀ-
hanebüchen ¹'haːnəbyːçən; ²-çn̩
Hanf hanf
Hangar 'haŋgaːr, -ʀ, ã'gaːʀ, -ʀ
hangeln 'haŋəln
hangen, hing 'haŋən, hɪŋ
hängen 'hɛŋən
Hangtschou (Chi.) 'haŋdçoŭ
Hankau (Chi.) 'xankoŭ
Hanna (Vn.) 'hana
Han(n)a (Mä.) 'hana
Hannaken ha'na(ː)kən; (Č.) **Ha-
náci**
Hannibal 'hanibal
Hanno 'hano
Hannover ha'noːfər, -ɛʀ
Hannoveraner hanovə'raːnər,
  -ɛʀ
hannöversch ha'nøːfərʃ
Hanoi (S.-A.) ha'nɔĭ
Hans,Hänschen ¹hans, 'hɛnsçən;
  ²-çn̩
Hansa 'hanza
Hanseat hanze'aːt
hänseln ¹'hɛnzəln; ²-ʒ-
Hanswurst ¹hans'vʊrst; ²-ʀst,
  (abschätzig) ¹- -
Hanswurstiade ¹hansvʊrs'tĭaːdə
  ²-ʊʀs-
Hantel, hanteln ¹'hantəl, -ln;
  ²-tl̩, -tl̩n
hantieren han'tiːrən
Hapag 'haːpak
Haparanda (Schw.) hapa'randa
hapern ¹'haːpərn; ²-ɛʀn;
  (Schwz. auch) ¹'ha-
Happen ¹'hapən; ²-pn̩
happig, -ige 'hapɪç, -ɪgə
happy end (e.) 'hɛpi ɛnd
Happy (Miller, Tod) 'hæpi
Harald 'haːralt
Harakiri hara'kiːri

Harburg 'haːrbʊrk
Harcourt (e., Sh., H.IV) 'haːkət,
  -kɔːt
Harden (e.) haːdn, 'hardən
Harding (e.) 'haːdɪŋ
Hardt ha(ː)rt
Hardy (e.) 'haːdi
Harem 'haːrɛm
hären 'hɛːrən
Häresie hɛre'ziː
häretisch hɛ'reːtɪʃ
Harfe ¹'harfə; ²-ʀfə
Harfenist ¹harfə'nɪst; ²-aʀf-
Hariri (ar.) ha'riːri
Harke ¹'harkə; ²-ʀkə
Harlekin 'harlekiːn
Harlem (N.-A.) 'haːləm
Harm ¹harm; ²-ʀm
Harmodios har'modi|ɔs
Harmonie harmo'niː
harmonisch har'moːnɪʃ
Harmonium har'moːniʊm
Harn ¹harn; ²haʀn
Harnisch ¹'harnɪʃ; ²-ʀn-
Harold (e. Vn.) 'hærəld, 'haːrɔlt
Harpagon 'harpagɔn; (f.) aʀpa-
  'gɔ̃
Harpune ¹har'puːnə; ²-ʀ'p-
Harpyien har'pyːiən
Harrar (Abess.) 'harar, -ʀ
Harras (Sch.; Zuckm.) 'haras
harren 'harən
Harriet (e. Vn.) 'hæriət
Harriman 'hærimən
harsch, Harsch ¹harʃ; ²-ʀʃ
hart, härter, härteste ¹hart,
  'hɛrtər, 'hɛrtəstə; ²haʀt, 'hɛʀ-
  tɛʀ, 'hɛʀt-
Härte ¹'hɛrtə; ²-ʀtə
Hartebeest 'hartəbeːst
Hartford (N.-A.) 'haːtfəd
hartherzig, -ige ¹'harthɛrtsɪç,
  -ɪgə; ²'haʀthɛʀtsɪç
Hartlepool (E.) 'haːtlipuːl,
  'haːtl-
hartnäckig, -ige ¹'hartnɛkɪç,
  -ɪgə; ²'haʀt-
Hartschier ¹har'tʃiːr; ²haʀ'tʃiːʀ

Hartwig 'hartvɪç
Harun al-Raschid haː'ruːn al-
ra'ʃiːd
Harunobu (jap.) ha'runobu
Haruspex ha'ruspɛks
Harvard (N.-A.) 'haːvəd
Harvey 'haːvi
Harwich 'hærɪdʒ
Harz ¹haːrts; ²-ʁts; (Schwz.,
Ö. auch) ha-
Harzburg 'haːrtsbʊrk
Hasard ha'zart; (Ö.) ha'zaːr;
(f.) a'zaːʁ
Hasardeur hazaʁ'dœːʀ, -ʁ
Haschee ha'ʃeː
haschen ¹'haʃən; ²-ʃn̩
Häschen ¹'hɛːsçən; ²-çn̩
Häscher ¹'hɛʃər; ²-ɛʁ
Haschisch (ar.) ha'ʃiːʃ
Hasdrubal 'hasdrubal
Hase ¹'haːzə; ²-ʒə
Hasel ¹'haːzəl; ²-ʒl̩
Häsin ¹'hɛːzɪn; ²-ʒ-
Haskovo (Bulg.) 'xaskovo
Haslital (Schweiz) 'haːslitaːl
Haspe 'haspə
Haspel, haspeln ¹'haspəl, has-
pəln; ²¹-pl̩, -pəln
Haß has
Hassan (ar.) 'hasan
Hasselt (Be.) 'hasəlt
häßlich 'hɛslɪç
Hast hast
Hastings 'heistɪŋz
hätscheln 'hɛːtʃəln; (Schwz.
auch) 'hɛ-
Hatschier ¹ha'tʃiːr; ²-ʁ
(Kap) Hatteras 'hætərəs
Hatto 'hato
Hatton (Sch., M. St.) 'hætn,
-tən
Haube 'haobə
Haubitze hao'bɪtsə
Hauch haox
hauchen ¹'haoxən; ²-xn̩
hauen, hieb 'haoən, hiːp;
Haufen ¹'haofən; ²-fn̩
Hauer ¹'haoər; ²-ɛʁ

Häuer (Ö.) ¹'hɔøər; ²-ɛʁ
häufig, -ige 'hɔøfɪç, -ɪgə
Hauhechel ¹'haohɛçəl; ²-çl̩
Haupt, pl. Häupter ¹haopt,
'hɔøptər; ²-ɛʁ
Häuptling 'hɔøptlɪŋ
hauptsächlich ¹'haoptzɛçlɪç;
²-ts-
Hauptwachtmeister ¹'haopt-
vaxtmaestər; ²-ɛʁ
Haus, pl. Häuser ¹haos, 'hɔøzər;
²-ʒɛʁ
Hausarzt ¹'haos|aːrtst; ²aːʁtst
Häuschen ¹'hɔøsçən, -çn̩
Hausen, hausen ¹'haozən; ²-ʒn̩
Haushalt 'haoshalt
hausieren hao'ziːrən
Häusler ¹'hɔøslər; ²-ɛʁ
Haussa 'haŭsa
Hausse 'hoːs(ə)
Haussier o'sje
Haut, pl. Häute haot, 'hɔøtə
Haute couture (f.) oːt ku'tyːʁ, -ʁ
häuten ¹'hɔøtən; ²-tn̩
Hauterive (Gra., Nap.) oːt(ə)-
'ʀiːv
Hauteville oːt'vil
Hautevolee oːtvɔ'le
Hautgout o'gu
Hautrelief (f.) oʁəli'ɛf
Haut Sauternes (f.) oso'tɛʀn
Haüy (f.) a'ɥi
Havamal 'haːvamaːl
Havana, s. Habana
Havarie hava'riː
Havel 'haːfəl
Havelock (e. Vn.) 'hævlɔk
Havelock 'haːvəlɔk
Havlíček (č.) 'havliːtʃɛk
(Le) Havre (lə) aːvʀ(ə)
Hawai, Hawaii haː'vaɪ
Hawkins (e.) 'hɔːkinz
Haworth (e.) 'hɔː(w)əθ
Hawthorne (e.) 'hɔːθɔːn
Haydn 'haedn̩
Hazel (e. w. Vn.) heizl
Hazienda (sp.) a'θɛenda, a'sĭen-
da

Hearst həːst
Hebamme ˈheːp|amə, ˈheːbamə
Hebbel ˈhɛbəl
Hebble (e., Fry) hɛbl
Hebe ˈheːbe
Hebel ˈheːbəl
heben, hob (hub) [1]ˈheːbən, hoːp
  (huːp); [2]-bn̩
Hebephrenie hebefreˈniː
Hebräer heˈbrɛːər, -ɛʁ
Hebriden heˈbriːdən
Hebron ˈheːbrɔn
Hechel [1]ˈhɛçəl; [2]-çl̩
Hechingen ˈhɛçɪŋən
Hecht hɛçt
Heck hɛk
Hecke ˈhɛkə
Hector (Sh., Tro), s. Hektor
heda! ˈheːda, heˈdaː
Hedda (Vn.) ˈhɛda
Hederich ˈheːdərɪç
Hedin (schwed.) hɛˈdiːn
Hedoniker heˈdoːnikər, -ɛʁ
Hedonist hedoˈnɪst
Hédouville eduˈvil
Hedšas (Ar.) hɛˈʒɛːz
Hedschra ˈhɛdʒra; (ar.) ˈhi-
Hedwig ˈheːtvɪç
Heer [1]heːr; [2]heːʁ
Hefe ˈheːfə
Heft, heften [1]hɛft, ˈhɛftən; [2]-tn̩
heftig, -ige ˈhɛftɪç, -ɪgə
Hegau ˈheːgao
Hegedüs (magy.) ˈhæɡædyʃ
Hegeling, pl. -ge, -gen ˈheːgəlm̩,
  -ŋə, -ŋən
Hegemonie hegəmoˈniː
hegen [1]ˈheːgən; [2]-gn̩
Hegesias hegeˈziːas
hehlen [1]ˈheːlən; [2]-ln̩
Hehler [1]ˈheːlər; [2]-ɛʁ
hehr [1]heːr; [2]heːʁ
(der, die) Heide ˈhaedə
Heidelbeere [1]ˈhaedəlbeːrə; [2]-dl̩-
Heidenlärm [1]ˈhaedənˈlɛrm;
  [2]-dn̩ˈlɛʁm
(von) Heidenstam (schwed.)
  ˈhɛjdn̩stam

heidi! haeˈdiː
Heidschnucke ˈhaetʃnʊkə
Heiduck, -cke haeˈdʊk, -kə
heikel [1]ˈhaekəl; [2]-kl̩
heil hael
Heiland ˈhaelant
Heilanstalt ˈhael|anʃtalt
Heilbronn haelˈbrɔn
Heilbutt ˈhaelbʊt
heilig, -ige ˈhaelɪç, -ɪgə
Heiligtum ˈhaelɪçtuːm
heillos ˈhaelʲoːs
heilsam [1]ˈhaelzaːm; [2]-z̩-
Heilsarmee [1]ˈhaels|armeː;
  [2]-|aʁmeː
Heilserum ˈhaelzeːrʊm
heim, Heim haem
Heimarbeit [1]ˈhaem|arbaet;
  [2]-aʁbaet
Heimat ˈhaema(ː)t
Heimchen [1]ˈhaemçən, [2]-çn̩
heimlich ˈhaemlɪç
(Freund) Hein haen
Heinzelmännchen [1]ˈhaentsəl-
  mɛnçən; [2]-tsl̩mɛnçn̩
Heirat ˈhaeraːt
Heiratsantrag [1]ˈhaeraːts|an-
  traːk; [2]-tʁaːk
heischen [1]ˈhaeʃən; [2]-ʃn̩
heiser [1]ˈhaezər; [2]-z̩ɛʁ
heiß haes
heißen, hieß [1]ˈhaesən, hiːs;
  [2]-sn̩
Heißenbüttel ˈhaesənbʏtəl
heiter [1]ˈhaetər, -ɛʁ
heizen [1]ˈhaetsən; [2]-tsn̩
Heizsonne [1]ˈhaets͡zɔnə; [2]-ts͡z̩-
Hekabe (Sage) ˈheːkabe; s. He-
  kuba
Hekate (myth.) ˈheːkate
Hekatombe hekaˈtɔmbə
Hekla (Isl.) ˈhɛkla
Hektar ˈhɛktaːr, -ʁ, -ˈ-
hektisch ˈhɛktɪʃ
Hektograph hɛktoˈgraːf
Hekto(liter usw.) hɛkto(ˈliːtər,
  -ɛʁ)
Hektor ˈhɛktor, -ʁ

Hekuba (Sage) 'heːkuba; s.
   Hekabe
Hel (germ. myth.) heːl
Held hɛlt
Helen (e. Vn.) 'hɛlɪn
Helena 'he(ː)lena
Helena (N.-A.) 'hɛlɪnə
Helene (Vn.) he'leːnə
Hélène (f. Vn.) e'lɛːn
Helenus (Sh. Tro.) 'helenʊs
helfen, half, geholfen ¹'hɛlfən,
   half, gə'hɔlfən; ²-fn̩, -, ǧe-
   'hɔlfn̩
Helgoland 'hɛlgolant
Heliand 'heːliant
Helianthus heːli'antʊs
Helicanus (Sh., Per.) heli'kaːnʊs
Helikon 'heːlikɔn
Helikopter heli'kɔptər, -ɛʁ
Heliodor helio'doːr, -ʁ
Heliodoros heːlio'doːrɔs
Heliogravüre heːliogra'vyːrə
Helios 'heːliɔs
Heliotrop helio'troːp
Helium 'heːliʊm
hell hɛl
Hellas 'hɛlas
Helldunkel ¹'hɛldʊŋkəl; ²-kl̩
Helle (alt.) 'hɛle
Helle 'hɛlə
Hellebarde ¹hɛlə'bardə; ²-ʁdə
Helleborus hɛ'lebɔrʊs
Hellene hɛ'leːnə
Heller ¹'hɛlər; ²-ɛʁ
Hellespont hɛlɛs'pɔnt
hellicht 'hɛlɪçt
Helling 'hɛlɪŋ
hellodernd ¹ˌhɛl'loːdərnt; ²-ɛʁnt
Helm hɛlm
Helminthen hɛl'mɪntən
Helmut 'hɛlmuːt
Héloise (f.) (h)elo'iːz(ə)
Helot he'loːt
Helsingfors hɛlsŋ'fɔrs; (fi.) Hel-
   sinki
Helsingör hɛlsɪ'ŋøːr
Helsinki 'hɛlsŋki
Helvetien hɛl've:tsĭən

Helvétius (f.) ɛlve'sjys
hem! həm, hm
Hemd hɛmt
Hemiglob, pl. -ben heːmi'gloːp,
   -bən
Hemingway 'hɛmiŋwei
Hemisphäre hemi'sfɛːrə
hemmen 'hɛmən
Henarez (Sch., D. C.) he'naːrɛs
Hench (e.) hɛntʃ
Hendekasyllabus hɛndeka-
   'zʏlabʊs
Henderson 'hɛndəsn
Hendrikje (ndld. Vn.) 'hɛn-
   drɪkjə
Hengst hɛŋst
Henkel ¹'hɛŋkəl; ²-kl̩
henken ¹'hɛŋkən; ²-kn̩
Henna 'hɛna
Henne 'hɛnə
Hennegau 'hɛnəgao
Henoch (bi.) 'heːnɔx
Henri (f.) ãʁi
Henriette hɛnri'ɛtə, (f.) ã'ʁĭɛt
Henriquatre (f.) ãʁi'katʁ(ə)
Henry (e.) 'hɛnrɪ
Hepatitis hepa'tiːtɪs
Hephaistos, -phästus he'faestɔs,
   -fɛːstʊs
Heptachord hɛpta'kort
Heptateuch hɛpta'tɔøç
her ¹heːr; ²heːʁ; s. S. 122
Hera 'heːra
herab hɛ'rap
Heraclius he'raːkliʊs
Herakleia, -klea (alt.) hera-
   'klɛĭ-a, -'kleː-a
Herakleitos, -klit hera'klaetɔs,
   -'klɪt
Herakles 'heːraklɛs; (He., Gy.)
   -'- -
Heraklios, -ius he'rakliɔs, -iʊs
Heraldik he'raldɪk
heran, -raus, -rauf hɛ'ran, -raos,
   -raof
Hérault-Séchelles (Büchner)
   eˌʁose'ʃɛl
Herat (S.-A.) he'raːt

herb ¹hɛrp; ²-ʀp
Herbar hɛrˈbaːr
Herbarium hɛrˈbaːriʊm
Herbart ˈhɛrbart
herbei ¹hɛrˈbae; ²-ʀˈb-
Herberge ¹ˈhɛrbɛrgə; ²ˈhɛʀ-
bɛʀgə
Herbert ˈhɛrbɛrt
Herbois (f.) ɛʀˈbwa
Herborn ˈhɛrbɔrn
Herbst ¹hɛrpst; ²hɛʀpst
herbstlich ¹ˈhɛrpstlɪç; ²-ʀpsḍl-
Herbsttag ¹ˈhɛrpstt̯aːk; ²-ʀp_-
Hercegovina s. Herzegowina
Herculaneum hɛrkuˈlaːne-ʊm
Herd ¹heːrt; ²-ʀt; (Schwz. auch)
hɛrt
Herde ¹ˈheːrdə; ²-ʀdə
Herder ˈhɛrdər, -ɛʀ
hereditär heredɪˈtɛːr, -ʀ
herein hɛˈraen
Herero ˈherero
Herford ˈhɛrfɔrt
Hering (Fisch, Pflock) ˈheːrɪŋ
Heristal s. Herstal
Herkomer ˈheːrkɔmər, -ʀ, ˈhəː-
komə
herkömmlich ¹ˈheːrkœmlɪç;
²-ʀk-
Herkules ˈhɛrkules; vgl. He-
rakles
herkulisch hɛrˈkuːlɪʃ
Herkunft ¹ˈheːrkʊnft; ²-ʀk-
Herlindis hɛrˈlɪndɪs
Herling ˈhɛrlɪŋ
Herman (f.) ɛʀˈmã
Hermandad (sp.) ɛrmanˈdaːð
Hermann ˈhɛrman
Hermaperodit hɛrm|afroˈdiːt
Herme ˈhɛrmə
Hermelin hɛrməˈliːn
Hermeneutik hɛrmeˈnɔøtɪk
Hermes ˈhɛrmɛs
hermetisch hɛrˈmeːtɪʃ
Hermia (Sh., So.) ˈhɛrmia
Hermine hɛrˈmiːnə
Hermione (alt., Sh. Wi.) hɛr-
ˈmiːone; (germ.) hɛrmiˈoːnə

Hermunduren hɛrmʊnˈduːrən
hernach ¹hɛrˈnaːx; ²-ʀn-
Hernani ɛrˈnaːni
Hernie ˈhɛrniə
hernieder ¹hɛrˈniːdər; ²hɛʀ-
ˈniːdɛʀ
Hero ˈheːro
Herodes heˈroːdɛs
Herodias heˈroːdias
Herodot heroˈdɔt; (Ö. auch)
ˈheːr-
Heroïne heroˈǀˈiːnə
heroïsch heˈroːɪʃ
Herold ˈheːrɔlt
Heros, pl. Heroen ˈheːrɔs, he-
ˈroːən
Herostrat, -tos heːrɔsˈtraːt, he-
ˈrɔstratɔs
Herr, -rrin ¹hɛr, -rɪn; ²hɛʀ,
ˈhɛʀɪn
Herreise ¹ˈheːrɾaezə; ²-ʐə
Herrenalp hɛrənǀˈalp
Herrenchiemsee hɛrənˈkiːmzeː
Herrgott ¹ˈhɛrgɔt; ²-ʀgɔt
herrichten ¹ˈheːrɾɪçtən; ²-tn̩
herrisch ˈhɛrɪʃ
herrje(mine)! hɛrˈjeː(mine)
Herrnhut ˈhɛrnhuːt
Herrschaft ˈhɛrʃaft
Herschel ˈhɛrʃəl
Hersfeld ˈhɛrsfɛlt
Herstal (Be.) ˈhɛrstal
Hert(h)a ˈhɛrta
Hertfordshire ˈhaːfədʃiə
's Hertogenbosch sɛrtɔxənˈbɔs
herüber, -rum, -runter ¹hɛˈr-
yːbər, -ˈrʊm, -ˈrʊntər; ²hɛˈʀ-
yːbɛʀ,-ˈʀʊm,ˈ-ʀʊntɛʀs. S.122
Heruler ˈheːrulər, -ɛʀ
hervorragend ¹hɛrˈfoːɾraːgənt;
²hɛʀˈf-
herwärts ¹ˈheːrvɛrts; ²-ʀts
Herwegh ˈhɛrvek, -veːk
Herwig ˈhɛrvɪç
Herz ¹hɛrts; ²-ʀts
Herzallerliebste(r) ¹ˌhɛrtsǀalər-
ˈliːpstə(r); ²ˌhɛʀtsǀalɛʀˈliːp-
stə, -tɛʀ

Herzegowina hɛrtsego'viːnɑ,
-'goːvinɑ
Herzen (ru.) 'hɛrtsən
herzhaft [1]'hɛrtshɑft; [2]-ʁts-
Herzinfarkt [1]'hɛrts|ɪnfɑrkt;
[2]-ɛʁts-
herzlich [1]'hɛrtslɪç; [2]-ʁts-
herzu [1]hɛr'tsuː; [2]-ʁ'tsuː
Herzog, pl. **-zöge** [1]'hɛrtsoːk,
-tsøːgə; [2]-ʁt-
herzoglich 'hɛrtso(ː)klɪç
herzynisch hɛr'tsyːnɪʃ
Hesekiel (bi.) he'zeːkiɛl
Hesiodos, -od heː'si|ɔdɔs, heːsi|-
'ɔd̦; (Ö. auch) 'heːsiɔt
Hesperiden hɛspe'riːdən
hesperisch hɛs'peːrɪʃ
Hesperos 'hɛspɛrɔs
Hestia 'hɛstiɑ
Hetäre he'tɛːrə
heterogen hetero'geːn
Hethiter he'tiːtər, -ɛʁ
Hetman 'hɛtmɑn
Het(t)el 'hɛtəl
Hettore s. **Ettore**
hetzen [1]'hɛtsən; [2]-tsn̦
Heu hɔø
heucheln 'hɔøçəln
heuer, Heuer [1]'hɔøər; [2]'hɔøɛʁ
Heuernte [1]'hɔø|ɛrntə; [2]-ɛʁn-
heulen [1]'hɔølən; [2]-ln̦
heureka 'hɔøreka
heurig, -ige (ö.) hɔørɪç, -ɪgə;
Heuristik hɔø'rɪstɪk
Heurtebise (f.) œʁt'biːz
Heuschober [1]'hɔøʃoːbər; [2]-ɛʁ
Heuschrecke [1]'hɔøʃrɛkə; [2]-ʃʁ-
heute 'hɔøtə
Hevesy (magy.) 'hɛvæʃi
Hexachord hɛksa'kɔrt
Hexaëder hɛksa|'eːdər, -ɛʁ
Hexameter hɛ'ksaːmetər, -ɛʁ
Hexateuch hɛksa'tɔøç
Hexe 'hɛksə
hexen [1]'hɛksən; [2]-sn̦
Heymans (ndld.) 'hɛïmɑns
Heyne 'haenə
Heyse 'haezə

Hiatus hi|'aːtʊs
Hiawatha haiə'wɔθə, hia'vaːta
Hibiskus hi'bɪskʊs
Hidalgo (sp.) hi'dɑlgo, i'ðɑlγo
Hiddensee 'hɪdənzeː
Hidraot (Gluck, Armide)
hiːdra-'oːt
Hidrenus (Ross. Sem.) hi'dreː-
nʊs
hie hiː
Hieb hiːp
hienieden [1]hiː'niːdən; [2]-dn̦
hier [1]hiːr; [2]hiːʁ
hierauf [1]'hiːraof; [2]-ʁ-; so auch:
hieraus, -bei, -durch, -gegen,
-in, -mit; dagegen: **hierfür**
[2]hiːʁfyːʁ; ebenso: **-her, -hin**
Hierarchie hierar'çiː
hierarchisch hie'rarçɪʃ
Hieroglyphe hiː|ero'glyːfə
Hieronymus hie'roːnymʊs
Hierophant hiero'fant
hiesig, -ige [1]'hiːzɪç, -ɪgə; [2]-z̦
Hifthorn [1]'hɪfthɔrn; [2]-ɔʁn
Higgins (e.) 'higinz
High Church (e.) hae'tʃəːtʃ
Highland 'haelənd
Highlife (e.) 'haelaef; (ö.) -'-
High School 'haeskuːl
High Society haesə'saeətɪ
Highway 'haiwei
Hilaris (Nestroy) hɪ'laːrɪs
Hildburghausen hɪltbʊrk-
'haozən
Hilfe 'hɪlfə
Hill (e.) hɪl
Hillary 'hɪlərɪ
Hilaröd (Dä.) 'hilərøːð
Hilmar (Vn., I.) 'hilmar, -ʁ
Hilversum (Ndld.) 'hɪlvərsʏm
Himalaya hi'maːlaja
Himbeere 'hɪmbeːrə
Himmel [1]hɪməl; [2]-ml̦
himmelan [1]hɪməl|'an; [2]-ml̦|-
hin hɪn
hinab hɪ'nap; so: **hinan, -nauf,**
-naus, -nein
Hindu 'hɪndu

Hinterindien hɪntər|ˈɪndiən
Hindukusch (Geb.) hindu:ˈkuʃ
Hindustan hinduˈsta:n
Hinterpommern ˈhɪntərpɔmərn
Hinterzarten ˈhɪntərtsa:rtən
hinüber ¹hɪˈny:bər; ²-ɛʁ
hinunter ¹hɪˈnʊntər; ²-ɛʁ
Hinde ˈhɪndə
hindern ¹ˈhɪndərn; ²-dɛʁn
Hinduismus hɪndu|ˈɪsmʊs
hingeben ¹ˈhɪnge:bən; ²-bn̩
hingegen ¹hɪnˈge:gən; ²-gn̩
hingerissen ¹ˈhɪngərɪsən; ²-ge-
ʁɪsn̩
hinken ¹ˈhɪŋkən; ²-kn̩
hinnehmen ˈhɪnne:mən
hinsichtlich ¹ˈhɪnzɪçtlɪç; ²-ʐ-
hintan hɪnt|ˈan
hintereinander ¹ˈhɪntər|aenan-
dər, - - -ˈ-; ²-tɛʁ|aenandɛʁ
hinterher ¹hɪntərˈhe:r, ˈ- - -;
²-tɛʁˈhe:ʁ
Hinterlader ¹ˈhɪntərla:dər;
²-tɛʁla:dɛʁ
hinterlassen ¹hɪntərˈlasən;
²-tɛʁˈlasn̩
hinterrücks ¹ˈhɪntərr̩yks;
²-tɛʁr̩yks
hinwärts ¹ˈhɪnvɛrts; ²-ʁts
Hiob ¹ˈhi:|ɔb, ˈhi:jɔb
Hipparch, -chos hɪˈparç, -çɔs
Hippe hɪpə
Hippodrom hɪpoˈdro:m
Hippogryph hɪpoˈgry:f
Hippokrates hɪˈpo:krates
Hippokrene hɪpoˈkre:ne
Hippolyth (Sch., Ph.) hɪpoˈly:t
Hippolytos, -tus hɪˈpolytɔs, -tʊs
Hippolyta (Sh., So.) hɪˈpolyta
Hippopotamus hɪpoˈpotamʊs
Hippo Regius (Alt.) ˈhɪpoˈre:giʊs
Hippursäure hɪˈpu:rzɔərə
Hiram (bi., Gri., Esther) ˈhi:ram
Hirn ¹hɪrn; ²hɪʁn
Hirohito (jap.) hiˈroçito
Hiroschima hiˈroçima
Hirsch ¹hɪrʃ; ²hɪʁʃ
Hirse ¹ˈhɪrzə; ²ˈhɪʁʐə

Hirt ¹hɪrt; ²hɪʁt
his (mus.) hɪs
Hiskia, -as (bi.) hɪsˈki:a, -as
hissen ¹ˈhɪsən; ²-sn̩
Histologie hɪstoloˈgi:
Historie hɪsˈto:riə
Historiker hɪsˈto:rikər, -ɛʁ
Histrione hɪstriˈo:nə
Hitze ˈhɪtsə
Hjalmar (nord. Vn.) ˈjalmar, -ʁ
Hoangho s. **Huangho**
Hobart (Austr.) ˈhouba:t
Hobbema (Ndld.) ˈhɔbəma
Hobbes (e.) hɔbz
Hobby ˈhɔbi
Hobel ¹ˈho:bəl; ²-bl̩
Hoboken ˈho:bo:kə
Hobson (e.) ˈhɔbsn̩
hoch, hohe, höher ¹ho:x, ho:ə,
ˈhø:ər; ²-ɛʁ
Hochachtung ˈho:x|axtʊŋ
Hochehrwürden ¹ˈho:x|e:rvyr-
dən; ²-ʁvyʁdn̩
Hochgeboren ¹ˈho:xgəbo:rən;
²-ĝeb-
Hochhaus ˈho:xhaos
hochmögend ˈho:xmø:gənt
hochnotpeinlich ˌho:xno:tˈpaen-
lɪç
Hochofen ¹ˈho:x|o:fən; ²-fn̩
höchst hø:çst
Höchstädt ˈhø:çʃtɛt
Hochstapler ¹ˈho:xʃta:plər; ²-ɛʁ
Hochwohlgeboren ¹ˈho:xˈvo:lgə-
bo:rən, ˈ- - - - -; ²-ĝe-
Hochwürden ¹ˈho:xvyrdən;
²-ʁdn̩
Hochzeit ˈhɔxtsaet; (Schwz.
auch) ˈho:-
Hocke ˈhɔkə
hocken ¹ˈhɔkən; ²-kn̩
Höcker ¹ˈhœkər; ²-ɛʁ
Hockey (e.) ˈhɔki
Hodeida (Ar.) hoˈdaïda
Hoden ¹ˈho:dən; ²-dn̩
Hódmező-Vásárhely (Ung.)
ˈho:dmɛzø: ˈva:ʃarhɛj
Hödur ˈhø:dʊr, -ʁ

Hoek van Holland ˌhʊk fan
ˈhɔlant
Hoensbroech (Ndld.) ˈhuːnz-
bruːk
Hof, pl. **Höfe** hoːf, ˈhøːfə
hoffähig, -ige ˈhoːffɛːɪç, -ɪgə
Hoffart [1]ˈhɔfart; [2]-ʁt
hoffärtig, -ige [1]ˈhɔfɛrtɪç, -ɪgə;
[2]-ʁt-
hoffen [1]ˈhɔfən; [2]-fn̩
hoffentlich [1]ˈhɔfəntlɪç; [2]-nd̩l-
Hoffmann ˈhɔfman
Hofmann ˈhoːfman
Hofmannsthal ˈhoːfmanstaːl
Hoffnung ˈhɔfnʊŋ
hofieren hoˈfiːrən
höflich ˈhøːflɪç
Hofmannswaldau hoːfmans-
ˈvaldao
Hofmeister [1]ˈhoːfmaestər;
[2]-ɛʁ
Hogarth ˈhougaːθ
Höhe ˈhøːə
Hohenasperg hoːən|ˈaspɛrk
Hohenstaufen hoːənˈʃtaofən
Hohentwiel hoːənˈtviːl
Hohenzollern hoːənˈtsɔlərn
Hoheit ˈhoːhaet
Hohelied hoːəˈliːt
Hohepriester [1]hoːəˈpriːstər;
[2]-ˈpʁiːstɛʁ
hohl hoːl
Höhle ˈhøːlə
Hohleisen [1]ˈhoːl|aezən; [2]-z̩n
Hohn hoːn
höhnen ˈhøːnən
hoiho! hɔøˈhoː, (schweiz.) hɔĭ-
Höker [1]ˈhøːkər; [2]-ɛʁ
Hokkaido (Jap.) hɔˈkaĭdoː
Hokusai (Jap.) ˈhɔkusaĭ
Hokuspokus hoːkʊsˈpoːkʊs
Holbein ˈhɔlbaen
Holberg ˈhɔlbɛrk; (dä.)
ˈhɔlbɛr
Holborn (London) ˈhoubən
hold hɔlt
Holder [1]ˈhɔldər; [2]-ɛʁ
Hölderlin ˈhœldərliːn

holdrio! [1]ˈhɔldrio; [2]-dʁ-
holdselig, -ige [1]ˈhɔltzeːlɪç, -ɪgə;
[2]-tseː-
holen [1]ˈhoːlən; [2]-ln̩
holla! ˈhɔla
Hölle ˈhœlə
Höllerer ˈhœlərər, -ɛʁ
Hollerithmaschine ˈhɔlərɪt-
maʃiːnə, - -ˈ- - - -
Hollywood ˈhɔliwud
Holm hɔlm
Holmeron (Sh., Heinr. IV.)
ˈhɔlmərɔn
Holmes (e.) houmz
Holmium ˈhɔlmiʊm
Holofernes (bi.) holoˈfɛrnɛs
holp(e)rig, -ige [1]ˈhɔlp(ə)rɪç,
-ɪgə; [2]-pʁɪç
Holstein ˈhɔlʃtaen
holterdiepolter [1]hɔltərdiˈpɔltər;
[2]-tɛʁdiˈpɔltɛʁ
Hölty ˈhœlti
holüber [1]hoːl|ˈyːbər; [2]-ɛʁ
Holunder [1]hɔˈlʊndər; [2]-ɛʁ
Holz, pl. **Hölzer** [1]hɔlts, ˈhœltsər;
[2]-ɛʁ
hölzern [1]ˈhœltsərn; [2]-tsɛʁn
Holzessig ˈhɔlts|ɛsɪç
Holzminden hɔltsˈmɪndən
Homer hoˈmeːr, -ʁ
Homeriden homeˈriːdən
Home Rule ˈhoumruːl
Homerulers (e., -ir.) ˈhoum-
ˌruːləs
Homespun (e.) ˈhoumspʌn
Homiletik homiˈleːtɪk
Homilie homiˈliː
Hominiden homiˈniːdən
homogen homoˈgeːn
Homonay (J. Strauß, Zig.)
ˈhomonɔĭ
homonym homoˈnyːm
Homöopath homøoˈpaːt
Homöopathie homøopaˈtiː
homophon homoˈfoːn
Homosexualität homozɛksuali-
ˈtɛːt
homosexuell homozɛksuˈɛl

Homs (As.) hɔms
Homunculus (G., Faust)
  hoˈmʊŋkulʊs
Honan (Prov. Chin.) ˈxoːnan
Hondo (Jap.) ˈhɔndo
Honduras hɔnˈduːras
Honegger ˈhoneggər
honett hɔˈnɛt
Hongkong ˈhɔŋkɔŋ
Honig ˈhoːnɪç
Honnef ˈhɔnɛf
Honneurs ɔˈnœːʀs
Honolulu honoˈluːlu
Honorar honoˈraːr, -ʀ
Honoratioren honoraˈtsĭoːrən
Honoré ɔnɔˈʀe
Honoria (Claudel) hoˈnoːria
honorieren honoˈriːrən
honorig, -ige hoˈnoːrɪç, -ɪgə
Honorine (f. Vn.) ɔnɔˈʀin
Honorius (alt.) hoˈnoːriʊs
Honvéd (magy.) ˈhonveːd
Hooker (e.) ˈhʊkə
Hoorn hoːrn
Hoover Dam ˈhuːvə dæm
Hopfen ¹ˈhɔpfən; ²-pfn̩
Hopkins ˈhɔpkinz
Hoplit hoˈpliːt
hopp! hɔp
hopsen ¹ˈhɔpsən; ²-sn̩
Hora, -re ˈhoːra, -rə
Horace (f. Vn.) ɔˈʀas; (e.)
  ˈhɔrəs, -rɪs
Horatier hoˈraːtsĭər, -ɛʀ
Horatio (Sh., Ha.) hoˈraːtsĭo
Horatius (alt.) hoˈraːt(s)iʊs
Horaz hoˈraːts
hörbar ¹ˈhøːrbaːr; ²ˈhøːʀbaːʀ
horchen ¹ˈhɔrçən; ²-ʀçn̩
Horde ¹ˈhɔrdə; ²-ʀdə
Horeb (bi.) ˈhoːrɛp
hören ˈhøːrən
Hörensagen ¹ˈhøːrənzaːgən;
  ²-ʒaːgn̩
Horizont horiˈtsɔnt
horizontal horitsɔnˈtaːl
Hormon hɔrˈmoːn
Hormus (Insel) hɔrˈmoz

Horn, pl. Hörner ¹hɔrn, ˈhœr-
  nər; ²hɔʀn, ˈhœʀnɛʀ
Hornist ¹hɔrˈnɪst; ²hɔʀˈn-
Hornisse hɔrˈnɪsə, ¹- - -
Hornung ¹ˈhɔrnʊŋ; ²ˈhɔʀn-
Hörorgan ¹ˈhøːr|ɔrgaːn; ²høːʀ|-
Horoskop hoːroˈskoːp
horrend hɔˈrɛnt
horribel hɔˈriːbəl
horrido! hɔriˈdoː
Horror ˈhɔrɔr, -ʀ
Hors d'œuvre (f.) ɔʀ ˈdœːvʀ(ə)
Hörselberg ˈhœrzəlbɛrk
Horsens (Dä.) ˈhɔrsəns
Horst ¹hɔrst; ²-ʀst
Hort ¹hɔrt; ²-ʀt
Hortense (f.) ɔʀˈtãːs
Hortensie hɔrˈtɛnzĭə
Hortensio (Sh., Don.) hɔrˈtɛnzio
Hortensius (alt.) hɔrˈtɛnziʊs
Horthy (magy.) ˈhorti
Horus hoːrʊs
Höschen ¹ˈhøːsçən; ²-çn̩
Hose ¹ˈhoːzə; ²-ʒə
Hosea (bi.) hoˈzeːa
hosianna! hoziˈana
Hospital hɔspiˈtaːl; (ö.) ¹- - -
Hospitant hɔspiˈtant
Hospiz hɔsˈpiːts; (Schwz.) -ˈpɪts
Hospodar hɔspoˈdaːr, -ʀ
Hostess ˈhɔstɛs
Hostie ˈhɔstĭə
Hotel hoˈtɛl
Hotelier hotɛliˈeː
Hotellerie hotɛləˈriː
Ho Tschi-minh ho tʃi ˈmɪn
Hottentotten ˌhotənˈtoten
Houghton (N.-A.) ˈhɔːtn
House of Commons, H. of Lords
  (e.) haus əv ˈkɔmənz, h. əv
  lɔːdz
Houssaye (f.) uˈsɛ
Houston (e.) ˈhuːstən, ˈhaus-
Hovstad (I.) ˌhɔːvsta
Houwald ˈhuːvalt
Howard (e.) ˈhauəd
Howie (e. Vn., Wilder) ˈhau-i
Hoya ˈhoːja

Hoyer 'hɔøər, -ɛʁ
Hoyerswerda hɔøərs'vɛrdɑ
Hrabanus rɑ'bɑ:nʊs
Hradcany (Prag) 'hratʃɑni; (dt.)
  Hradschin
Hradschin (Prag) hrat'ʃi:n; (Č.)
  Hradčany
Hroswitha rɔs'vi:tɑ
Hsikiang (Fl., Chin.) 'ɕi:dʒĭɑŋ
Hsin(g)king (Mandsch.) 'ɕintɕiŋ
hü! hy:
Hubbel (e., Te. Wi.) 'hʌbl
Hube (ö., schwz.) 'hu:bə
hüben ¹'hy:bən; ²-bn̩
Hubert 'hu:bɛrt
Hubertus hu'bɛrtʊs
hübsch hʏpʃ
Hubschrauber ¹'hu:pʃraobər;
  ²-ʃʁaobɛʁ
Huchen ¹'hu:xən; ²-xn̩
Hucke 'hʊkə
Huddersfield (e.) 'hʌdəzfi:ld
hudeln ¹'hu:dəln; ²-dl̩n
Hudson 'hʌdsn
Hue (S.-As.) y-'e:
Hueber 'huəbər, -ɛʁ
Huelva (Sp.) 'ŭɛlβɑ
Huesca (Sp.) 'ŭɛskɑ
Huf hu:f
Hufeisen ¹'hu:f|aezən; ²-|aezn̩
Huflattich 'hu:f-latɪç
Hüfte 'hʏftə
Hugbald 'hu:kbalt
Hügel ¹'hy:gəl; ²-gl̩
hüg(e)lig, -ige 'hy:g(ə)lɪç, -ɪgə
Hugenotte, pl. -en hugə'nɔtə, -ən
Huggins (e.) 'hʌginz
Hugh (e.) hju:
Hughes (e.) hju:z
Hugo (dt. Vn.) 'hu:go; (f. Autor)
  y'go
Hugues (f. Vn.) y:g
Huguette (f. Vn.) y'gɛt
Huhn, pl. Hühner ¹hu:n, 'hy:-
  nər; ²-ɛʁ
Huitzilopochtli (m.-a. myth.)
  hŭitslo'potʃtli
Huizinga (Ndld.) 'hœy̆zɪŋɣɑ:

Huld hʊlt
huldigen ¹'hʊldɪgən; ²-gn̩
Hull (e.) hʌl
Hülle 'hʏlə
Hülse ¹'hʏlzə; ²-ʐə
Hultschin 'hʊltʃi:n, -'-
human hu'ma:n
Humanismus huma'nɪsmʊs
humanitär humɑni'tɛ:r, -ʁ
Humanität humɑni'tɛ:t
Humber (Fl.) 'hʌmbə
Humbert 'hʊmbɛrt
Humbug 'hʊmbʊk
Hume hju:m
Humerale hume'ra:lə
Hummel ¹'hʊməl; ²-ml̩
Hummer ¹'hʊmər; ²-ɛʁ
Humor hu'mo:r, -ʁ
Humoreske humo'rɛskə
Humorist humo'rɪst
humpeln 'hʊmpəln
Humphrey (Sh., H. VI.) 'hʌmfri
Humpoletz (Čsl.) 'hʊmpɔlɛts
Humus 'hu:mʊs
Hunan (Prov. Chi.) 'xu:nan
Hund, pl. -de hʊnt, -ndə
hundert ¹'hʊndərt; ²-dɛʁt
Hundertjahrfeier ¹hʊndərt'ja:r-
  faeɛr; ²-dɛʁt'ja:ʁfaeɛʁ
Hundertsatz ¹'hʊndərtzats;
  ²-dɛʁtsats
hunderttausend hʊndərt'taozənt
Hündin 'hʏndɪn
Hundsfott 'hʊntsfɔt
Hüne 'hy:nə
Hunger ¹'hʊŋər; ²-ɛʁ
hungrig, -ige 'hʊŋrɪç, -ɪgə
Hunnen 'hʊnən
Hunsrück 'hʊnsrʏk
Hunt hʊnt
Hunter (e.) 'hʌntə
Huntington 'hʌntɪŋtən
Hunyadi (magy.) 'hup̆ɔdi
Hüon (Wiel., Web. Ob.) 'hy:ɔn
Hupe 'hu:pə
Hupeh (Prov. Chi.) 'xubeĭ
hüpfen ¹'hʏpfən; ²-pfn̩
Hürde ¹'hʏrdə; ²-ʁdə

Hure 'huːrə
Huri 'huːri
hürnen 'hʏrnən
Hurone, (e.) Huron hu'roːnə;
(e.) 'hjuərən
hurra! 'hʊra, -'raː
Hurrikan 'hʊrikɑn, (e.) 'hʌrikən
hurtig, -ige ¹'hʊrtɪç, -ɪgə; ²-ʁt-
Husák (slov.) 'husɑːk
Husar hu'zaːr, -ʁ
huschen ¹'hʊʃən; ²-ʃn̩
hussa(sa)! 'hʊsa(sa)
Hussein (ar.) hu'seĭn
Hussit hʊ'siːt
hüsteln ¹'hyːstəln; ²-tl̩n; (Ö.)
'hʏ-
Husten ¹'huːstən; ²-tn̩; (Ö.) 'hʊ-
Husum 'huːzʊm
Huß, Hus (tsch.) hʊs
Hut, pl. Hüte huːt, 'hyːtə
Hütte 'hʏtə
Hutton (e.) 'hʌtn
Hutzel ¹'hʊtsəl; ²-tsl̩
hutz(e)lig, -ige ¹'hʊts(ə)lɪç, -ɪgə;
²-tslɪç
Huygens (ndld.) 'hœÿxəns
Huysmans (f. Autor) 'ɥismãːs
Huysum (Ndld.) 'hœÿzym
Huxley (e.) 'hʌksli
Hwangho (Fl.) 'xŭaŋxo
Hyäne hy'ɛːnə
Hyazinth hya'tsɪnt
Hyazinthe hya'tsɪntə
hybrid hy'briːt
Hybris 'hyːbrɪs
Hydepark (London) 'haidpaːk
Hydra 'hyːdra
Hydrant hy'drant
Hydrat hy'draːt
hydraulisch hy'draolɪʃ
hydrieren hy'driːrən

Hydrographie hydrogra'fiː
Hydrogen hy:dro'geːn
Hydrostatik hy:dro'staːtɪk
Hydrotherapie hy:drotera'piː
Hydrozoen hydro'tsoːən
Hyères (F.) iɛːʀ, -ʁ
Hygieia (alt., myth.) hygi'aea
Hygiene hygi'eːnə
Hygrometer hygro'meːtər, -ɛʁ
Hygroskop hy:gro'skoːp
Hyksos 'hyksɔs
Hymen, -naios (alt., myth.)
'hyːmɛn, hyme'naĭ|ɔs
Hymettos (Berg, Gr.) hy'mɛːtɔs
Hymne, -mnus 'hʏmnə, -mnʊs
Hypatia hy'paːtia
Hyperämie hypɛr|ɛ'miː
Hyperbel hy'pɛrbəl
hyperbolisch hypɛr'boːlɪʃ
Hyperboreer hypɛrbo'reː|ər,
-ɛʁ
Hyperion hʏ'peːriɔn, --'--
hyperkorrekt 'hypərkɔrɛkt
Hypertonie hypɛrto'niː
hypertroph hypɛr'troːf
Hypertrophie hypɛrtro'fiː
Hypnose hʏp'noːzə
Hypochonder hypo'xɔndər, -ɛʁ
Hypokrisie hypokri'ziː
Hypokrit hypo'kriːt
Hypophyse hypo'fyːzə
Hypostase hypo'staːzə
Hypotaxe hypo'taksə
Hypotenuse hypote'nuːzə
Hypothek hypo'teːk
Hypothese hypo'teːzə
Hypotonie hypoto'niː
Hypsometer hʏpso'meːtər, -ɛʁ
Hystaspes (alt.) hʏs'taspɛs
Hysterie hʏste'riː
hysterisch hʏs'teːrɪʃ

I

(vgl. auch J, Y)
i iː
iambisch ˈïambɪʃ
Ianthe (Gri., Wellen; Ma.) i-ˈante
Iași (Rum.) ïaʃj, (dt.) ˈjasi
Iason ˈjaːzɔn, i‖ˈaːsɔn
Ibadan (Afr.) iˈbadan
Iberer iːbeːrər, -ɐ
Iberien iˈbeːriən
ibidem iˈbiːdɛm, ˈiːbidɛm
Ibis ˈiːbɪs
Ibiza (Insel) iˈβiθa
Ibn Bekar (ar., Corn., Barb.)
ˈibn̩ ˈbɛkar, -ɐ
Ibn Saud (ar.) ˈibn̩ sa-ˈuːd
Ibrahim (ar.) ibraˈhiːm
Ibsen ˈɪpsən
Ibykus, -kos ˈiːbykʊs, -kɔs
ich ɪç
Ichneumon ɪçˈnɔømɔn
Ichthyol ɪçtyˈoːl
Ichthyosaurus ɪçtyoˈzaorʊs
Ida ˈiːda
Idaho ˈaidəhou
Idamantes (Moz., Idom.) ida-
ˈmantɛs
Idar ˈiːdar, -ɐ
Ideal, ideal ide‖ˈaːl
idealistisch ide‖aˈlɪstɪʃ
Idee, -een iˈdeː, -eːən
ideell ide‖ˈɛl
idem ˈiːdɛm
Iden (Sh., H. VI) ˈaidn̩
Iden ˈiːdən
identifizieren idɛntifiˈtsiːrən
identisch iˈdɛntɪʃ
Ideologe ide‖oˈloːgə
Ideologie ide‖oloˈgiː
Idiom idiˈoːm
idiomatisch idioˈmaːtɪʃ
Idiosynkrasie idiozʏnkraˈziː
Idiot idiˈoːt
Idiotikon idiˈoːtikɔn
idiotisch idiˈoːtɪʃ
Idiotismus idioˈtɪsmʊs
Ido ˈiːdo

Idol iˈdoːl
Ido(lo)latrie ido(lo)laˈtriː
Idomeneo (Moz.) idomeˈneːo
Idomeneus (alt.) iˈdɔmenɔøs
Idria ˈiːdria
Idumäer iduˈmɛːər, -ɐ
Idun (norw.) ˈiːdʉn
Idyll iˈdʏl
idyllisch iˈdʏlɪʃ
Iepern (Be.) ˈiːpər, -ɐ; Ypern
Iferten (Schwz.) ˈiːfərtən, (f.)
Yverdon
Iffland ˈɪflant
Igel [1]ˈiːgəl; [2]-gl̩
Igelit igəˈliːt, -ˈlɪt
Iglu ˈiːglu, ˈɪglu
Ighino (it.) iˈgiːno
Iglau ˈiːglao
Ignatius iˈgnaːt(s)iʊs
Ignat'jev (ru.) iˈgnaːt-jɛf
Ignazio (it.) iˈgnaːtsio
ignorabimus (lt.) ɪgnoˈraːbimʊs
Ignorant ɪgnoˈrant
ignorieren ɪgnoˈriːrən
Igor (russ. Vn.) ˈiːgɔr, -ɐ
Iguassú (Fl., S.-A.) igŭaˈsu
Ihering ˈjeːrɪŋ
ihm, ihn, ihnen, ihr iːm, iːn,
ˈiːnən; [1]iːr; [2]-ɐ
ihresgleichen [1]ˈiːrəsglaeçən,
--ˈ--; [2]-sgl̩aeçn̩
ihrethalben [1]ˈiːrəthalbən; [2]-bn̩
Ihro ˈiːro
(het) Ij (ndld.) ɛï
IJssel (Ndld.) ˈɛïsəl
Ikaros ˈiːkarɔs
Ikone iˈkoːnə
Ikonographie ikonograˈfiː
Ikonoklast ikonoˈklast
Ikonostas (ru.) ikɔnɔˈstaːs
Ikosaeder iːkoza‖ˈeːdər, -ɐ
Ikterus ˈɪktərʊs
Iktus, pl. Ikten ˈɪktʊs, ˈɪktən
Ildefons ˈɪldəfɔns
Ilex ˈiːlɛks
Ilfeld ˈiːlfɛlt

19*

Ilford (E.) 'ilfəd
Ilia (Moz., Idom.) 'i:lia
Iliade ili'a:də
Ilias 'i:lias
Ilion 'i:liən
Ilithyia (alt., myth.) ili'ty:ja
Il'ja (ru. Vn.) iɲ-'ja
Iljitsch (ru.) iɲ-'ji:tʃ
Iljitschwov (ru.) iɲ-ji'tʃɔf
illegal 'ɪlega:l
illegitim 'ɪlegiti:m
illiberal 'ɪlibərɑ:l
Illinois ˌili'nɔi
Illo (Sch., W.) 'ɪlo
illoyal 'ɪlwaja:l
illuminieren ɪlumi'ni:rən
Illusion ɪlu'zĭo:n
illuster ɪ'lʊstər, -ɛʀ
illustrieren ɪlʊ'stri:rən
Illyrien, -er ɪ'ly:riən, -ər, -ɛʀ
Ilona 'ɪlona, (magy.) 'ilonɔ
Iltis 'ɪltɪs
im ɪm
imaginär imagi'nɛ:r, -ʀ
Imagination imagina'tsĭo:n
Imam i'ma:m
imbezill imbe'tsɪl
Imbiß 'ɪmbɪs
Imitation imita'tsĭo:n
Imitator imi'ta:tor, -ʀ
Imker ¹'ɪmkər; ²-ɛʀ
immanent ɪma'nɛnt
Immanuel ɪ'ma:nuɛl
Immatrikulation ɪmatrikula-
  'tsĭo:n
immatrikulieren ɪmatriku'li:rən
Imme 'ɪmə
Immediatgesuch ¹ɪmedi|'a:tgə-
  zu:x; ²-ǧeʒ-
immens ɪ'mɛns
immer ¹'ɪmər; ²-ɛʀ
immerhin ¹ɪmər'hɪn; ²-ɛʀ-
Immersion ɪmɛr'zĭo:n
Immigrant ɪmi'grant
immobil ɪmo'bi:l, '- - -
Immobilien ɪmo'bi:liən
Immoralität ɪmorali'tɛ:t
Immortelle ɪmɔr'tɛlə

immun ɪ'mu:n
immunisieren ɪmuni'zi:rən
Imogen (Sh., Cymb.) 'i:mogɛn
Imola (it.) 'i:mola
Imperativ 'ɪmpərati:f, - - -'-
Imperator ɪmpe'ra:tor, -ʀ
Imperfekt, -ktum 'ɪmpɛrfɛkt,
  -ktʊm, - -'- -
Imperia (It.) im'pe:ria
Imperiali (Schi., Fi.) ɪmperi'a:li
Imperialismus ɪmperia'lɪsmʊs
Imperium (lt.) ɪm'pe:riʊm
Impersonale ɪmpɛrzo'na:lə
impertinent ɪmpɛrti'nɛnt
impetuoso (it.) ɪmpetu'o:so, -zo
Impetus (lt.) 'ɪmpetʊs
impfen ¹'ɪmpfən; ²-pfɳ
Implantation ɪmplanta'tsĭo:n
implizite ɪm'pli:tsite
Imponderabile, pl. -bilien
  ɪmpɔnde'ra:bile, -ra'bi:liən
imponieren ɪmpo'ni:rən
Import ɪm'pɔrt
importieren ɪmpɔr'ti:rən
imposant ɪmpo'zant
impotent 'ɪmpotɛnt
Impotenz 'ɪmpotɛnts
imprägnieren ɪmprɛg'ni:rən
Impresario ɪmpre'za:rio
Impression ɪmprɛ'sĭo:n
Impressionist ɪmprɛsĭo'nɪst
Impressum ɪm'prɛsʊm
Imprimatur ɪmpri'ma:tʊr, -ʀ
Impromptu (f.) ɛ̃pʀɔ̃'ty
Improvisation ɪmproviza'tsĭo:n
Improvisator ɪmprovi'za:tor,
  -ʀ
improvisieren ɪmprovi'zi:rən
Impuls ɪm'pʊls
impulsiv, -ve ɪmpʊl'zi:f, -və
imputieren ɪmpu'ti:rən
Imsen (G., Faust) 'ɪmzən
in (lt., dt., e.) ɪn
in absentia (lt.) ɪn ap'zɛntsĭa:
inadäquat 'ɪn|at|ɛkva:t, - - -'-
inaktiv 'ɪn|akti:f
inakzeptabel 'ɪn|aktsɛpta:bəl,
  - - -'- -

Inanspruchnahme ¹m|'anʃprʊx-
   na:mǝ; ²-ʃpʁ-
Inaugural(rede usw.) m|aogu-
   'ra:l-
Inbegriff ¹'mbǝgrɪf; ²-beĝʁ-
Inbrunst ¹'mbrʊnst; ²-b̢ʁ-
Inch intʃ
Inchoativum mko|a'ti:vʊm
in concreto (lt.) m kǝn'kre:to:
in contumaciam m kɔntu'ma:-
   tsĭam
in corpore (lt.) m 'kɔrpore
Incroyable (Giordano, André
   Chénier) ɛ̃kʁwa'jabl(ǝ)
Indanthren mdan'tre:n
Indefinitum mdefi'ni:tʊm
indeklinabel 'mdeklina:bǝl
indem m'de:m
Indemnität mdɛmni'tɛ:t
Independent mdepɛn'dɛnt
Inder 'mdǝr, -ɛʁ
indes, -ssen ¹m'dɛs, -sǝn; ²-sŋ
Index 'mdɛks
indezent 'mdetsɛnt
Indiana (N.-A.) indi'ænǝ
Indianapolis indiǝ'næpǝlis
Indianer mdi'a:nǝr, -ɛʁ
Indien 'mdiǝn
Indier 'mdiǝr, -ɛʁ
indifferent 'mdɪfǝrɛnt
Indigenat mdige'na:t
Indigestion mdigɛs'tĭo:n
Indigirka (Fl., N.-As.) indi'girka
indigniert mdɪ'gni:rt
Indigo 'mdigo
Indikation mdika'tsĭo:n
Indikativ 'mdikati:f, - - -'-
Indikator indɪ'ka:tɔr, -ʁ
indirekt 'mdirɛkt
indisch 'mdɪʃ
indiskret 'mdɪskre:t
Indiskretion mdɪskre'tsĭo:n
indiskutabel 'mdɪskuta:bǝl,
   - - -'- -
indisponiert 'mdɪsponi:rt
Indium 'mdiʊm
individualisieren mdividuali'zi:-
   rǝn

individuell mdividu'ɛl
Individuum mdi'vi:duʊm
indizieren mdi'tsi:rǝn
Indizium m'di:tsĭʊm
Indochina mdo'çi:na
Indogermanen 'mdogɛrma:-
   nǝn
indolent 'mdolɛnt
Indonesien mdo'ne:zĭǝn
Indore (S.-As.) in'du:r, -ʁ
indossieren mdɔ'si:rǝn
Indra (myth.) 'mdra
in dubio (lt.) m 'dubio:
Induktion mdʊk'tsĭo:n
Induktor m'dʊktɔr, -ʁ
in dulci jubilo (lt.) m 'dʊltsi:
   'ju:bilo:
Indulgenz mdʊl'gɛnts
Indus (Fl.) 'mdʊs
Industrie ¹mdʊ'stri:; ²-tʁi:
industriell mdustri'ɛl, -dʊstʁ-
induzieren mdu'tsi:rǝn
in effigie (lt.) mɛ'figie:
inert in|'ɛrt
Inés (sp. Vn.) (Mey., Afr.;
   Sartre) i'nes, (dt.) 'i:nɛs
infallibel mfa'li:bǝl
Infallibilität mfalibili'tɛ:t
infam m'fa:m
Infamie mfa'mi:
Infant, fm. -tin m'fant, -tm
Infanterie mfantǝ'ri:, '- - - -
infantil mfan'ti:l
Infarkt m'farkt
Infektion mfɛk'tsĭo:n
inferior mferi'o:r, -ʁ
Inferiorität mferiori'tɛ:t
infernalisch mfɛr'na:lɪʃ
Inferno m'fɛrno
infertil mfɛr'ti:l, '- - -
Infiltration mfɪltra'tsĭo:n
infiltrieren mfɪl'tri:rǝn
Infinitesimalrechnung mfinitezi-
   'ma:lrɛçnʊŋ
Infinitiv 'mfiniti:f, - - -'-
infizieren mfi'tsi:rǝn
in flagranti (lt.) m fla'granti:
Inflation mfla'tsĭo:n

infolgedessen [1]ɪnfɔlgə'dɛsən;
    [2]-sn̩
Information ɪnfɔrma'tsĭoːn
infrarot ɪnfra'roːt, (ö.) [1]- - -
Inful 'ɪnfʊl
Infusorien ɪnfu'zoːriən
Inga (Vn., I., Kronpr.) 'ɪŋga
Ingaevonen ɪŋgɛ:'voːnən, -gɛ'v-
Ingbert 'ɪŋbɛrt
Ingebjörg (no. Vn.) 'ɪŋəbjœrg
Ingeborg 'ɪŋəbɔrk
Ingenieur ɪnʒe'njœːʀ, -ø:ʀ
ingeniös ɪngeni'øːs
Ingenium ɪn'geːniʊm
Inger (no. Vn.) 'ɪŋər, -ɛʀ
Ingermanland (Ru.) 'ɪŋərman-
    lant
Ingesinde [1]'ɪŋəzɪndə; [2]-gez̩-
Ingo 'ɪŋgo
Ingolstadt 'ɪŋgɔlʃtat
Ingomar (Gra., Herm.) 'ɪŋgo-
    mar, -ʀ
Ingraban 'ɪŋgraban
Ingrediens, pl. **-enzien** ɪn'greː-
    diɛns, -gre'dientsĭən
Ingres (f.) ɛ̃gʀ(ə)
Ingrid 'ɪŋgrɪd, (no.) -grid
Ingrimm [1]'ɪngrɪm; [2]'ɪŋgʀɪm
Ingwer 'ɪŋvər, -ɛʀ
Inhaber [1]'ɪnhaːbər; [2]-ɛʀ
Influenz, -za ɪnflu|'ɛnts, -tsa
infolge ɪn'fɔlgə
Íñigo (sp.) 'ɪɲigo
in infinitum (lt.) ɪn ɪnfi'niːtʊm
inhärieren ɪnhɛ'riːrən
inhibieren ɪnhi'biːrən
Initiale ini'tsĭaːlə
Initiative initsĭa'tiːvə
Injektion ɪnjɛktsĭoːn
injizieren ɪnji'tsiːrən
Injurie ɪn'juːriə
Inka 'ɪŋka
Inkarnation ɪnkarna'tsĭoːn
Inkasso ɪn'kaso
inklusive ɪnklu'ziːvə
Inkognito ɪn'kɔgnito
inkommensurabel ɪnkɔmɛnzu-
    'raːbəl

inkommodieren ɪnkɔmo'diːrən
inkompatibel ɪnkɔmpa'tiːbəl
inkompetent 'ɪnkɔmpetɛnt
inkongruent 'ɪnkɔngru|ɛnt
inkonsequent 'ɪnkɔnzekvɛnt
inkorrekt 'ɪnkɔrɛkt
inkriminieren ɪnkrimi'niːrən
inkrustieren ɪnkrʊs'tiːrən
Inkubation ɪnkuba'tsĭoːn
Inkubus 'ɪnkubʊs
Inkunabel ɪnku'naːbəl
Inland 'ɪnlant
Inlett 'ɪnlɛt
in medias res (lt.) ɪn ˌmediaːs
    'reːs
inmitten [1]ɪn'mɪtən; [2]-tn̩
innehalten [1]'ɪnəhaltən; [2]-tn̩
innen 'ɪnən
Innenarchitekt 'ɪnən|arçitɛkt
Innerste 'ɪnərstə
Innervation ɪnɛrva'tsĭoːn
innig, -ige 'ɪnɪç, -ɪgə
inniglich [1]'ɪnɪklɪç; [2]-ĝlɪç
Innocentius ɪno'tsɛnt(s)iʊs
Innozenz 'ɪnotsɛnts
Innsbruck 'ɪnsbrʊk
in nuce (lt.) ɪn'nuːtse
Innung 'ɪnʊŋ
inoffiziell 'ɪn|ɔfitsĭɛl
Inönü (tü.) 'ɪnəny
Inowroclaw (po.) ɪnɔ'vrɔtsŭaf
    (dt. Hohensalza)
in perpetuum ɪn pɛr'petu|ʊm
in petto (it.) ɪn 'pɛto
in pleno ɪn 'pleːno
inquirieren ɪnkvi'riːrən
Inquisition ɪnkvizi'tsĭoːn
Insasse [1]'ɪnzasə; [2]-z̩-
Inschrift [1]'ɪnʃrɪft; [2]-ʃʀ-
Insekt ɪn'zɛkt
Insel [1]'ɪnzəl; [2]-z̩l̩
Inséparabel (f.) ɛ̃sepa'ʀabl(ə)
Inserat ɪnze'raːt
inserieren ɪnze'riːrən
Insertion ɪnzɛr'tsĭoːn
insgeheim [1]ɪnsgə'haem; [2]-ge-
Inside 'ɪnsaed
Insiegel [1]'ɪnziːgəl; [2]-z̩iːgl̩

Insignien m'zignien
inskribieren mskri'bi:rən
insolent 'mzolɛnt
insolvent mzɔl'vɛnt
Insolvenz mzɔl'vɛnts
in spe (lt.) m spe:
Inspekteur mspɛk'tœ:ʀ, -ʀ
Inspektion mspɛk'tsĭo:n, mʃp-
Inspektor ¹m'ʃpɛktɔr; ²-ʀ;
  ¹m'spɛkto:r; ²-ʀ
Inspiration mspira'tsĭo:n
Inspizient mspi'tsĭɛnt, mʃpi-
Installateur mstala'tœ:ʀ, -ʀ
Installation mstala'tsĭo:n
instand m'ʃtant
inständig, -ige 'mʃtɛndɪç, -ɪgə
Instanz m'stants
in statu nascendi m 'sta:tu nas-
  'tsɛndi
Instinkt m'stɪŋkt
Institut msti'tu:t
Institution mstitu'tsĭo:n
Instmann 'mstman
instruieren mstru'i:rən
Instruktion mstrʊk'tsĭo:n;
  (schweiz. auch) -ʃtr-
Instrument mstru'mɛnt
Instrumental (musik usw.) m-
  strumɛn'ta:l-
Instrumentation mstrumɛnta-
  'tsĭo:n
Insubordination mzʊp|ɔrdina-
  'tsĭo:n
Insuffizienz 'mzʊfitsĭɛnts,
  - - -¹-
Insulaner ¹mzu'la:nər; ²mzu-
  'la:nɛʀ
Insulin mzu'li:n
Insulinde mzu'lmdə
Insult m'zʊlt
insultieren inzʊl'ti:rən
Insurgent mzʊr'gɛnt
in suspenso (lt.) m zʊs'pɛnzo:
inszenieren mstse'ni:rən
Intaglio (it.) in'tafio
intakt m'takt
Intarsia (pl., -ien) m'tarzia, -ĭən
integer m'te:gər, -ɛʀ, '- - -

Integral mte'gra:l
integrieren mte'gri:rən
Intellekt mtɛ'lɛkt
intellektuell mtɛlɛktu'ɛl
intelligent mtɛli'gɛnt
Intendant mtɛn'dant
Intendantur mtɛndan'tu:r, -ʀ
intendieren mtɛn'di:rən
Intensität mtɛnzi'tɛ:t
intensiv, -ve mtɛn'zi:f, -və
Intention mtɛn'tsĭo:n
interalliiert mtɛr|ali|'i:rt,
  '- - - - -
Interdependenz mtɛrdepen'dɛnts
Interdikt mtɛr'dɪkt
interessant mtɛrɛ'sant
Interesse mte'rɛsə
interessieren mtɛrɛ'si:rən
Interferenz mtɛrfe'rɛnts
Interieur ɛ̃te'ʀjœ:ʀ
Interlaken 'mtərla:kən
Intermezzo mtɛr'mɛtso
intermittierend mtɛrmɪ'ti:rənt
Interim 'mtɛrɪm
interimistisch mteri'mɪstɪʃ
Interjektion mtɛrjɛk'tsĭo:n
interkontinental mtɛrkɔntinɛn-
  'ta:l
interlinear mtɛrline'a:r, -ʀ
Interludium mtɛr'lu:dĭʊm
Internist mtɛr'nɪst
interpellieren mtɛrpɛ'li:rən
interplanear mtɛrplane'a:r, -ʀ
interpolieren mtɛrpo'li:rən
international mtɛrnatsĭo'na:l
internieren mtɛr'ni:rən
intern m'tɛrn
Internat mtɛr'na:t
Interpret mtɛr'pre:t
interpretieren mtɛrpre'ti:rən
interpungieren mtɛrpʊŋ'gi:rən
Interpunktion mtɛrpʊŋk'tsĭo:n
Interregnum mtɛr're:gnʊm
interrogativ mtɛroga'ti:f
Intervall mtɛr'val
intervenieren mtɛrve'ni:rən
Intervention mtɛrvɛn'tsĭo:n
Interview 'mtɛrvju:, - -¹-

Interviewer ɪntɛr'vjuːər, -ɛʁ
Interzonen(handel . . .) ɪnter-
'tsoːnən-
Intestaterbe ɪntɛs'taːt|ɛrbə
Inthronisation ɪntroniza'tsĭoːn
intim ɪn'tiːm
Intimität ɪntimi'tɛːt
intolerant ɪntolə'rant, '- - - -
Intonation ɪntona'tsĭoːn
in toto ɪn 'toːto
Intourist 'ɪnturɪst
Intoxikation ɪntɔksika'tsĭoːn
intrakutan ɪntraku'taːn
intransigent ɪntranzi'gɛnt
intransitiv 'ɪntranzitiːf, - - -'-
intravenös ɪntrave'nøːs
Intrigant ɪntri'gant
Intrige ɪn'triːgə
intrigieren ɪntri'giːrən
Introduktion ɪntroduk'tsĭoːn
Introïtus ɪn'troː|ɪtus
Introversion ɪntrover'zĭoːn
Intuition ɪntu|i'tsĭoːn
intuitiv ɪntu|i'tiːf
intus 'ɪntus
in usum Delphini (lt.) ɪn 'uːzum
dɛl'fiːniː
Invalide ɪnva'liːdə
invariabel ɪnvari'aːbəl, '- - - -
Invasion ɪnva'zĭoːn
Invektive ɪnvɛk'tiːvə
invenit (lt.) ɪn'veːnɪt
Inventar ɪnvɛn'taːr, -ʁ
inventarisieren ɪnvɛntari'ziːrən
Inventur ɪnvɛn'tuːr, -ʁ
Inverness (Scho.) ɪnvə'nɛs
Inversion ɪnver'zĭoːn
invertieren ɪnver'tiːrən
investieren ɪnvɛs'tiːrən
Investition ɪnvɛsti'tsĭoːn
Investitur ɪnvɛsti'tuːr, -ʁ
Invokavit ɪnvo'kaːvɪt
involvieren ɪnvol'viːrən
inwendig, -ige 'ɪnvɛndɪç, -ɪgə
inwiefern [1]ɪnviː'fɛrn; [2]-ɛʁn
inwieweit ɪnviː'vaet
Inzest ɪn'tsɛst
Inzision ɪntsi'zĭoːn

Inzucht 'ɪntsuxt
inzwischen [1]ɪn'tsvɪʃən; [2]-ʃn̩
Io 'iː|o
Iókai (magy.) 'joːkɔi
Iokaste ĭo'kaste, i-o-
Ion (Name) 'iːɔn
Ion, pl. -nen (Physik) 'i|ɔn,
i|'oːnən
Ionien i-'oːniɛn, 'joː-
Ionier i|'oːniər, -ɛʁ, 'joː-
ionisch i|'oːnɪʃ 'joː-
ionisieren i|oni'ziːrən
Iota (gr. Buchst.) i|'oːta, 'joːta
Iowa (e.) 'aiouə,
Iphigenie, -nia ifi'geːniə, -ge-
'niːa
Ippolit (ru. Vn.) ipə'liːt
Ippolitov (ru.) ipə'liːtɔf
Ipsitilla (Orff, Cat.) ɪpsi'tɪla
Ipsos (Alt.) 'ɪpsɔs
Ipswich (E.) 'ɪpswitʃ
Iquique (S.-A.) i'kike
Ira (e. Vn.) 'aiərə
Irad (He., Rubin) 'irad
Irak 'irak
Iran iː'raːn
Iranier iː'raːniər, -ɛʁ
Iravadi (Fl.) ira'vadi
irden, -dne [1]'ɪrdən, -dnə; [2]'ɪrdn̩
irdisch [1]'ɪrdɪʃ; [2]'ɪrd-
Irene (Vn.) i're:nə
irgend [1]'ɪrgənt; [2]'ɪrg-
Iridium i'riːdiʊm
Irina (ru. Vn.) i'riːna
Iris 'iːrɪs
irisch 'iːrɪʃ
Irish stew (e.) 'aiərɪʃ stjuː
irisieren iri'ziːrən
Irkutsk ir'kutsk
Irland 'ɪrlant, (e.) 'aiələnd, (ir.)
Éire 'ɛərə
Irminsul 'ɪrmɪnzuːl
Irokesen (N.-A.) iːro'keːzən
Ironie iro'niː
ironisch i'roːnɪʃ
irrational 'ɪratsĭonaːl, - - -'-
irrationell 'ɪratsĭonɛl, - - -'-
irre 'ɪrə

irreal ˈɪre|aːl
Irredenta ɪreˈdɛnta
Irredentist ɪredɛnˈtɪst
irregulär ˈɪreguleːr, -ʁ
irrelevant ˈɪrelevant
irren ˈɪrən
irreparabel ˈɪreparaːbəl
irreversibel ɪrevɛrˈziːbəl
Irrigator ɪriˈgaːtər, -ʁ
irritieren ɪriˈtiːrən
Irrlicht ˈɪrlɪçt
irrsinnig, -ige ¹ˈɪrzɪnɪç, -ɪgə;
  ²ˈɪʁz-
Irrtum ¹ˈɪrtuːm; ²ˈɪʁt-
Irrwisch ¹ˈɪrvɪʃ; ²ˈɪʁv-
Irtyš (Fl., N.-As.) irˈtɪʃ
Irún (Sp.) iˈrun
Irving (e.) ˈəːvɪŋ
Isaak ˈiːsa|ak
Isabeau (Sch., Ju.) izaˈbo
Isabel (sp. Vn.) isaˈβɛl, (e.) ˈizə-
  bel
Isabella izaˈbɛla
Isai (bi.) ˈiːsa|i
Isaiah (e.) aiˈzaiə
Isakovskij (ru.) isaˈkɔfski
Isar ˈiːzar, -ʁ
Ischariot iˈʃaːriɔt, iˈsk-
Ischia ˈiskïa
Ischias ˈɪsçias, ˈɪʃïas
Ischl ɪʃl
Ischtar (myth.) ˈiʃtar, -ʁ
Isebel (bi.) ˈiːzebel
Isegrim ˈiːzəgrɪm
Isère (Fl., F.) iˈzɛːʁ
Isfahan ɪsfaˈhaːn
Isidor (dt. Vn.) ˈiːzidor, -ʁ
Isidor, -rus iziˈdoːr, -ʁ, -rus
Išim (N.-As.) iˈʃim
Isis ˈiːzɪs
Iskander (pers.) ˈɛskandar, -ʁ
Iskenderun (tü.) ɪsˈkɛndɛrun
Islam ɪsˈlaːm; (äg.) ɪsˈlɛːm
Island ˈiːslant
Isle de France il də ˈfʁãːs
Ismaël (bi.) ˈɪsma|ɛl
Ismaïlija (Äg.) isma-iˈliːja
Ismay (e.) ˈizmei

Ismene ɪsˈmeːne
Ismet (tü.) isˈmet
Isobare izoˈbaːrə
Isokrates iˈzoːkratɛs
Isolani (Sch., W.) izoˈlaːni
Isolator izoˈlaːtər, -ʁ
Isolde, -lt iˈzɔldə, -lt
isolieren izoˈliːrən
isomer izoˈmeːr, -ʁ
isomorph izoˈmɔrf
Isonzo iˈzontso
Isothere izoˈteːrə
Isotherme izoˈtɛrmə
Isotope izoˈtoːpə
isotrop izoˈtroːp
Israel ˈɪsra|ɛl
Israeli ɪsraˈeːli
Issaschar (Lud., Makk.) ˈɪsaʃar,
  -ʁ
Issos (Alt.) ˈɪsɔs
Istanbul (Tü.) ˈɪstambuːl, (tü.)
  ɪsˈtanbul, - -ˈ-
isthmisch ˈɪstmɪʃ
Isthmos, -mus ˈɪstmɔs, -mʊs
Istrien ˈɪstriən
István (magy.) ˈiʃtvaːn
Iswestija ɪzˈvjeːstija
Italer ˈiːtalər, -ɛʁ
Italien iˈtaːliən
italienisch italiˈeːnɪʃ
Italiker iˈtaːlɪkər, -ɛʁ
italisch iˈtaːlɪʃ
Itazismus iːtaˈtsɪsmʊs
item ˈi(ː)tɛm
iterativ iteraˈtiːf, ˈ- - - -
Ithaka ˈiːtaka
Itinerarium itineˈraːriʊm
Itzehoe ˈɪtsəhoː
Itzig ˈɪtsɪç
itzo ˈɪtso
Ivan (ru. Vn.) iˈvaːn
Ivangorod (ru.) iˈvaːngɔrɔt
Ivanhoe (e., Scott usw.)
  ˈaivənhou
Ivanovič, fm. -vna (ru. Vat.)
  iˈvaːnəvitʃ, -vna
Ivanov (ru.) ivaˈnɔf
Ivanovo (Ru.) iˈvaːnɔvɔ

Ivar (I., Kronpr.) ˈiːvɑr, -ʁ
Iwein ˈiːvaen
Ixion ɪˈksiːɔn
Iževsk (Ru.) ˈiӡɛfsk
Izmail (Ukr.) izmaˈił

Izmajlov (ru.) izˈmaːjłɔf
Izmir (Tü.) ˈizmir, -ʁ (Smyrna)
Izvolˈskij (ru.) izˈvɔfiskij
Izvozčik (ru.) izˈvɔʃtʃik
Izzet (Suppé, Fat.) izˈzɛt

J

J jɔt, (Ö.) je: (vgl. auch I, Y,
   Dsch, Dž)
ja jɑː
Jablonovyj-Gebirge (N.-As.)
   jabłaˈnɔːvɨj
Jabot ӡaˈbo
jach jɑx
Jachenau jɑxəˈnɑo
Jachimo (Sh., Cymb.) ˈdӡɑkimo
Jacht, Yacht jɑxt
Jack dӡæk
Jacke ˈjɑkə
Jackett ӡaˈkɛt
Jackettkrone ¹ˈdӡɛkətkroːnə;
   ²-kʁ-
Jackson ˈdӡæksn
Jacksonville ˈdӡæksnvɪl
Jacky ˈdӡæki
Jacobi, -by (N.) jaˈkoːbi
Jacobsen (dä.) ˈjakɔbsn̩
Jacopo (it. Nv.) ˈïɑːkopo
Jacquard (f.) ӡaˈkaːʁ, -ʁ
Jacqueline (f.) ӡakˈlin
Jacques (f.) ӡɑːk(ə)
Jade ˈjaːdə
Jadebusen ˈjaːdəbuːzən
Jadin (f.) ӡaˈdɛ̃
Jadwiga (pol.) jadˈvigɑ
Jaén (Sp.) xaˈɛn
Jaffa ˈjɑfɑ
Jaffier (Hofm. Ven.) dӡaˈfïer, -ʁ
Jagd jaːkt; (Schwz. auch) jakt
Jagello jaˈgɛlo
Jagellonen jagɛˈloːnən
Jägerei ¹jɛːɡəˈrɑe; ²-ɡɛˈʁɑe
Jagić (jug.) ˈjaːgitɕ
Jago ˈjaːgo

Jagst jakst
Jagsthausen jakstˈhaozən
Jaguar ˈjaːguaːr, -ʁ
jäh jɛː
Jähe ˈjɛːə
Jahr ¹jaːr; ²-ʁ
jahraus, jahrein ¹jaːr|ˈaos, jaːr|-
   ˈaen; ²-ʁ|-
Jahrhundert ¹jaːrˈhʊndərt;
   ²jaːʁˈhʊndɛʁt
Jahve ˈjaːve
Jaime (sp. Vn.) ˈxaˇime
Jaipur s. Džaipur
Jairus ja|ˈiːrʊs
Jak jak
Jakob ˈjaːkɔp
Jakobus jaˈkoːbʊs
Jakov (ru. Vn.) ˈjaːkɔf
Jakovlev (ru.) ˈjaːkɔvfief
Jakuten jaˈkuːtən
Jakutsk jaˈkutsk
Jalousie, pl. -ien ӡaluˈziː, -iːən
Jaloux (f.) ӡaˈlu
Jalta (Ru.) ˈjałta
Jam (e.) dӡæm
Jamaica jaˈmaˇika
jambisch ˈjambɪʃ
Jambol (Bg.) ˈjamboł
Jamboree (e.) dӡæmbəˈriː
Jambus ˈjambʊs
James dӡeimz
Jamestown ˈdӡeimztaun
Jammer ¹ˈjamər; ²-ɛʁ
Jammes (f. Autor) ӡam
Jan (po., tsch. Vn.) jan
Jana (Fl., N.-As.) ˈjaːna
Janáček (tsch.) ˈjaːnaːtʃɛk

Jancofiore (Suppé, Bocc.) jaŋkoˈfioːre
Jane (e. Vn.) dʒein
Janet (e. Vn.) ˈdʒænit; (f. Vn.) ʒaˈnɛ
Jang-tse-kiang ˈjaŋtsidz̆iaŋ
Janhagel [1]janˈhaːgəl; [2]-gl̩
Janicki (Po.) jaˈɲitski
Janitscharen janiˈtʃaːrən
Jan Mayen (Nor.) jaːn ˈmaĭn; (dt.) jan ˈmaeən
Jano (Vn., Janaček) ˈjanɔ
Januar [1]ˈjanuaːr; [2]-ʁ
Janus (myth.) ˈjaːnʊs
Japan ˈjaːpan
Japaner [1]jaˈpaːnər; [2]-ɛʁ
Japhet ˈjaːfɛt
Jaqueline (f. Vn.) ʒakˈlin
Jaquenetta (Sh., V. L.) ʒakeˈnɛta
Jaques (f. Vn.) ʒak
Jardiniere ʒardiˈnjɛːʁə
Jargon ʒaʁˈgõ
Jarkand (Chi.) jarˈkand
Jarl jarl
Jarno ˈjarno
Jaromir (Gri. Ahnfr.) ˈjaːrɔmiːr, -ʁ
Jaroslavl' (Ru.) jarəˈsłavfi
Jaroslavna (Borodin, Igoŕ) jarəˈsłavna
Jaroslaw (Po.) jaˈrɔsŭaf
Jarov (ru. Vn.) ˈʒarɔf
Jasmin jasˈmiːn
Jasmin (f. Vn.) ʒasˈmɛ̃
Jasmund ˈjasmʊnt
Jasnaja Poljana (Ru.) ˈjaːsnaja paˈfiaːna
Jasomirgott jazɔˈmiːrgɔt
Jason ˈjaːzɔn
Jaspis ˈjaspɪs
Jatagan ˈjaːtagan
jäten [1]ˈjɛːtən; [2]-tn̩
Jatgejr (I. Kronpr.) ˈjatgɛĭr, -ʁ
Jauche ˈjaoxə
jauchzen [1]ˈjaoxtsən; [2]-tsn̩
Jauer (Schles.) ˈjaoər, -ɛʁ
Jaunde (Afr.) ˈjaŭndə

Jaurès ʒɔˈʁɛs
Jause [1]ˈjaozə; [2]-z̧-
Java ˈjaːva
Javier (sp.) xaˈβĭɛr, -ʁ, s. **Ksaver**
Javotte (f.) ʒaˈvɔt
jawohl jaˈvoːl
Jawort [1]ˈjaːvɔrt; [2]-ʁt
Jaxartes (Fl.) jaˈksartɛs
Jazykov (ru.) jaˈzikɔf
Jazz jats; (e.) dʒæz
Jazzband dʒɛzˈbɛnt, (e.) ˈdʒæzˈbæ(ː)nd
Jazzfan ˈdʒɛzfɛn, (e.) ˈdʒæzfæn
je jeː
Jean (f. Vn.) ʒã, (e.) dʒiːn
Jeanne (f. Vn.) ʒan
Jeanne d'arc ʒan ˈdaʁk
Jeanette ʒaˈnɛt
Jean Potage ʒã pəˈtaːʒ
Jebb (e.) dʒɛb
Jedburgh (e., Wilde) ˈdʒɛdbərə
Jeddo ˈɛdoː
jedenfalls [1]ˈjeːdənfals; [2]-dn̩-
jeder [1]ˈjeːdər; [2]-ɛʁ
jedoch jeˈdɔx
jedweder [1]jeːtˈveːdər; [2]-ɛʁ, [1]- - -
Jeep dʒiːp
Jefferson (e.) ˈdʒɛfəsn
jeglich [1]ˈjeːklɪç; [2]-gl̩ɪç
Jegor (ru.) jeˈgɔr, -ʁ
(von) jeher [1]ˈjeːheːr; [2]-ʁ
Jehova jeːˈhoːva
Jehu (bi.) ˈjeːhu
Jekaterinburg (Ru.) jɛkaterinˈburk (= Sverdlovsk)
Jelängerjelieber [1]jeːˌlɛŋərjeˈliːbər; [2]-ŋɛʁjeˈliːbɛʁ
Jeleckij(Tschaik.,Pik.)jeˈfiɛtskij
Jelena (ru. Vn.) jeˈfiɛːna
Jelgava ˈjɛlgava, (dt.) **Mitau**
Jelusich (dt. Autor) ˈjelusɪtʃ
jemand ˈjeːmant
Jemen, Ye- (Ar.) ˈjamɛn
Jemina (W., Feen) ˈjeːmina
jemine ˈjeːmine
Jen, Yen (Münze, Jap.) jɛn
Jena ˈjeːna
je nachdem jeː naːxˈdeːm

Jenatsch jɛ'natʃ, '- -
jener ¹'je:nər; ²-ɛʁ
Jenever (ndld.) jə'ne:vər, -ɛʁ
Jenisej (Fl. N.-As) jeɲi'sej
Jennaro (Gr., Rabe) dʒɛ'na:ro
Jennet (e. Vn.) 'dʒɛnit
Jennifer (e. Vn.) 'dʒɛnifə
Jenny (dt.) 'jɛni, (f.) ʒɛ'ni,
  (e.) 'dʒini, 'dʒeni
Jens (Vn., I.) jɛns
jenseits ¹'je:nzaets, 'jɛn-; ²-ẓ-
Jenufa (Janáček) 'jɛnufa
Jephtha 'jɛfta
Jepichodov (Č.) jepi'xɔ:dɔf
Jeremiade jeremi-'a:də
Jeremias jere'mi:as
Jerevan (Arm.) jerɛ'van
Jerez 'çe:rɛs, (sp.) xe'rɛð
Jericho (bi.) 'je:riço
Jermolaj (ru. Vn.) jɛrma'ɫa:j
Jerobeam (bi.) je'ro:beam
Jerome (e. Autor) dʒə'roum
Jérôme (f. Vn.) ʒe'ʁo:m
Jersey 'dʒə:zɪ
jerum 'je:rʊm
Jerusalem je'ru:zalɛm
Jery (G.) 'je:ri
Jesaia(s) je'sa:ĭa(s)
Jesebel (bi.) 'jezebɛl
Jesenin (ru.) je'se:ɲin
Jeso (Jap.) 'ɛzo: (= Hokkaido)
Jesolo (Adria) 'je:zolo
Jespersen (dä.) 'jɛsbərsən
Jessica (Sh., Kaufm., Sartre)
  'jɛsika, (e.) 'dʒɛsikə
Jessie (e. Vn.) 'dʒɛsi
Jessup (e.) 'dʒɛsəp
Jesuit jezu|'i:t, (ö.) -|'ɪt
Jesus ¹'je:zʊs; ²-ẓ-
Jeton ʒə'tõ
Jett dʒɛt
jetzo 'jɛtso
jetzt jɛtst
jetzund 'jɛtsʊnt, jɛts|'ʊnt
Jeu ʒø
Jeunesse dorée (f.) ʒœˌnɛs do'ʁe:
Jever 'je:vər, -ɛʁ
Jevgenij (ru. Vn.) jɛv'gjeɲij

Jevlampija (ru. Vn.) jɛv'ɫampija
Jevsejev (ru.) jɛ'vsje:jɛf
jeweils 'je:vaels
Ježov (ru.) jɛ'ʒɔf
jiddisch 'jɪdɪʃ
Jim, -mmy dʒim, -mi
Jimena xi'mena
Jiméniz (sp.) xi'mɛnɛθ
Jingo 'dʒɪŋgo
Jitterbug 'dʒɪtəbʌg
Jiu-Jitsu dʒu: 'dʒitsu
Joachim (Vn.) 'jo:|axɪm, jo:|-
  'axɪm
Joachimstal 'jo:|axɪmsta:l,
  jo:|'ax-
João (port.) ʒŭãŭ
Joarim (Ludw., Makk.) jo'a:rim
Job dʒɔb
Jobarbara (Claudel) ʒo'barbara
Jobber 'dʒɔbər, -ɛʁ, 'jɔbər, -ɛʁ
Jobsiade jɔpsi'a:də
Jobst jɔpst
Joch jɔx
Jochanaan (Wilde, Salome, R.
  Strauß) jo'xa:na|an
Jockey (e.) 'dʒɔki; (dt.) 'jɔkae
Jod jo:t
jodeln ¹jo:dəln; ²-dḷn
Jodid jo'di:t
Jodler ¹'jo:dlər; ²-ḍlɛʁ
Jodoform jodo'fɔrm
Jodok, -kus jo'do:k, -kʊs
Joe (e. Vn.) dʒou
Joël 'jo:|ɛl
Joghurt 'jɔgʊrt
Johann jo'han, 'jo:han
Johanna jo'hana
Johannes jo'hanəs
Johanniter ¹joha'ni:tər; ²-ɛʁ;
  (Ö.) -'nɪtər
johlen ¹'jo:lən; ²-lṇ
John (dt.) jo:n, (e.) dʒɔn
John Bull dʒɔn 'bʊl
Johnson 'dʒɔnsn
Joinville (f.) ʒwɛ̃'vil
Jojakim (bi.) 'jo:jakɪm
Jókai (magy.) 'jo:kɔĭ
Joker ¹'jo:kər; ²-ɛʁ; 'dʒo:kər, -ɛʁ

Jokohama, Yo- joko'ha:ma
Jokus 'jo:kʊs
Jolanthe jo'lantə
Joliot ʒɔ'ljo
Jolle 'jɔlə
Jom Kippur jo:m kɪ'pu:r
Jonas 'jo:nas
Jonathan 'jo:natan, (e.) 'dʒɔ-
   nəθən
Jones (e.) dʒounz
Jongleur ʒɔŋ'glœ:ʁ, -ʁ, ʒõ'g-
Jönköping (Schw.) 'jœntçø:piŋ
Jonny 'dʒɔni
Jonssön (I., Kronpr.) 'jɔnsœn
Joppe 'jɔpə
Joppe (Name) 'jɔpe
Jordan 'jɔrdan
Jordanes jɔr'da:nɛs
Jordanskij (ru.) jar'da:nski
Jorge (sp. Vn.) 'xɔrxe
Jorinde jo'rɪndə
Josaphat 'jo:zafat
José (sp. Bizet, Ca.) xɔ'se
Joseph (dt.) 'jo:zɛf, (f.) ʒo'zɛf,
   (e.) 'dʒoŭzɪf
Josepha (Vn.) jo'ze:fa; (ö.) -'zɛfa
Josephine (Vn.) jozə'fi:nə, (e.)
   'dʒoŭzifi:n
Josephus (alt.) jo'ze:fʊs
Josia(s) jo'zi:a(s)
Joškar-Ola (Ru.) jɔ'ʃkar-ɔ'ła
Jost jo:st
Josua 'jo:z ua
Jota 'jo:tai
Jotham (bf.) 'jo:tam
Jouhaux (f.) ʒu|'o
Jou-Jou (.) ʒu'ʒu
Joule (e.) dʒu:l
Jour, J.fixe ʒu:ʁ, -ʁ, ʒ.'fɪks
Journaille ʒuʁ'na:j(ə)
Journal ʒuʁ'na:l
Journalist ʒuʁna'lɪst
jovial jovi'a:l
Joyce dʒɔis
Juan (sp.) xŭan
Juan Fernández (Inseln) ˌxŭan
   fɛr'nandɛs
Juanito xŭa'nito

Juárez 'xŭarɛθ
Juba (Fl. Afr.) 'dʒu:ba
Jubel [1]'ju:bəl; [2]-bl̥
Jubilar jubi'la:r, -ʁ
Jubilate (lt.) jubi'la:te
Jubiläum jubi'lɛ:ʊm
jubilieren jubi'li:rən
Juchart, -chert [1]'juxart, -xərt;
   [2]-ʁt
juchhe, -hei jʊx'he:, -'hae
Juchten [1]'jʊxtən; [2]-tn̥
juchzen [1]'jʊxtsən; [2]-tsn̥;
   (schweiz. auch) 'ju:-
jucken [1]'jʊkən; [2]-kn̥
Jucker [1]'jʊkər; [2]-ɛʁ
Juda 'ju:da
Judäa ju'dɛ:a
Judas 'ju:das
Jude 'ju:də
Judenič (ru.) ju'dje:nitʃ
Judika 'ju:dika
Judikatur judika'tu:r, -ʁ
jüdisch 'jy:dɪʃ
Judith (bi.) 'ju:dɪt
Judizium ju'di:tsĭʊm
Judo dju:do:
Jugoslavien ju:go'sla:vien
Jugurtha (alt.) ju'gʊrta
Juice dʒu:s
Juin ʒɥɛ̃
Juist jy:st
Juiz de Fora (S.A.) 'ʒŭiz de
   'fɔ:ra
Julchen 'ju:lçən
Jules ʒy(:)l
Julfest 'ju:lfɛst
Jugend 'ju:gənt
Juli 'ju:li
Julia 'ju:lia, (e.) dʒu:ljə
Julian(e) juli'a:n(ə)
Julianus juli'a:nʊs
Jülich 'jy:lɪç
Julie (dt.) 'ju:liə, (f.) ʒy'li
Julien, fm. -enne (f.) ʒy'ljɛ̃, -jɛn
Julier (alt., Schwz.) 'ju:liər, -ɛʁ
Juliette (f.) ʒy'ljɛt
Julius 'ju:liʊs
Julklapp 'ju:lklap

Jumièges ʒyˈmjɛːʒ
Jumper (e.) ˈdʒʌmpər, -ɛʁ
jung jʊŋ
Junge ˈjʊŋə
Jünger [1]ˈjʏŋər; [2]-ɛʁ
Jungfer [1]ˈjʊŋfər; [2]-ɛʁ
Jungfrau [1]ˈjʊŋfrao; [2]-fʁ-
Junggeselle [1]ˈjʊŋgəzɛlə; [2]-geʒ-
Jüngling jʏŋlɪŋ
jüngst jʏŋst
Juni ˈjuːni
junior ˈjuːniɔr, -ʁ
Junker [1]ˈjʊŋkər; [2]-ɛʁ
junktim ˈjʊŋktɪm
Junta (sp.) ˈxunta
Junius ˈjuːniʊs
Jünnan (Prov., Chi.) ˈjynan
Juno juːno
Jupiter ˈjuːpitər, -ɛʁ
Jupon ʒyˈpõ
Jura ˈjuːra
juridisch juˈriːdɪʃ
Jurij (ru. Vn.) ˈjuːrij
Jurinac juˈriːnats, ˈjuː-
Jurisdiktion juːrɪsdɪkˈtsĭoːn
Jurisprudenz juːrɪspruˈdɛnts
Jurist juˈrɪst

Jurte ˈjʊrtə
Jury (f.) ʒyˈʁi
Jus (Recht) juːs
Jus (f. Brühe) ʒy
Jussuf ˈjʊsʊf
just jʊst
Juste-milieu ʒyst miˈljø
justieren jʊsˈtiːrən
Justina, -ne jʊsˈtiːna, -nə
Justinian jʊstiniˈaːn
Justinus jʊsˈtiːnʊs
Justitia jʊsˈtiːtsĭa
Justitiar jʊstiˈtsĭaːr, -ʁ
Justiz jʊsˈtiːts
Justus ˈjʊstʊs
Jusupov (ru.) juˈsuːpɔf
Jute ˈjuːtə
Jüten ˈjyːtən
Jüterbog ˈjyːtərbɔk
Jütland ˈjyːtlant
Jutta ˈjʊta
Juvenal, -lis (alt.) juveˈnaːl, -lɪs
juvenil juveˈniːl
Juwel juˈveːl
Juwelier juːveˈliːr, -ʁ
juvivallera! juviˈvaləra, [2]-ˈvalɛʁa
Jux jʊks

K

(vgl. auch **C, Ch** mit **Kh** vgl. **Ch**)
k kaː
Kaaba ˈkaː-aba
Kabale kaˈbaːlə
Kabalevskij (ru.) kabaˈfiɛfskij
Kabarda (Kauk.) kabarˈda
Kabarett kabaˈrɛt
Kabbala kaˈbaːla
kabbalistisch kabaˈlɪstɪʃ
kabbelig, -ige [1]ˈkabəlɪç, -ɪgə;
    [2]-bl-
Kabel [1]ˈkaːbəl; [2]-bḷ
Kabeljau [1]ˈkaːbəljao; [2]-bḷ-
Kabelleitung [1]ˈkabəḷlaetʊŋ;
    [2]-bḷl-

kabeln ˈkaːbəln
Kabul ˈkaːbʊl
Kabylen kaˈbyːlən
Kachexie kaxɛˈksiː
Kachel [1]ˈkaxəl; [2]-xḷ
Kabriolett kabrioˈlɛt
Kabine kaˈbiːnə
Kabinett kabiˈnɛt
Kabis ˈkaːbɪs
Kádár (magy.) ˈkaːdaːr, -ʁ
Kadaver [1]kaˈdaːvər; [2]-ɛʁ
Kadenz kaˈdɛnts
Kader [1]ˈkaːdər; [2]-ɛʁ
Kadett kaˈdɛt
Kadi ˈkaːdi

Kadinen kɑˈdiːnən
Kadmium ˈkatmiʊm
Kadmos ˈkatmɔs
Käfer ¹ˈkɛːfər; ²-ɛʁ
Kaff kaf
Kaffa (Afr.) kɑˈfa
Kaffee (Getränk) ˈkafe, (ö.)
    kɑˈfeː
Kaffeersatz ¹ˈkafeː|ərzats;
    ²-|ɛʁz-
Kaffer ¹ˈkafər; ²-ɛʁ
Käfig, pl. -ige ˈkɛːfɪç, -ɪgə
Kafka ˈkafka
Kaftan ˈkaftan
Kaganovič (ru.) kagɑˈnɔːvitʃ
kahl kaːl
Kahm kaːm
Kahn, pl. Kähne kaːn, ˈkɛːnə
Kai (Quai) kae, keː
Kaimán kaeˈman
Kain (bi.) ˈkaː|m
Kainit kaeˈniːt
Kainz kaents
Kaiphas (bi.) ˈkaefas
Kairo ˈkaero, (äg.) kaːhɛˈra
Kaiser ¹ˈkaezər; ²-ʒɛʁ
Kaiserslautern kaezərsˈlaotərn
Kajak ˈkaːjak
Kajetan ˈkajetaːn, - -ˈ-
Kajüte kɑˈjyːtə
Kakadu ˈkakadu, (ö.) - -ˈduː
Kakao kɑˈkaːo
Kakerlak ¹ˈkaːkərlak; ²-ɛʁl-
Kaki ˈkaːki
Kakophonie kakofoˈniː
Kaktee, -tus, pl. -teen, (ö.)
    -tusse kakˈteː(ə), ˈkaktʊs,
    -ˈteːən, -ˈtʊsə
Kalabrese kalɑˈbreːzə
Kalabreser ¹kalɑˈbreːzər;
    ²-ʒɛʁ
Kalabrien kɑˈlaːbriən
Kalaf (Sch., Tur., Puc.) ˈkaː-
    laf
Kalahari kalɑˈhaːri
Kalamata (Gr.) kalɑˈmata
Kalamität kalamiˈtɛːt
Kalander ¹kɑˈlandər; ²-dɛʁ

Kalauer ¹ˈkaːlaoər; ²-ɛʁ
Kalb, pl. Kälber ¹kalp, ˈkɛlbər;
    ²-bɛʁ
Kälbchen ¹ˈkɛlpçən; -çn̩
kalben ¹ˈkalbən; ²-bn̩
Kalchas ˈkalças
Kaldaunen kalˈdaonən
Kaleb (bi. Gri., Traum) ˈkaːlɛp
Kalebasse kaleˈbasə
Kaledonien kaleˈdoːniən
Kaleidoskop kalaedɔˈskoːp
Kalendarium kalɛnˈdaːriʊm
Kalender ¹kɑˈlɛndər; ²-dɛʁ
Kalesche kɑˈlɛʃə
Kalewala ˈkalevala
Kalfakter, -tor kalˈfaktər, -ɛʁ,
    -tɔr, -ʁ
kalfatern ¹kalˈfaːtərn; ²-tɛʁn
Kalgan (Mongol., chin.
    Dschang-djia-kou) kaɬˈgan
Kalgoorlie (Austr.) kælˈguəli,
    -ˈgoə-
Kali ˈkaːli
Kaliber ¹kɑˈliːbər; ²-ɛʁ
Kalidasa (ind.) kaliˈdaːsa
Kalif kɑˈliːf
Kalifat kaliˈfaːt
Kalifornien kaliˈfɔrniən
Kaliko ˈkaliko
Kalikut (S.-As.) kaliˈkat
Kalinin (Ru.) kɑˈfiiːpin
Kalisch (po.) -isz; (Po.) ˈkaliʃ
Kalium ˈkaːliʊm
Kalixtiner kalɪksˈtiːnər, -ɛʁ
Kalk kalk
Kalkül kalˈkyːl
kalkulieren kalkuˈliːrən
Kalkutta kalˈkʊta (hind.) kal-
    ˈkata
Kalla ˈkala
kalligraphisch kaliˈgraːfɪʃ
Kallimachos kɑˈliːmaxɔs
Kalliope kɑˈliːope
Kallipygos kɑˈlipyːgɔs
Kallisthenes kɑˈlɪstenɛs
Kalliwoda ˈkalivoːda
Kalmar (Schw.) ˈkalmar, -ʁ
kalmarisch kalˈmaːrɪʃ

Kálmán (magy. Vn.) 'kɑːlmɑːn;
  (dt.) **Koloman**
Kalmäuser ¹'kalmɔøzər; ²-ʒɛʁ
Kalme, -en 'kalmə, -ən
Kalmuck (Zeug) kal'mʊk
Kalmücken kal'mʏkən
Kalmus 'kalmʊs
Kalokagathie kalokaga'tiː
Kalorie kalo'riː
Kalotte ka'lɔtə
Kalpak 'kalpak
kalt kalt
Kaltblut ¹'kaltbluːt; ²-bl̩-
Kälte 'kɛltə
Kaltschale 'kaltʃaːlə
Kaluga (Ru.) ka'ɫuːga
Kalvarienberg ¹ kal'vaːriənbɛrk;
  ²-ʁk
Kalville kal'vɪl(ə)
Kalvin kal'viːn
kalydonisch kaly'doːnɪʃ
Kalykadnos (Fl., Alt.) kaly-
  'kadnɔs
Kalypso ka'lʏpso
Kalzium 'kaltsïʊm
Kamarilla kama'rifia; (ö.) -'rɪla
Kamarinskaja ka'maːrinskaja
Kambium 'kambiʊm
Kambodža (S.-As.) kam'bɔdʒa
Kambrik (e.) 'keimbrik
Kambrium 'kambriʊm
Kambyses kam'byːzɛs
Kamčadalen kamtʃa'daːlən
Kamčatka (N.-As.) kam'tʃatka
Kamee ka'meːə
Kameke 'kaːmɛkə
Kamel ka'meːl
Kamelie ka'meːliə
Kamenev (ru.) 'kaːmeɲɛf
Kamenskij (ru.) kam'jenskij
Kamenz (Sa.) 'kaːmɛnts
Kamerad kamə'raːt
Kameralien kamə'raːliən
Kamerlingh-Onnes (ndld.)
  'kamərliŋɔnəs
Kamerun 'kaməruːn
Kamille ka'mɪlə
Kamin ka'miːn

Kamisol kami'zoːl
Kamjanec Podilskyi (Ukr.) kam-
  'janɛtɕ pɔ'difiɕkij, **Kamenez-**
  Podolskij (ru.)
Kamm kam
Kammacher ¹'kammaxər; ²-ɛʁ
kämmen 'kɛmən
Kammer ¹'kamər; ²-ɛʁ
Kämmerer ¹'kɛmərər; ²-ɛʁɛʁ
Kammerrat 'kamərraːt
Kamöne ka'møːnə
Kamorra ka'mɔra
Kamp kamp
Kampagne kam'panjə
Kampanile kampa'niːle
Kampanula kam'paːnula
Kämpe 'kɛmpə
Kampf kampf
kämpfen ¹'kɛmpfən, ²-pfn̩
Kampfer ¹'kampfər; ²-ɛʁ
kampieren kam'piːrən
Kamtschadalen, s. **Kamčadalen**
Kamtschatka, s. **Kamčatka**
Kana (bi.) 'kaːna
Kanaan (bi.) 'kaːna|an
Kanaaniter (bi.) kana|a'niːtər,
  -ɛʁ
Kanada 'kanada
Kanadier ka'naːdiər, -ɛʁ
Kanaille ka'naljə, (f.) ka'naːj(ə)
Kanake ka'naːkə
Kanal ka'naːl
Kanapee 'kanapeː, (ö.) - -'-
Kandare kan'daːrə
Kanarische Inseln ka,naːrɪʃə
  'mzəln
Kanarienvogel ¹ka'naːriən-
  foːgəl; ²-gl̩
Kancsianu (Kálmán, Csárdásf.)
  kan'tʃaːnu
Kandahar (S.-As.) kanda'haːr,
  -ʁ
Kandaules (He. Gyges) kan-
  'daolɛs
Kandelaber ¹kande'laːbər; ²-ɛʁ
Kandia 'kandia (= **Kreta**)
Kandidat kandi'daːt
kandidieren kandi'diːrən

kandieren kan'di:rən
Kandinskij kan'dinskij
Kandis 'kandıs
Kandy (S.-As.) 'kændi
Kaneel ka'ne:l
Kanephoren kane'fo:rən
Kanevas 'kanəvas
Kängeruh 'kɛŋguru
Kaninchen [1]ka'ni:nçən, [2]-çn̩
Kanister [1]ka'nıstər; [2]-ɛʁ
Kannae 'kanɛ
Kanne 'kanə
kannelieren kanə'li:rən
Kannibale kani'ba:lə
Kano (Afr.) 'ka:no
Kanoe s. **Kanu,**
Kanon 'ka:nɔn
Kanonade kano'na:də
Kanone ka'no:nə
Kanonier [1]kano'ni:r; [2]-ʁ
Kanonikus ka'no:nikʊs
kanonisch ka'no:nɪʃ
kanonisieren kanoni'zi:rən
Känozoikum kɛno'tso:ikʊm
Kanpur (S.-As.) 'ka:npu(:)r, -ʁ
Kansas 'kænzəs, (-səs)
Kansu (Prov. Chi.) 'gansu
Kant kant
Kantabile kan'ta:bile
Kantate (mus., Sonntag) kan'ta:tə
Kante 'kantə
Kantemir (ru.) kante'mi:r, -ʁ
Kanter (e.) 'kæntər, -ʁ
Kantharide kanta'ri:də
Kantholz 'kanthɔlts
Kantianer kan'tĭa:nər, -ɛʁ
kantig, -ige 'kantıç, -ıgə
Kantilene kanti'le:nə
Kantine kan'ti:nə
Kanton, pl. -ne kan'to:n, -nə
Kanton (Chin.) 'kantɔn
kantonal kanto'na:l
kantonieren kanto'ni:rən
Kantonnement kantɔn(ə)'mã
Kantor 'kantɔr, -ʁ
Kantorei, -rat kanto'rae, -'ra:t
Kantschu 'kantʃu

Kantus 'kantʊs
Kanú 'ka:nu; (sp.) ka'nu:
Kanüle ka'ny:lə
Kanute ka'nu:tə
Kanzel [1][1]'kantsəl; [2]-tsl̩
Kanzlei kants'lae
Kanzler [1][1]'kantslər; [2]-ɛʁ
Kanzlist kants'lɪst
Kanzone kan'tso:nə
Kaolin kao'li:n
Kap kap
kapabel [1]ka'pa:bəl; [2]-bl̩
Kapaun ka'paon
Kapazität kapatsi'tɛ:t
Kapelle ka'pɛlə
Kaper (Gewürz, Schiff) [1][1]'ka:pər; [2]-ɛʁ; (ö.) 'kapər
kapern [1][1]'ka:pərn; [2]-pɛʁn
Kapernaum (bi.) ka'pɛrna|ʊm
Kapetinger 'ka:petɪŋ̍ər, -ɛʁ
Kaphis (Gra., Mar.), s. **Caphis**
Kap Hoorn kap 'ho:rn
kapieren ka'pi:rən
Kapillar (röhren...) kapɪ'la:r-
Kapital kapi'ta:l
Kapitäl kapi'tɛ:l
kapitalisieren kapitali'zi:rən
Kapitalismus kapita'lɪsmʊs
Kapitän kapi'tɛ:n
Kapitel [1]ka'pɪtəl; [2]-tl̩
Kapitell kapi'tɛl
Kapitol kapi'to:l
Kapitulant kapitu'lant
Kapitular kapitu'la:r, -ʁ
Kapitulation kapitula'tsĭo:n
kapitulieren kapitu'li:rən
Kaplan ka'pla:n
Kapodaster [1]kapo'dastər; [2]-ɛʁ
Kapok 'ka:pɔk
Kapotthut ka'pɔthu:t
Kappa (gr. Buchst.) 'kapa
Kappadozien kapa'do:tsĭən
Kappe 'kapə
kappen [1][1]'kapən; [2]-pn̩
Kapp(hahn usw.) 'kap(ha:n)
Käppi 'kɛpi
Kaprice (f.) ka'pʁi:s(ə)
Kapriole kapri'o:lə

Kaprize ka'pri:tsə
kaprizieren kapri'tsi:rən
kapriziös kapri'tsïø:s
Kaprun kap'ru:n
Kapsel ¹'kapsəl; ²-sl̩
Kapstadt (Afr.) 'kapʃtat, (e.)
  Cape Town
kaptivieren kapti'vi:rən
kaputt ka'put
Kapuze ka'pu:tsə, -'pu-
Kapuziner ¹kapu'tsi:nər; ²-ɛʁ
Kapverdische Inseln kap‚vɛr-
  dıʃə 'mzəln
Karabiner ¹kara'bi:nər; ²-ɛʁ
Kar ¹ka:r; ²-ʁ
Karabiniere karabi'nie:re
Karađorđević (serb.) kara'dʐɔ:r-
  dʐɛvitɕ
Karaffe ka'rafə
Karaganda (M.-As.) karagan'da
Karagöz kara'gøz
Karaïben, s. Kariben
Karajan 'ka:rajan
Karakorum (Geb. Asien)
  karako'rum, --'--
Karakulschaf kara'kulʃa:f
Karamanlis karaman'lis
Karambolage karambo'la:ʒə
Karamel kara'mɛl
Kara Mustafa 'kara 'mustafa
Karamzin (ru.) karam'zi:n
Karantanien karan'ta:niən
Karat ka'ra:t
karätig, -ige ka'rɛ:tıɕ, -ıgə
Karatschi ka'ra:tʃi
Karausche ka'raoʃə
Karavelle kara'vɛlə
Karawane kara'va:nə
Karawanken kara'vaŋkən
Karawanserei karavanzə'rae
Karazanen (Schi., Tur.) kara-
  'tsa:nən
Karbatsche kar'ba:tʃə
Karbid kar'bi:t
Karbol kar'bo:l
Karbolineum karboli'ne:um
Karbon kar'bo:n
Karbonade karbo'na:də

Karbonat karbo'na:t
Karbunkel ¹kar'buŋkəl; ²-kl̩
Kardätsche kar'dɛ:tʃə
Kardamom karda'mo:m
Kardan-(welle...) kar'da:n-
Karde ¹'kardə; ²-ʁdə
Kardelj (jugosl.) kar'dɛ:fi
Kardinal kardi'na:l
Kardiogramm kardio'gram
Karelien ka're:liən
Karenin, fm. -na (ru.) ka'reɲin,
  -na
Karenz ka'rɛnts
karessieren karɛ'si:rən
Karfiol karfi'o:l
Karfreitag ¹ka:r'fraeta:k; ²ʁfʁ-
Karfunkel ¹kar'fuŋkəl; ²-kl̩
karg, -rge ¹kark, -rgə; ²-ʁk, -ʁgə
kärglich ¹'kɛrklıɕ; ²-ʁɡ̊lıɕ
Kargo 'kargo
Kari (I. P. G.) 'ka:ri
Kariben ka'ri:bən
Karien 'ka:riən
kariert ¹ka'ri:rt; ²-ʁt
Karies 'ka:ri|ɛs
Karikatur karika'tu:r, -ʁ
Karin (schw. Vn.) 'ka:rın
kariös kari'ø:s
Karisches Meer ‚ka:rıʃəs 'me:r,
  -ʁ
Karius (dt.) 'ka:rius
Karlfeldt (Schw.) 'ka:lfɛlt
Karlowitz (Jug.) 'karlovıts
Karlskrona (Schw.) ka:ls'kru:na
Karlsruhe 'karlsru:ə
Karmel 'karməl
Karmeliter ¹karme'li:tər; ²-ɛʁ;
  (ö.) -'litər
Karmesin karme'zi:n
Karmin kar'mi:n
Karnak 'karnak
Karneol karne|'o:l
Karneval 'karnəval
Karnickel ¹kar'nıkəl; ²-kl̩
Karnies(se), -sche kar'ni:s(ə),
  -ʃə
Karnivore karni'vo:rə
Kärnten 'kɛrntən

Karnul (S.-As.) 'karnul
Karo 'ka:ro
Karola 'ka:rola, ka'ro:la
Karoline karo'li:nə
Karolinen karo'li:nən
Karolinger 'ka:rolŋər, -ɛʁ
Karolus 'karolʊs, ka'ro:lʊs
Károly (magy. Vn.) 'ka:roj
Károlyi (magy.) 'ka:roji
Karosse ka'rɔsə
Karosserie karɔsə'ri:
Karotis ka'ro:tɪs
Karotte ka'rɔtə
Karpathen kar'pa:tən
Karpfen ¹'karpfən; ²-ʁpfŋ
Karpovič, fm. -vna (ru. Vat.)
    'karpɔvitʃ, -vna
Karrara, s. Carrara
Karre(n) 'karə(n)
Karree ka're:
Karrete ka're:tə
Karrhae (Alt.) 'karɛ:
Karriere kari'ɛ:rə
karriolen ¹kari'o:lən; ²-lŋ
Karru (Afr.) ka'ru:
Kars (Tü.) ka:rs
Karsavina (ru.) kar'sa:vina
(die) Karschin 'karʃm
Karskij (ru.; Sartre) 'karskij
Karst ¹karst; ²-ʁst
Kartätsche kar'tɛ:tʃə, (Schwz.
    auch) -'tɛ-
Kartaune kar'taonə
Kartause kar'taozə
Kartäuser ¹kar'tɔøzər; ²-ʒɛʁ
Karte ¹'kartə; ²-ʁtə
Kartei ¹kar'tae; ²-ʁ'tae
Kartell kar'tɛl
Karthago kar'ta:go
Kartoffel ¹kar'tɔfəl; ²-ʁ'tɔfļ
Kartograph karto'gra:f
Karton kaʁ'tɔ̃, kar'to:n
Kartonage kaʁto'na:ʒə
Kartothek karto'te:k
Kartusche kar'tʊʃə
Karussell karʊ'sɛl
Karwendelgebirge kar'vɛndəl-
    gəbɪrgə

Karwoche ¹'ka:rvɔxə; ²-ʁv-
Karyatide karya'ti:də
Karzer ¹'kartsər; ²-ʁtsɛʁ
Karzinom kartsi'no:m
Kasack 'ka:zak
Kasak ka'zak
Kascha (Gri., Lib.) 'kaʃa
Kaschani (pers.) ka:ʃa:'ni:
Kaschemme ka'ʃɛmə
Kaschgar (Chi.) kaʃ'ga:r, -ʁ
kaschieren ka'ʃi:rən
Kaschmir 'kaʃmi:r, -ʁ, -'-
Kaschmir (Stoff) 'kaʃmir, -ʁ
Kaschuben ka'ʃu:bən
Käse ¹'kɛ:zə; ²-ʒ-
Kasein kaze|'i:n
käsen, käste, gekäst ¹'kɛ:zən,
    'kɛ:stə, gə'kɛ:st; ²-ʒŋ, -, ĝe-
Kasel ¹'ka:zəl; ²-ʒļ
Kasematte kazə'matə
Käserei ¹kɛ:zə'rae; ²-ʒɛ'ʁae
Kaserne ¹ka'zɛrnə; ²-'ʒɛʁnə
Kasimir 'ka:zimɪr, -ʁ, (pol.)
    Kazimierz
Kasino ka'zi:no
Kaskade kas'ka:də
Kasko 'kasko
Kaspar 'kaspar, -ʁ
Kasperl ¹'kaspɛrl; ²-ʁl
Kaspisches Meer ‚kaspɪʃəs 'me:r,
    -ʁ
Kasprowiez (po.) ka'sprɔvitʃ
Kassa 'kasa
Kassai (Fl.) 'kɔʃʃɔi
Kassandra ka'sandra
Kassation kasa'tsi̯o:n
Kasse 'kasə
Kassel 'kasəl
Kassenarzt ¹'kasən|a:rtst;
    ²-sŋ|a:ʁtst
Kasserol, -lle kasə'rɔl, -lə
Kassette ka'sɛtə
Kassia, -sie 'kasia, 'kasiə
Kassiber ¹ka'si:bər; ²-ɛʁ
Kassier, -rer ¹ka'si:r, -rər;
    ²-ʁ, -ʁɛʁ
kassieren ka'si:rən
Kassiopeia kasio'pe:ja

Kassiteriden kasite'riːdən
Kastagnette kastan'jɛtə
kastalisch kas'taːlɪʃ
Kastamonu (Tü.) kas'tamonu
Kastanie kas'taːniə
Kaste 'kastə
kasteien kas'taeən;
Kastell kas'tɛl
Kastell (Hauptm. Fl. Geyer)
   kas'tɛl
Kastellan kastɛ'laːn
Kasten ¹'kastən; ²-tn̩
Kastilien kas'tiːliən
Kastor 'kastər, -ʁ
Kastoria (Gr.) kasto'riːa
Kastrat kas'traːt
kastrieren kas'triːrən
Kasuar kazu|'aːr, -ʁ
kasuell kazu'ɛl
Kasuistik kazu'ɪstɪk
Kasus 'kaːzʊs
Katachrese kata'çreːzə
Katafalk kata'falk
Katajev (ru.) ka'tajɛf
Katakombe kata'kɔmbə
Katalanen kata'laːnən
katalaunisch kata'laonɪʃ
katalektisch kata'lɛktɪʃ
Katalepsie katalɛ'psiː
Katalog kata'loːk
Katalonien kata'loːniən
katalogisieren katalogi'ziːrən
Katalysator kataly'zaːtər, -ʁ
Katalyse kata'lyːzə
Katapult kata'pʊlt
Katarakt kata'rakt
Katarrh ka'tar, -ʁ
katarrhalisch kata'raːlɪʃ
Kataster(amt) ¹ka'tastər;
   ²-tɛʁ(|amt)
katastrophal katastro'faːl
Katastrophe kata'stroːfə
Katatonie katato'niː
Kate 'kaːtə
Kate (e.) keit
Katechismus kate'çɪsmʊs
Katechumene kateçu'meːnə
kategorial kategori'aːl

Kategorie katego'riː
kategorisch kate'goːrɪʃ
Kater ¹'kaːtər; ²-ɛʁ
kat exochen (gr.) kat ɛksɔ'xɛːn
Katgut 'katgʊt
Katharer 'katarər, -ɛʁ
Katharina kata'riːna
Katharsis 'katarzɪs
kathartisch ka'tartɪʃ
Käthe 'kɛːtə
Katheder ¹ka'teːdər; ²-ɛʁ
Kathedrale kate'draːlə
Kathete ka'teːtə
Katheter ¹ka'teːtər; ²-ɛʁ
Kathinka (po. Vn.) ka'tɪŋka;
   (č.) ¹- - -
Kathode ka'toːdə
Katholik kato'liːk; (ö.) -'lik
katholisch ka'toːlɪʃ
Katholizismus katoli'tsɪsmʊs
Kathrein (Vn.) ka'traen
Kathreiner ka'traenər, -ɛʁ
Katilina s. Catilina
Kation, pl. -ionen 'kat|iɔn,
   kat|i'oːnən
Katmandu (S.-As.) katman'duː
Kätner ¹'kɛːtnər; ²-ɛʁ
Kato s. Cato
Kattegat 'katəgat
Kattowitz 'katovɪts
Kattrin (Vn., Brecht) 'katriːn
Kattun ka'tuːn
Kattwald (Gri., Weh) 'katvalt
katzbalgen ¹'katsbalgən; ²-balgn̩
Kätzchen ¹'kɛtsçən; ²-çn̩
Katze 'katsə
Katzenauge ¹'katsən|aogə;
   ²-tsn̩|aogə
Katzenelnbogen katsən-'ɛlnboː-
   gən
Kauderwelsch ¹'kaodərvɛlʃ;
   ²-dɛʁv-
kaudinisch kao'diːnɪʃ
Kaue 'kaoə
kauen 'kaoən
kauern ¹'kaoərn; ²-ɛʁn
Kaufbeuren kaof'bɔørən
kaufen ¹'kaofən; ²-fn̩

Kauffahrtei ¹kaoffar'tae; ²-ʁ't-
Kaukasien kao'ka:ziən
Kaukasus 'kaokazʊs
Kaulbarsch 'kaolba:rʃ
Kaulquappe 'kaolkvapə
kaum kaom
Kaunas (Lit.) 'kaŭnas, (pol.)
　Kowno
kausal kao'za:l
kaustisch 'kaostɪʃ
Kautabak 'kaotabak
Kautel kao'te:l
Kaution kao'tsĭo:n
Kautsch kaotʃ
Kautschuk 'kaotʃʊk
Kauz kauts
Kavala (Gr.) ka'vala
Kavalier kava'li:r, -ʁ
Kavalkade kaval'ka:də
Kavallerie kavalə'ri:, '- - - -
Kavatine kava'ti:nə
Kaverne ka'vɛrnə
Kaviar 'ka:viar, -ʁ
Kawaß, -sse ka'vas, -sə
Kawi 'ka:vi
Kazachstan (N.-As.) kazax'sta:n
Kazań (Ru.) ka'za:ɲ
Kazanlŭk (Bg.) kazan'lʌk
Kazanskij (ru.) ka'za:nskij
Kazimirez (po. Vn.) ka'ʑimjɛf;
　(dt.) Kasimir
Kearney (e.) 'kə:ni, 'ka:ni
Keats ki:ts
Kebse 'ke:psə
Kebsweib 'ke:psvaep
Kecal (Smetana, V. B.) 'kɛtsal
Kecel (Ung.) 'kɛtsɛl
keck kɛk
Keeskemét (magy.) 'kætʃkæme:t
Keene (e.) ki:n
Keep-smiling ki:p 'smaelɪŋ
Kefauver (e.) 'ki:foŭvə
Kefir 'ke:fɪr, -ʁ
Kegel ¹'ke:gəl; ²-gļ
Kehle 'ke:lə
Kehraus ¹'ke:r|aos; ²-ʁ|-
kehren 'ke:rən
Kehricht 'ke:rɪçt

Kehrreim 'ke:r̯raem
Keicobad (Sch., Tur.) 'kaekobat
keifen ¹'kaefən; ²-fn̩
Keil kael
keilen ¹'kaelən; ²-ln̩
Keiler ¹'kaelər; ²-ɛʁ
Keim kaem
keimen 'kaemən
keiner ¹'kaenər; ²-ɛʁ
Keith kaet; (e.) ki:θ
Kekkonen 'kɛkkɔnɛn
Keks ke:ks
Kekule 'ke:kule
Kelat (S.-As.) ke'la:t
Kelch kɛlç
Kelim 'ke:lɪm
Kelle 'kɛlə
Keller ¹'kɛlər; ²-ɛʁ
Kellner ¹'kɛlnər; ²-ɛʁ
Kellog 'kɛlɔg
Kelten 'kɛltən
Kelter ¹'kɛltər; ²-ɛʁ
Keltiberer kɛlti'be:rər, -ɛʁ
Kemal Pascha kɛ'mal 'paʃa
Kemenate kemə'na:tə
Kemerovo (N.-As.) 'kjemɛrɔvɔ
Kendall (e.) 'kɛndl
Kenia (Afr.) 'ke:nia
Kennan 'kɛnən
Kennedy 'kɛnidi
kennen, kannte 'kɛnən, 'kantə
kenntlich ¹'kɛntlɪç; ²'kɛndļ-
Kenntnis 'kɛntnɪs
Kenotaph keno'ta:f
Kensington 'kenzɪŋtən
Kent (e.) kɛnt
Kentaur kɛn'taor, -ʁ
kentern ¹'kɛntərn; ²-tɛʁn
Kentucky kɛn'tʌki
Keos 'ke:-ɔs
Kephallenia (Alt.) kefa'le:ni|a,
　(gr.) kjefali'ni|a
Kepheus 'ke:fɔøs; s. Cepheus
Kepler 'kɛplər, -ɛʁ
Kerberos 'kɛrberɔs; s. Zerberus
Keramik ke'ra:mɪk
Keratitis kera'ti:tɪs
Kerbe ¹'kɛrbə; ²-ʁbə

Kerbel ¹'kɛrbəl; ²-ʀbļ
kerben ¹'kɛrbən; ²-ʀbņ
Kerberos 'kɛrbərəs
Kerě (Ru.) kjertʃ
Kerekes (magy.; Kálmán, Csárdásf.) 'kærækæʃ
Kerenskij (ru.) 'kjerɛnskij
Kerker ¹'kɛrkər; ²-ʀkɛʀ
Kerl ¹kɛrl; ²-ʀl
Kern ¹kɛrn; ²-ʀn
Kernenergie 'kɛrn|enɛrgiː
Kerygma 'kerʏgma
Kerze ¹'kɛrtsə; ²-ʀt-
kerzengrade ¹kɛrtsən'graːdə; ²-ʀtsņ'ǧʀ-
Kescher ¹'kɛʃər; ²-ɛʀ
keß kɛs
Kessel ¹'kɛsəl; ²-sļ
Ketchup 'kɛtʃəp
Kettchen ¹'kɛtçən; ²-çņ
Kette 'kɛtə
Ketzer ¹'kɛtsər; ²-ɛʀ
keuchen ¹'kɔøçən; ²-çņ
Keuchhusten ¹'kɔøçhuːstən; ²-tņ
(von) Keudell 'kɔødəl
Keule 'kɔølə
Keuper ¹'kɔøpər; ²-ɛʀ
keusch kɔøʃ
Keuschheit 'kɔøʃhaet
Kevelaer 'keːvəlaːr, -ʀ
Keynes (e.) keinz
Key West (N.-A.) kiː 'wɛst
Kezal (Smetana, V. B.) 'keːzal
Khaki 'kaːki
Khan kaːn, xaːn
Khartum, s. **Chartum**
Khedive ke'diːvə
Khun (magy.) kuːn
Kianghsi (Prov. Chi.) 'dʒĭaŋɕi
Kiangsu (Prov. Chi.) 'dʒĭaŋsu
Kiautschou (Chin. Kiauhsien) dʒĭaŭ'dʒɔŭ
Kibbuz kɪ'buːts
Kichererbse ¹'kɪçər|ɛrp̄sə; ²-ɛʀ|ɛʀp̄sə
kichern ¹'kɪçərn; ²-ɛʀn
Kicker ¹'kɪkər; ²-ɛʀ

Kickstarter ¹'kɪkstartər, -ʃtaːr-; ²-ʃtaːʀtɛʀ
Kidleder ¹'kɪtleːdər; ²-ɛʀ
Kidron (bi.) 'kiːdrɔn
Kiebitz kiːbits
kiebitzen ¹'kiːbɪtsən; ²-tsņ
Kiefer ¹'kiːfər; ²-ɛʀ
Kiekindiewelt 'kiːk|ɪndiː‚vɛlt
Kiel kiːl
Kielce (Po.) 'kjɛltsɛ
Kielland (no.) 'çɛlan
Kiellinie 'kiːlļiːniə
kieloben ¹kiːļ|'oːbən; ²-bņ
Kieme kiːmə
Kienapfel ¹'kiːn|apfəl; ²-pfļ
Kienspan 'kiːnʃpaːn
Kierkegaard 'kerkəgoːr, -ʀ
Kies kiːs
Kieselgur ¹'kiːzəlguːr; ²-zļguːʀ
Kiew, s. **Kijev**
Kiil (I., Volksf.) kiːl
Kijev (Ukr., ru.) 'kiːjɛf
Kikeriki! kikəri'kiː
Kikuju ki'kuju
Kildare (Ir., Sch. Warb.) kil'dɛə, -'dɛːr, -ʀ
Kilia, s. **Kylija**
Kilian 'kiːliaːn
Kilikien (Kleinasien) ki'liːkiən
Kilimandscharo kilima'ndʒaːro
Kilkenny (Ir.) kil'keni
Killarney (Ir.) ki'laːni
Kilmarnock (Scho.) kil'maːnək
Kilo 'kiːlo
Kilogramm ¹kiːlo'gram, '- - -; ²kilo-
Kilometer ¹kiːlo'meːtər, -ɛʀ; ²ki-
Kilowatt ¹kiːlo'vat; ²ki-
Kilroy (Ten. Wi.) 'kilrɔi
Kiltgang ¹'kɪltgaŋ; ²-tǧ-
Kimball (Brecht) 'kɪmbl
Kimberley 'kimbəli
Kimbern 'kɪmbərn, s. **Cimbern**
Kimbolton (Sh., H. VIII) kim-'boultən
Kimme 'kɪmə
Kimmerier kɪ'meːriər, -ɛʀ

kimmerisch kɪˈmeːrɪʃ
Kimmung ˈkɪmʊŋ
Kimon (alt.) ˈkiːmɔn
Kimono kiˈmono
Kinäde kiˈnɛːdə
Kinästhesie kinɛsteˈziː
kinästhetisch kinɛsˈteːtɪʃ
Kind kɪnt
Kindbett ¹ˈkɪntbɛt; ²-tb̥-
Kindchen ¹ˈkɪntçən; ²-çn̩
kinderreich ¹ˈkɪndərraeç; ²-ɛʀʀ-
kindlich ¹ˈkɪntlɪç; ²-d̥lɪç
Kinematograph kinematoˈgraːf
Kinetik kiˈneːtɪk
kinetisch kiˈneːtɪʃ
Kingsley ˈkiŋzli
Kingston (E., N.-A.) ˈkiŋstən
Kingstown (Ir.) ˈkiŋstaun, -tən
Kinkerlitzchen ¹ˈkɪŋkərlɪtsçən;
  ²-ɛʀlɪtsçn̩
Kinn(lade) ˈkɪn(laːdə)
Kino ˈkiːno; (ö.) -nɔ
Kiosk kiˈɔsk
Kioto (Jap.) ˈki̯oːto
Kipfel ˈkɪpfəl
Kipling ˈkiplɪŋ
Kippe ˈkɪpə
kippen ¹ˈkɪpən; ²-pn̩
Kirche ¹ˈkɪrçə; ²-ʀçə
Kirchheimbolanden ˌkɪrçhaem-
  ˈboːlandən
Kirchweih ¹ˈkɪrçvae; ²-ʀç-
Kirejevskij (ru.) kiˈrjejɛfskij
Kirgisen kɪrˈgiːzən
Kirin (Mandsch.) dʑiːˈlin
Kirke ˈkɪrkə; vgl. Circe
Kirkpatrick kəːkˈpætrik
Kirkuk (Irak) kirˈkuːk
Kirlibaba s. Cârli-
Kirman (pers.) kɛrˈmaːn
Kirmes ¹ˈkɪrmɛs, -məs; ²-ɪʀm-
kirnen ¹ˈkɪrnən; ²-ʀnən
Kirov (Ru.) ˈkiːrɔf
Kirovabad (Kauk.) kirɔvaˈbaːt
Kirovohrad (Ukr.) kirɔvɔˈhrat
kirre ˈkɪrə
Kirsch, -sche ¹kɪrʃ, -ʃə; ²-ʀʃ
Kiruna (Schw.) ˈkiːrʉna

Kischnar (Sartre) kiʃˈnar, -ʀ
Kisfaludy (magy.) ˈkiʃfəludi
Kišinjov (Mold.) kiʃiˈɲɔf; (rum.)
  Chişnău
Kismet ˈkɪsmɛt
Kissen ¹ˈkɪsən; ²-sn̩
Kiste ˈkɪstə
Kisuaheli kisuaˈheːli
Kithairon kiˈtaerɔn
Kithara ˈkiːtara; (ö.) ˈkɪ-
Kitharöde kitaˈrøːdə
Kitsch kɪtʃ
Kitt kɪt
Kittel ¹ˈkɪtəl; ²-tl̩
Kitz(e) ˈkɪts(ə)
kitzeln ¹ˈkɪtsəln; ²-tsl̩n
Kiuschiu (Inseln, Jap.) ˈki̯uːçuː
Kitzbühel ˈkɪtsbyːəl
Kivej (Ukr., ru.) ˈkiːjɛf; (ukr.)
  kyjiv
Kivi (finn.) ˈkivi
Kjachta ˈkjaxta
Kjustendil (Bg.) kjustɛnˈdil
Klabautermann klaˈbaotərman
Klabund klaˈbʊnt
Kladde ˈkladə
Kladderadatsch ¹kladəraˈdaːtʃ;
  ²-ɛʀ-
klaffen ¹ˈklafən; ²-fn̩
kläffen ¹ˈklɛfən; ²-fn̩
Klafter ¹ˈklaftər; ²-ɛʀ
klagen ¹ˈklaːgən; ²-gʀ
Kläger ¹ˈklɛːgər; ²-gʀ
kläglich ¹ˈklɛːklɪç; ²-d̥lɪç
Klaipeda (Lit.) ˈklai̯peda; (dt.)
  Memel
Klamauk klaˈmaok
Klamm, k- klam
Klammer ¹ˈklamər; ²-ɛʀ
Klamotte klaˈmɔtə
Klampe ˈklampə
Klampfe ˈklampfə
Klang, pl. Klänge klaŋ, ˈklɛŋə
Klappbett ¹ˈklapbɛt; ²-pb̥-
klappen ¹ˈklapən; ²-pn̩
klappern ¹ˈklapərn; ²-pɛʀn
Klaps klaps
klar ¹klaːr; ²-ʀ

Klara ˈklɑːrɑ
Kläre ˈklɛːrə
klären ˈklɛːrən
Klarin (Egk, Circe) klɑˈriːn
Klarinette klɑriˈnɛtə
Klarissa klɑˈrɪsɑ
Klasse ˈklɑsə
klassifizieren klɑsifiˈtsiːrən
Klassiker ¹ˈklɑsikər; ²-ɛʀ
Klassizismus klɑsiˈtsɪsmʊs
Klassizität klɑsitsiˈtɛːt
Klatsch klɑtʃ
klauben ¹ˈklɑobən; ²-bn̩
Klaue ˈklɑoə
Klause ¹ˈklɑozə; ²-ʒə
Klausel ¹ˈklɑozəl; ²-ʒl̩
Klausner ¹ˈklɑosnər; ²-ɛʀ
Klausur klɑoˈzuːr, -ʀ
Klaviatur klɑviɑˈtuːr, -ʀ
Klavichord klɑviˈkɔrt
Klavdij (ru. Vn.) ˈkɫɑːvdij
Klavier ¹klɑˈviːr; ²-ʀ; (Schwz.)
  -ˈfiːr
Klavierauszug ¹klɑˈviːr|ɑos-
  tsuːk; ²-ʀ|-
kleben ¹ˈkleːbən; ²-bn̩
Kléber kleˈbɛːʀ
klebrig, -ige ¹ˈkleːbrɪç, -ɪgə;
  ²-bʀ-
kleckern ¹ˈklɛkərn; ²-kɛʀn
Kleeks klɛks
Klee kleː
Kleid klɑet
Kleie ˈklɑeə
klein klɑen
Kleinasien klɑen|ˈɑːzi̯ən
Kleinod ˈklɑen|oːt
Kleinrussen ˈklɑenrʊsən
Kleist klɑest
Kleister ¹ˈklɑestər; ²-ɛʀ
Kleisthenes ˈklɑestenɛs
Klematis ˈkleːmɑtɪs; (ö. nur)
  kleːˈmɑtɪs
Klemens ˈkleːmɛns
Klementine kleːmɛnˈtiːnə
klemmen ˈklɛmən
Klempner ¹ˈklɛmpnər; ²-ɛʀ
Kleomenes kle|ˈoːmenɛs

Kleon ˈkleː-ɔn
Kleopatra kle-ˈoːpɑtrɑ
Klepper ¹ˈklɛpər; ²-ɛʀ
Kleptomanie klɛptomɑˈniː
klerikal kleriˈkɑːl
Kleriker ¹ˈkleːrikər; ²-ɛʀ
Klerus ˈkleːrʊs
Klešč (ru., Gorkij) ˈkfie ʃtʃ
Klesel (Gri., Brud.) ˈkleːzəl
Klette ˈklɛtə
klettern ¹ˈklɛtərn; ²-tɛʀn
Kletze (ö.) ˈklɛtsə
Kleve ˈkleːvə
Klient kli|ˈɛnt
Klientel kli|ɛnˈteːl
Klima ˈkliːmɑ
Klimakterium klimɑkˈteːri̯ʊm
klimatisch kliˈmɑːtɪʃ
Klimax ˈkliːmɑks
Klimbim klɪmˈbɪm
klimmen, klomm ˈklɪmən, klɔm
klimpern ¹ˈklɪmpərn; ²-pɛʀn
Klinge ˈklɪŋə
Klingel ¹ˈklɪŋəl; ²-ŋl̩
klingen, klang, geklungen
  ¹ˈklɪŋən, klɑŋ, gəklʊŋən; ²ǵe-
Klingklang ˈklɪŋklɑŋ
Kling(e)sor (W., Pars.)
  ˈklɪŋ(ə)zɔr, -ʀ
Klinik ˈkliːnɪk
klinisch ˈkliːnɪʃ
Klinke ˈklɪŋkə
Klinker ¹ˈklɪŋkər; ²-ɛʀ
Klio ˈkliːo
klipp klɪp
Klippe ˈklɪpə
Klippschule ˈklɪpʃuːlə
klirren ˈklɪrən
Klischee kliˈʃeː
klischieren kliˈʃiːrən
Klistier klɪsˈtiːr, -ʀ
Klitander (L., Jungfer) kliˈtɑn-
  dər, -ɛʀ
Klitoris ˈkliːtorɪs
Klitsche ˈklɪtʃə
klitschig, -ige ˈklɪtʃɪç, -ɪgə
klittern ¹ˈklɪtərn; ²-tɛʀn
Klivie ˈkliːviə

Kljujev 'kɹiuːjɛf
Kloake klo|'aːkə
Klondike 'klɔndɑik
klonisch 'kloːnɪʃ
Klöpfel ¹'klœpfəl; ²-pf̩
klopffest 'klɔpffɛst
Klöppel ¹'klœpəl; ²-p̩
Klöppelei klœpə'lae
klöppeln 'klœpəln
Klops klɔps
Klopstock 'klɔpʃtɔk
Klosett klo'zɛt
Kloß, pl. Klöße kloːs, 'kløːsə
Kloster ¹'kloːstər; ²-ɛʀ
Klothilde klo'tɪldə
Klotho 'kloːto
Klotz, pl. Klötze klɔts, 'klœtsə
Klub klʊp
Kluft klʊft
klug, -ge kluːk, -gə
klüglich ¹'klyːklɪç; ²-g̊lɪç
Klumpen ¹'klʊmpən; ²-pn̩
Klüngel ¹'klʏŋəl; ²-ŋ̩
Kluniazenser klunia'tsɛnzər, -ɛʀ
Klunker ¹'klʊŋkər; ²-ɛʀ
Kluppe 'klʊpə
Klus kluːs
Klüver ¹'klyːvər; ²-ɛʀ
Klysma klʏsmɑ
Klytämnestra klytɛm'nɛstrɑ
knabbern ¹'knabərn; ²-bɛʀn
Knabe 'knaːbə
Knäblein ¹'knɛːplaen; ²-b̥laen
Knäckebrot ¹'knɛkəbroːt; ²-b̥ʀ-
knacken ¹'knakən; ²-kn̩
Knagge 'knagə
Knall knal
knapp knap
Knappe 'knapə
Knappschaft 'knapʃaft
Knarre 'knarə
knarren 'knarən
Knaster ¹'knastər; ²-ɛʀ
knattern ¹'knatərn; ²-tɛʀn
Knäuel 'knɔøəl
Knauf knaof
knausern ¹'knaozərn; ²-ʒɛʀn
Knebel ¹'kneːbəl; ²-b̩

Knecht knɛçt
kneifen, kniff ¹'knaefən, knɪf;
  ²-fn̩
Kneipe 'knaepə
kneten ¹'kneːtən; ²-tn̩
Knickerbocker ¹'knɪkərbɔkər;
  ²-ɛʀbɔkɛʀ; (e.) 'nikəbɔkə
knicken ¹'knɪkən; ²-kn̩
Knicker ¹'knɪkər; ²-ɛʀ
Knicks knɪks
Knidos 'kniːdɔs
Knie kniː, pl. 'kniːə
knien, kniet, (ich) kniee
  kniː(ə)n, kniːt, 'kniːə
Kniff knɪf
kniff(e)lig. -ige 'knɪf(ə)lɪç,
  -ɪgə
Knigge 'knɪgə
Knipperdolling knɪpə'dɔlm̩
knipsen ¹'knɪpsən; ²-sn̩
Knirps ¹knɪrps; ²-ʀps
knirschen ¹'knɪrʃən; ²-ʀʃn̩
knistern ¹'knɪstərn; ²-tɛʀn
Knittelvers ¹'knɪtəlfɛrs; ²-t̩lfɛʀs
knitt(e)rig, -ige ¹'knɪt(ə)rɪç,
  -ɪgə; ²-tʀ-
knobeln 'knoːbəln
Knoblauch 'knoːplaox
Knöchel ¹'knœçəl; ²-ç̩
Knochen ¹'knɔxən; ²-xn̩
Knockout nɔk'aot
Knödel ¹'knøːdəl; ²-d̩
Knolle(n) 'knɔlə(n)
Knopf knɔpf
Knorpel ¹'knɔrpəl; ²-ʀp̩
knorrig, -ige 'knɔrɪç, -ɪgə
Knospe 'knɔspə
Knossos (Alt.) 'knɔsɔs
Knoten ¹'knoːtən; ²-tn̩
Knowland 'noulənd
Knox (e.) nɔks
Knubbe 'knʊbə
knuffen ¹'knʊfən; ²-fn̩
knüllen ¹'knʏlən; ²-ln̩
knüpfen ¹'knʏpfən; ²-pfn̩
Knüppel ¹'knʏpəl; ²-p̩
knuppern ¹'knʊpərn; ²-pɛʀn
knurren 'knʊrən

knusp(e)rig, -ige ¹'knʊsp(ə)rɪç,
-ɪgə; ²-pʁ-
Knust knuːst
Knut (dä. Vn.) knuð
Knute 'knuːtə
Knüttel ¹'knʏtəl; ²-tl̩
Koadjutor koːatˈjuːtər, -ʁ
koagulieren koː|aguˈliːrən
Koalition koː|aliˈtsi̯oːn
Koartikulation koː|artikula-
'tsi̯oːn
Kobalt 'koːbalt
Kobe (Jap.) 'koːbɛ
Kobell 'koːbəl
Koben ¹'koːbən; ²-bn̩
Köbenhavn købənˈhaŭn (dt.
Kopenhagen)
Kober ¹'koːbər; ²-ɛʁ
Koblenz 'koːblɛnts
Kobold 'koːbɔlt
Kobolz koˈbɔlts
Kobra 'koːbra
Koch, pl. Köche kɔx, 'kœçə
Köcher ¹'kœçər; ²-ɛʁ
Köchin 'kœçɪn
Kočkarjov (Gog.) kɔtʃkaˈrjɔf
Koda 'koːda
Kodály (magy.) 'kodaːj
Kode koːt, (f.) kəd
Kodein kode|ˈiːn
Köder ¹'køːdər; ²-ɛʁ
Kodex 'koːdɛks
kodifizieren kodifiˈtsiːrən
Kodizill kodiˈtsɪl
Kodok (Afr.) 'kodɔk (= Fa-
schoda)
Kodros 'koːdrɔs
Koedukation koː|edukaˈtsi̯oːn
Koeffizient ko|ɛfitsi̯'ɛnt
Koesfeld 'koːsfɛlt
Koexistenz koː|ɛksɪˈstɛnts
Koffein kɔfe|ˈiːn
Koffer ¹'kɔfər; ²-ɛʁ
Ko(o)g, pl. Köge koːk, køːgə
Kogel ¹'koːgəl; ²-gl̩
Kogge 'kɔgə
Kognak 'kɔnjak, 'kɔɲak
Kognition kɔgniˈtsi̯oːn

kognitiv kɔgniˈtiːf
Kohelet koˈhɛlɛt
Kohinur koiˈnuːr, -ʁ
Koïtus 'koː|itʊs
Koje 'koːjə
Kojote koˈjoːtə
Kokaïn kokaˈ|iːn
Kokand (Tu.) kəˈkand
Kokarde koˈkardə
kokett koˈkɛt
Koketterie kokɛtəˈriː
Kokke kɔkə
Køkkenmødelinger (dä.) 'køkn̩-
ˌmøðɪŋɛ̈ʁ
Kokon kɔˈkõ
Kokos 'koːkɔs
Kokoschka 'kɔkɔʃka.
Kokotte koˈkɔtə
Kokozow (Lehár, Graf) kɔkɔ-
'tsɔf
Koks koːks; (ö.) kɔks
Kokytos koˈkyːtɔs; vgl. Kozytus
Kola 'koːla
Kolben ¹'kɔlbən; ²-bn̩
Kolberg 'kɔlbɛrk
Kolčak (ru.) kaɫˈtʃaːk
Kolchis 'kɔlçɪs
Kolchose kɔlˈço̟ːzə
Kol'cov (ru.) Kolzow kafiˈtsɔf
Kolding (dä.) 'kɔleŋ
Koleopteren kole|ɔpˈteːrən
Kolibri 'koːlibri
Kolik 'koːlɪk; (ö.) koˈlɪk
Kolín (Bö.) koˈliːn; (Tsch.)
'kɔliːn
Kolkrabe ¹'kɔlkraːbə; ²-kʁ-
kollabieren kɔlaˈbiːrən
Kollaborator, -rateur kɔlabo-
'raːtor, -ʁ, -boʁaˈtœːʁ, -ʁ
Kollaps 'kɔlaps
Kollár (Tsch.) 'kɔlaːr, -ʁ
Kollation kɔlaˈtsi̯oːn
Kölleda 'kœlədα
Kolleg kɔˈleːk
Kollege kɔˈleːgə
kollegial kɔlegiˈaːl
Kollegialität kɔlegialiˈtɛːt
Kollegium kɔˈleːgiʊm

Kollektaneen kɔlɛk'taːne(ə)n,
  kɔlɛkta'neː(ə)n
Kollekte kə'lɛktə
Kollektion kɔlɛk'tsïoːn
Kollektiv kɔlɛk'tiːf
Koller ¹'kɔlər; ²-ɛʀ
Kolli (ö.) 'kɔli
kollidieren kɔli'diːrən
Kollier kə'ljeː
Kollision kɔli'zïoːn
Kollo, pl. **-lli** 'kɔlo, -li
Kollodium kə'loːdiʊm
Kolloid kɔlo|'iːt
Kollontaj (ru.) kɔlan'taːj
Kolloquium kə'loːkviʊm
Köln kœln
Koloman (Vn.) 'kɔloman
Kolombine kolɔm'biːnə
Kolon 'koːlɔn
Kolone ko'loːnə
Kolonel (Schriftgrad) kolo'nɛl
kolonial koloni'aːl
Kolonie kolo'niː
Kolonist kolo'nɪst
Kolonnade kolɔ'naːdə
Kolonne ko'lɔnə
Kolonos (Alt.) ko'loːnɔs
Kolophonium kolo'foːniʊm
Koloquinte kolo'kvɪntə
Koloratur kolora'tuːr, -ʀ
kolorieren kolo'riːrən
Kolorit kolo'riːt; (ö.) -'rɪt
Koloß ko'lɔs
kolossal kolɔ'saːl
Kolosser(brief) (bi.) ko'lɔsər
  (-briːf)
Kolosseum kolɔ'seːʊm
Kolportage kɔlpɔʀ'taːʒə
kolportieren kɔlpɔʀ'tiːrən
Kolumban kolʊm'baːn
Kolumbarium kolʊm'baːriʊm
Kolumbien ko'lʊmbiən
Kolumbus ko'lʊmbʊs
Kolumne ko'lʊmnə
Kolyma (Fl.) kali'maː
Koma 'koːma
Kombattant kɔmba'tant
Kombinat kɔmbi'naːt

Kombination kɔmbina'tsïoːn
kombinieren kɔmbi'niːrən
Kombüse kɔm'byːzə
Komenius, (tsch.) **-nský** ko-
  'meːnïʊs, 'kɔmɛnski:
Komet ko'meːt
Komfort kɔm'fɔːr, -ʀ; kõfɔːr, -ʀ
komfortabel kɔmfɔr'taːbəl
Komi (ru.) 'kɔmi
Komik 'koːmɪk
Komiker ¹'koːmɪkər; ²-ɛʀ
Kominform komɪn'fɔrm
Komintern komɪn'tɛrn
komisch 'koːmɪʃ
Komitat komi'taːt
Komitee komi'teː
Komma, pl. **-ata, -as** 'kɔma,
  -ata, -as
Kommandant kɔman'dant
Kommandantur kɔmandan-
  'tuːr, -ʀ
Kommandeur kɔman'dœːr, -ʀ
kommandieren kɔman'diːrən
Kommanditär 'kɔmandi'tɛːr, -ʀ
Kommanditgesellschaft ¹ko-
  man'diːtgəzelʃaft; ²-ǧez̧-; (ö.)
  -'dit-
Kommando kə'mando
kommen, kommt, (kömmt),
  kam, kamst 'kɔmən, kɔmt,
  (kœmt), kaːm, kaːmst
kommensurabel kɔmɛnzu'raːbəl
Komment kə'mã
Kommentar kɔmɛn'taːr, -ʀ
kommentieren kɔmɛn'tiːrən
Kommers kə'mɛrs
Kommerz kə'mɛrts
kommerziell kɔmɛr'tsïel
Kommerzienrat kə'mɛrtsïən-
  raːt
Kommilitone komili'toːnə
Kommis kɔ'miː
Kommiß kɔ'mɪs
Kommissar kɔmɪ'saːr, -ʀ
Kommissär (ö.) kɔmi'sɛːr
Kommission kɔmɪ'sïoːn
Kommissionär kɔmɪsïo'nɛːr, -ʀ
kommod kə'moːt

Kommode kɔ'moːdə
Kommodore kɔmo'doːrə
kommun kɔ'muːn
Kommunal(behörde usw.)
  kɔmu'naːl-
Kommune kɔ'muːnə
Kommunikation kɔmunika-
  'tsĭoːn
Kommunion kɔmu'nioːn
Kommuniqué kɔmyni'keː
kommunistisch kɔmu'nɪstɪʃ
kommunizieren kɔmuni'tsiːrən
Komödiant kɔmødi'ant
Komödie kɔ'møːdiə
Komorn kɔ'mɔrn, ko-, koː-
Komotau (Bö.) 'kɔmotao, 'koː-
Kompagnon kɔ̃pan'jɔ̃
kompakt kɔm'pakt
Kompanie kɔmpa'ni:
Komparativ 'kɔmparatiːf, - - -'-
komparieren kɔmpa'riːrən
Komparse kɔm'parzə
Kompaß 'kɔmpas
Kompendium kɔm'pɛndiʊm
kompensieren kɔmpɛn'ziːrən
kompetent kɔmpe'tɛnt
Kompetenz kɔmpe'tɛnts
Kompilation kɔmpila'tsĭoːn
Komplement kɔmple'mɛnt
komplementär kɔmplemɛn'tɛːr,
  -ʀ
Komplet kɔ̃'pleː
komplett kɔm'plɛt
komplettieren kɔmplɛ'tiːrən
Komplex kɔm'plɛks
Komplice, (ö.) -ze kɔm'pliːsə
Komplikation kɔmplika'tsĭoːn
Kompliment kɔmpli'mɛnt
kompliziert kɔmpli'tsiːrt
Komplott kɔm'plɔt
Komponente kɔmpo'nɛntə
komponieren kɔmpo'niːrən
Komponist kɔmpo'nɪst
Komposite kɔmpo'ziːtə
Komposition kɔmpozi'tsĭoːn
Kompositum kɔm'poːzitʊm
Kompost kɔm'pɔst
Kompott kɔm'pɔt

Kompresse kɔm'prɛsə
Kompression kɔmprɛ'sĭoːn
Kompressor, pl. -oren kɔm-
  'prɛsɔr, -ʀ, -prɛ'soːrən
komprimieren kɔmpri'miːrən
Kompromiß kɔmpro'mɪs
kompromittieren kɔmprɔmɪ-
  'tiːrən
Komsomolze kɔmso'mɔltsə
Komi (Ru.) 'kɔmi
Komissarzevskaja (ru.) kɔmi-
  sar'ʒɛfskaja
Komtess(e) kɔm'tɛs(ə)
Komtur kɔm'tuːr, -ʀ
Končak (Borodin, Igoŕ) kɔn-
  'tʃaːk
Končakovna (Borodin) kɔn-
  'tʃaːkɔvna
Koncha 'kɔnça
Konchylie kɔn'çyːliə
Kondensator kɔndɛn'zaːtɔr, -ʀ
kondensieren kɔndɛn'ziːrən
Kondensmilch kɔn'dɛnsmɪlç
Kondition kɔndi'tsĭoːn
konditionieren kɔnditsĭo'niːrən
Konditor kɔn'diːtɔr, -ʀ
Konditorei kɔndito'rae
Kondolenz kɔndo'lɛnts
kondolieren kɔndo'liːrən
Kondor 'kɔndɔr, -ʀ
Kondottiere kɔndɔ'tĭeːrə
Kondrat'jev (ru.) kɔn'draːt-jɛf
Konduite kɔ̃dᵺ'it(ə)
Kondukt kɔn'dʊkt
Kondukteur kɔndʊk'tœːʀ, -ʀ
Konewka ko'nɛfka
Konfekt kɔn'fɛkt
Konfektion kɔnfɛk'tsĭoːn
Konferenz kɔnfe'rɛnts
konferieren kɔnfe'riːrən
Konfession kɔnfe'sĭoːn
konfessionell kɔnfesĭo'nɛl
Konfetti kɔn'fɛti
Konfiguration kɔnfigura'tsĭoːn
Konfirmand kɔnfɪr'mant
konfirmieren kɔnfɪr'miːrən
Konfiserie kɔ̃fizə'ʀi
Konfiskation kɔnfɪska'tsĭoːn

konfiszieren kɔnfɪs'tsiːrən
Konfitüre kɔnfi'tyːrə
Konflikt kɔn'flɪkt
Konflux kɔn'flʊks
Konföderation kɔnfødəra'tsïoːn
konform kɔn'fɔrm
Konformismus kɔnfɔr'mɪsmʊs
konfrontieren kɔnfrɔn'tiːrən
konfus kɔn'fuːs
Konfusion kɔnfu'zïoːn
Konfuzius, (-tse) kɔn'fuːtsïʊs,
  -tse
kongenial kɔngeni'aːl
kongenital kɔngeni'taːl
Kongestion kɔngɛs'tïoːn
Konglomerat kɔnglomə'raːt
Kongo 'kɔŋgo
Kongregation kɔngrega'tsïoːn
Kongreß kɔn'grɛs
kongruent kɔngru|'ɛnt
Koniferen koni'feːrən
König, -gs, -ge, -gin 'køːnɪç, -çs,
  -gə, -gɪn
Königgrätz 'køːnɪçgreːts, - -'-
königlich ¹'køːnɪklɪç; ²-ɪ̯gl-
Königreich ¹'køːnɪkraeç; ²-kʁ-
Königshofen køːnɪçs'hoːfən
Königshütte køːnɪçs'hʏtə
Königssohn ¹'køːnɪçs̃zoːn; ²-s̃z̧-
Königswinter køːnɪçs'vɪntər, -ɛʁ
Königtum 'køːnɪçtuːm
Konin (Po.) 'kɔɲin
konisch 'koːnɪʃ
Konjektur kɔnjɛk'tuːr, -ʁ
konjugieren kɔnju'giːrən
Konjunktion kɔnjʊŋk'tsïoːn
Konjunktiv 'kɔnjʊŋktiːf, - -'-
Konjunktivitis kɔnjʊŋkti'viːtɪs
Konjunktur kɔnjʊŋk'tuːr, -ʁ
konkav, -ve kɔn'kaːf, -və
Konklave kɔn'klaːvə
Konklusion kɔnklu'zïoːn
Konkordanz kɔnkɔr'dants
Konkordat kɔnkɔr'daːt
Konkordienformel ¹kɔn'kɔr-
  dïənfɔrməl; ²-ʁml̩
konkret kɔn'kreːt
Konkubinat kɔnkubi'naːt

Konkubine kɔnku'biːnə
Konkurrent kɔnkʊ'rɛnt
konkurrieren kɔnkʊ'riːrən
Konkurs kɔn'kʊrs
können, kann, konnte 'kœnən,
  kan, 'kɔntə
Konnex kɔ'nɛks
Konnivenz koni'vɛnts
Konnossement kɔnɔsə'mɛnt
Konnubium kɔ'nuːbïʊm
Konon 'koːnɔn
Konquistador (sp.) kɔŋkista-
  'dɔr, -ʁ
Konrad 'kɔnraːt
Konradin 'kɔnradiːn
Konrektor 'kɔnrɛktɔr, -ʁ
Konseil kõ'sɛj
Konsekration kɔnzekra'tsïoːn
konsekutiv kɔnzeku'tiːf
Konsens kɔn'zɛns
Konsequenz kɔnze'kvɛnts
konservativ, -ve kɔnzɛrva'tiːf,
  -iːvə
Konservatorium kɔnzɛrva-
  'toːrïʊm
Konserven kɔn'zɛrvən
konservieren kɔnzɛr'viːrən
konsignieren kɔnzɪ'gniːrən
Konsil(ium) kɔn'ziːl(ïʊm)
Konsistorialrat kɔnzɪstori'aːl-
  raːt
Konsistorium kɔnzis'toːrïʊm
konskribieren kɔnskri'biːrən
Konsole kɔn'zoːlə
konsolidieren kɔnzoli'diːrən
Konsonant kɔnzo'nant, '- - -
Konsortium kɔn'zɔrtsïʊm
konspirieren kɔnspi'riːrən
Konstabler ¹kɔn'staːblər; ²-ɛʁ
konstant kɔn'stant
Konstante kɔn'stantə
Konstantin, -nos kɔnstan'tiːn,
  -nɔs; (ö.) '- - -
Konstantinopel kɔnstanti-
  'noːpəl
Konstanz 'kɔnstants
Konstanze kɔn'stantsə
konstatieren kɔnsta'tiːrən

Konstellation kɔnstɛlaˈtsĭoːn
konsterniert kɔnstɐrˈniːrt
konstituieren kɔnstitu│ˈiːrən
Konstitution kɔnstituˈtsĭoːn
konstitutionell kɔnstitutsĭoˈnɛl
konstruieren kɔnstru│ˈiːrən
Konstruktion kɔnstrʊkˈtsĭoːn
konstruktiv kɔnstrʊkˈtiːf
Konsul ˈkɔnzʊl
Konsulent kɔnzuˈlɛnt
Konsultation kɔnzʊltaˈtsĭoːn
Konsum kɔnˈzuːm
konsumieren kɔnzuˈmiːrən
Konsumtion kɔnzʊmˈtsĭoːn
Kontagium kɔnˈtaːgĭʊm
kontagiös kɔntagiˈøːs
Kontakt kɔnˈtakt
kontant kɔnˈtant
kontemplativ, -ve kɔntɛmpla-
   tiːf, -və
Kontenance kõt(ə)nãːs
Konterbande [1]ˈkɔntərbandə;
   [2]-tɛʀb-
Konterfei kɔntərˈfae, -ɛʀ-,
   [1]- - -
kontern [1]ˈkɔntərn; [2]-tɛʀn
Kontertanz [1]ˈkɔntərtants;
   [2]-tɛʀt-
Kontext kɔnˈtɛkst
Kontiguität kɔntiguiˈtɛːt
Kontinent ˈkɔntinɛnt, - -ˈ-
kontinental kɔntinɛnˈtaːl
Kontingent kɔntɪŋˈgɛnt
kontinuierlich kɔntinu│ˈiːrlɪç
Kontinuität kɔntinu│iˈtɛːt
Konto ˈkɔnto
Kontokorrent kɔntokoˈrɛnt
Kontor kɔnˈtoːr, -ʀ
Kontorist(in) kɔntoˈrɪst(m)
Kontrabaß [1]ˈkɔntrabas; [2]-tʀ-
kontradiktorisch [1]kɔntradɪk-
   ˈtoːrɪʃ; [2]-tʀ-
Kontrahage [1]kɔntraˈhaːʒə; [2]-tʀ-
Kontrahent [1]kɔntraˈhɛnt; [2]-tʀ-
kontrahieren [1]kɔntraˈhiːrən;
   [2]-tʀ-
Kontrakt [1]kɔnˈtrakt; [2]-ˈtʀ-
Kontraktion kɔntrakˈtsĭoːn

Kontrapunkt [1]ˈkɔntrapʊŋkt;
   [2]-tʀ-
konträr [1]kɔnˈtrɛːr; [2]-ˈtʀɛːʀ
Kontrast [1]kɔnˈtrast; [2]-ˈtʀ-
Kontribution kɔntribuˈtsĭoːn
Kontrollabschnitt [1]kɔnˈtrɔl│ap-
   ʃnɪt; [2]-tʀ-
Kontrolle [1]kɔnˈtrɔlə; [2]-ˈtʀ-
Kontrolleur [1]kɔntrɔˈlœːr; [2]-tʀ-
Kontroverse kɔntroˈvɛrzə
Kontur kɔnˈtuːr, -ʀ
Kontusion kɔntuˈzĭoːn
Konus ˈkoːnʊs
Konvenienz kɔnveniˈɛnts
konvenieren kɔnveˈniːrən
Konvent kɔnˈvɛnt
Konventikel kɔnvɛnˈtiːkəl, (ö.)
   -ˈti-
Konvention kɔnvɛnˈtsĭoːn
Konventionalstrafe [1]kɔnvɛn-
   tsĭoˈnaːlʃtraːfə; [2]-ʃtʀ-
konventionell kɔnvɛntsĭoˈnɛl
Konvergenz kɔnvɛrˈgɛnts
konvergieren kɔnvɛrˈgiːrən
Konversation kɔnvɛrzaˈtsĭoːn
konversieren kɔnvɛrˈziːrən
Konversion kɔnvɛrˈzĭoːn
Konverter kɔnˈvɛrtər, -ʀtɛʀ
konvertieren kɔnvɛrˈtiːrən
konvex kɔnˈvɛks
Konvikt kɔnˈvɪkt; (Schwz.)
   -ˈfɪkt
Konvolut kɔnvoˈluːt
Konvoy ˈkɔnvoꝋ, -ˈ-
Konvulsion kɔnvʊlˈzĭoːn
konvulsiv, -ve kɔnvʊlˈziːf, -və
konzedieren kɔntseˈdiːrən
Konzentrat kɔntsɛnˈtraːt
Konzentration kɔntsɛntraˈtsĭoːn
konzentrieren kɔntsɛnˈtriːrən
konzentrisch kɔnˈtsɛntrɪʃ
Konzept kɔnˈtsɛpt
Konzeption kɔntsɛpˈtsĭoːn
Konzern kɔnˈtsɛrn
Konzert [1]kɔnˈtsɛrt; [2]-ʀt
konzertant kɔntsɛrˈtant
Konzertkurve (Innsbr.) ˈkɔnt-
   sɛrtkʊrvə

Konzession kɔntsɛ'sĭoːn
konzessionieren kɔntsɛsĭo-
'niːrən
konzessiv kɔntsɛ'siːf
Konzil kɔn'tsiːl
konziliant kɔntsili'ant
konzipieren kɔntsi'piːrən
konzis kɔn'tsiːs
Kookburn (Aub., Diav.) 'kʊk-
bəːn
Kooperation ko|opəra'tsĭoːn
kooptieren koː|ɔp'tiːrən
Koordination koː|ɔrdina'tsĭoːn
Kopaïs ko'paːɪs
Kopal ko'paːl
Kopeke ko'peːkə
Kopenhagen kɔpən'haːgən,
(Dä.) købən'haon
Köpenick 'køːpənɪk
Köper [1] 'køːpər; [2]-ɛʀ
Kopernikus ko'pɛrnikʊs
Kopf, pl. Köpfe kɔpf, 'kœpfə
kopfüber [1] kɔpf|'yːbər; [2]-ɛʀ
Kophta 'kɔfta
Kopie, pl. -ien ko'pi(ː), -iːən;
(ö.) 'koːpĭə
kopieren ko'piːrən
Kopilot 'koːpiloːt
Koppel [1] 'kɔpəl; [2]-pl̩
koppheister [1] kɔp'haestər; [2]-ɛʀ
Kopra 'koːpra
Koprolith kɔpro'liːt
Kopte 'kɔptə
Kopula 'koːpula
kopulieren kopu'liːrən
Korah (bi.) 'koːra
Koralle ko'ralə
Koran ko'raːn, 'koːran
Korb, pl. Körbe [1] kɔrp, 'kœrbə;
[2]-ʀp, -ʀbə
Korbinian kɔrbini'aːn
Korçe (Alb.) 'kɔrtʃə
Korčula (Jug.) 'koːrtʃula (it.
Curzola)
Kordel [1] 'kɔrdəl; [2]-ʀdl̩
kordial kɔrdi'aːl
Kordillieren kɔrdɪl'jeːrən
Kordon kɔʀ'dõ

Korduanleder 'kɔrduaːnleːdər,
-ɛʀ
Korea ko'reːa
Korela (Sch., Dem.) ko'reːla
kören 'køːrən
Korfu s. Corfu
Koriander kori'andər, -ɛʀ
Koriandoli (ö.) kɔri'andoli
Korinna ko'rɪna
Korinth ko'rɪnt
Korinthe ko'rɪntə
Korinthos (alt.) 'korintɔs, (Gr.)
'kɔrinθɔs
Korjaken (N.-As.) kɔr'jaːkən
Kork [1] kɔrk; [2]-ʀk
Korkyra kɔr'kyːra; vgl. Coreyra
Kormoran kɔrmo'raːn
Korn [1] kɔrn; [2]-ʀn
Kornea 'kɔrnea
Kornejčuk (ukr.) kɔrnej'tʃuːk
Kornelia, -lie kɔr'neːlia, -liə
Kornelimünster kɔrneːli'mʏn-
stər, -ɛʀ
Kornelkirsche [1] kɔr'neːlkɪrʃə;
[2] kɔʀ'neːlkɪʀʃə, (ö.) 'kɔrnel-
Kornett kɔr'nɛt
Körnung [1] kœrnʊŋ; [2]-ʀn-
Korobkin (Gog.) ka'rɔpkin
Korolenko (ru.) kɔrə'lɛnkə
Koromandel (S.-As.) koro-
mandl̩
Korona ko'roːna
Koronarsklerose koro'naːrskle-
ˌroːzə
Körös (Fl., Ung.) 'kørøʃ
Körper [1] 'kœrpər; [2]-ʀpɛʀ
Korporal kɔrpo'raːl
Korporation kɔrpora'tsĭoːn
Korps koːr, -ʀ
korpulent kɔrpu'lɛnt
Korpus, K. juris kɔrpʊs,
k.'juːrɪs
Korreferent kɔrrefe'rɛnt
korrekt kɔ'rɛkt
Korrelat kɔre'laːt
Korrepetitor kɔrepe'tiːtɔr, -ʀ
Korrespondenz kɔrɛspɔn'dɛnts
korrespondieren kɔrɛspɔn'diːrən

Korrianke (N. Zuckm., Gen.)
kɔri-ˈaŋkə
Korridor ¹ˈkɔridoːr; ²-ʁ
korrigieren kɔriˈgiːrən
Korrosion kɔroːˈzĭoːn
korrumpieren kɔrʊmˈpiːrən
Korruption kɔrʊpˈtsĭoːn
Korsage kɔrˈsaːʒə
Korsar kɔrˈzaːr, -ʁ
Korse ˈkɔrzə
Korselett kɔrzəˈlɛt
Korsett kɔrˈzɛt
Korsika ˈkɔrzika
Korso ˈkɔrzo
Korsör kɔrˈsøːr, -ʁ
kortikal kɔrtiˈkaːl
Kortrijk ˈkɔrtrɛĭk
Korund koˈrʊnt
Korvette kɔrˈvɛtə
Korybant koryˈbant
Koryphäe koryˈfɛːə
Kosak, pl. -ken koˈzak, -kən
Koschenille kɔʃəˈnɪlj(ə)
koscher ¹ˈkoːʃər; ²-ɛʁ
Koschmieder kɔʃˈmiːdər, -ɛʁ
Kościusko (po.) kɔˈɕtɕeuʃkɔ
Kosel ˈkoːzəl
kosen, koste ¹ˈkoːzən, ˈkoːstə;
²-ᶎn̩
Kosinsky (Sch., Räub.) ko-
ˈzɪnski
Kosinus ˈkoːzinʊs
Köslin kœsˈliːn
Kosmas ˈkɔsmas
Kosmee kɔsˈmeːə
Kosmetik kɔsˈmeːtɪk
kosmisch ˈkɔsmɪʃ
Kosmogonie kɔsmogoˈniː
Kosmonaut kɔsmoˈnaot
Kosmopolit kɔsmopoˈliːt
Kosmos ˈkɔsmos
Kossat, -ssäte kɔˈsaːt, -ˈsɛːtə
Kossinna kɔˈsɪna, ˈ- - -
Koßmat ˈkɔsmat
Kossuth (magy.) ˈkɔʃut
Kossygin (ru.) kaˈsiːgin
Kost kɔst
kostal kɔsˈtaːl

kostbar ¹ˈkɔstbaːr; ²-ʁ
kosten ¹ˈkɔstən; ²-tn̩
köstlich ¹ˈkœstlɪç; ²-sᶁlɪç
Kostomarov (ru.) kɔstoˈmaːrɔf
Kostopulos (gr.) kɔsˈtɔpulɔs
Kostroma (Ru.) kəstraˈma
kostspielig, -ige kɔstʃpiːlɪç, -ɪgə
Kostüm kɔsˈtyːm
kostümieren kɔstyˈmiːrən
Kostyljov (ru.) kɔstiˈfiɔf
Kot koːt
Kotangens ˈkoːtaŋgɛns
Kotau koˈtao
Kotel (bg.) ˈkɔtɛł
Kotelett kot(ə)ˈlɛt
Köter ¹ˈkøːtər; ²-ɛʁ
Koterie koːtəˈriː
Kothurn koˈtʊrn
Kotikov (ru.) ˈkɔtikɔf
Kotillon kɔtiˈjõ, ˈ- - -
Kotljarevśkyj (ukr.) kɔtfia-
ˈreŭɛ̯kij
Kotor (jug.) ˈkɔtɔr, -ʁ (it.
Cattaro)
Kotschinchina (S.-As.) kɔtʃin-
ˈɕiːna
Kotyledone kɔtyleˈdoːnə
Kotze ˈkɔtsə
Kotzebue ˈkɔtsəbuː
kotzen ¹ˈkɔtsən; ²-tsn̩
Kötzschenbroda kœtʃənˈbroːda
Kovalevskij, fm. -skaja (ru.)
kɔvaˈfiɛfskij, -skaja
Kovno (ru.) ˈkɔvnɔ (lit. Kaunas)
Kowalski, fm. -ska (po.) kɔ-
ˈvalski, -ska
Koweit s. Kuweit
Kozytus koˈtsyːtʊs, s. Kokytos
Krabbe ¹ˈkrabə; ²ˈkʁʙ-
Krach ¹krax; ²kʁʙ-
krächzen ¹ˈkrɛçtsən; ²ˈkʁɛçtsn̩
Kraft ¹kraft; ²kʁʙ-
Kraftanstrengung ¹ˈkraft|an-
ʃtrɛŋʊŋ; ²ˈkʁaft|anʃtʁʙ-
Kraftfahrer ¹ˈkraftfaːrər;
²ˈkʁaftfaːʁʙ
Kraftfahrzeug ¹ˈkraftfaːrtsɔøk;
²ˈkʁaftfaːʁts-

Krag (dän.) kʀɑːɣ
Kragen ¹ˈkrɑːgən; ²ˈkʀɑːgn̩
Kragstein ¹ˈkrɑːkʃtaen; ²ˈkʀ-
Kragujevac (Jug.) ˈkragujɛvats
Krähe ¹ˈkrɛːə; ²ˈkʀ-
krähen ¹ˈkrɛːən; ²ˈkʀ-
Krain kraen
Krakatau krakaˈtao
Krakau, (po.) **-ków** ˈkrakao, ˈkrakuf
Krake ¹ˈkrɑːkə; ²ˈkʀ-
Krakeel ¹kraˈkeːl; ²ˈkʀ-
Krakelee kʀakəˈle
Krakowiak kraˈkɔvĭak
Kral ¹krɑːl; ²ˈkʀ-
Kralle ¹ˈkralə; ²ˈkʀ-
Kram ¹krɑːm; ²ˈkʀ-
Kramář (Č.) ˈkrɑmɑːrʒ
Krambambuli ¹kramˈbambuli; ²ˈkʀ-
kramen ¹ˈkrɑːmən; ²ˈkʀ-
Krämer ¹ˈkrɛːmər; ²ˈkʀɛːməʀ
Krammetsvogel ¹ˈkramətsfoː-gəl; ²ˈkʀamətsfoːgl̩
Krampe ¹ˈkrampə; ²ˈkʀ-
Krampf ¹krampf; ²ˈkʀ-
Krampfader ¹ˈkrampf|aːdər; ²ˈkʀampf|aːdɛʀ
Krampus (ö.) krampʊs
Kramskoj (ru.) kramˈskɔj
Kran ¹krɑːn; ²ˈkʀ-
Kranach ˈkrɑːnax
Kranewitter (ö.) ˈkranəvɪtər
Kranich ¹ˈkrɑːnɪç; ²ˈkʀ-
krank ¹kraŋk; ²ˈkʀ-
kränkeln ¹ˈkrɛŋkəln; ²ˈkʀ-
Kranz ¹krants; ²ˈkʀ-
Krapfen ¹ˈkrapfən; ²ˈkʀapfn̩
Krapp ¹krap; ²ˈkʀ-
Krasicki (po.) kraˈɕitski
Krasiński (po.) kraˈɕiɲski
Krasis ˈkrɑːzɪs
Krasnodar (Ru.) krasnaˈdɑːr, -ʀ
Krasnojarsk (N.-As.) krasnaˈjɑːrsk
kraß ¹kras; ²ˈkʀ-
Kraszewski (po.) kraˈʃɛfski

Krater (Vulkan-) ¹ˈkrɑːtər; ²ˈkʀɑːtɛʀ; (Krug) kraˈteːr
Krätze ²ˈkrɛtsə; ²ˈkʀ-
kratzen ¹ˈkratsən; ²ˈkʀatsn̩
krauen ˈkraoən
kraulen ¹ˈkraolən; ²ˈkʀaoln̩
kraus ¹kraos; ²ˈkʀ-
Krause ¹ˈkraozə; ²ˈkʀaoʐ̣ə
kräuseln ¹ˈkrɔøzəln; ²ˈkʀɔøʐ̣l̩n
Krauseminze ¹kraozəˈmɪntsə; ²ˈkʀaozə-
krausen ¹ˈkraozən; ²ˈkʀaoʐ̣n̩
Kraut ¹kraot; ²ˈkʀ-
Kravčenko (ru.) ˈkrɑːftʃɛnkə
Krawall ¹kraˈval; ²ˈkʀ-
Krawatte ¹kraˈvatə; ²ˈkʀ-
Kraxe (ö.) ˈkraksə
kraxeln ¹ˈkraksəln; ²ˈkʀaksl̩n
Kreation kreaˈtsĭoːn
Kreatur ¹kreatuːr; ²kʀeaˈtuːʀ
Krebs ¹kreːps; ²kʀ-, (ö.) krɛps
Kredenz ¹kreˈdɛnts; ²ˈkʀ-
(der) Kredit ¹kreˈdiːt; ²kʀ-, (ö.) -ˈdit
kreditieren ¹krediˈtiːrən; ²kʀ-
Kreditor ˈkreːditɔr, -ʀ
Kredo ˈkreːdo
Krefeld ˈkreːfɛlt
kregel ¹ˈkreːgəl; ²ˈkʀeːgl̩
Kreide ¹ˈkraedə; ²ˈkʀ-
kreidebleich ¹ˌkraedəˈblaeç; ²ˌkʀ-
kreieren kreˈ|iːrən
Kreis ¹kraes; ²ˈkʀ-
Kreisamtmann ¹ˈkraes|amtman; ²ˈkʀ-
Kreisjugendamt ¹kraesˈjuː-gənt|amt; ²ˈkʀ-
Kreisschulrat ¹kraesˈʃuːlrɑːt; ²ˈkʀaesˈʃuːlʀɑːt
Kreissparkasse ¹ˈkraesʃpɑːrkasə; ²ˈkʀaesʃpɑːʀkʀ-
kreisen ¹ˈkraezən; ²ˈkʀaezn̩
kreischen ¹ˈkraeʃən; ²ˈkʀaeʃn̩
Kreisel ¹ˈkraezəl; ²ˈkʀaezl̩
Kreissäge ¹ˈkraesʐ̣ɛːgə; ²ˈkʀaesʐ̣-
kreißen ¹ˈkraesən; ²ˈkʀaesn̩

Krem ¹kreːm; ²kʁ-
Krematorium kremaˈtoːriʊm
Kremenčuk (Ukr.) krɛmɛnˈtʃuk
Kreml (ru.) krjɛːmɦi
Krempe ¹ˈkrɛmpə; ²ˈkʁ-
Krempel ¹ˈkrɛmpəl; ²ˈkʁɛmpļ
krempeln ¹ˈkrɛmpəln; ²ˈkʁ-
Kremser ¹ˈkrɛmzər; ²ˈkʁɛmʣɛʁ
Kremsier (Mä.) krɛmˈziːr, -ʁ
Kremsmünster krɛmsˈmʏnstər,
  -ɛʁ
Kren ¹kreːn; ²kʁ-
Křenek ˈkrʃɛnɛk
Kreole kre-ˈoːlə
Kreon ˈkre|oːn
Kreosot kreoˈzoːt
krepieren kreˈpiːrən
Krepon kʁeˈpõ
Krepp ¹krɛp; ²kʁ-
Kreppsohle ¹ˈkrɛpzoːlə; ²ˈkʁɛps-
Kresse ¹ˈkrɛsə; ²kʁ-
Kreszenz (Vn.) krɛsˈtsɛnts
Kreta ˈkreːta; (Gr.) ˈkriti
Krethi und Plethi ˈkreːti ʊnt
  ˈpleːti
Kretin kʁeˈtɛ̃
Kretonne kʁeˈtɔn
Kretscham ¹ˈkrɛtʃam; ²ˈkʁ-
Krëusa (Gr., Vlies) kre-ˈuːza
Kreuz ¹krɔøts; ²kʁ-
Kreuzabnahme ¹ˈkrɔøts|apnaː-
  mə; ²ˈkʁ-
Kreuzeck krɔøts|ˈɛk
Kreuzer ¹ˈkrɔøtsər; ²ˈkʁɔøtsɛʁ
Kreuznach ˈkrɔøtsnax
Kreuzotter ¹ˈkrɔøts|ɔtər;
  ²ˈkʁɔøts|ɔtɛʁ
kribbeln ¹ˈkrɪbəln; ²kʁ-
Krickel (ö.) ˈkrɪkəl
Krickente ¹ˈkrɪk|ɛntə; ²kʁ-
Kricket ˈkrɪkət
kriechen, kroch ¹ˈkriːçən, krɔx;
  ²ˈkʁiːçņ
Krieg ¹kriːk; ²kʁ-
kriegen, kriegst, kriegte ¹ˈkriː-
  gən, kriːkst, kriːktə; ²ˈkʁiːgņ
Kriemhild ˈkriːmhɪlt
Krim krɪm

Kriminal(gericht usw.) ¹krimi-
  ˈnaːl(gərɪçt); ²kʁimiˈnaːl(ge-
  ʁɪçt)
kriminalistisch kriminaˈlɪstɪʃ
Krimmer ¹ˈkrɪmər; ²ˈkʁɪmɛʁ
Krimskrams ¹ˈkrɪmskrams;
  ²ˈkʁɪmskʁ-
Kringel ¹ˈkrɪŋəl; ²ˈkʁɪŋļ
Krinoline krinoˈliːnə
Krippe ¹ˈkrɪpə; ²ˈkʁ-
Kris kriːs
Krischna (myth.) ˈkrɪʃna
Krise, -sis ¹ˈkriːzə, -zɪs; ²ˈkʁiːʣə
Krispin ˈkrɪspiːn
Kristall krɪsˈtal
kristallinisch krɪstaˈliːnɪʃ
kristallisieren krɪstaliˈziːrən
Kristu (alb.) ˈkristu
Kriterium kriˈteːriʊm
Kritias ˈkriːtias
Kritik kriˈtiːk; (Ö., Schwz.) -tɪk
Kritiker ¹ˈkriːtikər; ²ˈkʁiːtɪkɛʁ
kritisch ˈkritɪʃ
kritteln ˈkrɪtəln
kritzeln ¹ˈkrɪtsəln; ²ˈkʁɪtsļn
Kroaten kroˈaːtən
Krocket ˈkrɔkɛt, -ˈ-
Krogh (dä.) krɔːɣ
Krokant kroˈkant
Kroki kroˈki:
Krokodil krokoˈdiːl
Krokus ˈkroːkʊs, (ö.) ˈkrɔ-
Krolow ˈkroːlo
Kromow (Lehár, Witwe) ˈkrɔ-
  mov
Krone ¹ˈkroːnə; ²ˈkʁ-
Kronerbe ¹ˈkroːn|ɛrbə; ²ˈkʁoːn-
  |ɛʁbə
krönen ¹ˈkrøːnən; ²ˈkʁ-
Kronide kroˈniːdə
Kronion kroˈniːon
Kronos ˈkronɔs
Kronsbeere ¹ˈkroːnsbeːrə; ²ˈkʁ-
Kropf ¹krɔpf; ²kʁ-
Kropotkin (ru.) kraˈpɔːtkin
kroß ¹krɔs; ²kʁ-
Krösus ˈkrøːzʊs
Kröte ¹ˈkrøːtə; ²ˈkʁ-

Kroton (Alt.) 'kroːtən
Krotonöl 'kroːtən|øːl
Krotoschin (Po.) 'krɔtɔʃiːn
Krücke ¹'krʏkə; ²'kʁ-
Krug, pl. Krüge ¹kruːk, 'kryːgə; ²kʁ-
Kruke ¹'kruːkə; ²kʁ-
Krume ¹'kruːmə; ²kʁ-
krümeln ¹'kryːməln; ²'kʁ-
krumm ¹krʊm; ²kʁ-
Krupp ¹krʊp; ²kʁ-
Kruppade krʊ'paːdə
Kruppe ¹'krʊpə; ²'kʁ-
Krüppel ¹'krʏpəl; ²'kʁʏpl̩
Kruševac (Jug.) 'kruʃɛvats
Krušina (Smetana, Verk. Br.) 'kruʃina
Krustazeen krʊsta'tseːən
Kruste ¹'krʊstə; ²'kʁ-
Kruzianer ¹kru'tsïaːnər; ²kʁu-'tsïaːnɐʁ
Kruziferen krutsi'feːrən
Kruzifix ¹krutsi'fɪks, 'kruːtsifɪks; ²kʁ-
Krylov (ru.) kri'ɫɔf
Krypta 'krʏpta
Kryptogamen krʏpto'gaːmən
Krypton 'krʏptən, krʏp'toːn
Kryvyj Rih (Ukr.) kri'vïï'rix
Ksenija (ru. Vn.) 'ksjeɲija
Ktesias 'kteːzias
Ktesiphon (As.) 'kteːzifən
Kuangtung (Mandsch.) 'kŭnatuŋ
Kubań (Fl. Ru.) ku'baːɲ
Kubebe ku'beːbə
Kübel ¹'kyːbəl; ²-bl̩
Kubelík (Č.) 'gubɛlïːk
Kubíček (Č.) 'kubiːtʃɛk
Kubicky kʊ'bɪtski
Kubik(wurzel) ku'biːk(vʊrtsəl), (ö.) -'bik
Kubin ku'biːn
kubisch 'kuːbɪʃ
Kubismus ku'bɪsmʊs
Kubus 'kuːbʊs
Küche 'kʏçə
Kuchen ¹'kuːxən; ²-xn̩

Küchlein 'kyːçlaen; (ö., schwz.) 'kʏ-
Kuckuck 'kʊkʊk
Kudowa ku'doːva
Kudymkar (Ru.) ku'dïmkar, -ʁ
Kuenlun (Geb. As.) kuenjlʊnj (dt. Kunlun kʊn'lʊn)
Kues (Dt.) kuːs
Kufe 'kuːfə
Küfer ¹'kyːfər; ²-ɛʁ
Kuff kʊf
Kufra (Afr.) 'kʊfra
Kufstein 'kʊfʃtaen
Kugel ¹'kuːgəl; ²-gl̩
Kugellager ¹'kuːgəl̩laːgər; ²-gl̩laːgɐʁ
kug(e)lig, -ige 'kuːg(ə)lɪç, -ɪgə
Kuh, pl. Kühe kuː, 'kyːə
Kuhhirt ¹'kuːhɪrt; ²-ʁt
kühl kyːl
Kühlanlage 'kyːl|anlaːgə
Kühleborn (Lortz., Undine) 'kyːləbɔrn
kühn kyːn
Kujbyšev (Ru.) 'kujbiʃɛf; (= Samara)
kujonieren kujo'niːrən
Küken ¹'kyːkən; ²-kn̩
Ku-Klux-Clan 'kju:'klʌks 'klæn
Kukumer ¹ku'kʊmər; ²-ɛʁ
Kukuruz (ö.) 'kukuruts
kulant ku'lant
Kulanz ku'lants
Kuli 'kuːli
kulinarisch kuli'naːrɪʃ
Kulisse ku'lɪsə
kullern ¹'kʊlərn; ²-lɛʁn
Kulm kʊlm
kulminieren kʊlmi'niːrən
Kulmsee 'kʊlmzeː
Kult kʊlt
kultivieren kʊlti'viːrən
Kultur kʊl'tuːr, -ʁ
Kultus 'kʊltʊs
Kümmel ¹'kʏməl; ²-ml̩
Kummer ¹'kʊmər; ²-ɛʁ
Kummet, -mt 'kʊmət, -mt
Kumpan kʊm'paːn

kumulieren kumu'li:rən
Kumulus 'ku:mulʊs
Kumys ku'mɣs
Kun (magy.) ku:n
Kunaxa 'kunɑksɑ
kund kʊnt
kundgeben ¹'kʊntge:bən;
   ²-ǵe:bn̥
Kundry (W., Pars.) 'kʊndri
kundtun 'kʊnt̮tu:n
kuneiform kunei'fɔrm
Kunene (Afr.) ku'nene
künftig, -ige 'kɣnftıç, -ıgə
Kungu Poti (Wed.) 'kuŋgu 'po:ti
Kunibert 'ku:nibɛrt
Kunigund(e) kuni'gʊndə, 'ku:-
   nigʊnt
Kunkel ¹'kʊŋkəl; ²-kl̥
Kunktator kʊŋk'ta:tɔr, -ʀ
Kuno 'ku:no
Kunst kʊnst
Kunstdruck ¹'kʊnstdrʊk;
   ²-td̮ʀ-
kunterbunt ¹'kʊnterbʊnt; ²-ɛʀ-
Kuomintang gŭəmın'daŋ
Kupavin, fm. -vina (ru., Ostr.)
   ku'pa:vin, -vinɑ
Kupee ku'pe:
Kupfer ¹'kʊpfər; ²-ɛʀ
kupferrot ¹'kʊpfərro:t; ²-ɛʀʀ-
Kupido ku'pi:do
kupieren ku'pi:rən
Kupon ku'põ
Kuppe 'kʊpə
Kupolofen ¹ku'po:l|o:fən; ²-fn̥
kurzum ¹kʊrts|'ʊm; ²-ʀts-
Kuppel ¹'kʊpəl; ²-pl̥
Kuppelei kʊpə'lae
Kupplung 'kʊplʊŋ
Kuprin (ru.) ku'pri:n
Kur ¹ku:r; ²-ʀ
Kür ¹ky:r; ²-ʀ
Kurant ku'rant
Kurare ku'ra:rə
Küraß 'ky:ras
Kürassier ¹kyra'si:r; ²kyʀa'si:ʀ
Kuratel kura'te:l
Kuratie kura'ti:

Kurator ku'ra:tɔr, -ʀ
Kuratorium kura'to:riʊm
Kurbel ¹'kʊrbəl; ²-ʀbl̥
Kürbis ¹'kɣrbıs; ²-ʀb-
Kurbskij (ru.) 'kurpskij
Kurden 'kʊrdən
Kurdistan 'kʊrdıstan
Kurgan (N.-As.) kur'ga:n
küren 'ky:rən
Kurfürst ¹'ku:rfɣrst; ²'ku:ʀfɣʀst
Kurhessen 'ku:rhɛsən, -'- -
Kurial(-stil) kuri'a:l-
Kurie 'ku:riə
Kurier ku'ri:r, -ʀ
kurieren ku'ri:rən
Kurilen (Inseln) ku'ri:lən
kurios kuri'o:s
kurisch 'ku:rıʃ
Kurmark 'ku:rmark
Kürnberger 'kɣrnbɛrgər, -ɛʀ
Kuropatkin (ru.) kura'patkin
Kurort ¹'ku:r|ɔrt; ²'ku:ʀ|ɔʀt
Kurpfalz ku:r'pfalts, '- -
Kurpfuscher ¹'ku:rpfʊʃər;
   ²'ku:ʀpfʊʃɛʀ
Kurrende kʊ'rɛndə
Kurrentschrift ¹kʊ'rɛntʃrıft;
   ²-ʃʀ-
Kurs, pl. -se ¹kʊrs, -zə; ²kʊʀs,
   -zə
Kürschner ¹'kɣrʃnər; ²'kɣʀʃnɛʀ
kursieren kʊr'zi:rən
Kursivschrift ¹kʊr'zi:fʃrıft; ²-ʃʀ-
Kursk (Ru.) kursk
Kursus 'kʊrzʊs
Kurt kʊrt
Kurtisane kʊrti'za:nə
kurulisch ku'ru:lıʃ
Kurve ¹'kʊrvə; ²'kʊʀfə
Kurwenal (W., Trist.) 'kʊrvənal
kurz ¹kʊrts; ²-ʀts
kusch kuʃ
kuschen ¹'kuʃən; ²-ʃn̥
Kusine ku'zi:nə
Kuß, pl. Küsse kʊs, 'kɣsə
Küßchen ¹'kɣsçən; ²-çn̥
Küßnacht 'kɣsnaxt
Küste 'kɣstə

Küster ¹'kʏstər; ²-ɛʀ
Kustode kʊs'toːdə
Kustodijev (ru.) ku'stoːdijɛf
Kustos 'kʊstɔs
Küstrin kʏs'triːn
Kutaisi (Kauk.) kuta|'iːsi
Kutsche 'kʊtʃə
Kutte 'kʊtə
Kutteln ¹'kʊtəln; ²-t̩n
Kutter ¹'kʊtər; ²-ɛʀ
Kutuzov (ru.) ku'tuːzɔf
Kuvert ku'vɛːr, kʊ'vɛrt,
    (schwz.) ¹- -
Kuvertüre kuvɛr'tyːrə
Kuwait ko'vɛĭt
Kux kʊks
Kuźmin (ru.) kuzj'miːn
Kuznecov (ru.) kuzɲe'tsɔf
Kvašnja (ru.), (Goŕkij) kvaʃ'ɲa
Kwanghsi (Prov. Chi.) 'gŭaŋçi
Kwaß (ru.) kvaːs
Kweitschou (Prov. Chi.)
    'gŭeĭdzɔŭ
Kwangtung (Prov. Chin.)
    gŭaŋ'duŋ
Kybele 'kyːbele
Kybernetik kʏbɛr'neːtɪk

Kyburg (Uhl., H. E.) 'kiːbʊrk
Kyd (e.) kid
Kyffhäuser 'kɪfhɞøzər, -ɛʀ
Kyjiw (Ukr.) 'kijiŭ; vgl. (ru.)
    Kijev
Kykladen ky'klaːdən; vgl. Zy-
    kladen
Kyklop ky'kloːp
Kylija (Ukr.) kili'ja (rum.
    Chilia)
Kyll kɪl
Kymograph kymo'graːf
kymrisch 'kʏmrɪʃ
Kynast 'kiːnast
Kyniker 'kyːnɪkər, -ɛʀ
Kynologie kynolo'giː
Kynoskephalai kynɔs'keːfalae
Kypros 'kʏprɔs; (Gr.) 'kjiprɔs
Kyrene (Alt.) ky'reːne
Kyrieeleison 'kyːrie|e'lɛĭzɔn
Kyrill, -llos ky'rɪl, -lɔs; vgl.
    Cyrill, -llos
kyrillisch ky'rɪlɪʃ
Kyritz 'kyːrɪts
Kyros 'kyːrɔs; vgl. Cyrus
Kysyl Yrmak (Fl.) ki'sil ir'mak
Kythera ky'teːra; vgl. Cythera

L

L ɛl
Laaland (Dä.) 'lɔlan
Lab laːp
Laban (bi.) 'laːban
Labarum 'laːbarʊm
Labe 'laːbə
Labédoyère (Gra., Nap.) labe-
    dwa'jɛːʀ
Laberdan labər'daːn
labial labi'aːl
labil la'biːl
Labor la'boːr, -ʀ; (ö. auch)
    'laːbɔr; (schwz.) 'laboːr
Laborant labo'rant
Laboratorium labora'toːriʊm

laborieren labo'riːrən
Labour Party 'leĭbə ˌpaːtɪ
Labrador labra'doːr, -ʀ
La Bruyère la brʏ'jɛːʀ, -ʀ
Labsal ¹'laːpzaːl; ²-ps-
Labskaus 'laːpskaos
Labyrinth laby'rɪnt
Laca (Janáček) 'latsa
La Chaux-de-Fonds (Schwz.)
    la ˌʃo də 'fɔ̃
Lache 'laxə
lächeln 'lɛçəln
lachen ¹'laxən; ²-xn̩
Lachesis 'laxezɪs
lachhaft 'laxhaft

Lachs laks
Lack lak
Lackmus ˈlakmᴜs
Lac Léman lak leˈmã
La Coruña la koˈruɲa
Lacoste (Gra., Nap.) laˈkɔst
Lacrimae Christi (lt.) ˌlakrimɛː ˈkrɪstiː
Lacrimosa (Raim.) lakriˈmoːza
Lacroix laˈkʀwa
Lacrosse (Zuckm.) laˈkrɔs
Lacy (Gri., Rob.; Benatzky) ˈleisɪ, laːsɪ
laden, lädst, lädt, lud [1] ˈlaːdən, lɛːtst, lɛːt, luːt; [2]-dṇ
lädieren lɛˈdiːrən
Ladiner laˈdiːnər, -ɐʀ
Ladislaus ˈlaːdɪslaos
Ladogasee (Ru.) ˈɫaːdogazeː
Ladvenu (f., Shaw,, Joh.) ladvəˈny
Lady ˈleidi
Laërtes (alt.) laˈɛrtɛs
Lafayette lafaˈjɛt
Lafeu (Sh., Ende) laˈfø
Lafette laˈfɛtə
Laffe ˈlafə
Lafitte (f.) laˈfit
La Fleur (G., Großkophta) la ˈflœːʀ, -ʀ
Lafontaine lafõˈtɛːn
Lägel [1]ˈlɛːgəl; [2]-gl̩
Lager [1]ˈlaːgər; [2]-ɐʀ
Lagerkvist (schw.) ˈlaːgərkvist
Lagerlöf (schw.) ˈlaːgərløːv
Lago Maggiore ˌlaːgo maˈdʒoːre
Lagos (Nigeria) ˈlaːgɔs (Port.) ˈlaɣuʃ
Lagrange laˈgʀãʒ
Lagrimoso lagriˈmoːso
La Guaira (S.-A.) la ˈg̑uaĭra
La Guardia la ˈg̑uardia
Lagune laˈguːnə
La Hire (Sch., Ju., Shaw) la ˈiːʀ, -ʀ
lahm laːm
lähmen ˈlɛːmən
Lähmung ˈlɛːmᴜŋ

Lahore (S.-As.) laˈhoːrə
Lahti (finn.) ˈlaxti
Laib laep
Laich laeç
Laie ˈlaeə
Laios (alt.) ˈlaːjɔs
Laïs (alt.) ˈlaː-ɪs
laissez faire lɛse ˈfɛːʀ, -ʀ
Lajos (magy.) lɔjoʃ
Lakai laˈkae
Lake (Erie usw.) leik (iəri usw.)
Laken [1]ˈlaːkən; [2]-kṇ
Lakkadiven (Inseln) lakaˈdiː-vən
Lakme (Delibes) ˈlakme
Lakonien laˈkoːniən
lakonisch laˈkoːnɪʃ
Lakritze laˈkrɪtsə
Lalage ˈlaːlage
Låland (Dän.) ˈlɔlan
Lalenbuch ˈlaːlənbuːx
Lalla Rookh (Moore usw.) ˌlælə ˈruk
lallen [1]ˈlalən; [2]lalṇ
Lama ˈlaːma
La Mancha (Sp.) la ˈmantʃa
Lamarek laˈmark
Lamartine lamaʀˈtin
Lamb (e.) læm
Lambarene (Afr.) lambaˈreːne
Lambda (gr. Buchst.) ˈlambda
Lambert ˈlambɛrt
Lambertuccio (Suppé, Bocc.) lambɛrˈtutʃo
Lambrequin lãbʀəˈkɛ̃
Lambris lãˈbʀi; (ö.) lamˈbriːs
Lamelle laˈmɛlə
Lamennais laməˈnɛ
lamentieren lamɛnˈtiːrən
Lamento laˈmɛnto
lamentoso lamɛnˈtoːso
Lametta laˈmɛta
Lamia, pl. -ien (alt.) ˈlaːmia, -iən
Lamm lam
Lammermoor (Scho., W. Scott, Don.) ˈlæməmuːə
Lamon (G., Laune) ˈlaːmən

Lamoral (Strauß, Arabella)
    lamo'ral
Lamormain (Sch., W.)
    lamɔʀ'mɛ̃
Lampe 'lampə
Lampion lã'pjõ
Lamprete ¹lam'preːtə; ²-pʀ-
Lancashire 'læŋkəʃiə
Lancaster 'læŋkəstə
Lancier lã'sjeː
lancieren lã'siːʀən
Land lant
Landauer ¹'landaoər; ²-ɛʀ
landaus, landein lant|ˌaos lant-
    |'aen
Landesinnenminister ¹landəs-
    |'mənminɪstər; ²-ɛʀ
landfremd ¹'lantfrɛmt; ²-fʀ-
Landgerichtsdirektor ¹'lant-
    gərɪçtsdiˌrektor; ²-ĝɛʀɪçts-
    diˌʀɛktoʀ
Landkarte ¹'lantkartə; ²-ʀtə
Ländler ¹'lɛndlər; ²'lɛndlɛʀ; (ö.)
    'lɛn|dlər
ländlich ¹'lɛntlɪç; ²-dlɪç
Landschaft 'lantʃaft
Landser ¹'lantsər; ²-ɛʀ
Landsknecht 'lantsknɛçt
Landskrona (Schw.) lands-
    'kruːna
Landsmål 'lantsmoːl
Landsteiner 'lant-ʃtaenər, -ɛʀ
lang, länger laŋ; 'lɛŋər, -ɛʀ
langatmig, -ige 'laŋ|aːtmɪç, -ɪgə
Langeland (Dä.) 'laŋəlan
Langensalza laŋən'zaltsa
Langeoog 'laŋə-oːk
Lang(e)weile 'laŋ(ə)vaelə
langgestreckt ¹'laŋgəʃtrɛkt;
    ²-geʃtʀ-
Langley (Sh., R. II) 'læŋli
Langmuir (e.) 'læŋmjuə
langmütig, -ige 'laŋmyːtɪç, -ɪgə
Langobarden laŋgo'bardən
Langohr ¹'laŋ|oːr; ²-ʀ
Langres lã:gʀ(ə)
langsam ¹'laŋzaːm; ²-z̥-
längsseits ¹'lɛŋs̃zaets; ²-s̃z̥-

längst lɛŋst
Languedoc lãg(ə)'dɔk
Languste laŋ'gʊstə
langweilen ¹'laŋvaelən; ²-ln̩
langweilig, -ige 'laŋvaelɪç, -ɪgə
Laniel (f.) la'njɛl
Lansing (N.-A.) 'lænsiŋ
Lanthan lan'taːn
Lantschou (Chi.) 'landʒoŭ
Lanugo la'nuːgo
Lanze 'lantsə
Lanzelot 'lantsəlot
Lanzette lan'tsɛtə
Laokoon la-'oːkoɔn
Laon lã
Laos (S.-As.) 'laː|os
Lao-tse 'laŏ-dz̥ɨ
Lapak (Gri., Lib.) 'lapak
La Paz (S.-A.) la'pas
lapidar lapi'daːr, -ʀ
Lapislazuli laːpɪs'laːtsuli; (ö.)
    la-
Laplace la'plas
La Plata (Fl.) la 'plaːta
Lappalie la'paːliə
Lappen ¹'lapən; ¹-pn̩
läppisch 'lɛpɪʃ
Lappland 'laplant
Lapsus 'lapsʊs
Lara (Sp.) 'lara
Lärche ¹'lɛrçə; ²-ʀçə
Laren 'laːrən
larghetto lar'gɛto
Largo 'largo
Larifari laːri'faːri
Larina (Tschaik., One.) 'laːrina
Larisa, Larissa (Gr.) 'larisa
Lärm ¹lɛrm; ²lɛʀm
larmoyant laʀmwa'jant
La Roche (f., Sch., Por.) la 'ʀɔʃ
La Rochelle la ʀɔ'ʃɛl
Laroche foucauld laʀɔʃ fu'ko
Larousse la'ʀus
L'Arronge (dt. Autor) la'ʀõːʒ
Lars (dän. Vn.) laːʀs
Lartius (Sh., Co.) 'lartsïʊs
Larve ¹'larfə; ²-ʀfə
Laryngoskop larʏŋgə'skoːp

Larynx ˈlaːryŋks
Lasaulx laˈso
Las Casas las ˈkaːsas
lasch laʃ
Lasche ˈlaʃə
lasieren laˈziːrən
Läsion lɛˈzïoːn
Las Palmas las ˈpalmas
Lassalle laˈsal
lassen, läßt, ließ ¹ˈlasən, lɛst,
  liːs; ²-sn̩
lässig, -ige ˈlɛsɪç, -ɪgə
Lasso ˈlaso
Lassus ˈlasʊs
Last last
Lastadie lastaˈdiː
Lastauto ˈlast|aoto
Laster ¹ˈlastər; ²-ɛʁ
lästern ¹ˈlɛstərn; ²-tɛʁn
lästig, -ige ˈlɛstɪç, -ɪgə
last not least (e.) laːst nɔt ˈliːst
Lasur laˈzuːr, -ʁ
lasziv, pl. -ve lasˈtsiːf, -və
Lätare lɛːˈtaːrə
Latein laˈtaen
Lateiner laˈtaenər, -ɛʁ
lateinisch laˈtaenɪʃ
Latène(zeit usw.) laˈtɛːn(ə)-
latent laˈtɛnt
lateral latəˈraːl
Lateran latəˈraːn
Laterna magica (lt.) la͵tɛrna
  ˈmaːgika
Laterne ¹laˈtɛrnə; ²-tɛrnə
Latifundium latiˈfʊndiʊm
Latimer (e. Vn.) ˈlætimə
Latiner laˈtiːnər, -ɛʁ
latinisieren latiniˈziːrən
Lätitia s. Letzia
Latium ˈlaːtiʊm
Latona (alt.) laˈtoːna
Latour (f.) laˈtuːʁ, -ʁ
Latrine ¹laˈtriːnə; ²-tʁ-
Latsche ˈlaːtʃə
latschen ¹ˈlaːtʃən; ²-ʃn̩
Latte ˈlatə
Lattich ˈlatɪç
Latvija (Lettland) ˈlatvija

Latwerge latˈvɛrgə
Latz lats
lau lao
Laub laop
Lauban ˈlaoban
Laubbaum ¹ˈlaopbaom; ²-pb̥-
Laube ˈlaobə
Laubholz ˈlaophɔlts
Laubhüttenfest ¹ˈlaophʏtənfɛst;
  ²-tn̩-
Laubsäge ¹ˈlaopzɛːgə; ²-ps-
Lauch laox
Laudanum ˈlaodanʊm
Laudatio laoˈdaːtsïo
Laudon ˈlaodɔn
Laue ˈlaoə
lauern ¹ˈlaoərn; ²-ɛʁn
laufen ¹ˈlaofən; ²-fn̩
Lauffeuer ¹ˈlaoff̥øør; ²-ɛʁ
Lauge ˈlaogə
Launce (Sh., Ver.) laːns, lɔːns
Launcelot ˈlaːnslət, ˈlɔːnslət
Laune ˈlaonə
Laura (Vn.) ˈlaora; (it.) ˈlaura
Laureat, -tus laoreˈaːt, -tʊs
Laurel (On., Ten. Wi.) ˈlɔrəl
Laurentia, -ius laoˈrɛntsïa,-tsïʊs
Lauretta lauˈreta
Laus laos
Lausanne loˈzan
Lausbub ¹ˈlaosbuːp; ²-b̥-
lauschen ¹ˈlaoʃən; ²-ʃn̩
Läuschen (kleine Laus) ¹ˈløøs-
  çən; ²-çn̩
Läuschen (nd. Erzählung)
  ¹ˈløøʃən; ²-ʃn̩
lausen ¹ˈlaozən; ²ˈz̥n̩
Lausitz ˈlaozɪts
Laut laot
Laute ˈlaotə
läuten ¹ˈlɔøtən; ²-tn̩
Lautenist laotəˈnɪst
lauter ¹ˈlaotər; ²-ɛʁ
Lauterbrunnen (Schwz.)
  ˈlaotərbrʊnən, - -ˈ- -
läutern ¹ˈlɔøtərn; ²-tɛʁn
lautieren laoˈtiːrən
lautlos ¹ˈlaotloːs; ²ˈlaodl̥oːs

Lava ˈlɑːva
Lavagna (It., Sch., Fi.) laˈvaɲa
Laval laˈval
Lavalette lavaˈlɛt
Lavater ˈlɑːvɑːtər, -ɛʁ
Lavendel ¹laˈvɛndəl; ²-dl̩
Laveran (f.) lavˈʁã
lavieren laˈviːrən
Lavinia laˈviːnia; (e.) ləˈviniə
Lavoir laˈvwɑːʁ, -ʁ
Lavoisier lavwaˈzje
Lawine laˈviːnə
Lawn-Tennis lɔːnˈtɛnɪs
Lawrence ˈlɔrəns
lax laks
Laxativ(um) laksaˈtiːf, -ˈtiːvʊm
laxieren laˈksiːrən
Lazare (f.) laˈzaːʁ
Lăzăreanu (rum.) ləzəˈrïanu
Lazarett latsaˈrɛt
Lazarillo (sp.) laθaˈrifio
Lazarus (bi.) ˈlɑːtsarʊs
Lazedämon, -monien latseˈdɛː-
  mɔn, - - dɛˈmoːniən
Lazerte laˈtsɛrtə
Lazzarone, pl. -ni latsaˈroːne,
  -ni
Lea (bi.) ˈleːɑ
Leal (sp., Claudel) leˈal
Leander leˈandər, -ɛʁ
Leandro (it.) leˈandro
Lear (Sh.) liə; liːr, -ʁ
Le Beau (Sh., Wid.) lə ˈbo
Lebedev (ru.) ˈfieːbedjɛf
Lebehoch leːbəˈhoːx
lebelang ˈleːbəlaŋ
Leben ¹ˈleːbən; ²-bn̩
lebendig, -ige leˈbɛndɪç, -ɪgə
lebenslänglich ˈleːbənslɛŋlɪç
Lebensart ¹ˈleːbəns|aːrt; ²-ʁt
Lebenszeit ˈleːbənstsaet
Leber ¹ˈleːbər; ²-ɛʁ
Leb(e)recht ˈleːb(ə)rɛçt
Lebewohl leːbəˈvoːl
lebhaft ˈleːphaft
Lebkuchen ¹ˈleːpkuːxən; ²-xn̩
leblos ¹ˈleːploːs; ²ˈleːpl̥oːs
Lebœuf ləˈbœf

Le Bret (f., Rostand, Cyr.)
  lə ˈbʁɛ
Lebrun (f.) ləˈbʁœ̃
Lebtag ˈleːptaːk
Lebzelter ¹ˈleːptsɛltər; ²-ɛʁ
Lecce (It.) ˈletʃe
Lech lɛç
lechzen ¹ˈlɛçtsən; ²-tsn̩
leek, Leek lɛk
lecken ¹ˈlɛkən; ²-kn̩
lecker ¹ˈlɛkər; ²-ɛʁ
Leclerc ləˈklɛːʁ, -ʁ
Lecocq ləˈkɔk
Le Corbusier lə kɔʁbyˈzje
Lecouvreur ləkuvˈʁœːʁ, -ʁ
Le Creusot lə kʁøˈzo
Leda ˈleːda
Leder ¹ˈleːdər; ²-dɛʁ
ledig, -ige ˈleːdɪç, -ɪgə
lediglich ¹ˈleːdɪklɪç; ²-ĝlɪç
Le Duc (Hofm., Ab.) lə ˈdʏk
Lee leː
Lee (e.) liː
Leeds liːdz
Leeuwarden (Ndld.) ˈleːwardə
Leeuwenhoek (Ndld.) ˈleːwən-
  huːk
leer ¹leːr; ²-ʁ
Lefèvre (f.) ləˈfɛːvʁ(ə)
Lefort (Lortz., Zar) ləˈfɔːʁ, -ʁ
Lefze ˈlɛftsə
legal leˈgaːl
legalisieren legaliˈziːrən
Legat leˈgaːt
legato (it.) leˈgaːto
Legation legaˈtsïoːn
Leg(e)henne ˈleːkhɛnə, ˈleːgə-
  hɛnə
legen ¹ˈleːgən; ²-gn̩
Legende leˈgɛndə
Legendre (f.) ləˈʒɑ̃ːdʁ(ə)
leger leˈʒɛːʁ, -ʁ
Leghorn ¹ˈleːkhɔrn; ²-ʁn
legieren leˈgiːrən
Legion legiˈoːn
Legislatur leːgɪslaˈtuːr, -ʁ
Legislative leːgɪslaˈtiːvə
legitim legiˈtiːm

Legitimation legitimaˈtsĭoːn
Legitimist legitiˈmɪst
Legnano leˈɲaːno
Leguminosen legumiˈnoːzən
Lehár (Komp.) ˈlehaːr, -ʀ
Le Havre (de Grâce, F.)
　lə ˈɑːvʀ(ə)
Lehen ˈleːən
Lehm leːm
Lehne ˈleːnə
lehnen ˈleːnən
Lehnin (Brand.) leˈniːn
Lehnswesen [1]ˈleːnsveːzən; [2]-z̜n̥
Lehramt(skandidat) [1]ˈleːr|-
　amt(skandiˌdaːt); [2]ˈleːʁ|-
Lehre ˈleːrə
lehren ˈleːrən
Lehrer [1]ˈleːrər; [2]-ʀɛʁ
lehrreich ˈleːrr̜aeç
Lei (pl. von Leu) lae
Leib laep
leibeigen [1]ˈlaep|aegən; [2]-gn̥
Leibeserbe [1]ˈlaebəs|ɛrbə; [2]-ɛʀbə
leibhaftig, -ige ˈlaephaftɪç, -ɪgə,
　-ˈ- -
leiblich [1]ˈlaeplɪç; [2]-b̥lɪç
Leibniz ˈlaebnɪts
Leibrente [1]ˈlaeprɛntə; [2]-pʀ-
Leibwache ˈlaepvaxə
Leica ˈlaeka
Leicester (Sch., M. St.) ˈlɛstə
Leich laeç
Leichdorn [1]ˈlaeçdɔrn; [2]-çd̥ɔʀn
Leiche ˈlaeçə
Leichnam ˈlaeçnaːm
leicht laeçt
leichtfertig, -ige [1]ˈlaeçtfɛrtɪç,
　-ɪgə; [2]-ʁt-
leichthin laeçtˈhɪn
leichtlebig, -ige ˈlaeçtleːbɪç, -ɪgə
leichtsinnig, -ige [1]ˈlaeçtzɪnɪç,
　-ɪgə; [2]-ts-
Leid, leid laet
leiden, litt [1]ˈlaedən, lɪt; [2]-dn̥
Leiden (Ndld.) ˈlɛĭdə
Leidenschaft [1]ˈlaedənʃaft; [2]-dn̥
leidlich [1]ˈlaetlɪç; [2]-d̥l-
leidtragend [1]ˈlaettraːgənt; [2]-tʀ-

Leier [1]ˈlaeər; [2]-ɛʀ
Leigh (e.) liː, lai
Leighton (E.) ˈleitn
Leihamt ˈlae|amt
leihen ˈlaeən
Leihhaus ˈlaehaos
Leim laem
Lein(en) ˈlaen(ən)
Leinster (Ir.) ˈlɛnstə (ir.
　Laighin)
Leinwand ˈlaenvant
Leis, pl. -se(n) [1]ˈlaes, -zə(n);
　[2]-z̜n̥
leis, leise [1]laes, laezə; [2]-z̜ə
Leiste ˈlaestə
Leistikow ˈlaestikoː
Leitartikel [1]ˈlaet|artiːkəl;
　[2]-|aʁtiːkl̥
Leite ˈlaetə
leiten [1]ˈlaetən; [2]-tn̥
Leiter [1]ˈlaetər; [2]-ɛʀ
Leitfaden [1]ˈlaetfaːdən; [2]-dn̥
Leitmeritz (Bö.) ˈlaetmərɪts
Lejeune (f.) ləˈʒœn
Lektion lɛkˈtsĭoːn
Lektor, pl. -ren, fm. -rin
　ˈlɛktɔr, -ʀ, -orən, -rɪn
Lektüre lɛkˈtyːrə
Lekythos ˈleːkytɔs
Lelio (L., Cald.) ˈleːlio
Le Locle (Schwz.) lə ˈlɔkl
Le Mans lə ˈmã
Lemberg ˈlɛmbɛrk
Lemgo ˈlɛmgoː
Lemma, pl. -mata ˈlɛma, -mata
Lemming ˈlɛmɪŋ
Lemnos ˈlɛmnɔs
Lemonnier (be.) ləmɔˈnje
Lemur, pl' -ren (G., Faust)
　leˈmuːr, -ʀ, -rən
Lena (Sh., J. C.) ˈleːna; (Fl.)
　ˈfiɛːna
Lenard ˈleːnart
Lenbach ˈleːnbax
Lenchen ˈleːnçən
Lenclos lãˈklo
Lende ˈlɛndə
Lene ˈleːnə

Lenin (ru.) ˈfieɲin
Leninabad (Tu.) fieninaˈbaːt
Leningrad ˈleːniːngraːt; (Ru.)
  fieɲinˈgraːt
lenkbar ¹ˈlɛnkbaːr; ²-baːʁ
lenken ¹ˈlɛŋkən; ²-kn̩
lenksam ¹ˈlɛŋkzaːm; ²-ksaːm
Lenné lɛˈneː
Lennep ˈlɛnɛp
Lenore leˈnoːrə
Lenormand lənɔʁˈmã
Len(n)ox (Sh., Macb.) ˈlenəks
Lens (F.) lãːs
Lenskij (Puš. Čajk., One.)
  ˈfiɛnski
lento (it.) ˈlɛnto
Lentulus ˈlɛntulʊs
Lenz lɛnts
lenzen ¹ˈlɛntsən; ²-tsn̩
Leo (Vn.) ˈleː|o
Leoben le-ˈoːbən
Leobschütz ˈleː-ɔpʃyts
Leodegar le-ˈoːdəgar, -ʁ
Léon (f.) le-ˈõ
León (Sp.) le-ˈɔn
Leonardo (it., sp., Vn.)
  le|oˈnardo
Leonato (Sh., V. Lärm)
  le-oˈnaːto
Leonatus (Sh., Cymb.)
  le-oˈnaːtʊs
Leoncavallo leonkaˈvalo
Leonetto (Suppé, Bocc.) le-o-
  ˈneto
Leonhard ˈleː|ɔnhart
Leonid (ru. Vn.) fiɛaˈɲiːt
Leonidas le-ˈoːnidas
Leoniden le|oˈniːdən
Leonine (Sh., P.) le-oˈniːnə
Leonore, -ra le|oˈnoːrə, -ra
Leonov (ru.) fiɛ|ˈɔːnɔf
Leontes (Sh., Wi.) le-ˈɔntɛs
Leopard le|oˈpart
Leopardi le-oˈpardi
Lepidoptera, -ren leːpiˈdɔptera,
  -ˈpteːrən
Leopold ˈleː|ɔpɔlt
Leopoldville (Afr.) leɔpɔldˈvil

Lepanto lɛːˈpanto
Lepidus (alt.) ˈlɛpidʊs
Leporell, -llo (Egk, Moz., Don
  Giov.) lepoˈrɛl, -lo
Leporello(album) lepoˈrɛlo
  (-|albʊm)
Lepra ˈleːpra; (ö. auch) ˈlɛ-
Leprose leˈproːzə
Lepton, pl. Lepta (Münze gr.)
  lɛpˈtɔn, -ˈta
leptosom lɛptoˈzoːm
Le Puy lə ˈpɥi
Lerche ¹ˈlɛrçə; ²-ʁçə
Lérida (Sp.) ˈleriða
Lerma (Sp.) ˈlɛrma
Lermontov ˈfiɛrmɔntɔf
lernäisch lɛrˈnɛːiʃ
lernen ¹ˈlɛrnən; ²ˈ-ʁnən
Lesart ¹ˈleːs|aːrt; ²-ʁt
Lesbia (He., Gyg.) ˈlɛsbia
Lesbierin ˈlɛsbiərɪn
Lesbos ˈlɛsbɔs
Leseaut (f.) lɛsˈko
lesen, liest (liesest), las ¹ˈlezən,
  liːst (ˈliːzəst), laːs; ²-zn̩
Lesina (jug.) ˈleːzina
Leskov (ru. Autor) fiɛˈskɔːf
Leslie (e.) ˈlɛzli
Lesseps (f.) lɛˈsɛps
Lesley (Sch., W.) ˈlɛsli
L'Estocq lɛsˈtɔk
Leszczyński (po.) lɛˈʃtʃiɲski
letal leˈtaːl
Lethargie letarˈgiː
lethargisch leˈtargɪʃ
Lethe ˈleːte
Letizia (it.) leˈtiːtsia
Leto (alt.) ˈleːto
Lette ˈlɛtə
Letter ¹ˈlɛtər; ²-ɛʁ
Lettland ˈlɛtlant
Lettner ¹ˈlɛtnər; ²-ɛʁ
letzte ˈlɛtstə
letzthin lɛtstˈhɪn
Leu (Tier) lɔø
Leu, pl. Lei (rum. Münze) leŭ,
  leĭ
leuchten ¹ˈlɔøçtən; ²-tn̩

Leuchtfarbe ¹'lɔøçtfarbə; ²-ʀbə
Leuchtturm ¹'lɔøçttʊrm; ²-ʀm
leugnen 'lɔøgnən
Leukämie lɔøkɛ'mi:
Leukipp, -ppos (alt.) lɛŭ'kɪp,
-pɔs
Leukoplast lɔøko'plast
Leukothea (alt., Sch.) lɛŭ'ko:tea
Leukozyten lɔøko'tsy:tən
Leuktra 'lɛŭktra
Leumund 'lɔømʊnt
Leuna 'lɔøna
Leute 'lɔøtə
Leutnant 'lɔøtnant
Leutpriester ¹'lɔøtpri:stər;
²-pʀi:stɛʀ
leutselig, -ige ¹'lɔøtze:lɪç, -ɪgə;
²-ts-
Leuven (Be.) 'løfə; (dt.) Löwen
'lø:vən
Lev (ru. Vn.) fiɛf, fiɔf
Lev, pl. -va (Münze, Bg.) lɛf,
'lɛva
Levade le'va:də
Levante le'vantə
Leverkusen 'le:vərku:zən
Levetzow 'le:vətso
Levi 'le:vi
Leviathan levi'a:tan; (hebr.)
- - -'-
Levit le'vi:t
Levitikus (bi.) le'vi:tikʊs
Levkoje lɛf'ko:jə, -'kɔjə
Lewes (e.) 'lu(:)ɪs
Lewinsky le'vɪnski
Lewis (e.) 'lu(:)is
Lex lɛks
lexikalisch lɛksi'ka:lɪʃ
Lexikon 'lɛksikɔn
Lhasa (Tibet) 'la:sa
L'hombre lõ:bʀ(ə)
Liaison ljɛzõ
Liane li'a:nə
Lias 'li:as
Libanon 'li:banɔn
Libell li'bɛl
Libelle li'bɛlə
liberal libe'ra:l

Liberia li'be:ria
Libertin (f.) libɛʀ'tɛ̃
Libice (Bö.) 'libitsɛ
Libido li'bi:do
Librettist librɛ'tɪst
Libretto li'brɛto
Libreville (Afr.) libʀø'vil
Libuše (Tsch.) 'libuʃɛ
Libussa (Gri.) li'bʊsa
Libyen 'li:byən
Lichfield 'litʃfi:ld
Licht lɪçt
Lichtbild ¹'lɪçtbɪlt; ²-tb̥-
Lichtdruck ¹'lɪçtdrʊk; ²-td̥ʀ-
lichtecht 'lɪçt|ɛçt
Lichterfelde lɪçtər'fɛldə
lichterloh ¹ˌlɪçtər'lo:; ²-ɛʀl-
Lichtmeß 'lɪçtmɛs
Lichtspiel 'lɪçtʃpi:l
Lid li:t
Liddy (e. Vn.) 'lidi
Lidice (Bö.) 'lidjitsɛ
Lie (no.) li:
lieb li:p
liebäugeln ¹'li:p|ɔøgəln; ²-gəln
Liebchen ¹'li:pçən; ²-çn̩
Liebden ¹'li:pdən; ²-pd̥n̩
Liebe 'li:bə
lieben ¹'li:bən; ²-bn̩
Liebfrau(milch usw.) ¹li:p-
'frao-; ²-'fʀao-
liebgewinnen ¹'li:pgəvɪnən;
²-ġe-
Liebhaber ¹'li:pha:bər; ²-ɛʀ
Liebhaberei ¹li:pha:bə'rae;
²-ɛʀae
Liebknecht 'li:pknɛçt
liebkosen ¹'li:pko:zən; ²-ẓn̩; (ö.)
-'- -
lieblich ¹'li:plɪç; ²-bl̥-
Liebling ¹'li:plɪŋ; ²-bl̥-
Liebstöckel ¹'li:pʃtœkəl; ²-kl̩
Liechtenstein 'lɪçtənʃtaen
Lied, pl. Lieder ¹li:t, li:dər; ²-ɛ:-
liederlich ¹'li:dərlɪç; ²-ɛʀl-
Lieferant ¹lifə'rant; ²-ɛʀ-
liefern ¹'li:fərn; ²-ɛʀn
Liège (Be.) (Lüttich) 'ljɛ:ʒ

liegen, lag ¹'li:gən, la:k; ²'li:gn̩
Liegnitz 'li:gnɪts
Lienz (Ö.) 'li:ɛnts
Lieschen 'li:sçən
Lietuva (Litauen) li̯etu'va
Life-Sendung ¹'laefzɛnduŋ; ²-z̧-
Lift lɪft
Liga 'li:ga
Ligament(um) liga'mɛnt(ʊm)
Ligarius (Sh., J. C.) li'ga:riʊs
Ligatur liga'tu:r, -ʁ
Lignière li'ɲɛ:ʁ, -ʁ
Ligny (Be.) li'ɲi
Ligurien li'gu:riən
Liguster ¹li'gʊstər; ²-ɛʁ
Li Hung-Tschang (chi.) ˌli xuŋ-'dzaŋ
liieren li|'i:rən
Likör ¹li'kœ:r; ²-ʁ
Liktor, pl. **-ren** 'lɪktɔr, -ʁ, lɪk-'to:rən
lila 'li:la; (ö.) 'lɪla
Lila (G., Lila) 'li:la
Lilian (e.) 'lili̯ən
Liliazeen lili̯a'tse:ən
Lilie 'li:li̯ə
Liliput 'li:lipʊt; (ö.) 'li-
Liliputaner ¹lilipu'ta:nər; ²-ɛʁ
Lilith 'li:lɪt
Liljekrans (I.) 'lilʲəkrans
Lille li(:)l
Lil(l)i (Vn.) 'lɪli
Lima 'li:ma
Limerick 'lɪmərɪk
Limes 'li:mɛs
Limfjord (Dä.) 'li:mfjo:r, -ʁ
Limit 'lɪmɪt
Limitation limita'tsi̯o:n
Limmat 'lɪmat
Limoges (F.) li'mɔ:ʒ
Limonade limo'na:də
Limone li'mo:nə
Limousine limu'zi:nə
Limpopo (Fl.) lim'popo
Linarius (Raim.) li'na:riʊs
Linchen 'li:nçən
Lincoln 'liŋkən
lind lɪnt

Lindau 'lɪndao
Linde 'lɪndə
lindern ¹'lɪndərn; ²-ɛʁn
Lindquist (schw.) 'lin(d)kvist
Lindsay 'lindzi
Lindwurm ¹'lɪntvʊrm; ²-ʁm
Lineal line|'a:l
linear line|'a:r, -ʁ
lingual lɪŋ'gu̯a:l
Linguist lɪŋ'gu̯ɪst
Linie 'li:ni̯ə
linieren li'ni:rən
Linköping (Schw.) 'lintçø:piŋ
link(s) lɪŋk(s)
linksaußen ¹lɪŋks|'aosən; ²-sn̩
Linkshänder ¹'lɪŋkshɛndər; ²-ɛʁ
Linlithgow (Scho.) lin'lɪθgou; (Font.) '- - -
Linné li'ne:
Linnen 'lɪnən
Linoleum li'no:leʊm
Linon li'nõ
Linotype 'laenoŭtaep
Linse ¹'lɪnzə; ²-z̧ə
Linum (On., Brand.) 'li:nʊm
Lionardo lio'nardo
Lionel (Sch., Ju.) 'laiənl, 'lae-
Lions-Club 'laeəns-klʌb
liparisch li'pa:rɪʃ
Lipizza li'pitsa
Lipizzaner ¹lipi'tsa:nər; ²-ɛʁ
Lippe 'lɪpə
(Bad) Lippspringe (ba:t) lɪp-'ʃprɪŋə
Liptau (Slow.) 'lɪptao
liquid, -de li'kvi:t, -də
Liquida 'li:kvida
Liquidation likvida'tsi̯o:n
Liquor 'li:kvɔr, -ʁ
Lira, pl. **-re** 'li:ra, -re
Lisa 'li:za
Lisene li'ze:nə
Lisardo (sp., Lope) li'sarðo
Lisbeth 'li:sbɛt
Lisboa (Lissabon) liʒ'βou
Lisette (Vn.) li'zɛtə; (f.) -t
lispeln 'lɪspəln

Lissa 'lɪsɑ
Lissabon 'lɪsabɔn
List lɪst
Liste 'lɪstə
Liszt lɪst
Li-Tai-Po (Chi.) ˌli taĭ 'bo
Litanei lita'nae
Litauen 'lɪtaoən
Liter ¹'liːtər; ²-ɛʁ; (ö., schwz.
   auch) li-
Litera 'lɪtəra
literarisch lɪtə'raːrɪʃ
Literatur lɪtəra'tuːr, -ʁ
Litewka li'tɛfka
Litfaßsäule ¹'lɪtfas̱zɔɵlə; ²-s̱z̧-
Lithium 'liːtiʊm
Lithograph lito'graːf
Litorale lito'raːle
Litotes li'toteːs
Liturgie litʊr'giː
liturgisch li'tʊrgɪʃ
Litze 'lɪtsə
Liu (Pu., Tur.) fiu
Liu-Po (Gue., Kreidekr.) liu-bo
Liverpool 'lɪvəpuːl
Livia 'liːvia
Livree liv'ʁeː
Livingstone 'livɪŋstən
Litvinov fiit'viːnɔf
Livius 'liːviʊs
Livland 'liːflant
Livorno li'vorno
Lizan'ka (ru.) 'fiiːzaɲka
Lizaveta fiiza'vjɛta
Lizentiat litsɛn'tsĭaːt
Lizenz li'tsɛnts
Lizzadri (it.) li'tsaːdri
Lizzie (Sartre) li'zi
Ljadov (ru.) 'fiaːdɔf
Ljapkin-Tjapkin (ru., Gog.)
   'fiapkin-'tjapkin
Ljatošinskij (ru.) fiata'ʃinskij
Ljubov (ru. Vn.) fiu'bɔfj
Ljubljana (Jug.) lju'bljaːna
   (dt. Laibach)
Ljuljukov (ru., Gog.) fiufiu'kɔf
Llanos (S.-A.) 'fiaːnɔs
Llewellyn luː'elɪn

Lloyd lɔøt, (e.) lɔid
Loanda (Afr.) 'lŭændæ
Loango (Afr.) lo'aŋgo
Lob, gen. -bes loːp, -bəs
Lobačevskij (ru.) łɔba't ʃɛfskij
Lobbyismus lɔbi 'ɪsmʊs
Löbche (Zuckm.) 'løːpçə
Lobelie 'lo'beːliə
loben ¹'loːbən; ²-bn̩
Lobhudelei loːphuːdə'lae
löblich ¹'løːplɪç; ²-bl̩iç
lobpreisen ¹'loːpp̄raezən;
   ²-pʁaezn̩
lobsingen ¹'loːpzɪŋən; ²-ps-
Locarno (Schwz.) lo'karno
Loch, pl. Löcher ¹lɔx, 'lœçər;
   ²-ɛʁ
Locke 'lɔkə
Locke (e.) lɔk
Löckchen ¹'lœkçən; ²-çn̩
locken ¹'lɔkən; ²-kn̩
locker ¹'lɔkər; ²-ɛʁ
locus communis loːkʊs kɔ'muː-
   nɪs
loco sigilli (lt.) ˌloːko zi'gɪliː
Loden ¹'loːdən; ²-dn̩
lodern ¹'loːdərn; ²-ɛʁn
Lodge (e.) lɔdʒ
Lodoïska (Sch.; Roll.) lɔ'dɔĭska
Lodovico (Sh., Ot.) lodo'viːko
Łódź (Po.) ŭudɕ (dt. lɔtʃ)
Loebell 'løːbɛl, lø'bɛl
Löffel ¹'lœfəl; ²-fl̩
Lofoten 'loːfotən, lo'foːtən;
   (No.) 'luːfutən
Log lɔk
Logau 'loːgao
logaödisch loga'øːdrɪʃ
Logarithmus, pl. -en loga'rɪt-
   mʊs, -ən
Loge 'loːʒə
Loge (W., Nib.) 'loːgə
loggen ¹'lɔgən; ²-gn̩
Loggia 'lɔdʒa
logieren lo'ʒiːrən
Logik 'loːgɪk
Logis lo'ʒiː
logisch 'loːgɪʃ

Logistik (Philosophie) lo'gɪstɪk
Logistik (milit.) lo'ʒɪstɪk
Logos (gr.) 'lɔgɔs
Logroño (Sp.) lo'grɔɲo
Lohe 'loːə
lohen 'loːən
Lohengrin 'loːəngriːn
Lohgerber ¹'loːgɛrbər; ²-gɛʁbɛʁ
Lohn loːn
Loire lwaːʀ(ə)
Loisl (Vn., Anz.) 'lɔɪzl
Loitz løːts
lokal, Lokal- lo'kaːl(-)
Lokalität lokali'tɛːt
lokalisieren lokali'ziːrən
Lokativ 'lokatiːf, - -'-
Loki (myth.) 'loki, loː-
Łokietek (po.) ŭɔ'kjɛtɛk
Lokomobile lokomo'biːlə
Lokomotive, Lok lokomo'tiːvə,
    lɔk
Lokrer 'lokrər, -ɛʁ, 'loː-
Lokris 'loːkrɪs
Lokus 'loːkʊs
Lola 'loːla
Lolch lɔlç
Lolland 'lɔlant; (Dä.) 'lɔlan
Lolo (Lehár, Witwe) lo'lo
Loman (Miller, Tod) 'loŭmən
Lombard lɔm'bart
Lombarde lɔm'bardə
Lombardei lɔmbar'dae
lombardieren lɔmbar'diːrən
Lome (Afr.) 'loːme
Lomellino (Sch., Fi.) lomɛ-
    'liːno
Lommatzsch 'lɔmatʃ
Lomonosov (ru.) ɫɔma'noːsɔf
Łomża (Po.) 'ŭɔmʒa
London 'lɔndən; (e.) 'lʌndən
Londonderry (e. N.) ‚lʌndən-
    'dəri
Longaville (Sh., V. L.) 'lɔŋgəvil
Long Beach lɔŋ 'biːtʃ
Longe 'lõʒə
Longfellow 'lɔŋfɛlou
Longinus lɔŋ'giːnʊs
Long Island lɔŋ 'ailənd

Longitudinal- (schwingungen
    usw.) lɔŋgitudi'naːl-
Longsword (Sh., K. J.) 'lɔŋsɔːd
Longwy lõ'wi
Louisiana lu(ː)iːzi'ænə
Lonjumeau (Adam) lõʒy'mo
Lönnrot (fi.) 'lœnruːt
Löns løːns
Looney (e. Vn.) 'luːni
Looping 'luːpɪŋ
Lopachin (ru.) ɫa'paːxin
Lope 'lɔpe
Lopes (port.) 'lɔpəʃ
López (sp.) 'lɔpɛθ
Lorbaß ¹'lɔrbas; ²-ʁb-
Lorbeer ¹'lɔrbeːr; ²-ʁbeːʁ;
    (Schwz. auch) 'loːr-
Lorca 'lɔrka
Loredan (G., Tankred.) 'loːredan
Lord lɔrt, -rd
Lord Mayor (e.) lɔːd 'mɛːə
Lordsiegelbewahrer ¹lɔrt'ziːgəl-
    bəvaːrər; ²lɔʁt'siːglbevaːʁɛʁ
Lore 'loːrə
Lorelei loːrə'lae
Lorenz, -ntz 'loːrɛnts
Lorenzo (Vn.) lo'rɛntso
Loreto lo'reːto
Lorezza (Boieldieu; G., Joh. v.
    P.) lo'retsa
Lorgnette lɔʀn'jɛtə
Lorgnon lɔʀn'jõ
Lorient lɔ'ʀjã
Lormeuil (Sch., Neffe) lɔʀ'mœj
Lorrain lɔ'ʀɛ̃
Lorton (e.) 'lɔːtən
Lortzing 'lɔrtsɪŋ
los, -se ¹loːs, -zə; ²-ʐə
Los Angeles lɔs 'ændʒiliːz
löschen ¹'lœʃən; ²-ʃɳ
losen ¹'loːzən; ²-ʐɳ
lösen ¹'løːzən; ²-ʐɳ
löslich, -bar ¹'løːslɪç, -baːr;
    ²-baːʁ
Löß lœs, løːs
lossagen ¹'loːʂaːgən; ²-ʂaːgɳ
Losung ¹'loːzʊŋ; ²-ʐ-
Lot (bi.) loːt

loten ¹'lo:tən; ²-tn̩
löten ¹'lø:tən; ²-tn̩
Lothar (Vn.) 'lo:tar, -ʁ
Lothario (Thomas, Mignon) lo-'ta:rio
Lothringen 'lo:triŋən
Lotophagen loto'fa:gən
Lotos 'lo:tɔs
lotrecht ¹'lo:trɛçt; ²-tʁ-
Lotse 'lo:tsə
Lotte 'lɔtə
Lotterie lɔtə'ri:
lotterig, -ige ¹'lɔtərɪç, -ɪgə;
    ²'lɔtɛRɪç
Lotteringhi (Suppé, Bocc.)
    lote'riŋgi
Lotto 'lɔto
Louis (f.) lwi
Louisdor lui'do:r, -ʁ
Louison (f.) lwi'zõ
Louisville (N.-A.) 'lwɪvɪl
Lourdes luʁd
Lourenço Marques loŭ͜ʁɛ̃su
    'markəʃ
Louvois lu'vwa
Louvre 'lu:vʁ(ə)
Louw (bur.) loŭ
Lovat (Fl., Ru.) 'ɫɔvatj
Lövborg (I., Gabler) 'lø:vbɔrg
Lovéen (Jug.) 'lɔ:vtɕen
Lovel, -ll (Sh., R. III) 'lʌvəl
Lovelace 'lʌvleis
Lovickij (Muss.) ɫɔ'vitski
Löwe 'lø:və
Löwen (Be., dt.) 'lø:vən
Lowell (e.) 'louəl
Lowestoft 'loustɔft
Łowicz (Po.) 'ŭɔvitʃ
Loxodrome lɔkso'dro:mə
loyal lwa'ja:l
Loyola lo'jola
Lozano (Sp.) lo'θano
Luang Prabang (S.-As.) lu'aŋ
    pra'baŋ
Luapula (Fl., Afr.) lua'pu:la
Lübeck 'ly:bɛk
Lübke 'lypkə
Lublin (Po.) 'lublin

Lucanus lu'ka:nʊs
Lucca 'luka
Lucentio (Sh., Ver.) lu'tʃentsĭo
Lucetta (Sh., Ver.) lu'tʃeta
Luchs lʊks
Lucia 'lu:tsĭa, (it.) lu'tʃi:a
Lucian lutsi'a:n
Luciana (Sh., Kom.) lu:si'a:na
Lucie 'lu:tsĭə, (f.) ly'si
Lucien (f.) ly'sjɛ̃
Lucieta (Wolf-F., Grob.) lu-'tʃĭeta
Lucifer 'lu:tsifɛr, -ʁ
Lucile ly'sil
Lucilius (alt.) lu'tsi:lĭʊs
Lucio (Sh., Maß) 'lu:tsio
Lucius (alt.) 'lu:tsiʊs
Luck (Ukr.) lutɕk
Lücke 'lʏkə
Lucknow (S.-As.) lak'naŭ
Lucky Strike (e.) ˌlʌki 'straik
Lucretia, m. -tius lu'kre:t(s)ĭa,
    -t(s)ĭʊs
Lucy (e.) 'lu:si
Luder ¹'lu:dər; ²-ɛʁ
Lüderitzbucht (Afr.) 'ly:dərɪts-
    bʊxt
Ludlow (E.) 'lʌdlou
Ludmilla lu:t'mɪla
Ludwig 'lu:tvɪç
Ludwiga lut'vi:ga
Luës 'lu:ɛs
luëtisch lu'e:tɪʃ
Luft lʊft
Luftabwehr ¹'lʊft|apve:r; ²-ʁ
Luftbad ¹'lʊftba:t; ²-tb̥-
luftdicht ¹'lʊftdɪçt; ²-td̥-
luftleer ¹'lʊftle:r; ²'lʊfd̥le:ʁ
Lug lu:k
Lugano (Schwz.) lu'ga:no
lugen ¹'lu:gən; ²-gn̩
lügen, lügst, log ¹'ly:gən, ly:kst,
    lo:k; ²-gn̩
Luginsland 'lu:k|mslant
Lügner ¹'ly:gnər; ²-g̊nɛʁ
Lugo (Sp.) 'luɣo
Luigi (it.) 'lŭi:dʒi
Luis (port. Vn.) lŭiʃ

Luis (sp. Vn.) lŭis
Luis de Haro (Gri., Blanka)
lŭˈɪs de ˈhaːro
Luise lu-ˈiːzə, luˈizə
Luitgar (Kl., Herm.) ˈluː|ɪtgar,
-ʁ
Luitpold ˈluːɪtpɔlt
Luka (ru. Vn.) łuˈka
Lukan luˈkaːn
Lukas ˈluːkas
Lukaschek ˈluːkaʃɛk
Luke ˈluːkə
Lukian, -nos lukiˈaːn, -nɔs
Lukič (ru. Vat.) łuˈkitʃ
Lukmanierpaß lukˈmaːniərpas
lukrativ lukraˈtiːf
Lukrez luˈkreːts
Luksor (Äg.) ˈlʊksɔr, -ʁ
Lukull, -llus luˈkʊl, -lʊs
lukullisch luˈkʊlɪʃ
Luleå (Schw.) ˈlɶːləo:
lullen ¹ˈlʊlən; ²-ln̩
Lulu (Vn.) ˈluːlu
Luluaburg (Afr.) luˈluaburg
lumbecken ¹ˈlʊmbɛkən; ²-kn̩
Lumberjack ˈlʌmbədʒæk
Lumen ˈluːmɛn
Lumme ˈlʊmə
Lümmel ¹ˈlʏməl; ²-ml̩
Lump, -pen ¹lʊmp, -pən; ²-pn̩
Lumpazivagabundus (Nestroy)
lʊmˌpaːtsivagaˈbʊndʊs
Luna ˈluːna
lunar luˈnaːr, -ʁ
Lunardo (Wolf-F., Grob.) lu-
ˈnardo
Lunch (e.) lʌntʃ, la-
lunchen ˈlʌntʃən
Lund lʊnd
Lünette lyˈnɛtə
Lunéville lyneˈvil
Lunge ˈlʊŋə
lungern ¹ˈlʊŋərn; ²-ɛʁn
Lünse ¹ˈlʏnzə; ²-z̧ə
Lunte ˈlʊntə
Lupe ˈluːpə
lupfen, lü- ¹ˈlʊpfən, ˈlʏ-; ²-pfn̩
Lupine luˈpiːnə

Luppe ˈlʊpə
Lupus ˈluːpʊs
Lurch ¹lʊrç; ²-ʁç
Lure ˈluːrə
Lurlei ˈlʊrlae
Lusiaden luziˈaːdən
lusingando luzɪŋˈgando
Lusitanien luziˈtaːniən
Lust lʊst
Lüster ¹ˈlʏstər; ²-ɛʁ; (ö.) Luster
lʊ-
lüstern ¹ˈlʏstərn; ²-ɛʁn
lustig, -ige ˈlʊstɪç, -ɪgə
Lüstling ¹ˈlʏstlɪŋ; ²-dl̩-
Lustrum, pl. -stra ˈlʊstrʊm, -tra
Lustspiel ˈlʊstʃpiːl
Lutatius (alt.) luˈtaːtsĭʊs
Lutetia luˈteːtsĭa
Lutetium luˈteːtsĭʊm
Luther ˈlʊtər, -ɛʁ
lutherisch ˈlʊtərɪʃ, lʊˈteːrɪʃ
lutschen ¹ˈlʊtʃən; ²-ʃn̩
Lüttich ˈlʏtɪç
Lüttjohann (Zuckm. Gen.)
ˈlʏtjohan
Lützow ˈlʏtsoː
Luv luːf
luven ¹ˈluːvən; ²-fn̩
Luxation lʊksaˈtsĭoːn
Luxemburg ˈlʊksəmbʊrk
luxuriös lʊksuriˈøːs
Luxus ˈlʊksʊs
Luyn Calvo (Herder; Corn., Cid)
ˌlu-in ˈkalβo
Luypaerts ˈlɶyˌpaːrts
Luzern luˈtsɛrn
Luzerne luˈtsɛrnə
Luzifer ˈluːtsifer, -ʁ
luziferisch lutsiˈfeːrɪʃ
Luzinde luˈtsɪndə
Luzon (Insel) luˈθɔn
L'viv (Ukr.) ɸiviŭ (dt. Lem-
berg, po. Lwów)
L'vov (ru.) ɸivɔf
L'vovič, fm. -vna (ru. Vat.)
ˈɸivəvitʃ, -vna
Lychorida (Sh., Per.) lyˈçoːrida
Lyder ˈlyːdər, -ɛʁ

Lydia ˈlyːdia, (schweiz.) ˈli-
Lydien ˈlyːdiən
Lyell (e.) ˈlaiəl
Lykaonien (alt.) lyka-ˈoːniən
Lykien (alt.) ˈlyːkiən
Lykke (I., Ö.) ˈlʏkə
Lykopodium lykoˈpoːdiʊm
Lykurg, -gos lyˈkʊrk, -gɔs
Lykus (G., Elp.) ˈlyːkʊs
Lymphe ˈlʏmfə
Lynceus (G., Faust) ˈlʏŋkɔøs
lynchen ¹ˈlʏnçən; ²-çn̩
Lynchjustiz ˈlʏnçjʊstiːts
Lynge (I., Stü.) ˈlʏŋːə
Lynjajev (ru., Ostr.) l̜iˈnaːjɛf

Lyon ljõ, liˈõː
Lyonel (e.) ˈlaiənəl
Lyra ˈlyːra
Lyrik ˈlyːrɪk
Lysander, -dros lyˈzandər, -ɛʁ, -drɔs
Lysia Góra (Gebge) ˈũi̯ɕa ˈgura
Lysimachus (Sh., P.) lyˈziːma-xʊs
Lysipyos (alt.) lyˈzɪpɔs
Lysistrata, -te (alt.) lyˈzɪstrata, -te
Lysol lyˈzoːl
Lyzeum lyˈtseːʊm

M

m ɛm
Mäander (Fl.) mɛˈandər, -ɛʁ
Maar maːr, -ʁ
Maas maːs
Maastricht maːsˈtrɪxt
Maat maːt
Mab (Sh.) mæb
Mabel (e. Vn.) ˈmeibəl
Mac (vor e. Namen) mæk, mək
Macao (Chi.) meˈkaŭ
Mac Arthur məˈk aːθə
Macaulay məˈkɔːli
Macbeth (Sh.) məkˈbeθ
Mac (Mc) Carthy məˈkaːθi
Mac Colgie məˈkɔlgi
Macdonald (e.) məkˈdɔnəld; bei Sch., W. ˈmakdonalt
Macduff (Sh., Macb.) mækˈdʌf
Maceió (S., A.) maseˈïɔ
Mäcen, -as mɛːˈtseːn, -nas
Macerata (It.) matʃeˈraːta
Machačkala (Ru.) maxatʃkaˈl̜a
Macheath (Brecht) məˈkiːθ
machen ¹ˈmaxən; ²-xn̩
Machandelbaum ¹maˈxandel-baom; ²-dl̩-
Machiavell, -lli makiaˈvɛl, -li

Machination maxinaˈtsïoːn
Machiche (Tanz) maˈtʃɪtʃe
Machnow ˈmaxnoː
Machorka maˈxɔrka
Macht maxt
mächtig, -ige ˈmɛçtɪç, -ɪgə
Mac Irton (Boieldieu, Dame) mæk ˈəːtən
Mackeben (dt.) maˈkeːbən
Mackenzie (e.) məˈkɛnzi
Mackie (e., Brecht) ˈmæki
Mac Kinley məˈkinli
Mackintosh ˈmækintɔʃ
Macleod məˈklaud
Mac Mahon (f.) mak maˈ|õ
Mac Millan məkˈmilən
Macmorris (Sh., H. V) mækˈmɔris
Mâcon (f.) maˈkõ
Macpherson məkˈfəːsn
Madách (magy.) ˈmɔdaːtʃ
Madagaskar madaˈgaskar, -ʁ
Madam maˈdam
Madame, pl. (Anrede) Mesdames(f.)maˈdam,(e.)mɛˈdam
Mädchen ¹ˈmɛːtçən; ²-çn̩
Maddalena (it.) madaˈleːna

Made 'maːdə
made in Germany (e.) meid in
'dʒəːməni
Made(i)ra (Insel) maˈdeːra,
(port.) mɐˈðɐ̆ĭrɐ
Madeira (Wein) maˈdeːra
Madeleine, -lon (f. Vn.) mad(ə)-
'leːn, -lõ
Mademoiselle, pl. (Anrede)
Mesdemoiselles (f.) mad(ə)-
mwaˈzɛl, mɛː-
Madhya Pradeś (S.-As.) ˈmadhja
praˈdeːç
madig, -ige ˈmaːdɪç, -ɪgə
Madison (N.-A.) ˈmædisn
Madonna maˈdɔna
Madras maˈdras
Madrid maˈdrɪt, (sp.) maˈðrið
Madrigal madriˈgaːl
Madruscht (Pfi., Pal.) maˈdruʃt
Maerlant ˈmaːrlant
maestoso ma|ɛsˈtoːso, -zo
Maestro maˈɛstro
Maeterlinck ˈmaːtərlɪŋk
Mäeutik mɛˈøøtɪk
Mafalda (it.) maˈfalda
Maffei (it.) maˈfeːi
Mafia ˈmaːfĭa
Magadoff (Menotti, Kons.)
magadof
Magalhæs (port.) mægæˈĩ͂ãĭʃ
Magazin magaˈtsiːn
Magd, pl. Mägde [1]maːkt, ˈmɛːk-
də; [2]-kd̥ə; (Schwz. auch)
makt
Magda ˈmakda
Magdala ˈmakdala
Magdalene, -na, -n makdaˈleːnə,
-na, -n
Magdalénien (f.) magdaleˈnjẽ
Magdalis ˈmakdalɪs
Mägd(e)lein [1]ˈmɛːktlaen, -kdə-
laen; [2]-kd̥ə-
Magdeburg ˈmakdəbʊrk
Magellan magɛˈlaːn
Magelone magəˈloːnə
Magen [1]ˈmaːgən; [2]-gn̩
Magenta maˈdʒɛnta

mager [1]ˈmaːgər; [2]-ɛʁ
maggiore maˈdʒoːre
Maggiorivoglio (Don., Reg.)
madʒoriˈvɔfĭo
Magie maˈgiː
Magier [1]ˈmaːgĭər; [2]-ɛʁ
Maginot maʒiˈno
Magirus maˈgiːrʊs
magisch ˈmaːgɪʃ
Magister [1]maˈgɪstər; [2]-ɛʁ
Magistrat magɪsˈtraːt
Magma ˈmagma
Magna Charta (lt.) ˌmagna
ˈkarta
Magna Peccatrix (G., Faust)
magna pɛˈkaːtrɪks
Magnat maˈgnaːt
Magnesia maˈgneːzia
Magnesit magneˈziːt
Magnesium maˈgneːzĭʊm
Magnet maˈgneːt
Magnetiseur magnetiˈzœːʁ, -ʁ
Magnetopath magnetoˈpaːt
Magnetophon magnetoˈfoːn
Magnificat (lt.) maˈgniːfikat
Magnificus (lt.), -kus maˈgniːfi-
kʊs
magnifique (f.) maɲiˈfik(ə)
Magnifizenz magnifiˈtsɛnts
Magnitogorsk (Ru.) magnita-
ˈgorsk
Magnolie maˈgnoːlĭə
Magnus (lt.) ˈmagnʊs
Magog (bi.) ˈmaːgɔk
Magyar maˈdjaːr, -ʁ; (ung.)
ˈmɔdjɔr
Magyarország (Ung.) ˈmɔdjɔror-
saːg
Mahabharata mahaˈbaːrata
Mahadöh (G.) mahaˈdøː
Mahagoni mahaˈgoːni
Maharadscha mahaˈraːdʒa
Mahatma maˈhaːtma
Mahd maːt
Mahdi ˈmaːxdiː
mähen ˈmɛːən
Mäher [1]ˈmɛːər; [2]-ɛʁ
Mahl maːl

mahlen ¹'ma:lən; ²-ln̩
Mahmud (tü.) mah'mu(:)d
Mähne 'mɛ:nə
mahnen 'ma:nən
Mahomet 'ma:homɛt
Mahón (Sp.) ma'ɔn
Mahr ¹ma:r; ²-ʁ
Mähre 'mɛ:rə
Mähren 'mɛ:rən
Mai mae
Maid maet
Maier 'maeər, -ɛʁ
Mailand 'maelant; (it.) Milano
Maillart ma'ja:ʁ, -ʁ
Maillol ma'jɔl
Maimonides maï'mo:nidɛs
Maina (Gr.) 'maena
Maine (F.) mɛn; (N.-A.) meïn
Maintenon mɛ̃t(ə)'nɔ̃
Mainz maents
Maire mɛ:ʁ, -ʁ
Mairie (f.) mɛ'ʁi
Mais maes
Maische 'maeʃə
Maisur (Mysore, S.-As.) maï-
    'su:r, -ʁ
Maître de plaisir ₁mɛtʁə də
    ple'zi:ʁ
Maitresse mɛ'tʁɛsə
Maja (I., Toten) 'ma:ja
Maja (Fl., N.-As.) 'ma:ja
Majakovskij (ru. Autor) maja-
    'kɔfskij
Majestät majɛs'tɛ:t
Majkop (Kauk.) maj'kɔ:p
Majkov (ru.) 'ma:jkɔf
Majolika ma'jo:lika
Major ¹ma'jo:r; ²-ʁ
Majoran majo'ra:n, (ö. auch)
    ¹- - -
Majorat majo'ra:t
Majordomus 'ma:jər'do:mʊs
majorenn majo'rɛn
majorisieren majori'zi:rən
Majorität majori'tɛ:t
Majskij (ru.) 'ma:jskij
Majuskel ma'jʊskəl
makaber ma'ka:bər, -ɛʁ

makadamisieren makadami-
    'zi:rən
Makame ma'ka:mə
Makarov (ru.) ma'ka:rɔf
Makart 'makart
Makassar (S.-As.) ma'kasar, -ʁ
Makedonien make'do:niən
Make-up me:k|'ap
Makel ¹'ma:kəl; ²-kl̩
makellos ¹'ma:kəl̩lo:s; ²-kl̩-
mäkeln 'mɛ:kəln
Maki 'ma:ki
Makkabäer, -bäus (bi.) maka-
    'bɛ:ər, -ɛʁ, -bɛ:ʊs
Makkaroni maka'ro:ni
Makler (Mä-) ¹'ma:klər ('mɛ:-);
    ²-ɛʁ
Mako 'mako
Makrele ¹ma'kre:lə; ²-'kʁ-
Makrobiotik makrobi'o:tɪk
Makrokosmos, -mus makro-
    'kɔsmɔs, -mʊs
Makrone ¹ma'kro:nə; ²-'kʁ-
Makrozephale makrotse'fa:lə
Maksim (ru. Vn.) mak'si:m
Makulatur makula'tu:r, -ʁ
Mal, mal ma:l
Malabar 'ma:labar, -ʁ
Malachit mala'xi:t, (ö.) -'xit
Malachov Kurgan (Ru.)
    ma'l̩a:xɔf kur'ga:n
malade ma'la:də
mala fide (lt.) 'mala: 'fide:
Málaga 'malaɣa
Malagueña (sp.) mala'gɛɲa
Malaie ma'laeə
Malakka (S.-As.) ma'laka
Malan (Südafr.) mə'la:n
Malapane (Fl.) mala'pa:nə
Malaria ma'la:ria
Mälarsee 'mæ:larze:
Malatesta mala'tɛsta
Malaya (S.-As.) ma'laja
Malchen 'ma:lçən
Malchin (Dt.) mal'çi:n
Malcolm (Sh., Macb.) 'malkɔlm,
    (e.) 'mælkəm
Maleachi (bi.) male'axi

Malebranche mal'bʀãʃ
Malediven (Inseln) male'di:vən
Malefizkerl ¹male'fi:tskɛrl;
  ²-kɛʀl
malen ¹'ma:lən; ²-ln̥
Malenkov (ru.) mafiɛn'kɔf
Maler ¹'ma:lər; ²-ɛʀ
Malepartus male'partʊs
Malerei ¹ma:lə'rae; ²-lɛ'ʀae
Malherbe ma'lɛʀb
Malheur ma'lœ:ʀ, -ʀ
Malice ma'li:sə
Malik (ru.) 'ma:fiik
Malipiero (it.) mali'pi̯e:ro
maliziös mali'tsi̯ø:s
Maljavin (ru.) ma'fia:vin
Mallarmé malaʀ'me:
Mallorca ma'fiɔrka
Malm malm
Malmaison malmɛ'zɔ̃
Malmédy (f.) 'malmedi
Malmö (Schw.) 'malmø:
Malpighi (it.) mal'pi:gi
Malplaquet (F.) malpla'kɛ
Malta 'malta
Malter ¹'maltər; ²-ɛʀ
Malteser mal'te:zər, -ɛʀ
Malthus 'mælθəs
Malthusianer maltu'zi̯a:nər, -ɛʀ
malträtieren maltrɛ'ti:rən
Malukov (ru.) 'ma:ɬukɔf
Malvasier malva'zi:r, -ʀ
Malve 'malvə
Malvida (Vn.) mal'vi:da
Malvolio (Sh., Was; Flo., Strad.)
  mal'vo:lio
Malwida mal'vi:da
Malwine mal'vi:nə
Malyšev 'ma:ɬiʃɛf
Malz malts
Mama ma'ma:, '- -
Mameluk mamə'lʊk
Mamilius (Sh., Wi.) ma'miliʊs
Mammon 'mamən
Mammut 'mamut
Mamsell ¹mam'zɛl; ²-z̧-
man man
Man (E.) mæn

Mänade mɛ'na:də
managen 'mɛnɛdʒən
Manager ¹'mɛnɛdʒər; ²-ɛʀ
Managua ma'nagŭa
Manasse (bi.) ma'nase
Manaus (S.-A.) mæ'naŭs
Manche (F.) mã:ʃ
mancher ¹'manç̌ər; ²-ɛʀ
Manchester 'mæntʃistə
Mandaley (S.-As.) 'mandəle:
Mandandane (G., Triumph)
  man'dandane
Mandant man'dant
Mandarin manda'ri:n
Mandarine manda'ri:nə
Mandat man'da:t
Mandatar manda'ta:r, -ʀ
Mandel ¹'mandəl; ²-dl̥
Mandeville (e.) 'mændəvil
Mandoline mando'li:nə
Mandorla (it.) 'mandorla
Mandragola (P. E.) mandra-
  'go:la
Mandrill man'drɪl
Mandryka (Strauß, Arab.)
  man'drika
Mandschu 'mandʒu
Mandschukuo mandʒu'kuo
Mandschurei mandʒu'rae
Manege ma'nɛ:ʒ(ə)
Manen 'ma:nən
manessisch ma'nɛsiʃ
Manet (f.) ma'nɛ
Manfred 'manfre:t
Mangan maŋ'ga:n
Mangel ¹'maŋəl; ²-ŋl̥
Mangobaum 'maŋgobaom
Mangold 'maŋgɔlt
Mangrove maŋ'gro:və
Manhattan mæn'hætən
Mani 'ma:ni
Manichäer mani'ç̌ɛ:ər, -ɛʀ
Manie ma'ni:
Manier ma'ni:r, -ʀ
manieriert ¹mani'ri:rt; ²-'ʀi:ʀt
Manierismus mani'rɪsmʊs
Manifest mani'fɛst
Manifestation manifɛsta'tsi̯o:n

Maniküre mani'ky:rə
Manila ma'ni:la
Maniok ma'nĭɔk
Manipel ma'ni:pəl
manipulieren manipu'li:rən
manisch 'ma:nɪʃ
Manitoba mænɪ'toŭbə
Manko 'maŋko
Manley (e.) 'mænli
Manlius 'manlĭʊs
Mann, pl. Männer ¹man,
　'mɛnər; ²-ɛʀ
Manna 'mana
Mannequin 'man(ə)kɛ̃, (ö.,
　schwz.) -'-
Mannesalter ¹'manəs|ˌaltər; ²-ɛʀ
mannigfach 'manɪçfax
mannigfaltig, -ige 'manɪçfaltɪç,
　-ɪgə
Mannigfaltigkeit 'manɪçfaltɪç-
　kaet
männiglich ¹'mɛnɪklɪç; ²-ĝl-
Mannon (e., O'Neill) 'mænən
Mannus 'manʊs
Manometer ¹mano'me:tər; ²-ɛʀ
Manon (f. Vn.) ma'nõ
Manöver ma'nø:vər; ²-ɛʀ
manövrieren manø'vri:rən
Manrico (Verdi, Troub.)
　man'ri:ko
Manrique (sp., Gri., Jüdin)
　man'ri:kə
Mansarde ¹man'zardə; ²-ʒaʀdə
Manschette man'ʃetə
Mantegna man'teɲa
Mantel ¹'mantəl; ²-tl̩
Manteuffel 'mantøøfəl
Mantik 'mantɪk
Mantille man'tɪljə, (ö.) -'tɪlə
Mantinea manti'ne:a
Mantisse man'tɪsə
Manto (alt., G., Faust) 'manto
Mantua (it.), -tova 'mantua,
　-tova
Manual manu|'a:l
Manuel 'ma:nuɛl; (sp.) ma'nŭɛl;
　(gr.) manu|'il
Manuela manu|'e:la

manuell manu|'ɛl
Manufaktur manufak'tu:r, -ʀ
Manuldruck ¹ma'nu:ldrʊk;
　²-dʀ-
manu propria (lt.) ˌmanu: 'prɔ-
　pria:
Manuskript manu'skrɪpt
Manzanares manθa'narɛs
Manzanillobaum mantsa'nɪljo-
　baom
Manzoni man'dzo:ni
Maori ma'o:ri
Mao Tse-tung maotse'tʊŋ
Mappe 'mapə
Maquis ma'ki
Mär, -re ¹mɛ:r, -rə; ²-ʀ
Marabu 'ma:rabu:, (sp.) mara'bu
Maracaibo (S.-A.) mara'kaĭβo
Maradas (Sch., W.) 'ma:radas
Maranhão (S.-A.) maræ'ɲãŭ
Marañón (Fl.) mara'ɲɔn
Maraschino maras'ki:no
Marasmus ma'rasmʊs
Marathon 'maratən
Marbach 'marbax
Marbod 'marbɔt
Marburg 'ma:rbʊrk
mareato (it.) mar'ka:to
Marcel (f. Vn.) maʀ'sɛl
Marcellina (Moz., Fig.; Ross.)
　martʃɛ'li:na
Marcellus (alt.) mar'tsɛlʊs
March (Fl.) març; (Č.) Morava
Marchbank(s) (e.) 'ma:tʃbæŋk(s)
Marche funèbre (f.) maʀʃ fy-
　'nɛbʀ
Märchen ¹'mɛ:rçən; ²-ʀçn̩
Marchese, fm. ~sa (it.) mar'ke:-
　ze (-se), -za (-sa)
Marchetti (it.) mar'keti
Marchmont (e.) 'ma:tʃmənt
Marcia (it.) 'martʃa
Marcius (alt.) 'martsĭʊs
Marco (it.) 'marko
Marconi mar'ko:ni
Marco Polo ˌmarko 'po:lo
Marder ¹'mardər; ²-ʀdɛʀ
Mardian (Sh., Ant.) mardi'a:n

Mardochai (bi.) mardɔ'xaːi
Marées ma're:
Marelle ma'rɛl(ə)
Maremmen (It.) ma'rɛmən
Marengo (It.) ma'rɛŋgo
Mareshall (Sh., K. J.) 'mareʃal
Marfa (ru. Vn.) 'marfa
Marfisa (Hofm., Ab.) mar'fisa
Margarelon (Sh., Fro.)
 marga're:lɔn
Margaret (e. Vn.) 'maːgərit
Margarete marga're:tə
Margarita (e.) maːgə'riːtə
Margarine marga'riːnə
Margerite margə'riːtə; (ö.) -'rɪtə
Margate (E.) 'maːgit
Margherita (it.) marge'riːta
Margiana (Corn., Barb.)
 margi'aːna
Marginalien margi'naːliən
Margit (I., Solh.) 'margit
Margot (dt. Vn.) 'margɔt,
 (Sch., Ju.) 'margo
Margrete mar'gre:tə
Marguerite (f. Vn.) marg(ə)'ʀit
Marheineke mar'haenəkə
Mari (Ru.) 'maːri
Maria, M. Aegyptiaca ma'riːa,
 m. ɛgʏp'tiːaka
Mariage ma'ʀjaːʒə
Mariamne mari'amne
Mariana (Sh., Ende) mari'aːna
marianisch mari'aːnɪʃ
Marianne mari'anə
Marianus mari'aːnʊs
Marie, (gen.) **-riens** ma'riː,
 -'riːəns
Marienwerder mariːən'vɛrdər,
 -ɛʀ
Marietta ma'rĭeta
Marignano mari'ɲaːno
Marihuana marihu'aːna
Marille ma'rɪlə
Marina (Vn., Sch., Dem; Puš.,
 Muss.) ma'riːna
Marinade mari'naːdə
Marine ma'riːnə
Marineattaché ma'riːnəǀataʃe

Marinelli (L., Em.) mari'nɛli
Marinetti mari'neti
marinieren mari'niːrən
Mario (it.) 'maːrĭo
Marion 'maːriɔn; (f.) ma'ʀjɔ̃
Marionette mario'netə
Mariotte (f.) ma'ʀjɔt
maritim mari'tiːm
Maritornes (Cerv.) mari'tɔrnɛs
Maritza (Fl., Bg.) ma'rɪtsa
Marivaux (f.) maʀi'vo
Mariza (Kálmán) 'maritsa
Mar'ja (ru.) 'maːrjǀja
Marjory 'maːdʒəri
Mark [1]mark; [2]-ɛk
Mark (Anton, Aurel usw.) mark
 (an'toːn, ao're:l)
markant mar'kant
Markby (e.) 'maːkbi
Marke [1]'markə; [2]-ɛkə
Markenartikel [1]'markənǀartikəl;
 [2]'maɛkn̩ǀaɛtɪkl̩
markerschütternd [1]'markǀɛrʃʏ-
 tərnt; [2]'maɛkǀɛɛʃʏtɛrnt
Marketender [1]markə'tendər;
 [2]-ɛɛ
Marketing 'maːkitiŋ
Markgraf [1]'markg̑raːf; [2]-ɛkg̑ɛ-
markieren mar'kiːrən
märkisch 'mɛrkɪʃ
Markise mar'kiːzə
Markknochen [1]'markknɔxən;
 [2]-ɛkknɔxn̩
Marko (jug.) 'maːrkə
Markobrunn 'markobrʊn
Markolf 'markɔlf
Markomannen marko'manən
Markör maɛ'kœːɛ
Markranstädt 'markranʃtɛt
Markscheider [1]'markʃaedər;
 [2]-ɛkʃaedɛɛ
Markt [1]markt; [2]-ɛkt
Marktfrau [1]'marktfrao; [2]-ɛkt-
 fɛao
Marktordnung [1]'marktǀordnʊŋ;
 [2]-ɛktǀɔrdn-
Marktredwitz markt'rɛdvɪts
Mark Twain maːk 'twein

Markus, -reus ˈmarkʊs
Marlborough ˈmɔːlbərə
Marlow, -owe ˈmaːlou
Marmarameer ˈmarmarameːr,
  -ʀ
Marmel [1]ˈmarməl; [2]-m̩l
Marmelade marməˈlaːdə
Marmolada (Berg) marmoˈlaːda
Marmontel (f.) maʀmɔ̃ˈtɛl
Marmor [1]ˈmarmɔr; [2]-ʀ
marmorn [1]ˈmarmɔrn; [2]-ʀmɔʀn
marmorieren marmoˈriːrən
Marmotte (G., Jahrm.) maʀˈmɔt
Marne (Fl.) maʀn(ə)
marode maˈroːdə
Marokkaner maroˈkaːnər, -ɛʀ
Marokko maˈrɔko
Marone maˈroːnə
Maronit maroˈniːt
Maroquin maʀɔˈkɛ̃
Marot (f.) maˈʀo
Marotte maˈrɔtə
Marquesas (Inseln) marˈkeːsas
Marquis, fm. -se maʀˈkiː, -iːzə
Marrakesch maraˈkɛʃ
Marryat ˈmæriət
Mars [1]mars; [2]-ʀs
Marsala marˈsaːla
(der, die) Marsch [1]marʃ; [2]-ʀʃ
Marschall [1]ˈmarʃal; [2]-ʀʃ-
marschieren [1]marˈʃiːrən; [2]-ʀˈʃ-
Marschroute [1]ˈmarʃruːtə; [2]-ʀʃʀ-
Marseillaise maʀsɛˈjɛːz, -zə
Marseille maʀˈsɛj, -ˈsɛːjə
Marsen (G., Faust) ˈmarzən
Marser (alt.) ˈmarzər, -ɛʀ
Marsh (e.) maːʃ
Marshall, -al (e.) ˈmaːʃəl
Mars-la-Tour maʀslaˈtuːʀ
Marssegel [1]ˈmarˢ̂zeːgl̩;
  [2]-ʀˢ̂zeːgl̩
Marstall [1]ˈmarʃtal; [2]-ʀʃ-
Marsyas ˈmarzyas
martellato martɛˈlaːto
Marter [1]ˈmartər; [2]-ʀtɛʀ
martern [1]ˈmartərn; [2]-ʀtɛʀn
Martha ˈmarta
Martial, -lis marˈtsĭaːl, -lɪs

martialisch marˈtsĭaːlɪʃ
Martigny maʀtiˈɲi
Martin (dt.) ˈmartiːn, (f.) maʀ-
  ˈtɛ̃, (e.) ˈmaːtin
Martini marˈtiːni
Martinique maʀtiˈnik
Martinus marˈtiːnʊs
Marulić (jug.) ˈmarulitɕ
Marullo (Verdi, Rig.) maˈrulo
Marullus (Sh., J. C.) maˈrulʊs
Märtyrer [1]ˈmɛrtyrər; [2]-ɛʀ
Martyrium marˈtyːriʊm
Marwood (L., Samps.)
  ˈmaːvʊd
Marx marks
Marxismus marˈksɪsmʊs
Mary ˈmɛəri
Maryland (N.-A.) ˈmɛərilənd
März [1]mɛrts; [2]-ʀts
Marzelline s. Marcelline
Marzipan martsiˈpaːn, (ö.) ˈ- - -,
  (schwz.) ˈmartsipan
Marzo (Shaw, Brassb.) martso
Maša (ru. Vn.) ˈmaːʃa
Masaccio maˈsatʃo
Masaniello (Aub.) masaˈnĭelo
Masaryk ˈmasarik
Mascagni masˈkaɲi
Masche ˈmaʃə
Maschine maˈʃiːnə
maschinell maʃiˈnɛl
Maschinerie maʃinəˈriː
Maschinist maʃiˈnɪst
Maser, -rn [1]ˈmaːzər, -rn; [2]-ʑɛʀ,
  -ʀn
Masereel (ndld.) maːsəˈreːl
Masetto (Moz., Don Giov.)
  maˈzeto
Masham (e., Scribe) ˈmæsəm,
  -æʃə-
Maskarill (L., Schatz)
  maskaˈrɪl
Maske ˈmaskə
Maskerade maskəˈraːdə
maskieren masˈkiːrən
Maskotte masˈkɔtə
Maskulinum ˈmaskuliːnʊm,
  - -ˈ- -

Masochismus mazɔ'xɪsmʊs
Mason (Wilde) 'meisn
Masovien (Po.) ma'zo:viən
Maß ma:s
Massa (It.) 'masa
Maša (ru. Vn.) 'maʃa
Massachusetts mæsə'tʃu:sɛts
Massage ma'sa:ʒə
Massaker ¹ma'sa:kər; ²-ɛʁ,
   (ö.) -'sakər
massakrieren masa'kri:rən
Maßarbeit ¹'ma:s|arbaet; ²-aʁb-
Massarena (Aub., Dom.)
   masa're:na
Massary 'masa:ri
Massaua ma'saŭa
Masse 'masə
Masséna (f.) mase'na
Massenet (f.) mas(ə)'nɛ
Masseur, fm. -euse ma'sœ:r, -ʁ,
   -ø:zə
Maßholder ¹'ma:shɔldər; ²-ɛʁ
massieren ma'si:rən
massig, -ige 'masɪç, -ɪgə
mäßig, -ige 'mɛ:sɪç, -ɪgə
Mäßigkeit 'mɛ:sɪçkaet
Mäßigung 'mɛ:sɪgʊŋ
Massimo 'masimo
Massinissa (Gra., Ha.)
   masi'nɪsa
massiv ma'si:f
Mas(s)ud ma'su:d; (Gri.) 'masud
Maßlieb 'ma:sli:p
maßregeln 'ma:sre:gəln
Maßstab 'ma:sʃta:p
Mast mast
Mastbaum ¹'mastbaom; ²-b̥-
Mastdarm ¹'mastd̥arm; ²-td̥aʁm
mästen ¹'mɛstən; ²-tn̩
Master 'ma:stər, -ɛʁ
Mastix 'mastɪks
Mastochse 'mast|ɔksə
Mastodon 'mastodɔn
Masturbation mastʊrba'tsi̯o:n
Masuren ma'zu:rən
Masurka ma'zʊrka
Masut ma'zu:t
Matačić (jug.) 'matatʃitɕ

Matador mata'do:r, -ʁ
Match mɛtʃ
Mate (Tee) 'ma:tə
Matera (It.) ma'tɛ:ra
Mater dolorosa (lt.) ma:tɛr, -ʁ
   dolo'ro:za
Material materi'a:l
Materialist materia'lɪst
Materie ma'te:ri̯ə
materiell materi'ɛl
Mathematik matema'ti:k,
   -'ma:tɪk
Mathematiker ¹mate'ma:tikər;
   ²-ɛʁ
Mathilde ma'tɪldə
Mathildis (Gra., Barb.)
   ma'tɪldɪs
Mathisen (Mey., Proph.)
   'matɪsən
Matinee mati'ne
Matisse ma'tɪs
Matjeshering 'matjəshe:rɪŋ
Mato Grosso (S.-A.) matu'grosu
Matratze ¹ma'tratsə; ²-'tʁ-
Mätresse mɛ'trɛsə
Matriarchat matriar'ça:t
Matrikel ma'tri:kəl, (ö.) -'tri-
Matrize ma'tri:tsə, -'tritsə
Matrjona (ru. Vn.) ma'trjɔ:na
Matrone ¹ma'tro:nə; ²-'tʁ-
Matrose ¹ma'tro:zə; ²-tʁo:z̥ə
Matsch matʃ
matt mat
Mattathias (bi.) mata'ti:as
Matte 'matə
Matteo (it.) ma'te:o
Matteotti mate'ɔti
Mattern (Hauptm., Hannele)
   ma'tɛrn
Mattgold ¹'matgɔlt; ²-g̊-
Matthäus ma'tɛ:ʊs
Ma(t)thew (e.) 'mæθju:
Matthias ma'ti:as
Mat(t)hieu (f.) ma'tjø
Matthisson 'matɪsən
mattsetzen ¹'matzɛtsən; ²-sɛtsn̩
Matur ma'tu:r, -ʁ
Maturität maturi'tɛ:t

Matutin matu'ti:n
Matz mats
Mätzehen ¹'mɛtsçən; ²-çŋ
Matze, -en 'matsə, -ən
mau mao
Maubeuge mo'bø:ʒ
Maud (e. Vn.) mɔ:d
Mauer ¹'maoər; ²-ɛʁ
Maugham mɔ:m
Mauke 'maokə
Maul, pl. Mäuler ¹maol, 'mɔølər; ²-ɛʁ
Maulbeere 'maolbe:rə
Maulbronn maol'brɔn
Maulesel ¹'maol|e:zəl; ²-z̦l
Maulwurf ¹'maolvʊrf; ²-ʁf
Mau-Mau maŭ-'maŭ
Maupassant mopa'sã
Maure 'maorə
Maurepas (Fall, Pomp.)
mɔʁə'pa
Maurer ¹'maorər; ²-ʁɛʁ
Mauretanien maore'ta:niən
Maurevert (Mey., Hug.)
mɔʁ(ə)'vɛ:ʁ, -ʁ
Mauriae (f.) mo'ʁĭak
Maurice (f. Vn.) mo'ʁis
maurisch 'maorɪʃ
Mauritius (lt., dt.) mau'ri:t(s)ĭʊs
Maurizio maŭ'ri:tsio
Maurois mɔ'ʁwa
Maurus 'maorʊs
Maus, pl. Mäuse ¹maos, 'mɔøzə;
²-z̦ə
mauscheln 'maoʃəln
Mäuschen ¹'mɔøsçən; ²-çŋ
mausern ¹'maozərn; ²-z̦ɛʁn
mausetot ¹'maozə'to:t; ²-z̦-
Mausoleum maozo'le:ʊm
Mausolos 'maosolɔs
Maut maot
mauve (f.) mo:v
Mavra (ru. Vn.) 'ma:vra
Maxim (f.) ma'ksim
Maximal (Betrag usw.)
maksi'ma:l
Maxime ma'ksi:mə, (f. Vn.)
ma'ksim

Maximilian maksi'mi:lia:n
Maximiliane maksimili'a:nə
Maximin maksi'mi:n
Maximos (gr.) 'maksimɔs
Maximum 'maksimʊm
Maxwell 'mækswəl
Mayer 'maeər, -ɛʁ
Mayfair (On., Wilde) 'meifɛə
Mayflower 'meiflauə
Mayonnaise majɔ'nɛ:zə
Mazarin (f.) maza'ʁɛ̃
Mazedonien matse'do:niən;
vgl. Makedonien
Mäzen mɛ'tse:n
Mazeppa ma'zɛpa
Mazzini ma'tsi:ni
Mazurka ma'zʊrka
Meaux mo
Mechanik me'ça:nɪk
mechanisch me'ça:nɪʃ
Mecheln, flä. -len
'meçəln, 'mɛxlə
Mechthild 'mɛçtɪlt
meckern ¹'mɛkərn; ²-kɛʁn
Mecklenburg 'me:klənbʊrk,
'mɛk-
Mečnikov (ru.) 'mjeːtʃɲikɔf
Medaille me'daljə; (ö.) me'daejə
Medaillon meda'jõ, (ö.) me-
'daejõ, (schwz.) 'medaljɔ:n
Medardus me'dardʊs
Medea me'de:a
Medellín (S.-A.) mede'fii:n
Meder 'me:dər, -ɛʁ
Media 'me:dia
Median (ebene) medi'a:n-
Mediante me:di'antə
Mediasch (Rum., dt.) 'me:diaʃ
mediatisieren me:diati'zi:rən
mediäval me:di|ɛ'va:l
Mediceer medi'tse:ər, -ɛʁ
mediceïsch medi'tse:-ɪʃ
Mediei 'me:ditʃi
Medien 'me:diən
Medikament medika'mɛnt
Mediokrität mediokri'tɛ:t
Medina me'di:na

Medina-Sidonia (Sch., D. C.)
   me͵diːna siˈdoːnia
Medisance (f.) mediˈzãːs(ə)
medisant mediˈzant
Meditation meditaˈtsĭoːn
mediterran meditɛˈraːn
meditieren mediˈtiːrən
Medium ˈmeːdiʊm
Medizin meːdiˈtsiːn
Médoc meˈdɔk
Medusa, -se meˈduːza, -zə
Medvedev (ru.) mɛˈdvjeːdjɛf
Meer ¹meːr; ²-ʁ
Meerane meˈraːnə
Meerenge ¹ˈmeːr|ɛŋə; ²-ʁ|-
Meerrettich ˈmeːrrɛtɪç
Meeting ˈmiːtiŋ
Megaherz megaˈhɛrts
Megalith megaˈliːt, (ö.) -ˈlit
Megaphon megaˈfoːn
Megara (Alt.) ˈmeːgara
Megäre meˈgɛːrə
Megatherium megaˈteːriʊm
Meh(e)med (tü., Kö., Zr.)
   ˈmeh(e)med
Mehl meːl
mehr ¹meːr; ²-ʁ
Mehrarbeit ¹ˈmeːr|arbaet;
   ²ˈmeːʁ|aʁbaet
mehrere ˈmeːrərə
Méhul meˈyl
meiden ¹ˈmaedən; ²-dn̩
Meier ¹ˈmaeər; ²-ɛʁ
Meierei ¹maeəˈrae; ²-ɛˈʁae
Meile ˈmaelə
Meiler ¹ˈmaelər; ²-ɛʁ
Meillet (f.) mɛˈjɛ
mein maen
Meineid ˈmaen|aet
meinen ˈmaenən
meinerseits ¹ˈmaenərzaets;
   ²-nɛʁz-
meinetwillen ¹ˈmaenətvɪlən;
   ²-ln̩
meinig, -ige ˈmaenɪç, -ɪgə
Meintenon mɛ̃t(ə)ˈnõ
Meise ¹ˈmaezə; ²-z̥-
Meißel ¹ˈmaesəl; ²-sl̩

Meißen ˈmaesən
meist maest
meistbietend ¹ˈmaestbiːtənt;
   ²-tb̥-
Meister ¹ˈmaestər; ²-ɛʁ
Méjico s. **Mexico**
Mekka ˈmɛka
Mek(i)nes (Afr.) ˈmeknes
Mekong (Fl., chin. Mi-Chiang)
   meːˈkɔŋ
Melada (it.) meˈlaːda
Melancholie melaŋkoˈliː, (ö.
   auch) -ço-
melancholisch melaŋˈkoːlɪʃ
Melanchthon meˈlançtɔn
Melanesien melaˈneːzĭən
Melange meˈlãːʒ(ə)
Melanie (Vn.) melaˈniː, ˈ- - -
Melas (gr.) ˈmɛlas
Melasse meˈlasə
Melbourne ˈmɛlbən
Melchior ˈmɛlçiɔr, -ʁ
Melchisedek (bi.) mɛlçiˈsɛːdɛk,
   (Ö.) mɛlˈçiːzedɛç
Melde ˈmɛldə
Meldeamt ˈmɛldə|amt
melden ¹ˈmɛldən; ²-dn̩
Melibokus (Berg) meliˈboːkʊs
melieren meˈliːrən
Melilla (Afr.) meˈlifia
Melinit meliˈniːt
Melioration melioraˈtsĭoːn
meliorieren melioˈriːrən
Melis ˈmeːlɪs
Mélisande (Debussy) meliˈzãːd
melisch ˈmeːlɪʃ
Melisma, pl. -smen meˈlɪsma,
   -smən
Melisse meˈlɪsə
Melitta meˈlɪta
Melkart ˈmɛlkart
melken, melkt, molk ¹ˈmɛlkən,
   mɛlkt, mɔlk; ²-kn̩
Melkerei ¹mɛlkəˈrae; ²-ɛʁ-
Melkir (Gra., Ha.) ˈmɛlkir, -ʁ
Mellefont (L., Samps.)
   ˈmɛləfɔnt
Melnik (Bö.) ˈmɛlnik

Mel'nikov (ru.) 'mjeːʃɲikɔf
Melodie, pl. -ien meloˈdiː, -iːən
melodiös melodiˈøːs
melodisch meˈloːdɪʃ
Melodram, -ma meloˈdraːm,
   -ma
Melone meˈloːnə
Melot (W., Trist.) 'meːlɔt
Melozzo (it.) meˈlɔtso
Melpomene mɛlˈpoːmene
Meltau 'meːltao
Melun (F., Sh., K. J.; Sch., Ju.)
   məˈlœ̃
Melusine meluˈziːnə
Melville (e.), -vil (Sch., M. St.)
   'mɛlvil
Membran mɛmˈbraːn
Memento mori (lt.) meˈmɛnto
   'moːri
Memleben 'mɛmleːbən
Memme 'mɛmə
Memnon 'mɛmnɔn
Memoiren meˈmwaːrən
Memorabilien memoraˈbiːliən
Memorandum memoˈrandʊm
memorieren memoˈriːrən
Memphis (Äg., N.-A.) 'mɛmfɪs
Menächmen (Plautus) meˈnɛːç-
   mən
Menage meˈnaːʒə
Menagerie menaʒəˈriː
menagieren menaˈʒiːrən
Menander, -dros meˈnandər, -ɛʀ,
   -drɔs
Mendelejev (ru.) mɛndeˈfieːjɛf
Mendelssohn 'mɛndəlszoːn
Méndez (sp., Claudel) 'mɛndɛθ
Mendikant mɛndiˈkant
Mendip (Fry) 'mɛndip
Mendo (Cald., Richter) 'mɛndo
Mendoza (S.-A.) mɛnˈdɔsa
Menecrates (Sh., Ant.)
   meˈneːkratɛs
Menelaos, -laus meneˈlaːɔs,
   -ˈlaːʊs
Menen (Be.) 'meːnə; (f.) Menin
Menéndez y Pelayo (sp.)
   meˌnɛndɛθ i peˈlajo

Menenius (Sh., Co.) meˈneːniʊs
Menetekel meneˈteːkəl
meinethalben [1]ˈmaenəthalbən;
   [2]-bn̩
Menge 'mɛŋə
mengen 'mɛŋən
Mengsel [1]ˈmɛŋzəl; [2]-z̩l
Menhir 'mɛnhɪr, -ʀ
Meningitis menɪŋˈgiːtɪs
Meniskus meˈnɪskʊs
Mennig, -ige 'mɛnɪç, -ɪgə
Mennoniten menoˈniːtən
meno (it.) 'meːno
Menorca meˈnɔrka
Menotti meˈnɔti
Mensch mɛnʃ
Menschenalter [1]ˈmɛnʃən|altər;
   [2]-ʃn̩|altɛʀ
Menschewik, pl. -wiken, -ki
   menʃeˈvik, -ˈvikən, -viˈki
menschlich 'mɛnʃlɪç
Menšikov (ru.) 'mjeːnʃikɔf
Mensk (Ru.) mjɛnsk; (dt.)
   Minsk
Menstruation mɛnstruaˈtsĭoːn
menstruieren mɛnstruˈiːrən
Mensur mɛnˈzuːr, -ʀ
Mensural(musik usw.) mɛnzu-
   'raːl-
Mentalität mɛntaliˈtɛːt
Mental(reservation) mɛnˈtaːl-
Menteth (Sh., Macb.) 'mɛntɛθ
Menthol mɛnˈtoːl
Mentone menˈtoːne
Mentor 'mɛntɔr, -ʀ
Mentschikow (Lehár) s. Menši-
   kov
Menü məˈnyː
Menuett menuˈɛt
Menuhin (isr.) menuˈhiːn
Menzel 'mɛntsəl
Menzies (e.) 'mɛnziz
Mephisto, -pheles meˈfɪsto,
   mefɪsˈtoːfelɛs
mephistophelisch mefɪstoˈfeːlɪʃ
mephitisch meˈfiːtɪʃ
Meran meˈraːn
Mercade (Sh., V. L.) mɛrˈkaːd

Mercado (Sch., D. C.) mɛrˈkaːdo
Mercator mɛrˈkaːtər, -ʁ
Mercedes (Auto) mɛrˈtseːdɛs
Mercedes (sp., Bizet) mɛrˈθeðɛs
Mercerie mɛʁsəˈʁi
merci mɛʁˈsi
Mercier mɛʁˈsje
Mercurius mɛrˈkuːriʊs
Mercutio (Sh., Ro.) mɛrˈkuːtsɪo
Mereckov (ru.) mɛrɛtsˈkɔf
Meredith (e.) ˈmɛrədiθ
Merežkovskij (ru.) mereʃˈkɔfskij
Mergel ¹ˈmɛrɡəl; ²-ʁɡl̩
Mergentheim ˈmɛrɡənthaem
Merian ˈmeːrian
Mérida (Sp. usw.) ˈmɛriða
Meridian meridiˈaːn
Mérimée (f.) meʁiˈme
Meringe meˈrɪŋɡə
Merino meˈriːno
Meriten meˈriːtən, (ö.) -ˈritən
Merkade (Sh., V. L.) mɛrˈkaːd
merkantil mɛrkanˈtiːl
merkbar ¹ˈmɛrkbaːr; ²-ʁkbḁːʁ
merken ¹ˈmɛrkən; ²-ʁkn̩
Merkulo (G., Triumph) ˈmɛr-
    kulo
Merkur mɛrˈkuːr, -ʁ
merkwürdig, -ige ¹ˈmɛrkvʏrdɪç,
    -ɪɡə; ²-ʁkvʏʁd-
Merlan mɛrˈlaːn
Merlin mɛrˈliːn, ˈ- -
Meroë (Alt., Kl.) ˈmeːro|e
Meropa (ru. Vn.) mjɛˈrɔːpa
Merowinger ˈmeːrovɪŋər, -ɛʁ
Mersey (Fl.) ˈməːzi
Merthyr Tydfil (Wal.) ˈməːθə
    ˈtidvil
Méru (Mey., Hug.) meˈʁy
Merula (Gra., Mar.) ˈmeːrula
Merv (Turk.) mjɛrf
Merzagora (it.) mɛrˈdʒaːɡora
Mesalliance mezaˈljãːs
meschant meˈʃant
Meschede ˈmɛʃədə
Meschhed (As.) mɛʃˈhɛd
Meskalin mɛskaˈliːn
Mesmer ˈmɛsmər, -ɛʁ

Mesner ¹ˈmɛsnər; ²-ɛʁ
mesolithisch mezoˈlɪtɪʃ
Mesopotamien mezopoˈtaːmiən
Mesotes meˈsoːtɛs
Mesothorium mezoˈtoːriʊm
Mesotron mezoˈtroːn
Mesozoïkum mezoˈtsoː|ikʊm
Mesru (Web., Ob.) mɛsˈruː
Messalla (alt., Sh., J. C.) mɛ-
    ˈsala
Messalina mɛsaˈliːna
Meßbuch ¹ˈmɛsbuːx; ²-b̥-
Messe ˈmɛsə
messen, mißt, maß ¹ˈmɛsən,
    mɪst, maːs; ²-sn̩
Messenger boy (e.) ˈmɛsindʒə
    bɔø
Messenien mɛˈseːniən
Messer ¹ˈmɛsər; ²-ɛʁ
Messiade mɛsiˈaːdə
Messias mɛˈsiːas
messieurs (f.) mɛˈsjøː
Messina mɛˈsiːna
Messing ˈmɛsɪŋ
messing(i)sch ˈmɛsɪŋ(ɪ)ʃ
Meßopfer ¹ˈmɛs|ɔpfər; ²-ɛʁ
Mestize mɛsˈtiːtsə
Met meːt
Meta ˈmeːta
Metall meˈtal
Metalloïd metalo|ˈiːt
Metallurgie metalʊrˈɡiː
metallurgisch metaˈlʊrɡɪʃ
Metamorphose metamɔrˈfoːzə
Metapher ¹meˈtafər; ²-ɛʁ
metaphorisch metaˈfoːrɪʃ
Metaphysik metafyˈziːk
metaphysisch metaˈfyːzɪʃ
Metastase metaˈstaːzə
Metastasio metasˈtaːzio
Metathese metaˈteːzə
Metazoon metaˈtsoːɔn
Metellus, fm. -lla meˈtɛlʊs, -la
Metempsychose met|ɛmpsy-
    ˈçoːzə
Meteor mete|ˈoːr, -ʁ
Meteorologie mete|oroloˈɡiː
Meter ¹ˈmeːtər; ²-ɛʁ

Methan me'ta:n
Methode me'to:də
Methodios, -ius me'to:diɔs, -iʊs
Methodist meto'dɪst
Methusalem me'tu:zalɛm
Methyl me'ty:l
Methylen mety'le:n
Metier me'tje
Metonymie metony'mi:
Metope me'to:pə
Metrik 'me:trɪk
metrisch 'me:trɪʃ
Metrodoros metro'do:rɔs
Metrologie metrolo'gi:
Metronom metro'no:m
Metropole metro'po:lə
Metropolit metropo'li:t
Metropolitan metropoli'ta:n
Metropolitan Opera (e.) mɛtrə-
  'pɔlitən 'ɔpərə
Metrum 'me:trʊm
Mette 'mɛtə
Metternich 'mɛtərnɪç
Metteur mɛ'tœ:ʀ
Mettwurst ¹'mɛtvʊrst; ²-ʀst
Metze 'mɛtsə
Metzelei mɛtsə'lae
metzeln ¹'mɛtsəln; ²-tsl̩n
Metzger ¹'mɛtsgər; ²- g̊ɛʀ
Meublement mœbl(ə)'mã
Meuchelmord ¹'mɔøçəlmɔrt;
  ²-çl̩mɔʀt
meucheln ¹'mɔøçəln; ²-çəln
meuchlings 'mɔøçlɩŋs
Meung (F.) mœ̃
Meunier mø'nje
Meurthe (Fl.) mœʀt
Meute 'mɔøtə
meutern ¹'mɔøtərn; ²-ɛʀn
México (-iko) 'mɛksiko; (sp.
  auch) 'mɛx-
Meyer 'maeər, -ɛʀ
Meyerbeer 'maeərbe:r, -ʀ
Mezzanin mɛtsa'ni:n
mezza voce 'mɛtsa 'vo:tʃə
Mezzo(sopran usw.) 'mɛtso(zo-
  ˌpra:n)
Mi (Lehár) mi:

Miami (N.-A.) mai'æmi
Miasma, pl. -smen mi'asma,
  -mən
miau!, miauen mi'ao, mi'aoən
Mića (jug.) 'mi:tɕa
Micaëla (Bizet, Carmen) mika-
  'ela
mich mɪç
Micha 'mɪça
Michaël 'mɪça-ɛl
Michaëlis mɪça-'e:lɪs
Michail (ru. Vn.) mixa|'i:ł
Michajlovič, fm. -vna (ru. Vat.)
  mi'xa:jłɔvitʃ, -vna
Michailow (Suppé, Fat.) mi-
  'xa:jłɔf
Michajlovskij (ru.) mixaj'łɔfski
Michel 'mɪçəl; (f.) mi'ʃɛl
Michelagniolo mike'laɲolo
Michelangelo mikel'andʒelo
Michele (it.) mi'kɛ:le
Michelet (f.) miʃ'lɛ
Micheli (Cherub., Wass.) mi-
  'ke:li, -'kɛ:-
Michelson 'mitʃəlsn, 'mikəlsn
Michigan (N.-A.) 'miʃigən
Mickiewiez (po.) mits'kjevitʃ
Mickleford (Flo., Martha)
  'mɪkəlfɔrt
Mickymaus 'mɪkimaos
Midas 'mi:das
Middlesbrough 'midlzbrə
Midgard 'mɪtgart
Midlands (E.) 'midləndz
Midrasch mi'dra:ʃ
Midshipman 'midʃipmən
Mieder ¹'mi:dər; ²-ɛʀ
Miene 'mi:nə
Miere 'mi:rə
Mies mi:s
Miesmuschel ¹'mi:smʊʃəl; ²-ʃl̩
Miete 'mi:tə
mieten ¹'mi:tən; ²-tn̩
Mietzins 'mi:tt̩sɪns
Mieze (Vn.) 'mi:tsə
Mignon min'jõ:; (f.) mi'ɲõ
Migräne mi'grɛ:nə
Miguel (sp.) mi'gɛl

Mihajlović (jug.) miˈhaːĭlɔvitɕ
Mijnheer mənˈneːr, -ʁ
Mikado miˈkaːdo
Miklosich (ö.) ˈmɪklosɪtʃ
Mikojan (ru.) mikaˈjan
Mikrobe miˈkroːbə
Mikrokosmos, -mus mikro-
   ˈkɔsmɔs, -mʊs
Mikrometer (Instrument) [1]mi-
   kroˈmeːtər; [2]-ɛʁ; (Maß) [1]- - - -
Mikronesien mikroˈneːzĭən
Mikrophon mikroˈfoːn
Mikroskop mikroˈskoːp
Mikrotom mikroˈtoːm
Mikrozephale mikrotseˈfaːlə
Milada (Smetana, Dalibor)
   ˈmiːlada
Milan (Vogel) miˈlaːn, (N.)
   ˈmiːlan, (jug. Vn.) ˈmilan
Milano miˈlaːno, (dt.) Mailand
Milazzo miˈlatso
Milbe ˈmɪlbə
Milch mɪlç
milde ˈmɪldə
Mildred (e. Vn.) ˈmildrid
mildtätig, -ige ˈmɪlttɛːtɪç, -ɪgə
Milet, -tos miˈleːt, -tos
Milford (Sch., Kab.) ˈmilfəd
Milhaud (f.) miˈlo, miˈjo
Milieu miˈljøː
militant miliˈtant
Militär miliˈtɛːr, -ʁ
Militärarzt [1]miliˈtɛːr|aːrtst;
   [2]-ʁ|aːʁtst
Military Police ˈmilitəri pəˈliːs
Miliz miˈliːts; (Schwz.) -ˈlɪts
Miljukov (ru.) mifiuˈkɔf
Miljutin (ru.) miˈfiuːtin
Mill mɪl
Mille ˈmɪlə
Millennium mɪlˈɛniʊm
Millet miˈjɛ
Milliampere ˈmɪli|ãˌpɛːʁ
Milliardär mɪliarˈdɛːr, -ʁ
Milliarde mɪliˈardə
Milli(gramm usw.) ˈmɪlɪ(gram)
Millimeter [1]mɪliˈmeːtər, [1]- - - -;
   [2]-ɛʁ

Million mɪliˈoːn
Millionär mɪlioˈnɛːr, -ʁ
Millöcker ˈmɪlœkər, -ɛʁ
Milo (Gri., Vließ) ˈmiːlo
Miloš (jug. Vn.) ˈmilɔʃ
Milota (Gri., Ott.) ˈmilota
Milreis (port.) milˈreĭs, -ɛĭʃ
Miltiades mɪlˈtiːadɛs
Milton ˈmiltən
Milwaukee milˈwɔːki, -kiː
Milz mɪlts
Mime ˈmiːmə
Mime (W., Nib.) ˈmiːmə
Mimi (Pu., Boh.) ˈmimi
Mimik ˈmiːmɪk
Mimikry ˈmimikri
Mimir (germ. Sage) ˈmiːmɪr, -ʁ
mimisch ˈmiːmɪʃ
Mimose miˈmoːzə
Minarett minaˈret
Minas Geraes (S.-A.) ˌminɑz
   ʒeˈraĭs
Minchen ˈmiːnçən
Mineio ˈmintʃo
Mindanao (Insel) mɪndaˈnaːo
minder [1]ˈmɪndər; [2]-ɛʁ
Mindszenty (magy.) ˈmindsænti
Mine ˈmiːnə
Mineral minəˈraːl
Mineralogie minəraloˈgiː
Minerva miˈnɛrva
Minestra (ö.) miˈnɛstra
Minette miˈnɛtə
Mineur miˈnœːʁ
Minho (Fl.) ˈmiɲu
Miniatur miniaˈtuːr, -ʁ
minieren miˈniːrən
Minigolf ˈmiːnigɔlf
minim miˈniːm
Minimal(betrag usw.) mini-
   ˈmaːl-
Minimum ˈmiːnimʊm, (ö.) ˈmin-
Minister [1]miˈnɪstər; [2]-ɛʁ
ministeriell minɪsteriˈɛl
Ministerium minɪsˈteːriʊm
Ministrant minɪsˈtrant
Minium ˈminiʊm
Minne ˈmɪnə

Minneapolis (N.-A.) mini'æpəlis
Minnesinger ¹'mɪnəzɪŋər;
   ²-ʒɪŋɐʁ
Minnesota (N.-A.) mini'soutə
Minnie (e.) 'mini
minniglich ¹'mɪnɪklɪç; ²-ĝl-
minore (it.) mi'noːre
minorenn mino'rɛn
Minorit mino'riːt, (ö.) -'rit
Minorität minori'tɛːt
Minorka s. **Menorca**
Minos 'miːnɔs
Minotaurus mino'taorʊs
Minstrel 'minstrəl
Minuend, -ndus minu'ɛnt,
   -ndʊs
minus 'miːnʊs
Minuskel mi'nʊskəl
Minute mi'nuːtə
minuziös minu'tsïøːs
Minze 'mɪntsə
Miozän mio'tsɛːn
Miquel 'miːkɛl
mir ¹miːr; ²-ʁ
Mirabeau miʁɑ'bo
Mirabella (J. Strauß, Zig.)
   mira'bɛla
Mirabelle mira'bɛlə
Mirabilien mira'biːliən
Mirakel ¹mi'raːkəl; ²-kḷ
Miramar mira'maːr, -ʁ
Miranda (Sh., St.) mi'randa
Mirbeau miʁ'bo
Mirella (Gounod) mi'rɛla
Mirko (jug. Vn.) 'miːrkɔ
Mirville (Sch., Neffe) 'mirviːl
Mirza (Gri., Traum) 'mɪrtsa,
   (ar.) 'mirzaː
Mirza Schaffy ˌmɪrtsa 'ʃafi
Misaël (Puš., Muss.) misa'iːl
Misanthrop mizan'troːp
Mischehe 'mɪʃǀeːə
mischen ¹'mɪʃən; ²-ʃn̩
Mischmasch 'mɪʃmaʃ
Mise en scène (f.) ˌmiːzã 'sɛːn(ə)
miserabel ¹mizə'raːbəl; ²-bḷ
Misère mi'zɛːrə
Miserere (Psalm) mize'reːre

Misericordias Domini (lt.) mi-
   zeriˌkɔrdiaːs 'domini:
Miskole 'miʃkolts
Misogyn mizo'gyːn
Mispel ¹'mɪspəl; ²-pḷ
Miß mɪs
mißachten ¹'mɪsǀaxtən, -ˈ--;
   ²-tn̩
Missal, -le mɪ'saːl, -lə
mißartet ¹mɪsǀ'aːrtət; ²-ǀ'aːʁtət
Mißbehagen ¹'mɪsbəhaːgən;
   ²-b̥əhaːgn̩
Mißbrauch ¹'mɪsbraox; ²-b̥ʁaox
mißbrauchen ¹mɪs'braoxən;
   ²-ˈb̥ʁaoxn̩
missen ¹'mɪsən; ²-sn̩
Mißernte ¹'mɪsǀɛrntə; ²-ɛʁntə
Missetat 'mɪsətaːt
mißhandeln ¹mɪs'handəln;
   ²-dln̩
Mißhandlung 'mɪshandlʊŋ
mißhellig, -ige 'mɪshɛlɪç, -ɪgə
missingsch 'mɪsɪŋʃ
Mission mɪ'sïoːn
Missionar mɪsïo'naːr, -ʁ
Missionär (ö.) mɪsïo'nɛːr, -ʁ
Missiv, -ive mɪ'siːf, -iːvə
Mississippi mɪsɪ'sɪpɪ
mißlich 'mɪslɪç
mißliebig, -ige 'mɪsliːbɪç, -ɪgə
mißlingen mɪs'lɪŋən
Missolunghi (Gr., it.) mɪso-
   'lʊŋgi, (gr.) **Mesolongion**
Missouri (N.-A.) mi'zuəri
mißraten ¹mɪs'raːtən; ²-s'ʁaːtn̩
Mißstand 'mɪsʃtant
Mißton 'mɪstoːn
mißtrauisch ¹'mɪstraoɪʃ; ²-tʁ-
mißverstehen 'mɪsfɛrʃteːən;
Mist mɪst
Mistel ¹'mɪstəl; ²-tḷ
misten ¹'mɪstən; ²-tn̩
Mister (Abk.: Mr.) 'mistə
Mistral (f., span. Name) mɪs'tʁal
Mistral (Wind) mɪs'traːl
Mistress 'mistris
Miszellaneen mɪstsɛ'laːne(ə)n,
   mɪstsɛla'neː(ə)n

Miszelle mɪsˈtsɛlə
mit mɪt
Mitanni miˈtani
Mitau ˈmiːtao
Mitchell ˈmitʃəl
miteinander ¹mɪt|aeˈnandər;
  ²-ɛʁ-
Mitgift ¹ˈmɪtgɪft; ²-g̊-
Mitglied ¹ˈmɪtgliːt; ²-g̊-
mithin mɪtˈhɪn
Mithras ˈmiːtras
Mithridat, -tes mitriˈdaːt, -tɛs
Mitleid ¹ˈmɪtlaet; ²-d̥l-
mitnichten ¹mɪtˈnɪçtən; ²-tn̩
Mitra ˈmiːtra
Mitrailleuse mitʁaˈjøːz(ə)
Mitranes (Ross., Semiramis)
  miˈtraːnɛs
Mitropa miˈtroːpa
Mittag ˈmɪtaːk
Mitte ˈmɪtə
mitteilen ¹ˈmɪttaelən; ²-ln̩
Mittel ¹ˈmɪtəl; ²-tl̩
Mittellinie ¹ˈmɪtəlliːniə; ²-tl̩l-
Mittelohr (entzündung usw.)
  ¹mɪtəl|oːr-; ²-tl̩|oːʁ-
mittels (t) ¹ˈmɪtəls(t); ²-tl̩s(t)
mitten ¹ˈmɪtən; ²-tn̩
Mitternacht ¹ˈmɪtərnaxt; ²-ɛʁn-
Mittfasten ¹ˈmɪtfastən; ²-tn̩
mittlerweile ¹ˈmɪtlərvaelə, --ˈ--;
  ²-d̥lɛʁv-
Mittsommer ¹ˈmɪtzɔmər; ²ˈmɪt-
  sɔmɛʁ
mittun ˈmɪt̩tuːn
mitunter ¹mɪt|ˈʊntər; ²-ɛʁ
Mittweida mɪtˈvaeda
Mittwoch ˈmɪtvɔx
Mixed Pickles (e.) ˈmikst ˌpiklz
Mixer ¹ˈmɪksər; ²-ɛʁ
Mixtur mɪksˈtuːr, -ʁ
Mjaskovskij (ru.) mjaˈskɔfskij
Mladenov (ru., bg.) mɫaˈdjɛnɔf
Mljet (Jug.) mʎɛt
Mnemotechnik mnemoˈtɛçnɪk
Mnišek, -ischek (Sch., Dem.;
  Pu., Muss.) ˈmɲiːʃɛk
Moab (bi.) ˈmoːap

Moabit (Berlin) moaˈbiːt
Mob mɔp
Möbel ¹ˈmøːbəl; ²-bl̩
mobil moˈbiːl
Mobile ˈmoːbile
Mobiliar mobiliˈaːr, -ʁ
mobilisieren mobiliˈziːrən
möblieren møˈbliːrən
Moby (Dick) ˈmɔubi
Moçambique musɛ̃ˈbikə
Moch (f.) mɔk
möchte ˈmœçtə
Mockturtlesuppe ¹ˈmɔktəːrtl-
  zʊpə; ²-z̥-
modal moˈdaːl
Modalität modaliˈtɛːt
Mode ˈmoːdə
Model ¹ˈmoːdəl; ²-dl̩
Modell moˈdɛl
modeln ¹ˈmoːdəln; ²-dl̩n
Modena (It.) ˈmɔːdena
Moder ¹ˈmoːdər; ²-ɛʁ
moderato modeˈraːto
modern (Verb) ¹ˈmoːdərn;
  ²-dɛʁn
modern (Adj.) moˈdɛrn
modest moˈdɛst
Modifikation modifikaˈtsi̯oːn
modifizieren modifiˈtsiːrən
Modigliani modiˈfia̯ni
modisch ˈmoːdɪʃ
Modistin moˈdɪstɪn
Modlin (Po.) ˈmɔdlin
Modul ˈmoːdʊl
Modulation modulaˈtsi̯oːn
Modus (vivendi, lt.) ˈmoːdʊs
  (viːˈvɛndiː)
Möen ˈmøːən
Moers møːrs
Mofette moˈfɛtə
Mog (a) dischu (Afr.) mog(a)-
  ˈdɪʃu
Mogador (Afr.) mogaˈdɔːr, -ʁ
mogeln ˈmoːgəln
mögen, mochte, möchte ¹ˈmøː-
  gən, ˈmɔxtə, ˈmœçtə; ²-gn̩
möglich ¹ˈmøːklɪç; ²-g̊l-
Mogul ˈmoːgul, (ö.) moˈguːl

Mohács (Ung.) 'moha:tʃ
Mohammed mu'hammɛd, (Ö.
  auch) 'mo:hamɛt
Mohär mo'ɛ:r, -ʁ
Mohikaner moi'ka:nər, -ɛʁ
Mohn mo:n
Mohr ¹mo:r; ²-ʁ
Möhre 'mø:rə
Mohrrübe 'mo:ɾɾy:bə
Moira (gr.) 'mɔørɑ
Moiré mwa'ʀe
Moisasur (Raim., Zauber)
  mo'i:zazu:r, -ʁ
Moissan mwa'sã
Moissi 'mɔøsi
mokant mɔ'kant
Mokassin moka'si:n
mokieren mɔ'ki:rən
Mokka 'mɔka
Molar mo'la:r, -ʁ
Molasse mo'lasə
Molat (Jug., it. Melada) 'mɔlat
Molay mɔ'lɛ
Molch mɔlç
Moldau (Fl. usw., Tsch., Rum.)
  'mɔldao, vgl. Vltava, Mol-
dova
Moldova (Fl., Rum.) mol'dova
Mole, (it.) Molo 'mo:lə, 'mo:lɔ
Molekel mo'le:kəl
Molekül mole'ky:l
molekular moleku'la:r, -ʁ
Moleschott 'mo:ləʃɔt
molestieren molɛs'ti:rən
Molière mɔ'ljɛ:ʀ
Molina (sp.) mo'li:na
Molise mo'li:ze
Molke 'mɔlkə
Molkerei ¹mɔlkə'rae; ²-kɛ'ʀae
Moll mɔl
Molla (k) 'mɔla
mollig, -ige 'mɔlɪç, -ɪgə
Molluske mɔ'lʊskə
Molly 'mɔli
Molnár (magy.) 'molna:r, -ʁ
Moloch 'mo:lɔx
Molossus mo'lɔsʊs
Molotov (ru.) 'mɔːɫɔtɔf

molto (it.) 'molto
Molton 'mɔltɔn
Molukken mo'lʊkən
Molvik (I., Wilde.) 'mɔlvi:k
Molybdän molʏb'dɛ:n
Mombasa mom'basa
Moment mo'mɛnt
momentan momɛn'ta:n
Moment musical mɔ‚mã myzi-
  'kal
Momos 'mo:mɔs
Mön, Möen (Dä.) mø:n
Monaco 'mo:nako
Monade mo'na:də
Mona Lisa 'mo:na 'li:za
Monarch mo'narç
Monarchie monar'çi:
Monat 'mo:na(:)t
monatlich ¹'mo:natlɪç; ²-dl-
Mönch mœnç
Mönchengladbach mœnçən-
  'glatbax
Monchensey (Eliot) 'mɔntʃnsi
Moncrieff (e.) mən'kri:f
Mond, pl. -nde mo:nt, -ndə
Mondamin mɔnda'mi:n
mondän mɔn'dɛ:n
Mondcear (Sch., D. C.) 'mɔnde-
  kar, -ʁ
Mondsichel ¹'montzɪçəl; ²-tsɪçl̩
Monegassen mone'gasən
Monemwasia (Gr.) mɔnɛmva'sia
Monet mɔ'nɛ
Moneten mo'ne:tən
Money (e.) 'mʌnɪ
monetär mone'tɛ:r, -ʁ
Mon Gibello mondʒi'bɛlo
Mongole mɔŋ'go:lə
Mongolei mɔŋgo'lae
mongoloid mɔŋgolo'i:t
monieren mo'ni:rən
Monika 'mo:nika
Monismus mo'nɪsmʊs
Moniteur moni'tœ:ʀ
Monitor 'mo:nitɔr, -ʁ
Monitum 'mo:nitʊm
Moniuszko (po.) mɔ'ɲuʃkɔ
Moniz (port.) mu'niʃ

Mon Khmer (S.-As.) ˈmɔn
ˈkhmeːr
Monmouth ˈmɔnməθ
Monnerville (f.) mɔnɛʀˈvil
Monnet (f.) mɔˈnɛ
Monochord monoˈkɔrt
Monodram, -ma monoˈdraːm,
-ma
Monogamie monogaˈmiː
Monogramm monoˈgram
Monographie monograˈfiː
Monokel ¹moˈnɔkəl; ²-kl̩
monoklin monoˈkliːn
Monokotyledonen monokotyle-
ˈdoːnən
Monolith monoˈliːt, (ö.) mɔnɔ-
ˈlit
Monolog monoˈloːk
Monomane monoˈmaːnə
Monophthong monɔfˈtɔŋ
Monopol monoˈpoːl
Monopteros moˈnɔpterɔs
Monostatos (Moz. Zaub.) mo-
ˈnɔstatɔs
Montabaur ˈmɔntabaoər, -ɛʀ
Monotheïsmus monote‖ˈɪsmʊs
monoton monoˈtoːn
Monotonie monotoˈniː
Monroe (e.) mənˈrou, mʌnˈrou
Monrovia (Afr.) mɔnˈroːvia
Mons (Be.) mõːs
Monseigneur mõsɛˈɲœːʀ
Monsieur, pl. Messieurs (f.) mə-
sjøː, mɛˈsjøː
Monsignore monsiˈɲoːrə
Monster(konzert usw.) ˈmɔn-
stər-, -ɛʀ-
Monstranz mɔnˈstrants
monströs mɔnˈstrøːs
Monstrum ˈmɔnstrʊm
Monsun mɔnˈzuːn
Montafon (Ö.) mɔntaˈfoːn
Montag ˈmoːntaːk
Montage mɔnˈtaːʒə; (f.) mõ-
Montagu(e) (e.) ˈmɔntəgjuː
Montaigne mõˈtɛɲ
Montan(union usw.) mɔnˈtaːn-
Montana (N.-A.) mɔnˈtaːnə

Montano (Sh., Ot.) monˈtaːno
Montauban mõtoˈbã
Mont-Blanc mõˈblã
Mont-Cenis ˌmõ səˈni
Monte Carlo (it.) ˌmonte ˈkarlo
Monte Cassino ˌmonte kaˈsiːno
Montecatino (G., Tasso) monte-
kaˈtiːno
Montecchi monˈteki
Montecuccoli monteˈkukoli
Montélimar mõteliˈmaːʀ
Montelius mɔnˈteːlius
Montemayor (sp.) mɔntemaˈjɔr,
-ʀ
Montenegro mɔnteˈneːgro
Monterone (Verdi, Rig.) monte-
ˈroːne
Monte Rosa (It.) ˌmonte ˈroːza
Monterrey (M.-A.) mɔnteˈrɛĭ
Montesi monˈteːsi
Montesquieu mõtɛsˈkjø
Montessori monteˈsɔːri
Monteur ¹mɔnˈtøːr; ²-ʀ; (f.) mõ-
ˈtœːʀ
Monteverdi monteˈverdi
Montevideo mɔnteβiˈðeːo
Monte Viso (Berg, It.) ˌmonte
ˈviːzo
Montez ˈmɔntɛs
Montezuma monteˈsuma,
-ˈtsuːma
Montferrat mõfɛˈʀa
Montfleury mõflœˈʀi
Montford (Wilde) ˈmɔntfət
Montfort (f.) mõˈfɔːʀ
Montgelas mõʒəˈla
Montgolfier mõgɔlˈfje
Montgolfiere mõgɔlˈfjɛːʀə
Montgomery (e.) məntˈgʌmərɪ
(De) Montherlant (f.) mõtɛʀˈlã
montieren mɔnˈtiːrən
Montjoye (f., Sh., H. V.) mõ-
ˈʒwa
Montluçon mõlyˈsõ
Montmartre mõˈmaʀtʀ(ə)
Montmorency (F.) mõmɔʀãˈsi
Montpellier (F.) mõpɛˈlje
Montreal mɔntriˈɔːl

Montreux mõ'tʀø
Montserrat mɔnsɛ'rat
Montur mɔn'tuːr, -ʀ
Monument monu'mɛnt
monumental monumɛn'taːl
Monza 'montsɑ
Moor ¹moːr; ²-ʀ
Moore (e.) 'muə
Moos moːs
moosig, -sige, -s'ge ¹'moːzɪç,
  -zɪɡə, -zɡə; ²-ẕ-, -ẕɡə
Mop mɔp
Moped 'moːpɛt
Mora, -re 'moːrɑ, -rə
Moral mo'raːl
Morales (sp., Bizet, Carmen)
  mo'rɑlɛs
Moralität morali'tɛːt
Moräne mo'rɛːnə
Morast mo'rast
Moratorium mora'toːriʊm
Morava (Fl., Tsch.) 'morava,
  (dt.) March
morbid, -de mɔr'biːt, -də
Morbidität mɔrbidi'tɛːt
Morchel ¹'mɔrçəl; ²-ʀçl̩
Mord ¹mɔrt; ²-ʀt
Mordax (Gra., Scherz.) 'mɔr-
  daks
Mordent (mus.) mɔr'dɛnt
Mörder ¹'mœrdər; ²-ʀdɛʀ
Mordvinen (Ru.) mɔrd'viːnən
More 'morə
Morea mo'reːɑ
Moréas (f.) mɔʀe'aːs
Moreau (f.) mɔ'ʀo
Morel (e.) mə'rel
Morelle mo'rɛlə
Mores 'moːreːs
Morgan (e., Sh., Cymb.) 'mɔː-
  ɡən, (dt.) 'mɔrgɑn
morganatisch mɔrga'naːtɪʃ
Morgarten 'moːrgɑrtən
Morgen, m- ¹'mɔrgən; ²-ʀgn̩
morgendlich ¹'mɔrgəntlɪç; ²-nd̩l-
Morgue 'mɔʀɡ(ə)
Mörissee (Äg.) 'møːrɪsze:
Moritat 'moːritaːt

Morley 'mɔːli
Mormone mɔr'moːnə
Morone (Pfi., Pal.) mo'roːne
Morphem mɔr'feːm
Morpheus 'mɔrfɔøs
Morphinist mɔrfi'nɪst
Morphium 'mɔrfiʊm
Morphologie mɔrfolo'ɡiː
Morris (e.) 'mɔris
Morrison 'mɔrisn
Moers møːrs
morsch ¹mɔrʃ; ²-ʀʃ
Morse (e.) mɔːs
Morsealphabet 'mɔrzə|alfɑːbeːt
morsen ¹'mɔrzən; ²-ʀzn̩
Mörser ¹'mœrzər; ²-ʀzɛʀ
Mortadella mɔrta'dɛlɑ
Mortaigne (Gr., Rob.) mɔʀ-
  'tɛɲ(ə)
Mortalität mɔrtali'tɛːt
Mörtel ¹'mœrtəl; ²-ʀtl̩
Morten (dä. Vn.) 'mɔʀtn̩
Mortimer (e.) 'mɔːtimə (Sch.,
  M. St.) 'mortimɛr, -ʀ
Morton (Sh., R. III) 'mɔːtn
Moruccio (D'Albert, Tiefl.) mo-
  'rutʃo
Morus 'moːrʊs
Mosaïk moza'i:k, (ö.) -'ik
mosaïsch mo'za:|ɪʃ
Mosambik s. Moçambique
Moschee mɔ'ʃeː
Moscherosch 'mɔʃərɔʃ
Mosciński (po.) mɔ'ɕtɕiɲski
Moscón (Cald., Magier) mɔs-
  'kɔn
Moschus 'mɔʃʊs
Moses 'moːzɛs
Mösien 'møːziĕn
Moskau 'mɔskao, (ru.) Moskva
Moskito mɔs'kiːto, (ö.) -'kitɔ
Moskowiter mɔsko'viːtər, -ɛʀ
Moskva (Ru.) ma'skvɑ, (dt.)
  Moskau
Moslem s. Muslim
Moslem (liga) 'mɔslem(liːɡɑ)
moslemisch mɔs'leːmɪʃ
Mosley (e.) 'mɔzli, 'moŭzli

Mosolov (ru.) mɔsaˈłɔf
Mossul (As.) ˈmoːsʊl
Most mɔst
Mostar (Jug.) ˈmɔstaːr, -ʁ
Mostrich ¹ˈmɔstrɪç; ²-tʁ-
Moszkowski mɔʃˈkɔfski
Motala (Schw.) ˈmuːtala
Motel moˈtɛl
Motette moˈtɛtə
Motion moˈtsïoːn
Motiv, -ve moˈtiːf, -və
motivieren motiˈviːrən
(con) moto (it.) (kɔn) mɔːto
Motor, pl. -ren ˈmoːtɔr, -ʁ,
    moˈtoːr, -ʁ; moˈtoːrən
motorisch moˈtoːrɪʃ
motorisieren motoriˈziːrən
Motorrad ˈmoːtɔrˌɾaːt, -ˈ- -, -ʀʀ-
Motte ˈmɔtə
Mottl mɔtl
Motto ˈmɔto
Mottram (e.) ˈmɔtrəm
mouillieren muˈjiːrən
Moulinet (f.) muliˈne
Moulins (F.) muˈlɛ̃
Moundsgebirge ˈmaundzgəbɪrgə
Mountbatten mauntˈbætn
Mount Everest maunt ˈɛvərist
Mount Palomar maunt ˈpæləmaː
moussieren muˈsiːrən
Moustérien (f.) musteˈʀjɛ̃
Movens ˈmoːvɛns
Mowbrai, -ay (Sh., R. II)
    ˈmoubrei, -bri
Möwe ˈmøːvə
Mozart ˈmoːtsart
Mozyŕ (Ru.) ˈmɔːzirj
Mucius ˈmuːtsïʊs
Mücke ˈmʏkə
müde ˈmyːdə
Mudir muˈdiːr, -ʁ
Muezzin muǀˈɛðɪn
Muff, -ffe mʊf, -fə
muffig, -ige ˈmʊfɪç, -ɪgə
Mufflon ˈmʊflɔ̃, -lɔn
Mufti ˈmʊfti
Muhammed muˈhaməd
Mühe ˈmyːə

(sich) mühen ˈmyːən
Mühle ˈmyːlə
Mühlhausen myːlˈhaozən
Muhme ˈmuːmə
Mühsal ¹ˈmyːzaːl; ²-z̧-
mühsam ¹ˈmyːzaːm; ²-z̧-
Mukačevo (Ukr.) muˈkaːtʃɛvɔ
Mukden ˈmukdɛn
Mulatte muˈlatə
Mulde ˈmʊldə
Muley (Cald., Sch., Shaw)
    muˈlɛj
Mulhammer (Eliot) ˈmʌlhæmə
Muli ˈmuːli
Mulier Samaritana (G., Faust)
    ˌmuːlier zamariˈtaːna
Mull mʊl
Müll mʏl
Müllabfuhr ¹ˈmʏlǀapfuːr; ²-ʁ
Müller ¹ˈmʏlər; ²-ɛʁ
Muller (e.) ˈmʌlə
Mulm mʊlm
mulmig, -ige ˈmʊlmɪç, -ɪgə
multilateral mʊltilateˈraːl,
    ˈ- - - - -
multipel ¹mʊlˈtiːpəl; ²-pl̩
multiplex ˈmʊltiplɛks
Multiplikation mʊltiplika-
    ˈtsïoːn
multiplizieren mʊltipliˈtsiːrən
Multiplum ˈmʊltiplʊm, -ˈ- -
Mulus ˈmuːlʊs
Mumie ˈmuːmiə
Mumme ˈmʊmə
mummeln ˈmʊməln
mümmeln ˈmʏməln
Mummenschanz ˈmʊmənʃants
Mumps mʊmps
Munch mʊŋk
München ˈmʏnçən
Mund, pl. Münder ¹mʊnt, ˈmʏn-
    dər; ²-dɛʁ
Mundart ¹ˈmʊntǀaːrt; ²-tǀaːʁt
Mündel ¹ˈmʏndəl; ²-dl̩
munden ¹ˈmʊndən; ²-dn̩
münden ¹ˈmʏndən; ²-dn̩
mundgerecht ¹ˈmʊntgərɛçt;
    ²-ǵeʁ-

mündig, -ige, -ge ˈmʏndɪç, -ɪgə, -gə

mündlich ¹ˈmʏntlɪç; ²-dl-

mundtot ˈmʊnttoːt

Mundvorrat ¹ˈmʊntfoːrɾaːt; ²-ʀʀ-

Mungo ˈmʊŋgo

Munition muniˈtsĭoːn

munizipal munitsiˈpaːl

Munkács (ung.) ˈmuŋkaːtʃ

Munkácsy (magy.) ˈmuŋkaːtʃi

munkeln ˈmʊŋkəln

Münster ¹ˈmʏnstər; ²-ɛʀ

Munster (Ir.) ˈmʌnstə, (ir.) **Mumha**

munter ¹ˈmʊntər; ²-ɛʀ

Münze ˈmʏntsə

Mur (ö.) muːr

Murad muˈrat

Murat (f.) myˈʀɑ

Muräne muˈrɛːnə

Muratori muraˈtoːri

mürbe ¹ˈmʏrbə; ²-ʀbə

Murcia ˈmurθĭa

Murdoch (e.) ˈməːdɔk

Mure ˈmuːrə

Murger (f.) myʀˈʒɛːʀ

Muriel ˈmjuəriəl

Murillo muˈrifio

Murmansk (Ru.) ˈmurmansk

murmeln ¹ˈmʊrməln; ²-ʀməln

Murmeltier ¹ˈmʊrməltiːr; ²-ʀml̩tiːʀ

Murner ˈmʊrnər, -ɛʀ

Murphy ˈməːfi

Murray ˈmʌri

murren ˈmʊrən

Murten ˈmʊrtən

Murzaveckij, fm. -kaja (ru.) murzaˈvjɛtskij, -kaja

Mürzzuschlag mʏrtsˈtsuːʃlaːk

Mus, gen. -ses ¹muːs, ˈmuːzəs; ²-ẕ-

Musaget muzaˈgeːt

Musäus muˈzɛːʊs

Muschel ¹ˈmʊʃəl; ²-ʃl̩

Muse ¹ˈmuːzə; ²-ẕə

museal muzeˈaːl

Muselman(n) ¹ˈmuːzɔlmɑn; ²-ẕl̩-

Musette (Pu., Boh.) myˈzɛt

Museum muˈzeːʊm

Musica (Claudel) ˈmuːsika

Musik ¹muˈziːk; ²-ẕ-

Musical ˈmjuːzikəl

musikalisch ¹muziˈkaːlɪʃ; ²-ẕ-

Musikant ¹muziˈkant; ²-ẕ-

Musiker ¹ˈmuːzikər; ²-ẕikɛʀ

Musikus ¹ˈmuːzikʊs; ²-ẕ-

Musil (tsch., dt. Autor) ˈmusil

musisch ¹ˈmuːzɪʃ; ²-ẕ-

musivisch muˈziːvɪʃ

musizieren ¹muziˈtsiːrən; ²-ẕ-

Muskat (Gewürz) mʊsˈkaːt, (schwz.) ˈ- -, (ö.) ˈmuskat

Muskat (Liliom) ˈmuskat

Muskateller ¹mʊskaˈtɛlər; ²-ɛʀ

Muskatnuß mʊsˈkaːtnʊs

Muskel ¹ˈmʊskəl; ²-kl̩

Muskete mʊsˈkeːtə

Musketier mʊskeˈtiːr, -ʀ

Muskulatur mʊskulaˈtuːr, -ʀ

muskulös mʊskuˈløːs

Muslim ˈmuslim

Musselin mʊsəˈliːn

müssen, muß ¹ˈmʏsən, mʊs; ²-sn̩

Musset myˈsɛ

Mussolini musoˈliːni

Mussorgskij (ru.) ˈmusɔrkskij

Muspilli ˈmuːspɪli

Muße ˈmuːsə

müßig, -ige ˈmyːsɪç, -ɪgə

Müßiggang ¹ˈmyːsɪçgaŋ; ²-çg̊-

Mustafa, -pha ˈmʊstafa

Mustang ˈmʊstaŋ

Muster ¹ˈmʊstər; ²-ɛʀ

Mut muːt

Muta ˈmuːta

Mutation mutaˈtsĭoːn

mutadis mutandis (lt.) muːˌtaːtiːs muːˈtandiːs

muten ¹ˈmuːtən; ²-tn̩

mutieren muˈtiːrən

mutig, -ige ˈmuːtɪç, -ɪgə

Mutius ˈmuːtsĭʊs

mutlos ¹'muːtloːs; ²-d̦l-
mutmaßen ¹'muːtmaːsən; ²-sn̦
Mutter ¹'mʊtər; ²-ɛʁ
Muttergottes(bild) ¹mʊtər-
   'gɔtəs-; ²-tɛʁ'g-
Mutterrecht ¹'mʊtərrɛçt; ²-ɛʁʁ-
mutuell mutu|'ɛl
Mutung 'muːtʊŋ
mutwillig, -ige 'muːtvɪlɪç, -ɪgə
Mütze mʏtsə
Muzaffer ed-Din mu'zafer
   ed-'diːn
My (gr. Buchst.) myː
Mydas (Suppé, Galathee)
   'myːdas
Mykenä my'keːnɛ
Mykolajiv (Ukr.) mikə'łajiŭ,
   vgl. (ru.) Nikolajev
Mykose my'koːzə
Mylady mi'leidi
Mylord mi'lɔrd, (e.) mi'lɔːd
Mynheer (Mijn-, holl.) mə'neːr
Myokarditis myokar'diːtɪs
Myom my'oːm
Myop, -pe my'oːp(ə)
Myopie myo'piː

myopiseh my'oːpɪʃ
Myosotis myo'zoːtɪs
Myrdal (schw.) 'myːrdaːl,
   (Norw.) 'myːrdɑl
Myriade myri'aːdə
Myrmidonen mʏrmi'doːnen
Myron 'myːrɔn
Myrrhe 'mʏrə
Myrte ¹'mʏrtə; ²-ʁtə
Myrtoele (D'Alb., T. A.)
   'mʏrtokle
Mysien 'myːziən
Myslowitz 'mislɔvits
mysteriös mʏsteri'øːs
Mysterium mʏs'teːriʊm
Mythen(stock usw.) 'myːtən-
Mystifax (Nestroy) 'mʏstifaks
Mystifikation mʏstifika'tsĭoːn
mystifizieren mʏstifi'tsiːrən
Mystik 'mʏstɪk
Mystizismus mʏsti'tsɪsmʊs
Mythe 'myːtə
Mythologie mytolo'giː
Mythus 'myːtʊs
Mytilene myti'leːne
Myzel my'tseːl

N

n ɛn
Naab naːp
Nabe 'naːbə
Nabel ¹'naːbəl; ²-bl̦
Nabob 'naːbɔp
Nabuchodonosor nabu:xɔdɔnɔ-
   'sɔr, -ʁ
nach naːx
nachahmen 'naːx|aːmən
Nachbar ¹'naxbaːr; ²-xb̦aʁ
nachdem ¹naːx'deːm; ²-x'd̦-
nacheinander ¹naːx|ae'nandər;
   ²-ɛʁ
Nachen ¹'naxən; ²-xn̦
nachgerade ¹'naːxgə͵raːdə;
   ²-xg̊e͵ʁ-

Nachhut 'naːxhuːt
Nachičevań (Kauk.) naxitʃɛ'vaɲ
Nachmittag 'naːxmɪtaːk, 'nax-
Náchod 'naːxɔt
nächst nɛːçst
nächstdem ¹nɛːçst'deːm; ²-t'd̦-
Nacht, pl. Nächte naxt, 'nɛçtə
Nachteil 'naːxtael
Nachteilzug 'naxt|aeltsuːk
Nachtigall 'naxtɪgal
nächtigen ¹'nɛçtɪgən; ²-gn̦
Nachtisch 'naːxtɪʃ
nächtlich ¹'nɛçtlɪç; ²-d̦l-
nachtschlafend 'naxtʃlaːfənt
Nachttisch 'naxttɪʃ
Nachwuchs 'naːxvuːks

Nackedei 'nakədae
Nacken ¹'nakən; ²-kn̩
nackend, nackt ¹'nakənt, nakt;
 ²-kn̩t
Nádasdy (magy.) 'naːdɔʒdi
Nadel ¹'naːdəl; ²-dl̩
Nadelöhr ¹'naːdəl‖øːr; ²-dl̩‖øːʁ
Nadine (Web., Ob.) na'diːnə
Nadir (Bizet) na'diːr, -ʁ
Nadja (ru. Vn.) 'nadja
Nadoleczny nado'letʃni
Nadowessier nado'vesĭər, -ɛʁ
Nadson (ru.) 'naːtsən
Naëmi (bi.) 'naː|emi
Nagajka (ru.) na'gaĭka
Nagasaki (Jap.) naga'saki
Nagel, pl. Nägel ¹'naːgəl, 'nɛːgəl;
 ²-gl̩
Nagelfluh ¹'naːgəlfluː; ²-gl̩-
Nagellack ¹'naːgəl̩lak; ²-gl̩_l-
nagen ¹'naːgən; ²-gn̩
Nagib (äg.) na'giːb
Nagoja (Jap.) ˌnagoːja
Nagold 'naːgɔlt
Nagpur (S.-As.) 'naːgpur, -ʁ
Nagy (magy.) nɔdj
Nagyfaludy (Benatzky) 'nɔdj-
 fɔludi
Nagykanizsa (Ung.) 'nɔtjkɔniʒɔ
nah, -he naː, 'naːə
Nahas Paša (äg.) na'haːs 'paʃa
Nähe 'nɛːə
nahen 'naːən;
nähen 'nɛːən
nähern ¹'nɛːərn; ²'nɛːɛʁn
Nahost naː|'ɔst
Naht naːt
nahtlos ¹'naːtloːs; ²-dl-
Nahum (bi.) 'naːhʊm
Nain (bi.) 'naːɪn
Nairobi (Afr.) nai'roːbi
naiv, -ve na|'iːf, -|'iːvə
Naivität na|ivi'tɛːt
Najade na'jaːdə
Nakel 'naːkəl
Nala (ind.) 'nala
Nal'čik (Kauk.) 'naːfitʃik
Namangan (Tu.) namang'aːn

Name, -en 'naːmə, -ən
namentlich ¹'naːməntlɪç; ²-dl-
nämlich 'nɛːmlɪç
Namslau 'namslao
Namur na'myːʁ
na na! na 'na
Nancy nã'si
Nancy (e., Britten) 'nænsi
Nando (D'Albert, Ti.) 'nando
Nandu 'nandu
Nanga Parbat (Berg) 'naŋga
 'parbat
Nänie 'nɛːniə
Nanjac (f., Wilde) nã'ʒak
Nanking 'naŋkɪŋ
Nanna 'nana
Nannette (Gra.) na'nɛt(ə)
Nanny (e. Vn.) 'næni
Nansen 'nansən
Nantes nãːt
nanu! na'nuː
Napf, pl. Näpfe napf, 'nɛpfə
Naphtha 'nafta
Naphthali (bi.) 'naftali
Naphtalin nafta'liːn
Napier (e.) 'neipiə
Napoleon na'poːleon
napoleonisch napole'oːnɪʃ
Napoli 'naːpoli
Narbe ¹'narbə; ²-ʁbə
Narbonne (F., Sch., Par.)
 naʁ'bɔn
Narcissino (Suppé, Bocc.)
 nartʃi'siːno
Narde ¹'nardə; ²-ʁdə
Narenta (Fl.) na'rɛnta
Narew (Fl.) 'narɛf
Nargileh nar'giːle
Narkose nar'koːzə
narkotisch nar'koːtɪʃ
Narr ¹nar; ²-ʁ
Narraboth (R. Strauß, Salome)
 'narabot
Narretei narə'tae
Narriman nari'maːn
Narses 'narzɛs
Narva (Estl.) 'narva
Narvik (No.) 'narvik

Narwal 'narvaːl
Narziß nar'tsɪs
Narzisse nar'tsɪsə
Narzißmus nar'tsɪsmʊs
nasal na'zaːl
naschen ¹'naʃən; ²-ʃn̩
Näschen ¹'nɛːsçən; ²'-çn̩
Nase ¹'naːzə; ²-ẕ-
Nashorn ¹'naːshɔrn; ²-ʀn
Nashville (N.-A.) 'næʃvil
Nasir ed-Din (pers.) 'naːsir
   ed-diːn
Nasiräer nazi'rɛːər, -ɛʀ
Nasoni (Mill., Gasp.) na'soːni
Nasr-ed-Din (tü.) 'nasr ed-'din
naß nas
Nassau 'nasao
nässen ¹'nɛsən; ²-sn̩
Nastasja (ru. Vn.) nas'taːsja
Nastja (ru. Vn.) 'nastja
Nastuch 'naːstuːx
Natal na'taːl, (e.) nə'tæl
Natalie na'taːliə
Natal'ja, -taša (ru. Vn.)
   na'taɦija, -'taʃa
Nathan 'naːtan
Nathanaël (bi.) na'taːnaɛl
Nation na'tsïoːn
national natsïo'naːl
Nationalist natsïona'lɪst
Nationalökonomie natsïo'naːl|-
   økono‚miː
Natives (e.) 'neitivz
Nativität nativi'tɛːt
Natrium 'naːtriʊm
Natron 'naːtrɔn
Natter ¹'natər; ²-ɛʀ
Natur ¹na'tuːr; ²-ʀ
Naturalien natu'raːliən
naturalisieren naturali'ziːrən
Naturalist natura'lɪst
Naturallohn natu'raːlǀoːn
Naturell natu'rɛl
natürlich ¹na'tyːrlɪç; ²-ʀlǀ-
Naue 'naoə
Naukleros (Gri., Wellen)
   nao'kleːrɔs
Nauplia 'naoplia

Nauplion (gr.) 'naopliɔn, (ngr.)
   Nafplion 'nafpliɔn
Nausikaa nao'ziːka-a
Nautik 'naotɪk
Nautilus 'naotilʊs
Navarino nava'riːno
Navarra na'vara
Navel 'naːvəl; (e.) 'neivəl
Navigation naviga'tsïoːn
Naxos 'naksɔs
Nazarener natsa're:nər, -ɛʀ
Nazareth 'naːtsarɛt
Nazi 'naːtsi
Neander ne'andər, -ɛʀ
Neapel ne'aːpəl
Nebel ¹'neːbəl; ²-bl̩
Nebelhorn ¹'neːbəlhɔrn; ²-bl̩-
   hɔʀn
neben ¹'neːbən; ²-bn̩
Nebogatov (ru.) ɲɛba'gaːtɔf
Nebraska (N.-A.) nɪ'bræskə
nebst neːpst
Nebukadnezar neːbukat'neːtsar,
   -ʀ
nebulos (-lös) nebu'loːs (-'løːs)
Nečajev (ru.) ɲe'tʃaːjef
n. Chr. ¹naːx 'krɪsto; ²-'kʀ-
n. Chr. G. ¹naːx ‚krɪsti gə'buːrt;
   ²-‚kʀɪsti ǧe'buːʀt
Necessaire nese'sɛːʀ
Neckar 'nɛkar, -ʀ
Neckargemünd nɛkargə'mʏnt
Neckarsulm nɛkarsǀ'ʊlm
necken ¹'nɛkən; ²-kn̩
Ned (e. Vn.) nɛd
Needham (Gri., Kob.) 'niːdəm
Neffe 'nɛfə
Negation nega'tsïoːn
negativ, Ne- 'neːgatiːf, - -'-
Neger ¹'neːgər; ²-ɛʀ
negieren ne'giːrən
Negligé negli'ʒe
Negovskij (ru.) ɲɛ'gɔːfskij
Negri (it.) 'neːgri
negrid, -groid ne'griːt, -gro'iːt
Negro Spiritual (e.) 'niːgroʊ
   'spiritjŭəl
Negus 'neːgʊs

Nehemia (bi.) nehe'mi:ɑ
nehmen 'ne:mən
Nehru 'ne:hru
Nehrung 'ne:rʊŋ
Neid naet
neigen ¹'naegən; ²-gn̩
nein naen
Neiße 'naesə
Nekrasov (ru.) ɲɛ'krɑ:səf
Nekrolog nekro'lo:k
Nekromant nekro'mant
Nekropole, -lis nekro'po:lə,
ne'kro:polɪs
Nekrose ne'kro:zə
Nektar 'nɛktɑr, -ʁ
Nelidov (ru.) ɲe'ɲi:dɔf
Nelke 'nɛlkə
Nelly (Vn.) 'nɛli
Nelson 'nɛlsn
Nelson (Ringen) 'nɛlzən
Nelusco (Mey., Afr.) ne'lʊsko
Němcová (č.) 'ɲɛmtsɔva:
Nemea ne'me:ɑ
Nemesis 'nemezɪs
nennen, nannte 'nɛnən, 'nantə
Nenni (it.) 'nɛni
Neodym ne|o'dy:m
neolithisch, -ikum ne|o'li:tɪʃ,
-ikʊm, (ö.) -'litɪʃ
Neon 'ne:|ɔn
Neoptolemos neɔp'tolemɔs
Neoterpe (G.) neo'tɛrpe
Nepal ne'pɑ:l
Nephrit ne'fri:t
Neophyt ne|o'fy:t
Nepos 'ne:pɔs
Neo(verismus usw.) ne|o(ve'rɪs-
mʊs)
Neozoikum ne|o'tso:ikʊm
Nephritis ne'fri:tɪs
Nepomuk 'ne(:)pomʊk
Nepotismus nepo'tɪsmʊs
Neptun, -nus nɛp'tu:n, -nʊs
Nereïden (G., Faust) nere-'i:dən
Nereus (G.) 'ne:rɔøs
Nerissa (Sh., Kaufm.) ne'rɪsɑ
Nero 'ne:ro
neronisch ne'ro:nɪʃ

Nerthus 'nɛrtʊs
Neruda (č.) 'nɛruda, (sp.) ne'ru-
ða
Nerv, pl. -ven ¹nɛrf, -fən; ²-ʁf,
-ʁfn̩
Nerva 'nɛrva
Nerval nɛr'va:l
nervig, -ige 'nɛrvɪç, -ɪgə, (ö.)
-fɪk
nervös ¹nɛr'vø:s; ²-ʁ'v-
Nervosität nɛrvozi'tɛ:t
nervus rerum (lt.) ˌnɛrvʊs 're:-
rʊm
Nerz ¹nɛrts; ²-ʁts
Nessel ¹'nɛsəl; ²-sl̩
Nessos 'nɛsɔs
Nest nɛst
nesteln ¹'nɛstəln; ²-tl̩n
Nesthäkchen ¹'nɛsthɛ:kçən; ²-çn̩
Nestor 'nɛstɔr, -ʁ
Nestorianer nɛstori'ɑ:nər, -ɛʁ
Nestroy 'nɛstrɔø
nett nɛt
netto 'nɛto
Netz nɛts
Netze (Fl.) 'nɛtsə
netzen ¹'nɛtsən; ²-tsn̩
neu nɔø
Neuapostoliker ¹'nɔø|apɔsto:li-
kər; ²-lɪkɛʁ
neuartig, -ige ¹'nɔø|a:rtɪç, -ɪgə;
²-a:ʁt-
Neubrandenburg nɔø'brandən-
bʊrk
Neuchâtel (Schwz.) nøʃa'tɛl
neuerdings ¹'nɔøərdɪŋs; ²-ɛʁd-
Neufundland nɔø'fʊntlant
Neugierde ¹'nɔøgi:rdə; ²-ʁdə
neugierig, -ige 'nɔøgi:rɪç, -ɪgə
Neuguinea nɔøgi'ne:ɑ
Neuigkeit 'nɔøɪçkaet
Neuilly nœ'ji
Neujahr ¹'nɔøja:r; ²-ʁ
neulich 'nɔølɪç
Neumen 'nɔømən
Neumünster (Dt.) nɔø'mʏnstər,
-ɛʁ
neun nɔøn

Neuordnung ¹'nɔø|ɔrdnʊŋ;
  ²-ʁd̥n-
Neuralgie nɔøral'gi:
neuralgisch nɔø'ralgɪʃ
Neurasthenie nɔøraste'ni:
Neurastheniker ¹nɔøras'te:nikər;
  ²-ɪkɐʁ
Neuritis nɔø'ri:tɪs
Neurologie nɔørolo'gi:
Neurose nɔø'ro:zə
Neusandez (Po.) nɔø'sandɛts,
  (po.) Nowy Sącz
Neusiedl (Ö.) 'nɔøzi:dl̩
Neustrien 'nɔøstriən
Neusüdwales nɔøzy:t'weilz
Neutra (Slow.) 'nɔøtra
neutral nɔø'tra:l
neutralisieren nɔøtrali'zi:rən
Neutralität nɔøtrali'tɛ:t
Neutron, pl. -nen 'nɔøtrɔn,
  -'tro:nən
Neutrum 'nɔøtrʊm, (ö.) 'ne|u-
  trʊm
Neuveville (F.) nœv'vil
Neuvillette (Ross., Cyr.)
  nøvi'jɛt
Neuwied nɔø'vi:t
Neva (Fl.) ɲɛ'va:
Neverov (ru.) ɲe'vjɛ:rɔf
Nevers (Fl.) nə'vɛ:ʁ
Neveux (f.) nə'vø
Nevskij (Prospekt usw.)
  'ɲɛfskij
Newcastle 'nju:ka:sl
New Deal (e.) nju:'di:l
Newfoundland nju:fənd'lænd
New Hampshire nju:'hæmpʃiə
New Jersey nju:'dʒə:zi
Newman 'nju:mən
Newmarket 'nju:ma:kit
New Orleans nju:'ɔ:liənz
Newport 'nju:pə:t
Newscome 'nju:skəm
Newton 'nju:tn
New York nju:'jɔ:k
Nexus 'nɛksʊs
Ney nae, (f.) nɛ
Nganhuei (Prov., Chi.) 'anxŭeï

Niagara nia'ga:ra, (e.)nae'ægərə
Nibelungen 'ni:bəlʊŋən
Nicaragua nika'ra:gua
Niccolò (it.) niko'lɔ
Nicholas (e. Vn.) 'nikələs
nicht nɪçt
Nichtachtung 'nɪçt|axtʊŋ
Nichte 'nɪçtə
nichtig, -ige 'nɪçtɪç, -ɪgə
nichts nɪçts
nichtssagend ¹'nɪçts͡za:gənt;
  ²-s͡z-
Nichtsnutz 'nɪçtsnʊts
Nickel ¹'nɪkəl; ²-kl̩
nicken ¹'nɪkən; ²-kn̩
Nicobar (Shaw, Kaiser) 'nikou-
  ba:
Nicola (it. Vn.) 'ni:kola
Nicole (f.) ni'kɔl
Nidaros (No. Drontheim)
  'ni:daro:s
Nidda 'nɪda
nieder, niederer, niederste
  ¹'ni:dər, 'ni:dərər, 'ni:dərstə;
  ²-ɐʁ, -ɐʁɐʁ, -ɐʁstə
Niederdruck ¹'ni:dərdrʊk;
  ²-ɐʁd̥ʁ-
Niederlausitz ni:dər'laozɪts
Niederösterreich ¹'ni:dər|-
  ø:stəraeç; ²-dɐʁ|ø:stɐʁaeç
niederreißen ¹'ni:dərraesən;
  ²-ɐʁʁaesn̩
niederstürzen ¹'ni:dərʃtʏrtsən;
  ²-ɐʁʃtʏʁtsn̩
niederträchtig, -ige ¹'ni:dərtrɛç-
  tɪç, -ɪgə; ²-ɐʁtʁ-
niedlich ¹'ni:tlɪç; ²-d̥l-
niedrig, -ige 'ni:drɪç, -ɪgə
Niel (ndl.) ni:l, (f.) njɛl
Niello 'nĭɛlo
Niels ni:ls; (dä.) ne:ls
niemand 'ni:mant
Niemen (po., Fl.) 'ɲɛmɛn, (dt.)
  Memel
Niere 'ni:rə
niesen, nieste ¹'ni:zən, 'ni:stə;
  ²-z̩n
Nießbrauch ¹'ni:sbraox; ²-b̥ʁ-

Niesky 'niːski
Nietzsche 'niːt(s)ʃə
Nieswurz ¹'niːsvʊrts; ²-ʁts
Niet(e) niːt(ə)
nieten ¹'niːtən; ²-tn̩
Nieuwpoort (Be.) 'niːŭpoːrt
Niflheim 'niːflhaem
Niger (Fl.) 'niːgər, -ɛʁ
Nigeria (Afr.) ni'geːria
Nigger ¹'nɪgər; ²-ɛʁ
Nightingale 'naitiŋgeil
Nihilismus nihi'lɪsmʊs
Nihilist nihi'lɪst
Nijmegen 'nɛĭmeːxə, (dt.) Nim-
  wegen
Nikäa ni'kɛːa
Nikander, -dros ni'kandər, -ɛʁ,
  -drɔs
Nikanor (Ludw., Makk.)
  ni'kaːnər, -ʁ
Nike 'niːke
Nikias 'niːkias
Nikita (ru. Vn.) ɲi'kiːta
Nikitič (Muss.) ɲi'kiːtitʃ
Nikitin (ru.) ɲi'kiːtin
Nikiphor (Suppé, Fat.)
  niki'fɔr, -ʁ, -'foːr, -ʁ
Niklas (G.) 'niːklas
Nikobaren (Inseln) niko'baːrən
Nikodemus niko'deːmʊs
Nikol 'nɪkɔl
Nikolaj (ru. Vn.) ɲika'łaːj
Nikolajev (Ukr., ru.) ɲikała:jɛf,
  (ukr.) Mykolajiv
Nikolajevič, fm. -vna (ru. Vat.)
  ɲika'łaːjevitʃ, -jɛvna
Nikolajevsk (Ru.) ɲika'łaːjɛfsk
Nikolaus 'ni(ː)kolaos
Nikolo niko'loː
Nikomedes niko'meːdɛs
Nikopol (Bg.) ni'kɔpol
Nikotin niko'tiːn
Nil niːl
Niles (e.) nailz
Nilpferd ¹'niːlpfeːrt; ²-ʁt
Nils (Vn.) nils
Nimbus 'nɪmbʊs
Nîmes nim

nimmer ¹'nɪmər; ²-ɛʁ
Nimptsch nɪmptʃ
Nimrod 'nɪmrɔt
Nimwegen 'nɪmveːgən
Nina (ru. Vn.) 'ɲiːna
Ninive 'niːnive
Ninon (f. Vn.) ni'nɔ̃
Ninočka 'ɲinɔtʃka
Niobe 'niːobe
Niobium ni'oːbiʊm
Niort (F.) njɔːʁ
nippen ¹'nɪpən; ²-pn̩
Nippes 'nɪp(ə)s
Nippsachen ¹'nɪpzaxən;
  ²-psaxn̩
Nirenus (Händel, J. C.) ni-
  'reːnʊs
nirgends ¹'nɪrgənts; ²-ʁg-
Nirwana nɪrvaː'na
Niš (Jug.) niːʃ
Nische 'niːʃə, (ö., schwz. auch)
  'nɪ-
Niß, -sse nɪs, -sə
nisten ¹'nɪstən; ²-tn̩
Nisus (Verg.) 'niːzʊs
Nitocris (Händ., Belsazar) ni-
  'toːkrɪs
Nitrat ni'traːt
Nitrit ni'trɪt
Nitroglyzerin nitroglytsə'riːn
nitschewo nitʃe'voː
Nivea ni'veːa
Niveau ni'vo
Nivelle (f.) ni'vɛl
nivellieren nivɛ'liːrən
Nix, fm. -xe nɪks, -ksə
Nixon 'niksn̩
Nizami (pers.) ni'zaːmiː
Nižinskij (ru.) ɲi'ʒiːnskij
Nižnij Tagil (Ru.) 'ɲiːʒnij ta-
  'giːł
Nižnij Novgorod (Ru.) 'ɲiːʒnij
  'nɔːvgɔrɔt (jetzt Gorkij)
Nizza 'nɪtsa
Njassa 'njasa
Njegus (Lehár, Witwe) 'ɲegus
Nkrumah 'ŋkruːma
Noak 'noːa

nobel ¹'noːbəl; ²-bḷ
Nobel (schw.) no'bɛl
(der) Nobile 'noːbile
nobilitieren nobili'tiːrən
Noblesse no'blɛsə
noblesse oblige nɔˌblɛsɔ'bliːʒ
noch nɔx
Nocturne (f.) nɔk'tyʀn
Noetik no'eːtɪk
Nogat 'noːgat
Nöjd (schw., Strindb.) nœjd
Nockerl ¹'nɔkɛrl; ²-ɛʀl
Noordvijk (Ndld.) 'noːrtwɛɪk
nolens volens (lt.) ˌnoːlɛns
    'voːlɛns
Nolimetangere noːlime'taŋgere
Nomade no'maːdə
Nomen 'noːmɛn
Nomenklatur nomɛnkla'tuːr, -ʀ
Nominal-(wert usw.) nomi'naːl-
Nominativ 'noːminatiːf, - - -'-
nominell nomi'nɛl
nominieren nomi'niːrən
Nonchalance nõʃa'lãːs(ə)
nonchalant nõʃa'lã
Non-cooporation 'nɔnkouǀɔpə-
    'reiʃən
None 'noːnə
Nonius 'noːniʊs
Nonkonformist nɔnkɔnfɔr'mɪst
non liquet (lt.) noːn 'likvɛt
Nonne 'nɔnə
non olet (lt.) noːn 'olɛt
Nonpareille nõpa'ʀɛːj
Nonplusultra (lt.) noːnplʊsǀ-
    'ʊltra
non possumus (lt.) noːn 'pɔsu-
    mʊs
Nonsens 'nɔnzɛns
Nonstop(flug usw.) nɔn'stɔp
    (-fluːk)
Nonvaleur (f.) nõva'lœːʀ
Noppe 'nɔpə
Nora 'noːra
Norbert 'nɔrbɛrt
Nord ¹nɔrt; ²-ʀt
Nordamerika nɔrtǀa'meːrika
    '- - - - -

Nordatlantik ¹¹nɔrtǀatˌlantɪk;
    ²-ʀt
Norddeich 'nɔrtdaeç, -'-
norddeutsch ¹'nɔrtdɔøtʃ; ²-ʀtd̥-
Nordenskjöld (schw.) 'nuːrdn̥-
    ʃœld
Norderney nɔrdər'nae
Nordhäuser ¹'nɔrthɔøzər;
    ²-ʀthɔøʒɛʀ
nördlich ¹'nœrtlɪç; ²-ʀd̥l-
Nordpol ¹'nɔrtpoːl; ²-ʀt-
Nordvietnam nɔrtvi'ɛtnam
Norfolk 'nɔːfək
nörgeln ¹'nœrgəln; ²-ʀgəln
Norikum 'noːrikʊm
Norische Alpen (usw.) ˌnoːrɪʃə
    'alpən
Norm nɔrm
Norma (Bell.) 'nɔrma
normal nɔr'maːl
Normandie nɔrmã'di, (dt.)
    -man'diː
Normanne nɔr'manə
normieren nɔr'miːrən
Norne 'nɔrnə
Norrköping (Schw.) 'nɔr(t)çøː-
    piŋ
Norstad 'nɔːstæd
Northampton nɔː'θæmptən
Northcliffe 'nɔːθklif
Northrop 'nɔːθrəp
Northumberland nɔː'θʌmbələnd
Norton (e.) 'nɔːtn, (L., Samps.;
    Gri., Rob.) 'nɔrton
Norwegen 'nɔrveːgən
Norwich (E.) 'nɔridʒ, (USA)
    'nɔːwidʒ
Nößel 'nøːsəl
Nostalgie nɔstal'giː
Nostogio (Suppé, Bocc.)
    nos'toːdʒo
Nostradamus nɔstra'daːmʊs
Nostrifikation nɔstrifika'tsïoːn
Not noːt
Nota 'noːta
Notabeln no'taːbəln
notabene noːta'beːne
Notar ¹'no'taːr; ²-ʀ

Notariat notari'aːt
notariell notari'ɛl
Notation nota'tsïoːn
Notausgang ¹'noːt|aosgaŋ; ²-g̣-
Notbremse ¹'noːtbrɛmzə;
  ²-b̥ʀɛmz̧ə
Notdurft ¹'noːtd̥ʊrft; ²-td̥ʊʀft
notgedrungen ¹'noːtgədrūŋən;
  ²-g̣ed̥ʀ-
notieren no'tiːrən
notifizieren notifi'tsiːrən
nötig, -ige 'nøːtɪç, -ɪgə
nötigen ¹'nøːtɪgən; ²-gŋ
Notiz no'tiːts, (ö., schwz.) -'tɪts
Notker 'noːtkər, -ɛʀ
Notlage ¹'noːtlaːgə; ²-d̥l-
notlanden ¹'noːtlandən;²-d̥landŋ
notorisch no'toːrïʃ
Nottaufe 'noːtţaofə
Notre Dame nɔtʀə 'dam
Nottingham 'nɔtiŋəm
Notturno no'turno
notwendig, -ige 'noːtvɛndɪç, -ɪgə
Nougat 'nuːgat
Noumenon no'umenɔn
Nouveauté nuvo'te
Nova 'noːva
Novagerio (Pfi., Pal.) nova'dʒeː-
  rio
Novaja Zemlja (Ru.) 'nɔːvaja
  ze'mfia
Novalis no'vaːlɪs
Novara no'vaːra
Novelle no'vɛlə
novellistisch nove'lɪstɪʃ
November ¹no'vɛmbər; ²-ɛʀ;
  (Schwz.) -'fɛm-
Novgorod 'nɔːvgɔrɔt
Novikov (ru.) nɔvi'kɔːf, 'nɔːvi-
  kɔf
Novi Pazar (Jug.) 'nɔvi:'pazaːr,
  -ʀ
Novi Sad (Jug.) 'nɔvi: 'saːd,
  (dt.) Neusatz
Novität novi'tɛːt
Novize no'viːtsə
Noviziat novi'tsïaːt
Novocaïn novoka|'iːn

Novočerkassk (Ru.) nɔvɔtʃɐr-
  'kask
Novorossijsk (Ru.) nɔvɔra'si:jsk
Novosibirsk (N.-As.) nɔvɔsi-
  'biːrsk
Novum (lt.) 'noːvum
Noxe 'nɔksə
Noyon (F.) nwa'jɔ̃
Nowalska (Mill.,Bett.) nɔ'valska
Nowy Sacz (Po.) 'nɔvɨ 'sɔntʃ
Nu nu:
Nuance ny'ã:s(ə)
nuancieren nyã'siːrən
Nubien 'nuːbïən
nüchtern ¹'nʏçtərn; ²-tɛʀn
Nücke 'nʏkə
Nudel ¹'nuːdəl; ²-dl̩
Nudismus nu'dɪsmʊs
Nugat 'nuːgat, (ö.) nu'ga
nuklear nukle'aːr, -ʀ
Nukleïn nukle|'iːn
Null nʊl
Nullinie 'nʊl̩jiːniə
Numana (Web., Ob.) nu'maːna
Numancia (Sp.) nu'manθïa
Numa Pompilius ₁nuːma pɔm-
  'piːlius
Numea nu'meːa
Numen 'nuːmɛn
Numerale nume'raːlə
numerieren nume'riːrən
numerisch nu'meːrɪʃ
Numerus 'numerʊs
Numider 'numiːdər, -ɛʀ
Numidien nu'miːdïən
numinos, -se numi'noːs, -zə
Numismatik numɪs'maːtɪk
Nummer ¹'nʊmər; ²-ɛʀ
nummerisch 'nʊmərɪʃ
nun nuːn, (ö., schwz.) nʊn
Nuño (Cald., Richter) 'nuɲo
Nuntiatur nʊntsïa'tuːr, -ʀ
Nuntius 'nʊntsïus
Nuoro (it.) 'nuːoro
nur ¹nuːr; ²-ʀ
Nureddin (Corn., Barb.)
  nuːrɛ'diːn
Nuri (D'Alb., Ti.) 'nuːri

Nürnberg 'nʏrnbɛrk
Nurse (Miller) nəːs
Nurse (e.) nəːs
Nursidah (Suppé, Fat.) 'nʊrzidɑː
Nürtingen 'nʏrtɪŋən
nuscheln ¹'nʊʃəln; ²-ʃl̩n
Nuß, pl. **Nüsse** nʊs, 'nʏsə
Nüster ¹'nyːstər; ²-ɛʀ;
  (ö., schwz.) 'nʏ-
Nute, nuten ¹'nuːtə, -tən; ²-tn̩
Nuthobel ¹'nuːthoːbəl; ²-bl̩
Nutria 'nuːtria

Nutzen ¹'nʊtsən; ²-tsn̩
nützen ¹'nʏtsən; ²-tsn̩
nützlich 'nʏtslɪç
Ny (gr. Buchst.) nyː
Nyborg (Dä.) 'nybɔr, -ʀ
Nyíregyháza (Ung.) 'ɲiːrɛdjhaːzɔ
Nyköbing (Dä.) 'nykøːbeŋ
Nylon 'naelɔn
Nym (Sh., L. W.) nim
Nymphe 'nʏmfə
Nymphomanie nʏmfomaˈniː
Nystad (Fi.) 'nyːstaːd

O

o oː
Oakland (N.-A.) 'ouklənd
Oakridge 'oukridʒ
Oase o‖'ɑːzə
ob ɔp
Ob (Fl.) ɔp
Obacht 'oːbaxt
Obadja (bi.) o'batja
Obdach ¹'ɔpdax; ²-pd̩-
Obduktion ɔpdʊk'tsi̯oːn
obduzieren ɔpdu'tsiːrən
Obedienz obedi'ɛnts
Obelisk obe'lɪsk
oben ¹'oːbən; ²-bn̩
obenauf ¹oːbən‖'aof; ²-bn̩|-
Ober ¹'oːbɛr; ²-ɛʀ
Oberammergau oːbər-'amərgao
Oberarzt ¹'oːbər|aːrtst; ²-ɛʀ|-
  aːʀtst
Oberau oːbər-'ao
Oberforstmeister ¹oːbərˈfɔrst-
  maestər; ²oːbɛʀˈfɔʀstmaestɛʀ
oberhalb ¹'oːbərhalp; ²-bɛʀ-
Oberhausen 'oːbərhaozən
Oberin ¹'oːbərɪn; ²'oːbɛrɪn
Oberitalien 'oːbəritaːli̯ən
Oberlahnstein oːbərˈlaːnʃtaen
Oberlandesgericht ¹oːbərˈlan-
  dəsgərɪçt, '- -ˌ- - - -;
  ²-ɛʀˈlandəsg̊ɛʀ-

Oberleutnant ¹'oːbərləøtnant;
  ²-ɛʀl-
Oberlin 'oːbərlɪn, -liːn
Oberon 'oːberɔn
Oberösterreich ¹'oːbər|øːstəraeç;
  ²-ɛʀ|øːstɛʀaeç
Obers ¹'oːbərs; ²-ɛʀs
oberschlächtig, -ige ¹'oːbər-
  ʃlɛçtɪç, -ɪgə; ²-ɛʀʃ-
Oberst ¹'oːbərst; ²-ɛʀst
Oberstleutnant ¹oːbərstˈləøt-
  nant; ²-ɛʀst-
Oberursel oːbər‖'ʊrzəl
Oberverwaltungsgericht ¹oːbər-
  fɛrˈvaltʊŋsgərɪçt; ²-ɛʀfɛʀ-
  ˈvaltʊŋsg̊ɛʀɪçt
obgenannt ¹'ɔpgənant; ²-g̊e-
obgleich ¹ɔp'glaeç; ²-ɔp'g̊l-
Obhut 'ɔphuːt
obig, -ige 'oːbɪç, -ɪgə
Objekt ɔp'jɛkt
objektiv ɔpjɛk'tiːf, '- - -
Oblate o'blaːtə; (ö., schwz.) '- - -
obliegen ¹'ɔpliːgən; ²-gn̩
Obliegenheit ¹'ɔpliːgənhaet;
  ²-gn̩-
obligat obli'gaːt
Obligation obliga'tsi̯oːn
obligatorisch obliga'toːrɪʃ
Obligo 'obligo

obliquer Kasus oˈbliːkvər, -ɐ
   ˈkaːzʊs
Obmann ˈɔpman
Oboe oˈboːʃə; (Ö. auch) ˈoːboə
Obolus ˈoːbolʊs
Obotriten oboˈtriːtən
Obrenovič (jug.) ɔˈbrɛːnovitɕ
Obrigkeit [1]ˈoːbrɪçkaet; [2]-bɐ-
obschon ɔpˈʃoːn
Obsequien ɔpˈzeːkviən
Observanz ɔpzɛrˈvants
Observator ɔpzɛrˈvaːtɔr, -ɐ
Observatorium ɔpzɛrvaˈtoːriʊm
Obsidian ɔpzidiˈaːn
obsiegen [1]ˈɔpziːgən; [2]ˈɔpsiːgn̩,
  -ˈ- -
obskur ɔpsˈkuːr, -ɐ
Obst oːpst, (Schwz. auch) ɔpst
Obstetrik ɔpˈsteːtrɪk
obstinat ɔpstiˈnaːt
obstruieren ɔpstruˈiːrən
Obstruktion ɔpstrʊkˈtsi̯oːn
obszön ɔpsˈtsøːn
Obszönität ɔpstsøniˈtɛːt
Obus ˈoːbʊs
obwalten [1]ˈɔpvaltən; [2]-tn̩
obwohl ɔpˈvoːl
O' Casey (e.) ouˈkeisi
Ochlokratie ɔxlokraˈtiː
Ochotskisches Meer ɔˌxɔtskɪʃəs
  ˈmeːr, -ɐ
Ochs, -se ɔks, -sə
ochsen [1]ˈɔksən; [2]-sn̩
Öchsle ˈœkslə
Oeker [1]ˈɔkər; [2]-ɐ
O(c)ker ˈɔkər, -ɐ (ˈoːkər, -ɐ)
Oekham ˈɔkəm
O' Connor (e., Te. Wi.) ouˈkɔnə
Oetavia ɔkˈtaːvia
Oktavian, -nus ɔktaviˈaːn, -nʊs
Oetavio (Sh., W.) ɔkˈtaːvio
Oetavius ɔkˈtaːviʊs
Oeuli oːkuli
Od oːt
Odaliske odaˈlɪskə
Oddfellow (e.) ˈɔdˌfɛlou
Odds ɔdz
Ode ˈoːdə

öde ˈøːdə
Odem ˈoːdəm
Ödem øˈdeːm
Odense (Dä.) ˈoːðn̩sə
Odeon, -eum oˈdeːɔn, -eːʊm
oder [2]ˈoːdər; [2]-ɐ
Odermennig ˈoːdərmɛnɪç
Odesealchi (it.) odɛsˈkalki
Odesa, -ssa (Ukr.) ɔˈdɛsa, (ru.)
  aˈdjɛsa
Odeur (f.) oˈdœːʀ
Odilia oˈdiːlia
Odilo ˈoːdilo
Odin ˈoːdm
odiös odiˈøːs
Ödipus ˈøːdipʊs
Odium ˈoːdiʊm, -dï-
Ödland [1]ˈøːtlant; [2]-dl-
Odo ˈoːdo
Odoaker odoˈaːkər, -ɐ
Odoardo (L., Em.) odoˈardo
Odojevskij (ru.) aˈdɔːjɛfskij
Odol oˈdoːl
Odowalsky (Sch., Dem.)
  odoˈvalski
Odyssee odɣˈseː
Odysseus oˈdɣsɔøs
Oeuvre ˈœːvʀ(ə)
Oeynhausen ˈøːnhaozən
Ofen [1]ˈoːfən; [2]-fn̩
off limits (e.) ɔf ˈlimits
offen [1]ˈɔfən; [2]-fn̩
offenbar [1]ˈɔfənbaːr; [2]ˈɔfn̩baːɐ,
  - -ˈ-
Offenbarung [1]ɔfənˈbaːrʊŋ; [2]-fn̩-
offenkundig, -ige [1]ˈɔfənkʊndɪç,
  -ɪgə; [2]-fn̩
Offensive ɔfɛnˈziːvə
öffentlich [1]ˈœfəntlɪç; [2]ˈœfn̩dl-
offerieren ɔfeˈriːrən
Offerte ɔˈfɛrtə
Offertorium ɔfɛrˈtoːriʊm
Office (e.) ˈɔfis
Offizial ɔfitsiˈaːl
offiziell ɔfiˈtsi̯ɛl
Offizier [1]ɔfiˈtsiːr; [2]-ɐ; (ö.) ɔfiˈsiːr
Offizin ɔfiˈtsiːn
offiziös ɔfiˈtsi̯øːs

Offizium, pl. **-zien** ɔˈfiːtsĭʊm,
-tsĭən
öffnen ˈœfnən
Offsetdruck ¹ˈɔfsɛtdrʊk; ²-td̥ʁ-
oft ɔft
öfters ¹ˈœftərs; ²-tɛʁs
Ogarjov (ru.) ɔgaˈrjɔf
Ogden (N.-A.) ˈɔgdən
Oger ¹ˈoːgər; ²-ɛʁ
Ogilvie ˈouglvi
Ogiński (po.) ɔˈgiɲski
Oglio (Fl.) ˈɔfio
Oheim ˈoːhaem
Ohio oˈhaeo, (e.) ouˈhaiou
Ohlau ˈoːlao
Ohldinn (L.) ˈoːldɪn
Ohm oːm
ohne ˈoːnə
ohneweiteres ¹oːnəˈvaetərəs;
²-ɛʁs
Ohnmacht ˈoːnmaxt
oho! oˈhoː
Ohr ¹oːr; ²-ʁ
Öhr ¹øːr; ²-ʁ
Ohrfeige ¹ˈoːrfaegə; ²ˈoːʁf-
Ohrid (Jug.) ˈɔhrid
Ohrring ¹ˈoːrɪrɪŋ; ²-ʁʁ-
(Greifswalder) Oie ˈɔø(ə)
Oïleus (Sch.) oˈǀiːlɔøs
Oise waːz
Ojroten (N.-As.) ɔjˈrɔːtən
Ojstrach (ru.) ˈɔːjstrax
Okapi oˈkaːpi
okay (e.) ouˈkei, (dt.) oˈkeː
Okarina okaˈriːna
Okeanos oˈkeː-anɔs
Okelly (Sch., M. St.) ouˈkɛli
Okkasion ɔkaˈzĭoːn
okkasionell ɔkazĭoˈnɛl
okkult ɔˈkʊlt
Okkultismus ɔkʊltɪsmʊs
Okkupation ɔkupaˈtsĭoːn
okkupieren ɔkuˈpiːrən
Oklahoma ouklɔˈhoumə
Ökolampadius øːkolamˈpaːdĭʊs
Ökologie økoloˈgiː
Ökonom økoˈnoːm
Ökonomie økonoˈmiː

ökonomisch økoˈnoːmɪʃ
Oktaeder ¹ɔktaˈeːdər; ²-ɛʁ
Oktant ɔkˈtant
Oktav ɔkˈtaːf
Oktava, -ve ɔkˈtaːva, -və
Oktavian ɔktaviˈaːn
Oktett ɔkˈtɛt
Oktober ¹ɔkˈtoːbər; ²-ɛʁ
Oktogon ɔktoˈgoːn
Oktroi ɔkˈtʀwa
oktroyieren ɔktʀwaˈjiːrən
Okular okuˈlaːr, -ʁ
Okuli ˈoːkuli
okulieren okuˈliːrən
Ökumene økuˈmeːne
ökumenisch økuˈmeːnɪʃ
Okzident ˈɔktsidɛnt
okzidental ɔktsidɛnˈtaːl
Öl øːl
Olaf ˈoːlaf
Öland (Insel) ˈøːland
Oldenbarnevelt (ndl.)
ɔldəˈbarnəfɛlt
Oldesloe ˈɔldəslo:
Oldham ˈouldəm
Oleander ¹oleˈandər; ²-ɛʁ
Olearius oleˈaːriʊs
Oleg (ru.) aˈfiɛk
Oléron (Insel, F.) oleˈʀɔ̃
Oleum ˈoːleʊm
olfaktorisch ɔlfakˈtoːrɪʃ
Olga ˈɔlga
Olifant (Fl., Afr.) ˈolifant
Oligarchie oligarˈçiː
oligarchisch oliˈgarçɪʃ
Oligophrenie oligofreˈniː
Oligozän oligoˈtsɛːn
Olims Zeiten ¹ˈoːlɪms ˈtsaetən;
²-tn̩
Oliva oˈliːva
Oliváres (sp., Sch., D. C.)
oliˈβarɛs
Olive oˈliːvə
Oliver (e., Sh., Wi.) ˈɔlivə(r, -ʁ)
olivgrün ¹oˈliːfgryːn; ²-ĝʁ-
Olivia (Vn.) oˈliːvia
Olivier (f.) ɔliˈvjeː, (e.) ɔˈliviə
Oljokma (Fl., N.-As.) aˈfiɔkma

Olla podrida (sp.) 'ɔfia po'ðriða
Olm ɔlm
Olmütz 'ɔlmʏts
Olomouc (Tsch.) 'ɔlɔmɔŭts, (dt.)
    Olmütz
Olpides (Girandoux) ɔl'pid
Olt (Fl., Rum.) olt
Ölung 'ø:lʊŋ
Olymp o'lʏmp
Olympia o'lʏmpia
Olympiade olʏmpi'a:də
Olympier ¹o'lʏmpiər; ²-ɛʁ
Olympos o'lʏmpɔs
Olynth, -thos (Alt.) o'lʏnt, -tɔs
Omaha 'oŭməha:
Omajjaden oma'ja:dən, (ar.)
    amaŭ'ju:n
Oman (Ar.) o'ma:n
Omar (G., Mahomet) 'o(:)mar, -ʁ
Omdurman (Afr.) ɔm-dur'ma:n
Omega (gr. Buchst.) 'o:mega
Omelette ɔm(ə)'lɛt
Omen, pl. Omina (lt.) 'o:mɛn,
    'o:mina
Omikron (gr. Buchst.) 'ɔmikrɔn
ominös omi'nø:s
Omnibus, pl. -busse 'ɔmnibʊs,
    -sə
omnipotent ɔmnipo'tɛnt
Omphale 'ɔmfale
Ompteda 'ɔmteda
Omsk ɔmsk
Onanie ona'ni:
Onassis o'nasis
on dit (f.) ɔ̃ 'di
ondulieren ɔndu'li:rən
Onega(see) a'ɲɛ:ga-
Onegin (Puš., Tschai.) a'ɲɛ:gin
O'Neill ou'ni:l
Onestep (e.) 'wʌnstɛp
Onkel ¹'ɔŋkəl; ²-kl̩
Onofrio (it. Vn.) o'nofrio
Önologie ø:nolo'gi:
Önomaos ø'nomaɔs
Onomastik(on) ono'mastik(ɔn)
onomatopoëtisch onomatopo-
    |'e:tɪʃ
Önone (Sch., Ph.) ø'no:ne

Ontario (N.-A.) ɔn'tɛəriou
Ontogenese ɔntoge'ne:zə
Ontologie ɔntolo'gi:
ontologisch ɔnto'lo:gɪʃ
Onuphrio (He., Mich. Ang.)
    o'nu:frio
Onyx 'o:nʏks
Oolith o:|o'li:t, (ö.) -'lɪt
Oologie o:|olo'gi:
Oos (Dt.) o:s
opak o'pa:k
Opal o'pa:l
opalisieren opali'zi:rən
Opanke o'paŋkə
Opatija (Jug.) ɔ'patija
Opatów (Po.) ɔ'patuf
Oper ¹'o:pər; ²-ɛʁ
Opera (it., s. auch Opus)
    'o:pera
Opera seria ˌo:pera 'se:ria
Operateur ɔpəra'tœ:r, -ʁ
Operation ɔpəra'tsĭo:n
operativ ɔpəra'ti:f
Operette opə'rɛtə
operieren opə'ri:rən
Opfer ¹'ɔpfər; ²-ɛʁ
Ophamilla (Gra., Heinr. VI)
    o:fa'mila
Ophelia (Sh., Ha.) o'fe:lia
Ophir (bi.) 'o:fɪr, -ʁ
Ophthalmologie ɔftalmolo'gi:
Opiat opi'a:t
Opitz 'o:pɪts
Opium 'o:piʊm
Opladen 'ɔpla:dən
Oporto o'pɔrtu
Opossum o'pɔsʊm
Oppeln 'ɔpəln
Opponent ɔpo'nɛnt
opponieren ɔpo'ni:rən
opportun ɔpɔr'tu:n
Opportunist ɔpɔrtu'nɪst
Opposition ɔpozi'tsĭo:n
Optant ɔp'tant
Optativ 'ɔptati:f, - -'-
optieren ɔp'ti:rən
Optik 'ɔptɪk
Optiker ¹'ɔptɪkər; ²-ɛʁ

optimal ɔpti'maːl
optima forma (it.) 'ɔptima
  'fɔrma
Optimaten ɔpti'maːtən
Optimismus, -ist ɔpti'mɪsmʊs,
  -ɪst
Optimum 'ɔptimʊm
Option ɔp'tsi̯oːn
optisch 'ɔptɪʃ
opulent opu'lɛnt
Opuntie o'pʊntsi̯ə
Opus, pl. Opera (lt.) 'ɔpʊs,
  'ɔpəra
Ör, -re (nord. Münze) øːr, -rə
Oradea (Rum.) o'radĕa (dt.)
  Großwardein
Oradour (F.) ɔra'duːʀ
ora et labora (lt.) 'oːra ɛt la-
  'boːra
Orakel ¹o'raːkəl; ²-kl̩
oral o'raːl
Oran ɔ'raːn, -'ʀã
Orange, orange o'ʀãːʒ(ə)
Orangeade oʀã'ʒaːdə
Orangerie oʀãʒə'ʀi
Orang-Utan ˌoːraŋ 'uːtan
Oranien o'raːni̯ən
Oranje- (Fl. usw.) o'rani̯ɛ-
Oratio (obliqua usw., lt.)
  o'raːtsi̯o (o'bliːkva)
oratorisch ora'toːrɪʃ
Oratorium ora'toːri̯ʊm
Orbassan (G., Tankred)
  ɔrba'saːn
Orbis pictus (lt.) 'ɔrbɪs 'pɪktʊs
Orchester ¹or'kɛstər; ²oʀ'kɛstɛʀ
  (ö. auch) -'ç-
Orchestra ɔr'çɛstra
orchestral ɔrkɛs'traːl
orchestrieren ɔrkɛs'triːrən
Orchestrion ɔr'çɛstriɔn
Orchidee ɔrçi'deːə
Orchis 'ɔrçɪs
Ordal ɔr'daːl
Orden ¹'ɔrdən; ²ɔʀdn̩
ordentlich ¹'ɔrdəntlɪç; ²'ɔʀ-
  dən̩dl-
Order ¹'ɔrdər; ²-ɛʀ

Ordinalia ɔrdi'naːlia
ordinär ɔrdi'nɛːr, -ʀ
Ordinariat ɔrdinari'aːt
Ordinarium ɔrdi'naːri̯ʊm
Ordinarius ɔrdi'naːri̯ʊs
Ordinate ɔrdi'naːtə
Ordination ɔrdina'tsi̯oːn
ordinieren ɔrdi'niːrən
ordnen ¹'ɔrdnən; ²'ɔʀd-
Ordnung ¹'ɔrdnʊŋ; ²'ɔʀd-
Ordoña (Herder, Cid) ɔr'ðɔɲa
Ordonnanz ɔrdɔ'nants
Ordžonikidze ɔrdʒɔɲi'kidzɛ
Oreas, -ade, pl. -en 'oːreas,
  ore|'aːdə, -ən
Örebro (Schw.) œːrə'bruː
Oregon 'ɔrigən
Orense (Sp.) o'rɛnse
Orest, -tes o'rɛst, -tɛs
Orestie orɛs'tiː
Orfeo (it.) or'fɛːo
Orford (Britten, Grimes) 'ɔːfəd
Organ ɔr'gaːn
Organdy ɔr'gandi, (ö.) Organdin
  ɔrgan'diːn
Organisation ɔrganiza'tsi̯oːn
organisch ɔr'gaːnɪʃ
organisieren ɔrgani'ziːrən
Organismus ɔrga'nɪsmʊs
Organist ɔrga'nɪst
Organon 'ɔrganɔn
Orgasmus ɔr'gasmʊs
Orgel ¹'ɔrgəl; ²'ɔʀgl̩
orgiastisch ɔrgi'astɪʃ
Orgie 'ɔrgi̯ə
Orient 'oːri̯ent, (ö.) ɔri'ɛnt
orientalisch oːri̯ɛn'taːlɪʃ
Orientexpreß ¹ori'ɛnt|ɛksprɛs;
  ²-pʀ-
orientieren oːri̯ɛn'tiːrən
Oriflamme 'oːriflamə
Origenes o'riːgenɛs
original origi'naːl
Originalität originali'tɛːt
originär origi'nɛːr, -ʀ
originell origi'nɛl
Orin (Vn., O'Neill) 'ɔrin
Örindur 'øːrɪndu(ː)r, -ʀ

Orinoco ori'noko
Orinthia (Shaw, Kaiser) o'rɪntĭa
Orion o'riːɔn
Orissa (Ind.) o'riːsaː
Orizaba (Sp.) ori'θaba
Orjachovo (Bg.) ɔ'rĭaxovo
Orjol (Ru.) a'rjɔł
Orkan ɔr'kaːn
Orkney-Inseln 'ɔːkni|͵ɪnzəln
Orkus 'ɔrkʊs
Orlando (it. Vn., Sh., Wi.)
   ɔr'lando
Orléanisten ɔrle-a'nɪstən
Orléans ɔʀle'ã
Orlofsky (J. Strauß, Fled.)
   ɔr'lɔfski
Orlov (ru.) ar'łɔːf
Ormandy 'ɔːməndi
Ormazd, -muzd 'ɔrmazd, -muzd
Ornament ɔrna'mɛnt
Ornamentik ɔrna'mɛntɪk
Ornat ɔr'naːt
Ornithologe ɔrnito'loːgə
Ornithologie ɔrnitolo'giː
Orographie orogra'fiː
Oronaro (G., Triumph) oro'naːro
Oront (L.) o'rɔnt
Orontes (Fl., Alt.) o'rɔntɛs
Orovist (Bell., Norma) oːro'vɪst
Orpheum ɔr'feːʊm
Orpheus 'ɔrfɔøs, -feŭs
Orphiker 'ɔrfikər, -ɛʀ
Orplid (Mörike-Wolf) ɔr'pliːt
Orša (Ru.) 'ɔːrʃa
Orsay (F.) ɔʀ'sɛ
Orsina (L., Em.) ɔr'siːna
Orsini (it. N., He., Mich. Ang.)
   ɔr'siːni
Orsino (Sh., Was.) ɔr'siːno
Orşova (Rum.) 'ɔrʃova
Orsoy 'ɔrzɔø
Örsted (dä.) 'œrsdɛð
Ort ¹ɔrt; ²ɔʀt
Ortega y Gasset (sp.) ɔr͵tɛɣa i
   ga'sɛt
orten ¹'ɔrtən; ²'ɔʀtn̩
orthodox ɔrto'dɔks
Orthodoxie ɔrtodɔ'ksiː

Orthoëpie ɔrto|e'piː
orthoëpisch ɔrto|'eːpɪʃ
Orthographie ɔrtogra'fiː
orthographisch ɔrto'graːfɪʃ
Orthopäde ɔrto'pɛːdə
Orthopädie ɔrtopɛ'diː
örtlich ¹'œrtlɪç; ²'œʀdl-
Ortnit 'ɔrtniːt
Ortolan ɔrto'laːn
Ortrud 'ɔrtruːt
ortsansässig, -ige ¹'ɔrts|anzɛsɪç,
   -ɪgə; ²'ɔʀts|anz-
Ortschaft ¹'ɔrtʃaft; ²'ɔʀt-
Ortssinn ¹'ɔrtšzɪn; ²'ɔʀtšzɪn
Orvieto (it.) ɔr'vĭeːto
Ortwin (Vn.) 'ɔrtviːn
Orwell (e.) 'ɔːwəl
Osaka (Jap.) o'zaːka
Osborne (E.) 'ɔzbən
Osehatz 'oːʃats
Osehima (Claudel) 'oːçima
Öse ¹'oːzə; ²-ʐə
Ösel (Insel) 'øːzəl, (estn.) Saare
Oseten (Kauk.) ɔ'seːtən
Osijek (Jug.) 'ɔsijɛk
Osip 'ɔsip
Osiris 'oziːrɪs
Oskar 'ɔskar
Osker 'ɔskər, -ɛʀ
oskisch 'ɔskɪʃ
Oskulation ɔskula'tsĭoːn
Oslo 'ɔslo, (No.) 'uslu
Osman (tü.) ɔs'man
Osmanen ɔs'maːnən
Osmin (Moz., Gri.) ɔ'smin
Osmium 'ɔsmiʊm
Osmose ɔs'moːzə
Osnabrück ɔsna'brʏk
Osning 'ɔsnɪŋ
Ösophagus øّ'zoːfagʊs
Osram ¹'ɔsram; ²-sʀ-
Osrie (Sh., H.) 'ɔsrik
Ossa 'ɔsa
Ossian 'ɔsian
Ossiecky ɔsi'ɛtski
Ossoliński (po., Sch.: -inski)
   ɔsɔ'lipski
Ost, -sten ¹ost, -stən; ²-tn̩

(van) Ostade (ndl. Maler)
ɔˈstaːdə
Ostasien ɔst|ˈaːzĭən
Ostende, (fläm.) Oost- ɔst|ˈɛndə,
 osˈtɛndə
ostentativ ɔstɛntaˈtiːf
Osteologie ɔsteoloˈgiː
Östergötland ˈœstərjøːtland
Osteria ɔsteˈriːa
Ostern [1]ˈoːstərn; [2]-tɛʁn
Osterode ɔstəˈroːdə
Österreich ˈøːstəraeç
Ostgoten ˈɔstgoːtən
Ostia ˈɔstĭa
ostinato (it.) ɔstiˈnaːto
Ostjaken ɔˈstjaːkən
östlich [1]ˈœstlɪç; [2]-dl̦-
Ostnordost ɔstnɔrt|ˈɔst
Ostpakistan ɔstˈpaːkistaːn
Öströt (On., I.) [1]ˈœstroːt
Ostrazismus ɔstraˈtsɪsmᴜs
Ostrołęka (Po.) ɔstrɔˈu̯ɛŋka
Ostrovskij (ru.) aˈstrɔːfskij
Ostrowo ɔˈstroːvo
Ostsee [1]ˈɔstzeː; [2]-tseː
Oswald ˈɔsvalt
Oszillation ɔstsɪlaˈtsĭoːn
oszillieren ɔstsɪˈliːrən
Öta ˈøːta
Otalgie oːtalˈgiː
Otavi (Afr.) oˈtaːvi
Otfried ˈɔtfriːt
Othello (Sh.) oˈtɛlo
Otho ˈoːto
Otiatrie oːtĭaˈtriː
Oetker ˈœtkər, -ɛʁ
Otmar ˈɔtmar, -ʁ
Otnit (He., Nib.) ˈɔtniːt
Otologie oːtoloˈgiː
Otranto ˈɔːtranto
Otrepjev (ru.) aˈtreːp|jɛf
Ottaverime (it.) ɔtaveˈriːme
Ottavio ɔˈtaːvio
Ottawa ˈɔtəwə
Ottensen ˈɔtənzən
Otter [1]ˈɔtər; [2]-ɛʁ

Ottilie ɔˈtiːliə
Otto ˈɔto
Ottobeuren ɔtoˈbɔøʁən
Ottokar ˈɔtokar, -ʁ
Ottomane ɔtoˈmaːnə
Ötztal ˈœtstaːl
Oudenaarde oŭdəˈnaːrdə
Oudinot udiˈno
Ouse (Fl., E.) uːz
out (e.) aot
outrieren uˈtriːrən
Outsider ˈaotsaedər, -ɛʁ
Ouvertüre uvɛrˈtyːrə
oval oˈvaːl
Ovarium oˈvaːriᴜm
Ovation ovaˈtsĭoːn
Overall (e.) ˈouvərɔːl
Overbeek ˈoːvərbɛk
Ovid, -dius oˈviːt, oˈviːdiᴜs
Oviedo (Sp.) oˈβĭɛðo
o weh! oːˈveː
Owen ˈouin
Owlglass (e.) ˈaolglaːs
Oxalsäure [1]ɔˈksaːlzɔørə; [2]-z̧-
Oxana (ru.) ɔkˈsaːna
Oxenstierna (schw.) ˈᴜksn̦ʃæː-
 na
Oxford ˈɔksfəd
Oxhoft ˈɔkshɔft
Oxus (Fl.) ˈɔksᴜs
Oybin ɔøˈbiːn
Oxyd oˈksyːt
oxydieren ɔksyˈdiːrən
Oxydul ɔksyˈduːl
Oxygen ɔksyˈgeːn
Oxymoron ɔˈksymoːrɔn
Oxytonon ɔˈksytonɔn
Ozark Mountains ˈouzaːk
 ˌmauntinz
Ozean (-nus) ˈoːtseaːn, oˈtseː-
 anᴜs
Ozeanien otseˈaːnĭən
Ozelot ˈɔtselɔt
Ozerov (ru.) ˈoːzɛrɔf
Ozon oˈtsoːn
Ozorio (sp., Claudel) oˈθorio

P

p pe:
Päan pɛ'ɑ:n
Paar, paar ¹pɑ:r; ²-ʀ
paaren 'pɑ:rən
Paasikivi (fi.) 'pɑ:sikivi
Pablo (sp. Vn.) 'paβlo
Pacelli pa'tʃɛli
Pachalov (ru.) pa'xɑ:ɫɔf
Pacheco (sp., Web.) pa'tʃeko
Pachelbel 'paxɛlbəl
Pacht paxt
Pächter ¹'pɛçtər; ²-ɛʀ
Pacific (e., vgl. **Pazifik**) pə'sifik
Pack pak
packen ¹'pakən; ²-kn̩
Paco (de Falla) 'pako
Pädagog(e) pɛda'go:gə, -'go:k
Pädagogik pɛda'go:gɪk
Padang (S.-As.) 'padaŋ
paddeln ¹'padəln; ²-dl̩n
Paddler ¹'padlər; ²-dl̩ɛʀ
Paddy (e.) 'pædi
Päderast pɛdə'rast
Päderastie pɛdəra'sti:
Paderborn pɑ:dər'bɔrn
Paderewski (po.) padɛ'rɛfski
Pädiater ¹pɛdi'ɑ:tər; ²-ɛʀ
Pädiatrie pɛdia'tri:
Padilla (sp.) pa'ðifia
Padischah pɑ:di'ʃa:
Padua (it.), **-dova** 'pɑ:dua, -dova
Paër (it.) pa'e:r, -ʀ
Paësiello pa̦le'zi̦ɛlo
Paganini paga'ni:ni
Page (Sh., L. W.) peidʒ
Page 'pɑ:ʒə
Pagina 'pɑ:gina
paginieren pagi'ni:rən
Pagnol pa'ɲɔl
Pagode pa'go:də
Pählävi (pers.) pahla'vi
Paillette (f.) pa'jɛtə
Painlevé pɛ̃lə've
Pair (e.) pe:r, -ʀ
Pais (it.) 'pɑ:-is
Paisley (Scho.) 'peizli

Paket pa'ke:t
Pakistan 'pɑ:kistɑ:n, --'-
Pakt pakt
Pål (no. Vn.) po:l
Paladin pala'di:n, '---
Palais pa'lɛ:
Palamedes pala'me:dɛs
Paläo(botanik usw.) palɛo (-bo'tɑ:nɪk)
Paläographie palɛogra'fi:
paläolithisch palɛ:o'li:tɪʃ, (ö.) -'litɪʃ
Paläologen palɛo'lo:gən
Paläontologie palɛontolo'gi:
Paläophron (G.) pa'lɛ:ofrɔn
paläozoïsch palɛo'tso:ɪʃ
Palast pa'last
Palästina palɛs'ti:na
Palästra pa'lɛstra
palatal pala'tɑ:l
Palatin, -nus pala'ti:n, -nʊs
Palatschinke (ö.) pala|'tʃɪŋkə
Palatum pa'lɑ:tʊm
Palaver ¹pa'lɑ:vər; ²-ɛʀ
Palazzo pa'latso
Palencia (Sp.) pa'lɛnθia
Paleozän paleo'tsɛ:n
Palermo pa'lɛrmo
Palestrina palɛs'tri:na
Paletot 'paləto, (ö.) palə'to:
Palette pa'lɛtə
Pali (ind.) 'pɑ:li
Palimpsest palɪm'psɛst
Palindrom palɪn'dro:m
Palingenese palɪŋge'ne:zə
Palinodie palmo'di:
Palinski (Kálmán, Zirk.) pa'linski
Palisade pali'zɑ:də
Palladio pa'lɑ:dio
Pallas 'palas
Palladium pa'lɑ:diʊm
Pallasch 'palaʃ
Palleske pa'lɛskə
Palliativ palia'ti:f
Pallikaren (gr.) pali'kɑ:rən

Pallium 'paliʊm
Pall Mall (e.) pɛl'mɛl
Palma (Sp.) 'palma
Palmarum pal'maːrʊm
Palmatica (Mill., Bettelst.)
　pal'maːtika
Palma Vecchio ˌpalma 'vɛkĭo
Palme 'palmə
Palmerston 'paːməstən
Palmette pal'mɛtə
Palmin pal'miːn
Palmsonntag palm'zɔntaːk, ' - - -
Palmyra pal'myːra
Palpiti (Nestroy) 'palpiti
(Piz) Palü pa'ly
Pamela pa'meːla; (e.) 'pæmilə
Pamfili (it.) pam'fiːli
Pamina (Moz., Zaub.) pa'miːna
Pamir (Geb.) paː'miːr, -ʁ
Pampas 'pampas
Pampelmuse ¹'pampəlmuːzə,
　- - ' - - ; ²-pḷ
Pamphlet pam'fleːt
Pamphylien (Alt.) pam'fyːliən
Pamplona (Sp.) pam'plona
Pan paːn
Panamá pana'ma
Panamahut 'panamahuːt
panaschieren pana'ʃiːrən
Panathenäen panate'nɛːən
Panazee pana'tseː(ə)
Pančevo (Jug.) 'paːntʃɛvə
panchromatisch pankro'maːtɪʃ
Pancrazio (He., Mich. Ang.)
　pan'kraːtsĭo
Pandämonium pandɛ'moːniʊm
Pandaros, -rus 'pandarɔs, -rʊs
Pandekten ¹pan'dɛktən; ²-tṇ
pandemisch pan'deːmɪʃ
Pandit 'pandit
Pandolfo (N., Wed.) pan'dɔlfo
Pandora pan'doːra
Pandschab pan'dʒaːb
Pandulpho, -ph (Sh., K. J.)
　pan'dʊlfo, -'dʊlf
Pandur pan'duːr, -ʁ
Paneel pa'neːl
Panegyrikus pane'gyːrikʊs

panem et circenses (lt.) 'paːnɛm
　ɛt tsɪr'tsɛnzeːs
Paneuropa paːn|ɔø'roːpa
Panentheismus pan|ente|'ɪsmʊs
Panier pa'niːr, -ʁ
panieren pa'niːrən
Panik 'paːnɪk, (ö. auch) pa'nɪk
panisch 'paːnɪʃ
Panisse (f.) pa'nis
Panjepferd ¹'panjəpfeːrt; ²-ʁt
Pankow 'paŋkoː
Pankraz, -atius pan'kraːts,
　-tsĭʊs; (ö.) 'paŋk-
Pankreas 'pankreas
Panmunjom (Korea) panmun-
　ˌdçən
Panne 'panə
Pannonien pa'noːniən
Panope (Sch., Ph.) pa'noːpe
Panoptikum pa'nɔptikʊm
Panorama pano'raːma
Pansa (sp., Cerv.) 'pansa
pan(t)sehen ¹pan(t)ʃən; ²-ʃṇ
pansen ¹'panzən; ²-zṇ
Panslawismus pansla'vɪsmʊs
Pantagruel pan'taːgruel
Pantaleone pantale'oːne
Pantalone (it.) panta'loːne
Pantalon (Sch., Tur.) 'pantalɔn
Pantalon, -ons (Hose)
　pãta'lõ, -õs
Pantelejevič (ru. Vn.)
　pantje'fie:jevitʃ
Panthalis (G., Faust) 'pantalɪs
Pantheismus pante|'ɪsmʊs
Pantheon 'pante|ɔn
Panther ¹'pantər; ²-ɛʁ
Panthino (Sh., Ver.) pan'tiːno
Pantine pan'tiːnə
Pantoffel ¹pan'tɔfəl; ²-fḷ
Pantomime panto'miːmə
Pantry (e.) 'pæntri
Pantschatantra pantʃa'tantra
Pänultima pɛ'nʊltima
Panzer ¹'pantsər; ²-tsɛʁ
Pao (Gue., Kreidekreis) pao
Paolo (it.) 'paːolo
Päon pɛ'oːn

Päonie pɛ'oːniə
Papa pa'paː, ' - -
papabili (it.) pa'paːbili
Papadopulos (gr.) papa'ðɔpuləs
Papagei papa'gae
Papageno (Moz., Zaub.)
     papa'geːno
Papagos (gr.) pa'paɣɔs
Papandreu (gr.) papan'drɛ|u
Papaverazeen papavera'tseːən
Papel ¹'paːpəl; ²-pl̩
Papeterie papɛtə'riː
Paphlagonien (Alt.) pafla'goː-
     niən
Paphos 'paːfɔs
Papier ¹pa'piːr; ²-ʀ
Papiermaché papjeːma'ʃeː, (ö.)
     pa'piːr-
Papilionazeen papiliona'tseːən
Papille pa'pɪlə
Papillon 'papijɔ̃
Papillote papi'jɔt(ə)
Papin (f.) pa'pɛ̃
Papismus pa'pɪsmʊs
Pappband ¹'papbant; ²-pb̩-
Pappe 'papə
Pappel ¹'papəl; ²-pl̩
päppeln 'pɛpəln
pappen ¹'papən; ²-pn̩
papperlapapp! ¹papərla'pap;
     ²-ɛʀl-
Paprika 'paprika
Paprutowitsch (Kö., Zr.)
     pa'pruːtəvitɕ
Papst paːpst
Papua pa'puːa
Papyrus, pl. -ri pa'pyːrʊs, -ri
Paquito (sp., Shaw, Brassb.)
     pa'kito
Pará (S.-A.) pa'ra
Para (Münze) 'para
Parabase para'baːzə
Parabel ¹pa'raːbəl; ²-bl̩
parabolisch para'boːlɪʃ
Paracelsus para'tsɛlzʊs
Parade pa'raːdə
Paradeisäpfel (ö.) para'daes-
     |ɛpfəl

Paradentose paradɛn'toːzə
paradieren para'diːrən
Paradies para'diːs
Paradigma para'dɪgma
Paradis par'aːdis
paradox para'dɔks
Paradoxon pa'radɔksɔn
Paraffin para'fiːn
Paragraph para'graːf
Paraguay para'gŭaĭ
Paraklet para'kleːt
Paralipomenon, pl. -na
     parali'pomenɔn, -na
Parallaxe para'laksə
parallel para'leːl
Parallelepipedon paralele'pipe-
     dɔn
Parallelogramm paralelo'gram
Paralyse para'lyːzə
paralytisch para'lyːtɪʃ, (ö.)
     -lʏtɪʃ
Paramaribo (S.-A.) parama-
     'riːbo
Paramente (pl.) para'mɛntə
Paramount 'pærəmaʊnt
Paraná (Fl.) paræ'na
paränetisch parɛ'neːtɪʃ
Paranoia para'nɔøa
Paranuß 'paːranʊs
paraphieren para'fiːrən
Paraphrase para'fraːzə
Parapluie paʀa'plɥi
Parapsychologie parapsyçolo'giː
Paraša (ru. Vn.) pa'raːʃa
Parasit para'ziːt
Parasol para'zɔl
parat pa'raːt
parataktisch para'taktɪʃ
Parataxe para'taksə
Paratyphus 'paraty:fʊs
Paravent paʀa'vã
parbleu (f.) paʀ'blø
Parchim 'parçɪm
Parcours paʀ'kuːʀ
pardauz! par'daots
Pardel, -der ¹'pardəl, -dər;
     ²-dl̩, -dɛʀ,
Pardon paʀ'dɔ̃ (ö.) par'doːn

Pardubitz 'pardubɪts
Pardune par'du:nə
Parenchym paren'çy:m
Parenthese parɛn'te:zə
Parerga par‖'ɛrga
Parese pa're:zə
par excellence (f.) paʀ ɛksɛ'lã:s
Parforce(jagd usw.) paʀ'fɔʀs-
Parfum, -füm paʀ'fœ̃, -'fy:m
Parfümerie parfymə'ri:
(al) pari 'pa:ri
Paria 'pa:ria
parieren pa'ri:rən
pari passu (lt.) ˌpari: 'pasu:
Paris (alt.) 'pa:rɪs
Paris (F.) pa'ri:s, (f.) pa'ʀi
parisch 'pa:rɪʃ
Parisienne paʀi'zjɛn(ə)
Parität pari'tɛ:t
paritätisch pari'tɛ:tɪʃ
Park ¹park; ²-ʁk
parken ¹'parkən; ²-ʁkn̩
Parkett par'ket
Parlament parla'mɛnt
Parlamentär parlamɛn'tɛ:r, -ʁ
parlamentarisch parlamɛn-
      'ta:rɪʃ
parlamentieren parlamɛn'ti:rən
parlando par'lando
parlieren par'li:rən
Parma 'parma
Parmäne par'mɛ:nə
Parmenides par'me:nidɛs
Parmenion, -nio (alt., L., Phil.)
      par'me:miɔn, -nio
Parmesankäse ¹parme'za:n-
      kɛ:zə; ²-ʒə
Parnaß, -ssos par'nas, -sɔs
Parnassiens (f.) paʀna'sjɛ̃
Parochial(kirehe usw.)
      paro'xĭal-
Parochie parɔ'xi:
Parodie paro'di:
Parole pa'ro:lə
Paroli (bieten) 'pa:roli
Parolles (Sh., Ende) pa'rɔlɛs
Parömie parø'mi:
Paros 'pa:rɔs

Parotitis paro'ti:tɪs
Paroxytonon parɔ'ksytonɔn
Paroxysmus paro'ksʏsmʊs
Parpignol (Pu., Boh.) parpi'ɲɔl
Parr (e.) pa:
Parricida pari'tsi:da
Parris (Miller) 'pæris
Parsen 'parzən
Parsifal (W.) 'parzifal
Parsismus par'zɪsmʊs
Part part
Partei ¹par'tae; ²-ʁ'tae
parteiisch ¹par'taeɪʃ; ²-ʁ't-
Parterre ¹par'tɛr; ²-ʁtɛʁ
Part(h)enen (Ö.) par'te:nən
Parthenogenese partenoge'ne:zə
Parthenon 'partenɔn
parthenopeïsch parteno'pe:ɪʃ
Parthenope par'te:nope
Parther 'partər, -ɛʁ
partial par'tsĭa:l
Partie par'ti:
partiell par'tsĭel
Partikel par'ti:kəl, (ö.) -'tikəl
partikulär partiku'lɛ:r, -ʁ
Partikularismus   partikula'rɪs-
      mʊs
Partikulier paʁtiky'lje
Partisan(e) parti'za:n(ə)
Partita par'ti:ta
partitiv 'partiti:f, - -'-
Partitur parti'tu:r, -ʁ
Partizip, -pium parti'tsi:p,
      -pĭʊm
partizipieren partitsi'pi:rən
Partner ¹'partnər; ²-ɛʁ
partout paʀ'tu
Party 'pa:rti, (e.) 'pa:ti
Parvenu paʀvə'ny
Parzana (W., Feen) par'tsa:na
Parze 'partsə
Parzelle par'tsɛlə
parzellieren partsɛ'li:rən
Parzival 'partsifal
Pasadena (N.-A.) ˌpæsə'di:nə
Pasargadae (Alt.) pa'zargadɛ:
Paseal pas'kal
Pascin pas'kɛ̃

Pas de Calais pɑ də kɑ'lɛ
Pas de deux pɑ də 'dø
Pasch pɑʃ
Pascha 'pɑʃɑ
Paschalis pɑs'çɑːlɪs
paschen ¹'pɑʃən; ²-ʃn̩
pascholl! pɑ'ʃɔl
Pašenko (ru.) pɑ'ʃɛnkɔ
Pasiphaë (alt., Sage) pɑ'zifɑ|e
Paškevič (ru.) pɑʃ'kjeːvitʃ
Paspel ¹'pɑspəl; ²-pl̩
paspelieren pɑspə'liːrən, (ö.)
  passepoilieren pɑs'pwɑ-
Pasquale pɑs'kwɑːle
Pasquill pɑs'kvɪl
Pasquillant pɑskvɪ'lɑnt
Pasquino pɑs'kwiːno
Paß pɑs
passabel pɑ'sɑːbəl
Passacaglia pɑsɑ'kɑfiɑ
Passage pɑ'sɑːʒə
Passagier pɑsɑ'ʒiːr, -ʁ
Passahfest 'pɑsɑfɛst
Passant pɑ'sɑnt
Passarge pɑ'sɑrgə
Passarowitz 'pɑsɑrovɪts, pɑ'sɑː-,
  (Jug.) Požarevae
Passatwind pɑ'sɑːtvɪnt
passé (f.) pɑ'se
Passeier pɑ'sɑeər, -ʁ
passen ¹'pɑsən; ²-sn̩
Passepartout pɑspɑʁ'tu
passieren pɑ'siːrən
passim 'pɑsɪm
Passion pɑ'sĭoːn
passionato (it.) pɑsio'nɑːto
passioniert pɑsio'niːrt
Passiv, -vum, pl. -va; passiv
  'pɑsiːf, - ' -, -'siːvʊm, -'siːvɑ; 'p-
Passivität pɑsivi'tɛːt
Passus 'pɑsʊs
Passy (Paris) pɑ'si
Pasta, -ste 'pɑstɑ, -stə
Pastell(farbe usw.) pɑs'tɛl-
Pasternak (ru.) pɑstɛr'nɑːk
Pasterze pɑs'tɛrtsə
Pastete pɑs'teːtə
Pasteur pɑs'tœːʁ

pasteurisieren pɑstøri'ziːrən
Pastille pɑs'tɪlə
Pastinak 'pɑstinɑk
Pastor, pl. -ren, fm. -rin
  'pɑstɔr, -ʁ, -'toːrən, -'toːrɪn
pastoral pɑsto'rɑːl
Pastorat, -rei pɑsto'rɑːt, -'rae
pastos pɑs'toːs
Pästum 'pɛːstʊm
Patagonien pɑtɑ'goːniən
Pataky (magy.) 'pɔtɔki
Pate 'pɑːtə
Patelin pɑt(ə)'lɛ̃
Patellarreflex pɑtɛ'lɑːr̩reflɛks
Patene pɑ'teːnə
Patent, p- pɑ'tɛnt
patentieren pɑtɛn'tiːrən
Pater, pl. Patres ¹'pɑːtər,
  'pɑːtreːs; ²-ʁ
Pater (e.) 'peitə
Pater ecstaticus, P. seraphicus
  (G., F.) ˌpɑːtər, -ɛʁ ɛk'stɑːti-
  kʊs, ˌp. se'rɑːfikʊs
Paternität pɑtɛrni'tɛːt
Paternoster ¹pɑːtər'nɔstər;
  ²-tɛʁ'nɔstɛʁ
Paterson (N.-A.) 'pætəsn
pathétique (f.) pɑte'tik
pathetisch pɑ'teːtɪʃ
pathogen pɑto'geːn
Pathologie pɑtolo'gi
pathologisch pɑto'loːgɪʃ
Pathos (G.) 'pɑːtos
Patiala (S.-As.) pɑ'tĭɑlɑ
Patience (Sh., H. VIII) 'peiʃəns
Patience pɑ'sjãːs
Patient pɑ'tsiɛnt
Patina 'pɑːtinɑ, (ö.) 'pɑt-
patinieren pɑti'niːrən
Patisserie pɑtɪsə'riː
Patmos 'pɑtmɔs
Patna (S.-As.) pɑt'nɑː
Patois (f.) pɑ'twɑ
Patras (Gr.) 'pɑtrɑs
Patriarch pɑtri'ɑrç
patriarchalisch pɑtriɑr'çɑːlɪʃ
Patrick (e. Vn.) 'pætrik
Patrimonium pɑtri'moːniʊm

Patriot patri'o:t
Patriotismus patrio'tɪsmʊs
Patristik pa'trɪstɪk
Patrize pa'tri:tsə
Patrizier pa'tri:tsïər, -ɛʀ
Patroklos, -clus 'patroklɔs, -klʊs
Patron pa'tro:n
Patronat patro'na:t
Patrone pa'tro:nə
Patronymikum patro'ny:mikʊm
Patrouille pa'tʀu(l)jə, (ö.) pa-
   'trul
Patrozinium patro'tsi:niʊm
Patsche 'patʃə
Patschkau 'patʃkao
Patschuli 'patʃuli
Patte 'patə
Pätus (alt.) 'pɛ:tʊs
patzig, -ige 'patsɪç, -ɪgə
Pau (F.) po
Paukant pao'kant
Paukarzt ¹'paok|a:rtst; ²-ʀtst
Pauke 'paokə
pauken ¹'paokən; ²-kn̩
Paul (dt.) paol, (f.) pɔl, (e.) pɔ:l
Paulet (Sch., M. St.) 'paolet
Paulina (Sh., Wi.) pao'li:na
Pauline pao'li:nə
Pauling (e.) 'pɔ:lɪŋ
Paulowna s. Pavlovna
Paulus 'paolʊs
Pauperismus paope'rɪsmʊs
Pausanias pao'za:nias
Pausbacke 'paosbakə
Pauschal(summe usw.) pao-
   'ʃa:l-
Pausche 'paoʃə
Pause ¹'paozə; ²-ʐ-
pausen ¹'paozən; ²-ʐn̩
pausieren ¹pao'zi:rən; ²-'ʐ-
Pavel (ru. Vn.) 'pa:vɛl
Pavelič (jug.) 'pavɛlitɕ
Pavia pa'vi:a
Pavian 'pa:via:n
Pavillon 'pavɪljõ
Pavlodar (S.-As.) pavla'da:r, -ʀ
Pavlov, fm. -ova (ru.) 'pa:vłɔf,
   -ɔva

Pavlovič, fm. -vna (ru. Vn.)
   'pa:vłəvitʃ, -vna
Pawel (ru.) 'pa:vɛl
pax vobiscum (lt.) paks vo-
   'bɪskʊm
Payne (e.) pein
Pazifik pa'tsi:fɪk, 'patsi-
pazifisch pa'tsi:fɪʃ
Pazifist patsi'fɪst
pazifizieren patsifi'tsi:rən
Peachum (Brecht) 'pi:tʃəm
Pearce (e.) 'piəs
Pearl Harbour (Hawaii) pə:l
   'ha:bə
Pearson piəsn
Peary (e.) 'piəri
Pech pɛç
Peekin (Sch., Tur.) 'pɛkɪn
Pečora (Fl., Ru.) pe'tʃɔ:ra
Pécs (Ung.) pe:tʃ
Pedal pe'da:l
Pedant pe'dant
Peddigrohr ¹'pɛdɪçro:r; ²-çʀo:ʀ
Pedell pe'dɛl
Pedigree (e.) 'pɛdigri:
Pediküre pedi'ky:rə
Pedrigo (Boieldieu, G.) pe'dri:go
Pedrillo (Moz., Belmonte)
   pe'drifio
Pedro (sp.) 'pɛdro
Peel, -le pi:l
Peer pi:r, -ʀ
Peer Gynt (I.) ˌper 'gʏnt
Pegasus 'pe:gazʊs
Pegel ¹'pe:gəl; ²-gl̩
Pegnitz 'pe:gnɪts
peilen ¹'paelən; ²-ln̩
Pein paen
peinigen ¹'paenɪgən; ²-gn̩
peinlich 'paenlɪç
Peire Vidal ˌpɛ:rə vi'dal
Peisistratos pae'zɪstratɔs
Peitsche 'paetʃə
Pekesche pe'kɛʃə
Peking 'pe:kɪŋ, (Chi.) 'beïtɕiŋ
Pekinese peki'ne:zə
Pektin pɛk'ti:n
Pektorale pɛkto'ra:le

pekuniär pekuni'ɛːr, -ʁ
Pelaez (Herder, Cid) pe'la-ɛθ
Pelagia pe'laːgia
Pelagianer pelagi'aːnər, -ɛʁ
Pelagius pe'laːgiʊs
Pelargonie pelar'goːniə
Pelasger pe'lasgər, -ɛʁ
Pelayo (sp.) pe'lajo
Pélégrin (Lehár, Graf) pele'gʁɛ̃
pêle-mêle (f.) pɛl(ə) 'mɛl(ə)
Pelerine pelə'riːnə
Peleus 'peːlɔøs
Pelide pe'liːdə
Pelikan 'peːlikaːn, (ö.) 'pɛl-
Pelikanol pelika'noːl
Pelion 'peːliɔn
Pella (it.) 'pɛla
Pelle 'pɛlə
Pelléas (Debussy) pɛle|'as, pɛ-
   le'aːs
pellen [1]'pɛlən; [2]-ln̩
Pellico 'pɛliko
Pellkartoffel [1]'pɛlkartɔfəl;
   [2]-ʁtɔfl̩
Pelopidas pe'loːpidas
Peloponnes pelopɔ'neːs
Pelops 'peːlɔps
Peloton (f.) pəlɔ'tõ
Pelz pɛlts
Pembroke (e., Sh., K. J.)
   'pɛmbrʊk
Penaten pe'naːtən
Pendant pã'dã
Pendel [1]'pɛndəl; [2]-dl̩
pendeln [1]'pɛndəln; [2]-dl̩n
Pendüle pã'dyːlə
Peneios (Alt., G., Faust)
   pe'neĭ|ɔs
Penelope pe'neːlope
Penelopeia penelo'peĭa
penetrant pene'trant
Peneus (Fl.) pe'neː|ʊs
penibel pe'niːbəl
Pennine Chain (Geb., E.)
   ˌpɛnain 'tʃein
Penis 'peːnɪs
Penizek (Kálmán, Mar.)
   'peɲiːzɛk

Penizillin penitsɪ'liːn
Pennal pɛ'naːl
Penne 'pɛnə
Pennsylvanien, -nia pɛnzɪl'vaː-
   niən, -'veinjə
Pension pã'sĭoːn, (Ö., Schwz.)
   pɛn'zĭoːn
Pensionär pãsĭo'nɛːr, -ʁ
Pensionat pãsĭo'naːt
pensionieren pãsĭo'niːrən
Pentagon pɛnta'goːn
Pentathlon pɛnt|'aːtlon, '- - -
Pentelikon pɛn'teːlikɔn
Penthesilea (Kl.) pɛntezi'leːa
Penny, pl. Pence (e.) 'pɛni, pɛns
pensee (Farbe) pã'se
Pensum 'pɛnzʊm
Pentagramm pɛnta'gram
Pentameter pɛn'taːmetər, -ɛʁ
Pentateuch pɛnta'tɔøç
Pentathlon pɛnt|'aːtlɔn
Penza (Ru.) 'pjɛːnza
Pepa (D'Alb., Ti.) 'pepa
Pepel (ru.) 'pjepeł
Pepi 'pepi
Pepiniere pepi'njɛːʁə
Pepita pe'pita
Peplon 'peplɔn
Peplos 'pɛplɔs
Pepsin pɛ'psiːn
Pepton pɛp'toːn
per pɛr, -ʁ
Peraldo (sp., Claudel) pe'raldo
Percy 'pəːsi
Perdita (Sh., Wi.) 'pɛrdita
pereat, pl. -ant 'pereat, -ant
Peregrinus pere'griːnʊs
Peremyšl' (Ukr., Po.) pɛrɛ'mĭʃ fi,
   (po.) **Przemyśl**
peremtorisch pɛrɛm'toːrɪʃ
perennieren pɛrɛ'niːrən
Perfall 'pɛrfal
perfekt [1]pɛr'fɛkt; [2]-ʁf-
Perfekt, -tum (gramm.)
   'pɛrfɛkt, -'-, -'fɛktʊm
Perfektion pɛrfɛk'tsĭoːn
perfid, -de pɛr'fiːt, -də
Perfidie pɛrfi'diː

perforieren pɛrfoˈriːrən
Pergament pɛrgaˈmɛnt
Pergamon ˈpɛrgamɔn
Pergola ˈpɛrgola
Pergolesi pergoˈleːsi
Peri ˈpeːri
Periander periˈandər, -ɛʁ
periculum in mora (lt.) peˈriːku-
lʊm ɪn ˈmora
Périgord peʁiˈgɔː
Périgueux peʁiˈgø
Perihel (lt.), -lium periˈheːl,
-liʊm
Perikarditis perikarˈdiːtɪs
Perikles ˈpeːrɪkles
Perikope periˈkoːpə
Perimeter peˈriːmetər, -ɛʁ
Periode periˈoːdə
Periöke peri|ˈøːkə
Peripatetiker peripaˈteːtikər,
-ɛʁ
Peripetie peripeˈtiː
Peripherie perifeˈriː
peripherisch periˈfeːrɪʃ
Periskop perɪˈskoːp
Peristyl perisˈtyːl
Peritta (Gri., Vlies) peˈrɪta
Perkal perˈkaːl
Perkeo perˈkeːo
Perkussion pɛrkʊˈsĭoːn
perkutan pɛrkuˈtaːn
Perl (Schriftgrad) [1]pɛrl; [2]-ʁl
Perle, Perlen(schnur) [1]pɛrlə,
pɛrlen-; [2]-ʁln̩
Perlmutter [1]ˈpɛrlmʊtər; [2]-ʁl-
mʊtɛʁ, -ˈ--
Perlon ˈpɛrlɔn
perlustrieren pɛrlʊsˈtriːrən
Perm pɛrm
permanent pɛrmaˈnɛnt
Permission pɛrmɪˈsĭoːn
Permoser [1]ˈpɛrmoːzər; [2]-ʒɛʁ
Permutation pɛrmutaˈtsĭoːn
Pernambuco pɛrnæmˈbuːko
per nefas (lt.) pɛr ˈnefaːs
perniziös pɛrniˈtsĭøːs
Perón (sp.) peˈrɔn
Péronne peˈʁɔn

Peronella (Suppé, Bocc.)
peroˈnɛla
Peronospora peroˈnɔspora
per pedes apostolorum (lt.)
pɛr ˌpedeːs apɔstoˈloːrʊm
Perpendikel pɛrpɛnˈdiːkəl, (ö.)
-ˈdik-
perpendikulär pɛrpɛndikuˈlɛːr,
-ʁ
perpetuell pɛrpetuˈɛl
perpetuierlich pɛrpetuˈiːrlɪç
Perpetuum mobile (lt.) pɛrˌpeː-
tuʊm ˈmoːbile
Perpignan pɛʁpiˈɲã
perplex pɛrˈplɛks
Perrault pɛˈʁo
Perrin pɛˈʁɛ̃
Perron pɛˈʁɔ̃, (ö.) -ˈrɔːn
Persante pɛrˈzantə
per se (lt.) pɛr ˈseː
Perseïden pɛrze-ˈiːdən
Persephone pɛrˈzeːfone
Persepolis pɛrˈzeːpolɪs
Perser ˈpɛrzər, -ɛʁ
Persenning [1]pɛrˈzɛnɪŋ; [2]-ʁˈʐ-
Perseus ˈpɛrzɔøs
Perseveranz pɛrzeveˈrants
Persianer [1]pɛrziˈaːnər; [2]-ʁˈʒĭaː-
nɛʁ
Persien ˈpɛrzĭən
Persiflage pɛrsiˈflaːʒə
persiflieren pɛrsiˈfliːrən
Persil [1]pɛrˈziːl; [2]-ʁˈʐ-
Persius ˈpɛrziʊs
Person [1]pɛrˈzoːn; [2]-ʁˈʐ-
Personal [1]pɛrzoˈnaːl; [2]-ʁʒ-
personell [1]pɛrzoˈnɛl; [2]-ʁʒ-
personifizieren pɛrzonifiˈtsiːrən
persönlich [1]pɛrˈzøːnlɪç; [2]-ʁˈʐ-
Perspektiv, -ive pɛrspɛkˈtiːf,
-iːvə
Perth pəːθ
Perthes ˈpɛrtɛs
Pertinenz pɛrtiˈnɛnts
Perú peˈruː
Perücke peˈrʏkə
Perugia peˈruːdʒa
pervers pɛrˈvɛrs

Pervuchin per'vu:xin
Perzeption pɛrtsɛp'tsĭo:n
Pesaro 'pe:zaro
Pescadores (sp.) pɛska'dɔrɛs
Pescara (It.) pes'ka:ra
Peschawar (S.-As.) pe'ʃa:var, -ʀ
Peschiera (It.) pes'kĭɛ:ra
Peseta (Münze, sp.) pɛ'seta
Peso (Münze, S.-A.) 'peso
Pessimismus pɛsi'mɪsmʊs
Pessimist pɛsi'mɪst
Pest pɛst
Pest (Ung.) pæʃt
Pestalozzi pɛsta'lɔtsi
Pestilenz pɛsti'lɛnts
pestilenzialisch pɛstilɛn'tsĭa:lɪʃ
Pétain pe'tɛ̃
Petarde pe'tardə
Peter 'pe:tər, -ɛʀ, (e.) 'pi:tə
Petermännchen ¹'pe:tərmɛnçən;
  ²-tɛʀmɛnçn̩
Petersilie ¹petər'zi:lĭə; ²-ɛʀ'z̩-
Peterwardein (Jug.) pe:tərvar-
  'daen, Petrovaradin
Petit (f.) pə'ti:
Petition peti'tsĭo:n
Petit maître (f.) p(ə)ti'mɛtʀ(ə)
Petkov (bg., Shaw) 'pɛtkof
Peto (Sh., H. IV) 'pi:to
Petöfi (magy.) 'pætø:fi
Petra (Vn., I.) 'pe:tra
Petrarea (it.), -rka pe'trarka
Petrefakt petre'fakt
petrifizieren petrifi'tsi:rən
Petrikau (Po.) 'pe:trikao
Petrographie petrogra'fi:
Petroleum ¹pe'tro:leʊm; ²-'tʀ-
Petroleur, fm. -euse petʀo'lœ:ʀ,
  -ø:zə
Petronius pe'tro:nĭʊs
Petropavlovsk (N.-As.) pɛtrə-
  'pavłofsk
Petrovič, fm. -vna (ru. Vat.)
  pɛ'trɔvitʃ, -vna
Petrow (ru.) pɛ'trɔf
Petrozavodsk (Ru.) pɛtrɔza-
  'vɔ:tsk
Petruccio (it.) pe'trutʃo

Petrus 'pe:trʊs
Petruška (ru. Vn.) pɛ'truʃka
Petsamo (Fi., Ru.) 'pɛtsamɔ,
  (ru.) Pečenga
Petschaft 'pɛtʃaft
petschieren pɛt'ʃi:rən
Petschili 'beĭtɕili (pɛ'tʃi:li)
Pettau (Jug.) 'pɛtao, Ptuj
Pettenkofer 'pɛtənko:fər, -ɛʀ
Pettersen (I., Wildente)
  'pɛtərsən
peu à peu (f.) pø a pø
Petticoat 'pɛtikout
Petunie pe'tu:nĭə
Petz pɛts
petzen ¹'pɛtsən; ²-tsn̩
Pfad pfa:t
Pfäfers (Schwz.) 'pfɛ:fərs
Pfaffe 'pfafə
Pfahl pfa:l
Pfalz pfalts
Pfand pfant
pfänden ¹'pfɛndən; ²-dn̩
Pfanne 'pfanə
Pfannkuchen ¹'pfanku:xən; ²-xn̩
Pfarramt ¹'pfar|amt; ²-ʀ|-
Pfarrer ¹'pfarər; -ʀɛʀ
Pfau pfao
Pfauenauge 'pfaoən|aogə
Pfeffer ¹'pfɛfər; ²-ɛʀ
Pfefferminz(e) ¹pfɛfər'mɪnts(ə);
  ²-fɛʀm-, '- - -
Pfeife 'pfaefə
pfeifen, pfiff ¹'pfaefən, pfɪf;
  ²-fn̩
Pfeil pfael
Pfeiler ¹'pfaelər; ²-ɛʀ
Pfennig, pl. -ige 'pfɛnɪç, -ɪgə
Pferch ¹pfɛrç; ²-ʀç
Pferd ¹pfe:rt; ²-ʀt; (Schwz.
  auch) -ɛrt
Pfette 'pfɛtə
Pfiff pfɪf
Pfifferling ¹'pfɪfərlɪŋ; ²-ɛʀl-
pfiffig, -ige 'pfɪfɪç, -ɪgə
Pfingsten ¹'pfɪŋstən; ²-tn̩
Pfirsich ¹'pfɪrzɪç; ²-ʀz-
Pfister ¹'pfɪstər; ²-ɛʀ

Pflanze 'pflantsə
pflanzen ¹'pflantsən; ²-tsn̥
Pflaster ¹'pflastər; ²-ɛʀ
Pflaume 'pflaomə
Pflegeeltern ¹'pfle:gə|ˌɛltərn;
    ²-tɛʀn
pflegen, pflog, pflegte, gepflogen
    ¹'pfle:gən, pflo:k, 'pfle:ktə,
    gə'pflo:gən; ²-gn̥, -, -, ǵe-
    'pflo:gn̥
Pflegling ¹'pfle:klɪŋ; ²-ǵl-
Pflicht pflɪçt
pflichtig, -ige 'pflɪçtɪç, -ɪgə
Pflock pflɔk
pflücken ¹'pflʏkən; ²-kn̥
Pflug pflu:k
pflügen ¹'pfly:gən; ²-gn̥
Pflugschar ¹'pflu:kʃa:r; ²-ʀ
Pforte ¹'pfɔrtə; ²-ʀtə
Pförtner ¹'pfœrtnər; ²-ʀtnɛʀ
Pfosten ¹'pfɔstən; ²-tn̥
Pfote 'pfo:tə
Pfriem, -me, -men ¹pfri:m, -mə,
    -mən; ²pfʀ-
Pfropf ¹pfrɔpf; ²pfʀ-
pfropfen ¹'pfrɔpfən; ²'pfʀɔpfn̥
Pfründe ¹'pfrʏndə; ²'pfʀ-
Pfuhl pfu:l
Pfühl pfy:l
pfui! pfʊi
Pfund pfʊnt
pfuschen ¹'pfʊʃən; ²-ʃn̥
Pfütze 'pfʏtsə
Phäaken fɛ:|'a:kən
Phädon 'fɛ:dɔn
Phädra 'fɛ:dra
Phädrus 'fɛ:drʊs
Phaëton 'fa:|etɔn
Phalanx, pl. -ngen 'fa:laŋks,
    fa'laŋgən
Phallus 'falʊs
Phanerogamen fanero'ga:mən
Phänomen, pl. -ene fɛno'me:n,
    -e:nə
phänomenal fɛnome'na:l
Phänomenon, pl. -na fɛ'nome-
    nɔn, -ena
Phänotyp fɛ:no'ty:p, '- - -

Phantasie fanta'zi:
Phantasma fan'tasma
Phantasmagorie fantasmago'ri:
Phantast fan'tast
Phantasus 'fantazʊs
Phantom fan'to:m
Phaon 'fa:ɔn
Pharao, pl. -onen (s. Pharo,
    Spiel) 'fa:ra-o, fa:ra|'o:nən
Pharisäer fari'zɛ:ər, -ɛʀ
Pharmakognosie farmakogno-
    'zi:
Pharmakologie farmakolo'gi:
Pharmakopöe farmako'pø:(ə)
Pharmazeut farma'tsɔøt
Pharmazie farma'tsi:
Pharo 'fa:ro
Pharos (Alt.) 'fa:rɔs
Pharsalos, -lus far'za:lɔs, -lʊs
Phase 'fa:zə
Phenol fe'no:l
Pheres (Hofm., Alk.) 'feres
Phi (gr. Buchst.) fi:
Phiale fi'a:lə
Phidias 'fi:dias
Philadelphia filə'dɛlfjə
Philae 'fi:lɛ:
Philalethes fila'le:tes
Philander fi'landər, -ɛʀ
Philane (L.) fi'la:nə
Philario (Sh., Cymb.) fi'la:rio
Philantrop filan'tro:p
Philatelie filate'li:
Philatelist filate'lɪst
Philemon fi'le:mɔn
Phileros (G., Pandora) fi'le:rɔs
Philharmonie filharmo'ni:
Philharmoniker ¹filhar'mo:nɪ-
    kər; ²-ɛʀ
philharmonisch filhar'mo:nɪʃ,
    (ö.) '- - - -
Philhellene fɪlhɛ'le:nə
Philine fi'li:nə
Philipp 'fi:lɪp, 'fil-
Philippeau fili'po
Philipperbrief ¹fi'lɪpərbri:f;
    ²-ɛʀbr̥-
Philippi (Alt.) fi'lɪpi

Philippika fi'lɪpika
Philippine filɪ'pi:nə
Philippinen (Inseln) filɪ'pi:nən
Philippopel (Bg.) fili'po:pəl
Philippus fi'lɪpʊs
Philister [1]fi'lɪstər; [2]-ɛʁ
Philisterium filɪs'te:riʊm
philiströs filɪs'trø:s
Philo, -lon 'fi:lo, -lon
Philodendron filo'dɛndrən
Philoktet, -tes filɔk'te:t, -tɛs
Philolog(e) filo'lo:gə, -'lo:k
Philologie filolo'gi:
Philomele, -la filo'me:le, -la
Philosoph filo'zo:f
Philosophie filozo'fi:
Philostrat (Sh., So.) filɔs'tra:t
Philostratus (Sch.) fi'lɔstratʊs
Philotas (L.) fi'lo:tas
Philotus (Sh., Ti.) fi'lo:tʊs
Philto (L., Schatz) 'frɪlto
Phimose fi'mo:zə
Phiole fi|'o:lə
Phipps (e., Wilde) fips
Phlegma 'flɛgma
phlegmatisch flɛ'gma:tɪʃ, (ö.)
　-matɪʃ
Phlox flɔks
Phöbe (alt., Sh., Wid.) 'fø:be
Phobie fo'bi:
Phöbus fø:bʊs
Phokis 'fo:kɪs
Pholien (be.) fɔl'jɛ̃
Phon fo:n
Phone (G.) 'fo:ne
Phonetik fo'ne:tɪk
Phöniker fø'ni:kər, -ɛʁ
Phönix 'fø:nɪks
Phönizien fø'ni:tsĭən
Phonograph fono'gra:f
Phonologie fonolo'gi:
Phonothek fono'te:k
Phorkyas, pl. **-aden** (G., Faust)
　'fɔrky|as, - -'a:dən
Phorminx 'fɔrmɪŋks
Phosgen fɔs'ge:n
Phosphat fɔs'fa:t
Phosphit fɔs'fi:t

Phosphor [1]'fɔsfɔr; [2]-ʁ
phosphoreszieren fɔsfores'tsi:rən
Phot fo:t
Photo(chemie usw.) 'foto
　(-çe'mi:)
Photograph [1]foto'gra:f; [2]-'ǧʁ-
Photographie [1]fotogra'fi:; [2]-ǧʁ-
Photomontage fotomɔn'ta:ʒə
Phototypie fototy'pi:
Phrase [1]'fra:zə; [2]'fʁa:ʐə
Phraseologie fra:zeolo'gi:
phrasieren fra'zi:rən
Phrenologie frenolo'gi:
Phrixos, -xus 'frɪksɔs, -ksʊs
Phrygien 'fry:giən
Phryne 'fry:ne
Phrynia (Sh., Ti.) 'fry:nia
Phryxus (Gri., Vlies) s. **Phrixos**
Phthalsäure [1]'ftɑ:lzɔørə; [2]-ʐɔøʁə
Phthisis 'fti:zɪs
Phylax 'fy:laks
Phyle 'fy:le
Phyllis 'fʏlɪs
Phylloxera fʏlɔ'kse:ra
phylogenetisch fyloge'ne:tɪʃ
Physik fy'zi:k, (ö.) -'zɪk
Physiker [1]'fy:zikər; [2]-ɛʁ
Physikum 'fy:zikʊm
Physiognom fyzio'gno:m
Physiognomie fyziogno'mi:
Physiognomik fyzio'gno:mɪk
Physiologie fyziolo'gi:
physisch 'fy:zɪʃ
pi (gr. Buchst.) pi:
Piacenta pia't ʃentsa
Piaffe pi'afə
piangendo (it.) pĭan'dʒendo
Pianino pĭa'ni:no
pianissimo pĭa'nɪsimo
Piano, piano 'pĭa:no
Pianoforte pĭano'fɔrte
Piarist pia'rɪst
Piasten pi'astən
Piaster pi'astər, -ɛʁ
Piave 'pĭa:ve
Piazza 'pĭatsa
Pie (f.) pik, (ö.) pɪk
Picador pika'do:ʁ

Picarde pi'kaʀdə
Picardie pikaʀ'di
Picasso pi'kaso
Piccadilly (London) pikə'dili
Piccard (f.) pi'ka:ʀ
Piccioni pi'tʃo:ni
Piccolomini piko'lo:mini
Pic du Midi ‚pik dy mi'di
pichen ¹'pɪçən; ²-çn̩
Pickel ¹'pɪkəl; ²-kl̩
Pickelhering ¹'pɪkəlheːrɪŋ; ²-kl̩-
picken ¹'pɪkən; ²-kn̩
Picknick 'pɪknɪk
Pick-up pik|'ap
Pico (sp., port.) 'piko, -ku
Pico de Teyde (Berg) ‚piko de 'tɛiðe
Pico von Mirandola ‚piko fɔn mi'randola
Pictet pik'tɛ
Pidginenglisch 'pidʒin|ɛŋlɪʃ
Pièce 'pjɛːs(ə)
Piedestal pĭedɛs'taːl
Piemont pie'mɔnt
piepen ¹'piːpən; ²-pn̩
Pier piːr, -ʀ
Pierce (e., Sh., R. II) 'piəs, -ərs
Pieriden pi|e'riːdən
pierisch pi|'eːrɪʃ
Pierluigi (it.) pĭɛr'lŭiːdʒi
Pierre (f.) pjɛːʀ
Pierrot, fm. -rette pjɛ'ʀo, -'ʀɛtə
Piešt'any (slov.) 'pjeʃtjani
Pietà pi|e'ta
Pietät pi|e'tɛːt
Pieter (ndl. Vn.) 'pitər, -ɛʀ
Pietermaritzburg (Afr.) piːtər'maːrɪtsburk
Pietismus pi|e'tɪsmʊs
Pietro (it.) 'pĭeːtro
Pigment pɪ'gmɛnt
Pignol(i)e pin'joːlĭə, (ö.) pi-'gnoːlĭə
Pik (Berg, Spielkarte) piːk, (ö.) pik
pikant pi'kant
Pikanterie pikantə'riː
Pike 'piːkə

Pike (Britten, Herring) paĭk
Pikee pi'ke
Pikett pi'kɛt
pikfein piːk'faen, (ö.) pik-
pikiert pi'kiːrt
Pikkolo 'pɪkolo
Pikör pi'køːr, -ʀ; (f.)-'kœːʀ
Pikrinsäure pi'kriːnzɔørə
Pikten 'pɪktən
Pilaster pi'lastər, -ɛʀ
Pilatus pi'laːtʊs
Pilaw pi'laf
Pilger, -grim ¹'pɪlgər, -grɪm; ²-gɛʀ
Pille 'pɪlə
Pil'njak (ru.) pifi'ɲaːk
Pilot pi'loːt
Piloty pi'loːti
Pilsen 'pɪlzən; (Tsch.) **Plzeň**
Pilsudski piŭ'sutski
Pilz pɪlts
Pimen (Puš., Mus.) pi'mɛn
Piment pi'mɛnt
Pimpernelle, -pinelle pɪmpər-'nɛlə, -pi'nɛlə
Pimpinelli (Lehár, Pag.) pimpi'nɛli
Pinakothek pinako'teːk
Pinang (S.-As.) 'pinaŋ
Pinasse pi'nasə
Pinay (f.) pi'nɛ
Pindar, -ros, -rus 'pɪndar, -ʀ, -rɔs, -rʊs
Pindos, -dus 'pɪndɔs, -dʊs
Pineau pi'no
Pingpong 'piŋpɔŋ, (ö.) -'-
Pinguin piŋgu'iːn
Pinie 'piːnĭə
pinkeln pɪŋkəln
Pinne 'pɪnə
Pinsk (Ru.) pinsk
Pinscher ¹'pɪnʃər; ²-ʃɛʀ
Pinsel ¹'pɪnzəl; ²-zl̩
Pinte 'pɪntə
Pinto (Web., Pintos) 'pinto
Pinturicchio pintu'rikĭo
Pinzette pɪn'tsɛtə, pɛ̃'sɛtə
Piombino (It.) pĭom'biːno

Pjöngjang (Korea) ˌpi̯anjaŋ
Pionier pio'niːr, -ʁ
Piotrków (Po.) 'pjɔtrkuf, (dt.)
Petrikau
Pipe 'piːpə
Pipeline (e.) 'paep-laen
Pipette pi'pɛtə
Pippin 'pɪpɪn
Pips pɪps
Pique Dame piːk'dam
Piqueoiseau (f., Pagnol)
pikwa'zo
Pirandello piran'dɛlo
Piranesi pira'neːzi
Piranha pi'ranja
Pirat pi'raːt
Piräus pi'rɛː-ʊs
Pirmasens 'pɪrmazɛns
Piroge pi'roːgə
Pirogge pi'rɔgə
Pirol pi'roːl, 'piːrɔl
Pirot (Jug.) 'pirɔt
Pirouette pi'ʁwɛt(ə)
Pirsch ¹pɪrʃ; ²-ʁʃ
pirschen ¹'pɪrʃən; ²-ʁʃn̩
Pisa 'piːza
Pisanio (Sh., Cymb.) pi'zaːnio
Pisang 'piːzaŋ
Pisarev (ru.) 'piːsarɛf
Pisemskij (ru.) 'piːɛ̨emskij
Pinsk (Ru.) pinsk
pispern ¹'pɪspərn; ²-pɛrn
Pissoir pɪ'swaːʁ
Pistazie pɪs'taːtsi̯ə
Pistill pɪs'tɪl
Piste 'pɪstə
Pistol(e) pɪs'toːl(ə)
Pistol (Sh., L. W.) 'pistɔl
Piston pis'tɔ̃
Pistoia (It.) pis'toːi̯a
Pitaval (f.) pita'val
Pitchpine 'pitʃpain
Piteşti (Rum.) pi'teʃtj
Pithekanthropus pitek|'antro-
pʊs
Pitichinaccio (O., H. E.)
pitiki'natʃo
Pitiusen pitj'uːsən

Pitt pit
Pittsburg 'pɪtsbʊrk, (e.) -bəːg
piu (it.) pi̯uː
Pius 'piːʊs
pittoresk pɪto'rɛsk
Pivot (f.) pi'vo
Piz (Berg) pits
Pizarro (sp., Beeth., Fid.)
pi'θaro
pizzicato pitsi'kaːto
Pjatigorsk (Ru.) pjati'gɔrsk
Pjotr (ru. Vn.) pjɔtr
Placidia pla'tsiːdia
placido (it.) 'plaːtʃido
Placidus 'plaːtsidʊs
placieren pla'siːrən
pladdern ¹'pladərn; ²-dɛʀn
plädieren plɛ'diːrən
Plädoyer plɛdwa'je
Plafond pla'fɔ̃
Plage 'plaːgə
plagen ¹'plaːgən; ²-gn̩
Plagiat plagi'aːt
Plaid plæid, pleːt
Plakat pla'kaːt
Plake (Wolf-F., Sly) pleïk
Plakette pla'kɛtə
Plan plaːn
Plane 'plaːnə
planen 'plaːnən
Planet pla'neːt
Planetarium plane'taːriʊm
planieren pla'niːrən
Planimetrie planime'triː
Planke 'plaŋkə
plänkeln 'plɛŋkəln
Plankton 'plaŋktɔn
planschen ¹'planʃən; ²-ʃn̩
Plantage plan'taːʒə
Plantagenet (Sh., Heinrich VI.)
plæn'tædʒinit
plappern ¹'plapərn; ²-pɛʀn
Pläsier plɛ'ziːr, -ʁ
Plasma 'plasma
Plastik 'plastɪk
Plastiras (gr.) pla'stiras
plastisch 'plastɪʃ
Plastron plas'trɔ̃

Platää plɑˈtɛː-ɛː
Platane plɑˈtɑːnə
Plateau plɑˈto
Platen ˈplɑːtən
Platin, -na ˈplɑːtiːn, -tinɑ;
   (ö.) plɑːˈtiːn
Platitüde plɑtiˈtyːdə
Plato, -on ˈplɑːto, -tɔn
Platoniker plɑˈtoːnikər, -ɛʁ
platschen ¹ˈplɑtʃən; ²-ʃn̩
plätschern ¹ˈplɛtʃərn; ²-ʃɛʁn
platt plɑt
plattdeutsch ¹ˈplɑtdɔøtʃ; ²-t̬d̬
Platte ˈplɑtə
Plätteisen ¹ˈplɛt|aezən; ²-z̩n̩
plätten ¹ˈplɛtən; ²-tn̩
Plattform ¹ˈplɑtfɔrm; ²-ʁm
Platz plɑts
Plätzchen ¹ˈplɛtsçən; ²-çn̩
platzen ¹ˈplɑtsən; ²-tsn̩
plaudern ¹ˈplɑodərn; ²-dɛʁn
plauschen ¹ˈplɑoʃən; ²-ʃn̩
plausibel plɑoˈziːbəl
plautinisch plɑoˈtiːnɪʃ
Plautus ˈplɑotʊs
Playboy (e.) ˈpleibɔø
Plazenta plɑˈtsɛntɑ
Plazet ˈplɑːtsɛt
Plebejer pleˈbeːjər, -ɛʁ
plebejisch pleˈbeːjɪʃ
Plebiszit plebɪsˈtsiːt
Plebs plɛps
Pleinair plɛˈnɛːʁ
Pleinpouvoir plɛ̃npuˈvwɑːʁ
pleite ˈplɑetə
Plejaden pleˈjɑːdən
Plektron ˈplɛktrɔn
Plempe ˈplɛmpə
Plenar-(sitzung usw.) pleˈnɑːr-
Plenum ˈpleːnʊm
Pleonasmus ple|oˈnɑsmʊs
Plesiosaurus plezioˈzɑorʊs
Plethora pleˈtoːrɑ
Pleuelstange ˈplɔøəlʃtɑŋə
Pleura ˈplɔørɑ
Pleureuse plœˈʁœːzə
Pleuritis plɔøˈriːtɪs
Pleven (Bg.) ˈplɛvɛn

Pleven (f.) pleˈvɛn
Plicht plɪçt
Plinius ˈpliːniʊs
Plinse ¹ˈplɪnzə; ²-z̩ə
Plinthe ˈplɪntə
Pliny (Shaw, Kaiser) ˈplini
Pliozän pli|oˈtsɛːn
Plissee plɪˈse
Płock (Po.) pŭɔtsk
Ploërmel (F.) plɔɛʁˈmɛl
Ploieşti (Rum.) ploˈïeʃtj
Plombe ˈplɔmbə
plombieren plɔmˈbiːrən
Plön pløːn
Plotin, -nos ploˈtiːn, -nɔs
Plötze ˈplœtsə
plötzlich ˈplœtslɪç
Plovdiv (Bg.) ˈplɔvdif
Pluderhose ¹ˈpluːdərhoːzə;
   ²-dɛʁhoːz̩ə
Plumeau plyˈmo
Plumkett (Flo., Martha)
   ˈplʌmkɪt
plump plʊmp
Plumpudding ˈplʊmpʊdɪŋ,
   ˈplʌm-
Plunder ¹ˈplʊndər; ²-ɛʁ
plündern ¹ˈplʏndərn; ²-dɛʁn
Plural, Pluralis ˈpluːrɑːl, plu-
   ˈrɑːl(ɪs)
plus plʊs
Plüsch plyːʃ
Plusquamperfekt, -ktum ˈplʊs-
   kvɑmpɛrfɛkt, -ˈfɛktʊm
plustern ¹ˈpluːstərn; ²-tɛʁn
Plutarch, -chos pluˈtɑrç, -çɔs
Pluto, -on ˈpluːto, -tɔn
Plutokratie plutokrɑˈtiː
Plutonismus plutoˈnɪsmʊs
Plutonium pluˈtoːniʊm
Plutzer (ö.) ˈplʊtsər
Pluvialzeit pluviˈɑːltsaet
Pluvius ˈpluːviʊs
Plymouth ˈplɪməθ
Pneu (-matik) pnɔø(-ˈmɑːtɪk)
pneumatisch pnɔøˈmɑːtɪʃ
Pneumonie pnɔømoˈniː
Pneumothorax pnɔømoˈtoːrɑks

Po (Fl.) po:
Pobedonoscev (ru.) pɔbjɛda-
ˈnɔːstsɛf
Pöbel ¹ˈpøːbəl; ²-bl̩
Pocci ˈpɔtʃi
Poch pɔx
pochen ¹ˈpɔxən; ²-xn̩
pochetto, -ttino (it.) poˈketo,
pokeˈtiːno
Pocke ˈpɔkə
poco (it.) ˈpɔːko
Podagra ˈpoːdagra
Poděbrad (Tsch.) ˈpɔdjɛbrat
Podest poˈdɛst
Podestà podɛsˈta
Podewils ˈpoːdəvɪls
Podex ˈpoːdɛks
Podgorica (Jug.) ˈpɔdgɔritsa
Podium ˈpoːdiʊm
Podkoljosin (ru.) pɔtkaˈfiɔːsin
Podolien poˈdoːliən
Poe (e.) pou
Poem poˈ|ˈeːm
Poesie poˈ|eˈziː
Poet poˈ|ˈeːt
poetisch poˈ|ˈeːtɪʃ
Poggio ˈpɔdʒo
Pogner (W., Meist.) ˈpoːgnər, -ɛʀ
Pogodin (ru.) paˈgɔːdin
Pogrom pɔˈgroːm
Poilu (f.) pwaˈly
Poincaré pwɛ̃kaˈʀe
Poins (Sh., H. IV) pɔins
Point pwɛ̃
Pointe ˈpwɛ̃ːtə
Pointer (e.) ˈpɔøntər
pointieren pwɛ̃ˈtiːrən
Pointillismus pwɛ̃tiˈlɪsmʊs
Poitiers pwaˈtje
Poitou pwaˈtu
Pokal poˈkaːl
pökeln ˈpøːkəln
Poker ¹ˈpoːkər; ²-ɛʀ
pokern ¹ˈpoːkərn; ²-kɛʀn
Pökling ˈpøːklɪŋ
pokulieren pokuˈliːrən
Pol poːl
Pola ˈpoːla; (Jug.) Pula

Polaben poˈlaːbən
Polack poˈlak
Polackei polaˈkae
polar poˈlaːr, -ʀ
polarisieren polariˈziːrən
Polder ¹ˈpɔldər; ²-ɛʀ
Poldi, -dl (Vn.) ˈpɔldi, -dl
Polei poˈlae
Polemik poˈleːmɪk
Polen ˈpoːlən
Polenta poˈlɛnta
Polenz ˈpoːlɛnts
Polgár (Ung.) ˈpolgaːr, -ʀ
Police poˈliːsə
Polichinella (Suppé, Bocc.)
polikiˈnɛla
Policinell(o) politʃiˈnɛl(o)
Polier poˈliːr, -ʀ
polieren poˈliːrən
Poliklinik ˈpolikliːnɪk
Polina (ru. Vn.) pɔˈfiːna
Poliomyelitis poliomyeˈliːtɪs
Polisander poliˈzandər, -ɛʀ
Politbüro poˈlɪtbyroː
Polites (gr.) poˈlitis
Politik poliˈtiːk, (ö.) -ˈtik
politisch poˈliːtɪʃ
Politur poliˈtuːr, -ʀ
Polizei poliˈtsae
Polizeihauptwachtmeister
¹politsaeˈhaoptvaxtmaestər;
²-ɛʀ
Polizeioberwachtmeister
¹politsae|oːbərˈvaxtmaestər;
²-bɛrˈvaxtmaestɛʀ
Polizeiwachtmeister ¹poliˈtsae-
vaxtmaestər; ²-ɛʀ
Polizze (ö.) poˈlɪsə
Polka ˈpɔlka
Pollen ˈpɔlən
Pollution pɔluˈtsïoːn
Pollux ˈpɔlʊks
Polly (e.) ˈpɔli
polnisch ˈpɔlnɪʃ
Polo ˈpoːlo
Polock (ru.) ˈpoːlɔtsk
Polonaise poloˈnɛːzə
Polonium poˈloːnium

Polonius (Sh., Ha.) po'lo:niʊs
Polonskij (ru.) pa'lɔ:nskij
Poloveer 'pɔlɔftsər, -ɛʁ
Polovinkin (ru.) pɔla'vi:nkin
Polster ¹'pɔlstər; ²-ɛʁ
Poltava pɔl'ta:va
Polterabend ¹'pɔltər|a:bənt;
  ²-tɛʁ|-
poltern ¹'pɔltərn; ²-tɛʁn
Polybios po'ly:biɔs
polychrom poly'kro:m
Polyeder poly'e:dər, -ɛʁ
Polygamie polyga'mi:
Polyglotte poly'glɔtə
Polygnot, -tos pɔly'gno:t,
  -tos
Polygon poly'go:n
Polyhistor poly'hɪstɔr, -ʁ
Polyhymnia poly'hʏmnia
Polykarp poly'karp
Polyklet poly'kle:t
Polykrates po'ly:kratɛs
polymer poly'me:r, -ʁ
polymerisieren polymeri'zi:rən
Polymetis (G., Elp.) poly'me:tɪs
Polyneikes poly'nɛĭkɛs
Polynesien poly'ne:zĭən
Polyniees (Sch., Phön.) poly-
  'ni:tsɛs
Polyp po'ly:p
Polyphem, -mos poly'fe:m, -mɔs
polyphon poly'fo:n
Polyphonie polyfo'ni:
Polysyndeton poly'zʏndetɔn
Polytechnikum poly'tɛçnikʊm
Polytheïsmus polyte|'ɪsmʊs
Polyxena po'lʏksena
Pomade po'ma:də
Pombal (port.) pom'baɫ
Pomeranze pomə'rantsə
Pomfret (Sh., K. J.) 'pʌmfrit
Pomjalovskij (ru.) pɔmja'lɔ:fskij
Pommerellen pɔmə'rɛlən
Pommes frites (f.) pɔm'fʁit
Pomologie pomolo'gi:
Pomona po'mo:na
Pomp pɔmp
Pompadour (f. N.) põpa'du:ʁ

Pompadour (Beutel) 'pɔmpa-
  du:r, (ö.) - -'-
Pompejaner pɔmpe'ja:nər, -ɛʁ
Pompeji pɔm'pe:ji
Pompejus pɔm'pe:jʊs
Pompon 'põpõ
Pomponio pom'po:nio
pompös pɔm'pø:s
Pomuchel po'mʊxəl
Pomuchelskopp po'mʊxəlskɔp
ponceau (f.) põ'so
Poncet põ'sɛ
Ponchielli (it.) pɔŋ'kĭɛli
Poncho (sp.) 'pɔntʃo
Pondichéry põdiʃe'ʁi
Poniatowski (po.) pɔɲa'tɔfski
ponieren po'ni:rən
Pönitenz pøni'tɛnts
Ponta Delgada 'pontɐ ðɛl'gaðɐ
Pont-à-Mousson põtamu'sõ
Pontarlier põtaʁ'lje
Pontevedra (Sp.) pɔnte'βɛðra
Pontevedro (Lehár, Witwe)
  pɔnte've:dro
Ponticello pɔnti'tʃɛlo
Pontifex 'pɔntifɛks
Pontifikat pɔntifi'ka:t
pontinisch pɔn'ti:nɪʃ
Pontius 'pɔnt(s)iʊs
Ponton põ'tõ
Pontoppidan (dän.) pɔn'tɔbĭdan
Pontos Euxainos (Alt.) 'pɔntɔs
  'ɔøksaenɔs
Pontresina (Schwz.) pɔntre'zi:na
Pontus 'pɔntʊs
Pony, pl. -nys 'pɔni, -nis
Popanz 'po:pants
Pope 'po:pə; (e.) poŭp
Popeline popə'li:n
Popilius (Sh., J. C.) po'pi:liʊs
Popo po'po:
Popocatepetl popokate'pɛtl
Popov (ru.) pa'pɔ:f
Popovič (jug.) 'pɔpɔvitɕ
populär popu'lɛ:r, -ʁ
popularisieren populari'zi:rən
Populeseu (Kálmán, Mar.)
  popu'lesku

Pore ˈpoːrə
Porfyrogenes (gr.) pərfiroˈjɛnis
Porgy (Gershwin) ˈpɔːgɪ
Pornographie pɔrnograˈfiː
porös poˈrøːs
Porphyr ˈpɔrfʏr, -ʁ; (ö.) pɔrˈfyːr
Porree ˈpɔre
Porrentruy (Schwz.) pɔrɑ̃ˈtrÿi
Porridge ˈpɔrɪtʃ
Porst pɔrst
Port pɔrt
Portal pɔrˈtaːl
Portament pɔrtaˈmɛnt
Port Arthur pɔːt ˈaːθə
Portativ (-orgel) pɔrtaˈtiːf
Port-au-Prince pɔrtoˈprɛ̃s
Porta Westphalica ˌpɔrta vɛst-
   ˈfaːlika
Portefeuille pɔrtəˈfœĭ
Portemonnaie pɔrtmɔˈnɛ, -ˈne
Portepee pɔrteˈpe
Porter ˈpɔrtər, -ɛʁ
Portia (Sh.) ˈpɔrtsia
Portici ˈpɔrtitʃi
Portier pɔrˈtjeː, (ö.) -ˈtiːr,
   (schwz.) ˈ- -
Portiere pɔʁˈtjɛːʁə
Portikus ˈpɔrtikʊs
Portion pɔrˈtsĭoːn
Portiuncula pɔrˈtsĭʊŋkula
Portland (E.) ˈpɔːtlənd
Porto [1]ˈpɔrto; [2]-ʁto
Porto (Port.) ˈpɔrtu
Porto Alegre (S.-A.) ˌpɔrtu
   aˈlɛɣrə
Port of Spain (M.-A.) pɔːt əv
   ˈspeĭn
Porto Rico ˌpɔrto ˈriːko
Porträt (-trait), pl. -ts und -te
   pɔrˈtrɛ(ː). -ɛːs, -ɛːtə
Port Said pɔː(r)t saˈiːd
Portsmouth ˈpɔːtsməθ
Portugal ˈpɔrtugal
Portulak ˈpɔrtulak
Portwein ˈpɔrtvaen
Porzellan [1]pɔrtsəˈlaːn; [2]-ʁts-
Posa ˈpoːza
Posadnik (Sch.) pɔˈsaːdɲik

Posament pozaˈmɛnt
Posamentier pozamɛnˈtiːr, -ʁ
Posaune poˈzaonə
Pose ˈpoːzə
Poseidon poˈzeĭdɔn, -ˈzae-
Poseur poˈzœːʁ
Posillipo (it.) poˈsiːlipo
Posilipp posiˈlɪp
Position poziˈtsĭoːn
positiv ˈpoːzitiːf, poziˈtiːf
Positivismus poziːˈvɪsmʊs
Positron, pl. -nen ˈpoːzitrɔn,
   - -ˈtroːnən
Positur poziˈtuːr, -ʁ
Pasoškov (ru.) pɔsaˈʃkɔːf
Possart ˈpɔsart
Posse ˈpɔsə
Possessiv, -vum; pl. -va
   ˈpɔsɛsiːf, - -ˈ-; -ˈsiːvʊm, -ˈsiːva
possierlich [1]pɔˈsiːrlɪç; [2]-ʁl-
Post pɔst
postalisch pɔsˈtaːlɪʃ
Postament pɔstaˈmɛnt
Postamt ˈpɔst|amt
Posten [1]ˈpɔstən; [2]-tn̩
post festum (lt.) pɔst ˈfɛstʊm
poste restante (f.) pɔst rɛsˈtãt
posthum pɔstˈhuːm, pɔˈstuːm
postieren pɔsˈtiːrən
Postille pɔsˈtɪlə
Postill(i)on ˈpɔstɪljoːn
postlagernd [1]ˈpɔstlaːgərnt;
   [2]-gɛrnt
postnumerando pɔstnumeˈrando
Posto fassen [1]ˈpɔsto ˌfasən;
   [2]- -sn̩
Postskript, -tum pɔstˈskrɪpt,
   -tʊm
Postulat pɔstuˈlaːt
Postumus ˈpɔstumʊs
Pot (Maß) poː
Potapenko (ru.) paˈtaːpɛnko
Potemkin paˈtjɔːmkin
potent poˈtɛnt
Potentat potɛnˈtaːt
Potential potɛnˈtsĭaːl
potentiell potɛnˈtsĭel
Potentilla potɛnˈtɪla

Potenz po'tɛnts
Potenza (It.) po'tɛntsɑ
potenzieren potɛn'tsiːrən
Pothinus (Shaw, Cäsar) po'tiː-
    nʊs
Potiphar 'poːtifɑr, -ʁ
Potomac (Fl. N.-A.) pə'toumək
Potosí (S.-A.) poto'si
Potpurri 'pɔtpuri
Potsdam 'pɔtsdɑm
Pott pɔt
Pottasche 'pɔt|aʃə
Pottwal 'pɔtvaːl
potztausend ¹pɔts'taozənt; ²-ʐ-
Poujade pu'ʒad(ə)
Poulard (f.) pu'laːʁ
Poularde (f.) pu'laʁdə
Poule (f.) pu:l
Poulenc (f.) pu'lɛ̃:k
Poulengay (Shaw) pulɛ̃'ʒɛ
Poulet pu'lɛ
Pound (e.) paund
pour le mérite (f.) puʁ lə me'ʁit
Pourtalès puʁta'lɛs
Poussade, -age pu'saːdə, -'saːʒə
Poussette (Mass., M. L.) pu'sɛt
Poussin pu'sɛ̃
Powell (e.) 'pouəl, 'pauəl
Powidl (ö.) 'pɔvɪdl̩
Požarevac (Jug.) 'pɔʒarɛvats
Pozzo (it.) 'potso
Pozzuoli (it.) po'tsŭɔːli
Prä prɛː
Präambel prɛ|'ambəl
Präbende prɛ'bɛndə
Prachatitz 'praxatɪts
Pracht ¹praxt; ²pʁ-
Prädestination prɛdɛstinɑ-
    'tsĭoːn
Prädikat prɛdi'kaːt
prädikativ prɛdikɑ'tiːf
Praed (e., Shaw) preid
Präexistenz prɛ|ɛksɪs'tɛnts
Präfekt prɛ'fɛkt
Präfektur prɛfɛk'tuːr, -ʁ
Präfix prɛ'fɪks
Prag (Tsch. Praha) praːk
prägen ¹'prɛːgən; ²'pʁɛːgn̩

Pragmatik pra'gmaːtɪk, (ö.)
    -'gmat-
pragmatisch pra'gmaːtɪʃ, (ö.)
    -'gmatɪʃ
prägnant prɛ'gnant
prähistorisch 'prɛːhɪstoːrɪʃ
prahlen ¹¹'praːlən; ²¹pʁaːln̩
Prahm ¹praːm; ²pʁ-
Präjudiz prɛju'diːts
Prakrit 'praːkrɪt
Praktik, pl. -ken 'praktɪk, -ken
praktikabel prakti'kaːbəl
Praktikus 'praktikʊs
Praktikant prakti'kant
praktisch 'praktɪʃ
praktizieren prakti'tsiːrən
Prälat prɛ'laːt
Präliminarien prɛlimi'naːriən
Praline, -en; -né, -nés pra'liːnə,
    -ən; 'pralineː, -neːs, (ö.)
    prali'neː, -'neːs
prall ¹pral; ²pʁ-
präludieren prɛlu'diːrən
Präludium prɛ'luːdiʊm
Prämie 'prɛːmiə
Prämisse prɛ'mɪsə
praemissis praemittendis (lt.)
    prɛː'mɪsiːs prɛːmɪ'tɛndiːs
Prämonstratenser prɛmɔnstrɑ-
    'tɛnzər, -ɛʁ
prangen ¹¹'praŋən; ²pʁ-
Pranger ¹¹'praŋər; ²pʁaŋɛʁ
Pranke ¹¹'praŋkə; ²pʁ-
pränumerando prɛnume'rando
Präparand prɛpa'rant
Präparat prɛpa'raːt
präparieren prɛpa'riːrən
Präposition prɛpozi'tsĭoːn
Prärafaëlit prɛrafa|e'liːt
Prärie prɛ'riː
Prärogativ, -ive prɛroga'tiːf,
    -iːvə
Präsens 'prɛːzɛns
Präsent prɛ'zɛnt
präsentieren prɛzɛn'tiːrən
Präsenz prɛː'zɛnts
Praseodym prazeǀo'dyːm
Präservativ prɛːzɛrva'tiːf

Präses 'prɛːzɛs
Präside prɛ'ziːdə
Präsident prɛzi'dɛnt
präsidieren prɛzi'diːrən
Praskov'ja (ru.) pras'kɔːv-ja
Prassede (it.) pra'seːde
prasseln ¹'prasəln; ²'pʁasl̩n
prassen ¹'prasən; ²'pʁasn̩
präsumieren prɛzu'miːrən
präsumtiv prɛzʊm'tiːf
Prätendent prɛtɛn'dɛnt
Prätension, -tion prɛtɛn'zǐoːn,
   -'tsǐoːn
prätentiös prɛtɛn'tsǐøːs
Präteritio prɛtər|'iːtsǐo
praeter propter 'prɛːtər, -ɛʁ
   'prɔptər, -ɛʁ
Präteritum prɛ'tɛritʊm
Prätext prɛ'tɛkst
Prätor 'prɛːtɔr, -ʁ
Pratze ¹'pratsə; ²'pʁ-
Präventiv prɛvɛn'tiːf
Prawda 'pravda
Praxedis pra'kseːdɪs
Praxis ¹'praksɪs; ²'pʁ-
Praxiteles pra'ksiːtelɛs
Präzedenzfall prɛtse'dɛntsfal
Präzeptor prɛ'tsɛptɔr, -ʁ
Präzipitat prɛtsipi'taːt
präzis prɛ'tsiːs
Preciosa (Sp., Web.) pre'θiosa
precipitando (it.) pretʃipitando
Predeal (Rum.) pre'dĕal
Predella pre'dɛla
predigen ¹'preːdɪgən; ²'pʁeːdɪgn̩
Predigt ¹'preːdɪçt; ²'pʁ-
Predikant prɛdi'kant
Preis ¹praes; ²pʁ-
Preiselbeere ¹'praezəlbeːrə; ²-z̩l-
preisen, pries ¹'praezən, priːs;
   ²'pʁaezn̩
prekär pre'kɛːr, -ʁ
prellen ¹'prɛlən; ²'pʁɛln̩
Prélude pʁe'lyːd(ə)
Premier (minister usw.)
   pʁə'mje-
Préméry (Web., Eur.) preme'ri
Prerau 'preːrao

Presbyter 'prɛsbytɛr, -ʁ
Presbyterianer prɛsbyteri'aːnər,
   -ɛʁ
Presbyterium prɛsby'teːriʊm
preschen ¹'prɛʃən; ²'pʁɛʃn̩
Prešov (Tsch.) 'prɛʃoŭ
Prespasee (Jug., Gr.) 'prɛspazeː
pressant prɛ'sant
Presse ¹'prɛsə; ²'pʁ-
pressen ¹'prɛsən; ²'pʁɛsn̩
pressieren prɛ'siːrən
Pression prɛ'sǐoːn
Prestige pʁɛs'tiːʒ(ə)
prestissimo (it.) prɛs'tɪsimo
presto (it.) 'prɛsto
Preston (E.) 'prɛstən
Pretiosen pre'tsǐoːzən
Pretoria prɪ'toːriə, pre'toːria
Prevost (f. Autor) pʁe'vo
preziös pre'tsǐøːs
Preziosa pretsi'oːza
Priamel pri'aːməl
Priamos, -mus 'priːamɔs, -mʊs
Priapos 'priːapɔs, pri'aːpɔs
Pribićević (jug.) pri'biːtɕevitɕ
Příbram (Bö.) 'prʒiːbram
prickeln ¹'prɪkəln; ²'pʁ-
Priel, -le ¹priːl, -lə; ²pʁ-
Priem ²priːm; ²pʁ-
Priene (Alt.) pri'eːne
Priester ¹'priːstər; ²'pʁiːstɛʁ
Priestley 'priːstli
Prignitz 'priːgnɪts
Prilep (Jug.) 'priːlep
Prim, -ma, -me priːm, -ma, -mə
Primaballerina primabalə'riːna
Primadonna prima'dɔna
Primaner pri'maːnər, -ɛʁ
primär pri'mɛːr, -ʁ
Primar (arzt usw.) pri'maːr, -ʁ
Primas 'priːmas
Primat pri'maːt
prima vista (it.) 'priːma 'vista
Primel ¹'priːməl; ²'pʁiːml̩
Primgeige 'priːmgaegə
Primislaus (Gri.) 'priːmɪslaos
primitiv primi'tiːf
Primiz pri'miːts

Primo de Rivera (sp.) ˌprimo de
 riˈβɛra
Primogenitur primogeniˈtuːr, -ʁ
Primus ˈpriːmʊs
Primzahl ˈpriːmtsaːl
Principe, fm. -pessa (it.)
 ˈprɪntʃipe, - ˈpesa
Printe ¹ˈprɪntə; ²ˈpʁ-
Prinz ¹prɪnts; ²pʁ-
Prinzeß, -ssin ¹prɪnˈtsɛs, -sɪn;
 ²pʁ-
Prinzip prɪnˈtsiːp
Prinzipal prɪntsiˈpaːl
prinzipiell prɪntsipiˈɛl
Prior, -rin ˈpriːɔr, -ʁ, priˈoːrɪn
Priorität prioriˈtɛːt
Prise ¹ˈpriːzə; ²ˈpʁiːʒə
Prism (Wilde, Bunb.) ˈprɪzəm
Prisma ˈprɪsma
prismatisch prɪsˈmaːtɪʃ
Priština (Jug.) ˈpriːʃtina
Prišvin (ru.) ˈpriːʃvin
Pritsche ¹ˈprɪtʃə; ²ˈpʁ-
Pritschitsch (Lehár, Witwe)
 ˈpritʃitɕ
privat, -tim priˈvaːt, -tɪm
Privatier pʁivaˈtje
privatissime privaˈtɪsime
privativ privaˈtiːf
Privileg, -gium, pl. -gien
 priviˈleːk, -ˈleːgiʊm, -ˈleːgɪən
Prizren (Jug.) ˈprizrɛn
pro proː
probabel proˈbaːbəl
probat proˈbaːt
Probe ¹ˈproːbə; ²ˈpʁ-
proben ¹ˈproːbən; ²ˈpʁoːbn̩
probieren proˈbiːrən
Problem proˈbleːm
problematisch probleˈmaːtɪʃ
Probstheida proːbstˈhaeda
Probus ˈproːbʊs
Procida (It.) ˈprɔːtʃida
Proctor (Miller) ˈprɔktə
Proculejus (Sh., Ant.) prokuˈleːjʊs
pro domo (lt.) proː ˈdomoː
Produkt proˈdʊkt

produktiv prodʊkˈtiːf
Produzent produˈtsɛnt
Proeza (sp.) pro-ˈɛθa
profan proˈfaːn
Profeß proˈfɛs
Profession profɛˈsi̯oːn
Professional (Kurzform: **Profi**)
 profɛsi̯oˈnaːl, (e.) proˈfɛʃənəl
 (ˈprofi)
Professor, pl. -oren proˈfɛsɔr, -ʁ,
 - -ˈsoːrən
Professur profɛˈsuːr, -ʁ
Profi ¹ˈprofi; ²ˈpʁ-
Profil proˈfiːl
profiliert profiˈliːrt
Profit proˈfiːt; (ö., schwz.) -ˈfit
pro forma (lt.) proː ˈfɔrmaː
Profos proˈfɔs
profund, -de proˈfʊnt, -də
Prognath proˈgnaːt
Prognathie prognaˈtiː
Prognose proˈgnoːzə
Prognostikon proˈgnɔstikɔn
Programm proˈgram
programmatisch progra ˈmaː-
 tɪʃ
Progression progrɛˈsi̯oːn
progressiv progrɛˈsiːf
Progymnasium ˈproːgʏmnaː-
 ziʊm
prohibieren prohiˈbiːrən
Prohibition prohibiˈtsi̯oːn
Projekt proˈjɛkt
Projektil projɛkˈtiːl
Projektion projɛkˈtsi̯oːn
Projektor proˈjɛktɔr, -ʁ
projizieren projiˈtsiːrən
Proklamation proklamaˈtsi̯oːn
proklamieren proklaˈmiːrən
Proklise proˈkliːzə
proklitisch proˈkliːtɪʃ, (ö.) pro-
 ˈklɪtɪʃ
Proklos ˈprɔklɔs
Prokofʼjev (ru.) praˈkɔːf-jɛf
Prokonsul proˈkɔnzʊl
Prokop (Gri., Brud.) ˈprɔkɔp
Prokop, -pios (byz.) proˈkoːp,
 -pi̯ɔs

Prokopjevsk (N.-As.) pra'kɔːpjɛfsk
Prokopovič (ru.) prɔka'pɔːvitʃ
Prokrustes pro'krustɛs
Prokura pro'kuːra
Prokurist proku'rɪst
Prokyon (Stern) 'prɔkyɔn
Prolegomena prole'gomena
Prolepsis pro'leːpsɪs
Prolet pro'leːt
Proletariat proletari'aːt
Proletarier prole'taːriər, -ɛʁ
Prolog, gen. -ges pro'loːk, -oːgəs
prolongieren prolɔŋ'giːrən
pro memoria proː me'moːria
Promemoria proːme'moːria
Promenade promə'naːdə
prometheisch prome'teːɪʃ
Prometheus pro'meːtɔøs, -tɛŭs
Promille pro'mɪle
prominent promi'nɛnt
promiskue pr'mɪsku|e
Promiskuität promɪskui'tɛːt
Promotion promo'tsĭoːn
promovieren promo'viːrən
prompt prɔmpt
Pronomen, pl. -mina pro'noː-mɛn, -mina
prononcieren pronõ'siːrən
Proömium pro|'øːmiʊm
Propädeutik propɛ'dɔøtɪk
Propaganda propa'ganda
Propagandist propagan'dɪst
Propan pro'paːn
Proparoxytonon propar|ɔ'ksytonɔn
Propeller [1]pro'pɛlər; [2]-ɛʁ
proper [1][1]'prɔpər; [2]-ɛʁ
Propertius, -rz pro'pɛrtsĭʊs, -rts
Prophet pro'feːt
Prophetie profe'tiː
prophezeien profe'tsaeən
prophylaktisch profy'laktɪʃ
Propontis pro'pɔntɪs
Proportion propɔrtsĭoːn
proportional propɔrtsĭo'naːl
Proporz pro'pɔrts
Proposition propozi'tsĭoːn

Propst proːpst
Propstei proːps'tae
Propyläen propy'lɛːən
Prorektor 'proːrɛktɔr, -ʁ
Prosa 'proːza
prosaisch pro'zaː-ɪʃ
Prosektor proː'zɛktɔr, -ʁ
Proselyt proze'lyːt
Proserpina pro'zɛrpina
Prosit, prost [1]'proːzɪt, proːst;
  [2]'pʁoːʑɪt; (Schwz. auch) prɔst
proskribieren proskri'biːrən
Proskription proskrɪp'tsĭoːn
Proskuriv (Ukr.) prɔ'skuːriŭ
Prosodie prozo'diː
prosodisch pro'zoːdɪʃ
Prosperität prɔsperi'tɛːt
Prospero (Sh., St.) 'prɔspero
Prospekt pro'spɛkt
Prostata 'prɔstata
prostituieren prɔstitu'iːrən
Prostitution prɔstitu'tsĭoːn
Proszenium prɔ'stseːniʊm
Protagoras pro'taːgoras
Protaktinium proːt|ak'tiːniʊm
Protagonist proːt|ago'nɪst
Protégé (f.) pʁote'ʒe
protegieren prote'ʒiːrən
Protein prote|'iːn
Protektion protɛk'tsĭoːn
Protektor pro'tɛktɔr, -ʁ
Protektorat protɛkto'raːt
pro tempore (lt.) proː 'tɛmpore
Protest pro'tɛst
Protestant protɛs'tant
protestieren protɛs'tiːrən
Proteus 'proːtɔøs, -tɛŭs
Prothese pro'teːzə
Prothoë (Kl., Penth.) 'proːto-e
Protokoll proto'kɔl
Protokollant protokɔ'lant
Proton 'proːtɔn
Protopapadakes (gr.) prɔtɔpapa-'ðakis
Protoplasma proːtɔ'plasma
Protopopov (ru.) prɔta'pɔːpɔf
Prototyp proːto'tyːp
Protozoon proːto'tsoː|ɔn

Protuberanz protube'rants
Protz ¹prɔts; ²pʁ-
protzen ¹'prɔtsən; ²'pʁɔtsn̩
Proudhon pʁu'dõ
Proust prust
Provence pʁɔ'vã:s
Provenienz proveni'ɛnts
provenzalisch pʁɔvã'sa:lɪʃ, -vɛns-
Proverb, pl. -verbien pro'vɛrp,
   -'vɛrbiən
Proviant provi'ant, (Schwz.)
   -'fiant
providentiell providɛn'tsĭel
Provinz pro'vɪnts, (Schwz.)
   -'fɪnts
Provinzial(stadt usw.) provɪn-
   'tsĭa:l-
Provinzialismus provɪntsĭa'lɪs-
   mʊs
Provision provi'zĭo:n
Provisor pro'vi:zɔr, -ʁ
provisorisch provi'zo:rɪʃ
Provokation provoka'tsĭo:n
provozieren provo'tsi:rən
Prozedur protse'du:r, -ʁ
Prozent pro'tsɛnt
prozentual protsɛntu'a:l
Prozeß pro'tsɛs
Prozession protsɛ'sĭo:n
prüde ¹'pry:də; ²'pʁ-
Prudentius pru'dɛntsĭʊs
Prüderie 'pry:də'ri:
prüfen ¹'pry:fən; ²'pʁy:fn̩
Prüffeld ¹'pry:ffɛlt; ²'pʁ-
Prüfung ¹'pry:fʊŋ; ²'pʁ-
Prügel ¹'pry:gəl; ²'pʁy:gl̩
Prünelle pʁy'nɛlə
Prunier (f.) pʁy'nje
Prunk ¹prʊŋk; ²pʁ-
Prunksucht ¹'prʊŋkzʊxt;
   ²'pʁʊŋksʊxt
Prusias (Gra., Ha.) 'pru:zias
Pruth pru:t
Prytane pry'ta:nə
Prytaneion pryta'naeɔn
Przemyśl (Po., Ukr.) 'pʃemiəl
Przybyszewski (po.) pʃɨbi'ʃɛfski
Psaligraphie psaligra'fi:

Psalm psalm
psalmodieren psalmo'di:rən
Psalter ¹'psaltər; ²-ɛʁ
Psalterium psal'te:riʊm
Pseudo(nym usw.) psɔødo
   (-'ny:m)
Psi (gr. Buchst.) psi:
Psittakose psɪta'ko:zə
Pskov (Ru.) pskɔ:f
pst! pst
Psyche 'psy:çe
Psychiater psyçi-'a:tər, -ɛʁ
psychisch 'psy:çɪʃ
Psychoanalyse psyço|ana'ly:zə
psychogen psyço'ge:n
Psychologie psyçolo'gi:
Psychopath psyço'pa:t
Psychose psy'ço:zə
Psychosomatik psyçoso'ma:tɪk
Psychotherapeut psyçotera'pɔøt
Psychrometer psykro'me:tər, -ɛʁ
Psyllen (G., Faust) 'psylən
Ptolemäer ptole'mɛ:ər, -ɛʁ
Ptolemaïs ptole'ma:-ɪs
Ptolemäus ptole'mɛ:-ʊs
Pubertät pubɛr'tɛ:t
Pubeszenz pubɛs'tsɛnts
publice (lt.) 'pu:blitse
Publicity (e.) pʌ'blisiti
Publius (alt.) 'pu:bliʊs
public relation 'pʌblik ri'leiʃən
publik pu'bli:k, py-, (ö.) -'blik
Publikum 'pu:blikʊm
Publikation publika'tsĭo:n
publizieren publi'tsi:rən
Publizität publɪtsi'tɛ:t
Puccini pu'tʃi:ni
Puck pʊk
Pud (ru.) pu:t
puddeln ¹'pʊdəln; ²-dln̩
Pudding 'pʊdɪŋ
Pudel ¹'pu:dəl; ²-dl̩
Puder ¹'pu:dər; ²-ɛʁ
Puebla (M.-A.) 'pŭeβla
Pueblo (N.-A.) pʊ'ɛbloŭ
pueril pue'ri:l
Puerto Rico (sp.) ˌpŭɛrto 'ri:-
   ko

Puff pʊf
Puffer ¹'pʊfər; ²-ɛʁ
Pugačov (ru.) pugɑ'tʃɔːf
Puiset (Web., Eur.) pɥi'zɛ
Pula (Jug.) 'puːlɑ; dt. it. Pola
Pulei (it.) 'pultʃi
Pulcinella (it.) pʊltʃi'nɛlɑ
Pulkovo (ru.) 'pulkɔvɔ
Pulle 'pʊlə
Pullmann 'pʊlmən
Pullover (e.) pʊl|'oːvər, -ɛʁ
Pulpa 'pʊlpɑ
Pulpe 'pʊlpə
Puls pʊls
pulsieren pʊl'ziːrən
Pult pʊlt
Pułtusk (Po.) 'pułtusk
Pulver ¹'pʊlfər; ²-ɛʁ
pulverisieren pʊlvəri'ziːrən
Puma 'puːmɑ
Pumpe 'pʊmpə
Pumpernickel ¹'pʊmpərnɪkəl; ²-pɛʁnɪkl̩
Pumps (e.) pʌmps
Puna (S.-As.) 'puːnɑ
Punch pʊntʃ, (e.) pʌntʃ
Punchingball 'pantʃɪŋbal, (e.) 'pʌntʃiŋbɔːl
Punier 'puːniər, -ɛʁ
punisch 'puːnɪʃ
punktieren pʊŋk'tiːrən
pünktlich ¹'pʏŋktlɪç; ²-kdl̩-
Punkt, -tum pʊŋkt, -tʊm
Punsch pʊnʃ
Punta Arenas 'puntɑ ɑ'renɑs
punzen ¹'pʊntsən; ²-tsn̩
pupillarisch pupɪ'lɑːrɪʃ
Pupille pu'pɪlə
Puppe 'pʊpə
pur puːr, -ʁ
Purcell (e.) 'pəːsl
Püree py're:
Purganz pʊr'gɑnts
Purgatorium pʊrgɑ'toːriʊm
purgieren pʊr'giːrən
Purim 'puːrɪm
Puriškevič (ru.) puri'ʃkjeːwitʃ
Purismus pu'rɪsmʊs

Puritaner ¹puri'taːnər; ²-ɛʁ
Purpur ¹'pʊrpʊr; ²'pʊʁpʊʁ
purpurrot ¹'pʊrpʊr̥oːt; ²'pʊʁpʊʁ̥oːt
purren 'pʊrən
purzeln ¹'pʊrtsəln; ²'pʊʁtsl̩n
Pusan (Korea) pu‚san
Puschkin 'puːʃkin
Pusey (e.) 'pjuːzi
Puškin (ru.) 'puːʃkin
Pustel ¹'pʊstəl; ²-stl̩
pusten ¹'puːstən; ²-tn̩, (Schwz. auch) 'pʊ-
Pustertal 'pʊstərtaːl
Puszta, pl. -ten (magy.) 'pʊstɔ, -tən
putativ putɑ'tiːf
Putbus 'pʊtbʊs
Pute 'puːtə
Putlitz 'pʊtlɪts
Putsch pʊtʃ
Putte 'pʊtə
Putz pʊts
putzen ¹'pʊtsən; ²-tsn̩
putzig, -ige 'pʊtsɪç, -ɪgə
putzsüchtig, -ige ¹'pʊts͡zʏçtɪç, -ɪgə; ²-s̃z-
Puy-de-Dôme (Berg., F.) pɥi d(ə)'doːm(ə)
Puzzle(spiele) 'pʌzl(ʃpiːl)
Puzzolanerde ¹pʊtso'laːn|eːrdə; ²-eːʁdə
Pyämie py|ɛ'miː
Pydna 'pʏdna
Pygmäen pʏ'gmɛːən
Pygmalion pʏ'gmaːliɔn
Pyjama pi'dʒaːma, pʏ'jaː-
pyknisch 'pʏknɪʃ
Pylades 'pyːladɛs
Pylon, pl. -nen pʏ'loːn, -nən
Pylos 'pyːlɔs
Pypin (ru.) 'pɨpin
pyramidal pyrami'daːl
Pyramide pyrɑ'miːdə, (schweiz.) pi-
Pyramidon pyrami'doːn
Pyramus 'pyːramʊs
Pyrenäen pyre'nɛːən

Pyriphlegeton (G.) pyri'flɛgetɔn
Pyrit py'riːt, (ö.) -'rit
Pyritz 'pyːrɪts
Pyrmont pʏr'mont, pɪr-
pyrogen pyro'geːn
Pyrometer ¹pyro'meːtər; ²-ɛʁ
Pyrotechnik pyro'tɛçnɪk
Pyrrhus 'pʏrʊs

Pythagoras py'taːgoras
Pythagoreer pytago'reːər, -ɛʁ
pythagoreiseh pytago'reːɪʃ
Pytheas 'pyːte-as
Pythia 'pyːtĭa
pythiseh 'pyːtɪʃ
Python 'pyːtɔn
Pyurie py|u'riː

Q

q kuː, (ö.) kve
quackeln 'kvakəln
Quacksalber ¹'kvakzalbər;
    ²-salbɛʁ
Quaddel ¹'kvadəl; ²-dl̩
Quader ¹'kvaːdər; ²-ɛʁ
Quadragesima, -mä kvadra'geː-
    zima, -meː
Quadrant kva'drant
Quadrat kva'draːt
Quadratur kvadra'tuːr, -ʁ
Quadratzahl kva'draːtt̩saːl
quadrieren kva'driːrən
Quadriga kva'driːga
Quadrille ka'drɪljə, (ö.) -'drɪl(ə),
    (f.) ka'dʀɪj(ə)
Quadrivium kva'driːviʊm
Quadruped kvadru'peːt,(ö.)-'pɛt
Quadrupel kva'drupəl
Quai kae, keː
Quai d'Orsay (f.) ke dɔʀ'sɛ
quaken ¹'kvaːkən; ²-kŋ
Quäker ¹'kvɛːkər; ²-kɛʁ
Qual kvaːl
quälen ¹'kvɛːlən; ²-lŋ
Qualifikation kvalifika'tsŏːn
qualifizieren kvalifi'tsiːrən
Qualität kvali'tɛːt
Qualle 'kvalə
Qualm kvalm
Quantität kvanti'tɛːt
quantitativ kvantita'tiːf, '- - - -
Quantum, pl. -ten 'kvantʊm,
    -tən

Quappe 'kvapə
Quarantäne karãn'tɛːnə
Quargel (ö.) ¹'kvargəl; ²'kvaʁgl̩
Quark ¹kvark; ²-ʁk
Quarkkuchen ¹'kvarkku̱ːxən;
    ²'kvaʁkku̱ːxŋ
Quarnero (Jug.) kwar'nɛːro
quarren 'kvarən
Quart, -te, -ta kvart, -tə, -ta
Quartal kvar'taːl
Quartaner ¹kvar'taːnər; ²-ɛʁ
Quartär kvar'tɛːr, -ʁ
Quarterdeck ¹'kvartərdɛk;
    ²-ʁtɛʁdɛk
Quarterone kvartə'roːnə
Quartett kvar'tɛt
Quartier kvar'tiːr, -ʁ
Quartier latin (f.) kaʁ̩tje la'tɛ̃
Quarto 'kvarto
Quarz ¹kvaːrts; ²-ʁts, (ö.) kva-
quasen ¹kvaːzən; ²-zŋ̩
quasi 'kvaːzi
Quasimodo (V. Hugo) kvazi-
    'moːdo
Quasimodogeniti kvaːzimodo-
    'geːniti
Quassie 'kvasĭə
Quaste 'kvastə
Quästor 'kvɛːstor, -ʁ
Quästur kvɛs'tuːr, -ʁ
Quatember kva'tɛmbər, -ɛʁ
Quaterne kva'tɛrnə
Quatseh kvatʃ
Quattrocento kwatro'tʃɛnto

Quebec kwɪˈbɛk
Quebracho keˈbratʃo
Quecke ˈkvɛkə
Quecksilber ¹ˈkvɛkzɪlbər;
    ²-sɪlbɐ
Quedlinburg ¹ˈkveːdlɪmbʊrk;
    ²-ɐk
Queensland ˈkwiːnzlənd
Quelle ˈkvɛlə
quellen, quillst, quoll ¹ˈkvɛlən,
    kvɪlst, kvɔl; ²-ln̩
Quendel ¹ˈkvɛndəl; ²-dl̩
quengeln ˈkvɛŋəln
Quentchen ¹ˈkvɛntçən; ²-çn̩
Quentin (G., Egm.) kãˈtɛ̃
quer ¹kveːr; ²-ɐ
Querele kveˈreːlə
Querétaro (M.-A.) kɛˈretaro
querfeldein ¹kveːrfɛlt|ˈaen;
    ²-ɐf-
Querfurt ˈkveːrfʊrt
Querulant kveruˈlant
Quese ¹ˈkveːzə; ²-zə
Questenberg ˈkvɛstənbɛrk
quetschen ¹ˈkvɛtʃən; ²-ʃn̩
Quétzalcouatl (Milh., Col.)
    ˈketθalkoatl
Queue kø
Queuille kœj
quick kvɪk
Quickborn ˈkvɪkbɔrn
Quidam (lt.) ˈkviːdam
Quidproquo kvɪtproːˈkvoː
quieken ¹ˈkviːkən; ²-kn̩

Quietismus kvi|eˈtɪsmʊs
quieto kviˈeːto
quietschen ¹ˈkviːtʃən; ²-ʃn̩
Quilpe (e., Eliot) ˈkwilp
Quimper (F.) kɛ̃ˈpɛːʀ
Quinar kviˈnaːr, -ɐ
Quinet kiˈne
Quinkunx ˈkvɪŋkʊŋks
Quinquin (R. Strauß, Ros.)
    kɛ̃kɛ̃
Quint, -te, -ta kvɪnt, -tə, -ta
Quinterne kvɪnˈtɛrnə
Quintessenz ˈkvɪnt|ɛsɛnts
Quintett kvɪnˈtɛt
Quintilian, -nus kvɪntiliˈaːn,
    -nʊs
Quintilius kvɪnˈtiːliʊs
Quintus ˈkvɪntʊs
Quirinal (Rom) kviriˈnaːl
Quirl ¹kvɪrl; ²-ɐl
quirlen ¹ˈkvɪrlən; ²-ɐln̩
Quisisana (it.) kwisiˈsaːna
Quisquilien kvɪsˈkviːliən
Quito (S.-A.) ˈkito
quitt kvɪt
Quitte ˈkvɪtə
quittieren kvɪˈtiːrən
Quittung ˈkvɪtʊŋ
Quitzow ˈkvɪtso
Quivive kiˈviːv
Quiz kvɪs
Quodlibet ˈkvɔtlibɛt
Quote ˈkvoːtə
Quotient kvoˈtsi̯ɛnt

R

r ɛr
Raab (Ung.) raːp
Rabanus raˈbaːnʊs
Rabat (Afr.) raˈbat
Rabatt raˈbat
Rabatte raˈbatə
Rabau raˈbao
Rabbi ˈrabi

Rabbinat rabiˈnaːt
Rabbiner ¹raˈbiːnər; ²-ɐ
Rabe ˈraːbə
Rabelais ʀab(ə)ˈlɛ
Rabi (arab.) raˈbi, (e.) ˈreibi
rabiat rabiˈaːt
Rabindranath ra̩biːndraˈnaːt
Rabitzwand ˈraːbɪtsvant

Rabner 'raːbnər, -ɛʁ
Rabulist rabu'lɪst
Raehe 'raxə; (Schwz. auch) 'raː-
Racheakt 'raxə|akt
Rachel (f.) ra'ʃɛl; (Berg) 'raxəl
rächen ¹'rɛçən; ²'ʁɛçn̩, (Schwz.,
    Ö. auch) 're:-
Rachen ¹'raxən; ²-xn̩
Rachitis ra'xiːtɪs
rachitisch ra'xiːtɪʃ
Rachmaninov (ru.) rax'maːɲinɔf
Rachmanov, fm. -vna (ru.)
    rax'maːnɔf, -ɔva
rachsüchtig, -ige ¹'raxzʏçtɪç,
    -ɪgə; ²-ʑ-
Racine ra'sin
Racker ¹'rakər; ²-ɛʁ
Racket (e.) rækit
Rad raːt
Radamès (Verdi, Aida)
    rada'mɛs
Radar 'raːdaːr, -ʁ, ra'daːr, -ʁ
Radau ra'dao
Radbod 'ratbɔt
Radcliffe 'rædklif
Rade 'raːdə
radebrechen ¹'raːdəbrɛçən;
    ²-brɛçn̩
Radecki, -tzky ra'dɛtski
radeln ¹'raːdəln, ²-dln̩
Rädelsführer ¹'rɛːdəlsfyːrər;
    ²'ʁɛːdl̩sfyːʁɛʁ
rädern ¹'rɛːdərn; ²'ʁɛːdɛʁn
radfahren 'raːtfaːrən
Radhakrishna raːdˌhaːkrɪʃ'na
radial radi'aːl
Radiator radi'aːtɔr, -ʁ
radieren ra'diːrən
Radieschen ¹ra'diːsçən; ²ʁa'diː-
    sçn̩
radikal radi'kaːl
Radikalismus radika'lɪsmus
Radikand radi'kant
Radio 'raːdio
radioaktiv raːdio|ak'tiːf
Radiolarien radio'laːriən
Radiščev (ru.) ra'dji:ʃtʃɛf
Radium 'raːdium

Radius, -dien 'raːdius, 'raːdiən
Radix 'raːdɪks
radizieren radi'tsiːrən
Radler ¹'raːdlər; ²-ɛʁ
Radolfzell raːdɔlf'tsɛl
Radom (Po.) 'radɔm
Radon ra'doːn
Radscha raː'dʒaː
Radziwill, (po.) -wiłł, 'radzivɪl,
    ra'dʑivił
Radžputana ra(ː)dʒpu'taːna
Radžputen ra(ː)dʒ'pu(ː)tən
Rafaël, (it.) Raffaello Santi
    'raːfa-ɛl, rafa,ɛlo 'santi
Raffel ¹'rafəl; ²-fl̩
raffen ¹'rafən; ²-fn̩
Raffinade rafi'naːdə
Raffinement rafin(ə)'mã,
    (schwz.) -'mɛnt
Raffinerie rafinə'riː
Raffinesse rafi'nɛsə
raffinieren rafi'niːrən
Ragaz ra'gats
Rage 'raːʒə
ragen ¹'raːgən; ²-gn̩
Raglan 'raglan; (e.) 'rɛglən
Ragnar 'ragnar, -ʁ
Ragnarök 'ragnarœk
Ragnhild (I., Kronpr.) 'raŋnhild
Ragout ʁa'gu
Ragout fin ʁagu 'fɛ̃
Ragtime (e.) 'rægtaem
Ragueneau (Rost., Cyr.)
    ragə'no
Ragusa (Jug.) ra'guːza
Rahe 'raːə
Rahel 'raːhɛl
Rahm raːm
Rahmen, ra- 'raːmən
Raiffeisen ¹'raef|aezən; ²-zn̩
Raigras 'raegraːs
Raimbaut (Mey., Rob.) rɛ̃'bo
Raimond (f.) ʁɛ'mõ
Raimondo (W., Rienzi)
    raï'mondo
Raimund 'raemunt
Rain raen
Rainer ¹'raenər; ²-ɛʁ

Rainfarn [1]'rɑenfɑrn; [2]-ʀn
Raisa (ru.) rɑ|'iːsɑ
Raison ʀɛ'zõ
Raja, -ah (Christen d. Türkei)
'rɑːjɑ
Rajna (Bg., Shaw) 'rɑjnɑ
Rakete rɑ'keːtə
Rakett rɑ'kɛt
Rakewell (e.) 'reikwəl
Rákóczi (magy.) 'rɑːkoːtsi
Rákosi 'rɑːkoʃi
Raleigh (e.) 'rɔːli
Ralle 'rɑlə
rallentando (it.) rɑlɛn'tɑndo
Ralph rɑlf
Ramadan rɑmɑ'dɑːn
Ramadier (f.) ʀɑmɑ'dje
Ramajana (ind.) rɑː'mɑːjɑnɑ
Raman (ind.) 'rɑːmɑn
Ramazan rɑmɑ'zɑːn
Rambouillet ʀɑ̃bu'jɛ
Rambures (Sh., H. V) ʀɑ̃'byːʀ
Rameau ʀɑ'mo
Ramee (Gri., Brud.) rɑ'me
Ramerrez (Pu., Mädchen)
rɑ'mɛrɛθ
Ramiro (sp.) rɑ'miro
Ramler 'rɑmlər, -ɛʀ
Rammbock 'rɑmbɔk
Ramme 'rɑmə
rammeln 'rɑməln
rammen 'rɑmən
Râmnicu-Sărat (Rum.)
'rimnikʊsə'rɑt
Ramón y Cajal (sp.) rɑˌmɔn i
kɑ'xɑl
Rampe 'rɑmpə
Ramphis (Verdi, Aida) 'rɑmfɪs
ramponieren rɑmpo'niːrən
Rampur (S.-As.) 'rɑːmpur, -ʀ
Ramsay 'ræmzi
Ramsch rɑmʃ
Ramses 'rɑmzɛs
Ramsgate (E.) 'ræmzgit
Ramuz rɑ'my
Ranee (Pu.) ræns, rɑːns
Ranch(o) rɛntʃ, rɑːntʃ, 'rɑntʃo
Rand rɑnt

Randal rɑn'dɑːl
randalieren rɑndɑ'liːrən
Randers (dän.) 'rɑnərs
Randgebiet [1]'rɑntgəbiːt; [2]-tǧeb-
Ranevskij, fm. -kaja (ru.)
rɑ'ɲɛːfskij, -kɑjɑ
Ranft rɑnft
Rang rɑŋ
Range 'rɑŋə
rangieren rɑŋ'ʒiːrən, rɑ̃'ʒ-
Rangoni (it., Muss.) rɑŋ'goːni
Rangordnung [1]'rɑŋ|ɔrdnʊŋ;
[2]-ɔʀdn-
Rangun, -goon rɑŋ'guːn
rank rɑŋk
Ranke 'rɑŋkə
Ränke 'rɛŋkə
ranken [1]'rɑŋkən; [2]-kn̩
Rankin (e., Shaw) 'ræŋkin
Ranković (jug.) 'rɑːŋkɔvitɕ
Ranküne rɑŋ'kyːnə
Ranunkel [1]rɑ'nʊŋkəl; [2]-kl̩
Ranzen, r- [1]'rɑntsən; [2]-tsn̩
ranzig, -ige 'rɑntsɪç, -ɪgə
Raoul (f.) ʀɑ'ul
Rapacki rɑ'patski
Rapallo rɑ'pɑlo
Raphaël (bi.) 'rɑːfɑ-ɛl
rapid, -de rɑ'piːt, -də
rapido, -damente (it.) 'rɑːpido,
rɑpidɑ'mɛntə
Rapier rɑ'piːr, -ʀ
Rappe 'rɑpə
Rappel [1]'rɑpəl; [2]-pl̩
rappeln 'rɑpəln
Rapperswil (Schwz.) rɑpərs'viːl
Rappoltsweiler rɑpɔlts'vɑelər,
-ɛʀ
Rapport rɑ'pɔrt
rapportieren rɑpɔr'tiːrən
Raps rɑps
Raptus 'rɑptʊs
Rapunzel [1]rɑ'pʊntsəl; [2]-tsl̩
Rapuse rɑ'puːzə
Raquel (sp.) rɑ'kɛl
rar [1]rɑːr; [2]ʀɑːʀ
Rarität rɑri'tɛːt
rasant rɑ'zɑnt

rasch raʃ
rascheln ¹ˈraʃəln; ²-sl̩n
Rasen, ra- ¹-raːzən; ²-z̩n̩
Raseur ʀaˈzœːʀ
rasieren raˈziːrən
Raskolnik rasˈkofinik
Raskol'nikov (ru.) rasˈkofinikɔf
Räson ʀɛˈzõ
räsonieren rɛzoˈniːrən
Räsonnement ʀɛzon(ə)ˈmã
Raspel ¹ˈraspəl; ²-pl̩
raspeln ˈraspəln
Rasputin (ru.) rasˈpuːtin
Rasse ˈrasə
rasseln ¹ˈrasəln; ²-sl̩n
Rast rast
Rastatt ˈraʃtat
Raster ¹ˈrastər; ²-ɛʀ
rastlos ¹ˈrastloːs; ²-d̩loːs
rastrieren rasˈtriːrən
Raststätte ˈrastʃtɛtə
Rasttag ˈrasttaːk
Rasur ¹raˈzuːr; ²-ˈz̩uːʀ
Rat raːt
Rateliff (Sh., R. III) ˈrætklif
Rate ˈraːtə
raten, rätst, riet ¹ˈraːtən, rɛːtst, riːt; ²-tn̩
Ratgeber ¹ˈraːtgeːbər; ²-tg̩eːbɛʀ
Rathaussaal ¹ˈraːthaos̩zaːl; ²-s̩z̩-
Ratibor ˈraːtibɔr, -ʀ
Rätien ˈrɛːtsïən
ratifizieren ratifiˈtsiːrən
Rätikon ˈrɛːtikɔn
Rätin ˈrɛːtɪn
Ration raˈtsïoːn
rational, -nell ratsïoˈnaːl, -ˈnɛl
rationalisieren ratsïonaliˈziːrən
Rationalismus ratsïonaˈlɪsmʊs
rationieren ratsïoˈniːrən
Rätoromanen ˈrɛːtoromaːnən
ratsam ¹ˈraːtzaːm; ²-tsaːm
Ratsche ˈraːtʃə
Rätsche ˈrɛːtʃə
ratschen, (ö.) rä- ¹ˈratʃən, ˈrɛː-; ²-tʃn̩
Ratschlag ˈraːtʃlaːk
Rätsel ¹ˈrɛːtsəl; ²-tsl̩

Ratte ˈratə
rattern ¹ˈratərn; ²-tɛʀn
Raub raop
Raubbau ˈraopbao
rauben ¹ˈraobən; ²-bn̩
Räuber ¹ˈrɔøbər; ²-ɛʀ
Raubgier ¹ˈraopgiːr; ²-pĝiːʀ
Rauch raox
räuchern ¹ˈrɔøçərn; ²-çɛʀn
Rauchware ˈraoxvaːrə
Räude ˈrɔødə
Raufbold ¹ˈraofbɔlt; ²-fb̩-
raufen ¹ˈraofən; ²-fn̩
rauh rao
Rauheit ˈraohaet
Raum raom
räumen ˈrɔømən
Raummeter ¹ˈraommeːtər; ²-ɛʀ
raunen ˈraonən
Raupe ˈraopə
Raupenantrieb ¹ˈraopən|ˌantriːp; ²-pn̩|ˌantʀiːp
Rausch raoʃ
rauschen ¹ˈraoʃən; ²-ʃn̩
räuspern ¹ˈrɔøspərn; ²-pɛʀn
Raute ˈraotə
Ravel (f.) ʀaˈvɛl
Ravelin (f.) ʀav(ə)ˈlɛ̃
Ravenna raˈvɛna
Ravensburg ˈraːvənsbʊrk
Ravenswood (Don., Lucia) ˈreivnzwud
Ravioli (it.) raˈvïoːli
Rawalpindi (S.-As.) raːwalpinˈdiː
Rawitsch ˈraːvɪtʃ
Rayleigh ˈreili
Rayon (f.) ʀɛˈjõ
Rayski ˈraeski
Razgrad (Bg.) ˈrazgrat
Razin (ru.) ˈraːzin
Razzia ˈratsïa
Reading (E.) ˈrediŋ
(The) Readers Digest (e.) ˈriːdəz ˈdaidʒest
Reagens, pl. -entien re|aˈgɛns, re|aˈgɛntsïən
Reagenz(-glas usw.) re|aˈgɛnts-
reagieren re|aˈgiːrən

Reaktion re|akˈtsĭoːn
Reaktionär re|aktsĭoˈnɛːr, -ʁ
Reaktor re|ˈaktər, -ʁ
reaktivieren re|aktiˈviːrən
Real (sp., port.), pl. **Reis** (port.)
　re|ˈaːl, reĭʃ
real re|ˈaːl
Realien re|ˈaːliən
realisieren re|aliˈziːrən
Realismus re|aˈlɪsmʊs
Realität re|aliˈtɛːt
realiter re|ˈaːlitər, -ɛʁ
Rea Silvia ˌreːa ˈsɪlvia
Réaumur ʁeoˈmyːʁ
Rebbau [1]ˈreːpbao; [2]-pḅ-
Rebe ˈreːbə
Rebekka reˈbɛka
Rebell reˈbɛl
Rebellion rebɛliˈoːn
rebellisch reˈbɛlɪʃ
rebeln ˈreːbəln
Rebhuhn ˈrɛphuːn, (ö.) ˈreːp-
Reblaus ˈreːplaos
Rebolledo (Cald., Richter)
　rɛβoˈfĭeðo
Rebschnur (ö.) reːpʃnuːr
Rebus, pl. **-usse** ˈreːbʊs, -ʊsə
Récamier ʁekaˈmje
Recha (L., Nath.) ˈrɛça
Rechaud (f.) ʁeˈʃo
Rechen [1]ˈrɛçən; [2]-çn̩
Rechenaufgabe [1]ˈrɛçən|aof-
　gaːbə; [2]ʁɛçn̩|aofǥaːbə
Recherche(n) ʁəˈʃɛʁʃə(n)
recherchieren rəʃɛrˈʃiːrən
rechnen ˈrɛçnən
Rechnung ˈrɛçnʊŋ
Recht, re- rɛçt
Rechteck ˈrɛçt|ɛk
rechtlos [1]ˈrɛçtloːs; [2]-ḍloːs
rechts rɛçts
Rechtsanwalt ˈrɛçts|anvalt
Rechtsaußen [1]rɛçtsˈaosən; [2]-sn̩
rechtsum rɛçts|ˈʊm
rechtzeitig, -ige ˈrɛçtsaetɪç, -ɪgə
Recife (S.-A., Pernambuco)
　reˈsife
recipe (lt.) ˈreːtsipe

recitando (it.) retʃiˈtando
Reck rɛk
Recke ˈrɛkə
recken [1]ˈrɛkən; [2]-kn̩
Reclam ˈreːklam
Recorder reˈkərdər, -ɛʁ
recte, -to ˈrɛkte, -to
Redakteur [1]redakˈtœːʁ; [2]-øːʁ
Redaktor [1]reˈdaktər; [2]-ʁ
Redaktion redakˈtsĭoːn
Redbrook (Shaw) ˈrɛdbrʊk
Redemptorist redɛmptoˈrɪst
Rede ˈreːdə
redegewandt [1]ˈreːdəgəvant;
　[2]-ge-
Redegonda (Hofm., Ab.)
　redeˈgɔnda
reden [1]ˈreːdən; [2]-dn̩
Redensart [1]ˈreːdəns|aːrt; [2]-aːʁt
Rederijkers ˈreːdərɛĭkərs
redigieren rediˈgiːrən
rediskontieren redɪskɔnˈtiːrən
redivivus (lt.) rediˈviːvʊs
redlich [1]ˈreːtlɪç; [2]-ḍl-
Redner [1]ˈreːdnər; [2]-dnɛʁ
Redoute ʁeˈduːtə
Redpenny ˈrɛdpɛni
Red River (N.-A.) ˈrɛd rivə
redselig, -ige [1]ˈreːtzeːlɪç, -ɪgə;
　[2]-ts-
Reduktion redʊkˈtsĭoːn
reduplizieren redupliˈtsiːrən
reduzieren reduˈtsiːrən
Reede ˈreːdə
Reederei reːdəˈrae
reell re|ˈɛl
réengagieren ʁeãgaˈʒiːʁən
Reflektorium refɛkˈtoːriʊm
Referat refeˈraːt
Referendar referɛnˈdaːr, -ʁ
Referent, -renz refeˈrɛnt, -ˈrɛnts
referieren refeˈriːrən
Reff rɛf
reffen [1]ˈrɛfən; [2]-fn̩
reflektieren reflɛkˈtiːrən
Reflektor reˈflɛktər, -ʁ
Reflex reˈflɛks
Reflexion reflɛˈksĭoːn

Reflexiv, -vum reflɛ'ksiːf,
  -vʊm
Reform re'fɔrm
Reformation refɔrma'tsĭoːn
Reformator refɔr'maːtɔr, -ʀ
reformieren refɔr'miːrən
Refrain ʀə'fʀɛ̃
refraktär refrak'tɛːr
Refraktion refrak'tsĭoːn
Refraktor re'fraktɔr, -ʀ
Réfugié (f.) ʀefy'ȝje
Refugium (lt.) re'fuːgiʊm
Refüs ʀə'fy
Regal re'gaːl
regalieren rega'liːrən
Regan (Sh., L.) 're:gan; (e.)
  'riːgən
Regatta re'gata
rege 're:gə
Regel ¹'reːgəl; ²-gl̩
Regeldetri reːgəlde'triː
regen, R- ¹'reːgən; ²-gn̩
regenarm ¹'reːgən|arm; ²-gn̩-
  |aʀm
Regeneration regenera'tsĭoːn
Regens, R. chori (lt.) 'reːgɛns,
  r. 'koːriː
Regent re'gɛnt
Regesten re'gɛstən
Reggio 'rɛdȝo
Regie re'ȝiː
Regieassistent re'ȝiː|asɪstɛnt
regieren re'giːrən
Regime re'ȝim
Regiment regi'mɛnt
Regina re'giːna
Regio montanus regio mɔn'taː-
  nʊs
Region regi'oːn
Regnard ʀə'naːʀ
Régnier ʀe'ɲje
Regnitz 'reːgnɪts
regional regio'naːl
Regisseur ¹reȝi'sœːʀ; ²-øːʀ
Register ¹re'gɪstər; ²-ɛʀ
Registrator regɪs'traːtɔr, -ʀ
Registratur regɪstra'tuːr, -ʀ
registrieren regɪs'triːrən

Reglement ʀɛglə'mã, (schwz.)
  -'mɛnt
reglementieren regləmɛn'tiːrən
Reglette ʀe'glɛtə
regnen 'reːgnən
Regreß re'grɛs
regressiv regrɛ'siːf
regsam ¹'reːkzaːm; ²-ksaːm
regulär regu'lɛːr, -ʀ
Regulativ regula'tiːf
Regulator regu'laːtɔr, -ʀ
regulieren regu'liːrən
Regulus 'reːgulʊs
Reh, pl. Rehe reː, 're:ə
Rehabeam (bi.) re'haːbeam
rehabilitieren rehabili'tiːrən
Rehau 're:|ao
Reibeisen ¹'raep|aezən; ²-zn̩
reiben ¹'raebən; ²-bn̩
Reich, reich raeç
reichen ¹'raeçən; ²-çn̩
Reichenau 'raeçənao
Reichenhall raeçən'hal
reichhaltig, -ige 'raeçhaltɪç, -ɪgə
Reichstag 'raeçstaːk
Reichtum 'raeçtuːm
Reid (e.) riːd
Reif, reif raef
Reifen, reifen ¹'raefən; ²-fn̩
Reigen ¹'raegən; ²-gn̩
Reihe 'raeə
Reihen, reihen 'raeən
Reiher ¹'raeər; ²-ɛʀ
reihum rae|'ʊm
Reilly (e.) 'raili
Reim raem
Reimar (Vn.) 'raemar, -ʀ
Reimarus rae'maːrʊs
Reims raems; (f.) ʀɛ̃s
rein raen
Reineklaude rɛːnə'kloːdə
Reinero (Gri., Jüd.) rae'neːro
Reinertrag ¹'raen|ɛrtraːk;
  ²-|ɛʀtʀaːk
Reinerz 'raenerts
Reinette, Renette rɛ'nɛtə
reinigen ¹'raenɪgən; ²-gn̩
Reinkarnation re|ɪnkarna'tsĭoːn

reinlich 'raenlıç
Reinmar 'raenmar, -ʁ
reinweg 'raenvɛk, -'-
(der, das) Reis raes
Reis, Real (port. Münze) re|'aːl
Reise ¹'raezə; ²-z̧-
reisen, reist, reiste ¹'raezən,
     raest, raestə; ²-z̧ṇ
Reisig ¹'raezıç; ²-z̧-
Reisläufer ¹'raeslɔøfər; ²-ɛʁ
Reißaus 'raes|aos, -'-
Reissuppe ¹raesʒ͡ʊpə; ²-sʒ̧-
reißen, riß ¹'raesən, rıs; ²-sṇ
Reitbahn ¹'raetbaːn; ²-b̥aːn
reiten, ritt ¹'raetən, rıt; ²-tṇ
Reiz raets
reizen ¹'raetsən; ²-tsṇ
Reizker ¹'raetskər; ²-ɛʁ
rekapitulieren rekapitu'liːrən
rekeln 're:kəln
Reklame re'klaːmə
reklamieren rekla'miːrən
rekognoszieren rekɔgnɔs'tsiːrən
rekommandieren rekɔman'diː-
     rən
rekonstruieren rekɔnstru'iːrən
Rekonvaleszent rekɔnvales'tsɛnt
Rekord ¹re'kɔrt; ²-ʁt
Rekrut ¹re'kruːt; ²-'kʁ-, (ö.)
     -'kʁʊt
Rektaszension rɛkt|astsɛn'z̧ĭoːn
rektifizieren rɛktifi'tsiːrən
Rektion rɛk'tsĭoːn
Rektor ¹'rɛktər; ²-ʁ
Rektorat rɛkto'raːt
rekurrieren rekʊ'riːrən
Rekurs re'kʊrs
Relais (f.) ʁə'lɛ
Relation rela'tsĭoːn
relativ rela'tiːf
Relativismus relati'vısmʊs
Relativum rela'tiːvʊm
Relativität relativi'tɛːt
relegieren rele'giːrən
relevant rele'vant
Relief reli'ɛf
Religion religi'oːn
religioso (it.) reli'dʒoːso, -zo

Relikt re'lıkt
Reling 're:lıŋ
Reliquie re'liːkvĭə
Remagen 're:maːgən
remanent rema'nɛnt
Remarque ʁə'maʁk
Rembours ʁɑ̃'buːʁ
Rembrandt 'rɛmbrant
Remedios (sp., Claudel) re'mɛ-
     ðĭɔs
Remedium re'me:dĭʊm
Remedur reme'duːr, -ʁ
Remigius re'mi:gĭʊs
Reminiszenz reminıs'tsɛnts
Remington 'remıŋtən
Reminiscere (lt.) remi'nıstsere
Remis, remis rə'mi:
Remise re'mi:z(ə)
Remission remı'sĭo:n
Remittenden remı'tɛndən
Remizov (ru.) 'rje:mızəf
remonstrieren remɔn'stri:rən
Remonte(n) re'mɔntə(n)
Remontoiruhr ʁəmɔ̃'twa:ʁ|u:r,
     -ʁ
Remorqueur (ö.) ʁəmɔʁkœ:ʁ
Remouladensauce remu'la:dən-
     zo:sə
removieren remo'vi:rən
Remter ¹'rɛmtər; ²-ɛʁ
Remuneration remunəra'tsĭo:n
Remus 're:mʊs
Ren(tier) 'rɛn(ti:r), 're:n-
Renaissance rənɛ'sã:s
Renan ʁə'nã
Renate re'na:tə
Renato (Verdi, Maskenball)
     re'na:to
Renault (f.) ʁə'no
Rendant rɛn'dant
Rendezvous 'ʁãdevu, - -'-
Rendite rɛn'di:tə
René (fm. née) ʁə'ne
Renegat rene'ga:t
Reneklode, Reineklaude rɛːnə-
     'klo:də
Renette re'nɛtə
Reni (it.) 're:ni, (Ukr.) 'reni

renitent reni'tɛnt
Renke (Fisch) 'rɛŋkə
renken ¹'rɛŋkən; ²-kn̩
Renkontre ʀɑ̃'kɔ̃:tʀ
rennen 'rɛnən
Rennes ʀɛn
Renntier, Rentier ¹'rɛnti:r; ²-ʀ
Renoir ʀə'nwa:ʀ
Renommage ʀɛnɔ'ma:ʒə
Renommee ʀɛnɔ'me
renommieren rɛnɔ'mi:rən
Renonce ʀə'nɔ̃:s(ə)
Renovation rɛnova'tsi̯o:n
renovieren rɛno'vi:rən
Renseignement ʀɑ̃sɛɲə'mɑ̃
rentabel rɛn'ta:bəl
Rentamt 'rɛnt|amt
Rente 'rɛntə
Rentier ¹'rɛnti:r; ²-ʀ
Rentier rɛn'ti̯e:
Rentner ¹'rɛntnər; ²-ɛʀ
reorganisieren re|ɔrgani'zi:rən
Repanse (Wo., Parz.) ʀe'pɑ̃zə,
    -'panz-
Reparatur ¹rɛpara'tu:r; ²-ʀ
reparieren rɛpa'ri:rən
repartieren rɛpar'ti:rən
repatriieren rɛpatri|'i:rən
Repertoire ʀɛpɛʀ'twa:ʀ
Repertorium rɛpɛr'to:riʊm
Repetent repe'tɛnt
repetieren repe'ti:rən
Repetieruhr ¹repe'ti:r|u:r; ²-ʀ
Repetitor repe'ti:tər, -ʀ
Repin (ru.) 'rje:pɪn
Replik re'pli:k, (ö.) -'plik
Reportage repɔr'ta:ʒə
Reporter ¹re'pɔrtər; ²-ɛʀ
Reposition rɛpozi'tsi̯o:n
repräsentativ rɛprɛzɛnta'ti:f
repräsentieren rɛprɛzɛn'ti:rən
Repressalie reprɛ'sa:liə
Reprimande ʀɛpʀi'mɑ̃:d(ə)
Reprise re'pri:zə
Reproduktion reprodʊk'tsi̯o:n
Reptil, pl. -lien rɛp'ti:l, -liən
Republik repu'bli:k, (ö.) -blik
Republikaner republi'ka:nər, -ɛʀ

Reputation reputa'tsi̯o:n
Requiem, (Pl.) -s, (ö.) -quien
    're:kvi̯ɛm, -s; -kvien
requiescat in pace (lt.) rekvi-
    'e:skat ɪn 'pa:tse
requirieren rekvi'ri:rən
Requisit, pl. -ten rekvi'zi:t, -tən
Reseda re'ze:da
Resektion rezɛk'tsi̯o:n
Reservat rezɛr'va:t
reservatio mentalis (lt.) resɛr-
    'va:tio mɛn'ta:lɪs
Reserve (fonds) re'zɛrvə(fɔ̃)
reservieren rezɛr'vi:rən
Reservist rezɛr'vɪst
Reservoir ʀezɛʀ'vwa:ʀ
Residenz rezi'dɛnts
residieren rezi'di:rən
Residuum re'zidu-ʊm
resignieren rezɪ'gni:rən
Résistance ʀesɪs'tɑ̃:s
Resistenz rezɪs'tɛnts
Reskript re'skrɪpt
resolut rezo'lu:t
Resolution rezolu'tsi̯o:n
Resonanz rezo'nants
Resonator rezo'na:tɔr, -ʀ
resorbieren rezɔr'bi:rən
Resorption rezɔrp'tsi̯o:n
Rešotnikov (ru.) ʀe'ʃɔ:tɲikɔf
Respekt re'spɛkt; re'ʃpɛkt
respektieren respɛk'ti:rən, reʃp-
Respighi (it.) res'pi:gi
Respirator rɛspi'ra:tɔr, -ʀ
Responsion rɛspɔn'zi̯o:n
Responsorien rɛspɔn'zo:riən
Ressentiment ʀəsɑ̃ti'mɑ̃
Ressort ʀe'so:ʀ
Ressource ʀə'suʀs(ə)
Rest rɛst
Restant rɛs'tant
Restaurant ʀɛsto'ʀɑ̃
Restaurateur ʀɛstoʀa'tœ:ʀ
Restauration (Wiederherstel-
    lung) rɛstaora'tsi̯o:n, (Gast-
    stätte) rɛstora'tsi̯o:n
Restaurator rɛstao'ra:tɔr, -ʀ
restaurieren rɛstao'ri:rən

restieren rɛsˈtiːrən
restituieren rɛstituˈiːrən
restlos ¹ˈrɛstloːs; ²-dloːs
restringieren rɛstrɪŋˈgiːrən
Resultante rezʊlˈtantə
Resultat rezʊlˈtaːt
Resümee rezyˈme
resümieren rezyˈmiːrən
retablieren retaˈbliːrən
retardieren retarˈdiːrən
Retention retɛnˈtsĭoːn
Rethel ˈreːtəl
Retina ˈreːtina
Retirade retiˈraːdə
Retorsion retɔrˈzĭoːn
Retorte reˈtɔrtə
Retouche Rətuʃə
retour ReˈtuːR
retournieren returˈniːrən
Retraite RəˈtRɛːt(ə)
retrograd retroˈgraːt
retrospektiv retrospɛkˈtiːf
retrovertieren retrovɛrˈtiːrən
retten ¹ˈrɛtən; ²-tn̩
Rettich ˈrɛtɪç
Retucheur RətuˈʃœːR
Retusche Rətuʃə
retuschieren Rətuˈʃiːrən
Retter ¹ˈrɛtər; ²-tɛʀ
Rettungsanker ¹ˈrɛtʊŋs|aŋkər;
  ²-ɛʀ
Reuchlin ˈrɔøçliːn
Reue ˈrɔøə
Reunion (Wiedervereinigung)
  re|uniˈoːn
Reunion (gesellige Vereinigung)
  Re|yˈnjõ
Réunion (Insel) Re|yˈnjõ
Reuse ¹ˈrɔøzə; ²-ʒə
reüssieren re|ʏˈsiːrən
reuten ¹ˈrɔøtən; ²-tn̩
Reval (Estl.) ˈreːval
Revanche Rəˈvãːʃə
revanchieren rəvãˈʃiːrən
Reveille Reˈvɛjə
Revenue Rəvəˈny
Révérence (f.) ReveˈRãs
Reverend ˈrɛvərənt

Reverenz reveˈrɛnts
Rêverie (f.) RɛvəˈRi
Revers (Rockaufschlag) RəˈʒɛːR
Revers (Verpflichtung) reˈvɛrs
Reversalien revɛrˈzaːlĭən
reversibel revɛrˈziːbəl
revidieren reviˈdiːrən
Revier reˈviːr, -ʀ, (Schwz.) -fiːr
Review riˈvjuː
Revision reviˈzĭoːn
Revirement (f.) Rəviʀ(ə)ˈmã
Revisor, pl. -oren reˈviːzɔr, -ʀ,
  -viˈzoːrən
Revokation revokaˈtsĭoːn
Revolte reˈvɔltə
Revolution revoluˈtsĭoːn
Revolutionär revolutsĭoˈnɛːr, -ʀ
Revolver reˈvɔlvər, -ɛʀ
revozieren revoˈtsiːrən
Revue Rəˈvy
Reykjavik ˈrɛĭkjaviːk
Reymont (po. Autor) ˈrejmont
Reynaldo (Sh., Ha.) raeˈnaldo
Reynaud (f.) Reˈno
Reynolds (e.) ˈrenl̩dz
Reyong Rɛˈjõ
Reza (pers.) reˈza:
Rezat ˈreːtsat, ˈrɛ-
Rezensent retsɛnˈzɛnt
rezensieren retsɛnˈziːrən
Rezension retsɛnˈzĭoːn
rezent reˈtsɛnt
Rezept reˈtsɛpt
Rezeption retsɛpˈtsĭoːn
rezeptiv retsɛpˈtiːf
Rezeptur retsɛpˈtuːr, -ʀ
Rezeß reˈtsɛs
rezessiv retseˈsiːf
Rezia (Web., Ob.) ˈreːtsia
Rezidiv retsiˈdiːf
Rezipient retsipiˈɛnt
rezipieren retsiˈpiːrən
reziprok retsiˈproːk
Rezitation retsitaˈtsĭoːn
Rezitativ retsitaˈtiːf
Rezitator, pl. -ren retsiˈtaːtər,
  -ʀ, -taˈtoːrən
Reznicek ˈrɛzɲiːtʃɛk

Rhabarber ¹raˈbarbər; ²-ʀbɛʀ
Rhadamanthys (alt.) rada-
  ˈmantʏs
Rhamnes (Gri., Sappho) ˈramnɛs
Rhamnit (He., Moloch) ˈramnɪt
Rhampsinit rampsiˈniːt
Rhapsode rapˈsoːdə
Rhapsodie rapsoˈdiː
Rhea (alt.) ˈreːǀa
Rhegion (Alt.) ˈreːgiən
Rhein raen
Rhenium ˈreːniʊm
Rhens, -se rɛns, -nzə
Rhesusfaktor ˈrezʊsfaktər, -ʀ
Rhetor ˈreːtər, -ʀ
Rhetorik reˈtoːrɪk
rhetorisch reˈtoːrɪʃ
Rheuma ˈrɔøma
rheumatisch rɔøˈmaːtɪʃ
Rheumatismus rɔømaˈtɪsmʊs
Rheydt raet
Rhinologie rinoloˈgiː
Rhinoplastik rinoˈplastɪk
Rhinozeros riˈnoːtserəs
Rhizopoden ritsoˈpoːdən
Rho (gr. Buchst.) roː
Rhodan roˈdaːn
Rhode Island roud ˈailənd
Rhodes roudz
Rhodesia roˈdeːzia; (e.) roudiːzjə
Rhodium ˈroːdiʊm
Rhododendron rodoˈdɛndrən
Rhodope (N., alt. Geb.) ˈrodope;
  (He., Gyg.) -ˈ- -
Rhodos ˈrodəs; (gr.) ˈrɔðəs
rhombisch ˈrɔmbɪʃ
Rhomboëder rɔmboǀˈeːdər, -ɛʀ
Rhomboïd rɔmboǀˈiːt
Rhombus ˈrɔmbʊs
Rhön røːn
Rhondda (Wal.) ˈrɔndə
Rhône (Fl.) ˈʀoːn(ə)
Rhotazismus rotaˈtsɪsmʊs
Rhys (e.) riːs
Rhythmik ˈrʏtmɪk
rhythmisch ˈrʏtmɪʃ
Rhythmus ˈrʏtmʊs
Rialto riˈalto

Ribera (sp.) riˈβɛra
Ribisel (ö.) ¹ˈriːbiːzəl; ²-z̦l̩
Riccardo (it.) riˈkardo
Riccaut de la Marlinière (L.)
  ʀiˌko də la maʀliˈnjɛːʀ
Riccio (it.) ˈritʃo
Rice (e.) rais
Richard ¹ˈrɪçart; ²-ʀt; (e.)
  ˈritʃəd; (f.) riˈʃaːʀ
Richardson (e.) ˈritʃədsn
Richelieu ʀiʃəˈljø
Richet (f.) ʀiˈʃɛ
Richmond ˈritʃmənd
richten ¹ˈrɪçtən; ²-tn̩
Richter ¹ˈrɪçtər; ²-ɛʀ
richtig, -ige ˈrɪçtɪç, -ɪgə
Rieke ˈrɪkə
Ridgeon (e.) ˈridʒən
Ridikül, ri- ridiˈkyːl
riechen, roch ¹ˈriːçən, rɔx; ²-çn̩
Ried riːt
riefeln ˈriːfəln
Riege ˈriːgə
Riegel ¹ˈriːgəl; ²-gl̩
Riemen ˈriːmən
Rienzi (W.) riˈɛntsi
Ries riːs
Riese ¹ˈriːzə; ²-ʒə
rieseln ¹ˈriːzəln; ²-z̦l̩n
riesengroß ¹ˈriːzəngroːs;
  ²-z̦n̩ĝʀoːs
Riesling ˈriːslɪŋ
Riester ¹ˈriːstər; ²-ɛʀ
Rieti (It.) riˈɛːti
Rif (Afr.) riːf
Riff rɪf
Riga (Lettl.) ˈriːga
Rigaud, -ult (f.) ʀiˈgo
Rigel (Stern) ¹ˈriːgəl; ²-gl̩
Rigi ˈriːgi
rigid riˈgit
rigolen ¹riˈgoːlən; ²-ln̩
Rigoletto rigoˈleto
Rigorismus rigoˈrɪsmʊs
Rigorosum rigoˈroːzʊm
rigoros rigoˈroːs
Rigveda (ind.) ˈrɪgveːda
Rijeka (Jug.) riˈjɛka

Rijn (ndld.) reın
Rijswijk 'reısveık
Rikambio ri'kambio
Rikscha 'rıkʃa
Riksmål 'riːksmoːl
Rila (Geb., Bg.) 'rila
Rille 'rıla
Rimbaud ʀɛ̃'bo
Rimesse ri'mɛsa
Rimini 'riːmini
Rimskij-Korsakov (ru.)
    'riːmskij 'koːrsakɔf
Rinaldo ri'naldo
Rinascimento (it.) rinaʃi'mɛnto
Rind rınt
Rinde 'rında
rinforzando (it.) rınfɔr'tsando
Ring rıŋ
ringeln 'rıŋaln
ringen, rang 'rıŋan, raŋ
Ringlotte (ö.) rıŋ'lɔta
rings rıŋs
ringsum rıŋs|'ʊm
Rinieri (Suppé, Bocc.) ri'nĭeːri,
    -'nĭeːri
Rinne 'rına
rinnen, rann, geronnen ¹'rınan,
    ran, ga'rɔnan; ²ǧeʀ-
Rinnsal ¹'rınzaːl; ²-z̨-
Rinuccio (it.) ri'nutʃo
Rio de Janeiro (S.-A.)
    ˌriːu de ʒa'neːru
Rio Grande (Fl., port.) riːu
    'grænda
Rio Negro (Fl., S.-A.) ˌriːu
    'neːǧru
Rippe 'rıpa
Rippe(n)speer, Rippspeer
    'rıpa(n)ʃpeːr, -ʀ, 'rıpʃpeːr, -ʀ
Rips rıps
ripuarisch ripu'aːrıʃ
rirarutsch! riːraː'rʊtʃ
Risalit riza'liːt, (ö.) -'lit
Risiko 'riːziko
Risipisi (ö.) rizi'piːzi
riskant rıs'kant
riskieren rıs'kiːran
risoluto (it.) riso'luːto

Risorgimento (it.) risɔrdʒi'mɛnto
Risotto ri'sɔta
Rispe 'rıspa
Riß rıs
Rist rıst
ritardando (it.) ritar'dando
rite 'riːta
Ritornell ritɔr'nɛl
Ritratte ri'trata
Ritschl (Pn.) rıtʃl
Ritt rıt
Ritter ¹'rıtar; ²-ɛʀ
ritterlich ¹'rıtarlıç; ²-ɛʀl-
rittlings ¹'rıtlıŋs; ²-d̨l-
Ritual ritu'aːl
rituell ritu'ɛl
Ritus 'riːtʊs
Ritze 'rıtsa
ritzen ¹'rıtsan; ²-tsn̨
Riukiu(inseln) (Jap.) 'rĭuːkĭuː-
Riva (it.) 'riːva
Rival, -le ri'vaːl, -la
rivalisieren rivali'ziːran
Rivers (Sh., H. VI) 'rivaz
Riviera ri'vĭeːra
Rizinus 'riːtsinʊs
Rjazan (ru.) rja'zaːn̨
Rjurik (ru.) 'rjuːrik
Roastbeef (e.) 'roːstbiːf, roust-
Robbe 'rɔba
Robber 'rɔbar, -ɛʀ
Robe 'roːba
Robert ¹'roːbɛrt; ²-ʀt, (e.)
    'rɔbat, (f.) ʀɔ'bɛːʀ
Robespierre ʀɔbɛs'pjɛːʀ
Robin (Sh., L. W.) 'rɔbin
Robineau (Sch.; Gir.) ʀɔbi'no
Robinie ro'biːnia
Robinson Crusoe 'roːbınzɔn
    'kruːzoː; (e.) 'rɔbınsn 'kruːzou
Robinsonade robınzo'naːda
Robledo (Gri., Blanca) rɔ'βlɛðo
Robot(er) 'rɔbɔt(ar, -ɛʀ)
Roburit robu'rıt
robust ro'bʊst
Rocaille ʀɔ'kaːj
Rochade ʀɔ'ʃaːda
Rochdale (E.) 'rɔtʃdeil

Roche, -en ¹'rɔxə, -ən; ²-xn̩
Rochefort Rɔʃ'fɔːR
röcheln 'rœçəln
Rochester (E., N.-A.) 'rɔtʃistə
rochieren rə'ʃiːrən
Rochus 'rɔxʊs
Rock rɔk
Rockefeller 'rɔkɪfɛlə
Rocken ¹'rɔkən; ²-kn̩
Rockford (N.-A.) 'rɔkfəd
Rockkragen ¹'rɔkkraːgən;
    ²-kraːgn̩
Rock'n Roll 'rɔkn'rɔul
Rocky Mountains ˌrɔki 'maun-
    tɪnz
Rodel ¹'roːdəl; ²-dl̩
rodeln ¹'roːdəln; ²-dl̩n
roden ¹'roːdən; ²-dn̩
Rodeña ro'dɛnja
Roderich 'roːdərɪç
Roderigo (Sh., Ot.) rədə'riːgo
Rodilardo (sp., Claudel)
    rɔði'larðo
Rodin Rɔ'dɛ̃
Rodler ¹'roːdlər; ²-ɛʀ
Rodolfo (it.) ro'dɔlfo
Rodomonte rodo'monte
Rodopi (Geb., Bg.) rɔ'ðɔpi
Rodrigo (sp.) rɔ'ðriɣo
Rodríguez (sp., Claudel)
    rɔ'driɣɛθ
Rodzianko (ru.) ra'dzjaːnkɔ
Roermond ruːr'mɔnt
Roeselare (Be.) ruːsə'laːrə
Rogate (lt.) ro'gaːte
Rogen ¹'roːgən; ²-gn̩
Roggen ¹'rɔgən; ²-gn̩
Roger (Vn., e.) 'rɔdʒə, (f.) Rɔ'ʒe
Rogero (Sh., Wi.) ro'dʒeːro
Rogier van der Weyden roː'xiːr,
    -ʀ fan dər, -ʀ 'wɛ˘ɪdə
Rogožin ra'gɔʒin
roh roː
Rohan (f.) Rɔ'ã
Roheisen ¹'roː|aezən; ²-z̩n̩
Roheit 'roːhaet
Rohling 'roːlɪŋ
Rohr ¹roːr; ²-ʀ

Rohrdommel ¹'roːrdɔməl;
    ²-ʀdɔml̩
Röhre 'røːrə
röhren 'røːrən
Röhricht 'røːrɪçt
Rokitno(sümpfe) rɔ'kitnɔ-
Rokoko 'rɔkoko, (ö.) rɔkɔ'koː
Roland 'roːlant
Rolf rɔlf
Rolland Rɔ'lã
Rolle, rollen ¹'rɔlə, 'rɔlən; ²-ln̩
Rollo 'rɔlo, rɔloː
Rom(a) roːm(a)
Romadur 'romaduːr; (ö.) - -'-
Romagna ro'maɲa
Romains (f.) Rɔ'mɛ̃
Roman ro'maːn
Roman (Vn.) 'roːman
Romancier (f.) Rɔmã'sje
romanisch ro'maːnɪʃ
Romanist roma'nɪst
Romanistik roma'nɪstɪk
Romano (it., Sch., Fi.) ro'maːno
Romanov (ru.) ra'maːnɔf
Romanos ro'maːnɔs
Romantik ro'mantɪk
romantisch ro'mantɪʃ
Romanze ro'mantsə
Romanzero roman'tseːro
Romeo (Sh.) 'roːmeo, (it.) ro-
    'mɛːo
Römer ¹'røːmər; ²-ɛʀ
Rominten ro'mɪntən
Rommé Rɔ'me, '- -
Romulus 'roːmulʊs
Ronald 'roːnalt
Roncalli ron'kali
Roncesvalles (sp.) rɔnθɛs'βaɦɛs
Ronde 'rɔndə; (f.) 'Rɔ̃ːd(ə)
Rondeau (f.) Rɔ̃'do
Rondell rɔn'dɛl
Rondo 'rɔndo
Ronkalische Felder ¹rɔŋˌkaːlɪʃə
    'fɛldər; ²-ɛʀ
Ronsard Rɔ̃'saːR
Röntgen 'rœntgən
Röntgenapparat 'rœntgən|apa-
    ˌraːt

Röntgenologe rœntgəno'lo:gə
Roon ro:n
Roosevelt 'rouzəvɛlt
Roquefort (f.) 'ʀɔkfɔːʀ
Roquette ʀɔ'kɛt
Rörlund (I., Stü.) 'røːrlʊn(d)
Rorschach 'roːrʃax
Rosa 'roːza
rosa [1]'roːza; [2]-ʐ-
Rosabella roːza'bɛla, roz-
Rosalia (it.) roza'liːa
Rosalie ro'zaːliə; (f.) ʀɔza'liː
Rosalinde roːza'lɪndə, roz-
Rosaline (Sh., V. L.) roza'liːnə
Rosalva ro'zalva
Rosamunde roːza'mʊndə, roz-
Rosario (S.-A.) rɔ'sarĭo
Rosaura (Cald., Wolf.-F.)
　ro'saŭra
Rosazeen roza'tseːən
Roschana (Web., Ob.) ro'ʃaːna
Röschen [1]'røːsçən; [2]-ən
Roscius (alt.) 'rɔstsiʊs
Rose [1]'roːzə; [2]-ʐə
Rose (e. Vn.) roŭz
rosee ʀɔ'ze
Rosegger 'rɔzɛgər, -ɜʀ
Rosemary (e.) 'rouzməri
Rosenmontagszug [1]'roːzən-
　'moːntaːkstsuːk; [2]-ʐn̩-
Rosetta (it.) ro'zeta
Rosette ro'zɛtə
Rosillon (Lehár, Witwe) ʀɔsi'jõ
Rosinante rozi'nantə
Rosine [1]ro'ziːnə; [2]-ʐ-
Rosine, -na ro'ziːnə, -na
Rosita (sp. Vn.) rɔ'sita
Roskilde (dä.) 'rɔskilə
Rosl (Vn.) 'roːzl̩
Röslein 'røːslaen
Rosmarin rɔsma'riːn
Rosmersholm (norw.) 'rɔsmərs-
hɔlm
Roß rɔs
Rosse (Sh., Macb.) rɔs
Rösselsprung [1]'rœsəlʃprʊŋ;
　[2]-sl̩ʃpʀ-
Rossetti (it.) ro'seti, (e.) rɔ'sɛtɪ

Rossini ro'siːni
Rößlein 'rœslaen
Roßtäuscher [1]'rɔstøøʃər; [2]-ɜʀ
Rost 1. (Oxydierung) rɔst;
　2. (Feuergitter) rɔst; (Schwz.)
roːst
Rostand ʀɔs'tã
Röste 'røːstə
rosten [1]'rɔstən; [2]-tn̩
rösten [1]'røːstən; [2]-tn̩
rostig, -ige 'rɔstɪç, -ɪgə
Rostock 'rɔstɔk
Rostogio (Suppé, Bocc.)
ros'toːdʒo
Rostopčin rɔstap'tʃiːn
Rostov (Ru.) ra'stɔːf
Rosvænge (dän.) 'ʀɔsvɛŋə
rot roːt
Rota (L., Em.) 'roːta
Rotaprint rota'prɪnt
Rotarier ro'taːriər, -ɜʀ
Rotation rota'tsĭoːn
Rotauge 'roːt|aogə
Rötel [1]'røːtəl; [2]-tl̩
Rotherham (Sh., R. III)
　'rɔðərəm
Rothermere 'rɔðəmiə
Rothirsch [1]'roːthɪrʃ; [2]-ʀʃ
rotieren ro'tiːrən
Rotkehlchen [1]'roːtkeːlçən; [2]-ən
rötlich [1]'røːtlɪç; [2]-dlɪç
Rotor 'roːtɔr, -ʀ
Rotspon 'roːtʃpoːn
Rotte 'rɔtə
Rotterdam rɔtər'dam
Rottweil 'rɔtvael
Rotunde ro'tʊndə
rotwelsch 'roːtvɛlʃ
Rotz rɔts
Rotzunge 'roːttsʊŋə
Roubaix (F.) ʀu'bɛ
Roucher (f.) ʀu'ʃe
Rouen ʀu'ã
Rouge ʀu:ʒ(ə)
Rouge et noir ʀuːʒe'nwaːʀ
Rouget de Lisle (f.) ʀuˌʒɛ də 'liːl
Roulade ru'laːdə
Rouleau (Rollo) ʀu'lo:

Roulette (f.) ʀuˈlɛt
Round-table-Konferenz ˌraond͜ˈteiblkɔnferɛnts
Rousseau ʀuˈso
Roussillon ʀusiˈjõ
Rout (e.) raut
Route ˈruːtə, (ö. auch) ˈrʊtə
Routine ruˈtiːnə
Routinier (f.) ʀutiˈnje
Rovereto (It.) roveˈreːto
Rovero (G., Claud.) rɔˈβɛro, -ˈβero
Rovigo (It.) roˈviːgo
Rowdy ˈraodi
Rowohlt ˈroːvɔlt
Roxane rɔˈksaːne, ˈrɔksane
Roxolanen (alt.) rɔksoˈlaːnən
royal, R- (e.) ˈrɔiəl, (f.) ʀwaˈjal
Royalist ʀwajaˈlɪst
Roždestvenskij (ru.) raˈʒdjestvɛnskij
rubato (it.) ruˈbaːto
Rübe ˈryːbə
Rubel ¹ˈruːbəl; ²-bl̩
Ruben (bi.) ˈruːbən
Rubens ˈruːbəns
Rubidium ruˈbiːdiʊm
Rubikon ˈruːbikɔn
Rubin ruˈbiːn
Rubinstein ˈruːbɪnʃtaen
Rüböl ˈryːp|øːl
Rubrik ruˈbriːk, (ö.) -ˈbrik
rubrizieren rubriˈtsiːrən
Rübsen ¹ˈryːpsən; ²-sn̩
ruchbar ¹ˈruːxbaːr; ²-b̥aːʀ
ruchlos ˈruːxloːs
Ruck rʊk
Rückansicht ¹ˈrʏk|anzɪçt; ²-z̥-
Rückantwort ¹ˈrʏk|antvɔrt; ²-ʀt
Rückblick ¹ˈrʏkblɪk; ²-b̥-
Rücken, rü- ¹ˈrʏkən; ²-kn̩
Rückerstattung ¹ˈrʏk|ɛrʃtatʊŋ; ²-ɛʀʃ-
Rückert ˈrʏkərt
rückgängig, -ige ¹ˈrʏk͡gɛŋɪç, -ɪgə; ²-k͡g̊-
Rückgrat ¹ˈrʏk͡graːt; ²-k͡g̊ʀ-
Rückkehr ¹ˈrʏk͜keːr; ²-ʀ
Rucksack ¹ˈrʊkzak; ²-ks-
Rücksicht ¹ˈrʏkzɪçt; ²-ks-
Rudbeckia (bot.) rʊtˈbɛkia
Rüde, r- ˈryːdə
Rüdeger (He., Nib.) ˈryːdəgɛr, -ʀ
Rudel ¹ˈruːdəl; ²-dl̩
Rudenz (Sch., Tell) ˈruːdɛnts
Ruder ¹ˈruːdər; ²-ɛʀ
Rudera ˈruːdəra
Rüdiger ˈryːdigɛr, -ʀ, -dɪgər, -ɛʀ
Rudigier ˈruːdigiːr, -ʀ
Rudiment rudiˈmɛnt
rudimentär rudimɛnˈtɛːr, -ʀ
Ruf ruːf
rufen, rief ¹ˈruːfən, riːf; ²-fn̩
Rüffel ¹ˈrʏfəl; ²-fl̩
Rufio (Shaw, Cäsar) ˈruːfio
Rugantino (G., Claud.) ruganˈtiːno
Rugby (e., Sh., L. W.) ˈrʌgbi
Rüge ˈryːgə
Ruggiero ruˈdʒeːro
Rugier ˈruːgiər, -ɛʀ
Ruhe ˈruːə
ruhig, -ige ˈruːɪç, -ɪgə
Ruhm ruːm
rühmen ˈryːmən
Ruhr ¹ruːr; ²-ʀ
Rührei ¹ˈryːr|ae; ²-ʀ|-
rühren ˈryːrən
Ruin(e) ru|ˈiːn(ə)
ruinieren ru|iˈniːrən
Ruisdael (ndl.) ˈrœy̆sdaːl, (dt. auch) ˈrɔø-
Ruiz (sp., Claudel) rŭiθ
rülpsen ¹ˈrʏlpsən; ²-sn̩
Rum rʊm
Rumänien ruˈmɛːniən
Rumba ˈrʊmba
Rümelin ˈryːməliːn
Rumford ˈrʌmfəd
Rumjancev (ru.) ruˈmjaːntsɛf
Rummel ¹ˈrʊməl; ²-ml̩
rummeln ˈrʊməln
Rummy (ö.) ˈrœmi
Rumor ¹ruˈmoːr; ²-ʀ
rumpeln ˈrʊmpəln

Rumpf rʊmpf
rümpfen ¹ˈrʏmpfən; ²-fn̩
Rumpsteak ˈrʊmpsteɪ̆k
Run (e.) rʌn
Runciman ˈrʌnsimən
rund rʊnt
Rundfunk ˈrʊntfʊŋk
rundum rʊnt|ˈʊm
rundweg ˈrʊntvɛk, -ˈ-
Rune ˈruːnə
Runeberg (Schw.) ˈrʉːnəbɛrj
Runge ˈrʊŋə
Runkelrübe ¹ˈrʊŋkəlryːbə; ²-kl̩ʀ-
Runzel ¹ˈrʊntsəl̥; ²-sl̩
Ruodi ˈruədi
Ruodlieb ˈruədliɛp
Ruoff ruəf
Rüpel ¹ˈryːpəl; ²-pl̩
rupfen ¹ˈrʊpfən; ²ʀʊpfn̩
Rupert ˈruːpɛrt
Rupertus ruˈpɛrtʊs
Rupie ˈruːpiə
ruppig, -ige ˈrʊpɪç, -ɪgə
Ruppin rʊˈpiːn
Ruprecht ˈruːprɛçt
Ruptur rʊpˈtuːr, -ʀ
Rur (ndld. **Roer**) ruːr, -ʀ
Rurik ˈrjuːrik
Rüsche ˈryːʃə
Ruse (Bg.) ˈrusɛ
Ruskin (e.) ˈrʌskin
Ruß ruːs
Russel (e.) rʌsl
Rüssel ¹ˈrʏsəl; ²-sl̩
rußen ¹ˈruːsən; ²-sn̩
rußig, -ige ˈruːsɪç, -ɪgə
Rußland ˈrʊslant
Russos (gr.) ˈrusɔs
Rustan (Gri., Traum) ˈrʊstan
Rüste ˈrʏstə
rüsten ¹ˈrʏstən; ²-tn̩

Rüster ¹ˈryːstər; ²-ɛʀ, (ö.,
  schwz.) ˈrʏ-
rüstig, -ige ˈrʏstɪç, -ɪgə
Rustigello (Don., Lucr.) rusti-
  ˈdʒelo
rustik, -kal rʊsˈtiːk, -tiˈkaːl
Rustika ˈrʊstika
Rüstung ˈrʏstʊŋ
Rute ˈruːtə
Ruth (bi.) ruːt
Ruthenen ruˈteːnən
Ruthenium ruˈteːniʊm
Rutherford (e.) ˈrʌðəfəd
Ruthven (Byron, Ma.) ˈruːθvən
Rutland (E., Sh.) ˈrʌtlənd
Rütli ˈryːtli
rutschen ¹ˈrʊtʃən; ²-ʃn̩
rütteln ¹ˈrʏtəln; ²-tl̩n
Ruy Blas (V. Hugo, Mendels.)
  rʉi ˈblas
Ruy Diaz (Herder, Cid) rʉ|i
  ˈdi|aθ
Ruy Gómez (Verdi) rʉi ˈgɔmɛθ
Ruysbroeck (Ndld.) ˈrœỹsbruk
Ruysdael ˈrɔøsdaːl, ˈrœỹzdal
Ruysum (G., Egm.) ˈrɔøzʊm
Ruyter ˈrœỹtər, -ɛʀ
Ružička ˈruːʒɪtʃka
Rybakov (ru.) ribaˈkɔːf
Rybinsk (Ru.) ˈribinsk
Rybnik (Schles.) ˈriːbnɪk, (po.)
  ˈribnik
Ryckaert (Ndld.) ˈrɛɪ̆kaːrt
Rydberg (Schw.) ˈryːdbɛrj
Rydz-Smigly (po.) rits-çmigŭi
Rykov (ru.) ˈrikɔf
Rylejev (ru.) riˈfieːjɛf
Rymanowiez (po.) rimaˈnɔvitʃ
Rynda (Sch., Dem.) ˈrinda
Rzeszów (Po.) ˈʒɛʃuf
Rzewuski (po.) ʒɛˈvuski

S

(vgl. auch Z, mit Sch vgl. auch
Š, Sh, Sz, mit Sh vgl. auch Š, Ž,
mit Sz, Ss vgl. auch bloßes S)

s ɛs
Saal ¹zaːl; ²ʐ-
Saarbrücken zaːrˈbrʏkən
Saardam (Ndld.) zaːnˈdam
Saargemünd zaːrgəˈmʏnt
Saarlouis zaːrˈlüi
Saat ¹zaːt; ²ʐ-
Saatkrähe ¹ˈzaːtkrɛːə; ²ˈʐaːt-
    kʀɛːə
Saavedra (sp.) saˈvɛdra
Saaz zaːts
Saba (bi.) ˈzaːba
Šabac (Jug.) ˈʃabats
Sabäer ¹zaˈbɛːər; ²-ɛʀ
Sabäismus zabɛːˈɪsmʊs
Sabang (S.-As.) ˈsabaŋ
Sabatier sabaˈtje
Sabbat ¹ˈzabat; ²ˈʐ-
Säbel ¹ˈzɛːbəl; ²ˈʐɛːbl̩
Sabina ˈzabina
Sabine zaˈbiːnə
Sabiner ¹zaˈbiːnər; ²-ɛʀ
Sabotage zabɔˈtaːʒə
sabotieren zabɔˈtiːrən
Saburov (ru.) saˈbuːrɔf
Sacco (Sch., Fi.) ˈsako
Sachalin saxaˈliːn
Sa(c)charin zaxaˈriːn
Sacharja (bi.) zaˈxarja
Sacharov (ru.) ˈsaːxarɔf
Sache ¹ˈzaxə; ²ˈʐ-
Sacher-Masoch ˌzaxər, -ɛʀ ˈmaː-
    zɔx
Šachmatov (ru.) ˈʃaːxmatɔf
Sachsen ¹ˈzaksən; ²ˈʐaksn̩
sacht ¹zaxt; ²ʐ-
Sack ¹zak; ²ʐ-
Säckel ¹ˈzɛkəl; ²ˈʐɛkl̩
sacken ¹ˈzakən; ²ˈʐakn̩
sackerlot ¹zakərˈloːt; ²ʐakɛʀl-
sackerment ¹zakərˈmɛnt; ²ʐa-
    kɛʀm-
Sackgasse ¹ˈzak͡gasə; ²ˈʐak͡g-

Sackville (e.) ˈsækvil
Sacramento (N.-A.) sækrəˈmɛn-
    toŭ
Sadduzäer ¹zaduˈtsɛːər; ²-ɛʀ
Sadhu ˈzaːdu
Sadismus zaˈdɪsmʊs
Sadovskij (ru.) saˈdɔːfskɪj
Sadowa ˈsadovaː
säen ¹ˈzɛːən; ²ʐ-
Safari saˈfaːri
Safe (e.) seif, seːf
Saffi (J. Strauß, Zig.) ˈsafi
Saffian ˈzafian
Safien (Schwz.) ˈzaːfiən, ˈs-
Saflor zaˈfloːr, -ʀ
Safonov saˈfɔ(ː)nɔf
Safran ˈzaːfraːn
Saft ¹zaft; ²ʐ-
Saga ˈzaːga, ˈza-, ˈsa-
Sagan ˈzaːgan
sagbar ¹ˈzaːkbaːr; ²ˈʐaːkba̩ʀ
Sage ¹ˈzaːgə; ²ˈʐ-
Säge ¹ˈzɛːgə; ²ˈʐ-
sagen ¹ˈzaːgən; ²ˈʐaːgn̩
sägen ¹ˈzɛːgən; ²ˈʐɛːgn̩
Saggitalebene zagiˈtaːl|eːbənə
Sago ˈzaːgo
Sahara ˈzaːhara, zaˈhaːra, (ar.)
    sahˈraː
Sahib ˈzaːhɪb
Sahne ¹ˈzaːnə; ²ˈʐ-
Saigon saeˈgɔn
Saint, fm. -te (f., vor Namen)
    sɛ̃, sɛ̃t; (e.) sɪnt
Saint Albans (E., Sh., H. VI)
    sn̩t ˈɔːbənz
Saint Andrews (Scho.)
    sn̩t ˈændruːz
Saint Brioche (Lehár, Witwe)
    sɛ̃ ˈbʀɪɔʃ
Saint Cloud sɛ̃ ˈklu
Saint Cyr sɛ̃ ˈsiːʀ
Saint Denis sɛ̃ dəˈni
Sainte-Beuve sɛ̃t ˈbœːv
Saint-Étienne sɛ̃teˈtjɛn
Saint Exupéry sɛ̃t egzypeˈʀi

Saint George (G., Clav.) sɛ̃ 'ʒɔʀʒ
Saint-Germain-des-Prés
   sɛ̃ ʒɛʀˌmɛ̃ de 'pʀe
Saint-Germain-en-Laye
   sɛ̃ ʒɛʀˌmɛ̃ ã 'lɛ
Saint Hilaire sɛt i'lɛːʀ
Saint Jean (G., Groß-Kophta)
   sɛ̃ 'ʒã
Saint John (N.-A.) sn̩t 'dʒɔn
Saint-Just sɛ̃ 'ʒyst
Saint-Laurent sɛ̃ lɔ'ʀã
Saint-Lo sɛ̃ 'lo
Saint Louis (N.-A.) sn̩t 'luɪs
Saint-Malo sɛ̃ ma'lo
Saint Nazaire sɛ̃ na'zɛːʀ
Saint-Omer sɛt ɔ'mɛːʀ
Saint Paul (N.-A.) sn̩t 'pɔːl
Saint Pierre sɛ̃ 'pjɛːʀ
Saint-Privat sɛ̃ pʀi'va
Saint Quentin sɛ̃ kã'tɛ̃
Saintrailles (Sch., Ju.) sɛ̃'tʀɑːj
Saint-Saëns sɛ̃ 'sãːs
Saint-Simon sɛ̃ si'mõ
Saint-Tropez (F.) sɛ̃ tʀɔ'pe
Saïs 'zaː|ɪs
Saison se'zõ
Saite ¹'zaetə; ²ʒ̩-
Saiteninstrument ¹'zaetən|m-
   strumɛnt; ²'ʒaetn̩|ɪnstʀumɛnt
Sajanisches (Gebirge)
   sa'jaːnisches
Sake saˌkɛ
Sakko 'zako, (ö., schwz.) sa'koː
sakral za'kraːl
Sakrament zakra'mɛnt
Sakrileg, -gium zakri'leːk,
   -eːgiᵘm
Sakristan zakrɪs'taːn
Sakristei zakrɪs'tae
sakrosankt zakro'zaŋkt
Saksonskaja (ru.) sa'ksɔːnskaja
säkular zɛku'laːr, -ʀ
säkularisieren zɛkulari'ziːrən
Sakulin (ru.) sa'kuːfiin
Säkulum 'zeːkulᵘm
Sakuntala sçakᵘnta'laː
Saladin 'saːladɪn
Salaino (Hofm., Ab.) sa'laïno

Salamanca sala'maŋka
Salamander ¹zala'mandər; ²-ɛʀ
Salami za'laːmi
Salamis 'zalamɪs
Salammbô (Flaubert, Reyer)
   salãm'bo
Salandra (it.) sa'landra
Salär sa'lɛːr, -ʀ
Salarino (Sh., Kaufm.) sala'riːno
Salas y Gómez ˌsalas i 'gɔmeθ
Salat ¹za'laːt; ²ʒ̩-
Salazar (port.) sælæ'zar, -ʀ
salbadern ¹zal'baːdərn; ²ʒal'baː-
   dɛrn
Salbe ¹'zalbə; ²'ʒ̩-
Salbei zal'bae, '- -
salben ¹'zalbən; ²'ʒalbn̩
Salböl ¹'zalp|ø:l; ²'ʒ̩-
saldieren zal'diːrən
Saldo 'zaldo
Salem 'zaːlɛm, (N.-A.) 'seïlem
Salerio (Sh., Kaufm.) sa'leːrio
Salerno sa'lɛrno
Salesianer ¹zale'zïaːnər; ²-ɛʀ
Salier ¹'zaːliər; ²'ʒaːliɛʀ
Salieri sa'lïɛːri
Saline za'liːnə
Salis 'saːlis
Salisbury (e., Sh., R. II)
   'sɔːlzbəri
salisch ¹'zaːlɪʃ; ²'ʒ̩-
Salizin zali'tsiːn
Salizyl zali'tsyːl
Šaljapin (ru.) ʃa'fiaːpin
Sallust, -stius za'lᵘst, -stïᵘs
Salm ¹zalm; ²ʒ̩-
Salmanassar (bi.) zalma'nasar,
   -ʀ
Salmiak zalmi'ak, (ö.) 'sal-
Salmiakgeist ¹zalmi'akg̊aest;
   ²-kg̊-
Salminen 'salminɛn
Salome 'zaːlome
Salomo, -mon (bi.) 'zaːlomo,
   -mon
Salon za'lõ, (f.) sa'lõ, (ö. auch)
   sa'loːn
Saloniki zalo'niːki

salopp ¹zaˈlɔp; ²ʐ-
Salpeter ¹zalˈpeːtər; ²ʐalˈpeːtɐ
Salpinx ˈzalpɪŋks
Salta ¹ˈzalta; ²ˈʐ-
Salt Lake City (N.-A.)
 ˌsɔːlt leik ˈsiti
Salto (mortale) ˈsalto (mɔrˈtaːle)
Saltykov (ru.) saɫtiˈkɔːf
Salubrität zalubriˈtɛːt
Salud (De Falla) saˈluð
Saluen (Fl., S.-As.) ˈsalŭen
Salurn (Südtirol) zaˈlʊrn
Salut zaˈluːt
salutieren zaluˈtiːrən
Salvador (sp.) salβaˈðoɾ, -ʀ
Salvarsan zalvarˈzaːn
Salvator zalˈvaːtɔr, -ʀ
salva venia (lt.) ˈzalvaː ˈveniaː
Salve ¹ˈzalvə; ²ˈʐ-
salve! (lt.) ˈzalveː
Salviati (it.) salˈvĭaːti
salvieren zalˈviːrən
Salweide ¹ˈzaːlvaedə; ²ˈʐ-
Salz ¹zalts; ²ˈʐ-
Salzach ˈzaltsax
Salzsäure ¹ˈzaltśzøørə; ²ˈʐaltśʐ-
Salzschlirf zaltsˈʃlɪrf
Salzwedel ˈzaltsveːdəl
Sam (e. Vn.) sæm
Samaden, Samedan (Schwz.)
 saˈmaːdən, samˈeːdan
Samaja (He., Jud.) zaˈmaːja
Sämann ¹ˈzɛːman; ²ˈʐ-
Samara (Ru.) saˈmaːra
Samaria zamaˈriːa
Samarin (ru.) saˈmaːrin
Samariter ¹zamaˈriːtər; ²-ɐʀ
Samarium zaˈmaːriʊm
Samarkand samarˈkant
Samba ˈzamba
Sambesi (Fl., Afr.) zamˈbezi
Sambre (Fl., Be.) sãːbʀ(ə)
Same ¹ˈzaːmə; ²ˈʐ-
Sameas (He., Her.) ˈzaːme|as
Sämerei ¹zɛːməˈrae; ²ˈʐ-
Samiel (Web., Freisch.)
 ˈzaːmi|ɛl
sämig, -ige ¹ˈzɛːmɪç, -ɪgə; ²ˈʐ-

Sämischleder ¹ˈzɛːmɪʃˌleːdər;
 ²-ɐʀ
Samland ˈzaːmlant
Sammellinse ¹ˈzaməl̩ɪnzə;
 ²ˈʐaml̩ɪnzə
sammeln ¹ˈzaməln; ²ˈʐ-
Sammelsurium ¹zaməlˈzuːriʊm;
 ²ʐaml̩ˈʐuːʀ-
Sammet, -mt ¹ˈzamət; zamt- ²ˈʐ-
Samniter samˈniːtər, -ɐʀ
Samnium (Alt.) ˈsamniʊm
Samoa saˈmoːa
Samojeden samoˈjeːdən
Samojlov (ru., Suppé) saˈmɔjɫof
Samokov (Bg.) ˈsamokof
Samos (Insel) ˈzaːmɔs
Samowar samoˈvaːr, -ʀ, (ö.,
 schwz.) ˈsa-
Sampson (e.) ˈsæmpsn
Šamrajev (ru.) ʃamˈraːjɛf
Samson ˈzamzɔn
Samstag ¹ˈzamstaːk; ²ˈʐ-
samt ¹zamt; ²ˈʐ-
sämtlich ¹ˈzɛmtlɪç; ²ˈʐɛmdl̩-
Samuël ˈzaːmuɛl
Samum ˈzaːmʊm, saˈmuːm
Samurai samuˈrai
San, Sant, -ta, -to (it., sp.)
 san, sant, santa, -to
San Antonio (N.-A.) sæn æn-
 ˈtouniou
Sanatorium ¹zanaˈtoːriʊm; ²ʐ-
Sancho (sp.) ˈsantʃo
Sand ¹zant; ²ˈʐ-
Sand (f.) sãːd
Sandale ¹zanˈdaːlə; ²ʐ-
Sandbank ¹ˈzantbaŋk;
 ²ˈʐantb̦-
Sanddorn ¹ˈzantdɔrn;
 ²ˈʐantdɔʀn
Sandelholz ¹ˈzandəlhɔlts;
 ²ˈʐandl̩h-
Sandhi ˈzandi
Sandomir ˈsandomir, -ʀ
Sándor (magy.) ˈʃaːndor, -ʀ
Sands (Sh., H. VIII) sændz
Sandwich zɛntvɪtʃ, (e.) ˈsæn-
 widʒ

Sandwichinseln ¹'sænwitʃ|ɪn-
zəln; ²-z̧ḷn
Sandys (e.) sændz
San Francisco zɑn frɑn'tsɪsco,
(e.) sæn frən'sɪskoŭ
sanft ¹zɑnft; ²z̧-
Sänfte ¹'zɛnftə; ²'z̧-
Sang ¹zɑŋ; ²z̧-
sangbar ¹'zɑŋbɑːr; ²'z̧ɑŋbɑːʀ
Sänger ¹'zɛŋər; ²'z̧ɛŋɐʀ
Sauguiniker ¹zɑŋ'gŭiːnikər; ²-ɛʀ
sanguinisch zɑŋ'gŭiːnɪʃ
Sanhedrin (hebr.) sɑnhɛd'riːn
Sanherib (bi.) 'sɑnherip
sanieren zɑ'niːrən
sanitär zɑni'tɛːr, -ʀ
Sanitäter ¹zɑni'tɛːtər; ²-ɛʀ
Sanitäts(wesen usw.) zɑni-
'tɛːts-
Sankt, -ta (vor Namen)
zɑŋkt, -tɑ
Sankt Blasien zɑŋkt 'blɑːzi̯ɐn
Sankt Goar zɑŋkt go'ɑːr, -ʀ
Sankt Helena (Insel) zɑŋkt 'heː-
lenɑ
Sankt Just (Sp.) zɑŋkt 'jʊst
Sanktion zɑŋk'tsi̯oːn
sanktionieren zɑŋktsi̯o'niːrən
Sanktissimum zɑŋk'tɪsimʊm
Sanktuarium zɑŋktu'ɑːriʊm
Sanktus 'zɑŋktʊs
San Luis Potosí (M.-A.)
sɑn ‚lŭis poto'si
San Marco sɑn 'mɑrko
San Marino sɑn mɑ'riːno
Sannazaro sɑnɑ'dzɑːro
San Remo sɑn 'rɛːmo
Sanseulotte sãky'lɔt(ə)
San Sebastián (Sp.) sɑn seβɑs-
'ti̯ɑn
sans gêne (f.) sã 'ʒɛn
Sansibar 'zɑnzibɑːr, -ʀ, - -'-
Sanskrit 'zɑnskrɪt
Sanskritist zɑnskri'tɪst
Sansovino (it.) sɑnso'viːno
Sanssouci sãsu'si, '- - -
Santa Croce (Mill., Gasp.)
‚sɑntɑ 'kroːtʃe

Santa Fé (N.-A., S.-A.)
‚sæntə 'fei, ‚sɑntɑ 'fe
Santander sɑntɑn'dɛr, -ʀ
Santiago sɑn'ti̯ɑɣo
Säntis 'zɛntɪs
Santonin zɑnto'niːn
Santos (S.-A.) 'sæntʊs
Santuzza (Masc., C. R.)
sɑn'tutsɑ
Sanvitale sɑnvi'tɑːle
San Yuste (Sp.) sɑn 'i̯uste
São Luis (S.-A.) sãŭ 'lŭis
Saône soːn
São Paulo (S.-A. usw.) sãŭ 'pɑŭlu
São Salvador (S.-A.) sãŭ sɑlvɑ-
'dor, -ʀ
Saphir, pl. -re 'zɑːfɪr, -ʀ, zɑ'fiːrə,
(ö.) sɑ'fiːr
Sapieha (po.) sɑ'pjɛhɑ
Šapošnikov (ru.) 'ʃɑːpɔʃɲikɔf
Sappe ¹'zɑpə; ²'z̧-
sapperlot! ¹zɑpər'loːt; ²z̧ɑpɛʀ-
'loːt
Sappeur sɑ'pœːʀ
sapphisch 'zɑpfɪʃ
Sappho 'zɑpfo, 'zɑfo
Sara (bi.) 'zɑːrɑ
Sarabande sɑrɑ'bɑndə
Sarafan sɑrɑ'fɑn
Saragossa zɑrɑ'gosɑ
Sarah 'zɑːrɑ, (e.) 'sɛərə
Sarajevo (Jug.) 'sɑrɑi̯ɛvɔ
Saranov (bg., Shaw) sɑ'rɑnɔf
Saransk (Ru.) sɑ'rɑːnsk
Sarasate sɑrɑ'sɑte
Sarastro (Moz., Zaub.) sɑ'rɑstro
Saratov (Ru.) sɑ'rɑːtɔf
Sarawak (Borneo) sɑ'rɑwɑk
Sarazenen zɑrɑ'tseːnən
Sardanapal zɑrdɑnɑ'pɑːl
Sardelle zɑr'dɛlə
Sardes 'zɑrdɛs
Sardine zɑr'diːnə
Sardinien zɑr'diːniən
Sardou sɑʀ'du
sardonisch zɑr'doːnɪʃ
Sardonyx zɑr'doːnʏks
Sarg ¹zɑrk; ²z̧ɑʀk

Sargans (Schwz.) zar'gɑns
Sarkasmus zar'kasmʊs
sarkastisch zar'kastıʃ
Sarkom zar'koːm
Sarkophag zarko'faːk
Sarmaten zar'maːtən
Sarong 'zaːrɔŋ
Šar planina (Jug.) 'ʃarplanina
Sarraß 'zaras
Sarto 'sarto
Sartre 'saʀtʀ(ə)
Sarvaor (sp., De Falla) sarβa'ɔr,
   -ʀ
Saskatchewan (N.-A.)
   səs'kætʃiwən
Saskia 'saskia
Sassafras 'zasafras
Sas (s) aniden saːsaː'niːdən
Sassari (Sard.) 'sasari
Sassi (Hofm., Ab.) 'sasi
Saßnitz 'zasnıts
Sasson (e.) sə'suːn
Satan, -nas ¹'zaːtan, -nas;
   ²'z̧-
satanisch za'taːnıʃ
Satanismus zata'nısmʊs
Satellit zatɛ'liːt, (ö.) -'lit
Saterland 'zaːtərlant
Satin sa'tɛ̃
satinieren sati'niːrən
Satire za'tiːrə
Satisfaktion zatısfak'tsĭoːn
Satledž (Fl.) sat'lɛdʒ
Satrap za'traːp
satt ¹zat; ²z̧-
Sattel ¹'zatəl; ²'z̧atl̩
sättigen ¹'zɛtɪgən; ²'z̧ɛtɪgn̩
Sattler ¹'zatlər; ²'z̧adlɛʀ
sattsam ¹'zatzaːm; ²'z̧atsaːm
Satu Mare (Rum.) 'satu 'mare
saturieren zatu'riːrən
Saturn, -nus za'tʊrn, -nʊs
Saturnalien zatʊr'naːliən
Saturninus (Sh., T. A.)
   satʊr'niːnʊs
Satyr 'zaːtyr, -ʀ
Satyros (G.) 'zatyrɔs
Satz ¹zats; ²z̧-

Satzaussage ¹'zats|aoša̩ːgə,
   -'- - -; ²'z̧ats|aošz̧-
Sau ¹zao; ²z̧-
sauber ¹'zaobər; ²'z̧aobɛʀ
säubern ¹'zɔøbərn; ²'z̧øøbɛʀn
Sauce ¹'zoːsə; ²'z̧-
Sauciere zo'sjɛːʀə
Saudiarabien zaodi|a'raːbiən
sauen 'zaoən
sauer ¹'zaoər; ²'z̧aoɛʀ
Sauerampfer ¹'zaoər|ampfər;
   ²'z̧aoɛʀ|ampfɛʀ
Sauerei ¹zaoə'rae; ²z̧aoɛ'ʀae
Säuerling ¹'zɔøərlıŋ; ²'z̧øøɛʀl-
Saufaus ¹'zaof|aos; ²'z̧-
saufen, säufst, soff ¹'zaofən,
   zɔøfst, zɔf; ²'z̧aofn̩
saugen, sog ¹'zaogən, zoːk;
   ²'z̧aogn̩
säugen ¹'zɔøgən; ²'z̧øøgn̩
Säugling ¹'zɔøklıŋ; ²'z̧øøg̊l-
Saul, -lus zaol, -lʊs
Säule ¹'zɔølə; ²'z̧-
Saum ¹zaom; ²z̧-
säumen ¹'zɔømən; ²'z̧-
säumig, -ige ¹'zɔømıç, -ıgə; ²'z̧-
saumselig, -ige ¹'zaomzeːlıç,
   -ıgə; ²'z̧aomz̧-
Saumur (F.) so'myːʀ
Sauna 'saona
Säure ¹'zɔørə; ²'z̧-
Sauregurkenzeit ¹zaorə'gʊrkən-
   tsaet; ²z̧aoʀə'gʊʀkn̩-
Saurier 'zaoriər, -ɛʀ
Saus ¹zaos; ²z̧-
säuseln ¹'zɔøzəln; ²'z̧øøz̧l̩n
sausen ¹'zaozən; ²'z̧aoz̧n̩
Saussure (Schwz.) so'syːʀ
(Haut) Sauternes (oː) so'tɛʀn
Savage (e.) 'sævidʒ
Savannah (N.-A.) sə'vænə
Savanne sa'vanə
Save (Fl.) zaːvə
Savelič (ru.) sa've:fi|jitʃ
Savern (Sch.) sa'vɛrn
Savigny 'zavınji
Savona sa'voːna
Savonarola savona'rɔːla

Savoyarden savoˈjardən
Savoyen zaˈvɔïən
Saxophon zaksoˈfoːn
Say (Sh., H. VI) sei
Sazerdotium zatsɛrˈdoːtsïʊm
Sazonov (ru.) saˈzɔːnɔf
S-Bahn ¹ˈɛsbaːn; ²ˈɛsb̥aːn
Sbirre ˈzbɪrə
Scales (Sh., H. VI) skeilz
Scaliger ˈskaːligɛr, -ʀ
Scarron skaˈʀɔ̃
Scalza (Suppé, Bocc.) ˈskaltsa
Scamander (lt.) skaˈmandər, -ɛʀ
Seapa Flow ˈskæpə ˈflou
Seapin, fm. -ne (Gr., Scherz) skaˈpiːn(ə)
Seapino (Suppé, Bocc.) skaˈpiːno
Scäpio (Kl., Herm.) ˈstsɛːpio
Scaramuccio (R. Strauß, Ari.) skaraˈmutʃo
Scarborough ˈskaːbrə
Scarlatti skarˈlati
Scarpia (Pu., To.) ˈskarpia
Scarus (Sh., Ant.) ˈskaːrʊs
Scävola ˈstsɛːvola
Šćedrin (ru.) ʃtʃeˈdriːn
Seelba (it.) ˈʃɛlba
Ščelkalov (Puš.; Muss.) ʃtʃɛlˈkaːłɔf
Scene ˈstseːnə
Scesaplana ʃezaˈplaːna
Schabe ˈʃaːbə
schaben ¹ˈʃaːbən; ²-bn̩
Schabernack ¹ˈʃaːbərnak; ²-bɛʀn-
schäbig, -ige ˈʃɛːbiç, -ɪgə
Schablone ʃaˈbloːnə
Schabracke ʃaˈbrakə
Schach ʃax
Schacher ¹ˈʃaxər; ²-ɛʀ
Schächer ¹ˈʃɛçər; ²-ɛʀ, (ö.) ˈʃɛː-
schachmatt ʃaxˈmat
Schacht ʃaxt
Schachtel ¹ˈʃaxtəl; ²-tl̩
schächten ¹ˈʃɛçtən; ²-tn̩
Schade, schade ˈʃaːdə
Schädel ¹ˈʃɛːdəl; ²-dl̩
schaden ¹ˈʃaːdən; ²-dn̩

Schadenersatz ¹ˈʃaːdən|ɛrzats; ²ˈʃaːdn̩|ɛʀz̥-
schadhaft ˈʃaːthaft
schädlich ₁ˈʃɛːtlɪç; ²-d̥lɪç
Schädling ¹ˈʃɛːtlɪŋ; ²-d̥lɪŋ
Schadow ˈʃaːdoː
Schaf ʃaːf
Schäfer ¹ˈʃɛːfər; ²-ɛʀ
Schaff ʃaf
Schaffell ˈʃaːfɛl
schaffen, schuf ¹ˈʃafən, ʃuːf; ²-fn̩
Schaffhausen ʃafˈhaozən
Schäffler ¹ˈʃɛflər; ²-ɛʀ
Schaffner ¹ˈʃafnər; ²-ɛʀ
Schafott ʃaˈfɔt
Schaft ʃaft
Schah ʃaː
Schakal ˈʃaːka(ː)l, ʃaˈkaːl
Schäkel ¹ˈʃɛːkəl; ²-kl̩
Schäker ¹ˈʃɛːkər; ²-ɛʀ
Schal (Shawl) ʃaːl
schal ʃaːl
Schalanter (Anz.) ʃaˈlantər, -ɛʀ
Schale ʃaːlə
Schäleisen ¹ˈʃɛːl|aezən; ²-z̥n̩
schälen ¹ˈʃɛːlən; ²-ln̩
Schälhengst ˈʃɛːlhɛŋst
Schaljapin ʃaˈljaːpɪn
Schalk ʃalk
Schall ʃal
schallen, schallte, scholl ¹ˈʃalən, -ltə, ʃɔl; ²-ln̩
Schalloch ˈʃalˌlɔx
Schalmei ʃalˈmae
Schalnassar (Hofm., Sob.) ʃalnaˈsar, -ʀ
Schalotte ʃaˈlɔtə
schalten ¹ˈʃaltən; ²-tn̩
Schalter ¹ˈʃaltər; ²-ɛʀ
Schaltjahr ¹ˈʃaltjaːr; ²-ʀ
Schaluppe ʃaˈlʊpə
Scham ʃaːm
Schamane ʃaˈmaːnə
schämen ˈʃɛːmən
Schamotte ʃaˈmɔt
schampuen (shampooen), -punieren ʃamˈpuːən, -puˈniː-rən

Schamyl ʃaˈmił
schandbar ¹ˈʃantbaːr; ²-tba:ʀ
Schande ˈʃandə
schänden ¹ˈʃɛndən; ²-dn̩
Schandfleck ˈʃantflɛk
schändlich ¹ˈʃɛntlɪç; ²-dlɪc
Schanghai ˈʃaŋxaï
Schanker ¹ˈʃaŋkər; ²-ɛʀ
Schanhsi (Prov., Chi.) ˈʃançi
Schantung (Prov., Chi.)
　ˈʃantuŋ
Schanze ˈʃantsə
Schar ¹ʃaːr; ²-ʀ
Scharade ʃaˈraːdə
Schärbaum ¹ˈʃɛːrbaom; ²ˈʃɛːʀb-
Scharbe ¹ˈʃarbə; ²-ʀbə
Scharbockskraut ¹ˈʃarbɔkskraot;
　²-ʀbɔkskʀ-
Schäre(n) ˈʃɛːrə(n)
scharen ˈʃaːrən
Scharett (isr.) ʃaˈrɛt
scharf ¹ʃarf; ²-ʀf
Scharlach ¹ˈʃarlax; ²-ʀl-
Scharlatan ˈʃarlatan
Scharm ¹ʃarm; ²-ʀm
scharmant ʃarˈmant
Scharmützel ¹ʃarˈmʏtsəl;
　²-ʀˈmʏtsl̩
Scharnhorst ˈʃarnhɔrst
Scharnier ¹ʃarˈniːr; ²-ʀˈniːʀ
Schärpe ¹ˈʃɛrpə; ²-ʀpə
Scharpie ʃarˈpiː
scharren ˈʃarən
Scharte ¹ˈʃartə; ²-ʀtə
Scharteke ʃarˈteːkə
schartig, -ige ¹ˈʃartɪç, -ɪgə; ²-ʀt-
Scharwacke ¹ˈʃaːrvaxə; ²-ʀv-
scharwenzeln ¹ʃarˈvɛntsəln;
　²-ʀˈvɛntsln̩
Scharwerk ¹ˈʃaːrvɛrk; ²-ʀvɛʀk
Schaschlik ˈʃaʃlɪk
schassieren ʃaˈsiːrən
Schatt Elarab ʃat elˈˈarab
Schatten ¹ˈʃatən; ²-tn̩
schattieren ʃaˈtiːrən
Schatulle ʃaˈtʊlə
Schatz ʃats
Schatzamt ˈʃats|amt

schätzen ¹ˈʃɛtsən; ²-tsn̩
Schaube ˈʃaobə
schaudern ¹ˈʃaodərn; ²-dɛʀn
schauen ˈʃaoən
Schauer ¹ˈʃaoər; ²-ɛʀ
Schaufel ¹ˈʃaofəl; ²-fl̩
Schaukal ˈʃaokal
Schaukel ¹ˈʃaokəl; ²-kl̩
Schaum ʃaom
schäumen ˈʃɔømən
Schaunard (Pu., Boh.) ʃoˈnaːʀ
schaurig, -ige ˈʃaorɪç, -ɪgə
Schauspiel ˈʃaoʃpiːl
Schauspieler ¹ˈʃaoʃpiːlər; ²-ɛʀ
Schaute ˈʃaotə
Scheck (Check) ʃɛk
scheckig, -ige ˈʃɛkɪç, -ɪgə
scheel ʃeːl
Scheele (schw.) ˈʃeːlə
Scheffel ¹ˈʃɛfəl; ²-fl̩
Scheherezade ʃehereˈzaːdə
Scheibe ˈʃaebə
Scheich ʃaeç
scheiden, schied ¹ˈʃaedən, ʃiːt;
　²-dn̩
Scheidegg (Schwz.) ˈʃaedɛk,
　ʃaed|ˈɛk
Schein ʃaen
scheinen, schien ˈʃaenən, ʃiːn
scheinheilig, -ige ˈʃaenhaelɪç,
　-ɪgə
Scheiße ˈʃaesə
scheißen, schiß ¹ˈʃaesən, ʃɪs; ²-sn̩
Scheit ʃaet
Scheitel ¹ˈʃaetəl; ²-tl̩
scheitern ¹ˈʃaetərn; ²-tɛʀn
Schelde ˈʃɛldə, (ndl.) ˈsxɛ-
Schellack ˈʃɛlak
Schelle ˈʃɛlə
Schellfisch ˈʃɛlfɪʃ
Schellkraut, s. Schöllkraut
Schelm ʃɛlm
Schelte ˈʃɛltə
schelten, schilt, schalt ¹ˈʃɛltən,
　ʃɪlt, ʃalt; ²-tn̩
Schema, pl. -mata ˈʃeːma, -mata
schematisch ʃeˈmaːtɪʃ, (ö.)
　-ˈmatɪʃ

Schembart (Maske) 'ʃembɑːrt
Schemel ¹'ʃeːməl; ²-ml̩, (ö.)
 'ʃeməl
Schemen 'ʃeːmən
Schenkel ¹'ʃeŋkəl; ²-kl̩
schenken ¹'ʃeŋkən; ²-kn̩
Schensi (Prov., Chi.) 'ʃençi
Scherasmin (Web., Ob.) 'ʃeːras-
 mɪn
Scherbe ¹'ʃɛrbə; ²-ʁbə
Schere 'ʃeːrə
scheren, schert, schor ¹'ʃeːrən,
 ʃeːrt, ʃoːr; ²-ʁt., -ʁ
scheren, schert, schiert, scherte
 ¹'ʃeːrən, ʃeːrt, ʃiːrt, 'ʃeːrtə;
 ²-ʁt, -ʁtə
Scherenk (Kö., Zr.) 'ʃeːreŋk
Schererei ʃeːrə'rae
Scherflein ¹'ʃɛrflaen; ²-ʁf-
Scherge ¹'ʃɛrgə; ²-ʁgə
Scherif ʃɛ'rif
Scherz ¹ʃɛrts; ²-ʁts
scherzando (it.) skɛr'tsando
Scherzo (it.) 'skɛrtso
scherzoso (it.) skɛr'tsoːzo
Scheu, scheu ʃoø
Scheuer ¹'ʃoøər; ²-ɛʁ
scheuern ¹'ʃoøərn; ²-ɛʁn
Scheune 'ʃoønə
Scheusal, -sälchen ¹'ʃoøzaːl,
 -zɛːlçən; ²-zɛːlçn̩
scheußlich 'ʃoøslɪç
Scheveningen 'sxeːvənɪŋə
Schi, pl. -er ¹ʃiː, 'ʃiːər; ²-ɛʁ
Schiaparelli skïapa'rɛli
Schibboleth ʃɪ'boːlɛt
Schicchi (Pu.) 'skiki
Schichau 'ʃɪçao
Schicht ʃɪçt
schichten ¹'ʃɪçtən; ²-tn̩
Schick, schick ʃɪk
schicklich 'ʃɪklɪç
Schicksal ¹'ʃɪkzaːl; ²-ks-
schieben, schob ¹'ʃiːbən, ʃoːp;
 ²-bn̩
Schiedam (Ndld.) sxiː'dam
Schieds(spruch usw.) 'ʃiːts-
 (-ʃprʊx)

schief ʃiːf
Schiefer ¹'ʃiːfər; ²-ɛʁ
schieläugig, -ige 'ʃiːl|ɔøgɪç, -ɪgə
schielen ¹'ʃiːlən; ²-ln̩
Schienbein 'ʃiːnbaen
Schiene 'ʃiːnə
schier ¹ʃiːr; ²-ʁ
Schierke 'ʃiːrkə
Schierling 'ʃiːrlɪŋ
schießen, schoß ¹'ʃiːsən, ʃɔs; ²-sn̩
Schifahrer ¹'ʃiːfaːrər; ²-ʁɛʁ
Schiff ʃɪf
Schiffahrt ¹'ʃɪffaːrt; ²-ʁt
schiffen ¹'ʃɪfən; ²-fn̩
Schiffer ¹'ʃɪfər; ²-ɛʁ
Schigoleh (Wed.) 'ʃiːgɔlç
Schigorski (po., Halbe) s. Si-
 korski
Schiiten ʃi'iːtən
Schikane ʃi'kaːnə
schikanieren ʃika'niːrən
Schikjöring 'ʃiːjøːrɪŋ
Schikoku (Jap.) ʃi͜koku
Schild ʃɪlt
Schilddrüse ¹'ʃɪltd͜ryːzə;
 ²-td͜ʁyːʒə
schildern ¹'ʃɪldərn; ²-ɛʁn
Schild(patt usw.) 'ʃɪlt(pat)
Schilf ʃɪlf
schillern ¹'ʃɪlərn; ²-ɛʁn
Schilling 'ʃɪlɪŋ
Schimäre ʃi'mɛːrə
Schimmel ¹'ʃɪməl; ²-ml̩
schimmeln 'ʃɪməln
Schimmer ¹'ʃɪmər; ²-ɛʁ
Schimonoseki (Jap.) ʃimɔnɔ'sɛki
Schimpanse ʃɪm'panzə
Schimpf ʃɪmpf
schimpfen ¹'ʃɪmpfən; ²-fn̩
Schindel ¹'ʃɪndəl; ²-dl̩
schinden, schund ¹'ʃɪndən, ʃʊnt;
 ²-dn̩
Schinken ¹'ʃɪŋkən; ²-kn̩
Schinne ʃɪnə
Schintoïsmus ʃɪnto|'ɪsmʊs
Schipol (Ndld.) sxɪp'hɔl
Schippe 'ʃɪpə
Schiras (G.) 'ʃiːras, (pers.) ʃi'raːz

Schirling ¹'ʃɪrlɪŋ; ²-ʀl-
Schirm ¹ʃɪrm; ²-ʀm
Schirokko ʃi'rɔko
schirren 'ʃɪrən
Schirting ¹'ʃɪrtɪŋ; ²-ʀt-
Schisma 'sçɪsma, 'ʃɪ-
Schismatiker ¹sçɪs'maːtɪkər,
　ʃɪs-; ²-ɛʀ
Schiß ʃɪs
Schiwago ʒi'vaːgɔ
schizoid sçitso'iːt, ʃi-
schizophren sçitso'freːn, ʃi-
Schizophrenie sçitsofre'niː, ʃi-
Schjelderup 'ʃɛldɛrup
Schlacht ʃlaxt
Schlachta (Szlachta, po.)
　'ʃlaxta
Schlachtbank ¹'ʃlaxtbaŋk; ²-tb̥-
schlachten ¹'ʃlaxtən; ²-tn̩
Schlächterei ¹ʃlɛçtə'rae; ²-tɛʀae
Schlachtschitz, pl. -tzen
　'ʃlaxtʃits, -'tʃitsən
Schlaeke 'ʃlakə
schlaekern ¹'ʃlakərn; ²-kɛʀn
Schlaekwurst ¹'ʃlakvʊrst; ²-ʀst
Schlaf ʃlaːf
Schlafanzug 'ʃlaːf|antsuːk
Schläfe 'ʃlɛːfə
schlafen, schlief ¹'ʃlaːfən, ʃliːf;
　²-fn̩
schlaff ʃlaf
Schlafittchen ¹ʃla'fɪtçən; ²-çn̩
Schlag ʃlaːk
Schlagader ¹'ʃlaːk|aːdər; ²-ɛʀ
Schlagbaum ¹'ʃlaːkbaom; ²-kb̥-
schlagen, schlägt, schlug
　¹'ʃlaːgən, ʃlɛːkt, ʃluːk; ²-gn̩
Schlagintweit 'ʃlaːk|mtvaet
Schlamm ʃlam
Schlange 'ʃlaŋə
schlängeln 'ʃlɛŋəln
schlank ʃlaŋk
schlapp ʃlap
Schlappe 'ʃlapə
Schlaraffe ʃla'rafə
schlau ʃlao
Schlauch ʃlaox
Schlawiner ¹ʃla'viːnər; ²-ɛʀ

schlecht ʃlɛçt
schlechterdings ¹'ʃlɛçtərdɪŋs,
　- -'-; ²-tɛʀd-
schlechthin 'ʃlɛçthɪn, -'-
schlecken ¹'ʃlɛkən; ²-kn̩
Schlegel ¹'ʃleːgəl; ²-gl̩
Schlehe 'ʃleːə
schleichen, schlich ¹'ʃlaeçən,
　ʃlɪç; ²-çn̩
Schlei(e) 'ʃlae(ə)
Schleier ¹'ʃlaeər; ²-ɛʀ
Schleife 'ʃlaefə
schleifen, schliff ¹'ʃlaefən, ʃlɪf;
　²-fn̩
Schleim ʃlaem
schleißen, schliß ¹'ʃlaesən, ʃlɪs;
　²-sn̩
Schlemihl ʃle'miːl
Schlemm ʃlɛm, (e.) slæm
schlemmen 'ʃlɛmən
Schlempe 'ʃlɛmpə
schlendern ¹'ʃlɛndərn; ²-dɛʀn
Schlendrian ¹'ʃlɛndriaːn; ²-dʀ-
schlenkern ¹'ʃlɛŋkərn; ²-kɛʀn
Schleppe 'ʃlɛpə
Schlepp(netz usw.) 'ʃlɛp(nɛts)
Schleuder ¹'ʃlɔødər; ²-ɛʀ
schleudern ¹'ʃlɔødərn; ²-ɛʀn
Schlesien 'ʃleːzïən
Schleswig-Holstein ˌʃleːsvɪç
　'hɔlʃtaen
schleunig, -ige 'ʃlɔønɪç, -ɪgə
Schleuse ¹'ʃlɔøzə; ²-z̥ə
Schlich ʃlɪç
schlicht ʃlɪçt
Schliek ʃliːk
schliefen, schloff ¹'ʃliːfən, ʃlɔf;
　²-fn̩
schließen, schloß ¹'ʃliːsən, ʃlɔs;
　²-sn̩
Schliff ʃlɪf
schlimm ʃlɪm
Schlinge 'ʃlɪŋə
Schlingel ¹'ʃlɪŋəl; ²-ŋl̩
schlingen, schlang 'ʃlɪŋən, ʃlaŋ
schlingern ¹'ʃlɪŋərn; ²-ɛʀn
Schlips ʃlɪps
Schlitten ¹'ʃlɪtən; ²-tn̩

Schlittschuh 'ʃlɪtʃuː
Schlitz ʃlɪts
schlohweiß ˌʃloː'vaes
Schloß ʃlɔs
Schlößchen ¹'ʃlœsçən; ²-çn̩
Schloße 'ʃloːsə
schloßen, es schloßt ¹'ʃloːsən, ɛs
ʃloːst; ²-sn̩
Schlosser ¹'ʃlɔsər; ²-ɛʁ
Schlot ʃloːt
schlott(e)rig, -ige ʃlɔt(ə)rɪç, -ɪgə
Schlözer 'ʃløːtsər, -ɛʁ
Schlucht ʃlʊxt
schluchzen ¹'ʃlʊxtsən; ²-tsn̩
Schluck ʃlʊk
Schluckauf 'ʃlʊk|aof
schlucken ¹'ʃlʊkən; ²-kn̩
schlud(e)rig, -ige ¹'ʃluːd(ə)rɪç,
-ɪgə; ²-dʁ-
Schlummer ¹'ʃlʊmər; ²-ɛʁ
Schlund ʃlʊnt
schlüpfen ¹'ʃlʏpfən; ²¹'ʃlʏpfn̩
schlüpfrig, -ige ¹'ʃlʏpfrɪç, -ɪgə;
²-pfʁ-
Schlupfwinkel ¹'ʃlʊpfyŋkəl; ²-kl̩
schlürfen ¹'ʃlʏrfən; ²-ʁfn̩
Schlusnus 'ʃlʊsnʊs
Schluß ʃlʊs
Schlüssel ¹'ʃlʏsəl; ²-sl̩
Schmach ʃmaːx
schmachten ¹'ʃmaxtən; ²-tn̩
schmächtig, -ige 'ʃmɛçtɪç, -ɪgə
schmackhaft 'ʃmakhaft
schmähen 'ʃmɛːən
schmal ʃmaːl
schmälen ¹'ʃmɛːlən; ²-ln̩
schmälern ¹'ʃmɛːlərn; ²-ɛʁn
Schmalkalden ʃmal'kaldən
Schmalz ʃmalts
Schmant ʃmant
schmarotzen ¹ʃma'rɔtsən;
²-tsn̩
Schmarr(e)n 'ʃmar(ə)n
Schmatz ʃmats
schmatzen ¹'ʃmatsən; ²-tsn̩
schmauchen ¹'ʃmaoxən; ²-xn̩
schmecken ¹'ʃmɛkən; ²-kn̩
schmeicheln 'ʃmaeçəln

schmeißen, schmiß ¹'ʃmaesən,
ʃmɪs; ²-sn̩
Schmelz ʃmɛlts
schmelzen, schmilzt, schmelzt,
schmolz ¹'ʃmɛltsən, ʃmɪltst,
ʃmɛltst, ʃmɔlts; ²-tsn̩
Schmerbauch ¹'ʃmeːrbaox; ²-ʁb-
Schmerle ¹'ʃmɛrlə; ²-ʁlə
Schmerz ¹ʃmɛrts; ²-ʁts
Schmetten ¹'ʃmɛtən; ²-tn̩
Schmetterling ¹'ʃmɛtərlɪŋ;
²-tɛʁl-
schmettern ¹'ʃmɛtərn; ²-tɛʁn
Schmied ʃmiːt
Schmiedearbeit ¹'ʃmiːdə|arbaet;
²-ʁb-
schmiegen ¹'ʃmiːgən; ²-gn̩
schmiegsam ¹'ʃmiːkzaːm;
²-ksaːm
Schmiele 'ʃmiːlə
Schmiere 'ʃmiːrə
schmieren 'ʃmiːrən
Schminke 'ʃmɪŋkə
Schmirgel ¹'ʃmɪrgəl; ²-ʁgl̩
Schmiß ʃmɪs
Schmittolini (Zuckm., Knie)
ʃmɪto'liːni
Schmitze 'ʃmɪtsə
Schmok ʃmoːk
Schmöker ¹'ʃmøːkər; ²-ɛʁ
schmollen ¹'ʃmɔlən; ²-ln̩
Schmollis 'ʃmɔlɪs
schmoren 'ʃmoːrən
schmorgen ¹'ʃmɔrgən; ²-ʁgn̩
Schmuck, sch- ʃmʊk
schmücken ¹'ʃmʏkən; ²-kn̩
Schmuckkasten ¹'ʃmʊkkastən;
²-tn̩
Schmuggel ¹'ʃmʊgəl; ²-gl̩
Schmul ʃmuːl
schmunzeln ¹'ʃmʊntsəln; ²-tsl̩n
Schmutz ʃmʊts
schmutzig, -ige 'ʃmʊtsɪç, -ɪgə
Schnaase 'ʃnaːzə
Schnabel ¹'ʃnaːbəl; ²-bl̩
schnäbeln 'ʃnɛːbəln
Schnack ʃnak
schnacken ¹'ʃnakən; ²-kn̩

Schnadahüpferl ¹'ʃnaːdahʏpfərl;
  ²-ɛʀl̩
Schnake 'ʃnaːkə
Schnalle 'ʃnalə
schnalzen ¹'ʃnaltsən; ²-tsn̩
schnappen ¹'ʃnapən; ²-pn̩
Schnäpper ¹'ʃnɛpər; ²-ɛʀ
Schnapphahn 'ʃnaphaːn
Schnaps ʃnaps
schnarchen ¹'ʃnarçən; ²-ʀçn̩
schnarren 'ʃnarən
schnattern ¹'ʃnatərn; ²-tɛʀn
schnauben, schnob ¹'ʃnaobən,
  ʃnoːp; ²-bn̩
schnaufen ¹'ʃnaofən; ²-fn̩
Schnauze 'ʃnaotsə
Schnecke 'ʃnɛkə
Schnee 'ʃneː
schneeig, -ige, -'ge 'ʃneːɪç, -ɪgə,
  -gə
Schneeweißchen, -wittchen
  ¹ʃneː'vaesçən; ²-çn̩;
  ¹-'vɪtçən; ²-çn̩
Schneid ʃnaet
schneiden, schnitt ¹'ʃnaedən,
  ʃnɪt; ²-dn̩
Schneider ¹'ʃnaedər; ²-ɛʀ
schneidig, -ige 'ʃnaedɪç, -ɪgə
schneien 'ʃnaeən
Schneise ¹'ʃnaezə; ²-ʐə
schnell ʃnɛl
Schnellzugszuschlag 'ʃnɛltsuːks-
  ˌtsuːʃlaːk
Schnepfe 'ʃnɛpfə
Schneppe 'ʃnɛpə
schneuzen ¹'ʃnɔøtsən; ²-tsn̩
Schnickschnack 'ʃnɪkʃnak
schniegeln 'ʃniːgəln
Schnippchen ¹'ʃnɪpçən; ²-çn̩
schnippen ¹'ʃnɪpən; ²-pn̩
schnippisch 'ʃnɪpɪʃ
Schnitt ʃnɪt
Schnittlauch 'ʃnɪtlaox
Schnitzel ¹'ʃnɪtsəl; ²-tsl̩
schnitzen ¹'ʃnɪtsən; ²-tsn̩
Schnitzer ¹'ʃnɪtsər; ²-ɛʀ
schnodd(e)rig, -ige 'ʃnɔd(ə)rɪç,
  -ɪgə

schnöde 'ʃnøːdə
Schnörkel ¹'ʃnœrkəl; ²-ʀkl̩
Schnorr v. Carolsfeld ˌʃnɔr fɔn
  'kaːrɔlsfɛlt
Schnucke 'ʃnʊkə
schnüffeln 'ʃnʏfəln
Schnuller ¹'ʃnʊlər; ²-ɐ
Schnulze 'ʃnʊltsə
Schnupfen, schnu- ¹'ʃnʊpfən;
  ²-pfn̩
Schnuppe 'ʃnʊpə
schnuppern ¹'ʃnʊpərn; ²-ɛʀn
Schnur ¹ʃnuːr; ²-ʀ
schnüren 'ʃnyːrən
Schnurrbart ¹'ʃnʊrbaːrt;
  ²-ʀbaːʀt
schnurrig, -ige 'ʃnʊrɪç, -ɪgə
Schnürsenkel ¹'ʃnyːrzɛŋkəl;
  ²-ʀzɛŋkl̩
schnurstracks ¹'ʃnuːrʃtraks;
  ²-ʀʃtʀ-
Schnute 'ʃnuːtə
Schober ¹'ʃoːbər; ²-ɛʀ
Schock ʃɔk
schocken ¹'ʃɔkən; ²-kn̩
schockieren ʃɔ'kiːrən
Schockschwerenot ʃɔk'ʃveːrənoːt
Schöffe 'ʃœfə
Schofför ¹ʃɔ'føːr; ²-ʀ
Schokolade ʃoko'laːdə
Schola (lt.) 'skoːla
Scholar ʃo'laːr, -ʀ
Scholarch ʃo'larç
Scholastik ʃo'lastɪk
scholastisch ʃo'lastɪʃ
Scholiast ʃoli'ast
Scholien 'ʃoːliən
Scholle 'ʃɔlə
Schöllkraut ¹'ʃœlkraot; ²-kʀ-
Scholochow 'ʃɔlɔxɔf
Scholtisei ¹ʃɔlti'zae; ²-'ʐ-
schon ¹ʃoːn; ²auch ʃɔn
schön, schöner, schönste
  ¹ʃøːn, 'ʃøːnər, 'ʃøːnstə; ²-ɛʀ
Schönbrunn ʃøːn'brʊn
schonen 'ʃoːnən
Schonen 'ʃoːnən, (schw.
  Skåne)

Schoner (Decke, Schiff)
 ¹ˈʃoːnər; ²-ɐʁ
Schonkost ˈʃoːnkɔst
schonungslos ˈʃoːnʊŋsloːs
Schopenhauer ˈʃoːpənhaoər, -ɐʁ
Schopf ʃɔpf
schöpfen ¹ˈʃœpfən; ²ˈʃœpfn̩
Schöpfer ¹ˈʃœpfər; ²-ɐʁ
Schoppen ¹ˈʃɔpən; ²-pn̩
Schöps ʃœps
Schorf ¹ʃɔrf; ²-ʁf
Schorlemorle ¹ˌʃɔrləˈmɔrlə;
 ²-ʁləˈmɔrlə
Schornstein ¹ˈʃɔrnʃtaen; ²-ʁn-
Schostakowitsch ʃɔstaˈkɔːvɪtʃ
Schoß, pl. Schosse ʃɔs, -sə
Schoß, pl. Schöße ʃoːs, ˈʃøːsə
Schoßkind ˈʃoːskɪnt
Schößling ˈʃœslɪŋ
Schote ˈʃoːtə
Schott, -tte ʃɔt, -tə
schottern ¹ˈʃɔtərn; ²-ɐʁn
schottisch ˈʃɔtɪʃ
Schottland ˈʃɔtlant
schraffen ¹ˈʃrafən; ²ˈʃʁafn̩
schraffieren ʃraˈfiːrən
Schraffur ʃraˈfuːr, -uːʁ
schräg ¹ʃrɛːk; ²ʃʁ-
schralen ¹ˈʃraːlən; ²-ln̩
schrämen ˈʃrɛːmən
Schramme ˈʃramə
Schrammelmusik ¹ˈʃraməlmu-
 ˌziːk; ²ˈʃʁaml̩muˌziːk
Schrank ¹ʃraŋk; ²ʃʁ-
Schranne ¹ˈʃranə; ²ˈʃʁ-
Schranze ¹ˈʃrantsə; ²ˈʃʁ-
Schrapnell ¹ʃrapˈnɛl; ²ʃʁ-
Schrat ¹ʃrat; ²ʃʁ-
Schraube ¹ˈʃraobə; ²ˈʃʁ-
schrauben, schrob, schraubte
 ¹ˈʃraobən, ʃroːp, ˈʃraoptə;
 ²ˈʃʁaobn̩, ʃʁoːp, ˈʃʁaoptə
Schrebergarten ¹ˈʃreːbərgartən;
 ²ˈʃʁeːbɐʁgaʁtn̩
Schreck ¹ʃrɛk; ²ʃʁ-
schrecken, schriekt, schrak
 ¹ˈʃrɛkən, ʃrɪkt, ʃraːk; ²ˈʃʁɛkn̩,
 ʃʁɪkt, ʃʁaːk

schrecken, schreckt, schreckte
 ¹ˈʃrɛkən, ʃrɛkt, ˈʃrɛktə;
 ²ˈʃʁɛkn̩, ʃʁ-, ʃʁ-
Schreckgespenst ¹ˈʃrɛkɡəʃpɛnst;
 ²ˈʃʁɛkg̊e-
schrecklich ¹ˈʃrɛklɪç; ²ˈʃʁɛg̊l-
Schreker ˈʃreːkər, -ɐʁ
Schrei ¹ˈʃrae; ²ʃʁ-
Schreibbuch ¹ˈʃraepbuːx;
 ²ˈʃʁaepb-
schreiben, schrieb ¹ˈʃraebən,
 ʃriːp; ²ˈʃʁaebn̩, ʃʁ-
Schreiberhau ˈʃraebərˈhao
Schreibfeder ¹ˈʃraep-feːdər;
 ²ˈʃʁaep-feːdɐʁ
schreien, schrie ¹ˈʃraeən, ʃriː;
 ²ʃʁ-
Schrein ¹ʃraen; ²ʃʁ-
schreiten, schritt ¹ˈʃraetən, ʃrɪt;
 ²ˈʃʁaetn̩
Schrift ¹ʃrɪft; ²ʃʁ-
Schriftdeutsch ¹ˈʃrɪftdɔøtʃ;
 ²ˈʃʁɪftd-
schriftlich ¹ˈʃrɪftlɪç; ²ˈʃʁɪfdl-
Schrifttum ¹ˈʃrɪfttuːm; ²ˈʃʁ-
schrill ¹ʃrɪl; ²ʃʁ-
Schrippe ¹ˈʃrɪpə; ²ˈʃʁ-
Schritt ¹ʃrɪt; ²ʃʁ-
Schroeder ˈʃrøːdər, -ɐʁ
schroff ¹ʃrɔf; ²ʃʁ-
schröpfen ¹ˈʃrœpfən; ²ˈʃʁœpfn̩
Schrot ¹ʃroːt; ²ʃʁ-
Schrott ¹ʃrɔt; ²ʃʁ-
schrubben ¹ˈʃrʊbən; ²ˈʃʁʊbn̩
Schrubbesen ¹ˈʃrʊpbeːzən;
 ²ˈʃʁʊpb̥eːzn̩
Schrulle ¹ˈʃrʊlə; ²ˈʃʁ-
schrumpfen ¹ˈʃrʊmpfən;
 ²ˈʃʁʊmpfn̩
Schrunde ¹ˈʃrʊndə; ²ˈʃʁ-
schruppen ¹ˈʃrʊpən; ²ˈʃʁʊpn̩
Schub ʃuːp
Schubart ˈʃuːbart
Schubert ˈʃuːbərt
Schubfach ˈʃuːp-fax
Schubjack ˈʃʊbĭak
Schubkarre ˈʃuːpkarə
Schublade ¹ˈʃuːp-laːdə; ²-b̥l-

schubsen ¹'ʃʊpsən; ²-sn̩
schüchtern ¹'ʃʏçtərn; ²-ɛʀn
Schuft ʃʊft
Schuh, pl. -he ʃuː, ʃuːə
Schuhanzieher ¹'ʃuː|antsiːər;
  ²-ɛʀ
Schuhu 'ʃuːhu
Schuiskoi (He., Dem.) s. Šujskij
  'ʃuːjski
Schukostecker ¹'ʃuːkoʃtɛkər;
  ²-ɛʀ
Schulamt 'ʃuːl|amt
Schuld ʃʊlt
schuldbewußt ¹'ʃʊltbəvʊst;
  ²-bə-
schulden ¹'ʃʊldən; ²-dn̩
schuldig, -ige 'ʃʊldɪç, -ɪgə
Schuldiger ¹'ʃʊldɪgər; ²-ɛʀ
schuldlos ¹'ʃʊltloːs; ²-dl̩-
Schuldner ¹'ʃʊldnər; ²-ɛʀ
Schule 'ʃuːlə
Schulleiter ¹'ʃuːl|laetər; ²-ɛʀ
Schulpforta ʃuːl'pfɔrta
Schulter ¹'ʃʊltər; ²-ɛʀ
Schultheiß 'ʃʊlthaes
Schulze 'ʃʊltsə
Schuman 'ʃuːman
schumm(e)rig, -ige 'ʃʊm(ə)rɪç,
  -ɪgə
schummern ¹'ʃʊmərn; ²-ɛʀn
Schund ʃʊnt
schunkeln 'ʃʊŋkəln
schupfen ¹'ʃʊpfən; ²'ʃʊpfn̩
Schupo 'ʃuːpo
Schuppe 'ʃʊpə
Schuppen ¹'ʃʊpən; ²-pn̩
Schur 'ʃuːr; ²-ʀ
Schüreisen ¹'ʃyːr|aezən;
  ²-ʀ|aezn̩
schüren 'ʃyːrən
schürfen ¹'ʃʏrfən; ²-ʀfn̩
Schurke ¹'ʃʊrkə; ²-ʀkə
schurren 'ʃʊrən
Schurz ¹'ʃʊrts; ²-ʀts
Schürze ¹'ʃʏrtsə; ²-ʀtsə
Schuß, pl. Schüsse ʃʊs, 'ʃʏsə
Schüssel ¹'ʃʏsəl; ²-sl̩
Schuster ¹'ʃuːstər; ²-ɛʀ; (ö.) 'ʃu-

Schute 'ʃuːtə
Schutt ʃʊt
Schuttabladeplatz 'ʃʊt|aplaːdə-
  ˌplats
Schüttellähmung ¹'ʃʏtəlleːmʊŋ;
  ²-tl̩-
schütten ¹'ʃʏtən; ²-tn̩
Schutz ʃʊts
Schütz, -tze ʃʏts, -tsə
schützen ¹'ʃʏtsən; ²-tsn̩
Schutzimpfung 'ʃʊts|ɪmpfʊŋ
Schwabe 'ʃvaːbə
schwach, schwächer ¹ʃvax,
  'ʃvɛçər; ²-ɛʀ
schwachsinnig, -ige ¹'ʃvaxzɪnɪç,
  -ɪgə; ²-xz̩-
Schwächung 'ʃvɛçʊŋ
Schwaden ¹'ʃvaːdən; ²-dn̩
Schwadron ʃva'droːn
Schwadroneur ʃvadro'nœːr
schwafeln 'ʃvaːfəln
Schwager ¹'ʃvaːgər; ²-ɛʀ
Schwäher ¹'ʃvɛːər; ²-ɛʀ
Schwaige 'ʃvaegə
Schwalbe 'ʃvalbə
Schwalch, -lg ʃvalç, -lk
Schwall ʃval
Schwamm ʃvam
Schwan ʃvaːn
(im) Schwange (ɪm) 'ʃvaŋə
schwanger ¹'ʃvaŋər; ²-ɛʀ
Schwank, schwank ʃvaŋk
schwanken ¹'ʃvaŋkən; ²-kn̩
Schwanz ʃvants
schwänzeln ¹'ʃvɛntsəln;
  ²-tsl̩n
Schwäre 'ʃvɛːrə
schwären, -rte, schwor ¹'ʃvɛːrən,
  -rtə, 'ʃvoːr; ²-ʀtə, -ʀ
Schwarm ¹ʃvarm; ²-ʀm
schwärmen ¹'ʃvɛrmən; ²-ʀmən
Schwarte ¹'ʃvaːrtə; ²-ʀtə
schwarz ¹ʃvarts; ²-ʀts
Schwarzarbeit ¹'ʃvarts|arbaet;
  ²-ʀts|aʀb-
schwärzen ¹'ʃvɛrtsən; ²-ʀtsn̩
schwarzrotgold ¹ʃvartsroːt'gɔlt;
  ²-ʀtsʀoːt'g̊-

Schwarzhörer ¹'ʃvɑrtshøːrər;
²-ʁtshøːʀɐʁ
Schwatz ʃvɑts
schwatzen ¹'ʃvɑtsən; ²-tsn̩
schwätzen ¹'ʃvɛtsən; ²-tsn̩
schweben ¹'ʃveːbən; ²-bn̩
Schweden 'ʃveːdən
Schwedt ʃveːt
Schwefel ¹'ʃveːfəl; ²-fl̩
Schweidnitz 'ʃvaednɪts
Schweif ʃvaef
schweifwedeln ¹'ʃvaefyeːdəln;
²-dl̩n
schweigen, schweigst, schwieg
¹'ʃvaegən, ʃvaekst, ʃviːk; ²-gn̩
schweigsam ¹'ʃvaekzɑːm;
²-ksɑːm
Schwein ʃvaen
Schweinsohr ¹'ʃvaens|oːr; ²-ʁ
Schweiß ʃvaes
Schweiz ʃvaets
Schweizerdegen ¹'ʃvaetsərdeː-
gən; ²-tsɛʀdeːgn̩
Schweizerdeutsch ¹'ʃvaetsər-
dɔøtʃ; ²-ɛʀd-
Schwejk ʃvejk
schwelen ¹'ʃveːlən; ²-ln̩
schwelgen ¹'ʃvɛlgən; ²-gn̩
Schwelkoks 'ʃveːlkoːks
Schwelle 'ʃvɛlə
schwellen, schwillt, schwoll
¹'ʃvɛlən, ʃvɪlt, ʃvɔl; ²-ln̩
schwellen, schwellte ¹'ʃvɛlən,
'ʃvɛltə; ²-ln̩
Schwemme 'ʃvɛmə
schwemmen 'ʃvɛmən
Schwengel ¹'ʃvɛŋəl; ²-ŋl̩
schwenken ¹'ʃvɛŋkən; ²-kn̩
schwer ¹ʃveːr; ²-ʁ
Schwerenöter ¹'ʃveːrənøːtər;
²-ɛʀ
Schwerin ʃve'riːn
Schwerindustrie ¹'ʃveːr|ɪndʊ-
striː; ²'ʃveʁ|ɪndʊstʁi:
schwerlich ¹'ʃveːrlɪç; ²-ʁl-
Schwerspat ¹'ʃveːrʃpɑːt; ²-ʁʃ-
Schwert ¹ʃveːrt; ²-ʁt
Schwertlilie ¹'ʃveːrtliːliə; ²-ʁt-

Schwertstreich ¹'ʃveːrtʃtraeç;
²-ʁtʃtʁ-
Schwester ¹'ʃvɛstər; ²-ɛʁ
Schwesternschaft ¹'ʃvɛstərnʃaft;
²-tɛʀn-
Schwetz ʃvɛts
Schwetzingen 'ʃvɛtsmɘn
Schwibbogen ¹'ʃvɪpb̥oːgən;
²-pb̥oːgn̩
Schwieger(eltern usw.) ¹'ʃviː-
gər(|ɛltərn); ²-gɛʁ(|ɛltɛʁn)
Schwiele 'ʃviːlə
schwiemeln 'ʃviːməln
Schwientochlowitz ʃviɛn'tɔxlo-
vɪts
schwierig, -ige 'ʃviːrɪç, -ɪgə
schwimmen, schwamm
'ʃvɪmən, ʃvam
Schwindel ¹'ʃvɪndəl; ²-dl̩
schwinden, schwand ¹'ʃvɪndən,
ʃvant; ²-dn̩
Schwindler ¹'ʃvɪndlər; ²-dlɛʁ
schwindlig, -ige ¹'ʃvɪndlɪç, -ɪgə;
²-dl-
Schwindsucht ¹'ʃvɪntzʊxt; ²-ts-
Schwinge 'ʃvɪŋə
schwingen, schwang 'ʃvɪŋən,
ʃvaŋ
Schwippschwager ¹'ʃvɪpʃvaːgər;
²-ɛʁ
schwirren 'ʃvɪrən
schwitzen ¹'ʃvɪtsən; ²-tsn̩
schwören, schwur, schwor
¹'ʃvøːrən, ʃvuːr, ʃvoːr; ²-ʁ
schwül ʃvyːl
Schwulst ʃvʊlst
schwülstig, -ige 'ʃvʏlstɪç, -ɪgə
Schwund ʃvʊnt
Schwung ʃvʊŋ
schwuppdiwupp! ¹ʃvʊpdi'vʊp;
²-pd-
Schwur ¹ʃvuːr; ²-ʁ
Schwyz ʃviːts
Schwyzerdütsch 'ʃviːtsərdyːtʃ
Sciarrone (Pu., Tosca) ʃa'roːnə
seilicet (lt.) 'stsiːlitset
Seillyinseln (E.) 'sili|ɪnzəln
Scipio 'stsiːpio

Scone (Sh., Macb.) skoun
Scotchterrier 'skɔtʃtɛriər
Scotland Yard 'skɔtlənd jaːd
Scott skɔt
Scranton (N.-A.) 'skræntən
Scribe skʀiːb
Scroop (Sh., R. II) skruːp
Scrop (Ma., Vamp.) skrɔp
Scudéry skyde'ri
Scudo, pl. -di (it.) 'skuːdo, -di
sculpsit skʋlpsɪt
Seylla 'stsʏla
Seaborg 'siːbəːg
Seal (e.) siːl
Sealsfield 'siːlsfiːld
Sealskin (e.) 'siːl|skin
Séance ze'ãːs
SEATO ze|'aːto, (e.) siːto
Seattle si'ætl
Sebald 'zeːbalt
Sebaldus ze'baldʋs
Sebastian ze'bastĭan
Sebastiano (it.) sebas'tĭaːno,
(sp.) seβas'tĭaːno
Seceki (it.) 'seki
Seccomalerei 'zɛkomaːləˏrae
Sech ¹zeç; ²ʒ-
sechs ¹zɛks; ²ʒ-
Sechseck ¹'zɛks|ɛk; ²'ʒ-
Sechser ¹'zɛksər; ²'ʒɛksɛʀ
Sechstel ¹'zɛkstəl; ²'ʒɛkstl̩
sechzehn ¹'zɛçtseːn; ²'ʒ-
sechzig ¹'zɛçtsɪç; ²'ʒ-
Seckel ¹'zɛkəl; ²'ʒɛkl̩
Secret Service (e.) 'siːkrit 'səːvis
Sedan sə'dã
sedat ze'daːt
Sedativ zeda'tiːf
Sedley (Britten, Grimes) 'sɛdli
Sedoj (ru.) sɛ'dɔːj
Sędomierz (Po.) sɛn'dɔmjɛʃ
See, gen. Sees, pl. Seen ¹zeː,
zeːs, 'zeːən; ²ʒeː
Seeley (e.) siːli
Seenplatte ¹'zeːənplatə; ²'ʒ-
Seele ¹'zeːlə; ²'ʒ-
Segantini segan'tiːni
Segel ¹'zeːgəl; ²'ʒeːgl̩

Segen ¹'zeːgən; ²'ʒeːgn̩
Segest, -stes se'gɛst, -stɛs
Segge ¹'zɛgə; ²'ʒ-
Segimerus segi'meːrʋs
Segler ¹'zeːglər; ²'ʒeːg̑lɛʀ
Segment ze'gmɛnt
segnen ¹'zeːgnən; ²'ʒ-
segno (it.) 'seɲo
Segovia se'ɣoβĭa
sehen, siehst, sah, sahen ¹'zeːən,
ziːst, zaː, 'zaːən; ²ʒ-
Sehne ¹'zeːnə; ²'ʒ-
sehnen ¹'zeːnən; ²'ʒ-
sehnig, -nige, -n'ge ¹'zeːnɪç,
-nɪgə, -ngə; ²'ʒ-
Sehnsucht ¹'zeːnzʋxt; ²'ʒeːnʒ-
sehr ¹zeːr; ²ʒeːʀ
Seicento seï'tʃɛnto
seichen ¹'zaeçən; ²'ʒaeçn̩
seicht ¹zaeçt; ²'ʒ-
Seide ¹'zaedə; ²'ʒ-
Seidelbast ¹'zaedəlbast;
²'ʒaedl̩b-
seidig, -ige ¹'zaedɪç, -ɪgə; ²'ʒ-
Seife ¹'zaefə; ²'ʒ-
Seiger ¹'zaegər; ²'ʒaegɛʀ
Seigneur (f.) se'ɲœːʀ
seihen ¹'zaeən; ²'ʒ-
Seil ¹zael; ²'ʒ-
Seim ¹zaem; ²'ʒ-
seimig, -ige ¹'zaemɪç, -ɪgə; ²'ʒ-
sein (pron., verb) ¹zaen; ²'ʒ-
Seine (Fl.) sɛːn(ə)
seinerzeit ¹'zaenərtsaet;
²'ʒaenɛʀts-
seinesgleichen ¹'zaenəsglaeçən,
- -'- -; ²'ʒaenəsg̑laeçn̩
(de) Seingalt sɛ̃'galt
Seismograph zaesmo'graːf, (ö.)
zɛ|ɪs-
Seismos (G., Faust) 'sɛïsmɔs
seit ¹zaet; ²ʒ-
seitab ¹zaet|'ap; ²ʒ-
seitdem ¹zaet'deːm; ²ʒaet'd̑-
Seite ¹'zaetə; ²'ʒ-
Seitenaltar ¹'zaetən|alˏtaːr;
²'ʒaetn̩|alˏtaːʀ
seither ¹zaet'heːr; ²ʒaet'heːʀ

seitlich ¹'zaetlıç; ²'z̧aeḍl-
Seiward (Sch., Macb.) 'saevart
seitwärts ¹'zaetvɛrts; ²'z̧aet-
vɛʀts
Sejfullina (ru.) sej'fu:ɦinɑ
Sejm (Po.) seĭm
Sekante ze'kantə
sekkieren ¹zɛ'ki:rən; ²z̧-
Sekondeleutnant ze'kõdə‚ləøt-
nant
Sekou Touré seku tu're
Sekret, sekret ze'kre:t
Sekretär ¹zekre'tɛ:r; ²z̧ekʀe'tɛ:ʀ
Sekretariat zekretari'a:t
Sekretion zekre'tsĭo:n
Sekt ¹zɛkt; ²z̧-
Sekte ¹'zɛktə; ²'z̧-
Sektierer ¹zɛk'ti:rər; ²-ɛʀ
Sektion zɛk'tsĭo:n
Sektor 'zɛktɔr, -ɔʀ
Sekunda ze'kʊndɑ
Sekundant zekʊn'dant
sekundär zekʊn'dɛ:r, -ɛ:ʀ
Sekunde ze'kʊndə
sekundieren zekʊn'di:rən
Sekundogenitur ze‚kʊndogeni-
'tu:r, -tu:ʀ
Sekurität zekuri'tɛ:t
Sela 'ze:lɑ
Seladon sela'dõ
Selam sɛ'lɛ:m
Selassie (ab.) sela'sĭe
selbander ¹zɛlp|'andər; ²z̧ɛlp|-
'andɛʀ
selbdritt ¹zɛlp'drɪt; ²z̧ɛlp'dʀɪt
Selbitz (G., Götz) 'zɛlbɪts
selbständig ¹'zɛlpʃtɛndıç; ²'z̧-
Selbstbildnis ¹'zɛlpstbɪldnɪs;
²'z̧ɛlpstbɪldnɪs
selbstisch ¹'zɛlpstɪʃ; ²'z̧-
selbstlos ¹'zɛlpstlo:s; ²'z̧ɛlpsḍl-
selchen ¹'zɛlçən; ²'z̧ɛlçn̩
Seldschuken sɛl'dʒʊkən
Seldwyla zɛld'vi:lɑ
Selekta ze'lɛktɑ
Selektion zelɛk'tsĭo:n
Selen ze'le:n
Selene se'le:ne

Selenga (Fl., N.-As.) seɦɛn'gɑ
Selenit zele'nɪt
Seleuciden, -kiden selɛŭ'tsi:dən;
-lɛŭ'ki:-
Seleukos, -cus (alt.) se'lɛŭkɔs,
-kʊs
Selfmademan (e.) 'sɛlfmeidmɛn
Selgar (Kl., Herm.) 'zɛlgɑr, -ɑʀ
Selica (Mey., Afr.) 'ze:likɑ
Selicour (Sch., Par.) se:li'ku:ʀ,
-ku:ʀ
selig, -lige, -l'ge ¹'ze:lıç, -lıgə,
-lgə; ²'z̧-
Seligkeit ¹'ze:lıçkaet; ²'z̧-
Selim (tü.) se'lɪm
Selinunt seli'nʊnt
Sellem (e., Stravinskij) 'sɛləm
Sellin zɛ'li:n
Sellerie ¹'zɛləri; ²'z̧-; (ö.) z̧elə'ri:
selten ¹'zɛltən; ²'z̧ɛltn̩
Selters 'zɛltərs
Selter(s)wasser ¹'zɛltər(s)vasər;
²-ɛʀ
seltsam ¹'zɛltza:m; ²'z̧ɛltsa:m
Sem zɛm
Semantik ze'mantɪk
Semaphor zema'fo:r, -fo:ʀ
Semarang (S.-As.) sə'maraŋ
Semasiologie zemazĭolo'gi:
Semele (ant.) 'ze:mele
Semester ¹ze'mɛstər; ²z̧e'mɛstɛʀ
Semi(brevis usw.) 'zemi(‚brevɪs)
Semikolon zemi'ko:lɔn
Seminar ¹zemi'na:r; ²z̧emi'na:ʀ
seminaristisch zemina'rɪstɪʃ
Semipalatinsk (N.-As.) semipa-
'la:tinsk
Semiramis ze'mi:ramɪs
Semit ze'mi:t, (ö.) -'mit
Semitist zemi'tɪst
Semjon (ru. Vn.) se'mjo:n
Semjonov (ru.) se'mjo:nɔf
Semjonovič, fm. -vna (ru. Vat.)
se'mjo:nɔvitʃ, -vna
Semlin (Jug.) zɛm'li:n
Semmel ¹'zɛməl; ²'z̧ɛml̩
Semnone sɛm'no:nə
Sempione (it.) sem'pĭo:ne

Sempronius (alt.) sɛm'proːniʊs
Semstwo 'zɛmstvo
Senar ze'naːr, -aːʁ
Senat ze'naːt
Senator, pl. -ren, fm. -rin
  ze'naːtɔr; - -'toːrən, -ɔʁ, -rɪn
senden, sandte ¹'zɛndən, 'zantə;
  ²'ʐɛndn̩
Sendbote ¹'zɛntboːtə; ²'ʐɛntb̥-
Sendeanlage ¹'zɛndə|anlaːgə;
  ²'ʐ-
Sendomir 'sɛndomir, -ʁ
Seneca 'zeːneka, 'sɛ-
Senegal 'zeːnegal
Seneschall 'zeːneʃal
Senf ¹zɛnf; ²ʐ-
sengen ¹'zɛŋən; ²'ʐ-
Senhor (port.) sɪ'ɲor, -oʁ
Seni (Sch., W.) 'zeːni
Senigallia (It.) seni'galia
senil ze'niːl
Senior, pl. -ren 'zeːniɔr, -ʁ,
  ze'nioːrən
Senj (Jug.) sɛɲ
Senkblei ¹'zɛŋkblae; ²'ʐɛŋkb̥lae
Senkel ¹'zɛŋkəl; ²'ʐɛŋkl̩
senken ¹'zɛŋkən; ²'ʐɛŋkn̩
Senkfuß ¹'zɛŋkfuːs; ²'ʐ-
senkrecht ¹'zɛŋkrɛçt; ²'ʐɛŋkʁɛçt
Senkung ¹'zɛŋkʊŋ; ²'ʐ-
Senn, -nne, -nner ¹zɛn, -nə,
  -nər; ²ʐɛnɐ
Sennes(blätter usw.) 'zɛnəs-
Señor sɛn'joːr, -ʁ, (sp.) se'ɲor
Senorita sɛnjo'riːta, (sp.) seɲo-
  'riːta
Sens (F.) sãːs
Sensation zɛnza'tsi̯oːn
sensationell zɛnzatsi̯o'nɛl
Sense ¹'zɛnzə; ²'ʐɛnʐə
sensibel zɛn'ziːbəl
Šenšin (ru.) ʃɛn'ʃiːn
sensitiv zɛnzi'tiːf
Sensorium zɛn'zoːriʊm
Sensualismus zɛnzua'lɪsmʊs
Senta (W., Holl.) 'zɛnta
Senta (Jug.) 'sɛːnta
sententiös zɛntɛn'tsi̯øːs

Sentenz zɛn'tɛnts
Sentiment sãti'mã
sentimental zɛntimɛn'taːl
Sentimentalität zɛntimɛntali-
  'tɛːt
Senussi (Afr.) se'nusi, (ar.)
  senu:'si:
Seoul (Korea) 'saːul, 'zeːul
separat zepa'raːt
Separation zepara'tsi̯oːn
Séparée sepa'ʁe
Sephardim se'fardɪm
Sepia 'zeːpia
Šepilov ʃe'piːłɔf
Sepoy 'siːpɔi
Sepsis 'zɛpsɪs
September ¹zɛp'tɛmbər; ²ʐɛp-
  'tɛmbɐ
Septennat zɛptɛ'naːt
Septett zɛp'tɛt
Septime 'zɛptimə, zɛp'tiːmə
Septimer (Schw.) 'zɛptimər, -ɐ
Septimius sɛp'tiːmiʊs
septisch 'zɛptɪʃ
Septuagesimä zɛptua'geːzime
Septuaginta sɛptua'gɪnta
Sequenz ze'kvɛnts
Sequester ze'kvɛstər, -ɐ
sequestrieren zekvɛs'triːrən
Sequoie ze'kvoːi̯ə
Serail se'raj
Serajewo zera'jeːvo, (Jug.)
  Sarajevo
Seraph, pl. -phim 'zeːraf, -fiːm
seraphisch ze'raːfɪʃ
Serapion ze'raːpiɔn
Serapis ze'raːpɪs
Serbien 'zɛrbi̯ən
Serebrjakov (Tsch.) serebrja'kɔf
Serenade zere'naːdə
Serenissimus zere'nɪsimʊs
Serge (f.) sɛʁʒ(ə)
Sergeant sɛr'ʒant
Sergej (ru. Vn.) sjer'geːj
Sergejevič, fm. -vna (ru. Vat.)
  sjer'geːjevɪtʃ, -jevna
Sergius 'zɛrgiʊs
Serie 'zeːriə

seriös zeri'ø:s
Sermon zɛr'mo:n
serös ze'rø:s
Serov (ru.) se'ro:f
Serpentin zɛrpɛn'ti:n
Serpentine zɛrpɛn'ti:nə
Serrai (Gr.) 'sɛrɛ
Serré (Gra., Nap.) se'ʀe
Sertorius (alt.) sɛr'to:riʊs
Serubabel (bi., He., Her.)
    zeru'ba:bəl
Serum, pl. **-ra** 'ze:rʊm, -ra
Servatius zɛr'va:tsiʊs
Servaz (ö.) 'sɛrva:ts
(das) Service sɛr'vi:s
(der) Service 'zœ:rvɪs, (e.)
    'sə:vis
servieren zɛr'vi:rən
Serviette zɛrvi'ɛtə
servil zɛr'vi:l
Servilia (Moz., Titus) sɛr'vi:lia
Servitut zɛrvi'tu:t
Servius 'sɛrviʊs
Servus 'zɛrvʊs
Sesam 'ze:zam
Seschellen (Ind. Oz.) se'ʃɛlən
Sesin, -na (Sch., W.) ze'zi:n, -na
Sessel ¹'zɛsəl; ²'ʐɛsḷ
Sessellift ¹'zɛsəḷlɪft; ²'ʐɛsḷ-
Session ze'sïo:n
Sesterz zɛs'tɛrts
Seth (bi., e. Vn.) ze:t, (e.) sɛθ
Settecento zɛte'tʃɛnto
Setter (e.) 'sɛtər, -ʀ
Setúbal (Port.) sə'tuβal
setzen ¹'zɛtsən; ²'ʐɛtsṇ
Seuche 'zɔøçə
seufzen ¹'zɔøftsən; ²'ʐɔøftsṇ
Seufzer ¹'zɔøftsər; ²'ʐɔøftsɛʀ
Sevastopol' (Ru.) seva'stɔ:pɔfi
Ševčenko (Ukr.) ʃɛf'tʃɛnkɔ
Severjanin (ru.) seve'rja:ɲin
Sever (Bell., Norma) se'vɛ:r
Severin 'se:verin
Severing 'ze:vərm̩
Severjanin (ru.) seve'rja:ɲin
Severn (Fl.) 'sɛvə(:)n
Severolus (Pfi., Pal.) seve'ro:lʊs

Severus (lt.) se've:rʊs
Sévigné sevi'ɲe
Sevilla se'βifia
Sèvres 'sɛ:vʀ(ə)
Sewa (Sch., Tell) 'ze:va
Sex Appeal (e.) 'sɛks ə'pi:l
Sexta, -te 'zɛksta, -tə
Sextaner ¹zɛks'ta:nər; ²ʐɛks'ta:-
    nɛʀ
Sextant zɛks'tant
Sextett zɛks'tɛt
Sextole zɛks'to:lə
Sextus (ant.) 'sɛkstʊs
Sexagesimä zɛksa'ge:zimɛ
Sexual(system usw.**)** ze'ksüa:l-
sexuell ze'ksüɛl
Seychellen (Ind. Oz.) se'ʃɛlən
Seydlitz 'zaedlɪts
Seymour 'si:mɔ:
Seyton (Sh., Macb.) 'si:tən
Sezession zetse'sïo:n
sezieren ze'tsi:rən
Sezuan 'se:tʃuan, 'sitʃüan
Sforza 'sfɔrtsa
sforzando (it.) sfor'tsando
Sgraffito (it.) zgra'fi:to, -'fito
's-Gravenhage sxra:vən'ha:xə
Shackleton 'ʃækltən
Shadow (e., Strav.) 'ʃædou
Shaftesbury 'ʃa:ftsbəri
Shag (e.) ʃɛg
Skaker 'ʃe:kər, -əʀ
Shakespeare 'ʃeikspiə, -spi:r, -ʀ
Shallow (Sh.) 'ʃælou
shampooen ʃam'pu:ən
Shannon (Fl.) 'ʃænən
Share (e.) ʃɛ:r, ʃɛ:ʀ
Sharples (e.) ʃa:plz
Shaw ʃɔ:
Sheerness 'ʃiənɛs
Sheffield 'ʃefi:ld
Shell ʃɛl
Shelley 'ʃɛli
Sheridan 'ʃɛridn
Sheriff (e.) 'ʃɛrif
Sherlock 'ʃə:lɔk
Sherlock Holmes (e.) 'ʃə:lɔk
    houmz, (dt.) 'ʃe:lɔk 'hɔlms

Sherrington (e.) 'ʃɛriŋtən
Sherry 'ʃɛri
's-Hertogenbosch shɛrtoːxən-
  'bɔs
Shetlandinseln 'ʃɛtländ|mzəln
Shilling (e.) 'ʃiliŋ
Shimmy 'ʃimi
Shintoismus ʃmto'ısmus
Shkodër (Alb., Skutari)
  'ʃkodər, -ʁ
shocking (e.) 'ʃɔkiŋ
Shockley 'ʃɔkli
Shorts (e.) ʃɔːts; (dt.) ʃɔːrts
Short story 'ʃɔːt 'stɔːri
Show (e.) ʃoʊ
Shrewsbury (Sch., M. St.)
  'ʃruːzbəri
Shunderson (Goetz, Prät.)
  'ʃʌndəsn
Shuttlethwaite (e., Eliot)
  'ʃʌtlθweit
Shylock (Sh., Kaufm.) 'ʃaelɔk
Siam 'ziːam
Šiauliai (Lit.) 'ʃjauˇleˇ
Sibelius (fi.) 'sibeːlius
Sibilant zibi'lant
Sibirien zi'biːriən
Sibiu (Rum.) si'biuˇ
Sibod, -ot (Vn.) 'ziːbɔt
Sibylla, -lle zi'bʏla, -lə
sibyllinisch zibʏ'liːnɪʃ
sie! (lt.) ziːk
sieh ¹zɪç; ²ʑ-
Sichel ¹'zɪçəl; ²'ʑɪçl̩
Sichem (bi.) 'zɪçɛm
sicher ¹'zɪçər; ²'ʑɪçɛʁ
sichtbar ¹'zɪçtbaːr; ²'ʑɪçt-
  b̥aːʁ
sichtig, -ige ¹zɪçtɪç, -ɪgə;
  ²'ʑ-
sichtlich ¹'zɪçtlɪç; ²'ʑɪçd̥l-
Sicinius Velutus (Sh., Co.)
  si͜tsiːnius ve'luːtus
sickern ¹'zɪkərn; ²'ʑɪkɛʁn
Sid (Britten, Herring) sɪd
siderisch zi'deːrɪʃ
Sideroskop zidərə'skoːp
Sidney 'sidni

Sidon 'ziːdɔn
Sidonia, -nie zi'doːnia, -niə
Sidorewitsch (Suppé, Fat.)
  'sidərəvitʃ
sie ¹ziː; ²ʑ-
Sieb ¹ziːp; ²ʑ-
sieben ¹'ziːbən; ²'ʑiːbn̩
Siebenbürgen ziːbən'bʏrgən
Siebenschläfer ¹'ziːbənʃlɛːfər;
  ²'ʑiːbn̩ʃlɛːfɛʁ
siebente, siebte ¹'ziːbəntə,
  'ziːptə; ²ʑ-
sieb(en)zehn ¹'ziːptseːn, 'ziː-
  bəntseːn; ²'ʑiːbn̩-
sieb(en)zig ¹'ziːptsɪç, 'ziː-
  bəntsɪç; ²'ʑiːbn̩-
Siebs (N.) ziːps
siech ¹ziːç; ²ʑ-
siechen ¹'ziːçən; ²'ʑiːçn̩
Siècle 'sjɛkl
siedeln ¹'ziːdəln; ²'ʑiːdl̩n
sieden, sott, gesotten ¹'ziːdən,
  zɔt, gə'zɔtən; ²'ʑiːdn̩, -, ɡ̊ə-
  'ʑɔtn̩
Siedlce (Po.) 'çɛdltsɛ
Siedler ¹'ziːdlər; ²'ʑiːd̥lɛʁ
Sieg ¹ziːk; ²ʑ-
Siegbahn (Schw.) 'siːɡbaːn
Siegbert 'ziːkbɛrt
Siegel ¹'ziːgəl; ²'ʑiːgl̩
Siegellack ¹'ziːgəl̩lak; ²'ʑiːgl̩l-
Sieglinde ziːk'lmdə, (W. Ring)
siegreich ¹'ziːkraeç; ²'ʑiːkʁ-
sieh (siehe) ¹ziː, ziːə; ²ʑ-
Siel ¹ziːl; ²ʑ-
Siele ¹'ziːlə; ²'ʑ-
Siemens 'ziːməns
Siena si'ɛːna, 'si͜eː-
Sienese si͜e'neːzə
Sienkiewicz (po.) ɕɛn'kjevitʃ
Sierra Leone (Afr.) ˌsi͜ɛra le-'oːne
Sierra Morena ˌsi͜ɛra mo'rɛna
Sierra Nevada (Sp.) 'si͜ɛra
  ne'βaða
Sierre (Schwz.) sjɛːr, -ʁ
Siesta 'si͜ɛsta
Sievers 'ziːvərs, 'ziːfərs
siezen ¹'ziːtsən; ²'ʑiːtsn̩

Sigambrer ziˈgambrər, -ʁ
Sigard (I., Kronpr.) ˈsiːgard
Sigel, -gle ¹ˈziːgəl, -glə; ²ˈʐiːgl̩
Sightseeing (e.) ˈsaetsiːiŋ
Sigill, -llum ziˈgɪl, -lʊm
Sigismund ˈziːgɪsmʊnt
Sigma (gr. Buchst.) ˈzɪgma
Sigmaringen ˈziːkmarŋən
Signal ¹zɪgˈnaːl; ²ʐ-
Signalement signal(ə)ˈmã;
    (schwz.) -ˈmɛnt
signalisieren zɪgnaliˈziːrən
Signatarmächte zɪgnaˈtaːr-
    mɛçtə
Signatur zɪgnaˈtuːr, -ʁ
Signe (I., Solh.) ˈsɪgnə
Signet siˈɲɛ, zɪˈgnet
signieren zɪˈgniːrən
signifikant zɪgnifiˈkant
Signore, fm. -ra, pl. -ri, -re (it.)
    siˈɲoːre, -ra, -ri, -re
Signorelli siɲoˈrɛli
Signoria siɲoˈriːa
Signorina siɲoˈriːna
Sigrid ˈziːgrɪt
Sigrist ˈziːgrɪst, zɪˈgrɪst
Sigrun ˈziːgruːn
Sigtuna (Schw.) ˈsiktʉːna
Sigurd ˈziːgʊrt
Sikkativ zɪkaˈtiːf
Sikkim ˈsikim
Sikorski (po.) ɕiˈkɔrski
Sikuler ˈsiːkulər, -ʁ
Silbe ¹ˈzɪlbə; ²ʐ-
Silber ¹ˈzɪlbər; ²ʐˈzɪlbeʁ
Sild (dän.) sil
Silen ziˈleːn
Silentium ziˈlɛntsi̯ʊm
Silesius ziˈleːzi̯ʊs
Silhouette ziˈlŭɛtə
Silikat ziliˈkaːt
Silikose ziliˈkoːzə
Silistra (Bg.) siˈlistra
Silizium ziˈliːtsi̯ʊm
Silla (Pfi., Pal.) ˈsila
Sillanpää (fi.) ˈsilampæː
Silo ¹ˈziːlo; ²ʐ-
Siloa(ch) (bibl.) ziˈloa(x)

Silur ziˈluːr, -ʁ
Silva (G., Egm.) ˈzɪlva
Silvain (f.) silˈvɛ̃
Silvan, -nus zɪlˈvaːn, -nʊs
Silvester zɪlˈvɛstər, -ʁ
Silvretta zɪlˈvrɛta
Sima (jug. Vn.) ˈsiːma
Simei (bi.) ˈziːmei
Simeon (bi.) ˈziːmeɔn, (ru.)
    simeˈǀˈɔːn
Simeonov (ru.) simɛǀˈɔːnɔf
Simferopol' (Ru.) simfɛˈrɔːpofi
Similistein ˈziːmiliʃtaen
Simla (S.-As.) simˈlaː
Simon (dt.) ˈziːmɔn, (f.) siˈmɔ̃,
    (e.) ˈsaimən
Simone (it. Vn.) siˈmoːne
Simonides (alt., Sh., Per.)
    siˈmoːnides
Simonie zimoˈniː
Simpeox (Sh., H. VI) ˈsimpkɔks
simpel, Si- ˈzimpəl
Simpkins (Eliot) ˈsimpkinz
Simplex ˈzɪmplɛks
Simplizissimus zɪmpliˈtsɪsimʊs
Simplizität zɪmplitsiˈtɛːt
Simplon ˈzɪmplɔn, -loːn, (it.)
    Sempione semˈpi̯oːne
Simroek ˈzɪmrɔk
Sims ¹zɪms; ²ʐ-
Simson ˈzɪmzɔn
Simulant zimuˈlant
Simulation zimulaˈtsi̯oːn
simulieren zimuˈliːrən
Simultan(schule usw.)
    zimʊlˈtaːn-
Sinai ˈziːnai
Sinaia (Rum.) siˈnaja
Sinclair ˈsɪŋkleə
Sindbad ˈzɪntbaːt, (ar.) sɪndə-
    ˈbaːd
Sindolfo (Mill., Gasp.) sinˈdɔlfo
Sinekure zineˈkuːrə
Sinfonie ¹zɪnfoˈniː; ²ʐ-
Sinfoniker ¹zɪnˈfoːnikər;
    ²ʐɪnˈfoːnɪkeʁ
Singakademie ¹ˈzɪŋǀakademiː;
    ²ʐ-

Singapur ˈsiŋɡɑpuːr, -ʀ
singen, sang ¹ˈzɪŋən, zaŋ; ²ˈʒ-
Singhalesen zɪŋɡaˈleːzən
Singrün ˈzɪŋgryːn
Singsang ¹ˈzɪŋzaŋ; ²ˈʒɪŋʒ-
Singular, -ris ˈzɪŋgulaːr, - -ˈlaːr,
  -ʀ, -ˈlaːrɪs
singulär zɪŋguˈlɛːr, -ʀ
Sinigaglia (It.) seniˈgalia
sinken, sank, gesunken
  ¹ˈzɪŋkən, zaŋk, gəˈzʊŋkən;
  ²ˈʒɪŋkn̩, ʒ-, g̊əʒʊŋkn̩
Sinn ¹zɪn; ²ʒ-
Sinnbild ¹ˈzɪnbɪlt; ²ˈʒ-
sinnen, sann ¹ˈzɪnən, zan; ²ˈʒ-
Sinnfeiner ˈʃinfeinər
sinnieren ¹zɪˈniːrən; ²ʒ-
Sinod (ru.) ˈsinɔt
Sinodal (Rub., Dämon)
  sinoˈdaːl
Sinolog, -ge zinoˈloːk, -oːgə
Sinope siˈnoːpe
sintemal ¹zɪntəˈmaːl, ˈ- - -; ²ʒ-
Sinter ¹ˈzɪntər; ²ˈʒɪntɐʀ
Sintflut ¹ˈzɪntfluːt; ²ˈʒ-
Sintra (Port.) ˈsintra
Sinus ˈziːnʊs
Sion (Schwz.) sjõ, (dt.) Sitten
Sioux suː, pl. suːz, (dt.) ˈziːʊks
Siphon ˈziːfɔn, (ö.) siˈfoːn
Sippe ¹ˈzɪpə; ²ˈʒ-
Sir (e.) səː, (dt.) zœːr
Sira (I., Kronpr.) ˈsiːra
Sirach (bi.) ˈziːrax
Siracusa siraˈkuːza
Sire (f.) siːʀ
Sirene ¹ziˈreːnə; ²ʒ-
Siret (Fl., Rum.) siˈret
Siria ˈʃiria
Sirius ˈziːriʊs
Široké (Tsch.) ˈʃirɔkɛː
Sirup ¹ˈziːrʊp; ²ˈʒ-
Sirventes sɪrvɛnˈteːs
Sisak (Jug.) ˈsiːsak
Sisalhanf ˈziːzalhanf
Sisenna (alt.) ziˈzɛna
Šiškin (ru.) ˈʃiʃkɪn
Šiškov (ru.) ʃiʃˈkɔːf

sistieren zɪsˈtiːrən
Sisyphos ˈziːzyfɔs
Sittah (L., Nath.) ˈzɪta
Sitte ¹ˈzɪtə; ²ˈʒ-
sittsam ¹ˈzɪtzaːm; ²ˈʒɪtsaːm
Sittich ¹ˈzɪtɪç; ²ˈʒ-
Situation zituaˈtsĭoːn
situiert zituˈiːrt
Sitz ¹zɪts; ²ʒ-
sitzen, saß ¹ˈzɪtsən, zaːs;
  ²ˈʒɪtsn̩
Siut (Äg.) siˈuːt
Šiva ˈɕiva
Siward (Sh., Macb.) ˈsju(ː)əd
Sixtina sɪksˈtiːna
sixtinisch sɪksˈtiːnɪʃ
Sixtus ˈzɪkstʊs
Sizilien ziˈtsiːliən
Skaal skoːl
Skabies ˈskaːbiɛs
Skabiose skabiˈoːzə
Skagerrak ˈskaːgərak
Skaktavl (I., Östr.) ˈskaktavl
Skala ˈskaːla
Skalde ˈskaldə
Skalp skalp
Skalpell skalˈpɛl
skalpieren skalˈpiːrən
Skamandros (gr.) ˈskamandrɔs
Skandal skanˈdaːl
skandalös skandaˈløːs
skandieren skanˈdiːrən
Skandinavien skandiˈnaːviən
Skandium ˈskandiʊm
Skåne (Schw.) ˈskoːnə (Schonen)
Skapulier skapuˈliːr, -ʀ
Skarabäus skaraˈbɛːʊs
Skat skaːt
Skeleton ˈskɛlətən
Skelett skeˈlɛt
Skepsis ˈskɛpsɪs
Skeptiker ¹ˈskɛptikər; ²-ɐʀ
skeptisch ˈskɛptɪʃ
Sketch (e.) skɛtʃ
Ski, pl. Skier ʃiː, ˈʃiːər, -ʀ
Skiff skɪf
Skikjöring ˈʃiːjøːrɪŋ
Skiold (Gra., Gothl.) skiˈɔlt

Skipps (e.) skips
Skirina (Sch., Tur.) 'skiːrina
Skizze 'skɪtsə
Sklave ¹'sklaːvə; ²-fə
Sklerose skle'roːzə
Skobelev (ru.) 'skɔːbefiɛf
Skodawerke 'skoːda-; (tsch.) 'ʃkɔda-
Skolion, pl. -lien 'skoliɔn, -liən
Skolopender skolo'pɛndər, -ɛʁ
skontieren skɔn'tiːrən
Skonto 'skɔnto
skontrieren skɔn'triːrən
Skooter 'skuːtər, -ʁ
Skop skɔp
Skoplje (Jug.) 'skɔpjɛ
Skopze 'skɔptsə
Skorbut skɔr'buːt
Skorpion skɔrpi'oːn
Skotom sko'toːm
Skribent skri'bɛnt
Skriptum, pl. -ta, -ten 'skrɪptʊm, -ta, -tən
Skripturen skrɪp'tuːrən
Skrjabin (ru.) 'skrjaːbin
Skrofel 'skroːfəl
skrofulös skrofu'løːs
Skrofulose skrofu'loːzə
Skrupel ¹'skruːpəl; ²'skʁuːpļ
skrupulös skrupu'løːs
Skuld (germ., myth.) skʊlt
Skule (I., Kronpr.) 'skuːlə
Skull (e.) skal
Skulptur skʊlp'tuːr, -ʁ
Skunks skʊŋks
Skupština (Jug.) 'skupʃtina
skurril skʊ'riːl
Sküs skyːs
Skutari 'skuːtari (Türk. İskodra Alb. Shkodër)
Skvoznik-Dmuchanovskij (ru., Gog.) skvaz'ɲik dmuxa'nɔfski
Skylla 'skʏla
Skythe 'skyːtə
Slalom 'slaːlɔm
Slam (e.) slæm
Slang (e.) slæŋ
Slanský 'slanski:

Slaven 'slaːvən
Slavophile slavo'fiːlə
Slawa (Gri., Lib.) 'slaːva
Slawonien sla'voːniən
Slevogt 'sleːfoːkt
Slezak (ö.) 'slɛzak
Slick (Sartre) slɪk
Slipper ¹'slɪpər; ²-ɛʁ
Sliven (Bg.) 'slivɛn
Sliwowitz 'sliːvovɪts
Slogan (e.) 'slougən
Slovene slo'veːnə
Słowacki (po.) sŭɔ'vatski
Slowake slo'vaːkə
Slowakei slova'kae
Slowfox (e.) 'sloufɔks
Słuck (Po.) słutsk
Slum slam
Sly (Sh., Wid., Wolf-F.) slae
Småland (Schw.) 'smoːland
Smaragd sma'rakt
smart (e.) smaːrt, (dt.) sma(ː)rt
Smederevo (Jug.) 'smɛdɛrɛvɔ
Šmeljov (ru.) ʃme'fioːf
Smetana (č.) 'smɛtana
Smichov (Prag) 'smiːxɔf, (tsch.) 'smiːçɔf
Smirnov (ru.) smir'nɔːf
Smith smiθ
Smog (e.) smɔg, (dt.) s. Schmok
Smoking 'smoːkɪŋ
Smolensk sma'fiɛnsk
Smollet 'smɔlit
Smuts (e.) smʌts
Smyrna 'smʏrna
Snackbar (e.) 'snækbaː, (dt.) 'snɛkbaːr
Snob (e.) snɔb, (dt.) snɔp
Snobismus sno'bɪsmʊs
Snowdon (Berg, Wal.) 'snoudn
Snyders 'snɛïdərs
so ¹zoː; ²ʐ-
Soames (e.) soumz
sobald ¹zo'balt; ²ʐ-
Sobeide (Weber, Hofm.) zobe'iːdə, -'beïdə
Sobieski (po.) sɔ'bjeski

Sobinin (Glinka, Leben)
  'soːbiɲin
Sobolev (ru.) 'soːbofiɛf
Soči (Ru.) 'soːtʃi
Société sɔsje'te
Socke ¹'zɔkə; ²'ʐ-
Sockel ¹'zɔkəl; ²'ʐɔkļ
Soda ¹'zoːda; ²'ʐ-
sodann ¹zo'dan; ²'ʐ-
Sodbrennen ¹'zoːtbrɛnən;
  ²'ʐoːtbʁ-
Soddy (e.) 'sɔdi
Söderblom (schw.) 'søːdərblʊm
Södermanland (Schw.) 'søːdər-
  manland
Sodom (bi.) 'zoːdɔm
Sodoma (it.) 'soːdoma
Sodomit zodo'miːt
soeben ¹zo|'eːbən; ²ʐo|'eːbņ
Soëmus (He., Her.) zo|'eːmʊs
Soest (Stadt, G., Egm.) zoːst
Sofa ¹'zoːfa; ²'ʐ-
Sofala (E.) sou'faːlə
Sofija (Bg.) 'sɔfija
Sofitte zɔ'fɪtə
Sof'ja (ru. Vn.) 'soːfja
sofort ¹zo'fɔrt; ²ʐo'fɔʁt
Sofronickij (ru.) sɔfra'ɲɪːtskij
Sofronov (ru.) sa'froːnɔf
Sog ¹zoːk; ²'ʐ-
sogleich ¹zo'glaeç; ²ʐo'ĝlaeç
Sognefjord 'sɔɲnəfjoːrt, (no.)
  -fjuːr
Sohle ¹'zoːlə; ²'ʐ-
Sohn, pl. Söhne ¹zoːn, 'zøːnə; ²'ʐ-
Soho (E., Brecht) soŭ'hoŭ
soigniert swa'ɲiːrt
Soissons swa'sõ
Soiree swa'ʁe
Soja(bohne usw.) 'zoːja(boːnə)
Sokol 'sɔkɔl
Sokolowitsch (Kö., Zr.)
  sɔ'kɔlovɪtɕ
Sokotra (Insel) so'koːtra
Sokrates 'zoːkratɛs
sokratisch zo'kraːtiʃ
Solanin zola'niːn
Solanio (Sh., Kaufm.) so'laːnio

Solanum (bot.) so'laːnʊm
Solar(jahr usw.) zo'laːr-, -ʁ
Solawechsel ¹'zoːlavɛksəl; ²-ksļ
Solbist (L.) zɔl'bɪst
solch ¹zɔlç; ²ʐ-
Sold ¹zɔlt; ²ʐ-
Soldat ¹zɔl'daːt; ²ʐ-
Soldateska zɔlda'tɛska
Soldin zɔl'diːn
Söldling ¹'zœltlɪŋ; ²'ʐœldļ-
Söldner ¹'zœltnər; ²'ʐœltnɛʁ
Soldo (it.) 'sɔldo
Sole ¹'zoːlə; ²'ʐ-
Solei ¹'zoːl|ae; ²'ʐ-
solenn zo'lɛn
Solfatara (it.) sɔlfa'taːra
Solfeggio (it.) sɔl'fedʒo
Solferino sɔlfe'riːno
Solhaug (I.) 'soːlhaog
solid, -de zo'liːt, -'liːdə
solidarisch zoli'daːrɪʃ
Soliman 'zoːliman
Solimena sɔ'liːməna
Solinus (alt.) so'liːnʊs
Solipsismus zoːlɪ'psɪsmʊs
Solist zo'lɪst
Solitär zoli'tɛːr, -ʁ
Solitude sɔli'tyːd(ə)
Solius (Sh., Ant.) 'soːliʊs
soll, Soll ¹zɔl; ²'ʐ-
Söller ¹'zœlər; ²'ʐœlɛʁ
Solmisation zɔlmiza'tsio̯n
Solneß (I.) 'soːlnɛs
solo, Solo, pl. -li 'zoːlo, -li
Šolochov (ru.) 'ʃɔɫɔxɔf
Sol(l)ogub (ru.) sɔɫa'guːp
Solon 'zoːlɔn
solonisch zo'loːnɪʃ
Solothurn (Schwz.) 'zoːlotʊrn,
  's-
Solovjov (ru.) sɔɫav'joːf
Solözismus zolø'tsɪsmʊs
Solstitium zɔl'stiːtĭʊm
Solti 'ʃɔlti
Solutréen solytʁe'ɛ̃
Solvejg (I., P. G.) 'soːlveĭg,
  (no.) 'suːlvæi
solvent zɔl'vɛnt

Somali zo'ma:li
somatisch zo'ma:tɪʃ
Sombor (Jug.) 'sombor, -ʁ
Sombrero zom'bre:ro
Somerset (e., Sh., H. VI)
  'sʌmǝsit, 'somǝrset
Somerville (e., Sh., H. VI)
  'sʌmǝvil
somit ¹zo'mɪt, '- -; ²ʐ-
Somme (Fl.) som
Sommer ¹ ¹zomǝr; ² ¹ʐomɛʁ
Sömmerda 'zœmǝrda
Sommerung ¹ ¹zomǝrʊŋ;
  ² ¹ʐomɛʁ-
Somnambule zomnam'bu:lǝ
Sonant zo'nant
Sonate zo'na:tǝ
Sonatine zona'ti:nǝ
Sonde 'zondǝ
Sonderausgabe ¹ ¹zondǝr|aos-
  ga:bǝ; ² ¹ʐondɛʁ|aosǧ-
Sønderborg (dän.) 'sønǝrbor
sondergleichen ¹zondǝr'glaeçǝn;
  ²ʐondɛʁ'ǧlaeçn̩
sondern ¹ ¹zondǝrn; ² ¹ʐondɛʁn
sondieren zon'di:rǝn
Sondrio (It.) 'sondrio
Sonett zo'nɛt
Song (e.) soŋ
Sonja (ru. Vn.) 'sonja
Sonnabend ¹ ¹zon|a:bǝnt; ² ¹ʐ-
Sonne ¹ ¹zonǝ; ² ¹ʐ-
sonnen ¹ ¹zonǝn; ² ¹ʐ-
sonnig, -ige ¹ ¹zonɪç, -ɪgǝ; ² ¹ʐ-
Sonnino so'ni:no
Sonntag ¹ ¹zonta:k; ² ¹ʐ-
sonntäglich ¹ ¹zontɛ:klɪç; ² ¹ʐon-
  tɛ:ǧl-
sonor zo'no:r, -ʁ
sonst ¹zonst; ²ʐ-
sooft ¹zo:|'oft; ²ʐ-
Sophie, gen. -phiens zo'fi:,
  -'fi:ǝns
Sophisma, -mus zo'fɪsma, -mʊs
Sophist zo'fɪst
sophokleïsch zofo'kle:-ɪʃ
Sophokles 'zo:fokles
Sophonisbe (alt.) zofo'nɪsbe

Sophrosyne zofro'zy:ne
Sophulis (gr.) so'fulis
Sopran zo'pra:n
Sopron (Ung.) 'ʃopron
  (Ödenburg)
Sora (Mill., Gasp.) 'so:ra
Soraja sora'ja:, zo'ra:ja
Sorben 'zorbǝn
Sorbonne soʁ'bon
Sörby (I., Wildente) 'sœ:rby:
Sordina, -no (it.), -ne sor'di:na,
  -no, -nǝ
Sorek (bi.) 'zo:rɛk
Sorel (f., Sch., Ju. usw.) so'ʁɛl
Sören (dä.) 'sø:rǝn
Sorge ¹ ¹zorgǝ; ² ¹ʐoʁgǝ
sorgfältig, -ige ¹ ¹zorkfɛltɪç, -ɪge;
  ² ¹ʐoʁk-
sorglos ¹ ¹zorklo:s; ² ¹ʐoʁǧlo:s
sorgsam ¹ ¹zorkza:m; ² ¹ʐoʁksa:m
Soria (Sp.) 'sorïa
Sorrent zo'rɛnt, (it.) so'rɛnto
Sorte ¹ ¹zortǝ; ² ¹ʐoʁtǝ
Sortiment zorti'mɛnt
Sosias (Kl., Amph.) zo'zi:as
Sosnowiec (Po.) sos'novjɛts
soso ¹zo'zo:; ²ʐo'ʐo:
Soße ¹ ¹zo:sǝ; ² ¹ʐ-
Šostakovič (ru.) ʃosta'ko:vitʃ
sostenuto (it.) soste'nu:to
sotan zo'ta:n
Soter (gr.) zo:'te:r, -ʁ
Sotnie 'sotnïǝ
Sottise so'ti:zǝ
Sou (f.) su
Soubise su'bi:z
Soubrette su'bʁɛtǝ
Sou-Chong (Lehár, Land)
  'su:ʃoŋ
Soucy (f.) su'si
Soufflé su'fle
Souffleur, -fleuse su'flœ:ʁ,
  -'flø:zǝ
soufflieren su'fli:rǝn
soundso ¹ ¹zo:|ʊntzo:; ² ¹ʐo:|-
  ʊntso:
Soupçon (f.) su'psõ
Souper su'pe, zu'pe:

soupieren suˈpiːrən, zu-
Soutaehe suˈtaʃ(ə)
Soutane suˈtaːnə
Souterrain sutɛˈʀɛ̃
Southampton saŭθˈæmptən
Southend saŭθˈɛnd
Southey (e.) ˈsaŭðɪ, ˈsʌðɪ
South-Shields ˈsɑuθ ˈʃiːldz
Souvenir suv(ə)ˈniːʀ
Souverän suvəˈʀɛːn
Souveränität suvəʀɛniˈtɛːt
Sova (tsch.) ˈsɔva
Sovereign (e.) ˈsɔvrɪn
soviel ¹zoˈfiːl; ²ʐ-
soweit ¹zoˈvaet; ²ʐ-
sowieso ¹zoviːˈzoː; ²ʐoviˈʐoː
Sowjet sɔvˈjɛt
Sowjetunion səˈvjɛt|uni₁oːn
Sowehose sɔfˈxoːzə
Soxhlet ˈzɔkslɛt
sozial zoˈtsi̯aːl
Sozialdemokrat zoˈtsi̯aːldemo-
  kraːt
Sozialist zotsi̯aˈlɪst
Sozietät zotsi̯eˈtɛːt
Soziologe zotsi̯oˈloːgə
Soziologie zotsi̯oloˈgiː
Sozius ˈzoːtsi̯ʊs
sozusagen ¹zoːtsuˈzaːgən;
  ²ʐotsuˈʐaːgn̩
Spa spa
Spaak (be.) spaːk
Spachtel ¹ˈʃpaxtəl; ²-tl̩
Spadille spaˈdɪfi̯ə
Spagat ʃpaˈgaːt
Spaghetti ʃpaˈgɛti, (it.) sp-
spähen ˈʃpɛːən
Spahi, pl. -is ˈspaːhi, -is
Spalato ˈspaːlato, (jug.) Split
Spalett (ö.) ʃpaˈlɛt, sp-
Spallanzani (O., H. E.)
  spalanˈtsaːni
Spalier ʃpaˈliːr, -ʀ
Spalt ʃpalt
spaltbar ¹ˈʃpaltbaːr; ²-tba̯ːʀ
spalten ¹ˈʃpaltən; ²-tn̩
Span ʃpaːn
Spandau ˈʃpandao

Spanferkel ¹ˈʃpaːnfɛrkəl; ²-fɛʀkl̩
Spange ˈʃpaŋə
Spaniel ˈʃpaːni̯ɛl, (e.) ˈspɛnjəl
Spanien ˈʃpaːni̯ən
Spann ˈʃpan
spannen ˈʃpanən
Spant ˈʃpant
Sparafueile (Verdi, Rig.)
  sparafuˈtʃiːle
sparen ˈʃpaːrən
Spargel ¹ˈʃpargəl; ²-ʀgl̩
spärlieh ¹ˈʃpɛːrlɪç; ²ˈʃpɛːʀlɪç
Sparren ˈʃparən
sparsam ¹ˈʃpaːrzaːm; ²-ʀʐaːm
Sparta ˈʃparta, ˈsp-
Spartaeus ˈspartakʊs
Spartaner ʃparˈtaːnər, -ɛʀ
Sparte ¹ˈʃpartə; ²-ʀtə, sp-
Spartiaten spartiˈaːtən
Spasmen ˈspasmən
spasmodiseh spasˈmoːdɪʃ
Spaß, pl. Späße ʃpaːs, ˈʃpɛːsə
spaßig, -ige ˈʃpaːsɪç, -ɪgə
Spat ʃpaːt
spät ʃpɛːt
Spatel ¹ˈʃpaːtəl; ²-tl̩
Spaten ¹ˈʃpaːtən; ²-tn̩
Spatium ˈspaːtsi̯ʊm
Spätlese ¹ˈʃpɛːtleːzə; ²-ʐə
Spatz ʃpats
spazieren ʃpaˈtsiːrən
Speaker ˈspiːkər, -ɛʀ
Specht ʃpeçt
Speek ʃpɛk
Speekkuchen ¹ˈʃpɛkkuːxən; ²-xn̩
Speekstein ˈʃpɛkʃtaen
spedieren ʃpeˈdiːrən
Spediteur ʃpediˈtøːr, -ʀ
Spedition ʃpediˈtsi̯oːn
Speech (e.) spiːtʃ
Speed (Sh., Ver.) spiːd
Speer ¹ʃpeːr; ²-ʀ
Speiche ˈʃpaeçə
Speichel ¹ˈʃpaeçəl; ²-çl̩
Speicher ¹ˈʃpaeçər; ²-çɛʀ
speien, spie, gespieen ¹ˈʃpaeən,
  ʃpiː, gəˈʃpiːən; ²-, -, g̊eˈʃpiːn
Speil ʃpael

Speise ¹'ʃpaezə; ²-ʐə
Speiseöl ¹'ʃpaezə|øːl; ²-ʐ-
Špekin (ru., Gog.) 'ʃpekin
Spektabilität spektabiliˈtɛːt
Spektakel (Schauspiel) spɛk-
  'taːkəl
Spektakel (Lärm) ʃpɛkˈtaːkəl
Spektralanalyse spɛkˈtraːl-
  |anaˌlyːzə
Spektroskop spɛktroˈskoːp
Spektrum 'spɛktrʊm
Spekulant ʃpekuˈlant
Spekulatius ʃpekuˈlaːtsĭʊs
spekulativ ʃpekulaˈtiːf
spekulieren ʃpekuˈliːrən
Spekulum 'speːkulʊm
Spelt ʃpɛlt
Spelunke ʃpeˈlʊŋkə
Spelz, -ze ʃpɛlts, -tsə
Spencer 'spɛnsə
spendabel ʃpɛnˈdaːbəl
Spende 'ʃpɛndə
spenden ¹'ʃpɛndən; ²-dn̩
spendieren ʃpɛnˈdiːrən
Spener 'ʃpeːnər, -ɛʁ
Spengler ¹'ʃpɛŋlər; ²-ɛʁ
Spenser 'spɛnsə
Spenzer ¹'ʃpɛntzər; ²-ɛʁ
Spera (N., Björnson) 'speːra
Sperber ¹'ʃpɛrbər; ²-ʁbɛʁ
Sperenzien ʃpeˈrɛntsĭən
Sperling 'ʃpɛrlɪŋ
Sperma 'spɛrma
Spermatozoen spɛrmatoˈtsoː-ən
sperrangelweit ¹ʃpɛr|aŋəlˈvaet,
  '----; ²ʃpɛʁ|aŋ]-
sperren 'ʃpɛrən
Sperriegel ¹'ʃpɛrri:gəl; ²-g]
Spesen ¹'ʃpeːzən; ²-ʐn̩
Spessart 'ʃpesart
Spey (Fl., Scho.) spei
Speyer 'ʃpaeər, -ɛʁ
Spezerei ʃpetsəˈrae
Spezia 'spɛtsĭa
Spezial (arzt usw.) ʃpeˈtsĭaːl-
spezialisieren ʃpetsĭaliˈziːrən,
  spe-
Spezialist ʃpetsĭaˈlɪst

speziell ʃpeˈtsĭel
Spezifikum ʃpeˈtsiːfikʊm, spe-,
  (ö.) -ˈtsifi-
Spezimen, pl. -mina 'spetsimɛn,
  speˈtsiːmina
Spezies 'ʃpeːtsĭes, 'spe:-
spezifizieren ʃpetsifiˈtsiːrən, spe-
Sphäre 'sfɛːrə
Sphinkter 'sfɪŋktər, -ɛʁ
Sphinx sfɪŋks
Sphragistik sfraˈgɪstɪk
Spica (Stern) 'spiːka
Spichern 'ʃpɪçərn
Spiekaal 'ʃpɪk|aːl
spieken ¹'ʃpɪkən; ²-kn̩
Spiekgans ¹'ʃpɪkg̑ans; ²-kg̑-
Spiegel ¹'ʃpiːgəl; ²-g]
Spiegelei ¹'ʃpiːgəl|ae; ²-g]|-
Spiekeroog 'ʃpiːkər|oːk
Spiel ʃpiːl
spielen ¹'ʃpiːlən; ²-ln̩
Spier, -re ¹ʃpiːr, -rə; ²-ʁ
Spieß ʃpiːs
Spießer ¹'ʃpiːsər; ²-ɛʁ
Spiez (Schw.) ʃpiːts, 'ʃpiːɛts
Spill ʃpɪl
spill(e)rig, -ige 'ʃpɪl(ə)rɪç, -ɪgə
spinal ʃpiˈnaːl, sp-
Spinat ʃpiˈnaːt
Spind ʃpɪnt
Spindel ¹'ʃpɪndəl; ²-d]
Spindler 'ʃpɪndlər, -ɛʁ
Spinell ʃpiˈnɛl
Spinelloccio (Pu., Schicchi)
  spinɛˈlɔtʃo
Spinett ʃpiˈnɛt
Spinnaker ¹'spɪnakər; ²-ɛʁ
Spinne 'ʃpɪnə
spinnen, spann, gesponnen
  ¹'ʃpɪnən, ʃpan, gəˈʃpɔnən;
  ²g̑e-
spinös ʃpiˈnøːs
Spinoza spiˈnoːza
spintisieren ʃpɪntiˈziːrən
Spion ʃpiˈoːn
Spionage ʃpioˈnaːʒə
spionieren ʃpioˈniːrən
Spiräa, -e spiˈrɛːa, -ɛːə

Spirale ʃpiˈraːlə
Spirallinie ʃpɪˈraʎiːniə
Spirant spiˈrant
Spiritismus spiriˈtɪsmʊs
Spiritual spɪrɪtuˈaːl, ʃp-, (Lied)
  ˈspiritjŭəl
Spiritualismus spirituaˈlɪsmʊs
spirituell spirituˈɛl, ʃp-
Spirituosen spirituˈoːzən, ʃp-
Spiritus (Weingeist) ˈspiːritus
Spiritus (asper usw.) ˈspiːritus
  (aspər)
Spirochäten spiroˈçɛːtən
Spital ʃpiˈtaːl
Spithead ˈspɪthɛd
Spittal (Ö., Drau) ʃpɪˈtaːl
Spittel [1]ˈʃpɪtəl; [2]-tl̩
Spitz, spitz ʃpɪts
Spitzbergen ˈʃpɪtsbɛrgən
spitzen [1]ˈʃpɪtsən; [2]-tsn̩
Spleen (e.) spliːn
spleißen [1]ˈʃplaesən; [2]-sn̩
splendid splɛnˈdiːt, (e.) ˈsplɛndid
Splint ʃplɪnt
Split (Jug.) split
Splitter [1]ˈʃplɪtər; [2]-ɛʀ
Splitting ˈsplɪtɪŋ
Spohr ʃpoːr, -ʀ
Spokane (N.-A.) spoˈkæn
Spoleto spoˈleːto
Spoletta (Pu., Tosca) spoˈleta
Spolien ˈspoːliən
spondeisch spɔnˈdeːɪʃ
Spondeus spɔnˈdeːʊs
Spongie ˈspɔŋgiə
Sponsalien spɔnˈzaːliən
spontan spɔnˈtaːn, ʃp-
Spontaneität spɔntaneˈiˈteːt,
  ʃp-
Spontini (it.) spɔnˈtiːni
Sporaden (Inseln) spoˈraːdən
sporadisch sporaˈdɪʃ, ʃpo-
Spore ˈʃpoːrə
Sporn, pl. -ren [1]ʃpɔrn, -rən;
  [2]-ʀn, -ʀən
spornstreichs [1]ˈʃpɔrnʃtraeçs;
  [2]ˈʃpɔʀnʃtʀ-
Sport [1]ʃpɔrt; [2]-ʀt

Sportarzt [1]ˈʃpɔrt|aːrtst; [2]-ʀt-
  |aːʀtst
Sportel [1]ˈʃpɔrtəl; [2]-ʀtl̩
Sportfeld [1]ˈʃpɔrtfɛlt; [2]-ʀt-
sportlich [1]ˈʃpɔrtlɪç; [2]-ʀdl-
Spott ʃpɔt
Spottbild [1]ˈʃpɔtbɪlt; [2]-tb̥-
Spottdrossel [1]ˈʃpɔtdrɔsəl;
  [2]-d̥ʀɔsl̩
Spötter [1]ˈʃpœtər; [2]-ɛʀ
Sprache [1]ˈʃpraːxə; [2]ˈʃpʀ-
Spray spreː, ʃp-, (e.) sprei
sprechen, sprach, gesprochen
  [1]ˈʃprɛçən, ʃpraːx, gəˈʃproxən;
  [2]ˈʃpʀɛçn̩, -, g̊əˈʃpʀoxn̩
Sprecherziehung [1]ˈʃprɛç|ɛrtsiːʊŋ;
  [2]ˈʃpʀɛç|ɛʀts-
Spree ʃpreː
spreiten [1]ˈʃpraetən; [2]ˈʃpʀaetn̩
spreizen [1]ˈʃpraetsən; [2]ˈʃpʀaetsn̩
Sprengel [1]ˈʃprɛŋəl; [2]ˈʃpʀɛŋl̩
sprengen [1]ˈʃprɛŋən; [2]ˈʃpʀ-
Sprenkel [1]ˈʃprɛŋkəl; [2]ˈʃpʀɛŋkl̩
Spreu [1]ˈʃprɔø; [2]ˈʃpʀ-
Sprichwort [1]ˈʃprɪçvɔrt; [2]ˈʃpʀɪç-
  vɔʀt
sprießen, sproß, gesprossen
  [1]ˈʃpriːsən, ʃpros, gəˈʃprosən;
  [2]ˈʃpʀiːsn̩, -, g̊əˈʃpʀosn̩
springen, sprang, gesprungen
  [1]ˈʃprɪŋən, ʃpraŋ, gəˈʃprʊŋən;
  [2]ˈʃpʀ-, -, g̊ə-
Springfield ˈsprɪŋfiːld
Springinsfeld [1]ˈʃprɪŋ|ɪnsfɛlt;
  [2]ˈʃpʀ-
Sprinter [1]ˈʃprɪntər; [2]ˈʃpʀɪntɛʀ,
  (e.) sprɪntər, -ɛʀ
Sprit [1]ʃprɪt; [2]ʃpʀ-, sp-
Spritze [1]ˈʃprɪtsə; [2]ˈʃpʀ-
spritzen [1]ˈʃprɪtsən; [2]ˈʃpʀɪtsn̩
spritzig, -ige [1]ˈʃprɪtsɪç, -ɪgə;
  [2]ˈʃpʀ-
spröde [1]ˈʃprøːdə; [2]ˈʃpʀ-
Sproß [1]ʃpros; [2]ʃpʀ-
Sprößling [1]ˈʃprœslɪŋ; [2]ˈʃpʀ-
Sprotte [1]ˈʃprotə; [2]ˈʃpʀ-
Spruch, pl. Sprüche [1]ʃprux,
  ˈʃpryçə; [2]ˈʃpʀ-

Sprudel ¹'ʃpruːdəl; ²'ʃpʁuːdl̩
sprudeln ¹'ʃpruːdəln; ²'ʃpʁuːdl̩n
sprühen ¹'ʃpryːən; ²'ʃʁ-
Sprung ¹'ʃprʊŋ; ²'ʃpʁ-
spucken ¹'ʃpʊkən; ²-kn̩
Spuk 'ʃpuːk
Spukgeschichte ¹'ʃpuːkɡəʃɪçtə;
  ²-kɡ̊e-
Spule 'ʃpuːlə
spülen ¹'ʃpyːlən; ²-ln̩
Spumante spuˈmantə
Spund ʃpʊnt
Spundloch ¹'ʃpʊntlɔx; ²-dl̩-
Spur ¹ʃpuːr; ²-ʁ
spüren 'ʃpyːrən
Spurius 'spuːriʊs
Spürnase ¹'ʃpyːrnɑːzə; ²-ʁnɑːzə
Spurt ¹ʃpʊrt; ²-ʁt, (e.) spəːt
sputen ¹'ʃpuːtən; ²-tn̩
Sputnik 'spʊtnɪk, 'ʃp-
Sputum 'spuːtʊm
Spyri 'spiːri
Square (e.) skwɛːr, -ʁ
Squatter (e.) 'skwɔtər, -ɛʁ
Squaw skvɔː
Squeak (Britten) skwiːk
Squire (e.) 'skwaeə
Squirrel (Penzoldt) 'skwɪrəl
Srbik (ö.) 'sr̩bik
Sremski Karlovci (Jug.)
  'srɛːmski: 'kɑːrlɔvtsi, (dt.)
  Karlowitz
Srinagar (S.-As.) sriːˈnagɑr,
  -ʁ
Staat ʃtɑːt
Staatsanwalt (schaft) 'ʃtɑːts-
  |anvalt(ʃaft)
Staatsgrundgesetz ¹ʃtɑːts'grʊnt-
  gəzɛts; ²-ɡ̊ʁʊntɡ̊eẓ-
Stab ʃtɑːp
stabat mater (lt.) ˌstɑːbat 'mɑː-
  tər, -ɛʁ
stabil ʃtaˈbiːl, sta-
staccato (it.) staˈkɑːto
Stachanov staˈxɑːnɔf
Stachel ¹'ʃtaxəl; ²-xl̩
stachlig, -ige 'ʃtaxlɪç, -ɪɡə
Stade 'ʃtɑːdə

Stadion (Sportplatz) 'ʃtɑːdiɔn,
  (Maß) 'st-
Stadium 'ʃtɑːdiʊm, 'sta-
Städte 'ʃtɛːtə, (Schwz., Ö. auch)
  'ʃtɛ-
städtisch 'ʃtɛːtɪʃ, (Ö.) 'ʃtɛ-
Stadtjugendamt ¹ʃtatˈjuːgənt-
  |amt; ²-juːgn̩t-
Stadtkern ¹'ʃtatkɛrn; ²-ɛʁn
Stadtsparkasse ¹'ʃtatʃpɑːrkasə;
  ²-ʁk-
Staël stɑːl
Stafette ʃtaˈfɛtə
Staffage ʃtaˈfɑːʒə
Staffel ¹'ʃtafəl; ²-fl̩
Staffelei ʃtafəˈlae
Staffellauf ¹'ʃtafəllaof; ²-fl̩l-
Stafford (E., Sh., H. VI) 'stæfəd,
  -fərd
Stag ʃtɑːk
Stagirit stagiˈriːt
Stagnation stagnaˈtsïoːn
stagnieren staˈgniːrən
Stahl ʃtɑːl
stählen ¹'ʃtɛːlən; ²-ln̩
staken ¹'ʃtɑːkən; ²-kn̩
Staket ʃtaˈkɛt, -'keːt
Stalagmit stalagˈmɪt
Stalaktit stalakˈtɪt
Staleno (L., Schatz) staˈleːno
Stalin (ru.) 'stɑːfiin, (dt.) -lin
Staline, -no (Ukr.) 'stɑːfiinɛ,
  -nɔ
Stalingrad (Ru.) stafiinˈgrɑːt
Stalinsk (N.-As.) 'stɑːfiinsk
Stall ʃtal
Stallupönen 'ʃtalupøːnən, (dt.)
  Ebenrode
Stambul 'stambʊl
Stamm ʃtam
Stammaktie 'ʃtam|aktsïə
stammeln 'ʃtaməln
stampfen ¹'ʃtampfən; ²'ʃtampfn̩
Stampiglie (ö.) ʃtamˈpɪljə
Stand ʃtant
Standard ¹ʃtandart; ²-ʁt, (ö.)
  st-, (e.) 'stændəd
Standarte ʃtanˈdartə

Standbild ¹'ʃtantbɪlt; ²-tb̥-
Stanford 'stænfəd
Stange 'ʃtaŋə
Stanislaus (Vn.) 'stanɪslaŭs, 'ʃt-
Stanisław (po.) sta'nisŭaf
Stanislavskij (ru.) staɲi'sła:fski
Stank 'ʃtaŋk
Stanley 'stænlɪ
Stanleyville (Afr.) 'stænlɪvɪl
Stanniol ʃtani'o:l, sta-
Stanov (ru.) 'sta:nɔf
Stanovoj-Gebirge (N.-As.)
    stanɔ'vɔj-
stante pede (lt.) ˌstantə 'pe:de
Stanze 'ʃtantsə
stanzen ¹'ʃtantsən; ²-tsn̩
Stapel ¹'ʃta:pəl; ²-pl̩
Stapellauf ¹'ʃta:pəll̩aof; ²-pl̩_l-
stapfen ¹'ʃtapfən; ²'ʃtapfn̩
Staphylokokken stafylo'kɔkən
Star (dt. 1. Vogel, 2. Augen-
    krankheit) ¹ʃta:r; ²-ʁ
Star (Stern, Berühmtheit) sta:r,
    ¹ʃta:r; ²-ʁ
Staralüren 'sta:r|aly:rən
Stara Zagora (Bg.) 'stara za-
    'gɔra
starblind ¹'ʃta:rblɪnt; ²-ʁb-
Stargard 'ʃta:rgart
Starhemberg 'ʃta:rəmbɛrk
stark ¹ʃtark; ²-ʁk
stärken ¹'ʃtɛrkən; ²-ʁkn̩
Starkstrom ¹'ʃtarkʃtro:m;
    ²-ʁkʃtʁ-
Starlet (e.) 'sta:lɛt
Starnberg 'ʃtarnbɛrk
Starost sta'rɔst
starr ¹'ʃtar; ²-ʁ
Stars and Stripes ˌsta:z ənd
    'straeps
Starschenski (Gri., Hptm.)
    sta(r)ʒeɲski
Stasi (Vn., Kálmán) 'ʃta:zi
Staßfurt 'ʃtasfʊrt
Start ¹sta:rt; ²ʃta:ʁt
stät ʃtɛ:t
State Department ste:t dɪ'pa:t-
    mənt

Statik 'sta:tɪk
Station ʃta'tsĭo:n
stationär ʃtatsĭo'nɛ:r, -ʁ
statisch 'sta:tɪʃ
Statist ʃta'tɪst, sta-
Statisterie statɪstə'ri:
Statistik ʃta'tɪstɪk, sta-
Statius 'statsĭʊs
Stativ, -ive ʃta'ti:f, -i:və; sta-
statt ʃtat
Stätte 'ʃtɛtə
stattfinden ¹'ʃtatfɪndən; ²-dn̩
stattlich ¹'ʃtatlɪç; ²-dl̩-
Statue 'ʃta:tuə, 'sta-
Statuette ʃtatu'ɛtə, sta-
statuieren ʃtatu'i:rən, sta-
Statur ʃta'tu:r, -u:ʁ
Status (quo ante usw.) (lt.)
    'sta:tʊs (kvo: 'ante)
Statut ʃta'tu:t, sta-
Staub ʃtaop
stauben ¹'ʃtaobən; ²-bn̩
stäuben ¹'ʃtɔøbən; ²-bn̩
Staubgefäß ¹'ʃtaopgəfɛ:s; ²-ġe-
Staubsauger ¹'ʃtaopzaogər;
    ²-psaogɛʁ
stauchen ¹'ʃtaoxən; ²-xn̩
Staude 'ʃtaodə
stauen 'ʃtaoən
Staufen 'ʃtaofən
Stauffacher 'ʃtaofaxər, -ɛʁ
staunen 'ʃtaonən
staunenerregend ¹'ʃtaonən-
    |ɛrre:gənt; ²-gn̩t
Staupe 'ʃtaopə
Stauropulos (gr.) sta'vrɔpulɔs
Stauung 'ʃtaoʊŋ
Stavanger (No.) sta'vaŋər, -ʁ
Stavropol' (Ru.) 'sta:vrɔpofi
Steamer (e.) 'sti:mər, -ɛʁ
Steak ste:k, ʃte:k
Stearin ʃtea'ri:n, ste-
stechen, stach, gestochen
    ¹'ʃtɛçən, ʃta:x, gə'ʃtɔxən;
    ²-çn̩, -, ġe'ʃtɔxn̩
Steckbrief ¹'ʃtɛkbri:f; ²-bʁ-
stecken, stak, steckte ¹'ʃtɛkən,
    ʃta:k, ʃtɛktə; ²-kn̩

Steckkontakt 'ʃtɛkkɔntakt
Steele (e.) stiːl
Steeplechase (e.) 'stiːplt̮ʃeis
Stefan (ru.) stɛ'faːn
Stefano (it.) 'stɛːfano
Steffens 'ʃtɛfəns
Steg ʃteːk
Steglitz 'ʃteːglɪts
Stegreif ¹'ʃteːkraef; ²-ĸʁ-
Stehauf 'ʃteː|aof
stehen, stand, (stund), gestan-
    den ¹'ʃteːən, ʃtant, (ʃtʊnt),
    gə'ʃtandən; ²-, -, -, g̊e'ʃtandn̩
Steherrennen ¹'ʃteːər̩rɛnən;
    ²'ʃteːɛʁʁ-
stehlen, stahl, gestohlen ¹'ʃteːlən,
    ʃtaːl, gə'ʃtoːlən; ²-ln̩, -, g̊e-
    'ʃtoːln̩
Steiermark 'ʃtaeərmark
steif ʃtaef
Steigbügel ¹'ʃtaekbyːgəl; ²-b̥yːgl̩
Steigeisen ¹'ʃtaek|aezən; ²-zn̩
steigen, stieg ¹'ʃtaegən, ʃtiːk;
    ²-gn̩
steil ʃtael
Stein ʃtaen
Steinbutt 'ʃtaenbʊt
Steinhuder Meer ˌʃtaenhuːdər,
    -ɛʁ 'meːr, -ʁ
Steinmar 'ʃtainmar, -aʁ
Steinmetz 'ʃtaenmɛts
steinreich 'ʃtaenraeç, -'-
Steinway 'staenwei
Steiß ʃtaes
Stele 'steːle
Stella (G.) 'ʃtɛla, (e.) 'stɛlə
Stellage ʃtɛ'laːʒə, ste-
Stellaris (Nestroy) stɛ'laːrɪs
Stelldichein 'ʃtɛldɪç|aen
Stelle 'ʃtɛlə
stellen ¹'ʃtɛlən; ²-ln̩
Stellmacher ¹'ʃtɛlmaxər; ²-ɛʁ
Stellvertreter ¹'ʃtɛlfɛrtreːtər;
    ²-ĸtʁeːtɛʁ
Stelze 'ʃtɛltsə
Stemmeisen ¹'ʃtɛm|aezən; ²-zn̩
Stemmeißel ¹'ʃtɛmmaesəl; ²-sl̩
stemmen 'ʃtɛmən

Stempel ¹'ʃtɛmpəl; ²-pl̩
Stendal (Dt.) 'ʃtɛnda(ː)l
Stenogramm ʃteno'gram, st-
Stenograph ʃteno'graːf, st-
Stenographie ʃtenogra'fiː, ste-
Stenotypist(in) ʃtenoty'pɪst(ɪn),
    st-
Stensson (I., Östr.) 'steːnsœn
Sten Sture ˌsteːn 'styːrə
Stentorstimme 'ʃtɛntɔrʃtɪmə,
    'stɛn-
Stepan (ru. Vn., Suppé) stjɛ'paːn
Stepančikovo stɛ'pantʃikɔvɔ
Stephan 'ʃtɛfan
Stephanie (dt.) 'ʃtɛfaniː
Stephano (Sh., Kaufm.) 'stɛfano
Stephanopulos (gr.) stɛfa'nopulɔs
Stephen (e. Vn.) stiːvən
Stephenson (e.) 'stiːvn̩sn
Stepinac (jug.) stɛ'piːnats
Steppe 'ʃtɛpə
steppen ¹'ʃtɛpən; ²-pn̩
Ster (Maß) ¹'steːr; ²-ĸ
sterben, starb, gestorben
    ¹'ʃtɛrbən, ʃtarp, gəʃtɔrbən;
    ²-ĸbn̩, ʃtaĸp, g̊e'ʃtɔĸbn̩
sterblich ¹'ʃtɛrplɪç; ²-ĸbl-
Stereometrie stereome'triː
Stereoskop stereɔ'skoːp
stereotyp stereo'tyːp
Stereotypie stereoty'piː
steril ste'riːl, ʃte-
sterilisieren sterili'ziːrən, ʃte-
Sterke ¹'ʃtɛrkə; ²-ĸkə
Sterlet 'stɛrlɛt
Sterling 'ʃtɛrlɪŋ, (e.) 'stəːlɪŋ
Stern ʃtɛrn, -ʁn
Sterne (e.) stəːn
Sternicke ʃtɛr'nɪtski
Sterz ¹'ʃtɛrts; ²-ĸts
stet ʃteːt
Stethoskop steto'skoːp
stetig, -ige 'ʃteːtɪç, -ɪgə
stets ʃteːts
Stetson (e.) stɛtsn
Stettin ʃtɛ'tiːn
Steuer ¹'ʃtɔør; ²-ɛʁ
Steueramt ¹'ʃtɔør|amt; ²-ɛʁ|-

Steuerrad ¹'ʃtɔøərɾaːt; ²-ɛʀʀaːt
Steva (Janáček) 'stɛva
Steward, fm. -dess 'stjuːərt, -'dɛs
Steve (e. Vn.) stiːv
Steven ¹'ʃteːvən; ²-vn̩
Stevenson (e.) 'stiːvnsn
Stich ʃtɪç
Stichomythie stɪçomy'tiː
sticken ²'ʃtɪkən; ²-kn̩
Stickgarn ¹'ʃtɪkɡarn; ²-kĝaʀn
stickig, -ige 'ʃtɪkɪç, -ɪgə
Stickstoff 'ʃtɪkʃtɔf
stieben, stob ¹'ʃtiːbən, ʃtoːp; ²-bn̩
Stiefel ¹'ʃtiːfəl; ²-fl̩
Stiefvater ¹'ʃtiːffaːtər; ²-ɛʀ
Stiege 'ʃtiːgə
Stieglitz 'ʃtiːglɪts
Stiel ʃtiːl
Stier, stier ¹ʃtiːr; ²-ʀ
stieren 'ʃtiːrən
Stift ʃtɪft
stiften ¹'ʃtɪftən; ²-tn̩
Stigma 'stɪgma
stigmatisieren stɪgmati'ziːrən
Stil ʃtiːl, stiːl
Stilett sti'lɛt
Stilfser Joch 'ʃtɪlfsər 'jɔx
Stilicho 'stiːlɪço
stilisieren ʃtili'ziːrən, sti-
Stilistik ʃti'lɪstɪk, sti-
still ʃtɪl
Stilleben ¹'ʃtɪlleːbən; ²-bn̩
stillos 'ʃtiːlloːs, st-
Stimmaufwand 'ʃtɪm|aofvant
Stimme 'ʃtɪmə
Stimmittel ¹'ʃtɪmmɪtəl; ²-tl̩
Stimson (e.) 'stimsn
Stimulans, pl. -antia 'stiːmu-
    lans, -'antsi̯a
stimulieren stimu'liːrən
Stimulus 'stɪmulʊs
stinken, stank, gestunken
    ¹'ʃtɪŋkən, ʃtaŋk, gə'ʃtʊŋkən;
    ²-kn̩, -, ĝe'ʃtʊŋkn̩
Stint ʃtɪnt
Stipendium ʃti'pɛndiʊm
stippen ¹'ʃtɪpən; ²-pn̩
stipulieren ʃtipu'liːrən, sti-

Stirling 'stəːlɪŋ
Stirn, -ne 'ʃtɪrn, -nə; ²-ʀn
St. Moritz (Schwz.) zaŋkt moː-
    'rɪts
Stoa sto'aː
stöbern ¹'ʃtøːbərn; ²-bɛʀn
stochern ¹'ʃtɔxərn; ²-xɛʀn
Stöchiometrie støçiome'triː
Stock ʃtɔk
stockdumm ¹'ʃtɔk͜dʊm; ²-kd̩-
stocken ¹'ʃtɔkən; ²-kn̩
Stockholm 'ʃtɔkhɔlm, 'stɔ-
stockig, -ige 'ʃtɔkɪç, -ɪgə
Stockton (E.) 'stɔktən
Stoddard (e.) 'stɔdəd
Stoff ʃtɔf
Stoffülle 'ʃtɔffylə
Stogumber (Shaw, Joh.)
    'stɔgəmbə
stöhnen 'ʃtøːnən
Stoiker 'ʃtoːikər, sto:-, -ɛʀ
stoisch 'ʃtoːɪʃ, sto:-
Stoizismus stoː|i'tsɪsmʊs
Stoke (E.) stouk
Stola 'ʃtoːla, sto:-
Stolberg 'ʃtɔlbɛrk
Stolgebühren ¹'ʃtoːlgəbyːrən,
    'stoːl-; ²-ĝe-
Stolle 'ʃtɔlə
Stollen ¹'ʃtɔlən; ²-ln̩
Stolp ʃtɔlp
stolpern ¹'ʃtɔlpərn; ²-pɛʀn
Stolypin (ru.) sta'l̩ipin
stolz ʃtɔlts
stolzieren ʃtɔl'tsiːrən
Stomatitis stoma'tiːtɪs
Stop stɔp, ʃtɔp
stopfen ¹'ʃtɔpfən; ²ʃtɔpfn̩
Stoppel ¹'ʃtɔpəl; ²-pl̩
stoppen ¹'ʃtɔpən; ²-pn̩
Stoppuhr ¹'ʃtɔp|uːr; ²-ʀ
Stöpsel ¹'ʃtœpsəl; ²-sl̩
Stopski (Žuckm.) 'ʃtɔpski
Stör ʃtøːr
Storch ¹ʃtɔrç; ²-ʀç
Store, pl. -res (e.) stɔː, -z, (dt.)
    stoːr, -rs
stören 'ʃtøːrən

Storm ʃtɔrm

störrisch ˈʃtœrɪʃ

Störtebeker ˈʃtœrtəbeːkər, -ɛʀ

Storting (no.) ˈstuːtɪŋ

Story ˈstɔːrɪ

Stoß, pl. **Stöße** ʃtoːs, ˈʃtøːsə

stoßen, stieß [1]ˈʃtoːsən, ʃtiːs; [2]-sn̩

stoßsicher [1]ˈʃtoːszɪçər; [2]-szɪçɛʀ

Stoßseufzer [1]ˈʃtoːszɔøftsər; [2]-szɔøftsɛʀ

stottern [1]ˈʃtɔtərn; [2]-tɛʀn

Stout (e.) staot

Stövchen, Stof- [1]ˈʃtøːfçən, ʃtoːf-; [2]-çn̩

stowen [1]ˈʃtoːvən; [2]-vn̩

Strabo, -on ˈstraːbo, -bɔn

Stracchino (it.) straˈkiːno

Strachey (e.) ˈstreitʃi

Strachov (ru.) ˈstraːxɔf

Strachwitz ˈʃtraxvɪts

stracks [1]ʃtraks; [2]ʃtʀ-

Stradella (it., Flo.) straˈdɛla

Stradivari stradiˈvaːri

Straelen (Dt.) ˈʃtraːlən

Strafantrag [1]ˈʃtraːf|antraːk; [2]ˈʃtʀaːf|antʀ-

Strafe [1]ˈʃtraːfə; [2]ʃtʀ-

Straferlaß [1]ˈʃtraːf|ɛrlas; [2]ˈʃtʀaːf|ɛʀl-

straff [1]ʃtraf; [2]ʃtʀ-

straffällig [1]ˈʃtraːffɛlɪç; [2]ʃtʀ-

Strafgesetzbuch [1]ˈʃtraːfɡəzɛtsbuːx; [2]ˈʃtʀaːfɡ̊əzɛtsb̥-

Strafmandat [1]ˈʃtraːfmandaːt; [2]ˈʃtʀ-

Strafprozeßrecht [1]ˈʃtraːfprotsɛsrɛçt; [2]ˈʃtʀaːfpʀotsɛsʀ-

Strahl [1]ʃtraːl; [2]ʃtʀ-

strahlen [1]ˈʃtraːlən; [2]ˈʃtʀaːln̩

strählen [1]ˈʃtrɛːlən; [2]ˈʃtʀɛːln̩

Strähne [1]ˈʃtrɛːnə; [2]ʃtʀ-

Straits Settlements ˌstreits ˈsɛtlmənts

Stralsund ˈʃtraːlzʊnt

Stramin straˈmiːn

stramm [1]ʃtram; [2]ʃtʀ-

strampeln [1]ˈʃtrampəln; [2]ˈʃtʀ-

Strand [1]ʃtrant; [2]ʃtʀ-

Strandgut [1]ˈʃtrantɡuːt; [2]ˈʃtʀantɡ̊-

Strang [1]ʃtraŋ; [2]ʃtʀ-

strangulieren [1]ˈʃtraŋɡuˈliːrən; [2]ʃtʀ-

Strapaze ʃtraˈpaːtsə

straßauf [1]ʃtraːs|ˈaof; [2]ʃtʀ-

Strasburg, Straßburg ˈʃtraːsbʊrk

Straße [1]ˈʃtraːsə; [2]ˈʃtʀ-

Straßenverkehrsordnung [1]ˈʃtraːsənfɛrˌkeːrs|ɔrdnʊŋ; [2]ˈʃtʀaːsn̩fɛʀkeːʀs|ɔʀdnʊŋ

Stratege ʃtraˈteːɡə, stra-

Strategie ʃtrateˈɡiː, stra-

strategisch ʃtraˈteːɡɪʃ, stra-

Stratford ˈstrætfəd

Strato (L., Phil.) ˈstraːto

Stratokles ˈstraːtokles

Stratosphäre stratoˈsfɛːrə

Stratus ˈstraːtʊs

sträuben [1]ˈʃtrɔøbən; [2]ˈʃtʀɔøbn̩

Strauch [1]ʃtraox; [2]ʃtʀ-

straucheln [1]ˈʃtraoxəln; [2]ˈʃtʀ-

Strauß [1]ʃtraos; [2]ʃtʀ-

Straußenei [1]ˈʃtraosən|ae; [2]ˈʃtʀaosn̩|ae

Stravinskij (ru.) straˈvɪnski(j)

Strazze [1]ˈstratsə; [2]ˈʃtʀ-

streben [1]ˈʃtreːbən; [2]ˈʃtʀeːbn̩

strebsam [1]ˈʃtreːpzaːm; [2]ˈʃtʀeːp-saːm

Strecke [1]ˈʃtrɛkə; [2]ˈʃtʀ-

Strehlen ˈʃtreːlən

Streich [1]ʃtraeç; [2]ʃtʀ-

streicheln [1]ˈʃtraeçəln; [2]ˈʃtʀ-

streichen, strich [1]ˈʃtraeçən, ʃtrɪç; [2]ˈʃtʀaeçn̩

Streif, -fen [1]ʃtraef, -fən; [2]ˈʃtʀaefn̩

Streik [1]ʃtraek; [2]ʃtʀ-

streiken [1]ˈʃtraekən; [2]ˈʃtʀaekn̩

Streikposten [1]ˈʃtraekpɔstən; [2]ˈʃtʀaekpɔstn̩

Streit [1]ʃtraet; [2]ʃtʀ-

streiten, stritt [1]ˈʃtraetən, ʃtrɪt; [2]ˈʃtʀaetn̩

streitlustig, -ige [1]ˈʃtraetlʊstɪç, -ɪɡə; [2]ˈʃtʀaeḍl-

streitsüchtig, -ige ¹'ʃtraetzʏçtɪç,
   -ɪgə; ²'ʃtʀaets-
Strelitz 'ʃtreːlɪts
Strelitzen ʃtre'lɪtsən, (ö. auch)
   str-
streng ¹ʃtrɛŋ; ²ʃtʀ-
strenggläubig, -ige ¹'ʃtrɛŋgləø-
   bɪç, -ɪgə; ²'ʃtʀ-
Streptokokken strɛpto'kɔkən
Streptomyzin strɛptomy'tsiːn
Stresa 'strɛːza
Streß strɛs
Stretta (it.) 'strɛta
Streu ¹ʃtrɔø; ²ʃtʀ-
streuen 'ʃtrɔøən
Streuvels (Ndld.) 'strø:vəls
Strich ¹ʃtrɪç; ²ʃtʀ-
Strick ¹ʃtrɪk; ²ʃtʀ-
Stridor 'striːdɔr, -ɔʀ
Striegau 'ʃtriːgao
Striegel ¹'ʃtriːgəl; ²'ʃtʀiːgl̩
striegeln ¹'ʃtriːgəln; ²'ʃtʀ-
Strieme ¹'ʃtriːmə; ²'ʃtʀ-
Striezel ¹'ʃtriːtsəl; ²'ʃtʀiːtsl̩
strikt ʃtrɪkt, strɪ-
Striktur strɪk'tuːr, -uːʀ
Strindberg ʃtrɪntbɛrk, (schw.)
   'strin(d)bɛrj
stringent strɪŋ'gɛnt
Strip-tease 'strɪptiːz
strittig, -ige ¹'ʃtrɪtɪç, -ɪgə; ²ʃtʀ-
Stroboskop strobɔ'skoːp
Stroh ¹ʃtroː; ²ʃtʀ-
Strolch ¹ʃtrɔlç; ²ʃtʀ-
Strom ¹ʃtroːm; ²ʃtʀ-
stromab ¹ʃtroːm|'ap; ²ʃtʀ-
stromauf ¹ʃtroːm|'aof; ²ʃtʀ-
Stromboli 'stromboli
strömen ¹'ʃtrøːmən; ²'ʃtʀ-
Stromer ¹'ʃtroːmər; ²ʃtʀoːmɛʀ
Strömling ¹'ʃtrøːmlɪŋ; ²ʃtʀ-
Strommesser ¹'ʃtroːmmɛsər;
   ²'ʃtʀoːmmɛsɛʀ
Strontium 'strɔntsiʊm
Strophanthin strofan'tiːn
Strophe 'ʃtroːfə
strophisch 'ʃtroːfɪʃ
strotzen ¹'ʃtrɔtsən; ²'ʃtʀɔtsn̩

Strudel ¹'ʃtruːdəl; ²'ʃtʀuːdl̩
Struensee 'ʃtruːənzeː, (dä.)
   'sdruːənsə
Struktur ʃtrʊk'tuːr, strʊ-, -ʀ
strukturell ʃtrʊktu'rɛl, st-
Strumpf ¹ʃtrʊmpf; ²ʃtʀ-
Strunk ¹ʃtrʊŋk; ²ʃtʀ-
struppig, -ige ¹'ʃtrʊpɪç, -ɪgə;
   ²'ʃtʀ-
Struwwelpeter ¹'ʃtrʊvəlpeːtər;
   ²'ʃtʀʊv|peːtɛʀ, (ö.) 'ʃtruː-
Strychnin ʃtrʏç'niːn, strʏç-
Stuart 'stuːart, (e.) 'stjuət
Stube 'ʃtuːbə
Stüber ¹'ʃtyːbər; ²-ɛʀ
Stück ʃtʏk
Stuck ʃtʊk
Stückkohle 'ʃtʏkkoːlə
Student ʃtu'dɛnt
Studie, -ien 'ʃtuːdiə, -iən
studieren ʃtu'diːrən
(der, das) Studio 'ʃtuːdio, 'stuː-
Studiosus studi'oːzʊs, ʃtu-
Studium 'ʃtuːdiʊm
Stufe 'ʃtuːfə
Stuhl ʃtuːl
Stuhllehne 'ʃtuːlˌleːnə
Stukkateur ʃtʊka'tœːr, -ʀ
Stukkatur ʃtʊka'tuːr, -uːʀ
Stulle ʃtʊlə
Stulpe 'ʃtʊlpə
stülpen ¹'ʃtʏlpən; ²-pn̩
stumm ʃtʊm
Stummel ¹'ʃtʊməl; ²-ml̩
Stumpen ¹'ʃtʊmpən; ²-pn̩
Stümper ¹'ʃtʏmpər; ²-ɛʀ
stumpf ʃtʊmpf
Stunde 'ʃtʊndə
stündlich ¹'ʃtʏntlɪç; ²-dl̩-
stupend ʃtu'pɛnt
stupfen ¹'ʃtʊpfən; ²'ʃtʊpfn̩
stupid, -de ʃtu'piːt, -də; ʃtu-
Stups ʃtʊps
Sturm ¹ʃtʊrm; ²ʃtʊʀm
Sturz ¹ʃtʊrts; ²-ʀts
Sturzacker ¹'ʃtʊrtsˌakər;
   ²'ʃtʊʀtsˌakɛʀ
stürzen ¹'ʃtʏrtsən; ²-ʀtsn̩

Sturzsee ¹ˈʃtʊrtŝzeː; ²-ʁtŝzeː
Stute ˈʃtuːtə
Stutfield ˈstʌtfiːld
Stuttgart ˈʃtʊtgart
Stütz(e) ˈʃtʏts(ə)
Stutzen, stutzen ¹ˈʃtʊtsən; ²-tsn̩
stützen ¹ˈʃtʏtsən; ²-tsn̩
Stutzer ¹ˈʃtʊtsər; ²-ɐʁ
stutzig, -ige ˈʃtʊtsɪç, -ɪgə
stygisch ˈstyːgɪʃ
Stylit styˈliːt
Stymphaliden stʏmfaˈliːdən
Styx stʏks
Suada, -de ˈsŭaːda, -də
Suaheli suaˈheːli
subaltern zʊpˈ|alˈtɛrn
Subdiakon ˈzʊpdia‿koːn
Subjekt zʊpˈjɛkt, (gramm. auch)
ˈ- -
subjektiv zʊpjɛkˈtiːf, ˈ- - -
subkutan zʊpkuˈtaːn
sublim zuˈbliːm
Sublimat zubliˈmaːt
submarin zʊpmaˈriːn
Subordination zʊp|ɔrdinaˈtsi̯oːn
Subotica (Jug.) ˈsubɔtitsa
Subranie (Bg.) səˈbrani̯e
Subrektor ¹ˈzʊprɛktɔr; ²-ʁ
sub rosa (lt.) sʊp ˈroːzaː, zʊp ˈ- -
subsidiär zʊpzidiˈɛːr, -ʁ
Subsidien zʊpˈziːdi̯ən
Subsistenz zʊpzɪsˈtɛnts
subskribieren zʊpskriˈbiːrən
Subskription zʊpskrɪpˈtsi̯oːn
sub specie zup ˈspeːtsi̯e
substantiell zʊpstanˈtsi̯ɛl
Substantiv ˈzʊpstantiːf, - -ˈ-
Substanz zʊpˈstants
substituieren zʊpstituˈiːrən
Substitution zʊpstituˈtsi̯oːn
Substrat zʊpˈstraːt
subsumieren zʊpzuˈmiːrən
subtil zʊpˈtiːl
subtrahieren zʊptraˈhiːrən
Subtraktion zʊptrakˈtsi̯oːn
subtropisch ˈzʊptroːpɪʃ
Subvention zʊpvɛnˈtsi̯oːn
subversiv zʊpvɛrˈziːf

suchen, sucht ¹ˈzuːxən, zuːxt; ²ˈʐuːxn̩
Sucht ¹zʊxt; ²ʐ-
süchtig, -ige ¹ˈzʏçtɪç, -ɪgə; ²ʐ-
Suchumi (Kauk.) suˈxuːmi
Sud ¹zuːt; ²ʐ-
Süd, -den ¹zyːt, ˈzyːdən; ²ˈʐyːdn̩
Südamerika ¹ˈzyːt|ameːrɪka; ²ʐ-
Sudan su(ː)ˈdaːn
Süddeutschland ¹ˈzyːtdɔøtʃlant; ²ˈʐyːtd-
Sudeten zuˈdeːtən
südlich ¹ˈzyːtlɪç; ²ˈʐyːdl-
Šudraka ˈɕuːdraka
Südvietnam ¹zyːtviˈɛtnam; ²ʐ-
Sue (f.) sy
Sueben, Sueven ˈsveːbən, ˈsveːvən
Sueton, -nius sŭeˈtoːn, -niʊs
Suez ˈzuːɛs, ˈzuːɛts
süffig, -ige ¹ˈzʏfɪç, -ɪgə; ²ʐ-
Süffisance syfizãːs
süffisant sʏfiˈzant
Suffix zʊˈfɪks
Suffolk (E., Sh., H. VIII) ˈsʌfək, -fɔlk
Suffragan zʊfraˈgaːn
Suffragette (e.) ˌsʌfrəˈdʒet; (dt.) zʊfraˈgɛtə
suggerieren zʊgeˈriːrən
suggestibel zʊgeˈstiːbəl
Suggestion zʊgɛsˈti̯oːn
suggestiv zʊgɛsˈtiːf
suhlen ¹ˈzuːlən; ²ˈʐuːln̩
Sühne ¹ˈzyːnə; ²ʐ-
sui generis ˈzuːi ˈgeːnerɪs
Suite ˈsviːtə
Suitier sɥiˈtje
Suizid zuiˈtsiːt
Sujet syˈʒe
Šujskij (Puš., Muss.) ˈʃuːjskɪj
Sukkade zʊˈkaːdə
Sukkubus ˈsʊkubʊs
Sukzeß zʊkˈtsɛs
Sukzession zʊktsɛˈsi̯oːn
sukzessiv, -ive zʊktsɛˈsiːf, -iːvə
Sulamith (bi.) suːlaˈmiːt
Sulawesi (Celebes) sulaˈvɛsi

Suleika (G.) zu'laeka
Süleiman syleï'ma:n
Sulfat zʊl'fa:t
Sulfid zʊl'fi:t
Sulfit zʊl'fɪt
Sulfonamid zʊlfona'mi:t
Sulina (Rum.) sʊ'lina
Sulitelma (Berg, Schw.)
  suli'tɛlma
Sullivan 'sʌlɪvən
Sully Prudhomme sy͵li pry-
  'dɔm(ə)
Sulpice (Don., Reg.) syl'pis
Sultan, fm. -nin 'zʊlta:n, -nɪn
Sultaninen zʊlta'ni:nən
Sülze ¹'zʏltsə; ²'ʐ-
Sumarokov (ru.) suma'rɔ:kɔf
Sumatra su'ma:tra
Sumbawa sʊm'bawa
Šumen (Bg.) 'ʃumən
Sumerer zu'me:rər, -ɛʀ
Summa 'zʊma
summarisch zʊ'ma:rɪʃ
Summanden zʊ'mandən
summen ¹'zʊmən; ²'ʐ-
summieren zʊ'mi:rən
summus (lt.) 'sʊmʊs
Sumner (e.) 'sʌmnə
Sumpf ¹zʊmpf; ²'ʐ-
Sumpffieber ¹'zʊmpffi:bər;
  ²'ʐʊmpffi:bɛʀ
Sums ¹zʊms; ²'ʐ-
Sund ¹zʊnt; ²'ʐ-
Sünde ¹'zʏndə; ²'ʐ-
Sunderland (E.) 'sʌndələnd
Sündflut s. Sintflut
sündigen ¹'zʏndɪgən; ²'ʐʏndɪgn̩
Sundsvall 'sʊndsval
Sunniten sʊ'ni:tən
Sun Yat-Sen sʊn jat 'sɛn
Suomi 'suɔmi
super(fein) 'zu:pɛr(faen), (ö.)
  'sʊ-
süperb sy'pɛrp
Superintendent zu:pɛr|ɪntɛn-
  'dɛnt
Superior zu'pe:rɪɔr, -ʀ
Superiorität zuperiori'tɛ:t

Superlativ 'zupɛrlati:f, - - -'-
Supermarket 'zu:pɛrmark(ə)t
Superrevision zu:pɛṛṛevi'zĭo:n
Supinum zu'pi:nʊm
Suppé sy'pe
Supplement zʊple'mɛnt
Supplik zʊ'plɪk, (ö.) -'plik
supponieren zʊpo'ni:rən
Supremat zupre'ma:t
Surabaja (S.-As.) sura'baĭa
Surakarta (S.-As.) sura'karta
Surat (S.-As.) su:'ratə
Sure 'zu:rə, 's-
Surema (Suppé, Fat.) zu're:ma
Surennen (Sch., Tell) 'zu:rənən
Suriname suri'namə
Surrealismus zyrea'lɪsmʊs, zʊr-
surren ¹'zʊrən; ²'ʐ-
Surrey (e., Sh., R. II) 'sʌri
Surrogat zʊro'ga:t
Susa (Alt.) 'zu:za
Susanin (ru., Glinka, Leben)
  su'sa:ɲin
Susanna, -nne zu'zana, -nə
Suslov 'su:słof
Suso 'zu:zo
suspekt zʊ'spɛkt
suspendieren zʊspɛn'di:rən
Suspension zʊspɛn'zĭo:n
Suspensorium zʊspɛn'zo:rium
süß ¹zy:s; ²'ʐ-
süßsauer ¹'zy:s̑zaoər;
  ²'ʐy:s̑zaoɛʀ
Sussex 'sʌsɪks
Sutherland (Scho.) 'sʌðərlənd
Sutschou (Chi.) 'su:dʒŏŭ
Sutton Coldfield ͵sʌtn 'koŭld-
  fi:ld
Sutri (It.) 'su:tri
suum cuique (lt.) ͵zu:ʊm 'kui:kvə
Šuvalov (ru.) ʃu'va:łof
Suvorov (ru.) su'vɔ:rɔf
Suwałki (Po.) su'vaŭki
Suys (Sch., W.) 'su:ɪs
Suzdal' (Ru.) 'su:zdafi
Suzerän zutsə're:n
Suzeränität zutsəre:ni'tɛ:t
Suzuki (Pu., Butt.) su'zuki

Švanda (č.) 'ʃvanda
Svatopluk (Čsl.) 'svatopluk
Svjatoslav (ru.) svjatɔ'słaf
Svedberg (Schw.) 'sveːdbɛrj
Sven (schw. Vn.) svɛn
Sverd (Björnson) sverd
Sverdlovsk (Ru.) svɛr'dlɔːfsk
Svetov (ru.) 'svjɛtɔf
Svištov (Bg.) sviʃ'tɔf
Svoboda nad Úpou (Č.)
   'svɔbɔda 'nat uːpɔŭ, (dt.)
   Freiheit
Swakopmund (Afr.) 'svakop-
   mund
Swallow (Britten, Grimes)
   'swɔloŭ
Swansea (Wal.) 'swɔnzɪ
Swantewit 'svantevit
Swartka (Gri., Lib.) 'svartka
Swastika 'svastika
Sweater (e.) swetər, -ʀ
Swedenborg (Schw.) 'sveːdən-
   bɔrj
Sweet swiːt
Swift swɪft
Swimming-pool 'swɪmɪŋ puːl
Swinburne 'swɪnbəːn
Swine 'sviːnə
Swinegel [1] 'sviːn|eːgəl; [2] -gļ
Swinemünde sviːnə'mʏndə
Swing swɪŋ
Sybaris 'zyːbarɪs
Sybariten zyba'riːtən
Sybel 'zyːbəl
Sydenham (London) 'sidn̩əm
Sydney (Austr.) 'sidni
Syenit zy|e'niːt
Syke 'ziːkə
Sykomore zyko'moːrə
Sykophant zyko'fant
Syktyvkar (Ru.) siktif'kaːr, -ʀ
Syllabar, -rium zyla'baːr, -riʊm,
   -ʀ
Syllabus 'zylabʊs
Syllogismus, pl. -smen
   zylo'gɪsmʊs, -smən
Sylphe, -phide 'zylfə, -l'fiːdə
Sylt zylt

(Carmen) Sylva sɪlva
Sylvain (Maillart) sil'vɛ̃
Sylviane (Lehár, Witwe)
   sʏlvi'aːnə
Sylvin zʏl'viːn
Sylvius (Sh., Wid.) 'sʏlviʊs
Symbiose zʏmbi|'oːzə
Symbol zʏm'boːl
Symbolik zʏm'boːlɪk
symbolisch zʏm'boːlɪʃ
Symbolist zʏmbo'lɪst
Symbolum 'sʏmbolʊm
Symmachus 'sʏmaxʊs
Symmetrie zʏme'triː
symmetrisch zʏ'meːtrɪʃ
sympathetisch zʏmpa'teːtɪʃ
Sympathie zʏmpa'tiː
sympathisch zʏm'paːtɪʃ
Symphonie zʏmfo'niː; vgl.
   Sinfonie
symphonisch zʏm'foːnɪʃ
Symphyse zʏm'fyːzə
Symplegaden sʏmple'gaːdən
Symposion zʏm'pozi̯on
Symptom zʏmp'toːm
symptomatisch zʏmpto'maːtɪʃ
Synagoge zʏna'goːgə
Synalöphe syna'løːfə
synästhetisch sʏn|ɛ'steːtɪʃ
synchronisieren zʏnkroni'ziːrən
Synchronismus zʏnkro'nɪsmʊs
syndetisch zʏn'deːtɪʃ
Syndham (Lortz., Zar) 'sɪndəm
Syndikalismus zʏndika'lɪsmʊs
Syndikat zʏndi'kaːt
Syndikus 'zʏndikʊs
Syndrom zʏn'droːm
synergetisch zʏn|ɛr'geːtɪʃ
Synekdoche sʏn|'ɛkdɔxe
Syng(e) (e.) sɪŋ
Syn(h)edrion zʏn|'(h)edriɔn
Synizese zyni'tseːzə
Synkope, pl. -pen (gramm.)
   'sʏnkope, (mus.) zʏn'koːpe,
   -pən
synkopieren zʏnko'piːrən
Synkretismus zʏnkre'tɪsmʊs
synodal zʏno'daːl

Synode zʏ'noːdə
synonym zyno'nyːm
Synonymik zyno'nyːmɪk
Synopsis, -se zy'nɔpsɪs, -sə
syntaktisch zʏn'taktɪʃ
Syntax 'zʏntaks
Synthese zʏn'teːzə
Syphilis 'zyːfilɪs, (ö.) 'syf-
syphilitisch zyfi'liːtɪʃ
Syrakus zyra'kuːs
Syrakusaner zyraku'zaːnər, -ʀ
Syr-darja (Fl., N.-As.) sir dar'jaː
Syrien 'zyːriən
Syringe zy'rɪŋə
Syrinx 'syːrɪŋks
Syrte 'zʏrtə
System zʏs'teːm
systematisch zʏste'maːtɪʃ
Systole, pl. -len 'zʏstole, zʏs-
'toːlən
Syzrań (Ru.) 'sɪːzraɲ
Syzygie zytsy'giː

Szamos (Fl., Ung. usw.) 'sɔmoʃ
Szécsény (Ung.) 'seːtʃeːɲi
Szeged(in) (Ung.) 'sægæd(in)
Székesfehérvár (Ung.) 'seːkɛʃ-
'fɛheːrvaːr, -ʀ
Székler 'seːklər, -ʀ
Szenar(ium) stse'naːr(iʊm), -ʀ
Szene 'stseːnə
Szenerie stse'nə'riː
szenisch 'stseːnɪʃ
Szent-Györgyi (magy.) sɛnt-
'djørdji
Szepter [1]'stsɛptər; vgl. Zepter
[2]-ʀ
Szerenyi (Kálmán) 'sɛrɛɲi
Sziget (Ung.) 'siget
Szilla (Scilla) 'stsɪla
Szögyény-Marich (magy.)
'sødjeːɲ-'mɔritʃ
Szolnok (Ung.) 'solnok
Szombathely (Ung.) 'sombɔthɛj
Szymon (po. Vn.) 'ʃimɔn

T

(Worte mit Tsch-, Tch- suche
man z. T. unter C, Č, Cs, Cz)
t teː
Tabak, pl. -ke 'taːbak, -kə, (ö.)
taː'bak; (schwz.) ta'bak
Tabatiere taba'tjɛːʀə
tabellarisch tabɛ'laːrɪʃ
Tabelle ta'bɛlə
Tabernakel tabɛr'naːkəl
Tabes 'taːbɛs
Tableau, pl. -eaus ta'blo, -oːs
Table d'hôte (f.) taːbl 'doːt
Tablett ta'blɛt
Tablette ta'blɛtə
Tabor (bi., Bö.) 'taːbɔr, -ʀ
Tabora (Afr.) ta'boːra
Taboriten tabo'riːtən
Täbris 'tɛːbrɪs; (pers.) tæ'briːz
Tabu ta'buː
Tabulatur tabula'tuːr, -ʀ

Taburett tabu'rɛt
tacet 'taːtsɛt
Tachismus ta'ʃɪsmʊs
Tachistoskop taxɪsto'skoːp
Tachometer [1]taxo'meːtər; [2]-ʀ
Tachymeter [1]taxy'meːtər; [2]-ʀ
Tacitus 'taːtsitʊs
Tacoma (N.-A.) tə'koŭmə
Taddeo (it.) ta'deːo
Tadel [1]'taːdəl; [2]-dl̩
tadellos [1]'taːdəl̩loːs; [2]-dl̩l-
tadeln [1]'taːdəln; [2]-dl̩n
Tadeusz (po. Vn.) ta'dɛ|uʃ
Tadsch Mahal taːz ma'hal
Tadžiken (N.-As.) ta'dʒiːkən
Tael (chi., Münze) tɛːl
Tafel [1]'taːfəl; [2]-fl̩
tafeln 'taːfəln
täfeln 'tɛːfəln
Tafelobst [1]'taːfəl|oːpst; [2]-fl̩-

Taft, Taffet tɑft, ˈtɑfɛt
Tag, -ges, -gs, -ge tɑːk, ˈtɑːgəs, -ks, -gə
Taganrog tɑgɑnˈrɔk
tagaus, tagein tɑːk|ˌɑos, tɑːk|-ˈɑen
Tagbau [1]ˈtɑːkbɑo; [2]-b̥-
Tagetes tɑˈgeːtɛs
Tagliacozzo tɑfiɑˈkɔtso
Tagliamento (Fl.) tɑfiɑˈmento
Taglioni tɑˈfioːni
Tagore tɑˈgoːr, (ind.) ˈtɑːkur
tagtäglich [1]ˌtɑːkˈtɛːklɪç; [2]-g̊l-
Tag- und Nachtgleiche [1]ˌtɑːk ʊnt ˈnɑxtglaeçə; [2]-g̊l-
Tahanrich (Ukr.) tɑhɑnˈrix
Tahiti tɑˈhiːti
Taifun tɑeˈfuːn
Taiga ˈtɑegɑ, (ru.) ˈtɑjgɑ
Taille ˈtɑljə
Tailleur tɑˈjœːʀ
Tailormade (e.) ˈteɪləmeɪd
Tainaron (Alt.) ˈtɑɪnɑrɔn
Taine tɛːn
Taipeh (Formosa) ˈtɑɪbeɪ
Taiwan ˈtɑɪvɑn
Tajmyr (Halbinsel) tɑjˈmiːr, -ʀ
Tajo (Fl., sp.) ˈtɑxo
Takelage tɑkəˈlɑːʒə
takeln ˈtɑːkəln
Takt tɑkt
Taktik ˈtɑktɪk
taktil tɑkˈtiːl
taktlos [1]ˈtɑktloːs; [2]-d̥l-
Tal, pl. Täler [1]tɑːl, ˈtɛːlər; [2]-ɛʀ
Talar tɑˈlɑːr,-ʀ
Talbot (e., Sch., M. St., Ju.) ˈtɔːlbət, ˈtɑlbɔt
Talent tɑˈlɛnt
Taler [1]ˈtɑːlər; [2]-ɛʀ
Talg tɑlk
Talisman ˈtɑːlɪsmɑn
Talje ˈtɑljə
Talk, -kum tɑlk, -kʊm
Talleyrand tɑlɛˈʀɑ̃
Tallinn (Estl., Reval) ˈtɑllinn
Talmi(gold usw.) ˈtɑlmi-
Talmud ˈtɑlmuːt

talmudisch tɑlˈmuːdɪʃ
Talon (f.) tɑˈlɔ̃
Tamara (Rub., Dämon) tɑˈmɑːrɑ
Tamarinde tɑmɑˈrɪndə
Tamariske tɑmɑˈrɪskə
Tamatave (Madag.) tɑmɑˈtɑːv
Tambour ˈtɑmbuːr
Tambov (Ru.) tɑmˈbɔːf
Tamburin tɑmbuˈriːn, ˈ- - -
Tamerlan ˈtɑːmərlɑːn
Tamil ˈtɑmil
Tamino (Moz., Zaub.) tɑˈmiːno
Tamora (Sh., T. A.) tɑˈmoːrɑ
Tampa (N.-A.) ˈtæmpə
Tampere (Fi.) ˈtɑmpɛrɛ
Tampico (M.-A.) tɑmˈpiko
Tampon tɑ̃ˈpɔ̃
tamponieren tɑmpoˈniːrən, tɑ̃p-
Tamtam tɑmˈtɑm
Tanagra ˈtɑːnɑgrɑ
Tanaka (G., Kaiser) ˈtɑnɑkɑ
Tanasee (Abess.) ˈtɑːnɑzeː, (Äthiop.) **Bahr Tana** bɑːr ˈtɑːnɑ
Tand tɑnt
tändeln [1]ˈtɛndəln; [2]-d̩ln
Tandem ˈtɑndɛm
Tanejev (ru.) tɑˈɲeːjɛf
Tang tɑŋ
Tanganjika tɑŋgɑnˈjiːkɑ
Tangens ˈtɑŋgɛns
Tangente tɑŋˈgɛntə
Tangential(kraft usw.) tɑŋgɛnˈtsĭɑːl-
Tanger (Marokko) ˈtɑndʒɑ
Tangermünde tɑŋərˈmʏndə
tangieren tɑŋˈgiːrən
Tango ˈtɑŋgoː
Tank tɑŋk
tanken [1]ˈtɑŋkən; [2]-kn̩
Tanker [1]ˈtɑŋkər; [2]-ɛʀ
Tankred ˈtɑŋkre(ː)t
Tann tɑn
Tanne ˈtɑnə
Tannicht ˈtɑnɪçt
Tannin tɑˈniːn

Tantal 'tantɑl
Tantalus 'tantɑlʊs
Tante 'tantə
Tantieme tãˈtjɛːmə
Tantris 'tantrɪs
Tanz tants
tanzen ¹ˈtantsən; ²-tsn̩
tänzeln ¹ˈtɛntsəln; ²-tsl̩n
Taoismus taǀoˈɪsmʊs
Taormina taɔrˈmiːna
Taoteking 'daodədjɳ
tap(e)rig, -ige ¹ˈtaːp(ə)rɪç, -ɪɡə;
  ²-pʀ-
Tapet, -te taˈpeːt, -tə
tapezieren tapeˈtsiːrən
tapfer ¹ˈtapfər; ²-ɛʀ
Tapioka tapiˈoːka
Tapir 'taːpɪr, -ʀ, (ö.) taˈpiːr,
Tapisserie tapɪsəˈriː
tappen ¹ˈtapən; ²-pn̩
Tappercoom (e., Fry) 'tæpə-
  kuːm
täppisch 'tɛpɪʃ
tapsen ¹ˈtapsən; ²-sn̩
Tara 'taːra
Tarakanova (ru., Blacher)
  taraˈkaːnɔva
Tarantel taˈrantəl
Tarantella taranˈtɛla
Taranto (It.) 'taːranto
Tarascon taʀasˈkõ
Tarasp taˈrasp
Tarbes (f.) taʀb(ə)
tardando (it.) tarˈdando
Tardieu taʀˈdjø
Tarent (It.) taˈrɛnt
tarieren taˈriːrən
Tarif taˈriːf
Tarifvertrag ¹taːˈriːffɛrtraːk;
  ²-ˌfɛʀtʀ-
Tarlatan 'tarlatan
Tarn (Fl., F.) taʀn
tarnen ¹ˈtarnən; ²ˈtaʀn-
Tarnkappe 'tarnkapə
Tarnopol (Ukr.) tarˈnɔːpɔfi
Tarnów (Po.) 'tarnuf
Tarnowitz 'tarnovɪts
Tarock taˈrɔk

Tarpejischer Fels tarˌpeːjɪʃər
  'fɛls
Tarquinius tarˈkviːniʊs
Tarragona (Sp.) taraˈɣɔna
Tarsos (Alt.) 'tarzɔs
Tartaglia (it.) tarˈtafia
Tartar tarˈtaːr, -ʀ
Ta(r)tarei ta(r)taˈrae
Tartaros 'tartarɔs
Tartini (it.) tarˈtiːni
Tartüff tarˈtyf
Tarudante (Cald., Prinz)
  taruˈdante
Tasche 'taʃə
Taškent (Tu.) taʃˈkjɛnt
Tasmanien tasˈmaːniən
Tasse 'tasə
Tassilo 'tasɪlo
Tasso (it.) 'taso
Tastatur tastaˈtuːr, -ʀ
Taste 'tastə
tasten ¹ˈtastən; ²-tn̩
Tastsinn ¹ˈtastzɪn; ²-tsm
Tat taːt
Tatar(en) taˈtaːr, -ʀ, -rən
Tatarbeafsteak taˈtaːrbiːfstek
Tatar-Pazardžik (Bg.) taˈtar
  'pazardžik
Tätigkeit 'tɛːtɪçkaet
Tat'jana (ru. Vn.) tatǀˈjaːna
Tat'janov (ru.) tatǀˈjaːnɔf
Tatkraft ¹taːtkraft; ²-kʀ-
tätowieren tɛtoˈviːrən
Tatra 'tatra; (magy.) 'taːtrɔ
Tatsache ¹ˈtaːtzaxə; ²-ts-
tatsächlich ¹taːtˈzɛçlɪç; ²-tˈs-,
  ˈ- - -
tätscheln 'tɛːtʃəln; (Schwz.
  auch) 'tɛ-
Tattersall 'tatərsal
Tatze 'tatsə
Tau tao
taub taop
Taube 'taobə
Täuber, -rich ¹ˈtɔøbər, -rɪç;
  ²-bɛʀ, -bɛʀɪç
taubstumm 'taopʃtʊm
tauchen ¹ˈtaoxən; ²-xn̩

452   tauen   Telepathie

tauen ˈtaoən
Tauende ˈtao|endə
Tauentzien ˈtaoəntsiːn
taufen ¹ˈtaofən; ²-fn̥
Täufling ˈtɔøflɪŋ
taugen ¹ˈtaogən; ²-gn̥
Taugenichts ˈtaogənɪçts
tauglich ¹ˈtaoklɪç; ²-ĝl-
Taumel ¹ˈtaoməl; ²-ml̩
taumeln ˈtaoməln
Taunus ˈtaonʊs
Tauris (Alt.) ˈtaorɪs
Tauroggen tao'rɔgən
Tauros (Geb.) ˈtaorɔs
Tausch taoʃ
tauschen ¹ˈtaoʃən; ²-ʃn̥
täuschen ¹ˈtɔøʃən; ²-ʃn̥
tauschieren tao'ʃiːrən
Täuschung ˈtɔøʃʊŋ
tausend ¹ˈtaozənt; ²-z̥-
Tausendguldenkraut ¹taozənt-
  ˈgʊldənkraot; ²-zənt'ĝʊldn̥-
  kʁaot
Tausendsasa ¹ˈtaozəntsasa; ²-z̥-
Tautologie taotolo'giː
Taverne ta'vɛrnə
Tavastehus tavastə'huːs, (fin.)
  Hameenlinna
Taxameter ¹taksa'meːtər; ²-ɛʁ
Taxation taksa'tsĭoːn
Taxator ta'ksaːtɔr, -ʁ
Taxe ˈtaksə
Taxi ˈtaksi
taxieren ta'ksiːrən
Taxigirl ˈtaksigøːrl, (e.)-gəːl
Taxus ˈtaksʊs
Tay (Fl., Scho.) teĭ
Taygetos (Geb.) ta|ˈyːgetɔs
Taylor ˈteilə
Tazette ta'tsetə
Tbilisi (Ru.) tbi'fiːçi
Teakholz ˈtiːkhɔlts
Team (e.) tiːm
Teamwork ˈtiːmwəːk
Tea-room ˈtiːruːm
Technetium tɛç'neːtsĭʊm
Telegin (ru.) te'fiegin
Technik ˈtɛçnɪk

Technikum ˈtɛçnɪkʊm
Technologie tɛçnolo'giː
Techtelmechtel ¹ˈtɛçtəl'mɛçtəl;
  ²-tl̩'mɛçtl̩
Teckel ¹ˈtɛkəl; ²-kl̩
Teddybär ¹ˈtɛdibɛːr; ²-ʁ
Tedeum te'deː-ʊm
Tee teː
Teenager (e.) ˈtiːneːdʒər, -ɛʁ
Teer ¹teːr; ²-ʁ
Tegetthoff ˈtɛgethɔf
Tegnér tɛŋ'neːʁ
Tegucigalpa (M.-A.) teɣuθi-
  ˈɣalpa
Teheran ˈteh(ə)raːn
Tehuantepec (M.-A.) teŭante-
  ˈpɛk
Teich taeç
Teichoskopie taeçosko'piː
Teig taek
teigig, -ige ˈtaegɪç, -ɪgə
Teil tael
teilen ¹ˈtaelən; ²-ln̥
teilhaft ˈtaelhaft
teilhaftig, -ige ˈtaelhaftɪç, -ɪgə
Teïn te|ˈiːn
Teint tɛ̃
Teiresias teï'reːzias
Teitgen (f.) tɛt'ʒɛn
Teja ˈteːja
Tejo (Fl.) ˈteʒu, (port.) ˈtɐʒu
Tektonik tɛk'toːnɪk
Telamon ˈtelamɔn
Tel-Aviv ˌtela'viːv, -viːf
Telchinen (alt.) tɛl'çiːnən
Telephon ¹tele'foːn; ²ˈ- - -
Telefunken tele'fʊŋkən
telegen tele'geːn
Telegramm tele'gram
Telegraph tele'graːf
telegraphieren telegra'fiːrən
Teleki (magy.) ˈtælæki
Telemachos, -ch teː'lɛmaxos,
  ˈteːlɛmax
Telemark (no.) ˈteːləmark
Teleobjektiv ˈteːle|ɔpjɛktiːf
Teleologie teleolo'giː
Telepathie telepa'tiː

Teleskop tele'sko:p
Television (e.) teli'viʒən
Tell tɛl
Tell el-Amarna ˌtɛl ɛl a'marna
Teller ¹'tɛlər; ²-ᴇʁ
Tellur tɛ'lu:r, -ʁ
Tellurium tɛ'lu:riʊm
Telramund (W., Loh.) 'tɛlra-
mʊnt
Teltow 'tɛlto
Telugu (S.-As.) tə'lugu:
Temesvár (Rum.) 'tɛmɛʃva:r, -ʁ
Tempe 'tɛmpə
Tempel ¹'tɛmpəl; ²-pḷ
Tempera 'tɛmpəra
Temperament tɛmpəra'mɛnt
Temperatur tɛmpəra'tu:r, -ʁ
Temperenz tɛmpə'rɛnts
temperieren tɛmpə'ri:rən
Tempi passati (it.) 'tɛmpi pa-
'sa:ti
Templeise tɛm'plaezə
Templer ¹'tɛmplər; ²-ᴇʁ
Tempo, pl. -pi 'tɛmpo, -pi
temporal, Temporal(satz usw.)
tɛmpo'ra:l-
Temporalis tɛmpo'ra:lis
temporär tɛmpo'rɛ:r, -ʁ
Tempus, pl. -pora 'tɛmpʊs,-pora
Temuco (S.-A.) te'muko
Tenazität tenatsi'tɛ:t
Tendenz tɛn'dɛnts
tendenziös tɛndɛn'tsï̈ø:s
Tender ¹'tɛndər; ²-ᴇʁ
tendieren tɛn'di:rən
Tenedos (Insel) 'tenedɔs
Tenerife, -riffa tene'rife, -fa
tenero (it.) 'te:nero
Teniers tə'ni:rs
Tenne 'tɛnə
Tennessee (N.-A.) tɛnɛ'si:
Tennis 'tɛnɪs
Tenno tɛˌno:
Tennyson 'tenisn
Tenochtitlán tenɔtʃi'tlan
Tenor (Stimme) te'no:r, -ʁ
Tenor (Haltung) 'te:nɔr, -ʁ
Tenorio te'norio

Tenorist teno'rɪst
Tension tɛn'zïo:n
Tentakel tɛn'ta:kəl
Tentamen tɛn'ta:mən
Tenuis 'te:nu|ɪs
Tenzone tɛn'tso:nə
Teofilo Otoni (S.-A.) 'tï̈ofilu
ɔ'toni
Teplitz 'te:plɪts, (Tsch.) Teplice
'tɛplitsə
Teppich 'tɛpɪç
Teramo (It.) 'tɛ:ramo
Terbium 'tɛrbiʊm
Terborch (ndld.) tɛr'bɔrx
Terebinthe tere'bɪntə
Terentius, -nz te'rɛntsï̈ʊs, -nts
Termin tɛr'mi:n
Terminologie tɛrminolo'gi:
Terminus (technicus, ad quem
usw.) 'tɛrminʊs ('tɛçnikʊs,
at 'kvɛm)
Termite, pl. -n tɛr'mi:tə, -ən
Termolen tɛr'mo:lən
Terne 'tɛrnə
Ternopil' (Ukr.) ter'nɔpifi
Terni (It.) 'tɛrni
Terpentin tɛrpɛn'ti:n
Terpsichore tɛr'psi:çore
Terracina tera'tʃi:na
Terrain tɛ'ʁɛ̃
Tertullian tɛrtʊli'a:n
Teruel (Sp.) te'rŭɛl
Terra incognita tɛra ɪn'kognita
Terrakotta, pl. -tten tɛra'kɔta,
-tən
Terrarium tɛ'ra:riʊm
Terrasse tɛ'rasə
Terrazzo tɛ'ratso
terrestrisch tɛ'rɛstrɪʃ
terribel tɛ'ri:bəl
Terrier ¹'tɛriər; ²-ᴇʁ
Terrine tɛ'ri:nə
Territorium tɛri'to:riʊm
Terror 'tɛrɔr, -ʁ
terrorisieren tɛrori'zi:rən
Terrorismus tero'rɪsmʊs
Tertia 'tɛrtsï̈a
Tertianer ¹tɛr'tsï̈a:nər; ²-ᴇʁ

454   tertiär   Theodosius

tertiär, Ter- tɛr'tsĭɛːr, -ʀ
Tertium 'tɛrtsĭʊm
Terz tɛrts
Terzerol tɛrtsə'roːl
Terzerone tɛrtsə'roːnə
Terzett tɛr'tsɛt
Terziar tɛr'tsĭaːr, -ʀ
Terzine tɛr'tsiːnə
Terzky (Sch., W.) 'tɛrtski
Teschen 'tɛʃən
Tesching 'tɛʃɪŋ
Tesla 'tɛsla
Tesman (I., Gabler) 'tɛsman
Tessin tɛ'siːn
Test tɛst
Testakte 'tɛst|aktə
Testament tɛsta'mɛnt
testamentarisch tɛstamɛn'taːrɪʃ
Testat tɛs'taːt
Testator tɛs'taːtor, -ʀ
testieren tɛs'tiːrən
Testimonium paupertatis (lt.)
  tɛsti,mo:niʊm paopɛr'ta:tɪs
Tetanus 'teːtanʊs, 'tet-
Tête (f.) 'tɛːt(ə)
Tête-à-tête (f.) tɛta'tɛt
Tetka (Gri., Lib.) 'tɛtka
Tetrachord tɛtra'kɔrt
Tetraeder tɛtra-'eːdər, -ɛʀ
Tetragon tɛtra'goːn
tetragonal tɛtrago'naːl
Tetralogie tɛtralo'giː
Tetrameter tɛ-'traːmetər, -ɛʀ
Tetrarch tɛ'trarç
Tetschen 'teːtʃən; (Tsch.) Děčín
  'djɛtʃiːn
teuer ¹'tɔøər; ²-ɛʀ
Teu(e)rung 'tɔø(ə)rʊŋ
Teufe 'tɔøfə
Teufel ¹'tɔøfəl; ²-f̩
teuflisch 'tɔøflɪʃ
Teut tɔøt
Teutoburger Wald ,tɔøtobʊrgər
  'valt
Teutonen tɔø'toːnən
Tevere (Fl.) 'teːvere
Texas 'tɛksəs, -sas
Text 'tɛkst

Textilien tɛks'tiːliən
Textil(industrie usw.) tɛks'tiːl-
Textor 'tɛkstor, -ʀ
Textur tɛks'tuːr, -ʀ
Tezel 'tɛtsəl
Thacheray 'θækərɪ
Thaddäus (bi.) ta'dɛːʊs
Thaer teːr, -ʀ
Thailand 'taĭland
Thaïs (Gra., Alexander) 'taː|ɪs
Thaïsa (Sh., Per.) ta|'iːza
Thalatta 'talata
Thales (alt.) 'taːlɛs
Thalia (Muse) ta'liːa
Thaliarch (Sh., Per.) tali'arç
Thallium 'taliʊm
Thanatos (myth.) 'tanatɔs
Thankmar 'taŋkmar, -ʀ
Tharandt 'taːrant
Thaumaturg taoma'tʊrk
Thea 'teːa
Theater ¹te'aːtər; ²-ɛʀ
Theatiner ¹tea'tiːnər; ²-ɛʀ
theatralisch ¹tea'traːlɪʃ; ²-'tʀ-
Thebaner te'baːnər, -ɛʀ
Theben 'teːbən
Thé dansant (f.) te dã'sã
Theiß (Fl.) taes
Theïsmus te|'ɪsmʊs
Theistiner (Kl., Schr.)
  taes'tiːnər, -ɛʀ
Theke 'teːkə
Thekla 'teːkla
Thema, pl. -mata, -men
  'teːma, -mata, -mən
thematisch te:'maːtɪʃ
Themis 'teːmɪs
Themistokles te'mɪstoklɛs
Themse 'tɛmz(ə)
Theobald 'te:|obalt
Theoda (Vn.; He., Moloch)
  'te:|oda
Theoderich te|'o:dərɪç
Theodizee te|odi'tse:(ə)
Theodolit te|odo'liːt
Theodor, -ros 'te:|odoːr, -ʀ,
  te|ɔ'doːrɔs
Theodosius te|ɔ'doːziʊs

Theodotus (Shaw, Cäsar)
te|'odotʊs
Theofil, -lus te|o'fiːl, '- - -;
te|'oːfilʊs
Theogonie te|ogo'niː
Theokathokles te|o'katəklɛs
Theokratie te|okra'tiː
Theokrit te|o'kriːt
Theolog, -ge te|o'loːk, -oːgə
Theologie te|olo'giː
Theomantie te|oman'tiː
Teophan (L., Freig.) te|o'faːn
Theophanie te|ofa'niː
Teophano te|'oːfano
Teophil, -lus te|o'fiːl, te|'oːfilʊs
Theophrast, -stos te|o'frast, -stɔs
Theorbe te|'ɔrbə
Theorell (schw.) teʊ'rɛl
Theorem te|o'reːm
Theoretiker ¹te|o're:tikər; ²-ɛʁ
Theorie te|o'riː
Theosoph te|o'zoːf
Theosophie te|ozo'fiː
Theramen (Sch., Ph.)
te(:)ra'meːn
Therapeut tera'pɔøt
Therapie tera'piː
Theres (bi.) 'teːrɛs
Therese te're:zə
Thérèse te'ʁɛːz(ə)
Theresia te're:zia
Theriak 'te:riak
Thermalbad tɛr'maːlbaːt
Thermalquelle tɛr'maːlkvɛlə
Therme 'tɛrmə
Thermidor tɛrmi'doːr, -ʁ
Thermodynamik tɛrmody'naː-
mɪk
Thermometer ¹tɛrmo'me:tər;
²-ɛʁ
Thermophor tɛrmo'foːr, -ʁ
Thermopylae, -pylen tɛːr'moː-
pylɛː; tɛrmo'pyːlən
Thermosflasche 'tɛrmɔsflaʃə
Thermostat tɛrmo'staːt
Thersites (alt.) tɛr'ziːtɛs
Thesaurus te'zaorʊs
These, pl. -sen 'te:zə, -zən

Theseion te'zɛïon
Theseus (alt.) 'te:zɔøs
Thesis 'tɛzɪs
Thespiae 'tɛspiɛ
Thessaloniki (gr.) θɛsalə'niki,
(Saloniki)
Theta (gr. Buchst.) 'te:ta
Thespis 'tɛspɪs
Thessalonich tɛsa'loːnɪç
Thetis 'te:tɪs
Theurg te|'ʊrk
Thibaut, Th. d'Arc (Sch., Ju.)
ti'bo, -'dark
Thienen (Ndld.) tiːnə
Thiers tjɛːʁ
Thing tɪŋ
Thionville (Fr.) tjɔ̃'vil (Die-
denhofen)
Thisbe (alt.) 'tɪsbe
Thoas (G., Iph.) 'to:as
Tholuck 'to:lʊk
Thoma 'to:ma
Thomas (Vn.) 'to:mas; (f.) tɔ-
'ma, (e.) 'tɔməs
Thomasius to'maːziʊs
Thompson 'tɔmpsn
Thomson 'tɔmsn
Thor to:r, -ʁ
Thora 'to:ra
thorakal tora'kaːl
Thorax 'to:raks
Thoret (Mey., Hug.) tɔ'ʁɛ
Thorium 'to:riʊm
Thorn to:rn
Thornton (e.) 'θɔ:ntən
Thorwaldsen (dän.) 'tɔɐvalsn̩
Thoth (äg.) to:t
Thrakien 'tra:kiən
Thrasybul, -los trazy'buːl,
tra'zy:bulɔs, - -'- -
Thrazien 'tra:tsïən
Threnodie treːno'diː
Thriller 'θrɪlə
Thrombose trɔm'bo:zə
Thron tro:n
Thuiskomar (Kl., Herm.)
tu|'ɪskomar, -ʁ
Thuja 'tu:ja

Thukydides tu'ky:didɛs
Thule 'tu:le, -lə
Thulium 'tu:liʊm
Thumelicus, -co (Gra.)
  tu'me:likʊs, -ko
Thun tu:n
Thunfisch 'tu:nfɪʃ
Thurgau 'tu:rɡao
Thurio (Sh., Ver.) 'tu:rio
Thusis (Schwz.) tu:zɪs
Thusnelda tʊs'nɛlda
Thutmosis (äg.) tut'mo:zɪs
Thymian 'ty:mia:n
Thyräus (Sh., Ant.) ty'rɛ:|ʊs
Thyrsus 'tyrzʊs
Tiara ti|'a:ra
Tiber (it.) 'ti:bər, -ɛʁ
Tiberias ti'be:rias
Tiberius ti'be:riʊs
Tibet 'ti:bɛt, ti'be:t
Tibull, -llus ti'bʊl, -lʊs
Tibur 'ti:bʊr, -ʁ
Tichonov (ru.) 'tji:xɔnɔf
Ticino (Fl.) ti'tʃi:no
Ticket 'tɪkət
Tichonov (ru.) 'tji:xɔnɔf
Ticktack 'tɪktak
tief ti:f
Tiefebene 'ti:f|e:bənə
Tiefflieger ¹'ti:ffli:ɡər; ²-ɛʁ
Tiegel ¹'ti:ɡəl; ²-gl̩
Tiekholz, Teak- 'ti:khɔlts
Tienschan (Geb., As.) 'tǐɛnʃan
Tientsin 'tǐɛntsin
Tiepolo 'tǐe:polo
Tier ¹ti:r; ²-ʁ
Tierarzt ¹'ti:r|a:rtst; ²-ʁ|a:ʁtst
Tierreich 'ti:ṛaeç, -ʁʁ-
Tiffany (e.) 'tifəni
Tiflis ti'fli:s
Tiger ¹'ti:ɡər; ²-ɛʁ
Tigre (Abess.) tə'ɡrae
Tigris (Fl.) 'ti:ɡrɪs
Tilburg (Ndld.) 'tɪlbʏrx
Tilde 'tɪldə
tilgen ¹'tɪlɡən; ²-ɡn̩
tilgbar ¹'tɪlkba:r; ²-ba:ʁ
Tilly 'tɪli

Tilsit 'tɪlzɪt
Timandra (Sh., Ti.) ti'mandra
Timbre (f.) tɛ̃:bʁ(ə)
Timbuktu tɪm'bʊktu
Times (Ztg.) taemz
timid, -de ti'mi:t, -də
Timişoara (Rum.) timi'ʃŏara
Timofej (ru. Vn.) tima'fjej
Timokratie timokra'ti:
Timon 'ti:mɔn
Timor (Insel) ti'mo:r, -ʁ
Timoska (Sch., Dem.) ti'mɔʃka
Timotheus ti'mo:teʊs
Timpani (it.) 'timpani
Timur 'ti:mʊr, -ʁ
Tingeltangel ¹'tɪŋəltaŋəl;
  ²-ŋl̩taŋl̩, (ö.) - -'- -
Tinktur tɪŋk'tu:r, -ʁ
Tinte 'tɪntə
Tintoretto tinto'reto
Tinwell (e.) 'tinwəl
Tip tɪp
tippen ¹'tɪpən; ²-pn̩
Tipperary (Ir.) tɪpə'rɛərɪ
Tippfehler ¹'tɪp-fe:lər; ²-ɛʁ
Tippzettel ¹'tɪptsɛtəl; ²-tl̩
tiptop tɪp'tɔp
Tirade ti'ra:də
Tirana (Alb.) ti'ra:na
Tiresias ti're:zias
tirilieren tiri'li:rən
Tirol ti'ro:l
Tirschenreuth (Sch., W.)
  'tɪrʃenrɔøt
Tirso de Molina ˌtirso de mɔ-
  'lina
Tiryns 'ti:rʏns
Tisch tɪʃ
Tischchen ¹'tɪʃçən; ²-çn̩
Tiselius (schw.) ti'se:liʊs
Tishburn (Sch., M. St.) 'tɪʃbə:n
Tissaphernes tɪsa'fɛrnɛs
Tissot (f.) ti'so
Tisza (magy.) 'tisɔ
Titan ti'ta:n
Tita Nana (Suppé, Bocc.) ˌti:ta
  'na:na
Titania ti'ta:nia

Titanic taǐ'tænɪk
titanisch ti'taːnɪʃ
Titel 'tiːtəl, (ö., schwz. auch)
  'tit-
Titicacasee ¹titi'kakaze:; ²-ᴢeː
Titinius (Sh., J. C.) ti'tiːniʊs
Titisee ¹'tɪtize:; ²-ᴢeː
Titlis (Berg) 'tiːtlɪs
Tito (jug.) 'tito
Titoist tito|'ɪst
Titov (ru.) ti'tɔːf
titrieren ti'triːrən
Titular (professor usw.) titu'laːr,
  -ʁ
Titulatur titula'tuːr, -ʁ
titulieren titu'liːrən
Titurel (W. Pars.) 'tiːturɛl
Titus 'tiːtʊs
Tityos (alt.) 'tiːty|ɔs
Tivoli 'tiːvoli
Tiziano Vecellio ti₁tsĭaːno ve-
  'tʃɛlĭo
Tizona (Cid) ti'θɔna
Tjost tjɔst
Tjumeń (N.-As.) tju'meːn̦
Tjutčev (ru.) tjutʃɛf
Tmesis 'tmeːzɪs
Toast (e.) toːst
toasten ¹'toːstən; ²-tn̦
Tobak 'toːbak
Tobaldi (He., Julia) to'baldi
Tobby (e.) 'tɔbi
Tobel ¹'toːbəl; ²-bl̦
toben ¹'toːbən; ²-bn̦
Tobias to'biːas
Tobies (Gra., Scherz) to'biːs
Toboggan to'bɔgan
Tobol (Fl.) ta'bɔːl
Tobol'sk (N.-As.) ta'bɔfisk
Tobruk (Afr.) 'tobrʊk
Tobsucht ¹'toːpzʊxt; ²-psʊxt
Toby (e.) 'toubi
Toccata (it.) to'kaːta
Tocharen to'xaːrən
Tochter ¹'tɔxtər; ²-ɛʁ
Tod, -des toːt, 'toːdəs
todbleich ¹toːt'blaeç, '- -;
  ²-t'bl̦-

Todd (e.) tɔd
Toddy (e.) 'tɔdi
todernst ¹toːt|'ɛrnst, '- -;
  ²-'ɛʀnst
Tod(feind usw.) 'toːt(faent)
Tödi (Berg) 'tøːdi
tödlich ¹'tøːtlɪç; ²-dl-
todmüde ₁toːt'myːdə
Tveŕ (Ru.) tvjeːr
Tofana to'faːna
Toffee tɔ'feː, 'tɔfɪ
Töffel ¹'tœfəl; ²-fl̦
Toga, pl. -gen 'toːga, -gən
Togal to'gaːl
Togliatti (it.) to'ɦati
Togo (jap.) 'toːgoː
Togo (Afr.) 'toːgo
Tohuwabohu ₁toːhuva'boːhu
Toilette (f.) twa'lɛtə
Tojo (jap.) 'toːdjo
Tokaj 'tokɔj
Tokajer 'tokɔjər, -ɛʁ
Tokayer ¹to'kaeər; ²-ɛʁ, (ö.)
  '- - -
Tokio 'toːkĭo:
Tokkata to'kaːta
Toledo to'leːdo, (sp.) to'leðo
tolerant tole'rant
Toleranz tole'rants
toll tɔl
Tolle 'tɔlə
Tolpatsch 'tɔlpatʃ
Tölpel ¹'tœlpəl; ²-pl̦
Tolstoj (ru.) tal'stɔːj
Toluca (M.-A.) to'luka
Toluol tolu|'oːl
Tomahawk 'tɔmahɔːk
Tomaszów (Po.) tɔ'maʃuf
Tomate to'maːtə
Tombak 'tɔmbak
Tombola 'tɔmbola
Tommaso (it.) tɔ'maːso
Tommy 'tɔmɪ
Tomsk (N.-As.) tɔmsk
Tomskij (Tschai., Pik.) 'tɔmskij
Ton toːn
Tonalität tonali'tɛːt
Tonart ¹'toːn|aːrt; ²-ʁt

Tončev (bg.) ˈtɔntʃef
Tønder (dä.) ˈtøn|ər, -ɛʁ, (dt.)
    Tondern
tönen ˈtøːnən
tönern ¹ˈtøːnərn; ²-ɛʁn
Tongking (chin.) dɔŋˈdjɪŋ
Toni ˈtoːni
Tonika ˈtoːnika
Tonikum ˈtoːnikʊm
tonisch ˈtoːnɪʃ
Tonnage tɔˈnaːʒə
Tonne ˈtɔnə
Tönnesen (J., Stü.) ˈtœnəsən
Tonsillitis tɔnzɪˈliːtɪs
Tophan (Raim.) toˈfaːn
Tonsur tɔnˈzuːr, -ʁ
Topas, -ses toˈpaːs, -aːzɛs
Topf tɔpf
Topfen ¹ˈtɔpfən; ²-pfn̩
Töpfer ¹ˈtœpfər; ²-ɛʁ
Topik ˈtoːpɪk
Topinambur topinamˈbuːr, -ʁ
Topographie topograˈfiː
Topos, pl. Topoi ˈtɔpɔs, ˈtɔpɔø
topp, Topp tɔp
Tor ¹toːr; ²-ʁ
Toreador (sp.) tɔreaˈdoːr, -ʁ
Torbole ˈtɔrbole
Torero (sp.) tɔˈreːro
Torf ¹tɔrf; ²-ʁf
Torgau ˈtɔrgao
töricht ˈtøːrɪçt
Torino toˈriːno
torkeln ¹ˈtɔrkəln; ²-ʁk-
Tornado tɔrˈnaːdo
Tornister ¹tɔrˈnɪstər; ²-ɛʁ
Tornio (Fi.) ˈtɔrniɔ
Toro ˈtoro
Toronto təˈrɔntoŭ
torpedieren tɔrpeˈdiːrən
Torpedo tɔrˈpeːdo
torpid tɔrˈpiːt
Torquato tɔrˈkwaːto
Torquemada (sp.) tɔrkeˈmaða
torquieren tɔrˈkviːrən
Torreón (M.-A.) tɔreˈɔn
Torricelli tɔriˈtʃɛli
Torsion tɔrˈzi̯oːn

Torso ˈtɔrzo
Tort ¹tɔrt; ²-ʁt
Torte ¹ˈtɔrtə; ²-ʁtə
Tortelett (e) tɔʁt(ə)ˈlɛt(ə)
Tortur tɔrˈtuːr, -ʁ
Tory, Tories ˈtoːrɪ, -ɪz
Tosca (Pu.) ˈtɔska
Toscanini toskaˈniːni
Toskana tɔsˈkaːna
tosen ¹ˈtoːzən; ²-ẓn̩
tosisch ˈtoːzɪʃ
tot toːt
total toˈtaːl
Totalisator totaliˈzaːtɔr, -ʁ
Totalität totaliˈtɛːt
Totem ˈtoːtɛm
Totemismus toteˈmɪsmʊs
töten ¹ˈtøːtən; ²-tn̩
Totgeburt ¹ˈtoːtgəbuːrt; ²ˈtoːt-
    ǧebuːʁt
Totila ˈtoːtila
Toto ˈtoːto
totsagen ¹ˈtoːtzaːgən; ²-tsaːgn̩
Toul (F.) tul
Toulon (F.) tuˈlõ
Toulouse tuˈluːz(ə)
Toulouse-Lautree tu‿luːz(ə)-
    loˈtʁɛk
Toupet (f.) tuˈpe
Tour ¹tuːr; ²-ʁ
Touraine (F.) tuˈʁɛn(ə)
Tourcoing (F.) tuʁˈkwɛ̃
Tourist tuˈrɪst
Tournai (Be.) tuʁˈnɛ
Tourné, -nee tʊʁˈne
tournieren tʊrˈniːrən
Tournüre tʊrˈnyːrə
Touropa tuˈroːpa
Tours tuːʁ
Toussaint tuˈsɛ̃
Towarisehtseh toˈvaːrɪʃtʃ
Tower (London) taŭə
Toxikologie tɔksikoloˈgiː
Toxin tɔˈksiːn
Toynbee ˈtɔinbi
Trab, -bes ¹traːp, -aːbəs; ²tʁ-
Trabant traˈbant
traben ¹ˈtraːbən; ²ˈtʁaːbn̩

Trabuko traˈbuːko, (ö.) -ˈbuko
Trachea traˈxe(ː)a, ˈ- - -
Tracheotomie traxeotoˈmiː
Trachom traˈxoːm
Tracht ¹traxt; ²tʁ-
trachten ¹ˈtraxtən; ²ˈtʁaxtn̩
trächtig, -ige ¹ˈtrɛçtɪç, -ɪgə;
  ²ˈtʁ-
Trachyt traˈxyːt
Tradeskantia tradɛsˈkantsɪ̈a
Trade-Union ˈtreːdjuːnjən
tradieren traˈdiːrən
Tradition tradiˈtsɪ̈oːn
traditionell traditsɪ̈oˈnɛl
Trafalgar trəˈfælgə
Trafik traˈfɪk
Trafo ˈtraːfo
tragbar ¹ˈtraːkbaːr; ²ˈtʁaːkba̩ʁ
träge ¹ˈtrɛːgə; ²ˈtʁ-
tragen, trägt, trug ¹ˈtraːgən,
  trɛːkt, truːk; ²ˈtʁaːgn̩
tragfähig, -ige ¹ˈtraːkfɛːɪç, -ɪgə;
  ²ˈtʁ-
Tragik ˈtraːgɪk
tragikomisch ˈtraːgikoːmɪʃ
Tragikomödie ˈtraːgikomøːdɪ̈ə
tragisch ˈtraːgɪʃ
Tragkraft ¹ˈtraːkk̩raft;
  ²ˈtʁaːkkʁ-
Tragöde traˈgøːdə
Tragödie traˈgøːdɪ̈ə
Train tʁɛ̃, (ö.) treːn
Trainer ˈtreːnər, -ɛʁ, (e.) ˈtreɪ̈-
trainieren treˈniːrən
Training ˈtreːnɪŋ, (e.) ˈtreɪ̈-
Traiteur (f.) tʁɛˈtœːʁ
Trajan, -nus traˈjaːn, -nʊs
Trajekt traˈjɛkt
Trakehnen traˈkeːnən
Trakl traːkl
Trakt ¹trakt; ²tʁ-
traktabel trakˈtaːbəl
Traktament traktaˈmɛnt
Traktat trakˈtaːt
traktieren trakˈtiːrən
Traktor ˈtraktor, -ʁ
Traktorist traktoˈrɪst
Tralje ˈtraljə

tralla! traˈlaː
trallala tralaˈlaː, ˈ- - -
trällern ¹ˈtrɛlərn; ²ˈtʁɛlɛʁn
Tram ¹tram; ²tʁ-
Tramin (Südtirol) traˈmiːn
Traminer ¹traˈmiːnər; ²-ɛʁ
Tramp ¹trɛmp; ²tʁ-
trampeln ¹ˈtrampəln; ²ˈtʁ-
trampen ˈtrɛmpən, trampn̩
Trampoline trampoˈliːnə
Tramway (e.) ˈtræmwei, (ö.)
  ˈtramvae
Tran traːn
Trance (e.) traːns, (f.) tʁɑ̃s(ə)
Tranchee (f.) tʁɑ̃ˈʃe
tranchieren trɑ̃ˈʃiːrən
Träne ¹ˈtrɛːnə; ²ˈtʁ-
Trani (It.) ˈtraːni
tränieren treˈniːrən
tranig, -ige ¹ˈtraːnɪç, -ɪgə; ²ˈtʁ-
Tranio (Sh., Wid.) ˈtraːnio
Trank ¹traŋk; ²tʁ-
tränken ¹ˈtrɛŋkən; ²ˈtʁɛŋkn̩
tranquillo (it.) traŋˈkvɪlo
Transaktion trans|akˈtsɪ̈oːn
transatlantisch trans|atˈlantɪʃ
Trans-Europ-Express TEE
  trans|əˈroːp|ɛkspres
Transfer transˈfeːr, -ʁ
transferieren transfeˈriːrən
Transfiguration transfigura-
  ˈtsɪ̈oːn
Transformator transfɔrˈmaːtor,
  -ʁ
Transfusion transfuˈzɪ̈oːn
Transistor tranˈzɪstor, -ʁ
Transit tranˈziːt, ˈtranzɪt
transitiv ˈtranzitiːf, - -ˈ-
transitorisch tranziˈtoːrɪʃ
Transjordanien transjɔrˈdaːnɪən
transkribieren transkriˈbiːrən
Transkription transkrɪpˈtsɪ̈oːn
translozieren transloˈtsiːrən
Transmission transmɪˈsɪ̈oːn
Trapani (It.) ˈtraːpani
Transparent, tra- transpaˈrɛnt
transpirieren transpiˈriːrən
transplantieren transplanˈtiːrən

transponieren transpo'niːrən
Transport ¹trans'pɔrt; ²tʀans-'pɔʀt
transportabel transpɔr'taːbəl
Transporter ¹trans'pɔrtər; ²-ɛʀ
Transporteur tʀanspɔʀ'tœːʀ, -ʀ
transportieren transpɔr'tiːrən
Transposition transpozi'tsĭoːn
transsilvanisch transzɪl'vaːnɪʃ
Transsubstantiation transsʊp-stantsĭa'tsĭoːn
Transuran trans|u'raːn
Transvaal trans'vaːl
Transversale transvɛr'zaːlə
transzendent transtsɛn'dɛnt
Trapez tra'peːts
Trapezakt tra'peːts|akt
Trapezoïd trapetso-'iːt
Trapezunt trape'tsʊnt
Trappe ¹'trapə; ²'tʀ-
Trapper ¹'trapər; ²'tʀapɛʀ
Trappist tra'pɪst
trara! ¹tra'raː; ²tʀa'ʀaː
Trasimenischer See trazi‚meː-nɪʃər, -ɛʀ 'zeː
Trasse 'trasə
trassieren tra'siːrən
Trastevere tras'teːvere
trätabel trɛ'taːbəl
Tratte ¹'tratə; ²'tʀ-
Trattoria (it.) trato'riːa
Traù (Jug., it.) tra|'u
Traualtar ¹'trao|altaːr; ²'tʀao|-altaːʀ
Traube ¹'traobə; ²'tʀ-
trauen ¹'traoən; ²'tʀ-
Traufe ¹'traofə; ²'tʀ-
träufe(l)n ¹'trɔøfə(l)n; ²'tʀ-
Traum ¹'traom; ²'tʀ-
Trauma 'traoma
traumatisch trao'maːtɪʃ
träumen ¹'trɔømən; ²'tʀ-
traurig, -ige ¹'traorɪç, -ɪgə; ²'tʀaorɪç
traut ¹traot; ²tʀ-
Trautonium trao'toːnĭʊm
Trauung ¹'traoʊŋ; ²'tʀ-

Travankur (S.-As.) 'travaŋkuːr, -ʀ
Trave 'traːvə
Travemünde traːvə'mʏndə
Travellerscheck 'trɛvələrʃɛk
Travers tʀa'vɛʀ, -'vɛʀs
Traverse tra'vɛrzə
traversieren travɛr'ziːrən
Travertin travɛr'tiːn
Travestie traves'tiː
travestieren traves'tiːrən
Trawler (e.) 'trɔːlər, -ʀ
Treatment 'triːtmənt
Treber ¹'treːbər; ²'tʀeːbɛʀ
Trebia, (it.) -bbia 'treːbia
Trebnitz 'treːbnɪts
Trebonius (Sh., J. C.) tre'boː-niʊs
Trecento (it.) tre'tʃɛnto
Treck ¹trɛk; ²tʀ-
Trecker ¹'trɛkər; ²'tʀɛkɛʀ
Treff ¹trɛf; ²tʀ-
treffen, traf, getroffen ¹'trɛfən, traːf, gə'trɔfən; ²'tʀɛfn̩, -, ǵe'tʀ-
Treibeis ¹'traep|aes; ²'tʀ-
treiben, trieb ¹'traebən, triːp; ²'tʀaebn̩
treideln ¹'traedəln; ²'tʀaedl̩n
Treidler ¹'traedlər; ²'tʀaedlɛʀ
Trelleborg 'trɛləbɔrk, (schw.) -'bɔrj
Trema 'treːma
tremolando (it.) tremo'lando
tremolieren tremo'liːrən
Tremolo 'treːmolo
Trémouille (Shaw, Joh.) tre-'muj
Trenchcoat (e.) 'trɛntʃkout
Trendelenburg 'trɛndələnbʊrk
trennen ¹'trɛnən; ²'tʀ-
Trense ¹'trɛnzə; ²'tʀɛnzə
Trent (Fl., E.) trɛnt
Trente et quarante (f.) tʀɑ̃ːte ka'ʀɑ̃ːt
Trento 'trɛnto
Trenton (N.-A.) 'trɛntən
Trepanation trepana'tsĭoːn

trepanieren trepa'niːrən
Treplev (Tsch.) trɛp'fiəf
treppauf, -ab ¹trɛp|'aof, -|'ap;
  ²tʁ-
Treppe ¹'trɛpə; ²'tʁ-
Treptow 'treːpto
Tresen ¹'treːzən; ²'tʁeːzn̩
Tresor ¹tre'zoːr; ²tʁe'zoːʁ
Trespe ¹'trɛspə; ²'tʁ-
Tresse ¹'trɛsə; ²'tʁ-
Trester ¹'trɛstər; ²'tʁɛstɛʁ
treten, trat ¹'treːtən, traːt;
  ²'tʁeːtn̩
Tret'jakov (ru.) tret-ja'kɔːf
treu ¹trɔø; ²tʁ-
treubrüchig, -ige ¹'trɔøbryçɪç,
  -ɪgə; ²'tʁɔøbʁ-
Treue ¹'trɔøə; ²tʁ-
Treueid ¹'trɔø|aet; ²'tʁ-
Treuenbrietzen trɔøən'briːtsən
Treuhänder ¹'trɔøhɛndər;
  ²'tʁɔøhɛndɛʁ
Trevirer 'treːvirər, -ɛʁ
Treviso tre'viːzo
Triade tri|'aːdə
Triangel 'triː|aŋəl
Triangulation tri|aŋgula'tsi̯oːn
Trianon tʁia'nõ
Triarier tri|'aːriər, -ɛʁ
Trias 'triːas
Tribade tri'baːdə
Tribrachys 'triːbraxʏs
tribulieren tribu'liːrən
Tribun tri'buːn
Tribunal tribu'naːl
Tribunat tribu'naːt
Tribüne tri'byːnə
Tribus 'triːbʊs
Tribut tri'buːt
Trichine tri'çiːnə
Trichter ¹'trɪçtər; ²'tʁɪçtɛʁ
Trick ¹trɪk; ²tʁ-
Trickfilm ¹'trɪkfɪlm; ²'tʁ-
Tricktrack ¹'trɪktrak; ²'tʁɪk-
  tʁak
tridentinisch triden'tiːnɪʃ
Trieb ¹triːp; ²tʁ-
Triebsand ¹'triːpzant; ²'tʁiːps-

triefen, trieft, troff ¹'triːfən,
  triːft, trɔf; ²'tʁiːfn̩
Triennium tri'ɛniʊm
Trient tri'ɛnt, 'triːɛnt, (it.)
Trento 'trɛnto
Trier triːr, -ʁ
Triere tri|'eːrə
Triest, (it.) -te tri'ɛst, -te
Trieur tʁi|œːʁ
Trifolium tri'foːliʊm
Trifonov (ru.) 'triːfɔnɔf
Trift ¹trɪft; ²tʁ-
triftig, -ige ¹'trɪftɪç, -ɪgə; ²'tʁ-
Trigeminus tri'geːminʊs
Triglav (Jug.) 'triglao
Triglyph, -phe tri'glyːf, -fə
Trigonometrie trigonome'triː
trigonometrisch trigono'meːtrɪʃ
Trigorin (ru.) tri'gɔːrin
Trik (k)ala (Gr.) 'trikala
triklin tri'kliːn
Triklinium tri'kliːniʊm
Trikolore tʁiko'loːʁə
Trikot tʁi'ko
Trikotage tʁiko'taːʒə
Triller ¹'trɪlər; ²'tʁɪlɛʁ
Trillion trɪli'oːn
Trilogie trilo'giː
Trimester ¹tri'mɛstər; ²-ɛʁ
Trimeter ¹'triːmetər; ²-ɛʁ
trimmen ¹'trɪmən; ²'tʁ-
Trimmer ¹'trɪmər; ²'tʁɪmɛʁ
Trineulo (Sh., St.) 'trɪŋkulo
Trinidad trini'ðað
Trinität trini'tɛːt
trinkbar ¹'trɪŋkbaːr; ²'tʁɪŋk-
  ba̩ːʁ
trinken, trank, getrunken ¹'trɪŋ-
  kən, traŋk, gə'trʊŋkən;
  ²'tʁɪŋkn̩, -, ɡe'tʁʊŋkn̩
Trinkgeld ¹'trɪŋkɡ̑ɛlt;
  ²'tʁɪŋkɡ̑-
Trinummus (Plautus) tri'nʊm-
  mʊs
Trio 'triːo
Triole tri'oːlə
Triolett trio'lɛt
Tripelallianz 'triːpəl|ali'ants

Triphtong trɪf'tɔŋ
Triplik tri'pliːk
Triplum 'triplʊm, 'trɪ-
Tripodie tripo'diː
Tripolis (Afr.) 'triːpolɪs
trippeln ¹'trɪpəln; ²'tʁ-
Tripper ¹'trɪpər; ²'tʁɪpɐʁ
Triptychon 'trɪptyçɔn
Triptyk 'trɪptʏk
Triquet (Tschai., One.) tʁi'kɛ
Trireme tri're:mə
trist ¹trɪst; ²tʁ-
Tristan 'trɪstɑn
Tritagonist tritɑgo'nɪst
Tritt ¹trɪt; ²tʁ-
Trittleiter ¹'trɪtlaetər; ²'tʁɪd̦-
  laetɐʁ
Triton, pl. -en 'triːtɔn, tri-
  'toːnən
Triumph ¹tri'ʊmf; ²tʁ-
triumphieren ¹triʊm'fiːrən;
  ²tʁ-
Triumvir, pl. -rn tri'ʊmvɪr, -rn
Triumvirat triʊmvi'rɑːt
trivial trivi'aːl
Trivialität triviɑli'teːt
Trivium 'triːviʊm
Troas (Alt.) 'troː|as
Trocadero (Paris) tʁoka'deːʁo
trochäisch tro'xɛːɪʃ
Trochäus tro'xɛːʊs
trocken ¹'trɔkən; ²'tʁɔkn̩
Trockij (ru.) 'trɔtskij
trocknen ¹'trɔknən; ²'tʁ-
Troclet (be.) tʁo'klɛ
Troddel ¹'trɔdəl; ²'tʁɔdl̩
Trödel ¹'trøːdəl; ²'tʁøːdl̩
Troër 'troːər, -ʁ
Trofimov (ru.) trɑ'fiːmɔf
Trog, pl. Tröge troːk, 'trøːgə
Trogir (Jug.) 'trɔgiːr, -ʁ
Troglodyt, -te troglo'dyːt, -tə
Troïlus 'troː|ilʊs
Troisdorf 'troːsdɔrf
Troja 'troːjɑ
Trojaner tro'jɑːnər, -ɐʁ
Trojka (ru.) 'trɔjkɑ
Trokar tro'kɑːr, -ʁ

Troll ¹trɔl; ²tʁ-
Trolleybus 'trɔlibʊs
Trollhättan 'trɔlhɛtɑn
Trombe 'trɔmbə
Trommel ¹'trɔməl; ²'tʁɔml̩
Trompete ¹trɔm'peːtə; ²tʁ-
Trompeter ¹trɔm'peːtər;
  ²tʁɔm'peːtɐʁ
Tromsö 'trumsøː
Trondheim 'trɔn(d)haïm
Trope, pl. -en 'troːpə, -pən
Tropf ¹trɔpf; ²tʁ-
tröpfeln ¹'trœpfəln; ²'tʁ-
Tropfen, tro- ¹'trɔpfən; ²'tʁɔpfn̩
Trophäe tro'fɛːə
tropisch 'troːpɪʃ
Troposphäre 'troːposfɛːrə, trɔ-
  po'sfɛːrə
Troppau 'trɔpao
troppo (it.) 'trɔpo
Tropus, pl. -en 'troːpʊs, -pən
Troß ¹trɔs; ²tʁ-
Trosse ¹'trɔsə; ²'tʁ-
Trost ¹troːst; ²tʁ-
trösten ¹'trøːstən; ²'tʁøːstn̩
tröstlich ¹'trøːstlɪç; ²'tʁøːsdl-
Trostpreis ¹'troːstpraes;
  ²'tʁoːstpʁaes
Trott ¹trɔt; ²tʁ-
Trottel ¹'trɔtəl; ²'tʁɔtl̩
trotten ¹'trɔtən; ²'tʁɔtn̩
Trottoir tro'twɑːʁ
Trotz ¹trɔts; ²tʁ-
trotzdem ¹'trɔtsdeːm; ²'tʁɔts-
  d̦eːm
trotzen ¹'trɔtsən; ²'tʁɔtsn̩
trotzig, -ige, -'ge ¹'trɔtsɪç, -ɪgə,
  -gə; ²'tʁ-
Troubadour (f.) trubɑ'duːʁ
Troupier (f.) tʁu'pje
Trousseau (f.) tʁu'so
Trouvère (f.) tʁu'vɛːʁ
Trovatore (it.) trovɑ'toːre
Troyes tʁwɑ
trübe ¹'tryːbə; ²'tʁ-
Trubeckoj (ru.) trubɛts'kɔːj
Trubel ¹'truːbəl; ²'tʁuːbl̩
trüben ¹'tryːbən; ²'tʁyːbn̩

Trübsal ¹'tryːpzaːl; ²'tʁyːp-
saːl
Truchseß ¹'trʊxzɛs; ²'tʁʊxz̧-
Trucksystem 'trakzʏsteːm
trudeln ¹'truːdəln; ²'tʁuːdln̩
Truffaldin (Sch., Tur., Strauß
Ari.) 'trʊfaldin
Truffaldino trʊfal'diːno
Trüffel ¹'trʏfəl; ²'tʁʏfl̩
Trug ¹truːk; ²tʁ-
trügen, trog, getrogen ¹'tryːgən,
troːk, gə'troːgən; ²'tʁyːgŋ, -,
ǧe'tʁoːgŋ̩
Truhe ¹'truːə; ²'tʁ-
Trulove (Strav.) 'truːlʌv
Truman 'truːmən
Trumeau (f.) tʁy'mo
Trumm, Trümmer ¹trʊm, 'trʏ-
mər; ²tʁʊm, 'tʁʏmɛʁ
Trumpeterstråle (I., P. G.)
trum'peːtərstroːlə
Trumpf ¹trʊmpf; ²tʁ-
Trumpfas ¹'trʊmpf|as; ²'tʁ-
Trumpffarbe ¹'trʊmpffarbə;
²'tʁʊmpffaʁbə
Trunk ¹trʊŋk; ²tʁ-
Trunksucht ¹'trʊŋkzʊxt;
²'tʁʊŋks-
Trupp, -ppe ¹trʊp, -pə; ²tʁ-
Trust trʌst, trʊst
Truthahn ¹'truːthaːn; ²'tʁ-
trutzig, -ige ¹'trʊtsɪç, -ɪgə;
²'tʁ-
Trypanosomen trypano'zoːmən
Tryptik 'trʏptɪk
Tsadsee 'tʃaːdzeː
Tsaldares (gr.) tsal'ðaris
Tschagguns (Ö.) tʃa'gʊns
Tschaikowski tʃae'kɔfski
Tschako 'tʃako, (ö. auch) 'tʃaː-
Tschandala (ind.) dçan'daːla
Tschang (Lehár, Land) tʃaŋ
Tschangscha (Chi.) 'tʃaŋʃa
Tschapka 'tʃapka
Tschechen 'tʃɛçən
tschechisch 'tʃɛçɪʃ
Tschechow 'tʃɛçɔf
Tscheka (r., Čeka) tʃɛ'ka

Tschekiang (Prov. China)
'dzœdz̧ĭaŋ
Tschekko (Kálmán, Mar.)
'tʃɛkɔ
Tscherokese tʃero'keːzə
Tscherwonez (r., Červonec) tʃɛr-
'vɔɲets
Tschiang Kai-Schek (chi.)
ˌdʒĭaŋ kaĭ-'ʃɛk
Tschibuk (Türk.) tʃi'bʊk
Tschifu (Chi.) 'tçifu
Tschikosch 'tʃiko:ʃ
Tschili (Prov., Chin.) 'tçili
Tschitral (As.) tʃi'tral
Tschou En-Lai (Chi.) ˌdz̧oŭ en-
'laĭ
Tschudi 'tʃuːdi
Tschunking (Chi. Pahsien)
'dʒuɲtçiŋ
Tsetsefliege 'tsɛtsefliːgə
Tsinanfu (Chi.) 'dz̧inanfu
Tsingtau (Chi.) 'tçiŋdaŭ
Tsuschima 'tsuʃima
Tuareg (Afr.) tu|'aːrɛg
Tuba 'tuːba
Tubal (Sh., Kaufm.) 'tuːbal
Tube 'tuːbə
Tuberkel tu'bɛrkəl
Tuberkulose tubɛrku'loːzə
Tuberose ¹tube'roːzə; ²-z̧ə
Tubus 'tuːbʊs
Tuch, pl. Tücher ¹tuːx, 'tyːçər;
²-ɛʁ
Tuchačevskij (ru.) tuxa'tʃɛfski
Tucholsky tu'xɔlski
tüchtig, -ige 'tʏçtɪç, -ɪgə
Tücke 'tʏkə
tückisch 'tʏkɪʃ
Tucumán (S.-A.) tuku'man
Tudeh (= partei, pers.) tu'dæh
Tudor 'tjuːdə
Tuff tʊf
tüfteln ¹'tʏftəln; ²-tl̩n
Tugend 'tuːgənt
Tuilerien (Paris) tɥilə'ʁiːən
Tuisko tu'ɪsko
Tukan 'tuːkan
Tula (Ru.) 'tuːła

Tularämie tulɑ:r|ɛ:ˈmi
Tuleea (Rum.) ˈtultʃe̯ɑ
Tüll tʏl
Tülle ˈtʏlə
Tullus ˈtʊlʊs
Tulpe ˈtʊlpə
(Alter)-tum usw. (ˈaltər)tu:m
Tumanskij (ru.) tuˈmɑ:nski
tummeln ˈtʊməln
Tümmler ¹ˈtʏmlər; ²-ɐʁ
Tumor ˈtu:mor, -ʁ
Tümpel ¹ˈtʏmpəl; ²-pḷ
Tumult tuˈmʊlt
tumultuarisch tumʊltuˈa:rıʃ
tun tu:n
Tünche ˈtʏnçə
Tundra (ru.) ˈtʊndrɑ
Tunesien tuˈne:zi̯ən
Tungusen tʊŋˈgu:zən
Tunguska (Fl.) tunˈguskɑ
Tunichtgut ¹ˈtu:nıçtgu:t;
  ²-tg̊-
Tunika ˈtu:nikɑ
Tunis ˈtu:nıs
Tunke ˈtʊŋkə
tunken ¹ˈtʊŋkən; ²-kṇ
Tunnel ˈtʊnəl
Tüpfel ¹ˈtʏpfəl; ²-pfḷ
tupfen ¹ˈtʊpfən; ²ˈtʊpfṇ
Tuppi (e.) ˈtʌpı; ²-ʁ
Tür ¹ty:r; ²-ʁ
Turandot (Sch.) ˈtu:rɑndɔt
Türangel ¹ˈty:r|aŋəl; ²ˈty:ʁ|aŋḷ
Turban ˈtʊrban
Turbine tʊrˈbi:nə
Turbodynamo ˈtʊrbodʏˌna:mo
Turbo-Prop-Flugzeug ˈtʊrbo-
  prɔp-flu:ktsoøk
turbulent tʊrbuˈlɛnt
Turčaninova (ru.) turtʃaˈɲinəva
Turčinskij (ru.) turˈtʃi:nski
Turenne tyˈʁɛn(ə)
Turf ¹tʊrf; ²-ʁf, (e.) tə:f
Turfan tʊrˈfɑ:n
Turgenjev, -nev (ru.) turˈgje:ɲɛf
Turiddu (Masc., C. R.) tuˈridu
Turin tuˈri:n, (it.) Torino to-
  ˈri:no

Türke ˈtʏrkə
Türkei tyrˈkae
Turkestan ˈtʊrkɛstɑ:n
Türkis tyrˈki:s
Turkmenen tʊrkˈme:nən
Turkologie tʊrkoloˈgi:
Turku (Fi.) ˈturku
Turm ¹tʊrm; ²tʊʀm
Turmalin tʊrmaˈli:n
turnen ¹ˈtʊrnən, ²-ʀnən
Turner (e.) ˈtə:nə
Turnhout (Ndld.) ˈtʏrnhoŭt
Turnier tʊrˈni:r, -ʁ
Turnovo (Bg.) ˈtəʀnəvɔ
Turnu (Gra., Ha.) ˈtʊrnu
Turnus ˈtʊrnʊs
Turnu-Severin (Rum.) turnu-
  seveˈrin
Turpin tʊrˈpi:n
Türrahmen ˈty:ʀʀɑ:mən
Turteltaube ¹ˈtʊrtəltaobə;
  ²-ʁtḷt-
Tusch tʊʃ
Tusche ˈtʊʃə
tuscheln ¹ˈtʊʃəln; ²-ʃḷn
Tuskulum ˈtʊskulʊm
Tüte ˈty:tə
Tutel (lt.) tuˈte:l
tuten ¹ˈtu:tən; ²-tṇ
Tut-ench-amun (äg.) tutanx|a-
  ˈmun
Tutor, pl. -ren ˈtu:tor, tuˈto:rən,
  -ʁ
Tutrakan (bg.) ˈtutrakan
Tutti (it.) ˈtuti
Tuttifrutti (it.) tutiˈfruti
Twain twein
Tveř (Ru.) tjvje:rj
Tweed (e., Stoff) twi:d
Tweed (Fl.), -de (Sch., M. St.)
  twi:d, -də
Twen(boy) tvɛn(bɔi)
Twinset ˈtvɪnset
Twist tvɪst
Twostep (e.) ˈtu:stɛp
Tybalt (Sh., Ro.) ˈti:balt
Tyburn (Sch., M. St.) ˈtaibə:n,
  -bœrn

Tycho de Brahe (dä.) ˌtyǥo de
ˈbʁɑːə
Tydeus (alt.) ˈtyːdɛŭs
Tympanon ˈtʏmpanɔn
Tyndall (ir.) tɪndl̩
Tyne (Fl.) tɑin
Tynemouth ˈtɑinmauθ
Typ, -pe tyːp, -pə
Typhoeus tyˈfoːɔøs
Typhon (alt.) ˈtyːfoːn
Typhös tyˈføːs
Typhus ˈtyːfʊs
typisch ˈtyːpɪʃ
Typographie typogrɑˈfiː
typographisch typoˈgrɑːfɪʃ

Typus ˈtyːpʊs
Týr (nord.) tyːr, -ʁ
Tyrann tyˈran
Tyrannei tyraˈnɑe
Tyrannis tyˈranɪs
tyrannisch tyˈranɪʃ
tyrannisieren tyraniˈziːrən
Tyraspil' (Ukr.) ˈtiraspifi
Tyrrel (Sh., R. III) ˈtirəl
Tyrrhenisches Meer tyˌreːnɪʃəs
ˈmeːr
Tyrtaios tʏrˈtaïǀɔs
Tyros, -rus (Alt.) ˈtyːrɔs,
-rʊs
Tyson (e., Fry) ˈtaisn

U

u uː
Ubaldo (it.) uˈbaldo
U-Bahn ˈuːbaːn
Ubangi (Fl., Afr.) uˈbaŋgi
Übel, übel, übler ¹ˈyːbəl, ˈyːblər;
²ˈyːbl̩, ˈyːbl̩ʁ
übellaunig, -ige ¹ˈyːbəl̩laonɪç,
-igə; ²ˈyːbl̩l-
üben ¹ˈyːbən; ²-bn̩
über ¹ˈyːbər; ²-ɛʁ
überall ¹yːbərǀˈal; ²-bɛʁǀ-, ˈ- - -
überanstrengen ¹yːbərǀˈanʃtrɛŋ-
ən; ²yːbɛʁǀˈanʃtʁ-
überaus ¹yːbərǀˈaos, ˈ- - -;
²-bɛʁǀˈ-
Überbleibsel ¹ˈyːbərblaepzəl;
²-ɛʁblaepsl̩
Überdruß ¹ˈyːbərdrʊs; ²-ɛʁdʁ-
übereifrig, -ige ¹ˈyːbərǀaefrɪç,
-igə; ²-ɛʁǀaefʁ-
überein ¹yːbərǀˈaen; ²-ɛʁǀ-
übereinander ¹ˈyːbərǀaenandər,
ˌ- - -ˈ- -; ²-ɛʁǀaenandɛʁ
überfahren ¹ˈyːbərfaːrən, - -ˈ- -;
²ˈyːbɛʁ- ähnlich mit doppel-
ter Betonung und meist mit
Bedeutungsunterschied, z. B.

überführen, -gehen, -gießen,
-leben, -laden, -setzen, -treten
überglücklich ¹yːbərˈglʏklɪç;
²-ɛʁˈǥlʏǥl-
überhandnehmen ¹yːbərˈhant-
neːmən; ²-ɛʁ-
überhaupt ¹yːbərˈhaopt; ²-ɛʁ-
überkommen usw. ¹yːbər-
ˈkɔmən; ²-ɛʁ-
Überlandleitung ¹yːbərˈlant-
laetʊŋ; ²-ɛʁˈlandl-
überlebensgroß ¹yːbərˈleːbəns-
groːs; ²-ɛʁˈleːbn̩sǥʁoːs
übermannshoch ¹yːbərˈmans-
hoːx; ²-ɛʁm-
übermenschlich ¹ˈyːbərmɛnʃlɪç;
²-ɛʁm-
übermorgen ¹ˈyːbərmɔrgən;
²-ɛʁmɔʁgn̩
überraschen ¹yːbərˈraʃən;
²-ɛʁˈʁaʃn̩
Überschallgeschwindigkeit
¹yːbərˈʃalgəʃvɪndɪçkaet;
²-ɛʁˈʃalǥə-
überschlächtig, -ige ¹ˈyːbərʃlɛç-
tɪç, -igə; ²-ɛʁ-
Übersee ¹ˈyːbərzeː; ²-ɛʁʐeː:

übersehen ¹yːbər'zeːən; ²-ɛʁ'ʑeː-
ən
übersichtig, -ige ¹¹yːbərzɪçtɪç,
-ɪgə; ²-ɛʁʑ-
übersiedeln ¹¹yːbərziːdəln;
²-ɛʁʑiːdl̩n
übertreiben ¹yːbər'traebən;
²-ɛʁ'tʁaebn̩
überzeugen ¹yːbər'tsɔøgən;
²-ɛʁ'tsɔøgn̩
überzwerch ¹yːbər'tsvɛrç;
-ɛʁ'tsvɛʁç
üblich ¹¹yːplɪç; ²-bl̩-
U-Boot 'uːboːt
übrig, -ige ¹¹yːbrɪç, -ɪgə; ²-bʁ-
Übung 'yːbʊŋ
Uekermark 'ʊkərmark
Ückermünde ʏkər'mʏndə
Udine 'uːdine
Udmurten (Ru.) ud'murtən
Ufa (Film) 'uːfa
Ufa (Ru.) u'fa
Ufer ¹¹uːfər; ²-ɛʁ
Uffizien ʊ'fiːtsĭən
Uganda u'ganda
Uglič (Ru.) 'uːgɦiːtʃ
Ugolini, -no ugo'liːni, -no
Uhr ¹uːr; ²-ʁ
Uhu ¹¹uːhuː, -hu
Uitlander 'œÿtlandər, -ʁ
Ujest 'uːjɛst
Ujguren (N.-As.) uĭ'guːrən
Ukas, pl. -se u'kas, u'kaːzə
Uk(e)lei 'uːk(ə)lae
Ukrajina ukra'jiːna, (dt.) Ukra-
ine ʊ'kraenə
Ukulele uku'leːlə
Ulan u'laːn
Ulan-Bator (N.-As.) u'ła:n-
'baːtər, -ʁ
Ulanka u'laŋka
Ulan-Ude (N.-As.) u'ła:n-u'deː
Ulema ule'maː
Ulixes u'lɪksɛs
Ul'janov (ru.) ufi-'jaːnɔf
Ul'janovsk (Ru.) ufi-jaːnɔfsk
Ulk ʊlk
Ulkus, pl. Ulzera 'ʊlkʊs, 'ʊltsera

Ulme 'ʊlmə
Ulphilas 'ʊlfilas
Ulrich 'ʊlrɪç
Ulrike ʊl'riːkə
Ulster (Mantel) ¹¹ʊlstər; ²-ɛʁ
Ulster (Nordirland) 'ʌlstə
Ultima ratio 'ʊltima 'raːtsĭo
ultimativ ʊltima'tiːf
Ultimatum ʊlti'maːtʊm
Ultimo, -mus 'ʊltimo, -mʊs
Ultrakurzwelle ¹ʊltra'kʊrtsvɛlə,
¹-----; ²-ʁts-
Ultramarin ʊltrama'riːn
ultramontan ʊltramɔn'taːn
Ultraquist ʊltra'kvɪst
Ultraschall 'ʊltraʃal
Ulyss, -sses u'lʏs, -sɛs
Ulzeration ʊltsera'tsĭoːn
um ʊm; s. S. 122
umarmen ¹ʊm|'armən; ²-aʁmən
Umbau 'ʊmbao
Umbelliferen ʊmbɛli'feːrən
Umberto um'bɛrto
Umbra 'ʊmbra
Umbralglas ¹ʊm'braːlglaːs;
²-ĝl-
Umbrien 'ʊmbriən
Umeå (Schw.) 'yːməɔ:
umfallen ¹¹ʊmfalən; ²-ln̩
Umfang 'ʊmfaŋ
umfassen ¹¹ʊmfasən, -¹--; ²-sn̩
umflort ¹ʊm'floːrt; ²-ʁt
Umgang 'ʊmgaŋ
umgänglich 'ʊmgɛŋlɪç
Umgangssprache ¹¹ʊmgaŋs-
ʃpraːxə; ²-ʃpʁ-
umgehen 'ʊmgeːən, -¹--; ähnlich mit doppelter Betonung
und z. T. mit Bedeutungsunterschied z. B. umlaufen,
-pflanzen, -schreiben usw.
umher ¹ʊm'heːr; ²-ʁ
umhin ʊm'hɪn
Umlaut 'ʊmlaot
ummodeln ¹¹ʊmmoːdəln; ²-dl̩n
umnachtet ʊm'naxtət
umseitig, -ige ¹¹ʊmzaetɪç, -ɪgə;
²-ʑ-

umseits ¹'ʊmzaets; ²-z̦-
umso ¹'ʊmzoː; ²-z̦-
umsonst ¹ʊm'zɔnst; ²-z̦-
umstritten ¹ʊm'ʃtrɪtən;
  ²-'ʃtʁɪtn̩
umzingeln ʊm'tsɱəln
un- ʊn-; s. S. 122 ff.
unabänderlich ¹'ʊn|ap|ɛndərlɪç,
  --'---; ²-dɛʁl-
unablässig, -ige ʊn|ap'lɛsɪç, -ɪgə
unannehmbar ¹'ʊn|anne:mbaːr;
  ²-ʁ
una poenitentium (G., Faust)
  ˌuːna pøni'tɛntiᵘʊm
unartig, -ige ¹'ʊn|aːrtɪç, -ɪgə;
  ²-ʁt-
Una Sancta 'uːna zaŋkta
unaufhaltsam ¹ʊn|aof'halt-
  zaːm, '----; ²-tsaːm
unausstehlich ʊn|aos'ʃteːlɪç,
  '----
Unband 'ʊnbant
unbändig, -ige 'ʊnbɛndɪç,
  -ɪgə
unbedarft ¹'ʊnbədarft; ²-be-
  daʁft
unbedingt ¹'ʊnbədɪŋt; ²-be-
Unbill 'ʊnbɪl
Uncle Sam (e.) ˌʌŋkl 'sɛm
Undén (schw.) ʉn'deːn
Understatement andə'steːtmənt
Undezime ʊn'deːtsimə, (ö.)
  Undezim 'ʊndɛtsiːm
Undine (Lortz.) ʊn'diːnə
Unding 'ʊndɪŋ
Undset 'ʊnsɛt; (no.) 'ʉnːset
und so weiter, usw. ¹ʊnt zoː
  'vaetər; ²-tsoː'vaetɛʁ
Undulation ʊndula'tsi̯oːn
unehelich 'ʊn|eːəlɪç
unendlich ¹ʊn|'entlɪç; ²-d̦l-
unentwegt 'ʊn|ɛntveːkt
unerhört ¹'ʊn|ɛrhøːrt, --'-;
  ²-ɛʁhøːʁt
unermeßlich ¹'ʊn|ɛrmɛslɪç,
  --'--; ²-ɛʁm-
unermüdlich ¹'ʊn|ɛrmyːtlɪç,
  --'--; ²-ɛʁ'myːd̦l-

unersetzbar ¹'ʊn|ɛrzɛtsbaːr,
  --'--; ²-ɛʁzɛtsba:ʁ
Unesco (Kurzwort) u'nɛsko
unfair 'ʊnfɛːr, -ʁ
Unfall 'ʊnfal
Unflat 'ʊnflaːt
unfreundlich ¹'ʊnfrɔøntlɪç;
  ²-fʁɔøndl̩-
Unfug 'ʊnfuːk
ungar ¹'ʊngaːr; ²-ʁ
ungarisch 'ʊŋgarɪʃ
Ungarn 'ʊŋgarn
ungeachtet ¹'ʊngə|axtət; ²-ge|-
ungeeignet ¹'ʊngə|aeknət; ²-ge|-
ungefähr ¹'ʊngəfɛːr; ²-gefɛːʁ
Ungemach ¹'ʊngəmaːx; ²-ge-
ungeniert 'ʊnʒəniːrt
ungeschlacht ¹'ʊngəʃlaxt; ²-ge-
ungeschoren ¹'ʊngəʃoːrən; ²-ge-
Ungetüm ¹'ʊngətyːm; ²-ge-
Ungewitter ²'ʊngəvɪtər; ²-ge-
  vɪtɛʁ
Ungeziefer ¹'ʊngətsiːfər; ²-ge-
  tsiːfɛʁ
unglaubhaft 'ʊnglaophaft
unglaublich ʊn'glaoplɪç; '---
Unglimpf 'ʊnglɪmpf
Unglück 'ʊnglʏk
Ungunst 'ʊngʊnst
ungut 'ʊnguːt
uni (Farbe) y'ni
uniert u'niːrt
unifizieren unifi'tsiːrən
Uniform uni'form, (ö.) 'uː-, 'u-
Unikum 'uːnikᵘʊm
uninteressant 'ʊn|ɪntɛrɛsant
Union u'ni̯oːn
Union Yack 'juːnjən dʒæk
unisono (it.) uni'soːno
Unitarier ¹uni'taːri̯ər; ²-ɛʁ
United States jʊˌnaetid 'steits
universal univɛr'zaːl
universell univɛr'zɛl
Universität univɛrzi'tɛːt
Universum uni'vɛrzᵘʊm
Unke 'ʊŋkə
unklar ¹'ʊnklaːr; ²-ʁ
Unkosten ¹'ʊnkɔstən; ²-stn̩

Unkraut ¹'ʊnkraot; ²-kʁ-
unliebsam ¹'ʊnliːpzaːm; ²-psaːm
unmenschlich ¹'ʊnmɛnʃlɪç, -'- -
unnahbar ¹'ʊnnaːbaːr, -'- -; ²-ʁ
UNO (Kurzwort) 'uːno
unordentlich ¹'ʊn|ɔrdəntlɪç;
²-ɔʁdəndl̩-
Unrat 'ʊnraːt
unreell 'ʊnre|ɛl
unrichtig, -ige 'ʊnrɪçtɪç, -ɪgə
uns ʊns
unsäglich ¹ʊn'zɛːklɪç; ²-ʒɛːgl̩-
unschätzbar ¹'ʊnʃɛtsbaːr, -'- -;
²-sb̥aːʁ
Unschlitt 'ʊnʃlɪt
unser ¹'ʊnzər; ²-ɛʁ
unsolide 'ʊnzoliːdə
Unstern ¹'ʊnʃtɛrn; ²-ɛʁn
unstimmig, -ige 'ʊnʃtɪmɪç, -ɪgə
Unstrut 'ʊnstruːt, -ʃtruːt
unten ¹'ʊntən; ²-tn̩
unter ¹'ʊntər; ²-tɛʁ
Unterarm ¹'ʊntər|arm; ²-tɛʁ|-
aʁm
unterbrechen ¹ʊntər'brɛçən;
²-tɛʁb̥ʁɛçn̩
unterderhand ¹ʊntərdeːr'hant;
²-tɛʁdɛʁ'hant
unterdessen ¹ʊntər'dɛsən;
²-ɛʁ'dɛsn̩
untereinander ¹ʊntər|ae'nandər;
²-ɛʁ|ae'nandɛʁ
unterfertigen ¹ʊntər'fɛrtɪgən;
²-ɛʁ'fɛʁtɪgn̩
untergärig, -ige ¹'ʊntərgɛːrɪç,
-ɪgə; ²-ɛʁg-
Unterhalt ¹'ʊntərhalt; ²-ɛʁh-
unterhandeln ¹ʊntər'handəln;
²-ɛʁ'handl̩n
Unterhändler ¹'ʊntərhɛndlər;
²-ɛʁhɛndlɛʁ
Unterlaß ¹'ʊntərlas; ²-ɛʁl-
unterlassen ¹ʊntər'lasən;
²-ɛʁ'lasn̩
Untermiete ¹'ʊntərmiːtə;
²-ɛʁm-
Unternehmer ¹ʊntər'neːmər;
²-ɛʁ'neːmɛʁ

Unteroffizier ¹'ʊntər|ɔfiˌtsiːr;
²-ɛʁ|ɔfiˌtsiːʁ
unterordnen ¹'ʊntər|ɔrdnən;
²-ɛʁ|ɔʁd-
Unterricht ¹'ʊntɛrrɪçt; ²-ɛʁʁ-
unterrichten ¹ʊntər'rɪçtən;
²-ɛʁ'ʁɪçtn̩
unterscheiden ¹ʊntər'ʃaedən;
²-ɛʁʃaedn̩
Unterschied ¹'ʊntərʃiːt; ²-ɛʁʃ-
unterstellen ¹'ʊntərʃtɛlən, - -'- -;
²-ɛʁʃtɛln̩
Unterschleif ¹'ʊntərʃlaef; ²-ɛʁʃ-
Unterschlupf ¹'ʊntərʃlʊpf; ²-ɛʁʃ-
Unterseeboot ¹'ʊntərzeːboːt;
²-ɛʁʒ-
Untertan ¹'ʊntərtaːn; ²-ɛʁt-
unterwegs ¹ʊntər'veːks;
²-ɛʁ'v-
unterwürfig, -ige ¹'ʊntərvʏrfɪç,
-ɪgə; ²-ɛʁvʏʁf-
Untiefe 'ʊntiːfə
Untier ¹'ʊntiːr; ²-ʁ
unvergänglich 'ʊnfɛrgɛŋlɪç
unverschämt ¹'ʊnfɛrʃɛːmt;
²-ɛʁʃ-
unversehens ¹'ʊnfɛrzeːəns;
²-ɛʁʒ-
unumwunden ¹'ʊn|ʊmvʊndən;
²-dn̩
unvorsichtig, -ige ¹'ʊnfoːrzɪçtɪç,
-ɪgə; ²-ʁʒ-
unwiderstehlich ¹'ʊnviːdərʃteː-
lɪç, - - -'- -; ²-ɛʁʃ-
Unwillen ¹'ʊnvɪlən; ²'ʊnvɪln̩
unwirsch ¹'ʊnvɪrʃ; ²-ʁʃ
unwohl 'ʊnvoːl
Unzahl 'ʊntsaːl
unzählig, -ige ʊn'tsɛːlɪç, -ɪgə
Unze 'ʊntsə
Unziale ʊn'tsĭaːlə
Upanischaden upani'ʃadən
üppig, -ige, -'ge 'ʏpɪç, 'ʏpɪgə,
'ʏpgə
Uppsala (Schw.) 'ʉpsaːla
up to date ʌp tə deit
Upton 'ʌptən
Ur ¹uːr; ²-ʁ

Urabstimmung ¹'uːr|apʃtɪmʊŋ;
²-ʁ|-
Urahn, -ne ¹'uːr|aːn, -nə; ²-ʁ|-
Ural u'raːl
Ural'sk (Ru.) u'raːfɪsk
uralt ¹'uːr|alt, -'-; ²-ʁ|-
Urämie urɛ'miː
Uran u'raːn
Urania u'raːnia
Uranos 'uːranɔs
Uraufführung ¹'uːr|aoffyːrʊŋ;
²-ʁ|-
Urbain (f.) yʁ'bɛ̃
Urban, -nus 'ʊrbaːn, ʊr'baː-
nʊs
urban ʊr'baːn
urbar ¹u:rbaːr; ²-ʁbaːʁ, (ö.)
'ʊrbaːr
Urbarium ʊr'baːriʊm
Urbild ¹'uːrbɪlt; ²-ʁb-
Urbino ur'biːno
urchig, -ige ¹ʊrçɪç, -ɪgə;
²ʊʁçɪç
Urd, -d ʊrð, ʊrd
Urenkel ¹'uːr|ɛŋkəl; ²-ʁ|ɛŋkl̩
Ureter u'reːtər, -ʁ
Urethra u'reːtra
Urey (e.) 'jʊəri
Urfa (Fü.) 'urfa
Urfehde ¹'uːrfeːdə; ²-ʁf-
Urform ¹'uːrfɔrm; ²-ʁfɔʁm
Urga (N.-As.) 'urga
urgemütlich ¹ˌuːrgə'myːtlɪç;
²-ʁgeˈmyːdl̩-
urgieren ʊr'giːrən
Urgroß(vater usw.) ¹'uːrgroːs
(-faːtər); ²-ʁgʁ-
Urheber ¹'uːrheːbər; ²-ʁheːbɛʁ
Uri 'uːri
Urian 'uːriaːn
Urias u'riːas
Uriel 'uːriɛl
Urin u'riːn
Urkanton ¹'uːrkantoːn;
²-ʁk-
Urkunde ¹'uːrkʊndə; ²-ʁk-
Urlaub ¹'uːrlaop; ²-ʁl-
Urne ¹'ʊrnə; ²-ʁnə

Urner Loch ˌʊrnər 'lɔx
Urning ¹'ʊrnɪŋ; ²-ʁn-
Urologie urolo'giː
Urraca (sp.) u'raka
Ursache ¹'uːrzaxə; ²-ʁʐ-
Ursel, -sula 'ʊrzəl, -zula
Ursprung ¹'uːrʃprʊŋ; ²-ʁʃpʁ-
ursprünglich ¹'uːrʃprʏŋlɪç;
²'uːʁʃpʁ-, -'- -
Ursulinerin ʊrzu'liːnərɪn
Urswiek (Sh., R. III) 'əːrzwɪk
Ürte (schwz.) 'ʏrtə
Urteil ¹'ʊrtael; ²'ʊʁt-, (Schwz.
auch) uːr-
urteilen ¹'ʊrtaelən; ²-ʁtaeln̩
Uruguay uru'gŭaĭ
Urvasi (ind.) 'u(ː)rvaçiː, ˌ- -'-
urwüchsig, -ige ¹'uːrvyːksɪç,
-ɪgə; ²-ʁv-
Urzeugung ¹'uːrtsɔøgʊŋ;
²-ʁts-
Ušakov (ru.; Suppé, Fat.)
uʃa'kɔf
Usambara (Afr.) usam'baːra
Usambaraveilchen ¹uzam'baːra-
ˌfaelçən; ²-çn̩
Usance, pl. -cen y'zã:s(ə),
-sən
Usbek (Gra., Gothl.) us'bɛk,
ʊs'beːk
Usedom 'uːzədɔm
Usiel (bi.) 'uːziɛl
Üsküdar (Tü.) yskʏ'dar, -ʁ
Uspenskij (ru.) u'spjɛːnski
usuell uzu'ɛl
Usurpator uzʊr'paːtɔr, -ʁ
usurpieren uzʊr'piːrən
Usus 'uːzʊs
Utah 'juːta:
Utensilien utɛn'ziːliən
Uterus 'uːtərʊs
Utica (Alt.) 'uːtika
Utilitarismus utilita'rɪsmʊs
Utočkin (ru.) 'uːtɔtʃkin
Utopia, -pien u'toːpia, -piən
Utopie, -pien uto'piː, -'piːən
utopisch u'toːpɪʃ
Utopist uto'pɪst

Utrecht 'y:trɛxt; (dt.) 'u:trɛçt
Uttar Prades̆ (S.-A.) 'utɑrpra-
  'de:ç
Uvula (lt.) 'u:vulɑ

uvular uvu'lɑ:r, -ʁ
Uz u:ts
Uzbeken (N.-As.) uz'be:kən
Už̆horod (Ukr.) 'uʒhɔrɔd

V

(vgl. auch W)
v fɑo
Vaal (Fl., Afr.) fɑ:l
va banque (f.) vɑ'bã:k(ə)
Vác (magy.) vɑ:ts, (dt.)
  Waitzen
Václav (Tsch.) 'vɑ:tslaf
Vademecum (lt.) vɑ:de'me:kʊm
Vadstena (Schw.) 'vɑste:na
Vaduz (Liechtenstein) fɑ'dʊts
vae vietis vɛ: 'vɪkti:s
vag, -ge vɑ:k, 'vɑ:gə
Vagabund vɑgɑ'bʊnt, (Schwz.
  auch) fɑ-
vagabundieren vɑgɑbʊn'di:rən,
  (Schwz. auch) fɑ-
Vagant vɑ'gɑnt, (Schwz. auch)
  fɑ-
vagieren vɑ'gi:rən
Vagina vɑ'gi:na
Vaihingen 'faeŋ̍ən
vakant vɑ'kɑnt
Vakanz vɑ'kɑnts
vakat 'vɑ:kat
Vakuum 'vɑ:ku-ʊm
Vakzination vɑktsina'tsi̯o:n
Valeour (Sch., Neffe) 'valku:r
Valdivia (S.-A.) bɑl'diβia
vale (lt.) 'vɑ:le
valedizieren vɑledi'tsi:rən
Valence (F.) vɑ'lã:s(ə)
Valencia vɑ'lɛntsi̯a; (sp.) bɑ-
  'lɛnθi̯a
Valenciennes vɑlã'sjɛn(ə)
Valens 'vɑ:lɛns
Valentin, fm. -ne 'vɑ:lɛnti:n,
  vɑ:lɛn'ti:nə, (ö.) 'vɑl-
Valentin (Komiker) 'fɑ:-

Valenz vɑ'lɛnts
Valeria (Sh., Co.) vɑ'le:ria
Valerianus vɑleri'ɑ:nʊs
Valerio vɑ'lɛ:rio
Valerius (alt.) vɑ'le:riʊs
Valery (Verdi, Trav.) vɑle'ʀi
Valéry (f.) vɑle'ʀi
Valeska (Vn.) vɑ'lɛska
Valet (Abschied) vɑ'lɛt, -'le:t
Valet (f., Bube, Knecht) vɑ'le
Valetta vɑ'leta
Valeur (f.) vɑ'lœ:ʀ
Valjevo (Jug.) 'vɑ:fievɔ
Valla (it.) 'vɑla
Valladolid bɑfiɑðo'lið
Vallée (f.) vɑ'le
Valmy vɑl'mi
Valois vɑ'lwɑ
Valona (Alb., it.) vɑ'lo:na
Valor (Wert) 'vɑ:lɔr
Valor, pl. -ren (Wertpapier)
  vɑ'lo:r, -rən
valorisieren vɑlori'zi:rən
Valparaiso bɑlpara|'iso
Valse (f.) vals
Valuta vɑ'lu:ta
Valvert (f.) vɑl'vɛ:ʀ
Valzacchi (R. Strauß, Ros.)
  vɑl'tsaki
Vamp (e.) væmp
Vampir 'vɑmpi:r
Vanadin vɑna'di:n
Vanadium vɑ'nɑ:diʊm
van Anrooy (ndld.) fɑn 'ɑnroï
Vancouver væn'ku:və
Vandalen (Volk) 'vɑndɑlən;
  (Schimpfw.) vɑn'dɑ:lən
vandalisch vɑn'dɑ:lɪʃ

Vandalismus vanda'lɪsmʊs
(van den) Vondel (Ndld.) 'vɔn-
 dəl
Van der Goes (Ndld.) van dər
 'ɣus
Vandervelde (Ndld.) vandər-
 'vɛldə
Van der Waals (Ndld.) van dər
 waːls
Vandilier van'diːlieʀ
van Dyck (Ndld.) van dɛĭk
Vänern (See) 'vɛːnərn
van Eyck (Ndld.) van ɛĭk
van Gogh (Ndld.) fan 'xɔx
Vanhattan (Shaw, Kaiser)
 væn'hætn
Vanille va'nɪljə; (ö.) va'nɪlə;
 (schwz. auch) 'vanil
Vanja (ru. Vn.) 'vaɲa
Vannes van
Vansen (G., Egm.) 'fanzən
Van 't Hoff (Ndld.) van (ə)t 'hɔf
Van Zeelant (be.) fan 'zeːlant
Vapeurs va'pœːʀs
Väradal (I., Kronpr.) 'væːradal
Varaždin (Jug.) va'raʒdiːn, '- - -
Vardar (Fl.) 'vardaːʀ
Varel 'faːrəl
Varennes (F.) va'rɛn
Vareseu (Kálmán, Csárdásf.)
 va'resku
Varese (It.) va'reːse
Vargas (bras.) 'vargas
Varia 'vaːria
variabel vari'aːbəl
Variante vari'antə
Variation varia'tsĭoːn
Varietät varie'tɛːt
Varieté (f.) varje'te
variieren vari|'iːrən
Varinas va'riːnas
Variolen vari'oːlən
Varizellen vari'tsɛlən
Varja (ru. Vn.) 'vaːrja
Varlaam (Puš., Muss.) varła-
 'a(ː)m
Varlamov (ru.) var'ła:mɔf
Varna (Bg.) 'varna

Varnhagen 'farnhaːgən
Varrius (Sh.) 'variʊs
Varro (alt.) 'varo
Vartejg (I., Kronpr.) 'vaːrtɛĭg
Varus 'vaːrʊs
Varzin far'tsiːn
Váša (tsch. Vn.) 'vaːʃa
Vasantasena vasanta'seːnaː
Vasall va'zal
Vasari (it.) va'zaːri
Vasco da Gama 'vaʃku da 'gama
Vase 'vaːzə
Vaselin vaze'liːn
Vasenol vaze'noːl
Vasilenko (ru.) vaɕɪ'fienkɔ
Vasilij (ru. Vn.) va'ɕiːfiij
Vasilisa (ru.) vaɕi'fiiːsa
Vasil'jev (ru.) va'ɕiːfi-jɛf
Vasil'jevič, fm. ~vna (ru. Vat.)
 va'ɕiːfi-jevitʃ, -jɛvna
Vasil'jevskij (ru.) va'ɕiːfi-jɛfskij
Vaska (ru.) 'vaɕka
Vasnecov (ru.) vasɲɛ'tsɔf
vasomotorisch vazomo'toːrɪʃ
Västerås (Schw.) 'vɛstərɔːs
Vater [1]'faːtər; [2]-ɛʀ
Vaterunser [1]faːtər|'ʊnzər;
 [2]-ɛʀ|'ʊnʦɛʀ
Vatikan vati'kaːn, (ö.) '- - -
Vättern (See) 'vɛtərn
Vaucluse vo'klyːz(ə)
Vaucouleurs (Sch., Ju.) voku-
 'lœːʀ
Vaudeville (f.) vod(ə)'viːl, (ö.,
 schwz. auch) vod'vil
Vaughan (Sh., R. III) vɔː(ə)n
Vaux (Sh., H. VI) vɔks
Vauxhall (London) 'vɔks'hɔːl
Vechta 'fɛçta
Veda, pl. ~den 'veːda, -dən
Vedute ve'duːtə
Vega 'veːga
Vegard (I., Kronpr.) 'veːgar(d),
Vegesack 'feːgəzak
Vegetabilien vegeta'biːliən
Vegetarier [1]vege'taːriər; [2]-ʀieʀ
vegetarisch vege'taːrɪʃ
Vegetation vegeta'tsĭoːn

vegetativ vegeta'ti:f
vegetieren vege'ti:rən
vehement vehe'mɛnt
Vehemenz vehe'mɛnts
Vehikel ¹ve'hi:kəl; ²-kļ, (ö.)
  -'hikəl
Veilchen ¹'faelçən; ²'faelçņ
Veit faet
Veitshöchheim faets'hø:çhaem
Veitstanz 'faetstants
Veji 've:ji
Vejle (Dä.) vaĭlə
Vektor 'vɛktɔr
velar, Velar (laut usw.) ve'la:r
Velasquez vɛ'laskɛs, (sp.)
  vɛl'aθkɛθ
(H. v.) Veldeke 'fɛldəkə
Velden (Ndld.) 'fɛldən
Veles (Jug.) 'vɛlɛs
Velin (papier) ve'lɛ̃(papi:r)
Velleda 'vɛleda
Velleïtät vɛle|i'tɛ:t
Velletri ve'lɛ:tri
Velo (Abkürz.) 'velo
veloce (it.) ve'lo:tʃe
Velours (f.) və'lu:ʀ
Veloziped velotsi'pe:t
Velten 'fɛltən
Veltlin fɛlt'li:n, vɛ-
Velum 've:lʊm
Velvet (e.) 'vɛlvət
Vendée vã'de
Vendetta (it.) ven'dɛta
Vendôme vã'do:m(ə)
Vene 've:nə
Venedig ve'ne:dɪç
Venerabile (lt.) vene'ra:bile
venerisch ve'ne:rɪʃ
Veneter 'vɛnɛtər
Venetien ve'ne:tsĭən
Venezia ve'nɛtsĭa
Venezuela bene'θŭela, (dt.)
  vene's-
Venier (Hofm., Ab.) ve'niɛr
veni vidi vici (lt.) ˌve:ni: ˌvi:di:
  'vi:tsi:
Venizelos (gr.) vɛni'zɛlɔs
Venn fɛn

venös ve'nø:s
Ventadorn 'vɛntadɔrn
Ventidius vɛn'ti:dĭʊs
Ventil vɛn'ti:l, (Schwz.) fɛn-
Ventilator vɛnti'la:tɔr
Ventrikel vɛn'tri:kəl
Venus 've:nʊs
Venusia (Alt.) ve'nu:zĭa
ver- ¹fɛr-, fɛʀ-; ²fɛʁ-
Vera 've:ra
verabfolgen ¹fɛr|'ap-fɔlgən;
  ²-ʁ|'apfɔlgņ
verächtlich ¹fɛr|'ɛçtlɪç; ²-ʁ|-
Veracruz (Mexiko) vera'kru:s
verallgemeinern ¹fɛr|algə'mae-
  nərn; ²fɛʁ|alge'maenɛʀn
veralten ¹fɛr|'altən; ²-ʁ|'altņ
Veranda ve'randa
veränderlich ¹fɛr|'ɛndərlɪç;
  ²-ʁ|'ɛndɛʀl-
Veratrin vera'tri:n
Verazio (G., Lila) ve'ra:tsĭo
verbal vɛr'ba:l
verballhornen ¹fɛr'balhɔrnən;
  ²-ʁ'balhɔʀnən
Verbal (injurie)ʻ vɛr'ba:l(|m̩ˌju:-
  rĭə)
Verbalismus vɛrba'lɪsmʊs
Verband ¹fɛr'bant; ²-ʁ'b-
verbarrikadieren ¹fɛrbarika'di:-
  rən; ²-ʁb-
Verbauung ¹fɛr'baoʊŋ; ²-ʁ'b-
Verbene vɛr'be:nə
verblümt ¹fɛr'bly:mt; ²-ʁ'bl-
verblüffen ¹fɛr'blʏfən; ²-ʁ'blʏfņ
verbrämen ¹fɛr'brɛ:mən; ²-ʁbʁ-
verbrühen ¹fɛr'bry:ən; ²-ʁbʁ-
Verbum, -rb 'vɛrbʊm, -rp, -ʁp
Vercellae (Alt.) vɛr'tsɛlɛ:,
  Vercelli (it.) -tʃeli
Verehojansk (N.-As.) vɛrxa-
  'ja:nsk
verchromen ¹fɛr'kro:mən;
  ²-ʁ'kʁ-
Vereingetorix vɛrtsiŋ'ge:tɔriks
Verdacht ¹fɛr'daxt; ²-ʁ'd-
verdächtigen ¹fɛr'dɛçtɪgən;
  ²-ʁ'dɛçtɪgņ

Verdandi (nord.) ˈvɛrðandi
Verden (Dt.) ˈfeːrdən
verderben ¹fɛrˈdɛrbən; ²-ʀˈdɛʀbn̩
Verdi (it.) ˈverdi
verdienstlich ¹fɛrˈdiːnstlɪç;
 ²-ʀˈdiːnsd̩l-
Verdikt vɛrˈdɪkt, (Schwz. auch)
 fɛr-
verdingen ¹fɛrˈdɪŋən; ²-ʀˈd-
Verdun vɛʀˈdœ̃
verdunsten ¹fɛrˈdʊnstən; ²-ʀ-
 ˈdʊnstn̩
Vere (Britten, Budd) viə
vereidigen ¹fɛr|ˈaedɪgən;
 ²-ʀ|ˈaedɪgn̩
Verein ¹fɛr|ˈaen; ²-ʀ|-
Verena veˈreːna
vererben ¹fɛr|ˈɛrbən; ²-ʀ|ˈɛʀbn̩
Veresajev (ru.) vɛrɛˈsaːjef
Vereščagin (ru.) vereˈʃtʃaːgin
verfänglich ¹fɛrˈfɛŋlɪç; ²-ʀ|ˈf-
verfemen ¹fɛrˈfeːmən; ²-ʀ|ˈf-
verfilzen ¹fɛrˈfɪltsən; ²-ʀˈfɪltsn̩
verflucht ¹fɛrˈfluːxt; ²-ʀ|ˈf-
Verfrühung ¹fɛrˈfryːʊŋ;
 ²-ʀˈfʀ-
verführerisch ¹fɛrˈfyːrərɪʃ;
 ²-ʀˈfyːʀɛʀɪʃ
Verga (it.) ˈverga
vergällen ¹fɛrˈgɛlən; ²-ʀˈgɛln̩
Vergatterung ¹fɛrˈgatərʊŋ;
 ²-ʀˈgatɛʀʊŋ
vergeblich ¹fɛrˈgeːplɪç;
 ²-ʀˈgeːb̩l-
vergessen ¹fɛrˈgɛsən; ²-ʀˈgɛsn̩
vergeuden ¹fɛrˈgɔødən;
 ²-ʀˈgɔødn̩
vergewaltigen ¹fɛrgəˈvaltɪgən;
 ²fɛʀgəˈvaltɪgn̩
vergiften ¹fɛrˈgɪftən; ²-ʀˈgɪftn̩
Vergil, -lius vɛrˈgiːl, -liʊs
vergilben ¹fɛrˈgɪlbən; ²-ʀˈgɪlbn̩
Vergißmeinnicht ¹fɛrˈgɪs-
 maen̯nɪçt; ²-ʀˈg-
verglasen ¹fɛrˈglaːzən; ²-ʀ-
 ˈglaːzn̩
vergnügen, -gt ¹fɛrˈgnyːgən, -kt;
 ²-ʀˈgnyːgn̩

Verhaeren vɛrˈhaːrə(n)
verhältnismäßig ¹fɛrˈhɛltnɪs-
 meːsɪç, -ɪgə; ²-ʀˈh-
verharschen ¹fɛrˈharʃən;
 ²-ʀˈhaʀʃn̩
verhätscheln ¹fɛrˈhɛːtʃəln;
 ²fɛʀˈh-; (schwz. auch) -ˈhɛt-
Verhör ¹fɛrˈhøːr; ²-ʀˈhøːʀ
verhüten ¹fɛrˈhyːtən; ²-ʀˈhyːtn̩
verhütten ¹fɛrˈhʏtən; ²-ʀˈhʏtn̩
verhutzelt ¹fɛrˈhʊtsəlt; ²-ʀ-
 ˈhʊts̩lt
Verifikation verifikaˈtsïoːn
verifizieren verifiˈtsiːrən
verirren ¹fɛr|ˈɪrən; ²-ʀ|-
Verismus veˈrɪsmʊs
veritabel veriˈtaːbəl
verjagen, -gt ¹fɛrˈjaːgən, -ˈjaːkt;
 ²-ʀˈjaːgn̩
verjüngen ¹fɛrˈjʏŋən; ²-ʀˈj-
Verkauf ¹fɛrˈkaof; ²-ʀˈk-
Verkehr(sampel) ¹fɛrˈkeːr(s-
 |ampəl); ²-ʀˈkeːʀ(s|ampl̩)
Verklärung ¹fɛrˈkleːrʊŋ; ²-ʀˈk-
verklausulieren ¹fɛrklaozuˈliː-
 rən; ²-ʀk-
verkoken ¹fɛrˈkoːkən; ²-ʀˈkoːkn̩
verkröpfen ¹fɛrˈkrœpfən;
 ²-ʀkʀœpfn̩
verkünd(ig)en ¹fɛrˈkʏnd(ɪg)ən;
 ²-ʀˈkʏnd(ɪg)n̩
Verlag ¹fɛrˈlaːk; ²-ʀl-
Verlaine vɛʀˈlɛːn
(mit) Verlaub ¹fɛrˈlaop; ²-ʀl-
verlegen ¹fɛrˈleːgən; ²-ʀˈleːgn̩
verlernt ¹fɛrˈlɛrnt; ²-ʀˈlɛʀnt
verletzlich ¹fɛrˈlɛtslɪç; ²-ʀˈl-
verleugnen ¹fɛrˈlɔøgnən; ²-ʀˈl-
verleumden ¹fɛrˈlɔømdən; ²-ʀ-
 ˈlɔømdn̩
verlieren, verlor, -ren ¹fɛrˈliːrən,
 fɛrˈloːr, -rən; ²-ʀˈl-, -ʀˈloːʀ
Verlies ¹fɛrˈliːs; ²-ʀˈl-
Verlust ¹fɛrˈlʊst; ²-ʀˈl-
vermählen ¹fɛrˈmɛːlən; ²fɛʀ-
 ˈmɛːln̩
Vermeer (Ndld.) vərˈmeːr
Vermehren fɛrˈmeːrən

vermeil (f.) vɛʀ'mɛj
Vermeylen (Ndld.) vɛr'meïlə(n)
Vermillon vɛʀmi'jõ
vermittels, -st ¹fɛr'mɪtəls, -st;
² -ʀ'm-
Vermittlung ¹fɛr'mɪtlʊŋ; ² -ʀ'm-
Vermont (Lehár; N.-A.)
vɛr'mõ, və:mɔnt
vermodern ¹fɛr'moːdərn; ² -ʀ-
'moːdɛʀn
vermummen ¹fɛr'mʊmən;
² -ʀ'm-
vermutlich ¹fɛr'muːtlɪç; ² -ʀ'm-
Verne (f.) vɛʀn
Vernier (f.) vɛʀ'nje
Vernon (Sh., H. IV) 'vəːnən
Vernunft ¹fɛr'nʊnft; ² -ʀ'n-
vernünftig, -ige ¹fɛr'nʏnftɪç,
-ɪgə; ² -ʀ'n-
Verona ve'roːnɑ
Veronal vero'naːl
Veronese vero'neːze
Veronika ve'roːniкɑ, (Schwz.
auch) fe-
verordnen ¹fɛr|'ɔrdnən; ² -ʀ|-
'ɔʀdnən
verpflichten ¹fɛr'pflɪçtən;
² -ʀ'pflɪçtn̩
verpönen ¹fɛr'pøːnən; ² -ʀ'p-
verproviantieren ¹fɛrprovian'tiː-
rən; ² -ʀpʀ-
verpuppen ¹fɛr'pʊpən; ² -ʀ-
'pʊpn̩
verquicken ¹fɛr'kvɪkən; ² -ʀ-
'kvɪkn̩
Verrat fɛr'raːt, -ʀ'ʀ-
verreisen ¹fɛr'raezən; ² -ʀ'ʀae-
zn̩
Verrina (Sch., Fi.) vɛ'riːnɑ
Verroccio (it.) ve'rɔkïo
verrucht fɛr'ruːxt, -ʀ'ʀ-
Vers ¹fɛrs; ² -ʀs
Ver sacrum veːr 'zaːkrʊm
Versailles vɛʀ'saj
Vers commun vɛʀ kɔ'mõ
Versalien vɛr'zaːliən
Versand ¹fɛr'zant; ² -ʀ'z-
versatil vɛrza'tiːl

versiegen, -gt ¹fɛr'ziːgən, -'ziːkt;
² -ʀ'ziːgn̩
versiert vɛr'ziːrt
Versifex 'vɛrsifɛks
Versifikation vɛrzifikɑ'tsïoːn
versifizieren vɛrzifi'tsiːrən
Veršinin (ru.) vɛr'ʃiːɲin
versinken ¹fɛr'zɪŋkən; ² -ʀ'zɪŋkn̩
Version vɛr'zïoːn
verso 'vɛrzo
versprechen ¹fɛr'ʃprɛçən; ² -ʀ-
'ʃpʀɛçn̩
Verstand ¹fɛr'ʃtant; ² -ʀ'ʃt-
verständlich ¹fɛr'ʃtɛntlɪç; ² -ʀ'ʃ-
Verständnis ¹fɛr'ʃtɛntnɪs; ² -ʀ'ʃ-
verstehen fɛr'ʃteːən
versteuern ¹fɛr'ʃtɔøərn; ² -ʀ-
'ʃtɔøɛʀn
Verstovskij (ru.) vɛr'stɔːfskij
versuchen, -cht ¹fɛr'zuːxən, -xt;
² -ʀ'ʒuːxn̩
vertäuen fɛr'tɔøən
verte (lt.) 'vɛrte
Vertebraten vɛrte'braːtən
vertieren (Tier werden) ¹fɛr'tiː-
rən; ² -ʀ't-
vertieren (wenden) vɛr'tiːrən
vertikal vɛrti'kaːl
Vertiko 'vɛrtiko
vertrauensselig, -ige ¹fɛr'trao-
əns̃zeːlɪç, -ɪgə; ² -ʀ'tʀaoəns̃z-
Vertumnus vɛr'tʊmnʊs
vertun ¹fɛr'tuːn; ² -ʀ't-
verunzieren ¹fɛr|'ʊntsiːrən;
² -ʀ|-
Verve 'vɛrvə
vervielfältigen ¹fɛr'fiːlfɛltɪgən;
² -ʀ'fiːlfɛltɪgn̩
Verviers (Be.) vɛʀ'vje
Verwandlung ¹fɛr'vandlʊŋ;
² -ʀ'v-
verwandt ¹fɛr'vant; ² -ʀ'v-
verwechseln ¹fɛr'vɛksəln; ² -ʀ-
'vɛksl̩n
Verwesung ¹fɛr'veːzʊŋ; ² -ʀ-
'veːʒʊŋ
Verwoerd (ndld.) fər'vuːrt
verzagt ¹fɛr'tsaːkt; ² -ʀ't-

verzärteln ¹fɛr'tsɛːrtəln; ²-ʁ-
'tsɛːʁt̩ln
verzeihen, -zieh ¹fɛr'tsaeən, fɛr-
'tsiː; ²fɛʁ-
Vesalius ve'zaːliʊs
Vezier ve'ziːr
Vespasian, -nus vɛspazi'aːn,
-nʊs
Vesper ¹ˡfɛspər; ²-ɛʁ, (ö.) An-
dacht: vɛspər, Jause: fɛ-
vespern ¹ˡfɛspərn; ²-ɛʁn
Vespucci vɛsˡputʃi
Vesta 'vɛstɑ
Vestalin vɛsˡtaːlɪn
Vestibül vɛstiˡbyːl
Vesuv, (it.) -vio ve'zuːf, -uːvio
Veszprém (Ung.) ˡvæspreːm
Veteran veteˡraːn
Veterinär ¹veteriˡnɛːr; ²-ʁ
Veto (lt.) ˡve(ː)to
Vetorin (Kl., Schr.) vetoˡriːn
Vettel ¹ˡfɛtəl; ²-t̩l
Vetter ¹ˡfɛtər; ²-ɛʁ
Vetturin, -no (it.) vetuˡriːn, -no
Vevey (Schwz.) vəˡvɛ
vexieren vɛˡksiːrən
Vexierrätsel ¹vɛˡksiːr̩rɛːtsəl;
²-ʁʁɛːts̩l
via (lt.) ˡviːa
Viadukt viaˡdʊkt
Viarda (Web., Preciosa) viˡarda
Viardot-Garcia vjar̩do garˡθia
Viatikum viˡaːtikʊm
Viborg (dä.) ˡvibor, (schw.)
ˡviːbɔrj
Vibration vibraˡtsi̯oːn
Vibrato viˡbraːto
vibrieren viˡbriːrən
Vice s. Vize- ˡviːtsə
vice versa (lt.) ˌviːtse ˡvɛrsa
Vicenza viˡtʃɛntsa
Vichy viˡʃi
Vico (it.) ˡviːko
Vicomte (f.) viˡkõːt(ə)
Victoria (e. Vn.) vɪkˡtoːrɪə
vide (lt.) ˡviːde
Vidin (Bg.) ˡvidin
Viebig ˡfiːbɪç

Vieh fiː
viehisch ˡfiːɪʃ
Viehoff ˡfiːhɔf
viel fiːl
Vielfraß ¹ˡfiːlfraːs; ²-fʁ-
Viel'gorskij (ru.) vɪjefiˡgɔrskɪj
vielleicht fiˡlaeçt
Vielliebchen ¹fil̩ˡliːpçən; ²-pçn̩
vielmehr ¹fiːlˡmeːr, ˡ- -; ²-ʁ
Vienne (Fl., F.) ˡvjɛn
vier ¹fiːr; ²-ʁ
Vierlande fiːrˡlandə
Vierling ˡfiːrlɪŋ
Vierradbremse ¹fiːrʀaːtbrɛmzə;
²-ʀʀatb̩ʀɛmʒə
vierte ¹fiːrtə; ²-ʁtə
Vierteil ¹ˡfiːrtael; ²-ʁt-
vierteilen ¹ˡfiːrtaelən; ²-ʁtaeln̩
Viertel ¹ˡfɪrtəl; ²-ʁt̩l
Viertelstunde ¹fɪrtəlˡʃtʊndə;
²fɪʀt̩lˡʃ-
Vierung ˡfiːrʊŋ
Vierwaldstättersee (Schwz.)
fiːrˡvaltʃtɛtər̩zeː
vierzehn ¹ˡfɪrtseːn; ²-ʁt-
vierzig, -igste ¹ˡfɪrtsɪç, -ɪçstə;
²-ʁts-
Vierziger ¹ˡfɪrtsɪɡər; ²-ʁtsɪɡɛʁ
Vietminh ˡvi̯ɛtmɪn
Vietnam ˡvi̯ɛtnam
Vietor ˡfiːetɔr, viˡˡeːtɔr
Vieuxtemps (be.) vjøˡtã
vif, -ve viːf, ˡviːvə, (f.) vif
Vigeland (J., Stü.) ˡviːgəlan(d)
vigilant vigiˡlant
Vigil(ie) viˡgiːl(iə)
Vignette vɪˡɲɛtə
Vigo (Sp.) ˡbiɣo
Vigogne (f.) viˡɡɔɲə
vigoroso (it.) vigoˡroːso, -zo
Vikar viˡkaːr, (schwz. auch) fi-
Vikariat vikariˡaːt
vikariieren vikariˡˡiːrən
Viktor ˡvɪktor
Viktoria vɪkˡtoːria
Viktorin, -nus vɪktoˡriːn, -nʊs
Viktorov (ru.) ˡviktɔrɔf
Viktualien vɪktuˡaːliən

Vilacky (Kö., Zr.) vi'lɑki
Világos (magy.) 'vilɑːgoʃ; (rum.)
Şiria
Vilajet vilɑ'jɛt
Vilbel 'fɪlbəl
Viljam (J., Kronpr.) 'viljɑm
Villa 'vɪlɑ
Villach 'fɪlɑx
Ville vi(ː)l
Villeggiatur vɪlɛdʒɑ'tuːr
Villeneuve (Gra., Nap.) vil'nœːv
Villiers de l'Isle-Adam vi͵lje də
liːl ɑ'dɑ̃
Villingen 'fɪlɪŋən
Villon vi'jõ, vi'lõ
Vilmar 'fɪlmɑr, -mɑːr
Vilnius (Lit.) 'vilɲus
Vincennes vɛ̃'sɛn
Vincent (ndld.) vɪn'sɛnt, (f.)
vɛ̃'sɑ̃
Vincentio (Sh., Wid.; Mass.)
vin'tʃɛntsïo
Vincenzo (it.) vin'tʃɛntso
Vinei 'vintʃi
Vincke 'fɪŋkə
Vindeliker vɪn'deːlikər, -ɛʁ
Vindelizier vɪnde:'liːtsïər, -ɛʁ
Vindelizien vɪnde'liːtsïən
Vindhja Pradeś (S.-A.) 'vindhja
prɑ'deːç
vindizieren vɪndi'tsiːrən
Vindobona vin'dobonɑ, (Wien
auch) vində'boːnɑ
Vineta vi'neːtɑ
Vingt-et-un (f. Spiel) vɛ̃te'œ̃
Vinnyeja (Ukr.) 'vinnitɛja
Vinogradov (ru.) vinɑ'grɑːdɔf
Vintschgau 'fɪntʃgɑo
Vinzenz 'vɪntsɛnts
Viola (lt. Pflanze) 'viːolɑ;
(Bratsche) vi'oːlɑ, (it.) -'oːlɑ
Viola (e.) 'vɑiələ, (Sh., Was)
vi'oːlɑ
Violanta (Suppé, Bocc.) vio-
'lɑntɑ
Viole (Pflanze) vi'oːlə
Violenta (Sh., Ende) vio'lɛntɑ
violett vio'lɛt

Violetta (Goetz, Prät.) vio'lɛtɑ
Violine vio'liːnə
Violon (f.) vio'lõ
Violoncell, -llo violɔn'tʃɛl, -lo
Violoncellist violɔntʃɛ'lɪst
Violone (it.) vio'loːnə
Vionville vjõ'vil
Viper ¹'viːpər; ²-ɛʁ, (Schwz.
auch) 'vɪ-
Virchow 'fɪrço:
Virgil vir'giːl
Virgilia (Sh., Co.) vɪr'giːliɑ
Virginia vɪr'giːniɑ, (e.) və'dʒinjə
viribus unitis (lt.) ͵viːribus
u:'niːtiːs
viril vi'riːl
Virtanen (fi.) 'virtɑnɛn
Virtualität vɪrtuɑli'tɛːt
virtuell vɪrtu'ɛl
virtuos vɪrtu'oːs
Virtuose vɪrtu'oːzə
Virtuosität vɪrtuozi'tɛːt
virulent viru'lɛnt
Virus, pl. -ra, -ren 'viːrus, -rɑ,
-rən
Visage vi'zɑːʒə
vis-à-vis (f.) vizɑ'vi
Visby (Schw.) 'viːsbyː
Vischer 'fɪʃər, -ɛʁ
Visconti vis'konti
Viscount (e.) 'vɑikɑunt
Višnu (ind., myth.) 'viʃnu
Visier vi'ziːr, -ziːʁ, (Schwz.
auch) fi-
Vision vi'zïoːn
visionär vizïo'nɛːr, -nɛːʁ
Visitation vizitɑ'tsïoːn
Visite vi'ziːtə, (ö.) -'zit
visitieren vizi'tiːrən
Viskose vɪs'koːzə
Vissarion (ru. Vn.) visɑri'ɔːn
Vista (prima v.) 'vistɑ, priːmɑ 'v-
visuell vizu-'ɛl
Visum, pl. -sa, -sen 'viːzum,
-zɑ, -zən
vital vi'tɑːl
Vitalismus vitɑ'lɪsmus
Vitalität vitɑli'tɛːt

Vitamin vita'mi:n
Vitebsk (Ru.) 'vi:tɛpsk
Vitellia (Moz., Titus) vi'tɛlia
Vitellius vi'tɛliʊs
Viterbo vi'tɛrbo
Vitim (N.-As.) vɪ'tɪ:m
Vitoša (Berg, Bg.) 'vitoʃa
Vitrine vi'tri:nə
Vitriol vitri'o:l
Vitruvius vi'tru:viʊs
Vitry (Gra., Nap.) 'vi:tri
Vittoria vi'tɔ:ria
Vittorio vi'tɔ:rio
Vitzliputzli vɪtsli'pʊtsli
Vitus 'vi:tʊs
vivace (it.) vi'va:tʃe
Vivaldi vi'valdi
vivant, v. sequentes (lt.) 'vi:-
  vant, v. ze'kvɛnte:s
Vivarium (lt.) vi'va:riʊm
vivat 'vi:vat
Vivien (e. Vn.) 'viviən
Vivisektion vivizɛk'tsĭo:n
Vizcaya biθ'kaja
Vize(präsident) 'vi:tsə-, 'f-
Vjatka (Ru.) 'vja:tka
Vjaz'ma (Ru.) 'vjazjma
Vladikavkaz vładikaf'ka:s
Vladimir (ru. Vn.) vła'di:-
  mir
Vladimirovič, fm. -vna (ru. Vat.)
  vła'di:mirɔvitʃ, -vna
Vladislav (tsch. Vn.) 'vladjislaf
Vladivostok vładivas'tɔ:k
Vlies, gen. -ses fli:s, 'fli:zəs
Vlissingen 'flɪsɪŋən, (ndld.)
  'vlɪsɪŋən
Vlona (Alb.) 'vlɔna
Vltava (Fl., Bö.) 'vļtava
Vöcklabruck (Ö.) fœkla'brʊk
Vogel [1]'fo:gəl; [2]-gļ
Vogesen vo'ge:zən, (Schwz.
  auch) fo-
Vogt, pl. Vögte fo:kt, 'fø:ktə,
  (schwz. auch) fɔkt, 'fœktə
Vogtland 'fo:ktlant
voilà vwa'la
Voile (f.) vwal(ə)

Vojnickij, fm. -kaja (ru.) vaj-
  'ɲitski, -kaja
Vokabel vo'ka:bəl
Vokal vo'ka:l
Vokalisation vokaliza'tsĭo:n
Vokalise voka'li:zə
vokalisieren vokali'zi:rən
Vokation voka'tsĭo:n
Vokativ 'vokati:f, - -'-
Voland (G., Faust) 'fo:lant
Volant vo'lã
Volapük vola'py:k, (ö.) -'pʏk
Volhynien vɔ'ļy:niən
Voliere vo'ljɛ:rə
volitional volitsĭo'na:l
Volk fɔlk
Volker 'fɔlkɛr, -kər
Völkerrecht [1]'fœlkərrɛçt; [2]-ɛʀʀ-
völkisch 'fœlkɪʃ
Volkmar 'fɔlkmar
volkstümlich 'fɔlksty:mlɪç
voll fɔl; s. S. 126
vollauf 'fɔl|aof, -'-
vollaufen [1]'fɔlļaofən; [2]-fn̩
Vollblut [1]'fɔlblu:t; [2]-lbļ-
vollbringen [1]fɔl'brɪŋən; [2]-l'bʀ-
vollenden [1]fɔl|'ɛndən; [2]-dn̩,
  (schwz. auch) fɔl'ɛn-
vollends 'fɔlɛnts
Völlerei fœlə'rae
Volleyball 'vɔlɪbal
vollkommen 'fɔlkɔmən, -'- -
Vollmacht 'fɔlmaxt
vollstrecken [1]fɔl'ʃtrɛkən;
  [2]-ʃtʀɛkn̩
vollziehen fɔl'tsi:ən
Vologda (Ru.) 'vɔ:ləgda
Volontär volɔn'tɛ:r, -ɛ:ʀ
Volos (Gr.) 'vɔlɔs
Vološin (ru.) va'ļɔ:ʃin
Volpone (it.) vol'po:nə
Volrat, -rad 'fɔlra:t
Volsker 'vɔlskər, -ɛʀ
Volt vɔlt
Volta 'vɔlta
Volt(a)meter [1]vɔlt(a)'me:tər;
  [2]-ɛʀ
Voltaire vɔl'tɛ:ʀ

Volte vɔ'ltə
Voltigeur (f.) vɔlti'ʒœːʀ
voltigieren vɔlti'ʒiːrən
Voltimand (Sh., Ha.) 'vɔltimɑnt
Volturno vol'turno
Volumen, pl. -ina vo'luːmən,
-mina
voluminös volumi'nøːs
Volumnia vo'lʊmnia
Volumnius vo'lʊmniʊs
Volute vo'luːtə
vom fɔm
vomieren vo'miːrən
Vomitiv vomi'tiːf
von fɔn
vonnöten ¹fɔn̩'nøːtən; ²-tn̩
vor ¹foːr; ²-ʀ
vorab ¹foːr|'ap; ²-ʀ|-
Vorahnung ¹'foːr|aːnʊŋ; ²-ʀ|-
voran fo'ran
Voranschlag ¹'foːr|anʃlaːk; ²-ʀ|-
Vorarlberg 'foːr|arlbɛrk, -'- -
vorauf, -raus fo'raof, -'raos
voraussichtlich ¹fo'raosẕɪçtlɪç;
²-ṣẕ-
vorbei ¹foːr'bae; ²foʀ'bae
vorbeugen ¹'foːrbøøgən; ²-ʀ-
bøøgn̩
vorbildlich ¹'foːrbɪltlɪç; ²-ʀbɪldl-
vordem ¹foːr'deːm, '- -; ²-ʀ'd-
Vorderachse ¹'fɔrdər|aksə;
²-ʀdɛʀ|-
vordere ¹'fɔrdərə; ²-ʀdəʀə
Vorderhand ¹'fɔrdərhant; ²-ʀ-
dɛʀh-
vorderhand ¹'foːrdərhant, 'fɔr-,
- -'-; ²foʀdɛʀ'hant
Vorderindien ¹fɔrdər|'mdiən;
²foʀdɛʀ|-
Vorderteil ¹'fɔrdərtael; ²-ʀdɛʀt-
vorehelich ¹'foːr|eːəlɪç; ²-ʀ|-
voreinander ¹foːr|ae'nandər;
²-ʀ|ae'nandɛʀ
vorerst ¹'for|eːrst, -'-; ²-ʀ|eːʀst
Vorfahr ¹'foːrfaːr; ²-ʀfaːʀ
Vorhand ¹'foːrhant; ²-ʀh-
vorhanden ¹foːr'handən; ²-ʀ-
'handn̩

vorher ¹foːr'heːr, '- -; ²-ʀ'heːʀ
vorhin ¹foːr'hin, '- -; ²-ʀ'h-
Vorkommnis ¹'foːrkɔmnɪs; ²-ʀk-
vorlieb (nehmen) ¹foːr'liːp
(-neːmən); ²-ʀ'l-
Vormittag ¹'foːrmɪtaːk; ²-ʀm-
Vormund ¹'foːrmʊnt; ²-ʀm-
vornehm ¹'foːrneːm; ²-ʀn-
vornehmlich ¹'foːrneːmlɪç; ²-ʀn-
Voroncov (ru.) vɔran'tsɔːf
Voronez (Ru.) va'rɔːɲɛʃ
Vorort ¹'foːr|ɔrt; ²-ʀ|ɔʀt
Vorošilov (ru.) vɔra'ʃiːɫɔf
Vörösmarty (magy.) 'vørøʃmɔrti
Vorošylovhrad (Ukr.) vɔrɔʃiɫɔǔ-
'hrad
Vorotynskij (ru.) vɔra'tinskij
Vorrat ¹'foːrɾaːt; ²-ʀʀ-
Vorsatzpapier ¹'foːrzatspapiːr;
²-ʀʒatspapiːʀ
Vorschuß ¹'foːrʃʊs; ²-ʀʃ-
vorsichtig, -ige ¹'foːrzɪçtɪç, -ɪgə;
²-ʀʒ-
vorsintflutlich ¹'foːrzɪntfluːtlɪç;
²'foːrʒɪntfluːd̩lɪç
Vorst fɔrst
Vorteil ¹'fɔrtael; ²-ʀt-, (schwz.
auch) 'foːr-
vortrefflich ¹foːr'trɛflɪç; ²foːʀ-
'tʀ-
Vortrupp ¹'foːrtrʊp; ²-ʀtʀ-
vorüber ¹foː'ryːbər; ²-ʀyːbɛʀ
Vorurteil ¹'foːr|ʊrtael;
²-ʀ|ʊʀt-
vorwärts ¹'foːrvɛrts; ²-ʀvɛʀts
vorweg ¹foːr'vɛk; ²-ʀ'v-
Vorwitz ¹'foːrvɪts; ²-ʀv-
Vorzug ¹'foːrtsuːk; ²-ʀt-
vorzüglich ¹foːr'tsyːklɪç, '- - -;
²-ʀ't-
Vöslau fœs'lao
Vosmibratov (ru., Ostr.) vɔɛmi-
'braːtɔf
Voß fɔs
votieren vo'tiːrən
Votiv (tafel usw.) vo'tiːf
Votum 'voːtʊm
Vouland (f.) vu'lɑ̃

vox humana (lt.) vo(:)ks hu-
'maːna
Voyageur (f.) vwaja'ʒœːʀ
Voznesenskij (ru.) vɔzɲe'ɕens-
kɪj
Vraca (Bg.) 'vratsa
Vrehlický (Č.) 'vr̩xlitski:
Vroni (dial.) 'froːni
Vukol (ru., Ostr.) vu'kɔł
Vuleanus vul'kaːnʊs

vulgär vʊl'gɛːr, -ɛːʀ
Vulgaris (Gr.) vʊl'gaːrɪs
Vulgata vʊl'gaːta
Vulgivaga vʊlgi'vaːga
vulgo 'vʊlgo
Vulkan vʊl'kaːn, (schwz. auch)
fʊl-
vulkanisieren vʊlkani'ziːrən
Vulpius 'vʊlpiʊs
Vyšinskij (ru.) vi'ʃinskij

W

W (vgl. auch V)
W veː
Waadt va(:)t
Waag vaːk
Waage 'vaːgə
Waal vaːl
Wabe 'vaːbə
Waberlohe ¹'vaːbərloːə; ²-bɛʀl-
wach vax
Wachablösung ¹'vax|apløːzʊŋ;
²-|aḅløːʐʊŋ
Wachau va'xao
wachen, wachst ¹'vaxən, vaxst;
²-xn̩
Wachholder ¹va'xɔldər; ²-ɛʀ
Wachs vaks
wachsam ¹'vaxzaːm; ²-ʐ-
wachsen, wuchs ¹'vaksən,
vuːks; ²-sn̩
Wachstum 'vakstuːm
Wacht vaxt
Wachtel ¹'vaxtəl; ²-tl̩
Wächter ¹'vɛçtər; ²-ɛʀ
Wächterruf ¹'vɛçtər̩ruːf; ²-ɛʀʀ-
Wachtturm ¹'vaxttʊrm; ²-ʀm
wackeln 'vakəln
wacker ¹'vakər; ²-ɛʀ
Wadai (Afr.) va'dae
Wad (Mineral) vad
Wade 'vaːdə
Wadi Halfa (Afr.) ˌwaːdi 'halfa
Wafd vafd

Waffe 'vafə
Waffel ¹'vafəl; ²-fl̩
Wagen, wagen ¹'vaːgən;
²-gn̩
wägen, wog, gewogen ¹'vɛːgən,
voːk, gə'voːgən; ²-gn̩, -, ĝe-
'voːgn̩
Wag(e)ner ¹'vaːg(ə)nər; ²-ɛʀ
Wagnerianer ¹vaːgnəri'aːnər;
²-nɛʀi'aːnɛʀ
Waggon, pl. ~ons va'gɔ̃, -gɔŋ,
-gɔ̃s, (ö.) -'goːn
Wagnis 'vaːknɪs
Wagram 'vaːgram
wag(e)recht ¹'vaːgərɛçt, -krɛçt;
²-gɛʀ-, -kʀ
Wahhabiten vaha'biːtən
Wahl vaːl
wählen ¹'vɛːlən; ²-ln̩
wahllos 'vaːlloːs
Wahlstatt 'vaːlʃtat
Wahlurne ¹'vaːl|ʊrnə; ²-ʀnə
Wahn vaːn
wähnen 'vɛːnən
wahnsinnig, ~ige ¹'vaːnzɪnɪç,
-ɪgə; ²-ʐ-
wahr ¹vaːr; ²-ʀ
währen 'vɛːrən
währenddessen ¹vɛːrənt'dɛsən;
²-t'dɛsn̩
wahrhaft ¹'vaːrhaft; ²-ʀh-
wahrhaftig ¹vaːr'haftɪç; ²-ʀ'h-

Wahrhaftigkeit ¹'vɑːrhaftɪç-
kaet, -'- - -; ²-ʁh-
Wahrsager ¹'vɑːrzɑːgər; ²-ʁʒɑː-
gɛʁ
wahrscheinlich ¹vɑːr'ʃaenlɪç,
'- - -; ²-ʁ'ʃ-
Währung 'vɛːrʊŋ
Waid vaet
Waise ¹'vaezə; ²-ʒ-
Waitwell (L. Samps.) 'weitwəl
Waitzen (Ung.) 'vaetsən
Wake 'vɑːkə
Wakefield 'weikfiːld
Wal vɑːl
Walachei valɑ'xae
Walachen vɑ'laxən
Wald valt
Waldeck 'valdɛk
Waldemar 'valdəmar
Waldenser ¹val'dɛnzər; ²-ʒɛʁ
Walderdbeere ¹'valt|eːrtbeːrə;
²-ʁtb̥eːʀə
Walen 'vɑːlən
Wales weilz
Walfisch 'valfɪʃ, (ö.) 'vɑːl-
Walhall, -lla 'valhal, val'hala
Wali 'vɑːli
Waliser ¹vɑ'liːzər; ²-ʒɛʁ
walisisch vɑ'liːzɪʃ
walken ¹'valkən; ²-kn̩
Walküre val'kyːrə, '- - -, (W.)
'vɑːl-
Wall val
Wallace 'wɔlis, -ləs
Wallach 'valax
wallen ¹'valən; ²-ln̩
wallfahren 'valfɑːrən
Wallfahrer ¹'valfɑːrər; ²-ɛʁ
Wallis 'valɪs
Walliser ¹'valɪzər; ²-ʒɛʁ
Wallonen vɑ'loːnən
Wallstreet (e.) 'wɔːlstriːt
Walm valm
Walnuß 'valnʊs
Walpole 'wɔːlpoul
Walporzheim 'valpɔrtshaem
Walpurgis val'pʊrgɪs
Walrat 'valrɑːt

Walroß 'valrɔs, (ö.) 'vɑːl-
Walsall (e.) 'wɔːlsɔːl
Walsertal ¹'valzərtɑːl; ²-ʒɛʁtɑːl
Walsingham (e.) 'wɔːlsiŋən
Walstatt 'vɑːlʃtat
walten ¹'valtən; ²-tn̩
Walthari, -rius 'valtari, val-
'tɑːriʊs
Walt(h)er 'valtər, -ɛʁ
Walton (e.) 'wɔːltən
Walze 'valtsə
walzen ¹'valtsən; ²-tsn̩
wälzen ¹'vɛltsən; ²-tsn̩
Walzer ¹'valtsər; ²-ɛʁ
Wamme 'vamə
Wams, pl. Wämser ¹vams,
'vɛmzər; ²-ʒɛʁ
Wand, pl. Wände vant, 'vɛndə
wandeln ¹'vandəln; ²-dln̩
Wand(e)rer ¹'vand(ə)rər; ²-ʀɛʁ
Wandkarte ¹'vantkartə; ²-ʁtə
Wandlung ¹'vandlʊŋ; -d̥l-
Wandsbek 'vantsbeːk
Wandtafel ¹'vanttɑːfəl; ²-fl̩
Wanduhr ¹'vant|uːr; ²-ʁ
Wange 'vaŋə
Wangeroog(e) vaŋər|'oːg(ə),
'- - -
Wanja (ru. Vn.) 'vaɲa
(ohne) Wank vaŋk
Wankelmut ¹'vaŋkəlmuːt; ²-kl̩-
wanken ¹'vaŋkən; ²-kn̩
wann van
Wanne 'vanə
Wanst vanst
Want, pl. -ten ¹vant, -tən; ²-tn̩
Wanze 'vantsə
Wapiti vɑ'piːti
Wappen ¹'vapən; ²-pn̩
war, gewesen ¹vɑːr, gə've:zən;
²-ʁ, g̥e've:ʒn̩
Waräger vɑ'rɛːgər, -ɛʁ
Waran vɑ'rɑːn
Warbeck (e., Sch.) 'wɔːbɛk,
'varbɛk
Warburg 'vɑːrbʊrk
Warburton (Eliot) 'wɔːbətn
Wardein var'daen

Ware ˈvaːrə
Warenautomat ˈvaːrən|aoto-
maːt
Warf(t) ¹varf(t); ²-ʀf(t)
Warin (Uhl., Ernst) vaˈriːn
warm ¹varm; ²-ʀm
wärmen ¹ˈvɛrmən; ²-ʀm-
Warmwasserbereiter varm-
ˈvasərbə‚raetər, -ʀmˈvasɛʀbe-
‚ʀaetɛʀ
Warnanlage ¹ˈvarn|anlaːgə;
²-ʀn-
warnen ¹ˈvarnən; ²-ʀn-
Warnow ˈvarno
Warp ¹varp; ²-ʀp
Warrant vaˈrant, (e.) ˈworənt
Warren (e.) ˈworin
Warschau ˈvarʃao
Warszawa (Po.) varˈʃava
Warte ¹ˈvartə; ²-ʀtə
warten ¹ˈvartən; ²-ʀtn̩
Wärter ¹ˈvɛrtər; ²-ʀtɛʀ
warum ¹vaːˈrʊm; ²vaˈʀʊm
Warwick (e., Sh., H. V) ˈworik
Warze ¹ˈvartsə; ²-ʀtsə
was vas
Wasa (schw.) ˈvaːsa
Wäsche ˈvɛʃə
waschecht ˈvaʃ|ɛçt
waschen, wäscht, wusch ¹ˈvaʃən,
vɛʃt, vuːʃ; ²-ʃn̩
Wasen ¹ˈvaːzən; ²-zn̩
Wasgenwald ˈvasgənvalt
Washington ˈwoʃiŋtən
Wasser ¹ˈvasər; ²-ɛʀ
Wasserarm ¹ˈvasər|arm; ²-ɛʀ|-
aʀm
wässern ¹ˈvɛsərn; ²-ɛʀn
Wasserrohr ¹ˈvasərroːr;
²-sɛʀʀoːʀ
Wate ˈvaːtə
waten ¹ˈvaːtən; ²-tn̩
Waterford (Ir.) ˈwoːtəfəd
Waterkant ¹ˈvaːtərkant;
²-ɛʀk-
Waterloo ˈvaːtərloː
Waterproof (e.) ˈwoːtə(r)pruːf
Watsche ˈvaːtʃə, ˈvatʃə

watscheln ¹ˈvaːtʃəln; ²-ʃln̩,
(schwz. auch) ˈva-
Watson (e.) ˈwotsn
Watt (e.) wot
Watt (Untiefe, elektr. Einheit)
vat
Watte ˈvatə
Watteau vaˈto
wattieren vaˈtiːrən
Waugh (e.) woː
Wauwau ˈvaovao, -ˈ-
Waynflete (Shaw) ˈweinfliːt
Webb (e.) wɛb
weben, wob ¹ˈveːbən, voːp; ²-bn̩
Weekherlin ˈvɛkərliːn
Wechsel ¹ˈvɛksəl; ²-sl̩
Week, -eken ¹vɛk, -kən; ²-kn̩
Weekapparat ˈvɛk|aparaːt
wecken ¹ˈvɛkən; ²-kn̩
Wedda ˈvɛda
Wedel ¹ˈveːdəl; ²-dl̩
Wedell ˈveːdəl
wedeln ¹ˈveːdəln; ²-dln̩
weder ¹ˈveːdər; ²-ɛʀ
Wedgewood (e.) ˈwedʒwud
Weekend (e.) ˈwiːkɛnd
weg vɛk
Weg veːk
Wega (Stern) ˈveːga
Wegbiegung ¹ˈveːkbiːgʊŋ; ²-kb̩-
wegen ¹ˈveːgən; ²-gn̩
Wegerich ˈveːgəriç
weggehen ¹ˈvɛkɡeːən; ²-kɡ̍-
Weggenosse ¹ˈvːkɡ̍nosə; ²-kɡe-
wegkommen ˈvɛkkomən
wegkundig, -ige ˈveːkkʊndiç,
-igə
Wegweiser ¹ˈveːkvaezər; ²-ʒɛʀ
Weh veː
Wehe, wehe ˈveːə
Wehen, wehen ˈveːən
wehklagen ¹ˈveːklaːgən; ²-gn̩
Wehmut ˈveːmuːt
Wehr ¹veːr; ²-ʀ
wehren ˈveːrən
Weib, -bes vaep, ˈ-bəs
Weibel ¹ˈvaebəl; ²-bl̩
weich, -chste vaeç, -çstə

Weichbild ¹'vaeçbɪlt; ²-çb̥-
Weiche 'vaeçə
weichen, weichst, wich ¹'vaeçən,
  vaeçst, vɪç; ²-çn̩
weichen, weichte ¹'vaeçən,
  'vaeçtə; ²-çn̩
Weichselkirsche ¹'vaeksəlkɪrʃə;
  ²-s̩kɪʀʃə
Weichselrohr ¹'vaeksəlroːr;
  ²-s̩ʀoːʀ
Weide 'vaedə
weiden ¹'vaedən; ²-dn̩
Weidenkätzchen ¹'vaedənkɛts-
  çən; ²-dn̩kɛtsçn̩
Weiderich 'vaedərɪç
weidgerecht ¹'vaetgərɛçt
  ²-tg̊eʀ-
weidlich ¹'vaetlɪç; ²-d̥l-
Weidmann 'vaetman
Weidwerk ¹'vaetvɛrk; ²-ʀk
weidwund 'vaetvʊnt
Weife 'vaefə
Weigelie, -lia vae'geːliə, -lia
weigern ¹'vaegərn; ²-ɛʀn
der Weih, -he vae(ə)
Wei-hai-wei (Chi.) vɛïxaï'vɛï
(die) Weihe 'vaeə
weihen 'vaeən;
Weihenstephan vaeən'ʃtɛfan
Weiher ¹'vaeər; ²-ɛʀ
Weihnacht, -ten ¹'vaenaxt,
  -tən; ²-tn̩
Weihrauch 'vaeraox
weiland 'vaelant
weilen ¹'vaelən; ²-ln̩
Weiler ¹'vaelər; ²-ɛʀ
Weimar 'vaemar
Weitmutskiefer ¹'vaemuːtskiː-
  fər; ²-ɛʀ
Wein vaen
weinen 'vaenən
(der, die) Weise ¹'vaezə; ²-ʐə
weise ¹'vaezə; ²-ʐə
Weisel ¹'vaezəl; ²-ʐl̩
weisen, wies, gewiesen ¹'vaezən,
  viːs, gə'viːzən; ²-ʐn̩, -, g̊e-
  'viːʐn̩
Weisheit 'vaeshaet

weiß vaes
weissagen ¹'vaeŝzaːgən;
  ²-ŝzaːgn̩
weißen ¹'vaesən; ²-sn̩
weißglühend ¹'vaesglyːənt;
  ²-sg̊l-
Weistum 'vaestuːm
weit vaet
weitab vaet|'ap, '- -
Weitblick ¹'vaetblɪk; ²-tb̥l-
weiter ¹'vaetər; ²-ɛʀ
weither ¹'vaetheːr, -'-; ²-ʀ
weitläufig, -ige 'vaetləøfɪç, -ɪgə
Weitling (ö.) 'vaetlɪŋ
Weitsicht ¹'vaetzɪçt; ²-ts-
weittragend ¹'vaettraːgənt;
  ²-ttʀ-
weitverbreitet ¹'vaetfɛrbraetət;
  ²-fɛʀbʀ-
Weizen ¹'vaetsən; ²-sn̩
welch, -er ¹vɛlç, -ər; ²-ɛʀ
Weldon (e.) 'vɛldən
Welf vɛlf
welk vɛlk
welken ¹'vɛlkən; ²-kn̩
Welle 'vɛlə
Welles (e.) vɛlz
Wellesz 'vɛlɛs
Wellington 'vɛlɪŋtən
Wells vɛlz
Welpe 'vɛlpə
Wellingtonia vɛlŋ̩'toːnia
Wels vɛls
welsch vɛlʃ
Welschschweizer ¹'vɛlʃʃvaetsər;
  ²-ɛʀ
Welt vɛlt
Weltall 'vɛlt|al
Weltbild ¹'vɛltbɪlt; ²-tb̥
weltfremd ¹'vɛltfrɛmt; ²-fʀ-
Weltergewicht ¹'vɛltərgəvɪçt;
  ²-ɛʀgə-
Weltsicherheitsrat ¹vɛlt'zɪçər-
  haetsraːt; ²-t'ʐɪçɛʀhaetsʀaːt
Weltteil 'vɛlttael
wem veːm
Wembley 'vɛmbli
wen veːn

Wendehals ˈvɛndəhals
Wendelin ˈvɛndəliːn
Wendeltreppe ¹ˈvɛndəltrɛpə;
  ²ˈ-d̩tʁ-
wenden ¹ˈvɛndən; ²-dn̩
Wenden ˈvɛndən
Wendla (Vn., Wed.) ˈvɛndla
Wengernalp ˌvɛŋərnˈaɫp
wenig, -ige ˈveːnɪç, -ɪgə
wenigstens ˈveːnɪçstəns
wenn vɛn
Wentschou (Chi.) ˈvɛndçou̯
Wenzel (Vn.) ˈvɛntsəl
wer ¹veːr; ²-ʁ
Wera (Vn.) veːra
werben, warb, geworben ¹ˈvɛr-
  bən, varp, gəˈvɔrbən; ²-ʁbn̩,
  -, ǧeˈvɔʁbn̩
werden, ward, wurde, geworden
  ¹ˈveːrdən, vart, ˈvʊrdə, gə-
  ˈvɔrdən; ²-ʁdn̩, vaʁt, ˈvʊʁdə,
  ǧeˈvɔʁdn̩; (schwz. auch) ˈvɛr-
Werden (Dt.) ˈveːrdən
Werder ˈvɛrdər, -ɛʁ
werfen, warf, geworfen ¹ˈvɛrfən,
  varf, gəˈvɔrfən; ²-ʁfn̩, vaʁf,
  ǧeˈvɔʁfn̩
(der, die) Werft ¹vɛrft;
  ²-ʁft
Werg ¹vɛrk; ²-ʁk
Wergeld ¹ˈveːrgɛlt; ²-ʁg-
Werk ¹vɛrk; ²-ʁk
Werkarbeit ¹ˈvɛrk|arbaet;
  ²-ʁk|aʁbaet
Wermut ¹ˈveːrmuːt; ²-ʁm-
Wernigerode vɛrnɪgəˈroːdə
Werra ˈvɛra
Werre ˈvɛrə
Werst (Wegmaß) vɛrst
wert ¹veːrt; ²-ʁt, (schwz. auch)
  vɛrt
Wertarbeit ¹ˈveːrt|arbaet;
  ²-ʁt|aʁbaet
wertbeständig, -ige ¹ˈveːrtbə-
  ʃtɛndɪç, -ɪgə; ²-ʁtbe-
(Kaisers)-werth usw. -ˈveːrt
Werther ˈveːrtər, -ɛʁ
Wertheim ˈveːrthaem

31*

Wertzeichen ¹ˈveːrt̩tsaeçən;
  ²-ʁt̩tsaeçn̩
Werwolf ¹ˈveːrvɔlf; ²-ʁv-
wes(sen) ¹vɛs(ən); ²vɛsn̩
Wesen ¹ˈveːzən; ²-zn̩
Wesensart ¹ˈveːzəns|aːrt;
  ²-zn̩s|aːʁt
Wesir (Vezier) veˈziːr, -ziːʁ
Wesley ˈvɛzli
Wespe ˈvɛspə
Wessobrunn vɛsoˈbrʊn
West, -ten ¹vɛst, -tən; ²-tn̩
West Bromwich wɛst ˈbrʌmidʒ
Westend ˈvɛst|ɛnt
Westfalen vɛstˈfaːlən
Westminster (London) ˈwɛst-
  minstər, -ɛʁ
Westmoreland (e.) ˈwɛstmə-
  lənd, (Sh., H IV) -mɔrl-
Westover vɛst|ˈoːvər
weswegen ¹vɛsˈveːgən; ²-gn̩
Wettbüro ˈvɛtbyro:
wetteifern ¹ˈvɛt|aefərn; ²-ɛʁn
wetten ¹ˈvɛtən; ²-tn̩
Wetter ¹ˈvɛtər; ²-ɛʁ
Wetteransage ¹ˈvɛtər|ˌanzaːgə;
  ²-ɛʁ|ˌanz-
Wetterau ˈvɛtər|ao; -ɛʁ-
Wetterleuchten ¹ˈvɛtərlɔøçtən;
  ²-ɛʁlɔøçtn̩
Wettfahrt ¹ˈvɛtfaːrt; ²-ʁt
Wettin vɛˈtiːn
Wettkampf ˈvɛtkampf
Wetzlar ˈvɛtslar
Wexford (Ir.) ˈwɛksfəd
wetzen ¹ˈvɛtsən; ²-tsn̩
Weymouthskiefer ¹ˈvaemuːts-
  kiːfər; ²-ɛʁ
Wheatstone ˈwiːtstən
Wheeler ˈwiːlə
Wheeling (N.-A.) ˈwiːlɪŋ
Whig, pl. -gs wig, -gz
Whipple ˈwipl
Whisky (e.) ˈwiski
Whist (e.) wist
Whistler ˈwislə
Whitechapel (London) ˈwait-
  ˌtʃæpl

Whitefield ˈwaitfiːld
White River wait ˈrivə
Whitman ˈwitmən
Whitney ˈwitni
Wichita (N.-A.) ˈwitʃitɔː
widerhallen ¹ˈviːdərhalən;
　²-dɛʁhaln̩
widerlegen ¹viːdərˈleːgən; ²-dɛʁ-
　ˈleːgn̩
widerrufen ¹viːdərˈruːfən;
　²-dɛʁˈʁuːfn̩
widerspiegeln ¹ˈviːdərʃpiːgəln;
　²-dɛʁ-
widerstehen ¹viːdərˈʃteːən;
　²-dɛʁ-
Wieliczka (Po.) vjɛˈlitʃka
Wichs vɪks
Wichse ˈvɪksə
wichsen ¹ˈvɪksən; ²-sn̩
Wicht vɪçt
Wichtelmännchen ¹ˈvɪçtəl-
　mɛnçən; ²-tl̩mɛnçn̩
wichtig, -ige ˈvɪçtɪç, -ɪgə
Wichtigkeit ˈvɪçtɪçkaet
Wicke ˈvɪkə
wickeln ˈvɪkəln
Wielef, -cliffe usw. ˈviklɛf, -klif
Widder ¹ˈvɪdər; ²-ɛʁ
widerfahren ¹viːdərˈfaːrən;
　²-ɛʁˈf-
Widerhaken ¹ˈviːdərhaːkən;
　²-ɛʁhaːkn̩
widerhallen ¹ˈviːdərhalən;
　²-dɛʁhaln̩
widerlich ¹ˈviːdərlɪç; ²-ɛʁl-
Widerpart ¹ˈviːdərpart; ²-ɛʁ-
　paʁt
Widerrist ¹ˈviːdərrɪst; ²-ɛʁʁ-
Widerruf ¹ˈviːdərruːf; ²-ɛʁʁ-
Widersacher ¹ˈviːdərzaxər;
　²-ɛʁzaxɛʁ
widerspiegeln ¹ˈviːdərʃpiːgəln;
　²-ɛʁ-
widersprechen ¹viːdərˈʃpreçən;
　²-ɛʁˈʃpreçn̩
Widerspruch ¹ˈviːdərʃprʊx;
　²-ɛʁʃpʁ-
Widerstand ¹ˈviːdərʃtant; ²-ɛʁʃ-

widerwärtig, -ige ¹ˈviːdərvɛrtɪç,
　-ɪgə; ²-ɛʁvɛʁtɪç
Widerwille ¹ˈviːdərvɪlə; ²-ɛʁv-
widmen ˈvɪtmən
widrig, -ige ¹ˈviːdrɪç, -ɪgə; ²-dʁ-
Widukind ˈviːdukɪnt
Wiebel ¹ˈviːbəl; ²-bl̩
Wiedehopf ˈviːdəhɔpf
wieder ¹ˈviːdər; ²-ɛʁ
Wiederaufbau ¹viːdər|ˈaofbao;
　²-ɛʁ|ˈaofb̥ao
wiedererkennen ¹ˈviːdər|ɛr-
　ˌkɛnən; ²-ɛʁ|ɛʁˌk-
wiederholen ¹viːdərˈhoːlən,
　ˈ----; ²-ɛʁˈhoːln̩
wiedersehen ¹ˈviːdərzeːən;
　²-ɛʁz-
wiederum ¹ˈviːdərʊm; ²-ɛʁʊm
Wiege ˈviːgə
wiegen, wiegst, wog ¹ˈviːgən,
　viːkst, voːk; ²-gn̩
wiegen, wiegte ¹ˈviːgən, ˈviːktə;
　²-gn̩
wiehern ¹ˈviːərn; ²-ɛʁn
Wiesbaden ˈviːsbaːdən
Wiese ¹ˈviːzə; ²-z̥-
Wiesel ¹ˈviːzəl; ²-z̥l̩
wieso ¹viːˈzoː; ²-ˈz̥oː
wieviel ˈviːfiːl, -ˈ-
wiewohl viːˈvoːl
Wight wait
Wigwam ˈvɪgvam
Wiking, pl. -ger ¹ˈviːkɪŋ, -ŋər;
　²-ɛʁ
Wikingerschiff ¹ˈviːkɪŋərʃɪf;
　²-ɛʁʃ-
Wilajet vilaˈjɛt
Wilamowitz-Möllendorff vila-
　ˌmoːvɪts ˈmœləndɔrf
Wilberforce ˈwilbəfɔːs
wild vɪlt
Wildbret ¹ˈvɪltbrɛt; ²-b̥ʁɛt
Wilddieb ¹ˈvɪltdiːp; ²-td̥-
Wilde (e.) waild
Wilder (e.) ˈwaildə
Wilderer ¹ˈvɪldərər; ²-ɛʁɛʁ
Wildfang ˈvɪltfaŋ
wildfremd ¹vɪltˈfrɛmt; ²-fʁ-

Wildling ¹'vɪltlɪŋ; ²-ld̩l-
Wilfried 'vɪlfriːt
Wilhelm 'vɪlhɛlm
Wilhelmine vɪlhɛl'miːnə
Wilhelmshaven 'vɪlhɛlmshaːfən,
- -'- -
Willard (e.) 'wilaːd
Wille, -en ¹'vɪlə, -ən; ²-lŋ̩
Willehalm (Wo.) 'vɪləhalm
Willemer 'vɪləmər
willfahren vɪl'faːrən
Willi 'vɪli
William 'wiljəm
Willibald 'vɪlibalt
Willkomm 'vɪlkɔm
willkommen vɪl'kɔmən
Willkür(akt) ¹'vɪlkyːr(|akt);
²-ʀ
Willoughby (e., Sh., R. II)
'wiləbi
Wilna 'vɪlna
Wilson 'wilsn
Wilton (I., Borkm.) 'vɪltən
Wilzen 'vɪltsən
Wimbledon 'wimbldən
wimmeln 'vɪməln
wimmern ¹'vɪmərn; ²-ɛʀn
Wimpel ¹'vɪmpəl; ²-pl̩
Wimper ¹'vɪmpər; ²-ɛʀ
Winchester 'wintʃistə
Wind vɪnt
Windaus (dt.) 'vɪndaos
Windbruch ¹'vɪntbrʊx; ²-b̩ʀ-
Winde 'vɪndə
Windei 'vɪnt|ae
Windel ¹'vɪndəl; ²-dl̩
winden, wand ¹'vɪndən, vant;
²-dn̩
Windermere (Wilde) 'windəmiə
Windeseile 'vɪndəs|aelə
Windfang 'vɪntfaŋ
Windhoek (Afr.) 'vɪnthʊk
Windhund 'vɪnthʊnt
windig, -ige 'vɪndɪç, -ɪgə
windisch 'vɪndɪʃ
Windischgrätz (ö.) 'vɪndɪʃgrɛːts
Windlicht ¹'vɪntlɪçt; ²-dl̩-
Windsbraut ¹'vɪntsbraot; ²-b̩ʀ-

Windsor 'winzə
Winemiller (Te., Wi.) 'wainmilə
Winfrid 'vɪnfriːt
Wingert ¹'vɪŋərt; ²-ʀt
Wingfield (Te., Wi.) 'wiŋfiːld
Wingolf 'vɪŋgɔlf
Wink vɪŋk
Winkel ¹'vɪŋkəl; ²-kl̩
Winkeleisen ¹'vɪŋkəl|aezən;
²-kl̩|aezn̩
wink(e)lig, -ige 'vɪŋk(ə)lɪç, -ɪgə
winken ¹'vɪŋkən; ²-kn̩
Winnipeg 'winipɛg
winseln ¹'vɪnzəln; ²-z̩ln̩
Winter ¹'vɪntər; ²-ɛʀ
Winzer ¹'vɪntsər; ²-ɛʀ
winzig, -ige 'vɪntsɪç, -ɪgə
Wipfel ¹'vɪpfəl; ²'vɪpfl̩
Wipo 'viːpo
Wippe 'vɪpə
wir ¹viːr; ²-ʀ
Wirbel ¹'vɪrbəl; ²-ʀbl̩
wirken ¹'vɪrkən; ²-ʀkn̩
wirklich ¹'vɪrklɪç; ²-ʀgl̩-
wirksam ¹'vɪrkzaːm; ²-ʀks-
wirkungslos ¹'vɪrkʊŋsloːs; ²-ʀk-
wirr ¹vɪr; ²-ʀ
Wirrsal ¹'vɪrzaːl; ²-ʀz̩-
Wirrwarr ¹'vɪrvar; ²-ʀvaʀ
Wirsing ¹'vɪrzɪŋ; ²-ʀz̩-
Wirt ¹vɪrt; ²-ʀt
Wirtel ¹'vɪrtəl; ²-ʀtl̩
Wirtschaft ¹'vɪrtʃaft; ²-ʀt-
Wisch vɪʃ
wischen ¹'vɪʃən; ²-ʃn̩
Wisconsin wis'kɔnsin
Wisent 'viːzɛnt
Wismar 'vɪsmar
Wismut 'vɪsmuːt
wispern ¹'vɪspərn; ²-ɛʀn
wissen, wußte ¹'vɪsən, 'vʊstə;
²-sn̩
Wissenschaft ¹'vɪsənʃaft; ²-sn̩ʃ-
wissentlich ¹'vɪsəntlɪç; ²-dl̩-
Witfrau ¹'vɪtfrao; ²-fʀ-
Wittenberg 'vɪtənbɛrk
Wittenberge vɪtən'bɛrgə
wittern ¹'vɪtərn; ²-ɛʀn

Witterung 'vɪtərʊŋ
Witib 'vɪtɪp
Witwe 'vɪtvə
Witwer ¹'vɪtvər; ²-ɛʀ
Witz vɪts
witzeln ¹'vɪtsəln; ²-sl̩n
witzig, -ige 'vɪtsɪç, -ɪgə
Wladiken (Gri.) vla'dikən
Wladimir vla'di:mɪr, -ɪʀ
Wladiwostok (ru.) vladivɔs'tɔ:k,
--'--
Władysław (po.) vŭa'disŭaf
Wlasta (Gri., Lib.) 'vlasta
Włocławek (Po.) vŭə'tsŭavɛk
wo vo:
wo(bei usw.) ¹vo:('bae); ²vo-
Woche 'vɔxə
Wochenende ¹'vɔxən|ɛndə;
²-xn̩|-
wöchentlich ¹'vœçəntlɪç; ²-dl̩-
Wöchnerin ¹'vœçnərɪn; ²-ɛʀɪn
Wodan 'vo:dan
Wodka 'vɔtka
Woedtke (dt.) vo:tkə
Woëvre (-ebene, F.) vw'a:vʀ
wofern ¹vo:'fɛrn; ²vo'fɛʀn
Woge 'vo:gə
wo(her usw.) ¹vo:('he:r); ²vo-
wohl vo:l
wohlan vo:l|'an
wohlauf vo:l|'aof
Wohlfahrt ¹'vo:lfa:rt; ²-ʀt
wohlfeil 'vo:lfael
wohlig, -ige 'vo:lɪç, -ɪgə
Wohllaut 'vo:ll̩aot
wohllöblich ¹'vo:ll̩ø:plɪç; ²-bl̩-
wohltuend 'vo:ltu:ənt
wohnen 'vo:nən
Woilach 'vɔəlax
Woiwode vɔĭ'vo:də
wölben ¹'vœlbən; ²-bn̩
Woldemar 'vɔldəmar, -aʀ
Wolf, pl. Wölfe vɔlf, 'vœlfə
Wolf Ferrari vɔlf fe'ra:ri
Wölfflin 'vœlfli:n
Wolfram 'vɔlfram
Wolgast 'vɔlgast
Wolke 'vɔlkə

Wolkenkuckucksheim
  ¹vɔlkən'kʊkʊkshaem; ²-kn̩-
Wolle 'vɔlə
wollen ¹'vɔlən; ²-ln̩
Wollin vɔ'li:n
Wollust 'vɔlʊst
Wolsey (e., Sh., H. VIII) 'vʊlzi
Wolverhampton 'wʊlvəhæmp-
  tən
Wolzogen 'vɔltso:gən
womöglich ¹vo:'mø:klɪç; ²-ĝl-
Wonne 'vɔnə
wonniglich ¹'vɔnɪklɪç; ²-ĝl-
Wön-san (Kor.) vən¡san
Woodrow (Vn.) 'wudrou
Woodstock (N.-A.) 'wudstɔk
Woodville (Sh., H. VI) 'wudvil
Woolf (e.) wulf
Woolton (On., Wilde) 'wultn
Woolwich (London) 'wulidʒ
wor(an, -auf usw.) vo:'r(an,
  -aof)
Worcester, -ershire 'wustə,
  -əʃiə
Wordsworth (e.) 'wə:dzwə(:)θ
worfeln ¹'vɔrfəln; ²-ʀfəln
Woroschilow vɔrə'ʃi:lɔf
Worpswede vɔrps've:də
Wort ¹vɔrt; ²-ʀt
Wortart ¹'vɔrt|a:rt; ²-ʀt|a:ʀt
Wortbruch ¹'vɔrtbrʊx; ²-ʀt-
  bʀʊx
Wörth vœrt
Worthing (e.) 'wə:ðɪŋ
wörtlich ¹'vœrtlɪç; ²-ʀdl̩-
Wotan 'vo:tan
Wouk vɔuk
Wouwerman 'vɔuərman
Wowčok (ukr.) vɔŭ'tʃɔk
Wozzeck (Büchner) 'vɔtsɛk
Wrack ¹vrak; ²vʀ-
Wrangel 'vraŋəl
Wrede 'vre:də
Wright rait
wringen, wrang 'vrɪŋən, vraŋ
Wruke 'vrʊkə
Wucher ¹'vu:xər; ²-ɛʀ; (ö.,
  schwz. auch) 'vu-

Wucherer ¹'vuːxərər; ²-ɛʀɛʀ;
(ö., schwz. auch) 'vu-
Wuchs vuːks, (ö., schwz. auch)
  vʊks
Wucht vʊxt
wuchtig, -ige 'vʊxtɪç, -ɪgə
wühlen ¹'vyːlən; ²-ln̩
Wuika (Suppé, Fat.) 'vuĭka
Wulfila 'vʊlfila
Wulst 'vʊlst
wund vʊnt
Wundarzt ¹'vʊnt|aːrtst;
  ²-ʀtst
Wunde 'vʊndə
wunderschön ¹'vʊndərʃøːn,
  - -'-; ²-ɛʀʃ-
Wunsch 'vʊnʃ
Wünschelrute ¹'vʏnʃəlruːtə;
  ²-ʃʀ-
wünschen ¹'vʏnʃən; ²-ʃn̩
Wunsiedel 'vʊnziːdəl
Würde ¹'vʏrdə; ²-ʀdə
Würdigung ¹'vʏrdɪgʊŋ; ²-ʀd-
Wurf ¹vʊrf; ²-ʀf
Würfel ¹'vʏrfəl; ²-ʀfl̩
würfeln ¹'vʏrfəln; ²-ʀfəln

würgen ¹'vʏrgən; ²'vʏʀgn̩
Würgengel ¹'vʏrk|ɛŋəl; ²-ʀk|-
  ɛŋl̩
Würger ¹'vʏrgər; ²-ʀgɛʀ
Wurm vʊrm, -ʀm
wurmstichig, -ige ¹'vʊrmʃtɪçɪç,
  -ɪgə; ²-ʀm-
Wurst ¹vʊrst; ²-ʀst
Wurt, -te ¹vʊrt, -tə; ²-ʀt
Würze ¹vʏrtsə; ²-ʀtsə
Wurzel ¹'vʊrtsəl; ²-ʀtsl̩
würzen ¹'vʏrtsən; ²-ʀtsn̩
würzig, -ige ¹'vʏrtsɪç, -ɪgə;
  ²-ʀt-
Wust vuːst
wüst, Wüste vyːst, '-stə
Wüstenei vyːstə'nae
Wüstenrot vyːstən'roːt
Wüstling ¹'vyːstlŋ; ²-d̦l-
Wut vuːt
Wutanfall 'vuːt|anfal
Wyatt (e.) 'waiət
Wyclif(fe) 'viklif
Wyk auf Föhr ˌviːk aof'føːr
Wyoming wai'oumiŋ
Wyspiański (po.) vi'spjaɲski

X

x ɪks
X-Achse 'ɪks|aksə
Xanten 'ksantən
Xanthe (G., Naus.) 'ksante
Xanthippe ksan'tɪpə
Xanthophyll ksanto'fyl
Xaver, -rius 'ksaːvər, ksa've:riʊs
X-(beine usw.) 'ɪks(baenə)
x-beliebig, -ige ¹ɪksbə'liːbɪç,
  -ɪgə; ²-sbe-
Xenia 'kseɲija
Xenion, pl. -nien 'kseniɔn, -niən

Xenon 'ksɛnɔn
Xenophanes kse'noːfanɛs
Xenophon 'kseːnofɔn
Xeres xɛ'rɛθ
Xerxes 'ksɛrksɛs
xerophil ksero'fiːl
Xi (gr. Buchst.) ksiː
Ximena, -ne (Herder) xi'mɛ-
  na
Xylograph ksylo'graːf
Xylographie ksylogra'fiː
Xylophon ksylo'foːn

Y

(vgl. auch J)
y (dt.) ˈʏpsilɔn
Yacht jaxt
Yak jak
Yale University ˈjeil jʊniˈvəːsiti
Yamadori (Pu., Butt.) jamaˈdori
Yams (wurzel usw.) ˈjams-
Yang (chi.) jaŋ
Yankee ˈjæŋki
Yankee doodle (e.) ˈjɛŋki ˈduːdl
Yard (e.) jaːd
Yeats jeits
Yehudi (isr.) jeˈhuːdi
Yellowstonepark ˈjɛloustoun-
  paːrk
Yemen ˈjeːmən, s. Jemen
Yen (jap.) jɛn
Yggdrasil ˈʏgdrazɪl
Yildyz Köşk (Tü.) ˈjɪldɨz
  kjøʃk
Yoga ˈjoːga

Yonne (Fl., F.) jɔn
Yniold (Maet., Debussy) iˈnjɔl
Ypsilanti ipsiˈlanti
Yokohama jokoˈhaːma
Yorck jɔrk
York jɔːk
Yosemitetal (N.-A.) jouˈsɛmiti-
  taːl
Young jʌŋ
Ypern (Ieperen. Ndld.) yːpərn
Ypsilon (gr. Buchst.) ˈʏpsilɔn
Yser (Be.) ˈɛïsər, -ɛʁ
Ysop ˈiːzɔp, (ö. auch) iˈsoːp
Ystad (Schw.) ˈyːstaːd
Yttrium ˈʏtriʊm
Yuan ˈjuːan
Yucatán jukaˈtan
Yucca ˈjʊka
Yukon (Fl.) ˈjuːkɔn
Yverdon (Schwz.) ivɛrˈdõ
Yvette (f.) iˈvɛt

Z

(siehe auch unter C)
z (dt.) zsɛt
Zaandam (Ndld.) zaːnˈdam
Zabern ˈtsaːbərn
Zabrze (Schles.) ˈzabʒɛ
Zacharias tsaxaˈriːas
Zachariades (gr.) zaxarˈïaðis
Zacke ˈtsakə
zackig, -ige ˈtsakɪç, -ɪgə
Zadar (Jug.) ˈzadar, (it.) Zara
  ˈdzaːra
Zadruga (sbkr.) ˈzaːdruga
zag, zage tsaːk, ˈtsaːgə
zagen [1]ˈtsaːgən; [2]-gn̩
Zagreb (Jug.) ˈzaːgrɛb
Zagros (Geb., As.) ˈzagrɔs, tsa-
zäh, zähe tsɛː, tsɛːə
Zahedi (pers.) ˈzaːhedi
Zähigkeit ˈtsɛːɪçkaet

Zahl tsaːl
zahllos ˈtsaːl̩loːs
zahm tsaːm
Zahn tsaːn
Zahnarzt [1]ˈtsaːn|aːrtst; [2]-ʁtst
Zähre ˈtsɛːrə
Zain (Zein) tsaen
Zajeev (ru.) ˈzajtsɛf
Zaïre (Volt.) zaˈiːʁ(e)
Zakopane (Po.) zakɔˈpanɛ
Zakynthos tsaˈkʏntɔs, (gr.)
  -nθɔs
Zalamea (sp.) θalaˈmea
Zaleski (po.) zaˈleski
Zama (Alt.) ˈtsaːma
Zambesi (Fl.) zamˈbezi
Zamjatin (ru.) zaˈmjaːtin
Zamora (Sp.) θaˈmora
Zamosé (Po.) ˈzamɔçtɕ

Zander ¹'tsandər; ²-ɛʁ
Zanga (Gri., Traum) 'tsaŋga
Zange 'tsaŋə
Zangwill (e.) 'zæŋgwil
Zank tsaŋk
zanken ¹'tsaŋkən; ²-kn̩
Zanksucht ¹'tsaŋkzʊxt; ²-ks-
Zante (Gr., it.) 'tsante
Zapfen, za- ¹'tsapfən; ²'tsapfn̩
Zaponlack tsa'poːnlak
Zápotocký (Tsch.) 'zaːpɔtɔtski:
zappeln 'tsapəln
Zar, Car, Czar ¹tsaːr; ²-ʁ
Zara (Cald., Prinz) 'tsaːra,
  (sp.) 'θara
Zaragoza (Sp.) θara'ɣɔθa
Zarah 'zaːra
Zarathustra tsara'tʊstra
Zareckij (Tschaik., One.) za-
  'rɛːtski
Zarečnyj, fm. -naja (ru.)
  za'rjetʃni, -naja
Zarewitsch tsa'revɪtʃ
Zares (Gri., Ester) 'tsaːrɛs
Zarewna tsa'revna
Zarge ¹'tsargə; ²-ʁgə
Žarov (ru.) 'ʒaːrɔf
zart ¹tsaːrt; ²-ʁt
zärtlich ¹'tsɛːrtlɪç; ²-ʁdl-
Zäsium 'tsɛːziʊm
Zasulič (ru.) za'suːfiitʃ
Zäsur tsɛ'zuːr, -uːʁ
Zauber ¹'tsaobər; ²-ɛʁ
Zauberer, fm. -berin ¹'tsaobərər,
  -bərm; ²-bɛʁɛʁ, -bɛʁɪn
Zaud(e)rer ¹'tsaod(ə)rər; ²-dʁɛʁ
zaudern ¹'tsaodərn; ²-ɛʁn
Zaum tsaom
zäumen 'tsɔɔmən
Zaun, pl. Zäune tsaon, 'tsɔɔnə
zausen ¹'tsaozən; ²-zn̩
Zawisch (Gri., Ott.) 'zaːvɪʃ, 'tsaː-
Ždaniv (Ukr.) 'ʒdaniŭ
Ždanov (ru.) 'ʒdaːnɔf
Zděnek (tsch. Vn.) 'zdjɛnɛk
Zděnka (R. Strauß, Arab.)
  'zdjɛnga
Zdenko (Vn., Gri.) 'zdɛŋkɔ

Zebaoth 'tseːbaɔt
Zebedäus tsebe'dɛːʊs
Zebra 'tseːbra
Zebu 'tseːbu
Zeche 'tsɛçə
zechen ¹'tsɛçən; ²-çn̩
Zechine tsɛ'çiːnə
Zechlin tsɛç'liːn
Zechstein 'tsɛçʃtaen
Zecke 'tsɛkə
Zeder 'tseːdər, -ɛʁ
zedieren tse'diːrən
Zedlitz 'tseːdlɪts
Zeebrugge (Ndld.) 'zeːbrʏxə,
  (dt.) -ɣə
Zeeman (ndl.) 'zeːman
Zeemanneffekt 'zeːman|ɛfɛkt
Zeh, -he tse:(ə)
Zeh(e)nt(e) 'tse:(ə)nt(ə)
(fünf)zehig, -ige usw. -tse:ɪç, -ɪgə
zehn tse:n
Zehntel ¹'tse:ntəl; ²-tl̩
zehnten ¹'tse:ntən; ²-tn̩
zehren 'tse:rən
Zeichen 'tsaeçən; ²-çn̩
zeichnen 'tsaeçnən
Zeidler ¹'tsaedlər; ²-dlɛʁ
zeigen ¹'tsaegən; ²-gn̩
zeihen, zieh 'tsaeən, tsi:
Zeile 'tsaelə
Zeisig ¹'tsaezɪç; ²-ʑ-
Zeit tsaet
Zeitalter ¹'tsaet|altər; ²-ɛʁ
zeitlebens ¹tsaet'le:bəns;
  ²tsaed'le:bn̩s
zeitlos ¹'tsaetloːs; ²-dl-
Zeitzeichen ¹'tsaettsaeçən; ²-çn̩
zelebrieren tsele'bri:rən
Zelima (Cald., Prinz) θe'lima,
  (Sch., Tur.) 'selima
Zelle 'tsɛlə
Zellophan tsɛlo'faːn
zellular tsɛlu'laːr
Zelluloid tsɛlu'lɔøt, -lo'iːt
Zellulose tsɛlu'loːzə
Zelot tse'loːt
Zelt tsɛlt
Zeltbahn ¹'tsɛltbaːn; ²-tb̩-

Zelter ¹'tsɛltər; ²-ɛʁ
Zeltlager ¹'tsɛltlaːgər; ²-dlaːgɛʁ
Zement tse'mɛnt
zementieren tsemɛn'tiːrən
Zemljanika (ru., Gog.)
zemfia'ɲiːka
Zemplén (Ung.) 'zæmpleːn
Zemstvo (ru.) 'zɛmstvo
Zemun (Jug.) 'zemuːn
Zen (= Buddhismus) zɛn-
Zendavesta tsɛnda'vɛsta
Zengg (Jug.) tsɛŋ
Zenit, -ith tse'niːt
Zeno(n) 'tseːno(n), (it.) Zenone
dze'noːne
Zenobia tse'noːbia
Zenotaph tseno'taːf
zensieren tsɛn'ziːrən
Zensor 'tsɛnzɔr, -ɔʁ
Zensur tsɛn'zuːr, -uːʁ
Zensus 'tsɛnzʊs
Zentaur tsɛn'taor, -aoʁ; vgl.
Kentaur
Zentenarfeier ¹tsɛnte'naːrfaeər;
²-naːʁ-faeɛʁ
Zentesimal(waage usw.)
tsɛntezi'maːl
Zentifolie tsɛnti'foːliə
Zenti(meter usw.) ¹tsɛnti'meː-
tər; ²-ɛʁ
Zentner ¹'tsɛntnər; ²-ɛʁ
zentral ¹tsɛn'traːl; ²tsɛn'tʁaːl
zentralisieren tsɛntrali'ziːrən
Zentrifugal(kraft usw.)
¹tsɛntrifu'gaːl-; ²-tʁ-
Zentrifuge ¹tsɛntri'fuːgə; ²-tʁ-
zentripetal ¹tsɛntripe'taːl; ²-tʁ-
Zentrum ¹'tsɛntrʊm; ²-tʁ-
Zenturie tsɛn'tuːriə
Zenturio tsɛn'tuːrio
Zenturione (Sch., Fi.)
tsɛnturi'oːne
Zeolith tseo'lɪt
Zephanja (bi.) tse'fanja
Zephyr, -phir ¹'tseːfyr, -fɪr;
²-fyʁ, -fɪʁ
Zeppelin 'tsɛpəliːn, - -'-
Zepter ¹'tsɛptər; ²-ɛʁ

zer- ¹tsɛr-, tsɛʁ-; ²tsɛʁ-
Zer, -rium 'tseːr, -riʊm
Zerberus 'tsɛrbərʊs
Zerbinetta (R. Strauß, Ari.)
dzɛrbi'neta
zerbrechlich ¹tsɛr'brɛçlɪç; ²-ʁbʁ-
Zerealien tsere'aːliən
zerebral tsere'braːl
Zeremonie, pl. -nien tseremo-
'niː, -'moːniə, -mo'niːən,
-'moːniən
zerknirscht ¹zɛr'knɪrʃt; ²-ʁ-
'knɪʁʃt
Zerline (Mozart) tsɛr'liːnə
Zermatt tsɛr'mat
Zernike 'zɛrnikə
Zéro 'zeːro
Žeromski (po.) ʒɛ'rɔmski
zerren 'tsɛrən
zerreißen ¹tsɛr'raesən; ²-ʁ'ʁaesn̩
zerstreuen ¹tsɛr'ʃtrɔøən; ²-ʁ-
'ʃtʁɔøən
Zertifikat tsɛrtifi'kaːt
Zervelatwurst ¹tsɛrvə'laːtvʊrst;
²sɛʁv(ə)'laːtvʊʁst
Zession tse'sĭoːn
Zeta (gr. Buchst.) 'tseːta
Zeta (Lehár, Witwe) 'zɛta
Zeter ¹'tseːtər; ²-ɛʁ
zetern ¹'tseːtərn; ²-ɛʁn
Zettel ¹'tsɛtəl; ²-tl̩
zeuch tsɔøç; s. ziehen!
Zeug tsɔøk
Zeugenaussage ¹'tsɔøgən-
|aoŝaːgə; ²-gn̩|aoŝ-
Zeugma 'tsɔøgma
Zeugnis 'tsɔøknɪs
Zeus tsɔøs
Zeuxis 'tsɛøksɪs
Zibebe tsi'beːbə
Zibet 'tsiːbɛt
Zibo (Sch., Fi.) 'tsiːbo
Ziborium tsi'boːriʊm
Zichorie tsɪ'çoːriə, (ö.) -'koː-
Zichy (magy.) 'zitʃi
Zieke 'tsɪkə
Zickzack 'tsɪktsak
Zider ¹'tsiːdər; ²-ɛʁ

Ziege 'tsiːgə
Ziegel ¹'tsiːgəl; ²-g̣l̥
Ziegenhals 'tsiːgənhals
ziehen, ziehst, zeuch, zog
 'tsiːən, tsiːst, tsøøç, tsoːk
Ziehung 'tsiːʊŋ
Ziel tsiːl
zielen ¹'tsiːlən; ²-l̥n̥
ziellos 'tsiːl̥loːs
ziemen 'tsiːmən
Ziemer ¹'tsiːmər; ²-ɛʁ
ziemlich 'tsiːmlɪç
Zier ¹tsiːr; ²-ʁ
Zierat 'tsiːraːt
Zieselmaus ¹'tsiːzəlmaos; ²-ẓl̥m-
Zieten 'tsiːtən
Ziffer ¹'tsɪfər; ²-ɛʁ
Zigarette tsigaˈrɛtə
Zigarillo tsigaˈrɪlo, -ljo
Zigarre tsiˈgarə
Zigeuner ¹tsiˈgøønər; ²-ɛʁ
Zikade tsiˈkaːdə
Zille 'tsɪlə
Zimbel ¹'tsɪmbəl; ²-ḅl̥
Zimbern 'tsɪmbərn
Zimelie tsiˈmeːliə
Zimmer ¹'tsɪmər; ²-ɛʁ
zimperlich ¹'tsɪmpərlɪç; ²-ɛʁl-
Zimmet, -mt tsɪm(ə)t
Zinder ¹'tsɪndər; ²-ɛʁ
Zinerarie tsineˈraːriə
Zingst tsɪŋst
Zingulum 'tsɪŋgulʊm
Zink tsɪŋk
Zinke 'tsɪŋkə
Zinko(graphie usw.) tsɪŋko
 (-graˈfiː)
Zinn tsɪn
Zinne 'tsɪnə
Zinnie 'tsɪniə
Zinnober ¹tsɪˈnoːbər; ²-ɛʁ
zinnoberrot ¹tsɪˈnoːbər̥roːt;
 ²-ɛʁ̥roːt
Zinovjev (ru.) ziˈnɔːv-jɛf
Zins, pl. -nsen ¹tsɪns, -nzən;
 ²-z̥n̥
Zion 'tsiːɔn
Zionismus tsioˈnɪsmʊs

Zipfel ¹'tsɪpfəl; ²'tsɪpf̣l̥
Zipperlein ¹'tsɪpərlaen; ²-ɛʁl-
Zips tsɪps
Zirbel(kiefer usw.) 'tsɪrbəl-;
zirka (Abk. ea.) ¹'tsɪrka; ²-ʁka
Zirkel ¹'tsɪrkəl; ²-ʁḳl̥
Zirkon, -nium tsɪrˈkoːn, -niʊm
Zirkular tsɪrkuˈlaːr, -aʁ
zirkulieren tsɪrkuˈliːrən
Zirkumflex tsɪrkʊmˈflɛks
Zirkus ¹'tsɪrkʊs; ²-ʁk-
Zirpe ¹'tsɪrpə; ²-ʁpə
zirpen ¹'tsɪrpən; ²-ʁpn̥
Zirrhose tsɪˈroːzə
Zirrus(wolke) 'tsɪrʊs
zirzensisch tsɪrˈtsɛnzɪʃ
zisalpinisch 'tsɪs|al̩piːnɪʃ
zischen ¹'tsɪʃən; ²-ʃn̥
ziselieren tsizeˈliːrən
Ziska (tsch. Žiška) 'ʒiʃga
zisleithanisch 'tsɪslae̩taːnɪʃ
Zisterne tsɪsˈtɛrnə
Zisterzienser ¹tsɪstərˈtsĭɛnzər;
 ²-ɛʁ
Zita (it.) 'dziːta
Zitadelle tsitaˈdɛlə
Zitat tsiˈtaːt
Zither ¹'tsɪtər; ²-ɛʁ
zitieren tsiˈtiːrən
Zitronat tsitroˈnaːt
Zitrone ¹tsiˈtroːnə; ²-ɪtʁ-
Zitrusfrüchte ¹'tsiːtrʊs̩fryçtə;
 ²-tʁʊs̩fʁ-
Zitteraal ¹'tsɪtər|aːl; ²-ɛʁ|-
zittern ¹'tsɪtərn; ²-ɛʁn
Zitwer ¹'tsɪtvər; ²-ɛʁ
Zitze 'tsɪtsə
Živago ziˈvaːgɔ (ru.) ʒiˈvaɡɑ
zivil, Zi- tsiˈviːl, (ö. auch) -ˈvil
zivilisieren tsiviliˈziːrən
Zivilist tsiviˈlɪst
Zivilliste tsiˈviːl̥lɪstə
Zivilprozeßordnung ¹tsiˈviːl-
 protsɛsɔrdnʊŋ; ¹-pʁotsɛsɔʁd-
Zlatoust (Ru.) złataˈ|uːst
Zloty (po.) 'z̆ʊɔtɤ
Znaim tsnaem
Zobeide (Web. usw.) s. Sobeide

Zobel ¹'tso:bəl; ²-bļ
Zobten (Schles.) 'tsɔptən
Zodiakallicht tso:di|a'ka:l̩lɪçt
Zodiakus tso'di:akʊs
Zoë 'tso:|e
Zofe 'tso:fə
Zögerer ¹'tsø:gərər; ²-ɛʀɐʀ
zögern ¹'tsø:gərn; ²-ɛʀn
Zögling ¹'tsø:klɪŋ; ²-ĝl-
Zogu (alb.) 'zɔgu
Zola zɔ'la
Zölestin tsølɛs'ti:n
Zölibat tsøli'ba:t
Zoll tsɔl
Zollikofer 'tsɔliko:fər
Zollunion 'tsɔl|uni͜o:n
Zolotarjov (ru.) zɔłata'rjɔ:f
zonal tso'na:l
Zone 'tso:nə
Zoo tso:
Zoologie tso:|olo'gi:
zoologisch tso:|o'lo:gɪʃ
Zootomie tso:|oto'mi:
Zopf tsɔpf
Zoppot 'tsɔpɔt
Zorin (ru.) 'zɔ:rjɪn
Zoroaster tsoro'astər
Zorn tsɔrn, -ʀn
zornentbrannt ¹'tsɔrn|ɛntbrant; ²-ʀn|ɛntbɐ̯ant
Zorrilla (sp.) θo'rifia
Zoščenko (ru.) 'zɔ:ʃtʃɛnkɔ
Zote 'tso:tə
zotig, **-ige** 'tso:tɪç, -ɪgə
Zotte, **-el** ¹'tsɔtə, -əl; ²-tļ
zotteln ¹'tsɔtəln; ²-tļn
zottig, **-ige** 'tsɔtɪç, -ɪgə
Zötus 'tsø:tʊs
Zrinyi (Kö.: **-ny**) 'zri:ɲi
Zschokke 'tʃɔkə
Zschopau 'tʃo:pao
Zsigmondy ʒig'mɔndi
Zsupán (J. Strauß, Zig.) 'ʒupa:n
zu tsu:
Zuave tsu'a:və
Zubehör ¹'tsu:bəhø:r; ²-behø:ʀ
Zuber ¹'tsu:bər; ²-ɛʀ

Zubuße 'tsu:bu:sə
Zucht tsʊxt
züchten ¹'tsʏçtən; ²-tn̩
züchtig, **-ige** 'tsʏçtɪç, -ɪgə
züchtigen ¹'tsʏçtɪgən; ²-gn̩
zuchtlos ¹'tsʊxtlo:s; ²-dl̩-
Zuchttier ¹'tsʊxtti:r; ²-ʀ
zucken ¹'tsʊkən; ²-kn̩
Zucker ¹'tsʊkər; ²-ɛʀ
Zuckerrübe ¹'tsʊkərry:bə; ²-ɛʀʀ-
zudem tsu'de:m
zueignen 'tsu:|aegnən
zueinander ¹tsu|ae'nandər; ²-ɛʀ
zuerst ¹tsu'e:rst; ²-ʀst
Zuflucht 'tsu:flʊxt
zufrieden ¹tsu'fri:dən; ²-dn̩
Zufuhr ¹'tsu:fu:r; ²-ʀ
Zug tsu:k
Zugabteil 'tsu:k|aptael
zugänglich 'tsu:gɛŋlɪç
Zügel ¹'tsʏ:gəl; ²-gļ
zügellos ¹'tsʏ:gəl̩lo:s; ²-gļlo:s
zugig, **-ige** 'tsu:gɪç, -gɪgə
zügig, **-ige** 'tsʏ:gɪç, -ɪgə
Zugkraft ¹'tsu:kkraft; ²-kʀ-
Zugtier ¹'tsu:kti:r; ²-ʀ
zugute tsu'gu:tə
Zuhause ¹tsu'haozə; ²tsʊ'haozə
Zuhilfenahme ¹tsu'hɪlfəna:mə; ²tsʊ-
Zuiderzee zœy̆dər'ze:, (ndld.) **IJsselmeer**
Žukov (ru.) 'ʒu:kɔf
Žukovskij (ru.) ʒu'kɔ:fskij
Zukunft 'tsu:kʊnft
Zuleika (Suppé, Fat.) zu'laeka
zullen ¹'tsʊlən; ²-ln̩
Züllichau 'tsʏlɪçao
Zulu 'tsu:lu
zum zsʊm
zumal tsu'ma:l
zunächst tsu'nɛ:çst
zünden ¹'tsʏndən; ²-dn̩
Zunder ¹'tsʊndər; ²-ɛʀ
Zunft tsʊnft
Zunge 'tsʊŋə
Zúñiga (Bizet) 'θuɲiɣa

zuoberst ¹tsu|'o:bərst; ²-ʀst
zupfen ¹'tsʊpfən; ²-fn̩
zur ¹tsu:r, tsʊr; ²-ʀ
Zurbarán (sp.) θurβa'ran
Zürcher See tsʏrçər ze:, -ɛʀ
Zurga (Bizet) 'zurga
Zürich 'tsy:rɪç
zürnen 'tsʏrnən, -ʀn-
Zurschaustellung ¹tsur'ʃao-
  ʃtəlʊŋ; ²tsʊʀ'ʃ-
zurückkehren tsu'rʏkke:rən
zurücksetzen ¹tsu'rʏkzɛtsən;
  ²-sɛtsn̩
zurücktreten ¹tsu'rʏktre:tən;
  ²-tʀe:tn̩
zusammen(hängen usw.)
  ¹tsu'zamən(hɛŋən); ²-'z̧-
zusammennehmen ¹tsu'za-
  mənne:mən; ²-'z̧-
zusammenrotten ¹tsu'zamən-
  rɔtən; ²-'z̧amənʀɔtn̩
Zusatz ¹'tsu:zats; ²-z̧-
zuschanden ¹tsu'ʃandən; ²-dn̩
Zuschauer(raum) ¹'tsu:ʃaoər
  (-͜raom); ²-ɛʀʀ-
Zutphen (Ndld.) 'zʏtfə
zuungunsten ¹tsu|'ʊngʊnstən;
  ²-tn̩
zuunterst ¹tsu|'ʊntərst; ²-ɛʀst
zuvor ¹tsu'fo:r; ²-ʀ
Zuwachs 'tsu:vaks
zuwider ¹tsu'vi:dər; ²-ɛʀ
Zwang tsvaŋ
zwängen 'tsvɛŋən
zwanzig 'tsvantsɪç
zwar ¹tsva:r; ²-ʀ
Zweck tsvɛk
zweckdienlich ¹'tsvɛkdi:nlɪç;
  ²-kd̩-
Zwecke 'tsvɛkə
zweckentsprechend ¹'tsvɛk|ɛnt-
  ˌʃprɛçənt; ²-ˌʃpʀɛçn̩t
zween tsve:n
zwei tsvae
Zweibrücken tsvae'brʏkən
zweierlei ¹tsvaeər'lae; ²-ɛʀ'l-
zweifellos ¹tsvaefəl'lo:s; ²-fl̩'lo:s
zweifeln 'tsvaefəln

zweifelsohne ¹tsvaefəls|'o:nə;
  ²-fl̩s-
Zweig tsvaek
Zweiggeschäft ¹'tsvaekĝəʃɛft;
  ²-kĝe-
zwerch ¹tsvɛrç; ²-ʀç
Zwerchfell ¹'tsvɛrçfɛl; ²-ʀç-
Zwerg ¹tsvɛrk; ²-ʀk
Zweter (W., Tannh.) tsve:tər,
  -ɛʀ
Zwetsch(g)e ¹'tsvɛtʃ(g)ə; ²-ʃĝə;
  (ö.) Zwetschke 'tsvɛtʃkə
Zwickel ¹'tsvɪkəl; ²-kl̩
zwieken ¹'tsvɪkən; ²-kn̩
Zwicker ¹'tsvɪkər; ²-ɛʀ
Zwieback, pl. -bäcke 'tsvi:bak,
  -bɛkə
Zwiebel ¹'tsvi:bəl; ²-bl̩
Zwielicht 'tsvi:lɪçt
Zwiesel ¹'tsvi:zəl; ²-z̧l̩
Zwietracht ¹'tsvi:traxt; ²-tʀ-
Zwillich, Zwilch 'tsvɪlɪç, -lç
Zwilling 'tsvɪlɪŋ
Zwinge 'tsvɪŋə
zwingen, zwang, gezwungen
  ¹'tsvɪŋən, tsvaŋ, gətsvʊŋən;
  ²ĝe-
Zwinger ¹'tsvɪŋər; ²-ɛʀ
Zwingli 'tsvɪŋli
zwinkern ¹'tsvɪŋkərn; ²-ɛʀn
zwirbeln ¹'tsvɪrbəln; ²-ʀbl̩n
Zwirn tsvɪrn, -ʀn
zwischen ¹'tsvɪʃən; ²-ʃn̩
Zwischenakt ¹'tsvɪʃən|akt; ²-ʃn̩|-
Zwist tsvɪst
zwitschern ¹'tsvɪtʃərn; ²-ɛʀn
Zwitter ¹'tsvɪtər; ²-ɛʀ
zwo tsvo:
zwölf tsvœlf
Zwölfender ¹'tsvœlf|ɛndər;
  ²-ɛʀ
Zwölffingerdarm ¹tsvœlf'fɪŋər-
  darm; ²-ɛʀdaʀm
Zwölftonmusik ¹'tsvœlfto:n-
  muˌzi:k; ²-z̧-
Zwolle (Ndld.) 'zwɔlə
Zyan tsya:n
Zyane tsy'a:nə

Zyan(kalium usw.) tsyɑn('kaː-
liʊm)
Zykladen tsy'klaːdən
Zyklon tsy'kloːn
Zyklop tsy'kloːp, vgl. Kyklop
zyklothym tsyklo'tyːm
Zyklothymie tsykloty'miː
Zyklotron tsy(ː)klo'troːn
Zyklus 'tsʏklʊs, 'tsy-
Zylinder ¹tsy'lɪndər, tsi'lɪndər;
²-ɛʁ
Zymase tsy'maːzə

zymotisch tsy'moːtɪʃ
Zyniker ¹'tsyːnɪkər; ²-ɛʁ
zynisch 'tsyːnɪʃ
Zynismus tsy'nɪsmʊs
Zypergras ¹'tsyːpərgraːs;
²-ɛʁ g̊ʁaːs
Zypern 'tsyːpərn
Zypresse tsy'prɛsə
Zyste 'tsʏstə
Zytisus 'tsʏtizʊs
Zytologie tsytolo'giː
Žytomyr (Ukr.) ʒi'tɔmir

Schallplatten

Beispiele, zusammengestellt und gesprochen von JÖRG JESCH

Kassette mit 3 Schallplatten, 45 U/min, 17 cm. 1965. DM 24,—

Die „SIEBS"-Ausspracheplatten dienen zur akustischen Illustration der im „SIEBS" niedergelegten Regeln für die deutsche Hochlautung. Die angestrebte ideale Norm wird durch die phonetisch richtige Bildung der einzelnen Sprachlaute innerhalb eines Wortes, eines Wortblocks oder eines Satzes wiedergegeben.

Reihenfolge und Aufbau der gesprochenen Beispiele schließen sich eng an die im „SIEBS" gegebene Ordnung an. Es empfiehlt sich daher, die Platten zusammen mit dem Buch zu benutzen, denn die ausführlichen Ausspracheregeln des „SIEBS" werden auf den Platten nur kurz und dem Sinne nach wiedergegeben. Die Auswahl der Beispiele erfolgte mit unterschiedlicher Ausführlichkeit. Wo besondere Schwierigkeiten oder verschiedene Bildungsmöglichkeiten vorliegen, werden mehr Beispiele gebracht als bei eindeutigen Lauten. Die Aussprache einzelner Laute in Fremdwörtern wird nur dort ausdrücklich vorgeführt, wo es um Laute geht, die im Deutschen nicht vorkommen.

Auf den einzelnen Platten sind die Beispielreihen zu den einzelnen Paragraphen durch deutlich sichtbare Kennrillen voneinander getrennt, wodurch das Auffinden eines bestimmten Paragraphen erleichtert wird. Die Plattenhüllen enthalten genaue Anweisung zur Benutzung der „SIEBS"-Ausspracheplatten.

Walter de Gruyter & Co · Berlin 30

Friedrich Kluge

Etymologisches Wörterbuch der Deutschen Sprache

20. Auflage, bearbeitet von Walther Mitzka
Lex.-Oktav. XVI, 315 Seiten. 1967. Ganzleinen DM 35,—

1200 Jahre deutsche Sprache in synoptischen Bibeltexten

Ein Lese- und ein Arbeitsbuch
herausgegeben von Fritz Tschirch
2., durchgesehene Auflage. Gr.-Oktav. XXIV, 127 Seiten. 1969. DM 14,—

Franz Dornseiff

Der deutsche Wortschatz nach Sachgruppen

6., unveränderte Auflage mit alphabet. Generalregister.
Gr.-Oktav. IV, 922 Seiten. 1965. Ganzleinen DM 38,—

Franz Dornseiff

Die griechischen Wörter im Deutschen

Oktav. 157 Seiten. 1950. Ganzleinen DM 6,50

Trübners Deutsches Wörterbuch

Begründet von Alfred Götze
In Zusammenarbeit mit Eduard Brodführer, Max Gottschald,
Günther Hahn, Alfred Schirmer, Wolfgang Stammler
herausgegeben von Walther Mitzka
8 Bände. Quart. 1947/57. Ganzleinen DM 342,—

Fr. L. K. Weigand

Deutsches Wörterbuch

5. Auflage in der neuesten für Deutschland, Österreich und die Schweiz
gültigen amtlichen Rechtschreibung
Nach des Verfassers Tode vollständig neu bearbeitet von Karl von Bahder,
Herman Hirt, Karl Kant
Herausgegeben von Herman Hirt
2 Bände. XXX, 1273 Seiten. 1909/1910. Nachdruck 1968.
Halbleder DM 280,—

Walter de Gruyter & Co · Berlin 30